MANAGEMENT INFORMATION SYSTEMS

7th Edition

FANG 시대의

경영정보학

CENGAGE

***Management Information System*, 7th Edition**

Kenneth J. Sousa
Effy Oz

Original edition © 2015 South Western, a part of Cengage Learning.
Management Information System, 7th Edition by Kenneth J. Sousa and Effy Oz
ISBN: 9781285186139

This edition is translated by license from South Western, a part of Cengage Learning, for sale in Korea only.

ISBN-13: 979-11-884250-3-7

Cengage Learning Korea Ltd.
14F YTN Newsquare 76 Sangamsan-ro
Mapo-gu Seoul 03926 Korea
Tel: (82) 2 330 7000
Fax: (82) 2 330 7001

Cengage Learning is a leading provider of customized learning solutions with office locations around the globe, including Singapore, the United Kingdom, Australia, Mexico, Brazil, and Japan. Locate your local office at: **www.cengage.com**

Cengage Learning products are represented in Canada by Nelson Education, Ltd.

To learn more about Cengage Learning Solutions, visit **www.cengageasia.com**

Printed in Korea
Print Number: 01 Print Year: 2018

MANAGEMENT
INFORMATION
SYSTEMS

FANG 시대의

경영정보학

7th Edition

Kenneth J. Sousa · Effy Oz 공저

유병준 · 장영봉 · 전성민 · 박재홍 · 조우제 · 김승현 · 조대곤 공역

CENGAGE

Andover • Melbourne • Mexico City • Stamford, CT • Toronto • Hong Kong • New Delhi • Seoul • Singapore • Tokyo

FANG 시대의 경영정보학

발행일 : 2018년 2월 28일 초판 1쇄

저　자 : Kenneth J. Sousa, Effy Oz
역　자 : 유병준, 장영봉, 전성민, 박재홍, 조우제, 김승현, 조대곤
발행인 : 송자영
발행처 : 초아출판사

주　소 : 서울시 성북구 정릉로 36길 41
전　화 : 070-8739-0036
팩　스 : 0504-178-5627
e-mail : choapublish@hanmail.net

ISBN : 979-11-884250-3-7 93320
정 가 : 30,000원

파본이나 잘못된 책은 교환하여 드립니다.

Preface 저자 서문

개정된 경영정보시스템(Management Information Systems) 7판의 목표는 경영 및 컴퓨터 전공 학생들에게 정보 시스템(IS, Information Systems)에 대한 실생활과 관련된 이해를 제공하는 것이다. 구 판과 마찬가지로 이번 개정판은 분야와 상관없이 성공적인 커리어를 만들 수 있도록 비즈니스 관련 정보 기술 (IT, Information Technologies)의 기초를 제공한다. 이 책을 통해 학생들은 경영진의 관점에서 전략적 계획을 수립하거나, 공장 운영을 최적화하거나, 벤처기업의 계획을 세밀하게 조정하고 조직의 운영을 최적화하기 위해 IS를 설계하거나, 컨설턴트로 입장이 되어보거나, 웹에서 비즈니스 활동을 증대 시키는 방법에 대해 생각해보거나, 모든 산업 분야에서 중요한 새로운 정보를 창출하는 것 등을 학습해볼 수 있다. 이를 통해 궁극적으로 비즈니스 전략 및 운영에 기술을 통합하는 것이 중요한 목표이다.

개정판은 경영을 배우는 학생들에게 가장 중요한 주제를 담고있는 14개 장으로 구성되어 있다. 이 책의 기본 원칙은 정보시스템(IS)이 사업의 어디에나 존재한다는 것이다. 정보시스템은 모든 산업에서 비즈니스를 지원하는 가장 강력한 단일 자원이기 때문이다. IT에 대한 지식이 직무를 수행하는데 요구된다고 명시적으로 쓰여진 것은 아니나, IT에 대한 높은 이해는 사실상 모든 직책에서 성공의 필수 요소가 되었다. 따라서 IT 전문가 수준의 지식과 기술이 비즈니스에 전반에 종사하는 모든 사람에게 요구되는 것은 아니지만 자신의 직업에서 IT를 사용하는 방법을 알기 위해 실무 지식을 배우는 것은 필수적이 되었다.

개정판은 학생들에게 기술적인 부분을 배우고 실제 상황에 적용할 수 있도록 쓰여졌다. 이를 통해 학생들이 어떤 분야에 종사하든 정보를 얻고 활용하는 방법을 숙지하고 비즈니스 세계에 뛰어들 수 있을 것이다. IT 전문가와 생산적으로 협업할 수 있을 만큼 IT에 대해 충분히 알고 있고, 주어진 상황에서 최적의 방법으로 업무를 지원하는 정보 시스템을 얻는 데 필요한 비즈니스 응용 프로그램에 대해 충분히 아는 것이 이 책의 학습목표이다.

학습접근법

실제 비즈니스 케이스를 통해 실제로 행해지는 IS 원칙들에 대해 살펴보기

개정판의 비즈니스 예제는 각 장의 비즈니스 사례 자료들을 통합하기 위한 기초가 된다. 제 1 부에서는 킴볼 레스토랑 사례를 소개한다. 이 레스토랑 사례는 실용적인 "실제"비즈니스 시나리오의 예를 제공한다. 이어지는 장 들에서 케이스에 내용이 추가되어 각 장의 내용에 맞는 시나리오를 전달한다. 각 장의 사례들은 전문경영인 또는 기업가가 회사에서 직면하게 될 도전과 기회와 유사한 환경을 제공한다. 궁극적으로 이 사례들을 통해 학생들은 비즈니스 IT 원칙을 통합하고

IS 문제를 실제 상황에 적용해 볼 수 있으며, IT와 관련된 비즈니스 문제를 해결할 수 있다. 이를 통해 학생들은 특정 비즈니스에 대한 심층적인 지식을 얻고 모든 비즈니스 기능이 어떻게 작동하는 지 학습할 수 있다. 교과서의 사례들은 여러 가지 방법으로 텍스트에 통합된다.

- **사례(Case)**: 각 장은 킴볼 레스토랑 운영 사례를 기반으로 시작된다. 이 사례는 순차적으로 구성되며, 작은 레스토랑으로 시작하여 레이크 사이드의 새로운 대형 레스토랑으로 확장된다. 각 장에서는 레스토랑의 확장에 대한 새로운 "에피소드"가 새로운 전략 및 운영 문제로 구성된다. 학생들은 (1) 문제와 기회를 확인하고, (2) 일반 비즈니스 및 정보 기술 개념을 적용하고, (3) 대안을 분석하여 문제를 해결하고, 비즈니스의 성공에 초점을 맞출 수 있는 적합한 솔루션을 추천하게 된다.
- **비즈니스에서의 도전(Challenge)**: 교과서의 각 파트 시작 부분에 일련의 정보와 레스토랑의 과제가 소개되며 각 장의 케이스에서 보다 자세히 설명된다.
- **킴볼 레스토랑 사례 재검토**: 각 장의 끝 부분에서, 각 장의 처음에 제시된 문제가 다시 검토되고, 학생들은 킴볼 레스토랑이가 직면한 특정 문제를 두 섹션에서 걸쳐 분석한다. 학생들은 컨설턴트의 역할을 맡고 레스토랑 주인에게 조언을 제공 할 수 있다.
- **당신의 추천은?**: 이 섹션은 다양한 전략적 및 운영상의 문제와 레스토랑이 직면한 문제를 알려준다. 학생들은 주어진 지문을 주의 깊게 읽고, 문제점을 분석하고 구체적인 조언을 제공하기 위해 학습한 기술을 실제 사례에 통합해야 한다.
- **새로운 시각**: 이 섹션에서는 학생들은 원래의 범위를 벗어나 창조적으로 사고하고 비즈니스 과제를 해결하기 위해 다양한 역할을 맡을 수 있는 다양한 "what if" 질문에 답변 할 수 있는 기회를 얻게 된다.

실제 사례 적용의 중요성

개정판은 IS의 한계와 도전에 대해 경고하는 것을 주저하지 않고, 또한 많은 조직이 아직 풀지 못한 많은 정보 기술의 잠재력을 설명한다. 물론 이 책에는 성공적인 조직의 모든 전문가가 하드웨어, 소프트웨어 및 통신에 대한 의사 결정에 적극적으로 참여하기 때문에 철저하고 간결하며, 명확한 설명이 포함되어 있다. 그러나 책 전반에 걸친 세부적이고 풍부한 실례의 사례 연구를 통해 비즈니스에 영향을 미칠 수 있는 실제 요소를 제공하여 비즈니스와 직접적으로 관련된 문제 및 주제를 제공하기 때문에 정보 시스템과 관련된 기본 쟁점과 개념을 이해하는 것이 중요하다. 비즈니스 조직은 전문가가 정보 시스템을 사용하여 경쟁 우위를 재발견, 통합 및 창출하도록 요구하고 있기 때문이다.

새로운 비즈니스와 추세에 대한 관심

교과서의 상당 부분은 정보 기술의 혁신적인 사용과 그 이점과 위험을 논의하는 데 사용된다. 공급사슬 관리 시스템(supply chain system), 빅 데이터 및 데이터 웨어하우징(big data and data warehousing), 비즈니스 인텔리전스 시스템(business intelligence system), 지식 관리(knowledge management), 소셜 미디어(social media), 웹 기반 전자 데이터 교환 및 서비스(web-based electronic data interchange and software as a service)와 같은 최신 컨셉은 단순하고 이해하기 쉬운 언어로 설명된다.

각각의 주제의 직업적 중요성 설명

경영을 배우는 학생들은 왜 그들이 정보 기술에 대해 배워야 하는지 제대로 이해하지 못한다. 많은 학생들이 입문 MIS 과정에 좌절하는 이유는 그들이 정보 기술이 어떻게 작동하는지 또는 왜 그들이 그것을 이해하는 것이 중요한 지 완전히 이해하지 못하기 때문이다. 이 책의 주된 목표 중 하나는 이러한 질문에 대한 답을 분명하게 제시하는 것이다. 이를 위해 이 책은 모든 기술들이 명확하게 설명되어 있어 최소한의 기술에 대한 지식을 가진 학생이라 할지라도 그것을 이해할 수 있다. 이 책에서 기술은 또 다른 기술들을 통해 설명되지 않고 성공적인 비즈니스 전략 및 운영을 어떻게 그 기술이 지원하는지를 보여줌으로써 이해될 수 있다. 예를 들어, 종종 혼란스러운 주제인 네트워킹, 데이터베이스 관리 및 웹 기술 (6장 ~ 8장)은 직장에서 그러한 기술들의 실제 적용을 통해 명확하고 간결하게 설명된다. 또한 각 장에는 "왜 당신이 해야만 하는가"라는 제목의 특집이 포함되어 있는데, 이를 통해 IT에 전문적인 지식을 가지고 있는 것이 개인의 커리어에 어떻게 중요한지 학생들에게 설명한다.

윤리적 사고 강조

이 책의 '정보 및 사회 문제' 섹션에서는 정보기술사용이 논쟁적인 부분에 중점을 둔다. 학생들은 기술의 긍정적 및 부정적 영향을 평가하고 개인 정보 보호, 언론의 자유 및 전문적 행동과 같은 중요한 문제에 대한 자신의 입장을 정리하여 설득력 있게 주장할 수 있어야 한다. 성공적인 비즈니스는 수익 뿐 아니라 이해 관계자와의 윤리적이고 투명한 상호 작용에 중점을 둔다.

비판적 사고 강조

비판적 사고는 책 전체의 여러 기능 뿐 아니라 서술 전반에 걸쳐 사용된다. 예를 들어, 학생들은 각 장의 실행 사례와 관련하여 비즈니스 딜레마의 중심에 놓이게 되고 컨설턴트의 입장에서 무슨 조언을 할 것인가에 대해 대답해야 한다. 또한 주어진 질문을 통해 학생들은 각 상황의 여러 측면을 평가하고 IT 발전 속도를 항상 고려해야 한다. 마찬가지로, 장 끝에 있는 많은 토론 질문은 평가와 판단을 요구한다.

개정판(7판)의 추가된 점

6판의 성공을 바탕으로, 경영정보시스템 7판은 다음과 같은 효과적인 점들을 추가하였다.

개정된 실행 사례 학습

개정판은 수정된, 역동적인 실행 사례 학습을 제공한다. 실행 사례는 정보 기술이 일상 비즈니스에 통합되는 방식을 잘 나타내는 다양한 실제 이벤트와 과제를 포함하는 비즈니스 독립체에 중점을 둔다. 장마다 다른 사례가 아니라 여러 장에서 학습한 내용을 하나의 비즈니스 예를 통해 사례 연구를 함으로써, 학생들은 친숙하게 학습에 임할 수 있고 클로즈업 된 관점을 얻는 데 집중할 수 있다. 학생들은 교과서를 학습하면서 킴볼 레스토랑에 대한 이전의 지식과 정보를 활용하여 분석과 통찰력을 넓힐 수 있다. 또한 이 사례는 학생들이 다양한 장애물과 도전 과제를 극복하면서 한 비즈니스의 성숙과 발전에 대한 뚜렷한 관점을 개발하도록 도와준다.

비즈니스 기능에서의 전략적 IS에 대한 이해

정보시스템(IS)의 전략적 사용에 대해 학습하는 2장 외에도, IS를 통한 전략적 사고는 책 전반에 걸친 기본 테마이다. 현재의 사례를 통해 정보 시스템이 기업의 전략적 경쟁 우위를 구축하고 유지할 수 있는 방법을 설명할 수 있다.

웹 기반 모바일 커머스의 최신 적용 범위

많은 비즈니스에서의 웹 기술의 사용을 반영하여 이 책은 전반에 걸쳐 비즈니스의 웹 기술 사용에 대해 설명한다. 그러나 본문에서 단순히 주제를 잘 설명하는 토론을 넘어 학생들이 웹 기술이 전자 상거래에 미치는 효과와 적절히 작동하지 않는 것에 대해서도 이야기하게 한다. 또한, 태블릿 및 스마트 폰 기술의 사용을 통한 모바일 기술의 신속한 채택은 교과서 전체에 서술되어 있다.

실제 사례는 다양한 비즈니스를 설명한다.

교과서는 전체에 걸쳐 다양한 비즈니스 기능 및 산업 분야에서 더 많은 응용 프로그램, 사례 및 프로젝트를 소개한다. 각 장의 끝에 있는 "실제 사례에 적용해 보기" 섹션에 있는 사례는 학생들이 배운 내용을 적용하도록 이끄는 비판적 질문을 포함하여 신중하게 선택되었다. 이 사례의 대부분은 개정판에 새롭게 추가되었으며 최신 기술과 추세를 반영하여 업데이트되었다. 또한 책 전반에 다양한 예제가 포함되어 있다.

글로벌 이슈들

세계화는 경제적으로나 기술적으로 중요한 문제가 되었다. 9장 전체는 지역별 법의 차이에서 나오는 문제점에서부터 문화적 이슈, 시간대 문제에 이르기까지 글로벌 정보 시스템에 대한 도전 과제를 논의하는 데 전념한다. 9장에서는 또한 문제가 어떻게 성공적으로 해결될 수 있는지에 대해 설명한다. 이 주제는 다른 유사한 교과서에서 거의 다루지 않는다. 이 책의 IT의 글로벌 사용을 위협하는 도전 과제에 대한 폭넓은 서술은 독자들에게 좋은 반응을 얻을 것이라 기대된다.

윤리적 및 사회적 문제의 새로운 측면

경영 정보 시스템에서의 윤리적 및 사회적 문제는 구판에서도 잘 서술되었다. 그러나 개정판에서는 추가적으로 데이터 보안, 빅 데이터 및 개인 정보 보호 및 오프쇼어링과 같은 새로운 문제를 다룬다.

새로운 과제 제공

개정판에서는 관련 소프트웨어 및 웹 사용을 요구하는 과제를 중심으로 챕터 끝 부분에 개정된 과제를 계속 제공한다. 개념 적용, 실습 활동 및 팀 활동을 포함하여 과제 중 상당수가 개정판에서 새로이 쓰여졌다. 강사의 추천에 따라 더 많은 과제를 수행하려면 웹 관련 연구가 필요하다. 각 장의 실습 외에도 학생과 강사는 웹 사이트에서 제공되는 새로운 실습을 추가로 접할 수 있다. 자세한 내용은 서문의 뒷부분에서 다시 설명된다.

Points of Interest

Points of interest 섹션이 강사들에게 반응이 매우 좋았기 때문에, 개정판은 새로운 그래프, 일화 및 단편 등을 추가하여 흥미롭고 재미있는 학습환경을 제공하려 노력하였다. 유용하다고 생각되는 예를 제외하고는 Points of Interest는 전면 수정되었다.

강사를 위한 패키지

경영정보시스템 7판은 강사를 지원하는 교육 도구가 포함되어 있다. 교과서에 첨부 된 보조 도구에는 강사 매뉴얼, 솔루션, 테스트 뱅크 및 테스트 엔진, PowerPoint 프레젠테이션 및 그림 파일이 포함된다. 이 교과서는 저자가 직접 작성한 강사 안내서가 동반되는 몇 안되는 교과서 중 하나이다. 이 책에서 제공되는 모든 교육 도구는 Cengage.com에서 이용가능하다.

강사 매뉴얼

저자는 강사가 수업을 유익하고 흥미롭게 만들 수 있도록 안내서를 만들었다. 이 매뉴얼은 교재에 대한 여러 가지 접근 방법을 제공하며, 강의 계획서 및 여러 구성 요소에 대한 의견이 있다. 또한 대안 프로젝트 개요 및 장기 프로젝트를 위한 아이디어를 제안한다. 각 장에는 매뉴얼, 유용한 웹 사이트, 리뷰 질문, 토론 질문 및 사례 질문에 대한 답변이 포함되어 있다. 저자가 직접 작성하였기 때문에 바람직한 교수법과 무엇을 가르쳐야 되는 지에 대해 매우 유용한 정보를 제공할 것이다.

솔루션

우리는 강사에게 질문 및 토론 질문 검토 외에도, 각 장의 계산 문제에 대해서도 솔루션을 제공한다. 적절한 경우 다양한 활동을 위한 솔루션 파일도 제공 할 것이다.

Cognero에 의해 구동되는 Cengage Learning Testing

Cengage Learning Testing은 유연한 온라인 시스템으로 다음과 같은 이점을 제공한다.

- 여러 Cengage Learning 솔루션에서 테스트 뱅크 컨텐츠 작성, 편집 및 관리
- 한 번에 여러 테스트 버전을 만들 수 있다
- LMS, 교실 또는 원하는 곳에서 테스트 가능

PowerPoint 프레젠테이션

각 장을 설명하는 Microsoft PowerPoint 슬라이드가 제공된다. 강사는 수업 중 강의 보조 도구로 슬라이드를 사용할 수 있다. 강사는 수업에 추가 주제에 대해 자신의 슬라이드를 추가 할 수 있다.

그림 파일

그림 파일을 통해 강사는 텍스트에서 직접 가져온 그림을 사용하여 자신의 프레젠테이션을 만들 수 있다.

책 간략 소개

경영정보시스템 6판은 총 5부로 구성되어 있으며 색인이 있다. 5부를 간략히 소개하면 다음과 같다.

1 부: 정보 시대

1부는 3장으로 구성되어 있다. 1장, "비즈니스정보시스템: 개요"에서는 정보 기술 (IT) 및 정보 시스템 (IS)에 대한 개요와 이후 장에서 논의할 프레임 워크를 제공한다. 2 장, "정보시스템의 전략적 활용"에서는 IS가 전략적 목표를 달성하는 데 사용될 수 있는 조직의 전략과 방법에 대해 설명한다. 3 장 "비즈니스 기능과 공급 사슬"에서는 다양한 기능의 공급사슬 관리를 지원하는 비즈니스 기능, 공급사슬 및 시스템에 대해 자세히 설명한다. 또한 1장~3장은 다른 장 들에서 깊이 논의 할 중요한 아이디어의 본질을 다룬다.

2 부: 정보 기술

IS가 경영 관행을 향상시키는 방법을 이해하려면 2 부에서 다루는 정보 기술의 기술 원칙에 정통해야 한다. 4 장, "비즈니스 하드웨어", 5 장, "비즈니스 소프트웨어", 그리고 6 장 "비즈니스 네트워크와 텔리커뮤니케이션" 은 최첨단 하드웨어, 소프트웨어, 네트워킹 기술에 대해 다룬다. 7 장, "데이터베이스와 데이터 웨어하우스"에서는 11 장의 '비즈니스 지능과 지식 경영"을 이해하는데 도움이 되는 데이터베이스 관리 시스템 및 데이터웨어 하우징에 대해 다룬다.

3 부: 웹 기반 상거래

3 부는 네트워크 비즈니스와 인터넷 사용을 집중적으로 다룬다. 8 장 "웹기반 기업"은 비즈니스 운영에 필요한 웹 기술에 대한 철저한 논의에 전념한다. 모든 챕터는 모바일 컴퓨팅, 태블릿 및 소셜 미디어를 포함하도록 개정 되었다. 9 장, "국제 정보 시스템 구현의 문제점들"에서는 웹 및 국제 정보 시스템을 계획하고 사용하는 데 있어 조직이 당면하고있는 문화적 및 기타 문제를 집중 조명한다.

4 부: 의사결정 지원 및 경영 지능

제 4 부는 10 장의 "의사결정 지원과 전문가 시스템"과 11 장의 "비즈니스 인텔리전스 및 지식 관리" 에 대한 견해를 제공한다. 전자 의사 결정 보조 시스템은 최근 몇 년 동안 다른 시스템에 통합되었지만 그 기본 사항을 이해하는 것이 중요하다. 데이터 마이닝, 빅데이터 및 온라인 분석 처리와 같은 경영 지능 응용 프로그램은 점점 더 많은 비즈니스에서 필수 도구이다. 비즈니스의 힘과 이점을 보여주기 위해 충분한 예제가 제공되었다.

5 부: 계획, 구현과 통제

5 부는 정보 시스템의 계획, 구현 및 통제에 전념하여 성공적인 정보 시스템의 적시성 개발 및 구현은 물론 보안을 보장한다. 12 장, "시스템 계획과 개발"에서는 전문가가 정보 시스템을 계획하는 방법에 대해 설명한다. 그것은 전통적이고 민첩한 소프트웨어 개발 방법을 설명한다. 13 장 "시스템 구축의 이해"에서는 사내 개발에 대한 대체 취득 방법인 아웃소싱, 구입 한 응용 프로그램, 최종 사용자 시스템 개발 및 서비스로서의 소프트웨어를 제시한다.. 14 장, "위험, 보안과 재난 복구"에서는 시스템이 직면하는 위험을 최소화하고 재해 복구 방법을 찾는 방법에 대해 설명한다.

개정판의 새로운 특징

개정판을 계획하고 작성하는 데 있어 교재의 채택자, 잠재적인 채택자 및 검토자의 말을 신중하게 들어 왔다. 또한 최적의 적용 범위, 교육학에 적합하고 유연성 있는 용어 관리가 가능하도록 이전 버전과 동일한 번호 및 조직 구성을 유지했다. 개정판의 주요 변경 사항 및 개선 사항은 다음과 같다.

- 실행 사례를 14개 장 모두에 통합하기위해 수정 완료
- 정보 보안, 모바일 컴퓨팅, 소셜 미디어, 클라우드 컴퓨팅 및 SaaS (Software as a Service)를 포함한 MIS의 최신 기술 및 동향에 대한 업데이트 된 내용과 확장 된 내용,
- 모든 챕터의 마지막에 사례 연구가 최신 사례로 업데이트되었다.
- 챕터 마지막의 새로운 또는 개정된 연습문제

일부 강사는 학생들이 IT 분야 커리어를 고려할 수 있기를 바란다. 따라서 IT 직업에 대한 논의는 1장 "비즈니스정보시스템: 개요"로 이동하였다. 이를 통해 학생들은 IT 전문가가 무엇을 하는지 초기에 알 수 있다.

SCM (Supply Chain Management) 시스템과 CRM (Customer Relationship Management) 시스템은 비즈니스에서 중요한 요소가 되었다. 그러므로 1장의 초기에 소개되었고, 제3장 "비즈니스 기능과 공급체인"에서 더 자세히 설명되었으며, 책 전반에 걸쳐 광범위하게 논의되었다. 3장에서 비즈니스 기능별로 정보 시스템을 논의하면서, SCM, CRM 및 ERP 시스템과 같은 엔터프라이즈 응용 프로그램들을 설명한다.

4장, "비즈니스 하드웨어"에는 컴퓨터에 대한 짧은 설명과 SAN, NAS 및 클라우드 스토리지와 같은 외부 메모리 장치 및 네트워크 스토리지 기술에 대한 광범위한 논의가 포함된다.

5장 "비즈니스 소프트웨어"에서 프로그래밍 언어 세대에 대한 논의는 모든 학생들이 대부분의 조직에서 접하게 될 소프트웨어에 대한 더 중요한 토론을 위해 축소되어 서술되었다. 오픈 소스 소프트웨어를 사용하는 추세가 점차 논의되고 있으며 학생들은 수많은 오픈 소스 애플리케이션에 쉽게 접근할 수 있기 때문이다.

6장 "비즈니스 네트워크와 텔리커뮤니케이션"에서는 다양한 네트워킹 기술을 비즈니스에 사용하는 방법을 중점적으로 다룬다. 새로운 섹션에서는 최신 무선 기술에 대해 학습한다. 최신 무선 기술은 커뮤니티, 비즈니스 및 가정에서의 네트워킹의 미래이다. RFID 기술에 대한 자세한 논의는 비즈니스에서 적용에 대한 추가 논의를 위한 기술적 토대를 제공하기 위해 포함된다.

주요 웹 기술은 8 장 "웹 기반 기업"에서 논의된다. 이 장에는 최신 기술이 반영되어 있다. 상업

용 웹 사이트를 구축하는 대안에 대한 섹션은 최신 호스팅 옵션 배열을 반영합니다. 9 장 "국제 정보시스템 구현의 문제점"은 글로벌 규모의 비즈니스 정보 시스템 관리의 과제와 효율성을 조명하는 데 중점을 두고 있다.

의사 결정 지원 시스템과 인공 지능의 많은 예가 10 장 "의사결정 지원과 전문가 시스템"에 나와 있다. 11 장 "비즈니스 인텔리전스 및 지식 관리"에서는 구판의 여러 장들에서 토론된 내용을 결합한다..

12 장, "시스템 계획과 개발"에서는 시스템 개발 라이프 사이클과 같은 전통적인 "폭포"접근법에 대해 설명하고, 소프트웨어 개발자들 사이에서 널리 사용되는 민첩한 방법에 대해 토론해본다.

13 장 "시스템 구현 방법의 선택"에서는 사내 소프트웨어 개발 (예: Software as a Service)의 대안에 대해 설명한다.

보안 및 재해 복구는 14 장, "위험, 보안과 재해 복구"에서 논의되며 피싱과 같은 심각한 위험에 더 많은 관심을 기울인다. 프라이버시에 대한 위협에 대한 논의는 RFID 태그 및 위치 기반 서비스와 같은 새로운 기술을 다루기 위해 업데이트되었다.

소수의 항목을 제외하고 모든 Point of interest box 는 개정되었다. 또한 모든 Ethical & Societal Issues는 전면 수정되었다.

거의 모든 장 끝단 Real Cases는 새로운 것이다. 구판과 마찬가지로 모든 것이 주요 비즈니스 및 기술 저널의 광범위한 실제 사례이다.

감사 인사

Effy Oz가 집필한 성공적인 교과서를 수정하게 되어 영광이다. 오즈 박사는 탁월한 교육자이자 저술가였으며, 내가 가장 존경하는 분이다. 나의 노력이 그의 유산과 그의 위대한 업적을 지속하게 하기를 바란다.

교과서를 개정하는 것은 헌신과 확고한 규율을 요구하는 도전적인 과정이다. 이와 같은 프로젝트는 많은 사람들의 도움 없이는 성공할 수 없다. 나는 지난 몇 년 동안의 아이디어와, 의견을 제시해줌으로써 학생들과 시장의 교육 요구를 이해하는 데 도움을 준 비즈니스, 컨설팅, IT 및 학술 단체의 동료들에게 먼저 감사드린다. 그들이 없었으면 교과서를 개정하는데 필요한 경험과 지식을 얻는 것이 불가능하였을 것이다. 또한 학생들의 간접적이지만 중요한 기여에도 감사한다. 그들의 논평 (그리고 비평)은 나의 집필을 다듬고 날카롭게 하는 것을 도와주었다. 20 년 동안의 교육을 통해 압도적으로 더 명확하고 재미있는 주제를 만들기 위해 특별한 강조, 다른 프레젠테이션 또는 경험적 과제가 필요한 부분이 있었다. 숙련되고 성숙한 전문직 종사자를 만들기 위해서는 평생 동안 교육이 필요하다는 것을 배울 수 있었다.

이 프로젝트에 열성적으로 참여한 Kate Mason에게 많은 감사의 말을 전하고 싶다. 그녀는 항상 작가로서 충고와 격려와 인내로 나를 위해 존재하였다. Kate는 이 프로젝트를 주도하면서 무제한의 에너지를 시연하고 발휘했다. 그녀의 적극적인 지도와 지속적인 참여로 엄청난 공헌을 하였다. Kate는 강사 패키지, 웹 자료 등의 원활한 조정을 처리했다. 콘텐츠 프로덕트 매니저 인 Arul Joseph Raj는 교과서 제작 과정을 안내하면서 매우 질서 정연하고 시기 적절하게 프로세스를 관리했다. PreMediaGlobal의 디자인 및 아트 관리자는 교과서와 사진이 시각적으로 매력적이게 해주었고 아티스트 팀은 능숙하게 아이디어를 표현했다. 나는 이 재능 있는 전문가들에게 개인적으로나 전문적으로 감사와 존경을 표한다.

개발 편집자인 Deb Kaufmann은 훌륭한 기술과 완벽함을 다시 보여주었다. 뎁은 6판을 집필할 때는 오즈 박사와 함께 일했기 때문에 팀에서 뎁을 만난 것은 대단히 기뻤다. 스타일과 조직을 향상시킬 뿐 아니라 지적인 편집인과 함께 작업하는 것이 굉장히 기분 좋은 경험이었다. 그녀는 내 일을 지원하면서 세부 사항에 항상 참석하였고 넓은 관점에서 나를 도왔던 유능한 전문가였다..

리뷰어는 특히 대학 교과서를 준비 할 때 작가에게 가장 중요한 보조원이다. 이 책의 각 장을 주의 깊게 검토해준 다음의 리뷰어들에게 고마움을 표현하고 싶다.

Merlin Amirtharaj, Stanley Community College

Don Danner, San Francisco State University

John Delalla, University of Arizona South

Lewis Todd, Belhaven University

Patricia Wallace, The College of New Jersey

2012년 Cengage에서 은퇴한 Charles McCormick에게 내가 이 교과서의 저자가 되도록 지원해 준 것에 대해 감사의 말을 전하고 싶다.

이 교과서는 연구 보조원의 도움 없이는 가능하지 않았다. 졸업반 회계 학생인 Jerry Theiler는 이 개정판의 리서치 및 편집 작업을 지원해 주었다. Jerry는 이 개정 전반에 걸쳐 양질의 작업을 제공한 부지런하고 지적이며 성숙한 청년이었다.

마지막으로, 최근에 돌아가신 버지니아 (Virginia)와 아버지 헨리 (Henry)에게 감사드린다. 그들은 내 업적의 기반이었던 직업 윤리, 성실성, 충성도를 제공해주었다. 이 교과서와 내 인생에서 얻은 다른 성취는 주변의 긍정적인 영향력과 지원 없이는 얻을 수 없었을 것이다. 또한, Bryant 대학의 많은 친구들과 거쳐간 학생들뿐 아니라 동료들도 끊임없이 격려와 격려를 해주시기를 바란다. Kingman Brewster가 "당신의 기대를 입증하는 것보다 큰 만족을 느끼지 않고, 당신을 의지하는 사람을 만나는 것보다 큰 도전은 없습니다."라고 말했듯이, 당신의 기대를 만족시키고자 하는 것이 나의 작은 바람이다.

독자들이 이 책을 공부하며 교과서 개발이나 오즈 박사의 유산을 받아 교육에 기여할 수 있는 의견이나 제안이 있다면 언제든 환영이다.

Kenneth J. Sousa

Preface

역자 서문

과거 금융, 에너지 업체들이 지배하던 비즈니스 세계는 정보기술의 발전과 함께 FANG (Facebook, Amazon, Netflix, Google)이 지배하는 세계가 되었고, 과거에 비해 이러한 현 시대에 경영정보학을 학생들에게 소개하는 것에 더욱 무거운 책임감을 느끼게 된다. 처음 Sousa의 영어 교재를 강의 교재로 채택하여 강의하면서, 저자의 깊은 과목에 대한 열정과 성의가 느껴지는 참 오랜만에 괜찮은 경영정보학 책이 나왔다고 생각했고, 한국의 학생들에게 한국어로 번역하여 제공한다면 더 좋을 것이라고 생각을 했었다. 그러나, 저자의 연구 시간 등 제약으로 엄두를 못 내고 있던 중, 출판사 대표님의 독려와 공동 번역 작업에 참여해 준 동료 교수님들의 적극적인 협조 덕에 못 내던 엄두를 내어 보게 되며, 평소 국문 또는 영문 강의 교재 활용 중 느꼈던 강의 보조재들(강의 파일 등)의 미비함에 따른 불편함이 없도록 이런 부분들까지 세심하게 다 준비된 강의 교재를 써서 한국의 교수님들과 학생들에게 제공하면 좋겠다고 생각했던 작은 꿈을 실현해 보게 되었다.

이 책이 경영정보학이라는 중요하지만 그 가치를 느끼기 힘든 과목의 강의에 강의자들에게 작은 도움이 되며, 학생들의 마음 속에 그 중요성을 실감하게 하고 인생의 진로에도 좋은 영향을 줄 수 있는 책이 되길 바래 본다.

바쁘신 와중에도 내 뜻에 선뜻 동참해주시고, 훌륭한 질의 번역 작업을 해주신 공동 저자 교수님들께 무한한 감사를 드리고자 한다. 또한, 번역 작업 지원해주신 초아출판사 이민영 대표님, 수차례에 걸쳐 훌륭한 교정작업 해주신 골든트리미디어 진원준 실장님께도 감사드린다.

여러가지 추가적 교재로서의 준비를 위한 작업들을 도와주느라 고생한 신현식, 석민성 조교에게도 감사한다. 마지막으로 항상 여러 일로 바빠서 가족들에게 주는 희생을 참고, 성원해준 집사람과 아들 재균이에게 감사의 마음을 전하고 싶다.

모쪼록 이 책이 한국의 경영정보 교육에 조금이라도 도움이 되기를 바라며 이 번역서를 여러 교수님들과 학생들에게 바친다.

2018년 2월 관악의 교정에서,

대표 역자 **유병준**

역자 소개

- **유병준** (서울대, byoo@snu.ac.kr)
  서울대학교 경영대학 교수
  미국 카네기멜론 대학교 경영학 박사
  (현) Electronic Commerce Research and Applications, Senior Editor
  (전) 홍콩과학기술대학교 경영대학 조교수
  연구분야: 경영정보 전략, 디지털 컨텐츠 산업 전략, 전자상거래 데이터 실증분석

- **조대곤** (카이스트, dgcho@business.kaist.ac.kr)
  KAIST 경영대학 조교수
  미국 카네기멜론 대학교 경영정보학 박사
  (전) 포항공과대학교 산업경영공학과 조교수
  연구분야: ICT정책/전략, 디지털미디어/콘텐츠, Business Analytics

- **장영봉** (성균관대, ybchang01@gmail.com)
  성균관대학교 경영대학 부교수
  미국 University of California, Irvine 경영학 박사
  연구분야: 정보통신 산업 투자/경쟁분석, 스타트업 가치-위험 분석, 인수/합병 전략

- **김승현** (연세대, seungkim@yonsei.ac.kr)
  연세대학교 경영대학 부교수
  미국 카네기멜론 대학교 경영학 박사
  (전) 싱가폴국립대학교 조교수
  연구분야: 모바일 마케팅, Business Analytics, 정보보안

- **조우제** (시립대, wjcho@uos.ac.kr)
  서울시립대학교 경영대학 부교수
  미국 일리노이주립대학교(얼바나샴페인) 경영학 박사
  (전) 울산과학기술대학원 경영대학 조교수
  연구분야: IT기업의 경영전략, 정보기술 전략, 소프트웨어 품질, 정보 보안

- **전성민** (가천대, smjeon@gachon.ac.kr)
  가천대학교 경영대학 조교수
  서울대학교 경영학 박사
  (전) IBM 컨설턴트, 벤처 창업가
  연구분야: 온라인/모바일 신사업모델 전략, 온라인/모바일 게임 및 전자상거래 데이터 실증분석

- **박재홍** (경희대, jaehp@khu.ac.kr)
  경희대학교 경영대학 부교수
  (전) 울산과학기술대학원 경영대학 조교수
  (전) Unisys Korea IT 컨설턴트
  미국 University of Texas at Austin 경영학 박사
  연구분야: 크라우드 펀딩, 온라인 기부 활동, 이커머스 데이터 분석, Business Analytics, 머신러닝

Contents **목차**

Contents 세부 목차

5부 계획, 취득, 그리고 통제 417

1부 정보 시대

- 1장 비즈니스정보시스템: 개요
- 2장 정보시스템의 전략적 활용
- 3장 비즈니스 기능과 공급사슬

교과서 사례 킴볼 레스토랑 (KIMBALL'S RESTAURANT)

리즈와 마이클 킴볼 부부는 오래 전부터 레스토랑 개업을 꿈꿔왔다. 그들은 자신들의 재능과 경험을 이용해서 레스토랑을 성공적으로 운영할 수 있을 것이라고 믿었다. 리즈는 뛰어난 요리사였을 뿐 아니라 다양한 가정식 에피타이저, 주요리, 디저트 조리법들에 능하였다. 대학에서 경영학을 전공한 마이클은 경영관리 분야에서 수년간 경험을 쌓았으며, 이제 새로운 도전을 시작하려 하고 있다.

마이클은 20년 동안 지방 제조업체의 인적자원 부서에 몸담으며 채용, 연봉 평가, 직원 교육 등을 담당해왔었다. 또한 국지적 범위내에서 마이클은 인적자원 부서의 회계 및 예산 편성에도 관여하였다.

리즈는 고등학교 졸업 후 15년간 금융 서비스 회사의 고객 서비스 담당 직원으로 일하며 고객관리/응대 등의 분야에서 전문성을 쌓아왔다. 리즈는 레스토랑 운영을 위한 정식 교육을 받은 적이 없었지만, 음식 준비, 재료 선택, 메뉴 개발에 대한 탁월한 감각을 가지고 있었다. 하지만 레스토랑 운영을 위한 정식교육을 받은 적이 리즈에게 레스토랑을 운영하는 전문 경영인으로서 추가적인 훈련이 필요할 것으로 보였다.

리즈와 마이클은 대도시 변두리의 중산층 계급이 주류를 이루는 레이크사이드 하이츠(Lakeside Heights)라는 마을에 거주하고 있었다. 레이크사이드 하이츠와 주변 마을의 인구는 4만 명에 달했으며, 지역 사회 구성원의 대부분은 대졸 이상의 교육수준을 이수한 기업경영/제조업 등 분야 전문직종에 종사하고 있었다. 또한 레이크사이드 하이츠로부터 12마일 떨어진 도시에는 11만 명의 사람들이 살고 있었다.

킴볼 부부는 메뉴 개발 등에 있어 리즈의 전문성을 살려 미국식 · 이탈리아식 · 해산물 가정식 판매를 구상하고 있었다. 킴볼 부부는 조용하고 쾌적한 환경에서 합리적인 가격에 질 좋은 음식을 제공함으로서 소비자의 기대에 부응할 수 있을 것이라 생각했다.

비즈니스 리서치

레스토랑 운영을 위한 구체적인 논의가 진행됨에 따라, 킴볼 부부는 단지 어렴풋한 생각만으로는사업에 성공하기 어렵다는 것을 직감하였다. 즉, 레스토랑 운영에 대한 사업타당성 분석이 필요하였고, 주변 지인들의 도움을 받아 레스토랑 개업을 위한 충분한 자금을 확보할 수 있었다.

킴볼 부부는 레이크사이드 하이츠 주변의 상가에 레스토랑이 입점하기에 적합한 공간이 있음을 확인하였고, 마케팅 컨설턴트로 고용된 친구 톰은 킴볼 부부의 비즈니스 모델에 만족감을 표시하였다. 킴볼 부부는 또한 지역 부동산 중개인 앤을 통해 건물 임대료, 이용 가능성, 면적 등에 대한 정보를 얻고, 상가 공간을 직접 방문하여 확인하였다. 앤에 따르면 과거 해당 공간에는 작은 식당이 입점했었으나 3년 만에 문을 닫았다. 앤은 주변 패스트푸드, 프랜차이즈 기반 레스토랑과 비교해, 이 식당은 재무/마케팅 등의 영역에서 충분한 경쟁력이 없었다고 회고했다.

상가 공간은 주방과 저장고 면적을 제외했을 때 50명의 인원을 수용할 수 있을 것으로 보였다. 뿐만 아니라 상가에는 충분한 주차 공간이 마련되어 있었으며, 대도로에 대한 접근성도 좋은 편이었다. 가스, 수도, 전기 시설 역시 양호한 상태였다. 하지만 리즈와 마이클이 레스토랑 임대 계약을 체결할 경우, 실내 장식과 주방 용품, 그리고 팬, 접시, 수저 등의 비품들에 대한 구매가 필요해 보였다.

리즈와 마이클은 효율적인 사업 운영과 각자의 전문성 활용을 위해 사업 계획 및 예측에 필요한 리서치 업무들을 분담했다. 마이클은 사업 운영을 위한 판매, 마케팅 계획을 맡았으며, 리즈는 주방 운영, 재고, 메뉴 계획을 담당하기로 했다. 그들은 각자의 영역에서 초기 비용과 운영 비용을 예측한 뒤 결과들을 수합했다. 이 계산에는 인건비, 자재비, 식재료비, 비품비, 임대료와 기타 비용들이 포함되었다. 비용을 예측하려는 그들의 노력은 사업, 재무, 운영 계획의 기초가 될 터였다.

➡ 비즈니스 계획 수립

마이클은 톰과 함께 레스토랑의 마케팅 및 프로모션 업무들을 진행하였다. 먼저 그들은 이전 식당 주인으로부터 매출 및 고객에 관한 데이터를 건네받고자 했다. 마이클은 자신들의 익명을 보장받기 위해 앤에게 이전 식당 주인과의 연락을 부탁하였으며, 앤은 이전 식당에서 매출데이터를 제외한, 제공된 식사와 테이블 수 등에 대한 지난 3년간의 주별 (weekly) 데이터를 전달 받았다. 마이클은 전달 받은 164주치 데이터를 엑셀 파일에 옮겼으며, 파일은 각 주의 종료일(일요일)의 날짜, 사용된 테이블 개수, 식사 판매량 등 크게 3개의 열로 구성되었다. 마이클과 톰은 엑셀 파일을 검토하며 자신들의 마케팅 계획 및 예측과 관계된 정보를 찾기 위해 노력했다.

식당은 휴무 없이 주 7일 운영되어 있었으며, 마이클이 받은 주별 데이터는 일 단위로 나뉘어져 있지 않았다. 따라서 데이터를 통한 일별 고객 방문 및 판매 실태를 분석은 불가능했으며, 오직 주별 추세를 파악하는 것만이 가능했다.

톰은 마이클에게 데이터를 대략적으로 한눈에 알아보도록 분석할 수 있는 방법을 알려주었다. 그는 데이터를 연도별로 3개의 탭으로 나누었으며, 각 탭의 첫 번째 행에 개별 연도의 첫 번째 주간 데이터가 보여지도록 했다. 또한 매출을 사용된 테이블 개수로 나눈 값을 새로운 열로 추가했다. 이어서 그는 식당의 고객 수용 실태 파악을 위해 각 탭에서 새로 추가된 열에 속한 값들의 순위를 산출하였다. 산출된 순위는 식당의 고객들이 많았던 주간과 적었던 주간을 구분하는 데 기본적인 정보를 제공하였으며, 톰은 또한 각 탭에서 순위를 기준으로 데이터 행들을 내림차순 정렬했다.

비록 일별 데이터 부재로 인해 깊이 있는 분석을 진행하기엔 어려움이 있었으나, 톰은 3년치 식당 데이터를 연도별로 출력하여 면밀히 비교/분석 하였다. 데이터 검토를 마친 톰은 한 가지 분명한 추세를 발견하였는데, 이는 추수감사절/크리스마스 연휴에 해당하는 특정 주간의 판매 실적이 다른 주간 대비 현저히 저조하다는 것이었다. 하지만 일별 데이터 없이 매출의 상세한 분포와 추세를 파악하는 데 여전히 한계가 있었다.

한편 리즈는 상가 공간을 다시 한 번 방문하였으며, 어느덧 레스토랑의 주방은 대형 냉장고, 환풍기를 비롯하여 여러 개의 테이블과 선반들을 갖추게 되었다. 그녀는 주방과 음식 준비 공간을 위한 새로운 임시 도면을 구상하고, 이를 기반으로 아직 구매하지 않은 주방 용품 및 비품에 대한 비용 견적을 집계했다.

마이클은 15개의 테이블로 50명의 인원을 수용하는 것과 별개로, 바를 구축함으로써 10명의 인원을 추가적으로 수용할 수 있을 것이라고 생각했다. 그는 설치 인건비를 비롯하여 식사 공간과 바의 설비, 가구, 비품에 대한 견적을 냈다.

톰은 리즈와 마이클이 주간 매출액을 예측하기 위해서 다양한 요소들이 반영된 엑셀 파일을 생성할 수 있도록 도와주었다. 계절적 추세와 주간 추세를 파악하는 데 이전 식당 주인의 데이터 일부가 사용되었다. 그들은 리즈가 계획한 메뉴들을 바탕으로 레스토랑 개업 후 첫해 동안의 주간 판매량을 추정하였으며 이를 기반으로 인건비와 재료비 등의 고정비를 계산하였다. 또한 공과금, 세금, 임대료 등의 간접비 목록은 월별 현금 흐름 및 이윤 예측에 도움이 되었다. 엑셀을 이용하여 킴볼부부는 공격적, 합리적, 보수적 등 세 가지 가능 시나리오를 도출하였다. 가장 보수적인 시나리오를 따를 경우 첫해 대부분의 기간 동안 조금의 손실만이 발생할 것으로 추정되었다. 그들은 예측 결과가 예상 범주 안에 들었다는 데 만족했다. 톰은 초기 사업 자금 대출을 위해 리즈와 마이클이 예상 매출액과 비즈니스 계획을 은행에 제출할 수 있을 것이라고 판단했다.

➡ 꿈의 실현

마침내 리즈와 마이클은 킴볼 레스토랑을 개업했다. 여느 비즈니스와 다름없이 킴볼 레스토랑도 처음에는 보수적인 예상 매출 시나리오에 근접하며 서서히 시작되었다. 그러나 레스토랑이 질 좋고 합리적인 가격의 식사로 명성이 높아지면서, 리즈와 마이클은 자신들의 꿈이 현실이 되었음을 깨달았다.
어느덧 3년이라는 시간이 흘렀고, 킴볼 레스토랑은 그동안 성공적으로 운영되었다. 레스토랑에는 꾸준히 새로운 고객이 유입되었으며, 재방문 고객 매출의 상당부분을 차지하였다. 주말 밤이면 레스토랑 앞에 작은 대기 줄이 형성되기도 한다. 리즈와 마이클은 자신들의 꿈을 이뤘다는 사실에 아주 만족한다. 앞으로 이들에게는 어떤 일들이 벌어질까?

비즈니스 과제

여러분은 앞으로 이어지는 세 장에서 리즈와 마이클이 정보시스템의 힘을 이용하여 킴볼 레스토랑을 성장시키는 데 필요한 것들을 배우게 될 것이다. 리즈와 마이클은 단기적으로 운영 측면에서 정보시스템이 제공해주는 이점과 장기적으로 전략 측면에서 사업 확장을 위한 계획 수립에 정보시스템이 어떻게 활용되어야 할지에 대한 원리를 이해해야 할 것이다.

- **1장** "비즈니스 정보시스템 개요"를 통해 여러분은 비즈니스에서 활용되는 다양한 종류의 정보시스템을 학습하고, 정보기술에 대한 이해가 앞으로의 커리어에서 중요한 이유를 배우게 될 것이다. 또한 여러분은 민감한 정보를 수집, 저장, 보고하는 것과 관계된 주요 윤리적·사회적 문제들을 살펴보게 될 것이다.

- **2장** "정보시스템의 전략적 활용"을 통해 여러분은 정보를 전략적으로 사용할 수 있는 방법과 경쟁우위를 갖추기 위해서 정보기술을 활용할 수 있는 방법을 배우게 될 것이다.

- **3장** "비즈니스 기능과 공급사슬"을 통해 여러분은 재고 주문, 판매 추적, 재무제표 생성, 자동 급여 처리 등 비즈니스를 관리하는 데 있어서 정보기술을 최적으로 활용하는 방법을 배우게 될 것이다. 뿐만 아니라 여러분은 기업 전체에 걸쳐서 공급사슬 관리 시스템이 어떤 역할을 수행하는지 알게 될 것이다.

1장

비즈니스 정보시스템 개요
(Business Information Systems: An Overview)

학습 목표(Learning Objectives)

우리의 삶은 하루에도 수차례 스마트폰, 태블릿 PC 및 노트북 등을 통한 정보시스템에 노출되어 있다. ATM에서 돈을 출금할 때부터 웹서핑을 하거나 전화로 호텔을 예약하기까지 정보시스템은 우리 삶의 곳곳에 스며들어 있다. 하루라도 정보시스템에 데이터를 제공하지 않거나 정보시스템으로부터 생성된 정보를 사용하지 않는 날이 없을 정도다. 특히 비즈니스에서 활용되는 정보시스템은 우리가 사용하는 대부분의 정보를 생성해낸다. 정보시스템은 다양한 곳으로부터 데이터를 수신하고, 또 처리한다. 어느덧 정보시스템은 성공적인 사업 운영을 위한 필수 요소가 되었다.

이번 장이 끝나면 여러분은 다음의 내용들을 설명할 수 있을 것이다:

- 정보기술의 중요성을 설명할 수 있다.
- 디지털 정보를 정의하고, 디지털 시스템이 강력하고 유용한 이유를 설명할 수 있다.
- 비즈니스에서 정보시스템이 필수 불가결한 이유를 설명할 수 있다.
- 컴퓨터가 어떻게 문제 해결과 의사결정을 위해 데이터를 처리하여 유용한 정보를 생성하는지 설명할 수 있다.
- 비즈니스에서 사용되는 다양한 종류의 정보시스템들의 기능을 분류할 수 있다.
- 정보기술과 관계된 직업들을 서술할 수 있다.
- 정보기술의 광범위한 사용이 불러온 주요 윤리적·사회적 문제들을 서술할 수 있다.

[킴볼 레스토랑: 경영시스템과 정보]

지난 3년간 킴볼 레스토랑은 성공적으로 운영되었다. 가끔 위기의 순간도 있었지만 리즈와 마이클은 자신들의 레스토랑 사업을 비교적 훌륭하게 이끌었다고 자부하고 있다. 레스토랑의 매출은 꾸준히 증가하였으며 '성장통'을 겪을 정도로 그 속도가 지나치게 빠른 편도 아니었다. 대략적으로 가늠할 때 전체 좌석의 50~100%가 예약으로 채워지곤 하였다.

고객 주문과 결제 처리

마이클은 자신의 사업 분석이 꽤 정확하다고 생각하였지만 분석결과를 정리하기 위해서는 많은 노력이 요구되었다. 직원들은 고객의 주문을 같은 종이가 두 장 겹쳐진 주문서에 적었으며, 하나는 음식 준비를 위해 주방으로 보내졌다. 직원들은 나머지 한 장에 금액을 표기해서 식사를 마친 고객에게 전달했다. 이후 고객은 계산대에서 현금 또는 신용카드로 계산했으며, 반환된 계산서는 그대로 보관되었다. 마이클은 분석을 위해 일주일에 몇 차례 계산서들을 수합하여 판매 및 테이블 정보를 엑셀에 기입했다. 하지만 그가 다른 일들로 너무 바빴던 탓에 데이터 입력과 분석이 늦춰질 때가 많았다. 레스토랑은 지역 서비스를 통해 급여대장을 처리했다. 직원들은 자신들의 근무시간 기록표를 손으로 직접 작성했다. 일주일이 끝날 때마다 마이클이 직원들의 기록표를 확인했으며, 검증된 기록표들은 지역 서비스로 보내져서 처리되었다. 마이클은 수기 방식의 근무시간 관리가 불편하다고 생각했지만 더 간단하고 비용 대비 효과적인 대안이 없었다.

마이클은 레스토랑의 지출을 추적하고, 공급자들에게 지급하기 위한 수표를 처리하며, 예금을 기록하기 위해서 소형 기업회계 패키지를 사용했다. 회계 소프트웨어는 사용하기 편리했고, 재무상태표와 손익계산서 작성이 지원되었다. 또한 세금 신고서를 작성하는 데 필요한 관련 정보도 생성되었다. 하지만 회계 소프트웨어가 사업 운영 및 판매예측을 분석하기 위해 필요한 정보까지 추적하지는 못하였다. 인적자원 부서에서의 경험을 토대로 마이클은 양질의 데이터와 경영정보의 필요성을 인지하고 있었다. 그가 일했던 이전 직장에서는 별도의 IT 부서가 전문지식과 지원을 제공하였지만, 현재의 소규모 레스토랑에서 그러한 기술들을 사용할 방안은 없었다.

마이클은 레스토랑의 주인으로서 데이터 입력보다는 실질적인 운영에 집중해야 한다고 믿고 있었지만, 더 효과적인 레스토랑 운영/계획을 위해 데이터를 수집/분석하는 것이 필수적이라고 생각하였다.

리즈와 마이클의 아들 타일러는 최근 마케팅 및 경영관리 전문 경영학 학위를 취득했다. 타일러는 방학 때마다 레스토랑에서 서빙 직원으로 일했기 때문에 부모의 사업을 어느 정도 이해하고 있었다. 마침 그는 경영대학에서 배운 지식들을 활용해보기 위해 더 많은 경험을 쌓고 싶어 하던 참이었다. 리즈와 마이클은 타일러가 자신들의 사업에 참여하면 좋을 것이라고 판단했다.

문제 정의

마이클은 사업 운영을 위한 프로세스를 간소화하고, 분석을 위한 정보 수집을 위해 수작업에 의존하지 않는 좀 더 효율적인 방안을 타일러에게 요구하였다. 마이클이 언급한 문제들은 타일러가 과거 레스토랑에서 일했을 때 이미 겪은 일들이었기 때문에 타일러는 자신이 해결해야 되는 문제가 무엇인지 이해할 수 있었다. 레스토랑의 문제들은 크게 두 가지로 나눌 수 있었다. 하나는 고객 주문 정보의 완전성과 정확성에 관한 것이었으며, 다른 하나는 결제 방식에 대한 것이었다.

고객 주문이 손으로 작성되었기 때문에 주문서에 적힌 글씨를 알아볼 수 없는 상황이 가끔 발생했다. 특히 신입 직원의 경우 고객의 기호, 토핑, 특이사항 등 주문에 대한 정보가 부정확하거나 일부 항목이 누락되는 일이 일어나곤 했다. 이는 주문 처리 과정 전체를 지연시켰으며 고객만족도에 부정적 영향을 끼쳤다. 한편 고객 결제 처리는 또 다른 문제였는데, 결제방식이 명시되어 있지 않아 고객들은 직원을 통해서 결제해야 되는지 혹은 직접 계산대로 가야 하는지에 대해 혼란스러워 하였다. 마이클은 현금과 신용카드를 비롯한 모든 계산을 한 장소에서 처리하고 싶었고, 이러한 자신의 생각을 검토해보고 싶었다.

타일러는 우선 서빙 직원들과 주방 직원에게 고객 주문 정보 확인 및 결제 문제의 심각성에 대해 통보하였으며, 직원들 역시 타일러의 문제 인식에 동의하였다. 하지만 그들은 타일러가 놓치고 있는 또 다른 문제들에 대하여 언급하였다. 여느 레스토랑과 마찬가지로 킴볼 레스토랑에서도 결제되지 않은 계산서들은 서빙 직원들이 책임져야만 했다. 하지만 서빙 직원들로서는 고객들이 계산대에서 결제를 했는지, 혹은 결제하지 않은 채로 떠났는지 분간할 수 있는 방법이 없었다. 따라서 서빙 직원들은 고객들의 결제 여부를 바로 알 수 있다는 점에서 고객들이 자신들을 통해 직접 결제하는 방식을 선호한다고 밝혔다. 또한 서빙 직원들은 자신들이 주문서를 읽기 쉽고 온전하게 작성하더라도 음식이 잘못 준비되는 일이 가끔 있다고 주장했다. 한편 주방 직원은 고객의 주문 변경이 종종 급하게 이뤄지거나, 진행 중이던 다른 음식의 조리 과정을 방해할 때가 있다고 말했다. 실제로 음식이 고객에게 전달될 준비가 끝난 후 서빙 직원이 주문 변경을 알리는 경우가 많았다. 주방 직원은 음식이 조리되기 이전에 주문 변경 내용을 주고받을 수 있는 새로운 프로세스가 필요하다고 말했다. 유감스럽게도 현재의 프로세스에서는 어떤 주문에 대한 변경이 요청되었는지 즉각적으로 전달할 수 있는 방법이 없었다. 그러므로 직원들이 지적한 문제들의 심각성을 객관적으로 평가할 수 있는 데이터도 마련되어 있지 않았다.

문제 해결과 의사결정을 위한 데이터 수집

타일러는 데이터 분석에 초점을 맞추기로 하고, 그의 부모에게 다음의 두 가지 질문들에 대한 답변을 요청하였다. (1) 현재 가지고 있는 정보로부터 알고 있는 사실이 무엇인가? (2) 레스토랑 사업을 보다 효율적이고 수익성 있게 운영하기 위해서 알고 싶은 것이 무엇인가? 우선 리즈와 마이클은 하루 동안 사용되는 테이블의 개수와 고객들이 결제한 총액을 알고 있다고 대답했다. 고객들이 결제한 총액은 세금 문제로 주류와 음식으로 나뉘었으나, 이들 카테고리의 일별 총액이 개별 고객의 주문에 대한 세부 정보를 제공하지는 않았다. 따라서 마이클은 다음과 같은 세부 정보들을 얻고 싶었다. 고객들이 어떤 메뉴를 주문했는가? 고객들이 에피타이저를 주문했는가? 한 테이블에 몇 명의 고객(어른과 아이)들이 앉았는가? 고객들이 특별 메뉴를 주문했는가? 리즈 역시 다음의 세부 정보를 얻고 싶었다. 과거 판매량을 기준으로 얼마만큼의 재료를 주문해야 하는가?

타일러는 이러한 문제인식이 레스토랑의 효율성 향상을 위한 훌륭한 첫걸음이 될 것이라고 생각하였다. 그는 리즈와 마이클의 질문들을 마케팅/프로모션과 운영 등 두 가지 분야로 분류하였다. 타일러는 메뉴 계획, 프로모션, 고객 만족도를 결정하기 위해서 추가적인 마케팅 정보가 필요하다는 사실을 알고 있었다. 그는 얼마나 많은 고객들이 재방문 고객 또는 신규 고객인지 알고 싶었으며, 그들이 레스토랑을 어떻게 알고 찾아왔는지 궁금해했다. 한편 운영 측면에서는 문제가 발생할 때 모니터링이 적절하게 수행되고 있는지 파악하는 것이 필요해 보였다.

정보기술(IT)의 중요성(Does Information Technology Matter?)

덴버에 위치한 햄버거 체인 '스매쉬버거(Smashburger)'는 특별 조리법보다 강력한 고객 유치 비법을 개발했다. 바로 새로운 점포를 개설할 때마다 페이스북과 트위터 등의 거대 소셜 미디어를 통해 블로거들을 초대하는 것이었다. 스매쉬버거는 기존의 매체 광고에만 의존하는 대신 소셜 미디어를 통해 소비자들과 직접 소통할 수 있었다.

보스턴의 '아이트 그룹(Aite Group)'은 모바일 기기 상에서 은행 거래를 이용하는 1,000명의 소비자들을 대상으로 설문을 시행한 바 있다. 설문 참가자들 중 3분의 1 가량이 계좌 잔고를 확인하기 위해서 모바일 뱅킹 애플리케이션을 더욱 빈번하게 사용한 것으로 조사되었다. 이는 전년 대비 10배 증가한 비율이다 (Cerny, 2011).

위의 사례들을 비롯한 수많은 관찰 결과들은 정보기술이 더 이상 IT 전문가들만의 전유물이 아님을 시사한다. 즉, 비즈니스 전문가들은 개발, 구매, 정보시스템 도입에 관한 의사결정을 IT 전문가들에게 완전히 맡길 수 없다. 따라서 오늘날 비즈니스 전문가들에게는 정보기술 개발 및 적용 방법에 대한 지식이 불과 몇 년 전보다 더욱 많이 요구된다. 전공 분야에 관계 없이 더 많은 IT 지식과 경험을 가진 자가 더 좋은 일자리를 얻고, 빠르게 승진하는 것이 현실이다.

디지털 시스템의 힘(The Power of Digital Systems)

우리는 일상에서 수량을 표현할 때 0부터 9까지의 숫자들을 사용한다. 이와 같은 셈법을 십진법이라고 한다. 하지만 이를 오직 두개의 숫자, 즉 0과 1로만 표현하는 것도 가능하다. 이것을 우리는 이진법이라고 부른다. 컴퓨터와 주변 장치들은 이진법 시스템을 채택하는데, 두 가지 숫자(digit)만 사용한다는 점에서 이들을 **디지털 시스템**(digital system)이라고 부른다. 그렇다고 디지털 시스템이 숫자, 수량 정보만을 나타내는 것은 아니다. 디지털 시스템은 0과 1을 사용하여 모든 형태의 정보를 표현할 수 있다.

엄밀하게 말하면 0과 1로 구성된 디지털 정보는 두 가지 상태를 나타낼 수 있다. 전기적으로 충전된 기기와 충전되지 않은 기기, 자화된 영역과 자화되지 않은 영역, 빛이 있는 곳과 빛이 없는 곳 등 다양한 상황에서 두 가지 상태를 0과 1로 표현하는 것이 가능하다. 디지털 시스템은 이와 같은 신호에 기반하여 정보를 디지털 방식으로 표현하고, 저장하며, 주고받고, 처리한다.

연속적인 신호에 기반한 아날로그 시스템과 달리 디지털 시스템은 수량, 텍스트, 소리, 사진, 영상 등 모든 형태의 정보를 전송한 후 원래 정보를 완벽하게 복원할 수 있다. 즉, 디지털 사본은 원본을 그대로 복사한다. (축약) 예를 들어 아날로그 복사기는 반사 등의 기법을 통해 이미지를 재생산한다. 그 결과로 출력되는 사본의 품질은 우수할 수 있지만, 사본이 결코 원본과 동일한 것은 아니다. 게다가 사본을 다시 복사할 경우 품질은 더욱 나빠진다. 한편 이미지 또는 음악 파일과 같은 디지털 파일의 사본을 만들 때면, 디지털 시스템은 파일을 구성하는 이진 신호들의 조합을 분석한다. 이후 이진 신호는 적절한 하드웨어와 소프트웨어에 의해 처리되어 원본의 형태로 변환된다. 컴퓨터를 비롯한 디지털 기기들이 정보를 구성하는 모든 이진 신호를 해석할 수만 있다면 원본은 얼마든지 완전한 상태로 재생산될 수 있다.

디지털 정보는 전기, 자기, 빛 등의 전자기적 신호 형태로 저장되거나 전송된다. 이러한 프로세스에서는 물리적인 구동 부품이 아주 조금 사용되거나 혹은 사용되지 않는다. 바로 디지털 정보의 저장, 검색, 처리, 통신이 급속히 이뤄질 수 있는 까닭이다. 정확성과 신속성이 곧 디지털 시스템의 힘이며, 오늘날 디지털 시스템은 비즈니스, 교육, 엔터테인먼트 등 다양한 분야에서 유용하고 중요하게 사용된다.

POINT OF INTEREST 가족과 친구가 보내주는 악천후 경고

소셜 미디어 기술은 사용자들에게 실질적인 도움이 되기도 한다. 2012년 '더 웨더 채널(The Weather Channel)'은 친구들에게 악천후가 닥칠 때 사용자에게 경고하는 페이스북 애플리케이션을 개발하였다. 사용자들은 친구들의 위치를 중심으로 악천후를 모니터링하며, 친구들의 페이스북 타임라인에 경고 게시물을 올릴 수 있게 되었다. 이와 같은 서비스의 배경에는 사람들이 일반적인 날씨 경고보다 친구나 가족이 보내는 개인적인 경고에 귀를 기울일 것이라는 판단이 있었다.

출처: Honker, D. (2012). "Weather Channel Launches 'My Friends' Weather' to Integrate Alerts with Social Media." www.awareforum.org/2012/07/weather-channel-launches-my-friends-weather-to-integrate-alerts-with-social-media/

정보시스템의 목적(The Purpose of Information Systems)

우리는 다양한 목적 달성을 위해 여러가지 유형의 정보를 필요로 한다. 예를 들어 재미나 깨달음을 얻기 위해서 정보를 찾는 순간을 떠올려보자. 여러분은 TV나 영화를 보거나, 인터넷을 검색하며, 라디오를 듣기도 하고, 신문·잡지·책을 읽을 것이다. 한편 비즈니스에서는 개인이나 조직이 현명한 의사결정을 내리고 문제를 해결하기 위해서 정보를 찾는다. 문제 해결과 의사결정이 성공적인 기업으로 거듭나기 위한 기초이기 때문이다.

문제란 무엇인가? 문제란 우리가 원하지 않는 상황의 근본적인 원인이다. 사방에 아무것도 보이지 않는 벌판 위에서 자동차의 타이어가 터졌다면, 여러분은 문제를 겪고 있는 것이다. 만약 고객 일부가 상환 기간을 지키지 못했음에도 정확히 누가 얼마만큼의 돈을 빌렸는지 알지 못한다면, 여러분은 문제를 겪고 있는 것이다. 두 상황 모두를 해결하기 위해서 필요한 것이 바로 정보라고 할 수 있다. 전자의 경우 견인업체에 전화한다면 컴퓨터 기반의 추적 시스템을 통해 사고 현장에서 가장 가까이 있던 견인차가 출동할 것이다. 후자의 경우 간단한 회계 소프트웨어가 여러분을 도울 수 있을 것이다.

만약 문제를 해결할 수 있는 여러 가지 방법들이 있다면 우리는 결정을 내려야만 한다. '2 더하기 2는 무엇인가?' 유형의 문제는 유일한 해답을 가지고 있기 때문에 의사결정을 필요로 하지 않는다. 하지만 여러분이 한 기업의 경영자라면 '신제품을 홍보할 수 있는 가장 좋은 방법은 무엇인가?'와 같은 문제들에 직면하게 될 것이다. 신제품 홍보에는 수없이 다양한 방법들이 사용될 수 있다. TV, 라디오, 신문, 온라인을 통해서 광고하거나 시연회, 소셜 미디어를 이용할 수 있으며, 이들을 복합적으로 활용하는 방법도 있다. 이러한 상황 속에서 의사결정은 반드시 필요하다.

문제 해결과 의사결정은 공통적으로 정보를 필요로 한다. 올바른 정보의 효율적인 수집, 보관, 활용 모두 오늘날 성공적인 기업으로 거듭나기 위해 꼭 필요한 일들이며, 곧 이 책에서 다룰 주제들이다. 결국 정보시스템의 목적은 일련의 과정을 지원하는 데 있다. 기업들은 전자상거래, 항공권 예약 등 크고 작은 업무들을 지원하기 위해서 정보시스템을 사용한다. 여러분은 전문가로서 성공을 거두기 위해 정보시스템의 기초를 이해하고 활용할 수 있어야만 한다.

WHY YOU SHOULD 왜 정보시스템을 잘 이해하고 있어야만 하는가

여러분은 머지않아 일자리를 구할 때 고용주들이 상당한 정보기술 관련 지식을 요구한다는 사실에 놀라게 될 것이다. 설령 해당 직책이 IT 분야에 속하지 않더라도 말이다. 오늘날 기업들은 여러 가지 이유에서 정보기술에 능통한 전문가들을 물색한다. 일반 기업들은 물론 비영리단체들에게도 정보는 생명줄과 같기 때문이다. 컴퓨터가 제공할 수 있는 서비스와 정보의 품질은 예산 규모에 따라 결정되곤 하지만, 정보는 올바른 문제 해결과 의사결정을 위한 필수 요소임과 동시 비즈니스의 성공을 위한 기반이라 할 수 있다.

비즈니스를 구성하는 다른 요소들과 달리 정보시스템은 그 형태와 콘텐츠가 급격한 기술 변화로 인해 빠르게 바뀐다. 지금 빠르고 강력하다고 여겨지는 컴퓨터도 18-24개월이 지나면 구형 컴퓨터가 되어버린다. 지금 혁신적이라고 여겨지는 응용 프로그램이나 기술 모형(technology model)도 12-24개월이 지나면 신제품들에게 뒤쳐지기 마련이다. 이러한 정보기술의 동적인 특성은 마치 이동 표적과도 같아서, 정보기술을 활용하는 여러분의 새로운 아이디어 혹은 제품 개념도 결국 다른 누군가의 새로운 아이디어와 제품 개념으로 대체되고 말 것이다.

따라서 정보를 지속적으로 습득/갱신하지 못하는 전문가는 기업에서의 그 존재가치를 잃게 될 것이다. 전문가, 과학자, 경영자와 같이 각자의 분야에서 새로운 정보와 지식을 생성하는 지식노동자(knowledge worker)는 정보기술과 친숙해야만 한다. 더 나아가 지식노동자는 어떤 정보기술이 자신의 업무와 관계되는지, 특정 기술이나 네트워크 리소스를 통해 어떤 정보를 획득할 수 있는지 알아야만 한다.

전문가들은 자신이 속한 기업과 외부 비즈니스 환경을 매 순간 명확하게 파악하고 있어야 한다. 또한 전문가들은 그들 스스로와 경쟁자들이 이용할 수 있는 자원을 알고 있어야만 한다. 정보기술은 이와 관련된 데이터를 수집, 저장, 전달하는 데 훌륭한 도구들을 지원한다. 한편 수집한 데이터를 진정 효과적으로 사용하기 위해서는 적절한 조작이 필요하다. 조작 결과로 생성된 유용한 정보는 인력, 시간, 돈, 장비 및 기타 자산을 비롯한 다양한 자원들을 최적으로 할당하는 데 사용될 수 있다. 이러한 맥락에서 정보시스템은 분야에 관계없이 중요한 도구로서 기능한다. 성공적인 전문가가 되기 위해서는 자신의 기업이 어떤 정보시스템을 사용할 수 있는지, 미래에 어떤 시스템이 개발될 것인지 알아야만 한다.

데이터, 정보, 그리고 정보시스템 (Data, Information, and Information Systems)

우리는 일상에서 '데이터,' '정보,' '시스템' 등의 단어들을 자주 사용한다. 여러분이 앞으로의 커리어에서 정보를 효과적으로 다루려면, 이 단어들의 경영학적 의미와도 친숙해져야만 한다.

'데이터'와 '정보'는 같은 뜻이 아니다. **데이터**(data)의 어원은 라틴어 datum이며, 이 단어는 '주어진 것' 혹은 '사실'이란 뜻을 가진다. 데이터의 형태는 숫자이거나 문장 혹은 그림일 수도 있다. 데이터는 정보를 생산하기 위한 원재료이다. 한편 **정보**(information)는 특정 상황에서 의미를 갖는 사실 또는 결론이다. 가공되지 않은 데이터가 정보만큼 의미 있거나 유용한 경우는 드물다. 데이터가 정보가 되기 위해서는 도표 작성이나 통계 분석과 같이 상황에 대한 이해를 돕는 작업을 통한 조작이 필요하다.

데이터 vs. 정보(Data vs. Information)

데이터와 정보의 차이를 설명하는 간단한 사례를 살펴보자. 지금부터 여러분은 한 자동차 제조회사의 직원이다. 지난해 회사는 새로운 자동차를 선보였다. 경영진은 충성도 높은 고객들을 유지하기 위해서 지속적으로 제품 및 서비스를 개선해야 된다는 것을 알고 있다. 이러한 노력의 일환으로 기업은 다수의 구매자들을 대상으로 정기적인 설문을 실시하고 있으며, 설문지는 총 30가지 문항들로 구성되어 있다. 설문지에는 피설문자의 기본정보(성별, 나이, 수입), 제품 및 서비스에 대한 불만사항(핸들링과 제동의 용이성, 음향 시스템의 품질), 가장 만족스러운 제품 특징, 딜러의 태도 등의 카테고리가 포함되어 있다.

데이터 조작(Data Manipulation)

모든 설문 데이터를 그냥 읽기만 하는 일은 많은 시간이 걸릴 뿐만 아니라 크게 도움이 되지 않는다. 하지만 데이터를 잘 조작한다면 아주 유용한 정보를 얻을 수가 있다. 구매자들의 불만을 주제별로 분류하고, 각각의 자동차 모델에 대한 주제별 불만 건수를 합산하는 것도 하나의 방법이다. 이를 통해 회사는 자동차의 약점을 찾아낼 수 있으며, 마케팅 분석가는 적절한 엔지니어링 혹은 제조 부서에게 결과 정보를 전달하게 될 것이다.

물론 회사는 설문에 참여한 고객들이 어떤 모델의 자동차를 구매했고, 어떤 지불 방법을 선택했는지에 대한 충분한 데이터를 이미 딜러들로부터 확보하고 있다. 하지만 설문의 결과가 마케팅 목적을 위해 사용되기 위해서는 설문 결과를 바탕으로 생성된 정보가 필요하다. 이를테면 마케팅 부서는 자동차 모델별로 구매자들의 나이와 소득의 평균을 계산한 뒤, 구매 의사가 가장 높은 고객군을 겨냥해서 광고를 할 수 있다. 만약 특정 자동차 모델의 구매자 대다수가 할부 구매를 선택하지 않는다면, 회사는 해당 자동차에 대한 서비스 옵션을 중단하고 다른 모델들의 할부 지원금을 확대할 수 있을 것이다. 회사는 이와 같은 방식으로 데이터로부터 유용한 정보를 생성할 수 있다.

정보 생성(Generating Information)

앞서 살펴본 사례에서 구매자들의 불만 건수 혹은 나이의 합과 평균을 계산함으로써 소비 행태 트렌드를 파악할 수 있었다. 이때의 계산들을 "처리"라고 부른다. 처리(process)란 일반적으로 정보 생성을 목표로 하는 모든 데이터 조작 방식을 일컫는다. 원자재에 해당되는 데이터는 처리를 통해 비로소 정보로 출력될 수 있다. 마치 제조업에서 완제품을 만들기 위해서 원자재를 가공하는 것처럼 원시 데이터를 처리함으로써 유용한 정보를 생성하는 것이다(그림 1.1). 그러나 어떤 데이터 처리는 또 다른 데이터를 만들어 내기도 한다.

가끔 데이터가 다른 맥락에서 정보로 간주되는 경우가 있다. 예를 들어 농구 시합을 보러 온 모든 관중의 나이를 알아야 하는 경우, 이를 위해 수집한 데이터가 곧 정보가 될 것이다. 하지만 각 연령 그룹이 구매한 입장권의 평균 가격을 비교하고 싶다면 관중의 나이는 단지 정보를 생성하기 위해 가공해야 할 데이터에 불과한 것이다.

■ 그림 1-1

입력-처리-출력

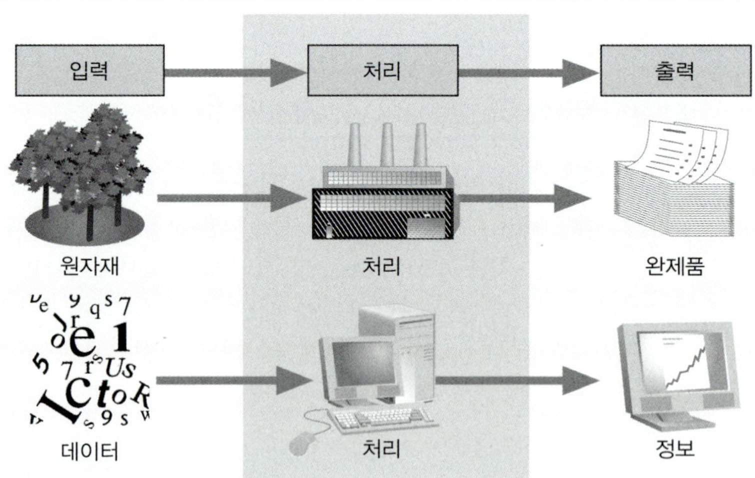

유용한 정보(Information in Context)

정보는 분명 개인과 조직 모두에게 아주 중요한 자원이다. 하지만 모든 정보가 늘 유용하기만 한 것은 아니다. 예를 들어 다음과 같은 상황을 상정해 보자. 두 사람이 타고 있던 열기구가 갑자기 불어온 바람 때문에 경로를 이탈했다. 그들은 가까스로 열기구의 고도를 내린 다음 지상에 있던 농부에게 외쳤다. "여기가 어디인가요?" 그러자 농부가 답하기를, "당신들은 옥수수밭 위에 있습니다!" 농부의 말을 들은 두 사람은 서로를 쳐다보며 말했다. "어쩜 이리도 유용한 정보가 있을

■ 그림 1–2

유용한 정보의 특징

관련성 	정보는 반드시 당면한 문제와 관련이 있어야 한다. 예를 들어 기업의 채용 과정에서 지원자의 총 재학 기간은 근무 자격과 큰 관련이 없을 수 있다. 반면 지원자가 특정 전공에 한해 오랜 시간 교육을 받았거나 경험을 가졌다는 사실은 관련이 있는 정보가 될 수 있다. 정보는 특정한 맥락 속에서 이해될 수 있는 형태로 제시되어야만 한다.
완전성 	가끔 정보가 불완전한 경우 정보가 없느니만 못할 때가 있다. 예를 들어 가계 소득에 대한 마케팅 데이터에 예상 고객층의 구매 습관 관련 주요 정보가 수반되지 않으면 나쁜 의사결정이 초래될 수 있다.
정확성 	잘못된 정보는 참담한 의사결정으로 이어질 수 있다. 예를 들어 페니실린 알레르기 진단 정보가 부정확할 경우 의사는 환자를 돕고 있다고 생각하는 동시에 환자에게 해를 끼칠 수 있다.
최신성 	의사결정은 일반적으로 이용 가능한 최신 정보에 기반한다. 하지만 어제의 최신 정보가 더 이상 오늘의 최신 정보일 수는 없다. 예를 들어 어제의 주가에 기반한 단기 주식 매입 의사결정은 매입 직전 주가가 상승할 경우 금전적 손실을 발생시킬 수 있다.
경제성 	비즈니스 환경에서 정보를 얻는 데 드는 비용은 일반적인 의사결정에서 고려되는 하나의 비용 요소로 간주되어야 한다. 예를 들어 기업들은 마케팅 실패 위험을 줄이기 위해서 새로운 제품에 대한 수요를 조사해야만 한다. 이때 시장 조사의 비용이 지나치게 비쌀 경우, 정보를 얻는 대가로 매출이익이 감소될 수 있다.

수가! 아주 정확하지만 조금도 쓸모가 없구나!"

정보가 유용하기 위해서는 반드시 맥락과 관련 있어야 하며, 온전하고, 정확하며, 또 최신이어야만 한다. 특히 비즈니스에서 정보는 경제적으로 얻을 수 있어야 하며, 비용 대비 효율이 높아야 한다. 그림 1.2는 유용한 정보의 몇 가지 특징들을 설명한다.

시스템이란 무엇인가?(What Is a System?)

쉽게 말해 시스템이란 하나 혹은 그 이상의 공동 목표를 달성하기 위해 함께 작동하는 구성 요소들의 집합으로, 일련의 질서를 통해 입력을 받아들여 처리하고 결과물을 출력한다. 다음의 사례들을 살펴보자:

- 음향시스템은 레이저 헤드, 앰프, 이퀄라이저 등 다양한 전자 및 기계 부품들로 이루어져 있다. 이 시스템은 CD, DVD와 같은 매체에 녹음된 소리와 전력을 입력으로 받고 처리한 뒤 음악을 재생한다. 시스템의 모든 구성 요소들이 이 목표를 달성하기 위해서 함께 작동한다.
- 우리는 가끔 "시스템을 무너뜨리자"라는 말을 주변에서 듣는다. 여기서 '시스템'은 정부 기관, 상업 회사 혹은 기타 관료제와 같이 인간이 만든 조직을 지칭한다. 조직 역시 마찬가지로 시스템이다. 이 시스템은 다양한 분야 및 부서의 사람들로 구성되어 있으며, 이들은 공동의 목표를 이루기 위해서 함께 노력한다.

시스템과 서브시스템 (Systems and Subsystems)

모든 시스템이 하나의 목표만을 가진 것은 아니다. 시스템은 여러 개의 서브시스템들로 구성되기도 하며, 이들은 주목표 달성을 위해 기여하는 각각의 하위 목표를 가진다. 서브시스템은 다른 시스템이나 서브시스템으로부터 입력을 받을 수도 있고, 출력을 보낼 수도 있다.

제조업에서의 서로 다른 부서들을 떠올려보자. 마케팅 부서는 기업의 제품 판매를 촉진하고, 엔지니어링 부서는 새로운 제품을 개발하거나 기존의 제품을 개선한다. 재무 부서는 예산을 계획하고 조금이라도 더 많은 이윤을 발생시키기 위해서 자산을 운용한다. 모든 부서가 기업이란 큰 시스템의 서브시스템이며, 이들은 이윤의 극대화라는 주목표에 대한 각각의 하위 목표를 가진다. 이번에는 제조기업의 운영 데이터를 저장 및 처리하고 운영 전반에 대한 정보를 생성하는 정보시스템의 목표를 고려해보자. 재고관리 서브시스템의 목적은 경영자에게 현재 재고 보유량과 새롭게 주문해야 되는 품목들의 수량을 알려주는 것이다. 생산관리 서브시스템의 목적은 작업이 진행 중인 제품들의 상태를 추적하는 것이다. 조립관리 서브시스템은 BOM(bill of material; 제품을 구성하는 모든 부품의 종합 목록)과 조립된 제품의 상태를 표시한다. 한편 전체 시스템의 목표는 최단 시간 내에 최저 비용으로 완제품을 인도하는 것이다.

그림 1.3은 모든 기업이 사용하는 회계 시스템의 사례를 보여준다. 회계 시스템 역시 여러 서브시스템들로 구성된다. 미지급금 계정은 기업이 공급업체와 서비스 제공자에게 지불해야 되는 돈에 대한 정보를 기록한다. 미수금 계정은 반대로 기업이 받아야 하는 미수채권의 금액과 채무자에 대한 정보를 기록한다. 총계정원장은 모든 계정의 수입과 지출을 기록한다. 마지막으로 보고서 생성기는 기업의 재무상태를 반영하는 보고서를 생성한다. 이처럼 서브시스템들은 각각의 분명한 목표를 가지고 있다. 기업의 회계 시스템은 모든 서브시스템이 함께 작동할 때 비로소 완전하다.

기업경영을 위해서 비즈니스 각 영역의 전문가 집단은 시스템의 조직적 의미와 물리적 성질을 모두 이해하고 있어야 한다. 나아가 자신이 조직에서 맡은 역할을 이해함으로써 동료와 비즈니스 파트너, 그리고 고객과 더 잘 소통할 수 있어야 한다. 또한 정보시스템 활용 능력을 바탕으로 조직의 업무와 사람들의 협업을 지원할 수 있어야 한다.

■ 그림 1-3

기업 회계 시스템을 구성하는 서브시스템들

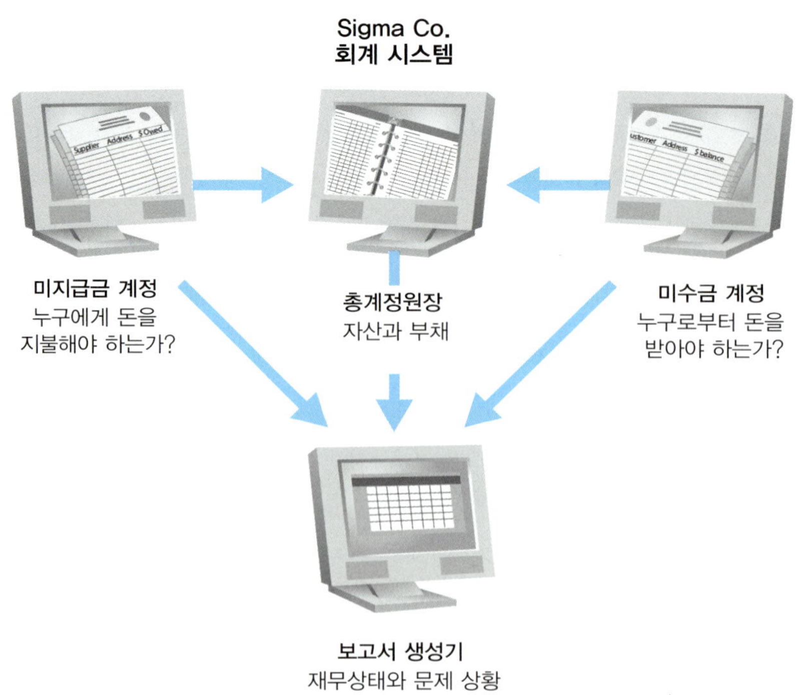

폐쇄형 시스템과 개방형 시스템(Closed vs. Open Systems)

시스템은 정보 흐름의 성격에 따라 폐쇄형 시스템과 개방형 시스템으로 구분된다. 폐쇄형 시스템(closed system)은 다른 시스템과 연결되지 않은 독립적인 시스템이다. 즉, 폐쇄형 시스템에는 어떠한 정보의 유입도 유출도 발생하지 않는다. 예를 들어 직원이 키보드로 입력한 데이터에 따라 수표를 출력하는 소형 수표 발행 시스템은 폐쇄형 시스템이다. 이 시스템은 보안을 목적으로 고립되었을 가능성이 크다. 한편 개방형 시스템(open system)은 다른 시스템과의 상호작용이 있는 시스템을 일컫는다. 만약 어떤 회계 시스템이 별도의 급여 시스템으로부터 급여 정보를 가져온다면 이는 개방형 시스템이다. 서브시스템은 그 정의에 따라 필연적으로 개방형 시스템이다. 서브시스템은 상위 시스템의 구성 요소로서 다른 시스템으로부터 정보를 수신하거나 제공해야 되기 때문이다.

점점 더 많은 기업들이 개방형 인터페이스 기반 정보시스템을 도입하고 있다. 각 시스템은 대형 시스템의 모듈로 작동하며, 모듈들은 서로 연결되어 데이터와 정보를 주고받는다. 많은 조직들이 보다 효과적인 협업을 위해서 공급업체와 고객 등 비즈니스 파트너들의 정보시스템과 그들의 정보시스템을 연결하고 있다.

정보시스템 (Information Systems)

"정보"와 "시스템"이란 단어들을 온전히 이해했다면 정보시스템의 정의가 직관적으로 받아들여질 것이다. 정보시스템(information system; IS) 이란 데이터를 처리하고 정보를 생성하기 위해 함께 작동하는 모든 구성 요소들의 집합이다. 거의 대부분의 정보시스템이 많은 서브시스템들로 구성되어있으며, 이들은 조직의 주목표를 달성하는 데 기여하는 각각의 하위 목표를 가진다.

정보와 경영자(Information and Managers)

시스템적 사고란 하위 조직 혹은 서브시스템 등 다양한 측면으로부터 전체 조직을 이해하는 방식으로 비즈니스에서 발생되는 문제 해결 및 의사결정을 위한 유용한 프레임워크를 제공한다고 볼 수 있다. 문제를 해결하기 위해서 경영자는 문제가 발생한 서브시스템을 파악하고, 해당 서브시스템의 강점과 제약 사항을 고려해야 한다.

뿐만 아니라 시스템 사고는 경영자가 사업 전반의 목표와 운영에 집중할 수 있도록 도와준다. 시스템 사고를 통해서라면 문제를 해결하거나 의사결정을 내릴 때 특정 서브시스템만이 아닌 시스템 전체를 고려할 수 있기 때문이다. 하나의 서브시스템만을 위한 솔루션이 사업 전체에 범용될 수 있는 경우는 많지 않다. 예를 들어 영업 부서가 고객의 주문을 온라인으로 받을 수 있도록 웹사이트를 개발하여 기존의 노동 집약적 판매 방식을 자동화했다고 생각해보자. 당연히 비용은 감소하게 된다. 하지만 동시에 주문량의 증가로 완제품의 공급 부족 현상이 나타날 것이다. 이때 시스템 사고를 적용한다면 판매 방식의 개선으로 다른 프로세스들도 함께 개선될 수 있다. 시스템 사고 없이는 다른 부서들이 의사결정에 관여할 수 없기 때문에 시너지 효과가 발생하지 않는다.

만약 다른 부서들이 웹사이트 기획 단계에 함께 참여했다면, 웹사이트와 연결되어 방대한 양의 데이터를 저장하는 데이터베이스(database)를 서로 공유함으로써 배송 부서나 제조 부서 등이 판매 데이터에 접근할 수 있었을 것이다. 배송 부서는 데이터로부터 가공된 정보를 종이 대신 컴퓨터 모니터에서 확인하여 포장 및 배송을 신속하게 처리할 수 있다. 또한 제조 부서는 주문 데이터를 이용해서 노동 인력과 재고 등의 자원을 계획할 수 있다.

효과적인 경영자는 시스템적 사고를 통해 자신의 업무들을 마치 퍼즐 조각들처럼 바라본다. 이때 각 퍼즐 조각은 아주 중요하면서도 인접한 조각들과 잘 맞아야 한다. 경영자는 조각을 맞추는 동시에 퍼즐의 전체 그림을 항상 볼 수 있어야 한다.

원활한 기업경영을 위한 정보시스템의 가장 큰 공헌 중 하나는 시스템 간의 정보 교환을 자동화한 것이다. 미국의 '레드박스(Redbox)'는 키오스크를 통해서 DVD 및 비디오 게임 대여 서비스를 제공한다. 고객은 자신이 선택한 키오스크에서 모바일 혹은 웹을 통해 예약한 DVD 및 비디오 게임을 수령할 수 있다. 레드박스는 재고 및 예약 데이터베이스를 사용함으로써 예약 처리의 세 가지 채널인 키오스크, 모바일, 웹을 동기화한다 (Chipchase, 2011).

판매 시스템의 혁신은 하나의 경쟁우위로서 기업이 혹독한 경제 환경에서 살아남을 수 있게 해준다. 키오스크를 활용하여 하루 단돈 1달러에 DVD를 대여 및 수거한 레드박스 역시 마찬가지다. 레드박스는 키오스크를 사람들이 많이 다니는 지역에 전략적으로 배치하였다. 하지만, 기존 비디오 가게들과 이러한 전략적 배치가 추가적 인건비를 발생시키지 않았기 때문에 재정적으로 큰 부담이 되지 않았다. 키오스크 배치 전략은 매출액의 급속한 증가로 이어져, 2011년 1분기 동안 매출액 성장이 31.2%에 달했다 (Anonymous, 2011; Pruitt, 2007). 2011년 5월에 발행된 한 보고서에 따르면 키오스크와 우편, 스트리밍을 통한 영화 대여 소비지출이 8% 늘어났고, 소매점에서의 DVD 대여 및 구매가 8% 감소한 것으로 나타났다 (Gruenwedel, 2011).

오늘날 기업 경영에서 **정보맵**(information map)은 조직 내에서의 데이터와 정보의 흐름을 설명하기 위해서 사용된다. 정보맵은 서브시스템들의 네트워크를 도식화함으로써 시스템과 시스템 사이 혹은 시스템과 시스템 외부 사이의 정보 교환을 보여준다. 이상적인 기업에서는 사람이 직접 정보시스템에서 정보를 검색하고 다른 정보시스템으로 전송할 필요가 없다. 다만 기업은 조직의 내부 혹은 외부로부터 새로운 원시 데이터를 수집만 하면 된다. 특정 시스템에서 데이터가 수집되면 그와 관계된 모든 서브시스템들에게 실시간으로 공유될 것이다. 그러므로 시스템적 사고는 **정보기술**(information technology; IT)이 뒷받침될 때 가장 잘 기능할 수 있다. 정보기술이란 정보시스템의 구축과 유지를 총체적으로 가능하게 하는 모든 기술을 일컫는다.

조직이 기업용 응용 소프트웨어를 사용하게 된 근본적인 배경에는 시스템적 사고가 있다고 볼 수 있다. 기업용 응용 소프트웨어는 조직의 여러 부서에 서비스를 제공하는 시스템으로서 수기 방식의 데이터 입력을 최소화한다. 또한 고객 주문 접수, 원자재 구입, 제조, 배송, 과금, 채권 회수 등 조직의 공급사슬 전체에 걸쳐서 유용한 정보를 적시에 제공하기도 한다.

서비스 부문의 경우, 기업들은 문서 관리 시스템을 사용함으로써 다양한 부서의 직원들이 요청 단계에서부터 승인 단계까지 정보와 서명을 문서에 추가할 수 있도록 돕는다. 앞으로 여러분은 이와 같은 시스템에 대해 배우게 될 것이다.

조직에서의 정보시스템(Information Systems in Organizations)

조직에서의 정보시스템은 그림 1.4와 같이 데이터와 하드웨어, 소프트웨어, 텔리커뮤니케이션, 사람, 그리고 일련의 절차로 구성되어 있다. 언젠가부터 정보시스템은 컴퓨터 기반의 정보시스템과 동의어가 되었다. 컴퓨터 기반의 정보시스템이란 중심에 하나 혹은 그 이상의 컴퓨터들이 위치한 시스템으로, 이 책에서는 정보시스템과 같은 의미로 간주하기로 한다. 컴퓨터 기반의 정보시스템에서 컴퓨터는 사람들이 컴퓨터 프로그램을 통해 내리는 명령에 따라 데이터를 수집하거나 저장하며, 처리함으로써 정보를 생성한다.

■ 그림 1-4

정보시스템의 구성 요소		
	데이터	시스템이 정보를 생성하기 위해 필요로 하는 입력
	하드웨어	컴퓨터와 주변 장치들 (입력 장치, 출력 장치, 저장 장치, 데이터 통신 장치)
	소프트웨어	컴퓨터의 데이터 입력, 처리, 정보 출력, 데이터 및 정보 저장 방식에 대한 명령들의 집합
	텔리커뮤니케이션	전자 데이터 형태의 텍스트, 사진, 소리, 애니메이션을 신속하게 전송 및 수신할 수 있도록 도와주는 하드웨어와 소프트웨어
	사람	정보에 대한 니즈 분석, 정보시스템 설계/구축, 프로그래밍, 하드웨어 조작, 소프트웨어 유지를 담당하는 정보시스템 전문가와 사용자
	절차	데이터 처리에서 최적화와 보안을 달성하기 위해 필요한 규칙; 소프트웨어 응용 프로그램 배포 및 보안 조치의 우선 순위

다음의 몇 가지 트렌드들이 비즈니스에서 정보시스템 사용의 중요성을 부각시켰다:

- 데이터 저장 장치의 용량이 늘어났지만 가격은 내려갔다.
- 응용 소프트웨어의 다양성 및 독창성이 증대되었다.
- 모바일 컴퓨팅, 태블릿 PC, **클라우드 컴퓨팅**(cloud computing)의 발달로 정보의 접근성이 용이해졌다.
- 신속하고 신뢰할 수 있는 통신 회선 및 인터넷과 웹에 대한 접근이 가능해짐으로써 SaaS(Software as a Service) 방법론을 채택한 저렴한 응용 소프트웨어가 탄생했다.
- 인터넷의 고속 성장으로 기회의 폭이 넓어졌으며, 글로벌 시장에서의 경쟁이 확대되었다.
- 스마트폰, 모바일 애플리케이션, 조직 시스템과 클라우드 스토리지 시스템 등 기술혁신의 컨버전스가 기술 도입 가능성과 기능성 모두를 증진시켰다.
- 글로벌 인력 중 컴퓨터를 활용할 수 있는 비중이 증가하고 있다.

이처럼 급변하는 환경에서 목표를 달성하기 위해 정보시스템을 사용하지 않는다면 조직은 빠르게 뒤쳐질 수 밖에 없다. 조직은 경쟁력을 유지하기 위해 무엇보다 정보시스템의 기능과 직원들의 작업 능력을 지속적으로 강화해야 한다.

정보 처리의 4 단계 (The Four Stages of Processing)

모든 정보시스템은 컴퓨터 사용 여부에 관계없이 동일한 방식으로 작동한다. 하지만 컴퓨터가 정보시스템의 네 가지 핵심 작업들을 보다 쉽게 수행할 수 있도록 돕는다는 사실은 분명하다.

- 정보시스템으로의 데이터 입력 (입력)
- 정보시스템 상의 데이터 변경 및 조작 (처리)
- 정보시스템으로부터의 정보 습득 (출력)
- 데이터와 정보의 저장 (저장)

컴퓨터 기반의 정보시스템은 어떤 데이터를 어떻게 처리할 것인지 판단하는 논리적 프로세스를 추가적으로 사용한다. 이러한 논리적 프로세스는 추후에 논의될 것이다.

입력 단계 (Input)

입력은 정보 생성의 첫 번째 단계로, 데이터를 수집하여 정보시스템에 투입하는 과정이다. 조직에서 정보시스템에 입력하는 데이터의 대부분은 조직 내에서 생성되고 수집된다. 이러한 데이터는 사업에서 발생한 트랜잭션들의 결과라고 할 수 있다. 트랜잭션(transaction)이란 판매, 구매, 지불, 채용 등의 비즈니스 이벤트를 총칭한다. 트랜잭션은 먼저 종이에 기록되고 이후 컴퓨터 시스템에 입력될 수 있다. POS 단말기, 스캐너, 카메라 등의 트랜잭션 처리 시스템(transaction processing system; TPS)을 통해 트랜잭션을 직접 기록할 수 있으며, 웹 상에서의 트랜잭션을 간접적으로 포착하는 방법도 가능하다. TPS는 트랜잭션을 기록하는 모든 시스템을 일컫는다. 때로는 하나의 시스템이 트랜잭션을 처리하고 정보를 요약해서 다른 시스템으로 전송하기도 한다. 이러한 시스템을 단순한 트랜잭션 기록 시스템이 아닌 트랜잭션 처리 시스템이라고 부른다.

입력 장치에는 키보드, 그래픽 코드를 읽고 감지하는 휴대용 장치, 음성 인식 시스템, 터치 스크린 등이 있다. 4장 "비즈니스 하드웨어"는 이와 같은 입력 장치들에 대해 자세하게 설명한다. 오늘날 기업들은 스캔이나 음성 데이터 입력이 가능한 장치를 통해 입력에 소요되는 시간과 노력을 줄이기 위해 노력한다.

처리 단계(Processing)

정보시스템에 있어서 컴퓨터의 가장 큰 공헌이라면 효율적인 데이터 처리를 가능케 한 것이다. 컴퓨터의 속도와 정확도 덕분에 수백만 개의 데이터를 신속하게 처리할 수 있게 되었다. 일례로 소매 체인 관리자가 모든 품목의 재고 수준에 대한 최신 정보를 수신하고, 그에 따라 주문을 즉각적으로 넣는 것이 가능해졌다. 과거에는 정보 수집에만 며칠이 걸리던 일이었다. 컴퓨팅 속도와 경제성의 향상 덕분에 정보는 조직의 성공을 위한 필수 요소로 자리 잡게 되었다.

출력 단계(Output)

출력은 정보시스템에 의해 생성된 정보를 조직에 가장 효과적인 방식으로 표현하는 과정이다. 가장 널리 사용되는 출력 장치는 결과물을 시각적으로 출력해내는 비디오 디스플레이 혹은 비디오 모니터다. 또 다른 일반적인 출력 장치로는 정보를 종이 위에 인쇄하는 프린터가 있다. 한편 컴퓨터는 스피커를 통해 음악이나 음성 형태로 정보를 출력할 수 있으며, 다른 컴퓨터나 전자 기기로 코드화된 정보를 전송하여 추후 복호화하는 것도 가능하다.

저장 단계(Storage)

정보기술 사용의 최대 이점 중 하나는 방대한 양의 데이터와 정보를 저장할 수 있다는 것이다. 이미 출판업자와 도서관, 그리고 정부가 구현하고 있듯이, 정보기술의 발전으로 인해 수백만 권의 장서들을 자기/광학 저장 매체에 저장하는 것이 가능해졌다. 유튜브에는 분당 72시간 분량의 동영상이 사이트에 업로드 된고 있다고 추정된다. 즉, 유튜브 사이트에 저장되는 비디오의 총 저장량이 분당 약 216억 바이트씩 늘어나고 있다는 것을 의미한다. 또한 아마존은 2011년 심플 스토리지 서비스(simple storage service; S3) 내에 7,620억 개의 개체를 저장했다. 이와 같은 통계에 따르면 데이터 저장에 대한 수요가 폭발적으로 성장하는 것으로 보여진다(Anonymous, 2012b).

정보시스템을 구성하는 컴퓨터 장치(Computer Equipment for Information Systems)

정보 처리의 네 가지 핵심 작업들을 지원하기 위해서 다양한 기술들이 사용되곤 한다. 그림 1.5는 정보시스템을 구성하는 컴퓨터 시스템의 다섯 가지 기본 구성 요소들을 보여준다.

- 입력 장치: 정보시스템에 데이터를 투입한다.
- 컴퓨터: 정보시스템을 관통하며 데이터를 처리한다.
- 출력 장치: 정보를 표현한다.
- 저장 장치: 데이터와 정보를 저장한다.
- 네트워크 장치와 통신 회선: 거리에 제한 없이 데이터와 정보를 전송한다.

■ 그림 1-5

입력, 처리, 출력, 저장, 네트워킹 장치

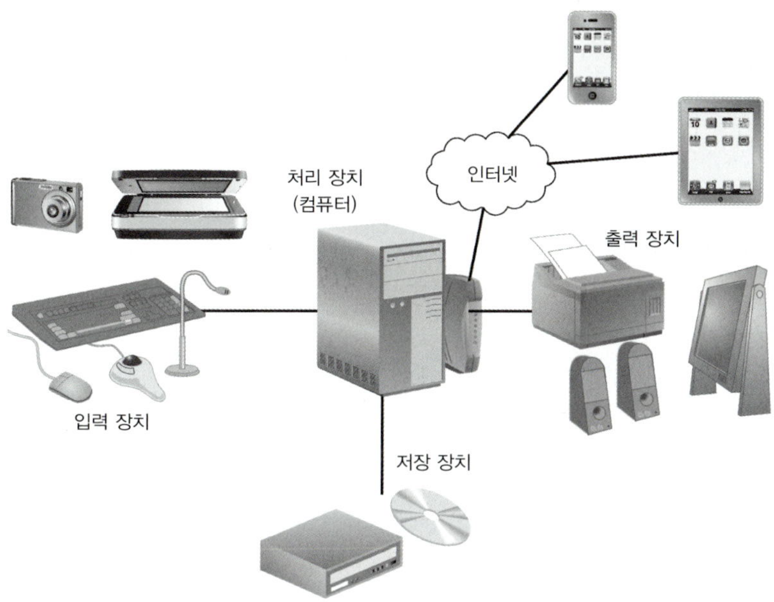

컴퓨터 구성 요소 간의 통신뿐만 아니라 거리가 있는 컴퓨터들 사이에서 이루어지는 통신을 텔리커뮤니케이션(telecommunication)이라고 한다. 통신 거리는 블루투스 마우스 혹은 휴대용 와이파이 스캐닝 장치와 같이 수 미터에 불과할 수도 있고, 한 건물 내의 LAN(local area network)에 연결된 컴퓨터들처럼 수백 미터일 수도 있다. 심지어는 대륙 간의 글로벌 네트워크 시스템처럼 수천 킬로미터의 통신도 가능하다. 통신기술로 인해 사람들은 네트워크에 연결된 많은 컴퓨터들의 데이터와 전자 정보에 접근할 수 있게 되었다. 이와 같은 맥락에서, 소용량 컴퓨터 한대의 정보처리 능력은 네트워크의 연결성으로 인해 증강될 수 있다.

트랜잭션의 기록에서부터 지식을 전달하기까지: 정보시스템의 종류

다양한 유형의 정보시스템은 조직의 유형, 조직 내에서 수행하는 기능, 시장에서의 수요 및 조직 관리 수준에 따라 서로 다른 기능을 수행한다. 기업들의 목표와 구조, 이해관계, 접근법은 제각각 다르다. 그러나 정보시스템은 일반적으로 시스템의 복잡도와 그것이 수행하는 기능의 유형에 따라 분류될 수 있다. 기업이 사용하는 정보시스템은 기본적인 이벤트를 기록하는 트랜잭션 처리 시스템에서부터 고비용 인력을 대체하여 조언을 제공하는 정교한 전문가 시스템까지 넓은 범위에 이른다. 최근 몇 년 동안 많은 응용 프로그램들의 기능이 결합되고 병합되었다. 때문에 단 한 가지 기능만을 수행하는 독립형 응용 프로그램을 찾기란 더욱 어려워졌다. 경영자를 비롯한 전문가들은 변함없이 계획하고, 통제하며, 의사결정을 내린다. 이들 중 하나 이상의 활동을 지원하는 시스템을 경영정보시스템(management information system; MIS)이라고 부른다.

트랜잭션 처리 시스템(Transaction Processing Systems)

POS 단말기는 TPS 시스템의 보편적인 사례이다.

트랜잭션 처리 시스템(TPS)은 경영 현장에서 가장 빈번하게 활용되고 있는 정보시스템이다. TPS의 주된 기능은 조직간 혹은 조직내부에서의 트랜잭션이 발생할 때 수집되는 데이터를 기록하는 것이다. 일례로 특정 유형의 TPS는 원자재에서부터 완제품까지 제조 과정에서의 부품 이동을 기록한다. 판매를 기록하는 POS 단말기와 현금의 인출·예금·이체를 기록하는 ATM, 신용카드 결제가 가능한 주유기 모두 TPS에 해당된다. 주유기의 경우, 구매 행위는 먼저 정유회사에 기록되고 이후 신용카드 처리 은행에 기록된다. 정보시스템은 이처럼 수집된 데이터를 즉시 자동으로 처리함으로써 추후 사용할 수 있도록 저장한다. TPS는 조직의 다른 정보시스템들이 미래에 사용할 수 있는 대부분의 데이터를 제공한다.

공급사슬 관리 시스템(Supply Chain Management Systems)

"공급사슬"이란 용어는 제품 및 서비스의 생산과 판매과 관련된 일련의 활동들을 지칭한다. 제조업의 활동에는 마케팅, 원자재 구매, 제조/조립, 포장/배송, 과금, 채권 회수, AS 서비스가 모두 포함된다. 한편 서비스업에서는 마케팅, 문서 관리, 고객 포트폴리오 모니터링 등이 공급사슬을 구성하는 활동으로 손꼽힌다. 이와 같은 활동들을 지원하고 하나의 대규모 정보시스템으로서 모든 사업 단계에 정보를 제공할 수 있도록 연결된 정보시스템들을 공급사슬 관리(supply chain management; SCM) 시스템이라고 한다.

가끔 이러한 시스템들이 제공하는 정보가 직원, 자금, 원자재, 차량 등의 자원 출하 계획을 보조한다는 점에서 전사적 자원 관리(enterprise resource planning; ERP) 시스템이라고 명명하는 경우가 있다. 하지만 공급사슬 관리 시스템의 주 목적이 비즈니스 계획에 있는 것이 아니라, 비즈니스 프로세스의 모니터링/개선에 초점이 맞추어져 있기때문에 공급사슬 관리 시스템을 ERP로 칭하는 것은 적절치 못하다고 볼 수 있다. 사실 비즈니스 프로세스가 항상 일련의 순서를 따르는 것은 아니라 일부 프로세스들은 병렬적으로 실행되기도 하기 때문에 "공급사슬"이라는 용어 역시 어느 정도 오해의 소지가 있긴 하다. 특히 제조업의 경우, 두 개 혹은 세 개의 팀들이 제품의 서로 다른 부분을 각각 작업하기도 하며, 서비스업에서는 두 명 혹은 세 명의 사람들이 온라인에서 문서를 열람하고 순서에 상관 없이 일정 기간 내에 정보를 추가할 때도 있다. 그럼에도 불구하고, 인적자원(HR) 정보시스템과 원가계산시스템 등을 예로 들 수 있는 공급사슬 관리 시스템의 모듈 일부가 제품과 서비스의 생산에서 핵심 프로세스를 지원하는 것은 분명한 사실이다.

공급사슬 관리 시스템은 시스템적 사고로 귀착인 동시에 시스템적 사고를 지원하는 역할을 수행한다고 볼 수 있다. 이러한 시스템적 사고가 경영활동을 위한 여러 프로세스에 적용됨으로 인해, 데이터의 재입력 등 불필요한 활동 역시 제거될 수 있다. 단일의 비즈니스 프로세스를 지원하는 시스템들이 하나의 대규모 정보시스템을 형성하기 위해 연결되어 있다는 점에서 공급사슬 관리 시스템은 전사적 응용 프로그램(enterprise application)으로 불릴 수 있다. 따라서 공급사슬 관리 시스템에 접근할 수 있는 관리자라면 누구나 기업이 받은 모든 주문의 상태를 알 수 있다. 원자재의 구매 여부부터 제조 라인의 준비 상태, 완제품의 배송 현황, 그리고 주문자의 지불 현황을 파악할 수 있다. 예를 들어 HR 관리자는 특정 프로세스에 어떤 직원들이 투입되었는지 알 수 있으며, 회계 관리자는 주문에 소요된 금액과 인건비, 자재비, 간접비의 지출 내역을 파악할 수 있다. 아래 사진은 iNetSoft의 매출 지표, 재고 지표와 수출입 지표 등을 보여주는 대시보드(dashboard)의 예이다. 기업 경영자는여러 가지 성과 지표들을 취합하여 하나의 화면에 보여주는 대시보드를 통해 여러 TPS에서 처리된 데이터를 바탕으로 조직의 성과를 모니터링할 수 있다.

전사적 응용 프로그램을 통해 조직의 많은 부서들이 같은 데이터에 접근할 수 있으며, 자체적인 업무 또는 추가 처리를 위해 정보를 공유할 수 있다.

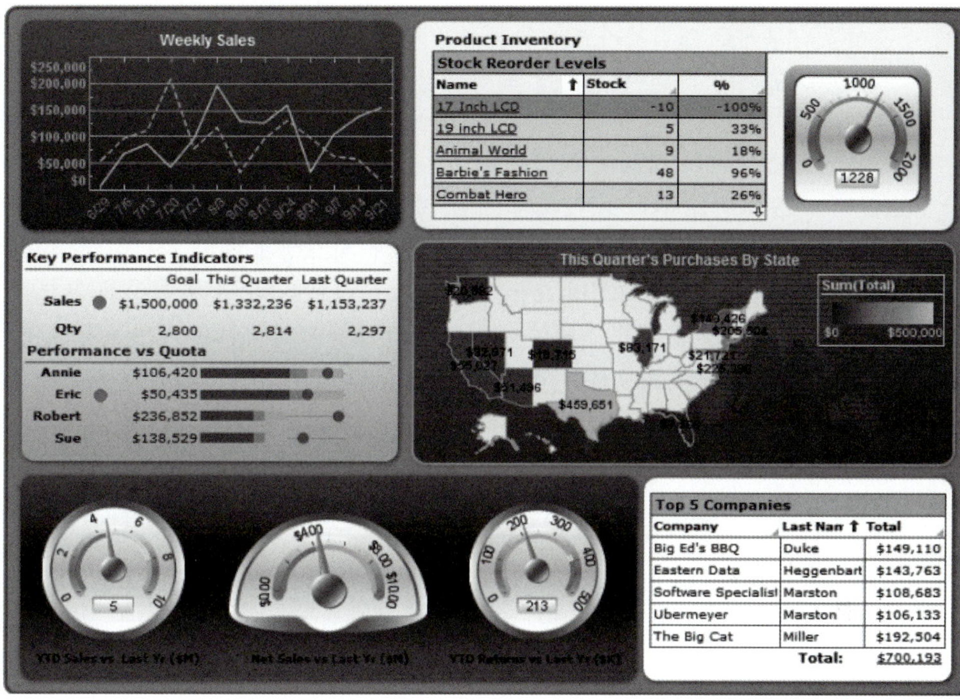

고객관계 관리 시스템(Customer Relationship Management Systems)

고객관계 관리(customer relationship management; CRM) 시스템은 기업의 고객관리를 체계화하는 시스템으로 단순하게는 고객 기록을 유지하는 시스템도 이에 해당된다. 한편 복잡한 고객관계 관리 시스템은 고객들의 구매 패턴을 분석하여 특정 고객이 경쟁 기업으로 넘어가려는 시점을 예측하기도 한다.

고객관계 관리 시스템은 기업이 고객을 지원하고 비즈니스 인텔리전스를 얻을 수 있도록 돕는다.

많은 고객 서비스 담당 직원들이 전화와 함께 고객관계 관리 시스템을 사용한다. 예를 들어 고객의 전화 상담 응대시, 서비스 담당 직원은 그 동안 회사와 고객이 비즈니스 파트너로서 맺어온 관계를 쉽게 추적할 수 있다. 이를테면 고객의 구매 내역에서부터 배송 내역 및 미처리된 주문 내역에 대한 확인을 통해, 고객의 불만사항을 빠르게 해결하고, 원하는 제품 혹은 서비스를 찾는 데 도움이 되는 정보를 쉽게 파악할 수 있다. 오늘날에는 다양한 기술의 컨버전스를 통해 고객의 편의를 증진시키기도 한다. 예를 들어, 일부 기업들은 고객이 자신의 요청을 직접 대기열에 배치할 수 있는 '콜백(call back)' 기능을 제공하기도 하며 최근에는 웹사이트를 통한 온라인 채팅 서비스를 도입하여 생산성 향상을 도모하고 있다. 궁극적으로 고객관계 관리 시스템의 주요 목표는 고객 서비스 품질 향상 및 관련 서비스 인력 감소와 더불어 고객의 구매 습관과 선호체계 등에 대해 가능한 많은 정보를 축적하여 활용하는 것이라 할 수 있다.

최근 온라인을 통한 판매 및 구매의 증가로 인해 고객관계 관리 시스템의 중요성은 더욱 부각되고 있다. 예를 들어 온라인을 통해 구매가 이루지는 경우, 고객관리 관련 애플리케이션을 통해 최종적 구매를 방해하는 요소/정보들을 파악하고 실질적으로 최종 결제버튼을 누르는 데 결정적 역할을 한 요소/정보들은 무엇인지 식별할 수 있다. 이러한 어플리케이션을 활용하여 Amazon.com, Buy.com, 및 Target.com 등의 온라인 소매업체들은 같은 키워드를 검색하더라도 고객마다 서로 다른 웹페이지를 통해 상이한 정보를 소비자에게 제공함으로써 구매의도를 실질적 구매로 연결시키고는 한다. 보다 구체적으로, 상기된 기업은 과거 방문 및 구매기록을 기반으로 고객의 개별 관심사에 최적화된 개인화된 정보를 소비자에게 제시하여 매출을 증대시키고 있다. 고객관계 관리 시스템은 개별 소비자에 대한 분석을 위한 다양한 유형의 데이터를 제공함으로써, 원석상태의 데이터를 비즈니스 인텔리전스 형태로 변환하는 토대가 된다.

고객관계 관리 시스템이 기업 경영 전반에 효과적으로 적용되기 위해서는 판매 직원은 물론 고객 서비스를 담당하는 직원 모두에게 시스템에 대한 접근이 허용되어야 한다. 예를 들어 구매 내역을 비롯한 고객의 모든 기록을 조회함으로써, 판매 직원과 고객 서비스 담당 직원은 제품 서비스 일정에 따라 최적화된 서비스를 제공할 수 있다. 특히 충성도 높은 고객을 유지하는 것이 신규 고객을 확보하는 것보다 비용이 적게 든다는 점에서 고객관계 관리 시스템은 조직의 수익성을 향상시킬 것으로 기대된다.

비즈니스 인텔리전스 시스템(Business Intelligence Systems)

조직의 경쟁력 강화를 위해 데이터 웨어하우스(data warehouse)라 불리는 대형 데이터베이스에 저장된 원시(raw) 데이터 간의 관계와 추세 파악을 목적으로 구축된 정보시스템을 비즈니스 인텔리전스(business intelligence; BI) 시스템이라고 부른다. 일반적으로 BI 시스템에는 정교한 통계 기반 모델이 내재되어 있으며, 목적에 따라 범용 혹은 특정 산업/조직만을 위해 설계되기도 한다. 예를 들어 BI 시스템에 내재된 적절한 분석 모델을 통해서 소비자의 특정 구매 패턴을 찾을 수 있다. 이를 통해 특정 소비자 집단이나 특정 요일에 많이 판매되는 제품 조합을 찾아낼 수 있으며, 회전율이 빠른 제품과 고객들이 경쟁 기업으로 유출되는 이유가 파악 가능하다.

의사결정 지원 시스템과 전문가 시스템(Decision Support and Expert Systems)

기업 경영에 있어 중요한 선택의 순간은 피할 수 없는 숙명과 같다. 따라서 의사결정을 지원하기 위한 정보시스템을 구축이 요구되며, 이를 통해 관리자는 의사결정을 위해 필요한 정보를 좀 더 쉽게 얻을 수 있다. 관리자의 의사결정에 도움을 주는 정보시스템을 의사결정 지원 시스템(decision support system; DSS)이라고 부른다. 참고로 일언하면, 의사결정 지원 시스템은 계량화된 모델과 수식으로 간단한 표나 숫자를 생성하여 의사결정을 돕는반면, 전문가 시스템(expert system; ES)은 인공지능 기법을 활용하여 지식 집약적 의사결정 프로세스를 지원한다는 두 시스템간의 차이가 있다고 볼 수 있다.

의사결정 지원 시스템을 통해 기업은 현재의 주어진 조건하에서 최적의 행동 방침을 찾아내고 "만약? (what if)"이라는 질문에 효과적으로 대응할 수 있다. 만약 해외에서 원자재를 구매한다면? 만약 지금의 창고들을 통합한다면? 만약 소셜 미디어 사이트를 통해 새로운 구매자들을 유도할 수 있다면? 기업의 관리자는 이와 같은 질문들에 대해 기업의 이윤, 시장점유율, 비용이 어떻게 변화될지 답할 수 있어야 한다. 의사결정 지원 시스템은 금융 투자, 마케팅 전략, 대출 승인 등을 비롯한 중요한 업무를 지원하기 위해서 원시 데이터를 처리하고, 비교하며, 정보를 생성하도록 설계되어 있다. 의사결정 지원 시스템을 논하는 데 있어, 이러한 시스템은 단지 의사결정의 보조 장치일 뿐 인간 의사결정의 완벽한 대안은 아니라는 사실에 유의해야 한다.

정보시스템의 완벽한 활용을 위해 필요한 데이터가 최적의 해를 도출할 수 있도록 완벽하게 구조화되어 있는 경우는 현실에서 그다지 많지 않다. 일례로 의사결정 지원 시스템의 도움을 받아 최적의 주식 포트폴리오를 완벽하게 구성하는 것은 거의 불가능하다. 이는 극심한 불확실성이 내재되어 있는 주식시장의 특성상 어떤 포트폴리오가 가장 높은 수익을 낼 수 있는지 알 수 있는 유일한 방법이 없기 때문이다. 의사결정 지원시스템을 의료산업에 응용하는 경우에도 비슷한 상황에 마주치게 된다. 예를 들어 환자의 증상을 바탕으로 질병을 진단하는 데는 셀 수 없이 다양한 방법들이 있어, 의사결정 지원 시스템의 도움을 매개로 정형화된 틀 안에서 단 하나의 최적 대안을 제시하는 것은 불가능하다.

전문가 시스템안에서의 전문지식은 사실과 사실 사이의 관계로 구성된 지식 베이스(knowledge base)의 형태로 프로그램에 내재되어 있다. 전문가 시스템을 통해 직접 고비용 전문가들을 고용하지 않은 상황에서 그들의 전문적 지식을 활용할 수 있으며, 이를 통해 기업은 관련된 비용을 절감할 수 있다. 여러분은 10장 "의사결정 시스템과 전문가 시스템"에서 이러한 유형의 정보시스템에 관해 자세히 배우게 될 것이다.

지리정보시스템(Geographic Information Systems)

기업의 의사결정자가 필요로 하는 정보가 지도 또는 건물의 도면과 관계될 때가 있다. 이와 같은 상황에서는 물리적인 공간과 데이터를 연동시키기 위해 **지리정보시스템**(geographic information system; GIS)이라는 특별한 정보시스템이 사용된다. 지리정보시스템의 응용 프로그램은 건물, 도시, 국가와 심지어는 전 세계에 대한 정보를 저장하는 데이터베이스에 접근한다. 데이터를 다양한 그래픽 형태로 지도 위에 표현함으로써 사용자는 세계 곳곳에서 벌어지는 상황을 즉각적으로 이해하고 그에 따라 행동할 수 있다. 지도에 표현될 수 있는 정보로는 지역별 홍수 범람 가능성, 인구 현황, 경찰 배치 현황, 광물 채굴 가능성, 교통 노선, 물류시스템을 위한 차량 배치 현황 등이 있다.

신규 점포 확장을 위한 슈퍼마켓 체인점의 상황을 고려해 보자. 이때 경영진은 지리정보 시스템을 통해 지도에서 지리적 특징뿐만 아니라 연령 및 소득별 인구 성장률과 같은 인구통계학적 정보를 파악할 수 있다. 이외에도 지리정보 시스템은 일상적 업무의 계획 수립 및 의사결정에 관련된 업무를 지원하기 위해서도 자주 사용된다. 인터넷의 발달로 웹 상에서의 지리정보 관련 서비스 제공이 가능하며, 이를 통해 여행객들은 여행루트를 최적화 할 수 있으며 현 위치에서 이용 가능한 다양한 서비스에 쉽게 접근할 수 있을 것이다. 대부분의 지리정보 시스템은 GPS 위성으로부터 전달받은 정보를 사용한다. 이를 통해 차량 혹은 사람의 현재 위치를 확인할 수 있으며, 운전 경로 또는 교통 혼잡도, 대체 경로 등 경로와 관계된 다양한 정보들을 제공할 수 있다. 오늘날 모바일 형태의 지리정보 시스템은 이미 대중화되었으며, 차량에 사전 설치되거나 휴대용 장치로 판매되고, 또는 스마트폰에 내장되기도 한다.

웹에서 사용되는 대표적인 지리정보 시스템으로는 '구글 어스(Google Earth)'와 '맵퀘스트(MapQuest)'가 있다. 부동산 정보를 제공하는 웹 기반 지리정보 시스템도 있다. 그 중 대표적인 시스템은 '질로우(www.zillow.com)'로 판매 중인 집과 최신 매물, 예상 가격 등의 정보와 지도를 제공한다. 오늘

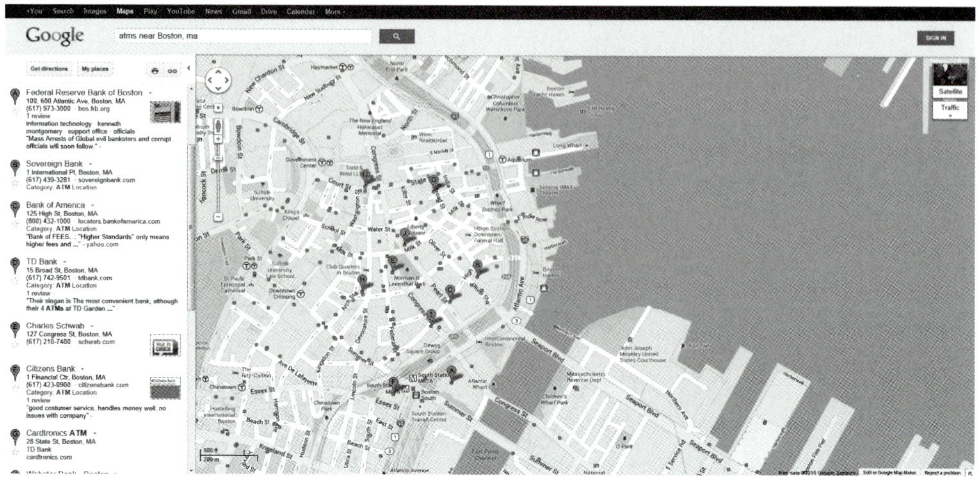

구글 맵스와 같은 GIS는 물리적인 공간과 정보를 연동시킨다. 우측의 지도는 보스턴 근처 ATM의 위치를 보여준다.

날 호텔을 비롯한 다수의 기업들이 자사의 웹 기반 시스템에 외부 지리정보 시스템을 통합시킴으로써 소비자들에게 더 많은 정보를 제공한다. 위의 사진은 특정 지역에 있는 ATM의 위치를 보여주는 '구글 맵스(Google Maps)'의 모습이다.

비즈니스 기능과 정보시스템 (Information Systems in Business Functions)

정보시스템은 조직의 핵심 사업을 지원하는 내부 서비스, 즉 기능적 비즈니스 영역(functional business area)의 원활한 수행을 위해 필수적으로 존재한다고 볼 수 있다. 기능적 비즈니스 영역에는 회계, 재무, 마케팅, 인적자원 등의 분야가 포함되며, 이들은 오늘날 많은 기업들에서 공급사슬 관리 시스템이나 ERP 시스템과 같은 전사적 시스템의 모듈로서 작동한다. 3장 "비즈니스 기능과 공급사슬"에서는 비즈니스 기능과 그에 상응하는 시스템에 대해 깊이 있게 논의한다.

회계(Accounting)

회계정보시스템을 통해 기업내/기업간 발생하는 비즈니스 트랜잭션의 기록, 재무제표/손익계산서 생성 등이 자동화 된 체계안에서 손쉽게 이루어질 수 있다. 회계정보시스템은 법으로 의무화되지는 않았지만 경영자가 재무 상태의 변화를 이해하는 데 도움이 될만한 보고서의 작성을 지원하며 복식부기와 같이 표준 준수 여부를 확인하는데 유용하게 활용될 수 있다. 참고로, 미국의 경우 2002년 사베인즈-옥슬리 법(Sarbanes-Oxley Act)에 따라 미국 기업들은 강화된 회계 규정을 준수하기 위해 기존의 정보시스템을 수정하거나 새로운 시스템을 설치해야만 했다.

재무(Finance)

회계정보시스템이 재무 상태의 변화를 기록하고 보고하는 반면, 재무정보시스템은 재무 계획과 기업 거래를 용이하게 하기 위해 주로 사용된다. 재무정보시스템은 예산 편성, 현금 흐름 관리, 투자 분석을 지원하는 동시에, 금융 거래로부터 발생하는 이자 비용을 줄이고 이윤을 늘릴 수 있도록 의사결정을 돕기도 한다.

마케팅(Marketing)

마케팅정보시스템은 다양한 제품에 대한 여러 지역 및 인구 집단의 수요를 분석함으로써 기업의 판촉활동을 도울 수 있다. 예를 들어 수요의 추세를 분석하여 특정 지역에 얼마만큼의 제품을 할당해야 할지, 판매 직원의 수는 몇명이 최적인지 등의 사안에 대해 경영진의 의사결정에 도움을 주기도 한다. 마케팅정보시스템은 "광고 캠페인이 이윤 창출에 어떤 영향을 미칠까?"와 같은 질문에 대한 답을 제시할 수도 있다. 또한 인터넷 웹에서의 소비자의 클릭스트림 패턴 등과 관련된 마케팅 정보를 수집하고, 이를 통해 제품과 서비스를 소비자에게 보다 효과적으로 홍보할 수 있는 훌륭한 기회를 창출하기도 한다. 이것이 바로 기업들이 정보시스템과 웹을 연결시켜 마케팅 활동을 수행하는 이유이기도 하다.

POINT OF INTEREST 사회적 대의를 위한 문자 전송

휴대전화 사용자들은 새로운 정보시스템 덕분에 그 어느 때보다 빠르고 쉽게 기부할 수 있게 되었다. 2010년 아이티 지진 참사 직후, 적십자사는 문자 기부를 통해 3천만 달러 이상을 신속하게 모금할 수 있는 시스템을 마련했다. 'GIVE'라는 문자를 보낼 경우, 10달러가 자동으로 기부되어 다음달 전화 요금에 청구되는 방식이었다.

또한 아프리카에서는 휴대전화를 통해 환자들에게 약을 먹도록 상기시키고 있으며, 코끼리가 올 때 농부들에게 경고하여 코끼리를 죽이지 않고 피하고 있다. 이와 같은 사례들은 급변하는 세상에서 이동 통신이 돈과 정보를 효과적으로 전송하는 방법을 보여준다.

출처: Alter, L. (2012). Texting Becomes Key Tool for Philanthropy. http://tlc.howstuffworks.com/home/texting-changing-philantrhopy.htm

인적자원(Human Resources)

인적자원(human resource; HR) 관리 시스템은 인사관련 기록 유지와 직원 평가, 직원 복리후생에 주로 도움이 된다. 모든 조직은 직원에 대한 정확한 정보를 보유하고 있어야 하는데, 인적자원 관리 시스템을 통해 직원의 사진 및 혼인 여부 등에 대한 정보를 관리한다. 이외에도 개별 피고용인의 급여/세금에 대한 정보를 기록/유지하여 급여시스템 등의 다른 시스템과 연동하여 사용할 수 있다. 아래의 사진 속 '미피스 소프트웨어(Mipis Software)'는 직원의 이력서를 데이터베이스에 저장한다.

■ 그림 1-5

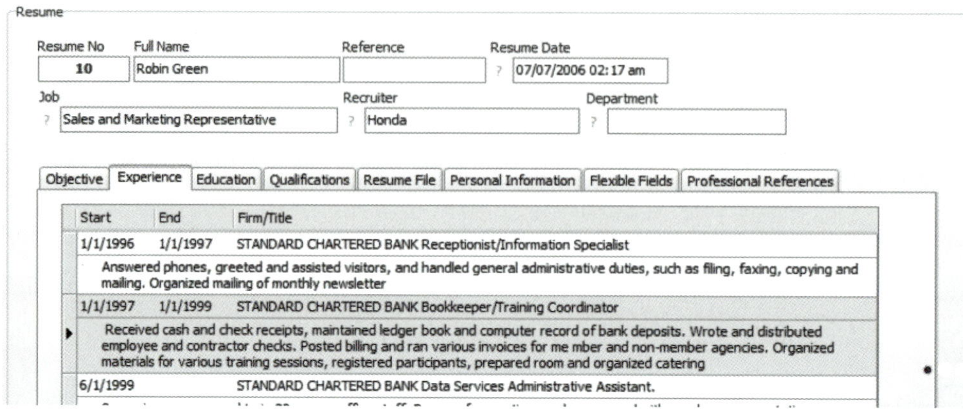

Mipis Software와 같은 인사 관리 시스템을 통해 직원 고용 및 승진 관련 업무를 용이하게 할 수 있다.

성과 평가 시스템은 관리자들이 부하 직원들을 평가하는데 필요한 체크리스트를 제공한다. 또한 이 시스템을 통해 관리자는 직원들의 강점과 약점을 점수로 계량화할 수 있다.

인적자원 관리 시스템은 모집, 채용, 배치, 복리후생 분석, 필요 예측(이를테면, 향후 수 개월 동안 특정 기술을 보유한 직원이 몇 명이나 필요할 것인가?) 등 다양한 목적들을 수행하기 위해 발전해왔다. 많은 기업들이 직원들에게 온라인 시스템을 통해 건강 보험 및 연금과 같은 복리후생을 비교하고, 또 선택할 수 있도록 지원한다.

웹의 발달과 기업 (Web-Empowered Enterprises)

최근 몇 년 동안 IT와 비즈니스에 있어 가장 흥미로운 교점으로 텔레커뮤니케이션 네트워크를 통해 제품과 서비스를 사고 파는 전자상거래(e-commerce)를 꼽을 수 있다. 영리활동에 있어서 웹의 발달과 인터넷의 도래를 통해 B2B 또는 B2C 전자 거래가 급증하였으며, 이제는 개인/기업 모두에 있어 인터넷은 비즈니스를 위한 필수적 네트워크라고 할 수 있다.

인터넷은 전 세계의 컴퓨터가 연결된 방대한 네트워크로, 데이터 처리와 정보 공유를 가능하게 한다. 웹을 통해 많은 기업들이 비즈니스를 위시하여 사회, 및 교육 등 다양한 분야의 영역에 진출할 수 있게 되었다. 예를 들어 트위터, '핀터레스트(Pinterest)', '포스퀘어(Foursquare)', 페이스북과 같은 SNS 사이트들은 사람들이 만날 수 있는 가상의 공간을 형성하며, 기업들에게 최소의 노력으로 대중에게 광고와 홍보를 할 수 있는 기회를 제공하고 있다. 같은 맥락에서 웹은 전자상거래가 이루어지는 공간인 뿐만 아니라 TV와 신문을 대체하는, 새롭게 떠오르는 광고 매체이기도 하다. 따라서 거의 대부분 오프라인 기업들이 그들의 사업 영역을 웹으로까지 확장해오고 있다. 8장 "웹기반 기업"에서는 웹 기술과 이들이 어떻게 기업 활동에 적용될 수 있는지에 대해 논의하고자 한다. 정보기술의 사용에 엄청난 영향을 끼쳤다는 점에서 정보시스템에 대한 웹의 파급은 본 교재 전반에 걸쳐 다루어질 것이다.

ETHICAL & SOCIETAL ISSUES 정보기술의 이면 (The Downside)

일상에서 기술이 우리에게 주는 긍정적인 효과들을 떠올리는 것은 결코 어렵지 않다. 하지만 기술은 때때로 바람직하지 않거나 의도치 않은 효과를 야기하기도 한다. 노동절약형 기계의 도입으로 촉발된 산업혁명 이후 하루 16시간의 노동 일과 또는 아동 노동이 일상이 되었듯이 오늘날의 정보기술 역시 여러가지 부작용을 야기하였다. 먼저 정보기술이 인류에게 가져다 준 장점들에 대하여 생각해보자. 정보기술은 사람이 오랜 시간 걸려 수행하던 연산이나 인쇄를 몇 차례의 키보드 두드림만으로 가능하게 함으로써 작업의 생산성을 높였다. 정보기술은 온라인 멀티미디어 강의를 통해 사람들을 교육하며, 인터넷을 통한 해외 소비자들과의 거래를 현실화하는 등 새로운 경제적 기회들을 만들어 냈다. 웹을 비롯한 네트워크를 통해 먼 거리에 있는 사람들이 함께 일하고 어울리도록 세상을 더 작게 만들었으며, 공동체를 창출하고, 기업들이 소셜 미디어 사이트를 통해 소비자들과 더욱 친밀한 관계를 형성할 수 있도록 했다. 무엇보다 우리는 정보기술 덕분에 거의 모든 정보를 손가락 끝에서 확인할 수 있게 되었다. 그렇다면 이러한 정보기술의 이면에는 무엇이 있을까? 여러분은 이 책 전반을 통해 정보기술의 어두운 이면들에 대해서도 논의하게 될 것이다. 지금부터는 정보기술의 발달로 야기된 몇 가지 주요 쟁점에 대해 간략히 살펴보기로 한다.

- **소비자의 프라이버시** (Consumer Privacy) 저렴하고 신속하게 데이터를 수집, 유지, 조작, 전송할 수 있게 되면서 모든 개인과 조직이 수백만 건의 개인 기록을 수집하는 것이 가능해졌다. 상업적인 웹사이트를 방문할 때면 '쿠키'라 불리는 작은 파일이 여러분 컴퓨터의 하드디스크에 설치될 수도 있다. 소비자 프로파일링을 전문으로 하는 기업들은 쿠키를 통해 사이트에서 발생하는 모든 클릭을 추적함으로써 여러분의 쇼핑 및 구매 습관을 학습할 것이다. 또한 레스토랑을 찾기 위해 휴대전화를 사용할 때 여러분의 위치가 자연스럽게 기록/노출 될 것이다. 자동차 안에서 전자 요금 지불 장치를 사용하면 여러분이 고속도로 요금소를 지날 때마다 위치, 요일, 시간이 저장된다. 신용카드를 이용해 결제할 때면 모든 구매 기록이 개인 식별이 가능한 형태로 저장된다. 이 모든 데이터들은 상업적 이용을 목적으로 대규모 데이터베이스로 전송된다. 이를 막기 위해 여러분이 할 수 있는 것은 거의 없다. (축약) 여러분은 자신도 모르는 사이 이미 정보 수집 약관에 동의했을 수도 있다. 하지만 이렇게 다양한 유형의 정보들이 결합될 경우 여러분이 생각하는 수준보다 훨씬 더 큰 프라이버시 관련 이슈가 일어날 수 있다. 예를 들어 기업은 다른 소비재 기업들로부터 쉽고 저렴하게 구입한 데이터를 기 보유하고 있는 데이터와 통합함으로써 여러분이 누구인지 좀 더 잘 알 수 있을 것이다. 이름과 나이, 성별은 물론 쇼핑 습관, 복용하는 약(당신의 질병까지 유추할 수 있다), 지지 정당에 대한 정보까지 말이다.
  개인의 권리를 옹호하는 측에서는 정보기술로 인해 개개인이 면밀하게 관찰/감시/추적되는 빅브라더 사회가 만들어진다고 주장하고 있다. 입법기관에서는 개인 데이터의 수집 및 유통을 규제하는 법안을 꾸준히 통과시키고 있다. 여러분의 선택은 무엇인가? 여러분이라면 기업들이 더 나은 제품과 서비스를 생산할 수 있도록 개인정보의 일부를 포기할 것인가? 여러분은 개인 데이터의 판매 및 조작에 동의하는가? 여러분이 방문하는 웹들이 어떤 방식으로 개인 데이터를 활용하고 공유하는지 알고는 있는가?

- **직원의 프라이버시**(Employee Privacy) 정보기술 덕분에 고용주들은 유비쿼터스 비디오 카메라뿐만 아니라 직원들이 사용하는 개인용 컴퓨터를 통해 직원들을 모니터링할 수 있게 되었다. 고용주들은 직장에서 직원들의 위치와 키보드 입력, 이메일 트래픽, 방문 웹사이트를 모니터링하는 것이 자신들의 권리라고 생각한다. 정보기술이 생산성을 높인 것은 맞지만, 그만큼 직원들의 프라이버시를 침해하고 스트레스를 유발한 것도 사실이다. 고용주가 여러분을 모니터링할 수 있는 권리와 여

러분의 프라이버시(또는 정신건강) 중 어느 것이 더 중요하다고 생각하는가?

- **발언의 자유**(Freedom of Speech) 웹을 통해 누구나 자유롭게 아무런 검열없이 자신의 의견을 개진할 수 있게 되었다. 소셜 미디어, 블로그를 비롯한 기술로 인해 네티즌(인터넷 사용자)들은 제품부터 고용주의 악행에 이르기까지 모든 것에 관련된 의견을 표현할 수 있게 되었다. 이들 중 일부는 폭력적이거나 누군가에게 곤란한 내용을 포함할 수도 있다. 만약 누군가가 인종 차별적 언행을 웹의 게시판에 게재한다면, 여러분은 정부가 개입하여 작성자를 차단하거나 처벌하기를 원하는가? 웹서버 운영자는 다른 사람들이 사이트에 업로드하는 게시물에 대해 어느 정도의 책임을 져야 하는가? 우리가 원하지 않는 상업적 이메일 역시 발언의 자유에 해당되는가?

- **온라인의 골칫거리**(Online Annoyances) 누구나 한 번쯤 스팸 메일을 받은 적이 있을 것이다. 스팸 메일은 보통 성가시게 여겨지기 마련인데, 여러분은 어떻게 생각하는가? 만약 여러분이 새로운 소규모 사업을 시작하게 되었고, 홍보 비용을 줄이기 위해 이메일을 통해 광고하고 싶더라도 스팸 메일을 보내지 않을 자신이 있는가? 뿐만 아니라 우리는 웹서핑을 하는 동안 많은 팝업창들과 스파이웨어에 직면한다. 간혹 특정 소프트웨어는 브라우저를 하이재킹해서 우리가 관심 없는 상업용 사이트로 이동시킨다. 이러한 골칫거리들을 여러분은 감수할 수 있는가, 아니면 법으로 이들을 중단해야 된다고 생각하는가?

- **피싱과 신원 도용**(Phishing and Identity Theft) 지금까지 수백만 명의 사람들이 사기꾼에게 개인정보를 제공하도록 유인하는 피싱(phishing)의 피해를 입었다. 피싱메일 수신자들은 은행 또는 기업들의 합법적인 사이트를 가장한 모방 사이트로 이동되어 주민등록번호, 신용카드 계좌번호, 암호 등의 개인정보 업데이트 요청을 받게 된다. 피셔(phisher)들은 이와 같은 방식으로 수집한 정보들을 사용하여 부정 구매를 하거나 대출을 받는다. 기업과 소비자 모두 피싱의 피해자가 될 수 있으며, 금전적인 손해도 종종 발생한다. 대부분의 피싱 피해자들은 당국과 기업으로부터 사기 피해를 처리하기 위해 오랜 시간 어려움을 겪게 된다.

- **IT 전문가주의**(IT Professionalism) IT 전문가들은 개인의 삶과 조직의 운영에 관해 점점 더 중요한 역할을 수행하고 있다. 그들이 개발하고 유지하는 정보시스템은 우리의 물질적, 경제적 풍요에 엄청난 영향을 끼친다. 하지만 IT 전문가 역시 전문직으로 간주됨에도 불구하고, 이들이 의사나 변호사와 달리 의무적인 윤리 강령을 준수하지 않는 이유는 무엇인가?

우리는 이 책 전반에 걸쳐 앞에서 언급한 내용들을 비롯한 정보기술의 윤리적·사회적 문제들에 대해 논의할 것이다. 보다시피 이러한 문제들을 해결하기란 쉬운 일이 아니다. 이 논의의 목적은 여러분이 주요 쟁점들을 인식하고 각자만의 의견을 낼 수 있도록 돕는 것이다. 교육의 목적은 단순히 숙련된 전문가를 만드는 것뿐만 아니라 다른 사람들의 삶에 미치는 영향을 상기시키고, 사회적인 책임을 지게끔 장려하는 것이라는 사실을 기억하자.

POINT OF INTEREST 소셜 미디어와 모바일 기기를 향한 멀웨어의 공격

지난 수 년간 스마트폰, 노트북, 및 태블릿 PC의 사용이 늘어남에 따라 휴대용 기기 관련 기술이 크게 발전되었으며, 같은 기간 소비자들의 소셜 미디어 사이트 사용 역시 증가했다. 최근 '시만텍(Symantec)'이 발표한 인터넷 보안 위협 관련 보고서에 따르면 소셜 미디어 사이트와 모바일 기기의 결합으로 멀웨어(malware) 공격에 대한 노출이 대폭 늘어난 것으로 나타났다. 또한 2010년 한해 동안 2억 8600만 종류의 멀웨어에 의한 3억건 이상의 공격이 발생했다고 보고서는 전하고 있다. 해당 공격에는 URL, SMS 메시지, 불량 애플리케이션 등 다양한 경로가 사용되었으며, 이와 같은 공격은 주로 사용자가 사용 권한 승인 여부에 주의를 기울이지 않았기 때문에 발생한 것으로 전해진다.

출처: Anonymous. (April 11, 2011). Mobile Devices and Social Networks Key Malware Targets, Wall Street Journal (Online), p. n/a.

정보시스템과 관계된 직업들(Careers in Information Systems)

미래에 어떤 업무에 종사하는가에 관계없이, 여러분은 IT 전문가들과 함께 일하게 될 것이다. IT 업계는 각양각색의 분야에 종사하는 사람들로 이루어져 있다. 미국 노동통계국에 따르면 미국 내에서의 IT 전문가에 대한 수요는 꾸준히 늘어날 것으로 전망된다. 노동통계국에 따르면 2010년부터 2020년까지 컴퓨터 및 정보기술 전문가에 대한 수요가 22% 증가할 것이라고 한다. 이에 해당되는 직업으로는 정보보안 분석가, 웹 개발자, 네트워크 설계자 등이 있으며, 이들의 중간 연봉은 7만 5천 달러에 이를 것으로 예상된다(Anonymous, 2012a).

지금부터는 대표적인 IT 분야에서 전문가의 책임에 대해 이해하고, IT 전문가를 찾는 고용주들의 온라인 구인 광고에서 발췌한 내용들을 살펴보도록 한다. 여기서 언급되는 직업들은 괄목할 만한 성장 전망에 따라 선정되었음을 미리 알린다. 특히 CTO처럼 이름에 '최고(chief)'가 들어가는 직업들의 경우, IT 전문가들이 경영직으로 나아갈 수 있는 가능성이 충분하다는 사실을 시사하고 있다.

시스템 분석가(Systems Analyst)

많은 IT 전문가들은 프로그래머 혹은 프로그래머/분석가(programmer/analyst)로 커리어를 시작해서 다양한 분야에서의 능력을 요구하는 시스템 분석가(system analyst)로 승진한다. 프로그래머/분석가는 시장 니즈 및 정보시스템 분석에 일부 관여하기도 하지만, 업무의 대부분은 비즈니스 응용 프로그램 개발/유지/보수 등의 업무와 관련이 있다. 시스템 분석가는 리서치와 기획 능력을 갖추어야 하며, 조직의 필요에 따라 적합한 소프트웨어와 시스템을 추천할 수 있어야 한다. 일반적으로 시스템 분석가는 고위 경영진에게 현 시점에서 필요한 정보시스템을 추천하기 이전에 관련된 비용 분석, 설계 검토, 타임라인 계획, 시스템 타당성 조사를 수행한다. 이 직업의 핵심 업무는 (1) 사용자의 시스템 요구 사항을 분석하고, (2) 개발하는 데 필요한 노력과 시스템의 기능을 문서화하며, (3) 프로그래머들에게 적합한 작업 설명서를 제공함으로써, 시스템 대체 계획을 수립하는 것이다.

성공적인 시스템 분석가로 거듭나기 위해서는 비즈니스 프로세스에 대한 사용자의 설명을 시스템 개념으로 번역할 수 있도록 탁월한 커뮤니케이션 능력을 지녀야만 한다. 이를 위해서는 다양한 종류의 비즈니스 프로세스와 이들 각각에 IT가 적용될 수 있는 방법에 대한 이해가 선행되어야 한다.

무엇보다도 시스템 분석가는 자신이 변화를 이끄는 주체인 동시에, 대부분의 사람들이 변화를 거부한다는 사실을 항상 명심해야만 한다. 다른 많은 직업들과는 달리 시스템 분석가는 새로운 시스템을 구축하거나 기존의 시스템을 변경하는 일에 자주 관여한다. 새로운 시스템이 작업 방식과 조직 문화에 영향을 미친다는 점에서 시스템 분석가는 작업자와 경영자 모두에게 변화의 이점을 확신시킬 수 있어야 한다. 따라서 시스템 분석가에게는 뛰어난 설득 능력과 전달 능력이 반드시 요구된다.

경력이 많은 시스템 분석가는 프로젝트 리더로 커리어를 이어나가기도 한다. 프로젝트 리더는 다수의 분석가들과 프로그래머들을 책임진다. 프로젝트 리더는 자금, 인력, 하드웨어, 소프트웨어 등 개발 과정에 사용되는 자원들을 찾아내고 할당한다. 또한 프로젝트 관리 기법을 통해 기업 활동과 일정을 계획하며 자원의 사용량을 조절한다.

POINT OF INTEREST

IT 업계와 여성

미국 국립여성IT센터(National Center for Women & Information Technology)의 2012년 보고서에 따르면, 2010년 전체 학사 학위 수여자의 57%가 여성이었다. 그러나 2010년 컴퓨터 및 정보 과학 학사 학위 수여자의 경우 18%만이 여성인 것으로 드러났다. 2000년부터 2011년까지 컴퓨터 과학 전공에 관심 있는 1학년 학부 여성의 수가 79% 감소했다. 2011년 미국 노동시장 내의 전문직의 57%가 여성이었음에도 불구하고, 컴퓨터 관련 전문직에서는 그 비율이 25%에 그쳤다. 정보기술 관련직에 대한 미국 노동부의 관심이 많아지고 있다는 점에서 양질의 일자리를 얻을 수 있는 기회가 여성들에게 더욱 늘어날 것으로 기대된다.

출처: National Center for Women & Information Technology. (March 3, 2012). Women in IT: By the Numbers. http://www.ncwit.org/sites/default/files/legacy/pdf/BytheNumbers09.pdf

데이터베이스 관리자(Database Administrator)

데이터베이스 관리자(database administrator; DBA)는 조직의 데이터베이스와 데이터 웨어하우스를 책임지는 중요한 업무를 수행한다. 정보 접근 권한이 곧 권력을 상징한다는 점에서 DBA는 기술적인 측면뿐만 아니라 정치적으로도 뛰어나야 한다. DBA는 데이터 접근에 대한 여러 관리자들의 요청으로부터 그 당위성을 평가하는 일을 수행한다. DBA는 데이터베이스 응용 프로그램의 개발과 도입에 대한 책임이 있는 것은 물론, 데이터가 어떻게 사용될 것인가에 대해 신중하게 고민해야 한다. 또한 정부와 기업 규정을 반드시 준수하여 고객 및 직원의 개인정보를 보호해야 한다.

점차 더 많은 기업들이 직원과 비즈니스 파트너, 소비자들이 사용할 수 있도록 그들의 데이터베이스를 웹에 연결시키고 있다. 이에 대한 해커와 컴퓨터 바이러스의 공격으로 DBA의 업무가 더욱 복잡해졌다. 데이터베이스의 최적화 및 데이터 관리 응용 프로그램 개발 이외에도, DBA는 승인되지 않은 접근을 차단하는 동시에 권한이 있는 사용자의 쉽고 빠른 접근을 가능하게 하도록 정교한 보안 조치의 계획과 구현을 감독해야 한다. 또한 DBA는 기업 데이터베이스에 접근하는 공급사슬관리 시스템의 구현에도 깊이 관여하고 있다.

네트워크 관리자(Network Administrator)

최근 IT 업계에서 가장 눈에 띄는 발전을 이룩한 분야는 네트워크와 텔레커뮤니케이션이다. 당연하게도 이들 분야에 대한 기업들의 IT 자원 할당 역시 급속한 증가를 보이고 있다. 6장 "비즈니스 네트워크와 텔레커뮤니케이션"에서 다루게 될 인터넷 전화(VoIP) 또는 와이파이와 같은 새로운 기술의 부상은 기업의 투자 증가 추세를 유지시키며, 네트워크 전문가들에 대한 수요를 대폭 늘릴 것으로 기대된다.

네트워크 관리자(network administrator)는 LAN의 도입, 구현, 관리, 유지, 트러블 슈팅을 담당하며, 인터넷과 같은 WAN(wide area network)과 LAN 사이의 연동을 책임지기도 한다. 또한 방화벽이나 접근 코드 등의 네트워크 보안 수단을 선택하고 구현하는 일에 관여하는 것 역시 네트워크 관리자의 업무이다.

시스템 관리자(System Administrator)

시스템 관리자(system administrator; sys admin)는 조직의 컴퓨터 운영 체제를 관리한다. 시스템 관리자는 UNIX와 마이크로소프트 윈도우 등의 운영 체제를 관리 및 유지하며, 이들이 함께 잘 구동함으로써 최종 사용자의 비즈니스 요구사항을 지원하고 있다는 사실을 확인한다. 또한 시스템 관리자는 백업과 복구, 사용자 계정의 등록과 삭제, 소프트웨어 업그레이드를 비롯한 조직의 운영 체제의 일상적인 유지 관리도 담당한다.

모바일 애플리케이션 개발자(Mobile Applications Developer)

모바일 애플리케이션 개발자는 IT 업계에서 점점 더 중요해 지고 있는 직종이다.

스마트폰과 기타 모바일 기기 사용의 폭발적인 증가는 모바일 애플리케이션 개발자(mobile applications developer)라는 새로운 IT 전문직을 탄생시켰다. 모바일 애플리케이션 개발자가 되기 위해서는 모바일 기기를 위한 소프트웨어 개발 도구와 Java, ASP, SQL 등의 프로그래밍 언어에 대한 전문지식이 필요하다. 이들에게는 때때로 디자인 능력이나 소비자들의 니즈에 관한 정보 수집 능력이 요구되기도 한다. 커뮤니케이션 및 시스템 디자인은 곧바로 소비자들에게 사용되기 때문이며, 소비자들의 선호와 니즈를 이해하는 것 역시 중요한 까닭이다.

웹마스터(Webmaster)

웹과 인트라넷, 엑스트라넷의 빠른 보급으로 웹마스터의 역할이 더욱 중요해졌다. 웹마스터(webmaster)는 조직의 웹사이트와 인트라넷, 엑스트라넷을 구축하고 유지하는 일을 담당한다. 점점 더 많은 웹마스터들이 웹 상에서 조직을 창의적으로 표출하는 방법을 결정하는 일에 관여하고 있다. 이러한 결정은 마케팅이나 그래픽 디자인과도 맞닿아 있다. 대다수의 조직들이 거래를 위해 웹을 사용하기 때문에 웹마스터 역시 웹 트랜잭션 소프트웨어, 결제 처리 소프트웨어, 보안 소프트웨어에 정통해야만 한다. 소규모의 조직에서는 단 한 사람이 웹사이트를 담당하기도 한다. 반면 대규모 조직의 경우, 웹마스터는 웹페이지와 다른 정보시스템 사이의 연동이나 웹페이지 자체의 코드 개발 및 업데이트에 특화된 다수의 프로그래머들을 관리하게 된다.

최고보안책임자(CSO)

정보보안에 대한 위협이 늘어남에 따라 많은 조직들이 최고보안책임자(chief security officer; CSO), 또는 최고정보보안책임자(chief information security officer; CISO)라는 새로운 직책을 만들었다. 대부분의 조직에서는 CSO가 이어서 언급될 최고정보책임자(chief information officer; CIO)에게 업무 보고를 하지만, 때로는 CSO와 CIO가 같은 인물(일반적으로 CEO)에게 함께 업무를 보고하기도 한다. 이 배경에는 보안이 IT 문제가 아닌 비즈니스 문제로 간주되어야 한다는 논리가 전제된다. CSO의 주요 과제는 IT 보안이 조직 운영을 지원하기보다 억제제로 작용한다고 믿는 다른 간부들의 오해를 풀어나가는 것이다.

최고정보책임자(CIO)와 최고기술경영자(CTO)

최고정보책임자(chief information officer; CIO)라는 직책은 기업이 정보시스템을 중요한 전략적 자원으로 활용한다는 사실을 방증한다. 보통의 경우 부사장이 기업의 모든 정보시스템을 총괄하는 CIO 자리를 겸임한다. 일부 기업들은 이 자리를 최고기술경영자(chief technology officer; CTO)라고 부르기도 한다. CIO와 CTO가 공존하며 서로가 서로에게 업무를 보고하는 경우도 있다. 각자의 책임에 대한 획일화된 합의가 있는 것은 아니기 때문이다. 대부분의 경우에서는 CTO가 CIO에게 업무를 보고하는 편이다.

CIO는 최신 정보기술에 대한 이해와 비즈니스 지식을 모두 갖추어야만 한다. 그림 1.6에서 볼 수 있듯이 CIO는 정보시스템 전략 계획을 조직 전체의 전략 계획에 연계시키는 중요한 역할을 수행한다. CIO는 기술 개발에 뒤쳐지지 않을 뿐만 아니라 서로 다른 기술이 어떤 방식으로 비즈니스 프로세스를 개선시키고 새로운 제품과 서비스를 만들어 낼 수 있는지 이해해야 한다.

■ 그림 1-6

뛰어난 CIO의 특성

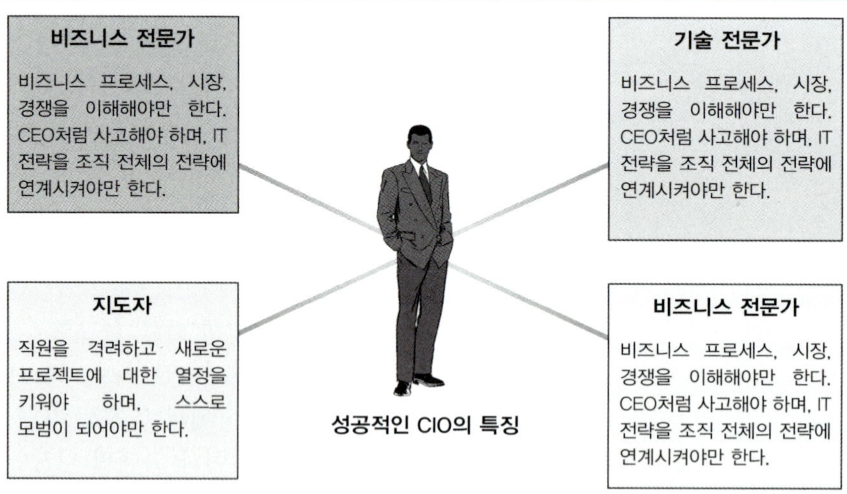

다시 킴볼 레스토랑으로 돌아가서 (KIMBALL'S REVISITED)

여러분은 1장을 통해 비즈니스에서 데이터, 정보, 정보시스템을 사용하는 방법을 이해하게 되었다. 이제 킴볼 레스토랑 사례로 다시 돌아가보자. 마이클은 레스토랑의 판매 데이터를 입력하는 데 상당한 시간을 할애하고 있다. 그에게는 레스토랑 영업 시간 동안 사업을 관리하는 동시에 재무 기록까지 유지할 수 있는 시간이 없다. 그는 이미 임대료 납부, 세금 신고 등의 업무를 담당하고 있으며, 경비 및 자재 공급자들에게 돈을 지불하기도 한다. 따라서 마이클에게는 사업 예측을 위해 고객 방문 정보와 식사 정보를 유지할 수 있는 더 나은 시스템이 필요하다.

당신의 추천은?

1. 여러분이라면 레스토랑의 운영 효율을 개선하기 위해 타일러에게 어떤 제안을 하겠는가? 레스토랑 사업의 입력, 처리, 출력에 대해 살펴보고, 나아가 비즈니스 트랜잭션을 간소화할 수 있는 방안을 제시하라. 리즈와 마이클에게는 어떤 종류의 보고서가 필요하겠는가? 여러분이라면 효율성 개선을 위해 백오피스 업무를 어떻게 변화시킬 것인가?
2. 타일러의 부탁으로 그의 부모는 몇 가지 질문들을 만들어 냈다. 마이클은 특정 메뉴의 판매 실적이 월등하다는 사실을 알고 있었으나, 정확히 어떤 메뉴가 많이 판매되는지 알지 못했다. 킴볼 레스토랑이 비용을 최소화하는 동시에 수익과 이윤을 극대화하기 위해 어떤 판매 및 운영 데이터가 필요하겠는가? 레스토랑 사업 운영 및 관리에 대한 의사결정에서 어떤 데이터가 도움될 수 있을까? 여러분이라면 필수 정보를 수집하고 보고하는 데 어떤 정보기술 시스템을 추천하겠는가?

새로운 시각

1. 레스토랑 산업은 결코 정적이지 않다. 새로운 경쟁자들과 과제들이 끊임없이 나타나기 때문이다. 다음의 과제들을 살펴보자:
   - **경제 트렌드:** 경기가 침체되고 가처분소득이 감소할 때 소비자들은 외식을 적게 하는 경향이 있다. 외식업체들은 발생 가능한 손실에 대응하기 위해서 창의적인 전략을 고안해야 한다.
   - **운영 효율:** 여느 비즈니스와 마찬가지로 킴볼 레스토랑에서도 고정비와 변동비가 발생한다. 고정비는 예산 책정 및 계획이 가능하다. 반면 변동비의 경우 올바르게 관리되지 않으면 이윤과 현금 흐름이 급속도로 악화될 수 있다.
   - **마케팅 및 프로모션 데이터:** 이전 식당 주인은 마케팅 트렌드 분석을 위해 운영 데이터를 수집하지 않았으며 보고서를 작성하지도 않았다. 여러분이라면 어떤 전략을 시행하겠는가?
2. 정보기술과 시스템이 어떻게 킴볼 레스토랑의 데이터 수집을 도울 수 있을지 말해보라.

주요용어

개방형 시스템, 13
경영정보시스템(MIS), 18
고객관계 관리(CRM)시스템, 19
공급사슬 관리(SCM)시스템, 18
네트워크 관리자, 29
데이터, 9
데이터베이스, 13
데이터베이스 관리자(DBA), 28
데이터 웨어하우스, 20
디지털 시스템, 7
모바일 애플리케이션 개발자, 29
비즈니스 인텔리전스(BI), 20
서브시스템, 11
시스템, 11
시스템 관리자, 29
시스템 분석가, 27
웹마스터, 29
의사결정 지원 시스템(DSS), 20
입력, 16
전문가 시스템(ES), 20
전사적 응용 프로그램, 18
전사적 자원 관리(ERP) 시스템, 18
전자상거래, 24
정보, 9
정보기술(IT), 14
정보맵, 14
정보시스템(IS), 13
지리정보시스템(GIS), 21
처리, 16
최고기술경영자(CTO), 30
최고보안책임자(CSO), 30
최고정보책임자(CIO), 30
출력, 16
클라우드 컴퓨팅, 15
텔레커뮤니케이션, 15
트랜잭션, 16
트랜잭션 처리 시스템(TPS), 18
폐쇄형 시스템, 13
프로그래머/분석가, 27
SaaS, 15

리뷰 질문

1. 데이터 처리에서 "처리"는 무엇을 의미하는가?
2. 원시 데이터 스스로가 유의미한 정보이기도 한 세 가지 예시를 제시하라.
3. 유용한 정보를 생성하기 위해서 데이터가 반드시 처리되어야 하는 경우가 있다. 이 장에서 언급되지 않은 세 가지 비즈니스 사례를 제시하라.
4. IT 산업 밖의 서브시스템의 세 가지 예시를 제시하라. 왜 이들은 시스템이 아닌 서브시스템에 해당하는가?
5. TPS와 DSS는 어떻게 다른가?
6. 문제란 무엇인가? 비즈니스 문제의 예시를 제시하고, 컴퓨터 기반의 정보시스템이 이를 어떻게 해결할 수 있는지 말해보라.
7. "정보시스템은 하드웨어와 소프트웨어로 구성된다." 이 문장이 왜 잘못되었는가?
8. 의사결정이 필요한 상황을 떠올려보자. 이 장에서 언급되지 않은 상황의 세 가지 예시를 제시하라.
9. DSS는 어떻게 의사결정을 지원하는가?
10. 의사결정 지원 시스템(DSS)에서 '지원'이란 단어에 주목하라. 왜 '의사결정 시스템'이 아닌 '의사결정 지원 시스템'이라고 부르는 것일까?
11. 지식노동자란 어떤 사람들을 지칭하는가? 여러분은 앞으로 지식노동자로서 커리어를 쌓을 것인가?
12. 비즈니스에서 모바일 컴퓨팅과 웹 기반 정보시스템은 각각 어떤 경우에 사용되는가? 각 플랫폼에서 구현할 수 있는 비즈니스 기능의 예시를 제시하고, 이때 한 플랫폼이 다른 플랫폼보다 선호되는 이유를 설명하라.
13. 일반적으로 TPS는 조직의 '경계'에서 사용된다. 이때 '경계'란 무엇을 의미하는가? 세 가지 예시를 제시하라.

토의질문

14. 정보시스템은 더 이상 기술 담당자만의 관할이 아닌, 모든 전문가와 관계된 분야다. 이에 대한 근거를 제시하라.
15. 여러분은 비즈니스 전문가로서 정보시스템 프로젝트 및 이니셔티브에 어떻게 기여할 수 있겠는가?
16. 컴퓨터의 음성 인식 능력이 발달해서 사용자가 대화할 때 정확한 의미를 파악할 수 있다고 가정해보자. 문자 언어의 필요성이 완전히 사라지게 될 것이라고 생각하는가? 대답에 대한 근거를 제시하라.
17. 정보시스템이 해결할 수 없는 비즈니스 문제들도 있다. 이에 해당하는 세 가지 예시를 제시하고, 왜 기술이 도움되지 않는지 설명하라.
18. 실질적으로 모든 지식노동자는 정보시스템의 사용 방법을 알아야만 한다. 이에 대한 근거를 제시하라.
19. 온전한 웹 기반 비즈니스의 두 가지 예시를 제시하라. 웹은 어떤 측면에서 사업자들에게 매력적으로 보였던 것일까?
20. 앞으로 '전자상거래'를 '상거래'로 축약해서 말하는 것이 가능해질 것이다. 이에 대한 근거를 제시하라.
21. 구인 광고에서는 '컴퓨터 전문가'라는 용어 대신 '정보시스템 전문가' 또는 '정보기술 전문가' 등의 용어를 사용한다. 왜 그런 것일까?
22. 전통적인 상거래와 웹 기반 상거래의 차이점은 무엇인가? 여러분은 어떤 측면에서 온라인 쇼핑보다 전통적인 쇼핑 방식을 선호하는가? 모바일 컴퓨팅은 어떻게 웹 기반 상거래를 변화시켰는가?
23. 정보기술은 사람들 사이의 친목 도모를 돕기도 하지만, 때로는 사람들을 고립시키기도 한다. 후자의 주장을 설명하고, 이에 해당하는 한 가지 예시를 제시하라. 또한 소셜 미디어가 비즈니스 조직 또는 전문가 간의 상호관계를 어떤 방식으로 돕거나 해치는지 설명하라.
24. 정보기술이 불러온 사회적 문제의 두 가지 예시를 제시하고 설명하라.
25. 웹 상에서 여러분을 짜증나게 하는 것들에는 무엇이 있는가? 이를 해결할 수 있는 방법을 제시하라.
26. 현존하진 않지만 미래에 발생할 수 있는 IT 관련 윤리적 · 사회적 문제로는 어떤 것들이 있겠는가?
27. 신원 도용은 인터넷의 발명 이전에도 있었다. 하지만 인터넷의 발명으로 신원 도용이 의도치 않게 급증한 것도 사실이다. 신원 도용과 같은 범죄의 예방을 위해 오늘날 대중 교육은 어떠한 역할을 하는가?

개념 적용

28. 어제 여러분이 일어난 순간부터 잠자리에 들기 전까지 하루 동안 한 일들을 떠올려 보라. 여러분이 직접 컴퓨터를 사용하거나 컴퓨터를 사용하는 다른 누군가로부터 데이터와 정보를 받은 횟수는 몇 번인가? (ATM, POS 단말기, 키오스크, 기타 개인 장치들을 사용했다는 사실을 명심하라) 정보기술과 관련된 여러분의 일상 경험과 우리 사회의 컴퓨터에 대한 의존성에 관해 2쪽 분량의 에세이를 작성해보라.
29. 기업에 연락하여 비즈니스 프로세스를 관찰할 수 있도록 동의를 구하라. 관찰한 프로세스에서 컴퓨터 기반의 정보시스템이 활용될 수 있을 것으로 기대되는 요소들을 발견하라. 여러분의 관찰과 제안이 담긴 보고서를 작성해보라.
30. 슈퍼마켓에서 일어나는 활동들을 관찰하라. 제품을 찾기 위해 통로를 오가는 쇼핑객부터 POS 단말기 앞에 형성된 줄, 그리고 새로운 가격표를 붙이는 직원까지. 쇼핑객과 직원의 활동 중에서 정보기술의 도움으로 시간을 절약하고 정확도를 높일 수 있는 일들의 목록을 작성해보라. 여러분이라면 슈퍼마켓에 어떤 변화를 불러올 것인지 설명하라.

실습 활동

31. 앞서 Point of Interest에서 언급한 '더 웨더 채널(The Weather Channel)'의 페이스북 애플리케이션을 기억해보라. 이처럼 기업들이 소셜 미디어와 통합된 제품 및 서비스를 개발할 수 있도록 간단한 사업 계획을 제시하라.

32. 워드 프로세싱 프로그램에서 이력서 탬플릿을 이용하여 여러분의 이력서를 작성해보라. 직접적인 경력이 많지 않을 경우, 베이비 시팅, 잔디 깎기, 자원 봉사 등 모든 종류의 일을 포함시키는 것이 좋다. 작성이 끝나면 웹페이지와 같이 다른 사람들이 볼 수 있는 곳에 이력서를 등재해보라.

33. 여러분이 기존의 경로 대신 컴퓨터를 통해 전달받을 수 있는 정보에는 어떤 것들이 있는가? 텍스트, 이미지, 오디오, 동영상 등 모든 형태의 정보를 생각해보라. 여러분이라면 해당 정보들을 컴퓨터로 전달받을 의향이 있는가? 혹은 기존의 경로를 고수하겠는가?

팀 활동

34. 두 명의 학생들과 팀을 이뤄라. 그리고 각 구성원이 인적자원, 회계, 마케팅, 재무 등 비즈니스 기능을 책임지는 부사장이 되도록 역할을 분담하라. 각 부사장은 자신의 기능을 수행하는 데 필요한 정보를 열거해야 한다. 두 개 이상의 비즈니스 기능들이 함께 공유해야만 하는 정보와 한 기능에서 생성되어 다른 기능에서 사용 가능한 데이터의 목록을 작성해보라.

35. 다른 두 명의 학생들과 팀을 이룬 후, 정보기술이 필요하지 않은 새로운 비즈니스 기회를 브레인스토밍해보라. 정보기술이 해당 비즈니스를 개선할 수 없음을 교수님에게 설득할 수 있어야만 한다.

생각에서 적용까지: 실제사례

페덱스의 고객 서비스 혁신

24시간 잠들지 않는 기업 페덱스(FedEx)는 매 분/초를 중요시 다루는 '신속성'을 기반으로 성장해 온 기업이다. 이러한 촌각을 다투는 비즈니스 현장에서, 페덱스의 30만 명 이상의 팀원들은 하루 평균 9백만 상자 가량의 물량을 소화하며, 이를 위해 663대의 항공기와 90,000대의 차량이 동원된다. 특히 크리스마스 시즌 등 긴 연휴기간에는 상당량의 택배 물품이 집중됨에도 불구하고, 페덱스 배송 서비스에 대한 고객들의 기대치는 상당히 높은 편이다. 만약 배송 상의 문제가 발생할 경우, 고객은 곧바로 서비스 담당 직원을 호출하여 즉각적 해결을 원한다. 페덱스의 신속/정확한 배송 서비스로 인해, 페덱스는 2012년에 370억 달러의 이윤을 창출했으며, 220개 이상의 국가에서 배송 서비스를 제공하고 있다.

물류 산업처럼 경쟁이 심한 부문에서 생존하기 위해서는 즉각적이고 효율적인 고객 서비스가 매우 중요하다. 페덱스 고객 서비스 센터로 걸려오는 수많은 전화는 시시각각 담당 직원에게 직접 연결되어, 좁은 칸막이방에서 헤드셋을 착용한 채 모니터를 바라보는 서비스 담당 직원들에게 스트레칭할 시간조차 쉽게 주어지지 않을 정도이다.

택배가 아직 도착하지 않았다는 불만 전화가 여느 때처럼 걸려온다. 다른 한쪽에서는 택배 수령 시간 변경을 요청하는 전화가 걸려온다. 이어서 택배를 수령할 때 반드시 서명해야 되는지 물어보는 문의 전화가 걸려온다. 고객 서비스 담당 직원들은 고객들에게 확신을 주면서도 친절하다. 그들은 이미 수천 번도 더 들었을 불만이나 문의 사항에도 반갑게 응대한다. "죄송합니다"라고 사과하는 것은 흔한 일이다. 그들은 고객들에게 서두른다는 느낌을 주지 않으면서도 불만 사항을 재빨리 해결하기 위해 노력한다. 시간이 곧 돈이기 때문이다.

몇 년 전 페덱스는 고객 서비스 담당 직원들이 더 빠른 서비스를 제공할 수 있도록 새로운 소프트웨어를 도입하여 고객 센터에 전화를 거는 고객들의 정보를 데이터베이스에 등록하였다. 고객들이 가장 빈번하게 요청하는 사안 중 하나는 택배 픽업에 관한 것인데, 고객 서비스 담당 직원들은 소프트웨어 덕분에 이와 같은 요청을 20초만에 처리할 수 있게 되었다. 담당 직원이 고객의 이름만 입력하면 우편 번호와 택배물 고유의 운송장 번호가 동시적으로 검색되어 보여지기 때문이다. 물론 상황이 조금 더 복잡할 때도 있다. 이를테면 택배 기사가 고객의 요청을 착각하여 잘못 배송하는 경우다. 하지만 이러한 문제도 이제는 10분 이내에 해결할 수 있게 되었다.

숙련된 고객 담당 직원은 45분 동안 무려 10명의 고객들을 상대할 수 있다. 하지만 기업의 입장에서 가장 이상적인 상황은 고객들로부터 배송관련 문의/불만 등에 관한 전화가 걸려오지 않는 것이다. 페덱스는 컴퓨터 기기에 접근 가능한 고객의 60% 정도가 콜 센터로 전화하는 대신 자사의 웹사이트를 방문해서 스스로 문제를 해결할 수 있을 것으로 기대하고 있다. 페덱스 역시 다른 기업들과 마찬가지로 고객들을 웹사이트로 유도함으로써 고객 서비스 담당 인건비를 줄이고 싶어하기 때문이다. 물론 아직은 많은 사람들은 컴퓨터를 통해 직접 문제를 해결하기보다는 휴대전화 너머로 직접 담당 직원들과 이야기하는 것을 선호하고 있다.

배송관련 문제 발생시, 고객이 전화 대신 페덱스의 웹사이트를 직접 이용하여 문제를 해결할 경우 페덱스에게 돌아오는 비용절감 폭은 최대 1.87 달러에 달한다고 한다. 이에 페덱스는 가능한 많은 고객이 전화 상담사를 통한 문제해결 꾀하는 대신 웹사이트를 통해 직접 배송관련 문제들을 해결할 수 있는 유인책을 마련하고 있고, 이러한 페덱스의 노력은 성공적이었다고 본다. 예를 들어 2005년 고객 센터에 걸려온 통화량은 일 평균 470,000건으로, 이는 2000년 대비 83,000건 감소한 수치다. 같은 기간 페덱스는 연간 575만 6천 달러를 절약할 수 있었다. 한편 페덱스의 웹사이트는 월 평균 6천만 건의 배송 조회 요청을 처리한다. 물론 웹사이트 운영에도 어느 정도의 비용의 발생하는 것은 사실이나, 배송 조회 요청 1건 당 소요되는 비용이 3센트, 즉 연간비용으로 환산할때 대략 2,160만 달러에 불과하다. 웹사이트에서 이루어지는 배송조회 요청 모두 전화를 통해 이루어질 경우, 연간 13억 6천만 달러 이상의 비용이 발생하게 되는 것을 고려하면 페덱스는 고객문제 해결방식을 일부 자동화 함으로써 상당한 비용절감 효과를 얻은 것으로 볼 수 있다. 물론 모든 고객이 웹사이트에서 스스로 문제를 해결하도록 유인할 수는 없기 때문에, 일정 규모의 콜센터는 유지해야만 한다. 연간 콜 센터에 투입되는 비용이 3억 2,600만 달러에 이르지만, 더 많은 고객들이 웹사이트로 유입됨에 따라 해당 비용은 감소하게 될 것으로 전망된다.

페덱스 경영진은 지난 2000년도에 '클래리파이(Clarify)'라는 고객관계 관리 소프트웨어를 구입하였다. 새로운 소프트웨어의 도입에 따라 효과적 고객관리를 위한 전술적 변화가 이루어졌으며, 직접 고객을 응대하는 상담사뿐 아니라 소프트웨어 시스템 전문가도 콜센터 운영에 일정부분 책임이 부과되었다. 이로 인해 고객 상담을 위한 소프트웨어가 효율적 상담을 위해 범용적으로 사용되기 시작하였다. 예를 들면 고객 서비스 담당 직원은 앞에 놓인 PC를 통해 전화 응대를 하는 동안 과거 배송내용, 취향, 결제내역 등 고객의 데이터를 열람하여 고객의 요구에 보다 효율적으로 대응할 수 있게 되었다. 그 결과 오랜시간이 지나지 않아 콜세터에 대한 고객의 만족도뿐 아니라 서비스 담당 직원들의 만족도도 상당히 높아졌다.

한 가지 흥미로운 사실은 고객들이 친근함이 아닌, 오직 신속하고 정확한 정보에만 관심을 가진다는 것이다. 페덱스는 서로 다른 지원 방식에 따른 고객들의 반응을 지속적으로 관찰했다. 그 결과 관리자들은 고객 서비스 담당 직원들이 시간이 여유로울때 고객들과 필요 이상의 대화를 나눈다는 사실을 파악하였다. 종종 고객들은 직원들이 지나치게 수다스럽다고 생각했으며, 이는 곧 페덱스에 대한 나쁜 인상으로 이어졌다. 이에 따라 관리자들은 직원들에게 친절해 보이기 위해 노력하기보다 문제가 해결되는 대로 통화를 종료할 것을 장려했다.

인터넷 기반 웹은 고객 서비스의 개념을 또 한번 탈바꿈시켰다. 이제 대부분의 고객들이 모바일 컴퓨팅을 통해 정보의 습득 및 처리가 가능해짐에 따라, 페덱스는 기존의 스마트폰을 위한 웹사이트 버전과 별개로, 2010년 모바일 전용 웹사이트를 출시하였다. 기존 웹사이트와 비교했을 때 모바일 웹사이트는 상당히 적은 양의 트래픽만을 생성하였지만 페덱스의 모바일 기반 서비스들은 꾸준히 성장했다. 모바일 등 새로운 기술의 확산은 곧 새로운 서비스 개발에 대한 수요를 증폭시켰으며, 페덱스는 보다 효율적 사업 운영을 위해 더욱 뛰어난 서비스가 필요하다고 확신했다.

결국 페덱스는 애플 아이폰과 안드로이드폰 등의 기기에서 스마트폰 기술을 활용하여 더 많은 기능을 제공하는 모바일 애플리케이션을 개발하였다. 앞으로 페덱스는 모바일 애플리케이션 및 웹사이트의 사용을 다각도 추적하여 전화 수신 횟수와 콜 센터 비용이 얼마나 줄어드는지 파악할 계획이다.

지금 이 순간에도 최신 모바일 기술과 정보기술의 통합이 고품질의 신속한 고객 서비스를 실현하고 있다. 페덱스 역시 다른 기업들과 마찬가지로 혁신적인 기술 개발을 통해 더욱 성장할 것이다.

출처: FedEx. (2012). About FedEx. Retrieved 13 September, 2012, from http://about.van.fedex.com/; Gage, D. (2005). Personal Touch; FedEx already saves big bucks by steering inquiries to its web site. So how can it justify spending $326 million a year on call-center reps? Baseline, 1(39), 54-54; Gordon, R. (2010). FedEx mobile strategy aims for customer loyalty. www.dmnews.com/fedex-mobile-strategy-aims-for-customer-loyalty/article/181706/

사례에 관해서 생각해 볼 점

1. 고객관계 관리 시스템이란 무엇인가? 페덱스를 제외한 다른 고객관계 관리 시스템 적용 사례들을 말해보라.
2. 지금까지 살펴본 페덱스의 CRM 적용 사례가 어떤 방법으로 비용을 절감하고 도움이 되었는지 설명하라.
3. 페덱스의 사례에서 정보기술 도입 전후의 성과를 비교할 때 어떤 지표들이 사용되었을까? 비용, 서비스 품질, 주기 시간을 비롯한 성과 요소들을 고려한 후, 구체적인 지표를 제시하라. (나눗셈, 곱셈, 절댓값 등을 이용해 보라)
4. 기업이 모바일 기술을 실현할 때는 어떤 어려움에 직면하게 되는가? 모바일 기술의 활용은 웹 기반 시스템만큼이나 비용을 절감할 수 있는가?
5. 만약 여러분이 페덱스 또는 유사한 기업의 경영진이라면, 모바일 컴퓨팅과 인터넷을 활용하여 어떤 서비

스들을 추가적으로 도입하겠는가?

기술로 꽃핀 화훼농장(Blooming with Technology)

정보기술의 발전으로 인해 이제는 기업의 규모 및 유형에 관계없이 모든 비즈니스 영역에서 정보기술이 활용되고 있다. 따라서 소규모 기업에서 정보기술 적극적 활용/도입을 통해 생산성 향상, 운영비 절감 등 의미있는 성과를 내고 있는 사례를 종종 접하게 된다. 즉 기업의 운영 및 전략 수립에 여러면에서 정보기술이 중요한 역할을 하고 있다는 것이다. 하지만 소규모 기업의 경우 정보기술관련 전략 수립/실행에 있어 대기업 수준의 자원과 전문지식을 보유하지 못할 때가 다반사다.

콜로라도에 위치한 '사계절 온실&화훼(Four Seasons Greenhouse and Nursery)'의 사례를 한 번 살펴보기로 하자. 이 작은 화훼농장도 처음에는 여느 소규모 종묘가게와 비슷했다. 직원들은 손으로 직접 재고 상태를 파악하고 기록했으며, 매출이 가장 높은 상품을 확인하는 과정 역시 수작업으로 이뤄졌다. 화훼농장의 이윤 폭은 아주 미비했고 심지어는 적자를 기록하는 경우도 많았다. 하지만 사업을 효과적으로 관리하기 위해 필요한 기본적 데이터 분석도 이루어지지 않았다. 이를테면 개별 상품의 이윤 폭에 대한 계산이나 검토가 이뤄지지 않고 있었던 것이다. 농장주와 직원들은 천만 달러 규모의 화혜사업을 지속적으로 운영하기 위해 무언가 새로운 것이 필요하다고 판단했다.

그 결과 화훼농장에서는 2008년 새로운 POS 시스템을 도입하기로 하였다. 이로써 농장에서 이루어지는 매출 집계 등을 수작업으로 추적하는 대신 POS 시스템을 통해 판매 시점에 즉각적으로 경영에 유용한 데이터를 생산/분석하는 것이 가능해졌다. 이는 새로운 시스템이 판매 데이터 처리 시점에, 동시에 재고 상태와 판매 기록을 업데이트하기 때문이다. 매출 관련 자료를 수기로 작성해야 되는 번거로움이 사라졌으며, 재고를 일일이 업데이트할 필요도 없어졌다. 이처럼 POS 시스템은 데이터 입력/추적/배포에 탁월한 기능을 수행함으로써 금전 등록기 이상의 기능을 제공하였으며 이는 결국 경영의 효율화를 가능케 하였다.

POS 시스템으로 인해 정확한 재고량 산출이 가능해짐에 따라, 화훼농장은 좀 더 손쉽게 특정 상품의 추가생산/공급에 대한 의사결정을 내릴 수 있게 되었다. 일례로 이제는 추가 주문량을 결정하기 위해서 최신 재고 상태를 추측하지 않아도 된다. POS 시스템의 도움으로 정확한 재고파악이 가능해짐에 따라, 추후 필요한 만큼의 재고만을 유지할 수 있게 되었다. 뿐만 아니라 POS 시스템은 품목별 세부 거래 내역에 대한 보고서도 제공하여, 각 품목의 구입 내역, 폐기 내역, 판매 내역을 검토를 용이하게 하였다.

POS 시스템의 도입으로 화훼농장은 지금껏 자신들의 사업을 제대로 이해하지 못하고 있었다는 사실을 깨닫게 되었다. 새로운 시스템이 제공한 보고서로부터 일부 상품들이 그들의 생각만큼 수익성이 높지 않다는 것을 확인할 수 있었으며, 품목별 세부 원가 보고서를 통해 어떤 상품이 전체 수익에 가장 큰 기여를 했는지 파악할 수 있었다. 사업운영의 결과로 부터 산출된 실질적 비용과 편익에 대한 이해를 통해 수익성 높은 상품 생산에 집중할 수 있었고, 그 결과 농장의 수익이 개선되었다.

또한 상품에 대한 상세한 비용 내역을 파악함으로써 수익성 제고를 위한 가격 정책을 수립할 수 있었다. 즉, 적정 이윤의 폭 범위 내에서 일시적 또는 영구적 가격 조절이 용이해졌다. 또한 이처럼 정확한 신속한 정보의 획득을 통해 효과적 사업운영이 가능해졌다. 예를 들면 매출이 발생하는 시점에 즉각적으로 판매, 재고 및 구매관련 정보가 업데이트 되어, 데이터를 중복적으로 입력하는 시간을 줄일 수 있었고, 이로 인해 경영진은 단순한 업무가 아닌, 사업 전반에 대한 심도있는 전략적 대안 도출에 더 많은 시간을 활용할 수 있었다.

새로운 정보시스템은 직업 스케줄 관리, 인건비 검토/분배 등의 업무 역시 보다 쉽고 간단하게 할 수 있도록 도와주었다. 뿐만 아니라 농장주는 직원들에게 더 많은 책임을 위임하고 직원 개개인의 의무를 명료하게 정의할 수 있게 되었다. 이제 농장주는 자신이 직접 목표를 설정하는 대신 직원들에게 데이터를 제공하고 다음 분기에 대한 그들 각자의 매출 목표를 제출하도록 장려하고 있다. POS를 위시한 정보시스템이 궁극적으로 보다 효율적인 사업 운영 및 보고체계를 수립할 수 있는 전사적 인프라를 제공해 준 셈이다.

지금까지 살펴본 화훼농장의 사례는 정보기술이 어떻게

기업의 경영에 유용하게 활용될 수 있는지에 대해 기술하고 있다. 기업을 경영하는 데 있어 신속/정확한 의사결정 등은 경쟁력 제고에 필수불가결한 항목이라고 볼 수 있다. 위 사례와 같이 많은 기업들은 정보시스템에서 생성/가공되는 데이터에 기반하여비용을 절감하고 경쟁적 우위를 점하는 데 유리한 고지를 선점할 수 있을 것이다.

출처: Jones, R. (2011, May). Garden Center 2.0. Today's Garden Center, 8, 14-16.

사례에 관해서 생각해 볼 점

1. POS 시스템은 어떻게 경영 활동을 더 효과적으로 처리하는가? 수작업으로도 경영 정보를 효과적으로 처리하는 것이 가능할까? 그렇게 생각한 이유는 무엇인가? 어떤 종류의 비즈니스 문제들이 효과적으로 해결될 수 있을까? 경영 과정에서 정보를 어떻게 더 잘 사용할 수 있을까?
2. 왜 소규모 사업자들은 정보기술의 사용을 꺼려하는 걸까?
3. 이번 장에서 다룬 다양한 종류의 정보시스템들을 떠올려 보라. 판매 데이터를 처리하는 데 POS 시스템과 함께 사용될 수 있는 시스템으로 어떤 정보시스템들이 있을까?

참고문헌

Anonymous. (2011). Coinstar Reports 2011 1st Quarter Results. Entertainment Close-Up.

Anonymous. (2012a). Information Security Analysts, We Developers, and Computer Network Architects. www.bls.gov/ooh/computer-and-information-technology/print/information-security-analysts-web-developers-and-computer-network-architects.htm

Anonymous. (2012b). Youtube Statistics. Retrieved September 8, 2012, from www.youtube.com/t/press_statistics

Cerny, J. (2011). Making the MOVE to MOBILE. Mortgage Banking, 71(11), 68-70, 72-73.

Chipchase, J. (2011). "Innovation lessons from a vending machine." Retrieved 10 September 2012, from http://globalpublicsquare.blogs.cnn.com/2011/06/13/innovative-vending-machines/

Gruenwedel, E. (2011). Analyst: Consumers Prefer Lower-cost Movie Rentals. Home Media Magazine, 33(22), 6.

Pruitt, A. (2007). Tiny Redbox's DVD Kiosks Grow, Wall Street Journal, p. B.5D.

2장

정보시스템의 전략적 활용
(Strategic Uses of Information Systems)

학습 목표(Learning Objectives)

기업 경영진은 정보기술의 활용 범위가 단순히 일상 업무 지원에만 그치지 않는다는 사실을 알고 있다. 정보기술을 잘 활용한다면 조직의 장기적인 전략적 포지션에 중요한 변화를 불러올 수 있다. 또한 정보시스템의 혁신적인 활용은 비즈니스를 수행하는 방식을 근본적으로 변화시키기도 한다. 때로는 정보시스템의 활용을 통해 기업이 제공하는 제품 및 서비스의 가격/종류/품질 등이 완전히 변모할 수도 있다. 혁신적인 소프트웨어를 실제 제품에 통합시키거나 서비스를 웹 상에서 제공하는 경우가 이에 해당될 수 있다. 오늘날 정보시스템은 거의 모든 조직에서 전략적 계획 수립 및 실행에 중요한 역할을 한다고 볼 수 있다.

이번 장이 끝나면 여러분은 다음의 내용들을 설명할 수 있을 것이다:

- 경영전략과 기업의 전략적 행위가 무엇인지 설명할 수 있다.
- 기업들이 정보시스템을 통해 경쟁우위를 달성하는 과정을 설명할 수 있다.
- 경쟁우위를 달성하기 위한 기본적인 방법들을 서술할 수 있다.
- 정보시스템이 전략적 정보시스템으로 활용되기 위한 조건들을 설명할 수 있다.
- 전략적 정보시스템을 개발하기 위한 기본 요건들을 서술할 수 있다.
- IT 전략의 성공과 실패를 결정하는 환경 및 계획들을 설명할 수 있다.

[킴볼 레스토랑: 정보의 전략적 활용]

사업 시작 이후 처음 3년 동안 킴볼 레스토랑은 꾸준한 성장세를 보여왔다. 리즈와 마이클은 근면하였으며, 매일 밤 고객들로 가득 찬 식당을 보며 즐거워 하였다. 또한 레스토랑 한곳에 설치된 바에는 스포츠 경기를 보러 오거나 일과를 마치고 직장 동료들끼리 함께 가벼운 담소를 나누는 확고한 고객층이 형성되었다. 일주일에 수 차례 늦은 밤이 되면 바에는 앉을 곳이 없을 정도였다. 새롭게 도입한 POS 시스템은 식당과 주방 운영을 도왔을 뿐만 아니라, 기존 수기 방식의 고객 주문 정보 확인 과정과 비교했을 때 여러모로 장점이 많았다. 새로운 시스템을 통해 모든 식사와 고객 주문 정보에 대한 저장/추적이 용이해졌다.
레스토랑 매출은 나날이 증가하였으며, 킴볼부부는 매출 증가에 따른 사업 확장을 고민하기 시작하였다. 마이클의 고객 방문 및 매출 분석에 따르면 현재 레스토랑의 규모에서 더이상의 성장은 불가능한 것처럼 보였다. 하지만 동시에 그들은 단순히 확장만을 위한 확장은 하지 않기를 바랐다.

새로운 기회

레스토랑에서 8킬로미터 떨어진 호숫가 캠핑장을 과거 가족 단위로 운영하던 숀 라일리로부터 리즈와 마이클에게 연락이 왔다. 숀의 부모가 은퇴함에 따라 캠핑장 사업은 중단된 참이었다. 사람들의 행동과 생활 방식의 변화로 인해 가족단위 캠핑장의 사업성이 떨어지고 있는 추세였다. 그래서 숀은 다른 업종의 사업자에게 캠핑장 부지를 판매하거나 임대할 계획이었다.
제피르 호수(Lake Zephyr) 주변에 위치한 풍경을 생각했을 때, 캠핑장 부지는 새로운 레스토랑이 들어설 수 있는 완벽한 입지임에 틀림없어 보였다. 캠핑장 중앙의 건물 내에는 캠핑장 이용객들을 위한 중형 규모의 레스토랑이 운영 중이었다. 숀은 건물 내 다른 구역들도 레스토랑 공간 확장을 위해 쉽게 변형될 수 있다고 설명했다. 또한 건물 내에는 캠핑장 이용객들을 위한 라운지 공간으로 사용되고 있는 넓은 테라스 구역이 있었다. 따뜻한 계절에는 테라스를 호수를 바라볼 수 있는 식사 공간으로 활용할 수 있을 것이라고 숀이 덧붙였다.
숀의 제안을 흥미롭게 생각한 리즈와 마이클은 캠핑장을 직접 방문했다. 캠핑장 건물은 건축된지 30년이 지났음에도 숀의 가족이 세심하게 관리한 덕분에 깨끗한 상태로 유지되고 있었다. 주방 공간은 음식을 조리하고 저장하기에 충분해 보였으며, 건물 안에 있는 다른 세 개의 구역을 두 개의 식당과 한 개의 라운지/바로 활용하는 것은 어려워 보이지 않았다. 식당 구역 중 한 곳은 비즈니스 미팅이나 가족 행사를 위한 작은 행사 공간으로도 사용될 수 있을 것으로 보였다. 호수의 전망이 불러오는 독특한 분위기는 고객들에게 특별한 식사 경험을 제공하기에 더할 나위 없었다.
마이클은 캠핑장 부지의 식당 구역에서 110명의 인원을, 라운지 구역에서 25명의 인원을 수용할 수 있을 것으로 추정했다. 한편 리즈는 캠핑장 부지에서 레스토랑의 성공을 이어나갈 수 있을까 생각했다. 과연 리즈와 마이클의 사업 확장 노력이 지금까지 성공적으로 운영된 레스토랑 사업에 해가 되진 않을 것인가? 킴볼 부부는 이미 새로운 기회가 성공으로 이어질 수 있을 것인지에 관해 우려를 표시한 바 있다. 그들에게 찾아온 기회는 위험이 없고 안전한 것일까? 아니라면 리즈와 마이클은 그들의 현상태에 안주해야 하는 것일까?

신중한 검토

리즈와 마이클은 그들의 아들 타일러와 사업 확장 계획에 대해 논의하였다. 킴볼 부부는 원래의 사업 계획을 재검토해보는 것이 좋겠다는 타일러의 의견에 동의했다. 리즈와 마이클이 처음 레스토랑 사업을 계획할 당시 톰의 마케팅 조언이 아주 소중했기 때문에, 그들은 사업확장을 위한 계획수립을 위해 톰을 다시 찾았다. 마이클은 POS 시스템을 설치한 이후로 그가 수집해온 일별 매출 요약 데이터와 상세한 메뉴 정보를 톰에게 제공했다. 톰이 언뜻 보기에도 그동안 킴볼 레스토랑이 잘 운영되어 왔음이 분명하였다. 마이클은 새로운 POS 시스템으로 인해 수기 방식의 고객 방문 정보 확인 시스템을 이용했던 이전 식당 주인보다 더 많은 데이터를 수집/저장할 수 있었다.
톰은 테이블당 고객들이 소비한 시간과 관련 있는 지표인 테이블 회전율을 분석하였다. 테이블 회전율이 높다는 것은 고객들이 테이블에서 소비한 시간이 적으며, 테이블이 더 효율적으로 사용되었음을 의미한다. 사실 마이클은 새로운 시스템으로부터 이용 가능한 정보의 범위를 이해하지 못하고 있었고, 회전율 데이터를 추적해보겠다고 생각한 적이 한 번도 없었다.
톰은 기존 데이터를 이용하여 신규 레스토랑을 개설할 경우 실현 가능한 매출/비용 예측을 위하여 몇 가지 지표들을 추가적으로 고안하였다. 그는 테이블당 총 계산 금액, 식사 시간, 방문 인원의 평균값을 계산한 후, 산출한 데이터를 요일별, 월별, 특정 기간(공휴일 등)별로 분석하였다. 이와 같이 기존의 데이터를 활용하여 경영활동에 유용한 또 다른 지표를 구축할 수 있었으며, 이를 통해 더욱 정확한 판매 예측이 가능해 졌다. 마이클은 톰의 접근법처럼 POS 시스템의 데이터를 이용한 적이 없었다. 마이클은 데이터가 다양한 방식으로 활용될 수 있다는 사실이 놀라울 뿐이었다.

리즈와 마이클은 레스토랑 전담 회계사인 테리 조던과 회의를 진행하였다. 리즈는 레스토랑의 모든 재무제표와 주(州) 판매세 보고서, 소득세 신고서를 준비하였다. 테리는 지난 2년 동안 레스토랑이 잘 운영되어 왔지만, 총비용 역시 함께 증가하고 있다는 사실을 파악하였다. 그들은 재무제표 분석을 통해, 총매출액 대비 식재료비 및 인건비 상승이 과다했음을 확인했다. 즉 지난 수년간 꾸준한 매출액 상승에도 불구하고 순이익률이 매월 조금씩 감소하고 있던 것이었다. 리즈는 테리에게 자신들이 무엇을 잘못하고 있었으며, 어떻게 문제를 해결할 수 있는지에 대해 의견을 구하였다.

테리는 이윤 감소의 원인으로 과도한 재고비용 및 인건비 지출을 지목하고, 과거 레스토랑의 재무 데이터와 운영 및 청구서를 분석하였다. 직접적인 식료품 재고비용이나 폐기에 관한 데이터는 테리의 소관이 아니었지만, 레스토랑의 정보시스템 역시 이를 관리하지 않고 있었다. 이 때문에 식료품 폐기량은 산출되지 못하였고, 식사 판매량과 재고량을 직접적으로 비교할 수 없다는 사실에 테리는 당황스러움을 감추지 못하였다. 하지만 테리는 톰이 제시한 요약 데이터를 검토한 후 리즈가 식료품 조달을 위해 필요수준 이상의 양을 구매하고 있다고 추측하였다. 과거 매출에 기반한 식료품 구매에 대한 예측 없이 정확한 재고량을 유지하고 식료품 폐기에서 발생하는 비용을 절감하는 것은 분명 어려운 일이었을 것이다.

또한 테리는 서빙 직원들과 주방 직원에게 지급된 인건비를 분석하고 직원들의 주간 근무 스케줄을 검토하고 비교해보았다. 이를 통해 시간별 직원 배치 내역이 예상 고객 수와 일치하지 않는다는 사실이 분명하게 드러났다. 테리는 특정 요일의 매출이 지속적으로 낮게 나타났음에도 직원 스케줄이 요일별로 다르게 편성되지 않은 사실을 발견했다. 아마도 이러한 문제가 인건비의 증가를 설명할 수 있을 터였다.

리즈와 마이클은 톰과 테리의 조언에 대하여 생각하였다. 톰과 테리는 단순한 매출 및 고객 수 증가로 인해 킴볼 부부가 전략적 관점에서 사업을 관리하는 데 주의를 빼앗겼다고 지적하였다. 리즈와 마이클은 그들의 레스토랑 사업이 인지도를 얻어감에 따라 비용과 운영을 엄격하게 관리하지 않았다는 사실을 시인했다. 톰은 킴볼 부부뿐만 아니라 많은 소규모 비즈니스에서 범하는 흔한 실수라고 말했고, 테리는 그럼에도 레스토랑이 여전히 탄탄하고 안정적인 매출을 기록 중이며 고객 인지도를 유지하고 있다고 덧붙였다. 따라서 그들이 수익율 향상을 위해 할 수 있는 최선은 몇 가지 사항들에만 집중하는 것이었다. 쉬운 해결책은 가격을 인상하는 것이었지만, 리즈와 마이클은 그렇게 하기를 바라지 않았다. 마이클은 사업을 확장하기 이전에 기존 사업을 강화할 수 있는 전략을 강구하는 것이 그들의 최우선 과제라고 판단했다.

다시 앞으로

리즈, 마이클, 타일러는 숀과 다시 만났다. 리즈와 마이클은 캠핑장 부지가 마음에 들었고 새로운 가능성에 대한 기대감으로 가득 찼지만, 톰과 테리와의 논의 후에 그들 스스로가 사업 확장을 위한 준비가 되어있지 않다는 사실을 깨달았다.

타일러 역시 부모의 레스토랑 사업이 잘 운영되고 있다는 점에 동의했지만, 리즈와 마이클이 현재의 위치에서 사업을 강화하기 위해 운영 및 정보기술 전략 수립에 시선을 집중할 필요가 있다고 생각했다. 타일러는 이러한 노력의 결과가 앞으로 새로운 매장을 개설할 때 도움이 될 것이라고 말했다. 효율적인 운영을 향해 비판적인 시선으로 사업 확장을 고려하다 보면 언젠가 시기가 적절할 때 완벽하게 레스토랑 위치를 옮길 수 있게 될 것이 분명했다.

이제 모든 계획이 준비되었다!

전략과 전략적 행위 (Strategy and Strategic Moves)

2,335명의 CIO들을 대상으로 진행한 가트너 리서치(Gartner Research)에 따르면 정보기술은 기업의 필수 구성요소로 인식되고 있다. 가트너는 '2012 CIO 의제 보고서(2012 CIO Agenda Report)'를 통

해 CIO의 61%가 조직의 모빌리티 전략을 최우선으로 고려하고 있다고 보고하고 있다 (Anonymous, 2012b). 이들 중 대다수는 모바일 컴퓨팅의 활용에 있어서는 산업 내 리딩기업이 되는 것을 주 목표로 설정하였다. 또한 향후 CIO들의 중점적 역할은 주로 기업의 성장을 이끌며 고객 유치 및 유지에 우선순위를 두고 전개될 것이라고 전망하였다. 응답한 CIO의 1/3 이상은 정보기술 혁신이 고객 경험을 증진시킬 것이라는 의견에 동의하였다. 이러한 결과에 빗대어 볼때 향후 정보기술이 경영전략에 기여하는 바가 더욱 커질 것은 자명해 보인다.

'전략(strategy)'이란 단어는 장군을 의미하는 그리스어 '스트라테고스(strategos)'로부터 파생되었다. 전쟁에서 전략은 우위를 점하기 위해서 사용되는 틀이자 접근법이다. 오늘날엔 비즈니스를 필두로 다양한 분야에서 이 단어를 차용하고 있다. 언론 보도에서 알 수 있듯이 기업 경영진은 비즈니스 경쟁이 마치 전쟁처럼 들리게끔 전략을 논의하곤 한다. 기업인은 전쟁터에서의 장군처럼 전장에서의 승리를 위한 결정적인 행동 강령을 고안해야만 한다. 경영전략이란 특정 기업이 경쟁기업들을 다양한 측면에서 압도할 수 있는 방안을 알려주는 길잡이 역할을 한다고 볼 수 있다. 하지만 경쟁자를 제압하는 것이 유일한 해결책인 전투 계획과 다르게 경영전략을 통해 기업은 새로운 기회를 창출하는 데 초점을 맞추기도 한다.

많은 정보시스템이 문제 해결을 위해 만들어진 것과 별개로, 또 다른 다수의 정보시스템은 새로운 기회를 포착하는데 도움을 주기 위해 만들어진다. 사실 기회를 창출하는 것보다 문제를 정의하는 것이 더 쉽다는 사실은 비즈니스에 종사하는 사람이라면 누구나 알고 있을 것이다. 왜 그런 것일까? 문제는 이미 존재하고 있기 때문이다. 즉 문제란 이상적인 운영을 가로막는 장애물이며, 그 자체로 주의를 환기시키는 역할을 한다. 이와 반대로 기회는 문제만큼 눈에 잘 보이지 않는다. 기회를 발견하거나 창출하기 위해서는 어느 정도의 상상력과 창의력, 그리고 미래를 앞서보는 선견지명이 필요하다. 다양한 경영환경 하에서 경영진이 새로운 기회를 포착할 수 있도록 도와주는 정보시스템을 일반적으로 **전략적 정보시스템**(strategic information system; SIS)이라고 부른다. 전략적 정보시스템은 '전략적'이라는 특별한 목적을 가지고 새롭게 구성될 수 있으며, 기존의 정보시스템으로부터 발전된 형태를 취하는 것 역시 가능하다. 전략적 정보시스템이란 기술적 특징으로 구별/정의되는 것이 아니라, 정보시스템이 전략적 이점을 위해 어떻게 사용되는가에 따라 정의된다고 할 수 있다.

자유시장경제에서 기업이 전략적 계획 없이 성공하는 것은 쉬운 일이 아니다. 전략의 종류는 다양하지만, 이들은 대체로 몇 가지 기본적인 카테고리로 귀결된다. 새로운 제품 개발, 충족되지 않은 소비자 니즈 파악, 신규 고객 유치 및 기존 고객 유지를 위한 서비스 변경, 그리고 성과 개선을 통해 조직의 가치를 향상시키는 모든 행동 방침들이 이에 해당한다.

POINT OF INTEREST 전략적 도구로서의 정보기술

e-비즈니스는 현재 미국에서 가장 빠르게 성장하고 있는 산업 중의 하나다. 2013년 1분기 전자상거래 매출액은 총 612억 달러로, 이는 전 분기 대비 2.7% 증가한 수치다. eMarketing Inc.에 따르면 전자상거래를 통한 매출은 2017년 4,340억 달러에 이를 것으로 전망된다. 중소기업들 역시 보다 효과적으로 고객 요구를 만족시키고 공급망 내 의사소통을 활성화하기 위해 인터넷을 활용하는 e-비즈니스 전략을 수립하고자 노력하고 있다. 기업들은 e-비즈니스를 통해 그들의 제품과 서비스를 판매하기 위한 새로운 시장을 형성하며, 나아가 경쟁우위를 달성할 수 있을 것이다. 뿐만 아니라 e-비즈니스 정보기술의 효과적인 통합을 통해 운영상의 효율성을 제고하고 판매 및 처리 비용을 절감할 것으로 기대된다.

출처: Anonymous. (2013). U.S. Census Bureau

News. Washington, D.C.; Enright, A. (2013). U.S. e-commerce sales could top $434 billion in 2017. Internet Retailer. www.internetretailer.com/2013/04/25/us-e-commerce-sales-could-top-434-billion-2017; Gupta, M. (2010). The enabling role of E-business technologies in strategic operations management. Journal of International Technology and Information Management, 19(2), 109–IV.

지금껏 기업의 전략을 수립하는 데 있어서 정보시스템이 적극적으로 활용되지 않은 것이 사실이다. 하지만 정보시스템의 혁신적인 활용은 매출 증대 및 비용 절감을 위한 전략을 실행하는데 도움을 줄 수 있다는 것 역시 주지의 사실이다. 통상적으로 기업은 강점을 극대화하는 전략을 통해 **전략적 이점**(strategic advantage)을 달성하고, 그 결과 **경쟁우위**(competitive advantage)의 위치에 서게 된다. 하지만 새로운 제품 및 서비스를 위한 시장 창출 전략을 고려할 때, 유사한 제품을 생산하는 타 기업들과의 경쟁에서 우위를 점하는 것이 전략적 목표가 되지는 않는다. 왜냐하면 신규 제품/서비스 시장이 아직 존재하지 않기 때문이다. 이처럼 기업의 전략적 행위가 항상 유사 제품 및 서비스와의 경쟁을 시사하는 것은 아니지만 시장경제체제에서 이익창출의 기회가 존재하는 특정시장이 독점적 기업만의 영역으로 남는 일은 거의 없다고 볼 수 있다. 이에 본 고에서는 "경쟁우위"와 "전략적 이점"을 혼용해서 말하기로 한다.

지금 이 순간에도 혁신적인 기업들은 차세대 핵심 기술 개발을 위해 경쟁하고 있다. 2012년, 모바일 결제기술과 관련된 치열한 경쟁이 촉발되었다. 우리는 스마트폰 결제를 통해 장소와 시간에 관계없이 그 어느 때보다 빠르고 쉽게 재화/서비스를 구매할 수 있게 되었다. 일례로 스타벅스는 미국 내 7,000개의 매장에서 '페이 위드 스퀘어(Pay with Square)'라는 스마트폰 앱에서 신용카드 거래를 처리할 수 있도록 모바일 결제 회사인 스퀘어(Square)와 파트너십을 맺은 바 있다. 사용자가 앱에 있는 탭을 활성화시켜 스타벅스 매장에 자신의 방문 사실을 알리면, 계산대에서 이름을 말하는 것만으로 결제가 이뤄지게 되었다. 이처럼 모바일 결제 기술은 소매점에서의 소비 경험을 새로운 차원으로 이동시키고 있다. 실질적으로 기업에 경쟁우위를 제공하는 모든 모바일 기반의 시스템이 곧 전략적 정보시스템이라 할 수 있다.

경쟁우위 달성(Achieving a Competitive Advantage)

지금부터는 비용 절감 및 수익 극대화를 주 목표로 하는 영리 기업의 관점에서 경쟁우위를 이야기해보자. 영리 기업이 경쟁우위를 달성할 때는 기업의 이윤이 크게 늘어나며, 이는 일반적으로 시장 점유율의 증가로 설명될 수 있다. 그림 2.1에는 경쟁우위 달성을 위한 여덟 가지 기본적인 방법들이 요약되어 있다. 즉, 경쟁자들이 제공할 수 없는 제품 및 서비스를 제공하는 방법과 똑같은 제품 및 서비스라도 더 매력적으로 고객에게 제공하는 방법 등이 포함되어 있다. 나열된 여덟 가지 방법들이경쟁적 우위를 점하기 위한 모든 실행전략을 내포하는 것은 아니지만, 기업의 경쟁우위 달성을 위해 조직에서 추구할 수 있는 가장 대표적인 경영전략이라고 볼 수 있다. 뿐만 아니라 기업의 전략적 행위가 대체로 두 개 이상의 방법 또는 단계의 조합으로 구성된다는 사실 역시 중요하다. 때로는 한쪽 영역에서의 경쟁우위 달성이 다른 종류의 경쟁우위 달성을 이끌어 내기도 한다. 또한 전략의 본질은 혁신에 있다. 경쟁우위는 조직이 아무도 시도한 적 없던 전략을 시행할 때 종종 달성되곤 한다.

■ 그림 2-1

경쟁우위 달성을 위한 여덟 가지 기본적인 방법들

방법	효과
비용 절감	품질을 보장하고 이윤을 유지 또는 증대시키는 동시에 더 많은 제품을 낮은 가격에 판매할 수 있다면 기업은 경쟁우위를 달성할 수 있다.
진입장벽 형성	시장의 잠재적 진입자를 저해함으로써 경쟁을 회피하고 더 많은 시장 잠재성을 가져올 수 있다면 기업은 경쟁우위를 달성할 수 있다.
전환비용 제고	전환비용을 높임으로써 고객이 경제적으로 경쟁자의 제품을 구매하는 것이 불가능해진다면 기업은 경쟁우위를 달성할 수 있다.
신규 제품 및 서비스 생산	유일무이한 제품 및 서비스를 제공함으로써 기업은 경쟁우위를 달성할 수 있다.
제품 및 서비스 차별화	자사의 제품이 경쟁자의 제품과 다르다는 것을 확신시킴으로써 고객을 유치할 수 있다면 기업은 경쟁우위를 달성할 수 있다.
제품 및 서비스 향상	자사의 제품 및 서비스가 그 어떤 기업보다도 뛰어나다면 기업은 경쟁우위를 달성할 수 있다.
제휴 체결	다른 산업에 속한 기업들이 특별한 가격에 결합된 제품 및 서비스를 제공하도록 서로 협력함으로써 함께 경쟁우위를 달성할 수 있다.
공급자 및 구매자 락인	공급자 또는 구매자를 락인하여 경쟁자와의 거래를 경제적으로 불가능하게 만듦으로써 기업은 경쟁우위를 달성할 수 있다.

아마존은 새로운 구독 서비스인 '아마존 프라임(Amazon Prime)'을 출시함으로써 경쟁적 우위를 달성하였다. 아마존 프라임 구독자들은 연간 79달러의 가격으로 아마존에서 판매되는 모든 상품을 2일 내에 무료 배송 받을 수 있으며, 2만 5천편이 넘는 영화와 TV 프로그램을 스트리밍 방식으로 시청할 수 있다. 또한 프라임 멤버들은 추가적인 비용 없이 킨들 전용 도서 대여 서비스(Kindle Owners' Lending Library)를 통해 전자책을 대여할 수 있다. 그림 2.2는 아마존의 사례처럼 기업이 다양한 전략들을 함께 시행함으로써 경쟁우위를 달성할 수 있음을 보여준다.

■ 그림 2-2

경쟁우위를 달성하기 위해서 다양한 전략적 행위들이 함께 시행될 수 있다.

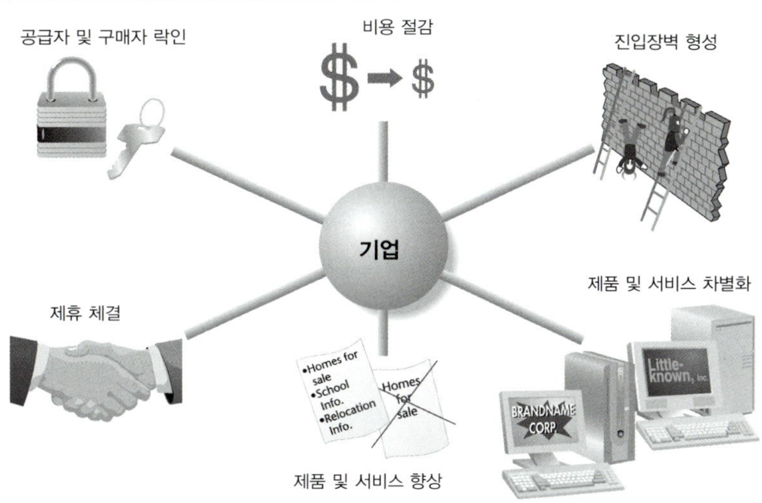

방법 #1: 비용 절감 (Initiative #1: Reduce Costs)

소비자는 자신이 필요로 하는 제품 및 서비스에 대해 품질을 보장받는 동시에 가능한 적은 비용을 지불하려고 한다. 따라서 기업은 경쟁사 대비 가격을 낮게 책정함으로써 시장 점유율을 높일 수 있으며, 이를 위한 최적의 방법은 생산/판매 등의 활동을 위해 수반되는 비용을 절감하는 것이다. 만약 비즈니스 프로세스 자동화 과정이 성공적으로 조직내 적용된다면, 이는 조직의 경쟁우위 확보를 위한 주요한 수단이 될 수 있다. 그러한 이유는 아주 간단한데, 자동화가 조직의 생산성을 높여줌과 동시에 이를 통한 비용 절감이 가격 인하 형태로 소비자에게 전달되기 때문이다.

과거 자동차 산업에서의 경험을 통해, 우리는 비용절감이 기업의 경쟁력 확보로 연결된다는 사실을 쉽게 알 수 있다. 1970년대 일본 자동차 제조 기업들은 생산 및 조립 라인에 로봇을 도입함으로써 급격한 비용 절감을 이뤄냈고, 이는 곧 가격 인하로 이어졌다. 로봇이 사람보다 훨씬 저렴한 비용으로 부품을 용접하고, 도색하며, 조립하기 때문이다. 경쟁자들이 로봇을 따라 도입하기 시작할 때까지 일본 기업들은 고품질의 자동차를 낮은 가격에 판매함으로써 시장에서 확실한 경쟁우위를 가질 수 있었다. 컴퓨터 마이크로프로세서 제조 기업인 인텔 역시 획기적 비용 절감을 통해 오늘날까지 경쟁우위를 확보하고 있다. 인텔의 경우 마이크로프로세서 제조 및 테스트 과정에 관여하는 인력의 상당수가 정보기술과 로봇으로 자동화되어 왔다. 결과적으로 인텔은 제품 가격을 크게 인하할 수 있었다.

한편 서비스 부문에서는 최근까지도 인간만이 수행할 수 있는 활동으로 간주된 고객 서비스의 자동화 기회를 웹이 창출해냈다. 온라인 고객 서비스의 자동화 트렌드는 페덱스를 비롯한 일부 기업들로부터 시작되었다. 페덱스는 경쟁기업보다 빠르게 고객들이 전용 네트워크 및 데이터베이스에 로그인하여 자신의 배송 상태를 추적할 수 있는 기회를 제공하였다. 현재는 다른 경쟁기업들 역시 비용절감을 위해 유사한 방식을 웹을 통해 구현하고 있다. 일례로 오늘날 많은 웹사이트는 FAQ(frequently asked questions; 자주 묻는 질문)에 대한 답변을 제공함으로써 서비스 인력을 대체함으로써 비용을 절감하고 있다.

온라인 서비스는 기업에게 다음과 같은 두 가지 주요 이점을 제공한다. 첫째로 온라인 서비스는 노동 집약적 서비스를 훨씬 저렴한 기술 집약적 서비스로 전환한다. 둘째로 온라인 서비스는 고객이 24시간 언제든지 서비스에 쉽게 접근할 수 있도록 도와준다. 콜 센터를 운영하는 모든 기업의 경영진은 서비스 담당 상담원과의 통화를 통해 문제를 해결하려는 고객들을 웹사이트로 이동시키기 위해서 많은 노력을 하고 있다. 온라인 서비스로의 고객 이동은 값비싼 인건비뿐만 아니라 전화 및 우편 요금도 절감시킨다. 노동비용 절감을 가능하게 해주는 첨단 시스템을 최초로 도입한 기업은 경쟁자들이 뒤쳐져 있는 동안 경쟁우위를 누릴 수 있다.

WHY YOU SHOULD 왜 전략적 정보시스템의 개념을 이해해야만 하는가

물론 전략적 행위를 고안하는 주체는 일반적으로 최고 경영진이지만, 우리는 나폴레옹이 말한 다음의 문장을 기억할 필요가 있다: "모든 군인은 총사령관의 지휘봉을 자신의 군장에 넣고 다닌다." 다른 말로 바꾸어 표현하자면 모든 하급 직원에게는 고위 경영진이 될 가능성이 있다. 따라서 모든 전문가는 자신이 속한 조직에서 전략적으로 사고하기 위해 노력해야 한다. 실제로 말단 직원이 가장 뛰어난 전략적 아이디어를 제시한 사례들을 종종 찾아 볼 수 있다. 기업간 경쟁이 치열하게 벌어지는 시장경제에서 적절한 전략은 조직의 성공과 실패를 판가름한다.

전략적 행위는 정보시스템의 도움을 받거나 정보시스템을 전략의 중심에 두는 것만으로 쉽게 그 범위가 확장될 수 있다. 정보기술은 기업의 전략적 우위 달성을 용이하게 해주는 제화/서비스/방법론 등을 제공할 수 있다. 웹상에서 새로운 비즈니스 모델이 나타날 가능성은 여전히 무궁무진하다. 따라서 기업은 전략적 우위 확보를 위해 어떻게 정보기술을 활용하고 시스템을 구축해야 하는지에 대해 필수적으로 이해해야만 한다. 전략적 정보시스템이 계획되고 구현되는 방식을 이해한다면, 여러분은 조직에서 그와 관련된 뛰어난 아이디어를 제시하며 빠르게 승진할 수 있을 것이다.

방법 #2 진입장벽 형성 (Initiative #2: Raise Barriers to Market Entrants)

한 산업 내에서 경쟁하는 기업의 수가 적을수록 각 기업은 더욱 유리하기 마련이다. 그러므로 기업은 다른 기업들의 유사 제품 및 서비스 생산을 어렵거나 불가능하게 만듦으로써 경쟁우위를 달성할 수 있다. 경쟁자들이 이용할 수 없거나 엄두도 못 낼 만큼 값비싼 전문지식 또는 기술의 활용은 새로운 시장 진입자를 가로막는 방법 중 하나다.

기업은 다양한 방법으로 진입장벽을 형성(raise barriers to entrants)한다. 발명이나 예술 작품과 같은 지식재산권의 법적 보호를 얻음으로써 경쟁자의 자유로운 사용을 금지하는 방법도 그중 하나다. 마이크로소프트, IBM을 비롯한 주요 소프트웨어 기업들은 소프트웨어 저작권이나 특허를 등록함으로써 엄청난 전략적 이점을 누려 왔다. 이와 유사한 수많은 보호 사례를 웹에서 찾을 수 있다. Priceline.com은 온라인 역경매 서비스인 '당신의 가격을 제시하라(name your own price)'의 특허를 등록함으로써 경쟁자들이 자신의 사업 영역에 진입하는 것을 방지했다. Amazon.com은 원클릭 온라인 구매 특허를 획득했는데, 이를 통해 소비자는 배송 및 신용카드 정보를 단 한 번 입력함으로써 추가적인 확인 웹페이지 없이 후속 주문을 진행할 수 있게 되었다. 비록 소프트웨어 자체는 단순해 보이지만, 아마존이 1999년에 획득한 이 특허는 2017년까지도 지속될 예정이다. 웹사이트 BN.com이 원클릭 기술을 도입했을 때 아마존은 반스앤노블(Barnes & Noble)을 고소하는 데 성공했다. 현재 반스앤노블은 물론 애플까지도 원클릭 기술을 이용하기 위해 아마존에게 돈을 지불하고 있는 실정이다. 한편 아마존은 2010년 10월, 캐나다에서도 원클릭 주문 프로세스에 대한 특허를 획득했다. 하지만 같은 해 11월, 캐나다 연방 항소법원에서 아마존의 특허에 대한 항소가 제기되었다. 아마존의 원클릭 특허는 유럽에서도 어려움을 겪었는데, 그 독창성이 충분히 인정되지 못한 탓에 2011년 특허를 거절 당하면서였다. 결과적으로 미국 기업들이 아마존에게 원클릭 프로세스 사용에 대한 비용을 지불하고 있는 반면, 유럽 기업들은 같은 기술을 무료로 이용하고 있다. 기술은 다른 기업들의 시장 진입을 가로막을 수도 있지만, 이처럼 글로벌 시장에서 법적 분쟁을 일으킬 수도 있다.

시장의 잠재적 진입자를 가로막는 또 다른 장벽은 특정 시장에 진입하는 데 발생하는 높은 비용이다. 항공 산업을 비롯한 일부 산업들은 중앙 예약 및 기타 운영 시스템 구축에 필요한 높은 정보기술 투자 비용으로 인해 진입장벽이 굉장히 높은 편이다. 하지만 기술이 신규 시장 진입자에게 장애물로 작용하는 것과 반대로 역효과를 가져오는 경우도 있다. 일례로 제조 기업은 디자인부터 제조, 서비스, 처분까지의 제품 라이프 사이클을 관리하는 데 기술에 크게 의존한다. 전통적으로 제품 라이프 사이클 관리(product lifecycle management; PLM) 기술 시스템은 비용과 복잡도로 인해 대형 제조 기업들만 도입할 수 있었고, 이는 소형 기업들에게 진입장벽으로 작용해 왔다. 하지만 PLM 시스템의 저렴한 대안이 새롭게 등장함에 따라 많은 소형 기업들이 이 기술을 채택하게 되었으며, 대형 기업들로부터 형성되었던 진입장벽이 낮아졌다 (Waurzyniak, 2012).

방법 #3 전환비용 제고(Initiative #3: Establish High Switching Costs)

전환비용(switching costs)이란 소비자가 특정 기업의 제화에 대한 구매를 중단하고 다른 기업의 재화를 이용하기 시작할 때 발생하는 비용이다. 전환비용은 명시적(판매자가 고객의 계약 철회에 대해 추가하는 부담금)으로 부과될 수도 있고, 묵시적(신규 제품으로 전환하는 데 발생하는 시간과 돈에 관한 간접비)으로 발생될 수도 있다.

구매자가 계약을 파기할 때 반드시 지불해야 하는 위약금 형태의 명시적 전환비용은 반복적으로 발생하는 비용은 아니지만 일반적으로 지불해야 할 위약금이 사전에 고지되어 있다. 예를 들어 휴대전화 서비스 가입시 매력적인 거래 조건을 종종 접할 수 있는데, 계약 만료 이전 해당 서비스 구독을 취소할 경우 과중한 위약금이 부과되기도 한다. 따라서 여러분은 다른 기업의 서비스가 더 매력적으로 느껴져도 새로운 서비스로부터 얻을 수 있는 효용이 위약금을 초과하지 않는 한, 계약 만료시점까지 기다려야 한다.

묵시적 전환비용의 예로는 새롭게 설치한 소프트웨어에 적응하기까지 소요되는 시간과 비용을 들 수 있다. 조직 내에서 워드프로세서 또는 스프레드시트 프로그램 등이 원활하게 활용되기까지 사용자들은 이러한 응용 프로그램에 대해 충분히 숙지해야 하고, 이를 위한 일정 수준 이상의 교육/훈련이 필요하다. 즉, 사용자들은 특정 응용 프로그램의 활용을 위해 이미 시간과 노력을 투자한 것이다. 따라서 아주 매력적인 조건이 제시되지 않는다면 기존 프로그램 사용자들은 경쟁사 제품에 큰 관심을 보이지 않을 것이다. 데이터베이스 관리 시스템, 웹페이지 에디터, 그래픽 소프트웨어 등 다른 많은 응용 프로그램에 관련 비즈니스에도 전환비용과 관련된 개념이 그대로 적용된다고 볼 수 있다. 예를 들어 다음의 사례를 통해 전환비용이 기존 제품/서비스의 경쟁력 유지에 영향을 주는지 살펴 보도록 하자. 구글 독스(Google Docs)와 오픈오피스(OpenOffice.org)가 제공하는 제품들은 무료 이용 및 다운로드가 가능하며, 마이크로소프트의 다른 오피스 제품들과도 호환 가능하다. 비록 구글 독스와 오픈 오피스 제품이 무료 다운로드 및 호환성 등을 통해 경쟁사 제품으로부터의 전환비용을 낮추었지만, 아직도 많은 기업들은 마이크로소프트 오피스를 이용하고 있다.

프린터 제조업체들이 종종 원가 이하의 가격에 프린터를 판매하고 있다는 것은 잘 알려진 사실이다. 이익을 추구하는 기업의 입장에서 견지할 때, 원가 이하의 가격 책정이 다소 의아해 보일 수 있을 것이다. 하지만 프린터 구매가 일단락되면, 소비자는 프린터가 고장이 나지 않는 한 동사에서 출시된 값비싼 잉크/토너 카트리지를 지속적으로 구매해야 한다. 즉, 경쟁사 제품으로 쉽게 전환이 이루어지지 않는다는 것이고, 이는 결국 소비자가 특정 재화에 락인(lock-in) 되었다는 것과 일맥상통한다. 소비자를 락인시키기 위한 기업의 다양한 전략에 대해서는 다시 논의할 예정이다.

높은 전환비용은 기업이 소유권을 주장할 수 있는 소프트웨어, 특히 ERP 또는 인적자원 관리 시스템과 같이 고가의 소프트웨어를 사용할 때 더욱 두드러지게 발생한다. 시스템의 초기 가격과 별도로 클라이언트는 추가적인 비용을 지불해야 하는데, 이는 명시적 비용과 묵시적 비용으로 구분될 수 있다. 명시적 비용에는 클라이언트의 비즈니스 프로세스로부터 비롯되는 맞춤형 니즈에 부합하기 위한 수정 비용이 포함되는 반면, 묵시적 비용에는 직원이 신규 시스템을 학습하고 소프트웨어 공급업체의 서비스 부서와 원활한 업무 관계를 형성하는 데 발생하는 비용이 포함된다.

방법 #4 신규 제품 및 서비스 생산 (Initiative #4: Create New Products or Services)

기업은 소비자가 원하는 신규 제품 및 서비스를 생산(create a new and unique product or service)함으로써 시장에서 경쟁우위를 달성할 수 있다. 하지만 특정 기업이 향유하고 있는 경쟁우위는 다른 경쟁기업이 동일하거나 유사한 제품 및 서비스를 비슷한 수준 혹은 저렴한 가격으로 제공하기 전까지만 유지될 수 있다.

소프트웨어 산업에서 종종 일어난는 다음과 같은 사례를 살펴보기로 하자. 일례로 로터스 디벨롭먼트(Lotus Development Corporation)는 '로터스 1-2-3' 프로그램을 출시 후, 스프레드시트 시장에서 선두 주자로 자리매김할 수 있었다. 이후 몇몇 경쟁업체에서 유사 제품을 시장에 출시하려 하자 로터스는 저작권 침해 혐의로 소송을 제기하고 재판에서 승소하였다. 그 결과 이후 몇 년간 '로터스 1-2-3' 제품에 대한 시장 지배력을 유지할 수 있었다. 하지만 얼마 후, 마이크로소프트가 엑셀 스프레드시트를 출시했고, 엑셀 스프레드시트는 공격적인 마케팅과 우수한 성능을 기반으로 시장을 잠식해 나가기 시작했다.

이베이는 온라인 경매라는 기존에 없던 신규 서비스를 처음으로 시장에 내놓았고, 불과 수개월 만에 엄청난 반향을 일으켰다. 현재는 Amazon.com, 야후 경매 등의 유사 서비스가 제공하고 있지만, 온라인 경매 서비스를 처음 제공함으로써 이베이는 경쟁사 대비 상당 기간 우월한 위치에 안주할 수 있었다. 온라인 경매 서비스가 처음 시장에 출시된 이후, 경매 거래가 이루어지기 위한 다수의 판매자/입찰자가 다소 쉽게 이베이 경매 사이트로 유입될 수 있었다. 즉, 시장의 선도자로서 경매 서비스의 성패를 가름하는 필수적인 사용자 네트워크를 형성함으로서 경쟁사 대비 상당한 경쟁력을 보유할 수 있었다. (생략) 혹은 '이 때문에' 아마존과 같은 강력한 경쟁자도 이베이와의 격차를 쉽사리 좁히지 못하였다.

이베이의 성공은 선두주자(first mover), 즉 신규 제품 및 서비스를 최초로 제공하는 경우 얻을 수 있는 기업의 전략적 우위에 대한 좋은 예로 상정될 수 있다. 경쟁 기업들이 동일한 제품 및 서비스를 제공하기 시작할 무렵 이미 시장의 선도자는 우월한 브랜드, 뛰어난 제품, 크리티컬 매스(critical mass) 등 경쟁자가 쉽게 가지지 못하는 자산을 구축하여 놓았을 가능성이 크다. 여기서 크리티컬 매스란 다른 많은 고객들을 추가적으로 끌어들일 만큼 충분히 큰 고객 집단을 일컫는다.

이베이는 크리티컬 매스를 형성함으로써 선두주자의 이점을 획득했다.

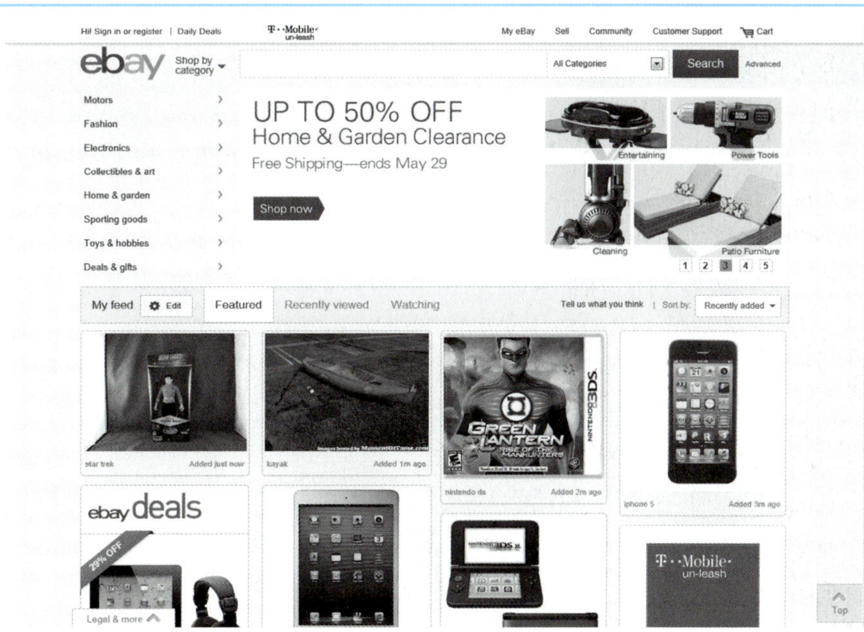

위성 라디오 서비스 기업 XM과 시리우스(Sirius)는 라디오 방송 시장에 변화의 바람을 몰고왔다. 이들 두 기업은 2001년 이래로 지금까지 업계 선두주자로서의 지위를 향유하고 있다. 또한, 기존의 송신 방식이 주파수 할당 및 콘텐츠 제약 등에 묶여 있는 반면, 위성 라디오 송출 방식은 이러한 정부 규제에서 자유로울 수 있었다. 이로 인해 많은 다른 경쟁 라디오 사업자와 방송국 역시 위성기반 라디오 송출 서비스 부문에 진출하기 시작하였다. 2008년 시리우스 위성 라디오는 50억 달러에 XM 라디오를 인수/합병하였고, 미 법무부는 소비자 집단의 강한 반발과 지상파 라디오 산업의 로비에도 불구하고 양사간의 인수/합병 허가를 승인하였다. 미 법무부는 시리우스와 XM의 결합이 경쟁 및 소비자 편익을 저해하지 않을 것이라고 발표하였으며, 그 이유로 위성 라디오의 대안으로서 모바일 인터넷 기기의 부상을 들었다. 그 결과로 시리우스 XM은 2012년에 2천 3백만 명 가까이 되는 청취자를 보유하게 되었다.

신규 제품 출시를 통해 경쟁우위를 확보한 또 다른 예로 애플의 아이폰이 있다. 통신서비스와와 컴퓨터를 결합한 휴대용 기기가 우리 삶의 일상에 등장한지는 이미 수년도 지났다. 하지만 2007년 처음 공개된 아이폰은 새로운 개념을 제안했는데, 바로 물리적인 버튼을 없앤 것이었다. 기존의 물리적 버튼에 대한 대안으로 아이폰의 모든 기능은 터치스크린을 통해 구현되었으며, 사용자가 별다른 어려움 없이 직관적으로 아이폰의 기능을 습득할 수 있도록 하였다. 이러한 아이폰의 독창성은 애플의 경쟁우위 확보에 기여하였지만, 다른 경쟁자들 역시 이러한 터치스크린 개념은 빠르게 습득/모방하기 시작하였다. 아이폰의 사례는 신규 제품 및 서비스 생산을 통해 창출된 경쟁우위가 특히 기술 분야에서 빠르게 사라질 수 있음을 분명히 보여준다.

아이폰은 변함없이 가장 인기 있는 스마트폰이다.

애플사의 아이폰은 1세대 출시 이후 꾸준하게 진화하고 있다. 일례로 아이폰 5는 더욱 커진 화면, 줄어든 무게와 두께 등 여러 측면에서 향상된 모습을 선보였다. 애플은 불과 24시간 만에 2백만 건의 아이폰 5 사전 주문 판매를 기록했는데, 경쟁자인 삼성은 애플의 수급 부족을 즉시 기회로 삼아 아이폰이 취약한 영상 공유 기능 등을 내세운 자신들의 제품을 홍보하였다. 이는 최첨단 기술을 보유한 선두주자가 자신의 자리를 유지하는 것이 얼마나 어려운지 설명하는 또 다른 사례로 볼 수 있다.

특정 서비스를 가장 먼저 제공함으로써 하루 수백만 명의 방문자 유입을 가능하게 한 웹사이트의 사례 역시 흥미롭다. 이러한 웹사이트가 생성하는 많은 트래픽은 광고수익에 큰 영향을 미칠 수 있는 중요한 전략적 자산이 된다. 가장 성공적인 소셜 미디어 기업들의 예로, 페이스북과 트위터는 탄탄한 사용자층을 기반으로 막대한 광고 수익을 얻고 있다. 참고로 이들의 사용자 수는 각각 11억 명, 5억 5,400만 명에 달하며, 두 기업 모두 웹사이트에 광고를 허용함으로써 수익을 올리고 있다 (Anonymous, 2013c, 2013d). 모바일 컴퓨팅의 기하급수적 성장으로, 두 기업은 사용자의 모바일 기기에 뉴스 피드 광고를 내보냄으로써 수익을 확대하고자 노력하고 있다. 한편 이와 같은 광고 방식은 사용자를 불쾌하게 만들 수 있고, 종종 광고가 화면 중앙에 배치되어 사용자를 거슬리게 만들 가능성이 크다 (Winkler, 2012). 때문에 페이스북과 트위터는 사용자를 잃지 않는 선에서 모바일 광고를 내보내기 위해 조심스러운 접근법을 택하고 있다.

유튜브 역시 선두주자로서의 이점을 누리고 있는 대표적 소셜 미디어 기업이다. 개인과 기업은 유튜브를 통해 비디오 클립을 업로드함으로써 다수의 방문자들에게 그들의 존재를 노출할 수 있게 되었다. 2012년 1월에 이르러 유튜브에서는 하루 4억 개 이상의 비디오가 스트리밍되었다. 2006년 구글이 16억 5천만 달러에 유튜브를 인수한 이후 유튜브의 인기는 더욱 상승하였고, 많은 기업들이 제품 및 서비스를 광고하기 위해서 유튜브 계정을 만들기 시작했다. 유튜브는 높은 마케팅 도달률, 검색 엔진 기능, 무료 특성은 프로모션을 비롯하여 기업 활동을 위한 효과적인 환경을 제공하고 있다. 방송사와 영화 스튜디오는 유튜브를 그들의 또 다른 채널로 활용하며 비디오 콘텐츠를 업로드한다. 아래의 사진에서 볼 수 있듯이 방송사와 미디어 기업은 콘텐츠를 배포하고 홍보하기 위한 추가적인 수단으로 유튜브를 활용하고 있다.

방송사와 미디어 기업은 유튜브를 홍보 수단으로 꾸준하게 사용하고 있다.

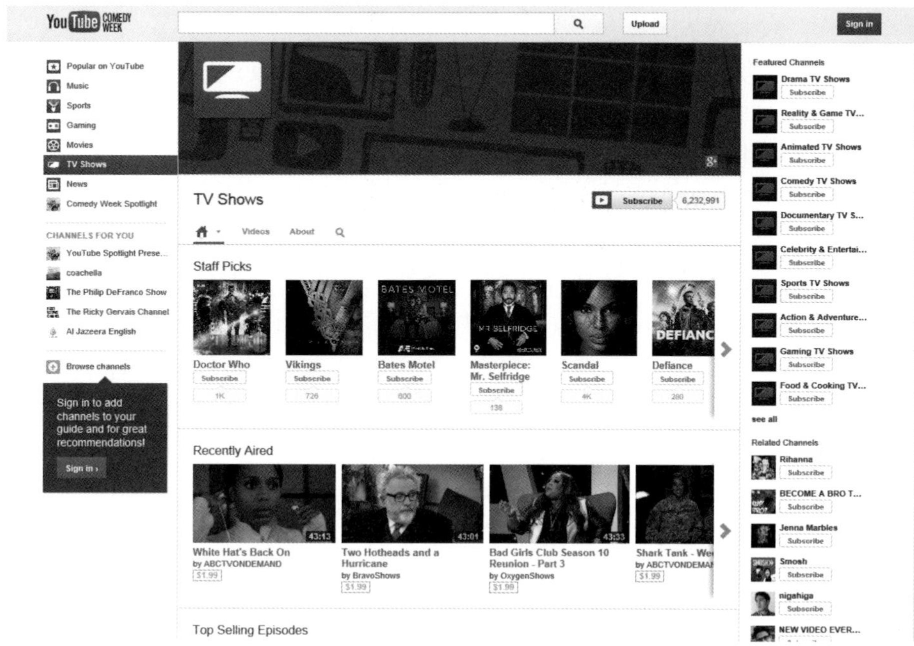

하지만 시장의 선도자가 영구적으로 그 지위를 유지할 수 있는 것은 아니다. 선두주자의 전략적 이점이 불과 수개월 만에 사라질 수도 있는데, 이에 대한 대표적 사례로 웹 브라우저 시장을 꼽을 수 있다. 한때 넷스케이프(Netscape; 현재 AOL에 인수)는 1994년부터 시작된 웹 브라우저 시장을 지배했었다. 넷스케이프는 개인 사용자들의 무료 브라우저 다운로드를 허용했고, 이를 통해 최대 95% 시장 점유율을 기록하기도 하였다. 1990년대 중반 이후 개인의 브라우저 사용이 확산됨에 따라 영리 기업들의 기업용 브라우저 및 브라우저와 호환되는 기타 소프트웨어 구매가 촉진되기 시작했다. 하지만 이윽고 마이크로소프트가 넷스케이프 브라우저와 상응하는 수준 이상의 자체 브라우저를 공격적으로 마케팅했고, 넷스케이프의 시장 지배력은 빠르게 소멸되기 시작하였다. 마이크로소프트는 인터넷 익스플로러를 무료로 제공했으며, 윈도우 운영체제 소프트웨어와 함께 번들링하여 거의 모든 PC에 배포했다. 심지어 법원 명령에 따른 번들링 해제 이후에도 인터넷 익스플로러의 영향력은 변함없이 우세했다.

또 다른 어떤 기업의 경우, 본인들이 처음으로 개척한 서비스의 부문에 필요한 개선 요구사항을 무시한 결과 시장 지배력을 상실했다. 일례로 최초의 상업적 검색 엔진 기업 인포시크(Infoseek)를 기억하는 인터넷 사용자는 결코 많지 않을 것이다. 1998년 검색 엔진 시장에 진입한 구글은 깔끔한 형태의 홈페이지를 바탕으로 웹 검색의 품질과 속도를 개선했다. 두 젊은 창업자들의 전략은 아주 단순했다. 그들의 목표는 최고의 검색 엔진을 제공하지만 서비스의 상업화를 잠시 보류하는 것이었다. 약 3년의 시간이 지나서 구글은 최고의 검색 엔진으로 등극하였으며, 그제야 구글은 검색엔진에서의 명성을 기반으로 스폰서 링크(초기에는 검색 결과 화면의 우측 여백이 사용되었으며, 추후 화면 최상단 음영 부분이 사용되기 시작했다)를 통한 수익 창출을 이루어냈다. 무엇보다도 구글은 검색 알고리즘의 개선을 멈추지 않았고 정기적으로 새로운 서비스를 제공해 왔다. 오늘날 "웹에서 검색하다"의 동의어로 "구글링하다"라는 표현이 쓰일 정도로 구글의 전략은 아주 성공적이라 할 수 있다.

방법 #5 제품 및 서비스 차별화(Initiative #5: Differentiate Products or Services)

기업은 자사의 제품 및 서비스가 경쟁자보다 더 뛰어나다는 것을 소비자들에게 설득함으로써 경쟁우위를 확보할 수 있다. 제품 차별화(differentiation)라고도 불리는 이 방식은 일반적으로 광고와 고객 경험을 통해서 그 효과가 극대화된다. 스카이프(Skype)의 사례를 살펴보기로 하자. 스카이프가 최초로 인터넷 무료 전화 통화 기능을 제공한 것은 아니었지만, 스카이프의 서비스 품질은 경쟁자들을 앞섰다. 사람들은 이 차이를 인식했고, 그 결과 오늘날 수백만 명이 스카이프를 이용하고 있다. 사용자층이 확대됨에 따라 스카이프(이후 마이크로소프트에게 인수되었다.)는 비디오 채팅을 비롯한 여러 기능들을 추가하였으며, 현재 스카이프는 영상 회의 서비스, 장거리 통화 서비스, 모바일 기기를 판매함으로써 수익을 창출하고 있다.

기업의 브랜딩 전략 역시 제품 차별화의 예로 꼽을 수 있다. 리바이스(청바지), 샤넬(향수), 갭(의류)을 생각해보라. 소비자의 기억 속에는 명성있는 브랜드 제품이 유사 제품보다 더 뛰어나다고 인지되고 있으며, 이에 따라 구매 의사결정을 내리는 경우가 종종 있다. 유명 브랜드 제품의 일부는 실제 더 비싼 가격에 판매되고 있으며, 이러한 현상은 식품, 의류, 제약, 화장품 산업에서 쉽게 확인할 수 있다.

방법 #6 제품 및 서비스 향상(Initiative #6: Enhance Products or Services)

기업은 제품/서비스 차별화 대신에 제품 및 서비스 향상(enhance existing products or services)을 통해 경쟁우위를 점하기도 한다. 즉, 이는 동일한 제품일지라도 소비자에게 전달되는 가치를 제품 및 서비스 개선을 통해 높이는 것을 의미한다. 예를 들면, 자동차 제조 기업은 자동차 보증기간을 늘려줌으로써 소비자들을 유인하고, 부동산 중개인은 잠재적 구매자들에게 유용한 투자 정보를 제공함으로써 더 많은 거래를 유치할 수 있다.

1990년대 초반 인터넷이 영리 기업의 새로운 지평을 연 이후, 많은 기업들은 인터넷을 기반으로 그들의 제품 및 서비스를 보완하기 시작하였다. 한 예로, 기업의 웹사이트를 통해 고객은 구매한 제품을 더 잘 활용하고 보다 쉽게 추가적인 서비스를 받을 수 있게 되었다. 이처럼 인터넷을 직접적으로 제품/서비스 개선에 활용한 기업들은 이로 인해 상당한 보상을 받을 수 있었다. 일례로 찰스 슈왑(Charles Schwab)은 온라인 주식 거래 사이트를 개설을 통해 기존 증권사들과 차별되는 서비스를 제공하고 경쟁적 우위를 달성할 수 있었다. 찰스 슈왑의 경우 불과 온라인 주식 거래 사이트 개설 이후, 불과 수개월만에 수익의 절반을 웹사이트로부터 창출하였다. 이후 모든 증권사가 찰스 슈왑을 따라 고객들의 웹사이트 거래를 허용했다.

또 어떤 기업들은 온라인 서비스를 지속적으로 추가하고 향상시킴으로써 경쟁력을 유지하기도 한다. 포춘(Fortune) 500대 기업에 속해 있는 프로그레시브 손해보험사(Progressive Casualty Insurance Company)는 이에 부합하는 아주 좋은 사례이다. 프로그레시브는 보험에 가입한 운전자가 웹사이트를 통해 보험료를 청구하고, 진행 상황을 추적할 수 있도록 도와주고 있다. 이를 위해 회사는 정보시스템을 자동차 판매 대리점 및 금융 기관의 정보시스템과 연동시켰다. 차량이 심각하게 파손된 경우(예를 들어, 신차 구입 비용보다 수리 비용이 더 큰 경우), 차량 소유자는 신차 구입을 위한 연동된 금융 시스템의 정보를 기반으로 개인수표를 즉각적으로 발행할 수 있도록 하였다. 하지만 프로그레시브는 신차 구입이 번거롭다는 사실에 바탕하여 보험 가입 운전자에게 '토탈 로스 컨시어지(Total Loss Concierge)' 서비스를 무료로 제공하고 있다. 회사는 파손된 차량에 대한 세부 정보를 검색하는 특별한 소프트웨어를 개발했다. 세부 정보는 자동차 판매 대리점 네트워크와 공유되며, 대리점 상담원은 고객의 니즈와 원하는 가격에 부합하는 최상의 대안을 제안할 수 있게 되었다. 프로그레시브 중개인은 고객과 대리점을 연결하는 중간자 역할을 수행하며, 만약 고객에게 채무 사실이 있는 경우, 프로그레시브 중개인은 연동된 금융기관 네트워크를 통해 고객의 대출 정보를 검색할 수 있다. 이러한 정보를 기반으로 중개인은 고객에게 최상의 대안을 제공할 수 있다. 뿐만 아니라 프로그레시브는 최근 전용 모바일 앱과 운전 습관을 추적하는 '스냅샷(Snapshot®)' 장치를 제공하는 등 기술 혁신을 사업 운영에 통합시키고 있다. 이러한 프로그레시브의 전략은 앞서 논의한 가트너 CIO 보고서의 결론, 즉 신규 고객 유치 및 모바일 애플리케이션 활용 전략에 부합한다.

방법 #7 제휴 체결(Initiative #7: Establish Alliances)

기업은 통상적 관례에서 가격 인하가 동반되는 결합 서비스 제공을 통해 가격 경쟁력에서 우위를 점할 수 있다. 이를 위한 기업의 전략적 행동으로, 타 기업과의 제휴 (Alliance)를 통해 소비자가 복수의 기업이 출시한 다양한 제품군을 동일한 서비스 플랫폼에서 구입할 수 있도록 지원하는 방안이 있다. 기업간 제휴가 이루어질 경우 고객측면에서 크게 두 가지 이점이 있다. 첫째, 결합 서비스로 인해 보다 저렴한 가격에 일련의 제품/서비스군에 대한 구매가 가능하다. 또 다른 장점으로는 원스탑 쇼핑으로 인해 증대된 고객 편의성이 있다. 예를 들어 항공사는 호텔 체인, 렌터카 업체와 협력하여 여행 및 숙박 패키지를 제공하곤 한다. 신용카드 회사는 소비 금액에 비례하는 항공 마일리지 적립, 특정 항공사의 항공권 할인, 제휴업체 제품 할인 등의 혜택을 제공한다. 그림 2.3에 제시된 바와 같이, 전략적 제휴를 통한 시너지 효과를 기대할 수 있다. 이는 기업간 제휴를 통해 창출되는 이윤이 각각의 제품/서비스를 개별적으로 판매하는 경우보다 더 크기 때문이다. 종종 세계 이상의 기업들이 서로간의 제휴협정을 맺기도 하는데, 신용카드를 신청 시 카드사로부터 제공받는 혜택들을 떠올려보라. 특정 신용카드를 사용함으로써, 소비자는 호텔 체인, 레스토랑 체인, 꽃 배달 체인 등 다양한 가게로부터의 할인 혜택, 차량 대여 시 무료 보험 혜택, 항공 마일리지 적립 혜택 등을 받을 수 있다. 마찬가지로 카약(Kayak), 오비츠(Orbitz)를 비롯한 여행 웹사이트들은 항공권 예매 시 숙박 및 렌터카를 할인된 가격에 예약할 수 있는 기회를 제공한다. 이 기업들은 호텔 체인 및 렌터카 업체와 제휴 관계를 맺고 있다.

■ 그림 2-3

전략적 제휴는 서비스들을 결합하여 시너지 효과를 발생시킨다.

이처럼 제휴를 체결하고 있는 기업들의 공통점은 무엇일까? 개별 기업이 보유한 모든 거래 및 할인 내역을 추적하는 정보시스템에 그 해답이 있을 수 있다. 거래 및 할인 내역을 추적하는 정보시스템 없이 여러 기업의 서비스를 통합한 매력적인 패키지를 제공하는 것이 가능할까? 아마도 그렇지 않을 것이다.

전자상거래의 성장과 물류 비용의 절감으로 인해 기업들간 전략적 제휴에 대한 기회가 더 많이 포착되고 있다. 미국의 대표적 물류기업 UPS(United Parcel Services)와 미네아폴리스 기반의 의료기기 회사 메드트로닉(Medtronic)의 제휴 사례를 살펴보자. 현재 UPS는 켄터키주 루이빌에 위치한 물류 시설을 통해 의료관련 물품을 배송하고 있다. 이를 위해, 먼저 관련 의료진이 메드트로닉 시스템에 로그인하여 환자의 의료 기기를 주문한다. 이후 UPS의 물류 시설에 보관되어 있던 메드트로닉의 의료 기기가 즉시 배송되는 방식이다. UPS와의 전략적 제휴를 통해 메드트로닉은 자체 창고 시설을 폐쇄함으로써 주문 처리 비용을 크게 절감할 수 있었다. 다시 말하지만, 적절하게 고안된 IT 전략과 기업간 제휴 등을 통해 개별 기업은 운영상 효율성을 달성함으로써 비용 절감, 생산성 향상 등을 달성할 수 있다.

웹 상에서 이루어지는 대표적인 제휴 형태로는 **협력 프로그램**(affiliate program)을 들 수 있다. 누구나 협력 프로그램을 통해 자신의 개인 웹사이트에 전자상거래 사이트의 링크를 추가할 수 있다. 예를 들어, 개인 웹사이트 방문자가 그곳에 표시된 링크를 따라 특정 상품을 구매 하게 될 경우, 웹사이트 소유자가 일정한 수수료를 받는 형식으로 개인과 기업과의 제휴가 이루어기도 한다. 유사한 방식으로 일부 온라인 소매업체들은 수천 개의 업체와 협력관계를 구축하고 있다 (협력 대상을 제휴사라고 부르기도 한다). 이러한 협력 프로그램을 초기 도입한 기업으로는 Amazon.com, Buy.com 및 Priceline.com 등을 꼽을 수 있으며, 이러한 전략적 제휴를 통해 사업초기 단계 신규 고객 확보를 위한 경쟁우위를 누릴 수 있었다.

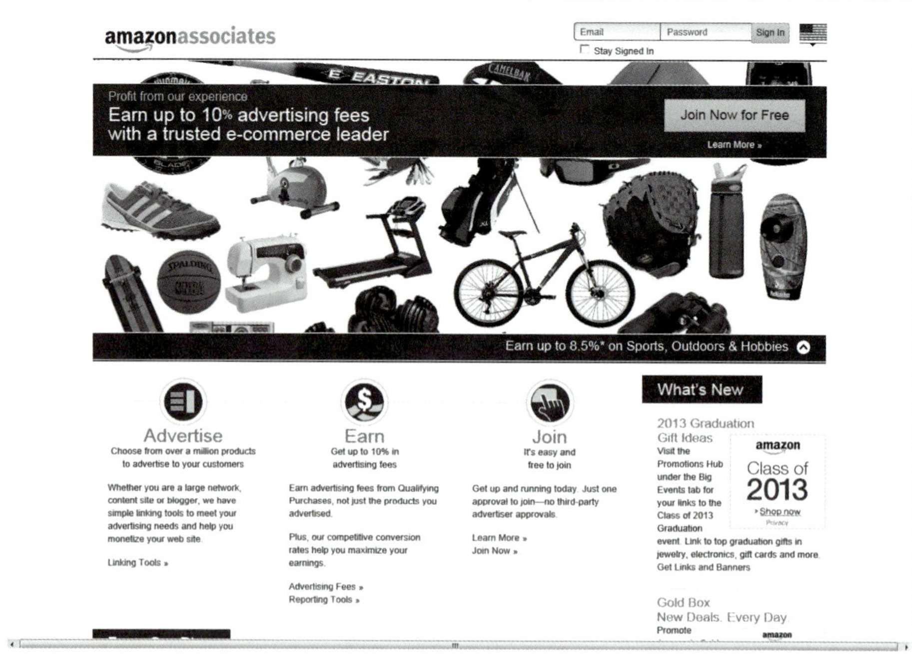

아마존과 협력하여 개인 웹사이트에 특정 제품의 링크를 추가함으로써 수익을 얻을 수 있다.

인터넷 웹의 발전으로 과거 오프라인에서는 절대 불가능했을 법한 전략적 제휴 관계가 이루어지기도 한다. 월마트(Wal-Mart) 매장에서 시어스(Sears) 상품을 판매하는 모습을 상상할 수 있는가? 하지만 이러한 비즈니스가 일어나고 있는 곳이 바로 아마존 웹사이트이다. 아마존의 사이트에서 우리는 손쉽게 다양한 기업들이 출시한 제품에 대한 링크를 찾을 수 있다. 아마존에서 특정 제품을 검색할 경우, 여러분은 아마존 자체 매장에서 보유 중인 제품에 대한 링크뿐만 아니라 하드웨어 판매 기업인 에이스 하드웨어(Ace Hardware)와 같은 아마존의 경쟁자의 제품 링크를 찾을 수도 있다. 이상하게 들린다면 그 원리를 생각해보라. 아마존은 소비자가 동일한 아이템에 대해 자사의 가격과 경쟁자의 가격을 비교하고, 자사의 가격이 더 낮다는 사실을 확인하기를 바랄 것이다. 이는 아마존의 물류 창고가 그 어떤 소매업체들보다도 효율적으로 관리되기 때문에 가능한 일이다. 설령 소비자가 아마존 사이트 내에서 경쟁자의 제품을 구매하더라도 아마존은 판매자로부터 수수료를 취득함으로써 이익을 창출할 수 있다.

점점 더 많은 기업들이 수집된 대량의 데이터를 분석하기 위해 노력하고 있다. 일부 기업들은 그들의 비즈니스 파트너와 데이터 및 비즈니스 인텔리전스를 공유하기도 한다. 왜냐하면 데이터 공유 등을 통해 협력관계에 있는 모든 기업이 함께 성장할 수 있기 때문이다. 일례로 대형 호텔 체인 메리어트(Marriott)는 온라인 및 전통 여행사들에게 자사의 가격, 공동 프로모션, 재고에 대한 분석 결과를 제공한다. 이러한 분석 결과는 여행사가 사업 운영을 최적화하는 방안을 모색할 수 있게 하고, 협력 여행사의 성장을 통해 메리어트 호텔에는 더 많은 고객이 유입될 수 있다.

방법 #8 공급자 및 구매자 락인(Initiative #8: Lock in Suppliers or Buyers)

공급자를 자사의 운영 방식에, 또는 구매자를 자사의 제품에 락인(lock-in)할 수 있을 만큼의 힘을 가진 기업 역시 경쟁우위를 달성할 수 있다. 이를 위해 기업에 필요한 것은 공급자 및 구매자에 대한 영향력, 즉 교섭력을 확보하는 것이다. 상대적으로 공급자/구매자 대비 교섭력이 큰 대기업 집단이 종종 이와 같은 전략을 사용하고 있다.

기업은 경쟁자가 거의 없거나 스스로가 산업 내에서 주요 경쟁자로 주목될 때 공급자에 대한 교섭력을 가질 수 있다. 전자의 경우, 공급자의 고객층을 형성하는 기업의 수가 적을수록 각 기업이 공급자로부터 갖는 중요성은 더욱 커진다. 후자의 경우, 공급자의 비즈니스에 특정 기업의 역할이 중요할수록 해당 기업의 공급자에 대한 교섭력은 더욱 커진다.

기업이 교섭력을 높이기 위해 사용할 수 있는 가장 중요한 지렛대 중 하나는 구매량이다. 부품 및 서비스 구매에 수십억 달러를 소비하는 기업은 공급자가 자사의 운영 방식을 따르도록 압박하는 힘뿐만 아니라 심지어는 비용 일부를 공급자 쪽으로 전가할 수 있는 힘을 가지고 있다. 세계 최대 유통업체 중 하나인 월마트의 사례를 살펴보자. 월마트는 공급자가 제시하는 가격을 낮추기 위해서뿐만 아니라 공급자가 자사의 자동화된 프로세스와 호환되는 정보시스템을 사용해야만 하도록 압박하기 위해서 자신의 교섭력을 행사한다. 공급자는 언제 얼마만큼의 제품을 전달하는 지에 대한 정보를 월마트에 연동된 정보시스템을 통해 알려주어야 하며, 이로써 월마트는 적정량의 재고를 유지할 수 있다. 최근 몇 년 동안 월마트는 주문·보류·판매된 상품을 보다 정확하게 추적하기 위해 그들의 주요 공급자들에게 RFID(Radio Frequency Identification) 장치를 택배 상자에 부착할 것을 요구하였다. 월마트가 지닌 교섭력과 재고 관리 능력은 비용절감을 통해 실현되었으며, 이는 곧 시장에서의 가격 경쟁력으로 이어졌다. 월마트와 거래하는 대부분의 공급자들에게 월마트는 가장 중요한 고객 중 하나이기 때문에, 그들의 상당수가 월마트와의 비즈니스 관계에서 락인되었다고 말할 수 있다. 어떤 기업들의 경우 생산품의 1/3~1/2 가량을 월마트에 제공하고 있으며, 프록터 앤드 갬블(Procter & Gamble)을 비롯한 대형 소비재 제조업체들은 월마트의 부사장을 고위 경영진의 일원으로 포함하기도 한다.

구매자를 락인시키기 위해 기업이 준용하는 방법 중 하나는 소비자의 전환비용을 의도적으로 높이는 것이다. 소프트웨어 시장에서의 전사적 응용 프로그램을 예로 들어 보자. 전사적 응용 프로그램은 기업이 구매, 제조, 인적자원, 재무 등 다양한 범주의 업무를 관리하는 데 도움이 된다. 이러한 유형의 소프트웨어를 도입하는 데 소요되는 비용은 수백만 달러에 이를 정도로 크다. 이때 소프트웨어 공급업체는 구매업체의 직원 교육, 설치, 및 업데이트 등 서비스를 제공함으로써 구매자를 락인시킬 수 있다. 따라서 SAP, 오라클, BMC 소프트웨어를 비롯한 전사적 응용 프로그램 판매 기업들은 소프트웨어 및 지원 서비스 개선을 통해 구매자를 락인시키고 안정적 성장을 이루기 위해 많은 노력을 기울이고 있다.

구매자를 락인하는 또 다른 방법으로 자사의 제품/서비스를 시장의 표준으로 설정하는 것을 들 수 있다. 소프트웨어 산업, 특히 인터넷 시장에서 이 전략이 공격적으로 사용되고 있다. 일례로 마이크로소프트가 개인과 기업 모두에게 웹 브라우저를 무료로 제공한 사실을 소비자 편익 증대를 위한 이타적인 결정이라고 보기는 어렵다. 마이크로소프트 경영진은 인터넷 익스플로러의 사용자 수의 증가가 곧 기업 전체의 사용자층 확대로 이어진다는 사실을 알고 있었다. 사용자층이 확대됨에 따라 더 많은 기업들이 웹사이트를 관리하기 위해서 결국에는 마이크로소프트의 소프트웨어를 구매하기 시작했다. 또한 인터넷 익스플로러를 메인 브라우저로 채택한 개인 사용자들 역시 브라우저의 성능을 향상시키기 위해 마이크로소프트의 소프트웨어를 구매할 수 밖에 없었던 것이다.

어도비(Adobe)도 비슷한 이유에서 인터넷 사용자들이 윈도우·맥·유닉스 등 다양한 운영체제 환경에서 문서를 열고 읽도록 도와주는 아크로뱃 리더(Acrobat Reader) 소프트웨어를 무료로 배포한 것이다. 아크로뱃 리더를 무료로 배포함에 따라 사용자층이 충분히 커졌고, 개인과 기업은 문서 생성 기능이 추가된 아크로뱃 및 추가 응용 프로그램을 구매하는 것이 경제적으로 유리하다고 판단하기 시작했다. 어도비의 PDF(portable data format)를 타의 추종을 불허하는 표준으로 자리매김할 수 있었고, 이를 통해 소비자를 효과적으로 락인시켰다.

어도비는 웹페이지 애니메이션 제작용 소프트웨어인 플래시(Flash)에도 똑같은 전략을 적용했다. 어도비는 플래시 플레이어(Flash Player)의 경우 인터넷을 통해 무료로 배포하였지만, 이를 위한 개발 도구는 유료로 판매하고 있다. PDF와 마찬가지로 플래시 역시 시장 확장을 위해 무료/유료 프로그램간의 공생 관계를 구축한 것으로 볼 수 있다. 즉, 플레시에 대한 수요가 커짐에 따라, 플레시를 생성할 수 있는 개발 도구에 대한 수요도 커질 수 밖에 없는 것이다. 이와 마찬가지로, 더 많은 기업이 그들의 웹페이지에 플레시 개발도구를 이용해 플래시 모듈이 구동되게 할수록, 더 많은 개인은 플레시 플레이어를 그들의 PC에 다운로드할 유인이 생기는 것이다.

구매자를 락인시키는 또 다른 방법은 특정 제품/서비스를 사용함에 있어서 물리적, 소프트웨어적 잠금장치를 설정해 두는 것이다. 예를 들면 전원을 키기 위해 반드시 특정한 형태를 지닌 플러그와 소켓을 사용해야만 하고, 특정 소프트웨어에서만 실행될 수 있도록 파일을 설계할 수도 있다. 애플의 아이튠즈는 후자의 대표적인 사례이다. 아이튠즈 뮤직 스토어는 음악 파일을 구매할 수 있는 인기 사이트다. 한편 스토어의 음악 파일에는 페어플레이(FairPlay) DRM(digital rights management) 소프트웨어가 포함되어 있어서 오직 애플 기기에서만 재생이 가능하다. 이로 인해 디지털 음악 플레이어를 제공하는 애플의 경쟁자들은 소비자의 관심에서 점점 멀어졌고, 애플의 이러한 정책은 음원 판매를 통한 이윤 창출에 지대한 공헌을 했다.

전략적 정보시스템의 구축과 유지 (Creating and Maintaining Strategic Information Systems)

보험 산업같이 오래된 레거시 (legacy) 소프트웨어를 사용하는 산업에서, 만약 정보기술이 적절하게 활용된다면 경쟁우위 확보를 위한 길이 보다 손쉽게 열릴 수도 있을 것이다. 대부분의 보험사들은 초창기 정보기술 도입 이후 대부분의 소프트웨어를 교체하지 않았다. 이것이 바로 일부 시장 전문가들이 산업전반에 걸친 효율성이 그다지 높지 않다고 주장하는 이유이기도 하다. 하지만 프로그레시브의 고객들의 경우, 첨단 모바일 앱을 통해 보험을 청구할 수 있으며, 휴대전화 카메라로 사고 현장 사진을 업로드할 수 있다. 따라서 앞선 절에서 언급한 프로그레시브 손해보험사의 경우와 혁신적인 소프트웨어 응용 프로그램을 도입하는 보험사는 손쉽게 경쟁우위에 이를 가능성이 크다고 볼 수 있다. 구식 하드웨어 및 소프트웨어를 여전히 사용하는 산업의 또 다른 예로 항공 산업을 들 수 있다. 이번 장의 후반부에서 살펴볼 제트블루(JetBlue)는 창립 당시 최신 기술을 도입함으로써 상당한 경쟁우위를 달성할 수 있었다.

기업은 정보시스템 활용을 통해 앞에서 학습한 몇 가지 전략적 실행 방안들을 구현할 수 있다. 이번 장의 초반부에서 설명했듯이 전략적 정보시스템(SIS)은 기업의 장기적 경쟁우위를 용이하게 해주는 모든 정보시스템을 일컫는다. 기업들이 전략적 정보시스템을 고안하는 새로운 방법을 지속적으로 탐구하는 동안, 일부 성공적인 전략적 정보시스템들은 우연히 탄생하기도 한다. 즉, 때로는 정보기술을 활용하여 지극히 평범한 업무들을 개선하려는 시도가 뛰어난 시스템을 만들어 내기도 했다.

정보시스템이 전략적 정보시스템으로 거듭나기 위해서는 두 가지 조건이 충족되어야만 한다. 첫째로 정보시스템은 단순히 정보를 제공하기보다 조직의 목표 수행과 깊이 연관되어 있어야 한다. 둘째로 정보시스템 전담 부서는 조직의 목표를 추구하기 위해서 마케팅, 재무, 구매, 인적자원을 비롯한 다른 부서 관리자와의 협업이 필수적이다.

전략적 정보시스템의 구축 (Creating an SIS)

성공적 전략적 정보시스템 구축을 위해 초기 검토 단계에서부터 개발 및 구현 단계까지 경영진의 관여는 필수적이다. 즉, 전략적 정보시스템은 조직 전체의 전략의 일부가 되어야 한다. 전략적 정보시스템을 온전히 정보시스템 부서의 책임으로만 간주하는 경향이 있지만, 조직의 성공을 위해서는 프로젝트가 전략적 정보시스템을 사용하는 모든 부서와 협력하는 전사적 차원의 노력이 수반되어야만 한다.

그림 2.4는 경영진이 새로운 전략적 정보시스템 구축시 고려해야 할 사항들을 나타낸다. 경영진은 전략적 목표달성을 위해 어떤 정보가 필요한지 식별해야 한다. 또한 그림 2.4에 묘사된 활동들에 대해 정확히 이해하고 실행할 수 있는 경영진만이 전략적 정보시스템 구축을 통해 '정보'를 전략적으로 이용할 수 있는 발판을 마련할 수 있다.

그림 2.4의 네 번째 문항, 경제적 타당성 이슈에 대해 주의해야 될 점이 있다. 점점 더 많은 연구원들과 실무자들이 정보시스템 도입으로부터의 경제적 이익을 평가하는 것이 매우 어렵다고 말하기 때문이다. 전략적 정보시스템에 대한 경제적 평가는 굉장히 어려운 작업이다. 전략적 정보시스템은 단순히 비용을 절감하거나 생산성을 높이는 데 그치지 않으며, 완전히 새로운 제품 또는 서비스를 탄생시키기도 한다. 일부 전략적 정보시스템은 조직이나 산업, 그리고 비즈니스를 완전히 변모 시키기도 한다. 이처럼 전략적 정보시스템의 구축에는 수많은 근본적인 비즈니스 변화가 수반되기 때문에 시스템의 도입 이후는 물론, 도입 이전의 경제적 영향을 측정하는 것은 아주 어렵다. 만약 은행이 금융 서비스 전체를 웹에서 제공하고자 한다면, 경영진은 이때 필요한 소프트웨어의 비용이 경제적으로 타당하다는 것을 어떻게 알 수 있을까? 이와 같이 중대한 전략의 성공을 은행이 얻을 수 있는 신규 고객의 수 등의 관점 수준에서 추정하는 것은 어려운 일이다.

■ 그림 2-4

전략적 정보시스템 구축 결정 시 고려해야 되는 사항들

1. 경쟁우위를 달성할 수 있는 가장 효과적인 방법은 무엇인가?
2. 접근 용이하고 시기적절한 정보가 직원, 고객, 공급자에게 유의미한 이점을 제공할 수 있는가? 만약 그렇다면 어떤 방식으로 가능한가?
3. 접근 용이하고 시기적절한 정보를 제공하는 정보시스템의 개발이 가능한가?
4. 개발에 소요되는 노력이 경제적 관점에서 타당한가?
   - 기존 경쟁자들에게 유사한 시스템을 개발할 수 있는 자금이 충분한가?
   - 기존 경쟁자들이 유사한 시스템을 구축하기까지 얼마만큼의 시간이 걸릴까?
   - 경쟁에 있어서 이동 표적과도 같이 지속적으로 시스템을 개선함으로써 항상 우위를 점할 수 있을까?
5. 전략적 정보시스템을 개발하지 않을 때의 위험은 무엇인가?
6. 같은 목표를 달성할 수 있는 다른 대안들이 있는가? 만약 있다면 새로운 전략적 정보시스템과 비교했을 때 각각의 장점과 단점은 무엇인가?
7. 기술이 고객 경험에 가치를 추가할 것인가? 만약 그렇다면 어떤 방식으로 가능한가?

최근에는 많은 비즈니스 조직들이 고객 경험을 증진시키는 것만큼 가치를 전달하는 일에 초점을 맞추고 있으며, 정보기술은 그들의 전략 수립에 중추적인 역할을 담당하고 있다. 소매업체는 매장에서 그들의 제품 홍보를 위해 제품 영상을 제공할 수 있다. 슈퍼마켓은 할인 행사 등의 프로모션을 시행하는 것과 더불어, 스캐닝 장치를 제공하여 관련 업무 시간을 단축할 수 있다. 온라인 소매업체는 과거 검색 및 구매 기록에 기반하여 신규 상품과 할인 행사를 추천할 수 있다. 호텔은 특별한 가격에 객실 업그레이드를 제공하거나 숙박 예정 고객에게 위치 정보를 제공할 수도 있다. 이러한 예시들을 통해 우리는 고객 경험에 가치를 더하기 위해 정보기술 전략이 활용되었으며, 궁극적으로는 추가 수익을 발생시키고, 고객들을 유지하며, 조직 브랜드 가치가 향상되었다는 것을 알 수 있었다.

한편 일부 전략적 정보시스템의 경우, 전략적 의도 없이 정보시스템을 통해 기업 활동을 지원하는 과정에서 파생된 부산물이기도 하다. 일례로 의료기기 공급업체인 오웬스 앤 마이너(Owens & Minor)는 1990년대에 경영에 필요한 데이터 수집/가공을 위하여 데이터 웨어하우스를 구축했다. 그러나 뜻밖에도 오웬스 앤 마이너의의 고객(주로 병원)들과 공급자(의약품 및 의료기기 제조업체)들이 그들의 의사결정을 합리화를 위해 데이터 웨어하우스에서 추출되는 정보에 관심을 가지고 이에 대한 비용을 지불할 용이가 있다고 밝혔다. 오웬스 앤 마이너에게는 전략적 정보시스템을 구축하려는 계획이 없었음에도 데이터 웨어하우스와 마이닝을 지원하는 도구들이 하나의 전략적 정보시스템을 형성하게 되었고, 기업은 원래의 비즈니스와 거의 관계가 없는 새로운 비즈니스에서 이윤을 창출할 수 있었다.

리엔지니어링과 조직의 변화 (Reengineering and Organizational Change)

전략적 정보시스템을 구현하고 경쟁우위를 달성하기 위해서 조직은 때때로 운영 방식 전체를 다시 생각해야만 한다. 경영진은 전략적 계획에 대해 브레인스토밍할 때 다음의 질문을 던질 수 있어야 한다. "만약 비즈니스 프로세스를 처음부터 새롭게 수립한다면 어떻게 할 것인가?" 이에 대한 대답은 종종 일련의 작업 과정을 제거하거나 새로운 작업 과정을 추가하는 의사결정의 형태로 귀결된다. 이러한 변화를 리엔지니어링(reengineering)이라고 부른다. 리엔지니어링에는 흔히 새로운 장비/시설의 도입과 인력 감축이 동반되기도 한다. 많은 경우, 정보기술은 리엔지니어링 과정에서 중요한 역할을 수행한다.

리엔지니어링의 목표는 소량의 비용 절감을 점진적으로 달성하는 것이 아닌, 기업의 효율성을 100%에서 심지어는 1000%까지 급등시키는 데 있다. 흥미로운 사실은 새로운 전략적 정보시스템을 구현함과 함께 리엔지니어링에 착수하는 기업이 항상 전략적 정보시스템의 성공 여부를 확언할 수는 없다는 것이다. 리엔지니어링 과정에서 각각의 변화가 기업의 포지션 개선에 얼마만큼 기여했는지 완벽하게 파악하는 것은 불가능한 일이다.

전략적 정보시스템의 구현을 위해서는 비즈니스 프로세스의 재구성이 필요하며, 기업은 조직 변화를 통해 일련의 목표를 이룰 수 있다. 일례로 가전제품 제조기업인 LG는 자사의 제품 혁신 전략을 공급망 관리 시스템에 적용해야 된다고 결정한 바 있다. 2007년, LG 경영진은 그룹 내 115개의 공장과 자회사에서 일관성 없는 관행들을 발견하였다. 이에 LG 경영진은 공급자들과의 관계를 더 잘 관리하기 위해서 공급망의 리엔지니어링이 필요하다고 판단했다. 원래 경영진은 각 부서가 공급업체들과의 협약을 자체적으로 협상할 수 있도록 허용하였다. 하지만 하지만 이렇게 분권화된 시스템 하에서 부품/자재의 중복 구매 등 여러 가지 비효율적이 부분이 상존하고 있었다.

LG는 부품 구매 프로세스의 리엔지니어링을 통해 구매 주문이 반드시 중앙에서 처리되도록 했다. 사업 운영에 대한 분석은 간소화된 프로세스를 도출했으며, LG는 단일의 구매 매뉴얼을 정립할 수 있었다. 궁극적으로 새로운 프로세스는 파편화된 구매 절차를 통합된 절차로 대체했으며, 이를 통해 LG는 6.7%의 비용감축, 즉 20억 달러의 비용을 절감할 수 있게 되었다. 우연히도 LG는 이러한 감축을 통해 다가오고 있던 세계 경기 침체에 더 잘 대비할 수 있었다. LG는 리엔지니어링 노력과 그 결과물 덕분에 2010년에 비즈니스 위크(Business Week)로부터 가장 혁신적인 기업 중 하나로 선정되었다.

1990년대와 2000년대 초반 동안 진행된 대부분의 리엔지니어링은 실패로 돌아갔으며, 구조조정을 통한 대량 해고만을 초래했다. 이로인해 기업 경영진들은 비즈니스 프로세스를 전면적으로 바꾸는 것이 실제로 불가능하다는 사실을 깨달았다. 물론 흔히 ERP 시스템이라고도 부르는 전사적 시스템을 도입한 기업들의 경우, 비즈니스 프로세스에 생긴 변화를 감지하기는 하였지만, 많은 경우 새로운 시스템의 역할이 관리자/직원의 업무 방식 변경만 초점을 맞추었기 때문이었다.

이동 표적과도 같은 경쟁우위 (Competitive Advantage as a Moving Target)

한번의 승자가 영구적인 승자가 될 수 없듯이, 시장선도 기업의 경쟁우위는 경쟁기업의 혁신/모방 등 여러가지 이유로 소멸될 수 있다. 따라서, 기업은 경쟁우위 확보를 위한 정보기술 활용법에 대하여 끊임없이 고민하고 시의적절한 방안을 마련해야 한다. 어떤 면에서 기업이 최신 경쟁우위를 달성하기 위해 노력하는 모습은 마치 군비 경쟁처럼 보일 때가 있다. 기업 A가 진보된 무기를 개발하면, 기업 B가 기업 A의 경쟁우위를 잠식할 수 있는 유사한 무기를 개발하는 상황이 계속 반복되는 식이다.

특정 기업에서 전략적 우위를 점하기 위해 개발된 전략적 정보시스템의 경우에도, 정보기술이 모두에게 이용 가능한 환경이 주어질 경우, 이러한 유형의 시스템 도입이 빠르게 표준 비즈니스 관행으로 자리 잡게 된다. 이에 대한 대표적인 사례가 바로 은행 산업에서 발생하는데, 은행 산업에서는 정보시스템에 대한 지출이 장기적인 전략적 이점으로 이어지지 못하는 것으로 알려져 있다. 최초로 ATM과 온라인 뱅킹을 도입한 은행은 인건비 절감 및 신규 고객 유치 측면에서 성과를 거두었으나, 이내 대다수의 은행들이 동일한 서비스를 제공하기 시작한 탓에 ATM의 이점이 사라졌다.

기업의 정보시스템에 지속적인 수정/개선/혁신이 이루어져, 경쟁자들에게 일종의 이동 표적을 생성할 경우에만 정보시스템이 경쟁우위를 유지하는 데 도움이 된다고 볼 수 있다. 일례로 아메리칸 항공(American Airlines)의 여행사를 위한 온라인 예매 시스템인 '세이버(Sabre)'를 들 수 있다. 세이버의 시작은 1950년대에 태동되었지만, 여행사에게 온라인 항공권 예매 서비스 등 새로운 기능을 추가하기 위하여 1970년대 후반 세이버 시스템에 대한 대대적인 재설계가 이루어졌다. 또한 아메리칸 항공은 세이버로부터 '에이전시 데이터 시스템(Agency Data Systems)'이라는 여행사를 위한 사무 자동화 패키지를 파생시켰다. 그 후로도 지속적인 변화를 겪은 아메리칸 항공의 예약 시스템은 현재 호텔 예약, 자동차 렌탈, 열차 시간표 조회, 영화표 예매, 리무진 렌탈 등의 기능을 망라하고 있다. 사업자와 소비자가 인터넷을 사용하기 시작함에 따라 아메리칸 항공의 시스템은 새롭게 설계되어 여행자들이 개인 컴퓨터에서 세이버를 사용할 수 있게 되었다. 결과는 아주 성공적이었고, 아메리칸 항공은 몇 년 동안 항공사 운영보다 정보시스템 관련 기술에서 더 많은 수익을 창출하기도 하였다. 세이버의 개발 및 운영을 담당한 부서는 아메리칸 항공의 모회사인 AMR 소속의 IT 기관으로 분리되었고, 현재는 세이버 홀딩스(Sabre Holdings)라는 독립적인 회사로 운영되고 있다. 세이버 홀딩스는 여행 산업에 필요한 선도적인 기술을 보유하고 있는 것으로 알려져 있다. 유명 웹 기반 여행 사이트인 트레블로시티(Travelocity)는 세이버의 자회사이며, 당연히 세이버의 소프트웨어를 사용한다. 또한 여러분이 다른 웹사이트에서 항공권을 예매할 때조차 어쩌면 세이버의 기술을 사용할지도 모른다.

기업이 정보시스템을 통해 경쟁우위를 유지하는 방법을 알아보기 위해서 아마존의 사례로 되돌아가보자. 아마존 경영진은 구매자들을 꾸준히 유인하기 위해서는 웹사이트에 새로운 기능을 추가해야 된다고 생각한다. 아마존은 웹페이지의 외관과 부가적 온라인 서비스를 지속적으로 개선하고 있다. 아마존은 웹 상에서 단순히 책을 판매하는 것에서부터 베스트셀러 순위와 독자 리뷰, 작가 인터뷰를 제공하기까지 발전했다. 현재 아마존에서는 상상 가능한 거의 모든 소비재가 판매되고 있으며, 오디오와 비디오를 스트리밍하고, 위시 리스트 기능과 고객 제품 리뷰를 제공하는 등 다양한 서비스를 제공한다. 아마존은 이처럼 지속적인 개선을 통해 온라인 소매업에서의 지배적인 입지를 유지하고 있다.

한편 방금 언급한 모든 기능은 아마존의 경쟁자들이 모방하고 있는 중이다. 아마존은 이제 웹호스팅 서비스도 제공하며, 전 세계에 위치한 물류 창고까지 임대해 주고 있다. 아마존은 물류 창고 관리, 고객 주문 처리, 웹 기반 판매 처리 등 이미 잘하고 있던 제품 및 서비스를 확장해 나가고 있다. 소형 기업들은 아마존과의 계약 체결을 모두로, 메이저 공급업체를 활용하는 기회를 얻으며, 규모의 경제 실현을 통한 효율성 증진 등의 성과를 얻을 수 있다. 궁극적으로 소형 기업들은 더 이상 주문 이행 과정을 비핵심 업무에는 그다지 신경 쓰지 않고, 제품 제조를 위한 핵심 역량에만 집중할 수 있게 되었다. 뿐만 아니라 아마존은 개발자들이 사용할 수 있도록 상당수의 소프트웨어를 공개하고 있다.

이와 유사하게, 구글도 일부 소프트웨어에 대한 접근 권한을 개발자들을 위해 열어두고 있다. 일례로 구글은 웹마스터와 웹사이트 소유자에게 구글 크롤러(웹을 검색하고, 검색을 위해 새로운 페이지의 색인을 추가하는 소프트웨어)가 페이지를 색인하는 과정에서 발생하는 문제들을 찾아내는 소프트웨어를 제공한다. 그 결과로 웹사이트 소유자는 자신의 페이지에 색인을 추가함으로써 대중에게 노출할 수 있는 기회를 얻고, 구글은 인건비를 들이지 않고 크롤러의 문제점을 보완하고 있다. 또한 기업들은 구글의 지도 생성 소프트웨어를 자체 인트라넷에 통합하여 고객 위치 표시, 출하 추적, 시설 관리를 비롯한 지도와 관계된 활동들을 수행할 수 있다. 이처럼 아마존과 구글은 서비스 포트폴리오를 보강함으로써 그들에게 의존하는 기업과 개인의 규모를 확장시키고 있으며, 궁극적으로는 전략적 포지션을 강화하고 있다.

제트블루의 성공 (JetBlue: A Success Story)

우리는 일반적으로 기업가가 낡고 적자를 내는 산업이 아닌, 새롭고 수익성 있는 산업에 진입할 것이라 기대하고 있다. 그럼에도 일부 기업가들은 현재 하향세에 있는 산업에 뛰어들어 적절한 기술과 경영 방법론을 무기로 새로운 기회를 창출하기도 한다. 미국 항공 산업은 1970년대에 시행된 규제 완화 이후로 침체기를 겪고 있었다. 상황은 1990년대가 끝날 때까지 전혀 호전될 기미를 보이지 않았고, 2001년 9월 11일 최악의 테러 사건 이후로 더욱 악화되었다. 2001년 미 항공 산업은 77억 달러 적자를 기록했는데, 놀랍게도 제트블루(JetBlue)는 3억 2,040만 달러의 수익과 3,850만 달러의 이익을 거둘 수 있었다. 제트블루는 2002년, 2003년, 2004년 다른 모든 미국 항공사가 적자를 면치 못하는 동안에도 오직 사우스웨스트 항공(Southwest Airlines)과만 함께 흑자를 기록했다. 제트블루의 수익은 2003년 9억 9,840만 달러에서 2004년 12억 7,000만 달러로 성장했다. 그 후에도 기업은 수익성을 유지했고, 2011년과 2012년 각각 8,600만 달러와 1억 2,800만 달러 순이익을 기록했다 (Anonymous, 2013b).

제트블루에게 정보기술은 연료 이상으로 중요하다.

제트블루는 창업자겸 최고경영자인 데이비드 닐먼(David Neeleman)에 의해 2000년 2월에 설립되었다. 닐먼은 이미 1984년에 유타주 솔트레이크시티에서 소형 항공사 모리스 항공(Morris Air)을 공동 창립한 적이 있었다. 모리스 항공은 자체적으로 프로그램을 개발하여 세계 최초로 전자 항공권 개념을 제시한 항공사다. 닐먼은 모리스 항공에서 한 대학생과 함께 전자 발권, 인터넷 예매, 수익 관리를 통합해주는 '오픈 스카이즈(Open Skies)'라는 컴퓨터 프로그램을 개발했다. 오픈 스카이즈를 통해 항공사는 가장 수익성 높은 노선을 식별하고 최적의 항공권 가격을 설정할 수 있었다. 하지만 모리스 항공은 전자 항공권을 적극적으로 도입하려던 사우스웨스트 항공에게 결국 매각되었다. 닐먼은 사우스웨스트 항공의 경영진으로 부임하지만, 이내 좌절감을 안고 떠났다. 이는 당시 항공 산업이 정보기술을 활용함에도 최고의 효율을 달성하고 있지 못한다고 생각했기 때문이었다. 이후 닐먼이 설립한 제트블루는 규모가 크고 전통이 있는 항공사들과 비교했을 때 막강한 전략적 이점을 가졌다. 제트블루의 성공은 고객들의 우선순위를 이해하고, 정보기술이 자동화할 수 있는 모든 것을 자동화함으로써 뛰어난 효율성을 달성한 결과였다. 또한 제트블루의 경영진은 효율성과 민첩성을 저해하는 관행을 깨뜨리는 방법을 알고 있었다.

전통적으로 이익률이 낮고 경쟁이 치열한 항공 산업 속에서 제트블루는 비용을 절감함으로써 전략적 우위를 점할 수 있었다. 비용 절감은 자연스럽게 가격 인하 형태로 소비자에게 전달되었고, 또한 정시 운항을 비롯한 서비스의 개선으로 이어졌다.

파격적인 자동화 (Massive Automation)

우리는 일반적으로 자동화를 말할 때 제조 기업들을 떠올리지만, 서비스 부문 역시 자동화의 혜택에서 빗겨 나가지는 않는다. 제트블루는 닐먼이 개발했던 오픈 스카이즈는 예매 시스템과 회계 시스템이 결합된 소프트웨어이다. 오픈 스카이즈를 통해 제트블루는 매출/티켓팅 관련 정보를 적절히 활용하여 고객서비스를 향상시킬 수 있었다. 또한 이용객들이 제트블루의 시스템에서 직접 항공권을 구매할 경우, 여행사를 통해 항공권을 예매할 때 발생하는 수수료를 절약하게 되었다. 뿐만 아니라 제트블루는 재택근무 예매 상담원과 인터넷 전화(VoIP) 사용을 통해 사무실 임대료 및 전기 사용료를 절감하고 있다(재택근무와 VoIP는 6장 "비즈니스 네트워크와 텔리커뮤니케이션"에서 보다 구체적으로 논의될 것이다.). 이로써 제트블루는 항공권 1매 당 처리 비용을 4.5달러로 절감시켰다.

제트블루의 모든 항공권은 전자식이기 때문에 관련 부대 비용이 거의 발생하지 않는다. 제트블루는 고객이 온라인에서 항공권을 구매하도록 장려하며, 실제 대부분의 고객이 그렇게 함으로써 인건비를 절약하고 있다. 웹을 통해 예매된 항공권의 경우 처리 비용은 단돈 50센트에 불과하다. 이는 예매 상담원에게 지불하는 4.5달러와 대조되며, 여행사를 통해 예매할 때 발생하는 수수료에 비해서는 현저히 절감된 수치다.

제트블루는 항공사 운영의 다른 분야에서도 자동화에 성공했다. 제트블루의 유지 보수 담당자는 대쉬 그룹(Dash Group)의 정보시스템을 통해 항공기의 모든 부품 및 부품의 수명 주기, 즉 부품이 교체되어야 하는 시기와 해당 부품의 위치를 자동 기록한다. 이를 통해 제트블루는 수동 추적 비용을 절감하고 있다.

항공사의 생산량, 즉 좌석 점유율을 극대화하기 위한 항공편 계획은 보네만어쏘시에이츠(Bornemann Associates)의 항공 계획 응용 프로그램을 통해 이뤄지고 있다. 이 응용 프로그램은 항공 계획 비용을 절감시키며 운영 효율을 제고한다. 또한 제트블루는 사내 IT 전문가 팀이 개발한 '블루 퍼포먼스(Blue Performance)'라는 응용 프로그램을 사용하고 있다. 블루 퍼포먼스는 항공편별로 업데이트되는 운항 데이터를 추적한다. 때문에 직원들은 사내 인트라넷을 통해 운항 데이터에 접근할 수 있다. 관리자들은 항공 운영에서 아주 중요한 최신 지표들을 바탕으로, 문제가 발생할 때 즉각 대응할 수 있도록 해준다.

지상에 상주하는 직원들은 무선 장치를 사용하여 기상 악화로 인한 지연부터 승객 부상까지 모든 비정상적인 이벤트를 보고하고 대응한다. 제트블루의 대응은 아주 빠르며, 이벤트는 추후 분석을 위해 데이터베이스에 기록된다.

조종사와 직원들을 교육할 때도 서류 기록이 보관되지 않는 것은 마찬가지다. 항공 훈련 관리 시스템은 각 직원의 교육 기록을 추적할 수 있는 데이터베이스를 제공한다. 때문에 업데이트가 용이하며 기록 검색이 효율적이다.

관행 탈피 (Away from Tradition)

제트블루는 기존의 모든 메이저 항공사가 사용하던 허브 앤 스포크(hub-and-spoke) 방식을 채택하지 않기로 결정했다. 하나 또는 두 개의 허브 공항에 항공기를 착륙시키고 노선의 다음 구간을 위해 이륙하기 전에 유지 보수를 수행하는 대신, 제트블루는 단순히 두 도시 사이의 가장 수익성 좋은 노선을 이용하고 있다. 즉, 모든 항공편은 포인트 투 포인트(point to point) 방식을 따른다. 제트블루에게 허브와 스포크는 없다.

또한 제트블루는 종이를 사용하지 않는 조종실을 최초로 도입한 항공사이기도 하다. 미국 연방항공국(FAA) 훈령에 따르면 조종사 및 승무원은 원칙적으로 항공 매뉴얼에 접근 가능하여야 한다. 항공 매뉴얼에는 항공기의 노선, 무게, 무게 분산 상태, 연료량부터 심지어는 탑승 애완동물의 수와 같은 세부적인 정보까지 망라되어 있다. 제트블루는 전자 항공 매뉴얼을 도입한 최초의 항공사 중 하나였고, 조종실에 반입된 노트북을 통해 기장/부기장은 매뉴얼에 접근하고 또 관련 정보를 업데이트할 수 있어, 새로운 데이터가 입력되는 순간 제트블루 관련 직원들은 곧바로 변화를 감지할 수 있다. 이렇듯 전자 항공 매뉴얼은 다양한 장점이 있고, 타 항공사도 제트블루의 새로운 관행을 따라 전자 항공 매뉴얼을 도입하기 시작하였다. 최근에는 태블릿 기술 도입으로 인해 조종사가 직접 운영 데이터에 접근할 수 있도록 지원하고도 있다 (Anonymous, 2012c, 2013a). 즉, 조종실에서 직접 클라우드 데이터 서버로 데이터를 업데이트하는 것이 가능하며, PDF 파일을 운영 센터로 바로 전송할 수도 있다.

기장과 부기장은 본사의 운항 관리원에게 의존하여 계산 결과를 전달받는 대신, 노트북에서 몇 번의 키 입력만으로 항공기의 무게 및 밸런스를 계산할 수 있게 되었다. 제트블루는 직원들이 항공 데이터를 입력할 수 있도록 함으로써 제반 비용을 절감하고 있다. 또한 제트블루는 항공 매뉴얼을 전자적으로 업데이트할 수 있는 웹 기반 포털인 쉐어포인트(SharePoint)로부터 서비스를 제공받고 있다. 이는 모든 항공편에 대해 비행 전 준비 과정을 15~20분 가량 단축시켰으며, 결과적으로 제트블루는 매년 약 4,800시간 이상의 준비시간 단축 및 높은 정시 이/착륙 비율을 달성하고 있다.

제트블루는 경쟁자들과의 격차를 유지하기 위해서 지속적으로 정보기술을 전략적으로 활용하고 있다. 경영진은 종이를 사용하지 않는 마일리지 서비스(frequent flier program; FFP), 위성 송출을 통해 지상의 직원들이 관찰할 수 있도록 지원하는 조종실 모니터링 카메라, 공항 터미널에서의 생체인식 활용 방안을 기획하였다. 생체인식 기술은 물리적인 장소 또는 온라인 정보시스템에서의 신원 확인 및 접근 허락을 위해 지문, 망막 인식 등 사람의 신체적 특징을 사용한다. 생체인식은 비밀번호보다 보안이 뛰어나다.

향상된 서비스 (Enhanced Service)

제트블루 직원들이 더 나은 서비스를 제공할 수 있도록 도와주는 기술의 대부분은 고객에게 직접적으로 드러나지는 않는 반면, 일부 서비스는 우수한 가시적인 성과를 내고 있다. 일례로 제트블루는 모든 항공기 객석을 가죽 시트로 바꾸고, 실시간 TV 서비스를 개별 제공한다.

제트블루가 이러한 서비스를 제공하기 시작했을 때, 다른 항공사들은 이코노미 클래스에 가죽 시트를 제공하지 않았으며 녹화된 텔레비전 프로그램만을 제공하였지만, 지금은 거의 모든 항공사가 제트블루를 본보기로 모방하고 있다.

유나이티드 항공은 200대의 항공기에 100개 이상의 채널을 갖춘 텔레비전을 구비했으며, 퍼스트 클래스에게는 무료, 이코노미 클래스에게는 유료로 제공하고 있다 (Anonymous, 2013f).

또한 제트블루는 정보기술의 활용에 힘입어 특히 비즈니스 여행객에게 아주 중요한 정시 이착륙 비율에서 타 경쟁사의 추종을 불허하는 것으로 알려져있다. 더 나아가 제트블루는 수하물 처리 관련 실수가 가장 적은 것으며, 오픈 스카이즈 시스템을 지속적으로 업데이트함으로써 제트블루는 체크인에 걸리는 시간을 1분 이하로 유지하고 있다. JFK 공항의 제트블루 터미널에 도착한 여행객은 컴퓨터 음성이 탑재된 대형 LCD 디스플레이를 통해 이용 가능한 창구를 안내받을 수 있다. 일반적으로 수하물 위탁에는 45초의 시간이 걸린다. 목적지에 도착한 제트블루 여행객은 수하물을 찾기 위해서 기다릴 필요가 없다. 전자 태그가 부착된 수하물은 전용 수하물 수취소에서 곧바로 찾아질 수 있다.

항공 산업에서 가장 중요한 지표는 유효좌석 마일당 비용(cost per available seat-mile; CASM), 즉 승객 한 명을 1마일 운송할 때 발생하는 비용이다. 제트블루는 초기 3년 동안 업계 최저 또는 두 번째로 낮은 CASM을 유지할 수 있었다. 올리버 와이만(Oliver Wyman)의 '2012년 2월 항공사 경제분석 보고서'에 따르면 2011년 제트블루의 CASM은 11센트에 불과했다. 당시 제트블루보다 낮은 CASM을 기록한 항공사는 스피릿(Spirit)과 버진 아메리카(Virgin America) 등 둘뿐이었다 (Hazel, Stalnaker & Taylor, 2012).

후발주자로서의 이점 (Late Mover Advantage)

일각에서는 제트블루가 성공을 거둘 수 있었던 주요 요인으로 경쟁에 뒤늦게 참여한 사실을 손꼽는다. 제트블루는 기존 항공사들에 비해 IT 전문가들이 레거시 시스템(legacy system)이라 부르는 구식 정보시스템에 대한 부담이 없다. 덕분에 제트블루는 빠른 데이터베이스, VoIP, 매끄러운 웹사이트, 경로 및 항공기 부하를 신속하게 계산하는 최신 알고리즘이 탑재된 조종실 노트북을 비롯하여 여러 최신 기술들을 도입할 수 있었다. 이러한 제트블루의 상황은 후발주자(late mover)의 전략적 이점을 대변한다고 볼 수 있다.

제트블루의 경영진은 우스갯소리로 다른 항공사들이 연료를 사용하듯 자신들이 정보기술을 사용한다고 말한다. CIO에 따르면 제트블루가 사용하는 소프트웨어의 40%가 베타 혹은 신규 소프트웨어인 것으로 드러났다. 베타 소프트웨어란 개발자가 시험 사용을 위해 잠재적 구매 의사가 있는 기업에게 제공하는 소프트웨어를 일컫는다. 즉, 그동안 제트블루는 정보기술의 도입/활용에 있어 최첨단에 서 있었던 것이다. 경쟁자들은 제트블루의 이러한 측면을 주목했고, 실시간 텔레비전을 비롯한 제트블루의 혁신을 모방하기 시작하였다.

2007년 2월, 강한 눈보라 때문에 항공사들이 혼란에 빠졌을 때 제트블루가 겪은 심각한 문제 중 하나는 특정 도시에 있어야 했을 승무원들이 다른 곳에서 발이 묶였던 것이었다. 이는 곧 승무원 배치와 직결된 문제였다. 당시 IT팀은 승무원이 자신의 위치를 신고하고, 시스템 상에 저장된 승무원의 위치가 실제 위치로 대체될 수 있도록 특별한 데이터베이스 및 응용 프로그램을 개발했다. 이를 개발하기 위해 소요된 시간은 불과 24시간 내외였다. 또한 IT팀은 이메일 및 모바일 기기를 통해 자동 항공편 변경 알림을 내보냄으로써 고객들과 더욱 원활한 소통을 할 수 있는 방법들을 고안하였다.

POINT OF INTEREST 값비싼 특허 전쟁 (Costly Battles)

2007년, 마이크로소프트는 토론토에 위치한 소프트웨어 회사 i4i로부터 마이크로소프트 워드에 사용된 소프트웨어 코드의 일부분에 대한 특허 침해 소송을 당했다. 이후 4년 동안 캐나다의 조그만 기술 회사 i4i는 1천만 달러 이상의 소송 비용을 지출했다. 마이크로소프트는 해당 사건에 대해 미국 연방 대법원에 항소하였다. 하급법원 두 곳이 마이크로소프트가 i4i에게 2억 9천만 달러를 보상해야 된다고 판결 내렸기 때문이었다. 2011년 여름, 미국 연방 대법원은 하급법원의 판결을 인정했으며, 마이크로소프트에게 2억 9천만 달러의 벌금을 청구했다. 기술 산업에서 특허의 가치는 아주 중요하다. 특허 소송은 매우 빈번히 일어나고 많은 비용을 야기하곤 한다.

출처: Greene, Jay. (June 9, 2011). Supreme Court rules against Microsoft in i4i patent case. http://news.cnet.com/8301-10805_3-20070308-75/supreme-court-rules-against-microsoft-in-i4i-patent-case/

ETHICAL & SOCIETAL ISSUES 대기업 규제 (Size Matters)

성공적인 기업 전략의 어떤 측면이 다른 기업들의 경쟁 참여를 제한하는 약탈적이고 불공정한 기업 관행으로 간주되는 것일까? 비록 해당 기업의 제품이 더 나은데도 불구하고 말이다. 예를 들어 비즈니스 리더가 되기 위해서 대담한 기업가적 조치를 취하는 기업들이 실제로 힘을 얻는데 성공할 때 이들을 억제해야만 하는 것일까? 소프트웨어 산업의 리더인 마이크로소프트에 대한 몇 가지 판례들은 이러한 질문들에 초점을 마주고 있다. 하지만 이 질문들이 단순히 법적인 이슈에 그치는 것만은 아니다. 이들은 또한 경제에 영향을 미치고, 결과적으로 사회에 영향을 미치기 때문에 중요하다.

- **역사적 배경** 1970년대, 마이크로소프트는 게이츠가 열아홉 살에 설립하여 운영하던 소형 소프트웨어 기업이었다. 마이크로소프트가 워싱턴주 시애틀에 위치한 작은 회사로부터 5만 달러에 운영체제를 구입한 것은 행운이었다. 운영체제(operating system; OS)란 모든 컴퓨터 프로그램과 컴퓨터 사이의 "매개체" 역할을 하는 소프트웨어 프로그램이다. 모든 응용 프로그램은 특정 운영체제 혹은 여러 운영체제들 상에서의 구동을 염두에 두고 개발된다. 대부분의 경우 컴퓨터가 실행할 수 있는 응용 프로그램을 결정하기 때문에 운영체제는 상당히 중요한 프로그램이다. 우리는 5장 "비즈니스 소프트웨어"에서 운영체제와 기타 유형의 소프트웨어에 대해 논의할 것이다.

  컴퓨터 구매자들은 응용 프로그램의 실행 가능성을 판단할 때 운영체제를 고려해야만 했다. 마이크로소프트는 운영체제를 구입한 후 당시 가장 영향력 있던 컴퓨터 제조기업인 IBM과 계약을 성사시켰다. IBM은 그들의 새로운 제품인 IBM PC를 위한 운영체제가 필요했고, 결과적으로 마이크로소프트의 DOS(디스크 운영체제)를 선택했다. 마이크로소프트는 IBM과의 계약 자체만으로는 많은 수익을 얻지 못했으나, 경영진은 대형 기업과의 계약이 내포하고 있는 전략적 잠재력을 인지하고 있었다.

  오랜 시간이 지나지 않아 마이크로소프트의 생각은 실질적인 성과로 그 진가를 드러내기 시작했다. 컴팩(Compaq)(이후 휴렛패커드에 인수)을 비롯한 다수의 컴퓨터 제조기업들이 IBM PC와 성능이 유사하며 동일한 운영체제 및 응용 프로그램을 실행할 수 있는 저렴한 복제품들을 생산하기 시작한 것이었다. IBM과의 계약에서 다른 기업들을 대상으로 한 DOS 판매를 제한하지 않았기 때문에, 마이크로소프트는 컴팩과 여러 기업들에게 DOS를 판매함으로써 막대한 수익을 얻을 수 있었다. 이후 마이크로소프트는 개선된 운영체제인 윈도우(Windows)를 개발했고, 그들의 성공 신화는 반복되었다. 오늘날까지도 대다수의 PC 구매자들은 업데이트 버전 윈도우를 구입하여 사용하고 있을 뿐이다.

  마이크로소프트가 새로운 인터넷 시장에서 의미있는 점유율을 차지할 수 있었던 주요 동력으로 웹 브라우저 사용의 재빠른 확산을 들 수 있다. 1990년대 중반, 인터넷 사용자의 80% 이상이 넷스케이프의 웹 브라우저를 사용하였으며 넷스케이프는 혁신적인 제품을 판매하는 젊고 모험적인 기업이었다. 한편 당시 마이크로소프트는 자체 브라우저의 시장 점유율을 15%에 불과하였지만, 네스케이프를 제치고 브라우저 시장점유율에서 가장 선두에 서겠다는 목표를 두고 있었다. 만약 많은 사람들이 마이크로소프트의 브라우저를 사용한다면, 서버 관리 응용 프로그램과 같은 관련 소프트웨어의 상당한 판매 실적을 기대할 수 있었기 때문에 마이크로소프트의 목표는 무모해 보이지만 도전할 가치가 있는 것이었다.

  웹 브라우저 경쟁에 참여한 마이크로소프트의 전략적 움직임에는 아무런 법적 문제가 없어 보였다. 넷스케이프가 웹 브라우저를 개인 사용자와 교육 기관에게 무료 제공하고 영리 기업들에게는 비용을 청구한 반면, 마이크로소프트는 모두에게 브라우저를 무료로 제공하였을 뿐이다. 하지만 마이크로소프트는 윈도우의 시장 지배력을 브라우저 시장에서 지렛대로 활용하고 있었다. 마이크로소프트는 윈도우와 웹 브라우저를 결합하여, 윈도우 운영체제를 채택하는 모든 PC 제조기업이 인터넷 익스플로러를 함께 설치하도록 강제했다. 따라서 새롭게 PC를 접하게 된 대다수의 사용자들은 다른 브라우저를 사용하려는 시도조차 하지 않고 인터넷 익스플로러를 사용하기 시작했다.

마이크로소프트가 웹 브라우저 시장에 진출한지 2년 만에 다수의 인터넷 사용자들이 인터넷 익스플로러를 사용하게 되었다. 하지만 넷스케이프와 미국 법무부, 그리고 많은 개인들이 마이크로소프트의 전략이 불공정하다고 생각했다. 마이크로소프트는 운영체제 시장에서 지배력을 이용하여 PC 판매자들이 윈도우와 함께 인터넷 익스플로러 복사본을 설치하도록 강요했다. 게다가 새로운 버전의 윈도우에서 인터넷 익스플로러를 따로 분리할 수 없도록 만들어 놓았다. 대부분의 사용자들이 마이크로소프트의 운영체제만을 사용한다는 점에서 PC 판매자들은 모든 PC에 윈도우를 설치해야만 했고, 마이크로소프트의 압력에 굴복하는 것 말고는 달리 방도가 없었다. 미국 법무부와 여러 주의 법무장관들은 마이크로소프트가 공정거래 관행을 위반했음을 주장하며 소송을 제기했다. 곧이어 유럽연합(EU)과 타이완을 비롯한 기타 국가들에서 마이크로소프트에 대한 조사 및 소송 제기가 이루어졌다. 2004년, EU 집행위원회는 윈도우의 독점권을 과도하게 행사하고 소프트웨어 시장에서 경쟁자들의 진입을 저해한 혐의로 마이크로소프트에게 4억 9,700만 유로(6억 6,500만 달러)의 벌금을 부과했다.

- **논쟁적 관행** 2009년, 마이크로소프트는 세계 인터넷 검색에 대한 독점으로 인한 편익감소로 인해, EU에 22억 달러의 벌금을 추징 당하였다. 하지만 정작 논쟁이 된 것은 마이크로소프트가 결합판매를 통해 얻어 들인 4천억 달러 규모의 매출과 인터넷 브라우저 시장에서의 지배력이었다. 마이크로소프트가 지불한 벌금은 10년 동안 EU 집행위원회와 싸우면서 인터넷 익스플로러만을 실행할 수 있는 윈도우를 판매하여 벌어들인 매출액의 0.5%에 불과했다. 대신 합의의 일환으로 마이크로소프트는 소프트웨어 패키지의 번들링에 대한 제재를 받았으며, 윈도우에서 사파리, 크롬, 파이어폭스를 비롯한 경쟁 브라우저를 실행할 수 있게 되었다. 이를 통해 소비자가 웹 브라우저를 선택할 수 있는 폭이 넓어졌고, 더 많은 기업가들이 웹 상에서 혁신을 실현할 수 있게 되었다.

2011년에 이르러 미국 정부는 마이크로소프트의 독점에 대한 감독을 중단하기로 결정했다. 그동안 두 차례에 걸친 관리/감독으로 마이크로소프트는 경쟁자 지원을 목적으로 핵심 소프트웨어를 배포해야 했다. 또한, 더 이상 약탈적 관행에 관여하지 않는다는 것을 보장하기 위해 3인으로 구성된 위원회와 협력해야만 했다. 2009년 합의 이후로 마이크로소프트는 브라우저 시장에서의 시장 점유율 감소를 지켜 보아야만 했다 (http://en.wikipedia.org/wiki/Usage_share_of_web_browsers에서 시장 점유율 통계를 확인해보라). 마이크로소프트에 대한 미국의 반독점 감독은 2011년 5월에 종결되었다 (Goldberg, 2011). 마이크로소프트는 더욱 엄격한 EU의 반독점 규정을 위반한 혐의로 2013년 3월에 벌금을 납부했다 (Foo, 2013).

일반 대중의 인식과는 달리, 미국과 EU를 비롯한 많은 국가들에서 독점 행위 자체가 금지되는 것은 아니다. 다만 그들이 금지하는 것은 독점적 지배력의 불공정한 사용이다. 전례 없는 제품을 마케팅하고 시장 지배력을 발휘하는 기업가를 처벌하는 것은 누구나 어느 시장에서든 경쟁할 수 있다는 점에서 불공평한 처사이기 때문이다. 미국 법률의 관점에서는 다음의 두 가지 질문들이 주요 고려 대상이다: (1) 기업이 불공정한 행위를 바탕으로 독점적 지배력을 획득했는가? (2) 독점 상황이 소비자에게 이득이 되었는가, 손실이 되었는가?

- **상반된 주장** 마이크로소프트는 윈도우에 더 비싼 가격을 책정할 수 있었음에도 모두가 구입할 수 있기를 바랐기 때문에 가격을 낮게 책정했다고 주장한다. 또한 마이크로소프트는 자신들이 일반적인 독점 기업들과 달리 R&D에 막대한 금액을 투자함으로써 더 좋고 덜 비싼 제품을 제공하는 형태로 사회적 효용을 증대시킨다고 주장한다. 반면 마이크로소프트의 경쟁자들은 마이크로소프트의 관행들이 진정한 경쟁을 억압한다고 주장하고 있다. 양측의 주장을 객관적으로 증명하는 데는 많은 어려움이 있다. 일각에서는 한 기업의 운영체제를 포함해 다수의 응용 프로그램 개발을 허용하는 것이 소비자 편익을 증진시킬 수 있을 것이라고 주장한다. 메뉴 및 아이콘 인터페이스의 일관성뿐만 아니라 같은 기업이 개발한 응용 프로그램들의 상호 호환성이 뛰어나다는 것이 이들의 주장이다. 다른 한편에서는 마이크

로소프트를 운영체제 개발 조직과 응용 프로그램만 개발 조직으로 분사하여, 개별 시장에서 공정하게 경쟁하도록 유도해야 한다고 주장한다. 또 한편으로는 단순히 하나의 거대 기업에 힘이 집중되는 것에 대한 두려움을 천명하기도 한다. 하지만, 두 대기업, 마이크로소프트와 애플의 최근 흐름은 기술 기업에서 선견지명이 있는 리더가 갖는 중요성을 확실하게 보여준다. 애플의 스티브 잡스와 마이크로소프트의 빌 게이츠는 그들의 비즈니스 내에서의 제품 개발 및 혁신에 관해서는 물론, 우리 경제와 사회에도 지대한 영향을 끼쳤다.

이제 여러분의 의견을 들을 차례다. 여러분은 지금까지 살펴본 이슈에 대해 어떻게 생각하는가? 리더십의 변화가 애플과 마이크로소프트에 끼친 영향은 무엇인가? 나아가 기술 혁신에 대해서는?

포드의 실패 (Ford on the Web: A Failure Story)

때로는 완벽하고 미래 지향적으로 생각되는 기업의 전략적 행동들이 위가를 초래하기도 한다. 그 이유는 아마도 세부적인 부분들에 집중하지 않은 데 있거나, 단순하게는 혁신가가 고객과 비즈니스 파트너의 반응을 예측하지 못했기 때문일 수 있다. 혹은 아이디어가 시대를 너무 앞선 탓일지도 모른다. 미국에서 두 번째로 큰 자동차 제조기업 포드 모터 컴퍼니(Ford Motor Company)의 전 CEO, 자크 내서(Jacques Nasser)의 완벽할 줄 알았던 전략적 계획이 바로 후자에 해당한다. 한편 어떤 경우에는 경쟁사보다 앞서 도입한 신기술 등이 기업 성과에 큰 반향을 일으키지는 못하였지만, 이후 업계의 관행과 운영 방식의 변화로 인한 성공을 이끌기도 한다. 이처럼 전략적 계획의 타이밍은 종종 비즈니스 성공의 핵심 요소로 작용하며, 시대를 앞서간 기술과 생각들이 미래 성공의 발판이 될 수도 있다.

아이디어(The Ideas)

1999년, 포드의 CEO로 임명된 내서는 스스로에게 변화의 주역이라는 임무를 부과했다. 당시는 닷컴 버블이 절정에 이르렀을 시기였고, 내서는 포드를 인터넷 웹 기반 기술과 연동된 IT 기반 첨단 자동차 제조업체로 변모시키려 했다. 그는 디트로이트에서 열린 '2000 북미 국제 오토쇼(NAIAS)'에서 다음과 같이 말했다. "포드는 앞으로 마력이 아닌, 기가헤르츠 단위의 속도를 측정할 것이다."

포드는 운전자와 탑승자가 차량에 내장된 장치를 통해 웹에 접근할 수 있도록 '윙캐스트(Wingcast)'라는 텔레매틱스 서비스를 출범했다. 포드는 이를 위해 텔레커뮤니케이션 기업인 퀄컴(Qualcomm)과 야후와 제휴를 체결했다.

또한 포드는 제너럴 모터스(General Motors), 다임러 크라이슬러(DaimlerChrysler)와 함께 '코비신트(Covisint)'라는 조인트 벤처를 설립했다. 코비신트의 웹사이트는 부품 제조업체들이 자동차 제조기업들이 게시한 주문에 경매 방식으로 참여할 수 있는 일종의 전자상거래 시장이었다. 다음과 같이 직접적으로 발표한 바는 없지만, 포드의 속내는 전자상거래라는 플랫폼 하에서 부품업체간의 치열한 경쟁을 통해 포드와 같은 자동차 최종 조립업체들이 원가절감을 이룰 수 있을 것이라 생각했다. 코비신트는 내서의 원대한 계획 중 B2B(business-to-business) 부문에 해당했다.

B2C(business-to-consumer) 관련 아이디어는 더욱 대담했다. 내서는 웹 기반 차량판매 방식을 구상하였는데, 이를 통해, 포드 자동차는 별도의 대리점이 없는 상태에서 직접 온라인을 통해 소비자에게 전달될 수 있는 방식이다. 이를 위해 포드의 웹사이트 FordDirect.com 은 가상 시운전, 차량

의 색상/상태 선택/확인 및 온라인 결제를 가능케 하는 다양한 기능을 제공하였다. 물론 주문된 차량은 곧바로 소비자의 집 앞으로 배송되었다. 포드의 이러한 혁신적 판매 방식을 통해 소비자에게 훌륭한 서비스를 제공할 수 있었을 뿐 아니라 대리점을 중개인 수수료를 대폭 절감할 수 있게 되었다. 또한 포드사 내부에 웹사이트 운영/구축/관리 및 직접판매 처리를 위한 '컨슈머커넥트(ConsumerConnect)'라는 새로운 부서가 만들어졌었다. 포드의 영향으로, 오늘날에는 토요타, 쉐보레, 혼다를 비롯한 많은 자동차 제조기업들이 차량 주문제작 판매 기능을 자사 웹사이트에 탑재하여 운영하고 있다. 한때 실패로 여겨졌던 포드의 시도가 자동차 제조기업들의 온라인 판매 방식을 바꾼 것이다.

난관 봉착(Hitting the Wall)

내서의 예상과 반대로 구매자들은 차량에서 웹에 접근할 수 있다는 사실에 별 관심을 보이지 않았으며, 포드는 2001년 6월에 윙캐스트 프로젝트를 중단해야만 했다. B2B 부문의 코비신트도 잠시 성공을 거두는 듯 했으나, 기대에 미치지 못했다. 이후 코비신트는 소프트웨어 개발 기업인 컴퓨웨어(Compuware)에게 매각되었다. B2C 아이디어도 실패하기는 마찬가지였다.

포드의 B2C 부문 실패는 기술 결함에 기인한 것이 아니었다. 포드는 직접 판매를 지원하는 웹 기술은 가지고 있었다. 소비자가 원하는 차량을 웹을 통해서 선택, 결제 및 배송(제조기업으로부터 구매자에게 상품을 배송해주는 전문 기업의 도움으로)되지 못할 이유는 없었다. 실제로 포드의 비즈니스 모델은 몇 년 후 수정된 형태로 다시 주목을 받기도 하였다. 포드가 실패한 원인은 그들이 주(州) 법률과 딜러와의 관계를 신중하게 고려하지 못한 데 있었다.

미국내 여러개 주(州) 법률에서는 판매 과정에서 제조업체가 대리인을 배제하는 것이 허용되지 않는다. 즉, 가맹점 관련 주 법률은 포드가 딜러를 건너뛰는 것을 제한했다. 또한 인터넷을 사용하지 않거나 직접 차량에 탑승하여 시운전 해보기를 원하는 고객들을 유치하기 위해서 포드는 여전히 딜러들에게 의존해야만 했고, 결국 그들과의 관계를 한 번에 끊기란 불가능했다. 설령 법적 장애물을 넘는다고 해도 직접 판매를 시작할 때에 여전히 딜러들과의 협업이 필요한 터였다.

전략상 후퇴(The Retreat)

얼마 후 포드의 직접판매 계획이 성공적으로 안착되기 어렵다는 사실이 자명해졌고, 결국 컨슈머커넥트 부서는 해체되었다. FordDirect.com은 소비자들이 맞춤형 차량을 주문제작하고, 차종 비교 및 재고 검색을 할 수 있는 사이트로 전환되었으며, 그 과정에서 딜러들을 건너뛰기보다 함께 협업하는 방식을 채택하게 되었다. 여느 자동차 딜러처럼 포드의 사이트도 중고차를 판매하게 되었으며, 이는 물론 포드가 기존에 계획했던 방향이 아니었다. 결국 내서의 실패한 실험에 투입된 금액은 그의 임기 기간 웹 진출을 위해 투자된 10억 달러의 상당 부분을 차지한 것으로 보고 되고 있다. 2000년과 2001년 사이 다른 경쟁업체들이 완만한 이익 개선을 달성한 반면, 포드는 적자를 기록했다. 내서는 포드를 떠나야만 했다.

이후 포드의 경영진은 FordDirect.com이 어느정도 안정화 단계에 들어서게 된 것에서 약간의 위안을 찾을 수 있었다. 비록 내서의 원대했던 계획이 실현되진 않았지만, 웹사이트는 월간 수만 건의 판매 거래를 지원하는 기능을 수행하고 있다. FordDirect.com을 통해, 딜러들의 마케팅 비용을 절감할 수 있었고(Anonymous, 2011), 판매 예측의 정확성도 높일 수 있었다. 현재 FordDirect.com의 시스템에는 딜러들을 위한 '딜러커넥션(DealerConnection)'을 비롯한 새로운 기능들이 지속적으로 추가되고 있다(Anonymous, 2012a).

블리딩 엣지(The Bleeding Edge)

익히 알려진 대로 새로운 아이디어를 최초로 고안하고 실행한 혁신기업에게 돌아가는 보상은 막대하다. 또한 혁신적인 기업은 경쟁자들이 새로운 비즈니스 아이디어 혹은 신기술의 이점을 모방하고 추격하기 전까지 경쟁에서의 전략적 우위를 점하곤 한다. 하지만 경쟁자들이 시도한 적 없는 길을 개척하는 데에는 거대한 위험이 따르기 마련이며, 시장의 검증 없이 실행된 성급한 아이디어는 종종 실패로 이어지기 마련이다. 물론 가끔은 신중하게 고안된 계획조차도 실패할 수 있는 것은 주지의 사실이다.

1990년대 중반, 일부 슈퍼마켓 체인에 도입된 셀프계산기의 사례를 살펴보자. 슈퍼마켓 체인들은 소비자가 매장내에 마련된 기계에 직접 구매품을 스캔하여 계산대를 통과하기를 바랐다. 하지만 셀프계산기에 대한 투자는 대부분 실패로 돌아갔는데, 그 이유는 기술 자체의 결함 때문이 아니었다. 대부분의 소비자들이 면대면 방식을 통해 결제를 완료하기를 바랬고, 기계가 가격표를 인식하지 못하거나 중복 인식하는 등 오류가 발생할 때 대처하는 방법을 배우고 싶지 않아 했기 때문이었다. 최근에는 여러 슈퍼마켓 체인들이 계산대 설치형 및 휴대용 바코드 스캐너를 도입하여 소비자들이 그들의 구매물품을 손쉽게 입력할 수 있도록 지원하고 있다. 소비자들은 바코드 스캐너를 통한 계산이 더 사용하기 편해졌고, 오류 발생률이 적다고 생각하며, 관련 기술이 성숙되어감에 따라 이에 대한 선호도가 높아지고 있는 상황이다.

신기술 시장을 주도하는 것이 얼핏 매력적으로 보일 수 있으나, 여기에는 상당한 실패 위험이 내재되어 있다. 일부 기업들은 신기술 적용을 통한 새로운 비즈니스 기회를 모색하였으나, 기술에 대한 투자가 결국에는 큰 실패로 부메랑이 되어 돌아오는 경우를 종종 볼 수 있다. 기업이 기술 분야의 선두가 되기 위해 각고의 노력을 꾀하지만 결국에는 실패할 때, 호사가들은 이를 블리딩 엣지(bleeding edge)라고 부른다. 기업의 혁신을 위해 새로운 기술이 도입되는 경우 다음과 같은 위험이 따라 올 수 있다는 것을 염두해 두어야 한다. 우선 새로운 기술을 학습하는 데 도움이 될만한 사전 경험이 전무할 수 있고, 신기술이 현실에 무리없이 적용되리라는 보장이 없으며, 마지막으로 소비자, 직원, 비즈니스 파트너들이 신기술 도입을 환영할 것이라는 확신이 없다.

즉, 블리딩 엣지에 있다는 말은 일반적으로 신기술을 적용하는 비용이 예상보다 지나치게 높거나, 신기술이 기대했던 만큼 잘 작동하지 않으며, 혹은 직원, 소비자, 공급자 등 새로운 기술의 도입으로 수혜 받을 것이라 여겨졌던 집단이 신기술을 사용하지 않는 상황을 뜻한다. 이렇게 신기술 도입의 실패로 인해 과대한 출혈이 발생할 경우, 향후 선도기업으로서 시장을 주도하겠다는 야심찬 꿈은 사라지고 시장에서의 존재 자체가 위협받는 상황이 도래할 수도 있다. 이러한 이유로 일부 기업은 새로운 기술이 나왔을 때 즉각적으로 이를 기업경영에 활용하기 보다는, 기다리는 전략을 선택하기도 한다. 이러할 경우, 선도자가 누릴 수 있는 축배를 마실 수는 없을지 모르지만, 경쟁자의 성공을 기반으로 관련 기술/지식을 습득하여 빠르게 선도기업을 추격할 수 있을 수도 있다.

마이크로소프트의 성장과정은 이러한 추격전략을 준용함으로써 어떻게 산업내 선도기업으로 우뚝 서게 되었는지에 대하여 잘 기술하고 있다. 마이크로소프트는 이미 존재하는 아이디어/제품/서비스를 포착하여 개선한 후, 그들의 시장 지배력을 기반으로 신제품을 출시/판매하여 성공을 거두어 왔다. 일례로 마이크로소프트는 워드 프로세서를 최초로 개발하지 않았지만, 오늘날 마이크로소프트사의 워드는 가장 유명한 워드프로세싱 응용 프로그램으로 그 위치를 견고히 다지고 있다. 마찬가지로 마이크로소프트는 전자 스프레드시트를 최초로 개발하지는 않았지만, 그들의 엑셀프로그램은 현재 가장 널리 사용되는 스프레드시트 응용 프로그램이다. 또한 마이크로소프트는 PC 데이터베이스 관리 응용 프로그램을 최초로 출시한 기업이 아님에도 '액세스(Access)'라는 데이터베이스 프로그램을 판매하고 있다. 마이크로소프트는 또한 인터넷 열풍을 주도한 기업도 아니었다. 하지만 당시 시장의 선두 웹 브라우저를 시장에서 퇴출시키고 인터넷 익스플로러를 출시하는 데 성공했다. 이러한 마이크로소프트의 접근법은 시장의 선도자로서의 경쟁이 아닌, 모방과 개선을 통한 경쟁이라고 부를 수 있을 것이다.

때로는 빠르게 시장을 선점하지 못함으로써 기업의 전략적 포지션이 위축되는 위험을 감수하면서도, 신기술이 시장에서 성숙되어 충분히 활용가치가 있고 검증되기까지 오랜 시간 기다리는 전략을 택하기도 한다. 데이터 웨어하우징(미래의 분석을 위한 방대한 양의 트랜잭션 기록 정리 및 요약)이 등장한 시점은 1990년대 중반이었지만, 홈데포(The Home Depot, Inc.)가 데이터 웨어하우스 구축을 결정한 것은 겨우 2002년에 이르러서였다. 홈데포는 세계 최대의 주택 보수용품 소매업체인데, 홈데포가 데이터 웨어하우스 구축 프로젝트를 시작한 때는 경쟁업체인 로우스(Lowe's)가 효과적인 전략적 의사결정을 위해 데이터 웨어하우스를 도입한지 1년이 흐른 뒤였다.

다시 킴볼 레스토랑으로 돌아가서 (KIMBALL'S REVISITED)

타일러는 그의 부모인 킴볼 부부가 레스토랑 사업을 보다 전략적인 측면에서 접근하고 운영상의 문제를 파악할 수 있도록 도와주었다. 타일러는 운영 방식에 새로운 변화를 불어넣고 효율적인 정보기술을 구현한다면 레스토랑 사업이 더 큰 성공을 거둘 수 있을 것이라고 생각했다. 또한 그는 이러한 변화가 추후에 사업 확장을 객관적으로 분석할 수 있도록 탄탄한 사업 기반을 구축하는 데 도움이 될 것이라고 확신했다.

당신의 추천은?

1. 킴볼 부부는 현재의 레스토랑 운영을 개선하고 잠재적 사업 확장을 위하여 해결해야 되는 몇 가지 과제에 직면해 있다. 지금까지 레스토랑 운영이 원활하게 이루어질 수 있도록 킴볼 부부가 취한 전략은 무엇인가? 여러분은 킴볼 부부가 시행한 전략들을 어떻게 분류할 수 있겠는가? 타일러가 앞으로 킴볼 레스토랑에 제안할 수 있는 변화에는 어떤 것들이 있을까? 경쟁우위를 획득할 수 있는 다음의 방법들을 고려하면서 답하라:
   - 비용 절감
   - 진입장벽 형성
   - 전환비용 제고
   - 신규 제품 및 서비스 생산
   - 제품 및 서비스 차별화
   - 제품 및 서비스 향상
   - 제휴 체결
   - 공급자 및 구매자 락인
2. 톰과 테리가 킴볼 부부에게 했던 조언들을 상기해보라. 그들의 조언 중 귀담아 들어야 할 것들은 무엇인가? 톰과 테리가 지적한 문제들을 해결하기 위해서 여러분이라면 어떤 방법을 추천하겠는가? 앞으로 킴볼 레스토랑은 어떤 유형의 정보기술을 도입할 수 있겠는가?

새로운 시각

1. 레스토랑의 효율적 운영을 위해 킴볼 부부는 POS 시스템으로부터 어떤 정보를 추가적으로 이용할 수 있겠는가? 리즈와 마이클에게 앞으로의 레스토랑 운영에 대한 긍정적 확신을 보내고, 상황에 따라 그들이 올바른 조치를 취할 수 있게 하기 위해 어떤 데이터를 필요로 하겠는가?
2. 그동안 리즈와 마이클은 운영으로부터 발생한 데이터를 사용하지 않고 사업을 지속해 왔다. 특히 재고 및 직원 배치에 대한 모니터링과 관리에서 그들이 간과한 부분이 있는 것으로 드러났다. 이들 두 항목에서 발생한 비용은 레스토랑의 수익성에 어떤 영향을 미치는가? 정보시스템은 두 항목의 관리 측면에서 어떤 도움을 지원할 수 있는가?

주요용어

리뷰 질문

1. 경영전략은 어떤 측면에서 군사전략과 유사하다고 할 수 있는가?
2. 1장에서 논의한 여러 종류의 정보시스템을 상기해보라. 전략적 우위를 점할 수 있는 정보시스템과 그럴 수 없는 정보시스템에는 어떤 것들이 있는가? 이유는 무엇인가?
3. 전략적 정보시스템으로 간주되기 위해서 정보시스템은 어떤 목적들을 달성할 수 있어야 하는가? 전략적 정보시스템은 일반적인 운영을 위한 정보시스템과 어떻게 비교되는가?
4. 산업내 타 기업과 심하게 경쟁하지 않으면서 시장점유율를 올리기 위해 정보시스템은 어떤 전략적 목표를 설정해야 하는가? 이에 해당하는 몇 가지 비즈니스 사례들을 제시하라.
5. 전략적 정보시스템이 올바로 고안/실행되기 위한 조직의 조건은 무엇인가?
6. 고위 경영진에게 전략적 정보시스템 개발 및 구현을 위해 자금을 투입하도록 설득하는 일이 때로는 쉽지가 않다. 왜 그런 것일까?
7. 전략적 정보시스템이 기업에 제공하는 이점은 종종 오래가지 못한다. 왜 그런 것일까?
8. 리엔지니어링이란 무엇인가? 리엔지니어링이 흔히 정보기술과 함께 언급되는 이유는 무엇인가?
9. 많은 리엔지니어링 프로젝트가 실패하는 이유는 무엇일까? 기업 내에서 리엔지니어링에 영향을 미치는 요소들에는 무엇이 있는가?
10. 소프트웨어 개발자들은 "표준"을 장악하기 위해서 많은 노력을 기울인다. 소프트웨어 산업에서 표준을 장악한다는 것은 무엇을 의미하며, 이를 위해 기업들이 노력하는 이유는 무엇인가?
11. 정보시스템으로부터의 전략적 우위를 유지하기 위해서 조직이 해야 될 일은 무엇인가?
12. 어도비는 PC 사용자들에게 아크로뱃 리더와 플래시 플레이어를 무료로 제공하고 있다. 이로부터 어도비는 어떤 전략적 이점을 궁극적으로 얻는가? 응용 프로그램을 무료로 제공하는 것이 수익 창출과 어떻게 연결되는가?
13. 그림 2.2에 나열된 전략적 행위들을 참고하여 제트블루의 전략을 분류해보라.
14. FordDriect.com의 초기 의도가 실패했던 이유는 무엇인가? 결국 누가 시스템으로부터 이득을 취할 수 있었으며, 그 이득은 무엇이었는가?
15. 기존 메이저 항공사들의 경영진이 제트블루의 경영진보다 덜 똑똑한 것이 아님에도, 기존 항공사들은 제트블루가 해낸 일들을 하지 않았다. 왜 그런 것일까?
16. "선두주자"란 무엇인가?
17. 후발주자가 정보기술을 활용하여 전략적 이점을 획득하는 것이 가능한가? 후발주자가 감수해야 되는 위험은 무엇인가?
18. "블리딩 엣지"란 무엇인가?

토의질문

19. 이미 시중에 개발된 기성 컴퓨터 프로그램을 전략적 정보시스템으로서 활용할 수 있는가? 그렇다면 당신의 답에 대한 이유는 무엇인가?
20. 조직을 돕기 위해 노력하는 컨설팅 기업이 아닌, 결국 시스템을 사용하게 되는 조직이 더 성공적인 전략적 정보시스템을 개발하는 경우가 종종 있다. 그 이유를 설명하시오.
21. 여러분이 작은 회사를 이끌고 있다고 상상해보라. 그리고 여러분에게는 경쟁우위를 달성할 수 있는 소프트웨어 아이디어가 있다. 하지만 회사 내에는 소프트웨어를 개발 및 구현할 수 있는 상근 직원은 없다. 이에, 여러분은 소프트웨어 회사와의 비즈니스 미팅을 계획하고 있다. 여러분이라면 소프트웨어 회사의 기술적 능력 외에 어떤 측면들을 추가적으로 얻고 싶은가?

22. 일부 사람들은 전략적 정보시스템이 기업에게 불공정한 이점을 제공하고, 나아가 유사한 시스템을 구축할 수 없는 영세한 기업들의 소멸을 초래할 수도 있다고 주장한다. 이와 같은 상황이 소비자에게는 어떤 영향을 미칠 것이라 생각하는가? 자신의 의견을 설명하라.
23. 오늘날 웹 상에서 수많은 경쟁이 일어나는 까닭은 무엇인가?
24. 거의 모든 리엔지니어링 프로젝트에서 정보시스템은 아주 중요한 역할을 담당한다. 왜 그런 것일까?
25. 회계 및 급여 정보시스템은 전략적 정보시스템이 될 수 없다. 왜 그런 것일까? 또 어떤 종류의 정보시스템이 전략적 이점을 제공할 수 없는가?
26. 정보기술의 도움으로 제품 및 서비스의 전달 시간이 일 단위에서 분 단위로 단축될 수 있는 제품 및 서비스의 두 가지 예시를 제시하라.
27. 항공사와 신용카드 회사 등의 제휴 관계에서 정보시스템의 역할은 무엇인가? 실질적으로 정보기술 없이 제휴가 어려운 이유는 무엇인가?
28. 제트블루는 다른 기업들이 시험해본 적 없던 신규 소프트웨어를 사용 하였다. 만약 여러분이 CIO라면 아직 베타 버전(실제 데이터로 테스트 되지 않은)인 소프트웨어를 사용하겠는가?
29. 여러분이 시(市)와 정부 기관에 서비스를 제공하는 대기업의 경영진이라고 가정해보자. 여러분에게 한 소프트웨어 개발 회사로부터 신규 소프트웨어 구현에 대한 제의가 들어왔고, 신규 소프트웨어는 서비스의 전달 시간을 수일 단축시킴으로써 기업이 전략적 이점을 획득할 수 있을 것으로 기대된다. 신규 소프트웨어를 도입하는 동시에 기업이 블리딩 엣지에 처하는 것을 막을 수 있는 방법으로 무엇이 있겠는가?
30. 사실상 표준(공식적인 표준은 아니지만, 널리 사용됨으로써 자리잡은 표준)을 장악하는 소프트웨어 기업은 독점적 지배력을 갖는다. 이와 같은 관행을 막기 위해서 정부의 개입이 필요하다고 생각하는가? 자신의 의견을 설명하라.
31. 여러분이 신규 온라인 비즈니스에 대한 수십억 원의 투자를 고민하고 있는 벤처캐피탈리스트라고 가정해보자. 여러분에게 투자를 요청한 열정적이고 젊은 사업가에게 어떤 질문을 던질 것인가?
32. 필수적인 소프트웨어의 시장을 한 기업이 지배할 때, 해당 기업이 갖는 잠재적인 위험에는 무엇이 있는가?
33. 위성 라디오를 대체할 수 있는 선두주자 혹은 기술을 떠오르는 대로 말해보라.

개념 적용

34. 애플 컴퓨터는 IBM을 비롯한 다른 기업들에 비해 훨씬 뛰어난 PC와 소프트웨어를 선보였음에도 PC 시장의 최대 점유율을 차지하는 데 실패했다. 하지만 애플은 MP3, 휴대전화, 태블릿 등 다른 여러 시장에서 상당한 점유율을 차지할 수 있었다. 다음의 질문들에 답할 수 있도록 리서치를 진행해보라. PC 시장과 다른 시장들에 대한 애플의 접근법에는 어떤 차이가 있었는가? 여러분은 새로운 디지털 제품을 개발할 때 어떤 접근법이 적합하다고 생각하는가?
35. 진입장벽 형성(힌트: 지식재산권), 전환비용 제고, 신규 제품 및 서비스 생산(힌트: 웹), 제휴 체결 등 각각의 전략적 행위에 대해 사례를 포함하여 간단한 에세이를 작성해보라. 각 사례가 반드시 정보기술과 관련이 있을 필요는 없다. 단, 이미 앞에서 다룬 사례들은 제외하도록 하자. 실제 사례를 언급하는 것도 좋고 여러분이 직접 제안하는 것도 가능하지만, 사례는 반드시 현실적이어야 한다.
36. 한 출판사가 태블릿과 전자책 리더기 모두에서 다운로드 및 독서 가능한 전자책을 출판하려고 한다. 출판사가 채택할 수 있는 전자책 기술은 적어도 두 개의 기업들이 보유하고 있는 것으로 확인되었다. 출판사는 여러분을 전략 컨설턴트로 고용했다. 여러분이 제

안하고 싶은 전략적 행위를 설명하는 보고서를 작성하라. 여러분이라면 출판사가 독자적인 전자책 리더를 개발하는 것과 이미 존재하는 기술에 대한 라이선스를 구매하는 것 중 어떤 방향의 조언을 할 것인가? 출판사의 초기 타겟 사용자는 누가 될 것인가? 이윤, 시장 점유율, 사용자층, 기술 향상, 판매 인력 등의 관점에서 초기 2~3년 동안 출판사는 어떤 주요 목표들을 설정해야 하는가? 출판사가 무료로 제공해야 되는 것이 있는가? 여러분의 제안들을 열거하고 설명하는 상세한 보고서를 작성해보라.

37. 여러분은 소프트웨어 마케팅 전문가다. 한 신생 소프트웨어 개발 회사가 여러분을 고용하여 새로운 응용 프로그램의 가격 및 마케팅 전략에 대해 조언을 얻고자 한다. 여러분은 리서치를 통해 높은 단가(기업만이 응용 프로그램 사용을 위한 라이선스를 구매할 가능성이 높다)를 책정하는 것과 많은 개인 및 기업이 매력적으로 느낄 수 있도록 아주 낮은 가격을 책정하는 것 모두 회사의 성공을 이끌 수 있다고 결론 내렸다. 또한 여러분은 회사가 응용 프로그램을 출시한지 7년째 되는 해에 경쟁 소프트웨어가 출시될 것이며, 이후 판매량이 0에 이를 것으로 추정하고 있다. 첫 번째 전략의 경우, 소프트웨어의 가격은 라이선스당 $350로 첫해에 600명이 사용하며 이후 사용자 수가 매년 50%씩 증가할 것으로 기대된다. 두 번째 전략의 경우, 소프트웨어의 가격은 $25로 첫해에 25,000명이 사용하고 이후 사용자 수가 매년 5%씩 증가할 것으로 기대된다. 엑셀을 사용하여 소프트웨어 회사가 더 많은 수익을 창출하기 위해 어떤 전략을 선택해야 되는지 설명하라. 각 전략에서의 가격 및 첫해 사용자 수는 단 한 번만 입력하되, 이후 다른 셀에서는 입력한 값들을 절대참조해서 계산해보라.

실습 활동

38. 파워포인트를 비롯한 프레젠테이션 소프트웨어를 사용하여 "Applying Concepts" 34번, 35번에 대한 여러분의 아이디어를 발표하라. 설득력 있고 시각적으로 멋진 발표를 위해 프로그램의 다양한 기능들을 활용해보라.

39. 월스트리트저널(Wall Street Journal), 비즈니스위크(BusinessWeek), 포브스(Forbes), 포춘(Fortune) 등의 비즈니스 저널과 매거진에서 데이터, 정보, 정보시스템의 전략적 활용에 대한 비즈니스 사례를 찾아보라. 시스템이 전략적이라고 구체적으로 명시되지 않았을 가능성이 있다는 사실을 유의하라. 새롭게 찾은 시스템의 목표를 이해하고, 해당 시스템이 전략적인지 판단해보라. 나아가 시스템이 포착한 기회를 설명하는 보고서를 작성하라. 여러분이 찾은 사례 속 기업은 신규 제품 및 서비스 생산, 제품 및 서비스 향상, 기존 제품 및 서비스 시장 점유율 증대 기회 포착 중 어디에 해당하는가? 전략적 행위에 있어서 데이터, 정보, 정보시스템은 어떻게 중요한 역할을 수행할 수 있었는가?

40. 이번 장의 "Ethical & Societal Issues"에서 논의한 기업 규제에 대해 상기하여 찬반 양론에 대한 리스트를 작성해보라. 반대 입장의 경우, 마이크로소프트 혹은 그와 유사한 기업이 경영전략을 규제 없이 시행해야 되는 이유를 청중들에게 설득할 수 있어야 한다. 찬성 입장의 경우, 마이크로소프트와 같은 기업의 영업 방식에 정부가 개입해야 되는 이유를 청중들에게 설득할 수 있어야 하며, 개입을 통해 달성되어야 하는 목표가 무엇인지 설명해야 한다. 글로벌 소프트웨어 시장은 법적인 측면에서 어떤 변화들을 불러왔는가?

팀 활동

41. 팀을 구성하여 다음의 질문에 답해보라. "지난 2년 안에 새롭게 등장하여 상당 기간 동안 시대를 앞서갔던 독특한 제품 및 서비스를 대체한 정보기술에는 무엇이 있는가?" 이에 대한 답은 정보기술을 사용하는 물리적인 제품일 수도 있고, 온라인 서비스의 형태를 취할 수도 있다. 각 구성원이 해당 제품 및 서비스를 선정한 이유를 리스트로 작성해보라.

42. 어떤 정보기술은 분명한 원래의 목적을 가지고 있었음에도 추가적인 목적들을 달성하기 위해 창의적으로 활용되기도 한다. 일례로 기업들은 고객의 전화가 걸려올 때 발신자 번호를 이용하여 고객 기록을 즉각적으로 검색한다. 이를 통해 기업들은 인건비를 절감하고 서비스 품질을 높이고 있다. 여러분의 팀은 여러 기업들을 상대로 컨설팅을 진행하고 있다. 여러분이 성공을 얻을 수 있는 방법은 고객이 정보기술의 원래 목적대로 사용하도록 설득하는 것이다. 우선 원래 의도되지 않은 방향으로 활용될 수 있는 정보기술을 선정하라. 여러분의 고객(제조업, 서비스업, 혹은 다른 분야의 비즈니스여도 된다.)은 해당 정보기술을 활용하여 어떻게 전략적 이점을 획득할 수 있는가? 주장에 대한 합당한 근거를 준비하라.

43. 시리우스와 XM은 위성 라디오 산업에서 선두주자의 이점을 누렸다. 두 기업은 라디오 방송국에서 연예인, 가수와 NFL, NHL, MLB를 비롯한 대부분의 메이저 스포츠 경기를 중계했다. 그결과 2006년에 그들은 1,400만 명에 이르는 사용자들을 확보했다. 한편 두 기업은 운영비 절감을 위해 2008년에 합병을 결정했다. 웹캐스트 기업의 경우 음원에 대한 로열티를 지불하고 방송하는 것이 쉽기 때문에 인터넷 라디오 산업의 진입장벽은 상대적으로 낮은 편이다. 사람들의 귀를 사로잡기 위해 스마트폰, 인터넷 라디오, MP3가 모두 경쟁하고 있는 실정이다. 여러분은 시리우스와 XM의 합병이 서로 간의 경쟁을 종식하고 새롭게 부상하는 다른 형태의 라디오들에 맞서는 사업 전략이었다고 생각하는가? 두 기업의 합병을 설명할 수 있는 다른 근거는 무엇인가? 여러분의 주장에 대한 객관적인 분석 자료와 근거를 제시하라.

피니쉬라인의 POS 시스템 혁신

피니쉬라인(Finish Line)은 현재 미국 전역에 걸쳐 640개 이상의 매장을 보유 중인 의류 및 신발 소매업체다. 2012년 하반기에 피니쉬라인은 더 많은 쇼핑객 유치를 위해 매장 내 새로운 POS 기술을 선보이려고 했다. 피니쉬라인은 초창기에 출범 시기 때문에 많은 비판을 받았으나, 매장 응용 프로그램 배포 책임자였던 롭 보(Rob Baugh)는 새로운 POS 시스템의 도입으로 큰 성공을 거둘 것이라고 확신했다. 피니쉬라인은 전미소매협회(National Retail Federation)의 시장조사 결과로부터 소매 구매의 무려 95%가 여전히 오프라인 매장에서 이뤄지고 있다는 사실을 알았다. 다시 말하면, 전미소매협회의 조사결과는 소매업체들에게 더 많은 고객들로 하여금 매장 내 구매를 유인할 수 있는 기회가 있음을 의미했다. 롭 보는 새로운 POS 시스템의 목표는 고객들이 필요로 할 때 적절한 정보와 서비스를 제공하는 데 있다고 생각했다.

피니쉬라인이 기술 향상을 이뤄내기 위해서는 우선 네트워크 업그레이드와 추가 무선 액세스 포인트 설치가 필요했다. 또한 그들은 매장 직원의 모바일 POS 거래를 보조하고자 모바일 영수증 프린터를 매장 내에 배치했다. 기회를 잡기 위해서 피니쉬라인은 모바일 POS 시스템을 구현하여 오프라인 쇼핑 경험의 전반에 걸쳐 쇼핑객들을 지원하고, 참여시키는 계획을 수립했다. 뿐만 아니라 모바일 결제를 위해 마이크로스 시스템스(MICROS Systems)의 플랫폼을 활용하여 POS 시스템을 업그레이드했으며, 베리폰(VeriFone)의 고객 참여 솔루션을 구현했다. 피니쉬라인의 새로운 전자 결제 옵션에는 마그네틱선과 PIN 기반의 신용/체크카드, 칩 바탕의 스마트카드, 그리고 모바일 결제가 포함되었다. 고객 유도를 위해 그리고 고속의 컬러 풀모션 영상 지원을 위해 새로운 멀티미디어 프로세서도 동원되었다. 새로운 POS 시스템의 일부인 아이팟 터치는 장치 내 모든 트랜잭션을 지원하는 마이크로스의 '마이스토어(MyStore)' 응용 프로그램과 베리폰의 '페이웨어(PAYware)' 모바일 전사적 소프트웨어를 사용했다.

성공에 대한 강한 확신과 함께 피니쉬라인은 2013년 5월부터 8월까지 36개의 매장에서 3개월간 파일럿 프로그램을 운영하였다. 또한 각 매장에서는 다양한 경영활동을 처리할 수 있는 다섯 대의 모바일 장치를 구비했다. 고객들은 모바일 POS 장치를 통해 매장 직원과 소통하는 데 만족감을 표시했다. 파일럿 프로그램은 전반적으로 아주 긍정적이었다고 평가되었고, 1개월 후 피니쉬라인은 연휴 기간 직전 기업 전체 차원에서 새로운 POS 시스템을 개시했다. 피니쉬라인은 매장당 다섯 대의 모바일 장치를 지급하였고, 고객들이 가격과 재고를 확인할 수 있도록 바코드 스캐너를 추가적으로 구비하도록 했다. 모바일 장치에서 완료된 거래는 판매 및 재고 데이터의 통합을 위해 피니쉬라인의 중앙 시스템으로 전송되었다.

피니쉬라인의 새로운 POS 시스템과 모바일 결제 방식은 매장 내 쇼핑 경험을 바꾸는 데 성공했다. 피니쉬라인이 매장 내 고객들의 쇼핑 경험에 변화를 불러오고 고객들을 최우선시 하기 위한 기회를 얻고자 노력했기 때문에 가능한 일이었다.

출처: Amato-McCoy, D. M. (2012). Perfect Timing. Chain Store Age, 88(7), 28-28.

사례에 관해서 생각해 볼 점

1. 소매업체가 방문 고객들에게 더 많은 제품/서비스 정보를 제공하려는 이유는 무엇인가?
2. 피니쉬라인은 고객들을 만족시키기 위해 어떻게 노력했는가?
3. 새롭게 도입하는 기술이 성공할 것이라는 확신이 있더라도 도입 결과를 모니터링하는 것이 중요한 이유는 무엇인가?
4. 여러분이라면 피니쉬라인과 경쟁자들 중 어느 매장을 이용하겠는가? 그 이유는 무엇인가?

성과 달성을 위한 목표의 이해

사업 확장, 시장 점유율 증대, 경쟁자와의 경쟁을 목표로 하는 기업들은 비용을 절감하거나, 진입장벽을 형성하고, 신규 제품 및 서비스를 생산함으로써 목표를 달성한다. 한편 이러한 목표들은 혁신적인 기술의 활용을 통해서 달성될 수도 있다. 특정 목표를 바탕으로 혁신적 기술의 활용을 강구하는 기업은 소비자의 새로운 행동을 이끌어 내거나, 소비자의 쇼핑 경험을 변화시키고, 때로는 사업 전반 운영 방식을 변경하는 등 엄청난 결과를 경험할 수 있다. 한편 기술이 성숙해짐에 따라 예기치 못한 결과를 초래하기도 한다. 아래에 제시된 간단한 사례 속 기업들은 기술 혁신을 통해 시장 내에서 그들 스스로를 차별화하거나, 신규 고객 유도, 구매자 락인, 신규 제품 및 서비스 제공을 실천했으며, 혹은 이들의 조합을 달성하기도 했다.

온라인 식료품 판매기업인 피파드(Peapod)의 목표는 브랜딩을 그들의 혁신적인 제품-서비스 결합의 홍보 수단으로서 활용하는 것이었다. 피파드는 지하철 승강장을 비롯한 여러 공공장소에 상품들이 올려진 식료품점 선반 모습을 형상화한 가상 벽을 설치했다. 피파드의 가상 벽은 고객들의 시선을 사로잡아 브랜드 인지도를 향상했으며, 온라인 식료품 주문 및 배달이라는 피파드의 혁신적인 서비스를 상기시켜 주는 역할을 수행했다. 피파드 이용자는 스마트폰에서 피파드 앱을 통해 식료품을 주문하고 다음 날에 배송 받을 수 있다. 그들의 기술이 이미 온라인에서 소비자들의 식료품 구매 방법을 변화시킨 것과 별개로, 가상 벽과 스마트폰을 통해 향상된 편의성이 구매 과정을 더욱 편리하게 만들었다. 다시 말해 피파드의 목표는 소비자들로 하여금 스마트폰에서 앱을 사용하게 하고, 다음 날 식료품을 배송 받게끔 만드는 것이다. 단, 이 모든 과정이 집에 가기 위해 열차를 기다리는 동안 일어나게끔 하는 것이다. 이처럼 초현대적인 쇼핑 경험은 쇼핑 방식에 대한 소비자의 기대를 변화시키는 또 다른 방법이다.

피파드의 아이디어는 시어스를 비롯한 다른 기업들에게로 퍼져나가기 시작하였다. 시어스와 케이마트(Kmart)는 벽을 통한 쇼핑 경험을 제공하기 위해서 QR 코드가 적용된 "장난감 벽"을 이용하였다. 장난감 벽은 쇼핑몰, 공항, 영화관처럼 유동 인구가 많은 곳에 설치되었으며, 이를 위해 바닥 면적이 사용하지 않는다는 점에서 비용대비 효율적으로 구축되었다고 볼 수 있다. 쇼핑객들은 걸어가는 도중에 벽의 QR 코드를 스캔하여 쉽게 장난감을 주문할 수 있게 되었다.

한편 아마존 성공의 열쇠는 그들의 전자책 리더기인 '킨들(Kindle)'의 판매로부터 나온 것은 아니었다. 오히려 킨들이 불러온 추가적인 판매, 즉 서적, 영화 및, TV 쇼의 온라인 판매 증가에 아마존은 빠르게 성장할 수 있었다. 아마존은 킨들의 구입을 망설이는 구매자들을 사로잡기 위해 워싱턴주 시애틀에 오프라인 매장을 개설했다. 이로써 잠재적 고객들은 아마존의 매장을 방문하여 구매 이전에 킨들을 사용해볼 수 있게 되었다. 아마존은 오프라인 매장 개설 아이디어를 통해 킨들 판매량을 증가시키며, 자연스럽게 온라인 콘텐츠에 대한 더 많은 수요와 추가 수익을 창출할 것으로 기대하고 있다. 소비자가 킨들의 구매를 결정하면 온라인 매출액이 증대되며, 여기에 락인된 소비자가 추가적인 수익을 발생시킬 것이 분명하다.

지금까지 논의한 혁신적인 기술들은 상당히 성공적이었고, 이는 무엇보다 기업들이 명확한 목표를 바탕으로 기술을 구현했기 때문에 가능한 일이었다. 피파드는 시장 판도를 바꾸는 가상 벽을 이용하여 행인들을 쇼핑객으로 전환시켰으며, 아마존은 그들 제품의 초기 구매를 용이하게 함으로써 미래 고객들을 락인시켰다. 물론 이들 말고도 혁신적인 기술을 활용하여 신규 고객을 유도하고, 고객들을 락인하며, 신규 제품/서비스 결합을 출시함으로써 차별화를 시도하는 데에는 수많은 방법들이 적용될 수 있다. 결국 성공을 위한 가장 중요한 열쇠는 목표를 빠르게 파악하고, 일련의 행동 방침에 대한 계획을 수립하며, 역경을 이겨내는 것이다.

출처: Anonymous. (2012). What is Game-Changing Innovation? Chain Store Age, 88(5), 2-4A, 5A.

사례에 관해서 생각해 볼 점

1. 피파드의 서비스가 쇼핑객들에게 제공한 이점은 무엇인가? 피파드의 혁신적인 제품/서비스 결합은 배달 서비스를 지원하는 일반적인 식료품 가게와 비교했을 때 어떠한 이점이 있는가?
2. 2011년 연휴 기간 동안 "장난감 벽"이 쇼핑몰, 공항, 영화관 등에 설치되었다. 장난감 벽이 이와 같은 장소에 설치된 이유는 무엇이었으며, 다른 어떤 장소들이 장난감 벽 같은 공간 활용이 가능하겠는가? 이유를 설명하라.

참고문헌

Anonymous. (2011). FordDirect Dealer News. Retrieved May 22, 2013, from http://forddirect.xpsitehosting.com/FD1106/

Anonymous. (2012a, 2012-02-09). FordDirect Launches DealerConnection Elite Service for Dealers. Travel & Leisure Close-Up.

Anonymous. (2012b). The 2012 Gartner CIO Agenda Report (pp. 10). Stamford, CT.

Anonymous. (2012c). Why Operations Take the Tablets. Flight Evening News (3), 3-3.

Anonymous. (2013a). App will aid advance towards the paperless cockpit. Flight International, 183,22 -22.

Anonymous. (2013b). JetBlue Announces 2012 Annual Profit.

Anonymous. (2013c). Number of active users at Facebook over the years. Retrieved May 22, 2013, from http://news.yahoo.com/number-active-usersfacebook-over-230449748.html

Anonymous. (2013d). Twitter Statistics. Retrieved May 22, 2013, from www.statisticbrain.com/twitterstatistics/

Anonymous. (2013f, 2013-05-15). United Airlines; United Airlines Introduces 200th Aircraft With Live Television. Entertainment Newsweekly, 112.

Foo, Y. C. (2013, Mar 07). EU slaps $731 million penalty on Microsoft, Chicago Tribune, p.1.

Goldberg, A. (2011). US to end antitrust oversight of Microsoft, McClatchy-Tribune Business News.

Hazel, B., Stalnaker, T., & Taylor, A. (2012). Airline Economic Analysis (p. 41). New York, NY.

Waurzyniak, P. (2012). PLM Systems Further Extend Reach to the Shop Floor. Manufacturing Engineering, 149(5), 67-70, 72-75.

Winkler, R. (2012). Facebook, Twitter: Space Invaders, Wall Street Journal, p. B.16.

3장

비즈니스 기능과 공급사슬
(BUSINESS FUNCTIONS ANDSUPPLY CHAINS)

학습 목표(Learning Objectives)

많은 정보를 생산하고 소비하는 오늘날의 경제활동에서는 대부분의 비즈니스 활동에서 정보 시스템이 활용되고 있다. 기업에서 관리자들은 시스템을 사용하여 품질, 비용 및 자원을 관리하는 데 사용할 수 있는 옵션을 파악할 수 있도록 모든 요소에 대해 전반적으로 이해해야 한다. 현대 정보 시스템은 전체 비즈니스 사이클을 포괄하며 종종 공급 사슬이라고 한다.

이번 장이 끝나면 여러분은 다음의 내용들을 설명할 수 있을 것이다:

- 다양한 비즈니스 기능과 그 기능 속 정보 시스템의 역할을 설명할 수 있다.
- 기본적인 비즈니스 기능에서 정보 시스템이 서로 어떻게 관련되는지 설명할 수 있다.
- 공급 사슬이 무엇이며 어떻게 정보 기술이 공급 사슬 관리를 지원하는지 명확히 설명할 수 있다.
- 고객 관계 관리 시스템의 목적들을 열거할 수 있다.
- ERP(기업 자원 관리) 시스템을 설명할 수 있다.

[킴볼 레스토랑: 새로운 장소]

킴볼 레스토랑: 새로운 위치

리즈와 마이클은 그들의 사업을 새로운 호숫가 위치로 확장하고 현재 위치를 폐쇄하기 위한 마케팅, 재무 및 운영 예측을 신중하게 검토했다. 그들은 그들의 예측이 합리적이라고 생각했다. 1월에, 그들은 이전에 캠프장으로 사용되었던 위치로 식당을 옮기는 내용의 계약 조건을 맺는 것에 션과 동의했다. 그들이 디자인과 수리를 마치고 5월 하순에 "호숫가의 킴볼"을 열기 위해서는 수개월이 소요될 계획이었다.

타일러는 부모님이 고문의 조언을 듣도록 설득하였고, 이전하기 전에 수익을 창출하는 데 더 집중하였다. 이렇게 초점을 맞추는 것은 효율성을 높이고 식당을 위한 보다 효과적인 전략을 수립하기 위해 추가적인 관리가 필요하기 때문에 확장에 도움이 되었다. 새로운 위치에 있는 고객의 수가 증가하면 필요한 직원, 식품 구매 관리 및 공급 업체와 조정할 일들이 더 많아질 것이다. 백오피스(back-office) 운영이 제대로 관리되고 제어되지 않으면, 사업 확장이 이 전보다 더 안 좋은 결과를 낼 수 있을 것이다. 새로운 위치에서 더 효율적으로 운영할 수 없는 경우 고객을 추가적으로 확보하더라도 이익이 오히려 줄어들 수 있다.

현재, 킴볼의 마케팅 활동은 지역 신문의 작은 광고에 국한되어 있다. 그들은 현재 위치에 견실한 고객층이 있음에도 불구하고 약 12 마일 떨어진 가장 가까운 대도시로 그들의 범위를 확장하는 것이 중요했다. 타일러는 새로운 위치를 개설하기 전 4개월 동안의 기간을 이용하여 고객층을 구축하기 위한 새로운 마케팅 및 프로모션을 개발하고자 하였다.

전환 계획: 운영 및 마케팅

리즈, 마이클, 타일러는 사업 이전 및 확장에 대해 계획을 논의하기 위해 회의를 하였다. 타일러는 구현해야 할 운영상의 변경 사항에 대해 여러 가지 생각을 하였다. 킴볼의 POS(Pointof-Sales) 소프트웨어를 판매 한 회사는 추가적인 소프트웨어를 제공할 수 있었지만, 그 추가적인 소프트웨어 제품들은 추가 연구가 필요했다. 그는 "신뢰할 수 있는 소프트웨어를 사용할 수 있다면 언제 새로운 시스템을 설치하고 사용하는 것이 좋을까?" 라고 궁금해 하였다.

사업 확장을 앞에 두고, 그는 이동하기 전에 사업을 도울 수 있는 추가적인 소프트웨어가 설치될 수 있는지 궁금했다. 이렇게 하면, 직원과 관리가 현재 사업장 위치에서 시스템을 사용할 수 있어 그 시스템을 경험할 수 있다고 믿었다. 리즈는 "소프트웨어를 지금 현재 사업장에 설치하고 새 위치에 다시 설치한다면, 소프트웨어 설치에 두 배나 많은 작업이 필요합니까?" 라고 물었다. 타일러는 현재 사용하고 있는 하드웨어와 소프트웨어를 정지시키고, 패키지화하고, 운반하고, 새 위치에 설치해야 한다고 응답했다. 그러나, 새롭게 구입한 소프트웨어는 추가 비용 없이 새로운 위치로 "이전"할 수 있다고 하였다.

마이클과 리즈는 타일러가 제시한 대안에 대해 생각하였다. 리즈는 현재 사업장에 대한 계획 과정에서 신중하게 계획을 세웠지만 사업 초기에 문제가 발생했던 일을 기억했다. 그때의 경험은 비슷한 문제가 새로운 위치에서도 발생할 수 있을 것임을 의미했다. 마이클은 "새 소프트웨어를 지금 설치하는 것은 좋은 아이디어일 수 있다. 우리는 1~2달 동안 친숙하고 잘 정립된 작업으로 사람들을 훈련시킬 수 있을 것이다." 라고 말했다. 리즈는 새로운 사업장에서는 더 큰 식사 공간과 주방 공간이 있으므로 더 많은 하드웨어를 필요로 한다고 생각하였다. 그들은 백오피스 운영에 도움이 되는 적절한 시스템이 현재 사업장에 설치될 수 있다면 구입하여 구현해야 한다는 데 모두 동의했다.

마이클과 타일러는 마케팅에 집중했다. 그들은 또한 현지 고객을 유지하고 늘리면서, 계속해서 직장에서 "일을 마친" 고객들이 그들의 레스토랑에 오게끔 하기를 원했다. 새로운 장소에서 더 많은 아침, 점심, 업무 미팅을 위한 저녁 모임을 위해 좌석이 추가 될 수 있다. 마이클, 리즈 및 타일러는 킴볼의 "지역" 분위기를 유지하면서 더 넓은 청중에게 새로운 위치를 알리는 것이 중요하다고 동의했다.

효과성 및 효율성

규모가 있는 대부분의 기업의 고객 서비스 부서에서는 전화벨이 울려대는 것이 일상이다. 고객들이 그들의 계좌에 대한 다양한 질문을 하기 위해는 전화를 걸곤 한다. 선도적인 신용 카드 발급 기업자 Fortune 500 대 기업인 Capital One Financial Corp. 의 사무실에 있는 전화는 아마도 2-3 년 전에 비해 자주 울리지 않을 것이다. 이전에는 잔액을 확인하거나 그들의 최근 지불내역이 제대로 입력되었는지 확인하기 위해 직접 전화를 했던 카드 소지자들은 스마트 폰, 웹 사이트 또는 자동 전화 서비스에 계정 정보를 직접 입력하는 등의 다른 방법을 사용하여 직접 전화를 걸지 않고 확인할 수 있게 되었다.

고객 서비스 상담원과 연결하는 경우 사용되는 기술은 고객의 통화에 관련되어 있다. 발신자의 전화 번호를 사용하여 회사의 거대한 데이터베이스를 검색하는 정보기술이 사용된다. 충분히 많이 저장된 이전 통화 및 발신자의 신용 카드 거래로부터 추정하여 발신 이유를 예측할 수 있다. 예측된 발신 이유에 따라 컴퓨터는 문제를 가장 잘 처리할 수 있는 직원에게 전화를 연결한다. 전화를 건 고객에 대한 중요한 정보는 발신자의 계정 번호를 묻거나 입력하지 않고도 직원의 컴퓨터 모니터에 표시된다. 발신자는 일반적으로 구매를 위해 회사에 연락하지 않지만, 컴퓨터는 발신자가 구매할 가능성이 있는 제품 정보를 제공한다. 고객 서비스 담당자가 발신자에게 만족할만한 답변을 제공한 후 바로 그 고객에게 특별 판매 기회를 제공한다. 실제로 많은 발신자가 고객 서비스를 받은 후 특별 기회로 제공된 상품을 구입한다. 전화 받기, 데이터 검토 및 분석, 통화 연결, 상품 추천 등의 모든 단계는 컴퓨터를 이용하여 단 1/10초 만에 이루어진다. Capital One은 효과적인 운영과 효율적인 대응으로 인해 J.D. Power and Associates으로부터 2012년 탁월한 고객 서비스를 인정받았다.

정보기술의 사용이 우리의 업무를 보다 효과적 또는 효율적으로 만들었거나, 그 두 가지 모두라고 자주 말하여진다. 이 용어들은 무엇을 의미할까? 효과성(Effectiveness)이란 목표를 달성한 정도를 의미된다. 따라서 시스템의 효과성은 (1) 특정 목표를 달성한 정도와 (2) 다른 시스템보다 우수한 성과를 달성한 정도에 따라 결정된다.

효율성(Efficiency)은 사용된 자원과 목표를 달성함으로써 얻게 되는 이득 또는 소득 간의 관계에 의해 결정된다. 수학적으로 표현하면,

$$\text{Efficiency} = \frac{\text{Benefits}}{\text{Costs}}$$

하나의 시스템은 동일하거나 우수한 품질의 제품을 생산하는데 드는 운영 비용이 낮을 경우 또는 동일하거나 저렴한 비용으로 제품의 품질이 더 높은 경우 다른 시스템보다 효율적이라고 평가될 수 있다. "생산성"이라는 용어는 일반적으로 효율성의 동의어로 사용된다. 그러나, 일반적으로 생산성은 인적 자원의 효율성을 의미할 때 사용된다. 같은 양의 결과물을 생산해야 하는 작업자가 더 적게 요구될 때, 혹은 같은 수의 작업자가 더 많은 양의 결과물을 생성할 때 생산성이 향상되었다고 말할 수 있다. 이것이 IT 전문가가 종종 "생산성 도구"에 대해 말하는 이유이다. 이는 근로자가 더 짧은 시간에 더 많은 것을 생산할 수 있도록 도와주는 소프트웨어 응용 프로그램이라고 할 수 있다. 노력의 결과가 궁극적인 목표에 가까울수록 노력이 더 효과적이 되고, 그 목표를 달성하는 데 소비되는 자원이 적을수록 더 효율적이 된다.

당신의 목표가 갤런 당 60 마일의 연비로 신차를 설계하는 것이라고 가정해보라. 당신이 그런 차를 성공적으로 설계하였다면, 당신은 효과적으로 제품을 생산했다고 할 수 있다. 설계된 자동차

가 그 연비를 충족시키지 못했다면, 당신의 노력은 효과성이 떨어진다고 할 수 있다. 경쟁사가 동일한 기능과 성능인 자동차를 생산하지만 인력과 자원을 적게 사용하고 있다면 경쟁 업체는 당신만큼 효과적일 뿐만 아니라 보다 효율적이라고 볼 수 있다. 정보 시스템은 기업 활동에서의 효과성과 효율성에 증가시키는데 기여한다. 특히 회계, 재무 및 엔지니어링과 같은 특정 비즈니스 기능을 수행할 때, 그리고 공동 작업을 용이하게 함으로써 기업이 목표를 보다 신속하게 달성할 수 있도록 도움을 줄 때 기업활동을 더 효과적으로 효율적으로 만들 수 있다.

비즈니스 기능과 그 기능을 지원하는 시스템을 살펴보는 한 가지 방법은 마케팅 및 영업 활동으로 시작되는 전형적인 비즈니스 주기를 따라 어떠한 역할을 하는지 살펴보는 것이다 (그림 3.1 참조). 고객의 경험과 선호에 대해 더 많이 알게 되는 것 뿐만 아니라 고객을 더 빠르고 만족스럽게 서비스를 하기 위해 고객 관계 관리 (CRM) 시스템이 사용될 수 있다. 고객이 주문을 하면 공급사슬망에서 주문이 실행된다. 고객에 대한 정보는 고객이 주문을 할 때 수집될 수 있다. 이렇게 수집된 정보는 유용하게 사용될 수 있다. 고객 관계 관리는 고객 서비스 및 마케팅 활동의 형태로 주문된 상품을 납품한 후에도 계속된다. 조직이 CRM 및 SCM (Supply Chain Management) 시스템에 대한 지원을 잘 활용할 경우 기업의 자원을 효율적으로 계획할 수 있다. 이러한 시스템들을 결합하여 ERP (Enterprise Resource Planning) 시스템을 구성하기도 한다.

■ 그림 3–1

비즈니스 활동은 고객관계관리, 공급망관리 및 지원 기능으로 구성된다.

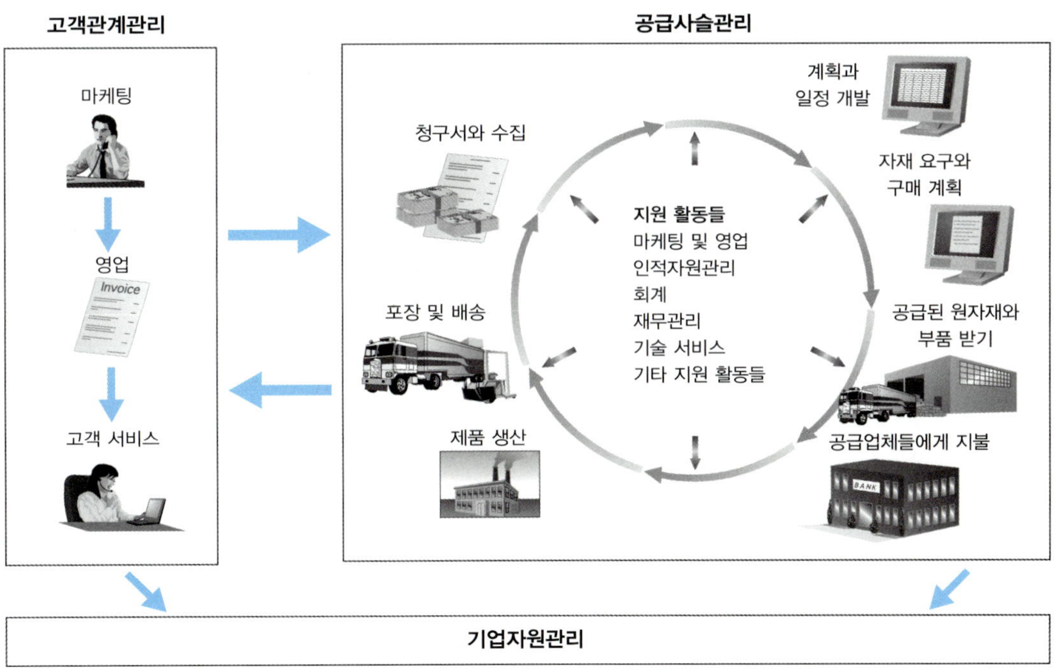

그림 3.2는 가장 일반적인 비즈니스 활동들과 그들 간 상호 의존성을 보여준다. 예를 들어, 원가회계 시스템은 급여, 복리 후생 및 구매 시스템과 연결되어 회사에서 제조한 제품의 원가를 일괄적으로 처리 가능하게 한다. 구매 시스템의 정보는 원가회계 및 재무보고 시스템으로 이동한다. 다음 토론에서는 각 비즈니스 기능에서의 정보 시스템의 역할에 대해 설명하고자 한다.

■ 그림 3-2

서로 다른 비즈니스 기능의 정보 시스템은 상호 의존적이다.

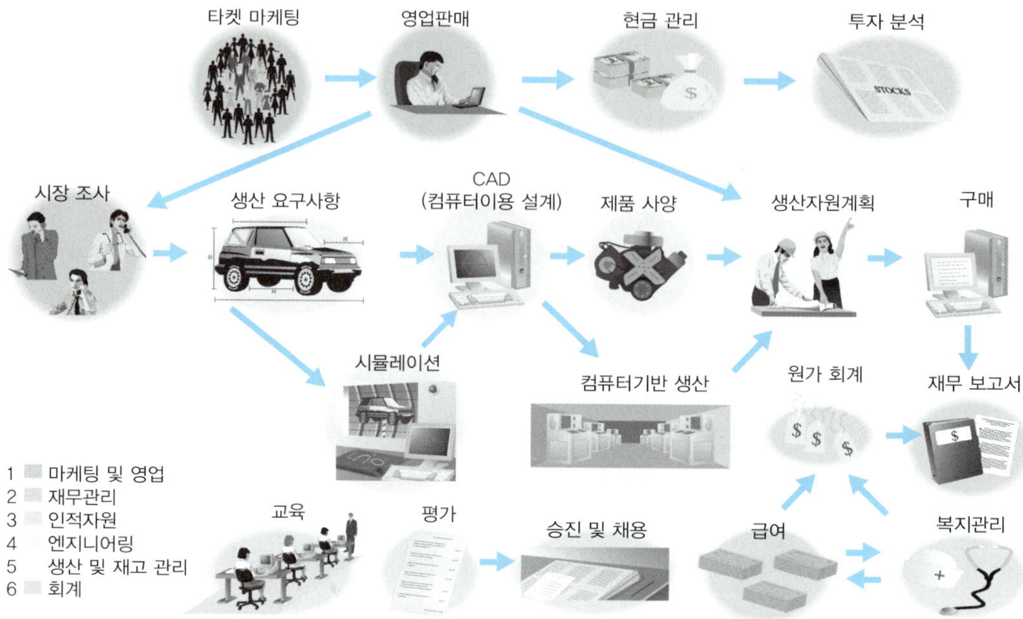

회계

회계의 목적은 급여와 수당에서부터 모든 품목의 판매에 이르기까지, 그리고 몇 센트의 지출에서 수백만 달러의 구매까지 포함한 회사 내의 모든 금융 거래를 추적하는 것이다. 원가회계 시스템을 사용하여 인건비, 자재 및 구매한 서비스의 비용을 추적하지 않는다면, 회사는 제품을 생산하는 데 필요한 비용 이하로 제품을 판매한다는 사실을 너무 늦게 발견할 수 있다. 미수금 시스템이 없다면, 관리자는 회사에게 누가 얼마나 많은 돈을 갚아야 하고 언제까지 갚아야 하는지 알 수 없다. 미지급금 시스템이 없다면, 그들은 회사가 빚진 돈의 액수와 언제까지 지불해야 하는지를 알 수 없다. 현금 흐름을 기록하고 계획하는데 도움을 주는 시스템이 없다면, 관리자는 일정대로 필요한 만큼의 현금을 지불할 수 있도록 충분한 현금을 보유할 수 없다. 회사가 평소에 장부에 모든 거래와 재무적 영향을 기록해 두지 않는다면, 연말에 대차대조표나 손익계산서 같이 재무제표를 만들 수 없게 된다. 회계 시스템은 법에 의해 요구될 뿐만 아니라 적절한 관리활동을 위해서도 필요하다. 총계정 원장, 미수금, 미지급금 및 현금 흐름 장부는 편리하게 전산화되어 있으며 대차대조표와 손익계산서는 이들 기록에서 손쉽게 생성될 수 있다. (그림 3.3 참조). 이 책에서 "장부"라는 단어는 이전 시대의 유물이 되었다. 회계정보 시스템이 완전히 전산화되었기 때문이다.

일반적으로 회계정보 시스템은 POS 시스템과 같은 거래처리 시스템(TPS)에서 원자재 또는 서비스 구매 또는 제조된 제품 판매와 같은 일상적인 비즈니스 거래에 관한 데이터를 수집한다. 이러한 시스템은 원자재나 서비스 구매 시 자동으로 외상매입금 시스템에 연결되고, 기업은 이 외상매입금 시스템을 사용하여 수표를 작성하거나 공급 업체의 은행 계좌로 자금을 이체할 수 있게 된다. 또한, 판매가 기록될 때마다 그 거래는 미수금 시스템 (송장 생성) 및 기타 시스템으로 연결되어 기록되고, 미수금 및 미지급금의 총계는 자동으로 대차대조표로 반영된다. 총계정 원장의 데이터는 월별, 분기별 또는 연간 현금흐름 보고서 또는 손익계산 보고서를 생성하는데 자동으로 처리될 수 있다. 회계정보 시스템은 정기적 혹은 요구에 따라 비정기적으로 이러한 보고서를 생성할 수 있다.

■ 그림 3-3

회계정보 시스템은 기업의 최근 재무적 성과를 반영하는 기능을 포함한다.

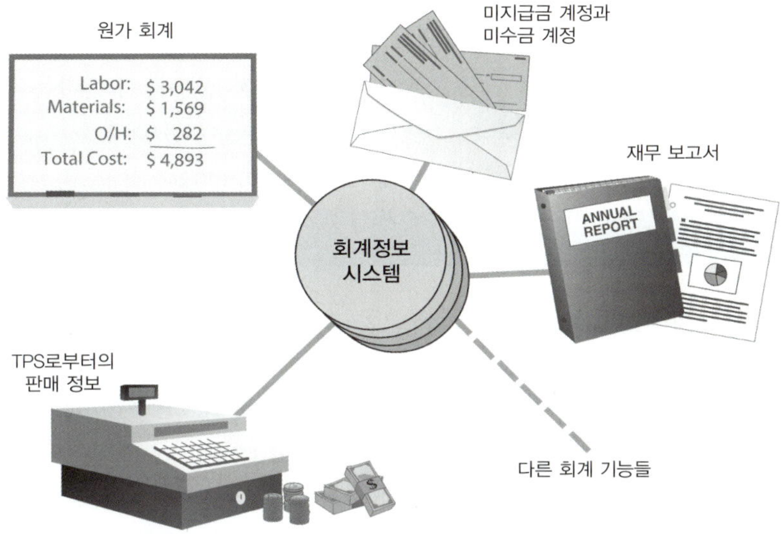

WHY YOU SHOULD 왜 당신은 비즈니스 기능 및 공급 사슬에 대해 알고 있어야만 하는가?

오늘날의 직장인들은 자신이 일하는 특정 업무 분야뿐만 아니라 다른 기능의 업무에 대해서도 지식이 있어야 한다. 거의 모든 비즈니스 프로세스에서 정보기술을 필요로 하기 때문에, 신규 채용자는 해당 업무를 위해 필요한 적절한 정보 시스템을 사용하는 방법을 알고 있거나 빨리 배워야 한다. 많은 고용주들은 특정 분야 전문가보다는 많은 분야에서 일을 할 수 있는 인재를 선호하며, 특히 기업의 전체 공급사슬을 잘 관리할 수 있도록 정보기술에 능숙한 관리자인 테크노 매니저(techno-manager)를 선호한다.

많은 정보 시스템이 여러 기능을 제공하고 다른 시스템들과 연결되어 있기 때문에, 직장인들은 자신의 전문 지식 밖의 영역에서 업무를 수행하는 방식을 잘 알고 있어야 한다. 상업적인 조직에서 일하는 사람은 공급사슬의 일부이거나 공급사슬의 활동을 지원하는 부서에서 일하게 될 것이다. 서로 다른 비즈니스 영역의 시스템에 대한 지식이 있다면, 동료와 협력하고 부서 경계를 넘어서는 노력을 조정하는데 도움이 될 것이다. 직장인들은 종종 다른 분야의 직책으로 승진할 수 있는 기회를 갖기 때문에, 아는 것이 많을수록 "교차 승진" 가능성이 높아진다.

기업이 시장에서 출시된 적이 없는 새로운 제품을 개발하고 제조할 때, 비용을 감안하고 적절한 이익을 창출할 수 있는 가격을 어떻게 결정할 수 있는가? 노동, 재료, 컨설팅 비용 및 제품 개발 및 제조와 관련된 모든 비용을 추적하는 시스템이 있어야 한다. 특정 제품을 생산하는 데 소요되는 비용에 관한 데이터를 축적하는 데 사용되는 원가회계 시스템은 IT를 잘 활용하여 가격 데이터를 생성하게 된다. 또한, 정보 시스템은 특정 작업지시를 위한 비용을 할당하는 데에도 도움이 된다. 작업 지시서는 비행기의 일부 만드는 것과 같이 특정 목적을 위해 작업을 수행할 수 있는 권한이다. 원가회계 시스템은 급여 및 구매 정보 시스템과 연결되어, 지출된 모든 기록 (그리고 원래 급여 및 구매 시스템에 기록된 것)을 자동으로 추출하고 적절한 작업 지시에 그 기록들을 전달한다. 작업 지시는 특정 제품 및 서비스와 관련되어 있기 때문에, 회사는 각 제품 또는 서비스를 위해 드는 비용 또는 최종 제품의 일부를 만드는데 드는 비용들을 파악할 수 있게 된다. 이것은 향후 제품 또는 서비스 가격을 책정하는데 도움이 될 수 있다.

회계정보 시스템은 또한 경영 목적으로 광범위하게 사용되어 부처, 부서 및 전체 기업에 대한 분기 별 및 연간 예산 편성을 지원한다. 회계정보 시스템을 통해 관리자는 소득 및 비용을 실시간으로 추적하고 예산에서 예측한 금액과 비교함으로써 예산을 관리할 수 있게 된다. 예산 활동과 관련된 응용프로그램은 시스템에서 특정 업무를 수행하는데 예산 금액을 초과하여 지출할 수 없도록 설계되어 있다.

재무

기업의 건전성은 종종 재무 상태로 측정되며, 정보 시스템은 재무 관리를 크게 향상시킬 수 있다 (그림 3.4 참조). 감사관과 회계 관리자를 포함한 재무 관리자의 목표는 가능한 한 효율적으로 기업의 자금을 관리하는 것이다. 그들은 (1) 가능한 한 빨리 채무를 징수하고, (2) 계약이나 법률에 의해 허용되는 가장 늦은 시간에 지불하고 (3) 매일 일어나는 기업 활동에 충분한 자금이 확보되는지 확인하고 (4) 현재 활동에 사용되지 않는 기금으로 높은 수익률을 얻을 수 있는 기회를 활용함으로써 목표를 달성한다. 이러한 목표는 신중한 현금 관리 및 투자 분석을 통해 가장 잘 달성 될 수 있다.

■ 그림 3-4

재무 정보 시스템은 현금 및 투자 포트폴리오를 관리하는 데 도움이 된다.

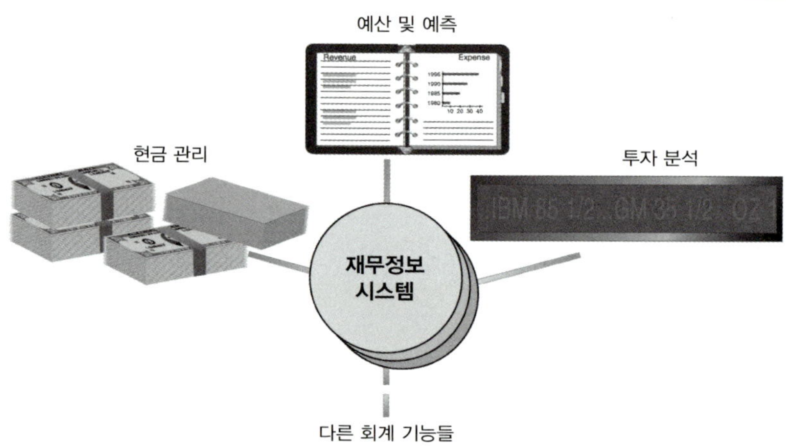

현금 관리

재무정보 시스템은 관리자가 회사의 재무상태를 파악하는 데 도움이 된다. 이 시스템은 모든 지불 및 현금 영수증을 기록하여 현금 이동을 반영하고, 회사 재무활동 계획을 관리하는 예산 소프트웨어를 사용하며, 투자를 관리하는 자본투자 시스템을 포함하므로 여유 자금에 대한 이자수익에 대한 필요성과 항시 사용 가능한 현금 확보 필요성 간에 균형을 이루도록 도와준다. 예상 현금 영수증에 대한 정보는 판매 계약에서 비롯되며 현금 지출에 대한 정보는 구매 계약서, 급여 명세서 및 급여 일정에서 비롯된다. 현금을 특별히 다루는 시스템을 종종 현금관리 시스템(CMS: cash management systems)이라고 한다. CMS의 한 가지 일반적인 용도는 금융 기관이 EFT (electronic funds transfer)를 사용하여 큰 금액을 송금하는 현금 거래를 실행하는 것이다. EFT는 한 은행의 계좌에서 다른 은행의 계좌로 현금을 전자로 이체하는 것이다. 미국 정부가 지불하는 모든 지급의 80% 이상이 EFT 시스템을 사용하여 이체된다.

투자 분석 및 서비스

모든 투자자의 목표는 자산을 구입하고 나중에 자산을 구입한 비용 이상으로 판매하는 것이다. 주식이나 채권과 같은 증권에 투자할 때 증권의 가격을 실시간으로 아는 것이 중요하다. 재무정보 시스템의 능력은 강력한 분석 도구를 투자 관리자에게 제공한다. 수백만 가지의 유가 증권 가격 및 장기 변동을 기록 할 수 있는 기능들과 이 수치들을 사용하여 다양한 분석할 수 있는 기능들이 포함된다. 단 몇 초안에 투자 분석가는 재무정보 시스템을 사용하여 특정 기간 동안 특정 주식 또는 채권의 가격을 차트로 표시할 수 있고, 더 나아가 모델을 구축하여 또는 사전 프로그래밍 된 모델을 사용하여 향후 증권 가격에 어떤 일이 발생할 수 있는지 추정할 수 있다.

가장 작은 투자 회사조차도 고객에게 증권을 사고 파는 온라인 서비스를 저렴하게 제공할 수 있고, 고객이 보유한 주식(포트폴리오라고 함), 정기 수익률 및 포트폴리오의 현재 가치를 나열하는 온디맨드(on-demand) 서비스들을 제공할 수 있다. 고객들은 증권거래 중개 회사의 웹 사이트를 통해 직접 주문, 구매 및 판매할 수 있고, 그 주문 실행은 불과 몇 초 만에 실행된다.

거의 실시간으로 정보 시스템은 가입자 브로커와 고객들에게 전 세계 여러 지역의 금융 뉴스, 주가, 상품 가격 및 환율을 제공한다. 외화의 환율이 원래 환율의 상당한 퍼센트로 요동칠 때 어떤 일이 일어나는지 생각해보자. 중개 회사는 수백만 달러의 외화를 사고 파는 2분 안에 수천 달러의 수익을 올릴 수 있다.

재무 관리자는 주식에 투자하기 전에 여러 가지 요소를 고려해야 한다. 고려해야 할 가장 중요한 요소는 (1) 주식의 과거 수익률의 변동성(변동 정도)으로 측정되는 위험; (2) 기대 수익; (3) 투자가 현금으로 전환될 수 있는 속도의 척도인 유동성이다. 특정 소프트웨어 프로그램들은 이러한 요인을 계산하고 결과를 표 또는 그래프로 제시하여 적시에 의사 결정을 내릴 수 있도록 도와준다.

POINT OF INTEREST

정부가 종이를 사라지게 하다

연방 정부는 수령자가 은행 계좌 정보를 제공하지 않으면 직접 입금 또는 정부의 Direct Express Debit MasterCard 프로그램을 통해 입금할 계획을 2010년에 만들었다. 2011년 3월 1일 이후에 등록한 미국인은 자동으로 이 시스템에 입력되었으며, 그 이전에 등록한 사용자는 2013년 3월 1일까지 전환되었다. 전자 송금(EFT)을 통해 모든 입급 거래를 하려는 연방 정부의 계획은 처음 5년 간 약 4억 달러의 종이와 우편료를 절감하여 결국 세금을 절약할 수 있었다.

출처: O'Keefe, E. (2010 년 4 월 19 일). Federal benefits payments to go electronic. The Washington Post.

엔지니어링

제품 아이디어를 생성한 후 대량 생산할 수 있는 프로토타입을 완성할 때까지 걸리는 시간을 엔지니어링 리드 타임(engineering lead time) 또는 타임투마켓(time to market)라고 한다. 2장에서 논의했듯이, 새로운 제품이나 서비스를 제공하는 기업은 선도자 이점을 가질 수 있다. 이러한 경쟁 우위는 신속하고 효율적인 제품 설계 및 개발 전략을 필요로 한다. 협업적으로, 신속한 개발 환경에서 품질을 통합적으로 관리함으로써 제품이 "신뢰할 수 없는 최첨단 기술"이 아닌 "신뢰할 수 있는 최첨단 기술"로 만드는 것이 매우 중요하다.

엔지니어링에는 브레인 스토밍 (창조적인 솔루션과 새로운 아이디어를 창출하기 위해 협력하고 프로세스), 개념 개발, 실물 모형 제작, 프로토타입 제작, 테스트를 포함한 시간, 노동, 혹은 자금 투자를 필요로 하는 모든 활동이 포함된다. 리드 타임을 최소화하는 것이 경쟁 우위를 유지하는데 핵심 사항 중에 하나이다. 리드 타임을 최소화하여야 경쟁 업체가 제품을 먼저 소개할 시간이 없도록 만들 것이다. 정보 시스템은 이러한 노력에 크게 기여할 수 있다. 지난 20 년 동안 자동차 제조업체는 엔지니어링 및 기타 정보 시스템을 사용하여 리드 타임을 7년에서 18개월로 단축시킬 수 있었다.

엔지니어링 분야에서 가장 큰 공헌은 캐드(CAD: computer-aided design) 및 래피드 프로토타이핑(rapid prototyping: 3차원에서 설계를 테스트하기 위한 단일 제품 개발) 분야이다. 엔지니어는 컴퓨터를 사용하여 신속하게 설계를 수정하고 도면을 전자적으로 저장할 수 있다. 협업 소프트웨어를 사용하면 이러한 업무들의 많은 부분들을 인터넷을 통해 수행할 수 있다. 엔지니어는 원격 회의를 진행하면서 계획과 도면을 함께 보고 개발할 수 있고, 이 전자 도면은 신속한게 프로토타입으로 만들어진다.

래피드 프로토타이핑을 통해 수일 또는 수주가 아닌 몇 시간 내에 제품 모델을 생산할 수 있다. 가끔 전자 기능 또는 전체 제품의 일부인 다른 구성 요소 없이 제품의 물리적 모양과 치수만 표시하는 모형이 필요한 경우도 있다. 먼저, 컴퓨터에 제품의 이미지가 생성된다. 그 다음, 이 컴퓨터는 액체 플라스틱 또는 특수 수지의 수백 또는 수천 개의 얇은 층을 내려 놓음으로써 물리적인 입체 모델을 만드는 특수 기계에 연결된다. 이렇게 만들어진 제품 모형은 기업의 엔지니어 및 마케팅 관리자가 검토하거나 고객에게 보여줄 수 있다.

프로토타입이 만족스러우면, 전자 도면 및 재료 사양을 CAD 시스템에서 CAM(computer-aided manufacturing) 시스템으로 전송할 수 있다. CAM 시스템은 로봇을 포함한 기계에 부품 제조 방법 및 제품 조립 방법을 지시하도록 데이터를 처리한다 (그림 3.5 참조).

■ 그림 3-5

엔지니어링 정보 시스템은 엔지니어가 신제품을 설계하고 작동 방식을 시뮬레이션 할 수 있도록 지원한다.

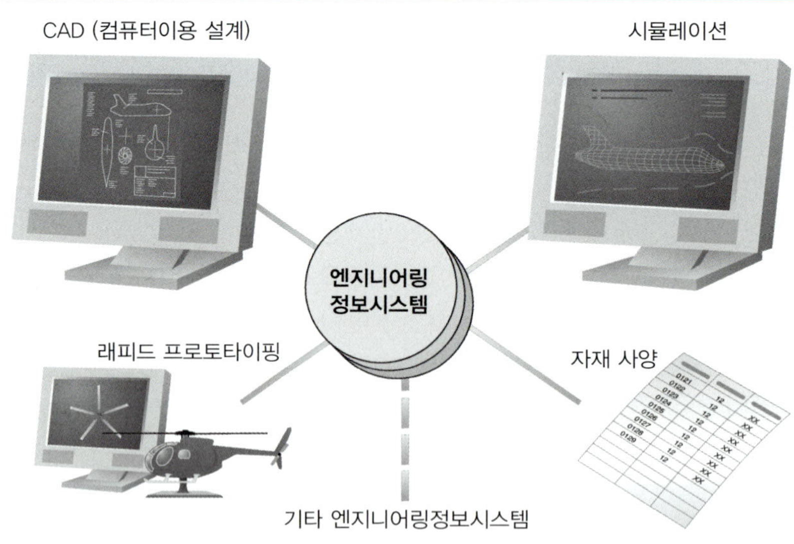

이미 언급했듯이, 과거에는 자동차 회사는 하나의 제품 개념을 판매 가능한 실제 차량으로 만드는 데 수년이 필요했다. 이제 CAD, CAM, 래피드 프로토타이핑 및 협업 엔지니어링 소프트웨어 덕분에 리드타임이 몇 개월로 단축되었다. 차량의 디지털 설계는 시간뿐만 아니라 차량 테스트 비용도 줄일 수 있게 해주고 있다. 많은 테스트가 실제 차량이 아닌 정교한 소프트웨어로 가상으로 수행될 수 있다. 항공 우주, 기타 여러 엔지니어링, 제조 산업에서도 이와 유사한 정보 시스템의 기능을 활용하고 있다. 아래 그림은 SolidWorks CAD 소프트웨어를 사용하여 블렌더를 설계하는 예를 보여준다.

CAD 시스템은 신제품을 위해 도면을 제작하고 설계를 완료하는 데 필요한 시간을 대폭 단축한다.

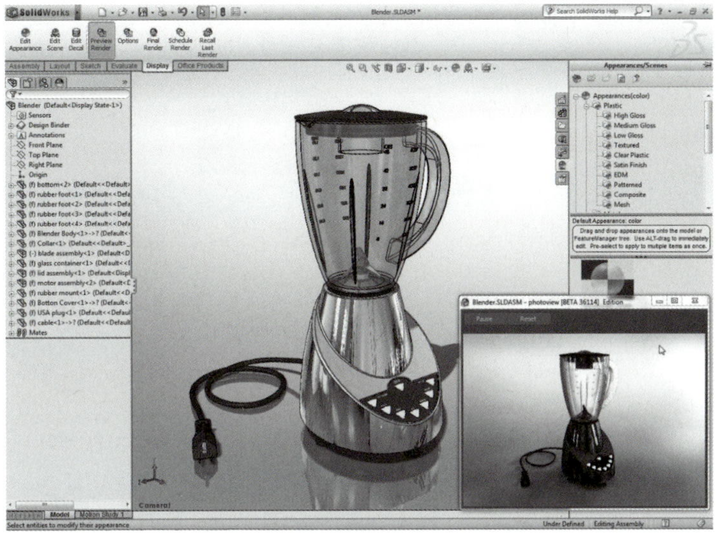

래피드 프로토타이핑은 시장 출시 시간을 단축시킨다. 이처럼 3D 프린터를 사용하면 엔지니어는 부품의 플라스틱 모형을 신속하게 만들 수 있다.

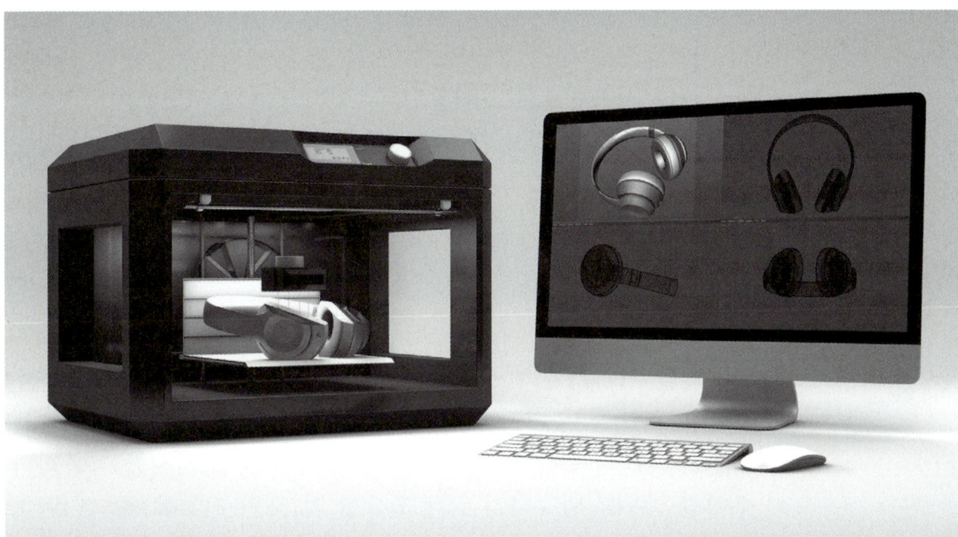

공급사슬 관리

기본적으로 기업의 공급사슬은 세 가지 주요 단계로 구성된다: 원재료 조달하기, 원재료를 중간 혹은 완제품으로 만들기, 고객에게 상품 인도하기. 원재료를 상품으로 만드는 과정이 제조라 할 수 있다. SCM(supply chain management)은 그림 3.1의 오른쪽에 묘사된 바와 같이 공급 사슬을 모니터링하고, 제어하고, 용이하게 하는 활동들로 구성된다. SCM 시스템은 기업의 공급사슬내의 기업활동을 지원하는 정보 기술이다. SCM 시스템은 자원 관리 비용 및 재고 관리 비용(그림 3.6 참조)을 포함하여 제조 비용을 절감하는 데 사용될 수 있다. 소매업에서는 제조 단계가 존재하지 않으므로 "공급사슬"이라는 용어는 완제품 구매에서 해당 제품을 고객에게 배달될 때까지 과정을 의미한다. 서비스 산업에서는 원료가 구매되지도 가공되지도 않기 때문에 "제조"라는 용어는 실질적으로 무의미하다.

■ 그림 3-6

생산 및 재고 관리 정보 시스템은 주기 시간 및 재고 유지 비용을 줄이는 데 도움이 된다.

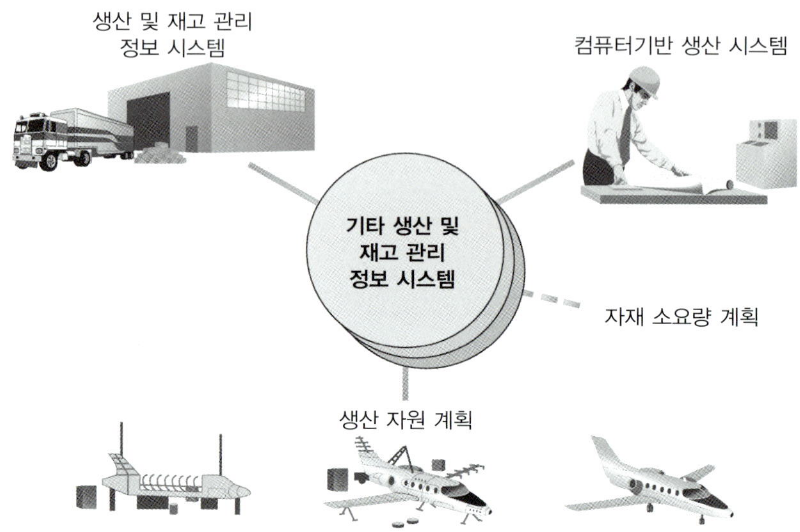

이전 논의에서 분명히 알 수 있듯이, 제조 프로세스에 필요한 많은 데이터는 CAD 시스템에서 CAM 시스템으로 직접 전달될 수 있을 뿐 아니라 재고 관리 시스템 및 제조 계획 및 실행을 지원하는 기타 시스템으로도 이동될 수 있다. CAM 시스템이 절단 및 용접과 같은 물리적 활동에 참여하는 동안, 다른 정보 시스템들이 제조 계획 및 모니터링에 활용될 수 있다.
정보 기술은 다음 제조 활동에 도움이 된다.

- 기계, 인력, 툴링 및 원자재 및 임시 재료와 같은 모든 자원의 결합된 사용을 최적화시키는 공장시설 일정 계획잡기
- 현재 및 예상 수요를 기반으로 생산에 필요한 자재 조달 계획하기
- 마감일을 지키기 위해 한 주문에서 다른 주문으로 자재를 신속하게 재할당하기
- 제품 수요와 모든 작업장의 대응상황을 고려하여 실시간으로 재고 관리하기
- 주문된 품목의 특성 (예: 색상 및 제품 너비)에 따라 작업 지시를 그룹화하기
- 주어진 업무를 완수하기 위해 필요한 각 자원(예: 자격을 갖춘 노동, 설치 대원 및 특수 도구)의 자격 조건을 고려하기. 예를 들어, 기계 고장 또는 고객 응급 상황에 대처할 수 있도록 사람 및 원자재를 한 조립 라인에서 다른 조립 라인으로 신속히 이동할 수 있게 하며, 고객의 요구 사항 변화에 신속하게 대응할 수 있도록 설계 변경이 구현되도록 한다.

자재 소요량 계획 및 구매

정보 시스템을 이용해 가장 큰 개선을 경험한 제조 분야 중 하나는 재고 관리 또는 자재 소요량 계획(MRP: material requirements planning)이다. 전통적인 재고 관리 기술은 미래의 재고 정도는 과거의 사용을 기반으로 정해진다는 기본 원칙에 따라 운영되었다. 기존의 필요했던 재고만큼, 재고가 채워진다. 이와는 달리 MRP에서의 재고 보충은 MRP 소프트웨어에 의해 계산된 미래의 수요 예측을 기반으로 한다. MRP 프로그램은 고객의 수요를 초기 입력 값으로 사용하고, 필요한 제품 단위 수 및 필요한 시간도 주요한 입력 정보로 사용한다. 그런 다음 프로그램은 하위 부품 및 제품을 생산하는 데 필요한 자원의 양을 계산하기 위해 다시 작동한다. 이 프로그램은 조달하

MRP 시스템은 고객의 요구를 충족시킬 수 있는 제품의 가용성을 보장하면서 재고 비용을 줄이게 도와준다.

컴퓨터 기반 생산 시스템은 비용 통제를 가능하게 한다.

는데 시간이 오래 걸리는 자재에 대한 주문에 장기 예측에 대한 기능도 있다.

MRP 응용 프로그램에서 필요한 다른 중요한 입력 정보에는 모든 원자재 및 하위 부품 요구 사항 목록(bill of materials 또는 BOM이라고 함)과 다른 원자재의 경제적 주문량을 포함한다. 특정 원자재의 EOQ (Economic Order Quantum)는 기업이 재고 부족의 위험이 없으면서 생산 기한을 놓치지 않으면서도, 재고를 최소화하여 비용을 절감할 수 있는 최적의 양이다. 각 항목에 대해 EOQ를 계산하는 기능이 있는 특정 프로그램 사용이 가능할 것이다. 이 프로그램들은 항목의 비용, 대량 주문에 대한 할인 일정, 주문한 부품의 창고 저장 비용, 기회 비용 (예: 재고를 구입하는데 지출하지 않은 돈을 은행에 예금했을 때 벌어들일 수 있는 이자), 항목을 주문하는 데 영향을 미치는 다른 요소들 등을 고려한다. 일부 MRP 애플리케이션은 구매정보 시스템에 연결되어, 수량이 부족하여 다시 주문해야 하는 정도에 도달하면 자동으로 구매 주문를 생성한다. 이 때 자동으로 생성되는 구매 주문에는 경제적 EOQ이 고려된다.

생산 자원 계획

생산 자원 계획 (MRP II: manufacturing resource planning)은 자재 요구 계획 (MRP)을 다른 제조 관련 활동과 결합하여 재고뿐만 아니라 전체 제조 프로세스를 계획하는데 사용된다(MRP II의 "II"는 자재 요구 계획과 이 용어를 구별하기 위한 것이다). MRP II 시스템은 주문을 수용하고 실시간으로 생산을 추적하며 품질 하락을 수정하기 위해 일정을 신속하게 조정할 수 있게 한다. MRP II 시스템의 가장 중요한 투입물은 마스터 생산 일정 (MPS: master production schedule)이다. MPS는 고객 수요를 충족시키고 재고를 유지하기 위해 어떻게 생산 능력을 사용하는지에 대해 명시를 한 계획이다. 사실상 MRP II 패키지로 생성된 모든 보고서는 MPS에서 시작하거나 MPS를 기반으로 만들어진다. 예를 들어, 자재 구입 및 제조 작업 흐름의 내부 통제는 MPS부터 시작하기 때문에, MPS는 운영 비용 및 자산 사용에 직접적인 영향을 미친다.

MRP II 시스템은 몇 달간의 계획 기간에 걸쳐 생산 경제, 고객 수요, 생산 역량 및 재고 수준의 균형을 맞출 수 있게 도와준다. 성공적인 MRP II 시스템은 공급 업체가 부품을 조립 라인으로 직접 운송하는 JIT (Just-In-Time) 제조에 크게 기여하여, 원재료, 부품 및 하위 조립품을 보관하는 비용을 절감할 수 있게 한다.

최근 MRP 및 MRP II 시스템은 이제 ERP 시스템의 모듈로서 통합되어 판매되는 기업용 소프트웨어 패키지가 많아졌기 때문에, MRP 및 MRP II 시스템은 이제 ERP 시스템의 각각 한 모듈로서 이용되고 있다. 다만, MRP와 MRP II는 실제로 주로 계획용으로 사용되었지만 ERP 시스템은 계획 이외에 일상 업무에 주로 사용되기 때문에 ERP(Enterprise Resource Planning)의 "P"는 오해의 소지가 있다.

이상적으로는 제조 업체의 정보 시스템과 공급 업체의 정보 시스템은 하나의 대형 시스템의 하위 시스템으로 연결되는 방식으로 연결될 수 있다. 최종 제품을 제조하는 기업의 MRP II 응용 프로그램은 필요한 품목, 수량 및 조립 라인에서 필요한 정확한 시간을 계획하고 결정할 수 있게 해준다. 공급 업체는 품목이 최종 제품에 사용되기 직전에 제조 업체의 조립 라인에 바로 배송하게 된다 (따라서 Just-In-Time Manufacturing이라는 용어로 쓰인다). 제조 업체들에서 JIT가 모든 제품에 적용되지는 못했지만 이러한 이상적인 방향으로 큰 진전을 이루었다.

인터넷은 위와 같은 시스템들 간의 연결을 용이하게 한다. 시스템을 공급 업체 시스템에 신속하게 연결한 회사는 전략적 우위를 얻었다. 그러한, 회사 중 하나는 통신 장치의 설계 및 제조 분야의 세계적인 선두업체 인 Cisco Systems이다. 이 회사는 많은 제조 공장을 보유하고 있었다. 2001년, 이 회사는 2개를 제외하고 모두를 처분했다. 이 회사의 정보 시스템은 인터넷을 통해 공급 업체의 정보 시스템과 연결되며 일부는 Cisco가 판매한 공장을 구입한 공급업체들 이였다. Cisco 관리자는 이러한 시스템을 사용하여 공급업체들에게 한 주문들을 추적할 수 있었기 때문에, 고객에게 정확한 주문 상태와 배송 시간을 알릴 수 있었다. Cisco 관리자는 마치 제조 공장을 직접 운영하는 것처럼 각 품목의 제조 및 공급 단계에서 주문하고 알고 있는 제품을 추적할 수 있다. Cisco가 주문하는 물량의 80% 이상이 Cisco를 통하지 않는다. 공급업체들은 Cisco 고객에게 제품을 직접 배송한다.

모니터링 및 제어

정보 시스템은 단순히 제조 프로세스를 모니터링뿐만 아니라 제어도 가능하도록 설계되었다. 프로세스를 제어하는 것은 품질을 보장하는 데 중요하다. 예를 들어 Ford Motor Company는 바코드 및 무선 기술을 결합하여 품질을 보장하는 Project Execution라 불리는 소프트웨어를 구현했다. 각 차량은 한 섀시에서 조립되므로, 각 섀시에는 고유한 바코드 태그가 지정된다. 바코드 센서는 조립 라인에서 정지하는 곳마다 설치되고, 이 센서는 무선 신호를 컴퓨터 및 전자 제어 게이트로 전송한다. 여기서 "게이트"는 물리적인 것이 아니라 차량이 점검되는 지점을 가리킨다. 이 시스템의 목적은 조립 단계를 건너 뛰지 않고 각 차량이 일련의 성능 및 품질 테스트를 통과한다는 것이다. 한 단계를 통과 못하면, 차량이 공장을 떠날 수 없다. Mazda North America 또한 제조 프로세스 모니터링을 지원하는 정보 기술을 구현했다. 2009 년에 Mazda North America는 미국과 캐나다의 차량 물류 네트워크를 관리하는 시스템을 구현했다. 이 시스템은 모든 공급 업체에 대해 다양한 성과 측정 및 예상 배달 날짜를 유지하고 관리한다.

배송

제품 제조 프로세스가 완료되면, 공급사슬에서 다음 단계로는 배송이다. 배송은 제조업체에서 또는 고용 된 운송 회사에서 수행한다. 배송 비용 및 시간에 영향을 미치는 변수는 배송 거리, 짐을 싫고 내리는 순서, 배송되는 물품의 유형(부패하기 쉽고 위험하거나 약함), 연료 가격, 도로 통행료, 지형 및 제한된 도로 등을 포함한다. 따라서, 배송 시간과 인건비, 장비 사용 및 유지 보수 비용을 최적화하기 위한 정교한 소프트웨어의 사용은 기업의 경쟁력 유지에 도움이 된다.

오늘날의 트럭에는 컴퓨터, 위성 위치 확인 시스템 (GPS) 및 위성 통신 장치가 장착되어 있다. 트럭에 작은 안테나를 보았을 수도 있다. 이 안테나는 배송 업체의 중앙 사무소에서 경로 변경이 필요한 경우에 실시간 주문을 받기도 하고, 현재 위치, 이전에 짐을 싫고 내렸던 지점, 다음 짐을 싫고 내릴 지점과 같은 트럭 정보를 전송한다. 트럭 기사들은 배송 사무소를 거의 방문할 일이 없게 된다. 이 시스템을 사용하면, 사무실과의 끊임없는 통신 덕분에 항상 생산적으로 작업을 할 수 있게 된다.

GeoBase 매핑 시스템(그림 3.7)은 기업용 위치 기반 서비스를 위한 글로벌 플랫폼인 Telogis에 의해 2009년에 출시되었다. 이 시스템을 통해 기업은 트래픽 및 상용 차량 회전 제한 정보(트럭이 갈 수 있는 경로에 대한 정보)를 사용하여 차량 파견 및 내비게이션 솔루션은 물론 맞춤 경로를 설계할 수 있게 되었다. 노트북 및 모바일 운영 체제에서 이 시스템의 실시간 업데이트가 이루어질 수 있다. 새로운 시스템의 유연성으로 인해 운전자는 배송 중에 지도와 경로를 편집할 수 있게 되었으며, 이는 기업의 백엔드(사용자가 아니라 프로그램에 의해 이용되는) 데이터베이스에 반영된다. 이와 같은 소프트웨어를 통해 트럭기사는 차량 사고와 도로 폐쇄 같은 예측 불가능한 문제에 신속하게 대처하고 시간과 자원을 최대한 활용할 수 있게 되었다.

■ 그림 3-7

GeoBase는 실시간 교통 정보와 함께 길 찾기, 탐색 및 매핑을 최적화한다.

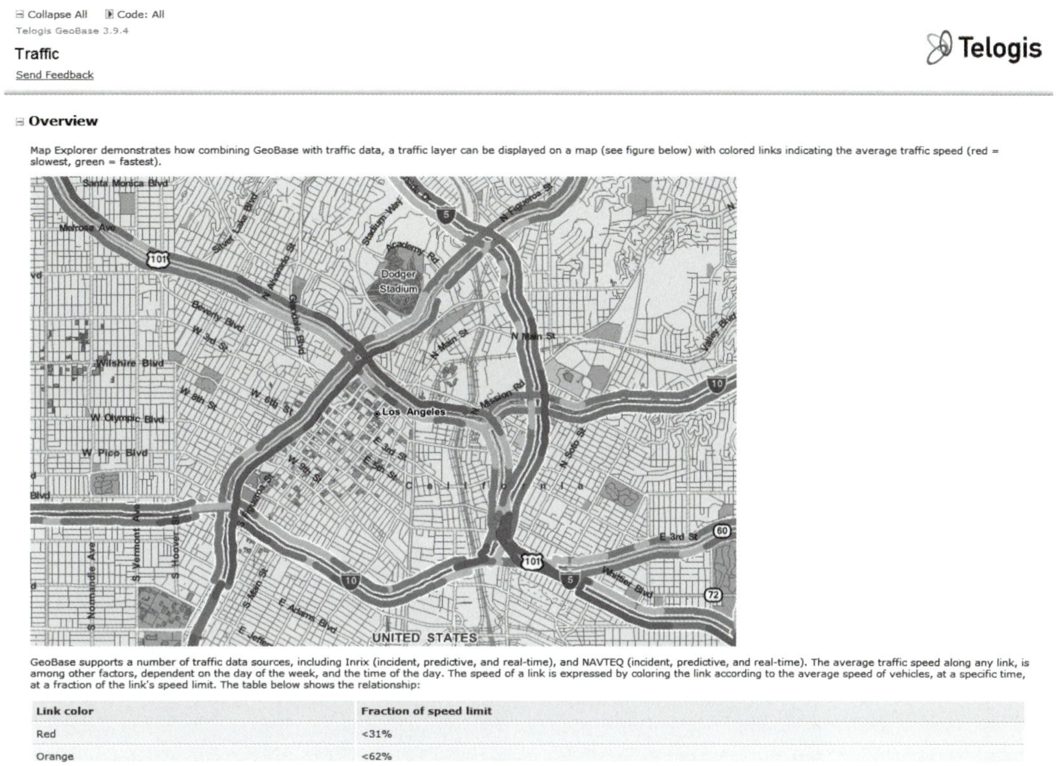
Collapse All Code: All
Telogis GeoBase 3.9.4
Traffic
Send Feedback
Telogis

Overview

Map Explorer demonstrates how combining GeoBase with traffic data, a traffic layer can be displayed on a map (see figure below) with colored links indicating the average traffic speed (red = slowest, green = fastest).

GeoBase supports a number of traffic data sources, including Inrix (incident, predictive, and real-time), and NAVTEQ (incident, predictive, and real-time). The average traffic speed along any link, is among other factors, dependent on the day of the week, and the time of the day. The speed of a link is expressed by coloring the link according to the average speed of vehicles, at a specific time, at a fraction of the link's speed limit. The table below shows the relationship:

Link color	Fraction of speed limit
Red	<31%
Orange	<62%

■ 그림 3-8

CargoWiz는 화물을 운송하기 위한 적재 공간을 최적화하는 트럭 및 컨테이너 적재 소프트웨어이다.

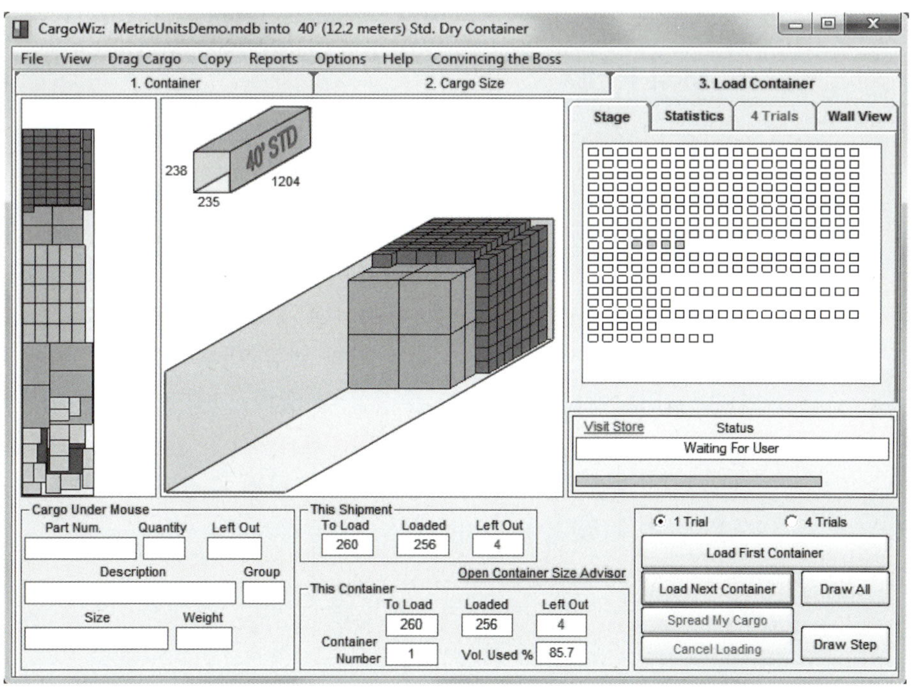

운송 비즈니스에서의 공급사슬 관리 소프트웨어는 공간 활용도 및 하역 순서 측면에서 트럭, 선박 및 항공기에 최적의 방식으로 짐을 적재하는 데에도 도움을 준다. 그림 3.8은 Softtruck에서 CargoWiz 소프트웨어를 사용하여 차량이 출발하기 전에 트럭에 상자를 최적으로 적재하는 방법을 시각적으로 설명한다. 그림 3.9는 트럭과 배송업체의 사무실간에 정보가 전달되는 방법을 보여준다.

■ 그림 3-9

트럭과 배송 사무소 간에 데이터가 어떻게 전송되는지 보여주는 그림

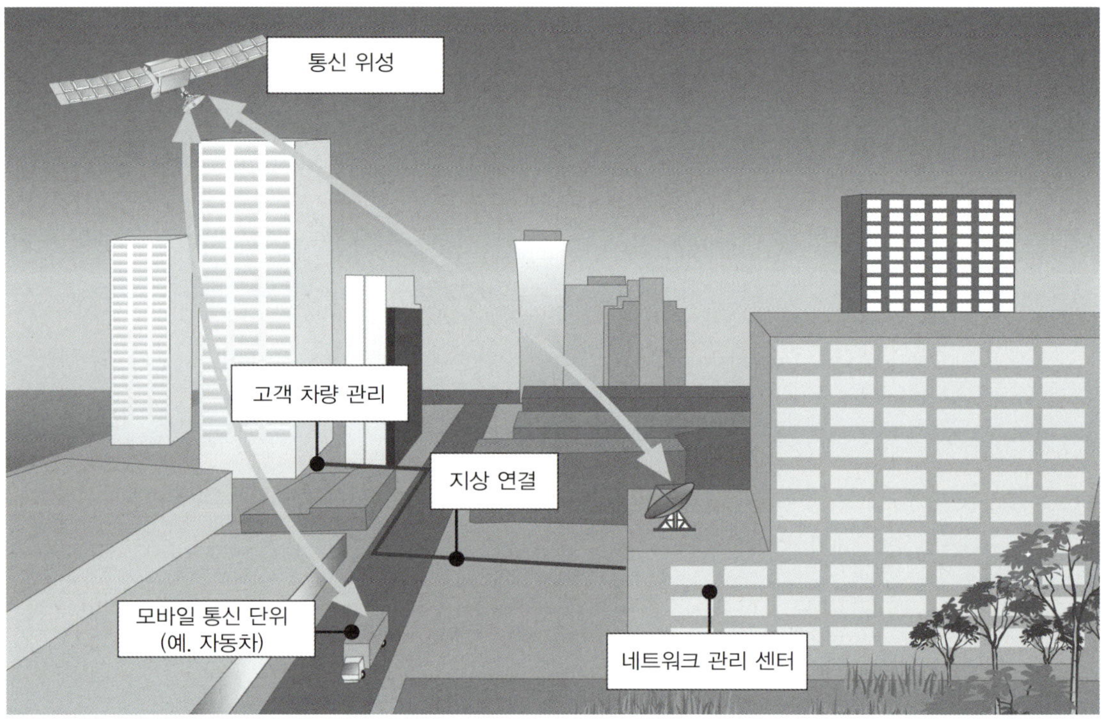

SCM의 RFID

SCM을 지원하는 하드웨어의 가장 중요한 발전은 무선 주파수 식별 (RFID)이라는 기술이었다. 우리는 6장 "비즈니스 네트워크 및 통신"에서 기술 자체에 대해 공부하게 된다. RFID 태그는 제품에 대한 정보를 기록할 수 있는 회로를 포함한다. 제품에 부착할 때 범용 제품 코드 (UPC: universal product code)보다 많은 정보를 제공하는 전자 제품 코드 (EPC: electronic product code)가 포함되어 있다. 태그에는 제조 일자, 제품이 생산된 공장, 생산 구역 번호, 유효 기간, 목적지 및 그 이동 및 판매를 추적하는 데 도움이 되는 기타 많은 세부 정보가 포함될 수 있다. 이 정보는 특수 RFID 송수신기 (송수신 장치)에서 읽고 수정할 수 있다. 그림 3.10은 RFID 제품 및 그 작은 크기의 예를 보여준다. 그림 3.11은 공급 사슬에서 RFID를 사용하는 방법의 예를 보여준다. 재기록 가능한 태그가 부착된 제품에는 유지 관리 내역이 포함될 수 있으므로, 그 제품의 유지 관리를 최적화하는데 도움이 될 수 있다.

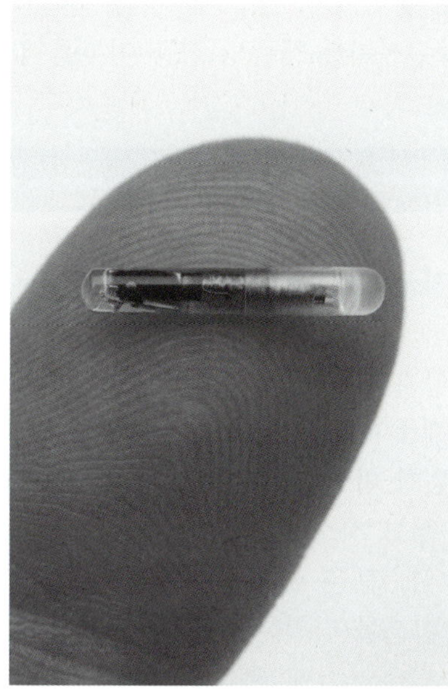

■ 그림 3-10

쌀 한톨 크기 정도로 작은 RFID 칩의 예

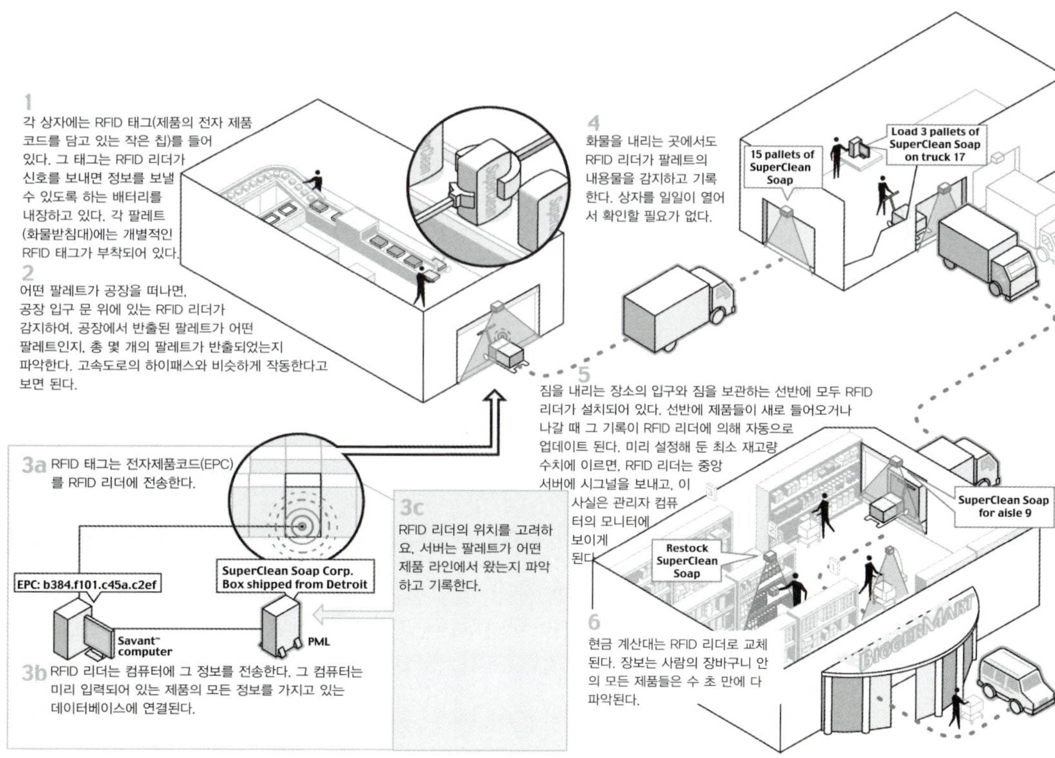

■ 그림 3-11

RFID 기술이 어떻게 공급 사슬에 사용되는지 보여주는 예시

동일한 기술을 다른 목적으로도 사용할 수 있다. 위험 요소로 인해 회수해야 하는 품목을 탐지하고 약물 및 자동차 부품과 같이 유효 기간 만료된 품목을 정확하게 회수하기 위해 사용될 수 있다. 제품에서 결함 패턴이 발견되면 RFID는 생산된 공장과 그 공장 내 출하한 특정 위치을 정확하게 찾아내는 데 도움이 된다. 해당 생산 구역의 제품만 리콜 및 교체되거나 수리되면 될 것이다. 결함이 발생한 특정 제조 단계를 찾아내는 데에도 시간이 많이 걸리지 않는다. 아이템의 유효 기한이 도래하면 송수신기가 사실을 감지하고 해당 제품의 판매업자에게 선반에서 그 물품을 제거하라고 경고한다. 약품 및 기타 품목의 포장에는 고유 식별자가 있는 RFID 태그가 포함되어 있다. 송수신기는 제품의 정품 여부를 감지할 수 있다.

고객 관계 관리

상업적 조직은 제품이나 서비스를 판매하지 않고는 생존할 수 없다. 따라서, 기업은 소비자가 원하는 제품과 서비스를 제공하려 하고, 생산하는 제품을 고객이 구매하도록 노력한다. 기업은 제품을 구매할 가능성이 가장 큰 소비자 계층을 파악하고, 소비자가 가장 원하는 기능을 찾아내고, 소비자가 제품이나 서비스에 관심을 보일 때 판매할 수 있는 가장 효과적이고 효율적인 방법을 제공하기 위한 마케팅 노력을 기울인다. 이러한 노력은 주로 엄청난 양의 데이터 분석에 달려 있기 때문에 정보 시스템은 마케팅 전략을 수립하고 실행하는 핵심 도구가 되었다. 마케팅이 성공하면 정보 시스템은 판매를 위해 지원하고, 고객이 계속 구매하도록 유인하기 위해 정보 시스템은 고객 서비스를 지원한다 (그림 3.12 참조).

■ 그림 3-12

고객관계관리 시스템은 마케팅, 영업, 고객서비스 부서가 관심 있고 수익성 있는 고객들을 타게팅 하는 활동들을 도와준다.

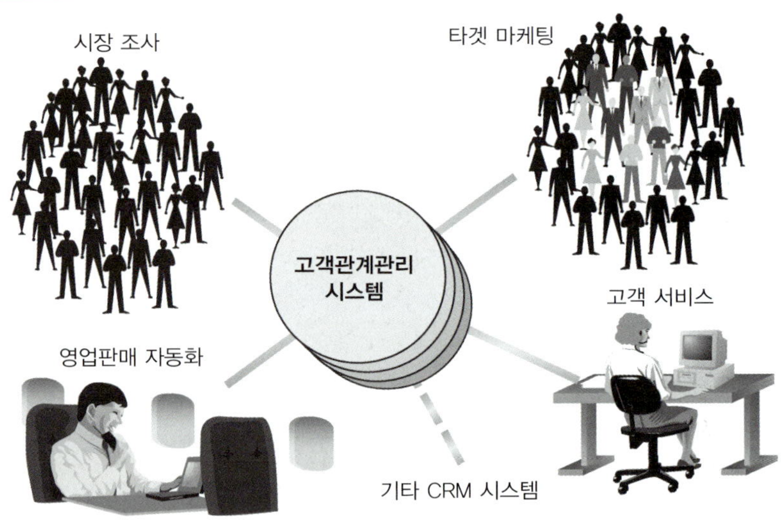

고객 관계 관리 (CRM) 시스템은 고객과의 모든 관계를 지원하도록 설계되었다. 주로 마케팅, 영업 및 고객 서비스라는 세 가지 영역을 지원한다. 최신 CRM 시스템은 온라인 광고에 대한 대응에서부터 사전 예방적 서비스에 이르기까지 고객이 기업을 대하면서 겪은 모든 경험을 파악하는데 도움을 줄 수 있다. 경쟁이 치열해지고 소비자가 선택할 수 있는 옵션이 너무 많아졌기 때문에, 고객 만족을 유지하는 것이 매우 중요하다. 많은 임원들은 마케팅에 대한 많은 투자로 인해 새로운 고객에게 처음 판매를 할 때는 회사가 돈을 벌지는 못한다고 (심지어 돈을 잃을 수도 있음) 말할 것이다. 따라서, 기업들은 반복적인 구매를 유도하고 고객 충성도를 높이기 위해 자신들로부터 하나라도 구매한 사람과 정기적으로 연락하고, 그들을 위해 고객 서비스를 개선해야 한다. 이러한 노력을 지원하는 모든 정보기술은 CRM 시스템으로 볼 수 있지만, 최근에는 마케팅, 영업 및 고객 서비스의 세 가지 영역을 모두 지원하는 프로그램들을 결합하여 하나의 CRM 패키지로 운영되면서 고객이 원하는 것을 더 잘 이해하고, 고객이 지불할 것을 더 신속히 수집하고, 더 신속히 배송할 수 있게 되었다.

POINT OF INTEREST

너무 많거나, 너무 적거나, 딱 좋음

바(술집) 및 클럽은 일반적으로 쏟아진 음료, 용량보다 더 많게 붓기, 지불 안 하고 간 경우 및 절도로 인해 장부 상의 비용보다 실제 더 높은 비용이 발생하는 것으로 알려져 있다. 그러나 RFID를 사용하면 이러한 비용을 크게 제한할 수 있다. LiquorInventory.Net의 Liquor Inventory System은 RFID 송신기가 장착된 술병 끝에 교체용 주입구가 있다. 바텐더가 음료를 따를 때마다 RFID는 실시간으로 등록하고 인터넷을 통해 이를 추적한다. 이를 통해 관리자와 바 소유자는 재고 수준을 면밀히 모니터링하고 고객에게 정확한 금액을 정확하게 청구함으로써 고객 만족도를 높일 수 있다.

출처 : Kaplan, A. (2011). Tag! You're it! Beverage World, 130 (1818), 49.

CRM 시스템은 기업의 고객 관리에 있어 핵심적인 기능을 제공한다. 즉, 고객에게 직접 또는 간접적으로 서비스를 제공하는 회사의 모든 직원은 "같은 페이지에" 있다. 개별 컴퓨터를 통해 모든 직원이 고객의 주문 상태에 즉각적으로 액세스할 수 있으며, 구매자의 불만 사항 해결 또는 고객과 관련이 있는 기타 정보를 실시간으로 얻을 수 있다. 고객에게 서비스를 제공하는 모든 직원은 동일한 출처에서 그 고객에 대해 잘 알려줄 수 있는 정보를 받는다. 이것은 응답 시간을 최소화하고 고객을 위한 서비스 품질을 향상시킬 수 있기 때문에, 길고 복잡한 판매 프로세스에서 특히 중요하다.

시장 조사

대부분의 기업은 홍보 활동 없이는 제품 및 서비스를 판매하기 힘들고, 시장 조사 없이는 성공적으로 홍보하기는 더 힘들다. 시장조사 시스템은 신제품이나 서비스를 구매할 가능성이 가장 높은 소비자들과 지역을 찾는 데 도움이 된다. 또한, 신제품이 시장에서 처음 몇 달 동안 어떻게 팔리는지 분석하는데도 도움이 된다. 소비자 및 소매 업체와의 인터뷰를 통해 시장 연구원은 소비자가 제품에 대해 좋아하거나 싫어하는 것에 대한 정보를 수집한다. 연구원이 충분한 데이터를 수집 하면, 마케팅 부서는 통계 모델을 사용하여 서로 다른 제품 및 다른 디자인의 동일한 제품의 판매량을 예측한다. 이 중요한 정보는 제조 능력 및 생산 라인을 계획하는 데 도움이 된다. 또한, 예산 편성에 매우 중요하다. 설문지가 포함될 때 많은 회사들이 종이 설문지 대신 웹 기반 설문지를 제공한다. 경우에 따라 응답자는 구매 후 일반적으로 상금을 받을 기회를 얻기 위해 전화기를 사용하여 질문에 답하기도 한다. 입력 된 데이터는 추후 분석을 위해 컴퓨터 데이터베이스로 전송된다. Dunkin' Donuts는는 고객 만족도 설문 조사에서 얻은 데이터를 활용하여 매장의 실적과 제품의 품질을 지속적으로 모니터 한다. 각 매장에서는 영수증 하단에 웹 기반 설문 조사를 홍보 문구를 포함하여 고객 피드백을 수집한다.

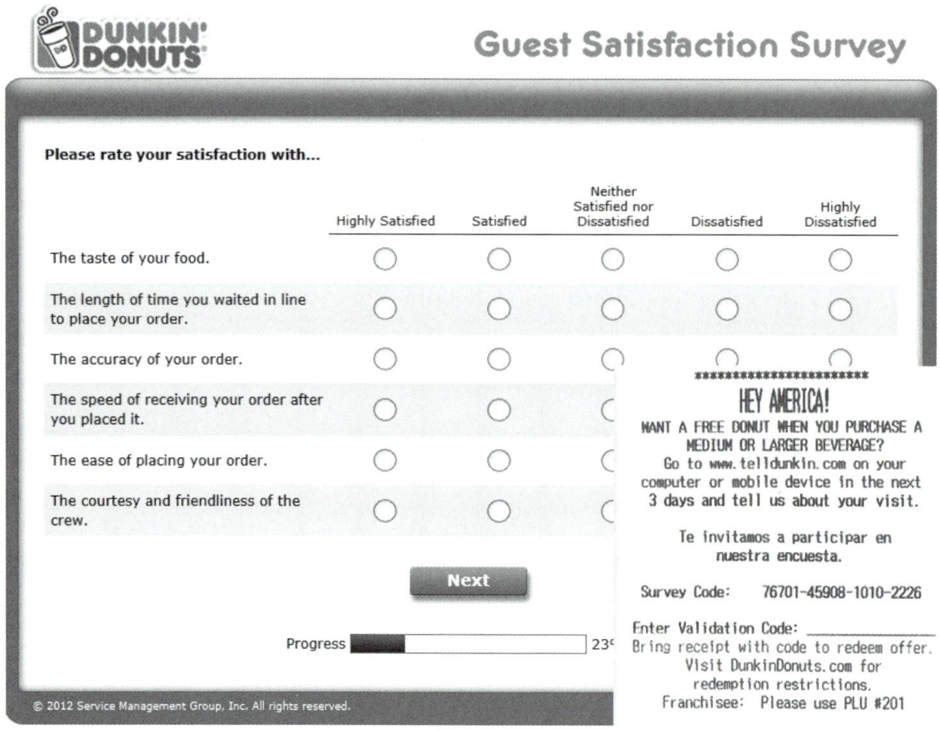

웹 사이트의 시장 조사에 참여할 수 있는 초대장을 포함한 Dunkin 'Donuts 영수증 일부

타겟 마케팅

자원을 절약하기 위해 기업은 IT를 사용하여 제품을 구매할 가능성이 가장 높은 사람들에게 홍보한다. 이 같은 활동을 타겟 마케팅이라고 한다. 데이터베이스 기술의 획기적인 진보로 가장 작은 저예산 비즈니스조차도 타겟 마케팅이 가능하게 되었다. 타겟 마케팅의 원리는 가능한 빨리 정확하게 장래 고객을 정의하고, 그들이 당신의 제품을 구매할 것 같은 소비자들에게 판촉 자금을 사용하는 것이다. 아마도 많은 기업들이 정보 시스템을 표적 마케팅에 사용하는 가장 좋은 증거는 원치 않는 상업성 전자 메일, 즉 스팸을 대량 전송하기 위해 인터넷을 사용한다는 것이다. 많은 사람들이 스팸을 싫어하지만 확실히 광고 비용 면에서 가장 저렴한 방법이다. 또 다른 논란의 여지가 있지만 분명히 효과적인 방법은 웹 브라우저 창 앞이나 뒤에 작은 창이 튀어 나오는 팝업 광고이다.

타겟 시장을 결정하기 위해, 기업은 가능한 모든 곳에서 데이터를 수집한다. 판매 거래에서, 품질보증 카드에서, 또는 조직 및 개인에 대한 정보가 있는 데이터베이스를 구입함으로써 데이터를 수집한다. 회사는 데이터를 구축하고 조작하는 어플리케이션인 DBMS (Database Management System) 사용하여 연령, 성별, 수입, 관련 제품의 이전 구매 또는 이러한 사실과 기타 인구 통계학적 정보의 조합을 이용하여 소비자를 구분하고 분류한다. 회사는 기존 고객 프로필과 일치하는 특성을 가진 소비자를 선별하고 그 선별된 고객에게 판매하기 위해 판촉 자금을 소비한다.

기업이 수집하고 구입하는 엄청난 양의 개인 정보는 개인의 관심, 취향 및 구매 습관에 관한 구분되고 분석된 전자 자료를 만들 수 있게 한다. 그들이 가지고 있는 정보는 그들이 "한 고객으로 이루어진 시장", 즉 그룹이 아닌 개인을 목표로 한다. 소비자의 온라인 구매 거래 및 온라인 제품 등록은 기업에 풍부한 정보를 제공한다. 기업은 제품이나 서비스에 잠재적인 관심사를 가질 수 것 같은 프로필을 가진 고객에게만 일반 우편이나 전자 메일을 통해 홍보 자료를 보내도록 정보를 분류한다.

Aetna는 건강 보험에 관심이 있는 소기업을 대상으로 타켓 마케팅 활동을 하고자 하였다. 그들은 대상 목록에 고용주 또는 다른 출처를 통한 건강 보험을 가지고 있는 중소 기업 소유주가 포함되지 않고, 건강 보험을 가지지 않은 소유주들을 확인하려고 했다. Aetna는 검색 엔진을 통한 구매와 다양한 네트워크의 광고를 통합한 다이렉트 메일 캠페인을 목표로 삼았다. 그들의 노력으로 매년 1백만 달러 이상을 효과를 얻었고, 한 고객 취득 당 비용은 10~25% 절감되었다.

기업들은 수십 년 동안 마케팅 이니셔티브를 구현하기 위해 데이터 사용을 통합했다. 그러나 최근에는 웹 사이트, 어피니티 카드(사용할 때마다 자선 단체 같은 곳에 일정한 금액이 기부되는 신용 카드), 스마트 폰 및 소셜 미디어로부터의 마케팅 데이터가 폭주하여 비즈니스 조직을 압도했다. 새로운 용어 "빅 데이터"는 기업이 저장하는 데이터의 양에서 뿐만 아니라 크고 복잡한 데이터베이스를 마이닝하는데 따른 어려움을 의미한다.

텔레마케팅(전화 마케팅)은 IT를 광범위하게 사용한다. 텔레마케터는 잠재 고객 또는 기존 고객의 기록을 담은 대형 데이터베이스에 연결된 PC를 사용한다. 마케팅 담당자는 컴퓨터 화면에 표시된 검색된 기록에서 단일 키를 누르거나 마우스를 클릭하여 전화를 건다. 텔레마케터는 잠재적 인 구매자가 해당 회사 또는 다른 회사로부터 구매한 기록을 보면서 그 잠재적 구매자와 통화한다. 대학과 자선 단체는 기부금을 모으기 위해 비슷한 방법을 사용한다.

CTI(Computer Telephony Integration)는 컴퓨터가 전화선을 통해 들어오는 디지털 신호를 컴퓨터 시스템으로 입력될 수 있게 해주는 기술이다. 마케팅, 판매 및 고객 서비스 활동에서 자주 사용되는 기술이다. 예를 들어, 회사는 고객에게 더 나은 서비스를 제공하기 위해 발신자 번호를 사용한다. 발신자 표시는 원래 전화가 걸린 전화 번호를 식별하기 위한 것이었지만, 회사들은 이 기술의 새로운 용도를 빠르게 발견했다. 그들은 그것을 고객 데이터베이스에 연결한다. 주문 전화를 걸면 간단한 프로그램에서 전화 번호를 검색하고 기록을 검색하여 PC 모니터에 표시한다. 당신의 전화를 받는 직원이 당신의 이름을 말하면서 인사하고, 나중에 마지막 구입시 사용한 신용 카드 번호와 동일한 번호를 사용할지 묻는다면 놀랄 수 있다. 많은 신용 카드 발급 기관이 CTI를 활용하여 고객에게 보낸 새 신용 카드를 활성화한다. 새 신용 카드에 부착된 라벨에 고객에게 800번 번호로 전화하여 카드를 활성화하라고 안내한다. CTI는 발신자의 전화 번호를 획득하여 해당 통화가 자신의 계정에 있는 고객의 전화 번호로 시작되었는지 확인한다. 이 기술을 사용하면 고객의 카드 활성화 시간이 단축될 뿐만 아니라 거래 보안이 강화된다.

POINT OF INTEREST

그렇게 부끄러워 하지마...

금융 서비스 산업은 점점 더 사회화되고 있다. 중공업 규정에도 불구하고 회사들은 효과적인 소셜 CRM 시스템을 만드는 한 방법으로 소셜 미디어 아울렛을 활용하는 사례가 점차 늘고 있다. 효과적인 소셜 CRM 시스템은 기업이 정보를 얻고 신속하게 대응하며 고객 서비스 문제를 기록하는 데 도움이 된다. 금융 서비스 회사는 소셜 CRM 시스템을 이용하여 네 가지 비즈니스 활동(서비스 이슈, 기업 발표, 관계 및 리드 및 해당 시장)들을 추적해야 한다. 회사는 소셜 미디어 도구를 통해 고객과의 대화를 추적하고 정보를 얻을 수 있다. 따라서, 고객 불만이나 문제를 쉽게 파악하고 신속하게 해결할 수 있다. TD Bank, Vanguard, American Express와 같은 회사는 이미 고객 서비스 목적으로 Twitter를 이용한다. 소셜 기업이 된다는 것은 시장 공동체에 머무르고 고객 서비스에 집중하는 것을 의미한다. 소셜 CRM 시스템은 기업이 기존 고객에게 서비스를 제공하고 잠재 고객을 확보할 수 있도록 지원한다.

출처: LeClaire, Jennifer. (July 9, 2012). Salesforce Offers Tips on social CRM Tracking. www.news-factor.com/story.xhtml?story_id=01000156ZCJW

데이터 마이닝과 같은 기술은 대규모 데이터 웨어하우스를 활용하여 다양한 인구 통계 그룹의 경향 및 쇼핑 습관을 찾는다. 예를 들어, 소프트웨어는 사람들이 함께 구매하는 경향이 있는 제품 군집을 발견한 다음 마케팅 전문가가 제품을 조합하여 홍보하고 이를 상점 선반에 함께 표시하거나 같이 보이는 위치에 배치하도록 제안할 수 있다. 데이터 마이닝에 대한 자세한 내용은 11장 "비즈니스 인텔리전스 및 지식 관리"에 설명되어 있다.

셋톱 박스(디지털 TV에 대한 개인 프로그래밍 및 녹화를 허용하는 장치)의 확산으로 인해 여러 소프트웨어 회사는 텔레비전 네트워크가 낭비적이고 비싼 30초 상업 광고 대신 개인화된 광고를 활용할 수 있는 응용 프로그램을 개발했다. 이 대화형 상자를 통해 가정에서 정보를 제공하고, 기업은 이정보에 의거하여 구독자는 관심이 있는 제품에 대해서만 구독 광고를 선택하여 전송할 수 있다. 예를 들어, 애완 동물이 없으면 애완 동물 먹이에 관한 광고는 받지 않지만, 정원가꾸기가 취미라면 뜰을 만드는 제품과 서비스에 대한 광고를 받게 된다.

스마트폰을 사용하는 위치기반 서비스는 고객의 현재 위치를 기반으로 비즈니스를 찾을 수 있게한다.

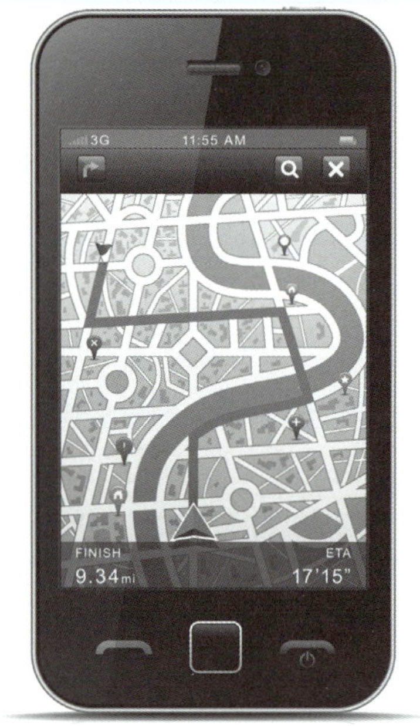

웹에서 타겟 마케팅을 위한 다양하고 정교한 정보기술의 사용하고 있다. 특정 소비자 그룹을 대상으로 하는 것 이상으로, 웹 기술을 통해 소매업자는 쇼핑 및 구매가 온라인으로 수행될 때 마케팅을 개인화할 수 있다. 소비자가 방문할 때마다 온라인 소매 업체가 사용하는 특수 소프트웨어는 "클릭 스트림"(소비자가 온라인에서 클릭한 순서)과 각 페이지를 보는 데 소비하는 시간을 기록하고 분석한다. 소매 업체의 소프트웨어는 소비자가 사이트를 다시 방문할 때마다 이 정보와 온라인 구매 데이터를 결합하여 페이지를 개인화한다. 재구성된 페이지는 개별 방문자가 가장 구매할 가능성이 높은 제품에 대한 정보를 소개한다. 예를 들어 Amazon.com에서 회사의 홈 페이지를 다시 방문하는 구매 기록이 다른 두 사람은 페이지의 약간 다른 버전을 보게 되는 것이다. Amazon의 소프트웨어는 제품에 대한 추론된 관심사에 따라 각 사람의 요소를 사용자 정의하고, 소프트웨어가 해당 소비자가 가장 관심있을 것이라고 정한 제품들이 페이지에 표시되거나 링크된다.

위치 기반 서비스

마케팅 담당자는 고객에 대한 보다 효과적인 정보를 수집하여 고객을 타겟팅하는 새로운 방법을 계속해서 설계한다. 위치 기반 서비스는 실시간 환경에서 소비자가 쇼핑 또는 구입하는 장소와 같은 다양한 소비자 정보를 정확하고 효율적으로 수집할 수 있는 기능을 제공한다. 위치 기반 서비스로 소비자가 어떤 행동을 취할 때마다 위치 및 시간 데이터를 기록할 수 있다. 모바일 앱 및 소셜 미디어와 결합된 GPS(global positioning service) 기술이 탑재된 스마트 폰은 마케팅 전략에 중요한 요소를 제공할 수 있다. GPS 기술이 장착된 기기를 사용하는 사람들의 약 절반이 위치 기반 서비스를 활성화했다.

Pepsico는 식료품 점과 편의점에서 제품을 구매하는 소비자에게 리워드를 주는 새로운 아이디어를 테스트했다. Foursquare 및 CheckPoint와 같은 위치 기반 소셜 네트워크는 사용자와 친구가 가까운 소매 업체로부터 제품을 구매할 수 있는 인센티브를 제공하고 구매에 대한 실시간 데이터를 수집한다. 궁극적으로 스마트폰의 위치 기반 서비스는 잠재 고객을 유도하여 판매를 늘리고 위치정보를 활용한다.

고객 서비스

기업은 고객 서비스를 직원에서 웹 사이트로 이동시켜 연간 수백만 달러를 절감했다. 웹 기반 고객 서비스는 1년 365일, 24시간 자동 응답 고객 지원을 제공한다. 동시에 인간이 동일한 서비스를 제공하는 경우와 비교해 보면, 필요한 노동 비용을 절약할 수 있음을 알 수 있다. 예를 들어, 고객이 전자 청구서를 지불하게 함으로써, 편리함을 제공할 뿐만 아니라 (고객과 회사 모두) 우송료와 종이 비용을 절감하고, 종이 문서 처리에 소요되는 시간을 절약할 수 있다. 온라인 청구 비용은 종이 청구서 비용에 비해 매우 저렴하다. 비즈니스 연구 기관인 Gartner는 청구서를 보낸 수 결제를 받을 때까지 걸리는 평균 시간을 41일로 추정하였고, 온라인 청구서 및 결제을 통해 최소 6일을 단축할 수 있다고 전했다. 많은 고객들이 온라인으로 청구서를 받고 온라인으로 요금을 지불하면 할인을 해주는 제안을 수락하고 있다.

2009년 Forrester Research 조사에 따르면 최고의 비즈니스 동인은 고객의 웹 사이트 경험을 향상시키고 웹 운영 비용(63 %)을 줄이는 것이라고 한다. 비즈니스 동인이란 사업에 직접적이고 실질적인 영향을 주어 기업에서 집중하는 새로운 계획 또는 활동들을 말한다. 많은 기업들이 비용을 줄이면서 고객 경험을 확장하고 개선하는 데 기술 및 조직 전략을 집중하고 있다. United Illuminating의 새로운 온라인 시스템은 고객 참여를 늘리고 에너지 비용을 절감할 수 있게 하였다. 이 결과, 이 회사 포털의 사용은 처음 4년 동안 400% 이상 증가하였다.

일부 회사는 고객을 돕기 위해 온라인 채팅을 사용하고 있다. HP가 현재 소유하고 있는 Snapfish는 20개국에 9천만명 이상의 회원을 보유한 세계 최대의 온라인 사진 판매점 중 하나이다. 이 회사는 사진에 무제한의 온라인 저장 공간을 제공하고, 사진을 선물과 다른 재미있는 형태로 만들기 위한 도구를 제공한다. 고객은 사진첩이나 기타 항목을 디자인할 때 도움이 필요할 때가 있다. Snapfish는 LivePerson이 개발한 통합 소프트웨어(그림 참조)를 통해 고객 서비스를 위해 실시간 고객 상호 커뮤니케이션 기능을 제공하고 기술적인 문제에 답할 수 있었다. Snapfish는 라이브 채팅 기술의 사용을 고도화하여 고객과의 관계를 심화시키고, 보다 복잡한 제품 및 디자인 작업을 지원한다. LivePerson Enterprise 기술을 사용하여 Snapfish는 장바구니 및 체크 아웃 프로세스 중에 있는 고객에게 연결하고 신속한 대응을 제공할 수 있었다. 이 기술의 전략적 사용은 평균 주문량을 33% 늘렸고 고객 만족도는 87%로 향상시켰다. 궁극적으로 Snapfish는 매출 증대, 고품질 고객 서비스 제공, 14%의 상담원 생산성 향상 등을 통해 매우 큰 효과를 얻었다(Anonymous, 2009).

회사의 웹 페이지에 통합 된 온라인 채팅 소프트웨어는 고객 서비스에 편리하고 비용 효율적인 접근 방식을 제공 할 수 있다.

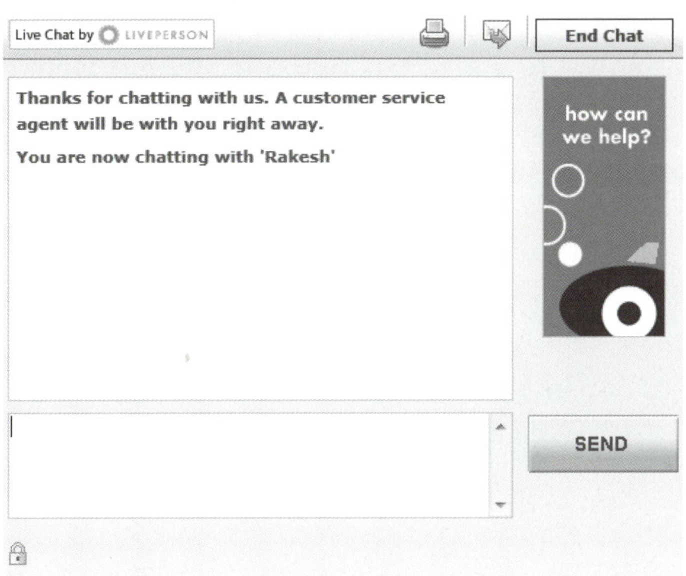

온라인 고객 서비스 응용 프로그램이 점점 복잡해지고 있다. 이들은 고객의 지난 구매 및 지불 기록을 추적하고, 제품 및 서비스에 대한 FAQ(Frequently Asked Questions)에 대한 온라인 답변을 업데이트하고, 고객 프로필을 유지 관리하고 업데이트하기 위해 고객 문의사항들을 분석한다. 많은 회사의 FAQ 페이지가 개방형 질문을 위한 옵션으로 대체되었다. 질문하는 것과 비슷한 질문을 찾는 대신 질문을 입력하기만 하면 된다. 인공 지능 소프트웨어를 사용하면 사이트에서 질문을 "이해"하고 대답을 찾을 수 있는 간단한 링크 목록을 제공한다.

영업판매 자동화

영업판매 자동화는 영업 사원들이 여러가지 정보기술 기기들을 가지고 이동 가능하게 하여 생산성을 향상시킨다. 일반적으로 판매원은 잠재 고객을 위한 판촉 정보가 저장되어 있고, 이 정보를 처리하는 소프트웨어가 설치되어 있는 랩톱 또는 태블릿 컴퓨터를 들고 다닌다. 많은 영업 담당자가 영업활동에 필요한 모든 정보를 포함하고 있는 노트북 또는 스마트 폰을 휴대하고 있고, 인터넷을 통해 회사의 정보 시스템에 연결할 수 있다. 영업판매 자동화를 통해 영업 생산성을 크게 높일 수 있으므로, 영업 프리젠테이션이 보다 효율적으로 이루어지며 사전 포맷된 계약서 및 양식을 사용하여 현장 담당자가 현장에서 판매 거래를 마감할 수도 있다.

영업판매 자동화는 영업사원의 판매량과 생산성을 높여준다.

정보기술을 사용하면 영업 담당자는 본사가 팩스를 보내거나 메일을 보낼 때까지 고객을 기다리게 하는 대신, 컴퓨터에서 제품 및 서비스에 대한 다양한 옵션을 고객에게 바로 보여줄 수 있다. 하루나 한 주의 일과가 종료될 때 판매원은 판매 정보를 본사의 컴퓨터에 업로드할 수 있다. 이 컴퓨터는 주문 처리 부서, 제조 장치 또는 운송 및 인보이스 부서에서 사용하는 입력정보가 된다.

인터넷에 무선 또는 셀룰러 네트워크로 인터넷을 연결할 수 있는 스마트 폰, 랩톱 또는 태블릿을 이용하면 영업 사원이 가격을 확인하고 고객이 관심이 있는 항목의 재고 유무를 확인하고 사무실에서 주문을 할 수 있다. 영업 사원은 외근하는 데 더 많은 시간을 할애하여 잠재 고객과의 직접 접촉을 늘릴 수 있게 되었다.

인적 자원 관리

전문 인력의 빠른 성장, 고도로 숙련된 직원의 양성 및 증진 필요성, 그리고 다양한 혜택 프로그램의 증가로 인적자원관리 (HRM)가 더욱 복잡해졌다. 인적자원관리는 (1) 직원 기록 관리, (2) 승진 및 채용, (3) 교육, (4) 평가, (5) 보상 및 복리 후생 관리로 구분할 수 있다 (그림 3.13 참조).

■ 그림 3-13

인사자원관리 정보 시스템은 승진, 채용, 교육, 평가, 보상 활동들을 관리자들이 최적화하는 것을 도와준다.

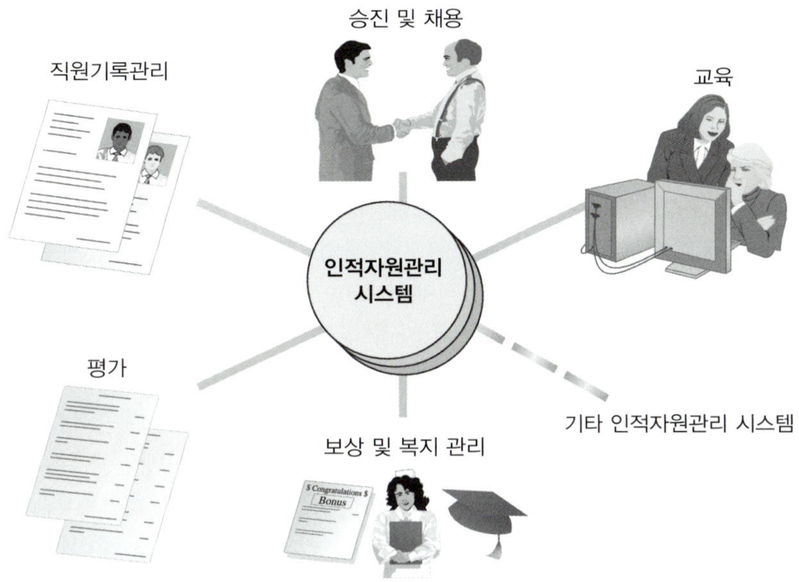

직원 기록 관리

정보 시스템은 직원 기록 관리를 용이하게 한다. 인사 부서는 외부 규정 (법규) 및 내부 규정 뿐만 아니라, 급여 및 세금 계산 및 예금, 승진 고려 사항 및 정기적 보고를 모두 충족 할 수 있도록 인사 기록을 보관하고 관리해야 한다. 많은 HR 정보 시스템은 이제 직원의 사진을 포함하여 완전히 디지털화되어 기록을 저장하는 데 필요한 공간, 검색하는 데 필요한 시간 및 비용을 획기적으로 줄일 수 있게 해 준다.

POINT OF INTEREST 직업 낚시? 올바른 미끼로 시작하십시오.

입사지원에서 이력서 사본을 전자 메일로 요구하는 기업이 늘어나고 있다. 이력서는 그 회사의 데이터베이스에 추가된다. 인적 자원 관리자는 키워드로 데이터베이스를 검색한다. 검색은 키워드와 일치하는 단어가 들어있는 이력서 목록을 추출한다. 따라서, 가능한 한 많은 이력서를 당신의 이력서에 포함시켜 원하는 직책을 얻을 수 있는 가능성을 높일 수 있다. 이러한 키워드를 찾는 효과적인 방법 중 하나는 당신이 찾고 있는 직책에 대해 온라인 및 인쇄 광고를 검토하는 것이다. 이러한 키워드("유행어"라고도 함)를 포함시키면 채용 정보 검색에서 이력서가 구직회사의 손에 들어갈 확률이 높아진다. 그러나 부정적인 "유행어"도 있다. 전문 네트워킹 사이트인 LinkedIn은 구직자들이 이력서 및 구직 신청서에서 가장 많이 지나치게 사용하는 단어 10 가지를 발표했다. 목록에는 창의적(creative), 조직적(organizational), 이며 의욕적(motivated)가 포함되어 있다. 이 단어를 사용하면 이력서 또는 응용 프로그램이 동일한 단어를 사용하는 많은 다른 사람들과 섞여 눈에 뛰지 않을 수 있다. 이력서가 눈에 띄기 위해서는 이력서가 데이터베이스에 의해 인식될 수 있도록 고유한 단어뿐만 아니라 고용주에게 눈에 띄기 쉽고 강항 인상을 줄 수 있는 "유행어"를 사용하는 것이 중요하다.

출처: Olson, Lindsay. (December 13, 2011). 10 Buzzwords to Avoid on Your Resume. http://money.usnews.com/money/blogs/outside-voices-careers/2011/12/13/10-buzzwords-to-avoid-on-your-resume

승진 및 채용

어떤 직책에 가장 적합한 사람을 선택하기 위해 인력 자원 관리자는 교육 유형 및 기간, 특정 경험, 특정 재능 및 필수 라이센스 또는 인증과 같은 설정 기준에 대해 입사지원자 및 기존 직원의 기록을 검색할 수 있다. 선택 프로세스를 자동화하면 채용에 소요되는 시간과 비용을 크게 줄일 수 있지만, 현재 데이터베이스를 유지 관리해야 한다.

인트라넷(조직 내부 업무를 지원하는 정보시스템)은 인사 관리자가 결원 발표를 게시하고, 직원들이 자신의 PC에서 그 게시물을 읽고 그 결원 자리에의 지원을 고려할 수 있게 도움을 준다. 이 시스템은 수천 명의 직원을 고용하는 대규모 조직에서 특히 효율적이며 작업장이 하나 이상인 기업에서는 더욱 효율적이다.

구직 지원자가 늘어남에 따라 많은 기업들이 종이 지원서 및 이력서를 받지 않는다. 2011년 Starbucks는 760만 건의 취업 지원서를 받았고 Proctor & Gamble은 거의 백만 건의 지원서를 받았다. McDonald's와 그 프랜차이즈는 100만개가 넘는 지원서를 접수했으며 2011년 4월 19일에 62,000명의 직원을 고용했다. 따라서, 일부 회사는 이메일을 통해 그러한 지원서를 받지만, 많은 회사들은 양식이 정해진 지원서를 온라인으로만 받는다. 채용 담당자는 특정 소프트웨어를 사용하여 가장 적합한 후보자를 찾기 위해 키워드를 이용해 데이터베이스를 샅샅이 찾아 볼 수 있다. HR 컨설턴트는 이 프로세스를 통해 일반적인 검색에 소요되는 시간을 몇 시간에서 몇 분으로 단축할 수 있다고 한다. 일부 소프트웨어 회사는 이러한 활동을 지원하기 위해 자동 구인 및 선별 소프트웨어를 판매한다. 예를 들어, PeopleAdmin, Inc.는 동일한 이름의 소프트웨어를 제공한다. HR 관리자는 구인 채용 게시 광고하는데 비용을 절감할 수 있고, 기존처럼 광고를 낸 후 6-8일 정도 기다리지 않고 지원자가 온라인으로 답변하는 즉시 바로 이력서 검토를 시작할 수 있다.

일부 회사는 전체 웹을 검색을 위한 데이터베이스로 사용한다. 산업 전반에 걸쳐 전통적인 채용 시스템을 사용하는 회사는 필요한 기술과 직급의 수준에 따라 채용 건당 평균 $5,000- $12,000의 비용을 경험한다. Wonderlic, Inc.는 웹 기반 채용, 평가 및 이직 방지 솔루션을 개발했다. 2010년 초 가정 의료 기관이 재능 있는 직원을 보다 효율적으로 고용할 수 있도록 도와주는 자동화된 직원 채용 플랫폼 (ASAP: Automated Staff Acquisition Platform)을 발표했다 (Anonymous, 2010b, 2010c). ASAP for Home Healthcare는 지원자의 기술과 정보를 자동으로 수집하고 주요 이력을 읽기 쉬운 스타일로 표시하는 웹 기반 솔루션이다. 이를 통해 조직은 모든 결과를 신속하게 비교하고 인터뷰할 최고 후보자를 선택할 수 있다. ASAP for Home Healthcare는 관리자가 대상자를 인터뷰하는 시간의 75% 이상 줄일 수 있었고, 이 소프트웨어 없이 인터뷰를 단독으로 채용했을 때보다 두드러지게 좋은 결과를 낼 수 있다. ASAP for Home Healthcare는 최소 요구 사항을 충족시키지 못하는 후보자를 제거하여 채용 프로세스를 효율적으로 만들어 관리자가 어떤 후보자가 성공할 가능성이 가장 높은지 신속하게 판단할 수 있게 도와 준다. Wonderlic은 다른 산업에도 적합한 ASAP를 제공한다. 부동산 관리를 위한 ASAP를 사용하는 한 회사는 현장 근무자의 이직을 20% 줄였다. 2010년까지 미국 기업의 46%가 인적 자원 기능의 전부 또는 일부를 아웃소싱하고 있었다. 대기업은 HR을 아웃소싱할 가능성이 더 크다. 아웃소싱 및 다중 채널 소싱에 기반한 현대 채용 시스템을 사용하는 회사의 평균 고용 당 비용은 2,500 달러에서 3,500 달러 사이이며 소규모 기업의 경우 채용 비용이 더 크다 (Anonymous, 2010a). 이러한 고용 당 비용 (cost-per-hire) 수치는 ASAP 소프트웨어와 같은 채용 프로세스의 혁신으로 인해 최근 몇 년 동안 크게 감소했다.

훈련

인력 자원 부서의 중요한 기능 중 하나는 직원 기술을 향상시키는 것이다. 제조 및 서비스 부문에서 멀티미디어 소프트웨어를 이용한 교육은 교실에서 이루어지는 전통적인 교육 프로그램을 빠르게 대체하고 있다. 이러한 응용 프로그램에는 대화형, 3차원 시뮬레이션 환경이 포함된다. 일부 응용 프로그램에는 정교한 가상 현실 기술이 사용되고 있다. 예를 들어, 그러한 응용 프로그램 중 하나는 수동으로 망치질해야 하는 연철을 다룰 수 있도록 근로자를 교육한다. 작업자는 특수 고글을 착용하고 한 손에는 망치, 다른 한 손에는 금속 조각을 받는다. 작업자는 고글을 통해 금속 조각을 "보고", 이어폰을 통해 타격 음향을 듣고, 금속을 "내려 칠" 때 마다 현실적인 충격을 받는다. 이것은 실제 작업을 하기에 충분한 경험 없이도 상해 위험에 처하게 하지 않고 위험한 작업을 안전하게 준비할 수 있게 도와준다.

멀티미디어 교육 시스템에 대한 초기 투자는 높지만 인적 자원 관리자는 시스템을 매우 효율적으로 운영할 수 있다. 외과의사는 유사한 시스템을 사용하여 인간 환자 대신 가상 환자를 수술하도록 훈련시킨다.

교육 소프트웨어는 직원이 경험해야 하는 상황을 모방하고, 연수생의 성과를 평가하기 위한 모듈 및 테스트를 포함한다. 강사의 시간을 절약하는 것 외에도 다른 이점도 있다. 연수생은 교육이 진행되는 속도를 제어할 수 있기 때문에 보다 편하다. 이 소프트웨어를 사용하면 개념을 놓친 경우 연수생이 세션의 특정 지점으로 돌아갈 수 있다. 또한 이 소프트웨어는 위험한 환경을 에뮬레이션하여 안전한 환경에서 직원의 기술을 테스트할 수 있다. 실제 환경에서의 교육이 장비의 파괴 또는 재료 소비와 관련된 경우 가상 현실 교육 응용 프로그램은 파괴나 낭비 없이 기술 향상에 동일한 결과를 얻을 수 있다.

IT의 발전으로 기업은 교육 비용을 대폭 절감할 수 있게 되었다. Aspect는 고객연락센터의 통합 커뮤니케이션에 중점을 둔 국제적으로 인정받는 소프트웨어 공급 업체이다. Aspect© Unified IP© 플랫폼에 통합된 PerformanceEdge eLearning을 통해 서비스 수준을 실시간으로 모니터링하고 상담원이 새로운 온라인 학습을 필요로 하는 시점을 파악할 수 있다. 관리자는 전반적인 서비스 품질을 저하시키지 않으면서 에이전트에 대한 온라인 학습 세션을 예약할 수 있다. PerformanceEdge eLearning 소프트웨어는 상담원 및 감독자에게 적절한 시기에 적절한 내용을 제공함으로써 교육 및 코칭을 향상시킨다. 채용 정보가 제한된 회사, 특히 비용이 많이 소요될 수 있는 중소기업의 경우 e-러닝 세션을 통해 신규 직원을 고용하는 대신 현재 직원의 기술을 향상시킬 수 있다. 이 소프트웨어를 사용함으로써 채용 센터의 채용 비용이 절감되고 상담원의 이직률을 줄일 수 있고, 이로 인해 최상의 상담원이 채용되기 때문에 고객 서비스가 향상된다.

평가

감독자는 정기적으로 기술 능력, 의사 소통 기술, 전문적 행동 및 직원의 일반적인 행동을 평가해야 한다. 출석률 및 시간 엄수와 같은 객관적인 요소가 평가에 포함되지만, 직원 평가는 종종 매우 주관적이다. 성능 및 노력 수준과 그 상대적인 중요도를 평가하는 것은 누가 평가하는지에 따라 크게 다르다. 관리자는 몇 가지 요소를 모두 포함하는 것을 잊어 버리거나 특정 성능 측면을 부적절하게 고려할 수 있다. 주관성은 특히 여러 직원이 승진을 고려 중이고 가장 강력한 후보를 결정하기 위해 직원들의 평가가 비교될 때 문제가 될 수 있다. 평가 소프트웨어는 직원 및 부서 전반의 평가 프로세스를 표준화 함으로써 객관적이고 일관성 있는 기준과 척도를 제공한다.

관리자는 직원 평가 시, 직원에게 피드백을 제공하고, 공식 기록과 향후 비교를 대비해 평가를 기록하며, 피평가자로부터 받는 자료도 고려한다. 소프트웨어는 관리자가 성과 평가 작성을 위한 단계별 가이드, 평가에 포함시킬 성능 영역의 체크리스트 (항목를 추가하거나 제거하는 옵션 포함), 직원의 강점을 나타내는 척도, 각 영역 및 전반적인 평가에서 각 요소의 상대적 중요성을 선택할 수 있는 기능을 제공하여, 직원 평가가 보다 표준화 될 수 있도록 도와준다. 성과 영역에는 서면 및 구두 의사 소통, 직업 지식 및 관리 기술이 포함되며, 각 항목은 기본 요소로 분류되어 관리자가 정확한 평가를 내는 데 도움이 된다. 일반적인 응용 프로그램은 관리자에게 평가 방법을 안내하고 도움말 가이드를 포함한다. 평가자가 데이터 입력을 완료하면 응용 프로그램은 각 범주 및 가중 등급의 부분합을 자동으로 계산한 다음, 이를 직원 데이터의 일부로 전자 방식으로 저장할 수 있다.

보상 및 혜택 관리

정보 시스템은 인사 담당자가 보상(급여, 시간급, 커미션, 보너스)을 효율적이고 효과적으로 관리할 수 있도록 도와준다. 프로그램은 연간 급여에 따라 매주, 매월, 매시간 급여를 손쉽게 계산할 수 있게 해주며, 보상 규정을 준수하기 위해 연방, 주 및 지방세 표를 포함할 수 있다. 이 같은 시스템은 자동으로 월급을 생성하거나 송금 할 수 있다. 이 송금은 회사의 은행 계좌에서 직원의 계좌로 이체된다.

특정 소프트웨어를 사용하면 HR 부서에서는 근무 기간, 개인이 지불하는 금액 및 기타 요인에 의해 결정되는 건강 보험, 생명 보험, 퇴직 계획, 병가 및 휴가 등의 혜택을 관리할 수 있다. 혜택을 최적화하기 위해 일부 회사에서는 결혼 상태, 연령, 직업 및 기타 데이터와 같은 요소를 기반으로 각 직원에게 최적의 건강 및 퇴직 계획을 알려주는 전문가 시스템 (전문 지식을 모방하는 정보 시스템)을 통합한 어플리케이션를 사용하기도 한다.

인트라넷을 사용하여 많은 기업에서는 직원들이 혜택 데이터베이스에 직접 액세스하고 다른 건강 보험 프로그램을 선택하거나 생명 보험 계획의 수혜자로 가족 구성원을 추가하는 것과 같이 기본 설정을 변경할 수 있다. 회사가 연금 기금 또는 기타 혜택을 관리하기 위해 외부 회사와 계약을 했다면 직원은 자신의 회사 자원을 전혀 사용하지 않고 계약된 회사의 웹 사이트로 직접 이동하여 관련 업무를 처리할 수 있다.

알라바마의 St. Vincent's Hospital은 직원들이 보상 정보에 액세스하고 혜택을 관리할 수 있도록 셀프 서비스 시스템을 구현했다. 이 전에는 인적 자원 담당자가 근무하는 시간인 오전 9시에서 5시까지만 문의가 가능했지만, 이 시스템은 시간 관계없이 언제나 직원 본인의 보상 및 복지 정보를 확인하고 처리가능 하도록 만들었다. 직원들은 공개 등록 기간 동안이 본인이 받길 원하는 혜택을 선택할 수 있다. 이 시스템은 종이 및 인쇄 비용을 줄임으로써 회사가 1백만 달러의 비용을 절감할 수 있게 하였다. 직원들은 PC에서 직접 변경함으로써 HR 직원의 업무량을 줄이고 회사의 간접비를 줄일 수 있다. Ultimate Software는 직원들이 자신의 이익을 관리할 수 있도록 사용자 정의된 인력 자원 소프트웨어를 생산하는 회사이다 (그림 참조).

인적자원 소프트웨어는 직원에게 본인이 직접 액세스하여 혜택을 관리 할 수 있도록 해준다.

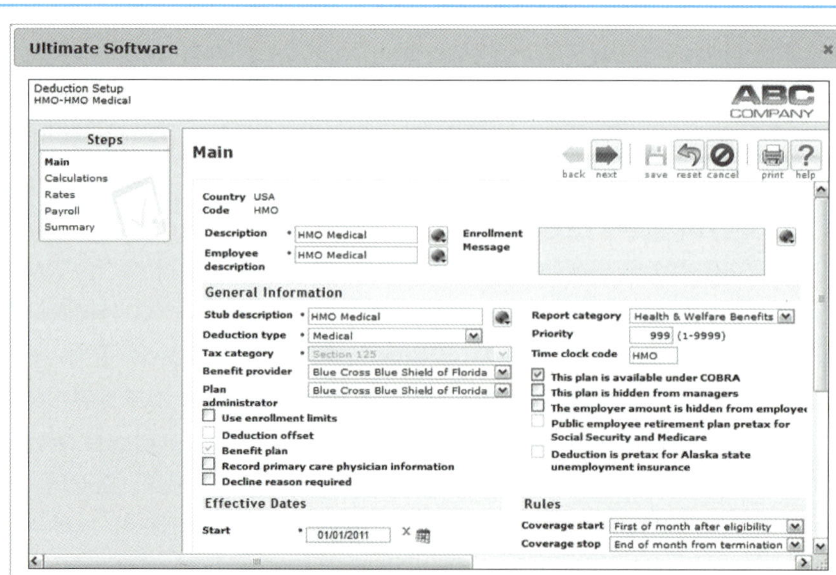

ETHICAL & SOCIETAL ISSUES 소비자 개인 정보

CRM 시스템 및 IT는 일반적으로 기업이 저비용으로 더 나은 서비스를 제공할 수 있도록 지원한다. 그러나 이 과정에서 일부 개인 정보가 손실될 수 있다. 다음과 같은 경우를 생각해 볼 수 있다: 자동차를 구매하기 위해 자동차 판매점에 개인 재무 정보를 제공하는 것에 동의한다. 나중에, 처방약을 구입할 때 의료 정보를 제공한다. 당신의 신용 카드 회사는 당신의 구매 활동에 대한 충분한 정보를 보유하고 있어 당신의 요리 및 패션 취향을 잘 알고 있다. 온라인으로 기업과 거래할 때마다 정보가 기록된다. 온라인 구매를 할 때 항상 그렇듯이 개인 식별 정보를 제공하면 그 정보는 이 조직이 보유한 기록에 추가된다. 또한 공급 업체와 계약을 체결한 제3자가 정보를 제공받을 수도 있다. 마지막으로, 당신의 지각이나 동의 없이, 또 다른 조직은 이 모든 정보를 모아 하나의 큰 기록에 넣는다. 이것은 사실상 상세한 개인정보가 담겨있는 큰 서류함이라 볼 수 있다.

조직은 엄청난 양의 개인 정보를 수집한다. 신용 카드로 지불할 때마다 개인 기록을 남긴다. 구매에 대한 몇 가지 세부 사항은 해당 고객의 구매 습관에 관한 이미 많이 쌓인 정보를 업데이트하는 데 자주 사용된다. 웹 사이트에서 개인 정보를 제공할 때마다 기업과 함께 새로운 정보를 기록하거나 다른 기업이 자신에 대한 정보를 업데이트하도록 도울 수 있다. 고속도로 요금 부스를 통과하면 자동차의 전자식 패스 장치가 여행 날짜, 시간 및 위치를 기록한다. GPS 및 위치 기반 서비스는 비슷한 방식으로 움직임을 모니터링한다. 시장 진출 혹은 확대에 대한 열정때문에 기업은 종종 소비자의 개인 정보를 침해하는 경우가 있다.

- **프라이버시(privacy)란?** 프라이버시는 당신에 관한 정보를 통제할 수 있는 권리다. 예를 들어, 대학 성적, 병력 또는 당신이 취업을 위해 인터뷰한 조직의 이름을 스스로 지키면 개인 정보를 보호할 수 있다. 당신의 허락 없이 이러한 정보를 받는 사람은 당신의 프라이버시를 침해하는 것이다.
- **기업 측 주장.** 비즈니스 리더는 개인 데이터를 수집하고 사용해야 한다고 주장한다. 개인 데이터가 없으면 구매 가능성이 높은 고객을 대상으로 시간과 돈을 낭비해야 한다. 그들은 대출 및 신용 확대에 신중한 결정을 내리는 데 도움이 되는 개인의 상환 내역을 알아야 한다. 많은 양의 소비자 정보를 구매하고 조작할 수 있는 이 능력으로 인해 비즈니스 세계는 예전보다 더욱 민주적이다. 중소기업은 현재 대기업으로 좋은 신용을 가진 잠재 구매자를 대상으로 기회를 창출하고 더 많은 경쟁과 경쟁을 만들어 결국 소비자에게 이익이 된다.
- **고객 측 주장.** 소비자는 일반적으로 서비스를 받기 위해 일부 개인 정보를 누설해야 한다는 사실을 인정하지만 많은 사람들은 사생활 침해를 수용하지 않는다. 그들은 이 회사에 개인 정보를 제공한 적이 없지만, 많은 것을 알고 있는 회사가 보내는 원치 않는 메일과 이메일을 받게 된다. 그들은 자신의 기록을 기밀로 유지해야 하는 회사의 기록을 얻은 판매원의 전화를 싫어한다. 그리고 그들의 가장 큰 걱정거리는 "dossier phenomenon" 일 것이다.
- **통제력 상실.** 많은 경우, 소비자 충성도 포인트 또는 경품 행사 참여와 같은 몇 가지 혜택에 대한 대가로 정보를 자원하여 제공한다. 어떤 경우에는 특정 개인 정보를 제공하지 않는 한 서비스 또는 제품을 받을 수 없다. 그러한 경우 암묵적이거나 명시적인 정보에 입각한 동의를 통해 자신에 대한 정보를 얻을 수 있다. 그러나 일단 정보를 제공하면 정보를 거의 제어할 수 없게 된다. RFID와 같은 새로운 기술을 사용하면 정보가 수집되는 시기와 시기에 대해 알지 못할 수도 있다. 당신은 방금 새로 구입한 의류를 들고 백화점을 나섰다. 모두 RFID 태그가 부착되어 있다. 상점 시스템이 당신의 방문을 기록하고 당신이 구입한 품목을 상세하게 설명한다. 아무도 구입한 제품을 읽고 기록할 수 있는 적절한 장치가 없다는 것을 확신할 수 있을까? 태그를 제거하지 않으면, 당신이 구매한 스웨터의 EPC에 삽입된 일련번호가 그 스웨터를 착용할 때마다 스토커에게 당신을 식별 하게 할 수도 있다.
- **개인 정보 수집 및 유지 관리를 위한 8계명.** 자유로운 시장 지향적인 사회에서 조직이 개인 데이터를 수집하

는 것을 허용하지 않는 것은 상상할 수 없다. 기업은 개인 정보를 보호하기 위해 무엇을 할 수 있을까? 오용을 방지하기 위해 다음 규칙을 준수할 수 있다.

목적. 회사는 회사가 데이터를 보유하고 있는 구체적인 목적에 대해 정보를 제공하는 사람들에게 알려야 하며, 해당 데이터를 다른 목적으로만 사용할 때는 반드시 정보 제공자의 동의를 구해야 한다. 예를 들어, 이 관행은 특정 질병의 유전적 요인으로 인해 높은 건강 보험료를 내는 사람들을 보호할 수 있다.

관련성. 회사는 자신의 목적을 달성하는 데 필요한 데이터만 기록하고 사용해야 한다. 예를 들어, 신청자의 신용 기록은 신용 고려 사항과 관련이 없으므로 정치 또는 종교 단체의 회원 자격을 포함하지 않아야 한다.

정확성. 기업은 자신이 보유한 개인 기록이 정확한지 확인해야 한다. 예를 들어 많은 대출 신청자들은 신용 회사가 관리하는 일부 데이터가 잘못되어 끔찍한 경험을 했다. 신중한 데이터 입력 및 주기적 검증은 정확성을 높일 수 있다.

최근 정보. 회사는 개인에 관한 모든 데이터가 최근 정보인지 확인해야 한다. 최근 정보인지 보장할 수 없는 경우 데이터는 주기적으로 폐기해야 한다. 구식 정보는 심각하게 부정적 영향을 줄 수 있다. 예를 들어, 과거 병 때문에 실직했을 수도 있는 사람은 현재 건강할지라도 직장을 구할 수 없다.

보안. 회사는 데이터는 그 정보를 알아야만 하는 사람만 접근할 수 있도록 제한해야 한다. 암호뿐만 아니라 감사 기록 (개인 기록에 액세스하는 모든 직원을 식별하고 어떤 목적으로 기록하는지)은 보안을 유지하는 데 매우 효과적인 도구이다. 비즈니스 파트너가 개인 데이터에 온라인으로 액세스할 수 있는 경우 추가로 주의해야 한다.

시간 제한. 기업은 필요한 기간 동안만 데이터를 보유해야 한다. 예를 들어 이사를 나간 후에 집주인이 신용 기록을 유지할 이유가 없다.

정밀한 조사. 회사는 개인이 자신의 기록을 검토하고 부정확성을 수정하도록 하는 절차를 수립해야 한다.

유일한 기록. 기록 기술을 사용하는 경우 회사는 다른 사람이 기술을 활용하여 동일한 정보를 기록할 수 없도록 해야 한다. 예를 들어, 상점에서 RFID 기술을 사용하여 개인의 구매를 기록하는 경우, 고객이 상점을 떠나자마자 포장이나 품목에 내장된 RFID 태그를 사용할 수 없게 해야 한다.

물론 많은 소비자들은 모든 비즈니스가 이러한 "계명"을 채택하더라도 개인 정보가 침해 받았다고 생각한다. 개인 정보를 어떻게 보호할 수 있을까? 당신의 이름, 주민등록번호 (또는 기타 식별 번호), 주소 또는 기타 개인 정보를 사용 방법을 모르는 경우 제공하지 않는다. 자세한 정보를 제공할 경우 다른 기업이나 개인과 데이터를 공유하지 않기를 바란다. 일반적으로 종이 또는 웹 양식에서 이 효과가 적용되는 상자를 선택할 수 있다. 정크 메일이나 정크 메일을 피하려면, 웹 양식의 적절한 상자를 확인하여야 한다. 옵트 아웃 옵션을 사용할 수 없는, 경우 상세한 데이터가 포함 된 온라인 또는 서류 양식을 작성하지 말아야 한다. 물론 우리가 받는 많은 서비스는 개인 정보를 제공하려는 의지에 달려 있으므로 최소한 일부 조직은 개인 정보를 보유해야 하지만 선택 사항일 수 있다. 당신이 잃을 수도 있는 사생활에 대해 당신이 얻는 것을 항상 신중히 비교하여야 한다. 마지막으로 항상 소셜 미디어 장소와 관련된 서비스 약관 및 개인 정보 취급 방침을 읽고 이해하여야 한다. 다양한 설정을 통해 자신과 자신의 정보를 보호하여야 할 것이다.

공급 사슬 관리 시스템

미국 상무부 통계는 지난 20년간 두 가지 중요한 패턴을 보여준다. GDP 대비 재고 비율의 변동과 GDP 대비 재고 비율의 절대적인 감소가 있다. 2011년에 민간 기업 재고의 GDP 대비 비율은 0.243%이었다. 미국 GDP가 증가하였지만, 재고에 드는 돈은 줄어들었다. 재고가 적을수록 다른 자원에 더 많은 돈을 쓸 수 있다. 이러한 변화는 정보 시스템, 특히 SCM 시스템의 사용으로 인한 영향이 크다고 볼 수 있다.

경영활동에서 공급사슬관리의 중요성이 분명히 증가했다. Tompkins Supply Chain Consortium 조사에 따르면, 제조업(51%), 의류 및 자동차(100%), 식음료(57%)와 같은 경영진의 절반 이상이 공급 사슬 관리의 최고 책임자를 고용했다고 하였다. IBM에 따르면 SCM 시스템을 구현한 회사는 재고 수준을 10~50% 줄이고, 정확한 배송 속도를 95~99% 향상시켰으며, 예정되지 않은 작업 중단을 0~5%로 줄이고, 주문에서 배송 받을 때까지의 사이클에 걸리는 시간을 10~20% 줄였으며, 운송 비용도 10~15% 감소했다. 예를 들어, 의료 비용을 줄이는데 초점을 둔 중대한 대화가 있었고, 두 의료 시설에서는 공급사슬관리 시스템을 구현하여 이 문제를 해결했다. 미국 댈라스s에 있는 Methodist Health System은 웹 기반 시스템을 사용하여 공급 사슬을 자동화했다. 이 시스템은 워크 플로우를 개선하고 서비스 수준을 향상시켜 직원을 약 절반 정도 줄였다. 경영진은 이 시스템 사용을 통해 550만 달러를 절약했다고 추정한다. 비용 절감의 상당 부분은 새로운 제품 공급 데이터를 토대로 공급 업체와의 재협상을 통해 실현되었다. 뉴욕 시러큐스에 있는 St. Joseph's Hospital Health Center는 배급업자와 함께 새로운 JIT 공급사슬 계획을 시행했다. 새로운 자재 관리 시스템은 재고 크기와 저장 공간을 줄일 수 있게 해주었다.

ERP 시스템과 같은 여러 엔터프라이즈 응용 프로그램도 SCM 시스템으로 사용된다. 그림 3.14에서 볼 수 있듯이, 많은 시스템을 통해 관리자는 자체 부서 또는 조직에서 진행되는 작업을 모니터링할 수 있을 뿐 아니라, 공급 업체 및 계약 업체의 시설에서 수행되는 작업을 추적할 수 있다. 예를 들어, 특정 시점에서 관리자는 주문 번호에 의한 주문 접수 상황, 주문 부품에 대에 어느 정도 생산되었는지에 관한 상황, 배달 지연을 포함한 배달 날짜를 알 수 있다. 부품을 구매할 때, 관리자는 시스템을 사용하여 전자 구매 주문서를 발행하고, 부품을 포장한 시점, 트럭에 적재한 시점, 도착한 시점과 같이 공급 업체의 시설에서의 이행 프로세스를 추적할 수 있다. 소비자로서 웹에서 제품을 구입하고 출하 상태 및 배송을 시스템으로 추적해 보았다면, SCM 시스템이 제공하는 기능을 이해할 수 있을 것이다.

■ 그림 3-14

여러 업체들이 공급사슬관리 시스템을 공유하면 원자재와 완제품의 이동을 모니터링할 수 있다.

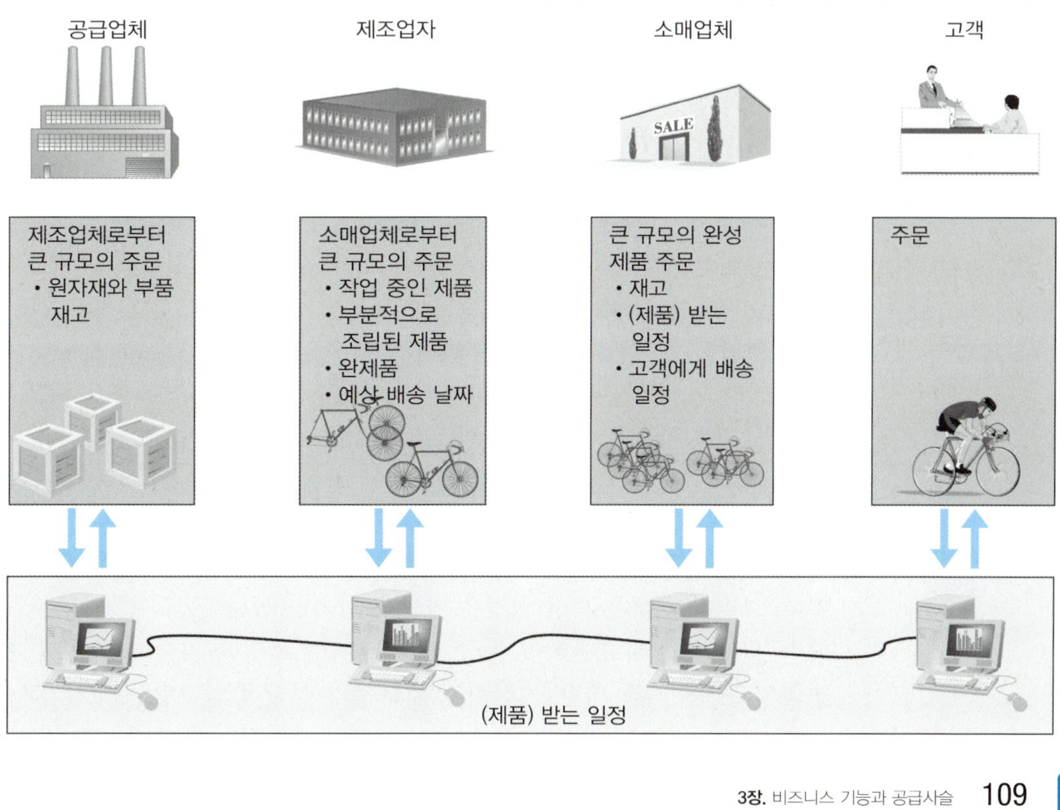

SCM 애플리케이션은 공급 업체에서 고객까지의 사슬 전반의 운영을 능률화하고, 재고를 낮추며, 생산 비용을 줄이고, 공급 업체 및 고객에 대한 대응력을 향상시킨다. 글로벌 네트워크를 통해 관리자는 자신의 시설 내에서 일어나든지 아니면 다른 조직의 시설 내에서 일어나는지, 또는 근거리 내에서의 활동인지 아니면 수천 마일 떨어진 곳에서 활동인지, 즉 위치와 관계없이 전체 공급 사슬을 감독할 수 있다. 이전의 SCM 시스템은 두 개의 조직을 연결했다. 새로운 시스템은 여러 개를 연결한다. 예를 들어, 유통 업체는 조직 A의 제품을 재주문하고, 조직 A의 공급 업체인 조직 B에게 이 정보를 제공할 수 있다. 이 시스템을 통해 공급 사슬 내의 모든 업체들(공급 업체, 제조업체, 유통 업체 및 고객)은 동일한 정보를 볼 수 있다. 주문에 의한 영향을 줄 수 있는 공급 사슬 내의 한 업체에 의한 변경은 사슬 내의 다른 업체들의 활동의 일정 및 운영에 영향을 미칠 수 있다.

SCM 시스템을 적용한 기업은 재고 절감, 주기 시간 단축 (비즈니스 프로세스 완료까지 걸리는 시간), 생산 비용 절감의 세 가지 주요 영역에서 개선을 보였다. 기업은 SCM 시스템을 공급 업체들과 공유함으로써 필요한 각 항목의 정확한 수와 필요한 정확한 시간을 공급 업체에 전달함으로써 재고를 줄일 수 있다. 이상적인 상황에서는 창고 비용을 절약하면서 재고를 비축할 필요가 없다. 경영 컨설팅 회사인 Aberdeen Group은 인터넷을 통해 SCM 시스템을 사용하는 회사는 구매 주문 처리주기를 70-80% 줄이고 구매 항목은 5-10% 낮추는 것으로 추산한다.

신뢰의 중요성

SCM 시스템은 사슬 내의 모든 업체들이 시스템을 연결하고 계획, 생산 및 출하와 관련된 모든 정보를 공유할 때 최고의 효율성을 달성한다. 예를 들어, BP PLC, Royal Dutch Shell PLC, Chevron Corp.'s Texaco 및 기타 대형 석유 회사는 자사 프랜차이즈가 효율성을 높이기 위해 편의점 결제 시스템을 업데이트해야 한다고 요구하고 있다. 그 제안된 시스템에는 레스토랑이나 바에서 볼 수 있는 것과 같은 소형 터치 스크린 PC가 포함된다. 가장 정교한 버전의 시스템은 재고를 추적하고 상점의 품목에 소모품이 부족한 경우 주문할 수 있다. 증가된 효율성은 하나의 시스템에서 판매 및 재고를 모니터링함으로써 주유소 비용을 절감한다.

그러나 모든 기업들이 비즈니스 파트너와의 공동 작업을 기꺼이 하지는 않는다. 한 가지 이유는 A 기업이 B 기업에서 구매하고 B 기업의 요구사항을 알게 될 때, 더 많은 경쟁을 불러오고 유리한 가격을 누리기 위해 경쟁 업체에 정보를 공개할 수 있다는 두려움 때문이다. 또 다른 두려움은 기업 B가 특정 시점에서 기업 A가 원자재를 절실히 필요로 한다는 것을 깨닫게 되면 기업 B가 상황을 이용하고 더 높은 가격을 요구할 수 있다는 것이다.

첫 번째 유형의 두려움은 공급 업체가 Walmart와 같은 대규모 구매자와 정보를 공유하는 것을 꺼리는 초기 단계에서 발견될 수 있다. Walmart가 큰 협상력을 가지고 이러한 정보 공유에 대한 계속 요구하였기 때문에, 많은 공급 업체들이 Walmart의 시스템과 그들의 시스템을 연계시킬 수 밖에 없었을 것이다. 두 번째 유형의 두려움은 General Motors(GM) 및 주요 타이어 공급 업체와 같은 거래 파트너간에 여전히 존재한다. 예를 들어, Goodyear는 GM의 타이어 생산 일정을 알고 있다면, 경우 재고를 낮출 수 있다. 그 일정을 알고 있다면, GM의 주문에 맞게 공급할 수 있게끔 자체 원료 주문 및 생산 능력을 조정하여 비용을 절감하고, 저렴한 가격으로 고객에게 절감액의 일부를 전달할 수 있다. GM이 재고들을 다 쓰기 전에 항상 보충할 수 있을 것이다. 필요할 때 조립 라인에 직접 타이어를 전달할 수 있으므로 GM과 Goodyear의 재고 비용을 절약할 수 있을 것이다. 그러나, GM은 생산 일정을 기밀로 지키고 있다.

따라서 기업 간의 효율적인 공급 사슬 관리는 적절한 기술의 문제 일 뿐만 아니라 신뢰와 문화 변화의 문제이기도 하다. 지금까지 대부분의 성공적인 협업은 대기업과 비즈니스 파트너간에 이루어졌으므로 회사는 협업을 결정하는 데 힘을 쓴다. 그러나 일부 대기업은 공동 정보가 불쾌한 사실을 드러내더라도 두 회사 모두에게 이익이 된다는 상호 이해에서 SCM 시스템을 연결하였다. 예를 들어, 가정용품의 거대 공급 업체인 Procter & Gamble, Inc.(P&G)은 1987년부터 "공급사슬관리"라는 용어가 사용되기도 전에, 이미 월마트의 시스템과 연결되어 있었다. P&G에 소매정보를 제공함으로써 Wal-Mart는 P&G 제품이 절대로 선반에서 부족하지 않도록 한다. 나눔의 문화(나에게 당신의 정보의 일부를 보여주고 내 정보의 일부를 보여준다)는 두 회사의 성공에 필수적이며 서로 의존하고 진정한 동반자 관계를 형성한다.

SCM 시스템은 판매 이후의 단계에서 사용될 수 있다. 이 시스템은 판매 후 서비스에 사용될 수 있다. 예를 들어, 미국 캘리포니아 Fullerton에있는 Beckman Coulter, Inc.는 혈액 분석기 및 기타 의료 기기를 제조한다. 컴퓨터를 판매한 후 회사는 인터넷을 사용하여 고객의 시설에서 Fullerton 공장의 컴퓨터로 연결한다. 컴퓨터의 소프트웨어는 일주일에 7일, 하루 24시간 내내 판매된 기기들을 모니터링 한다. 문제가 발생하면 컴퓨터는 Beckman 기술자에게 경고하고, 작업을 중단하기 전에 수리할 수 있다. Beckman은 오작동이 초기 단계에서 미리 포착되어 큰 사고를 예방함으로써 손상된 시스템을 고치는 데 드는 높은 비용을 피할 수 있게 해주기 때문에, 이 시스템이 매년 1백만 달러의 비용을 절감한다고 추정한다. 또한, 고객 만족도가 향상된다. 비즈니스 파트너가 데이터 공유의 이점을 확인함에 따라 신뢰도가 높아졌으며, 정보 시스템을 다른 조직의 사람들과 연결하는 것에 대한 두려움이 줄어들고 있다.

재고에 대한 지속적인 주의

이 절의 시작 부분에서 언급한 멋진 추세를 상기해 보면, 미국 기업의 재고의 재무적 가치는 GDP 성장의 약 60%로 증가했다. 그러나, 많은 추세가 1981-1991년 기간에 발생했다. 1992-2004년의 GDP 대비 재고율은 약 3.5%로 상당히 정체되어 있었다. 최근 2012년 재고는 1분기와 2분기에 실질 GDP를 각각 0.39%와 0.46% 줄였다. 분명히 대기업은 자체 재고를 삭감하기 위해 SCM 시스템을 설치하고 실행하는 자원을 보유하고 있지만, 소기업에서 재고를 차지하는 비율은 그러한 시스템을 사용하지 않기 때문에 커지고 있다. 때로는 재고 파급 효과를 겪고 있는 회사는 작지 않다. 그들은 강력할 수도 있고 자체 SCM 시스템을 관리할 수도 있지만 시스템은 구매자의 시스템과 연결되지 않을 수 있으므로 재고를 줄이기 위해 생산 계획을 세울 수 없다.

예를 들어, General Motors와 Goodyear 간의 관계로 돌아가 보겠다. 세계 최대의 자동차 제조업체는 1996년과 2001년 사이에 55.2%의 "재고 회전율"을 향상시켰다. 재고 회전율은 1년에 재고를 판매(또는 "전환")하는 횟수이다. 판매 수익을 재고의 평균 가격으로 나누어 계산한다. 재고 실사횟수가 많을수록 좋다. 같은 기간 GM의 타이어 공급 업체 Goodyear는 재고 회전율이 21% 감소했다. GM은 조립 라인에서 타이어가 필요할 때까지 Goodyear에서 타이어를 구입하는 것을 피했지만 Goodyear는 언제 타이어가 필요한지 충분한 정보가 없기 때문에 과도하게 보관해야 했다. 기업의 SCM 시스템이 연결되어 있었다면 Goodyear는 재고를 줄일 수 있었지만, 그렇지 않았기 때문에 재고가 감소하는 대신 재고가 증가하였다. 만약 정보 공유로 비용 절감으로 인해 Goodyear는 GM에 저렴한 가격으로 타이어를 판매할 수 있었다면 GM의 비용은 더 줄일 수 있었다고 가정하는 것도 합리적이다. GM과 다른 회사들은 적은 재고를 안고 가려고 노력하는 동안, 의도치 않게 과잉 재고를 떠안게 만드는 상황을 만들었다. 공급 사슬에 관련된 모든 업체들이 효율성을 누리기 위해서는 음악 의자(의자 수를 사람 수보다 적게 두어 사람이 한 사람 남을 때까지 탈락시키는 게임) 또는 뜨거운 감자(난감한 문제) 같은 상황은 반드시 멈춰야 한다.

협업

웹은 서로 다른 산업의 조직이 협업을 통해 운영관리를 간소화할 수 있게 한다. 최근 몇 년 사이에 운송 비용을 절감할 수 있는 새로운 방법을 발견한 기업들이 늘고 있다. 화물을 다른 사업체와 같이 운송하거나 자체 트럭이나 운송 회사 차량을 공유한다. 협업을 통해 빈 공간이 많은 채 운행되는 트럭을 줄여 비용을 줄인다. 이를 위해 SCM 시스템을 현재 IBM이 소유한 Nistevo Corporation과 같은 물류 최적화 전문 회사 사이트에 연결한다. 이 회사는 사이트를 관리하고 정교한 소프트웨어를 사용하여 출발 지점과 도착 지점간 최단 경로를 계산하고 두 개 이상의 회사가 트럭과 노선을 공유하는 최적의 조합을 계산한다. 가입 회사의 SCM 시스템은 공유 시스템에 일일 데이터를 제공한다. 정보 시스템은 안전과 규제 준수를 보장하기 위해 화물 유형을 고려한다. 예를 들어, 이 소프트웨어는 화학 물질과 식품을 결합하지 않도록 설계되고, 식품 제조업체는 제지 제조 업체와 트럭을 많이 공유한다. 이 결과 상당히 많은 비용 절감이 이루어졌다.

향신료 제조사 McCormick & Co., Inc는 화물 비용을 5~15% 줄였으며 General Mills는 전체 물류 비용의 최대 7% 절감을 실현했다. Georgia-Pacific 및 International Paper Co.와 같은 가정용 종이 제품 제조업체는 General Mills와 약 80개의 장거리 노선을 정기적으로 공유하며, 이들 화물에 대한 화물 운송 비용을 5~20% 줄였다. 협업 선적의 성공이 매우 인상적이기 때문에, 일부 전문가들은 경쟁사가 트럭을 공유하고 개발 및 제조 프로세스와 같은 운영의 다른 영역에서 경쟁할 것이라고 예상한다. Transport Intelligence의 2009년 연구에 따르면 응답하는 기업의 94%가 다른 회사와의 공급 사슬 공동 작업을 희망했다.

일부 회사들이 공동 작업을 검토한 또 다른 영역은 웨어하우징(창고저장)이다. 여기에 있는 원칙은 동일하다. 우선 주어진 창고 공간의 사용을 극대화하고, 만약 모든 공간을 사용할 수 없는 경우 다른 기업이 추가 공간을 사용할 수 있게 하는 것이다. 이것을 달성하는 방법은 다시 웹을 통해 이루어진다. 웨어하우징 최적화를 전문으로 업체는 웨어하우스 요구 사항과 회원사의 가용성을 결합하여 최적의 솔루션을 제공한다.

일부 회사는 또한 소매 업체와의 협력을 확대하고 있다. Coca-Cola는 Wegmans Food Markets과 공동으로 새로운 매장 주문 프로그램을 시작했다. 코카콜라는 매장 판매 데이터를 사용하여 "완벽한 주문"을 작성하여 판매 및 재고를 최적화했다. 점포 수준의 POS 정보를 사용하여 생산 계획, 예측 및 재고 관리는 물론 주문 이행 및 제공 프로세스를 더 효율적으로 만들었다.

엔터프라이즈 자원 계획(ERP, Enterprise Resource Planning)

점점 더 많은 기업들이 오래되고 이질적인 정보 시스템을 우리가 설명한 비즈니스 활동의 전부 또는 대부분을 지원하는 엔터프라이즈 응용 프로그램으로 대체하기로 결정하였다. 앞서 언급했듯이, 이러한 시스템은 기획뿐만 아니라 일상 업무 관리에도 사용되지만 ERP(Enterprise Resource Planning) 시스템이라고도 한다. ERP 시스템 설계자는 시스템적인 접근 방식을 사용한다. 예를 들어, 시스템의 Manufacturing Resource Planning 구성 요소는 판매에 기록된 정보를 사용하여 제품 사양을 추출한다. 데이터는 품목, 수량 및 공급 업체가 구매 부서에 전달할 시간표와 같은 구매 정보를 생성하는 데 사용된다. 제품이 생산됨에 따라 시스템은 진행중인 작업의 단계를 추적한다. 제품을 운송할 준비가 되면, 운송 부서는 해당 운영 활동에서 제품에 대한 정보를 검색할 수 있다. 이 시스템은 배송 정보 및 청구서 작성을 돕기 위해 내용 및 목적지와 같은 배송 정보와 청구 정보를 보관한다. 또한, 시스템은 은행 계좌로 지불하는 것과 같은 이런 활동과 관련된 금융 거래를 기록한다. 회계 구성 요소는 거래들을 기록한다. 또한, ERP 시스템은 급여 지급,

직원 복리 후생 관리 및 직원 평가를 할 수 있는 인적 자원 모듈도 제공한다. CRM 구성 요소들도 주문, 응용 프로그램 및 판매 기록을 통해 다른 구성 요소에 연결된다. 매출 기준으로 보았을 때 ERP 시장의 주요 기업들은 SAP(25 %), 오라클(13 %), Sage(6 %), Infor(6 %)을 포함한다(Columbus, 2013). SAP와 오라클은 수년간이 분야의 선두 주자였다. 오라클의 시장 점유율은 J.D. Edwards 및 Siebel Systems와 같은 다른 ERP 개발자의 인수를 통해 점차적으로 증가하였다.

ERP 시스템의 문제점 및 단점

성공적인 ERP 구현을 통해 조직은 실질적인 보상을 얻을 수 있다. 그러나, ERP 시스템은 많은 문제를 야기한다. 소프트웨어 패키지는 상당히 복잡하다. 특정 고객의 요구에 맞춰지기 때문에 특정 조직에 맞게 조정해야 하는 경우가 있다. 따라서, 설치 및 테스트에는 대개 소프트웨어 공급 업체의 직원인 전문가 또는 공급 업체가 해당 업무를 인증한 전문가가 필요하다.

잠재적으로 시스템 적용하려는 기업은, 심지어 “tweaking”이라고도 하는 조정을 통하더라도, 패키지 시스템은 개별 조직이 비즈니스를 수행하는 방식이 아닌 전체 산업을 위해 설계된 것임을 기억해야 한다. 어떤 기업의 고유한 비즈니스 프로세스들로 인해 기업이 경쟁 우위를 확보한 경우, 시스템이 설치되면서 이 이점이 줄어들거나 사라질 수 있다. 이는 시스템이 비즈니스 프로세스가 수행되는 방법을 결정하기 때문이다. 시스템 요구 사항은 매우 엄격하므로 ERP 시스템을 고객화 하는데 제약이 따르게 된다.

ERP 애플리케이션은 비용이 많이 든다. 모듈은 수십억원(수백만 달러)의 비용이 든다. 구매 기업은 일반적으로 설치 및 수정 비용을 지불하기 위해 더 많은 수십억원을 지불해야 한다. 설치는 완료하는 데 종종 수개월이 걸리고 예산과 시간 초과는 흔한 일이다.

많은 비즈니스 프로세스의 통합인 ERP 시스템의 가장 큰 장점은 도입한 기업에게 오히려 어려움이 될 수 있다. 비즈니스 부서 간의 운영 라인이 흐려지기 때문에, 무언가가 잘못될 경우 책임에 대한 논쟁이 있을 수 있다. 예를 들어, 영업 부서는 잘못된 송장에 대한 책임이 회계 부서 또는 주문에 대해 잘못된 비용을 입력한 생산 비용이라고 주장할 수 있다. 또한, 공급 사슬에서 약한 고리가 되는 프로세스는 다른 프로세스에 부정적인 영향을 줄 수 있다.

ERP 시스템의 구현은 시스템 기능과 비즈니스 요구 간의 차이, 컨설턴트의 전문 지식 부족, 구현 프로젝트의 관리 오류와 같은 문제로 인해 실패할 수 있다. 비즈니스 조사 기관인 Standish Group은 ERP 구현 프로젝트의 10%만이 계획대로, 일정 내에, 예산 내에서 완료된다는 사실을 발견했다. 55%는 늦게 또는 예산 초과로 완결되며 (보통 사업 및 매출 손실을 의미함), 나머지 35%는 어려움 때문에 취소된다. 세계 최대의 컴퓨터 및 IT 장비 제조업체인 Hewlett-Packard는 2004년 3/4 분기에 4억 달러의 손실이 발생하였는데, 이 손실의 주 원인 중의 하나로 새로운 ERP 시스템으로의 이전이 제대로 이루어지지 않은 것이 지적되었다. ERP 시스템의 구현이 어려운 이전 사례는 Hershey Foods와 Nike이다. 두 경우 모두 ERP 시스템 설치가 끝난 후 수억 달러의 손실을 봤다. 또한, ERP 시스템을 성공적으로 구현하지 못하여 업계 리더가 파산한 경우도 있다.

2006년 매출 2억 달러 규모의 보석 회사인 Shane은 3년 후 취소된 ERP 프로젝트에 3,600 만 달러를 지출했다. 이 프로젝트는 너무 방대해서, 회사 규모에 비해 너무 크다고 여겨졌다. 한 연구 결과에 따르면, 평균 비즈니스는 연간 매출의 9%를 ERP 프로젝트에 소비한다. Shane은 두 배의 돈을 투자했다. ERP 프로젝트와 관련된 실패 원인으로는 경험이 부족한 컨설턴트/통합 업체 고용, 비효율적인 프로젝트 관리 및 변화하는 요구 사항이 포함된다.

누락된 리엔지니어링 제공

이전 장의 비즈니스 프로세스 리엔지니어링에 대한 논의에서 1990년대에는 대부분의 리엔지니어링 프로젝트가 실패한 것으로 나타났다. 흥미롭게도, 1990년대 후반과 2000년대 초반에 ERP 시스템은 시스템이 프로세스의 변경을 강제했기 때문에, 이러한 리엔지니어링 아이디어의 상당 부분을 실현하는 데 도움이 되었다. 최소한 ERP 시스템은 다양한 부서의 정보를 통합하여, 노동력과 정확성을 높이고 프로세스 주기를 단축했다. 또한, ERP 시스템은 기업의 비즈니스 활동이 기능 단위에서 비즈니스 프로세스 단위로 전환하는 것을 도울 수 있다. 공급자와 고객은 주문과 지불을 처리하는 책임이 어느 부서에게 있든지 상관하지 않는다. 따라서, 조직은 기능 단위보다는 프로세스를 계획하고 관리하는 것이 좋다. 위험과 높은 비용이 수반되지만, ERP 시스템을 채택하는 기업이 늘어나고 있다.

다시 킴볼 레스토랑으로 돌아가서 (KIMBALL'S REVISITED)

마이클은 사업 확장이 두 가지 이슈에 달려 있음을 이해한다: (1) 백오피스 운영의 효율성 확보 및 (2) 추가 고객 확보를 위한 마케팅 및 판촉 전략 수립. 마이클과 타일러가 현재 시스템을 평가하고 이러한 문제를 해결할 계획을 세우시오.

당신의 추천은?

1. 이 장의 분류를 사용하여 킴볼의 사업 기능을 식별하시오. 어떤 사업 기능이 킴볼이 백하우스 운영에서 효율적으로 업무를 수행하도록 도울 수 있는가? 비즈니스에 대한 해당 기능 및 이점을 나열하시오.
2. 타일러는 어떤 소프트웨어 응용 프로그램을 연구해야 하는가? 현재 소프트웨어 벤더에게 어떤 질문을 할 수 있는가? 비즈니스 운영을 모니터하는 데 사용할 수 있는 계량 및 비율의 유형은 무엇인가?
3. 식당 고객을 늘리기 위한 목표 시장 계획을 어떻게 세우겠는가? 이러한 노력에 필요한 마케팅 데이터 유형은 무엇인가? 소셜 미디어가 대상 마케팅 계획의 구성 요소로 사용될 수 있는가? 이 마케팅 및 홍보 활동을 지원하기 위해 어떤 정보 시스템을 활용할 수 있는가? 이러한 노력을 추적하고 모니터링하기 위해 수집해야 할 데이터는 무엇인가?

새로운 시각

1. 킴볼이 고객으로부터 직접 피드백을 얻기 위해 어떤 계획을 개발해야 하는가? 소셜 미디어가 그 피드백을 제공할 수 있는가?
2. 킴볼이 마케팅을 위한 중요한 데이터 요소를 수집하고 저장하는 데 도움이 되는 정보 기술 시스템은 무엇인가?

주요용어

Bill of materials (BOM), 91
브레인스토밍, 88
현금관리시스템 (CMS), 86
컴퓨터 보조 디자인 (CAD), 88
컴퓨터 보조 제조 (CAM), 88
고객 관계 시스템 (CRM), 96
경제적 주문 수량 (EOQ), 91
효과성, 82
효율성, 82
전자 자금 이전 (EFT), 86
전자 제품 코드 (EPC), 94
전사적 자원 관리 (ERP), 91
Just-in-time (JIT), 91
제조 자원 계획 (MRP II), 91
마스터 생산 계획 (MPS), 91
재료 요구 계획 (MRP), 91
생산성, 82
Radio Frequency Identification (RFID), 94
래피드 프로토타이핑, 88
공급 사슬, 89
공급 사슬 관리 (SCM), 89
타겟 마케팅, 99

리뷰 질문

1. 공급 사슬이란 무엇인가? 공급 사슬 관리 시스템의 목적은 무엇인가?
2. 원가회계 정보 시스템의 목적은 무엇인가?
3. CAD와 CAM 시스템의 관계는 무엇인가?
4. 현금 관리에 대한 우려는 무엇이며, 현금 관리 정보 시스템은 재무 관리자를 어떻게 돕는가?
5. 시장 출시(time to market)은 무엇인가? 정보 시스템은 시장 출시에 어떤 영향을 주는가?
6. 간단히 말해, 고객관계관리 시스템의 목적은 무엇인가?
7. ERP 시스템의 일반적인 구성 요소는 무엇인가?
8. 기술적으로 공급 업체와 구매자의 SCM 시스템을 완벽하게 연결하는 것이 가능하지만 많은 구매자는 그렇게 하기를 꺼린다. 그 이유는?
9. ERP를 설치하고 시스템을 테스트할 때 전문가가 참여해야 하는 이유는 무엇인가? 왜 많은 ERP 시스템의 구현이 심각한 문제에 직면하거나 완전히 실패하는가?
10. EOQ 란 무엇인가? EOQ를 계산하는 정보시스템은 어떤 두 면에서 효과를 보는가?
11. JIT 란 무엇인가? MRP 및 MRP II 시스템은 JIT를 달성하는 데 어떻게 도움이 되는가?
12. 일부 조직의 인사 관리자의 경우 전체 웹은 직무 지원자의 데이터베이스이다. 어떻게 그렇게 되는가?
13. 마케팅에서 중요한 역할을 수행하는 정보 기술은 무엇인가?
14. 많은 판매 담당자는 사무실이 없지만 거대한 자원에 액세스 할 수 있으며 생산성이 뛰어나다. 그것이 가능한 방법을 설명하시오.
15. RFID 란 무엇이며 SCM에서 RFID는 어떤 역할을 하는가?
16. 공급 사슬에서 운송 소프트웨어는 주로 두 가지 측면에서 도움이 된다. 그들은 무엇인가?

토의질문

17. 우편으로 판매하는 단일 제품을 제조하는 작은 상점을 설립했다. 여러 공급 업체의 원자재를 구매하고 5명의 정규 직원을 고용했다. 확실히 어떤 비즈니스 기능의 소프트웨어를 사용하겠는가?
18. 17번 질문에 대해 나열한 정보 시스템 중 어느 것을 서로 연결하고 어떤 목적으로 사용하는가?
19. 온라인 투자 정보 시스템의 신속한 대응이 중요한 이유는 무엇인가? 그러한 시스템이 어떻게 중요한지에 대한 두 가지 예를 들어라.
20. 일부 전문가들은 정보 시스템은 제조 분야에서 큰 잠재력이 있다고 말한다. 이유를 설명하라. (힌트: 비즈니스 프로세스 리엔지니어링을 고려하시오.)
21. 지난 10년 동안 은행과 투자 회사는 정보 시스템 없이는 불가능할 많은 서비스를 제공했다. 그러한 세 가지 서비스를 설명하고 IT가 어떻게 가능하게 하는지 설명하시오.
22. 제조 및 서비스 분야의 정보 시스템은 종종 최적화에 도움이 된다. 그들이 최적화하는 것에 대한 두 가지 예를 들어라.
23. 웹은 구매자와 구매자에 대한 데이터 수집 비용을 크게 절감한다. 방법을 설명하시오.
24. 소비자 제품 판매인은 타겟 마케팅은 그들뿐만 아니라 그들의 소비자를 위한 것이라고 주장한다. 어떻게 그렇게 되는가?
25. 자신의 부하 직원을 평가해야 한다면, 서면, 개방형 방식으로 평가하는 것이 좋은가, 아니면 직원 평가 소프트웨어를 사용 하겠는가? 그 이유는?
26. 직원인 경우, 상사가 직원 평가 소프트웨어의 도움을 받거나 또는 직원 평가 소프트웨어 없이 직원을 평가하는 것 중 어느 것을 선호하겠는가? 그 이유는?
27. ID 번호, 전자 메일 주소 또는 실제 주소와 같은 개인 데이터를 마지막으로 제공한 시간을 기억하시오. 데이터를 요청한 이유는 무엇인가? 수신자가 데이터를 어떻게 사용하는지 알고 있는가?
28. 일부 소비자 옹호론자들은 조직이 자신에 관한 데이터를 다른 조직에 판매 할 때마다 모든 개인에게 비용을 지불해야 한다고 주장한다 (판매 당 5 ~ 10센트를 제안한다). 동의하는가? 그 이유는?
29. 기업이 개인 정보를 사용할 때 최소한의 프라이버시 침해를 방지하기 위해 "Ethical & Societal Issues"에서 제안된 주의 사항 목록을 검토하시오. 최소 비용으로 추가 비용 없이 수행할 수 있는 단계는 무엇인가? 어떤 단계가 기업에 경제적 부담을 부과하는가? 그 이유는?
30. RFID 태그는 소다 6개 팩에서 의류 품목에 이르기까지 거의 모든 유형의 상품에 점점 더 많이 내장된다. 소비자 옹호론자들은 이 기술이 사생활 침해를 야기할 수 있다고 우려하고 있다. 이것이 일어날 수 있는 적어도 두 가지 방법을 설명하시오. RFID 태그에 어떤 통제 또는 제한을 부과하고 사생활 침해에 대한 두려움을 최소화 할 수 있는가?

개념적용

31. 당신은 2개의 공장을 운영하고 12개의 다른 제품을 생산하며 15개의 세계 지역에서 판매하는 회사의 CEO이다. 적어도 분기별로 알기를 원하는 모든 정보 항목 (합계, 메트릭 등)을 나열하시오. 회사가 운영하는 정보 시스템을 통해 얻을 수 있는 정보 및 그 이유는 무엇인가?
32. 다르지만 관련이 있는 세 가지 비즈니스 기능 (예 : 재고관리, 구매, 급여, 회계 등)을 선택하시오. 이 세 가지 기능의 정보 시스템을 인터페이싱(interfacing)하여 조직의 성과를 향상시킬 수 있는 방법을 설명하는 간략한 보고서를 작성하시오.
33. 이 장에서 언급되지 않은 비즈니스 프로세스(가능하면

현지 회사)를 선택하시오. 정보 시스템 기술이 프로세스를 보다 (1)효율적으로 (2)효과적으로 만들 수 있는 방법을 설명하는 에세이를 작성하시오.

34. "미래의 공장"이라는 세 페이지의 에세이를 작성하시오. 공장에서는 제조 조직의 아무에게도 정보 시스템에 데이터를 입력할 것을 요구하지 않는다. 모든 필요한 정보는 한쪽 끝의 고객과 다른 쪽 끝의 공급자가 제공한다. 또한 지불 및 수금을 위한 데이터를 입력할 필요가 없다. 이 모든 것이 어떻게 작동하는지 설명하시오.

실습 활동

35. 많은 회사들이 전자 메일을 사용하여 제품을 광고한다. 당신의 회사는 신제품을 판매하려고 시도하고 있으며 이메일을 사용하도록 권유 받았다. 모든 이메일 주소는 판매하려는 제품과 같은 제품에 대한 프로모션 이메일을 수신하기로 동의한 사용자의 이메일 주소이다. 판매된 각 단위의 이익은 $200이다. 매력적인 전자 메일 메시지 개발, 2,750,000개의 전자 메일 주소 사용 및 메시지 전송은 2만 5천 달러가 소요된다.

경험에 따르면 최초 수신자의 5%는 이러한 메시지를 친구나 가족에게 전달한다. 경험에 따르면 모든 수신자의 2%가 실제로 메시지에 포함된 웹 주소를 클릭하고 상업 사이트를 방문한다. 이 방문자 중 0.5%는 광고 대상 품목을 구매하게 된다.

Microsoft Excel 또는 다른 스프레드 시트를 사용하여 다음 질문에 답하시오. (1)이 광고 기회를 사용하면 이익을 창출하는가? (2) 100만명에게만 이메일을 보낼 수 있다면 이익이 되는가?

이메일 이니셔티브에 소셜 미디어를 통합하기 위한 근거를 개발하시오. 직접 이메일 캠페인과 함께 소셜 미디어의 통합을 어떻게 활용할 수 있는가? 다양한 비즈니스 전략을 권장 모델로 연구하시오.

팀 활동

36. 팀을 구성하고 제조된 부품을 다른 사업체에 판매하는 중소기업을 위해 정보 시스템을 설계하시오. 시스템은 고객 주문 처리, 영업, 판매원 수수료, 청구 및 미수금을 처리해야 한다. 시스템의 다양한 구성 요소와 인터페이스의 포인트를 설명하는 보고서를 준비하시오. 필요한 파일은 무엇인가? 비즈니스는 각 파일의 데이터를 어떻게 사용하는가? Microsoft Access 명령이 있으면 위의 개체에 대한 테이블을 만들고 각 개체에 3-5개의 레코드를 채운다.

37. 당신과 당신의 팀 동료가 스포츠용품을 위한 웹 기반 사업을 시작하려 한다고 가정한다. 잠재 고객에게 이메일로 정보를 보내고 싶다. 타겟 고객의 인구 통계적 특성을 결정한다. 웹에서 사용자를 제공할 수 있는 소비자 데이터를 판매하는 회사를 검색하시오. 그 회사의 이름, 서비스 및 가격 (가능한 경우)과 같은 세 가지 회사에 대한 보고서를 준비하시오.

도박에서 이기기

IGT (International Game Technology)는 카지노 및 정부 복권 슬롯 머신 및 복권 기계의 선도적 인 제조업체이다. 네바다주 리노에 본사가 있고, 라스베가스에 영업 본사를 두고 있는 이 회사는 아프리카, 호주, 유럽 및 남미 지역에서도 영업, 제조 및 서비스 사이트를 운영하고 있다. Reno 사이트에서만 매년 140,000 대의 기계를 생산한다. 수년 동안 이익을 내왔다. 2005년에는 24억 달러의 매출로 4억 3,700만 달러의 수익을 올렸다. 다른 회사의 경영진이 "파산하지 않았다면, 고치지 마시오"라고 생각하도록 하는 상황이었을 것이다.

2002년까지 각 비즈니스 기능에는 자체 정보 시스템이 있었다. IGT는 판매, 고객 주문, 제조 및 회계 처리를 위한 다른 시스템을 갖추고 있었다. 관리자가 특정 고객 주문에 대한 정보를 받기 원했을 때 영업 부서의 고객 세부 정보, 제조 단위에서 제조되는 기계의 상태 및 지불 상태와 같은 다른 정보를 받기 위해 각 기능 단위로 이동해야 했다. 회계 부서 자체에는 미수금, 미지급금 및 총계 장부와 같은 다양한 서적을 처리하는 여러 소프트웨어 응용 프로그램이 있다.

비즈니스가 성장함에 따라 관리자는 주문에 대한 포괄적인 정보를 얻을 수 없다고 불평했다. IT 부서는 시스템을 연결하는 인터페이스 소프트웨어를 개발했지만 정보가 일관성이 없다는 불만이 여전히 있었다. IT 전문가들은 소프트웨어의 불미스러운 모습을 유지하고 있다고 인정했다. 시끄러운 불만이 회계사에게서 나왔다. 매년 "장부를 덮는 데 2주가 걸렸다."

회계 부서는 경영진에게 업무 효율을 높이는 새로운 시스템을 구입하도록 압력을 가했다. CIO는 자신의 탄원을 이해했지만 이 부서의 요청을 만족시키는 것이 엔지니어링 및 제조와 같은 다른 부서의 유사한 요구를 유발할 것을 두려워했다. 결과는 부서마다 더 나은 정보 시스템이 될 수 있지만, 여전히 서로 연결되어 있지 않은 서로 다른 시스템이다. CIO의 조언에 따르면 IGT 경영진은 ERP 시스템을 구현하기로 결정했다.

운영위원회와 프로젝트 팀이 구성되었다. 그들의 구성원은 기술보다는 비즈니스 기능에 중점을 두었다. 첫 번째 선택 후 SAP, Oracle 및 J.D. Edwards (이후 Oracle에 의해 인수 됨)라는 세 회사의 시스템이 고려되었다. 더 심도 깊은 검토 끝에 SAP가 계약을 맺고 IGT는 2년 간의 노력을 시작했다. 2003 년 R / 3 ERP 시스템으로 전환했다. IGT는 프로젝트 비용을 공개하지 않았지만 분석가들은 프로젝트가 1,000만 달러를 훨씬 상회했다고 추정했다.

시스템 준비가 완료되면, 제품 개발, 제조 및 재무라는 세 가지 기능이 하나의 엔터프라이즈 시스템에 통합되었다. 다른 ERP 시스템과 마찬가지로 R/3도 특정 고객을 위해 수정된 경우에도 고도로 구조화되어 있다. 새로운 시스템은 IGT가 종종 비즈니스 프로세스의 일부를 변경하도록 했다. 그러나, SAP는 다른 ERP 시스템보다 덜 경직되어 SAP 시스템을 선택했다. 이것은 IGT에게 중요하다. 왜냐하면 그것은 주문할 기계를 만들기 때문이다.

이 시스템을 통해 회사는 여러 가지 이점을 누릴 수 있었다. 가격 제안은 보다 정확한 정보와 견적을 바탕으로 한다. 제조 현장의 관리자는 자체 PC에서 제조 공정 시트를 보거나 인쇄할 수 있다. 직원들은 더 이상 사양이나 "모서리 절단"을 무시할 수 없다. 이 같은 시도가 진행될 때 프로세스가 계속 진행되는 것을 허용하지 않는다. 제품은 보다 효율적이고 적은 오류로 만들어진다. 이 시스템은 전 세계의 모든 회사 사이트를 연결한다. 시스템 모듈 중 하나는 프로젝트 관리로 관리자는 신제품 개발과 관련된 설계 변경 및 비용을 모니터링 할 수 있다.

새로운 시스템은 기존 MRP (자재 소요량 계획) 시스템을 대체했지만 SAP 시스템에 성공적으로 통합된 자체 개발된 공장 제어 시스템을 여전히 사용한다. 공장 제어 시스템을 통해 관리자는 어떤 시스템에 어떤 시스템이 구축되었는지 알 수 있다.

IGT는 주문 평균 기간을 9-10주에서 7-8주로 단축했다. 급한 주문이 입력되면 IGT는 이제 7주 대신 4주 만에 처리할 수 있다. 2002년에서 2005년 사이 원자재 주문의 오류율은 10%에서 거의 0으로 감소했다. 재고 회전율은 연간 6.3%에서 8.4%로 증가했다.

IGT의 CIO는 구현이 어려웠다고 인정한다. 이 회사는 다양한 기계를 만들어 시스템에 많은 BOM (Bills of Materials)을 입력해야 했다(새로운 제품에는 새로운 BOM을 입력해야 한다). IGT가 운영하는 방식에 일부 기능을 적용하는 것은 쉽지 않았다. 그러나 구현은 성공적이었다. CIO는 고위 경영진의 강력한 지원, 모든 영향을 받는 부서의 구성원들로 구성된 운영위원회, 유능한 프로젝트 관리 팀, 직원들이 새로운 시스템을 사용하는 방법을 이해하는 데 도움이 되는 교육 프로그램 및 엄격한 테스트 시스템을 사용하기 전에 받았다.

출처: Bartholomew, D., "ERP: Gaming Company Hits Jackpot," Baseline, October 2, 2006; (www.igt.com), 2007.

사례에 관해서 생각해 볼 점

1. ERP 시스템을 구현하기 전에 IGT가 직면 한 문제점은 무엇인가?
2. 새로운 시스템이 프로세스를 제어하는 데 어떻게 도움이 되는가?
3. 2002 년 상황과 비교하여 ERP 시스템의 이점은 무엇인가?
4. IGT는 구 공장 제어 시스템을 계속 운영하기로 결정했다. 왜 그렇게 생각하는가?

효과적인 CRM을위한 전자 메일에 휴식

서비스 산업의 경우 고객에게 훌륭한 경험을 제공하는 것이 성공의 열쇠이다. 아주 작은 세부 사항은 고객을 놀라게 하고 지속적인 인상을 남긴다. CRM 방법론의 토대는 고객과의 관계를 유지하는 것뿐만 아니라 수익성 있는 고객에게도 초점을 맞춘다.

1990년대 전자 메일 채택이 크게 증가하자, 많은 기업들은 마케팅 및 커뮤니케이션에 대한 관심을 다이렉트 메일에서 전자 메일로 전환했다. 이 새로운 기술은 고객과 의사 소통하기 위한 저비용의 효율적인 방법으로 여겨졌다. 그러나 이메일을 통한 의사 소통의 이점은 곧바로 소비자에게 "양날의 칼"이 되었다. 전자 메일을 과도하게 사용하면 고객과의 의사 소통이 과하게 이루어지므로 고객이 감소할 수 있다.

정부 규제와 소셜 미디어의 대중성의 결합은 전자 메일에 대한 의존도를 줄였다. 닐슨 (Nielsen)의 2010년 보고서에 따르면 전자 메일 관련 시간은 28%로 줄었고 소셜 미디어와의 시간은 43%까지 증가했다. 역설적이게도, 소셜 미디어가 인기를 얻지만, 소비자는 스페셜과 광고에 대한 정보를 얻기 위해 전자 메일로 이메일을 보내려면 42%의 충성도를 유지해야 한다. eConsultancy 조사에 따르면 소셜 네트워킹 사이트를 이용하는 사람은 3%, 트위터를 사용하는 사람은 1%에 불과했다. Forrester Research의 2011년 보고서에 따르면 소비자는 이메일을 읽지 않고도 이메일을 더 적게 삭제할 수 있다.

호텔 업계는 고객이 원하는 편의 시설을 계속해서 제공한다. Wyndham Hotel Group은 7,000개가 넘는 호텔을 보유하고 있어 로열티 프로그램에 8백만 명이 넘는다. Wyndham은 이메일 캠페인을 사용하여 자신의 브랜드를 홍보할 뿐 아니라 해당 부동산의 수익 및 점유율을 높이기를 원했다. 그러나, 회원들과 너무 많이 소통하지 않도록 캠페인의 균형을 유지하는 것이 중요하다. 경쟁이 치열한 호텔 업계는 변덕스런 고객을 만든다. 호텔에서 제공하는 프로모션은 종종 이메일 캠페인 조정 문제를 복잡하게 만든다. 그러나, 효과적인 이메일 캠페인은 다른 비즈니스와 동일한 접근법을 필요로 한다.

Wyndham은 많은 이메일 프로모션을 시행했지만 계획한 결과를 받지 못했다. 이러한 캠페인을 시행하는 데 필요한 노력과 더불어 새로운 접근 방식이 필요하다는 것을 알고 있었다. 마케팅 회사 인 Acxiom과의 협력을 통해 좀 더 구체적인 접근 방식이 개발되었다. 외부 컨설턴트와 함께, 그들은 메시지의 타이밍과 순서를 결정하는 모범 사례를 적용했다. 그들은 사용자 정의 제목 텍스트와 함께 웹 페이지와 다양한 이메일 버전을 만들었다. 이 이메일은 미국의 보상 멤버의 하위 집합으로 전송된다.

과거의 행동을 기반으로 향후 이메일을 맞춤화하는 것이 중요했다. Wyndham은 이러한 데이터를 기반으로 작동하는 자동화 된 전자 메일 엔진을 개발했다. 예를 들어, 등록 완료에 따라 확인 이메일이 발송되었다. 무료 숙박부터 휴가 특가, 특전 포인트 스페셜에 이르기까지 특정 목적에 따라 보상 회원에게 다양한 이메일을 보낸다. 이메일 배포에 중점을 두고 Wyndham은 회원들에게 이메일 수신을 거부할 수 있는 기능을 계속 제공했다.

이메일 기술의 전략과 사용은 이전 이메일 캠페인에 비해 성공적이었다. Wyndham의 총 수익은 전자 메일 권유로부터 직접적으로 연결되어 187% 증가했다. 다른 여러 측정 지표에서도 긍정적인 결과가 나타났다. 사용자가 열어 본 이메일의 비율은 8.2% 증가했으며 여름 프로모션 등록율은 이전 캠페인보다 43% 증가했다.

출처 : Aquino, J. (2012). Don't count out email yet. Customer Relationship Management, 16-19. Aquino, J. (2012). Wyndham hotels' targeted emails break records. Customer Relationship Management, 16, 37. Rubel, S. (2010). Hot or not: Email marketing vs. social-media marketing. Advertising Age, 81(29), 16.

사례에 관해서 생각해 볼 점

1. Wyndham이 방치하지 말고 이메일 캠페인 접근법을 재검토하는 것이 중요한 이유는 무엇인가?
2. 이 노력의 전환점은 무엇이라고 생각하는가?
3. 마케팅 전문가가 다른 프로모션 방법과 다른 방식으로 이메일 캠페인에 접근한 이유는 무엇인가?
4. 사업장으로부터 받은 이메일을 고려하시오. Wyndham의 접근 방식과 비교하여 이러한 비즈니스의 접근 방식을 대조하고 비교하시오.

참고문헌

Anonymous. (2009). Success Story — SnapFish. www.liveperson.com/sites/default/files/pdfs/Snapfish_CaseStudy.pdf

Anonymous. (2010a). Recruiting Still the HR Function Most Likely to Be Outsourced. Staffing Management, 6, 9-9.

Anonymous. (2010b). Wonderlic Launches ASAP for Home Healthcare(TM) A Web-Based Solution That Helps Home Healthcare Firms to Quickly Hire Capable, Service-Oriented Staff, Business Wire.

Anonymous. (2010c). Wonderlic Rolls Out ASAP for Property Management Hiring. Professional Services Close-Up.

Columbus, L. (2013). 2013 ERP Market Share Update: SAP Solidifies Market Leadership. Forbes.com. www.forbes.com/sites/louiscolumbus/2013/05/12/2013-erp-market-share-update-sap-solidifies-marketleadership/

2부 정보 기술

- 4장 비즈니스 하드웨어
- 5장 비즈니스 소프트웨어
- 6장 비즈니스 네트워크와 텔리커뮤니케이션
- 7장 데이터베이스와 데이터 웨어하우스

교과서 사례 비즈니스 과제

리즈(Liz)와 마이클(Michael)은 그들의 식당 사업을 위한 정보 기술의 전략적이고 기능적인 용도를 이해한다. 이제 그들은 전략적이고 운영적인 의사 결정을 지원하는 하드웨어, 소프트웨어 및 네트워킹 요구 사항을 분석하고 취합해야 한다. 또한, 리즈(Liz)와 마이클(Michael)은 그들의 사업 운영을 지원하기 위해 어떤 정보가 필요한지를 판단해야 한다.

- 4장"비즈니스 하드웨어"에서는 하드웨어 요구 사항을 평가하고 기업의 일과 운영을 지원하는 하드웨어를 결정하는 방법을 배운다.
- 제5장"비즈니스 소프트웨어"에서는 조직의 직원 및 관리자에게 기능을 제공하는 데 필요한 소프트웨어 유형을 결정하는 방법을 배운다.
- 제6장"비즈니스 네트워크와 텔리커뮤니케이션"에서는 다양한 기업들이 기술 및 비즈니스 기능을 지원하기 위해서 사용하는 네트워크 및 통신 전략에 대해 배운다.
- 7장"데이터베이스와 데이터 웨어 하우스"에서는 조직의 중요한 자산인 데이터베이스의 중요성을 파악하고, 전략적 이점과 운영 효율성 측면에서 데이터베이스 기술을 활용하는 방법을 이해한다.

4장

비즈니스 하드웨어
(BUSINESS HARDWARE)

학습 목표(Learning Objectives)

모든 현대적인 정보 시스템의 중심에는 최소한 하나의 컴퓨터가 있다. 컴퓨터만큼 급격하게 인간의 삶을 바꿔 놓은 기계는 거의 없었고 이토록 짧은 시간 안에 그렇게 많은 사업체와 개인들에게 알맞게 변화한 복잡한 기계는 없었다. 컴퓨터와 다른 하드웨어 장치는 정보 시스템의 중심에 있기 때문에, 정보시스템들(ISs)을 성공적으로 구현하기 위해서는 반드시 이해해야 한다. 기업들은 컴퓨터와 모바일 기기에서부터 입력 및 출력 장치까지 다양한 하드웨어 관련 선택들을 해야 한다. 하드웨어의 기능과 이용 가능한 옵션을 이해하면 기업들은 수 백만 달러를 절약할 수 있다. 이 장에서는 직업상 경력에 있어 컴퓨터 하드웨어에 대한 현명한 의사 결정을 내릴 수 있는 지식을 제공한다.

본 장을 마치면 다음과 같은 이점을 누릴 수 있다.

- 컴퓨터의 주요 하드웨어 구성 요소를 나열하고 해당 기능을 설명한다.
- 컴퓨터를 주요 범주로 분류하고 그들의 강점과 약점을 구분한다.
- 구입할 컴퓨터 또는 관련 장치를 결정하기 위한 주요 기준을 파악하고 평가한다.
- 컴퓨터 사용으로 인한 건강상 위험 가능성에 대해 논의한다.
- 정보기술과 관계된 직업들을 서술할 수 있다.
- 정보기술의 광범위한 사용이 불러온 주요 윤리적·사회적 문제들을 서술할 수 있다.

[킴볼 레스토랑: 식욕을 위한 하드웨어]

타일러(Tyler)와 마이클(Michael)은 새로운 지역을 위한 마케팅 계획을 세웠다. 그들은 킴볼(Kimball)의 호수 지역에 새로운 고객을 확보하기 위해 마케팅 역량을 넓히는 데 성공할 것이라고 믿는다. 이제는 그들의 관심을 운영적인 측면을 개선하는 데로 돌릴 때가 되었다. 가장 중요한 결정 사항은 어떤 소프트웨어가 새로운 지역에 대한 그들의 필요를 가장 잘 충족하고 현재의 컴퓨터 하드웨어가 이를 감당할 수 있을 지이다

기술적인 내용들

타일러와 그의 부모는 정보 시스템을 업그레이드하는 것이 기존 식당의 보다 효율적인 운영을 돕고 새로운 지역 진입을 진입할 수 있는 탄탄한 기반을 마련할 것이라는 데에 동의했다. 또한 그들은 보다 효율적이고 효과적으로 사업을 평가하고 계획하도록 도울 수 있는 추가적인 데이터 및 보고 기능을 가질 수 있게 된다는 점에 만족했다. 그들이 몰랐던 것은 그들의 목표를 달성하기 위해 필요한 하드웨어와 소프트웨어였다.

타일러는 자사의 현재 POS (Point of Sales) 시스템을 설치한 소프트웨어 회사인 PosiDinig Systems(PDS)의 클락 하워드(Clark Howard)에게 연락했다. 그들은 수년 전 운영을 자동화하기 위한 저가형 옵션으로서 PDS의 엔트리 레벨 버전을 선택하였다. PDS시스템 설치 이후 일부 문제들이 감소되었다(추가 설명은 이전 장 참조). 하지만 그는 현재 사용하고 있는 시스템의 버전이 새로운 지역을 감당하기에 충분하지 않을 수 있다고 우려했다. 그는 서버가 테이블에서 작성된 노트에 근거하여 시스템에 수동으로 입력해야 한다는 점이 우려되었다. 고객 주문을 받아 적거나 입력하는 데에 실수가 있을 수 있기 때문이다.

타일러는 새로운 식당에서 예상되는 업무량과 새로운 지역에서 예상되는 관리상 문제들을 설명했다. 클락과 타일러는 식당 웨이터, 주방 직원이 사용할 워크 스테이션의 개수와 식사 및 바 구역 배치를 검토했다. 클락은 타일러에게 더 강력한 버전의 PDS제품이 새로운 장소를 효과적으로 운함은 물론이고 관리에 필요한 더 많은 데이터를 제공하며, 현재 POS시스템에서 겪고 있는 문제 중 일부를 해결할 수 있다고 말했다.

타일러는 그의 가족이 식당을 운영하고 관리하는 데 도움이 될 수 있는 정보 시스템을 원했지만 직원과 경영진 모두를 위한 새로운 시스템 관련 비용 및 학습 시간이 걱정되었다. 클락은 그의 걱정을 이해했다. 타일러는 호수가 지역 식당이 준비되는 2-3개월 동안 현재의 식당에 업그레이드된 시스템을 설치할 수 있는지 여부를 물었다. 하드웨어와 소프트웨어를 설치하고 재설치하는 데 약간의 비용이 들 수 있지만, 현재 식당에서 사람들을 훈련시키는 것은 새로운 식당으로 옮겨 갈 때 받을 스트레스를 줄여줄 것이다.

클락은 이 단계적(Phase-in) 접근법의 관련 비용들을 상세히 기술한 제안서를 준비하겠다고 말했다.

컴퓨터 하드웨어 구성 요소

세계에서 가장 큰 규모의 소매업 체인 eBay는 2013년 1분기에 40억달러의 전자 제품을 판매했으며 전 세계에서 1억 1600만명 이상의 사용자를 지원하고 있다. 모든 eBay거래 중 33%는 모바일 기반일 정도로 모바일 컴퓨팅의 영향력은 상당한 수준이었다. 이러한 활동에는 막대한 양의 하드웨어가 필요하다. 이 회사는 50,000대의 서버를 사용하며 인터넷을 통해 연결된 회사의 컴퓨터가 전 세계에 퍼져 있다.

하드웨어는 컴퓨터 용어로 컴퓨터의 물리적 구성 요소와 태블릿, 스캐너, 스마트 폰과 같은 관련된 디지털 기기를 가리킨다. (다음 장에서 다루는 소프트웨어는 특정 과제를 수행하기 위해 하드웨어를 지시하는 명령들의 집합을 의미한다.) 관리자는 하드웨어가 아닌 소프트웨어를 고려해야 한다. 기업들은 먼저 그들이 지원하고 싶은 결정과 그들이 만들고자 하는 의사 결정을 먼저 파악할 필요가 있다. 이 정보를 통해 적절한 소프트웨어를 판단하고 소프트웨어를 실행하기 위한 최상의 하드웨어를 구입할 수 있다. 새로운 조직은 종종 소프트웨어 관련 결정을 우선적으로 내릴 수 있다. 그러나 대부분의 경우, 조직은 이미 하드웨어에 상당한 투자를 하고 있으며, 따라서 기존 하드웨어의 제약 조건 내에서 새로운 소프트웨어를 채택하는 것을 고려해야 한다. 크기, 연식, 기능 또는 능력에 상관 없이 대부분의 컴퓨터는 동일한 기본 원칙에 따라 동일한 기본 구성 요소(그림 4.1참조)를 가지고 있다. 컴퓨터는 4개의 연산을 처리해야 한다.: (1)데이터 수집, (2)데이터/명령 저장, (3)데이터 처리, (4) 데이터 및 또는 정보 출력. 최근 몇 년간, 네트워크를 통한 데이터 통신은 휴대용을 포함한 거의 모든 컴퓨터의 입력과 출력의 필수적인 측면이 되었다.

■ 그림 4-1

대부분의 컴퓨터 시스템은 같은 구성 요소들을 기본으로 가진다.

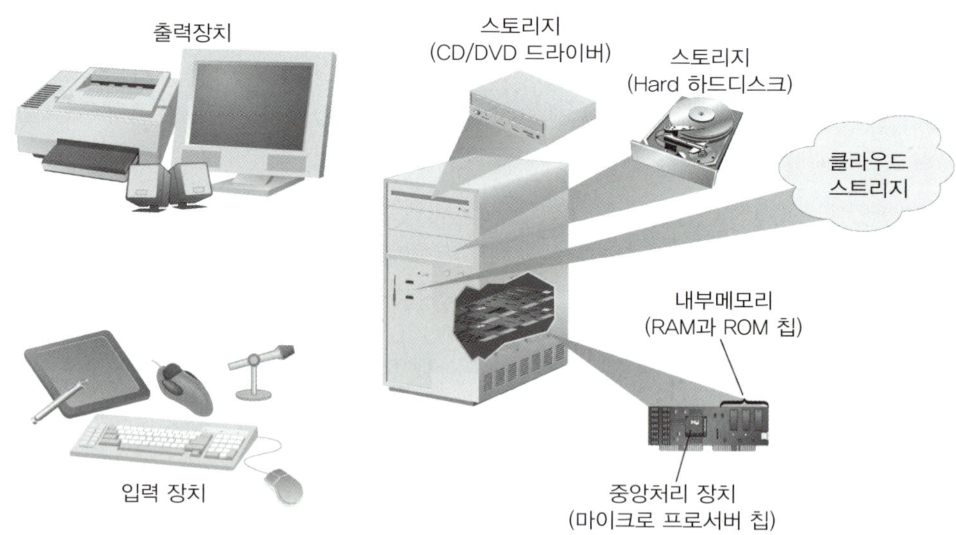

일반적으로 모든 컴퓨터에는 다음과 같은 구성 요소를 가진다.

- 입력 장치는 컴퓨터 외부로부터 신호를 수신하여 컴퓨터로 전송한다. 일반 입력 장치는 컴퓨터 키보드, 마우스 및 터치 스크린이지만 일부 입력 장치는 음성, 이미지 또는 기타 신호를 받아들인다.
- 중앙 처리 장치 또는 CPU는 모든 컴퓨터에서 가장 중요한 부분이다. CPU는 명령과 데이터를 수용하고 명령을 해독하고, 결과를 메모리에 저장하며, 결과(출력)를 메모리에 저장한다. 기

술적인 측면에서, CPU는 실리콘, 트랜지스터, 그리고 복잡한 회로를 형성하는 수많은 작은 납땜 와이어로 만들어진 칩이다. 회로는 컴퓨터를 구동하기 위해 전기 신호를 해석할 수 있도록 만들어져 프로그래밍된다. 일부 컴퓨터에는 CPU가 여러 개 있기도 하다. 컴퓨터 파워 증가와 가격의 하락은 칩의 크기를 늘리지 않고 칩의 수를 늘릴 수 있는 엔지니어들의 능력의 결과였다.

- 기본 메모리라고도 하는 **내부 메모리**는 CPU근처에 위치하며 CPU가 CPU를 처리한 직후 바로 데이터와 명령을 저장한다. 여기에는 기계에서 현재 실행 중인 프로그램, 산술 연산의 중간 결과, 작성 중인 문서의 중간 버전, 컴퓨터 화면에 표시되는 사진, 스피커에 의해 표시되는 소리를 나타내는 데이터 요소가 포함된다. 대부분의 컴퓨터 내부 메모리는 RAM(Random Access Memory)이 차지하며, 일부가 ROM(Read-Only Memory)이다. RAM은 데이터 및 프로그램 명령을 저장하며, 설계 상 컴퓨터가 꺼져 있거나 컴퓨터 프로그램이 데이터를 교체할 수 있는 경우에 해당 컨텐츠가 지워지는 휘발성을 가진다. 이에 비해 ROM은 비휘발성이며 컴퓨터가 전원이 켜질 때 프로그램을 로드하는 데 사용하는 데이터와 지침을 포함하는 데이터 및 명령을 저장하고 있다. 단순히 memory 라고도 하는 RAM 의 용량과 RAM이 작동하는 속도는 컴퓨터의 파워를 결정하는 두 가지 주요 속성이다. CPU및 기본 메모리는 대개 **마더 보드**(Mother board) 또는 시스템 보드라는 컴퓨터 케이스의 회로판에 연결된다.
- **스토리지**(Storage)는 자기 디스크(Magnetic Disks), 자기 테이프(Magnetic Tapes), 광학 디스크(Optical discs), DVDs및 플래시 메모리(Flash Memory)처럼 정보와 데이터를 저장하는 다른 유형의 매체이다. RAM과 달리 외장 메모리는 영구 저장이 가능하다. 따라서 많은 외부 스토리지(Storage) 매체는 이동이 가능하며 하나의 컴퓨터에서 다른 컴퓨터로 이동할 수 있다. 온라인 또는 클라우드 스토리지(Cloud Storage)(인터넷 또는 사설 네트워크를 통한 원거리 데이터 저장)는 점점 더 인기 있는 형태의 스토리지(Storage)다.
- **출력 장치**(가장 일반적으로 컴퓨터 모니터 및 프린터)는 컴퓨터에서 사람에게 정보를 전달한다. 이외에도 스피커 및 디지털 오디오 플레이어, 디지털 점수판(Digital Scoreboard)같은 특수 출력 장치가 있다.
- 제1장"비즈니스 정보 시스템: 개요"에서의 디지털 정보의 설명을 떠올려 보자. 컴퓨터와 다른 디지털 장치는 두 개의 상태(State)를 사용하여 0과 1을 나타낸다. 두 개의 상태(State)만을 표현하는 것은 많은 상태(State)를 표현하는 것보다 더 쉽다. 그리고 두 개의 상태(State)는 많은 상태에 비해 더 정확하게 감지될 수 있다.

WHY YOU SHOULD 왜 정보시스템 하드웨어를 이해해야 하는가?

비즈니스 전공 및 기타 IT전문가들은 종종 "왜 컴퓨터 하드웨어를 공부해야 하는가?"라고 묻곤 한다. 정답은 3가지이다. 필요한 장치를 제공해 수 있는 IT전문가에게 당신이 필요한 하드웨어에 대해 정보를 전달하기 위해 하드웨어에 대해 충분히 알고 있어야 한다. 다양한 옵션 중에서 선택할 수 있고 특정 하드웨어에 대해 결정을 내릴 수 있는 위치에 있는 경우, 현명한 의사 결정을 내리기 위해 하드웨어에 대해 충분히 숙지해야 한다. 마지막으로, 당신은 현재 전문가이거나 앞으로 전문가가 될 것이기 때문에 개인적인 용도로 하드웨어를 구입할 수 있다. 하드웨어의 개발에 뒤쳐지지 않음으로써 당신은 현명한 소비자가 될 것이며 당신의 구매를 최적화할 수 있을 것이다.

또한 새로운 기술에 대한 지식은 조직의 경쟁력 제고를 위한 새로운 제품 및 서비스 개발 방법에 대한 아이디어를 제공할 수 있다. 역사적으로, 필요는 발명의 어머니였지만, 이는 정보 기술에는 잘 적용되지 않았다. 사업에 사용하기 오래 전부터 이러한 발명품들은 이미 보급되어 있었다. 특정 신개발품이 자기 기업에 이익을 줄 수 있다는 것을 인식하는 전문가들만이 그들의 비전에 대해 보상을 받을 것이다. 특히, 창업자들은 기술이 어떻게 그들의 운영을 구축하고 변화시킬 수 있는지 이해해야 한다. IT전문가들은 기술 구성 요소를 설계, 개발 및 구축하는 한편, 창의적인 방식으로 기술들을 통합 또는 융합하여 사용할 수 있는 높은 수준의 비전을 보유하고 있어야 한다.

컴퓨터가 처리하고 저장하는 데이터 양은 비트(Bit)와 바이트(Byte) 단위로 측정된다. 비트는 이진수, 0또는 1이다. 바이트는 8비트의 조합이다. 텍스트, 이미지, 비디오 및 오디오를 포함하여 컴퓨터에 의해 저장되고 처리되는 모든 데이터는 비트와 바이트 단위로 표시된다. 컴퓨터 메모리 및 스토리지(Storage) 용량은 메가 바이트(메가 바이트, 수백만 바이트), 기가 바이트(GB, 수십억 바이트)및 테라 바이트(TB, 수조) 단위로 측정된다. (그림 4.2 참조).

■ 그림 4-2

디지털 데이터의 양 측정

1 킬로바이트 = 1,000 바이트

1 메가바이트 = 1,000,000 바이트

1 기가바이트 = 1,000,000,000 바이트

1 테라바이트 = 1,000,000,000,000 바이트

1 페타바이트 = 1,000,000,000,000,000 바이트

1 엑사바이트 = 1,000,000,000,000,000,000 바이트

1 제타바이트 = 1,000,000,000,000,000,000,000 바이트

1 요타바이트 = 1,000,000,000,000,000,000,000,000 바이트

컴퓨터 분류

슈퍼 컴퓨터는 주로 연구 기관 혹은 정부기관에서 복잡한 계산을 수행하기 위해 사용된다.

컴퓨터는 슈퍼 컴퓨터에서부터 휴대용 스마트폰까지 다양한 종류로 분류된다. 컴퓨터는 그들의 파워로 분류되는데, 이는 주로 처리 속도와 메모리 크기에 의해 결정된다. 하지만, 분류 간 경계가 모호해 졌고, 분류 명칭은 점차 바뀌어 왔다. 일반적으로 컴퓨터가 더 강력한 파워를 가질수록 가격 또한 올라간다.

슈퍼 컴퓨터(Supercomputers)

슈퍼 컴퓨터는 어느 시점에서 가장 강력한 컴퓨터를 말하지만, 특히 연산 속도가 필요한 과제를 위해 특별히 제작되었다. 슈퍼컴퓨터는 사업적으로 활용하기에는 지나치게 비싸고 비실용적이다. 일반적으로, 외형적으로도 가장 크고 비싸다. 대학, 연구 기관, 정부 기관, 그리고 연구 개발 분야에 종사하는 대기업들 등이 사용할 가능성이 가장 높다. 슈퍼 컴퓨터 제조 업체로는 IBM, Cray, Fujitsu, Hitachi, NEC등이 있다. 슈퍼 컴퓨터의 RAM은 수십 억 바이트로 구성되어 있으며, 처리 속도는 초당 수 조 개의 명령을 처리하는 수준이다. 대개 적어도 수

백만 달러의 비용이 들며 추후에 설명될 타이탄 슈퍼 컴퓨터의 경우는 1억달러(Munger, 2012)의 비용이 소요되었다.

슈퍼 컴퓨터에는 **병렬 프로세싱**(Parallel Processing)을 수행하고 빠른 속도로 실행할 수 있는 여러 개의 프로세서가 내장되어 있다. 예를 들어, NASA는 과학적 연구와 우주 탐사를 위해 슈퍼 컴퓨터 시스템을 사용한다. SGI에 의해 만들어진 자사의 플레이아데스(Pleiades) 슈퍼 컴퓨터는 182개의 랙(Rack), 11,776개의 노드(Nodes), 23,552개의 프로세서와 233TB의 메모리를 가지고 있다(Anonymous, 2012e.) 하지만, 이 컴퓨터도 미국 에너지부(Department of Energy)의 로렌스 리버모어 국립 연구소(Lawrence Livermore National Laboratory)에 사용된 블루 진(Blue Gene)과 비교하면 느린 편이다. 이 블루 진 IBM컴퓨터는 1.6PB의 메모리로 초당 16,000조 개의 연산을 처리할 수 있는 백 육십만 개의 프로세서를 가지고 있다(Brodkin, 2012.) 하지만 이 정도의 처리 능력도 이 컴퓨터 시스템을 수용하는데 필요한 3,000평방 피트에 비하면 작다고 할 수 있다.

병렬 프로세싱(다중 처리(Multiprocessing)라고도 함)에서는 여러 CPU가 동시에 서로 다른 데이터를 처리한다. 슈퍼컴퓨터는 인공위성 궤도 계산, 기상 예측, 유전자 해석, 유전 탐사 최적화 등에 사용되며 가격 또는 물리적 어려움 때문에 다른 방식으로는 실험이 불가능한 제품에 대한 시뮬레이션이 포함된다.

POINT OF INTEREST 세계에서 가장 강력한 컴퓨터

오크 리지 국립 실험실(Oak Ridge National Laboratory)은 2012년 10월에 처음으로 신형 슈퍼 컴퓨터인 타이탄(Titan)을 작동시켰다. 이 슈퍼 컴퓨터는 세계에서 가장 빠른 컴퓨터가 될 것으로 예상되며, 바이오 연료, 연소 엔진 효율성, 자기학, 천체 물리학, 기후학, 핵 과학, 원자 수준의 재료 과학 분야의 연구 개발에 사용될 것이다. 타이탄은 이전 버전 슈퍼컴퓨터 Jaguar와 비교하여 크기는 같지만 비해 10배나 높은 처리 능력을 보유하고 있다. 타이탄의 속도는 지구의 70억명의 사람들 각각이 초당 3백만 번의 계산을 수행하는 속도와 같다.

출처: Hoover, J. N. (2012). Energy Dept.'s Titan Supercomputer: Record Breaker? Information week - Online. http://www.informationweek.com/government/enterprise-applications/energy-depts-titan-super computer-record/240012478

하나의 대형 슈퍼컴퓨터를 사용하는 대신에 네트워크를 통해 작은 컴퓨터들의 "클러스터"를 구축함으로써 유사한 컴퓨팅 성능을 확보할 수도 있다. **클러스터링**(Clustering)은 다중 프로세서가 있는 단일 시스템을 사용하는 대신에 여러 시스템의 CPU 파워를 사용하여 동일한 효과를 제공한다. 컴퓨터 클러스터는 처리 성능 향상을 위하여 컴퓨팅 요청을 완료하는 상호 연결된 컴퓨터들의 그룹으로 구성된다. 이는 인터넷, 또는 인터넷과 같은 개인 또는 공용 네트워크를 통해 다수의 서버들 CPU를 연결하는 특별한 소프트웨어를 사용하여 수행할 수 있다.

메인 프레임 컴퓨터

메인프레임 컴퓨터(Mainframe computer)는 슈퍼 컴퓨터보다 계산 속도가 느리고 훨씬 덜 비싸다. 그들은 수 천 달러에서 수십 만 달러의 비용이 든다. 비즈니스 거래를 처리하고 대량의 데이터를 중앙 컴퓨터에 저장해야 하는 기업들은 종종 IT 전문가들이 "big iron"이라는 애칭으로 부르는 메인프레임을 사용한다. 이러한 분야는 은행, 보험 회사, 대형 소매점 및 대학교 등을 포함한다. 잘 알려진 메인 프레임 제조 업체로는 IBM, Fujitsu, Unisys등이 있다. 일반적으로 메인 프레임의 처리 속도는 가장 빠른 PC보다 높지 않지만, 대개 다수의 프로세서가 복잡한 계산을 하고 주로 테라 바이트(terabytes) 단위로 측정되는 메모리를 가지고 있다. 일부 추정치에 따르면 전세계 비즈니스 데이터의 상당량이 메인프레임에 존재한다. 슈퍼 컴퓨터와 마찬가지로 이 컴퓨터들은 우리가 인터넷을 통해 자주 접근하고 있다 하더라도 일반적으로 대중에게 보이지는 않는다.

POINT OF INTEREST 모든 사람을 위한 슈퍼 컴퓨팅

슈퍼 컴퓨터의 접근성은 엄청난 크기와 비용 때문에 문제가 되어왔다. 이들은 2천만불 이상의 구축비용이 들고 수백만 달러 이상을 매년 전력과 냉각 비용으로 소비한다. 하지만, 사이클 컴퓨팅(Cycle Computing)의 최고 경영자인 제이슨 스토우(Jason Stowe)는 저비용에 큰 규모의 연산을 필요로하는 중소 기업 및 연구원들을 위해 이 문제를 해결해왔다. 싸이클 컴퓨팅의 소프트웨어는 아마존 닷컴(Amazon.com)의 클라우드 컴퓨팅 서비스와 통신하고, 한 가지 문제를 해결하기 위해 50,000대 이상의 컴퓨터를 구성한다. 싸이클 컴퓨팅은 컴퓨팅 문제를 모든 기계에 분산시킬 수 있는 작은 조각으로 나누고 결과를 다시 합친다. 시간 당 1,000달러라는 낮은 비용은 적은 연구비로 도전적인 과제를 수행하는 연구자들도 이 서비스를 사용할 수 있도록 해준다.

출처 : Vance, Ashley. (2012). Supercomputers for Rent. Bloomberg Businessweek. Retrieved from, http:// www.businessweek.com/articles/2012-07-26/supercomputers-for-rent

서버

종종 서버(Server)라고도 불리는 중간 범주의 컴퓨터는 메인프레임보다는 작고 덜 강력하다. 일반적으로 데스크탑, 랩탑 및 다른 서버 등 다양한 컴퓨터의 수백 명의 사용자를 연결하는 공유 리소스로 사용된다. 따라서 이러한 컴퓨터는 인터넷을 통해 혹은 조직 내에서 다른 컴퓨터와 통신하는 한편 애플리케이션과 데이터를 "서비스" 하는 데 사용된다. 메인프레임 컴퓨터와 마찬가지로 서버들은 복수의 프로세서를 사용하기도 한다.

개인용 컴퓨터

개인용 컴퓨터(Personal Computers, PCs)는 노트북 컴퓨터, 데스크탑, 넷북 및 포켓용 컴퓨터 등 여러 유형의 컴퓨터를 지칭한다. 더욱 강력한 개인용 컴퓨터는 워크스테이션(Workstations)이라 불리기도 한다. 워크스테이션은 일반적으로 컴퓨터 지원 디자인(CAD), 컴퓨터 지원 제조(CAM), 복잡한 시뮬레이션, 그래픽 렌더링(Rendering) 및 과학적 응용 분야에 사용된다. PC의 성능이 지속적으로 향상됨에 따라, 과거에는 중간 범주(midrage)로 분류된 컴퓨터가 PC로 분류되는 등 컴퓨터 범주 간의 경계가 계속 모호해 지고 있다.

PC의 속도와 메모리 용량은 약 2년마다 두 배씩 증가한다. 현재 개인과 기업에 판매되는 대부분의 PC는 $900미만이다. 하지만 점점 더 많은 수의 PC가 데스크탑 PC가 아닌 랩탑과 태블릿 컴퓨터가 되고 있다.

이동식 컴퓨터: 노트북, 태블릿, 스마트폰

컴퓨터는 점차 가정, 사무실 또는 학교 밖에서도 더 많이 사용되고 있다. 노트북이나 휴대용 컴퓨터는 이동 중인 사람들의 데이터를 기록하고 검색하는 데 사용된다. **노트북 컴퓨터**(랩탑(laptop)이라고도 함)는 충전용 배터리로 구동할 수 있는 콤팩트하고 가벼운 개인용 컴퓨터이다. 이러한 컴퓨터는 배터리를 재충전하지 않고 최대 8시간 동안 작동할 수 있다. 최근의 모든 노트북 컴퓨터에는 네트워크와 인터넷에 연결할 수 있는 내부 회로가 내장되어 있다. (무선 기술(Wireless Technology)은 제6장 "비즈니스 네트워크 및 원거리 통신"에 포함되어 있음) 노트북은 속도, 메모리 및 하드 디스크 용량 측면에서 데스크탑 PC의 파워와 맞먹는다.

매우 인기 있는 컴퓨팅 기계 중 하나는 휴대용 컴퓨터이다. **개인 휴대 단말기**(Personal digital assistants, PDAs)라고 불리는 휴대용 컴퓨터는 1990년대 초반에 출시됐지만 단지 십년 동안만 인기를 끌었다. 이러한 기기는 손바닥 정도 크기로 **스타일러스**(Styplus)라 불리는 펜같이 생긴 그리기 도구를 이용하여 터치 스크린을 통해 데이터를 입력할 수 있었다. 몇몇은 작은 키보드가 있었고, 접이식 휴대용 키보드를 연결할 수도 있었다. 2000년대 중반까지 거의 모든 신형 PDA는 휴대 전화로도 사용되었으며, 점점 새로운 용어인 **스마트폰**(Smartphone)으로 불리고 있다.

POINT OF INTEREST 전화입니까, 태블릿입니까 혹은 둘 다입니까?

2012년에 출시된 삼성 갤럭시 노트 II는 휴대 전화, 카메라, 태블릿 등을 휴대할 필요를 없애주었다. 이 기기는 이들 기능을 모두를, 혹은 그 이상을 포함하였다. 이 기기는 기존의 스마트 폰과 태블릿의 중간 크기인 5.3인치 크기의 스크린이 장착되어 있다. 전화나 문자 메시지와 같은 전통적인 휴대 전화의 기능을 실행할 수 있고, 소셜 미디어 사이트에 즉시 업로드할 수 있는 고품질의 사진을 찍을 수 있다. "S펜"은 메모와 그리기에 사용할 수 있다. 날림 글씨라도 걱정할 필요 없다. 필기를 자동으로 텍스트로 변환할 수 있다. 갤럭시 노트 II는 우수한 통화 품질과 빠른 업로드/다운로드 속도를 가지고 있다. 삼성은 많은 기기의 기능을 모두 갖춘 장치를 만들어 자사 제품에 대한 수요를 창출해 왔다.

출처 : Mies, G. (2012). Samsung Galaxy Note: Impressive, but Not for All. PC World, 30, 54.

또 다른 모바일 컴퓨팅 장치는 **태블릿 컴퓨터**(Tablet computer)이며 짧게 태블릿이라고 한다. 마우스 대신 손가락 또는 터치 스크린에 손가락을 사용하여 명령을 실행한다. 태블릿은 키보드를 사용하여 전통적인 방식으로 사용하거나 터치 스크린을 사용하는 모드로 작동할 수 있으므로 터치 스크린이 있는 노트북 PC라고 볼 수 있다. 애플 아이패드(iPad), 마이크로 소프트 서피스(Surface)와 다른 종류의 태블릿은 키보드 없으며 크기가 더 작다. 대부분의 태블릿에는 고해상도 디스플레이와 뛰어난 오디오 및 비디오 기능, Wi-Fi및/또는 셀룰러(cellular) 네트워크 연결 기능도 있다. 태블릿을 위한 애플리케이션은 최근 몇 년간 기하 급수적으로 증가해 왔다. 사용자들은 태블릿으로 웹 서핑, 독서, 쇼핑, 비디오 채팅, 영화 및 음악 감상, 게임 등을 할 수 있다. 온라인 "앱(App)" 스토어에 접속하면 사용자들이 음악, 책, 영화, 게임에 즉시 접근할 수 있다. 태블릿은 다양한 애플리케이션 덕분에 모든 연령대의 사람들에게 인기가 있다. 오락 이외에도 태블릿은 학생들이 전자 교과서를 다운로드하고, 노트 필기를 하거나 교사들과 의사 소통을 하는 데 매우 유용하다. 각 학생들에게 태블릿을 제공하는 비용은 오래 된 교과서를 지속적으로 교체하는 것보다 더 적은 비용이 들 수도 있다.

전문 의료인들은 태블릿 기기의 이동성을 적극 활용하여 환자 정보를 얻거나 업데이트할 수 있다.

몇몇 태블릿들은 e북리더(e-reader)로부터 진화했다. 예를 들어, Amazon.com에서 제공하는 최초의 킨들(Kindle) 이북리더는 책의 페이지를 표시하는 기본적인 작업만을 수행하였다. 하지만 많은 e북리더들은 가능하면 많은 업무를 수행할 수 있도록 진화해 왔다. 킨들 Fire HD는 테블릿 크기 만한 화면을 가지고 있으며 고속 셀룰러 네트워크를 사용할 수 있다. 사용자들은 영화, 노래, 책을 다운로드 할 수 있고 이메일을 확인하며 웹 서핑을 할 수 있다. 태블릿과 e북리더가 점차 동일한 작업을 수행하도록 진화하고 있기 때문에 둘을 구분하기가 점점 어려워지고 있다.

애플 아이패드, Kindle Fire, 그리고 다른 태블릿 컴퓨터의 인기는 기존의 데스크탑과 노트북 컴퓨터에 대한 대안이 되고 있다. 고해상도 디스플레이, 네트워크 기능 및 애플리케이션 소프트웨어의 결합으로 인해 보다 견고한 제품이 제공되고 있다. 태블릿 기술은 비즈니스 전문가에게 이동 중에 업무를 보다 효율적으로 수행하는 데 필요한 컴퓨팅 기능을 제공한다.

융합하는 기술(Converging Technologies)

앞서 살펴본 바와 같이, 최근 몇 년 동안, 우리는 기술 융합의 추세가 증가하고 있으며, 여러 가지 하드웨어를 단일 하드웨어에 구축하는 추세를 겪고 있다. 스마트폰은 전형적인 예이다. 1990년대 초에 PDA는 손에 쥘 수 있는 크기의 장치에 컴퓨터 능력을 넣어서 인기 있는 장치가 되었다. 또한 휴대폰은 동시에 인기를 끌고 있었다. 휴대 전화와 PDA이 빠르게 수용되자 PDA의 컴퓨팅 기능과 휴대 전화의 기능을 융합한 새로운 제품인 스마트폰이 탄생하였다. 게다가, 스마트폰은 MP3플레이어, 비디오 녹음, 디지털 카메라 등과 같은 미디어 기술을 통합하였고, 개인용 컴퓨터나 네트워크에 연결하여 데이터(일정, 연락처)를 동기화하고, 프린터에 연결하며, 클라우드 스토리지(Storage) 시스템에 액세스 할 수 있다. 스마트폰의 여러 기술/네트워크 전화, 데이터 및 네트워킹, 미디어 및 클라우드 스토리지(Storage)의 융합으로 인해 개인이 "컴퓨터를 휴대할 수 있는 능력"을 대폭 확장할 수 있었다.

POINT OF INTEREST 오늘날 모바일의 길

2012년에, 휴대 전화을 통해 인터넷에 접속한 중국인의 수가 처음으로 데스크탑 사용자들보다 많아졌다. 휴대 전화를 이용하여 웹 서핑을 하는 중국인들은 2011년에 비해 22퍼센트가 늘어났다. 아직도 3.8억의 사용자가 데스크탑 컴퓨터를 통해 인터넷에 접속하고 있다. 새로운 중국 인터넷 사용자의 약 50퍼센트가 농촌 지역 출신이며, 그들 중 60퍼센트는 휴대 전화로 인터넷에 접속한다. 기술 회사들은 휴대 전화 사용자들에게 확대된 서비스를 제공하고 농촌 인구를 대상으로 하여 이에 대응하고 있다.

출처 : Tsuruoka, D. (2012). Mobile Phones Now Top Way To Access Internet In China, Investor's Business Daily.

컴퓨터 내부를 살펴보다(A Peek Inside the Computer)

차를 운전하기 위해 차의 본넷을 들여다볼 필요는 없지만, 어떤 차를 구매할 지 알아보기 위해 자동차가 어떻게 만들어졌는지에 대해 충분히 아는 것은 중요하다. 마찬가지로, 전문가들은 컴퓨터의 주요 구성 요소들에 대해 알아야 한다. 다음 논의에서는 컴퓨터의 가장 일반적인 부품과 주변 기기를 소개하고 이러한 장치가 작동하는 방법을 자세히 설명한다.

스마트폰은 작은 기기에 광범위한 컴퓨팅, 네트워킹 및 통화 기능을 제공한다.

중앙 처리 장치

CPU는 모든 처리가 이루어지는 컴퓨터의 두뇌이다. CPU는 **컨트롤 유닛**(Control Unit)과 **산술 논리 유닛**(Arithmetic Logic Unit, ALU)으로 구성된 두 개의 유닛으로 구성된다. 이러한 장치는 데이터를 저장하고 처리한다. CPU는 여러 개의 회로가 있는 실리콘 칩이며 컴퓨터 내에서 모든 처리를 실행하는 신호를 전달한다. 이 칩은 너무 작아서 종종 **마이크로 프로세서**(Microprocessor)나 단순히 프로세서라고 불리기도 한다. 대부분의 최신 컴퓨터는 **멀티 코어 프로세서**(Multicore processor)라고 불리는 단일 칩에 두 개 이상의 CPU또는"코어(cores)"를 결합하는 프로세서를 사용한다. 멀티 코어 프로세서는 한번에 두 개 이상의 태스크를 수행할 수 있다. 예를 들어, 스프레드 시트에서 계산을 수행하고 그래픽 디자인을 동시에 처리할 수 있다. 한 개 이상의 프로그램을 동시에 처리하거나 프로그램의 여러 부분을 동시에 처리하는 것은 **멀티 쓰레딩**(multithreading)이라고 부른다. 이 때 각각의 처리 작업을 쓰레드(thread)라고 한다.

마이크로 프로세서

마이크로 프로세서는 트랜지스터가 내장된 실리콘으로 제작된다. 트랜지스터는 흐르는 전기의 전압에 따라 도체 또는 절연체로 작동할 수 있는 반도체이다. 이러한 속성은 이진법 코드의 2개의 상태, 즉 1(전압이 전도된) 또는 0(전압이 전도되지 않음)을 표현 가능하게 하므로 컴퓨터 통신에 유리하다. 따라서, 트랜지스터(transistors)는 컴퓨터가 다른 작업을 수행하도록 지시하는 지시 사항을 실제로 인코딩한 이진법 신호를 감지할 수 있다.
칩셋에 내장될 수 있는 트랜지스터의 수가 커질수록 – 즉, 회로 수가 커질수록 - 마이크로 프로세서가 강력해진다. 현재 프로세서에는 수 억 개의 회로가 포함될 수 있다. 현재의 기술은 칩 제조 업체들이 머리카락보다 1/1,000보다도 얇은 0.1 마이크론(micron)두께의 실리콘에 회로를 프린트할 수 있게 해 준다. 새로운 프로세서 제조 기술을 통해 엔지니어들은 에너지를 덜 소모하고 열을 덜 발산하면서도 컴퓨터의 처리 속도를 높일 수 있게 해준다.

기계 주기

프로그램이 컴퓨터에서 실행되는 경우, CPU는 간단한 산술 함수에 대해 그림 4.3에 설명된 루틴 시퀀스(routine sequence)를 수행한다. 첫째로, CPU의 두 부분 중 하나인 컨트롤 유닛은 일차 메모리의 프로그램에서 명령어를 가져와서 해독한다. 그리고 컨트롤 유닛은 이 코드를 실행하는 산술 논리 유닛(ALU)으로 이 코드를 전송한다. 일반적으로 추가 작업을 위하여 이 작업의 결과가 필요하다. 따라서 컨트롤 유닛은 결과를 가져오고, 기본 메모리에 저장하거나, 다음 명령을 사용하여 사용할 수 있는 메모리 위치에 보관한다. 그런 다음 컨트롤 유닛은 다음 명령을 실행하고 명령을 해독하며, 이 명령을 실행하는 산술 논리 유닛에 보내준다. 컨트롤 유닛은 전체 프로그램이 실행될 때까지 혹은 다른 이유로 이 주기가 멈출 때까지 결과를 일차 메모리에 저장하는 작업을 계속한다. 주기를 중단하는 것을 인터럽트(interrupt)라고 한다. 이는 프로그램 자체의 명령이거나, 전원 장애 또는 CPU를 중지하는 다른 이벤트일 수 있다.

■ 그림 4–3

CPU 내에서 하나의 시스템 주기 내에 발생하는 현상

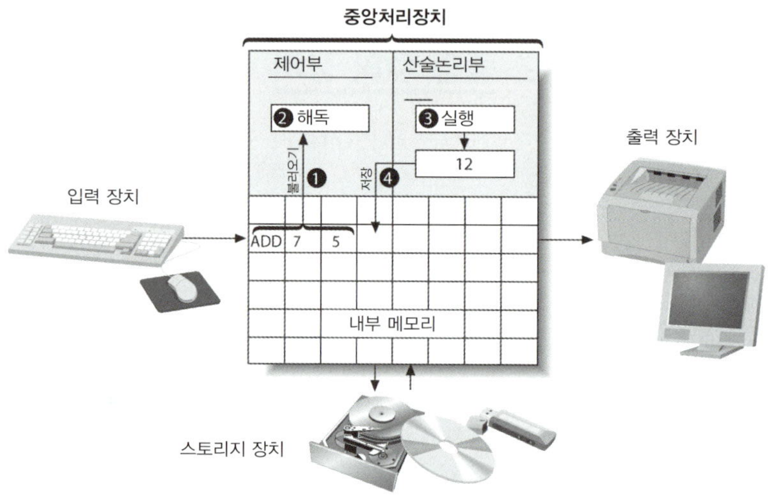

보다시피, CPU는 가져오기(fetch), 해독(decode), 실행(execute), 저장(store) 등 모든 사이클에서 4개의 기능을 수행한다. 각 사이클은 **기계 주기**(machine cycle)라 불린다. CPU는 초당 수 십억 회의 기계 사이클을 수행할 수 있다. 이 때 서로 다른 작업이 충돌하지 않도록 CPU작업 순서를 조정해야 한다. 이를 위해, 컨트롤 유닛은 모든 작업을 동기화하는 **CPU 클럭**(CPU clock)라고 불리는 특수 회로를 사용한다. 클럭(clock)은 최대 허용 속도로 작동하도록 프로그램되어 있다. 초당 펄스 수는 진동수 또는 **클럭 속도**(clock rate)라고 한다. 한 회의 기계 주기는 여러 번의 클럭 펄스를 포함한다. CPU진동수는 MHz(메가 헤르쯔, 수백만 헤르쯔)또는 GHz(GHz, 수십억 헤르쯔)단위로 측정된다. 눈이 깜빡이는 동안(약 0.2초)컴퓨터는 수 억개의 명령을 실행할 수 있다. 따라서 컴퓨터 작업의 타이밍은 1초의 아주 작은 분수 단위로 측정된다(그림 4.4참조).

■ 그림 4–4

컴퓨터의 작업처리 타이밍

1 밀리초 = 1/1,000 (0.001) 초

1 마이크로초 = 1/1,000,000 (0.000001) 초

1 나노초 = 1/1,000,000,000 (0.000000001) 초

1 피코초 = 1/1,000,000,000,000 (0.000000000001) 초

흥미롭게도, 많은 컴퓨터들은 몇 년 전의 컴퓨터보다 더 낮은 클럭 속도를 가지고 있다. 이는 그러한 컴퓨터가 더 느리게 작동한다는 것을 의미하지는 않는다. 이들은 다중 코어 프로세서를 갖고 있으며, 이는 더욱 효율적이다. 구형 단일 코어 프로세서보다 기계 사이클당 더 많은 명령을 실행하므로, 더 낮은 클럭 속도에도 불구하고 더 빠르다. 따라서 프로세서의 속도를 비교할 때는 초당 사이클(cycle per second)과 사이클당 명령(instruction per cycle, IPC)을 고려해야 한다.

단어(The word)

데이터 워드(Data word, 짧게는 "word")는 컨트롤 유닛이 일차 메모리에서 1회의 기계 사이클 동안 가져올 수 있는 최대 비트 수이다. 이 단어의 크기는 처리를 위한 정보를 담고 있는 CPU회로의 크기에 따라 결정된다. 데이터 워드가 더 클수록 초당 더 많은 명령을 가져올 수 있다. 따라서, 다른 조건이 동일하다면 데이터 워드가 더 클수록, 컴퓨터는 더 빨라진다. 현재 마이크로 컴퓨터에는 32비트와 64비트의 데이터 워드가 있다

산술 논리 유닛의 연산

산술 논리 유닛은 모든 산술 연산과 논리 연산이 이루어지는 CPU의 부분이다. 산술 연산은 덧셈, 뺄셈, 곱셈, 나눗셈, 기하학, 로그 계산, 삼각 함수 연산, 기타 복잡한 수학 연산을 포함한다. 논리 연산(Logic Operations) 작업은 수와 문자열을 비교한다. 예를 들어, 보다 대소 혹은 같은지를 비교하는 것은 논리 연산이다. 또한 산술 논리 유닛은 문자열도 비교한다. 예를 들어 워드 프로세서 문서에서 특정 문구를 찾으려고 하면, 산술 논리 유닛은 동일한 단어를 찾을 때까지 텍스트의 모든 단어를 해당 단어와 비교한다.

컴퓨팅 파워(Computer Power)

무엇이 컴퓨터를 다른 것보다 더 강력하게 만드는가? 고려해야 할 두 가지 주요 요인은 처리 속도와 메모리 용량이다. 컴퓨터의 속도는 CPU클럭 속도(MHz또는 GHz단위로 측정됨), CPU가 주기마다 저리할 수 있는 정보의 양(데이터 워드의 크기 및 내부 데이터 커뮤니케이션 용량에 따라 결정됨)에 의해 결정된다. 그러나, 다양한 컴퓨터 구성 요소들의 아키텍쳐(architecture) 또한 처리 속도를 결정하는데 중요한 역할을 한다. 다중 코어 CPU에 대한 앞의 논의를 상기해보자. 코어 수 외에는 동일한 구성 요소를 사용하여 두 대의 컴퓨터를 구축한다면 코어 수가 더 많은 컴퓨터가 더 빠를 것이다.

동일한 조건 하에서는 클럭 속도가 빨라질수록, 컴퓨터의 속도도 빨라진다. 이는 초당 더 많은 명령을 가져오고, 해석, 실행하고, 저장할 수 있기 때문이다. 마찬가지로, 데이터 워드(word)가 클수록 컴퓨터 속도도 빨라진다. 더 큰 데이터 워드는, 기본 메모리를 접근할 때 컨트론 유닛이 더 많은 비트를 가져와 처리할 수 있으므로 CPU는 프로그램을 보다 빠르게 실행할 수 있다.

"64비트 컴퓨터"를 홍보하는 광고를 흔히 볼 수 있다. 이는 데이터 워드의 용량이 64비트라는 의미이다. 다만 데이터 워드 크기에 관해서는 신중해야 한다. CPU와 다른 구성 요소 사이에 비트가 이동하는 속도가 내부 통신 라인의 용량에 따라 달라지기 때문에 더 큰 데이터 워드가 반드시 더 빠른 컴퓨터를 의미하지는 않는다. 시스템 버스, 혹은 줄여서 버스(bus)는 컴퓨터 내부의 통신에 사용되는 전자 라인이며, 데이터 워드가 64비트라고 해도 이 폭이 32비트일 수도 있다. 비트 수는 버스 너비(width of the bus)라고도 불린다.

버스는 그들만의 클럭 속도를 가지고 있다. 컴퓨터 제조 업체들이 주로 광고에서 언급하는 버스는 전면(front side) 버스이며, 이것은 CPU를 메모리에 연결하는 버스이다. 일반적인 전면 버스 클럭 속도는 1600MHz인다. 버스 너비와 클럭 속도의 조합은 처리량을 결정한다. 처리량(Throughput)은 버스가 수용할 수 있는 초당 비트 수이다. 두 가지 요소를 모두 고려하면, CPU클럭 속도(큰 GHz)와 버스 처리량을 통해 서로 다른 컴퓨터의 속도를 비교할 수 있다.

컴퓨터 속도는 또한 MIPS(millions of instructions per second, 초당 수 백만 개의 명령)로 측정되는데, 이는 명령마다 복잡성이 다르므로 정확한 측정치는 아니다. 단, MIPS는 클럭 속도, 데이터 워드 크기, 버스 처리량, 그리고 여기서 논의하지 않는 다른 속도 요인들을 고려하여 전반적 처리 속도를 나

타내는 데 종종 사용된다. MIPS로 표현된 컴퓨터 속도는 컴퓨터 비용의 급격한 감소를 나타내기 위해 사용되었다. 즉, MIPS를 컴퓨터 비용으로 나누어, 1달러 당 MIPS로 표현되던 컴퓨터의 비용이 1센트 당 MIPS와 같은 경이로운 수준으로 감소한 것을 나타내기도 하였다. 최근 몇 년간, 컴퓨터 제조 업체들은 주로 데이터베이스 트랜잭션을 지칭하는 "분당 트랜잭션(transaction per minute, TPM)"이라는 용어를 사용했지만, 이 비율 역시 절대적인 측정치가 아니다.

입력 장치

원하는 출력을 생성하려면 컴퓨터가 입력을 수신해야 한다. 입력 장치에는 컴퓨터에 명령어와 데이터를 입력하는 데 사용되는 모든 시스템 및 기타 응용 프로그램이 포함된다. 일반적인 입력 장치로는 키보드, 마우스, 트랙볼(trackball), 터치 스크린, 마이크, 다양한 종류의 스캐너가 있다. 가장 일반적인 입력 장치는 키보드이다.

키보드

키보드에는 사용자가 데이터를 입력하고 실행할 프로그램에 대한 지침을 입력하는 키가 포함되어 있다. 모든 키보드에는 알파벳 문자, 숫자 및 구두점 등의 기본 문자와 사전 프로그래밍된 기능을 실행할 수 있도록 몇 가지 기능키(F1, F2, 등)이 포함되어 있다. 기능키를 이용하여 워드 프로세서로 작성된 텍스트 파일에서 강조 표시된 문장을 복사하는 등의 기능을 실행할 수 있다. 음악 및 비디오 클립을 재생하기 위해 컴퓨터를 사용하는 사용자가 늘어남에 따라 키보드 제조 업체는 웹 브라우저 명령을 추가하기도 하고, 볼륨 및 재생/정지와 같은 음악 키를 제공한다. 일부 키보드에서는 계산기 키를 눌러 계산기를 불러오거나 메일키를 눌러 이메일 응용 프로그램을 불러 올 수 있다.

쿼티(QWERTY)와 드보락(Dvorak) 키보드

표준 키보드 레이아웃은 QWERTY라고 불리며, 좌측 상단의 글자들에서 온 이름이다. 흥미롭게도 QWERTY키보드는 기존의 기계씩 타자기가 너무 빠른 속도로 타이핑을 하면 문제가 발생하여 타이핑 속도를 늦추기 위해 고안되었다. 오늘날의 전자 기기는 이러한 레이아웃을 비생산적으로 만든다. 다른 키보드 디자인은 타이핑을 더 빨리 할 수 있게 해 준다. Dvorak키보드에서 가장 자주 사용되는 키는 홈 또는 중앙 행에 위치한다. 이 키보드를 사용하면 타이핑 속도를 95%까지 높일 수 있다. Windows와 같은 일부 운영체제에서는 사용자가 QWERTY레이아웃을 Dvorak레이아웃으로 전환할 수 있다. 대부분의 컴퓨터 사용자들은 Dvorak으로 전환하는 것을 꺼린다. 프랑스와 다른 유럽 국가에서는 A와 Q, 그리고 Z와 W키가 교환되어 사용된다. 이러한 키보드는 AZERTY키보드로 알려져 있다.

많은 사람들이 편안한 타자를 위하여 인체공학 키보드를 선호한다.

인체 공학적 키보드

가장 일반적인 컴퓨터 관련 업무상의 부상은 손목 터널 증후군으로, 오랜 기간 동안 팔뚝을 비정상적인 자세로 유지함으로써 생긴 통증이나 무감각 증상이다. 타이핑의 반복적인 움직임은 이 문제를 악화시켜 반복적인 스트레스를 유발한다. 이에 대응하여 인체 공학적 키보드가 인기를 얻고 있다. 인체 공학이란 인간의 작업 환경에서 인간의 편안함과 안전에 대한 연구 분야이다. 인체 공학적 키보드는 중간 부분이 나뉘어져 있고, 두 부분은 팔뚝의 자연스러운 위치에 더 잘 맞도록 바깥쪽으로 꼬여 있다.

마우스, 트랙볼 및 트랙 패드

노트북 컴퓨터에서는 트랙패드가 많이 사용된다.

마우스(mouse)는 마우스 포인터를 이용한 작업 실행을 용이하게 하기 위해 화면 상 포인터를 제어하는 입력 장치이다. 일부 프로그램에서는 마우스만 사용이 가능하기도 하지만, 키보드와 함께 가장 일반적으로 사용된다. 마우스는 사용자가 화면에서 포인터를 특정 위치에 놓거나 화면 일부를 강조 표시하고 혹은 메뉴에서 항목을 선택할 수 있도록 하는 한 개에서 다섯 개의 버튼을 가지고 있다.

사용자가 책상이나 패드의 표면에 마우스를 올려 놓으면 컴퓨터가 움직임을 감지하고 화면의 디지털 좌표로 변환하고 포인터를 움직여 마우스 움직임을 모방한다. 버튼은 표시된 정보를 클릭하고, 잠그고, 끄는 데 사용된다. 트랙볼(trackball)은 마우스와 유사하지만, 마우스의 볼이 표면이 아닌 장치 내에서 움직인다. 트랙 패드(Trackpad)를 사용하면 터치 스크린을 통해 손가락을 움직여 사용자가 커서를 제어한다. 많은 노트북 컴퓨터에는 기본적인 트랙 패드가 내장되어 있다. 많은 마우스와 트랙볼은 모니터에 표시되는 페이지를 스크롤 하는 휠이 내장되어 있다.

마우스, 트랙볼, 키보드는 적외선이나 무선 기술을 사용하는 무선 장치로도 이용할 수 있다. 이러한 장치는 특히 소프트웨어 기반 프레젠테이션에서 사용자가 마우스를 쥐고 돌아다닐 수 있도록 하는 등 유연성을 제공한다.

터치 스크린

때로는 터치 스크린(Touch screen)과 같은 단일 장치가 입력 및 출력 장치 모두로 사용될 수 있다. 컴퓨터 사용자는 컴퓨터 화면의 옵션을 터치하여 작업을 선택한다. 몇몇 공용 응용 프로그램들은 관광객들에게 조언을 제공하기 위해 터치 스크린을 사용하고, 복권 번호를 선택한다든지, 셀프 서비스 슈퍼 마켓 계산대에서 계산을 하는데 쓰인다. 휴대용 컴퓨터에서 화면은 디스플레이(출력) 및 입력 장치 모두로 작동한다. 사용자는 아이콘과 메뉴 항목을 터치하거나 손가락으로 터치 스크린을 터치하여 명령어와 데이터를 입력한다.

점점 더 많은 컴퓨터와 다른 정보 장치들이 터치 스크린을 통해 작동된다. Microsoft Windows 8은 터치 스크린 기술을 활용하기 위해 특별히 설계되었다. GPS(Global Positioning System)는 이러한 편리함을 한동안 제공해 왔다. 스마트폰과 태블릿에는 터치 스크린이 있다. 터치 스크린 기술은 벽, 태블릿, 투명 터치 스크린, 인터랙티브 시스템 등 다양한 종류로 제공된다. Hawaii Five-0과 CSI TV쇼는 DoubleTake 기술과 FlickIT 기술을 사용하여 테이블 상판 모니터의 그래픽이나 다른 컨텐츠를 배우 주변의 벽에 있는 화면으로 전송한다(Anonymous, 2013c).

소스 데이터의 입력 장치

일부 기업에서는 데이터 입력 속도가 최우선 과제이다. 이러한 기업은 소스 데이터 입력 장치(Source data input devices)라고 알려진 바코드 스캐너와 같은 기계 판독 장치를 사용한다. 이들은 사람의 개입 없이 바코드나 마그네틱 문자와 같은 소스에서 직접 데이터를 복사한다. 또한 수표 및 신용 카드를 비롯한 다른 출처에서 직접 데이터를 기록할 수 있다. 소스 데이터 입력 기술은 은행, 소매점, 신용 카드 처리 및 배송에 널리 사용된다.

터치스크린 하드웨어와 컴퓨터 소프트웨어 통합

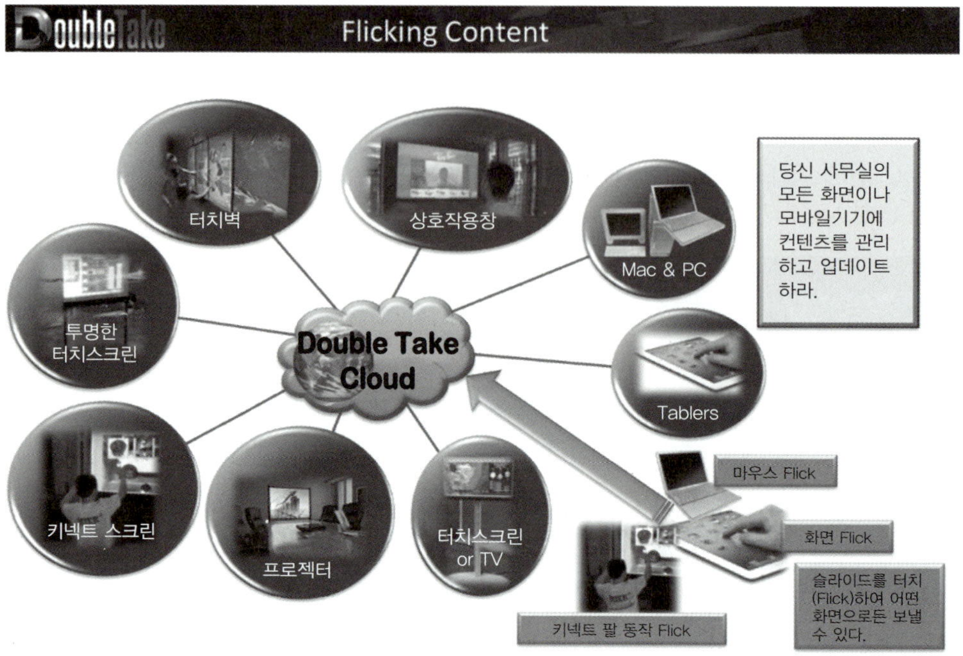

소스 데이터 기술

마크 인식 장치(Mark-recognition devices)는 성공적인 소스 데이터 입력에 필수적이다. 특수한 기기가 표준화된 시험 응답 양식과 같은 출처 문서의 위치를 탐지하기 위해 *광학 마크 인식*(optical mark recognition)을 사용한다. *광학 막대 인식*(optical bar recognition)은 바코드의 굵고 얇은 검은 색 막대의 직렬로 인코딩된 데이터를 감지한다.

소스 데이터 입력에 사용되는 기술로 조금은 덜 정밀한 기술로 *광학 문자 인식*(Optical character recognition, OCR)이 있다. 광학 마크 인식과는 달리, OCR기술은 원래 소스 데이터 입력을 위해 설계되지 않은 손글씨와 인쇄 텍스트를 해석하기 위해 종종 사용된다. 특수한 스캐너는 페이지를 스캔하고 각각의 문자를 디지털화된 표현으로 번역한다. 그런 다음 소프트웨어는 이미지를 글자와 연관시키고, 추가적인 처리를 위해 해석한 본문을 저장한다. 전 세계의 우편물 서비스는 사람들의 눈과 손에 이루어지는 지루한 분류 작업을 대체하기 위해 OCR을 실험해 왔다.

OCR은 광학 마크를 감지하는 방식이 아니라는 점을 유의할 필요가 있다. 광학 마크 감지에서, 스캐너는 마크 자체를 인식하는 것이 아니라 마크의 위치를 감지하며 마크의 위치가 입력물이 된다. 마크의 형상보다는 마크의 위치가 입력 데이터를 결정하기 때문에, 마크 감지는 OCR보다 훨씬 더 정확하다.

QR코드를 스마트폰 앱으로 스캔하여 웹사이트에 쉽게 접근할 수 있다.

특히 마케팅 및 소비자 광고를 위해 2차원 바코드(매트릭스)를 사용하는 새로운 광학 표시 형식이 인기를 끌고 있다. 이러한 QR코드(Quick Response Code)는 일본에서 개발되었으며, 기존의 UPC바코드에 비해 스토리지(Storage) 용량이 증가하여 자동차 제조 업체에 의해 사용되었다. QR코드 매트릭스는 흑백의 사격형들로 구성된다. 스마트폰, 디지털 카메라, 모바일 기술 및 애플리케이션의 융합으로 QR코드 사용이 수월해졌다. 유망 고객들은 스마트폰을 사용하여 광고판이나 잡지에서 QR코드를 스캔하여 제품에 대한 추가 정보를 얻을 수 있다. 홈쇼핑 채널은 제품이 소개되고 있는 가운데 QR코드를 보여 주기도 한다. 고객은 코드를 스캔하여 더 많은 정보를 확인하고 구매 옵션으로 연결된다.

가장 빠르게 증가하는 소스 데이터 기술은 무선 주파수 인식(Radio-frequency Identification, RFID)기술이다. RFID 기술은 효율적이고 비용 대비 효과적인 데이터 입력 방법인 RFID판독기와 RFID태그로 알려진 장치를 사용한다. RFID는 하드웨어 장치를 물리적으로 접촉하지 않고 데이터를 전송한다. 사실, 바코드 기술과는 달리, RFID태그는 물체에 내장될 수 있으며, 직접적인 가시선이 필요하지 않다. RFID 테그는 Kilohertz, MHz및 GHz주파수 범위에 데이터를 전송한다. 태그는 자체 배터리 혹은 판독기로부터 방출되는 무선 주파로부터 전력을 얻는다.

RFID기술은 표준 일반적인 바코드 기술과는 다르다. 식료품점에서 각각의 제품은 범용 상품 코드(Universal Product Code, UPC)라는 바코드를 가지고 있는데, 이는 스캔을 통해 상품과 가격을 확인하기 위해 사용된다. 단, 이 값은 제품 종류를 식별할 수는 있지만 제품 각각을 개별적으로 구별하지는 않는다. 이에 비해, RFID태그에는 제품 각각을 고유하게 식별하는 전자 제품 코드(Electronic Product Code, EPC)가 포함되어 있다. 예를 들어, RFID태그는 각각의 특정 제조 일자와 제조처를 식별하기 위해 각각의 백신 상자에 부착될 수 있다. 이러한 수준의 정보는 제약 회사가 최종 목적지로 운송될 때 특정 제품의 유통을 추적하는 데 도움이 될 수 있다.

POINT OF INTEREST

QR 코드를 통하여 소비자에게 빠른 응답을 제공하기

UPC코드는 식별 부호를 사용하는 반면, QR코드는 웹으로 식별 개념을 확대했다. 최근 수년 간 스마트폰 사용이 급증하면서 QR 코드의 상업적 사용이 급증했다. 90년대부터 QR코드가 존재해왔지만, 회사들은 소비자들의 지식을 향상시키기 위해 최근들어 QR코드를 사용하고 있다. 스마트폰으로 QR코드를 스캔하면 탑승객들은 기존의 종이 탑승권 없이 탑승 수속을 할 수 있다. Best Buy에서는 QR코드가 비디오 게임의 판촉용 예고편이나 고객 후기와도 연계되어 있다. QR코드는 물리적 환경과 무한한 디지털 세계를 연결한다.

출처: Stock, S. (2010). Creative marketers find new uses for QR codes, McClatchy - Tribune Business News.

광학 문자 인식 은 최근에 모바일 기기에 통합되었다. 예를 들어, 삼성은 휴대폰 주소록에 정보를 입력하는 시간을 절약할 수 있는 휴대폰을 판매한다. 전화기의 디지털 카메라를 사용하여 명함을 찍을 때, 내장된 문자 인식 소프트웨어는 사진의 정보를 캡처하여 주소록에 입력한다

은행업

때때로 새로운 기술의 발전은 오래된 기술에 대한 의존성을 없애준다. 과거에는 시중 은행과 연방 준비 은행이 매일 수 백만 건의 수표를 처리했다. 수동으로 수표 데이터를 입력하면 프로세스의 비용이 매우 높으며 진행도 느리다. 은행 식별 번호, 계좌 번호, 수표 번호는 그림 4.5와 같이 각 체크 리스트 하단에 특수 자기 잉크로 인쇄되어 있다. 마그네틱 잉크 판독기는 자기 잉크 문자 인식(Magnetic-ink character recognition, MICR, 발음은 MIKE-er) 기술을 사용하여 이러한 숫자를 감지한다. 은행에 있는 사람은 자기 잉크로도 수표의 액수를 입력한다. 은행은 수표의 금액, 출금 계좌 정보를 기록하는 MICR장치에 많은 양의 수표를 넣어 수표 예금 정보를 기록한다.

기존 ATM기기와 스캐닝 기술의 융합으로 ATM고객은 수표 금액, 계좌, 은행 정보 등을 읽을 수 있는 ATM에 수표를 넣을 수도 있다. 그리고 은행의 추가적인 처리과정 없이 수표를 처리할 수 있다. (아래의 POI 참조)

하지만, 더 큰 추세는 종이 수표의 사용을 없애거나 줄여서 전자적인 처리를 선호하는 것이다. 보다 많은 사용자들이 온라인 뱅킹을 사용하여 지불함으로써 노동력을 크게 줄이고 운영 효율성을 높여 주고 있다.

■ 그림 4–5

은행은 수표 결제 프로세스의 일부를 자동화 하기 위해 마그네틱 잉크 문자 인식(MICR)을 사용한다.

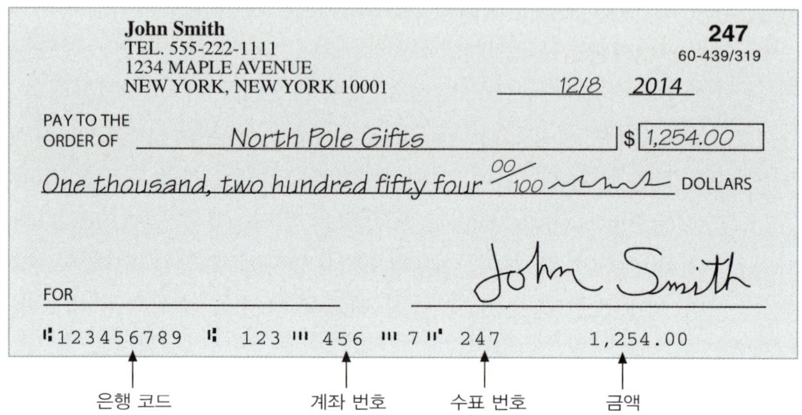

신용 카드와 직불 카드(Credit and Debit Card)

신용 카드 및 직불 카드도 소스 데이터 입력을 용이하게 한다. 카드 번호 및 소지자 정보는 카드 뒷면의 자기 띠에 표시되어 있다. 신용 카드로 구매를 청구하면 카드가 리더기를 통과하여 계좌 번호와 이름 및 주소, 청구 된 총 금액을 기록한다. 총 청구 금액은 수동으로 입력하거나 (종종 구매한 품목의 바코드를 통해서) 금전 등록기에서 자동으로 기록된다.

소비자와 상인들이 사용할 수 있는 최신 입력 장치 중 하나는 스퀘어 카드 리더기이다. 2008년 말에 한 유리 예술가가 신용 카드 결제가 되지 않아 2,000달러짜리 판매를 잃어 좌절한 것이 스퀘어리더기 아이디어의 탄생이었다. 스퀘어리더기는 신용 카드를 끼워 넣는 구멍이 있는 스마트폰의 오디오 잭에 연결되는 작은 사각형 장치이다. 이 장치는 카드 정보를 읽고 오디오 신호로 변환한다. 전화기의 소프트웨어는 휴대폰의 네트워크를 통해 스퀘어리더기의 승인을 얻기 위해 정보를 전송하기 전에 정보를 해독한다. 고객은 스마트폰 화면에 서명을 할 수 있으며, 신용 카드 정보는 결제 후 전화기에서 삭제된다. 스퀘어는 아이폰에 먼저 도입되었고, 아이패드와 안드로이드 폰을 위한 소프트웨어로 확장되었다. 이 혁신적인 POS (point-of-sale) 입력 장치를 사용하면 아무리 소규모의 상점이라도 신용 카드 및 직불 카드를 쉽게 수락하고 고객 구매를 추적 할 수 있다. 현금없는 지불의 인기가 계속해서 증가함에 따라, 작은 상인이 직불 카드 및 신용 카드를 수락할 수 있는 능력은 판매 증가로 이어질 것이다.

스퀘어 카드 리더기는 스마트폰에서 신용카드 결제를 할 수 있도록 해준다.

배송 및 재고 관리

UPS 및 FedEx와 같은 운송 회사를 통해받는 모든 배송물에 바코드가 있음을 눈치챘을 것이다. 바코드는 재고 관리와 배송물 추적 모두에 대한 정보를 나타내기 위해 앞서 설명한 광학 막대 인식 기법을 사용한다. 배송물을 발송하기 전에 스캔하고, 스캐된 정보는 수신자의 이름과 주소와 같은 정보를 저장하는 컴퓨터로 전송된다. 품목이 중간 기착지에 도착할 때마다 바코드가 다시 스캔된다. 이 정보는 기착지의 식별 정보와 결합된다. 따라서 운송 회사의 데이터베이스에 접속

할 수 있는 사람은 배송물이 언제 어디를 거쳐서 왔는지 정확히 알 수 있다. 또한 배송 업체의 웹 사이트에 로그인 하여 배송물의 추적 번호를 입력하여 추적할 수 있다. 신속한 배송이 필수적이므로, 소스 입력 데이터 입력은 매우 정확하고 많은 노동력과 시간을 절약하기 때문에 배송 업계에서 매우 중요하다. 제3장"비즈니스 기능 및 공급 사슬"에서 논한 바와 같이, 바코드는 운송 및 재고 관리를 위한 RFID태그로 대체되고 있다.

이미지 처리(Imaging)

점점 더 많은 수의 기업이 **이미징**(Imaging), 즉 이미지 처리, 문서화를 수행하고 있다. 이렇게 함으로써 종이에 비해 방대한 양의 데이터를 저장할 뿐만 아니라 훨씬 더 효율적인 검색 및 파일을 저장할 수 있다. 이미지를 스캔하고 색인화함으로써 많은 회사들은 이미 수 백만 장의 서류를 디지털화된 그림으로 줄였다. 그들은 송장, 선적 서류, 보험 증서, 청구서, 인사 서류, 수표, 그리고 많은 다른 문서 유형을 저장하기 위해 이 기술을 사용한다. 영상은 인덱싱되어 있으며 큰 데이터베이스의 관련 기록에 연결되어 컴퓨터 모니터에서 검색하고 표시할 수 있다. 이 기술은 문서가 서명과 그래픽을 포함할 때 특히 유용하다.

일단 스캔되면 원본 문서가 온 디맨드 방식으로 생성될 수 있으므로 원본 문서를 폐기할 수 있다. 이는 전자 형태이기 때문에 색인화될 수 있다. 색인을 사용하면 키워드와 숫자로 문서를 검색할 수 있다. 이를 통해 문서를 몇 시간에서 5초로 단축하는 등 평균 시간을 줄일 수 있다. 미국에서 당좌 예금 계좌 고객은 수표 원본 무더기를 받는 대신에 한 장 또는 두 장으로 이미지화된 수표들을 받게 된다. 온라인 뱅킹을 하는 고객들은 언제든지 이러한 이미지를 볼 수 있다. 이 방법으로 은행은 종이, 공간, 그리고 취급 비용에 있어 수 백만불을 절약한다. 영상은 종종 DVD에 저장된다. 이미징은 조직에서 종이의 양을 줄여 주기 때문에 영상, 소매, 보험, 은행, 의료 보험, 배송 등의 종이 집약적인 분야에서 가장 열광적으로 수용하고 있다.

영상 기술은 계속해서 발전하고 있다. 글로벌 금융 서비스 회사는 5천6백만~8천만 달러를 지폐 구입비로 절감했다. 또 다른 금융 서비스 회사는 8개월 만에 투자 수익률이 100%에 달하고 1년간 종이 및 복사 비용으로 3백 6십만 달러를 절약했다고 주장하였다. 부동산 보험 회사는 종이 문서를 기반으로 한 프로세스의 긴 사이클 시간에 초점을 맞추었다. 이 보험 회사는 문서를 수집, 보관 및 회수하는 기술을 구현하였으며, 이를 통해 연간 6백만달러 이상의 비용을 절감했다(Ananymous, 2013a; Mana&Andra, 2009). 이러한 예들은 문서 이미징 기술을 통해 상당한 비용 절감 효과를 실현한다는 것을 입증한다. 송장 작성, 고객 서비스, 컬렉션 및 구매와 같은 여러 비즈니스 프로세스의 효율성은 이 기술의 사용에 긍정적인 영향을 미칠 수 있다.

POINT OF INTEREST 순식간에 수표를 입금

금융계는 지난 세대의 상징인 은행 창구의 긴 줄을 해결할 또 다른 해결책을 발견하였다. 은행 고객은 iPhone, Android또는 Windows스마트폰에서 앱을 다운로드하고 로그인하여 수표의 앞면과 뒷면을 찍어 입금할 수 있다. Wells Fargo, Bank of America, Chase, Citibank에서는 고객들이 스마트폰을 이용하여 수표를 결제하는 방식을 이미 시행하고 있다. 이 혁신을 통해 고객들의 지점 방문을 불필요하게 하여 시간을 절약해준다. 금융 기관은 수표를 즉시 시스템에 스캔하므로, 은행 직원이 수표나 거래 등을 처리할 필요가 없어짐으로써 비용을 절약한다.

출처: Avalos, G. (2012). Checks Go Cellular, Providence Journal

음성 인식

우리가 컴퓨터와 통신하는 방식은 변화하고 있다. 우리는 이미 앞에서 터치 스크린을 언급했다. 그러나 일부 작업 환경에서는 수동 입력 장치를 사용하는 것이 불가능하거나 불편하다. 고객 서비스와 같은 다른 상황에서는 컴퓨터가 자동으로 고객의 질문에 응답하면 인건비를 절감할 수 있다. 이러한 상황에서 말로 시스템을 작동하는 것이 도움이 될 수 있다. 음성 인식(Speech Recognition)은 사람의 음성을 컴퓨터 판독 가능한 데이터와 명령어로 변환하는 과정이다. 음성 인식 시스템의 정확도는 천차만별이지만, 마이크나 전화기로부터 음성 입력을 수신하고 소프트웨어로 처리한다.

안내 데스크 노동은 비용 절감을 위한 잠재력이 매우 크기 때문에 몇몇 회사들이 음성 인식 소프트웨어를 개발해 왔다. Nuance Communications Inc.는 Dragon Naturally Speaking이라는 소프트웨어는 워드 프로세서와 이메일로 텍스트를 받아쓰도록 해준다. Microsoft의 Tellme Software는 자동화된 411(전화 번호부)서비스와 엔터프라이즈 고객 서비스를 위한 음성 서비스를 제공한다. 스마트폰과 음성 인식 기술의 융합으로 인해 전화 접속, 텍스트 및 이메일 메시징, 검색을 시작하는 데 도움이 될 수 있는 응용 프로그램이 가능해졌다.

내비게이션 시스템은 많은 차량에서 표준 사양이 되었다. 도요타는 신차의 내비게이션 시스템에 VoiceBox소프트웨어를 설치하고 있다. IBM의 내장 ViaVoice는 제너럴 모터스의 OnStar및 기타 대시 보드 명령 시스템에 사용된다. 지금까지 GPS시스템은 음성 지시만을 제공해왔지만 새로운 GPS 시스템은 GPS시스템에 말로 질문을 하고 답변을 들을 수 있게 될 것이다. 애플사의 Siri는 아이폰과 아이패드에서 GPS에 대한 입력을 위한 음성 명령을 받는 데에 사용된다.

현재, 많은 회사의 고객 서비스 부서는 대화형 음성 인식(Interactive Voice Recognition, IVR)을 사용하여 고객의 간단한 명령어를 이해하는 데에 사용한다. 이 때 고객은 질문에 답을 하고 사전 녹음된 응답을 받게 된다. IVR은 고객이 도움을 받을 수 있는 가장 효율적인 방법을 제공할 수 있다. 일부 회사는 수신 대기 중인 통화의 최대 90%를 IVR시스템으로 유도할 수 있다(Fluss, 2012). 그러나 고객 불만때문에 기업들은 보다 정교한 음성 인식 시스템을 채택하도록 요구된다. 최근에 실시한 소비자 연구에 의하면 대부분의 고객이 IVR시스템 보다 여전히 상담원과 통화하는 것을 선호한다(Gray, 2012). 그러나 비용 측면에서 IVR애플리케이션 업데이트는 성과 개선을 실현해줄 수 있다 (Fluss, 2012).

POINT OF INTEREST 음성 명령

음성 인식 시스템 사용이라 하면 일반적으로 휴대폰을 많이 떠올린다. 많은 휴대 전화는 사용자가 기본 음성 명령을 내릴 수 있는 일종의 음성 인식 시스템을 제공한다. 안드로이드 기반 스마트폰은 한 발 더 나아가 신형 안드로이드 스마트폰의 사용자들은 사용자의 대화 패턴을 인식할 수 있도록 해주는 앱을 구글로부터 다운로드 받을 수 있다. 이 서비스는 점차적으로 사용자의 음성에 익숙해지게 되어 시간이 지남에 따라 음성 명령어를 더욱 정확하게 이해할 수 있게 된다. 휴대 전화의 정확한 음성 인식은 손을 사용하기 어려운 상황이거나 운전중 일 때 매우 편리하다.

출처: San Jose Mercury, N. (2010). Google launches next phase of speech-recognition service, The Salt Lake Tribune.

출력 장치

출력 장치에는 컴퓨터 처리 결과를 제공하는 모든 전자식 및 전기 기계 장치가 포함되어 있다. 우리는 화면이나 종이 등 시각적 형태로 대부분의 정보를 받는다. 따라서, 이 장은 가장 인기 있는 출력 장치인 모니터와 프린터에 초점을 맞추고 있다. 출력은 또한 스피커와 이어폰을 통해 수신되거나 디지털 오디오 플레이어로 다운로드되는 오디오 신호를 포함한다. 조만간 우리는 디지털 기술을 이용해 냄새를 출력으로 즐길 수도 있게 될 것이다.

모니터

가장 일반적인 출력 장치는 컴퓨터 모니터이며 TV화면과 유사한 기술을 사용한다. 두 가지 주요 모니터 유형은 CRT(cathode-ray tube)와 평면 디스플레이(flat-panel display)이다. CRT는 오래 된 기술이며, 오늘날 대부분의 모니터는 평면이다. 모니터의 영상은 **픽셀**(picture element, x는 발음을 위해 추가)로 구성된 작은 점들로 이루어져 있다.

CRT(cathode-ray tube)모니터에서 화면의 안쪽에는 작은 인산 점이 있어 픽셀을 구성한다. 이러한 점들은 다른 색의 빛을 표시함으로써 전자 빔에 반응한다. 전자 총은 컴퓨터로부터 지시를 수신하고, 전자 빔을 뿌리면서 픽셀의 줄들을 쓸어내린다. 전자가 픽셀 때리면, 픽셀은 한정된 시간 동안 빛을 발산한다. 전자 총은 어떤 픽셀은 때리고 어떤 픽셀은 건너뛰며 화면에 그림을 그린다. 이러한 유형의 모니터는 데이터 표시 방식에서 빠르게 쇠퇴하였다.

평면 디스플레이(Flat-panel display)는 개인용 컴퓨터와 휴대용 컴퓨터로부터 인기를 얻었다. 평면 모니터의 장점은 슬림함, 선명한 이미지 및 저전력 소비이다. 가장 일반적인 평면 모니터 유형은 **액정 디스플레이**(Liquid crystal display, LCD)이다. LCD모니터의 가격은 지난 수년 간 급격히 감소해 왔으며, 현재는 가장 인기 있는 유형의 모니터이다. 또한, 평면 디스플레이의 낮은 비용으로 인해 한 개인용 컴퓨터에서 두 대의 모니터를 사용하는 것이 가능해 졌으며, 이를 통해 한번에 활성화된 애플리케이션의 수를 늘릴 수 있다. 필름으로 둘러싸인 전도성의 화면은 특정한 전기 전압으로 충전될 때마다 분자가 다른 평면에 배열될 수 있는 액체 결정체로 가득 차 있다. 스크린 세그먼트에 가해지는 적절한 전압은 그 영역의 통상적인 구조를 방해하여 빛을 차단한다. 빛은 계속해서 액체의 나머지를 통과한다. 이러한 빛과 어두운 영역의 조합은 캐릭터와 사진의 이미지를 생성한다.

평면 패널 디스플레이는 비즈니스 및 가정에서 CRT를 대체했다.

고선명 TV(HDTV)세트는 컴퓨터에 연결할 수 있고(적절한 소켓이 있는 경우) 컴퓨터 모니터로 사용할 수 있다. 모니터의 가격은 주로 화면의 대각선 길이로 측정되는 크기에 따라 달라진다. 다른 가격 요소로는 밝기(밝을수록 좋음), 대비 비율(더 높을수록 좋음), 픽셀 피치(픽셀이 서로 얼마나 가까운가; 가까울수록 좋음)가 있다.
화면의 단위 면적당 픽셀 수가 커질수록 사진이 선명하게 표시된다. 사진의 선명도는 해상도(Resolution)라고 불린다. 해상도는 전체 화면 이미지의 폭과 높이에 대한 픽셀 수로 표현된다. 모니터는 다양한 해상도로 제공된다. 이러한 숫자를 곱하면 화면의 전체 픽셀 수를 알 수 있다. 일반적인 해상도로는 1024×768, 1280×1024, 1366×768, 1600×1200, 1920×1080, 2560×1600가 있다.
좋은 컬러 모니터는 1,600만가지 이상의 색상과 색조를 표시할 수 있다. 색상의 수와 전체적인 화질은 컴퓨터 내에서 사용되는 비디오 카드의 품질에 따라 달라진다. 비디오 카드에는 2차원 영상을 조작하고 표시하는 메모리와 회로가 포함되어 있다.

프린터

프린터는 종이에 이미지를 생성하는 데 사용하는 기술을 기준으로 두 가지 기본 타입-nonimpact와 Impact 타입-으로 분류될 수 있다.

Nonimpact 프린터

오늘날 가장 일반적으로 사용되는 프린터는 레이저 프린터이다. 프린터가 용지에 영향을 주지 않고 페이지에 이미지를 생성하기 때문이다. Nonimpact프린터에는 레이저, 잉크젯, 정전기식, 정전기식 열전사 프린터 등이 있다. 레이저 프린터는 한번에 한 페이지씩 인쇄하기 때문에 페이지 프린터이기도 하다. 레이저와 잉크젯 프린터는 컬러를 포함한 매우 고품질의 출력을 생산한다. 레이저 인쇄 기술은 당신이 잡지와 교과서에서 보는 것과 동일한 타입의 활자를 만들 수 있다. 잉크젯 프린터는 사진 화질의 출력에 사용할 수 있으므로 디지털 카메라에 의해 캡처된 사진을 인쇄하는 데에 종종 사용된다. 모든 nonimpact 프린터는 impact 프린터보다 이동 부품이 적고, 따라서 소음이 상당히 적다. 또한 훨씬 더 빠르다. 많은 개인 및 기업 사용자들은 우수한 출력물 품질때문에 레이저 프린터를 데스크탑 출판을 위해 선택한다.
레이저 또는 잉크젯 프린터를 구매할 때 확인할 수 있는 두 가지 품질은 초당 페이지수(pages for minute; PPM)로 측정되는 속도와 인치당 도트 수(dots per inch; DPI)단위로 측정되는 밀도이다. 밀도가 높을수록 출력이 선명해진다. 데스크 톱 프린터는 300, 600및 1200DPI이상의 출력을 생성한다. 잉크젯 프린터는 4800×1200DPI픽셀과 같은 훨씬 밀도 높은 출력을 생산할 수 있다. 데스크톱 레이저 프린터의 속도는 17~60PPM이다. 컬러 레이저 인쇄는 프린터가 이미지를 구성하는 데 걸리는 시간 때문에 다소 느려진다. 대형 상업용 레이저 프린터의 속도는 400PPM이상이다.
레이저와 잉크젯 프린터의 저렴한 가격은 오해의 소지가 있을 수 있다. 프린터의 수명이 다하면, 구매자는 프린터보다 카트리지를 더 많이 쓸 것이다. 예를 들어, 200달러짜리 컬러 레이저 프린터는 일반적으로 네 개의 카트리지를 필요로 하는데, 이것은 각각 40달러 정도이다. 새로운 카트리지 한 세트는 거의 새 프린터만큼 비싸다. 레이저 프린터의 최초 구입 비용이 잉크젯보다 더 높지만 대량 출력을 할 경우 레이저 프린터가 비즈니스 적으로 더 적합하다. 이는 레이저 카트리지의 페이지 당 비용이 잉크젯 카트리지의 페이지 당 비용보다 저렴하기 때문이다. 그러나 잉크젯 프린터는 높은 해상도, 즉 DTI 밀도 때문에 사진 출력에 더 적합하다.

Impact 프린터

기계적 충격을 사용하여 페이지에서 이미지를 재현할 경우 Impact프린터로 간주된다. 이러한 유형의 프린터는 도트 매트릭스 프린터뿐이다. 도트 매트릭스 프린터(Dot-matrix printers)의 인쇄 헤드는 작은 핀의 매트릭스로 구성된다. 특정 핀이 용지 위의 리본을 때리는 방식으로 용지 위에 형태를 표시한다. 따라서, 각각의 글씨나 다른 이미지들은 작은 점들로 이루어져 있다. 도트 매트릭스 프린터는 낮은 품질의 출력을 생산하지만, 다중복사된 양식을 인쇄할 수 있기 때문에 여전히 많은 기업에서 사용하고 있다.

스토리지(Storage)

나중에 사용할 수 있는 프로그램, 데이터 및 정보를 유지하려면 데이터를 비휘발성 매체에 저장해야 한다. 즉, 전기가 연결되지 않은 경우에도 이 매체는 데이터를 보관해야 한다는 뜻이다. 때때로 네트워크 망을 사용하지 않고 저장된 데이터를 이동하거나 중요한 프로그램과 데이터를 백업해 두어야 할 경우가 있다. 이러한 목적을 위해 우리는 저장 매체를 사용한다. 엄밀히 구분하면 저장 매체(Storage media)는 정보가 저장되는 소재이고, 저장 장치(Storage device)는 이러한 매체와 함께 정보를 저장하고 검색하는 메커니즘을 모두 일컫는 말이지만 "저장 매체"와 "저장 장치"라는 용어는 종종 서로 호환되어 사용되곤 한다.

저장 장치는 다양한 형태와 다양한 소재로 제공되며 각자 장단점이 존재한다. 저장 장치를 평가할 때는 비용, 용량, 액세스 속도 및 액세스 모드(저장 장치 접근 방식)를 모두 고려해야 한다. 용량은 매체가 저장할 수 있는 데이터의 양을 의미한다. 액세스 속도는 시간 단위당 저장 또는 검색할 수 있는 데이터 양이며, 액세스 모드는 임의 또는 순차적인 매체 상의 데이터 구성을 나타낸다.

저장 장치는 데이터를 유지하는데 사용되는 기술(자기 또는 광학 저장 장치)과 물리적 구조(디스크, 테이프 또는 기타 형식)에 따라 다르다. 물리적 구조는 매체에서 데이터를 구성하는 방법을 제한할 수 있다. 디스크는 어떤 종류의 구성이든지 간에 허용하지만 테이프는 순차적인 구성만 허용한다. 이 장에서는 액세스 모드에 대해 논의하고, 특정 저장 매체 및 기술을 살펴보며, 비즈니스별로 가장 적합한 저장 솔루션의 유형을 평가할 때 관리자가 고려해야 할 사항을 살펴보기로 한다.

액세스 모드(저장 장치 접근 방식)

데이터 저장 장치에 대한 액세스 모드의 두 가지 기본 유형은 순차 저장 장치와 직접(임의) 저장 장치로 나뉘어진다. (그림 4.6참조). 순차 저장 장치(Sequential Storage)는 데이터가 하나의 레코드 이후 다른 것이 연달아 오는 구성 방식을 취하고 있다. 순차 저장 장치(순차 저장 장치로는 자기 테이프가 유일함)를 사용하여 테이프의 특정 위치에 있는 데이터를 읽으려면, 그 위치에 올 때까지 처음부터 테이프의 모든 데이터를 읽어야 한다. 순차 저장 장치에서 파일을 검색하는 것은 직접 액세스 방식의 직접 저장 장치 보다 느리고 덜 편리하다. 직접 액세스(Direct access)를 할 수 있는 경우, 레코드는 순차적으로 구성되지 않지만, 장치의 물리적 주소에 의해 다른 레코드를 거치지 않고 직접 원하는 레코드에 액세스할 수 있다. 직접 저장 장치는 때때로 약자로 DASD(Direct Access Storage Divice, DAZ-dee)라고도 불린다. 여기에는 자기 및 광학 디스크는 물론 플래시 드라이브, USB(Universal serial bus)소켓을 통해 컴퓨터에 연결되는 소형 저장 장치도 포함된다.

■ 그림 4-6

순차 및 직접 데이터 액세스

순차적 데이터(접근 액세스)

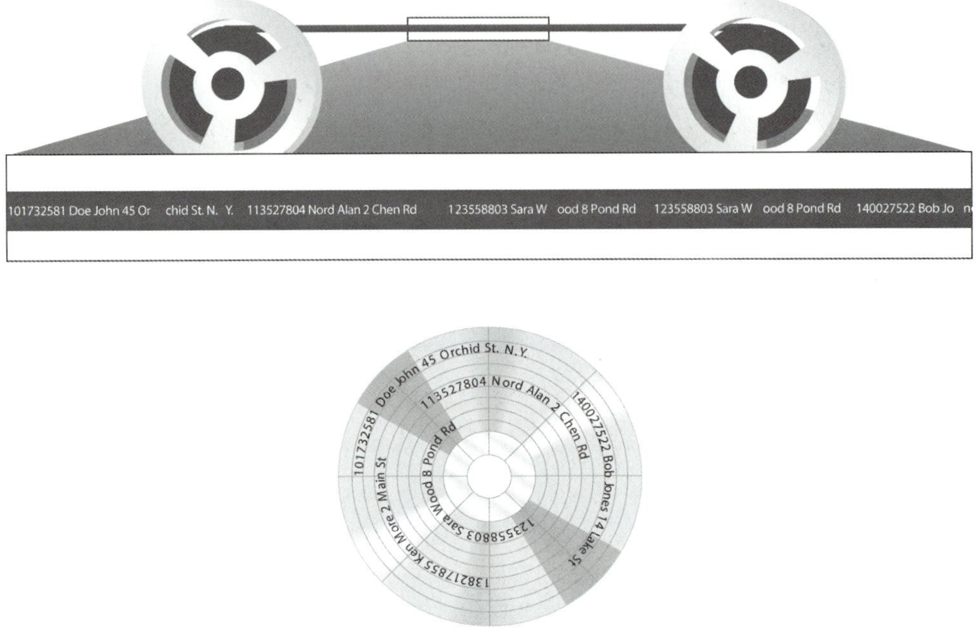

직접 데이터 접근

테이프 카트리지는 낮은 비용으로 데이터를 백업할 수 있는 방식이다.

자기 테이프(Magnetic Tapes)

테이프 레코더에 사용되는 것과 비슷한 자기 테이프(magnetic tapes)도 컴퓨터 데이터를 저장하는데 사용된다. 일부 테이프 드라이브는 여전히 오픈 릴 테이프(케이스가 없이 개방된 릴에 감겨있는 형태)를 사용하기도 하지만, 대부분은 테이프 카트리지를 사용한다. 대부분의 카트리지는 일반적으로 오디오 테이프 플레이어에서 사용되는 테이프와 같은 형태를 띠고 있다. 테이프 카트리지의 가장 인기 있는 유형 중 하나는 개방 선형 테이프(Linear Tape-Open, LTO)이다. 2012년에 저장 매체(Storage media) 제조 업체인 Quantum은 초당 280MB(megabytes)의 속도로 데이터에 액세스 할 수 있는 3TB(terabytes) 용량의 테이프 카트리지를 제공했다(Ananymous, 2013). 저장 비용은 저장 용량의 각 바이트(byte)별 소요되는 비용을 통해 측정한다. 테이프는 GB당 비용 측면에서 가장 낮은 비용을 제공한다. Quantum의 3TB LTO-5테이프(개당 35달러)는 GB당 1.1센트이다.

원본 저장 매체에서 데이터의 전체 또는 지정된 부분을 백업하는 작업은 정기적으로 수행되어야 한다. 기업에서 하드 디스크가 손상되거나 특정 사건으로 인해 원본 데이터를 복구할 수 없을 때, PC의 전체 하드 디스크가 백업되거나 많은 양의 데이터가 백업된다. 백업은 소프트웨어를 사용하여 수동 또는 자동으로 수행할 수 있다. 기업에서 백업을 수행하는 경우, 때때로 디스크(또는 테이프) 저장 장치가 있는 전용 영역인 저장 네트워크를 사용하는데, 이것은 오로지 데이터 백업의 목적으로 통신회선을 통해 기업의 IS에 연결되어 있다. 이러한 네트워크는 이번 장의 후반부에 다시 논의하기로 한다. 백업 및 복구 절차는 14장 "위험, 보안 및 재난 복구"에서 다룰 예정이다.

테이프는 저렴하지만 두 가지 주요한 결점이 있다. 테이프에서 데이터를 복사하는데는 시간이 많이 걸린다. 테이프로부터 디스크에 수 테라바이트 용량의 데이터를 복사해야 할 때에는 이 단점이 심각한 문제로 작용될 수 있다. 테이프는 또한 5년 정도만 지나면 저장 상태를 신뢰할 수 없다. 이 기간을 연장하려면 몇 달에 한 번씩 테이프의 릴을 앞 뒤로 돌려서 텐션을 유지해야 한다. 시간이 지남에 따라 고르지 않은 텐션이 발생하면(즉, 테이프의 일부분이 늘어나는 등 테이프의 전반적인 상태가 고르지 않으면) 저장된 데이터의 일부를 읽어들일 수 없는 상황이 생길 수도 있다.

자기 디스크는 아래와 같은 내부 디스크 혹은 USB나 파이어와이어로 연결된 외부 디스크 등 다양한 행태를 띈다.

자기 디스크(Magnetic Disks)

가장 널리 사용되는 저장 매체는 자기 디스크(Magnetic Disk)이다. 자기 디스크에는 하드 디스크와 플로피 디스크가 있는데, 플로피 디스크는 요즘 거의 찾아 보기 힘들다. 자기 테이프에 대한 정보와 마찬가지로, 자기 디스크에 대한 정보는 디스크 표면에의 있는 자성화된 지점(magnetized spots)에 코딩되어 있다.

일반적으로 PC에는 적어도 하나의 하드 디스크가 내장되어 있다. 하드 디스크는 흔히 하드 드라이브라고 잘못 사용되고 있다. 디스크는 저장 매체 자체이며, 드라이브는 데이터를 저장하고 데이터를 검색하는 메커니즘을 일컫는다. (그러나 드라이브와 디스크가 하나의 단위로 묶여서 판매되고 설치되기 때문에 "하드 디스크"와 "하드 드라이브" 그리고 "하드 디스크 드라이브"는 일반적으로 디스크와 드라이브, 이 두 가지의 조합을 의미한다.) 하드 디스크(Hard Disk)는 CPU및 기타 컴퓨터 구성 요소가 장착되어 있는 박스에 설치되어 있거나, USB 포트를 통해 컴퓨터에 외부에 부착된 하나 또는 그 이상의 단단한 플래터(platter: 디스크면)로 구성되어 있다. 외장 하드 디스크는 휴대가 가능하다. 따라서 컴퓨터 박스를 열지 않고도 쉽게 연결하거나 연결을 끊을 수 있다. 외장 하드 디스크는 일반적으로 용량이 동일한 내부 디스크보다 값이 비싸다. 데스크톱 컴퓨터용 하드 디스크는 최대 3TB의 데이터를 저장할 수 있다. 1GB를 저장하는 비용은 최근 5센트 이하로 감소했다.

기업 데이터의 저장 및 사용은 IT의 주요한 이니셔티브가 되었다. 최근 몇 년 동안, 하드 디스크를 구입하는데 있어 가장 중요한 동기로 소비자 구매 기록을 보관하는 대규모의 데이터베이스, 즉, 데이터 웨어하우스의 구축을 꼽을 수 있다. 맥킨지&컴퍼니(McKinsey & Company)의 2011년 연구에 따르면 전세계 데이터 증가율이 매년 40%에 육박할 것으로 예상되었다. 미국의 17개 경제 부문 중 15개에 부문에 저장된 데이터 양은 의회 도서관의 컨텐츠(2011년 4월 기준 235TB) 보다 많다 (Manyika et al., 2011).

POINT OF INTEREST — Tera Firma

저장 용량이 3TB인 외장 하드 드라이브는 140달러 미만으로 구입할 수 있다. 용량이 1TB인 하드 디스크는 정보를 얼마나 저장할 수 있을까? 약 300시간 분량의 양질의 비디오를 저장할 것으로 예상된다. 10TB 분량은 의회 도서관 약 155만 개 장서의 분량을 저장할 수 있다.

출처 : Anonymous. Fascinating Facts. Retrieved June 4, 2013, from http://www.loc.gov/about/facts.html; Anonymous. (2013). Megabytes, Gigabytes, Terabytes... What Are They? Retrieved June 4, 2013, from http://www.whatsabyte.com/

자기 디스크의 비용은 빠르게 감소하고 있는데, 이 같은 추세로 인해 수 천개의 비디오 클립을 웹 상에서 저장하고 스트리밍할 수 있게 되었다. 맥킨지&컴퍼니(McKinsey & Company)는 600달러짜리 디스크 드라이브가 전 세계의 모든 음악을 저장할 수 있을 것으로 추정하고 있다. 불과 2년 간의 운영을 통해, YouTube(지금은 구글에 편입됨)는 45TB의 저장 공간을 필요로 하는 비디오 클립들을 축적할 수 있었다. 이 회사는 매분 약 72시간 분량의 비디오를 수신하고 저장한다고 밝혔다. 비디오 콘텐츠가 시간당 1GB의 용량을 사용한다면, YouTube는 사용자가 새로운 비디오를 업로드할 수 있도록 하루에 172TB의 용량을 사용해야 한다(Manical, 2012f; Manyica et al., 2011).

광학 디스크(Optical Discs)

광학 디스크(Optical diskcs)는 빛을 반사하거나 또는 반사하지 않도록 디스크 표면을 처리하여 데이터를 기록하는 방식이다. 특수 감지 장치는 디지털 코딩의 1과 0을 나타내는 반사 또는 비반사 습성을 감지한다. 광학 디스크는 **콤팩트 디스크**(Compact discs, CDs)와 **디지털 비디오 디스크**(Digital video discs, DVDs)의 두 가지 기본 범주로 나뉘어져 있으며, 디지털 다기능 디스크(Digital versatile discs)로도 알려져 있다. CD는 CD-ROM(Compact discs, Read only memory), CD-R(Recordable)및 CD-RW(Rewritable) 등 여러 가지 유형이 있다. 기록 가능한 DVD는 다양한 레코딩 옵션이 있다. 광학 디스크의 주된 장점은 저장 용량과 휴대성에 있다. 가격적인 측면에서CD와 DVD는 하드디스크보다 저렴하지만, 그 차이는 크지 않다. 표준 DVD는 한 면에 4.7GB씩 총 9.4GB를 저장할 수 있다. 블루 레이저와 이중 스토리지의 기술을 사용하는 고급 DVD(Advanced DVD)는 50GB의 용량에 달한다. 듀얼 레이어 디스크는 일반 길이 비디오 디스크의 업계 표준이다. 그러나, 모든 광학 디스크의 단점은 저장 및 검색 속도가 하드 디스크보다 느리다는 것이다.

많은 컴퓨터들이 내장된 USB 포트와 플래시 메모리 카드 슬롯을 가지고 있다.

솔리드 스테이트 스토리지(Solid State Storage)

플래시 메모리(Flash memory)라고도 불리는 **솔리드 스테이트 스토리지**(Solid-state storage)는 주 메모리(컴퓨터 내부 메모리)와 외장 저장 장치 모두에서 각광 받고 있다. 솔리드 스테이트 스토리지는 전력 없이도 다시 작성하고 내용을 유지할 수 있다. 전력이 거의 소모되지 않으며 연결을 끊었을 때는 데이터 유지를 위한 일정한 전력 공급이 필요하지 않다. 이는 빠른 액세스 시간을 제공하며 충격이나 진동에 대해 상대적으로 영향을 덜 받도록 한다. 이러한 특성은 솔리드 스테이트 스토리지가 MP3플레이어, 디지털 카메라, 휴대 전화 또는 독립형 휴대용 메모리와 같은 휴대용 장치에 가장 적합한 선택이 되도록 하였다. 다른 유형의 메모리와는 달리 데이터 삭제는 개별 바이트가 아니라 바이트의 블록 단위로만 수행할 수 있다. 그러므로 플래시 메모리에서는 전체 바이트 블록 단위로 삭제된다.

독립형 메모리 장치로서 플래시 메모리는 두 가지 주된 형태가 있는데, 하나는 메모리 카드(대개 디지털 카메라 및 기타 휴대용 장치에 사용됨)이고, 다른 하나는 썸(thumb) 드라이브 또는 USB플래시 드라이브라고도 불리는 USB드라이브 이다. 많은 컴퓨터와 일부 모니터 및 프린터에는 SD(Secure Digital)및 CF(Compact Flash)와 같은 가장 인기 있는 플래시 메모리 카드를 제공하는 여러 내장형 카드 판독기가 포함되어 있는데, 이는 가장 보편적인 형태의 플래시 메모리 카드인 SD(Secure digital)와 CF(Compact flash)를 읽을 수 있다. **USB드라이브**는 성인의 엄지 손가락 크기이며 휴대용 저장 장치로 사용된다. ("드라이브"라는 명칭은 부적절하다. 플래시 메모리에는 움직이는 부품이나 디스크가 없다.) 이것은 보통USB포트를 통해 컴퓨터에 연결한다. 대부분의 컴퓨터에서 USB포트가 표준화되어 있으므로 데이터를 저장하거나 컴퓨터 간에 데이터를 전송하기 위해 썸(thumb) 드라이브를 사용하는 것은 손쉽다. USB드라이브가 연결되어 있으면 대개는 소프트웨어를 별도로 설정할 필요가 없다. 이 장치는 추가 외부 저장 장치로 인식된다. USB드라이브는 최대 10GB의 저장 용량을 제공하며, 비용은 빠르게 감소하고 있는 추세이다.

플래시 메모리 카드는 디지털 카메라 및 휴대용 음성 레코더와 같은 휴대용 장치에 이상적이다.

솔리드 스테이트 메모리는 기계적으로 움직이는 부품 없이 정보를 읽는다.

USB플래시 드라이브 및 메모리 카드에 사용하는 것 외에 플래시 메모리는 솔리드 스테이트 디스크(Solid-state disk, SSD)에도 사용된다. 솔리드 스테이트 디스크(SSD)는 자기 디스크의 대안이 될 수 있다. 앞서 언급한 바와 같이 "디스크"라는 용어는 부적절한데, 이런 타입의 저장 매체는 디스크와 움직이는 부품이 없기 때문이다. SSD는 자기 디스크와 유사한 방식으로 컴퓨터에 부착된다. SSD는 자기 디스크처럼 데이터가 저장되어 있는 위치로 가기 위해 디스크가 회전할 동안 대기하는 시간이 필요없기 때문에, 특히 자체 CPU와 함께 있다면, 자기 디스크보다 최대 250배나 빠르다. 이러한 CPU의 기능은 데이터 처리 속도를 높이는데 특화되어 있다. SSD는 기업에서 사용 빈도가 높은 소프트웨어를 저장하여 데이터 처리의 "병목 현상(bottlenecks)"을 방지하기 위해 활용된다. SSD는 또한 최고급 사양의 PC에서도 자주 활용되고 있다.

DAS, NAS 및 SAN

기업은 여러 사용자가 네트워크를 통해 동일한 저장 매체를 공유할 수 있도록 하는 저장 시스템에 크게 의존하고 있다. DAS(Direct-attached Storage)에서는 디스크 또는 디스크의 배열이 서버에 직접적으로 연결된다. 특히 저장 내용을 백업하기 위한 용도일 때 저장 장치는 테이프인 경우가 있다. 네트워크 상의 다른 컴퓨터는 디스크나 테이프를 사용하기 위해 서버에 접속해야 한다. DAS는 비교적 구축 및 관리가 용이하고, 상대적으로 저렴한 비용을 수반한다. 하지만 서버가 이메일이나 데이터베이스와 같은 다른 소프트웨어 또한 처리하기 때문에 데이터 액세스 속도가 저하될 수 있다. 또한 서버가 중단된 경우, 다른 컴퓨터들 역시 저장 장치에 액세스 할 수 없다. DAS는 소규모 기업에서 흔히 볼 수 있는 국소적인(localized) 파일 공유에 적합할 수 있다. 각각의 추가 서버와 저장 장치는 별도로 관리해야 하므로 쉽게 확장할 수 없다. 확장성(Scalability)은 변화하는 비즈니스 요구 사항을 수용할 수 있는 하드웨어나 소프트웨어를 추가할 수 있는 기능을 의미한다.

다른 두 가지 방식은 다른 모든 컴퓨터에서 직접 액세스 할 수 있도록 조직의 네트워크 상에 저장 장치를 배치하는 것이다. 이러한 접근 방식은 NAS(Network-Attached Storage)및 SAN(Storage-Area Network)으로 알려져 있다.

NAS(Network-attached storage)는 네트워크 저장소를 위해 특별히 고안된 장치 또는 "기기(Appliance)"이다. 이것은 하드 디스크와 같은 저장 매체와 네트워크를 통해 제공하는(또는 액세스하는) 파일에 전용으로 사용하는 관리 소프트웨어로 구성되어 있다. NAS가 데이터 저장을 처리하는데 있어 서버의 부담을 경감시켜주기 때문에 서버는 이메일 및 데이터베이스와 같은 다른 애플리케이션을 처리 할 수 있다. 디스크는 작고 중앙 집중화된 공간에 수 TB의 데이터를 저장할 수 있으며, 한 곳에서 이러한 대규모 저장소를 관리하면 비용이 절감된다. NAS는 확장성이 뛰어나다. DAS에서는 각 서버가 자체적인 운영 체제를 실행하는 반면, NAS는 다양한 운영 체제를 실행하는 서버와 통신할 수 있으므로 컴퓨터 및 기타 장치를 네트워크에 추가할 때 유연성이 뛰어나다. SAN(Storage Area Network)은 서버와 저장 장치 간에 데이터를 저장하고 전송하는 목적으로 고안된 네트워크이다. 저장 장치는 이 전용 네트워크의 일부이며, 이 네트워크는 기업의 로컬 네트워크와 별도로 관리된다. (네트워크는 제6장 "비즈니스 네트워크 및 텔레커뮤니케이션"에서 다루기로 한다.) SAN은 DAS와 NAS 기기를 결합할 수 있다. 이 네트워크의 통신 회선은 고속 광섬유 케이블이다. SAN에서 사용되는 데이터 전송 표준은 NAS에서 사용하는 데이터와는 다르며 일반적으로 더 높은 속도를 지원한다. NAS는 파일 단위로, 또는—전문가의 말을 빌자면—파일 레벨 단위로 데이터를 식별한다. SAN은 데이터 블록이라고 하는 훨씬 더 많은 양의 데이터를 식별하므로 훨씬 더 많은 양의 데이터를 동시에 전송하고 백업할 수 있다. 이는 온라인 상거래와 같이 많은 양의 레코드들이 데이터베이스에 저장되어 있어 빠른 속도로 데이터 전송을 하는 것이 중요한 상황일 때 매우 요긴하다. 이 때에는 많은 사용자가 지연 없이 동시에 데이터에 액세스 할 수 있다. SAN은 확장성이 뛰어나다. 이러한 이유로 SAN은 웹 상에서 비즈니스를 수행하고 대량 트랜잭션(거래) 처리를 요구하는 기업에 의해 활용되고 있다. 그러나 SAN은 비교적 비용이 많이 들고 관리가 복잡하다. 최근 몇 년간 NAS와 SAN간의 기술적 차이가 모호해지고 있다.

DAS, NAS및 SAN에는 때때로 데이터가 다른 디스크에 복제되어 처리 속도 및 고장 방지 능력(fault-tolerance)을 향상시키는 RAID(복수 배열 독립 디스크, Redundant array of independent disks)가 포함된다. 고장 방지 능력(Fault-Tolerance)은 다른 디스크에도 동일한 데이터가 나타나기 때문에 디스크의 장애를 버틸 수 있는 시스템 상의 기능이다.

Hewlett-Packard, Hitachi, IBM등 여러 기업들이 NAS와 SAN시스템과 이것을 관리하는 소프트웨어를 전문으로 다루고 있다.

클라우드 스토리지(Cloud Storage)

소비자와 기업의 데이터 저장소에 대한 요구가 증가하고, 인터넷 및 기타 네트워크 사용량이 급증하면서 새로운 기술 제품, 클라우드 스토리지가 탄생했다. 간단히 말해, 클라우드 스토리지(Cloud Storage)는 주변 컴퓨터(off-site computer) 또는 기술 장치에서 네트워크 액세스 가능한 저장소의 가용성을 의미한다. 1970년대의 응용 프로그램 서비스 제공자(Application service providers, ASPs) 모델을 바탕으로 하는 이러한 시스템은 대개 여러 요인 및 서비스 모델을 기반으로 한 구독료를 통해 외부 기업(third-party organization)의해 유지된다.

클라우드 스토리지를 통해 소비자는 자신의 개인 파일을 "클라우드"에 저장하고 여러 장치로 액세스 할 수 있다. 예를 들어, 고객은 MP3파일을 구입하여 클라우드 스토리지에 업로드할 수 있다. 이 음악 파일은 각각 의 장치에 저장할 필요 없이 스마트폰, PC 또는 태블릿을 통해 액세스 및 재생이 가능하다. 클라우드와 관련된 저장소 위치는 효율적으로 관리할 수 있는 단일의 저장소를 제공하고 다양한 파일에 액세스 할 수 있게 해 준다.

비즈니스 전문가들은 출장 중이거나 재택 근무 중에 클라우드 스토리지를 사용하여 파일 저장소를 중앙 집중식으로 관리하고 액세스 할 수 있다. 여러 장치에 데이터를 저장하거나 USB플래시 드라이브로 데이터를 이동하는 대신, 클라우드 스토리지는 편집 및 인쇄를 위해 다양한 장치에서 액세스 할 수 있는 데이터 파일을 단일 버전으로 유지한다. 또한, 클라우드는 잃어버릴 수 있는 플래시 드라이브나 휴대용 장치보다 더 안전한 곳에 민감한 데이터를 저장할 수 있도록 장소를 제공한다.

또한 비즈니스 조직은 클라우드 스토리지를 사용하여 데이터 저장 및 관리 비용을 절감할 수 있다. 데이터 저장소의 비용이 감소하고 있다고는 하지만, 기업 데이터의 사용 증가로 인해 정보

기술 간접비(overhead)가 현저하게 증가하고 있다. 때로 Storage-as-a-service라고 불리는 클라우드 스토리지 공급 업체들은 기업들로 하여금 데이터 저장 서비스를 외주를 주도록 하여 현장 데이터 저장에 대한 대안을 제공한다. 또한 클라우드 스토리지는 규정 준수 및 파일 보관을 위해 기업 데이터를 저장할 수 있는 효율적인 대안을 제공하여 운영 비즈니스 활동에 필요한 실시간의 데이터와 생산 데이터에 필요한 추가적인 내부 저장소 인프라를 제공한다.

그러나 클라우드 스토리지에는 단점이 존재한다. 데이터의 외부(off-sites) 저장소는 네트워크에 대한 의존도를 높이고, 이는 결국 네트워크 비용과 관련되어 있다. 비록 클라우드 스토리지 공급 업체가 모두 보증하고는 있지만, 클라우드에 저장된 기업 데이터의 보안은 여전히 중요한 이슈로 남아 있다. 외부 저장소는 민감한 기업 데이터의 보안을 위협할 수 있는 추가적인 문제를 만든다. 따라서 내부 현장 저장소(on-site storage)와 외부 저장소(off-site storage)의 장단점을 고려하고 분석해야 한다.

IBM과 Iron Mountain Digital은 기업 SaaS(Software as a Service) 시장에서 양대 주요 업체로 손꼽히고 있다. 그러나 Amazon과 Apple 같은 회사들은 클라우드 스토리지에 대한 소비자 수요를 잠식하고 있다. Amazon은 고객이 비디오, 사진, 음악, 문서 및 기타 디지털 파일을 비용을 들이지 않고 저장할 수 있는5GB의 클라우드 스토리지를 제공한다. 이 클라우드 스토리지는 PC의 애플리케이션뿐만 아니라 킨들 파이어 태블릿을 통해서도 접속 가능하다. Amazon의 전략은 킨들 파이어 사용자들에게 추가적인 혜택으로써 그들의 클라우드 스토리지에 접속할 수 있는 권한을 제공하는 것이다. Apple iCloud는 iOS및 Mac기기 사용자의 콘텐츠를 저장한다. 마이크로 소프트 오피스 2013은 이전 버전보다 더 많은 클라우드 액세스 기능을 제공한다. 오피스 365제품은 어디에서나 오피스 도구에 접속 가능한 "클라우드 오피스"로 광고되고 있다.

ETHICAL & SOCIETAL ISSUES 건강에 해로울 수 있는 컴퓨터

미국 인구 조사국에 따르면, 2010년 기준 약 7천 7백만 명의 미국인들이 직장, 학교, 그리고 집에서 컴퓨터를 사용한다고 한다(Anonymous, 2012b). 컴퓨터를 가지고 일하는 것이 근로자를 위협하는 다양한 위험을 수반한다는 연구들이 속속 등장하고 있다. 이러한 위험은 장시간 동안 반복적인 동작으로 인한 반복사용긴장성손상증후군(Repetitive-stress injuries, RSIs)을 포함한다. 미국 산업안전 공단(Occupational Safety and Health Administration, OSHA)에 따르면, 미국 기업들은 RSI로 인한 근로자의 청구 보상금에 연간 200억 달러를 지출했다고 한다(Anonymous, 2012d). 미국 노동부는 2011년에 반복적인 동작으로 인한 부상과 질병이 모든 질병의 3퍼센트를 차지했다고 보고했다. 그러나 이러한 경우에는 보통 23일의 휴가가 필요한데, 이는 모든 유형의 상해와 질병의 거의 세 배에 달하는 수치이다(Anonymous, 2012d). 컴퓨터 사용이 증가함에 따라, RSI 발병 역시 증가하고 있는데, 몇몇 학자들은 이러한 증상의 확대를 두고 전염병이라 일컫기도 한다.

가장 일반적인 컴퓨터 관련 RSI 유형은 수근관 증후군(Carpal tunnel syndrome, 손목 터널 증후군)이다. 이는 키보드를 반복적으로 사용한 결과이다. 이 증후군은 손목을 통과하는 중앙 신경의 팽창과 압력 때문에 팔뚝에 통증을 야기한다. 수근관 증후군은 영구적인 장애를 유발할 수 있다. 드문 경우이지만, 근로자들은 이러한 부상으로 인해 직장에 복귀하지 못하기도 한다.

우리의 눈 역시 컴퓨터 작업으로 인해 불편해진다. 몇몇 연구 결과, 일과 시간 동안 프로그래머의 눈은 무려 30,000번 움직인다는 것이 밝혀졌다. 이러한 움직임은 위아래로 그리고 좌우로 움직이며 눈 근육에 무리를 준다. 또 다른 연구들은 컴퓨터 모니터를 응시할 때, 사람들이 보통 눈을 깜박거리는 횟수의 6분의 1만 깜박인다는 것을 발견했다. 눈을 깜박거리는 행위는 안구를 촉촉하게 유지하는데 중요한 역할을 하는데, 안구의 보습이 유지되면 해로운 세균을 죽이고, 눈의 긴장을 완화시켜 준다. 국립 직업 안전 보건 연구소(National Institute for Occupational Safety and Health, NIOSH)는 키보드와 비디오 디스플레이를 포함해 컴퓨터를 활용한 업무에서 잠깐의 휴식을 취하면 업무의 양과 질은 그대로 유지되면서 눈부심, 시야 흐림, 상체 불편함 등의 증상을 줄일 수 있다는 사실을 발견했다. 이 기관은 컴퓨터 화면을 장시간 쳐다보는 컴퓨터 사용자들의 절반 이상이 두통, 집중력 상실, 눈부심 현상, 시력 저하, 시야 흐림 등의 증상을 보이는 컴퓨터 시각 증후군(Computer vision syndrome, CVS)으로 발전한다고 추정했다.

이 주장은 그러한 위험에 대해 직원들을 교육시키고, 그것을 최소화하는 작업 환경을 제공하는 것이 고용주의 도덕적 의무라고 이야기 하고 있다. 경제적이고 윤리적인 측면에서 볼 때, 많은 고용주들이 증가하고 있는 "정보화 시대의 질병" 발생을 줄이기 위해 노력하는 추세이다. 그러기 위해서 기업은 인체공학적 장비를 구입 및 설치하고, 직원들에게 이러한 장애를 최소화 할 수 있는 컴퓨터 사용 방법에 대해 훈련하고, 타이핑과 같은 반복적인 활동으로부터 주기적인 휴식을 취하도록 하고 있다. 휴식 시간은 RSI와 눈의 긴장을 막는 데 도움이 된다. OSHA는 안전한 컴퓨터 작업에 유용한 팁을 제공하는 웹 사이트인 'www.osha.gov/SLTC/computerworkstation' 를 운영하고 있다. 여러분은 아마도 컴퓨터 앞에 앉아서 많은 시간을 보낼 것이다. 여러분의 건강을 유지하기 위해 사이트를 방문하여 유용한 정보를 얻고 그것들을 실제 적용해 보시기 바란다.

이러한 위험을 최소화하기 위해, 여러분은 짧은 휴식 시간, 혹은 횟수는 적지만 더 오래 쉴 수 있는 시간을 가지도록 유도하는 Workrave와 같은 무료 프로그램 몇 가지 중 하나를 다운로드하고 설치할 수 있다. 이 프로그램은 또한 하루동안 작업자가 컴퓨터를 사용할 수 있는 시간을 제한한다. 이 프로그램이 시행되고 있으면, 휴식 시간 중이나 일일 컴퓨터 사용시간 제한을 넘겼을 때, 근로자는 네트워크 상으로 연결되어 있는 그 어떤 것도 사용하도록 허용되지 않는다. 컴퓨터가 연결된 모든 근로자의 작업 시간은 검토 및 분석을 위해 서버에 기록되고 분류된다. 이 애플리케이션은 또한 어깨, 팔, 눈을 위해 애니메이션으로 제작된 운동 가이드를 제공한다.

저장 매체 평가에서 기업의 고려 사항

저장 장치에 투자하기 전에, 전문가들은 몇가지 요인, 즉, 데이터 저장의 목적, 저장할 데이터의 양, 요구되는 데이터 저장 및 검색 속도, 데이터, 휴대용 기기의 필요성, 그리고 비용을 고려해야 한다.

저장된 데이터의 사용

저장 매체를 채택하기 전에 먼저 고려할 사항은 데이터가 어떻게 사용되고, 주로 그것이 현재 운영에 사용될 것인지 아니면 백업에 사용될 것인지 여부를 확인하는 것이다. 프로세싱을 하지 않고 백업에만 사용한다면, 자기 테이프, 플래시 드라이브, 외장 드라이브, CD또는 DVD를 선택하는 것이 적절할 것이다. 자기 테이프는 한 개의 CD와 비교해 보았을 때, 한 개의 릴(reel)또는 카세트 당 저장할 수 있는 데이터도 더 많고, 가격도 저렴하다. 이런 점 역시 고려되어야 할 사항이다. 만약, 사용자가 개별 레코드에 빠르게 액세스 해야 하는 경우에는 자기 하드 디스크가 최고의 선택이다. 따라서, 기업은 고객들로 하여금 그들의 레코드를 온라인 상에서 빠르게 검색할 수 있도록 하려면 빠른 자기 디스크를 사용해야 한다. 만약 정보가 백과사전이나 지도 같이 라이브러리 사용자에 의해 사용되는 기록물의 형태라면, 라이브러리는 CD또는 DVD상의 정보로 제작되어야 한다. 왜냐하면, 사용자들은 특정 정보(레코드)에 빠르고 직접적인 검색을 필요로 하고, 이러한 방식은 순차적인 검색 방식인 테이프에는 적합하지 않기 때문이다. 그러나, 외장 디스크 드라이브의 속도와 저렴한 비용을 고려하면 즉각적인 정보 액세스를 위해 이러한 저장 장치(일반적으로 서버 상에 위치)의 사용은 합리적이라 할 수 있다. 변경되지 않아야 하는 기록물 정보는 한 번만 쓰기 가능한 매체에 저장되어야 한다.

데이터 저장과 액세스를 위해 클라우드 스토리지를 사용하는 것 또한 고려해야 한다. 온라인 서버의 저렴한 비용과 가용성을 통해 경영 상의 관리 감독 및 데이터 저장 기능의 관리에 들어가는 수고를 줄일 수 있다. 예를 들어, 기업이 내부 저장소에 접근하려면, 새 디스크 드라이브(또는 서버)를 구입하고 설치해야 한다. 그러나 클라우드 스토리지 환경에서 추가 저장소가 필요한 경우에는 어떠한 능동적인 노력 없이도 쉽게 액세스 할 수 있다.

저장할 데이터의 규모

저장 용량이 가장 중요한 요인인 경우, 전문가는 메가 비트(megabits) 또는 메가 바이트(megabytes) 당 가격을 먼저 고려해야 한다. 즉, 저장 용량에 소요되는 비용의 비율을 따져야 한다. 만약 매체가 오로지 백업만을 위해 사용된다면, 낮은 비용을 고려해볼 때 자기 테이프와 DVD가 이상적인 선택이다. 빠른 검색을 위해 매체를 사용할 때는 자기 디스크가 최상의 선택이 될 것이다.

어떤 목적을 위해서는 기기의 용량이 중요하다. 대용량의 소프트웨어 응용 프로그램 또는 데이터 세트를 단일 장치에 저장해야 하는 경우, 대용량 장치를 선택해야 한다. 예를 들어, 영업 사원이 총 4GB의 애플리케이션을 시연할 수 있어야만 한다면 데이터를 5개의 CD에 저장하는 것이 더 경제적일 수는 있겠지만 실용적이지는 않을 것이다. 왜냐하면 영업사원은 우선 시연하는데 사용되는 PC마다 CD의 모든 내용을 복사하거나(보안 상의 이유로 호스팅에 저장하는 것이 금지될 수 있음) 시연하는 동안 데이터가 저장된 CD를 갈아끼워야 할 것이다. 최소 4GB의 작은 휴대용 하드 디스크 또는 USB플래시 드라이브는 훨씬 더 비싸지만 보다 실용적인 선택이 될 수 있다.

속도

자기 디스크 속도(스핀 속도 Spindle speed라고도 함)는 분당 회전수(Rotations per minute, RPM)로 측정된다. 현재 디스크는 5,400에서 15,000RPM의 속도로 제공된다. 동일한 크기의 디스크의 경우 RPM이 높을수록 데이터 전송 시간이 단축되고 전반적으로 성능이 좋다. CD와 DVD의 엄청난 용량과 저렴한 비용이 매력적이지만, 전송 속도는 자기 하드 디스크가 여전히 훨씬 뛰어나다. 매우 빠른 속도가 우선적으로 필요한 경우, 자기 디스크 가격보다 훨씬 비싸기는 하지만 현재로서SSD가 최상의 선택이라 할 수 있다.

클라우드의 데이터에 액세스 하는 것은 네트워크 대역 폭에 크게 의존적이다(전송할 수 있는 데이터의 속도 및 양). 내부 저장소를 사용하는 기업은 저장 장치가 포함된 서버에 대한 액세스를 제어한다. 연결이 로컬(내부망)로 되어있는 경우, 데이터 액세스 속도가 더 빠르다. 클라우드 환경에서 데이터에 액세스하는 속도는 네트워크(인터넷) 서비스 및 대역 폭을 기반으로 한다.

POINT OF INTEREST 무릎에 노트북을 올려 놓지 마시오

소니 배터리의 결함으로 인해 컴퓨터 역사상 가장 큰 리콜(Recall) 사고들이 발생했다. 노트북 컴퓨터의 여러 기종들에서 배터리가 과열되었다. 몇몇은 폭발했고, 다른 몇몇은 확 타오르기도 했다. Dell은 4백만 대의 컴퓨터 배터리를 교체했고, 애플은 180만대, Renovo는 50만대의 배터리를 교체했다. 2006년에 연방 소비자 안전 제품 위원회(Federal Consumer Safety Products Commission, CPSC)는 "컴퓨터를 무릎 위에서 사용하지 마시오."라는 조언을 하였다. CPSC는 적절한 배터리 및 충전기 사용과 부드러운 표면에 노트북을 두는 것 등을 포함한 노트북 사용에 대한 여러 팁을 제공하고 있다.

출처 : Horowitz, A., Jacobson, D., McNichol, T., Thomas, O., "101 Dumbest Moments in Business," Business 2.0, January/February 2007, p. 100; CPSC Releases Tips on Notebook Computer Use, September 2006, http://www.cpsc.gov/CPSCPUB/PREREL/prhtml06/06271.html

단위 공간과 휴대성

때로는 저장된 기가 바이트(gigabytes)의 비용이 가장 중요한 고려 사항이 아니라, 저장 매체의 물리적 크기가 가장 중요한 사항이 되기도 한다. 휴대용 하드 디스크 드라이브는 경제적이면서 빠른 속도일 수 있지만, 출장 중인 판매사원이 외장 하드 디스크 대신 CD를 휴대하는 것이 오히려 더 실용적일 수 있다. 비록 CD가 USB플래시 드라이브보다 훨씬 저렴하지만, 판매 사원은 USB 드라이브를 휴대하는 것이 더 편리할 수 있다. USB플래시 드라이브는 열쇠 고리에 부착하거나 셔츠 주머니에 고정할 수 있는 반면, CD는 셔츠 주머니에 들어가지 않기 때문이다. 비록 저장 비용이 CD만큼 저렴하지는 않지만, 휴대성 및 PC상에 USB포트가 어디에나 있다는 사실은 USB플래시 드라이브를 선택하게 하는 요소이다. 오늘날 네트워크 연결과 제한된 로컬 디스크 저장소를 필요로 하고 있는 많은 비즈니스 전문가들은 그들의 데이터와 응용 프로그램에 액세스 하기 위해 태블릿 컴퓨터 또는 스마트폰을 사용하고 있다.

비용

일단 전문가들이 특정 비즈니스 용도에 적합한 최상의 데이터 저장 장치에 동의한다면 비용을 고려해야 한다. 접근 방식은 간단하다. 가장 적은 금액으로 가장 큰 저장 용량을 확보하면 된다. 다시 말하면, 각 제안된 기기에 대해 기가 바이트 용량 당 금액을 고려하면 된다. 금액 비율이 낮은 제품일수록 더 선호될 것이다. 금액 비율은 계산하기 쉽다. 만약, 1TB하드 디스크의 가격은 80달러라면, 그 금액 비율은 80달러/ 1TB 또는 1기가 바이트당 8센트가 될 것이다. 135달러짜리 3TB드라이브의 기가 바이트(gigabyte)당 비용은 4.5센트이다. 만약 32GB의 썸(thumb) 드라이브가 20달러이면 기가 바이트당 비용은 20달러/32GB 또는 기가 바이트당 62센트가 된다. 따라서, 만약 썸 드라이브의 편리함과 휴대성이 중요시 한다면, 저장 용량의 GB당 비용은 대폭 증가할 수 있다.

클라우드 스토리지를 사용하면 비즈니스 운영이 보장되므로 추가 용량의 비용 곡선이 바뀔 수 있다. 내부 용량이 한계에 도달하면 추가 저장 장치를 구입하고 설치해야 한다. 만약 저장소에 저장된 서버 용량이 용량에 한계에 도달하면 서버도 업그레이드해야 한다. 따라서 각각의 용량 레벨이 새롭게 추가될때 마다 비용도 함께 증가한다. 클라우드 스토리지를 사용하면 용량이 추가될수록 추가 용량에 대한 비용이 점진적으로 줄어든다.

신뢰성과 기대 수명

이는 일반적으로 가장 높은 우선 순위는 아니지만, 기업은 또한 저장 매체의 신뢰성과 기대 수명을 고려해야 한다. 예를 들어, 광학 디스크는 자기 디스크보다 신뢰성이 높고 내구성도 우수하다. 자기 디스크에 저장된 데이터는 약 10년 동안 신뢰할 수 있다. 반면 CD와 DVD는 50~100년 동안 안정적으로 데이터를 저장할 것으로 예상된다(비록 이 매체들이 그 때까지 장기간 저장한다는 것을 아직 증명하지는 못했더라도 말이다.).

클라우드를 통해 외부 데이터 저장소를 관리하고 감독하는 것은 기업의 비용을 절감하는 동시에 잠재적인 문제를 야기한다. 비즈니스 담당자와 경영진에게 클라우드 데이터의 내구성과 가용성은 클라우드 공급 업체의 관리 및 운영 수준과 매한가지라고 볼 수 있다. 따라서 비용, 안정성 및 가동 시간 통계를 위해 다양한 클라우드 공급 업체를 조사하고 분석하는 것은 매우 중요하다.

트레이드 오프(Trade-offs)

앞서 살펴보았듯이 저장 매체를 구매할 때는 여러 요소를 고려해야 하며, 종종 장치에서 하나의 품질(요소)를 얻는 대신 다른 것은 포기해야 한다. 예를 들어, USB드라이브는 편리하고 빠른 속도로 사용할 수 있지만, 상대적으로 작은 용량때문에 많은 양의 거래 데이터를 저장하거나 대량의 데이터를 백업하는 것은 허용되지 않거나 비용이 많이 든다. 그림 4.7은 가장 인기 있는 저장 매체의 특성을 요약한 것이다. 물론, "적당한 비용"과 "고용량"과 같은 용어들은 상대적이다. 최근 몇 년 새 거의 모든 저장 매체의 저장 용량과 속도가 증가했으며, 비용은 줄어들었다. 따라서, 특정한 용량, 검색 속도 그리고 비용은 항상 변한다. 아래의 표는 일반적인 비교 및 참조를 위해 제시되며, 각 매체의 "높음" 및 "낮음"은 다른 매체와 상대적인 차이를 나타낸다.

■ 그림 4-7

비즈니스 목적을 위한 디지털 저장 매체의 특성

Medium	장치(디바이스) 크기당 저장가능함	기록, 검색 속도	비용($/GB)	…에 이상적	장치당 저장 가능량	한계
자기 하기드스크 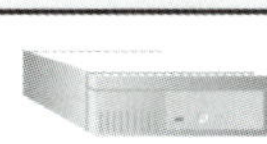	High	Very Fast	High	즉각적 트랙색션	Very High	부피가 큼, 무거움
자기 테이프 	High	Slow	Very Low	백업	Very High	즉각적 처리에 적합하지 않음
광학 테이프 	Very High	Fast	Low	백업	Very High	시장이 작음
기록가능한 CD 	Very High	Medium	Very Low	백업, 소프트웨어 배포	Low	장치당 저장량이 작음
기록가능한 DV 	Very High	Fast	Very Low	백업	Medium	장치당 저장량이 작음
플래쉬 메모리 	High	Fast	High	백업, 휴대성	Medium	Expensive

하드웨어 구매시 고려 사항

컴퓨터 구매에 대한 결정은 대개 조직의 IT전문가 또는 컨설팅 회사의 도움을 받는다. 그러나 설문 조사에 따르면 의사 결정 과정에서 점차 직원들이 더 많이 관여하는 추세이다. 컴퓨터의 효과적인 사용을 위해서는 직원들이 설치된 컴퓨터와 장비들에 만족해야 한다는 사실을 많은 기업들이 깨닫고 있기 때문이다.
구입할 항목을 결정하기 전에 다음 변수를 고려할 필요가 있다.

- **장비의 파워.** 속도, 메모리 크기 및 컴퓨터에 설치된 하드 디스크와 같은 저장 장치의 용량을 의미한다. 높은 내부 메모리(RAM) 크기는 처리 및 계산 시간을 늘리기 위해 항상 고려해야 한다.
- **확장 슬롯.** 컴퓨터는 마더 보드(CPU및 기타 회로가 설치된 보드)에 더 강력한 그래픽 카드와 무선 카드 등의 추가적인 용도로 회로 카드를 추가할 수 있어야 한다. 추가적인 메모리 카드는 더 많은 동시 프로그램과 데이터를 실행할 수 있도록 처리 속도를 높여준다.
- **외부 포트의 갯수와 유형.** 포트(Ports)는 프린터, 하드 디스크, 스캐너, 원격 키보드 및 포인터, 통신 장치 등의 외부 장치에 컴퓨터를 연결하는 데 사용되는 소켓이다. 더 많은 포트는 더 높은 유연성을 제공한다. 하드 디스크, 프린터, 스캐너, 엄지 드라이브, 디지털 카메라, 프레젠테이션 "클리커(Clickers)" 등 많은 외장 장치가 USB포트를 통해 컴퓨터에 연결되므로 더 많은 USB 포트는 더 많은 외부 장치를 동시에 연결할 수 있음을 의미한다. USB허브(단일 포트에 연결하여 다수의 포트를 제공하는 장치)를 사용할 수 있지만 불편함과 비용이 증가할 수도 있다. 내장된 다수의 플래시 메모리 카드 리더기는 디지털 카메라와 같이 메모리 카드를 사용하는 장치를 연결하는 대신 카드로부터 직접 데이터를 읽을 수 있게 해주므로 편리하다.
- **모니터 유형과 해상도.** 고해상도는 보다 쾌적하고 눈에 적은 부담을 준다. 더 큰 모니터를 사용하면 많은 응용 프로그램 창을 동시에 볼 수 있게 해주며 스크롤을 적게 해도 된다. 대형 모니터가 필요한 응용 프로그램이 컴퓨터 사용자의 생산성을 높일 수 있다면 다중 모니터를 고려해야 한다. 터치 스크린은 키보드 데이터 입력이 비실용적이고 비효율적일 때 좋다.
- **인체 공학.** 인체 공학적 장비는 뒤, 팔, 눈에 무리를 주지 않는다. 예를 들어, 키보드를 사용하는 것은 편안해야 한다. 전통적인 키보드는 긴 시간 동안 사용할 때 근육 통증을 유발한다. 인체 공학 키보드를 구입하는 것을 고려해 보자. 마우스 대신 트랙볼을 사용하면 팔을 움직이거나 손 전체가 아닌 손가락만을 움직이면 된다.
- **호환성.** IT관리자는 새로운 장치가 기존 하드웨어, 소프트웨어 및 네트워크와 통합 가능한지 확인해야 한다. 새 컴퓨터의 경우 다른 운영 체제나 내부 구조를 가질 수 있다. 중요한 응용 프로그램을 호스팅 하는 데 사용되는 경우, 응용 프로그램이 새 시스템에서 실행되도록 주의해야 한다. 예를 들어, 상용 소프트웨어 공급 업체는 목록 내의 CPU 및 운영 체제들에서 실행될 것임을 보장해준다. 전문가들은 이전 하드웨어가 오래 된 하드웨어와 호환되는 역 호환성(Backward compatibility)을 고려해야 한다. (이는 소프트웨어에도 적용된다.) USB2.0장치는 USB1.1포트와 호환되지만, 통신 속도가 이전 포트의 속도로 저하된다. 하드웨어와 네트워크 간의 호환성도 중요하다. 바코드 스캐너와 같은 최신 휴대용 장치는 업데이트된 통신 표준을 사용할 수 있으며 이 때 기존의 표준 전송기와는 호환되지 않기 때문에 기존의 창고 내 네트워크와는 더 이상 통신이 불가능할 수 있다.
- 하드웨어 설치 공간: 공간이 부족하면 컴퓨터와 주변 장치의 크기를 고려해야 한다. 설치 공간(Footprint)은 컴퓨터가 차지하는 영역이다. 작은 설치공간은 다른 장치들을 설치할 공간을

마련해준다. 올인원(All-in-one) 개인용 컴퓨터는 최소한의 공간을 가진 사용자들에게 인기가 있다.

- 공급 업체의 신뢰성, 보증 정책 및 보증 만료 후 공급 업체의 지원: 공급 업체가 지원 웹 사이트 및 24시간 지원 전화번호를 제공하는지 여부를 문의해야 한다. 컴퓨터 장비의 빠른 개발의 현실을 감안할 때 쉽지는 않겠지만, 장비가 얼마나 빨리 구식이 될 지도 가늠해 봐야 한다.
- 전력 소비량과 소음: 전력 소비량이 적은 컴퓨터는 전기 비용과 열 발생을 줄여 준다. 컴퓨터는 팬(Fans)을 사용하여 회로를 식혀 준다. 쾌적한 업무 환경을 위해 조용한 팬이 좋다.
- 비용: 이전의 모든 요인들은 비용에 따라 가중치를 다르게 두어야 한다. 신중히 고려한다면 합리적인 가격에 탁월한 탁월한 성능의 하드웨어를 구입할 수 있다. 인쇄 혹은 웹 기반의 업계지들도 유용하다. 많은 정기 간행물들은 전문가들이 실험실에서 공정하게 테스트하여 하드웨어를 비교 평가하는 테이블을 제공한다. 그들의 평가를 이해하기 위해 당신이 꼭 IT전문가가 될 필요는 없다.

그림 4.8에는 하드웨어 구매 시 고려해야 할 사항이 수록되어 있다. 여러 업체의 컴퓨터를 비교할 때, 각 카테고리 별로 각각의 컴퓨터가 중요한 항목을 얼마나 잘 만족하는지 10점 만점으로 평가하는 것도 유용하다. 각각의 조직 또는 부서의 내부적인 요구 사항에 따라 일부 요인을 추가해야 할 수도 있다. 가장 높은 점수를 받는 장비가 평가자의 생각에 가장 적합한 장비이다.

확장성(Scalability) 및 하드웨어 업데이트

IT관리자는 구입하는 모든 장비가 확장 가능하도록 보장함으로써 하드웨어의 생산적인 수명을 연장하려고 노력한다. 확장성의 원칙은 하드웨어와 같은 리소스가 업그레이드를 통해서 혹은 업그레이드 없이도 증가하는 작업량을 수용할 수 있음을 의미한다. 확장 가능한 시스템은 수요 증가에 따라 파워를 증가시킬 수 있다. 예를 들어, 많은 서버가 복수의 프로세서를 사용할 수 있도록 설계되어 있다. 4, 8 또는 16개의 프로세서를 사용하는 것도 드문 일은 아니다. 서버가 처음에는 소량의 프로세서(예를 들어 2개)만 설치된 경우에는 프로세서를 추가하여 컴퓨팅 성능을 높일 수 있다. 이렇게 하면 기계가 너무 빨리 폐기되지 않아도 되며, 이를 통해 조직의 초기 투자를 보호할 수 있다. 메모리, 스토리지 및 기타 하드웨어 구성 요소에 대해서도 동일한 원칙을 적용할 수 있다.

그러나 일부 하드웨어는 확장할 수 없다. 기업은 운영체제(예: Windows)와 같은 소프트웨어를 업데이트 하는 경향이 있지만 여전히 오래 된 하드웨어를 유지하기도 한다. 물론 새로운 하드웨어 구입 비용을 피할 수는 있겠지만 실제로는 생산성이 떨어질 수 있다. 새로운 소프트웨어는 오래 된 시스템에서 빠르고 안정적으로 실행될 수 없다. 구형 컴퓨터에서 실행되는 경우에는 새로운 소프트웨어의 기능을 사용할 수 없다. 예를 들어, Windows Vista는 이전 버전의 Windows에 비하여 더 높은 보안성, 빠른 파일 관리 및 뛰어난 시각 효과를 제공하였지만, 당시 대부분의 PC가 새로운 운영 체제를 실행할 만큼 강력하지 않았다.

하드웨어와 하드웨어 간의 성능 차이를 방지하려면 하드웨어를 폐기하고 새 하드웨어를 설치해야 한다. 하드웨어를 교체할 시기를 결정하는 데 도움이 되는 대략적인 공식은 하드웨어 부품의 평균 연령과 기계에서 실행하는 운영 체제의 평균 연령의 비율이다. 이 비율이 1미만인 경우라면 하드웨어 일부 혹은 전부를 교체할 시점일 수 있다.

만약 여러분이 몇 달 이내에 더 강력한 컴퓨터가 출시될 수 있기 때문에, 장비의 유용한 수명이 짧을지 걱정된다면, 시스템을 구입하는 대신에 임대할 수 있다. 많은 판매업체들은 임대 프로그램을 제공한다. 그러나, 공급 업체들은 하드웨어가 얼마나 빨리 구식이 되는지 알고 있기 때문에

■ 그림 4-8

하드웨어 구입을 돕는 평가 양식의 예

요소		탐색 조건	점수
파워			
	Speed	큰 단어 크기와 높은 틀릭 속도	———
	RAM capacity	클수록	———
확장성		추가장치와 메모리를 위한 많은 보드 슬롯(slot)	———
포트		프린터, 외장 하드 디스크, 통신 장치, 다른 주변 기기를 위한 많은 수의 포ㅌㅌ(ports)	———
인체공학		높은 안정성과 편안함	———
호환성			
	하드웨어	동일 혹은 다른 제조사의 컴퓨터와 주변기기와의 호환 가능성	———
	소프트웨어	현재 사용되는 소프트웨어 패키지와 감매적으로 사용될 소프트웨어와의 호환성	———
	네트워크	네트워크 인프라의 호환성	———
차지공간		작은 공간	———
지원		유선, 온라인으로 문제 해결 지원 가능	———
		새로운 업그레이드 정보의 제공	———
보증		보증기간 긴 것	———
비용		낮은 비용	———

임대 가격에 이를 반영한다. 18-24개월 임대 가격이 구매 가격만큼 될 수도 있다. 그러나 아직 많은 회사들은 PC와 노트북 컴퓨터를 구입하는 것을 선호한다.

이 책에서 봤듯이 하드웨어 구성 요소는 다양한 구성으로 결합되어 기업이 운영을 간소화하고 전략적 목표를 달성할 수 있도록 지원한다. 그러나 하드웨어는 새로운 정보시스템 도입에 있어서 첫 번째 고려 사항이 되지는 않는다. 새 정보시스템을 계획할 때 관리자는 먼저 비즈니스 요구 사항을 파악한 다음 이러한 요구 사항을 지원할 소프트웨어를 고려해야 한다. 그런 다음 소프트웨어를 지원하는 하드웨어를 선택해야 한다. 다음 장에서는 소프트웨어에 초점을 맞추어 보자.

다시 킴볼 레스토랑으로 돌아가서 (KIMBALL'S REVISITED)

리즈(Liz)와 마이클(Michael)은 새로운 지역에 대한 마케팅, 매장 리노베이션, 개장 프로젝트에 중점을 두고 있지만, 정보 기술에만 집중하는 것은 어렵다. 그들은 타일러가 대학과 사업에서 배운 지식에 의존할 필요가 있을 것이다. 타일러는 현명한 판단을 내리기 위해 아래의 문제들을 이해하기 위한 지침을 필요로 한다.

당신의 추천은?

1. 타일러(Tyler)는 새로운 지역을 서비스 지향 환경으로 삼고 고객에게 적시에 양질의 서비스를 제공하고자 한다. 그는 정보기술을 사용하는 것이 이러한 환경을 조성할 뿐만 아니라, 고객들에게 잘 관리된 사업을 보여 줄 것이라고 믿고 있다. 어떤 대안이 레스토랑의 이 브랜딩을 충족시킬 수 있는가? 휴대용 장치를 사용하여 테이블에서 고객 주문을 처리해야 할 것인가? 이것이 주문을 효율적으로 처리하는 효과적인 방법일까? 어떤 유형의 장치를 사용할 수 있을까?
2. 새 시스템을 사용하면 데이터의 일정 부분에 대한 백업이 필요하다. 이 중요한 기능에 대해 타일러(Tyler)에게 어떤 조언을 해 줄 수 있을까?
3. 식당의 전체 운영을 고려해 보자. 타일러(Tyler)가 설치할 것으로 예상되는 다양한 하드웨어 장치를 파악하고 논의해보자.

새로운 시각

1. 킴볼(Kimball)이 고객 주문을 받기 위해 휴대용 장치에만 의존하는 것이 적절할까? 이 점을 분석하여 논의해보자.
2. 이전 장에서 본 마케팅, 홍보 및 소셜 미디어 토론을 생각해보자. 타일러(Tyler)가 이러한 계획을 지원하기 위해 어떤 유형의 하드웨어를 추천해야 할 것인가?

주요용어

RAM, 125
CPU 클락, 133
CRT, 141
데이터 워드, 133
DVD, 125
직접 액세스, 143
DAS, 147
도트 매트릭스 프린터, 143
인체공학, 156
플래시 드라이브, 143
플래시 메모리, 146
해상도, 142
ROM, 125
확장성, 147
순차 저장 장치, 143
서버, 128
스마트폰, 129
솔리드 스테이트 디스크 (SSD), 146
소스 데이터 입력 장치, 135
음성 인식, 140
스토리지, 143
SAN, 147
Storage as a service, 149
스타일러스, 129
슈퍼컴퓨터, 126
태블릿 컴퓨터, 129
기술 융합, 130
처리량(Throughput), 133
터치스크린, 135
트랙볼, 135
트랙패드, 135
USB, 143
USB 드라이브, 146
워크스테이션, 128
평면 모니터, 141
하드 디스크, 145
하드웨어, 124
이미지 처리, 139
Impact 프린터, 143
입력 장치, 134
내부 메모리, 125
LCD, 141
기계 주기, 132
자기 디스크, 145
자기 잉크 문자, 137

리뷰 질문

1. 당신은 부품을 사기로 결정하고 당신만의 개인용 컴퓨터를 만들기로 결정했다. 최소한 이 장치가 컴퓨터로 간주되는 데 필요한 구성 요소는 무엇인가?
2. 최신 CPU에는 코어가 포함되어 있다. 코어(core)은 무엇인가?
3. 멀티 코어 CPU는 멀티스레딩을 촉진한다. 멀티 스레딩(Multithreading)이란 무엇인가?
4. 대부분의 사람들은 사용은 물론이고 슈퍼 컴퓨터를 보기도 힘들다. 왜 그럴까? 이러한 유형의 컴퓨터는 어디에 가장 빈번하게 사용될까?
5. 메인 프레임 컴퓨터의 종말에 대한 뉴스는 엄청나게 과장된 부분이 있다. 이에 대해 설명하라.
6. IT전문가들은 종종 기술의 융합에 대해 언급하곤 한다. 휴대용 컴퓨터와 휴대 전화를 생각해 보자. 이러한 융합의 예를 제시하라.
7. 컴퓨터 판매 시 광고하는 특징 중 하나는 “2.9GHz”와 같은 것이다. 이것은 무엇을 의미하는가? 또 무엇을 측정한 것인가?
8. 컴퓨터가 데이터를 디지털 방식으로 처리한다고 하는 이유는 무엇입니까?

9. 휘발성 메모리와 비휘발성 메모리의 차이점은 무엇인가? 휘발성 메모리와 비휘발성 메모리의 예를 하나씩 제시하라.
10. LCD모니터 고려 시 어떤 점들이 우수해야 하는가?
11. 이 장에서 논의된 외장 스토리지(Storage) 장치 중 일부는 재료의 표면에, 일부는 회로에 데이터를 저장한다. 회로에 데이터를 저장하는 것은 무엇인가?
12. DVD기술이란 무엇인가? CD기술과는 어떻게 다른가?
13. 설치 공간(footprint)은 하드웨어에서 무엇을 의미하는가? 사무실에서 설치 공간이 얼마나 중요한가?
14. PC를 구입하기 전에 고려해야 할 가장 중요한 기능은 무엇인가?
15. 세계를 여행하며 영업을 하는 판매원은 그가 방문하는 곳마다 소프트웨어 기반 프레젠테이션을 만든다. 그는 그가 방문하는 모든 장소에 PC와 영사기가 있다는 것을 확인하였다. 때때로, 그는 그의 발표 내용을 바꿀 필요가 있다. 그는 가능한 한 작은 저장 장치를 들고 다니고 싶다. 어떤 데이터 저장 장치를 추천하겠는가?

토의질문

16. 컴퓨터는 복사기나 프린터보다 현저히 적게 고장난다. 왜일까?
17. "메인 프레임과 슈퍼 컴퓨터 같은 큰 컴퓨터들은 미래가 없다."는 문장에 대하여 의견을 제시하라.
18. 정보 기술이 급속도로 발전함에 따라, 비즈니스 전문가들은 컴퓨터와 주변 기기 구매에 관해 현명한 결정을 내리는 것을 어렵게 여기고 있다. 이러한 어려움을 유발하는 요인은 무엇인가? 그 결정을 돕기 위해 어떤 조언을 하겠는가?
19. 하드웨어 구매 결정을 내리는 최종 사용자의 역할이 증가하고 있다. 이러한 추세에 대한 기술적 및 운영적인 이유를 분석해보자.
20. 당신은 당신의 공부나 직장을 위해 태블릿 컴퓨터로 컴퓨터를 교체할 수 있는가? 왜 그런가? 혹은 왜 그렇지 않은가?
21. 다음과 같은 각 상황에서 당신이 사용할 수 있는 스토리지(Storage) 매체는 무엇입니까? (1) 항공 예약 시스템, (2) 직원 복리 후생 및 전문적 행위에 대한 정보, (3) 고객의 자주 묻는 질문(FAQs)에 대한 온라인 답변. 당신의 선택에 대해 설명하라.
22. 휴대성이 높은 장치로의 기술 융합과 소형화는 몇몇 골칫거리를 야기하였다. 몇 가지 예를 들어 보자.
23. "PC의 유용한 수명은 약 2년 정도이며, 따라서 공급업체가 2~3년 후에도 여전히 영업을 하고 있을지 여부는 중요하지 않다." 라는 문장에 대해 의견을 제시하시오
24. DVD와 다른 첨단 기술 덕분에 PC는 컴퓨터, 전화, 팩스, 텔레비전 등의 기능을 결합할 수 있다. 만약 당신이 PC로 전화를 걸고 텔레비전을 시청할 수 있다면 당신의 가정용 전화와 텔레비전을 포기 할 수 있는가? 왜 그런가? 혹은 왜 그렇지 않은가?
25. 때로는 저장 매체가 손상되지 않았더라도 정보를 검색할 수 있는 장치가 없기 때문에 유용한 정보를 잃어버릴 수 있다. 어떻게 이런 일이 발생할 수 있는가? 예를 들어 보자.
26. 내부 메모리나 클라우드에 저장된 전자책을 읽을 수 있도록 해주는 전자책 단말기에 대해 들어 본 적이 있을 것이다. 전통적인 책들과 비교했을 때 이러한 장치들의 장점과 단점은 무엇인가? 휴대성, 텍스트 명료성, 특정 단어나 페이지 등을 검색하는 관점에서 생각해보자. 전자 책이나 종이 책 중에 무엇을 더 선호하는가? 왜 그런가?
27. 관찰자들은 개인용 컴퓨터가 일용품(Commodity)이 되었다고 말한다. "일용품(commodity)"이라는 용어는 무슨 뜻인가? 이러한 발전이 기업과 가정에 어떤 영향을 미칠 수 있을까?
28. 개인용 컴퓨터를 사용하는 시간을 가정용 컴퓨터, PC실습실, 도서관, 등에서 주당 몇시간씩 사용하는

지 계산해 보자. 당신은 자신이 "컴퓨터 중독"이라고 생각하는가?

29. 5년 후에 가장 인기 있는 개인용 스토리지 장치가 무엇일 것이라고 생각하는가? 5년 후에 가장 인기 있는 비휴대용 기업용 스토리지 장치는 무엇일 것 같은가? 왜 그런가?

30. 거의 매일 여러 가지 기술을 결합한 새로운 전자 기기가 판매되고 있다. 사람들은 때때로 이러한 장치들을 "가젯(Gadgets)"이라고 부르는데, 이는 이 장치들을 소유하는 것이 멋질 수 있지만 꼭 필요하거나 심지어 유용하지 않을 수도 있음을 암시한다. 가젯과 유용한 장치 간의 차이점을 어떻게 설명하겠는가?

개념 적용

31. 아래에 설명된 각 비즈니스 시나리오를 분석하라. 표를 사용하여 나열된 각 시나리오에 대해 하드웨어 구성을 추천하고 구성 선택에 대한 근거를 제시하라. 하드웨어 구성의 비용이 당신이 제시한 근거에 따라 승인된다고 가정하라.

	컴퓨터 구성			
특성	A	B	C	D
프로세서				
속도(클릭 속도)				
내부 스토리지, 램(기가바이트)				
내부 스토리지, 하드디스크				
모니터(크기, 해상도)				
비디오 그래픽(메모리, 해상도)				
프린터(종류, PPM, DPI)				

a. 예술가는 복잡한 그래픽을 창조한다. 이러한 그래픽을 개발하는 데 필요한 소프트웨어는 크고 복잡한 프로그램을 필요로 한다. 그들의 그래픽 인쇄물의 수량은 많지 않지만 질이 높아야 한다.

b. 관리자는 워드 프로세싱 소프트웨어를 사용하여 문서와 적은 분량의 보고서를 편집하고 인쇄하기 위해 컴퓨터를 사용한다. 이 직원들은 컴퓨터 시스템에 문서 파일을 보관할 것이다. 이러한 문서는 전문적이고 우수하고 보여야 한다.

c. 데이터 분석가는 복잡한 통계 분석을 완료하기 위해 기업 데이터베이스에 접근해야 한다. 이러한 쿼리 및 데이터 분석은 수학적 계산을 완료하는 데 상당한 시간이 소요될 수 있다. 분석가들은 분석 결과로 구성된 보고서를 합리적인 품질과 속도로 인쇄할 것이다.

d. 회사의 회계사들은 실질적인 스프레드 시트뿐만 아니라 보고서를 개발할 수 있는 컴퓨터 시스템이 필요하다. 그들은 브라우저를 통해 소프트웨어를 통해 서비스를 받을 수 있고, 재무 데이터를 다운로드 받을 필요가 있다. 그들의 보고서는 전문적이고 질 좋은 품질이어야 한다.

32. 당신은 자기 테이프, 자기 하드 디스크, 기록 가능한 광학 디스크(CD-R: Write Once, Read Many), 플래시 메모리 USB드라이브 중에서 선택할 수 있다. 다음 각 시나리오를 다른 시나리오와 독립적으로 고려하자. 다음 각 호의 목적을 위해 미디어 중 하나를 선택하고 이유를 제시하라. 먼저 선택한 매체를 말하고 그 이유를 설명하라.

a. 몇 년 동안 수 천명의 직원 기록을 보관해야 한다. 이는 단지 백업 절차일 뿐이다. 이 정보는 백업 매체로부터 추출되지 않는다.

b. 저장 매체가 항공사 예약 시스템의 일부로 사용된다.

c. 당신은 당신의 고객이 잘 유지 관리해야 하는 기계를 판매하고 있다. 유지 관리 설명서의 디지털 버전을 제

공하고자 한다. 설명서에는 적절한 페이지에 대한 링크가 포함된 색인(책 끝 부분)이 포함되어 있다.

d. 당신은 자주 여행하는 영업 부장이다. 고객의 사무실에서 고객에게 보여줄 대용량의 PowerPoint프리젠테이션을 저장해야 한다. 노트북 컴퓨터를 가지고 다니지는 않지만 어디에나 PC가 있다. 그래픽이 많은 프리젠이션이 CD에서 읽으면 너무 느리게 작동한다는 것을 알았기 때문에 CD를 가지고 다니고 싶지는 않다.

e. 당신은 웹 상에서 사업을 하고 있으며 자체 서버와 사이트를 관리하고 있다. 사이트에서는 텍스트 및 그래픽 정보를 많이 제공한다. 고객은 제품을 검색하고 구매를 할 수 있다.

f. 당신은 인상파 화가들의 그림을 당신의 지역 도서관 단골 손님들이 사용하도록 보관하고 싶어 한다. 방문객은 예술가의 이름, 예술가의 국적 또는 그림의 주제로 검색할 수 있다. 도서관은 당신이 저장한 것을 여러 부 복사하여, 고객들에게 대출을 받아 집에서도 볼 수 있게 할 것이다.

g. 직원이 자주 조작하는 대형 데이터베이스의를 위한 매체를 사용한다.

h. 당신은 국세청에서 일하고 있으며, 당신은 수 년간 수백만 명의 납세자들의 세금 기록을 보관해야 한다. 보관은 모든 세금 계산서의 처리가 완료되고 모든 환불과 지불이 이루어진 후에 이루어진다. 국세청 직원들은 종종 특정 기록을 검색해야 하며, 기록을 볼 필요가 있는 경우 직접 액세스 할 수 있어야 한다.

실습 활동

33. 당신의 회사는 새로운 지점을 막 개설하려고 한다. 당신은 20대의 개인용 컴퓨터, 10대의 노트북 컴퓨터, 그리고 5개의 레이저 프린터로 사무실을 갖추어야 한다. 경영진은 단일 온라인 공급 업체로부터 모든 장비를 구입할 것을 요청했다. 각 PC는 20인치 LCD모니터를 사용하여 구입해야 한다. 일반적인 컴퓨팅 요구 사항에 대해 직원들을 인터뷰한 후, 다음과 같은 규모의 계획을 마련하였다.

PCs: 1MHz의 클럭 속도는 1점을 받는다. 1GB의 RAM은 10점을 받는다. 1GB의 하드 디스크 스토리지는 1점을 받는다. CD-RW의 경우 각 판독 속도 1X은 1점(쓰기 및 다시 쓰기 속도는 필수적이지 않지만 이 기능은 필요하다.)

LCD모니터: 매 1:100의 대비율은 10점을 얻는다. 다른 기능은 필수 사항이 아니다.

노트북: PC와 동일하게 점수를 매긴다.

프린터: 1PPM당 100점씩, 1DPI는 1점을 받는다.

이 장비에 대한 온라인 공급 업체 세 곳을 조사한다. 3개의 열이 있는 스프레드 시트 테이블을 준비하라. 각 공급업체마다 하나씩, 각 공급업체 별로 각 장비에 대해 찾은 정보를 입력한다. 각 열의 하단에 있는 총 포인트 수를 합산하는 공식을 입력한다. 여기에 언급되지 않은 어떠한 요인도 고려하지 않는다. 달러당 총 점수가 가장 높은 공급 업체를 찾아라.

34. 스프레드 시트 응용 프로그램을 사용하여 다음을 계산하는 방법(텍스트 및 숫자)을 명확히 보여 주는 표를 작성하라. 음악 CD에는 7억 5천만바이트가 들어 있다. 디스크가 1X로 재생된다고 가정하면 음악을 재생하는 데 시간이 얼마나 걸릴까? 60X CD드라이브를 사용한 경우 CD의 모든 데이터를 컴퓨터의 RAM으로 읽어 들이는 데 시간이 얼마나 걸릴까?

35. 당신이 지역 신문사의 판매부서 책임자라고 상상해 보라. 당신의 책임 업무 중 하나로, 당신은 당신의 부서- 2명의 행정 직원, 영업 사원 10명(외판원 6명, 내부인원 4명)으로 구성된-를 위한 새로운 하드웨어를 선택해야 한다. 새 하드웨어를 선택하는 동안 사무실을 구성하는 직원의 유형을 기억하는 것이 중요하다.

- 사무실 메모를 작성하고 서류 업무를 담당하는 행

정 인력

- 고객 접점을 위한 판매 및 마케팅 소프트웨어를 위한 SaaS(Software as a Service)를 사용하는 내부 영업 사원
- 도로에 있는 고객 문의 정보(SaaS애플리케이션을 통해)에 액세스하고 메모, 이메일 등을 전송할 수 있는 외부 영업 사원
- 내부적이지만 가끔은 출장을 다니는 사내 세일즈 간부들

본사에서는 당신이 노트북 컴퓨터, 데스크 톱 컴퓨터 및 태블릿과 같은 새로운 하드웨어를 선택할 수 있다고 한다. 행정 담당 직원과 내근 사원들은 하나의 새로운 하드웨어를, 외판원과 사내 세일즈 임원들은 두 개씩 받게 될 것이다. 공식적인 구매 주문서 제안서에서 어떤 직원이 어떤 유형의 하드웨어와 받아야 하는지와 그 근거를 정하라. 선택한 하드웨어가 선택한 직원의 책임에 적합한지 확인하라. 구매 관리자에게 제공될 다음 항목을 포함하라. 경쟁 업체의 노트북, 데스크 톱 및 태블릿을 대상으로 하는 온라인 리서치를 실시하여 구입한 세가지 유형의 하드웨어 각각에 대해 하나씩 살펴보고 하드웨어의 특징과 비용을 제시하라. 단위당 비용 및 총 비용을 기록하라. 제안서에 수행해야 하는 태스크에 유용한 하드웨어의 기능을 포함하라. 설치 또는 전환 비용이 적용되는 경우도 잊지 말아야 한다.

팀 활동

36. 당신의 팀은 컴퓨터 시스템을 구입하기 위해 1,000달러를 받았다. 장비가 없다고 가정하라. 모든 품목을 구입해야 한다. 그림 4.8의 평가 양식을 사용하라. 3대의 컴퓨터 하드웨어 공급 업체의 웹 사이트를 방문하여 3세트의 장비의 사양을 적어 보자. 각 세트마다 컴퓨터, 키보드 및 마우스(또는 트랙볼), 호환이 되는 22인치 또는 24인치 LCD모니터와 컬러 레이저 프린터를 포함한다. 팀은 각 구성의 기능을 1~10(최악= 1, 최상=10)까지 평가해야 한다. 당신의 동료 학생에게 어떤 구성을 추천하겠는가? 만일 당신이 1,000달러를 전부 쓸 수 없다면, 어떠한 잉여금도 이익으로 간주되어야 한다. 당신의 추천을 설명하라.

37. 위와 같이 1,000달러를 사용할 수 있다고 가정해 보자. 당신의 예산 전부를 활용하거나 거의 모든 예산을 활용하여 이상적인 PC, 모니터 및 프린터를 구입할 수 있다. 웹 사이트를 통해 이러한 기기를 탐색하고, 제품 이름, 공급 업체 및 기능을 열거하라, 왜 이것이 당신의 필요와 요구에 이상적인 시스템인지 설명하라.

생각에서 적용까지: 실제사례

베스트 프렌즈를 위한 더 나은 저장공간

Petco Animal Supplies, Inc의 웹 사이트는"Petco에서는 동물들이 우선이다"라고 말한다. 1965년에 설립된 이 회사는 고양이 목걸이에서부터 애완동물 사료를 위한 수족관까지 애완 동물 용품을 유통시키는 선도적인 유통업체이다. 미국 전역에서 1150여개의 점포를 운영하고 있다. 고객들을 수용하기 위해, 이 호사는 온라인 상점도 운영한다.

Petco는 수 천개의 제품을 창고에 보관하고 있기 때문에, 수신 및 배송이 자주 발생하므로, 각 항목의 위치를 실시간으로 추적해야 한다. 세 개의 주요 창고에서, 근로자들은 바코드와 RFID기능을 갖춘 휴대용 장치를 사용한다. 그것들은 제품 바코드를 스캔하고, 재고 영수증을 기록하고, 배송 지시서와 실행을 추적하는 데 사용된다. 수많은 상점과 다양한 종류의 아이템으로 인해 Petco는 정보 시스템의 운영 중단과 다운 타임에 매우 민감하다. 다운 타임은 매출 손실로 인한 상당한 재정적 손실을 초래할 수 있다.

이 모든 데이터를 기록하고 백업해야 한다. Petco는 수 시간마다 데이터를 백업하기 위해 자기 테이프를 사용했지만, 이 접근법은 이상과는 거리가 멀었다. 테이프 백업은 신뢰성이 높지만 몇 시간의 지연 시간이 발생했을 때 위험 요소가 발생했다. 전력이 손실된 경우에는 기록할 수 없는 몇 시간 분량의 데이터가 있었다. 또한 테이프를 수동으로 마운트 하고, 마운트 해제해야 하므로 테이프에 녹음하는 작업이 번거로울 수 있다. 테이프를 되감는 것은 시간이 많이 소요되므로 기록을 위한 새 테이프의 가용성을 지연시킬 수 있다.

데이터 스토리지에 대한 또 다른 문제는 DAS(Direct Attached Storage)접근 방식을 사용한 것이다. 각 컴퓨터는 자체의 자기 디스크에 백업된다. 모든 시스템에서 데이터를 공유할 수 없다. 이것은 두 가지 문제를 만들었다. 많은 디스크의 활용도가 저조했으며, 50%는 아예 사용되지 않았다. 회사가 성장할수록 활용도가 저조한 Disk공간도 늘어난다. 또한 저장된 데이터를 공유하는 것은 어려운 일이었다.

이러한 문제를 극복하기 위해 Petco IT직원은 미러링을 시도했다. 디스크 미러링에서는 전체 Disk가 자동으로 백업 Disk에 복사된다. 이것은 노동력을 감소시키고 디스크에서 즉시 데이터를 이용할 수 있게 하는 반면, 그것은 또 한 다른 문제를 제시한다. 바이러스에 감염된 것과 같이 원래 디스크가 손상된 경우 미러 디스크에도 같은 문제가 발생한다.

IT직원은 SAN(Storage Area Network)및 NAS(Network Attached Storage)솔루션을 검토하였다. SAN은 많은 유지보수를 필요로 하는 반면, NAS는 데이터 통신을 처리하기 위해 많은 장비를 필요로 했다. Petco는 NetApp이라고 하는 Network Appliance, Inc. 에서 제공하는 iSCSI라고 하는 시스템을 선택했다. DAS에 백업 시스템을 백업하는 시스템을 인터넷을 통해 NetApp서버에 백업하는 시스템으로 대체되었다. iSCSI("eve scuzzy")는 기존의 인터넷 표준과 네트워크를 활용하며 매우 빠른 데이터 전송을 제공한다. 어댑터는 SAN과 관련된 광섬유 네트워크의 일반적인 비용을 부담할 필요가 없다. 자기 디스크와 그것을 관리하는 소프트웨어는 세 개의 주요 창고에서 구현되었다.

DAS접근 방식과 비교하여, 이러한 시스템을 사용하면 직접적으로 연결된 디스크 용량의 대부분이 사용되지 않으므로 필요한 스토리지 용량을 줄일 수 있다. DAS에 필요한 만큼의 스토리지 기획을 필요로 하지도 않다. 이 회사는 필요할 때마다 스토리지 용량을 추가할 수 있다. 이는 과도한 용량에 의한 낭비를 없앨 수 있다. 따라서 스토리지 시스템은 확장 가능하다. 세 개의 창고에 더 많은 디스크를 추가하는 것은 쉽고 저렴하다.

이 기술을 사용하는 또 다른 장점은 이 시스템이 창고 운영 중단 없이 설치될 수 있다는 점이었다. 사실, 창고 노동자들은 변화를 알아차리지 못했다. 그들은 금요일에 퇴근했고, 그들이 월요일 아침에 돌아왔을 때 모든 것이 그들에게 똑같이 보였다.

출처: Pettis, A., "Petco's New Storage Gear is the Cat's Meow," eWeek, March 13, 2006; (www.petco.com),March 2007.

사례에 관해서 생각해 볼 점

1. Petco가 테이프를 사용했을 때 데이터 백업 문제는 무엇이었는가?
2. Petco가 미러링을 사용할 때의 데이터 백업 문제는

무엇인가?
3. DAS를 사용하는 단점은 무엇이며, 이러한 단점은 회사가 성장할 때 어떻게 악화되는가?
4. 창고 데이터를 백업하기 위한 현재 기술을 채택할 때 Petco는 어떤 이점을 얻었는가?

식품 수송

식사를 하기 위해 앉아 있을 때, 여러분은 제품이 식탁에 오르기 전에 얼마나 많은 과정과 활동을 끝내야 할지 궁금해 할지도 모른다. 소비자들은 합리적인 가격에 양질의 신선한 식품을 원한다. 이러한 특징들은 식품 제조 업체들이 사업을 지속적으로 유지하고 경쟁력을 유지하기 위해 효율적으로 운영되어야 한다.

미국에서 가장 큰 규모의 멕시코산 식품 제조 업체 중 하나인 텍사스에 본사를 둔 Mission Foods社는 16개 공장과 50개의 유통 센터로 구성되어 있다. 유통 업체의 유통 모델은 독립 유통 업체들의 네트워크를 이용해 자사 제품을 2,300개 이상의 경로로 배달한다. 총판은 슈퍼마켓 및 소매점으로 직접 배송한다. Mission은 경로 제공 운영을 관리하기 위한 구식의 종이 기반 배치 방법을 사용했다. 일부 유통회사는 송장 처리 및 영수증 승인 정보를 모뎀을 통해 Mission으로 전달했다. 나머지 송장은 원본 인쇄본을 통해 처리되었으며, 처리를 위해 스캔이 필요했다. Mission은 전국적으로 약 30,000건의 서류를 처리할 수 있었다. 이러한 프로세스는 비효율적이고 노동 집약적이었으며, 회사의 정보 시스템이 송장을 정확하게 처리하는 시간을 지연시켰다.

2010년 ARC Advisory Group에 의해 완성된 설문 조사는 공급망 관리에 사용되는 상위 4가지 모바일 기술이 스마트 폰, 휴대용 컴퓨터, 무선통신망, 모바일 바코드 스캐너라라고 결정하였다. Mission은 네트워킹과 모바일 컴퓨터의 기술 발전이 비효율적인 포장 프로세스를 끝내는 데 도움이 될 수 있다고 믿었다. 그들은 정보를 입력 저장하고 다양한 방법으로 정보를 전송할 수 있는 장치가 필요하다고 분석했다.

- 현장에서의 광역 무선 연결
- Mission 설비내의 Wireless 802.11b표준
- 고객 지역에서의 블루투스 기능

Misson은 세가지 통신 방법을 가능하게 하는 하나의 하드웨어 장치를 조달할 수 있었다. 유통회사는 제품이 허용되는 시점에 휴대용 장치에 대한 고객의 서명을 실시간으로 얻을 수 있다. 이 시점에서, 송장 처리 데이터는 AT&T의 무선통신망을 통하여 Mission의 정보 시스템에 의해 즉시 전송 및 처리된다. 항상 그렇듯이 네트워크 연결이 중단될 수 있다. 그러나, 네트워크를 사용할 수 없는 경우, 시스템은 휴대용 컴퓨터에 정보를 저장하고 데이터를 재전송한다. 당일 배송되지 않은 거래는 유통업체가 무선 LAN을 통해 물류 센터로 돌아올 때 전송된다.

몇 년 후에, 이러한 계획의 성공으로 인해 Mission은 자사의 창고 내부를 둘러보고 휴대용 장치를 사용하여 추가적인 효율성을 확보할 수 있었다. 그들의 창고 활동은 아직도 종이 오더 목록을 사용하여 제품의 전체 상자를 수집하고 그것들을 화물운반대에 올려 놓았다. 그들의 현재 시스템은 두 가지 문제를 야기했다: 제품을 잘못 선택하거나 오래전 생산된 제품 대신 최근에 생산된 제품을 선택하는 경우이다.

첫 번째 문제의 경우 잘못된 제품이 배송된다. 두 번째 문제의 경우, 회사가 유통기한이 만료된 제품을 폐기 처분하게 된다.

Misson의 솔루션은 제품 상자에서 바코드를 직접 스캔할 수 있는 특수한 휴대용 장치를 구현하는 것으로 구성되었다. 이 장치에는 Mission의 정보 시스템 단말기에서 사용하는 데이터 입력 단말기를 모방한 특수 터미널 에뮬레이션 소프트웨어가 포함되어 있다. 직원이 픽업 장소와 제품을 스캔한 후에, 시스템은 정확한 제품과 수량이 선택되었는지 확인할 것이다. 불일치 사항은 즉시 창고 직원에게 전달된다.

출처 : Napolitano, M. (2011). Mission foods' wireless evolution. Logistics Management (2002), 50(4), 46-48, 50.

사례에 관해서 생각해 볼 점

1. Mission이 독립적인 유통업체들을 위해 이 기술을 구현할 수 있는 이점이 있는가? 소비자를 위해서인가?
2. 이러한 시스템을 위해 어떤 유형의 휴대용 장치를 사

용할 수 있는가? 유사한 제품에 대한 하드웨어 솔루션을 조사하라.

3. Mission에게 고객들이 독립 유통업체로부터 납품받은 상품을 수령했다는 점을 확인하는 것이 왜 중요한가?

4. 이러한 정보 기술 계획은 하드웨어, 소프트웨어, 네트워킹 비용에 대한 Mission의 자본 투자를 요구했다. Mission이 얻을 수 있는 이점은 무엇이라고 생각하는가? 투자를 정당화하려면 어떤 비용 절감과 이점이 필요하겠는가?

참고문헌

Anonymous. (2012a). 10 Ways Imaging Systems Deliver Strong ROI to AR. IOMA s Report on Managing *Credit, Receivables & Collections*, 12(3), 12-13.

Anonymous. (2012b). Adult Computer and Adult Internet Users by Selected Characteristics: 2000 to 2011 (pp. U.S. Census Bureau). Washington, D.C.

Anonymous. (2012c). DoubleTake's new FlickIT Technology makes Hawaii Five-O and CSI TV fake touch screen photo flicking a reality! Retrieved May 30, 2013, 2013, from http://doubletaketech.com/2012/03/07/double-takes-new-flickit-technology-makes-hawaii-five-o-and-csi-tv-fake-photoflicking-a-reality/

Anonymous. (2012d). Nonfatal Occupational Injuries and Illnesses Requiring Days Away From Work, 2011.

Anonymous. (2012e). Pleiades Supercomputer. Retrieved May 30, 2013, 2013, from http://www.nas.nasa.gov/hecc/resources/pleiades.html

Anonymous. (2012f). Youtube Statistics. Retrieved September 8, 2012, 2012, from http://www.youtube.com/t/press_statistics

Anonymous. (2013). Quantum LTO-6 Drives. Retrieved June 4, 2012, 2013, from http://www.quantum.com/products/tapedrives/ltoultrium/lto-5/index.aspx

Brodkin, J. (2012). With 16 petaflops and 1.6M cores, DOE supercomputer is world's fastest. *Information Technology*. http://arstechnica.com/informationtechnology/2012/06/with-16-petaflops-and-1-6mcores-doe-supercomputer-is-worlds-fastest/

eBay. (2012). Who We Are Overview. from http://www.ebayinc.com/who

eBay. (2013). 1eBay Marketplaces Fast Facts At-AGlance(Q4 2013).

Fluss, D. (2012). IVRs Get a Bad Rap. *Customer Relationship Management*, 16, 8-8.

Gray, P. (2012). Just Getting the Job Done is Not Enough. *Customer Inter@ction Solutions*, 30(9), 24-24, 26.

Manyika, J., Chui, M., Brown, B., Bughin, J., Dobbs, R., Roxburgh, C., & Hung Byers, A. (2011). Big data: The next frontier for innovation, competition, and productivity.

Medina, R., & Andrews, L. (2009). New Impetus for Going Paperless. *Infonomics*, 23(3), 40-42.

Munger, F. (2012). The cost of Titan. Retrieved from http://blogs.knoxnews.com/munger/2012/11/thecost-of-titan.html

Sverdlik, Y. (2013). An eBay server's worth. *DatacenterDynamics*. http://www.datacenterdynamics.com/focus/archive/2013/03/ebay-servers-worth

5장

비즈니스 소프트웨어
(BUSINESS SOFTWARE)

학습 목표(Learning Objectives)

하드웨어가 아무리 강력하더라도 소프트웨어 없이는 무용지물이 될 수 있다. 소프트웨어는 컴퓨터와 주변 장치들을 가지고 무엇을 하고 또한 어떻게 하는지에 대해 명령하는 사항들로 구성되어 있다. 이러한 명령사항을 프로그램 또는 애플리케이션(application, 응용 프로그램이라고도 함)이라고 한다. 많은 IT전문가들은 컴퓨터 프로그램을 "시스템"이라고 한다. 왜냐하면 일반적인 목표 달성을 위해 작업하는 요소들로 구성되어 있기 때문이다. 전문가로서, 여러분들은 소프트웨어 선택에 관해 정확한 의사 결정을 내릴 수 있어야 한다. 그렇게 하려면 소프트웨어를 개발, 선택 및 사용하는 것과 관련된 요인을 이해해야 한다.

본 장를 마치면 다음과 같은 이점을 누릴 수 있다.

- 애플리케이션 소프트웨어와 시스템 소프트웨어 간의 차이를 설명한다.
- 다양한 세대의 프로그래밍 언어를 열거하고 그들이 각각 어떻게 다른지 설명한다.
- 애플리케이션과 시스템 소프트웨어의 최신 발전 상황에 대해 살펴본다.
- 웹 프로그래밍 언어의 역할을 확인하고 설명한다.
- 웹 사이트 디자인 도구의 유형과 용도에 대해 설명한다.
- 특허(사유) 소프트웨어와 오픈 소스 소프트웨어 간의 차이를 명확히 구분한다.
- 사업 수행을 위한 패키지 소프트웨어 애플리케이션 평가에 있어 중요한 특성을 나열한다.
- 소프트웨어 저작권 침해의 문제점과 그것이 기업과 소비자에게 어떤 영향을 미치는가를 이해한다.

[킴볼 레스토랑: 계산서(Bill)에 추가된 소프트웨어]

마이클(Michael)은 "프런트 하우스(front house)" 운영이 고객 서비스와 식당의 효율적인 운영을 위해 중요하다는 것을 알고 있었다. 하지만 그는 이 식당이 프런트 하우스 운영의 효율성만으로 살아남을 수 없다는 것을 알고 있었다. 그는 그들의 회계사가 식품 구입에 더 많은 관심을 기울일 필요가 있다고 강조했던 것을 기억해냈다. 레스토랑의 이윤은 주문과 예측, 그리고 그들이 필요로 하는 것보다 더 많은 재료를 주문하지 않음으로써 음식물 쓰레기를 얼마나 줄일 수 있느냐의 여부에 달려있다. 마이클은 음식을 너무 많이 주문하는 것과 음식이 모자라는 것 사이에 세심한 균형이 있다는 것을 배웠다. 그는 또한 그가 식당의 필요에 대한 더 정확한 자료를 가지고 공급 업체를 더 잘 관리할 수 있는지 궁금해 했다. 그는 더 많은 할인을 공급 업체에 요구해서 업체로부터 납품을 줄일 수 있었을까? 특정 공급 업체에게 주문을 통합함으로써 더 나은 가격 협상을 유도할 수 있을까?

성공을 위한 회계

그는 이러한 질문에 대해 생각하면서 더 나은 데이터를 수집하고 액세스 할 수 있는 방법에 대해 궁금해 했다. 새로운 POS(Point-of-Sales) 시스템은 전채 요리, 메인 요리, 디저트 주문부터 그 외 주문들까지 각 메뉴마다 선택 항목의 판매를 기록한다. 새로운 시스템으로부터의 도출한 관리 정보는 그가 특정일 저녁에 고객들의 수와 개인별 메뉴의 판매량을 예측할 수 있도록 도와 줄 수 있다. 어떻게 그가 그 정보를 사용할 수 있었을까? 그는 리즈(Liz)와 조리 영업부로부터의 조언이 필요했을까?
그는 그것을 타일러(Tyler) 및 그의 아내와 상의하기로 결정했다. 마이클은 리즈에게 그녀의 주문 과정에 대해 상세한 정보를 제공해 달라고 부탁했다. 그녀는 메뉴 항목의 주요 구성 요소에 대해 공급 업체에게 표준 주문을 제공한다고 말했다. 그녀는 그 다음 순서대로 그 주문 수량을 이용했다. "때때로 저는 음식 저장 구역, 냉동고, 냉장고에서 본 것에 근거하여 더 많이 또는 더 적게 주문할 수도 있습니다."라고 그녀는 말했다. "그저 추측일 뿐이지만, 꽤 잘 작동하는 것 같습니다." 그녀는 부패한 물건들을 사용하지 않기 위해 부패하기 쉬운 물건들을 배달하는 것에 꼼꼼하다고 말했다.
그러자 타일러는 "부패로 인해 버려진 것이 무엇인지 알 수 있을까요? 또는 재료가 바닥날 때는 언제인가요?"라고 물었다. 마이클 또한 추측보다는 정확한 예측에 근거한 효율적인 주문을 하고 싶다고 설명했다. 음식 비용은 그들의 총 운영비의 상당한 비율이다. 그는 물어보고 싶지 않았지만, 리즈가 공급자들과 가격을 묻거나 흥정하지 않았다고 믿었다. 그는 타일러에게 그 상황에 대한 이해를 높이기 위해 일주일 간의 식량 재고를 완성해 달라고 부탁했다. 타일러는 그 과정을 간소화하기 위해 다양한 공급 업체들의 주문 리스트 개발에 대한 간단한 스프레드 시트를 디자인할 수 있는지 궁금했다.
마이클은 자신이 재료 구매를 예측하는 것처럼, 그들의 서비스, 부엌, 그리고 바쁜 종업원들을 비슷한 방식으로 스케줄링 할 수 있을지도 모른다고 생각했다. 또한 그들은 직원 급여를 지불하고 필요한 모든 규제 보고서를 작성하기 위해 결제 서비스를 사용하고 있다. 아마도 효율성을 높이고, 비용을 줄이기 위해 인건비를 관리하는 있는 더 나은 방법일 수 있다.

소프트웨어를 작동시키는 방법

이 레스토랑의 메뉴와 홍보 자료는 현지 그래픽 아티스트와 인쇄소를 이용해 제작되었다. 이 서비스는 자재를 완성하기 위한 작업에 소요되는 비용뿐만 아니라 운영 비용도 증가시켰다. 타일러는 그들이 자신들의 색깔 레이저 프린터에 있는 홍보, 마케팅, 메뉴 자료를 만들고 인쇄할 수 있는 새로운 컴퓨터 시스템을 구입할 수 있을지 의문을 가졌다. 개점을 앞두고, 그들은 마케팅, 홍보, 메뉴, 기타 행정 기능을 위한 추가 자료가 필요할 것이다.
홍보 과정의 또 다른 중요한 부분으로서, 새로운 장소로 옮기는 것은 그들의 웹 사이트를 업그레이드할 수 있는 완벽한 기회가 될 수 있다. 현재, 웹 사이트는 그들의 위치와 방향, 그리고 샘플 메뉴를 포함하고 있는 몇 개의 간단한 페이지들로 구성되어 있다. 그 웹 사이트는 지난 2년간 바뀐 적이 없었다. 그들은 새로운 위치에 어울리는 새로운 "모습"과 프레젠테이션을 제공하고, 업데이트를 위한 역동적인 콘텐츠와 특별 메뉴를 추가하여 고객과의 상호 작용을 더욱 원활하게 하고자 한다. 타일러는 대학 과정에서 웹 사이트를 만드는 것에 대해 조금 배운 적은 있지만, 그래픽이나 웹 디자인 기술이 없다. 그는 새로운 장소를 준비하고 새로운 고객을 모집하기 위해 그들의 웹 사이트를 " 개업(Kick up)" 하는 데 도움이 될 만한 소프트웨어 도구가 있는지 궁금해 한다.

소프트웨어: 하드웨어에 대한 명령사항

만약 여러분이 레스토랑의 뒤쪽으로 걸어갔다면, 서버가 여러분의 수표를 가져오는 터치 스크린 컴퓨터 스테이션을 보았을 것이다. 컴퓨터는 프론트 하우스 정보를 수집하고 이를 백 하우스 작업으로 전송하는 소프트웨어를 실행한다. 전문화된 컴퓨터는 계산서 총액을 계산하고, 재고를 추적하며, 구매 내역 기록을 저장할 수 있다. 이 데이터를 통해 관리자는 고객 동향이나 패턴을 모니터링하고 공급 업체를 추적할 수 있다. 컴퓨터를 사용할 때만 소프트웨어를 사용할 수 있는 것이 아니라 항상 사용이 가능하다. 여러분이 자동차를 운전할 때, 그리고 상점에서 셀프 계산대를 사용할 때 소프트웨어를 활용한다. 기업에서 사용하는 대부분의 소프트웨어의 목적은 생산성을 높이는 것이다.

POINT OF INTEREST 허리케인 샌디(Sandy)와의 사투를 도운 앱

허리케인 샌디가 상륙하기 전날 미국 적십자사는 휴대 전화 사용자에게 미국 적십자사의 "허리케인"과 "응급 처치"라는 두 가지 앱을 무료로 다운로드 할 것을 광고하고 독려했다. Apple App 및 Google Play Store를 통해 제공되는 허리케인 앱은 폭풍의 위치, 강도 및 방향에 대한 유용한 정보를 제공하고, 폭풍이 발생할 때까지의 조치에 대한 단계별 명령을 제공했다. 또한 위치 소프트웨어를 사용하여 가장 가까운 대피소 위치를 기재하였다. 응급 처치 앱은 허리케인이나 홍수와 같은 특정한 사건에 대한 안전 수칙이 수록되었으며, 심지어는 휴대폰 수신이 없어도 사용할 수 있는 콘텐츠를 사전에 로딩할 수 있게 했다. 이와 함께, 재난과 혼돈의 시기에 앱들은 허리케인 샌디의 영향을 받은 사람들에게 중요한 정보와 명령을 제공했다.
출처 : Anonymous. (2012). Red Cross Responding to Hurricane Sandy Across Multiple States, U.S.Newswire.

경영진이 생산성 도구에 대해 말할 때, 그것들은 흔히 소프트웨어 **애플리케이션**(Applications, 응용 프로그램)이라고 알려진 컴퓨터 프로그램을 의미한다. 워드 프로세서, 전자 스프레드 시트, 웹 브라우저, 프로젝트 관리 툴, 협업 작업 프로그램, 그리고 많은 다른 유형의 생산성 도구는 컴퓨터에서 실행되는 소프트웨어이고, 근로자로 하여금 더 많은 제품과 서비스를 생산할 수 있도록 해준다. 이 장에서는 시스템 소프트웨어와 애플리케이션 소프트웨어, 소프트웨어 작성에 사용되는 프로그래밍 언어, 현재 사용 가능한 비즈니스 소프트웨어 도구 유형 간의 차이를 설명한다.
소프트웨어(Software)는 텍스트를 표시하거나, 수학적으로 숫자를 조작하거나, 문서를 복사하거나 삭제하는 것과 같은 모든 프로세스를 실행하는 컴퓨터 또는 기타 디지털 장치에 대한 일련의 명령사항이다. 디지털 장치는 작은 전기회로를 열거나 닫는 두 가지 상태를 교대로 하는 전기 신호로 구성된 명령사항만 이해할 수 있다. 서로 다른 신호 시퀀스는 컴퓨터에 대한 서로 다른 명령을 나타낸다. 컴퓨터의 초기에는 컴퓨터를 프로그래밍하는 것이 컴퓨터의 배선을 개폐하거나 스위치를 한 회로에서 다른 회로로 옮김으로써 실제로 컴퓨터의 배선을 변경하는 것을 의미했다. 오늘날 프로그램은 하드웨어 재구성이 필요 없는 명령으로 구성되므로 소프트웨어 프로그램을 구성하는 기술은 하드웨어를 구축하거나 직접 조작하는 것과 무관하다. 소프트웨어는 컴퓨터뿐만 아니라, 자동차, 디지털 카메라, 휴대 전화와 같은 마이크로 프로세서를 사용하는 모든 장치에서 실행된다. 그러나 이 장에서는 주로 기업을 대상으로 하는 컴퓨터 소프트웨어에 초점을 맞출 것이다.

소프트웨어의 두 가지 주요 범주는 애플리케이션 소프트웨어와 시스템 소프트웨어이다. **애플리케이션 소프트웨어**(Application Software)를 사용하면 사용자가 워드 프로세싱, 투자 분석, 데이터 조작 또는 프로젝트 관리와 같은 특정 애플리케이션 또는 과업을 완료할 수 있다. **시스템 소프트웨어**(System Software)를 사용하면 애플리케이션 소프트웨어가 시스템에서 실행되고 CPU, 메모리, 스토리지, 입출력 장치 및 기타 컴퓨터 구성 요소의 상호 작용을 관리할 수 있다. 두 가지 유형의 소프트웨어는 다음 장에서 논의된다.

프로그래밍 언어 및 소프트웨어 개발 도구

프로그램은 컴퓨터가 작동하는 모든 동작을 위해 필요하다. 그 동작은1,2를 입력하거나 삐 소리를 내는 것만큼 간단할 수도 있고, 화성에 연결된 우주선의 궤도를 계산하는 것 또한 포함할 수 있다. 프로그램 작성 과정은 "쓰기 코드"와 "소프트웨어 엔지니어링"으로도 알려져 있는 **프로그래밍**(Programming)이다.

컴퓨터 하드웨어가 이해하는 유일한 언어는 비트와 바이트로 표현되는 일련의 전기 신호이다. 이는 컴퓨터 하드웨어를 사용하여 작업을 수행하는 데 필요한 명령을 제공한다. **기계 언어**(Machine language)로 불리는 언어 상의 쓰기 프로그램은 프로그래머가 글자 그대로 0과 1의 긴 문자열을 통해 다른 글자와 기호를 표현하는 것을 필요로 하지만, 프로그래밍 언어와 다른 소프트웨어 개발 도구덕분에 이런 작업은 더 이상 필요하지 않다. 비록 많은 "단어들"이 영어와 같지는 않지만, **어셈블리 언어**(Assembly Languages)는 보통의 명령어를 "단어"로 묶었기 때문에 다른 언어들보다는 다소 쉬운 편이다. 높은 수준의 **프로그래밍 언어**(Programming Languages)를 사용하면 목표를 달성하기 위해 영어와 유사한 문장을 사용할 수 있으며, 이러한 문구는 특수 소프트웨어에 의해 기계 언어로 번역된다.

소프트웨어 개발 키트(Software development kits, SDKs)는 소프트웨어 개발에 대한 실질적인 지식을 필요로 하지 않기 때문에 사용하기가 훨씬 더 쉽다. SDK는 일반적으로 특정 하드웨어 시스템(예: 비디오 게임 콘솔 또는 애플의 아이폰), 운영체제 또는 프로그래밍 언어를 위한 소프트웨어 개발 도구 세트를 제공한다. SDK는 소프트웨어 개발 전문가의 생산성을 높이고 소프트웨어 비용을 절감하기 위해 통합하는 여러 소프트웨어 도구를 제공한다. 어도비(Adobe)의 Creative Suite에는 Photoshop, Illustrator, InDesign등의 소프트웨어 포트폴리오가 포함되어 있어 인쇄 디자인과 디지털 출판을 지원한다.

프로그래머들은 말 그대로 수천 개의 프로그래밍 언어 즉, Visual Basic, Java, C++과 같은 언어를 사용할 수 있다. 프로그래머와 프로그래머가 아닌 사람 모두 Adobe Dreamweaver또는 Avanquest WebEasy Professional과 같은 웹 페이지 개발 도구를 사용할 수 있는데, 이 도구는 개발자가 선택 또는 클릭하여 복잡한 웹 페이지, 서식, 애니메이션과 기업의 정보시스템으로 통하는 링크 등을 생성할 수 있는 메뉴, 템플릿, 팔레트를 제공하고 있다. 소프트웨어 개발 도구를 개발하고, 고도로 특화된 소프트웨어를 개발하기 위해서 프로그래머들은 여전히 프로그래밍 언어에 코드를 써야 한다.

그림 5.1은 수년 간 프로그래밍 언어가 극적으로 진화해 왔음을 보여 준다. 발전 단계는 여러 세대로 알려져 있다. 1세대(기계 언어)와 2세대(어셈블리)는 코드 쓰기에 매우 비효율적인 도구였다. 그들은 심지어 가장 단순한 절차들을 위해서도 긴 코드 작성이 필요했다. 3세대 및 4세대 언어에서는 더 짧은 명령어가 긴 코드를 대체한다. 궁극적으로, 여러분의 모국어인 영어, 스페인어, 히브리어, 또는 다른 언어의 문법을 사용하여 프로그래밍할 수 있다면 좋을 것이다. 하지만 그때까지도, 소위 말하는 자연 언어는 다른 프로그램에 의해 기계 언어로 번역되어야 한다.

■ 그림 5-1

프로그래밍 언어의 진화

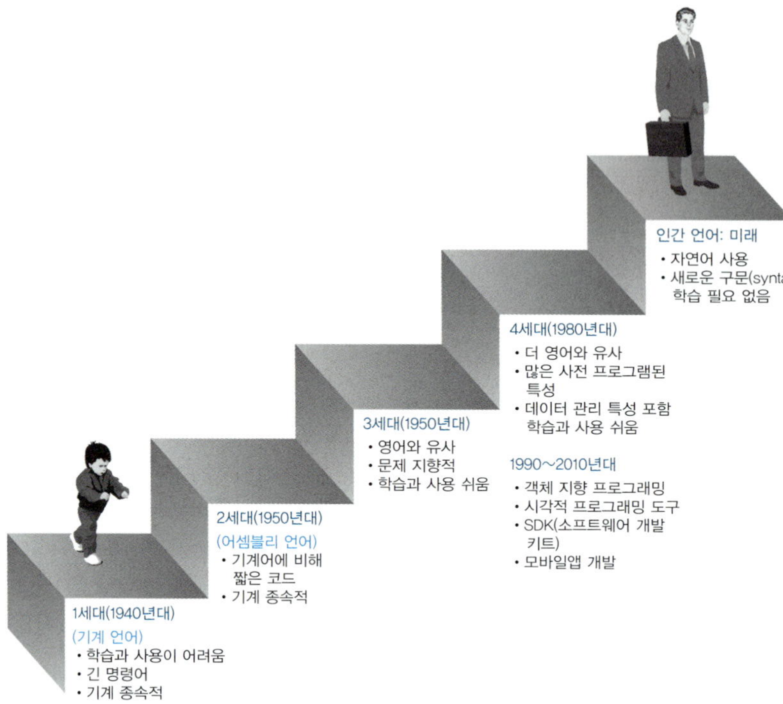

3세대 언어(3rd-generation languages, 3GLs)는 프로그래머가 문제를 해결하는 논리적 절차를 상세히 설명해야 하기 때문에 "절차적(procedural)"으로 간주된다. 3세대 언어는 프로그래머가 코드를 만드는데 소요되는 시간을 줄였다. 하나의 3GL 문장은 5-10개의 어셈블리 언어 문장과 동일하다. 몇몇 일반적인 절차 언어로 FORTRAN, COBOL, BASIC, RPG, Pascal, C등이 포함되어 있다. 이 중 RPG와 COBOL은 더 이상 사용하지 않는다.

4세대 언어(4GLs)는 애플리케이션 개발을 더욱 용이하게 한다. 그것들은 프로그래머가 데이터베이스 구조를 만들고, 데이터를 채우고, 데이터를 조작할 수 있도록 하는 데이터베이스 관리 시스템 주변에 구축된다. 많은 일상적인 절차들이 미리 준비되어 있으며, 코드를 포함한 단어를 포함하여 호출할 수 있다. 단일 4GL 문장은 여러 개의 3GL의 문장에 해당하며, 따라서 수 십 개의 어셈블리 문장에 해당한다.

4GL명령어는 3GL의 명령어보다 영어와 유사하다. 실제로 4GL은 3GL보다 훨씬 덜 절차적이다. 4GL 명령어를 사용하는 경우, 프로그래머는 작업을 수행하는 방법을 입력할 필요가 있지만 절차가 어떻게 수행되는지를 지정할 필요는 없다. 예를 들어, 데이터베이스에 있는 "AGE" 컬럼(column, 열)이 있는 경우, 프로그래머는 프로그래밍된 명령어 목록을 사용하여 모든 레코드의 연령 값에서 계산된 평균 연령을 사용할 수 있다. 마찬가지로, 사전 프로그래밍된 기능은 총계, 표준 편차, 개수, 중앙값 및 더 많은 작업을 위해 제공된다. 마이크로소프트 엑셀(Excel)과 같은 전자 스프레드 시트의 사전 프로그래밍된 기능 목록은 매우 포괄적이어서 일부 사람들은 이들을 4GL로 지칭한다.

SQL(Structured Query Language)은 많은 데이터베이스 관리 소프트웨어 패키지에서 사용되는 4GL이다. SQL은 관계형 데이터베이스에서 데이터를 조작, 추출 및 업데이트하기 위해 간단한 명령어와 키워드로 구성된 비절차 언어이다. 예를 들어, SQL의 SELECT와 같은 조작어를 아래와 같이 사용하면 1,000달러 이상의 잔고가 있는 모든 고객의 데이터베이스 테이블(tblCustomer)에서 6개의 필드(고객 번호, 이름, street, city, state, 잔고)를 나열할 수 있다.

```
SELECT CustNumber, CustName, CustStreet, CustCity,
CustState, BalanceDue
FROM tblCustomer
Where BalanceDue> 1000;
```

WHY YOU SHOULD 왜 소프트웨어 전문가(Savvy)가 되어야 하나

전문가로서, 여러분은 소프트웨어를 생산성과 교육을 더욱 강화하기 위한 도구로 여겨야 한다. 소프트웨어는 전문가가 달성해야 하는 많은 프로세스를 자동화할 수 있다. 전자 스프레드 시트와 같은 가장 간단한 소프트웨어 애플리케이션도 의사 결정 지원 애플리케이션을 구축할 수 있다. 전자 스프레드 시트는 데이터를 정리하고 비교하는 데 매우 유용하며, 데이터베이스 소프트웨어는 사용자가 많은 양의 클라이언트 정보를 효율적으로 분류할 수 있도록 해 준다. 소프트웨어 공급 업체는 다양한 기능과 특징을 갖춘 수많은 프로그램을 제공한다. 개인이 사용 가능한 모든 소프트웨어에 대해 잘 알고 있는 것은 어려운 일이지만, 소프트웨어의 종류와 특정 애플리케이션에 대한 이해를 바탕으로 조직의 소프트웨어 포트폴리오 및 개인용 소프트웨어 라이브러리를 개선할 수 있다. 또한 다양한 범주의 소프트웨어와 사용법은 하드웨어 혁신의 동향을 따르는 경향이 있다. 예를 들어, 모바일 컴퓨팅 애플리케이션의 통합으로 모바일 개발 소프트웨어 시장이 형성되었다. 소프트웨어 트렌드에 대한 더 많은 지식이 있을수록 조직에 더 많은 가치를 부여할 수 있다.

4GL은 프로그래밍 과정을 가속화한다. 이 언어는 상대적으로 프로그래머가 아닌 사람들이 사용하기 쉽게 되어있다. 따라서 많은 회사에서 비 IT직원이 스스로 애플리케이션을 생산할 수 있다. 생산된 코드는 대개 변경하기 쉬우므로 소프트웨어 유지 보수 비용을 절감할 수 있다. 왜냐하면 4GL는 영어와 유사해서 **디버깅**(Debugging) —프로그래밍 오류를 찾아내고 고치는 것—이 상대적으로 쉽기 때문이다.

고수준 프로그래밍 언어는 많은 장점이 있지만 단점도 가지고 있다(그림 5.2참조). 따라서 프로그래

■ 그림 5-2

높은 수준의 프로그래밍 언어 사용의 장단점

높은 수준 프로그래밍의 장점

- ◆ 언어학습의 용이성
- ◆ 프로그래밍 용이성
- ◆ 짧은 코드 길이
- ◆ 디버깅 용이성
- ◆ 유지 보수 용이성(예를 들어, 절차의 수정)

높은 수준 프로그래밍의 단점

- ◆ 하드우에어 대한 낮은 통제
- ◆ 메모리 사용의 낮은 효율성
- ◆ 프로그램의 느린 실행

밍 언어는 프로그래밍 생산성뿐만 아니라 원하는 소프트웨어에 대한 통제 수준에 따라 선택할 수 있다.

비주얼 프로그래밍(Visual Programming)

작업을 가속화하기 위해 프로그래머들은 마이크로소프트 Visual Basic, Embarcadero Delphi, Micro Focus COBOL, ASNA Visual RPG, Visual C++ 등 여러 가지 시각 프로그래밍 언어(Visual programming language) 중 하나를 사용할 수 있다. 이러한 언어는 프로그래머들이 팔레트에서 적절한 아이콘을 간단히 고를 수 있도록 해 줌으로써 필드 창(field window), 스크롤다운 메뉴, 버튼, 그리고 다른 객체들을 만들 수 있게 한다. 그런 다음 유연한 도구를 사용하여 이러한 객체를 형태 및 색상을 지정할 수 있다. (여기서 "객체(object)"라는 용어는 다음 절에서 설명하듯이 객체와 메뉴에서 설명하는 것처럼 객체 지향적인 언어를 지칭하는 것이 아님) 상자와 메뉴가 화면에서 어떻게 보이는지를 정확하고 즉각적으로 확인하면 버그의 가능성을 줄일 수 있고, 코드를 일일이 작성할 때보다 프로그래머가 작업을 더 빨리 끝낼 수 있다. 적절한 코드를 클릭하면 해당 코드가 자동으로 작성된다. 그러나 프로그래머는 항상 코드로 돌아가서 시각적 보조 장치를 사용하여 쉽게 달성할 수 없는 작업에 대한 설명을 추가하거나 변경할 수도 있다. 따라서 프로그래밍 언어에 대한 지식은 여전히 필요하다. 마이크로소프트의 Visual Basic소프트웨어는 사용자가 데이터를 입력하고 버튼을 클릭하여 데이터를 처리할 수 있는 양식을 개발하는 데 사용된다.

프로그래머는 Visual Basic을 사용하여 "출력(Print)"과 같은 명령을 수행할 수 있는 클릭 가능한 버튼을 포함하는 양식을 개발한다.

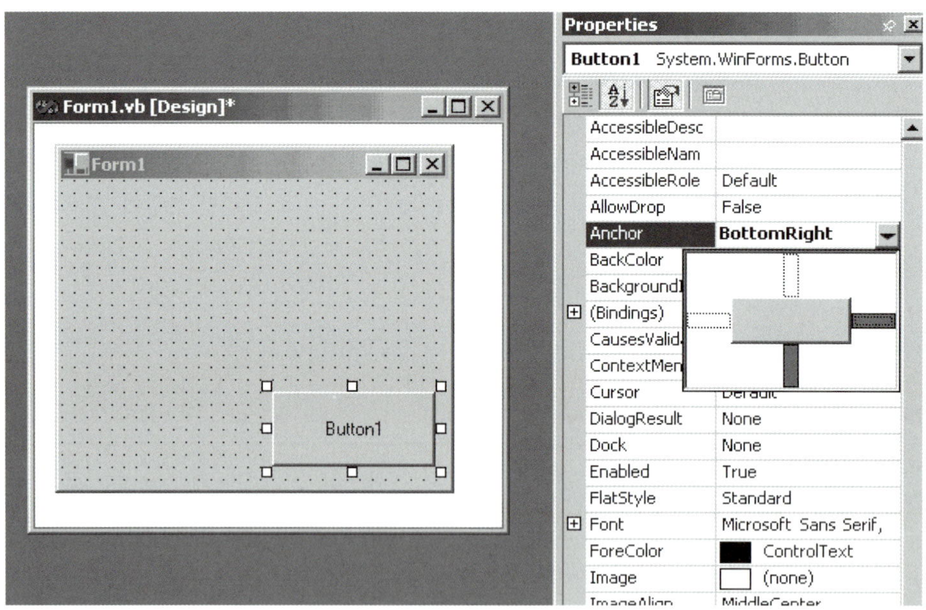

객체 지향 프로그래밍(Object-Oriented Programming)

객체 지향 프로그래밍(Object-oriented programming, OOP)언어를 사용하여 개발되는 소프트웨어의 양이 증가하고 있다. 이러한 언어는 애플리케이션 개발의 용이성과 효율성을 제공하는 모듈형 접근법을 사용한다(그림 5.3참조). 전통적인 프로그래밍에서 프로그래머는 프로그램이 어떻게 데이터를 처리해야 하고, 어떻게 사용자와 상호 작용해야 하는지에 대한 구체적 지침을 받고 코드를 작성한다. 사업이 변경되고 프로그램이 수정되어야 하는 경우, 프로그래머는 코드를 변경해야 한다. 전통적인 프로그래밍에 있어서, 데이터와 데이터를 조작하는 작업은 서로 분리되어 있다. 반면 객체 지향 프로그래밍은 작업이 데이터에 연결되어 있다. 예를 들어, 직원의 총 급여, 세금 및 순 임금을 계산하는 작업인 경우, 기록을 선택하고 클릭하면 계산이 시작된다. 일상적이고 빈번한 작업은 처리할 데이터와 함께 보관된다. 따라서, OOP의 주안점은 직무 수행을 위한 절차가 아니라 직무에 관련된 객체에 관한 것이다.

■ 그림 5-3

절차적 언어보다 뛰어난 객체 지향 프로그래밍(OOP)의 장점

OOP 장점

- ◆ 다른 언어에 비해 적은 코드 필요
- ◆ 다른 언어로 프로그래밍하는 것 보다 짧은 시간 필요
- ◆ 프로그램의 모듈성과 재사용성 강화
- ◆ 코드 유지 보수 용이
- ◆ 사용자 친화적 인터페이스를 만드는 능력 강화
- ◆ 그래픽, 사운드 강조된 응용 프로그램에 적합

OOP의 객체란 무엇인가?

그림 5.4는 OOP의 객체가 작동하는 데 사용되는 코드를 포함한 데이터 세트를 어떻게 캡슐화하는지를 보여준다. 객체의 데이터 요소를 데이터 멤버(member)라고 한다. 그것들은 기록, 전체 파일 또는 다른 유형의 데이터 구조일 수 있다. 데이터 멤버는 사회 보장 번호, 성(姓), 시간당 비율 등 데이터의 특성을 정의하는 *속성*(attribute)을 가지고 있다. 객체의 코드 요소를 *메소드*(mothods)라고 한다. 이러한 절차는 직원의 주당 임금을 산정하는 것과 같은 데이터에 상에서 운영된다. 객체 지향 소프트웨어에서는 객체의 데이터 멤버에 직접 액세스 할 수 없으며 객체의 일부인 방법으로만 액세스 할 수 있다. 예를 들어, 객체는 시간당 비율, 주당 급여, 야근 급여, 연령 등 네 가지 메소드를 포함하고 있다. 주당 급여는 직원의 총 임금과 야근 수당을 산정하며, 연령은 모든 직원의 평균 나이를 산출한다.

■ 그림 5-4

객체 EMPLOYEE의 표현

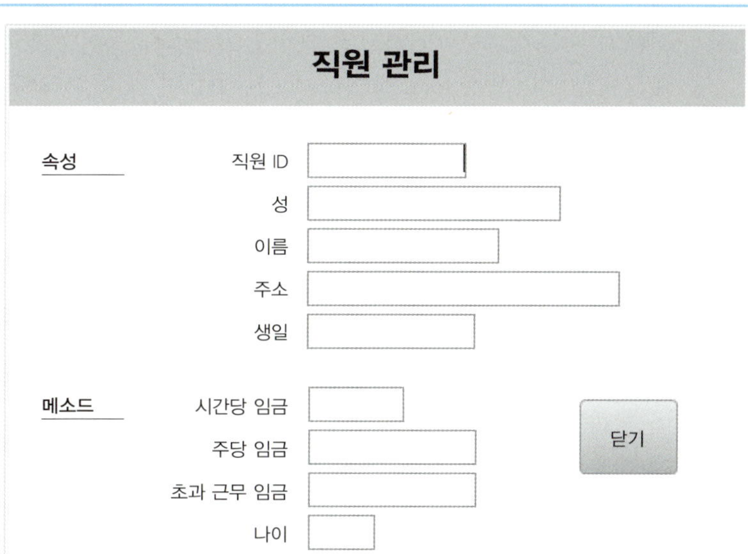

유지 및 개발의 용이성

일반적으로, 소프트웨어와 관련된 모든 작업의 약 80%가 그것을 유지하는데 쓰인다. 유지 관리는 주로 새로운 비즈니스 요구 사항을 충족하기 위해 프로그램을 수정하는 과정을 포함하지만, 개발된 코드를 테스트할 때 감지되지 않는 디버깅 오류를 포함하기도 한다. 객체 지향 프로그래밍에서 소프트웨어 개발자는 객체를 다루거나 함께 사용하는 표준화된 모듈을 사용하고 재사용할 수도 있다. 크고 복잡하고 단단하게 얽혀 있는 프로그램을 만드는 대신에, 프로그래머들은 객체를 만든다. 객체는 표준 방식으로 개발되며 표준 동작 및 인터페이스가 있다. 이러한 모듈은 힘들게 작성하지 않고도 소프트웨어를 신속하게 조립할 수 있게 해준다.
OOP는 또한 프로그래머 비전문가 프로그램을 더 쉽게 만들 수 있도록 해준다. 경험이 부족한 개발자는 객체가 어떻게 동작하는지를 알 필요가 없다. 단지 이것이 무엇인지 알아야 한다. 따라서 개발자는 개발된 객체의 저장소인 객체 라이브러리에서 적절한 객체를 선택하여 원하는 애플리케이션을 구축할 수 있다.

객체 지향 프로그래밍 언어

가장 인기 있는 OOP언어는 Java, C++/ C# 그리고 Visual Basic이다. 제록스(Xerox)에 의해 개발된 Smalltalk는 초기 객체 지향 프로그래밍 언어였다. C++는 전통적인 C 언어와 객체 지향 프로그래밍을 결합하여 대표적인 상업용 OOP가 되었다. Sun Microsystems에 의해 개발된 Java(자바)는 플랫폼에 독립적으로 설계된 객체 지향 언어로서, CPU또는 운영체제에 상관 없이 모든 컴퓨터에서 실행된다. 또 다른 인기 있는 언어인 Visual Basic은 프로그래머가 그래픽 객체를 사용할 수 있게 해 주지만, 진정한 OOP언어의 모든 요구 사항을 충족시키지는 못한다. 예를 들어, 아이콘을 다른 애플리케이션으로 옮기면 해당 아이콘과 관련된 코드는 이동하지 않는다. 일부 OOP 언어는 그래픽 사용자 인터페이스(graphical user interfaces, GUI)를 개발하기 위해 특별히 설계되었다. GUI의 요소는 최소한의 노력으로 프로그램과 상호 작용하는 윈도우, 아이콘, 스크롤 상자 및 기타 그래픽 이미지를 포함한다.

웹용 언어

점점 더 많은 양의 소프트웨어가 웹 사이트를 위해 개발되고, 인터넷을 통해 애플리케이션을 연결하기 때문에, 특별한 소프트웨어 언어와 도구들이 이러한 작업을 위해 개발되었다. 이러한 프로그래밍 언어로는 Java, JavaScript, PHP등이 있다. Java와 JavaScript의 주된 장점은 컴퓨터가 사용하는 운영체제에 상관 없이 애플릿(applets)이라 불리는 코드를 실행할 수 있다는 것이다. 따라서, 동일한 애플릿은 Windows를 실행하는 컴퓨터나 Mac OS인 X를 실행하는 컴퓨터에서 동일한 방식으로 실행된다. 이는 특히 웹 사이트에 게시된 애플릿을 개발할 때 중요한 이점으로 작용한다.
웹 기반 애플리케이션을 사용하면 조직의 비용을 절감할 수 있다. 공공 서비스 및 안전을 위한 차량을 유지하는 지방 자치 단체를 생각해보자. 차량의 총 소유 비용(구매 및 운영 비용)은 소유주가 납부한 도시 예산과 세금에 직접적인 영향을 미친다. 차량 관리 소프트웨어를 사용하여 차량의 유지 관리를 감시할 수 있다. Chevin이 개발한 관리 보고 제품군(Management Reporting Suite)은 총 소유 비용, 연료 비용, 이동성 및 이산화탄소 감소와 같은 주요 비즈니스 영역을 개선하기 위해 실시간 데이터를 수집하고 집계하는데 필요한 웹 기반 차량 관리 시스템을 제공한다.
최근 몇 년간 마이크로소프트의 ". NET 환경"에서 애플리케이션을 개발하는 것이 증가하고 있는 추세이다. ".NET"은 인터넷에서 "서로 대화할 수 있는" 애플리케이션을 구축 및 연결하는 것을 지원하고, 웹 브라우저가 데이터베이스와 같은 정보 자원을 호출하도록 하는 소프트웨어이다. 응용프로그램들은 마이크로소프트의 Windows와 같은 운영체제에서 실행되는 ".NET"도구로 개발되었다. IBM WebSphere는 다양한 기술 플랫폼 전반에 걸쳐 전사적 웹 애플리케이션을 통합하도록 설계된 애플리케이션 소프트웨어 포트폴리오다. 기술 제공은 다양한 운영체제와 하드웨어로 구성되어 분산화되는 추세이므로, 신속한 변화를 위한 기술 인프라에서 다양한 비즈니스 프로세스를 위한 애플리케이션을 제공한다(Anonymous, 2013a, 2013c). 본 장에서 운영체제는 이후에 논의하도록 한다.

모바일 애플리케이션(Mobile Application) 개발

1990년대 후반, 전자상거래 기술과의 통합으로 인해 웹 기반 애플리케이션이 폭발적으로 증가했다. 휴대 전화의 급속한 기술 혁신은 모바일 애플리케이션에 엄청난 수요를 창출해 왔다. 구매, 비즈니스 거래 및 정보 수집을 위해 웹 기반 애플리케이션의 사용을 채택한 소비자들은 모바일 애플리케이션의 완벽한 사용자가 되었다. 결과적으로, 모바일 소프트웨어 개발 키트 시장은 이러한 새로운 소프트웨어 애플리케이션에 대한 수요에 근거하여 증가했다.

모바일 애플리케이션을 구현하는데 있어 사용할 특정 플랫폼들이 고려되어야 한다. 가장 인기 있는 모바일 플랫폼은 안드로이드(Android), 애플(Apple), 윈도우(Windows), 그리고 블랙베리(Blackberry)이다. 이러한 각각의 모바일 기술 플랫폼은 애플리케이션을 개발하기 위해 특정한 변주가 필요하다. 예를 들어, 애플의 개발자는 아이폰 제품의 애플리케이션을 위한 소프트웨어 개발 환경을 제공한다. 안드로이드 기반 제품의 경우에는 몇 가지 대안이 있다.

언어 번역: 컴파일러(compilers) 및 인터프리터(interpreters)

컴퓨터가 오직 기계어만을 이해한다는 것을 기억하라. 어셈블리 언어가 필요한 것과 마찬가지로, 절차적 언어는 **소스 코드**(Source code)를 **객체 코드**(Object code)로 변환하는 특수 프로그램을 필요로 한다. (불행하게도, "객체"라는 단어는 여러 가지 다른 문맥에 사용된다. 이 절의 맥락에서 "객체"는 객체 지향 언어에서 사용하는 것과는 관련이 없다.) 두 가지 유형의 프로그래밍 언어는 컴파일러와 인터프리터이다. **컴파일러**(Compiler)는 상위 코드를 동등한 기계어 언어 코드로 번역하되 코드는 실행하지 않는다. 번역 오류를 확인하기 위해서는 번역된 코드를 실행해야 한다. **인터프리터**(interpreter)들은 각 프로그램의 문장을 번역하고 실행한다.

컴파일러(그림 5.5참조)는 코드의 형태(명령어 구문, syntax)로 나타난 오류를 찾아 전체 소스 코드를 스캔한다. 오류가 발견되면 객체 코드를 생성하지 않는다. 대신, 오류 메시지 또는 오류 메시지 목록을 생성한다. 컴파일러가 구문 오류를 발견하지 못하면 소스 코드를 객체 코드로 변환하여 컴퓨터가 실행할 수 있다. 이때 프로그래머는 객체 코드를 저장할 수 있다. 이제 사용자는 단지 객체 코드만 가지고 실행할 수 있다. 이렇게 하면 번역 시간을 절약할 수 있다.

인터프리터는 한번에 한가지 문장을 확인한다. 첫 번째 문장이 구문 오류가 없는 경우, 이 문장을 객체 코드로 해석하고 컴퓨터가 그것을 실행하도록 한다. 만약 문장이 틀렸다면, 인터프리터는 오류 메시지를 띄운다. 일부 환경에서는 프로그래머가 즉시 문장을 수정할 수도 있다. 그리고 나서 컴퓨터는 수정된 문장을 실행하고, 인터프리터는 다음 문장을 확인하기 위해 움직인다. 오류가 없는 문장은 즉시 실행된다.

■ 그림 5-5

컴파일러는 높은 수준 언어 코드 (소스 코드)를 컴퓨터가 실행할 수 있는 기계어 (객체 코드)로 변환한다.

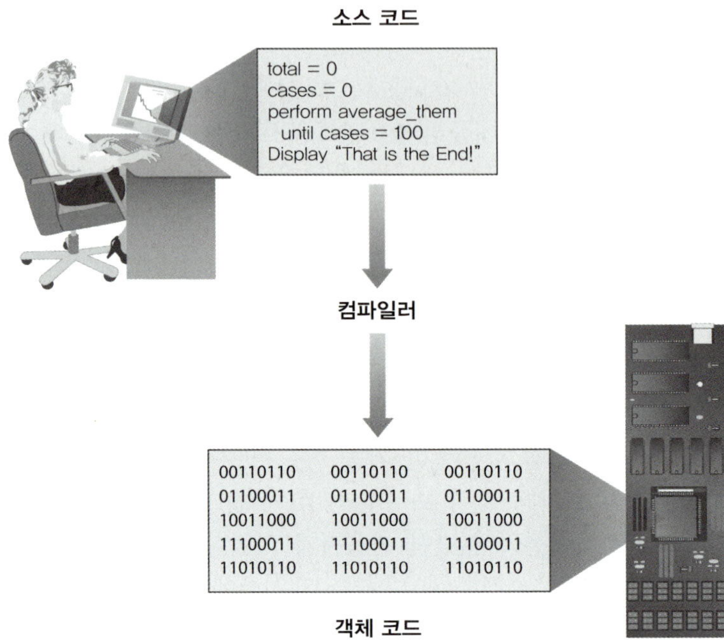

번역된 프로그래밍 언어로 작성된 코드는 오직 인터프리터를 저장하고 있는 디스크를 보유한 기기에서만 실행될 수 있다. 대조적으로, 컴파일된 코드는 기계 언어라 번역할 필요가 없으므로 실행할 준비가 되어 있다. 대부분의 Visual Basic와 Java 번역기는 인터프리터이다. FORTRAN, COBOL, C, C++및 다른 3GL의 번역기는 대부분 컴파일러이다.

컴퓨터 게임이나 비즈니스 프로그램을 구입할 때는 해당 코드의 컴파일된 버전인 객체 코드를 구입하게 된다. 이렇게 하는 데는 세 가지 이유가 있다. 첫째, 코드를 컴파일 할 필요가 없으므로 애플리케이션은 즉시 실행된다. 둘째로, 대부분의 사용자는 소스 코드에 대한 컴파일러를 가지고 있지 않다. 셋째, 공급 업체는 구매자들이 코드를 수정하길 바라지 않는다. 만약 프로그램이 충분히 수정되면, 수정된 복사본은 특허와 저작권과 같은 지적 재산권과 관련한 법을 위반하지 않고도 판매될 수 있다. 소스 코드는 작성하는데 사용된 프로그래밍 언어에 대한 지식이 있다면 누구든지 수정할 수 있지만, 객체 코드를 수정하는 것은 매우 어렵다.

프로그래머들은 코드를 테스트하는 동안 프로그래밍 인터프리터를 사용하여 구문 오류를 찾아낼 수 있다. 프로그램을 실행할 때 0으로 나눈다던가, 메모리 용량을 초과하는 것과 같은 실행 오류—런타임 오류로도 불림—를 찾을 수 있다. 단, 논리적 설계가 프로그래머에 의존되기 때문에 오직 프로그래머만이 논리적 오류를 찾거나 방지할 수 있으며, 오로지 프로그래머가 결과를 코드로 변환하는 방식으로만 변환이 가능하다.

응용 소프트웨어

앞서 언급한 바와 같이, 애플리케이션은 특정한 요구를 해결하기 위해 개발된 프로그램이다. 애플리케이션은 또한 비전문가가 프로그램을 개발하도록 해주는 소프트웨어이다. 전문가가 사용하는 대부분의 프로그램은 워드 프로세싱 프로그램, 스프레드 시트 프로그램, 급여 프로그램, 투자 분석 프로그램, 워크 스페이스 및 프로젝트 관리 프로그램 등의 애플리케이션이다.

회사의 급여 계산 및 실행과 같은 특정 작업을 수행하도록 설계된 프로그램을 총칭하여 특정 업무용 소프트웨어(application-specific software)라고 불린다. 의사 결정 도구를 개발하거나 문서를 작성하는 등 다양한 용도의 프로그램을 제공하는 프로그램은 범용 애플리케이션 소프트웨어(general-purpose application software)라고 불린다. 스프레드 시트 및 워드 프로세서는 범용 애플리케이션에 속한다.

범용 애플리케이션은 패키지 소프트웨어(packaged software)로 제공된다. 즉, CD또는 공급 업체의 웹 사이트에서 다운로드 한 파일과 같은 외부 저장 매체에서 설치할 수 있다. 특정 업무용 소프트웨어는 항상 사용 가능한 것은 아니다. 관리자는 상용 기성 소프트웨어(off-the-shelf software) 패키지가 모든 요구 사항을 충족하는지 여부를 결정해야 한다. 만약 그렇다면, 기업은 그것을 구입하기만 하면 된다. 그러나 상용 기성 소프트웨어 또는 기타 상용화된 소프트웨어가 기업의 특정 요구 사항을 해결할 수 없다면, 관리자는 조직 내 또는 그러한 유형의 소프트웨어를 전문으로 하는 다른 조직에서 그것을 개발해야 한다. 따라서 소프트웨어를 획득하기 전에 비즈니스의 기능 및 정보 요구 사항을 명확히 정의하는 것이 중요하다. 13장 "시스템 수집에 대한 선택"에서 상용화된 소프트웨어 외에 대안적인 방법을 논의하기로 한다.

사무 생산성 애플리케이션

이 비즈니스 소프트웨어의 목적은 업무를 처리하는데 있어 보다 근로자의 생산성을 높이고 기업의 업무 효율성을 제고하는데 있다. 그러나 사무실에서 일상적인 업무에 종사하는 직원들은 흔히 "생산성 도구" 애플리케이션을 통해 도움을 얻는다. 이는 스프레드 시트, 프레젠테이션 도구, 파일 및 데이터베이스 관리 소프트웨어, 그래픽 프로그램, 개인 정보 관리 애플리케이션, 데스크탑 퍼블리싱 도구 및 프로젝트 관리 애플리케이션을 포함한다. 웹 브라우저는 또한 많은 직원들이 그들의 일상 업무에서 정보를 찾고 소통할 수 있도록 도와 주기 때문에 이 범주에 포함되어 있다. 이러한 도구는 집과 사무실에서 개인용 컴퓨터(PC)를 쓰는 사용자들을 지원하기 위해 개발되었다.

워드 프로세서(word processors)는 주로 편지, 문서 및 기타 텍스트 문서를 타이핑하는 데 사용되지만, 이외에도 목차 및 인덱스 작성과 같은 어려운 작업을 자동화 시켜주기도 한다. 일부는 사용자가 실제 책을 제작할 때 고품질의 프린터로 파일을 넘기는 시점까지 책의 바인딩 및 모양을 계획할 수 있도록 해준다. 워드 프로세서의 예로는 마이크로소프트 워드(Microsoft Word)또는 Corel WordPerfect가 있다.

마이크로소프트의 엑셀(Excel)과 같은 *스프레드 시트*(spreadsheets)는 이제 더 이상 사용자가 숫자를 입력하고 기본 산술 계산만을 수행하도록 제한하지 않는다. 그것은 사용자가 분석 모델에 통합할 수 있는 복잡한 수학, 통계, 재무 및 기타 기능 등 다양한 기능을 포함한다. 이러한 기능들은 너무나 강력해서 통계 학자들도 종종 그것들을 사용한다. 기업의 임원은 이러한 강력한 도구를 사용하여 자체적인 의사 결정 지원 모델을 구축할 수도 있다. 또한 스프레드 시트는 사용자가 프레젠테이션 목적으로 선택할 수 있는 수많은 서식화된 차트를 제공한다. 마이크로소프트 파워포인트(Microsoft PowerPoint) 같은 *프레젠테이션 도구*(presentation tools)을 통해 전문가와 영업 사원은 훌륭한 프레젠테이션을 신속하게 개발할 수 있다. 이 도구는 글꼴 종류와 크기를 다양하게 제공하고, 사용자가 그래픽 프로그램에서 (허가를 받아서) 찾거나 만들어 낸 대부분의 그래픽 서식(art)을 포함시킬 수 있기 때문에 이 도구를 사용하는 사람들은 그래픽 전문가일 필요가 없다. 애니메이션, 사운드 및 비디오 클립을 프레젠테이션 및 슬라이드 쇼에 통합하여 웹에서 비디오 캐스트로 실행되도록 게시할 수도 있다.

POINT OF INTEREST

10/20/30 규칙

가이 가와사키(Guy Kawasaki)는 애플의 최고 전도사이고, '매혹(Enchantment)'과 '당신의 경쟁자를 미치게 하는 초심리 전략(How to Drive Your Competition Crazy)'을 포함한 10여 권의 책의 저자이기도 하다. 저자의 다른 책 중 하나인 '당신의 기업을 시작하라(The Art of the Start)'에서, 그는 독자들에게 그의 경험을 통해 성공한 기업가가 되는 방법을 가르치고 있다. 책에서 가장 중요하고 잘 기억되는 장(章) 중 하나는 경영 환경에서 파워 포인트 프리젠테이션에 관한 "10/20/30"규칙이다. 이 규칙은 10개 슬라이드, 20분, 30포인트 폰트를 의미한다. 그의 추론은 발표자가 슬라이드를 내용을 기준으로 하여 대부분의 말을 해야 한다는 것이며, 30포인트 폰트는 청중의 관심을 끌 만큼 충분한 여백을 제공한다는 것이다. 그는 그의 유머러스한 어조를 통해, "개 사료, 영구적인 생명체, 나노 입자, 광학 성분, 암 치료법 등 당신이 어떤 것을 팔아도 상관 없다. 당신이 필요한 것은 오로지 10개의 슬라이드와 20분의 시간이다."라고 말했다.

출처 : Kawasaki, Guy. (n.d.). "Official" Bio. http://www.guykawasaki.com/about/; Kawasaki, Guy. (2004). The Art of the Start: The Time-Tested, Battle-Hardened Guide for Anyone Starting Anything. New York, New York: Penguin Group (USA) Incorporated.

파일 관리 및 데이터 관리 도구(File management and data management tools)를 사용하여 로컬 또는 공유 데이터베이스를 생성하고 조작할 수 있다. 마이크로소프트의 액세스(Microsoft Access)와 같은 인기 있는 데이터베이스 관리 시스템은 간단한 데이터베이스를 쉽게 배우고 생성할 수 있다. 그것은 때로 전문가들이 더 복잡한 데이터베이스를 만들기 위해 사용할 수 있는 기능을 포함한다.

그래픽 프로그램(Graphics programs)은 복잡한 이미지를 만들고 디지털 사진을 조작하기 쉽게 만든다. 이것은 종종 웹 페이지에 배치할 그래픽을 생성하는 데 사용된다. 이러한 도구는 어도비(Adobe)의 일러스트레이터(Illustrator)와 포토샵(PhotoShop), Corel Paint Shop Pro, Xara Designer Pro및 무료로 제공되는 IrfanView 와 Gimp등에서 광범위하게 선택할 수 있다.

마이크로소프트의 Publisher, 어도비의 InDesign및 Serif PagePlus와 같은 *데스크 톱 출판 도구*(Desktop publishing tools)는 전문적인 팸플릿, 뉴스 레터, 카드, 달력 및 종이 또는 웹 페이지로 발행할 수 있는 많은 다른 항목을 쉽게 만들 수 있게 한다. Quark라는, 프로그램과 명칭과 같은 이름의 회사에서 만들어진 더 전문적인 도구는 출판업계의 생산성을 현저히 높였다.

마이크로소프트의 Project, Basecamp또는 이를 대체하는 무료 소프트웨어인 Open Workbench, OpenProj 등의 *프로젝트 관리 도구*(Project management tools)는 빌딩 건설, 제품 개발 및 소프트웨어 개발과 같은 어떤 종류의 프로젝트들도 관리자로 하여금 계획을 세우고, 프로젝트 진행 사항을 추적할 수 있도록 도와준다. 프로젝트 관리자는 작업 및 예상 완료 날짜, 중간 관리일 및 근로시간, 자재, 서비스 같은 각 작업에 필요한 자원 정보를 입력한다. 이 소프트웨어는 근로자가 주당 120시간 동안 근무하는 스케줄과 같이 비논리적인 정보를 입력하거나 과업이 상호의존성을 위반했을 때 계획 설계자에게 경고를 보낸다. 과업이 상호의존성을 위반한 예로는, C단계를 완료하고 순차적으로D단계가 시작되어야 함에도 불구하고, 계획 설계자가 C단계 완료 이전에 D단계를 시작하는 스케줄을 입력하는 경우이다.

프로젝트 관리 소프트웨어는 프로젝트의 계획, 실행 및 모니터링을 용이하게 한다.

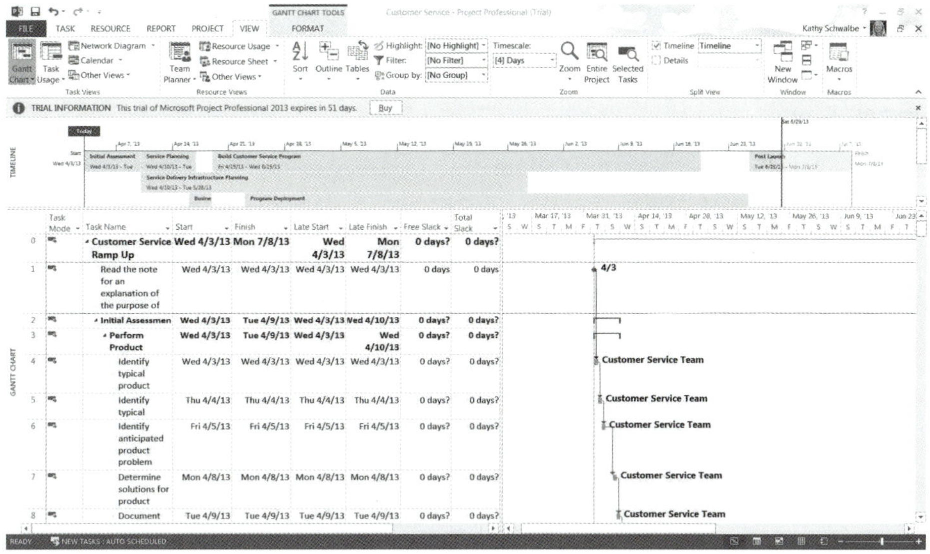

소프트웨어 개발자는 종종 생산성 도구 제품군(Suite)을 만든다. 예를 들어, 대부분의 마이크로소프트 오피스 제품군은 워드 프로세서(Word), 스프레드시트(Excel), 프레젠테이션 애플리케이션(PowerPoint)및 이메일 애플리케이션(Outlook)을 포함한다. 마이크로소프트는 OneNote를 오피스 제품군에 추가했다. OneNote를 사용하면 다양한 링크, 비디오, 웹 페이지 및 기타 파일을 노트에 통합할 수 있다. 기타 제품군은 IBM Lotus SmartSuite및 무료로 제공되는 Apache OpenOffice.org이다. 생산성 도구가 소프트웨어 제품군에 통합될 때, 생성된 문서는 객체 연계 매입(Object linking and embedding, OLE: 각종 애플리케이션 사이에서 서로 데이터를 공유할 수 있도록 하는 기술)과 같은 기술을 사용하여 상호 의존적일 수 있다. 스프레드 시트에서 테이블(표)을 생성한 후, 그것을 복사해서 워드 프로세서 문서나 프레젠테이션에 삽입할 수 있으며, 스프레드 시트에서 해당 테이블을 수정하였을 때 문서나 프레젠테이션에서도 함께 변경이 일어난다. 마이크로소프트 Word문서는 다양한 객체를 추가 정보, 스프레드 시트 및 차트와 연결하여 텍스트 내에 포함시킴으로써 더 효과적으로 보고서를 제공할 수 있다.

또한 문서에 웹 사이트에 링크를 포함할 수도 있다. 문서 간 연결은 하이퍼 미디어 기술을 포함하며, 문서의 음향 및 비디오 클립과 같은 삽입 정보는 멀티미디어 기술을 사용한다. 이러한 기술은 다음 절에서 논의하기로 한다. 점점 더 많은 웹 기반 사무 애플리케이션이 무료로 제공되고 있으며, 이를 위해 필요한 것은 오로지 웹 브라우저이다. 일반적으로 사용자가 생성한 모든 문서는 애플리케이션의 서버에 저장된다. 이러한 방식으로, 애플리케이션과 문서는 인터넷 링크를 통해 어디서나 액세스 할 수 있다. 예를 들어, 동일한 이름의 회사에서 제공하는 ThinkFree는 클라우드 사무 환경에서 제공하는 워드 프로세서, 스프레드 시트, 그래픽 애플리케이션, 프레젠테이션 애플리케이션을 포함하는 온라인 제품군이다. 이는 협업과 다중 장치 환경(데스크탑, 노트북, 태블릿, 스마트폰 등)하에서 구현된 마이크로소프트 오피스의 무료 온라인 대안으로 홍보되고 있다. 구글은 ThinkFree와 유사한 환경인 구글 드라이브(이전 명칭은 구글 독스, google docs)를 제공한다. 현재 마이크로소프트 오피스는 웹 애플리케이션을 제공하고 있다. 새로운 사무 생산성 도구 환경은 모든 하드웨어 플랫폼 및 장치에서 일정 관리 및 연락처 관리자와 같은 애플리케이션과 함께 클라우드 저장소 및 데이터 파일에 대한 액세스를 제공한다. 애플리케이션의 세계는 기성 소프트웨어에 대한 양질의 대안을 제공함으로써 확대되었다.

다양한 사무 제품군으로부터 다양한 객체를 연결하면 전문적이고 완벽한 보고서를 제공할 수 있다.

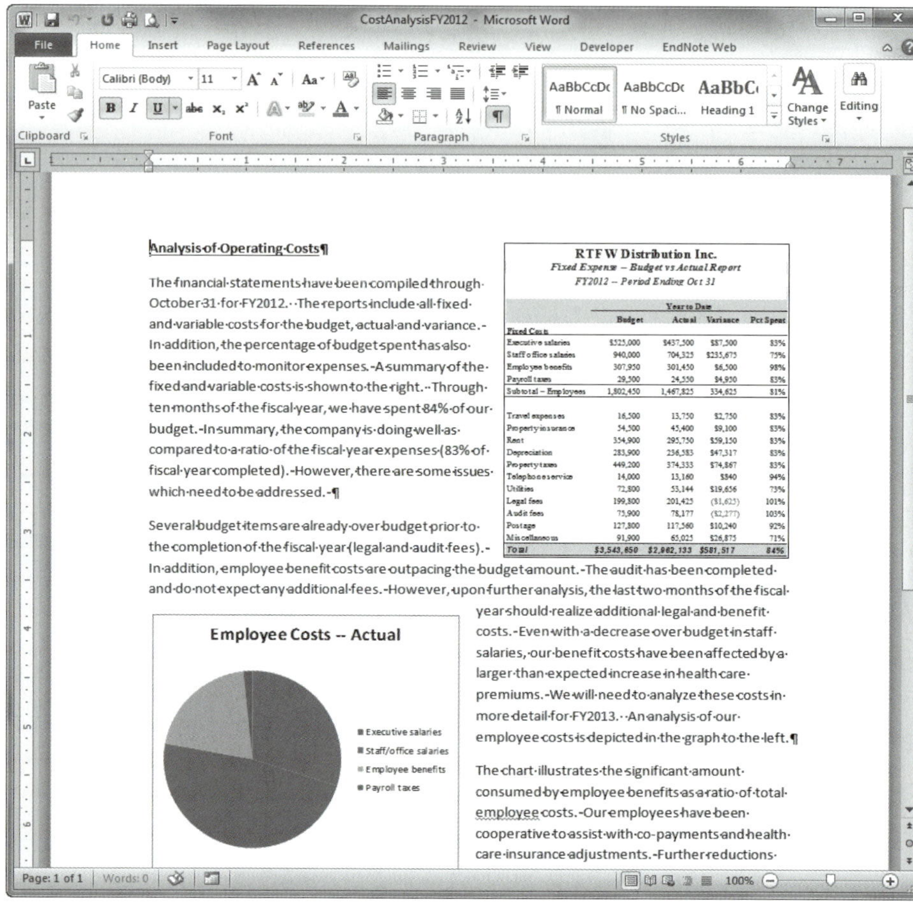

하이퍼 미디어 및 멀티미디어

하이퍼 미디어(Hypermedia)는 사용자가 선택한 텍스트나 그래픽을 클릭하여 추가 정보에 액세스할 수 있게 해 주는 기능이다. 하이퍼 미디어는 웹의 가장 본질적인 요소이다. 처음 고안되었을 때, 그 개념은 텍스트로 제한되었고 하이퍼 텍스트라고 불렸다. 이제 하이퍼 미디어는 다양한 유형의 소프트웨어에서 널리 사용되며, 웹 기반 문서뿐만 아니라 생산성 도구를 사용하여 생성된 문서, 차트 및 프레젠테이션에 필수적이다. 문서의 다른 위치로 이동하거나 새 문서를 열기 위해 클릭 할 수 있는 텍스트 또는 아이콘을 링크라고 하는데 이것은 웹 상에서도 그렇지 않은 상태에서도 사용할 수 있다. 때때로 우리는 단어나 아이콘이 "클릭 가능하다"고 말한다. 하이퍼 미디어는 텍스트, 사진, 소리, 애니메이션, 비디오를 연결한다.

하이퍼 미디어 기능은 웹 페이지 제작 도구(Webpage authoring tools)를 통해 활성화된다. 그것은 또한 워드 프로세서 및 프레젠테이션 도구와 같은 다른 애플리케이션의 일부이기도 하다. 하이퍼 미디어로 표시된 텍스트나 그림, 사운드, 애니메이션을 불러오기 및 다른 슬라이드로 이동하는 아이콘으로 파워포인트 프레젠테이션을 쉽게 만들 수 있다. 다양한 유형의 데이터를 처리할 수 있는 프로그램은 멀티미디어 소프트웨어(multimedia software)라고 불린다. 멀티미디어는 커뮤니케이션의 방법을 제한하지 않기 때문에 강력한 통신수단이다. 컴퓨터 기능의 자연스러운 확장은 사람들이 그들이 생각하는 방식대로 모든 종류의 정보와 형태의 정보를 통합할 수 있도록 하는 유연성을 제공한다. 멀티미디어는 하이퍼 미디어와 밀접하게 연관되어 있다. 왜냐하면 그것은 링크를 삽입하기 때문이다. 이러한 링크는 하이퍼 미디어의 본질이며, 교육 강의나 제품 설명서와 유사한 방식으로 사진, 소리, 비디오를 동일한 메시지의 일부로 전달하는데 사용된다. 멀티미디어 사용에 대한 몇 가지 예시는 다음 절에 설명되어 있다.

교육 및 연구 분야에서의 멀티미디어

멀티미디어의 가장 흔한 용도 중 하나는 교육이다. 멀티미디어 강좌를 수강하는 학생은 교수가 진행하는 녹화된 강좌 또는 웹 캐스트를 듣는 동안 하나의 창에서 시나리오를 볼 수 있으며, 또 다른 창에서는 텍스트를 볼 수 있다. 그러면 학생이 질문에 대화식으로 대답하여 화면의 다른 창에 응답을 제공할 수 있다. 동일한 프로그램은 학생에게 자신의 성과에 대한 피드백을 제공하도록 설계될 수도 있다. 언어 훈련을 위해 음성 인식 소프트웨어를 탑재한 멀티미디어 프로그램은 학생에게 특정 단어를 발음하도록 요청하고 학생의 성적을 평가할 수 있다.
멀티미디어의 또 다른 흔한 용도는 연구 자료를 취합하고 통합하는 것이다. 예를 들어, 연구원은 작성된 기사를 읽고, 텔레비전 뉴스 장면을 보고, 라디오 클립을 청취하기 위해 멀티미디어 프로그램을 사용할 수 있다.

훈련에서의 멀티미디어

많은 산업에서 멀티미디어는 일반적으로 훈련 연습을 위한 실제 상황을 시뮬레이션 하는데 사용된다. 예를 들어, 비디오와 음성을 사용하고 사용자가 다양한 상황에 대해 질문할 수 있는 멀티미디어 제품은 사용자가 고전압 와이어 문제를 해결하는 방법을 가르쳐 준다. 만약 그들이 같은 사건을 실제로 해결하려고 시도한다면, 그들의 삶은 위태롭게 될 것이다. 비행 시뮬레이터는 조종사들이 실제 비행기를 조종하기 전 훈련을 할 때, 이륙, 착륙 및 기타 비행 상황을 시뮬레이션 하기 위해 광범위한 멀티미디어 소프트웨어를 사용한다.

비즈니스에서의 멀티미디어

멀티미디어는 비즈니스 상황에서도 매우 유용할 수 있다. 예를 들어, 한 관리자가 디지털화된 사진이나 비디오 클립을 포함하는 문서를 작성하고, 사용자가 숫자를 입력하고 계산을 실행할 수 있는 "활성화된" 스프레드 시트를 작성한다고 가정해 보자. 관리자는 검토를 위해 해당 문서를 동료에게 보낸다. 동료는 특정 지점에서 명확한 설명을 보여주는 비디오 및 음성 클립을 볼 수 있다. 복합 문서는 종이 문서로 변형되지 않고 전자적으로 제출되고, 검색되고, 변경되고, 적절하게 전달될 수 있다. 사실, 본질적인 특성으로 인해 멀티미디어는 종이 문서로 전송 될 수 없다. 많은 웹 사이트는 대화형 특성 때문에 멀티미디어를 포함하고 있다.

매쉬업(Mashups)

아마존, 이베이, 플릭커, 구글, 야후를 포함한 많은 회사들이 애플리케이션 또는 일부 기능을 다른 소프트웨어와 통합하여 새로운 애플리케이션을 만들 수 있도록 오픈 애플리케이션을 제공하고 있다. 이러한 통합 애플리케이션은 매쉬업 애플리케이션 또는 단순히 매쉬업(Mashups)이라고 한다. 예를 들어, 아마추어 프로그래머는 Mapquest, Apple Maps 또는 구글 지도와 같은 웹 사이트 중 하나의 매핑(mapping) 애플리케이션을 지역 자선 단체 데이터베이스와 결합하여 지도에서 연관의 위치와 세부 정보를 표시 할 수 있다. 매핑 애플리케이션은 단체의 위치에 대한 안내와 같이 일반적인 기능을 지속적으로 제공한다.

프로그래머는 여러 애플리케이션의 소프트웨어 요소를 사용하고 그 요소들 또는 그 중 일부 기능을 하이브리드 애플리케이션으로 결합한다. 이러한 소프트웨어 요소는 웹에서 계속 사용할 수 있으므로 매쉬업 사용자는 컴퓨터가 인터넷에 접속할 때 마다 이를 즐길 수 있다.

웹 상에서 가장 유용한 유용한 매쉬업 중 하나는 칸 아카데미(Khan Academy)이다. 칸 아카데미는 비 영리적 목적의 온라인 교육 기관으로 하버드와 MIT의 졸업생들이 만들었다. 이 사이트는 산술에서 미적분학, 분자 생물학 그리고 프랑스 혁명에 이르기까지 광범위한 교과 과정을 제공한다. 이 웹 사이트는 유튜브 동영상을 웹 페이지에 게재함으로써 2억개 이상의 강의를 제공했다. 강사는 유튜브 동영상에서 마우스 포인터 화살표를 사용한 강의 및 문제를 통해 학생들에게 대화하고, 검은색 바탕에 다양한 색상을 사용하여 학생들로 하여금 시각적으로 이해할 수 있도록 한다. 동영상을 본 후에, 학생들은 다른 유튜브 동영상과 유사한 코멘트와 질문을 게시할 수 있다. 삽입된 유튜브 비디오와 전통적인 웹 사이트를 결합하는 칸 아카데미의 전략은 부분의 합보다 더 값진 효율적인 매쉬업을 만들어냈다. 유튜브 동영상은 학생들이 자신의 페이스대로 학습할 수 있게 해 주고, 그들이 교실에 앉아 있는 것처럼 다른 학생들의 도움을 받을 수 있게 해 준다. 이것은 단지 강의가 아니라 상호 작용적이고 사회적인 학습 경험이다.

웹 사이트 디자인 도구

웹 사이트를 구축하여 웹 페이지의 콘텐츠를 매일 또는 매시간 변경하는 기업들이 늘어남에 따라 웹 디자인 도구의 필요성이 증가했다. 인기 있는 웹 페이지 개발 패키지에는 마이크로소프트의 세어포인트 디자이너(SharePoint Designer), Expression Web, Avanquest WebSasy Professional, 그리고 어도비의 CS2/Dreamweaver가 있다. 많은 인터넷 서비스 제공 업체(Internet service providers, ISP)와 웹 사이트 호스팅 업체들도 개인 및 상업용 웹 사이트를 설계하고 구현하기 위한 온라인 도구와 템플릿을 제공한다.

웹 페이지 개발 패키지는 웹 페이지 개발을 촉진한다. 다른 시각적 도구와 마찬가지로 이것은 메뉴, 아이콘 및 기타 개발자가 선택할 수 있는 기능을 제공한다. 따라서 개발자는 기능을 쉽게 사용할 수 없는 경우에만 코드를 작성하면 된다. 채우기 양식 및 애니메이션 효과와 같이 미리 개발된 옵션을 사용하면 코드가 자동으로 추가된다. 코드의 대부분이 HTML및 XML과 같은 비독점적 언어(nonproprietary languages: 이 언어에 대해서는 제8장 "웹 지원 엔터프라이즈"에서 더 자세히 논의하기로 한다.)로 되어 있으므로 개발자는 WebEasy Professional과 같은 개발 도구로 작업을 시작하여 Dreamweaver와 같이 또 다른 개발도구로 작업을 이어나갈 수 있다. 예를 들어, 개발자들이 신속하게 아이콘을 개발해야 할 때, 더 쉽게 사용할 수 있는 도구를 발견했다면 애니메이션을 개발하는데 유용한 또 다른 도구는 발견된 도구로 대체될 것이다.

최근에, 웹 사이트를 개발하는 새로운 방법이 인기를 얻고 있다. 소규모의 기업과 개인은 워드프레스(Wordpress)와 같은 블로그 환경을 사용하여 웹 사이트를 구축한다. 그런 다음, 블로그 환경은 아티스티어(Artisteer)와 같은 자동화된 웹 디자인 프로그램을 사용하여 맞춤화될 수 있다. 아티스티어와 같은 제품은 웹 디자인 경험이 제한적인 사용자에게 웹 사이트 같이 작동하도록 블로그를 맞춤화하는 능력을 제공한다. 여기에 제시된 예는 아티스티어를 통해 개발될 수 있는 케이크와 커피숍을 위한 웹 사이트 디자인을 보여준다.

아티스티어 웹 디자인 소프트웨어는 사용자가 워드프레스 및 블로거 형식으로 맞춤형 웹 사이트를 개발할 수 있도록 지원한다.

그룹웨어

멀티미디어 기술은 그룹 멤버들 사이에서 아이디어와 정보 자원을 공유할 수 있도록 하는 모든 애플리케이션이다. 이러한 애플리케이션은 대부분 웹 기술과 통합되어 있다. 그룹 웨어(Groupware) 애플리케이션은 직원들이 웹 상에서 실시간으로 협업할 수 있도록 하는 프로그램이다. 이것은 불필요한 출장을 줄여줄 뿐만 아니라 텍스트, 이미지, 도면, 사운드, 애니메이션, 비디오의 결합을 통해 이들을 시연함으로써 아이디어의 표현을 용이하게 한다. 협업 소프트웨어에는 팀워크 기반 환경과 인간의 상호 작용(동기식 또는 비동기식)이 필요한 프로젝트에 사용되는 다양한 생산성 도구가 포함되어 있다. 특정 기능은 소프트웨어 애플리케이션에 따라 달라지지만 프로젝트/과업 관리, 일정 공유, 비디오/오디오 채팅, 이메일, 음성 메시지 및 파일 공유를 포함할 수 있다. Wiggio는 협업 소프트웨어의 한가지 예라고 할 수 있다. 110만명이 넘는 사용자들을 보유하고 있는 이 소프트웨어는 프로젝트 또는 계획에 참여하는 사람들을 연결할 수 있는 환경을 제공한다. 프로젝트 대표(그룹 리더)는 그룹을 만들고 멤버를 추가하여 프로세스를 시작한다. 멤버들은 그룹 환경 내에서 다양한 기능을 배정받거나 몇몇 기능을 사용하지 못하도록 금지 당할 수도 있다. 이 책의 개정판 역시 저자와 연구 조교 사이에 Wiggio를 사용하여 완성되었다.
이전에 구글 독스(docs)라고 불렸던 구글 드라이브는 사용자가 문서, 프레젠테이션, 스프레드 시트, 서식 또는 도면에서 다른 사용자와 함께 작업하고, 작업물을 온라인 상에 저장하게 하는 클라우드 기반의 특징을 가진다. 구글의 소프트웨어를 사용해서 기존 파일을 업로드 하거나 새 파일을 만들 수 있다. 파일에서 작업하는 동안 사용자는 다른 사용자가 해당 파일에서 작업하고 변경하는 내용을 확인할 수 있다. 파일은 클라우드에 저장되므로 액세스 권한이 부여된 사람만이 열 수 있다. 구글 드라이브를 사용하면 기업의 시간과 운송 비용을 절감할 수 있으며, 팀 협업을 위한 액세스 가능한 매체를 제공받을 수 있다.

3D 지리 소프트웨어

모든 소화전 및 관목에 이르기까지 지리적 영역과 전체 도시의 3차원 모델을 개발하는데 있어 점점 더 많은 응용 프로그램이 개발되고 있다. 원 데이터(raw material)는 대상 지역의 육상과 항공 사진이다. 이 디지털 사진들은 도시 거리나 대학 캠퍼스에서 지속적으로 "걷기"나 "여행"을 허용하기 위해 함께 쓰인다. 이것은 소프트웨어 이미지와의 유사성으로 건물과 명소를 인식 할 수 있는 네비게이션에 유용하다. 이러한 유형의 정보는 웹을 통해 전달될 수 있다. 글로벌 포지셔닝 시스템(global positioning system, GPS)과 연계할 경우, 소프트웨어는 어떤 장소에 가본 적 없는 사람들이 쉽게 길을 찾을 수 있게 도와준다. 가까운 미래에, 이와 같은 3D소프트웨어는 자산 임대회사들이 자산을 관리하는데 도움이 될 것이다. 예를 들어 관리자는 건물의 12층에 있는 아파트를 클릭하여 해당 장소에 대한 정보를 확인하고 잠재적인 세입자가 창이나 발코니에서 볼 수 있도록 할 수 있다. 유지 보수 직원은 사실상 벽에 들어가 파이프와 전기 배선을 점검 할 수 있으며 소방 회사는 화재 진화를 위해 소화전을 신속하게 찾을 수 있다.

또한Trimble의 SketchUp은 가상 도시 및 지역을 만드는데 사용되는 일종의 3D지리 소프트웨어로써, 보다 작은 규모에도 효과적이다. 창의적인 사업주들은 기존의 건물이나 장소를 가상화하는 대신에 자신 만의 기계나 제품을 만들기 위해 소프트웨어를 사용한다. SketchUp의 잠재력은 끝이 없다.

사용자는 2×4 크기의 나무 조각과 같은 작은 구성 요소를 만들어서 전체 주택과 나머지 블록을 설계 할 수 있다. 발명의 재능이 덜한 사용자를 위해, SketchUp 라이브러리를 사용하면 다른 사용자가 만든 구성 요소를 다운로드 할 수 있다. 이러한 구성 요소의 예에는 팔레트와 틀에 맞춘 벽에서부터 기차역 및 고층 건물에 이르기까지 다양하다. SketchUp은 심지어 구글 지도까지 연결하여 사용자들이 실생활에 있는 집을 선택할 수 있게 해 준다. 3차원 지리 소프트웨어는 기존 유형을 가상화하고 새로운 유형의 제품을 만들 수 있기 때문에 비즈니스 환경에서 중요한 역할을 한다.

3차원 모델링 도구인 SketchUp을 이용하여 개발된 모델

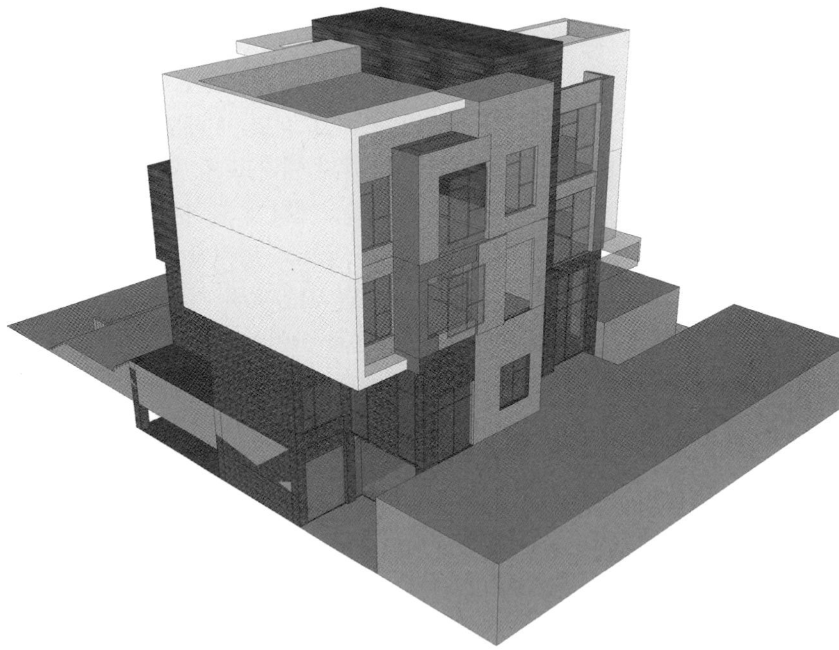

시스템 소프트웨어

시스템 소프트웨어에는 사용자와 컴퓨터 간의 인터페이스, 파일 로딩, 파일 복사 또는 파일 삭제, 메모리 리소스 관리 및 모니터 및 컴퓨터와 같은 주변 장치 작동과 같은 일반적인 일상 작업을 수행하도록 설계된 프로그램이 포함된다. 프린터. 시스템 소프트웨어의 목적은 시스템 자원을 관리하고 애플리케이션에 특정하지 않은 일상적인 작업을 수행하는 것이다. 한편으로, 시스템 소프트웨어는 최대한 많은 애플리케이션과 협력하여 개발된다. 다른 한편으로, 애플리케이션은 해당 소프트웨어와 호환되도록 개발된 경우에만 시스템 소프트웨어를 사용할 수 있다. 다음의 내용은 주요한 유형의 시스템 프로그램을 다룬다. 앞서 설명한 컴파일러와 인터프리터도 시스템 소프트웨어로 분류된다.

운영체제

운영체제(operating system, OS)는 컴퓨터에서 실행되는 가장 중요한 단일 프로그램이자 가장 중요한 시스템 소프트웨어이다. 그림 5.6에 표시된 바와 같이 운영체제는 키보드와 마우스로 입력한 것을 인지하고, 컴퓨터 디스플레이로 출력을 전송하고, 디스크 상의 디렉토리(파일 그룹)또는 파일의 트랙을 유지하고, 프린터로 문서를 전송하고, 네트워크 장치와의 인터페이스를 주고받는다. 운영체제가 없으면 시스템에서 애플리케이션을 실행할 수 없다. 운영체제는 특정 마이크로 프로세서 또는 다중 프로세서를 위해 개발된다. 프로그래머는 각 마이크로 프로세서가 수행할 수 있는 작업과 이를 수행하는 방법을 알고 있다. 운영체제는 CPU회로 및 메모리 주소와 같은 기술적 세부 정보를 처리해야 한다. 따라서 OS는 대개 어셈블리 언어와 같은 하위 레벨 프로그래밍 언어 또는 C와 같이 낮은 수준의 기계 기능에 액세스 할 수 있는 언어로 개발된다.

■ 그림 5-6

운영체제는 컴퓨터 시스템 자원 및 애플리케이션 소프트웨어 조정과 더불어 주변 장치 및 네트워크 장치를 제어다.

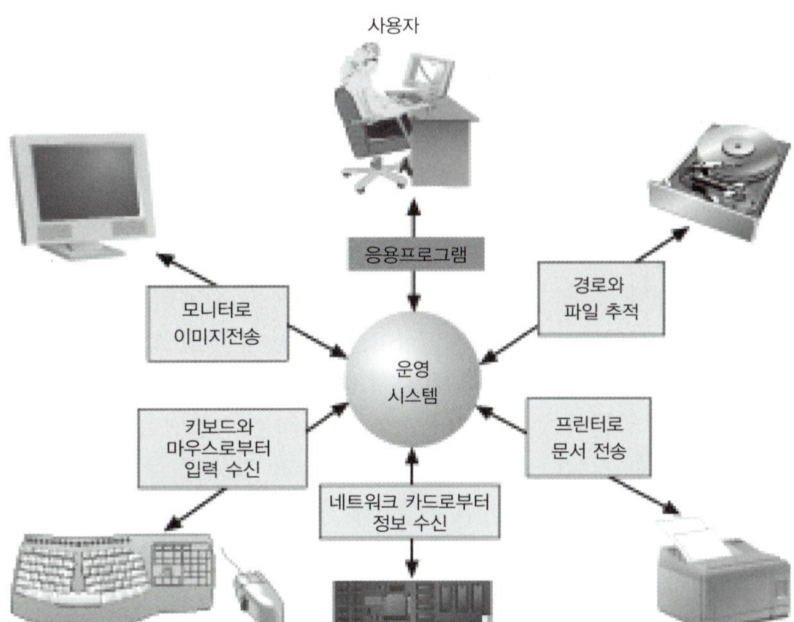

운영체제는 때때로 "교통 경찰"또는"보스"라고도 불린다. 실제로, 애플리케이션은 프로그램을 위한 메모리 위치를 최적으로 할당하고, 애플리케이션을 외부 저장 매체로부터 메모리로 복사하고, 프로그램 명령의 실행을 위해 CPU에 제어를 전달하고, 처리 결과를 출력 디바이스에 전송하는 것과 같은 제어 기능을 제공한다. 또한 운영체제는 하드웨어와 상호 작용할 때 다른 모든 애플리케이션이 "탑재"되는 플랫폼이기 때문에 종종 "플랫폼"이라고도 한다.

애플리케이션 개발자가 코드를 작성할 때, 실행될 애플리케이션 상의 운영체제를 위해 **애플리케이션 프로그램 인터페이스**(Application program interfaces, APIs)를 사용한다. API는 운영체제에 포함된 소프트웨어이다. 좋은 API는 애플리케이션을 쉽게 개발할 수 있게 해 준다. 동일한 API를 사용하는 애플리케이션은 유사한 인터페이스를 가진다.

사용자에서 운영체제를 지나 CPU로

그림 5.7은 컴퓨터의 논리적 운용에서 운영체제의 위치를 보여 준다. 사용자는 애플리케이션에서 제공하는 메뉴, 아이콘 및 명령을 사용하여 사용자 인터페이스와 상호 작용한다. 애플리케이션은 사용자의 입력을 운영체제가 이해하는 명령으로 변환하고 운영체제는 CPU를 작동하여 작업을 수행한다. 일부 명령은 운영체제로 전달되지 않지만 애플리케이션에서 하드웨어로 직접 전송할 수 있다. 파일 시스템은 파일을 저장, 정리 및 검색하는 소프트웨어이다.

■ 그림 5-7

컴퓨터 시스템은 사용자 인터페이스에서 시작하여 컴퓨터의 하드웨어로 이동하는 여러 계층에서 작동한다.

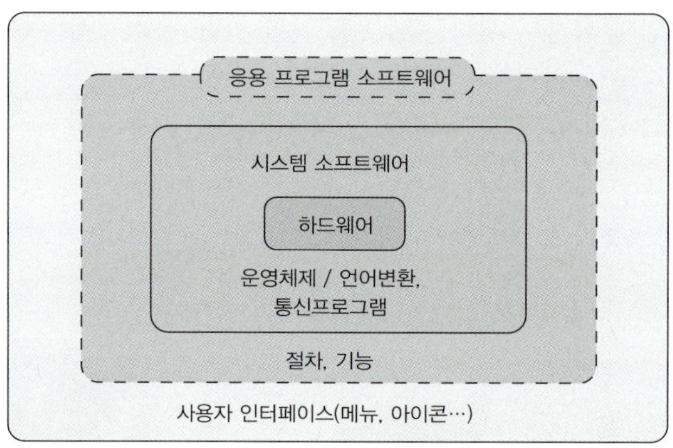

예를 들어 워드 프로세서를 사용하고 있다고 가정해보자. 여러분은 복사하고 붙여 넣을 항목을 선택할 것이다. 그리고 메뉴에서 복사를 선택한다. 워드 프로세서는 여러분의 선택을 운영체제에 적합한 명령으로 변환하고, 그 다음에 해당 항목을 복사하는 명령을 CPU에 내린다. 메뉴에서 붙여 넣기를 선택하면 유사한 작업이 수행된다. 또한, 웹 페이지에서 사진을 좋아하고 복사할 수 있는 권한이 있다고 가정해보자. 여러분은 사진을 마우스 오른쪽 버튼으로 클릭하고 복사하도록 선택할 것이다. 웹 브라우저의 메뉴가 워드 프로세서의 메뉴와 같지는 않을 수 있다. 그러나 이미지 복사를 선택하면 운영체제가 워드 프로세서를 사용할 때 수신한 애플리케이션과 동일한 애플리케이션에서 명령을 수신하게 된다. 또한, 여러분이 붙여 넣기를 할 때, 운영체제가 브라우저로부터 받은 붙여 넣기 명령 역시 워드 프로세서에서 수신한 것과 동일하다. 따라서 이 두 애플리케이션의 개발자들은 복사 및 붙여 넣기 작업을 프로그래밍할 필요가 없었다. 이들은 운영체제에서 이러한 작업을 어떻게 호출해야 하는지 알기만 하면 된다.

입력 및 출력 서비스를 수행하고 CPU를 제어하는 것 외에도, 많은 운영체제는 사용자가 로그인하고 로그오프하는 시간, 매 세션당 CUP의 작업 시간, 사용자가 프린트한 페이지 개수 등을 포함한 회계 및 통계 작업을 수행한다. 일부 운영체제는 하드웨어 진단, 파일 비교, 파일 정렬 등과 같은 유틸리티(utilities)를 수행한다. 그러나 모든 운영체제가 필요한 모든 유틸리티를 제공하는 것은 아니며, 그럴 때는 특별한 유틸리티 프로그램을 별도로 사용해야 한다. 운영체제에는 사용자 암호를 설정하고 파일 및 컴퓨터 리소스에 대한 액세스 권한을 제한하는 등의 여러 보안 기능도 포함된다.

운영체제 기능

운영체제는 시스템 관리 중 가장 중요한 몇 가지 서비스를 제공한다. 시스템 관리는 애플리케이션에 대한 효율적인 하드웨어 리소스를 할당하는 것을 의미하는데, 여기에는 사용자에게 특정 작업을 즉시 할당하는 것, 소프트웨어 및 데이터에 RAM을 할당하는 것, CPU가 동작하거나 멈추는 것을 지시하는 것, 여러 프로그램이 동시에 작동할 수 있도록 CPU 가동 시간을 할당하는 것, 공동 프로세서 및 주변 장치를 지시하는 것 등의 작업이 포함된다.

사용자 인터페이스(User Interface)

운영체제의 중요한 부분은 사용자 인터페이스이다. 그래픽 사용자 인터페이스(graphical user interface, GUI)를 사용하면 컴퓨터를 직관적으로 사용하고 쉽게 배울 수 있다. 이 인터페이스는 이해하기 쉬운 프레임, 아이콘 및 메뉴의 형태를 취한다. 응용 프로그램이 고유한 기능을 위한 인터페이스 요소를 필요로 하지 않는 이상 사용자는 이용 중인 애플리케이션에 관계없이 대부분의 인터페이스 기능을 동일하게 유지하는 것이 좋다.

메모리 할당(Memory allocation)

운영체제의 가장 중요한 기능 중 하나는 메모리 관리인데, 특히 RAM이라는 메모리는 데이터와 프로그램 코드가 실행되기 전에 있어야 하는 메모리이다. 이상적으로, 전체 애플리케이션과 프로세스가 처리가 끝날 때까지 모든 데이터가 RAM에 머문다. 그러나 많은 애플리케이션이 동시에 열려 있거나 애플리케이션 및 데이터의 용량이 컴퓨터의 RAM용량을 초과할 경우 운영체제가 가상 메모리를 사용할 수 있다. 사용자가 가상 메모리(Virtual memory)를 사용하면 실제 존재하는 것보다 훨씬 더 많은 RAM을 사용할 수 있다. 가상 메모리는 RAM을 확장한 것으로 하드 디스크를 사용한다. 운영체제의 특수 모듈은 애플리케이션 프로그램의 어떤 부분이 자주 사용되는지를 지속적으로 탐지한다. 운영체제는 자주 사용되지 않는 부분을 디스크에 남기면서 자주 사용되는 부분은 RAM에 보관한다. 전문가들은 이러한 활동을 "페이지 스왑(Swap)"이라고 부른다. "페이지(pages)"는 RAM과 디스크 사이를 운영체제가 교환하는 동일한 크기의 프로그램을 의미하며, 메모리로 사용되는 디스크의 공간을 "스왑 스페이스(swap space)"라고 한다. 하드 디스크가 RAM보다 느리기 때문에, 동시에 많은 애플리케이션을 열면 돌아가는 속도가 느려질 수 있다. 하지만 가상 메모리를 사용하면 디스크 메모리보다 훨씬 더 비싼 RAM을 추가로 구입할 필요 없이 많은 양의 RAM을 동시에 사용할 수 있다.

플러그 앤 플레이(Plug and Play)

좋은 운영체제는 또한 하드웨어 구성을 간단히 변경할 수 있게 해야 한다. 외부 하드 디스크, DVD버너, 외부 통신 장치 또는 조이스틱과 같은 새 장치가 컴퓨터에 연결된 경우 운영체제의 작업은 새롭게 설치된 장치와 그 기능을 인식하는 것이다. 만약 여러분이 장치를 연결한 직후(여러분의 별도의 개입 없이) 운영체제가 그것을 사용할 수 있게 되면, 이것을 플러그 앤 플레이(Plug-and-Play, PnP) 운영체제라고도 하며, 장치 역시 플러그 앤 플레이 장치라고 한다. 이렇게 하려면 운영체제가 연결된 장치의 드라이버에 액세스 할 수 있어야 한다. 드라이버(Driver)는 운영체제가 컴퓨터를 제어할 수 있는 소프트웨어이며, 이를 통해 컴퓨터 내부에 설치된 장치(예: 두 번째 비디오 카드)또는 플래시 메모리 드라이브와 같은 외부 장치를 제어할 수 있게 된다. 따라서 Windows 8 또는 Mac OS X와 같은 실제 PnP OS에는 많은 장치용 드라이버가 포함되어 있거나 적어도 디스크에서 또는 웹에서 다운로드 한 후 설치된 드라이버와 완벽하게 호환된다. 최근 몇 년간 거의 모든 외부 장치는 USB포트를 통해 컴퓨터에 연결할 수 있도록 설계되었다. (USB포트는 제4장"비즈니스 하드웨어"에서 논의된 바 있다.)

운영체제에서의 서비스의 증가

최근 운영체제 개발 추세는 별도의 소프트웨어로 제공되는 더 많은 서비스를 통합하는 것이다. 이러한 서비스에는 데이터베이스 관리, 네트워킹 및 보안이 포함된다. 예를 들어, 사용자는 이제 운영체제가 계정 번호와 비밀 번호를 추적하고 파일 및 프로그램에 대한 액세스 권한을 제어하며 바이러스로부터 컴퓨터를 보호하는 등의 보안 조치를 수행할 것으로 예상한다. 또한 운영체제는 액세스 코드를 확인하여 인증된 사용자만 컴퓨터에 액세스 할 수 있는지 인증 작업을 한다. 최신 운영체제는 이전에 별도의 프로그램으로 처리한 네트워킹 기능을 제공한다.

현재 운영체제

앞서 언급한 바와 같이, 운영체제는 특정 마이크로 프로세서와 함께 작동하도록 설계되었으며, 따라서 다른 컴퓨터와 다른 유형의 마이크로 프로세서는 기존의 것과 다른 운영체제를 사용한다. 슈퍼 컴퓨터, 메인 프레임 컴퓨터, 미니 컴퓨터, 휴대용 컴퓨터를 위한 별도의 특정 운영체제가 존재하는 반면, 대부분의 사람들은 개인용 컴퓨터(PC) 운영체제를 사용한다. PC용에서 가장 많이 사용되는 운영체제로는 윈도우(Windows), 리눅스(Linux) 및 Mac 이 있다. 스마트폰과 태블릿은 애플의 iOS, 및 구글의 안드로이드, 마이크로소프트의 Windows RT와 같은 모바일 환경에 맞춘 운영체제를 갖추고 있다. 그림 5.8은 대중적인 운영체제 목록을 제공한다. 일부는 다른 애플리케이션과 함께 제공될 수도 있다. 예를 들어, i5/OS (이전의 OS/400)는 강력한 DB2데이터베이스 관리 시스템과 함께 제공된다.

점차 각광받고 있는 운영체제 중 하나는 무료로 받을 수 있는 리눅스(Linux)이다. 리눅스는 AT&T 벨 연구소가 1969년에 개발한 운영체제인 유닉스(UNIX)를 기반으로 개발되었으며, 10년 동안 무료로 배포되었다. 기업들과 개인은 유닉스를 수정했고, 리눅스(Linus Torvalds 및 그 외 개발자들에 의해 개발됨)와 Solaris(Sun Microsystems에 의해 개발됨)로 다양하게 변형 개발되었다. Linux및 기타 "오픈 소스" 소프트웨어는 다음 절에서 설명하기로 한다.

운영체제의 가장 중요한 점 중 하나는 안정성(Stability)이다. 안정적인 운영체제는 컴퓨터가 오류 메시지를 생성하거나 멈춰있지 않도록 한다. 사용자가 실수를 했을 때에도 기능을 계속 수행할 것으로 예상되며, 이런 경우에 운영체제는 기능을 정지하고 문제를 해결하기보다는 사용자가 문제를 자연스럽게 인지하고 그것을 해결할 수 있는 기회를 제공해야 한다. 윈도우의 초기 버전은 불안정한 상태로 악명이 높았다. 이후 버전의 윈도우에서는 오류가 발생하더라도 훨씬 안정적이 되었다. 유닉스를 기반으로 하는 운영체제는 매우 안정적이며, 이러한 안정성은 특히 실행중인 서버에서 유닉스가 인기를 얻는 주된 이유이다. Mac 운영체제X버전은 유닉스를 기반으로 하고, 리눅스 역시 매우 안정적인 것으로 간주된다.

■ 그림 5-8

다양한 하드웨어 플랫폼을 위한 대중적인 운영체제

특정 … 위에서 작동함	이름	OS 개발자
메인 프레임	z/OS (zSeries) Clearpath OS2200	IBM Unisys
중간 범주	i5/OS Solaris	IBM Sun Microsystems
개인용 컴퓨터	Windows Linux (Fedora, Red Hat, Smallfoot) OS X BSD	Microsoft Various Apple FreeBSD
서버	Microsoft Server 2012 HP-UX 11i Unix	Microsoft HP Bell Labs (original developer) with various Unix-like OSs derived by others
스마트폰	Blackberry OS iOS Windows Phone Jelly Bean, Ice Cream Sandwich	Blackberry Apple Microsoft Android, Inc (original developer, now Google), licensed under Apache license
태블릿	iOS (iPad) Microsoft RT (Surface) Android (various)	Apple Microsoft Google

비록 Mac 운영체제가 전 세계 컴퓨터의 10% 미만으로 설치되어 있지만, 그 점유율은 점점 증가하고 있다(Anonymous, 2013b). 처음부터 Mac 운영체제는 윈도우 운영체제보다 더 직관적이고 사용자 친화적이었다. 여러 측면에서, Mac이 설정한 표준을 윈도우 운영체제가 나중에 따라 하게 되는 형식이다. 엑셀과 같이 현재 인기 있는 많은 애플리케이션들이 처음에는 Mac 운영체제용으로 설계되었으며, 나중에 사용자 인터페이스가 Mac의 운영체제들과 비슷해지고 나서야 윈도우에 적용되었다. 모바일 운영 체제 또한 꾸준히 운영체제 시장에서 점유율을 높이고 있다.

기타 시스템 소프트웨어

운영체제는 가장 보편적인 유형의 시스템 소프트웨어이지만, 다른 유형의 시스템 프로그램에는 컴파일러, 통신 소프트웨어 및 유틸리티가 포함된다. 또한 여기에 7장 "데이터베이스 및 데이터 웨어하우스"에서 논의되는 데이터베이스 관리 시스템을 포함한다.

통신 소프트웨어는 컴퓨터 네트워크 전반에 걸친 데이터 전송과 수신을 지원한다. 제 6장 "비즈니스 네트워크 및 통신망"에서 네트워킹과 통신을 논의하기로 한다. 유틸리티는 통신망을 통해 컴퓨터의 성능을 향상시키는 프로그램 및 온라인 백업 시설을 포함하고 있다. 또한 유틸리티에는 네트워크 및 스파이 웨어 방지 프로그램과 같은 원치 않는 파일 및 애플리케이션을 탐지하고 제거하거나 네트워크로부터 컴퓨터로 전송되는 데이터를 차단하는 바이러스 백신 프로그램, 방화벽 및 기타 프로그램도 포함된다. 제8장 "웹 지원 엔터프라이즈", 제 14장 "위험, 보안, 재해 복구"에서 이런 주제에 대해 논의하기로 한다.

오픈 소스 소프트웨어(Open Source Software)

대부분의 비즈니스 및 개별 소프트웨어는 독점적이며, 이는 이윤을 위해 개발되고 판매되는 소프트웨어이다. 사유 소프트웨어(Propriety software) 개발자들은 그들의 소프트웨어의 소스 코드를 공개하지 않는다. 개발자는 소프트웨어에 대한 권리를 유지한다. 대부분의 경우, 여러분이 구매하는 애플리케이션을 여러분이 실제로 소유하는 것은 아니다. 이러한 애플리케이션을 사용할 수 있는 라이선스를 구입한 것일 뿐이다. 독점적인 소프트웨어와는 대조적으로, 일부 프로그래머는 이익을 얻고자 하지 않고 컴퓨터 프로그램의 개발에 무료로 기여하기도 한다. 오픈 소스 소프트웨어(Open source software) 개발자들은 대개 웹 상에서 무료로 소스 코드를 얻을 수 있다. 버그를 수정할 수 있는 사람은 누구든지 환영 받는다. 최신 버전의 다운로드를 원하는 사용자는 무료로 이용할 수 있다. 오픈 소스 프로그램은 하나의 회사가 아니라 임의의 프로그래머 그룹에 의해 개발될 수 있다. 프로그래머들은 애플리케이션의 기본 코드를 공유하고, 약점을 찾고, 그것을 디버그하고, 새로운 제품을 제공한다. 이 과정은 전통적인 소프트웨어의 "닫힌" 과정보다 더 나은 결과를 낳을 수 있다. 왜냐하면 많은 재능 있는 프로그래머들이 프로그램을 개선하는데 있어서 그들의 기량을 보여 주려고 노력하기 때문이다.

일부 역사가들은 리차드 스톨만 (Richard Stallman)과 같이 소프트웨어는 우리가 숨쉬는 공기처럼 돈으로 사고 팔 것이 아니라 무료로 제공되어야 한다고 믿는 사람들과 그와 제휴를 맺고 있는 프리 소프트웨어 재단 (Free Software Foundation) 사람들에 의해 오픈 소스 "무브먼트(movement)"가 시작되었음을 발견했다.

독점 소프트웨어에 비해 오픈 소스 소프트웨어의 장점은 분명하다. 수천 명의 독립적인 프로그래머가 코드를 검토하기 때문에 소프트웨어의 버그가 적고, 다른 국가 및 문화권으로부터 협업하는 전문가들의 아이디어를 통합하여 더 혁신적인 기능을 제공 할 수 있다. 오픈 소스 소프트웨어를 개발하고 개선하려는 동기는 금전적인 것이 아니라 프로그래밍 문제를 해결하고 그 기여를 인정받기 위한 것이다. 이러한 소프트웨어를 개선하는 프로그래머는 전 세계 동료들로부터 명성과 인정을 얻는다. 그들은 주로 인터넷을 통해 협력한다. 기존 코드를 향상시키는 코드 패치를 게시하거나 애플리케이션의 기능을 향상시키기 위해 확장 및 플러그인을 추가하기도 한다. 이러한 확장 프로그램은 모두 무료로 다운로드하여 사용할 수 있다. 오픈 소스 소프트웨어의 가장 큰 단점은 개발 및 지원이 자원 봉사자들의 지속적인 노력에 달려 있다는 점이다.

BearingPoint가 실시한 최근 연구에 따르면 오픈 소스 소프트웨어를 채택함으로써 경쟁력 차별화, 구축 비용 절감, 맞춤형 대응 능력 향상, 소프트웨어 공급 업체에 대한 lock-in효과(종속성)을 감소시킬 수 있는 것으로 나타났다(Anonymous, 2012). 경쟁 환경에서 비용을 절감해야 한다는 압력으로 인해 은행 및 금융 서비스 기업은 오픈 소스 소프트웨어를 지속적으로 검토하여 IT 비용을 낮추었다(Yeaton, 2013).

웹 및 모바일과 같이 소비자 중심의 플랫폼으로 전환하는 신속한 변화를 위한 소프트웨어 개발의 필요성은 오픈 소스 소프트웨어의 인기를 높여 준다. 기업의 고객 참여 확대에 초점을 맞추려면 오픈 소스 소프트웨어가 제공 할 수 있는 개발 민첩성(agility)이 필요하다. Acquia는 오픈 소스 기술을 사용하여 소셜 미디어를 구현하는 것이 그러한 민첩성을 제공한다고 믿고 있다. 블로그, Wiki, 포럼 및 기타 사용자 제작 콘텐츠와 같은 고객 참여 기능은 오픈 소스 소프트웨어를 사용하여 보다 비용 효율적으로 구현할 수 있다. 이는 독점 소프트웨어에 비해 75~85%의 비용 절감 효과를 실현할 수 있다(Anonymous, 2011).

오픈 소스 소프트웨어를 구현함으로써 얻는 이점들에도 불구하고, 이를 기업에 적용하기 전에 고려해야 할 몇 가지 문제가 있다. 비용 절감과 증가된 ROI(return on investment, 투자 대비 수익)의 이점은 관련성을 잃어가고 있다. *Computerworld*의 연구를 통해 오픈 소스 소프트웨어를 사용하는 조직의 42%가 ROI와 총 비용을 계산하지 않는다는 사실을 발견했다(Collett, 2011). Accenture의 2010년 연구는 품질, 신뢰성 및 보안이 오픈 소스 소프트웨어를 선택하기 위한 합리적인 이유라는 것을 발견했다. 조직은 오픈 소스 환경을 적용함으로써 달성할 수 있는 가치에 초점을 맞추고 있다. 교육 및 헬프 데스크 비용과 같은 제도적 문제도 중요한 요인이다. 오픈 소스 소프트웨어에는 인기 있는 웹 브라우저인 Mozilla의 Firefox, 콘텐츠 관리 시스템인 Drupal, 관계형 데이터베이스 관리 시스템인 MySQL 및 강력한 프로그래밍 언어인 PERL(Practical Extraction and Report Language, 펄)과 같은 수 백 개의 유용한 애플리케이션이 포함된다. www.openoffice.org에서 자유롭게 다운로드 할 수 있는 OpenOffice.org 제품군은 마이크로소프트의 생산성 애플리케이션인 오피스 제품군에 대한 대안을 제공한다. OpenOffice.org 제품군을 사용하면 3D그래픽 디자인, 멀티미디어 프레젠테이션, 문서, 스프레드 시트 및 데이터베이스를 만들 수 있다.

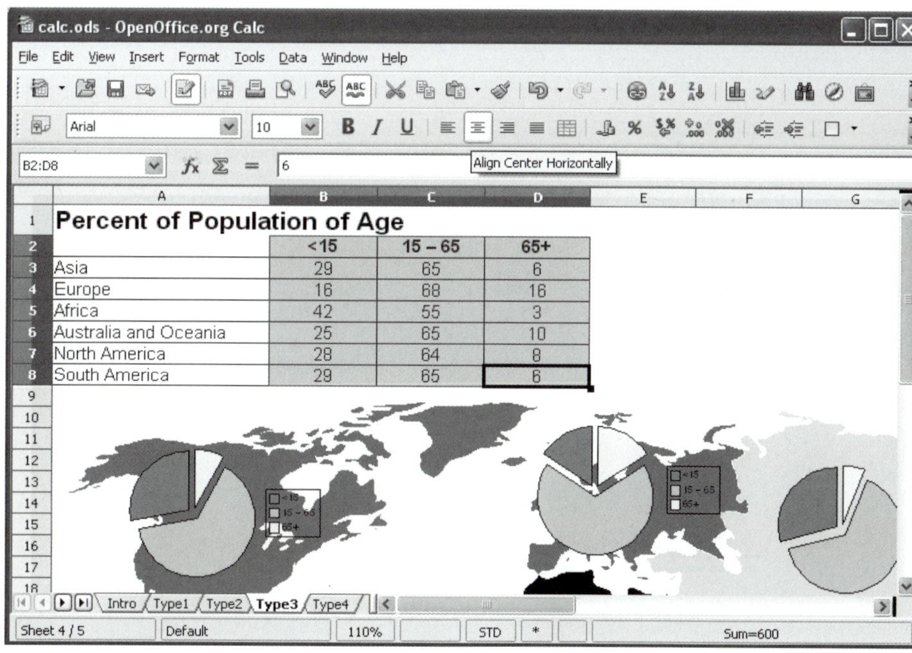

OpenOffice.org은 다양한 생산성 작업을 완료할 수 있도록 무료 애플리케이션 소프트웨어를 제공한다.

리눅스는 가장 잘 알려진 오픈 소스 운영체제이다. 핀란드 출신의 대학원생인 리누스 토발즈(Linus Torvalds)는 자신이 사용하기 위해 리눅스를 개발했지만, 그는 소프트웨어에 대한 권리를 주장한 적이 없다. 수 백 명의 프로그래머들이 리눅스에 기여해왔다. 시간이 지나면서 리눅스는 우분투(Ubuntu), Red Hat Fedora, Smaltfoot등과 같은 다양한 모델로 진화했으며, Red Hat Enterprise Edition과 SUSE은 추가 인터페이스 기능과 지원 서비스를 제공하고 있다. 많은 인터넷 서비스 공급자들이 인터넷 서버 운영을 위해 운영체제로 리눅스를 선택하고 있다. 윈도우 플랫폼과 비교하여 리눅스를 사용했을 때 나타나는 주된 단점은 실행할 수 있는 애플리케이션의 수가 제한되어 있다는 것이다.

IBM, 인텔(Intel), 휴렛 패커드(Hewlett-Packard, HP), 그리고 델(Dell)을 비롯한 명성 있는 소프트웨어 및 하드웨어 업체들은 애플리케이션을 개발함으로써 리눅스를 지원하기 위해 노력해 왔다. Burlington Coat Factory, Tommy Hilfiger, Toyota Motor Sales U.S.A.를 포함한 많은 기업들이 리눅스를 사용하고 있다. 뉴욕 증권 거래소를 포함한 월 스트리트의 큰 회사들도 리눅스를 이용한다. 리눅스는 단지 안정적이기 때문만이 아니라 메인프레임 컴퓨터, 개인용 컴퓨터(PC), 휴대용 컴퓨터, 그리고 전자 기기에서 실행될 수 있는 다재다능함 덕분에 인기가 있다. 석유 회사인 Amerada Hess는 석유와 가스 매장량을 찾기 위해 슈퍼 컴퓨터에 리눅스를 탑재해서 사용하고 있다. 픽사(Pixar) 애니메이션 스튜디오는 디지털 애니메이션 캐릭터를 제작하기 위해 리눅스를 사용했다. 텔레비전 녹화 장치인 TiVo는 리눅스에서 실행된다. 인터넷에 연결된 많은 게임 콘솔과 TV 세트도 마찬가지이다. 리눅스 버전 중 하나인 리눅스 모바일(Linux Mobile)은 몇몇 휴대용 컴퓨터와 휴대 전화에서 구동되고 있다.

다양한 버전의 리눅스는 무료로 웹에서 무료로 다운로드 받을 수 있지만, 대부분의 회사들은 패키지 버전을 구입하는 것을 선호한다. Novell, Red Hat및 VA소프트웨어와 같은 회사는 소프트웨어를 판매하고 기술 지원을 보증하고 있다. 일반적으로 계약에는 소프트웨어 업데이트도 포함된다. IBM 및 HP와 같은 회사는 리눅스를 데이터베이스 관리 시스템과 같은 다른 시스템 소프트웨어 및 비즈니스 애플리케이션과 결합하여 수백만 달러를 벌어들였다.

소프트웨어 라이선스(Software Licensing)

여러분이 다음 번에 소프트웨어를 "구입"하게 되면 "구매"계약을 주의 깊게 읽어보면 좋을 것이다. 여러분이 방금 소프트웨어에 대한 소유권을 가지고 있지 않다는 것을 알면 놀라게 될 것이다. 앞서 언급한 바와 같이, 조직과 개인이 획득한 대부분의 소프트웨어는 구입된 것이 아니라, 라이선스가 부여된 것이다. 구매자는 소프트웨어 라이선스를 받고 무제한 또는 설정된 시간 동안 소프트웨어를 사용할 수 있는 제한된 사용 권한을 받는다. 사용 기한이 만료되면 고객은 연간 라이선스 수수료를 지불하게 된다.

이 규칙의 유일한 예외는 소프트웨어를 개발하기 위해 자체 직원을 고용하거나, 소프트웨어 개발 회사를 인수하거나, 사용자가 소프트웨어를 변경하고 판매하도록 명시적으로 허용하는 사람들에 의해 개발된 소프트웨어를 사용할 때 이다.

소프트웨어 라이선스 모델

소프트웨어 라이선스는 여러 모델로 제공된다. *허용*(Perimissive) 모델을 사용하면 누구나 사용하거나 수정할 수도 있고, 소프트웨어를 사용하여 판매하거나 라이선스를 취득할 수 있는(즉, 영리의 목적으로) 제품을 만들 수도 있다. BSD (Berkerly software distribution) 유닉스 운영체제는 이 모델을 차용한 소프트웨어의 한 예이다. 다른 하나는 *일반 공중 라이선스*(General public license, GPL)로, 누구나 사용하고, 수정하고, 코드를 이용하여 애플리케이션을 만드는 것을 허용하지만 판매나 라이선싱을 목적으로 독점 제품을 만드는데 사용하는 것은 금지하고 있다. 이것은 프리 소프트웨어 재단이 취한 접근법이다. 우리가 사용하는 소프트웨어의 대부분은 *독점적*(proprietary)이며, 그것은 우리에게 판매하거나 라이선스를 허가할 권리가 있는 누군가가 코드를 소유하고 있다는 것을 의미한다.

POINT OF INTEREST 이베이(eBay) & 스카이프(Skype) 라이선스 전투

인터넷 경매 업체인eBay가 2005년에 Skype를 인수했을 때, 인터넷 전화 서비스를 운영하는 핵심 소프트웨어 중 일부는Skype 창립자들이 그 권리를 유지할 수 있었다. 그래서 2009년에 eBay가 설립자들과의 라이선스 분쟁을 피하기 위해 새로운 소프트웨어를 고안하기 시작했고, 이때 Skype 설립자들은 그들의 영향력을 이용해 모든 기초 기술을 철수하겠다고 협박했다. eBay는 설립자들이 그들이 기술을 철수는 것을 막기 위해 소송을 제기했다. 설상가상으로, eBay는 이 소송의 중간쯤에 Skype를 팔기로 내놓았다. 최종 결과는 Skype의 14%를 창립자들에게 돌려주고, 이 소송을 시작할 당시 핵심 기술이 처음 있었던 자사로 Skype를 분리하는 것이다. 2011년에 마이크로소프트는 850억달러에 Skype를 구입했다.

출처: Hartley, M. (2009). EBay builds its own software for Skype; Licensing dispute, National Post; Stone, B. (2009, Nov 07). Founders Win a Piece Of Skype From eBay, New York Times, p. B.3.

마이크로소프트, SAP, 오라클 및 기타 영리를 목적으로 한 기업들이 소프트웨어를 개발하고, 자신들의 소프트웨어를 소유하며, 그것에 라이선스를 부여하고 있다. 이러한 라이선스는 연간 사용자 별 사용료 또는 소프트웨어를 사용하는 사용자 수를 고려하지 않고 일부 제한 및 무제한의 사이트 라이선스 제공 등 여러 형태로 나뉠 수 있다. 후자의 유형은 때때로 소프트웨어 공급 업체와 상위 교육 기관 간에 체결되는 형태로 나타난다.

서비스로서의 소프트웨어(Software as a Service)

소프트웨어 라이선스의 한 가지 대안은 조직 내에서 자체 소프트웨어를 개발하거나 기술 전문가에게 아웃 소싱하여 소프트웨어를 개발하는 것이다. 그러한 소프트웨어는 라이선스로부터 자유로운 회사가 소유하고 있을 것이다. 그러나 조직의 전략적 및 운영적 요구 사항이 변경될 경우, 해당 활동을 처리하는데 사용되는 애플리케이션 소프트웨어도 수정되어야 한다. 따라서 조직이 애플리케이션 소프트웨어를 유지하고 지원하는 것은 상당한 비용을 들여 정보 기술 전문가로부터 제공받는 것이다.

최근 소프트웨어 라이선스의 또 다른 변화는 중소 기업들 사이에서 큰 인기를 끌고 있다. 서비스로서의 소프트웨어(Software as a Service, SaaS)모델은 외부 공급 업체가 개발하고 유지 관리하는 애플리케이션 소프트웨어를 제공하며, 정기적인 수수료를 내면 된다. 차량을 임대하는 방법과 상당히 유사한데 종종 애플리케이션 서비스 공급자(application service provider, ASP)라고도 불리는 외부 업체는 그들의 하드웨어에 상에 소프트웨어를 개발하고 유지 보수한다. 모든 소프트웨어 유지 보수, 지원 및 하드웨어 운영은 ASP에서 제공되며 매월 수수료에 포함된다.

기업은 자사 위치와 SaaS소프트웨어 공급 업체 간의 네트워크 연결을 통해 SaaS에 액세스 할 수 있다. 로컬 컴퓨터에서 조직의 트랜잭션을 처리하고 저장하는 대신, 표준 웹 브라우저를 사용한 씬 클라이언트(thin client, 소형 클라이언트)를 통해 데이터 처리 및 소프트웨어 실행내역이 클라우드 환경에서 처리된다. 씬 클라이언트는 SaaS공급 업체와의 연결을 시작하고 원격으로 소프트웨어를 운영하기 위해 고안된 낮은 수준의 개인용 컴퓨터(PC) 시스템이다.

이 현대적인 소프트웨어 전송 방법은 월별 임대료로 인해 조직의 애플리케이션 소프트웨어 개발 비용을 절감시켜 주었다. 따라서 초기 비용은 상당히 절감되며, 소프트웨어는 SaaS로 즉시 운영된다. 또한 소프트웨어 변경 사항의 유지 관리 및 지원은 기업이 직접 하는 것이 아니라 SaaS공급 업체가 처리한다. SaaS의 단점 중 하나는 기업들이 그들의 특정한 요구에 소프트웨어를 맞춤화할 수 없다는 것이다. SaaS소프트웨어 전송 모델을 사용하려면 업계에서 주류로 사용하는 제품을 사용해야 한다. SaaS는 약간의 사용자 맞춤을 제공할 수 있지만, 소프트웨어의 고유한 조작과 "기법(mechanics)"은 대량 시장에 어필하기 위해 개발되었기 때문이다.

POINT OF INTEREST 월스트리트의 SaaS 도입

금융 부문은 기술 부문에 이어 SaaS(Software as a Service)를 사용하는 두 번째로 큰 업계 사용자이다. 하지만, 많은 중소 기업들이 SaaS를 완전히 채택하는 반면, 많은 대기업들은 채택을 주저하고 있다. 모건 스탠리(Morgan Stanley), 메릴 린치(Merrill Lynch), 시티 은행(Citibank)은 고객 관계 관리(customer relationship management, CRM)를 이용하고 있다. 그들은 데이터베이스에 대한 범죄와 보안 우려 때문에 보다 복잡하고 시간에 민감한 애플리케이션을 호스팅하는 소프트웨어에 의존하는 것을 꺼리고 있다. 중소기업은 서로 다른 애플리케이션의 데이터를 통합하는 것을 훨씬 쉽게 하기 때문에, 대기업은 중소기업과 비슷한 수준의 도입 용이성을 경험할 수 없다. 따라서SaaS를 사용하면 서로 다른 프로그램들 간의 데이터를 통합하고, SaaS 공급업체의 데이터 센터에 데이터를 저장할 때 더 효율적으로 운용할 수 있다는 사실에도 불구하고, 대기업의 도입 수준은 중소 기업보다 낮은 편이다.

출처 : Crosman, P. (2008, 2010-06-07). SaaS Gains Street Traction—Providers are pitching Softwareas-a-Service as a universal answer to application needs. But will Wall Street firms adopt SaaS beyond CRM?, Wall Street & Technology, p. 37.

ETHICAL & SOCIETAL ISSUES 소프트웨어 불법 복제

로스엔젤레스 카운티의 군보안관 부서는 DataWall社가 제공한 소프트웨어를 설치하는 라이선스를 구입했다. 이 라이선스는 해당 부서로 하여금 3,700카피의 소프트웨어를 설치할 수 있도록 허용했지만 6,000카피를 설치했다. 그 부서는 소프트웨어를 동시에 사용하는 직원 수가 3,700명을 넘어설 수 없다고 주장했다. 군보안관 부서는 고소를 당하게 되었다. 항소 법원은 그 부서의 주장에 동의하지 않았다. 부서는 벌금과 변호사 수임료로 75만달러 이상을 지불했다.

소프트웨어 불법 복제는 아마도 가장 만연한 범죄 중 하나일 것이다. 소프트웨어 무단 복제는 여러 가지 형태로 나타나는데, 한 개 가격만 지불된 소프트웨어의 복사본을 만드는 것, 지불하지 않고 웹 사이트에서 소프트웨어를 불법 다운로드 하거나 P2P(peer-to-peer) 애플리케이션을 이용하여 소프트웨어를 복제하는 것, 라이선스 사용료를 1개 가격만 지불하고 여러 컴퓨터에 그 애플리케이션을 설치하는 것, 업데이트된 버전의 합법적 카피본의 사용료 지불 없이 업그레이드의 이점만을 취하는 것, 상업적인 목적으로 할인된 가격의 가정용 또는 교육용 카피를 사용하는 것, 고용주가 종업원으로 하여금 구내에서만 사용할 수 있도록 구입한 라이선스를 가지고 집에서 사용하는 것 등이 있다. 소프트웨어 산업계는 이러한 무단 복제로부터 소프트웨어 개발자들을 보호하기 위해 두 개의 단체를 설립했다. 각각은 비즈니스 소프트웨어 연합(Business software alliance, BSA)과 소프트웨어 및 정보 산업 협회(Software&Information industry associations, SIIA)이다. 이 두 단체는 주요 소프트웨어 회사들에 의해 설립되었고 세계 소프트웨어 개발 회사들의 대다수가 지원하고 있다. 두 단체 모두 불법 소프트웨어를 보고하도록 권장하는 웹 사이트를 보유하고 있다. 때때로, 이 단체들은 다양한 세계 지역에서 불법 복제 행위의 원인과 재정적 손실을 추정하는 연구를 후원하기도 한다.

시장에서 판매되는 소프트웨어의 양이 증가함에 따라, 소프트웨어 산업이 저작권 침해로 인한 손해를 입는 것은 당연한 일이 되었다. 1980년대와 1990년대에 세계적으로 추산된 금융상 손해 정도는 연간 100~120억 달러로 추정되었다. 비즈니스 소프트웨어 연합이 작성한 연구에 따르면, 2011년에 라이선스를 받지 않아 발생한 비용이 630억 달러에 달했으며, 이 수치는 2010년에 비해 8% 증가한 것으로 추산하고 있다. 해적판 소프트웨어는 아시아 태평양 지역에서 12% 증가하여 210억 달러에 달했다. 이 연구는 불법 복제 소프트웨어의 평균 비율이 신흥 시장과 성숙한 시장 사이를 비교할 때, 상당한 차이가 있다고 보고했다(각각 68%, 42%로 나타났다). BSA의 대변인은 해적판이 지방 정부의 세금 수입을 없애고 기술 공급망(개발 업자, 유통 업자, 소매 업자)을 파괴한다고 설명했다.

어떤 사람들은 소프트웨어 불법 복제 행위가 돈을 절약한다고 믿기도 하지만, 그것은 소송과 벌금 등의 비용을 증가시킬 수 있다. 불법 복제 소프트웨어는 악성 소프트웨어나 바이러스로 감염될 수 있다. 마이크로소프트가 의뢰한 IDC의 연구에 따르면 감염된 소프트웨어의 30%가 사업체에서 발견되었다. 이러한 세계규모의 연구는 270개의 웹 사이트와 네트워크를 조사하고 250개의 정보 기술 매니저들을 인터뷰했다. 이 연구는 개별 소비자들이 15억 시간과 220억 달러를 소비할 수 있는 반면, 기업들은 전세계적으로 1140억 달러의 비용 지출에 달할 것으로 추산하고 있다.

소프트웨어 불법 복제의 비용은 바이러스가 내장된 소프트웨어의 비용을 넘어서고 있다. 2013년 5월에 한 미국 회사는 소프트웨어 업체 4곳으로부터 라이선스가 등록되지 않은 소프트웨어 카피를 처리하기 위해 115,000달러의 벌금을 납부하기로 합의하였다. 등록되지 않은 라이선스 소프트웨어는 범죄로 인해 발생할 수 있는 불만 사항은 말할 것도 없고 소송, 벌금 및 처리와 관련된 비용을 기업에 부과 할 수 있다.

이런 처리 방식을 비판하는 사람들은 이러한 추정치에 도달하는데 사용된 방법에 의문을 제기하고 있다. 게다가, 불법 복제 소프트웨어의 추정치가 정확하다고 해도, 소프트웨어를 불법 복제한 모든 사람이 비용을 지불해야만 소프트웨어를 얻을 수 있기 때문에 그 결론은 다소 과장되었다 할 것이다. 따라서 모든 사람이 소프트웨어에 대한 비용을 지불해야 한다면 소프트웨어 회사는 설치된 소프트웨어의 전체 가치를 수집하지는 않을 것이며 훨씬 적은 금액을 수금할 것이다. 여전히 많은 불법 복제 사용자들이 실제로 소프트웨어를 필요로 하고, 존재하지 않은 불법 복제에 대한 지불이 있을 수 있다고 가정하는 것은 합리적이다.

대부분의 국가의 법률은 소프트웨어, DVD영화 및 기타 유형의 지적 재산권과 동일한 방식으로 소프트웨어를 다룬다. 카피들(아카이브 목적의 소프트웨어 카피는 제외)은 저작권 또는 특허 보유자의 허가 없이는 만들어질 수 없다. 하지만, 범죄는 저지르기는 쉬운 반면 처벌은 좀처럼 이루어지지 않고 있기 때문에 만연하고 있다.

출처: Anonymous. (2012, 2012-07-24). Software piracy tab surpasses $63 billion. Network World, 29, p. 10; Anonymous. (2013, 2013-03-13). Microsoft Corporation: Software Piracy Costs Billions in Time, Money for Consumers and Businesses, Computer Weekly News, p. 3933.

패키지 소프트웨어에 대한 고려 사항

특히, 기업 조직을 위한 애플리케이션이 개발되면 개발 과정에서 특정 프로그램의 목표 및 맞춤형 요구 사항이 고려된다. 이러한 요구 사항에는 비즈니스 요구 사항, 조직 문화 요구 사항, 다른 시스템과의 인터페이스 필요성, 응답 시간 등이 포함된다. 하지만, 조직들은 또한 기성 소프트웨어로도 많은 요구를 충족시킬 수 있는 방법을 찾는다. 그림 5.9에는 중요한 요소가 요약되어 있으며 소프트웨어를 구매할 때 무엇을 찾아야 하는지 간략하게 설명하고 있다.

■ 그림 5-9

소프트웨어 평가 양식 샘플

요소	탐색 조건	점수
목적 적합성	◆ 만족된 필요(needs)를 최대화하기	______
사용을 위한 학습 용이성	◆ 학습 시간이 짧을수록 좋음	______
사용 용이성	◆ 프로그램 사용이 쉬울수록 좋음 ◆ 저장되어야 할 명령의 수를 최소화 ◆ 아이콘이 직관적일수록 좋음	______
다른 소프트웨어와의 호환성	◆ 관련된 소프트웨어 및 운영시스템 과의 호환성을 최대화하기 ◆ 데이터의 대성과 다른 프로그램으로 출력을 최대화 하기	______
판매자의 명성	◆ 판매자의 배경 정보를 얻기 위해 전문적인 연락처와 참고 자료 사용하기 ◆ 판매자가 약속된 것을 배송해 주는지 확인하기 ◆ 판매자가 가격을 고수하고 있는지 확인하기	______
유선, 온란인 지원의 질과 가용성	◆ 그들의 경험에 대한 참고자료 요청하기 ◆ 웹과 유선상 지원에서 아는 것이 많은 직원이 있는지 확인하기	______
네트워크	◆ 소프트웨어를 공유할 수 있도록 많은 컴퓨터의 능력을 최대화 하기	______
비용	◆ 자세한 가격 정보 찾아보기 ◆ 질과 성능을 유지하면서 최적 가격 찾아보기 ◆ 연간 라이센스 비용, 지원 비용, 필요한 하드웨어 업그레이드, 소프트웨어 사용에 있어 다른 관련 비용을 모두 고려한 총 소유 비용 고려하기	______

그림 5.9는 소프트웨어를 평가하는 일반적인 프레임워크를 제공하고 있지만, 각 항목은 프로그램의 주요 목적에 따라 추가적인 조사로 보강될 수 있다. 예를 들어, 잠재적 구매자는 때때로 워드 프로세싱 프로그램에서 다양한 글꼴 가용성, 사전 크기, 검색 작업에 대한 반응 시간, 콘텐츠와 인덱스 표를 생성하는 능력, 그리고 다른 특징 등과 같은 여러 기능을 테스트한다. 전자 스프레드 시트 프로그램에서는 수식의 재계산 속도, 차트, 그 외 이러한 유형의 소프트웨어의 일반적인 특징들을 테스트한다. 웹 페이지 개발 애플리케이션은 다양한 레이아웃과 그래픽 디자인 생성의 용이성, 원하는 템플릿 형태를 유지하는 기능, 관련 페이지와 미디어 간 링크의 무결성 유지 기능 등을 테스트한다. CNET, *PC World* 및 *PC Magazine*과 같은 많은 무역 잡지과 웹 사이트는 이러한 경쟁력 있는 애플리케이션을 테스트하는 실험실을 보유하고 있다. 전문가들은 동일한 컴퓨터에서 서로 다른 애플리케이션을 테스트하고 결과를 보고한다.

패키지 소프트웨어의 선택을 고려할 때, 기업들은 그들이 꼭 필요로 하는 것을 "있으면 좋은 것"과 구별하는 것이 중요하다. 이 과정은 특정 소프트웨어 패키지를 구매하기 위해 중요한 비즈니스 기능을 무시해야 한다고 제안하는 것은 아니다. 그러나 빠르게 변화하는 비즈니스 모델의 경쟁 환경에서 정보 기술을 구현하는데 소요되는 시간을 단축하면 비즈니스에 긍정적인 영향을 미칠 수 있으며 경쟁 우위를 확보할 수 있다. 신제품 출시에서 "출시까지의 시간"이 중요한 것처럼 새로운 정보 기술 도입과 관련된 구현 시간도 마찬가지라 할 수 있다.

ERP소프트웨어와 같은 대형 소프트웨어 패키지를 구매할 때 고려해야 할 요소는 상당히 복잡하다. 구매하는 기업은 대개 수 백만 달러의 소프트웨어 비용뿐만 아니라 소프트웨어를 구현하는데 소요되는 시간, 지속적인 운영 비용, 그리고 조직의 특정 요구 사항을 반영하기 위해 소프트웨어를 수정하는데 드는 비용을 고려해야 한다.

다시 킴볼 레스토랑으로 돌아가서 (KIMBALL'S REVISITED)

마이클, 리즈, 그리고 타일러는 리노베이션과 새로운 장소로의 이동에 초점을 맞춰 왔다. 현재, 컴퓨터 시스템은 관리 보고를 위한 식당의 POS시스템(point-of-sale system)과 시스템 관리 기능들과 상호 작용힌다. 타일러는 그들의 새로운 컴퓨터 시스템으로 더 많은 것을 할 수 있다고 믿는다. 특히 운영 분야에서 말이다. 그는 식당의 운영이 단순히 고객의 주문을 받고, 그 주문을 부엌으로 보내고, 계산서를 출력하는 시스템보다 더 많은 것에 초점을 맞추어야 한다는 것을 알고 있다. POS시스템은 사업 운영을 위한 다른 기능들에 사용될 수 있는 중요한 데이터를 저장해야 한다.

당신의 추천은?

1. 킴볼에서 운영을 돕기 위해 필요한 소프트웨어 유형은 무엇입니까? POS 시스템을 보완해 줄 응용 소프트웨어는 무엇이라고 생각하십니까?
2. 다양한 레스토랑 POS 시스템을 살펴봅시다. 어떠한 패키지 생산성 소프트웨어를 사용할 수 있습니까? 아니면 이 소프트웨어와 통합하여 레스토랑을 관리할 수 있습니까?
3. 타일러는 그래픽과 미술 작업을 위한 윈도우와 Mac 기반 소프트웨어의 차이점에 대해 익히 들어왔다. 이제 레스토랑을 위한 두 가지 새로운 윈도우 기반 개인용 컴퓨터가 생겼으니 하드웨어 구성 요소 또는 소프트웨어를 추가로 고려하여 그래프 요구 사항을 처리해야 할까요?

새로운 시각

1. 리즈는 공급 업체들로부터 음식을 주문하는데 과거의 정보를 사용하는 것에 대해 매우 걱정하고 있다. 그녀는 결코 그렇게 해오지 않았지만, 식당은 잘 운영되고 있다고 여긴. 이 활동에 대해 그녀의 시각과 관련하여 더 나은 접근방식에 대한 이유를 논의해 보자.
2. 새로운 장소를 위한 최초의 웹 사이트 개발을 돕기 위해 타일러에게 어떤 조언을 해 주시겠습니까? 새로운 장소(이전 장에서 언급한)의 마케팅 및 홍보에 도움이 될 만한 제안은 무엇입니까?
3. 레스토랑을 돕기 위해 초기 웹 사이트 디자인을 이용할 수 있습니까? 아니면 효율성을 높이기 위해 더 큰 규모의 웹 사이트 솔루션으로 확장해야 한다고 생각하십니까?

주요용어

애플릿, 174
애플리케이션, 168
애플리케이션 프로그램 인터페이스, 186
특정 업무용 소프트웨어, 176
어셈블리 언어, 169
컴파일러, 175
디버깅, 171
드라이버, 188
범용 애플리케이션 소프트웨어, 177
그래픽 사용자 인터페이스 GUI, 174
그룹웨어, 183
하이퍼미디어, 180
인터프리터, 175
기계어, 169
매쉬업, 181
멀티미디어 소프트웨어, 180
오브젝트 코드, 175
객체지향 프로그래밍 언어, 174
오픈 소스 소프트웨어, 190
운영체제 (OS), 185
패키지 소프트웨어, 195
플러그 앤 플레이(Plug-and-Play), 188
프로그래밍, 169
프로그래밍 언어, 169
사유 소프트웨어, 190
소프트웨어, 168
서비스로서의 소프트웨어 (SaaS), 193
소스 코드, 175
제품군(Suite), 179
시스템 소프트웨어, 185
유틸리티, 187
가상 메모리, 187
비쥬얼 프로그래밍 언어, 172
웹 페이지 개발 패키지, 182

리뷰 질문

1. 메인 프레임 컴퓨터를 위한 가장 인기 있는 운영체제는 무엇입니까? 개인용 컴퓨터에서는 어떤 운영체제가 가장 많이 사용되고 있습니까?
2. 안드로이드용 새로운 모바일 애플리케이션을 개발하려는 경우, 고려해 볼 만한 다양한 소프트웨어 개발 키트는 무엇입니까?
3. 4GLs의 사용은 프로그래머 생산성에 기여한다고 합니다. 어째서 그렇습니까?
4. 멀티미디어란 무엇입니까? 이 기술을 훈련, 고객 서비스 및 교육에 사용할 수 있는 방법에 대해 5가지 예를 제시하십시오.
5. 수많은 기성 소프트웨어 패키지를 이용할 수 있음에도, 왜 일부 회사는 소프트웨어 개발 프로젝트를 추진하고 있습니까?
6. 사무용 애플리케이션은 흔히 생산성 도구라고 불립니다. 왜 일까요?
7. 전자 스프레드 시트는 모델링을 위한 훌륭한 도구입니다. 점진적인 성장을 보여 주는 모델의 예를 보여 주고, 스프레드 시트에서 어떻게 구현할 것인지를 설명합니다.
8. 멀티미디어에서 다른 미디어들은 무엇입니까?
9. 3D지리적 소프트웨어의 중요성은 무엇입니까? 어떤 유형의 조직이 유용합니까?
10. 시스템 소프트웨어와 애플리케이션 소프트웨어의 차이점은 무엇입니까?
11. 아티스티어(Artisteer)나 Joomla같은 도구를 사용하여 웹 사이트를 개발하는 것의 장점은 무엇입니까? 그리고 어떤 단점이 있습니까?
12. 리눅스는 무료이고 안정적인 운영체제로서, 이것은 매우 큰 이점입니다. 그것을 도입할 때 단점은 무엇입니까?
13. 인터프리터와 컴파일러의 차이점은 무엇입니까?
14. 비록 나쁜 프로그램에서의 결과라도 컴파일러나 인터프리터의 논리는 타당합니다. 왜 컴파일러와 인터프리터는 프로그램에서 논리 오류를 감지할 수 없을까요?
15. 조직을 위해 이미 만들어진 기성 소프트웨어를 구매할 때 고려해야 할 주요 요소는 무엇입니까?

16. 오픈 소스 소프트웨어란 무엇입니까? "소스(source)"라는 단어는 무엇을 의미합니까?

17. 리눅스가 인기 있는 서버 운영체제가 된 이유를 세 가지로 설명합니다.

토의질문

18. 기업 맞춤형으로 소프트웨어를 만드는 것 보다 기성 소프트웨어를 구매하는 것이 추세인 이유는 무엇입니까?

19. 급여 체계와 같은 표준 애플리케이션을 생각해 보십시오. 기성 애플리케이션을 구입하지 않고도 자체 급여 애플리케이션을 개발하게 만드는 요인은 무엇입니까?

20. 실제로 PC에서 실행되는 모든 운영체제에는 그래픽 사용자 인터페이스가 있습니다. 운영체제 및 애플리케이션에서 보다 직관적으로 사용할 수 있는 추가적인(또는 다른)요소는 무엇입니까?

21. 리눅스나 오픈 소스 운영체제를 채택하기로 결정한 것은 쉽지 않은 일 입니다. 그들의 우려는 무엇일까요? (힌트: 운영체제와 애플리케이션 간의 관계를 생각해 보십시오.)

22. 일부 회사는 리눅스와 같은 오픈 소스 소프트웨어를 판매하고 있습니다. 회사와 많은 개인들은 이를 무료로 다운로드 하지 않고 소프트웨어를 구입하고 있습니다. 그 이유는 무엇입니까? 여러분은 그러한 소프트웨어를 구입할 것입니까, 아니면 단순히 웹에서 다운로드 하시겠습니까?

23. 다양한 운영체제 위에서 작동하는 OpenOffice.org와 같은 널리 활용되는 무료 애플리케이션과 구글 드라이브와 같은 웹 기반 애플리케이션 소프트웨어는 마이크로소프트의 잠재적인 수익을 위협합니다. 왜 그럴까요?

24. 애플리케이션이 GUI를 활용할수록 세계적으로 사용하는데 더 적합하다고 합니다. 어째서 그렇습니까?

25. 점점 더 정확해지는 음성 인식 소프트웨어와 자연 언어를 해석할 수 있는 정교한 소프트웨어를 통해 말로 컴퓨터를 작동시키는 날이 더욱 가까워지고 있습니다. 키보드, 마우스 또는 기타 입력 장치를 사용하는 것보다 컴퓨터에 말로 명령하시겠습니까? 그 이유는 무엇입니까?

26. 소프트웨어 불법 복제가 성행하는 이유는 무엇입니까? 이 문제를 줄이기 위한 혁신적인 아이디어는 무엇입니까?

27. 소프트웨어에 대한 저작권 법을 제정하고 시행하는 대부분의 법적 조치는 주로 북미와 서유럽에서 시행되어 왔습니다. 그 이유는 무엇일까요?

28. 여러분은 오픈 소스 소프트웨어가 확산될 것이라고 생각하십니까? 아니면 사라질 것이라고 생각하십니까?

29. 여러분이 프로그래밍 언어에 능숙하여 오픈 소스 코드(예: 리눅스 운영체제, 파이어폭스 브라우저 또는 수 백 개의 애플리케이션)를 발전시킬 수 있다면, 이것을 금전적 보상 없이 할 수 있습니까? 그 이유는 무엇입니까? 그렇지 않다면 그 이유는 무엇입니까?

30. IT경력을 추구하는 젊은이들이 오픈 소스 소프트웨어를 개선하는데 참여함으로써 혜택을 누릴 수 있는 방법은 무엇입니까?

31. 일부 관측통은 오픈 소스 소프트웨어를 물에 비교합니다. 소프트웨어와 물은 모두 무료이지만, 일부 회사들은 그것들을 팔아서 수익을 창출합니다. 어떻게 그럴 수 있습니까?

개념 적용

32. Headhunter社는 신입 사원 모집 및 배치 회사입니다. Headhunter을 성공적으로 설립하고 현금이 풍부한 경영 컨설팅 회사는 새로운 회사가 정보 시스템을 도입할 수 있도록 충분한 재정적 재원을 제공하고자 합니다. Headhunter는 8개의 주요 도시와 두 개의 유럽 도시에 사무실을 열었습니다. 채용 전문가들은 잠재적인 고객들, 즉, 구직을 하고 있는 관리자들과 그들을 채용할 수 있는 기업들 간에 작성된 서신을 교환합니다. 구직자와 고객사 양 쪽의 기록 모두가 보관되고 업데이트 되어야 합니다. 10개 지사 모두 실시간으로 정보를 교환하여 양쪽의 잠재 시장을 극대화 할 수 있어야 합니다. Headhunter의 전문가들은 종종 인적 자원 관리자와 다른 임원들 앞에서 프레젠테이션을 하기 위해 출장을 가기도 할 것입니다. Headhunter의 대부분의 직원들은 프로그래밍 능력이 부족한 대학 졸업생입니다. Headhunter경영진은 배우고 사용하기 쉬운 소프트웨어를 도입하고 싶어합니다.
   a. 시스템 소프트웨어와 애플리케이션 모두에 필요한 소프트웨어 유형을 나열해 보시오.
   b. 무역 잡지와 온라인 자원을 살펴보고, 회사를 위한 특정 소프트웨어 패키지를 제안해 보시오.
   c. 각 소프트웨어 패키지 대안에 대한 평가 매트릭스(그림 5.9참조)를 개발해 보시오.

실습 활동

33. Honest Abe와 Cars R Us는 치열하게 경쟁하는 자동차 대리점입니다. 최근에, 둘 다 그린 모터스의 새로운 모델인 Sniper Hybrid를 판매하기 시작했습니다. 딜러들의 자동차 비용은 19,600달러입니다. 그린 모터스는 판매된 차량마다 300달러씩 대리점 수수료를 부과하고 있으며, 대리점은 또한 비용에 맞춰 추가적인 가격 인상을 유지하고 있습니다. 두 딜러 모두 20,600달러의 가격으로 이 차를 팔기 시작했습니다.
   대리점이 자동차 제공을 시작하자마자, 각 대리점은 다른 대리점이 차량 판매를 중단할 때까지 가격을 낮추기로 결정했습니다. 그러나 그들의 가격 인하 정책은 서로 달랐습니다. Honest Abe의 정책은 다음과 같습니다. 매일 저녁 회사는 자동차 가격을 경쟁사의 가격에서 50달러 낮추어 책정합니다. Cars R Us의 정책은 다음과 같습니다. 매일 저녁 회사는 경쟁사의 다음날 가격에서 1% 낮추어 정합니다.
   각 대리점은 손해가 나는 즉시 자동차 판매를 중단하기로 결정했습니다. 스프레드 시트 애플리케이션을 사용하여 초기 숫자를 입력하고 다음 질문에 답하는데 도움이 되는 모델을 작성합니다.
   a. 어떤 대리점이 먼저 차를 판매하는 것을 멈춥니까?
   b. 차를 팔기 시작한지 며칠 후에 이 대리점이 판매를 중지할 예정입니까?
   c. 이 차종에서 돈을 잃은 첫 날에 대리점이 자동차 한 대당 얼마나 많은 금액 손실이 있을까요?
   d. 만약 Honest Abe가 가격 인하 정책을 25달러로 바꾼다면, 이것이 결과를 어떻게 바꿀까요?

팀 활동

34. 학급에서 다른 학생들과 함께 팀을 구성하십시오. 각 학생은 개인용 데스크 톱 컴퓨터, 태블릿 또는 노트북을 분석해야 합니다. 자신과 팀원들과 함께 Wiggio.com에서 그룹을 만드십시오. 각 장치에 대한 폴더를 생성합니다. 각 폴더 내에 하나의 스프레드 시트와 하나의 문서를 만듭니다. 스프레드 시트에서 가격, 사양, 브랜드 및 기능을 보여 주는 표를 작성합니다. 문서에서 스프레드 시트의 정보를 바탕으로 선택한 장치에 대한 2~3단락 정도의 짧은 근거를 적어 두십시오.

팀원의 작업을 검토하고 편집하기 위해 Wiggio의 팀 환경을 사용합니다. 팀원 중 한 명이 조사한 경쟁사의 장치를 선택합니다.

a. 스프레드 시트를 다운로드하여 편집합니다. 동일한 평가 기준을 사용하여 기기에 대한 평가를 제공할 수 있도록 오른쪽에 추가 열을 생성합니다. 새 버전의 스프레드 시트를 해당 폴더에 업로드합니다.

b. 문서를 다운로드하여 편집합니다. 장치를 선택하는 데 있어 비교하는 짧은 설명을 편집합니다. 새 버전의 문서를 해당 폴더로 업데이트합니다.

c. 교수님을 그룹에 추가하여 이전 버전의 문서와 스프레드 시트를 볼 수 있도록 하고, 작업을 채점합니다.

과제가 완료되면 다음 질문에 답변하기 위해 팀 배정에 대한 1~2페이지의 응답을 공동으로 작성합니다.

a. 이 활동 중에 Wiggio가 그룹을 어떻게 도와 주었습니까?

b. Wiggio의 어떤 특징이 가장 유용했습니까? 혹은 별로 쓸모가 없었습니까?

c. 그룹웨어에 대해 어떻게 생각하십니까? 그룹웨어 사용은 이 과제의 완료에 어떤 영향을 미칩니까?

생각에서 적용까지: 실제사례

적은 것이 더 많을 수 있다

때로, 최고는 좋은 것의 가장 큰 적입니다. 소프트웨어에서 지나치게 세련된 것은 서비스를 개선하는 대신에 고객들을 소외시킬 수 있습니다. 성공적인 사업체 중 한 곳의 매니저들은 이것을 어렵게 배웠습니다.

텍사스 시민 은행(Citizen National Bank of Texas)은 오랜 역사를 가지고 있습니다. 그것은 1868년에 텍사스 주 Waxahachie에서 설립되었으며, 여전히 사적으로 소유되고 있습니다. 그 은행에는 16개의 사무실이 있습니다. 대형 은행과 경쟁하려고 하기보다는 500명에서 25,000명에 달하는 소규모 커뮤니티를 충족시키고 친절한 고객 서비스를 강조합니다. 이 은행은 특별한 서비스로 수익을 얻었습니다. 은행은 고객 당 2~2.5건의 교차 판매를 하고 있습니다. 이 비율은 은행 업무에서 높은 것으로 간주됩니다. 이는 평균적으로 각 고객이 당좌 예금 계좌, 저축 계좌 또는 주택 담보 대출과 같이 두 가지 이상의 제품을 구매했음을 의미합니다. 은행의 수익성은 동일한 고객이 구매하는 서비스의 수와 관련이 있습니다. 최고의 고객은 6개에서 7개의 제품을 사용합니다.

지난 수년 간 은행은 고객 접점을 수동으로 추적했습니다. 고객관계 은행원(은행의 영업사원들을 이렇게 부릅니다.)들은 종이에 연락처의 세부 사항을 메모해 두고 있습니다. 매주 월요일, 경영진은 지난 주의 영업 보고서를 받았고, 각 은행원들이 해당하는 주에 방문할 것을 요구합니다. 5만 명의 고객과 많은 잠재 고객들에 대해 이 정보를 가지고 있는 것은 곧 많은 양의 종이가 되었다는 것을 의미합니다. 그 문서들은 좋은 정보를 담고 있었지만, 정보를 수집하고 관리하기가 어려웠습니다.

2001년에 경영진은 고객 관계 관리(customer relationship management, CRM)시스템을 설치하기로 결정했습니다. 선택한 제품은 Siebel Systems(나중에 오라클에 인수됨)에서 가져온 CRM패키지였습니다. 은행은 CEO와 16명의 관계 은행들이 잠재 고객들의 추적을 개선하고 은행원들이 만든 접점 수를 늘릴 수 있기를 희망하고 있습니다.

그 은행은 중소 기업을 위한 소프트웨어 설치를 전문으로 하는 지방 컨설팅 회사를 고용했습니다. 새 소프트웨어의 가격은 15만 달러였습니다. 그것을 설치하고 그것을 은행원들의 요구에 맞추는 것은 35만 달러의 비용이 듭니다. Siebel의 CRM소프트웨어는 매우 좋은 것이지만, 그것은 전형적으로 기술을 사용하지 않는 영업 사원이었던 은행원들에게는 지나친 것이었습니다. 이 시스템은 은행원들이 필요로 하지 않았던 많은 특징들을 가지고 있고, 그들이 필요로 하는 간단한 특징들은 오히려 부족합니다. 그것은 시민들의 간단한 요구를 감당하기에 너무 정교했습니다. 적응 시간의 대부분은 미사용 기능을 해제하는데 사용되었습니다.

대기업에서는 CRM 시스템을 사용하여 불만 사항의 세부 사항과 해결 방법을 처음부터 끝까지 고객 지원 사례로 설정합니다. 그 은행은 이 기능이 필요하지 않았습니다. 고객이 불만 사항을 제기할 때 콜센터는 즉시 불만 사항을 처리하거나 해당 담당자에게 긴급 조치를 요청합니다. 고객이 새로운 수표를 발급받아야 한다면, 콜센터는 수표 결제 명령을 처리하는 적절한 은행 직원에게 이메일 메시지를 보냅니다. 은행 직원은 이러한 요청이 들어오는 순서대로 처리됩니다. 새로운 시스템은 이러한 단순한 운영 방식을 지원하지 않았습니다.

은행원들은 새로운 시스템 탐색에 어려움을 겪고 있는 것으로 나타났습니다. 작업 창에서 다른 관련 창으로 이동하는 것은 직관적이지 않았으며 은행원은 많은 시간을 낭비했습니다. 그들은 고객 레코드에 기록된 고객들에게 더 많은 서비스를 판매할 전형적인 기회를 얻을 수 있을 것이라고 기대했습니다. 예를 들어 고객에게 상장된 사업의 대부를 제공할 수 있는 기회를 기대했습니다. 단, 고객 레코드가 설정된 경우에는 이러한 기회를 시스템의 사용자가 입력해야 합니다.

동일한 고객과의 다른 관계가 서로 다른 화면에 나타날 수 있습니다. 은행원들은 혼란스러워했고, 고객들이 은행에 가지고 있는 모든 관계를 제대로 파악할 수 없었습니다(고객이 어떤 서비스를 사용했는지 여부 또는 고객의 불만 사항이 있었던 경우). 그들은 계속해서 화면을 뒤집어가며 확인해야 했습니다. 그 관계는 은행원들에게 불편한 방식으로 조직되었습니다. CRM시스템을 전문으로 하는 컨설턴트는 Siebel의 시스템이 모든 것을 가지고 있다고 관찰했는데, 이것은 일반적으로 중소 기업들에게는 너무 많은 것이었습니다. 그가 말하기를, 이 고객들은 보통 나무를 얻기 위해 숲을 잃는다고 하였습니다.

또 다른 도전 과제는 Siebel의 소프트웨어를 시민 은행 소프트웨어와 통합하는 것이었습니다. 많은 중소 규모 은행들과 마찬가지로, 이 은행은 Kirchman Bankway를 사용합니다. 이 소프트웨어는 프로세스를 돕고, 잔고를 확인하고, 대출 및 신뢰도 계정을 지원합니다. Kirchman 소프트웨어는 데이터베이스에서 고객의 이름과 성을 단일 필드에 저장하지만, Siebel의 시스템은 두 개의 필드로 나누어 유지합니다. 이러한 차이점으로 인해 시스템 통합에 시간이 많이 소요되었습니다. 은행원들은 통합 시간이 그렇게 오래 걸리리라고는 예상하지 못했습니다. 3년 후에 은행은 Siebel의 시스템을 포기하기로 결정했습니다. 은행의 컨설팅 회사는 은행의 CRM을 자동화하기 위해 최선을 다했습니다.

앞서 살펴본 바와 같이, 정보 기술은 항상 비즈니스 조직에 성공적인 계획이 아닙니다. 고객 관계 관리 소프트웨어(CRM)의 목표는 잠재 고객을 조직의 비즈니스 고객으로 발굴, 유인 및 전환하는 것입니다. 또한 현재 고객을 유지하고 잃어버린 고객을 되찾을 수 있어야 합니다. 궁극적으로 이 소프트웨어 애플리케이션은 마케팅 비용을 줄이고 양질의 고객 서비스를 유지하면서 목표 달성을 위해 기능을 활용할 수 있습니다. 효과적인 고객 관계 관리를 위한 정보 기술에 대한 투자는 적합한 고객을 목표로 삼아서 이러한 고객이 일련의 원칙과 조치를 수용하여 수익성 주기 동안 유지하도록 장려하는 능력에 초점을 맞추어야 합니다. 단순히 고객을 "이기는 것"이 아니라 수익성 있는 고객을 확보하는 것이 중요하다는 점을 주목하시기 바랍니다. 이러한 고객을 확보하기 위한 집중적인 접근 방식이 필요합니다. 연구 결과에 따르면 고객은 관계의 첫 90일 이내에 73%의 계정을 개설할 것으로 나타났습니다. 고객 충성도를 확보하기 위해서는 고객의 기대치에 맞춰 "높낮이(Pitch)"를 맞추는 것이 중요합니다. 효과적인 CRM은 잠재 고객에게 적시에 최상의 제품을 제공하기 위한 안내를 제공할 것입니다.

금융 기관 (신용 조합)을 위한 정보 기술 솔루션에 중점을 둔 기사에서는 CRM 구현에 대해 다음의 세 가지 중요한 고려 사항을 제안합니다.

1) 해당 솔루션은 반드시 은행의 특정 요구 사항에 맞게 조정해야 합니다.
2) 소프트웨어는 사용하기 쉬워야 합니다.
3) 소프트웨어는 중심 시스템과 통합되어야 합니다.

이 기사는 기업들이 끊임 없는 변화를 보이는 환경에 놓여 있다고 말하고 있습니다. 영업 전략 및 운영의 변화와 더불어, CRM소프트웨어는 역시 발전하고 있습니다. 위의 제안은 소프트웨어 솔루션이 비즈니스 요구 사항에 맞게 사용자 지정을 허용해야 한다는 통찰력을 제공합니다. CRM의 목표는 가게와 시장 점유율을 극대화하는 것이지만, 사용하기 어려운 시스템은 그 목적을 달성하지 못할 것입니다. 시스템을 사용하는 능력과 관련된 인적 요인은 사용자가 새로운 시스템과 상호 작용하는 방법에 항상 중요한 요소입니다.

CRM시스템에서 유지 관리되는 데이터는 고객과의 관계에 대한 "360도 시각"을 유지해야 합니다. 궁극적으로, 외부 자원에서 수집된 데이터뿐만 아니라 핵심 정보 시스템은 모두 동기화되고 직원들이 고객과의 정확한 관계를 형성할 수 있도록 통합되어야 합니다.

출처: Bartholomew, D., "Why Citizens National Bank Threw Out Siebel in Favor of Intuit's QuickBase," Baseline, February 26, 2007 (www.cnbwax.com), April 2007; Buhler, A., "CRM Selection," Credit Union Management, April 2012.

사례에 관해서 생각해 볼 점

1. CRM소프트웨어를 설치하는 목적은 무엇이었습니까?
2. Siebel 이사는 회사의 CRM시스템이 모든 고객의 요구에 적합하지 않다고 언급했습니다. 그는 고객이 애플리케이션 또는 도구 키트를 원하는지 여부를 결정해야 한다고 언급했습니다. "도구 키트(tool kits)"라는 용어에 대해 살펴봅시다. Siebel의 CRM시스템은 애플리케이션입니까, 도구 키트입니까? 이유를 설명해봅시다.
3. 은행장은 경영진이 수업을 듣고 있으며, 버려진 CRM시스템에 쓰여진 50만달러가 그 교육의 학비가 되었다고 말했습니다. 이 "학비"를 피하기 위해 애초에 여러분은 무엇을 할 것입니까? 분석의 기초로서 세 가지 고려 사항을 사용합니다.

효율성을 위한 자동화에 대한 투자

격동적인 경기 침체와 경쟁이 심한 시장에서 운영 비용을 절감하고 자원 생산성을 높일 수 있는 기업들은 기업 버전의 올림픽의 은메달 리스트입니다. 사업체가 시장 점유율을 확대하거나 매출을 올릴 경우, 그들은 금메달을 수여 받아야 합니다. Medco와 Staples는 자동화와 소프트웨어에 대한 투자를 통해 긍정적인 성과를 거두고 있습니다. 내구 소비재를 유통하거나 제조하는 기업에서는 제품을 최대한 효율적이고 경제적으로 유통하는 것이 중요합니다. 이러한 목표를 실현하려면 새로운 전략과 전술이 필요합니다.

미국에서 가장 큰 의료 회사 중 하나인 Medco는 2009년에 600억 달러의 수입을 올린 Merck의 자회사였습니다. 이 회사에서 관리되는 약제의 혜택은 미국인들의 약 20퍼센트에게 서비스를 제공합니다. 다양한 고용주, 노동 조합 및 정부 기관이 Medco와 계약하여 비용을 줄이는 동시에 직원들의 건강을 유지할 수 있도록 처방전을 이행합니다. 이것이 단순한 목표는 아닙니다.

Medco는 단순히 처방전을 얻기 위해 약제 기술자들을 고용함으로써 그들의 사업을 확장할 수 없다는 것을 알았습니다. 이러한 직원들은 높은 급여를 받고 있으며 단지 알약을 세고 뚜껑을 닫는 것보다 더 많은 가치를 제공할 수 있습니다. 경영진은 확장성이 뛰어난 전략이 확장의 중요한 요소라고 생각했습니다. 이 회사는 처방전을 통해 선적 절차를 자동화하기 위한 시책에 착수했습니다.

그들의 새로운 시스템은 초당 1천 5백 개의 데이터베이스 트랜잭션을 처리할 수 있는 1백만 줄 이상의 소프트웨어 코드로 개발되었습니다. 환자 데이터베이스 관리 시스템과 자동화된 약국 조제 조제품 사이의 합류점이 정보 기술 인프라의 전략을 형성하였습니다. 그들의 두 가지의 이행 센터는 대략 2,000개의 SKU(Stock-keeping units)를 취급하고 있는데, 그것은 대량 처방 및 대부분 처방된 약품에 중점을 둡니다. 2007년에 그들의 성공적인 자동화 시스템과 확장 사업은 세 번째 이행 센터의 필요성을 만들었습니다.

2009년에 medco는 연간 약 1억 3백만 건의 처방전을 받았습니다. 성공 스토리는 오로지 매출과 거래에만 국한되지 않고, Medco가 주문을 처리하는데 필요한 놀라운 시간적 여유도 주목할 필요가 있습니다. 처방전 발급 트랜잭션(접수, 발송, 포장, 적재 완료)은 25분 이내에 완료됩니다. 각 주문은 이행 프로세스의 수명주기 동안 100개의 자동 제어 체크 포인트를 통과해야 합니다. 처방전 주문에 대한 품질 관리가 없는 효율성과 속도는 의무와 사업상 손실 양쪽 모두를 초래합니다. 그들의 엔지니어링 국장은 "우리가 할 수 있는 최악의 일은 실수를 자동화하는 것이다." 라고 말했습니다.

Staples는 15년간 연 매출 20억달러에서 240억달러로 성장하면서 세계 최대의 사무 용품 회사가 되었습니다. 그들의 경영 및 운영 상의 성공은 업계를 수익성으로 이끌었고 수익을 실현하는 유일한 3대 사무 제품 회사 중 하나입니다.

Staples의 고객 만족도는 2005년에 문제가 되었습니다. 문제에 대한 그들의 분석은 오류가 있는 주문과 고객의 손실 사이의 직접적인 상관 관계를 발견했습니다. 고객의 주문이 부정확하거나 늦게 배달됨에 따라 신규 고객 유치 비용이 손실되었습니다. 궁극적으로, 재작업과 주문 이행 비용은 "상당한 경제적 가치"를 지니고 있습니다.

완전한 "상자밖으로(out of the box)"방법이 고려되었다. 이행 직원이 제품 쪽으로 움직이는 대신 제품을 이행 직원에게 가져가면 어떨까요? 운영자는 창고 주변의 역에 배치되었습니다. 제어 소프트웨어는 모바일 로봇을 사용하여 제품을 운영자에게 전송합니다. 순환 시간과 인건비 요구 사항은 전체 창고 활동 프로세스를 통해 감소되었습니다. 그들의 파일럿 구현은 엄청나게 성공적이었고, 주문 이행 시간을 반으로 줄이고, 선택 오류율을 낮추었습니다.

Medco와 마찬가지로, Staples의 새로운 시스템은 필요에 따라, 직무에 할당된 수요와 용량에 따라 조정될 수 있습니다. 또한 새로운 시스템은 주문을 완료하는데 필요한 도보와 견인 동작이 줄어들었기 때문에 작업자에 대한 요구가 감소되었습니다.

출처: Manrodt, K. B., Ogle, M., & Harrington, L. (2011). The Case for Infrastructure Investment: Lessons from Medco and Staples. Supply Chain Management Review, 15(5), 40–46.

사례에 관해서 생각해 볼 점

1. 다음 각 시스템은 자원과 자본의 상당한 투자를 필요로 한다. 여러분은 비용을 정당화 할 수 있는 근거가 무엇이라고 보십니까? 이 근거를 지원하기 위해 문서화 할 수 있는 수량적인 절감효과는 무엇입니까?
2. 비즈니스 운영 자동화의 혜택을 인식하는 것은 단순합니다. 이런 계획과 관련된 주관적인 요소와 위험은 무엇입니까?
3. 경쟁에서 비롯된 압력은 더 커지고 있습니다. Medco와 Staples에 의해 구현된 것과 같은 계획은 각각의 산업에서 경쟁적 환경을 어떻게 변화시킬 것입니까?

참고문헌

Anonymous. (2011). TCO for Open-Source Social Publishing. Burlington, MA.

Anonymous. (2012). BearingPoint Study Updates on Use of Free and Open Source Software in Automotive Industry. *Manufacturing Close-Up*, Mar 31.

Anonymous. (2013a). New to WebSphere. Retrieved June 8, 2013, from www.ibm.com/developerworks/websphere/newto/

Anonymous. (2013b). OS Platform Statistics. Retrieved June 10, 2013, from www.w3schools.com/browsers/browsers_OS.asp

Anonymous. (2013c). WebSphere Software. Retrieved June 8, 2013, from www-01.ibm.com/software/websphere/

Collett, S. (2011). Open Source Unchecked, *Computerworld*, May 23, pp. 26, 28, 30.

Geoghegan, S. (2013). Fleet Management Software. *Law & Order*, 61(4), 52-55.

Yeaton, T. (2013). Beyond Cost-Cutting: Why Open Source Software Is Gaining Traction on *Wall Street, Wall Street & Technology - Online*, Feb 8.

6장

비즈니스 네트워크와 텔리커뮤니케이션
(BUSINESS NETWORKS AND TELECOMMUNICATIONS)

학습 목표(Learning Objectives)

최신 통신 기술은 기업들이 정보를 즉각적으로 주고 받을 수 있게 하였다. 제품을 옮긴다거나 특정 지역에 서비스를 제공하는 등의 문제를 제외한다면, 지리적인 거리는 비즈니스에서 점점 중요성을 잃어가고 있다. 컴퓨터와 디지털 장비들을 이용하면 사람들은 수 천 킬로미터 떨어진 사람들과 마치 옆에 앉아 있는 것처럼 협업할 수 있다. 금융 거래와 정보 검색은 수 초 안에 이뤄질 수 있고, 무선통신기술을 이용하면 우리는 이러한 활동을 이동 중에도 할 수 있을 만큼 장소에 구애 받지 않는다. 따라서 통신 기술의 장점과 단점, 그리고 사용 가능한 옵션에 대해 이해하는 것은 어떠한 직업에서도 필수적이게 되었다.

이 장를 통해 다음의 주제에 대해 이야기 할 수 있다.

- 기업과 가정의 디지털 통신 어플리케이션에 대해 설명할 수 있는가
- 통신에 사용되는 주요 미디어와 장치들을 식별할 수 있는가
- 네트워크 프로토콜 (Protocol)의 개념에 대해 설명할 수 있는가
- 다양한 네트워킹과 인터넷 서비스를 비교하고 차이를 설명할 수 있는가
- 가까운 미래에 비즈니스와 정보 관리에 있어 영향을 줄 수 있을 것 같은 네트워킹 기술과 트렌드를 말할 수 있는가
- 재택 근무의 장단점을 토론할 수 있는가

[킴볼 레스토랑: 고객 서비스와 기술에 대한 새로운 관점]

타일러 씨는 새로운 건물로 식당을 이전하는 것이 임박한 것을 알고 있다. 개조 공사는 차질 없이 진행되었기 때문에 계획대로 완공될 것으로 예상되었다. 컴퓨터 시스템 업그레이드는 이미 기존의 장소에서 식당을 운영하는 중 이루어졌고, 아무 문제없이 작동되고 있었다. 업그레이드된 컴퓨터 시스템에서, 종업원은 단말기에 설치된 터치스크린 모니터를 이용하여 주문을 입력하였다. 마이클과 타일러는 종업원들이 새로운 시스템을 사용하는 것을 관찰하였다. 종업원들은 즉시 새로운 컴퓨터 시스템에 적응하여 고객의 주문을 입력하는데 신기술을 사용하였다. 타일러는 종업원들에게 피드백을 요청했다.

종업원들은 시스템이 사용하기 얼마나 쉬운 지에 대해 긍정적인 의견을 제공하였다. 그러나 비록 종업원 중 몇몇은 주문을 외우고 시스템에 입력하려고 하였지만 대부분의 종업원들은 손님들 앞에서 주문내역을 여전히 적어야만 했다. 그들은 패드에 주문을 적지 않은 상태에서도 높은 서비스 품질에 대해 고객들이 깊은 인상을 받았다고 생각했다. 릭이란 종업원은 '미트볼 파스타를 시키신 분?'이라고 묻지 않고도 정확하게 미트볼 파스타를 시킨 고객 앞에 파스타를 놓았을 때 훌륭한 고객서비스가 이뤄질 수 있고 요리된 음식을 고객에게 전달하는 시간을 아낄 수 있다고 말하였다. 처음에는 릭은 새로운 시스템이 잘 작동할 것인지 의심하였지만, 지금은 이것의 장점을 인지하고 있다.

리즈 또한 장점을 보았다. 그녀는 종업원들이 음식을 잘못 주문받아 주방으로 다시 돌아오는 음식들이 현저히 줄었다는 것을 발견하였다. 이로 인해 급하게 음식을 다시 만들 필요를 줄여 주방이 혼돈스러운 일이 줄었다. 요리사들은 다시 음식을 만들 필요가 없고, 다시 식사를 만드는 번거로움이 없다는 사실에 기뻐하고 있다. 리즈는 또한 새로운 시스템에서는 주문 변경을 보지 못하였다는 것도 깨닫게 되었는데 그 이유가 무엇인지 궁금하였다. 새로운 시스템이 고객의 변심으로 인해 주문이 바뀌는 것은 막을 수 없기 때문이다. 그녀는 이 현상에 대해 종업원 중 한 명에게 물어봤다. 가장 경험이 많은 종업원인 헤리엇은 고객들이 종종 그들의 음식의 세부사항을 바꾼다고 말했다. 그러나 그녀의 경험에 따르면, 그녀는 이러한 변경은 대부분 주문이 이뤄진 후 얼마 안되는 짧은 시간 내에 발생한다고 한다. 헤리엇은 고객의 바뀐 주문이 시스템에 음식을 만들기 전 수정되어, 주방에서 일하는 직원들은 아마 그러한 수정을 보지 못한 때문이라고 믿고 있다. 이전에는 그녀는 주방으로 가서 손님의 주문을 직접 변경해야 했기 때문이다.

PosiDining에서 일하는 클라크 씨는 타일러에게 새로운 제안을 하였다. PosiDining은 막 종업원이 태블릿에서 주문을 바로 입력할 수 있는 어플리케이션 개발을 끝낸 상태였다. 타일러는 태블릿은 이용하는 것이 굉장하다고 생각했지만, 비용이 많이 들까 걱정되었다. 그들은 이미 터치 스크린 단말기를 구입하여 기존의 장소에서 사용하고 있는 중이었고 새롭게 이전할 식당에서도 아마 그대로 사용할 수 있기 때문이다.

클라크씨는 말했다. "당신은 추가적인 단말기들이 2가지 이유로 필요합니다. 첫째로, 기존 장소에 비해 새롭게 이전된 장소는 더 크기 때문에 더 많은 종업원들이 하나의 단말기에서 주문을 입력하려 하기 때문에 지연이 발생합니다. 둘째로, 단말기 고장에 대비하여 하나 정도의 추가 장치가 필요합니다" 타일러씨는 클라크씨의 설득이 합리적이라고 생각했다. 클라크씨는 태블릿의 비용이 터치스크린방식보다 저렴하다는 것도 설명했다. 그는 타일러씨가 태블릿과 기존인 입력방식의 조합을 사용하는 것을 원할 것이라고 설득했다. 이 시스템은 유선과 무선 액세스가 가능한 라우터가 현재 서버에 연결되는 것을 필요로 한다. PosiDining 사의 소프트웨어는 안드로이드와 애플 태블릿 모두에서 작동된다.

기술 인프라를 제공하는 것

식당을 이전할 곳은 50년 전에 지어졌다. 그 때 당시에 유일한 네트워크는 누구라도 알 수 있듯이 텔레비전 선이었다. 그 건물 구조는 건물 전체에 새로운 네트워크 케이블을 추가하기에 적합하지 않다. 그러나 타일러씨는 네트워킹과 케이블링이 필요할 것으로 생각하고 있다. 기존의 식당에서는, 그의 부모님은 식당의 인터넷 연결에 투자하지 않았다. 그들은 신용카드거래를 처리하기 위해 작은 POS기계를 전화선에 연결하여 사용하였다. 타일러씨는 그들의 새로운 비즈니스 모델이 약간 더 일반적인 인터넷 연결이 요구된다는 것을 알았다.

개조공사 단계에서, 시공업체들이 그들의 작업을 시작하기 전에 타일러씨는 추가적으로 필요한 네트워킹 환경 구성에 주의를 기울였다. 건물 평면도를 이용하여 그는 서빙 단말기, 호스트 스테이션, 바, 사무실, 부엌, 연회장 및 식사장소에 네트워크 연결이 필요한 것을 확인하고 적절한 연결환경이 갖춰줘야 된다는 것을 시공업체에 재확인하였다.

개조공사 막바지에, 타일러씨의 아버지인 마이클씨는 이러한 네트워크 연결환경 구축으로 인해 발생한 추가적인 비용에 대해 아들에게 물어봤다. "아들아, 왜 우리가 식사장소나 연회장에까지 네트워크 환경을 구축해야 되니? 주문을 받는 종업원들을 위한 단말기에만 네트워크가 필요한 것 아니니? 손님들이 식사하면서 인터넷을 이용한 작업을 할 것 같지는 않은데 말이다." 타일러씨는 살짝 한숨을 쉰 후 대답하였다. "아버지, 손님들은 그들의 스마트폰이 식당에서도 인터넷에 연결되기를 바랍니다. 커피숍이나 다른 식당을 살펴보세요. 그들은 훌륭한 와이파이 환경이 갖춰져 있다고 광고하고 있어요." 마이클씨는 이제서야 아들의 의도를 파악하였고, 아들은 계속 말을 이어갔다. "생각해보세요 아버지. 아버지가 만약 중요한 발표나 미팅을 위해 장소를 예약해야 된다면 인터넷 접속환경을 고려하여 장소를 예약하지 않을까요? 우리는 그들에게 인터넷 접속환경을 제공하면서 비용을 청구할 수도 있고 또는 음식이나 음료를 주문한 경우 서비스로 제공할 수도 있죠." 마이클씨는 아들이 최근 비즈니스 교육으로 무장하여 젊은 감각을 유지갖고 있다는 사실을 다시 한번 깨닫고 만족하였다. 타일러씨가 생각하는 네트워킹 환경을 구축하기 위해서는 더 많은 비용이 들지만, 타일러씨의 생각을 들어보면 그럴 만 한 가치가 있기 때문이다.

비즈니스에서 정보통신

당신은 스페인의 도시인 바르셀로나를 처음 방문하였다. 당신은 버스 정류장에 서서 휴가 여행의 다음 여정으로 가는 버스를 기다리고 있다. 이때 휴대 전화를 꺼내 네 자리 숫자로 짧은 문자 메시지를 보낸다면, 당신은 버스가 도착할 정확한 시간을 문자 메시지로 받아볼 수 있다. 그런 다음, 휴대전화를 이용해 다른 지점으로 가는 방법을 설명하는 지도를 받아볼 수도 있다. 버스가 도착할 때까지 휴대전화를 이용하여 지역 TV방송을 볼 수도 있다. 버스에 탑승한 후에도 휴대전화를 이용하여 이메일을 확인한다. 목적지에 도착하면 인터넷에 연결할 수 있는 많은 핫스팟 중 하나를 찾아 휴대 전화에 연결한다. 당신은 이메일을 보내고 집에 전화를 하기 위해 휴대 전화를 사용한다. 인터넷을 이용하여 전화를 사용하면, 공짜로 전화통화를 할 수 있다.

POINT OF INTEREST 많은 사람들의 주목을 받는 방법을 찾고 있나요?

현대 사회에서, 당신의 생각을 대중들에게 전달하는 가장 효과적인 방법은 소셜 미디어를 이용하는 것이다. 5억 명의 활동적인 페이스북 사용자와 1억 7,500만 명이 넘는 트위터리안들을 고려한다면, 기업들이 소셜미디어를 이용하지 않는 것은 제 정신이 아니라고 볼 수 있을 정도이다. 일간지를 구독하는 미국인은 약 4,600만 명이며, 미국의 4대 TV방송(ABC,CBS,NBC,FOX)의 일일 평균 시청자 수는 고작 760만에서 1,200만명인 것을 고려한다면 수억 명의 소셜 미디어 사용자는 어마어마한 숫자이다. 소셜 미디어를 통해 기업은 엄청난 수의 고객과 '친구'에게 메세지를 효과적이고 신속하게 전달할 수 있다. 오늘날의 비즈니스 환경에서는 메시지를 먼저 전달하는 것이 중요하다.

출처: Neuharth, A. (2011, Feb 25). Facebook and Twitter now are our triggers, USA TODAY, p. A.11.

오늘날의 비즈니스 세계에서 원활한 운영에 필수적인 통신(telecommunication)은 데이터와 정보를 한 장소에서 다른 장소로 전송하는 것을 뜻한다. "거리"를 뜻하는 그리스 단어 tele는 "전화(telephone)", "화상회의(teleconference)"나 멀리 떨어진 곳에서 의사 소통을 가능하게 해주는 기술들을 나타내는 단어들에 쓰인다. 따라서 통신은 먼 거리에서 이뤄지는 의사소통이다. 전화기, 이메일, 웹을 생각해보면, 이러한 필수적인 비즈니스 서비스들은 빠르고 안정적인 통신 없이는 가능하지 않다. 네트워킹 기술이 있을 때 가능한 통신은 비즈니스 프로세스에 몇 가지 개선점을 가져 왔다.

- **더 나은 비즈니스 의사소통.** 한 곳에서 다른 곳으로 물리적인 대상을 옮길 필요가 없는 경우, 통신 기술은 지리적 거리를 무의미하게 만들 수 있다. 이메일, 음성 메일, 인스턴트 메시지(IM), 팩스, 파일 전송, 이동 전화, 그리고 화상 회의는 조직 내에서 세부적이고 즉각적인 의사소통이 가능하게 한다. 한 사람이 다른 사람의 성과를 실시간으로 모니터링 하는 것 또한 가능하다. 이메일, 인스턴트 메시지, 그리고 음성 메일은 아이디어에 대해 영구적인 기록을 제공할 수 있기 때문에 몇 가지 부수적인 이익을 제공해줄 수 있다. 웹 기반 인스턴트 메시지는 온라인 쇼핑객을 실시간으로 지원하는 데 사용된다. 그 결과 비즈니스 의사소통이 보다 정확해지고 보관이 자동화 되었다.
- **효율성 향상.** 통신은 비즈니스 프로세스를 보다 효율적으로 만들었다. 전자 방식으로 기록된 모든 정보는 지리적 거리와 상관 없이 관련된 사람들에게 즉시 전달될 수 있다. 예를 들어, 주문이 완료되면 주문과 관련된 조직원들은 주문 내역을 살펴볼 수 있다. 관련된 조직원들은 마케팅 담당자에서부터 구매 담당자, 제조 담당자, 선적에 관련된 노동자, 청구 및 수령 담당 사무원에 이르기까지 다양하다. 만약 가게에 특정 상품의 재고가 부족하다면, 점원은 전체 재고를 확인하고 고객에게 재고가 있는 가장 가까운 가게를 말해줄 수 있다. 만약 고객이 상품을 환불하고 싶다면, 그녀는 구매한 상점 뿐만 아니라 같은 체인점이라면 어디에서도 환불을 진행할 수 있다. 이것은 판매 사원이 구매 세부 사항을 쉽게 확인할 수 있기 때문인데 이러한 시스템은 체인점들이 상습 환불 고객을 밝히는데도 도움을 줄 수 있다.
- **더 나은 데이터 배포.** 한 컴퓨터에서 다른 컴퓨터로 중요한 데이터를 신속하게 전송할 수 있는 조직은 항상 중앙 데이터베이스를 선택하지 않아도 된다. 데이터를 자주 필요로 하는 비즈니스 단위는 중앙이 아닌 지역에 데이터를 저장하고 다른 곳에서 원격으로 그 데이터에 접속할 수 있는 환경도 효율적일 수 있다. 빠르고 신뢰할 수 있는 데이터 전송이 가능하면 이러한 효율적인 배치가 가능하게 된다.
- **즉석 거래.** 많은 기업과 소비자에게 인터넷을 제공할 수 있게 됨으로써, 상당 수의 비즈니스 거래가 웹으로 옮겨졌다. 기업과 소비자 모두 온라인으로 쇼핑하고 구매하며 즉시 대금을 지불할 수 있다. 무선 기술은 또한 전자 요금 징수 태그와 같은 소형 무선 장치와 결합되어 지불 및 데이터 수집을 가능하게 하였다. 상업 활동 뿐만 아니라 온라인 교육이나 엔터테인먼트에서도 통신을 사용할 수 있다.
- **유연하고 이동가능한 인력.** 정보를 사용하거나 창출하는 업무에서는, 직원들은 더 이상 사무실에 출근할 필요가 없다. 그들은 인터넷을 이용해 재택 근무를 할 수 있다. 영업담당자, 지원 인력 및 현장 직원도 무선 통신을 통해 예전보다 장소에 구애를 받지 않아도 된다.
- **대체 채널.** 특수 전용 채널을 통해 이루어진 서비스들은 대체 채널을 통해 수행될 수 있다. 예를 들어 음성 통신은 과거에서는 독점적인 전화 네트워크에서만 가능하였지만, 현재는 VoIP(Voice Over Internet Protocol)을 사용하여 인터넷을 통해 이루어지므로 비용이 절감된다. 라디오와 텔레비전 방송은 라디오 주파수 및 회사 소유 케이블을 통해 제공되었다. 그러나 최근 기술을 사용하면 조직에서 인터넷을 통해 방송하고 인터넷을 통해 음성이 전달될 수 있게 된다. 심지어 인터넷 기술은 개인들도 컴퓨터나 웹 가능 모바일 장치를 이용하여 문자,음성,영상

을 방송할 수 있게 하였다. (우리는 이러한 기술을 8장의 "웹 기반 기업"에서 논의할 것이다.)

당신이 통신 기술로 인해 만들어진 기회들을 이용하려 한다면, 당신은 이러한 기회들이 위험을 초래할 수 있다는 사실 또한 인지해야 한다. 조직이 정보시스템을 공용 네트워크에 연결하면 보안을 유지하기가 어려워지고, 무단 엑세스 및 데이터 파괴는 지속적인 위협이다. 따라서 조직은 예방 조치로 항상 적절한 보안 통제를 수립해야 한다. 위험과 보안 수단에 대해서는 14장 "위험, 보안, 그리고 복구"에서 논의할 것이다.

매일 사용되는 정보통신

우리는 일상 생활에서 더 이상 인지할 수 없을 정도로 통신 네트워크에 너무 익숙해져 있다. 그러나 우리가 생각하지 못하더라도 그들은 널리 퍼져 있다. 가장 널리 사용되는 통신 네트워크들은 다음 절에서 설명하고자 한다.

휴대전화

휴대전화(Cellular phone)의 이름은 '셀' 이라고 알려진 영역으로 나눠진 서비스 제공의 영역에서 그 이름이 유래되었다. 각 셀은 다른 수신기로 신호를 전송하고 다른 전송기로부터 신호를 수신하는 컴퓨터화 된 트랜시버(송신기 겸 수신기)를 중앙에 가지고 있다. 휴대 전화로 전화를 걸면, 가장 가까운 송수신기로 신호가 전송되고, 원하는 번호로 전화를 걸어주는 유선 전화로 신호를 전달한다. 만약 받는 전화도 휴대 전화라면, 수신 전화에 가장 가까운 송수신기로 통화가 전달된다. 사용자가 한 영역, 또는 한 셀에서 다른 셀로 이동하면 다른 송수신기가 전송 및 수신 작업을 수행한다.

휴대 전화 네트워크를 이용하면 사람들은 거의 모든 곳에서 전화를 주고받을 수 있으므로 고정된 장소에서 전화를 송수신해야 함으로부터 자유로워질 수 있다. 오늘날 많은 휴대전화는 "스마트폰"이다. 그들은 인터넷에 접속할 수 있으며 수천 개의 다른 기능을 가진 어플리케이션에 접근이 가능하다. 사람들은 이메일, 웹 서핑, 온라인 뱅킹, 쇼핑, 친구와의 대화를 위해 휴대 전화를 사용한다. 많은 휴대 전화에는 디지털 카메라 기능, 연락처 목록 및 캘린더, GPS(Global Positioning System)회로가 포함된다. "내 차가 내 사무실이다"라는 말은 여행에 많은 시간을 보내는 전문가들에게 현실이었던 것과 마찬가지로, 기술진보와 더 많은 기능들이 휴대전화에 결합되면서 "내 주머니가 내 사무실이다"고 말하는 것도 가능하게 되었다.

휴대전화의 가장 큰 장점은 사무실 밖에서도 사람들과 연결될 수 있다는 것이다. 이것은 많은 회사들이 유선전화를 더 이상 사용하지 않고 대신 휴대전화나 인터넷전화를 사용하는 이유이다. 미국에서는 사람들이 가정용 유선 전화 대신 휴대 전화로 대체하고 있다. 국립보건통계센터에 따르면 2011년, 전체 가구의 32%가 유선전화를 사용하지 않는 것으로 나타났다. (Zager, 2012)

일부 회사는 사무실을 옮길 때 유선 전화를 폐기하고 휴대 전화로 대체한다. 하와이에 있는 새로운 사무실로 전자 스위치보드와 전화선을 옮기는 것은 NovaSol이라는 과학 연구 회사에게 3만 달러의 비용을 발생시킬 수 있었다. 그러나 회사는 대신 80명의 직원들에게 휴대폰을 제공하였다. 다른 회사들도 직원들이 이미 유선전화와 휴대 전화를 혼용해서 사용하고 있기 때문에 유선전화를 폐지하는 방향으로 환경을 바꾸고 있다. 이러한 이유로, 자동차 부품 제조업체는 Dana Corp.은 미시간 주 오번 힐스에 있는 사무실에서 대부분의 유선 전화를 제거하였고, 남은 전화들은 주로 화상 회의에 사용될 뿐이다.

화상회의

수천 마일 떨어져 있는 회의실에 앉아 있는 사람들은 화상회의라고 불리는 회의에서 전송된 이미지와 연설을 통해 같이 모일 수 있다. 여행 비용과 숙박비, 자동차 렌트 비용, 그리고 높은 월급을 받는 직원들의 시간을 절약하기 위해 다른 조직 간이든 같은 조직의 다른 지역 간이던 화상회의를 이용할 수 있다. 국가 또는 전 세계적인 관점으로 본다면 화상회의는 또한 교통 혼잡과 대기 오염을 줄여줄 수 있다. 인터넷 연결 속도가 증가함에 따라 기업이 자체 화상회의 환경을 만들던 제 3자가 제공하는 서비스를 이용하던 쉽게 화상회의를 진행할 수 있게 되었다. 화상회의 하드웨어와 소프트웨어 유지 보수를 전문으로 하는 제 3자의 서비스의 경우 기업들은 정액제 또는 종량제 요금 방식으로 대가를 지불할 수 있다.

화상회의는 시간과 이동하는 비용을 절약하고 조직의 생산성을 제고시킨다.

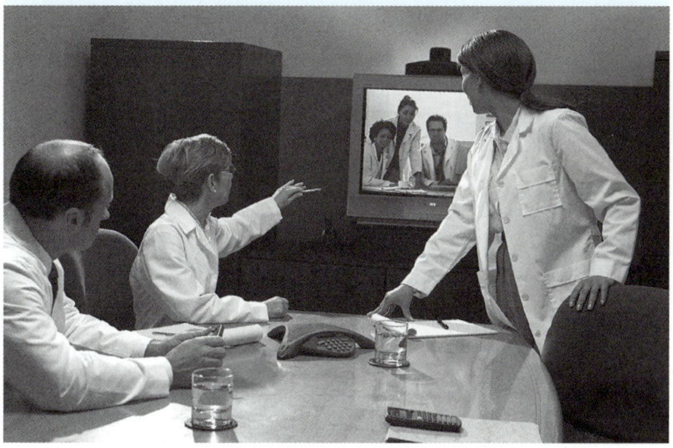

화상회의의 인기는 개인 및 기업에서 사용하는 새로운 소프트웨어를 만들었는데, Citrix GoToMeeting, Cisco WebEx, Adobe Connect, ooVoo 및 Skype 등이 그 예이다. 재택 근무의 인기가 높아짐에 따라 화상 회의의 채택이 증가하고 있다. 여행 비용을 절약하는 장점 외에도 웹 기반 회의는 즉석에서 이뤄질 수 있고 소프트웨어에서 제공되는 도구를 이용할 수 있기 때문에 생산성을 높일 수 있다.

무선 결제 및 창고

3장 "비즈니스 기능과 공급 사슬"에서 언급하고 이번 장 뒷부분에서 자세히 다루는 RFID(Radio Frequency Identification)기술을 통해 우리는 거래를 수행하고 대금을 신속하게 지불할 수 있다. 많은 운전자가 주유소에서 더 이상 현금을 지불하거나 신용카드를 사용하지 않는다. ExxonMobil의 Speedpass와 같은 빠른 결제 시스템을 이용하는 경우, RFID 태그는 주유 펌프의 장치와 통신하여 거래 내역을 기록한다. 주유소 옥상에 있는 안테나는 이러한 거래 내역의 세부 사항들을 전달하고 멀리 떨어져 있는 대형 데이터베이스에 연결하여 결제자의 신용을 확인하여 결제가 가능한 지 확인한다. 이 거래에서는 통신이 두 번 발생하는데, 첫번째 통신은 RFID태그와 주유 펌프 사이의 통신이고, 두번째는 주유소 안테나와 데이터 베이스 사이의 통신이다. 무선 통행료 지불 시스템도 유사한 기술을 사용한다. 유료 대도시에 설치된 특별 송수화기는 자동차에 설치된 태그에 고유한 소유자 코드, 진입 위치 및 차량이 지나가는 시간을 포함하여 고유한 신호를 보내도록 신호를 보낸다. 이 정보는 소유자 번호와 관련된 계정에 청구하는데 이용되며, 이 정보는 계정 정보가 저장되는 데이터베이스로 전송된다.

RFID기술은 직원이 손으로 들 수 있는 장치를 사용하여 중앙 시스템에서 품목의 재고 및 위치를 확인할 수 있는 창고에도 사용된다. 적재 시, 소형 장치를 사용하여 제품목록 데이터베이스를 업데이트하며, 이러한 시스템은 컴퓨터에 대한 물리적 액세스가 필요한 구형 시스템에 비해 작업을 보다 효율적으로 만들어졌다. 무선 통신에는 다른 많은 용도가 있으며, 이 중 일부는 이번 장의 뒷부분에서 자세히 설명할 예정이다.

점점 더 인기를 얻고 있는 무선 지불의 또 다른 형태는 모바일 장치용 지불/전자지갑 어플리케이션이다. 모바일 결제는 보안 문제로 인해 여러 방면으로 검토되었다. 그러나 대규모 금융기관의 모바일 결제시장에 대한 투자는 이러한 보안 문제가 중요치 않다는 것을 보여주고 있다. 미국의 몇몇 도시에서 주목을 끌고 있는 제품 중 하나가 Isis ™이다. Isis ™는 스마트 폰을 위한 단순한 모바일 결제 어플리케이션이 아니다. Isis ™는 완벽한 전자 지갑으로 지불기능 뿐 아니라 프로모션 및 포인트 카드를 사용할 수 있는 기능도 포함되어 있다. Isis ™어플리케이션은 근거리 통신(NFC)를 이용하여 판매자의 결제 단말기와 연결한다. 근거리 통신(NFC)란 두 장치 간의 무선 연결을 생성하는 표준 통신 프로토콜을 의미한다. NFC를 이용한 두 기기의 연결은 두 기기가 접촉하거나 수 센티 미터의 근접거리가 되었을 때만 가능하다. 현재 Isis ™는 American Express, Capital One 및 Chase 지불 카드와 호환이 되고 있다. 모바일 지불과 전자 지갑의 혁신은 지갑과 스마트 폰과 같은 사람들이 항상 갖고 다니는 두 가지 항목의 융합을 이끌고 있다. (Leber, 2012, Anonymous, 2012b)

WHY YOU SHOULD 왜 당신은 텔리커뮤니케이션을 이해해야 하는가

전문가로서 당신은 빠르고 신뢰할 수 있는 통신을 통해 조직의 이익을 극대화 할 책임이 있다. 그렇게 하려면 많은 네트워킹 대안들 중 적절한 선택을 하여야 한다. 이러한 결정이 창의적이고 생산적인 기여를 하려면 네트워킹 및 통신의 근본적인 약속과 한계를 이해하는 것이 중요하다. 높은 임금을 받는 스페셜리스트의 유일한 영역에 있었던 많은 업무가 이제는 IT가 아닌 직업을 가진 전문가에 의해 수행되고 있다. 예를 들면 기술자의 책임이었던 기업과 가정에서의 네트워크 구축은 이제 대부분의 담당자들이 핫스팟을 만드는 방법과 유선, 무선 및 셀룰러와 같은 많은 네트워크를 사용하는 방법을 직접 알고 있는 것을 기대하게 된다.

P2P 파일 공유

전 세계 통신에서 가장 흥미로운 기능 중 하나는 인터넷을 통한 P2P(peer-to-peer) 파일 공유이다. 인터넷을 이용할 수 있는 사용자라면 누구나 무료로 응용 프로그램을 다운받아 파일을 찾고 다운로드 할 수 있다. LimeWire, BitTorrent 및 Vuze와 같은 프로그램이 대표적인 예이다. P2P 기술은 원래 과학자들이 텍스트를 공유하거나 프로그램 개발자들이 코딩을 교환하는데 이용되었지만, 현재는 음악 및 비디오 파일과 같은 예술작품들을 다운로드하는데 주로 이용되고 있다. 이러한 파일의 무단 복제 및 사용은 저작권법을 위반하고 생산자의 수익기회를 박탈하기 때문에 업계는 무단 복제자들을 고소하였고 미국 연방 대법원은 무단으로 예술작품들을 업로드한 조직에게 유죄를 선고하였다. 보안은 또한 P2P 파일 공유에서 가장 중요한 관심사이다. P2P를 통해 다운로드 받은 파일은 바이러스나 기타 멀웨어가 포함될 수 있기 때문이다.

웹 기반 상거래

빠른 속도의 디지털 커뮤니케이션은 수백만의 조직들이 비즈니스나 개인들로 하여금 연구, 마케팅, 교육, 훈련, 쇼핑, 구매, 그리고 지불을 온라인으로 할 수 있게 하였다. 온라인 경매나 교환과 같은 전체 산업은 웹 덕분에 가능해졌다. 웹 기반 상거래는 8장 "웹 기반 기업"에서 자세히 다룰 것이며 관련 예들은 책 전반에 걸쳐 나와 있다.

대역폭과 통신매체

기술의 원리를 이해하지 않고도 사람들은 기술의 혜택을 즐길 수 있다. 하지만 잘 교육받은 전문가들은 네트워킹 장비 및 서비스를 선택할 때 적절한 의사결정에 도움이 되는 몇 가지 기본 개념을 이해할 필요가 있다. 이 절에서는 대역폭과 네트워킹 매체에 대해 다루겠다.

대역폭 (Bandwidth)

구리로 만든 전화선이나 TV 케이블 또는 라디오 전파와 같은 통신 수단은 신호를 전송한다. 이러한 통신 수단의 대역폭은 데이터가 전송되는 속도이며, 전송 속도 또는 단순히 비트 전송 속도라고 한다. 대역폭은 bps(bits per second, 초당 비트 수)로 측정된다. 그림 6.1은 일반적인 비트 전송률 측정을 보여준다. 대역폭은 제한되어 있기 때문에 일반적으로 대역폭이 클수록 관련 비용은 높아진다. 따라서 비즈니스에 적합한 대역폭을 결정하는 것은 매우 중요하다고 할 수 있다.
회선이 여러 개의 전송을 동시에 처리할 수 있는 경우를 광대역(Broadband)이라고 한다. 케이블티비, DSL(digital subscriber line), 광섬유 케이블, 그리고 대부분의 무선연결은 광대역이라고 볼 수 있다. 일반적으로 광대역은 더 큰 대역폭과 그에 따른 빠른 전송속도를 제공하기 때문에, "광대역"이라는 용어는 대용량 파일과 멀티미디어 자료를 빠르게 전송할 수 있는 환경을 나타내곤 한다. 이와 대조적으로 기존의 전화선과 같은 협대역(Dial-up connections)은 속도가 많이 향상되었다고 할 지라도 저속 환경(Narrowband)을 뜻한다.

■ 그림 6-1

전송속도 측정단위

bps	=	초당 전송되는 비트
kbps	=	초당 전송되는 킬로비트(1,000배)
Mbps	=	초당 전송되는 메가비트(100만배)
Gbps	=	초당 전송되는 기가비트(10억배)
Tbps	=	초당 전송되는 테라비트(1조배)

통신매체 (Media)

비트가 전송되는 수단인 통신 매체는 여러가지 종류가 있다. 케이블과 같은 유형의 물체일 수도 있고 전파와 같은 무형의 물체일 수 있다. 가장 우리에게 친숙하고 접근성이 높은 유형의 통신 매체는 연선케이블이나 동축케이블, 혹은 광섬유이다.(도표 6.2 참고) 무형 매체에는 무선 통신을 지원하는 모든 무선 기술들이 포함된다. 최근에는 전력 그리드 환경 또한 통신 매체에 추가되었다. 언급된 모든 것들이 인터넷 연결을 위해 가정이나 회사에서 이용될 수 있다. 이 장의 뒷부분에서는 다양한 인터넷 연결 서비스에 대해 설명하고 일반적인 비용에 대해 알아보겠다.

■ 그림 6-2

통신매체

매체	접근용이성	대역폭	전자 방해에 대한 취약성
연선케이블	높음	낮음~중간	높음
라디오 전파	높음	중간~높음	낮음(라디오 주파수 간섭에는 취약함)
극초단파	낮음	높음	낮음
동축케이블	높음	높음	낮음
광섬유	높아지고 있음	가장 높음	없음
전력선	매우높음	높음	높음

연선 케이블 (Twisted Pair Cable)

연선 케이블은 전화선의 RJ-11 커넥터와 닮은 RJ-45 커넥터를 사용하고 있습니다.

연선 케이블은 비교적 유연하고 믿을 수 있으며 비용이 저렴해 컴퓨터와 네트워크 장치를 연결하는 데 널리 사용되는 매체이다. 연선 케이블의 가장 일반적인 유형은 케이블 표준에 따라 명명된 Cat5와 Cat6 방식이다. 연선 케이블은 전화선에 사용되는 RJ-11 커넥터와 유사하지만 크기가 약간 더 큰 RJ-45 커넥터를 사용하여 네트워크 장치에 연결된다.

연선 케이블은 전화연결에도 사용되지만, 미국을 비롯한 대부분의 국가에서 전화 잭과 전화 서비스를 제공하는 중앙 관리소를 연결하는 데에만 제한적으로 이용되고 있을 뿐이다. 전화 잭과 중앙 관리소의 물리적 거리는 보통 1마일 정도 되기 때문에 종종 이 거리를 "마지막 1마일"이라고도 부른다. 이 "마지막 1마일"도 광섬유 케이블로 교체되고 있는 추세이며, 신축 건물에는 대부분 광섬유 케이블이 장착되고 있다.

동축케이블 (Coaxial Cable)

동축케이블은 TV에 주로 사용되기 때문에 일반적으로 TV케이블 또는 "케이블" 이라고도 한다. 이것은 인터넷에 연결하기 위해 널리 사용되는데, 텔레비전 회사는 TV 프로그램을 전송할 때 사용하는 것과 동일한 네트워크를 이용해 가정과 기업에 인터넷을 연결한다. 모든 광대역 인터넷 연결에서 전화 서비스는 제공되어질 수 있으므로, 케이블 회사는 동축케이블을 통해 전화서비스를 제공하기도 한다.

광섬유 (Optical Fiber)

광섬유 기술은 전기 대신 빛을 이용하여 비트를 전송한다. 광섬유 케이블은 얇은 유리섬유 필라멘트로 만들어진다. 송신기는 레이저나 LED 장치를 이용해 작은 파열 광을 전송한다. 수신기는 빛을 감지하고 빛의 주기를 파악하여 데이터를 받는다. 광섬유 시스템은 적외선과 가시 광선 주파수에서 작동한다. 빛은 EMI(electromagnetic interference, 전자기 간섭) 나 RFI(radio frequency interference, 주파수 간섭)가 없기 때문에 광섬유 통신은 연성케이블이나 무선 전송보다 안정적이다. 또한 광섬유는 다른 통신매체에 비해 비교적 먼 거리에서도 신호를 전달할 수 있다.

광섬유(왼쪽그림)와 동축 케이블(오른쪽그림)

광섬유를 이용하면 최대 초당 25.6테라 비트를 전송할 수 있다. 이는 DVD 600장의 분량을 전송할 정도로 엄청난 양이다. 광섬유를 이용한 일부 통신 매체는 1테라 비트 이상의 속도를 내는데 이러한 큰 대역폭은 인터넷 및 텔레비전에서 다중 스트림을 가능하게 한다. Verizion과 같은 통신 회사들은 Comcast와 같은 유선 업체와 경쟁관계가 될 수 있는 서비스를 위해 광섬유 케이블을 배치하기 시작하였다. 한국과 일본과 같은 나라는 미국보다 광섬유 케이블을 통한 광대역 서비스를 제공받는 가구의 비중이 더 높고, 대역폭도 훨씬 높다. 그러나 미국 지역 사회에서도 광섬유케이블의 비중은 점차 증가하고 있으며, 속도는 수십 메가 비트까지 올라온 상태이다. 이러한 속도로 통신회사는 전화나 인터넷 서비스를 제공하는 동일한 광섬유를 이용해 TV 서비스를 제공할 수 있다. 광섬유의 잠재력은 통신회사가 제공하는 수준보다 훨씬 크다고 할 수 있다.

초극단파 트랜스시버는 비즈니스에서 사용된다.

무선 전송과 위성 전송

무선 주파수 기술은 전파를 사용하여 비트를 운반한다. 여러 무선 기술은 대기나 우주를 통해 데이터를 전송할 수 있다. Wi-Fi나 블루투스와 같은 개인이나 기업에서 가장 많이 사용되는 네트워킹은 이 장의 마지막에 다시 설명한다. 극초단파는 먼 거리에서도 높은 정확도로 신호를 전송할 수 있는 고주파 전파이다. 아마 여러분들은 건물들의 옥상에 안테나들이 설치되어 있는 것을 본 경험이 있을 것이다. 극초단파는 송신기와 수신기 사이의 장애물이 없는 경우에 효과적이기 때문에 옥상이나 안테나 탑에 이런 안테나들이 설치되어 있는 것이다. 장애물이 없는 환경을 위해 높은 건물이나 산 꼭대기에 이런 안테나들이 설치되는 것이다. 극초단파는 장거리 통신에 적합하지만, 건물 내 통신이나 지역 네트워크에서도 사용될 수 있다. 주로 음성이나 TV통신에 사용되곤 한다. 그러나 건물 밖에서 이러한 무선 커뮤니케이션이 사용되면 기상요건에 취약할 수 있다. 뇌우나 안개, 눈 등은 통신 품질을 저하시킬 수 있다.

위성을 통해서도 극초단파를 이용한 신호 전송이 가능하다. 위성의 두가지 대표적인 종류는 GEO라 불리는 정지위성궤도와 LEO라 불리는 지구저궤도이다. 두 유형 모두 신호를 수신하고 증폭 및 재전송하는 중계국 역할을 한다고 볼 수 있다. 극초단파 송수신기 역할을 하는 접시들은 그 위성들을 겨냥한다. 위성은 신호를 수신하고 증폭하여 목적지로 재전송한다.

전력선

수년 간 이용 가능하였지만 최근에 통신용으로도 사용된 매체가 전력망이다. 전력그리드의 비

많은 기업들은 데이터를 지구 전역에 전송하기 위해 통신 위성 주파수를 대여합니다.

트는 전기 충격으로 나타나지만 그리드를 통해 흐르는 정규 전력과는 구별되어야 한다. 공학은 이 기술적 도전을 극복하는 데 성공했다. 미국의 일부 지역에서는 광대역 서비스가 전력선을 통해 제공된다. 이 전력선을 이용한 광대역 서비스는 BPL (Broadband Over Power Lines) 또는 PLC (Power Line Communication)라고 한다. BPL에 대해서는 이 장의 뒷부분에서 자세히 설명된다. 조직의 관점에서 네트워크 매체를 선택하는 데 있어 중요한 요소는 가용성, 현재 및 잠재적 대역폭, EMI (Electromagnetic Interference) 또는 RFI (Radio Frequency Interference)에 대한 취약성이다. 이미 설치된 네트워크와의 호환성은 물론 데이터 보안에 대한 현재 및 미래의 요구 사항도 고려해야 하며, 비용 또한 중요한 고려 사항이다. 예를 들어, 광섬유의 장점 중 하나는 EMI에 실질적으로 면역이 된다는 것이다. 그러나 다른 대안보다 비용이 많이 드는 단점이 있다. 고려해야 할 또 다른 포인트는 사용 가능한 매체에서 특정 서비스의 가용성이다. 예를 들어, 멀리 떨어진 농장에 전화선은 있을 수 있지만 광대역 서비스를 제공하는 회사는 없다.

네트워크

데이터 통신의 맥락에서, 네트워크는 이전에 논의 된 통신 매체 중 하나를 통해 서로 연결된 장치 또는 노드(컴퓨터 또는 통신 장치)의 조합이다. 네트워크로 연결된 장치에 "컴퓨터"라는 단어를 사용하는 경우가 많지만 이는 단지 편의를 위한 것 뿐이다. 전송 및 수신 할 수 있는 모든 호환 장치가 네트워크의 일부이다.

네트워크 유형

컴퓨터 네트워크는 도달 범위와 복잡성에 따라 분류된다. 크게 세 가지 기본 유형으로 나누어 볼 수 있다. 첫 번째 네트워크는 사무실, 인접한 여러 사무실, 전체 건물 또는 캠퍼스에 컴퓨터, 프린터 및 기타 컴퓨터 장비를 연결하는 LAN (근거리 통신망)이다. 두 번째 네트워크는 LAN보다 먼 거리를 연결하는 MAN (Metropolitan Area Network)이다. MAN은 보통 중간 거리의 통신을 위해 보다 복잡한 네트워크 장비를 가지고 있다. 마지막으로 대륙 또는 전세계의 시스템을 연결하는 WAN (Wide Area Network)이 있다. 또한 컴퓨터와 키보드 또는 마우스와 같은 개인용 디지털 장치 또는 휴대 전화와 핸즈프리, 또는 헤드셋 사이의 연결을 포함하는 PAN (개인 영역 네트워크) 을 네 번째 범주에 포함시키기도 한다.

LANs

건물 내의 컴퓨터 네트워크 또는 인접 건물의 연결 네트워크를 LAN이라고 한다. LAN은 일반적으로 약 5~6킬로미터 (3~4마일)의 반경 내에 사무실이 있는 단일 조직에 의해 구축된다. LAN은 조직에서 직원 들 간 의사 소통을 향상시키고 IT 리소스를 공유하도록 설정한다. 가정은 인터넷에 광대역 링크를 공유하고 가정의 한 부분에서 다른 부분으로 디지털 음악, 사진 및 비디오를 전송하기 위해 LAN을 설정할 수 있다.

사무실 LAN에서 특정 컴퓨터는 연결된 모든 다른 컴퓨터에서 사용할 수 있는 프로그램 및 파일의 중앙 저장소로 사용된다. 이 특정한 컴퓨터를 서버라고 한다. 연결된 컴퓨터는 자신의 디스크 또는 서버에 문서를 저장할 수 있으며, 프린터와 같은 하드웨어를 공유 할 수도 있으며 전자 메일도 교환 할 수 있다. LAN에 서버가 있는 경우, 서버는 일반적으로 연결된 컴퓨터 간, 그리고 컴퓨터와 서버 컴퓨터 사이의 통신을 중앙에서 제어한다. 물론 다른 컴퓨터 또는 특수 통신 장치가 이 제어를 수행하도록 하거나 여러 서버 간 제어를 분산시킬 수 있다. P2P LAN은 중앙 장치가 통신을 제어하지 않는 LAN이다.

최근 몇 년 동안 무선 장치의 구축 비용은 크게 감소했으며, 그 결과 많은 사무실과 가정에서 컴퓨터를 무선으로 네트워크에 연결하거나 일부 컴퓨터는 유선으로 연결하고 일부는 무선 네트워크로 만든다. 무선 LAN(WLAN)은 상당한 이점을 제공한다. 유선을 설치하기 위해 벽을 뚫을 필요가 없기 때문에 설치가 용이하고 언제든지 필요한 곳으로 장비를 이동할 수 있다. 무선 LAN은 네트워크가 두 개 이상의 건물에 확장되어 있을 때 유지 보수 비용이 상대적으로 적다. 또한 무선 네트워크는 확장성이 뛰어나다. 여기서 확장성이란 시스템 확장의 용이성이다. 무선 네트워크 범위 내에 있는 모든 장치는 무선 회로만 있으면 되므로 노드 또는 클라이언트를 WLAN에 추가하는 것은 쉽다.

그러나 무선 LAN은 상당한 단점도 있다. 일반적으로 특정한 조치를 취하지 않으면 유선 LAN 만큼 안전하지 않다. 유선 네트워크에서는 네트워크 리소스에 액세스하기 위해 물리적으로 장치를 연결해야 하지만, 무선 네트워크에서 물리적 연결이 없으므로 네트워크 범위 내에서 허가되지 않은 무선 장치에 의한 연결을 방지하려면 보안 조치를 취해야한다. 이러한 보안 조치에 대해서는 이 장의 마지막에 다룬다.

MANs

MAN (Metropolitan Area Network)은 일반적으로 대도시 또는 대도시 지역 내의 여러 LAN을 연결하며 일반적으로 최대 50km(약 30마일)의 거리에 걸쳐 구축된다. 예를 들어, 화학 실험실의 LAN은 몇 마일 떨어진 연구실의 LAN 이나 제약 회사의 LAN에 연결되어 MAN을 형성할 수 있다. MAN을 구성하는 개별 LAN은 동일한 조직 또는 여러 다른 조직에 속할 수 있다. MAN 내, LAN 간 고속 링크는 일반적으로 광섬유 또는 무선 광대역 연결을 사용한다.

POINT OF INTEREST 새로운 유형의 집 전화

GE Healthcare와 Intel은 Intel의 Health Guide 환자 모니터링 및 관리 시스템을 마케팅하기 위해 제휴했다. 이 시스템은 만성 질환을 앓고있는 환자나 여전히 의료 혜택을 필요로 하지만 병원에서 퇴원한 환자에게 재택 의료 서비스를 제공한다. 이 기술을 통해 환자는 자신의 바이탈을 확인하고 건강상태를 추적 할 수 있으며, 이러한 데이터는 우선 순위대로 정리되어 데이터베이스로 전송된다. Health Guide는 환자 상황에 대한 적절한 정보를 수집하고 간호사와 환자 간 양방향 화상 회의를 제공함으로써 의사 소통을 향상시킨다. 이 시스템은 직관적이며 사용하기 쉽기 때문에, 의료 전문가가 적시에 환자에게 관련된 치료를 제공할 수 있다. 노령 인구에 도달하는 "베이비 붐 세대"의 수가 급속하게 증가하고 있기 때문에 기존의 의료 모델에서는 물리적으로 실제로 대면만으로 이루어지는 치료는 더 이상 실현될 수 없다. 진료실을 방문하지 않고 환자의 상태와 생활을 면밀히 모니터링함으로써 의료 전문가는 환자의 건강을 향상시키고 입원을 줄일 수 있다.

출처: Anonymous. (2009, Jul 16). Intel Corporation: Intel Health Guide Adds New Connectivity Options, Customers; Intel Health Guide Enables Personalized Care Management at Home Through Video Conferencing, Vital Signs Collection, and Customizable Content, M2 Presswire; Anonymous. (2010, Jan 06). GE, Intel team up on health push, Investor's Business Daily.

WANs

WAN은 광범위한 네트워크 시스템이다. 하나의 WAN은 약 48km (또는 30마일) 이상의 거리에 걸쳐 연결되는 여러 LAN 또는 MAN으로 구성된다. 대형 WAN은 다른 대륙에까지 연결되어 많은 LAN 및 MAN을 가질 수 있다. 가장 단순한 WAN은 기본 전화선을 이용한 전화 접속 연결이다. 복잡한 WAN은 서로 다른 두 나라의 LAN 간 위성 연결이다. 가장 잘 알려진 WAN은 인터넷이다. WAN은 공개 또는 비공개로 운영될 수 있다. 전화망과 인터넷은 대표적인 공용 WAN이다. 사설 WAN은 전용 회선 또는 위성 연결을 사용할 수 있다. 그러나 많은 조직에서는 사설 WAN을 유지할 여력이 없다. 따라서 많은 조직이 공통된 형식이나 몇 가지 기능이 추가된 현존하는 네트워크를 비용을 지불하고 사용하고 있다.

일반 통신 사업자는 누구나 접속하거나 전화를 걸 수 있는 공중 전화 회선이나 조직의 독점적인 용도로 임대되는 회선을 제공한다. 사용자는 사용된 시간과 전화한 거리를 기준으로 공중 회선에 비용을 지불한다. Verizon과 AT & T는 일반 통신사이다. 임대 회선은 임대 계약자 전용이며 전화 접속 회선보다 오류율이 낮다. 이는 많은 다른 가입자 간 전환되지 않기 때문이다.

VAN (부가가치 네트워크)은 향상된 네트워크 서비스를 제공한다. VAN은 신뢰할 수 있는 데이터 통신에 대한 조직의 필요를 충족시키면서 자체 네트워크 관리 및 유지 보수 부담을 덜어주는 장점이 있다. 많은 기업들이 다른 기업, 공급 업체 및 구매자와 전자 데이터 교환 (EDI)을 위해 VAN을 사용한다. 그러나 비용을 고려할 때 VAN보다는 인터넷을 통해 상거래를 하는 기업이 늘어나는 추세이다. VAN 서비스는 인터넷 서비스 제공 업체 (ISP)가 제공하는 것보다 훨씬 비싸기 때문이다. (많은 VAN 공급자도 인터넷 연결을 제공한다.) 이 문제는 8장 "웹 기반 기업"에서 설명한다.

개인 영역 네트워크 (PAN)

개인 영역 네트워크 (PAN)는 스마트폰,태블릿 또는 노트북과 같은 휴대용 장치 용으로 설계된 무선 네트워크이며 한 명 또는 두 명의 사람만 사용할 수 있다. 전송 속도는 느리고 장치 간 최대 거리는 일반적으로 10m(33피트)이다. 예를 들어, 마리아와 사이몬은 회의에서 만난 후 Bluetooth 지원 스마트 폰을 사용하여 전자 명함을 교환한다. 마리아의 장치는 사무실에 있는 노트북과 연락처 데이터베이스를 자동으로 동기화하여 적절한 최신 정보를 유지할 수 있다(Bluetooth 및 기타 무선 기술은 이 장의 뒷부분에서 다룬다.).

네트워크 하드웨어

컴퓨터와 주변 장치 (예 : 프린터)를 서로 연결하고 네트워크를 연결하는 데 다양한 장치를 사용한다. 네트워크에 연결된 컴퓨터 또는 장치에는 케이블 또는 무선 안테나를 통해 스위치, 브릿지, 라우터에 연결되는 NIC (네트워크 인터페이스 카드), 또는 적절한 네트워크 회로가 있어야 하며, LAN 또는 무선 LAN 라우터는 사무실과 가정에서 쉽게 찾아볼 수 있게 되었다.

WAN에 연결된다. 스위치는 컴퓨터 또는 장치를 로컬 네트워크에 연결하는 중앙 장치로 자주 사용된다. 브릿지는 LAN과 같은 두 네트워크를 인터넷에 연결하는 장치이다. 라우터는 데이터 패킷을 최종 목적지로 가는 과정인 다음 노드로 라우팅한다. 라우터는 다른 네트워크를 연결할 수 있을 뿐 아니라, 통신을 필터링하기 위한 방화벽 역할을 하도록 프로그래밍 될 수 있다. 라우터는 네트워크에 연결된 컴퓨터를 식별하는 인터넷 프로토콜 (IP) 주소를 다른 네트워크에 대한 최적의 경로와 함께 보관한다. WAN 라우터는 흔하지 않지만 사무실이나 가정에서 LAN을 지원하는 라우터를 흔히 볼 수 있다. 케이블 제공 업체는 대개 가정 환경에서 무선 및 유선 인터넷 액세스를 위한 라우터를 제공한다. 중계기는 신호가 약하거나 왜곡되지 않도록 신호를 증폭하거나 재생한다.

가정용 컴퓨터 사용자에게 익숙한 네트워크 하드웨어의 또 다른 유형은 모뎀이다. 변복조장치라는 뜻의 모뎀은 전통적인 통신 신호를 아날로그에서 디지털로, 또는 그 반대로 변환하는 것을 목적으로 한다. 오랜 기간 동안 인터넷에 연결하는 유일한 방법은 다이얼 업 (dial up)이다. 즉, 일반 전화선을 통해 연결하는 것이 유일한 인터넷 접속 방법이다. 전화선은 디지털 신호가 아닌 아날로그 연속 신호로 설계되었기 때문에, 아날로그 모뎀은 컴퓨터의 디지털 신호를 전화선을 통해 나가는 아날로그 신호로 바꾼다. 반대로 수신 컴퓨터의 모뎀은 아날로그 신호를 컴퓨터가 이해할 수 있는 디지털 신호로 변환한다. 전자 변환은 변조라고 부르며 후자의 변환은 복조라고 한다.

모뎀을 사용하는 인터넷 접속 연결은 매우 느리다 (일반적으로 56Kbps). 따라서 대부분의 사용자와 소규모 기업은 DSL 및 케이블 연결과 같은 디지털 신호를 사용하는 고속 연결 방식으로 네트워크를 구축하고 있다. 그러나 네트워크가 아날로그 신호가 아닌 디지털 신호를 전송하더라도 컴퓨터를 인터넷에 연결하는 장치에는 "모뎀"이라는 단어가 여전히 사용된다. 예를 들어 케이블 회사를 통해 인터넷에 연결하는 경우 컴퓨터의 네트워크 카드를 케이블에 연결하는 장치를 케이블 모뎀이라고 한다. DSL 서비스를 사용하는 경우에, 사용 된 장치는 DSL 모뎀이라고 부르며, 전원선을 사용하는 경우이 장치를 BPL 모뎀이라고 한다.

가상 사설망

LAN은 조직의 구성원만 접근할 수 있기 때문에 개인 네트워크이다. 회사가 회선을 직접 소유하지는 않지만, 전용 회선 네트워크 또한 사내 네트워크로 간주될 수 있다. 조직에서 승인 된 구성원들만 사설 네트워크를 사용할 수 있기 때문이다. 많은 회사들이 사설망에 돈을 지불 할 의사가 없거나 지불하고 싶어하지 않는데, 이때 특수 소프트웨어(때로는 하드웨어)를 구현하여 가상 사설망 (VPN)을 만들 수 있다. 인터넷은 8장 "웹 기반 기업"에서 논의되지만, 맥락을 고려해 VPN은 이 장에서 다룬다.

VPN (가상 사설망)은 허가된 사용자만 회사 리소스에 접근할 수 있게 해주는 인터넷 또는 기타 공용 네트워크의 "터널"로 간주될 수 있다. VPN의 "Virtual"은 사용자가 공용 네트워크가 아닌 개인 네트워크에 직접 접근하였다고 '보여질 수' 있기 때문에 추가된 의미다. VPN을 통해 인트라넷과 익스트라넷을 사용할 수 있다. 인트라넷은 웹 기술을 사용하여 수 마일 떨어진 여러 장소에 있는 조직의 직원들을 지원하는 네트워크이다. 엑스트라넷은 직원과 조직과 거래하는 다른 기업에게 제공되는 서비스이다. 일단 LAN이 인터넷과 같은 공용 네트워크에 연결되면, 기술적으로 공개 네트워크에 접근할 수 있는 누구든지 LAN에 접근할 수 있다는 것을 이해하는 것이 중요하다. 따라서 LAN을 인터넷에 연결하는 조직은 자원에 대한 공용 액세스를 제어하거나 완전히 거부하는 정교한 보안 조치를 구현해야 한다.

AT&T의 고객 서비스 센터는 VPN 기술을 사용하여 운영측면에서 콜센터의 연속성을 유지한다. 재난이나 악천후로 인해 업무가 중단되면 콜센터 직원은 VPN을 사용하여 집에서 콜센터와 관련된 기술에 접근할 수 있다. 그로 인해 콜센터 직원들은 집에서도 서비스 센터에서 일하는 것처럼 모든 도구, 데이터 및 응용 프로그램에 접근할 수 있다. VPN 기술을 통해 AT&T는 직원 안전을 유지하면서 고객의 비즈니스 연속성을 확보 할 수 있다(Read, 2011).

프로토콜

통신 프로토콜은 컴퓨터 간 또는 컴퓨터와 데이터를 교환하는 다른 컴퓨터 관련 장치 간의 통신을 제어하는 규칙 집합이다. 네트워크 장치를 관리할 때의 규칙 집합은 종종 네트워크 프로토콜이라고 불린다. 장치가 네트워크의 동의 프로토콜이 무엇인지 알지 못하거나 이를 준수 할 수 없는 경우 장치는 네트워크 내에서 통신할 수 없다.

일부 프로토콜은 WAN용으로 설계된 프로토콜이며 LAN용으로 설계된 프로토콜도 있고 무선 통신용으로 설계된 프로토콜도 있다. 여기서는 이러한 프로토콜 중 일부만 설명한다. "표준"이라고도 불리는 프로토콜이 반드시 서로 대치되는 것은 아니다. 그들은 종종 함께 일하거나 다른 목적으로 작동할 수 있다. 오늘날 통신 및 네트워크를 위한 가장 중요하고 보편적 인 프로토콜 집합을 TCP/IP라고 한다.

TCP/IP

인터넷에서의 통신은 주로 TCP/IP(전송 제어 프로토콜 / 인터넷 프로토콜)를 따르며, 실제로 TCP/IP는 관련 프로토콜의 집합이다. TCP는 패킷이 정확한 순서로 도착하도록 보장하며 IP는 노드에서 노드로 패킷을 가장 효율적으로 전달한다.

최고 속도의 통신 채널인 인터넷 백본(Backbone)에 직접 연결된 컴퓨터를 호스트라고 한다. IP는 대상 호스트가 메시지를 수신 할 때까지 한 호스트에서 다른 호스트로의 전달을 제어한다. 호스트는 메시지를 연결된 장치로 전달하는 역할을 한다. 이를 흔히 호스트 서버라고 부른다. 예를 들어 학교에는 적어도 하나의 이메일 서버가 있다. 이 서버는 당신의 컴퓨터로 전자 메일을 전달한다.

인터넷 상의 모든 장치는 인터넷 프로토콜 주소 또는 IP 주소라고하는 고유한 숫자 레이블로 식별된다. 현재 두 가지 버전의 IP 주소가 있는데, 인터넷 프로토콜 버전4(IPv4) 주소는 32비트 숫자 주소로 구성되며, 마침표로 구분 된 네 마디로 표시된다 (예 : 146.186.87.220). 각 부분은 0에서 255 사이의 숫자이다. 이 구조는 43억 개의 고유 한 IP 주소를 허용한다. 그러나 스마트 폰, 가정 보안 장치, 태블릿 및 가정용 컴퓨터와 같은 인터넷 연결 장치가 폭발적으로 증가함에 따라 IPv4가 한계에 직면했고, 인터넷 기술제도를 결정하는 기관인 인터넷 엔지니어링 테스크 포스 (IETF, Internet Engineering Task Force)는 2012년 6월 IPv6(Internet Protocol version 6)을 배포했다. IPv6은 콜론으로 구분 된 네 개의 16진수로 이루어진 8개의 그룹으로 구성된 128비트 주소를 사용한다. IPv6 주소의 예는 2001 : 0bc8 : 85f3 : 0042 : 6334 : 7a2a : 0360 : 5025이다. 새로운 구조는 3.40×10^{38}개의 고유 주소를 지원한다. 적어도 가까운 미래에 고갈되지 않을 정도로 충분한 숫자이다. (Captain, 2012).

웹 사이트의 IP 주소를 알고있는 경우 웹 브라우저의 주소 상자에 해당 번호를 입력 할 수 있다. 그러나 이름과 단어를 기억하는 것이 더 쉽기 때문에 대부분의 조직에서는 IP 주소를 이름과 연관시킨다. cengage.com과 같은 문자 기반 이름을 IP 주소와 연결하는 프로세스를 도메인 이름 확인이라고 하며, 이 도메인 이름 확인 서비스가 DNS (Domain Name System)이다. DNS 서버는 인터넷 서비스 공급자 (ISP) 및 기타 조직에서 관리하며, 대규모 조직에서는 서버를 DNS 서버로 전용할 수 있다.

LAN이 라우터를 통해 인터넷에 연결되어 있는 경우 전체 네트워크에는 고유한 IP 주소가 있으며, 이 번호는 라우터에 저장된다. LAN상의 장치를 고유하게 식별하기 위해 라우터는 개별 컴퓨터 및 장치에 로컬 IP 주소를 할당한다. 이 IP 주소는 LAN 내에서만 컴퓨터를 식별한다. 따라서 인터넷에서는 라우터만 고유하게 식별될 수 있다.

서버 및 기타 여러 컴퓨터 및 장치에는 정적 IP 주소라고하는 영구적인 IP 주소가 할당된다. 인터넷에 간헐적으로 연결된 컴퓨터에는 연결 기간만 유효한 임시 IP 주소가 할당될 수 있다. 이러한 주소를 유동 IP 주소라 한다. 유동 IP주소는 해당 컴퓨터가 인터넷에 연결하는 데 사용되는 호스트에 의해 할당되는데, 이 IP 주소는 인터넷에 연결하려는 장치에만 IP 주소가 할당하기 때문에 할당된 IP 주소의 수를 제한하여 유연성을 제공한다. 유동 IP는 로그 오프 한 장치에서 연결 해제되고 서버는 IP 주소를 로그온 한 다른 장치에 다시 할당할 수 있다. 일부 광대역 제공 업체는 고정 IP 주소를 할당하지만 다른 네트워크는 일반적으로 유동 IP 주소만 할당한다.

이더넷 (Ethernet)

전기 전자 공학 연구소(IEEE)는 통신 프로토콜 표준을 설정하였다. 이더넷으로 알려진 IEEE 802.3은 유일한 LAN 프로토콜로, 동축케이블 또는 Cat 5, Cat 6 연성케이블을 사용한다. 이더넷은 10Mbps (10Base-T)에서 100Mbps (100Base-T 또는 Fast Ethernet), 최근에는 1Gbps(기가비트 이더넷 및 10 기가비트 이더넷) 이상의 속도를 낸다.

무선 프로토콜

모든 무선 장치는 무선 송수신기 (송수신기)를 사용한다. 전파는 디지털 신호인 비트를 전달한다. 뒤따르는 프로토콜에 따라 장치는 작업을 위해 다른 무선 주파수를 사용한다.

IEEE 802.11 Wi-Fi

IEEE 802.11은 Wi-Fi(Wireless Fidelity 용)로 알려진 무선 프로토콜 제품군을 말한다. 이 용어는 원래 최대 속도 11Mbps의 무선 라우터에서 100미터(300피트) 이내의 무선 통신을 지원하는 IEEE 802.11b 표준에 적용되었다. 최신 802.11g 표준은 동일한 범위에서 최대 54Mbps의 속도를 지원한다. 802.11a 표준은 802.11g와 비슷한 속도를 지원하지만 휴대 전화 및 극초단파 장치의 간섭에 덜 민감한 다른 주파수 범위를 지원한다. 802.11n 표준은 2009년에 승인되었다. 802.11n은 최대 248Mbps의 속도를 지원하며, 실내에서 약 70m(230피트), 실외에서 160m(525피트)의 범위를 가지고 있는 802.11b 및 g보다 대략적으로 2배 정도 넓은 범위를 지원한다. g 표준은 b 표준과 역호환되므로 b 장치를 g 네트워크에 추가 할 수 있으며, n 표준은 b, g 및 a 표준과 역호환된다. 그러나 혼합 네트워크에서는 처리량이 가장 느린 장치의 속도가 지원될 가능성이 높다. b 및 g 표준은 2.4-2.5 GHz 범위의 무선 주파수를 사용하고 802.11a 표준은 5 GHz 주파수에서 작동하는 반면, n 표준은 어느 주파수에서나 작동 할 수 있다. 이러한 무선 주파수 범위는 정부 라이센스 ("무면허" 라고 불러진다)를 필요로 하지 않으므로 무선 통신에 사용된다. Broadcom은 802.11ac 칩 구조가 보다 빠른 처리량, 더 높은 용량, 그리고 넓은 범위와 더 긴 배터리 수명을 제공한다고 발표했다 (Anonymous, 2012).

단일 Wi-Fi 라우터는 액세스 포인트 (AP)에 연결될 수 있으며, 액세스 포인트 (AP)는 일반적으로 유선 네트워크와 연결되어 수십에서 수백 개의 Wi-Fi 장치가 인터넷 링크를 공유할 수 있다. 무선 라우터 또는 AP에 직접 연결하면 핫스팟이 만들어진다. 핫스팟은 로그인이 통제 된 액세스 코드에 의해 제한되지 않는다면 무선 장착 장치를 사용하는 범위 내의 모든 사용자에게 인터넷 액세스를 허용한다. 그림 6.3은 가정용 무선 LAN (WLAN)을 보여준다.

■ 그림 6–3

무선네트워크를 사용하는 가정집의 예

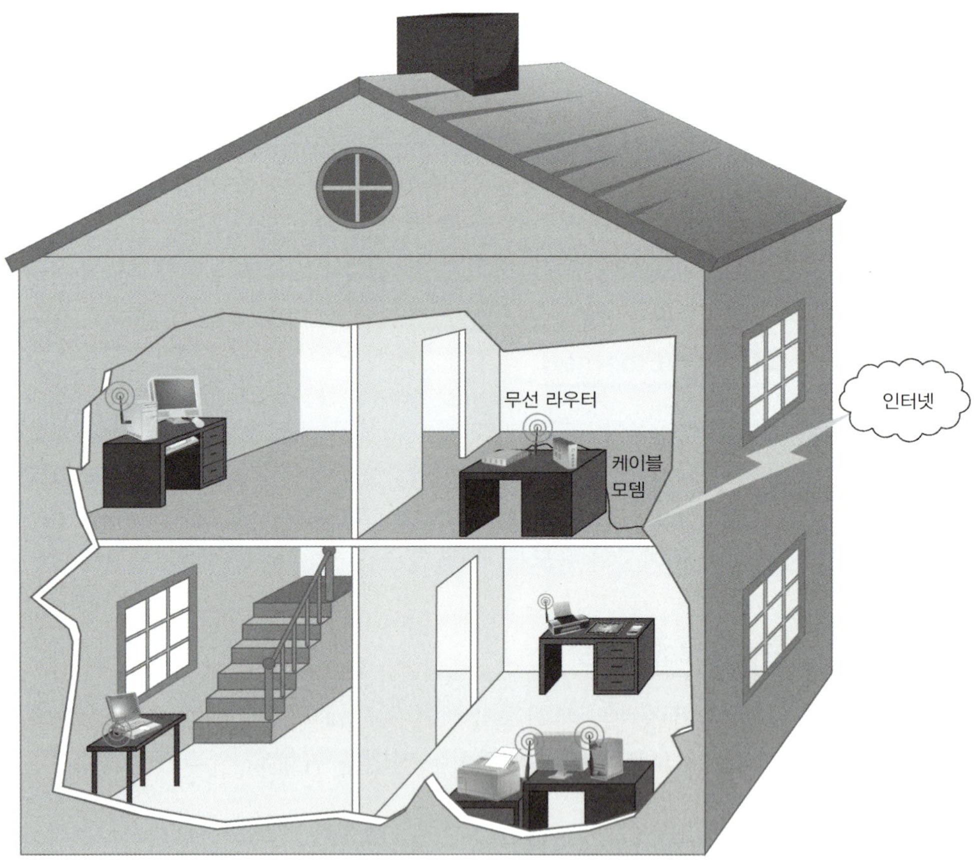

앞서 언급했듯이, 보안은 Wi-Fi 네트워크의 걱정거리이다. 최초의 802.11 표준에는 심각한 보안 결함이 있었는데, 802.11n은 WPA (Wi-Fi Protected Access) 및 WPA2 보안 프로토콜을 제공하여 보안을 향상시켰다. 이러한 프로토콜은 암호화, 발신자와 수신자 사이에서만 공유되는 암호화 키를 통해 메시지를 변환하고 코드화 하는 기능을 제공한다. 물론 이러한 프로토콜의 보호를 받으려면 무선 컴퓨터나 장치에서 설정을 해야 한다. 경험 많은 "해커"가 WPA 코드를 깰 수 있기 때문에 WPA2가 선호되는 방법이다.

Wi-Fi 핫스팟은 공항 및 식당 체인에서부터 지역 도서관 및 이발소에 이르기까지 모든 곳에서 나타나고 있다. 기업은 또한 다양한 유형의 업무에 무선 LAN을 사용한다. 거의 모든 창고에서 WLAN을 찾을 수 있으며, 스마트 폰 또는 특수 전자 장치를 들고있는 근로자는 서로 통신하고 품목 위치의 정보를 받는다. 예를 들어, 제너럴 모터스(General Motors)는 모든 창고에 지게차를 Wi-Fi 송수신기와 함께 장착하여 운영자가 부품을 찾을 수 있도록 하였다. 화창한 날 소매업자는 길가에 상품 및 금전 등록기를 배치하며, 금전 등록기는 WLAN을 통해 중앙 시스템에 연결된다. 공항, 컨퍼런스 센터나 학교는 손님, 학생 및 교직원이 핫스팟을 통해 인터넷에 연결할 수 있도록 WLAN을 사용한다.

많은 새로운 항공기에는 WLAN이 장착되어 있다. 보잉사는 2003년 대형 항공기에 Wi-Fi를 장착하기 시작했다. 루프트한자, 영국 항공, 일본 항공, 스칸디나비아 항공 시스템 및 기타 항공사는 승객이 유료 핫스팟을 12km(7.5km) 거리에서 사용할 수 있도록 장거리 제트 여객기를 장착했다. Gogo 사는 9개의 상용 항공사에 인터넷 액세스를 제공한다. 고객은 노트북에서 작업하거나 태블릿에서 영화를 보기 위해 인터넷 액세스 패스를 구입할 수 있다.

유틸리티 회사는 기존의 전기, 가스 및 수도 계량기를 무선 계량기로 변환했다. 직원은 기록하기 위해 건물을 직접 방문할 필요가 없이, 그저 자동차를 타고 이동하기만 하면 새로운 계량기는 유틸리티 회사의 사무실로 신호를 전달하는 네트워크를 사용하고 회사의 컴퓨터에서 각 고객의 계정을 자동으로 업데이트한다. 무선 미터기는 수백만 노동 시간을 절약하고 고정된 장소에 고정된 측정기, 부정확 한 판독 값, 때로는 검침원이 공격적인 개로부터 받는 공격과 같은 문제를 해결할 수 있다.

스마트폰, 디지털 카메라 및 비디오 게임 콘솔과 같은 전자 장치들에 무선 회로가 장착되기 시작하였다. 이로 인해 소유자는 통신을 위해 장치를 컴퓨터나 라우터에 물리적으로 연결해야 할 필요가 없어졌다. 예를 들어 무선 지원 디지털 카메라를 사용하면 카메라에서 PC로 디지털 사진을 보내거나 인터넷을 통해 친구에게 직접 사진을 보낼 수 있다.

블루투스 기술은 휴대전화의 핸즈프리 사용을 가능하게 하는 개인네트워크를 지원합니다.

IEEE 802.15 블루투스

많은 부족을 통일시킨 스칸디나비아 왕의 별명을 따서 명명된 블루투스 표준은 사무실, 가정 및 자동차에서 최대 10미터(33피트)의 짧은 거리 내에서 통신하는 장치용으로 개발되었다. 그것은 음성과 데이터를 전송한다. Bluetooth는 후에 IEEE에서 802.15 표준으로 채택되었다. 일반적인 Bluetooth 장치에는 무선 키보드 및 마우스, 핸즈프리, 무선 헤드셋 등 많은 디지털 엔터테인먼트 장치가 포함된다. 예를 들어 손목에 착용한 MP3 플레이어를 구입하면 블루투스를 사용하여 음악을 무선 이어폰이나 무선 헤드폰으로 전송할 수 있으므로 기존의 방식처럼 휴대용 플레이어에 헤드폰을 직접 연결하는 것을 피할 수 있다. 블루투스는 일반적으로 한 사람만 사용하는 네트워크를 지원하기 때문에 개인 영역 네트워크(PAN) 기술로 간주된다. 블루투스는 2.4~2.5GHz 무선 주파수를 사용하여 1Mbps의 속도로 비트를 전송한다.

IEEE 802.16 WiMAX

IEEE 802.16, WiMAX(Worldwide Interoperability for Microwave Access)는 무선 통신의 범위와 속도를 향상시킨다. 잠재적으로 100Mbps의 속도로 110km(약 70마일)까지 도달할 수 있으나, 일반적으로는 13~16km(8~10마일) 정도 도달할 수 있다. 전문가들은 30억 달러 이하의 투자로 와이맥스가 미국 가정의 98퍼센트를 커버할 수 있다고 말한다. 이것은 광섬유 케이블을 깔기 위해 필요한 비용보다 훨씬 적은 투자이다. WiMAX는 2~11GHz의 허가 된 무선 주파수를 사용하는데, 이 표준은 전체 대도시 지역을 포괄 할 수 있으며 인터넷 서비스를 제공할 여력이 없거나 어떤 이유로든 액세스 권한을 얻을 수 없는 수십만 가구에 인터넷 액세스를 제공할 수 있다. 많은 지방 자치 단체는 유료 또는 무료로 그러한 서비스를 제공하기를 원한다. 그러나 이것은 대도시 전체가 하나의 거대한 핫스팟이 될 수 있고 비용이 부과된다면 지방 정부에 납부되기 때문에, 가입자 요금을 받는 ISP 사업에 위협이 될 수 있다. 따라서 미국의 일부 주에서는 WiMAX 구축을 반대하는 입법을 시행했다. 그러나 일부 도시에서는 이 기술을 사용하고있어 인터넷 연결이 불가한 가정도 이를 통해 인터넷을 이용할 수 있다. 참고로 필라델피아는 미국 최초로 WiMAX를 도입한 대도시로, 지방 자치 단체의 네트워크를 금지하는 펜실베니아 법에서 면제되었다.

WiMAX는 MAN(metropolitan area network) 기술이며, 도표 6.4는 WiMAX의 작동 방식을 보여준다. 가정, 사무실 또는 공공 핫스팟은 라우터를 사용하여 인터넷에 연결된 WiMAX 안테나에 직접 연결하거나 중계 안테나를 사용하여 인터넷에 연결된 여러 장치들을 연결할 수 있다. 모바일 사용자의 장비에 적절한 WiMAX 통신 장치가 포함되어 있는 경우 사용자는 최대 150Km/h (약 94MPH)의 속도로 움직이는 상황에서도 인터넷 통신이 가능하여, 이동중인 차량에 서도 편리하게 인터넷을 사용할 수 있다. WiMAX는 802.16e의 확장을 통해 모바일 인터넷 통신을 지원한다.

■ 그림 6-4

WiMAX 네트워크가 작동하는 방법

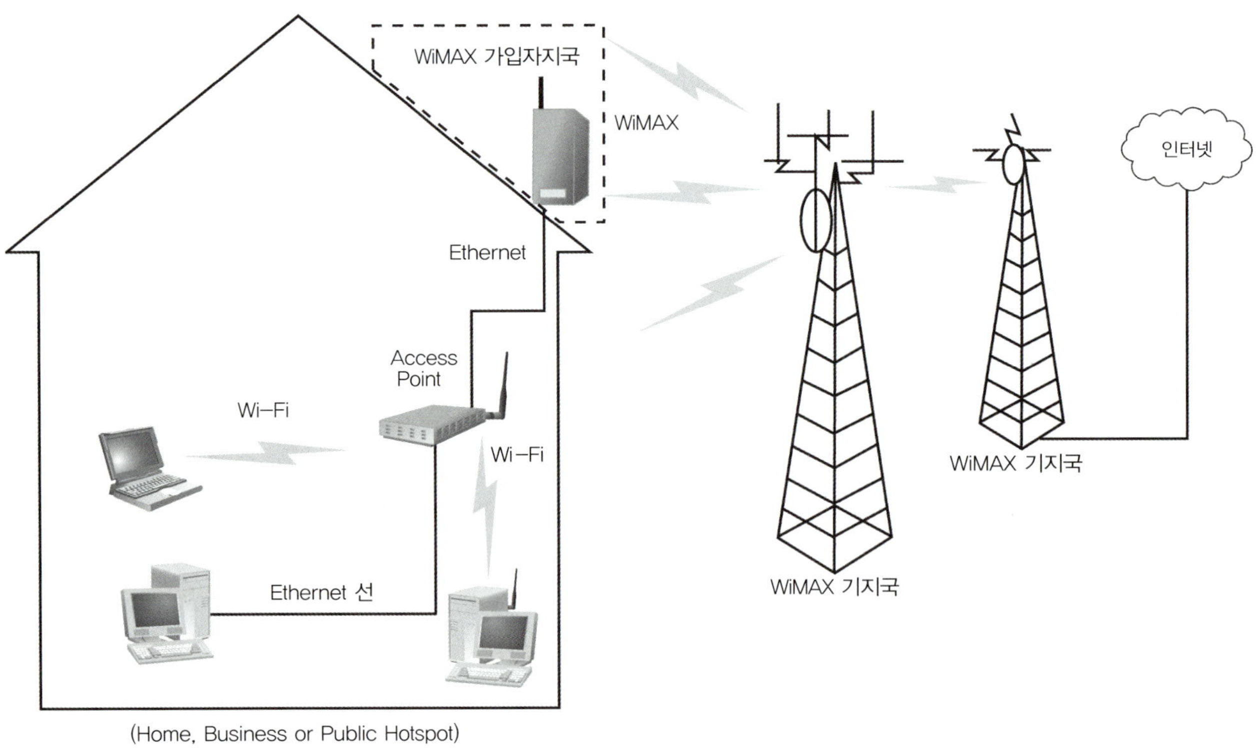

LTE

4G LTE라고도하는 LTE (Long-Term Evolution)는 무선 통신의 표준 방법으로 특히 휴대 전화용 고속 데이터 전송에 사용된다. 다양한 대륙에서 6개의 전기 통신 협회 (Organizational Partners)로 구성된 3세대 파트너십 프로젝트 (3GPP)를 통해 개발되었다(익명, 2013a). 2010년 북미 지역에서 LTE

네트워크를 완벽하게 구현 한 최초의 조직은 Verizon Wireless였다. GSM(이동 통신용 글로벌 시스템) 표준의 진화로서, 새로운 통신 표준의 목적은 데이터 전송의 속도와 용량을 증가시키는 것이었다. 현재 최대 170Mbit/s의 업로드 속도와 300Mbit/s의 다운로드가 가능하다(익명, 2013b). 도표 6.5는 다양한 802.xx 무선 프로토콜의 관련 기능을 요약하고 있다.

■ 그림 6-5

무선 네트워크 프로토콜

프로토콜	최대 도달 범위	최대 속도	주 용도
802.11a	75 meters (250 feet)	54 Mbps	LAN
802.11b	100 meters (330 feet)	11 Mbps	LAN
802.11g	100 meters (330 feet)	54 Mbps	LAN
802.11n	160 meters (530 feet)	248 Mbps	LAN
802.15 Bluetooth	10 meters (33 feet)	1 Mbps	PAN
802.16 WiMax	50 km (31 miles)	100 Mbps	MAN
802.11ac	90 meters (300 feet)	349 Mbps	LAN

이동 통신 세대

네트워크 전문가는 종종 세대에 따른 이동 통신 기술을 언급하는데, 각 세대는 통신 프로토콜 또는 프로토콜 조합을 나타낸다. 세대 간 차이는 주로 기능(예: 이동 전화가 추가 자원에 액세스 할 수 있게 하는 기능) 및 전송 속도이다. 1세대 이동 통신 기술은 아날로그 및 회로 스위칭을 사용했으며, 2세대 프로토콜은 디지털 음성 인코딩을 제공한 첫 번째 세대이며 기존보다 더 빠른 전송 속도를 제공하였다. 여기에는 GSM(Global System for Mobile) 및 CDMA(코드 분할 다중 액세스) 프로토콜이 포함되나 주제와 벗어나 자세한 설명은 생략한다.

3세대 프로토콜은 1Mbps의 전송 속도를 지원하는데, 이 프로토콜은 비디오, 화상 회의 및 완전한 인터넷 액세스를 지원한다. 4세대 프로토콜 장치는 디지털 방식으로만 작동하며, 대역폭이 증가하고 보다 엄격한 보안이 가능하다. 미국에서는 Sprint, AT & T, Virgin Mobile 및 Verizon 통신사가 모두 LTE 기술을 채택했다. 이 기술의 고속화로 인해 휴대 전화 사용자는 영상과 음악을 스트리밍을 하고 빠른 속도로 웹 서핑을 즐기면서 동시에 전화를 걸 수 있다.

어떤 면에서 3G나 4G는 Wi-Fi와 경쟁하지만 일반적으로 보완적인 관계로 보는데, 우리는 이동

POINT OF INTEREST

우리는 지금 그것을 원한다!

인터넷에 대한 수요 증가와 장소와 상관없이 인터넷에 대한 의존이 증가하면서 지난 몇 년 동안 모바일 네트워크가 개선되었다. 인터넷 제공 업체는 이전보다 차세대 모바일 네트워크를 출시함으로써 지속적으로 대응해 왔다. 2012년 말에 미국 최고의 서비스 제공 업체 인 AT&T는 가장 빠른 무선 기술인 4G LTE를 출시했는데, 4G LTE 서비스는 3G보다 최대 10배 빠른 인터넷 속도를 제공 할 수 있다. 기기는 이전보다 빠르게 업로드, 다운로드, 게임 및 스트리밍 할 수 있다. 사람들은 인터넷에 접속하기를 원하고 빠른 속도의 인터넷 환경을 원한다. 그것이 바로 4G LTE이다.

출처: Anonymous. (2012, Dec 13). AT&T 4G LTE Expands in Little Rock; More customers to benefit from ultra-fast mobile Internet on the latest LTE devices, M2 Presswire.

중에는 3G나 4G를 사용하고, 고정 된 위치에서는 Wi-Fi를 사용한다. Wi-Fi는 3G 및 4G보다 비용이 훨씬 저렴하다. 이동 전화 서비스는 월 사용료가 포함되어 있으나, 핫스팟을 통한 인터넷사용은 무료이기 때문이다. 또한 과도한 데이터 사용으로 휴대 전화 요금이 과다하게 청구되는 것을 막기 위해 소비자는 집이나 사무실에서 Wi-Fi 네트워크를 사용하기도 한다.

인터넷 네트워킹 서비스

조직과 개인은 모두 네트워크 서비스에 가입할 때 다양한 옵션 중에서 선택할 수 있는데, 도표 6.6은 통신 회사가 제공하는 주요 서비스를 요약한 것이다. 표시된 속도는 다운로드 속도를 의미하는데, 업로드 속도는 보통 다운로드 속도보다 훨씬 낮다. 또한 이 도표의 자료가 미국의 일반적인 속도라는 점도 참고할 점이다. 나라에 따라 구체적인 수치는 다를 수 있다. 월별 비용도 일반적인 수치를 제공하였지만 지역마다 다를 수 있다. T1과 T3과 같은 일부 서비스의 경우 회사는 요금을 낮추고 속도의 일부만 제공하기도 한다.

■ 그림 6-6

인터넷 서비스들의 특성과 비용

서비스	다운로드 속도	접근성	월 비용
Dial-up	56 Kbps	접근성이 매우높음	$9–11
BPL	0.25–3 Mbps	제한된 접근성	$20–40
Cable	0.5–3 Mbps	널리 퍼져있으나 케이블티비가 제공되는 지역에서만 가능	$30–50
DSL	0.25–1.5 Mbps	케이블 보다는 제한되어 있으나 빠르게 접근성이 올라가고 있음. 속도는 거리에 비례한다	$30–50
T1	1.544 Mbps	널리 퍼져있음	$250–500
T3	45 Mbps	널리 퍼져있음	$4,000–16,000
Satellite	0.5–10 Mbps	널리 퍼져있으나, 실제로는 제한된 지역에서만 가능	$50–70
Fixed Wireless	100 Mbps	제한되었으나 증가하는 상태	$30–50
Fiber to the Premises	5–30 Mbps	제한되었으나 증가하는 상태	$350
OC-3	155.52 Mbps	제한된 접근성	$20,000–45,000K $10,000–30,000K
OC-12	622.08 Mbps	제한된 접근성	Several hundred thousand dollars
OC-48	2.488 Gbps	제한된 접근성	Several hundred thousand dollars
OC-192	9.952 Gbps	제한된 접근성	Several hundred thousand dollars
OC-255	13.21 Gbps	제한된 접근성	Several hundred thousand dollars

대부분의 개인 및 기업에서는 업로드 속도가 다운로드 속도보다 훨씬 느린 서비스가 적합하다. 이는 대용량 파일을 웹 사이트에 거의 업로드하지 않으며, 대량의 이메일 전송과 같은 업로드는 속도가 느려도 시간이 얼마 걸리지 않기 때문이다. 그러나 대용량 파일을 신속하게 업로드해야 하는 온라인 비즈니스 및 미디어 회사의 경우 높은 업로드 속도 환경을 구축해야 한다. 이러한 조직은 다운로드와 업로드 속도를 모두 고속으로 제공하는 인터넷 서비스를 선택해야할 것이다. 광대역 서비스라고 하는 고속 연결 서비스의 확산은 기업 및 개인이 인터넷에 몰두한 결과인데, 케이블, DSL 및 위성 링크와 같은 일부 서비스는 기업 및 거주지 모두에게 제공된다. 그러나 T1, T3 라인과 OC-라인과 같은 제품은 비용이 비싸기 때문에 기업에만 제공된다. 일부 서비스는 실제 속도가 다를 수 있다. 예를 들어, 사업용으로 설계된 일부 DSL 서비스는 다운 로드와 업로드에서 같은 속도를 제공하지만 가정용 옵션은(추후에 나오는 ADSL에 대한 설명 참조)은 항상 업로드 속도보다 다운로드 속도가 빠르다.

케이블

인터넷 서비스는 텔레비전 케이블 회사에서 주로 가정용 고객에게 제공된다. 통신 매체는 텔레비전 수신방식과 동일하지만, 회사는 케이블을 인터넷 서버에 연결한다. 가입자의 가정에서 케이블은 분리된다. 한 부분은 텔레비전 세트에 연결되고 다른 부분은 종종 케이블 모뎀이라고하는 브릿지를 통해 컴퓨터에 연결된다. 텔레비전방송과 데이터는 모두 동일한 회선을 통해 전송된다. 케이블 연결은 항상 켜져 있으므로 컴퓨터가 인터넷에 항상 연결되어 있으며, 미국의 케이블 사업자 중 90% 이상이 이러한 인터넷 액세스를 제공한다.

케이블의 주된 단점은 케이블 노드가 노드에 연결된 모든 가입자에 의해 공유된다는 것이다. 따라서 TV 프라임 타임(오후 7시~11시)과 같은 이용률이 최고 시간에는 통신 속도가 느려진다. 또한 특정 지역에 많은 가입자가 서비스에 가입할 때 속도가 느려진다.

POINT OF INTEREST 집에서의 광대역

라이히트만 리서치 그룹 (Leichtman Research Group)이 실시한 2012년 여론 조사에 따르면 가정용 PC를 사용하는 사람들의 90%는 광대역 서비스에 가입하였는데, 그 중 3%는 광대역 서비스에 만족하지 못했고 65%는 매우 만족했다. 또한 여론 조사는 소득 수준의 증가와 PC의 대중화가 직접적인 상관 관계가 있음을 발견했는데, 소득이 3만 달러 미만인 가구 중 41%는 집에 컴퓨터가 없다. 반대로 5만 달러 이상의 소득을 가진 사람들의 97%는 집에 컴퓨터를 가지고 있다. 여론조사는 광대역 서비스를 받기를 원하는 사람들의 1.3%는 자신의 위치에서 서비스를 이용할 수 없기 때문에 가입하지 못했다는 점도 지적했다.

출처: Krey, M. (2012, Sep 04). Broadband In 90% Of U.S. Homes With Computers: Poll, Investor's Business Daily.

디지털 가입자 회선 (DSL)

일반 유선 전화 서비스의 경우 전화 회사는 도착한 정보를 디지털 형식으로 필터링한 다음, 아날로그 형식으로 변환한다. 따라서 신호를 다시 디지털 형식으로 변환하려면 모뎀이 필요한데, 이 변환은 전화(또는 컴퓨터)와 전화 회사의 교환 센터 사이의 링크 용량을 56Kbps의 낮은 속도로 제한

한다.

디지털 가입자 회선(DSL)을 사용하면 데이터가 전송 과정에서 항상 디지털로 유지된다. 다시 말하면 아날로그 신호로 변환되지 않는 것이다. 따라서 전화 회사는 거리에 따라 최대 300Mbps의 매우 빠른 속도로 컴퓨터에 전송할 수 있다(Quick, 2010). DSL 서비스를 제공하기 위해 통신 회사는 전화선을 DSL 브리지(종종 DSL 모뎀이라고 함)에 연결하는데, 전화 회사의 지역 중앙통제실에서 DSL 트래픽은 집계되고, 가입자가 계약을 맺은 ISP(인터넷 서비스 사업자) 또는 데이터 네트워크 제공 업체로 전달된다. 종종 전화 회사가 ISP이기도하다.

DSL 회선의 비트 전송률은 가입자 컴퓨터의 전화 회사의 지역 중앙국과의 거리와 밀접한 관련이 있는데, 예를 들어 통신 회사는 중앙통제실에서 6,100미터(20,000피트) 떨어진 곳까지 서비스를 제공 할 수 있지만, 회사의 회선에 DSL 중계기가 설치되어 있지 않으면 속도는 일반적으로 144Kbps보다 빠르지 않다. 그런 이유로 일부 회사는 가입자의 주소가 중앙 통제실에서 4,500미터(15,000피트) 이내가 아닌 경우 서비스를 제공하지 않는다.

T1 및 T3 라인

T1 및 T3 회선은 전화 회사에서 제공하는 지점 간 전용 디지털 회선인데, T1 회선은 64Kbps의 24개 채널로 구성되며 T3 회선은 672개의 64Kbps 채널로 구성된다. T1 및 T3 라인은 비용이 비싸서, 높은 속도에 의존해야 하는 기업들만 높은 비용을 지불하고 서비스를 이용한다. 대기업 뿐 아니라 대부분의 대학교는 백본 및 인터넷 연결에 T1 또는 T3 회선을 사용한다.

위성

농촌 지역 및 케이블이나 DSL에 접속할 수 없는 다른 지역의 기업 및 가정에서는 무선 극초단파 전송을 사용하는 위성 서비스를 이용할 수 있다. 사실, 위성 서비스 제공 업체는 이러한 가정을 대상으로 사업을 한다. 서비스 제공자는 통신 위성에 맞추어진 접시 안테나를 가정에 설치하는데, 위성 연결 속도는 45Mbps이다. 일반적으로 위성 통신을 위한 안테나는 개인 주택 마당이나 대형 트럭 옥상에 설치되어 고정되는데, 고정 위성 접시의 가입자는 대부분 가정이다. 고정되지 않는 이동용 접시 안테나를 사용하는 소비자는 대부분 운송 사업에 종사한다. 고정 위성 서비스를 이용하는 가입자는 전형적으로 400달러의 가격으로 접시 안테나를 구입해야 하며 매월 약 50달러의 요금을 지불해야 한다. 운송 회사는 각 트럭에 안테나를 설치해야 한다.

많은 사람들이 무료 위성 서비스인 GPS (위성 위치 확인 시스템)를 사용하는데, 인공위성 (미국 정부에 의해 궤도에 진입 한)으로부터의 수신을 가능하게 하기 위해서는 적절한 장치가 필요하지만 장치가 설치되면 누구나 무료로 통신 할 수 있다. 위성은 경도와 위도를 기준으로 지구상의 GPS 장치로 다시 전송한다.

고정된 무선장치

인터넷에 케이블이나 DSL 연결을 할 수 없는 가정이나 소규모 기업을 위한 또 다른 대안은 고정 무선 장치이다. 고정 무선 장치는 모바일 무선과 달리 두 개의 고정 장치 사이나 일반적으로는 두 건물 사이의 지점 간 전송인데, Sprint, AT&T 및 많은 ISP와 같은 회사가 이 서비스를 제공한다. 고정 무선 서비스를 전문으로 하는 ISP는 종종 WISP, 무선 ISP라고 하는데, 실제 전선과 케이블을 설치하는 대신 옥상에 마이크로 웨이브 트랜시버를 설치한다. 가입자는 자신의 컴퓨터를 옥상 트랜시버에 연결하는데, 이 서비스를 이용하면 최대 2Mbps의 속도로 통신 할 수 있다. 중계기는 건물이나 나무, 그리고 악천후에 의해 약화 될 수 있는 신호를 향상시키기 위해 서로 가까운 거리에 설치되며, 전송 속도는 수신기와 기지국 간의 거리에 따라 달라진다. 기지국에서 최대 14km(9마일) 속도는 100Mbps인데, 속도는 기지국에서 약 56킬로미터(35마일) 떨어져 있는 경우 약 2Mbps로 떨어진다.
고정 무선장치는 모듈식이므로 통신 회사는 가입자에게 서비스를 제공하는 데 필요한 만큼 송수신기를 추가 할 수 있는데, 케이블 서비스와 달리 회사는 라이센스가 필요하지 않으며, 도시 및 농촌 지역 모두에 적합하다.

구내 광섬유

구내에 있는 광섬유는 건물을 광섬유를 통해 인터넷에 연결하는데, 이 서비스는 미국 및 다른 국가에서 광범위하게 사용할 수 있지만 속도는 다양하다. 홍콩과 한국에서 이 서비스 제공 업체가 허용하는 최대 속도는 100Mbps인데, 미국에서는 Verizon이 FiOS(광섬유 서비스)를 호출하지만 속도는 크게 떨어져, 30Mbps로 제한하는 서비스를 제공한다. Verizon은 이 서비스를 대규모로 배포했지만 AT & T와 같은 회사는 일부 커뮤니티에 유사한 서비스를 제공한다. 광섬유가 가입자의 생활 공간 또는 작업 공간에 도달하면 FTTH(Fiber to the Home)라고 하는데, 가입자는 컴퓨터 또는 LAN의 라우터를 벽의 광섬유 소켓에 연결하기만 하면 된다.

광 캐리어 (Optical Carrier)

높은 수수료를 지불하면 기업은 매우 높은 연결 속도를 누릴 수 있는데, 이러한 서비스는 광섬유 회선을 통해 제공되기 때문에, 광 캐리어의 머리 글자어인 OC로 표시된다. OC 옆의 숫자는 기본 속도 대역폭으로 간주되는 데이터 속도를 51.84 Mbps의 배수로 나타낸다. 따라서 이용 가능한 경우, 서비스는 C-3072를 통해 C-1, C-3, C-9, C-12, C-18, C-48 등으로 표시된다. 예를 들어, OC-768(40Gbps)을 사용하면 1초 안에 7장의 CD 내용을 전송할 수 있다. 서비스를 구매하는 일반적인 비즈니스는 ISP, 검색 엔진 제공 업체, 컨텐츠가 풍부한 웹 사이트, 대량 트래픽을 지원하고자 하는 기업 등이다. 미디어 기업은 고속 전송이 스트리밍 비디오를 가능하게 하기 때문에 이러한 서비스를 이용한다. 예를 들어 OC-768을 사용하는 회사로 도이치 텔레콤, NBC, 디즈니, 미국방부 선진 연구 기획국(인터넷 개발 기관), NASA 및 일본 TV가 있다.

ETHICAL & SOCIETAL ISSUES 재택 근무 찬반 양론

당신이 사람들에게 자신을 소개하면서 당신의 직업에 관해 언급하면, 사람들은 "어디서 일합니까?"라고 질문하게 될 것이다. 많은 피고용인들은 이제 "집에서"라고 대답하는데, 이들은 출퇴근하지 않고, 대신 재택 근무를 한다. 그들은 침실에서 PC 및 광대역 인터넷이 연결된 다른 방까지 이동하여 출근하기 때문에 가장 짧은 통근 거리를 가지고 있다. 기업은 더 많은 근로자에게 정보기술(IT, Information Technologies)로 소프트웨어, 분석 보고서, 문헌, 세금 신고서 및 기타 여러 유형의 산출물 등을 필요한 모든 것을 제공하기 위해 노력한다. 사무실의 데이터가 필요하면 VPN 소프트웨어를 사용하여 사무실 인트라넷에 연결하고 필요한 정보를 검색 할 수 있는데, 감독자 또는 동료와 대화해야 하는 경우 컴퓨터를 사용하여 화상 회의를 진행한다. 제품을 완성하면 전자 메일로 보내거나 원격 서버에 저장할 수 있다.

- **증가하고 있는 재택근무.** 재택 근무자로 간주되는 사람은 기준에 따라 290만 명에서 3370만 명까지 다양하다. 미국 인구 통계국 (American Census Bureau)의 연례 미국 지역 조사 (American Community Survey)에 의해 계산된 특별 도표는 2009년 미국 재택 근무자 합계를 290만 명으로 계산했고, 이는 2005년보다 61% 증가한 수치이다. 대부분의 증가는 연방 및 주정부의 노동자를 원격 근무시키기 때문인데, Families and Work Institute의 회장 인 Ellen Galinsky는 재택 근무자를 가정에서 일하는 직원으로 간주한다. 이 수치는 전국의 임금 및 봉급 직원의 10%인 1370만 명에 달하며 2002년에서 2008년까지 크게 변하지 않았다. Worldat-Work의 Telework Trendlines의 2009 보고서는 한 달에 한번 이상 집에서 일하는 모든 직원, 계약자 및 사업주를 계산하여 3370만 명이 재택근무를 한다고 주장하였다. 이 통계는 2006년에 작성된 2870만 명보다 17% 더 높은 것으로, 2011년 인적 자원 관리 협회 (SHRM)의 작업장 예측에 따르면 HR 전문가의 43%는 미래에 작업 공간 유연성에 대한 요구가 작업 공간에 대해 큰 영향을 미칠 것으로 믿는다(Meinert, 2011).
- **고용 기회.** 재택 근무는 가족과 더 많은 시간을 보내고자 하는 사람들에게 대안을 제공한다. 일부 직원들은 돈보다는 자녀를 키우는 데 시간을 할애하고 싶어한다. 통근 시간을 줄이면 스트레스가 낮아져 직원들에게 더 나은 업무환경과 생활 균형을 동시에 제공할 수 있다. 또한 스트레스 수준 감소는 직원의 삶의 질과 생산성을 향상시킨다. 또한 잠재적인 직원에게 재택 근무를 제공하면 회사의 최고의 재능을 획득할 기회를 얻을 수 있다. Fortune 지의 2011년 "일하고 싶은 100대 우수 기업" 중 82개 회사는 직원들에게 재택 근무 옵션을 제공했다(Meinert, 2011).
- **시간과 돈의 절약.** 조직은 사무실 공간의 비용을 절약하기 때문에 재택 근무를 제공할 수 있다. 딜로이트 LLP는 전국적으로 종업원 45,000명 대부분에게 지난 15년 동안 일주일에 5일까지 재택 근무 할 수 있는 옵션을 제공했다. 이로 인해 딜로이트는 임차가 만료됨에 따라 사무실 공간을 줄이고 에너지 비용을 30% 더 절약했다. 2008년에는 영구 책상을 더 이상 필요로 하지 않는 영업직원을 위한 사무실 공간을 없애고 3,000만 달러를 절감했다.
  대신 딜로이트는 일반적으로 재택 근무하는 직원들이 사무실을 필요할 때 사용할 수 있는 예약제 "호텔"을 제공한다. 비행기로 여행하는 대신 고객은 "telesuite"를 사용하여 시간과 회사 비용을 절약할 수 있다. 직원들은 이를 사용해 다른 위치의 고객 및 동료 직원과 화상 회의를 할 수 있다. 포춘지에 따르면 (Meinert, 2011) 딜로이트 근로자의 86%가 주중 20% 이상이 재택 근무한다고 한다.
  재택 근무자는 출퇴근길에 보내는 시간과 비용을 절약하기 때문에 재택 근무가 마음에 들었다고 한다. 재택 근무는 수백만 톤의 오염 물질을 줄이고 수십억 갤런의 가솔린을 절약하며, 여가 시간 동안 수십억 시간의 개인 시간을 절약한다.
- **단점.** 그러나 모든 사람들이 재택 근무에 열성적이지는 않다. 사회 학자들은 이 현상에 대해 의견이 엇갈린다. 재택 근무를 통해 사람들은 노년층의 전문가 및 많은 장애인과 같이 일반적인 노동력이 아닌 대상들도 일할 수 있다. 반면에 고용주는 재택 근무자가 재택근무를 하지 않는 사원보다 열심히 일하도록 압력을 가하는 경향이 있다는 사실이 밝혀졌다. 사무실에서 직원은 정해진 시간 동안 일하지만 재택 근무자에게는 정해진 근무시간이 없다. 근로자의 근무일은 하루 24시간으로 간주된다. 또한 재택 근무자는 동료 근로자와 더 멀어진다. 일부 비즈니스 문화는 복도 대화를 기반으로 만들어지며, 이는 집에서 일하는 직원에게는 반복되어 발생하지 않는다. 새로운 사회적 유대 관계와 우정을 키울 수 있는 자리가 없을 수 있다는 의미다.
  재택 근무는 또한 고립을 조장 할 수 있다. 재택 근무자는 다른 사람들과 경험을 공유하지 않으며, 사무실에서 벗어난다는 것은 점심 시간에 샌드위치를 함께 먹으며 상사에 대해 불만을 토로하는 일 따위의 사소하지만 많은 사람들에게 소속감을 줄 수 있는 공동체마저 떠나 보내는 것을 의미한다. 동시에 일부 관리자는 사무실에서 직원을 보고 "시선"을 유지하는 것을 선호 할 수 있다.

다른 관점에서 보면, 모든 회사가 직원들이 재택근무를 원활하게 처리 할 수 있도록 적절한 기술 시스템을 갖춘 것은 아니다. 지난 3년간 가스 가격이 갤런 당 3~4달러로 치솟자 많은 회사들이 직원들에게 재택 근무를 제안했다. Tech Data사는 2008년에 1,500명의 직원 중 530명에게 재택 근무를 제공하였다. 그러나 회사가 알아 낸 사실은 회사가 집에서 일하는 직원에게 연락을 하기에 충분한 전화 시스템을 소유하고 있지 않다는 것이었다.

국가 차원에서도 재택 근무는 경제의 일부 부문에 심각한 영향을 줄 수 있다. 300만 명의 직장인 중 절반이 재택 근무를 하기 때문에 사무실 근처의 식당에서 점심을 먹지 않는다면 뉴욕의 식당 수입은 크게 줄어들 수 있다. 재택 근무 추세가 현재 속도로 계속되면 일부 도시의 식당 산업이 무너질 수 있다. 많은 사람들이 주로 사무실에 근접해 있기 때문에 도시에 거주한다. 따라서 재택근무자가 늘어나면 이러한 도시를 벗어나는 사람들이 늘어날 수 있고 도시의 많은 다른 산업이 피해를 볼 수 있다.

또한 집에서 일할 수 있는 옵션이 주어진 많은 근로자들은 재택근무를 포기하고 사무실로 돌아가기로 결정했다. 흥미롭게도 이것은 또한 소프트웨어 개발과 같이 재택 근무에 매우 적합한 산업에서도 발생한다. 사무실로 복귀하는 근로자들은 친구들과 사회적 상호 작용을 할 기회, 복도에서의 대화, 친구와의 점심, 동료 근로자와 감독자와의 직접적인 의사 소통을 놓치고 싶지 않았다고 주장한다. 그러나 재택 근무는 성장했으며 아마 계속 성장할 것이다. 이는 특히 광대역 서비스의 가용성 향상과 월별 요금의 하락 덕분이다. 모든 미국인의 절반 이상이 집에서 광대역 서비스를 이용한다. 재택 근무자 중 광대역 서비스 이용 비율은 90% 이상인데, 이 추세가 계속되면 조직이 차지하는 사무실은 현재보다 훨씬 작아지고 상징적인 역할만을 할 것이다.

많은 고용주가 재택 근무를 제공하고 있지만, 그로 인해 직접적인 수익을 경험하려면 공간과 에너지 비용을 줄일 수 있어야 한다. 딜로이트(Deloitte)를 예로 들면, 그들은 영구 책상을 필요로 하지 않는 직원을 위해 사무실 공간을 없애고 그들이 사무실에 들어오는 날을 위한 공간을 확보할 수 있게 했다. 직원이 주당 1~2일의 재택 근무만 하고 나머지 근무일에 사무실 책상이 필요한 경우 고용주는 ROI 상승을 경험할 수 없을 것이라고 ROI 연구소의 잭 필립 회장은 말한다. 고용주의 55%는 직원이 집에서 일할 수 있도록 허용하지만 풀 타임으로 재택 근무만 하는 직원은 17%에 불과하다. 앞으로 수년 동안 직원 및 생산성 향상을 위해, 공간 및 에너지 비용을 줄이기 위해, 재택 근무의 발전에 있어 전략적 발전을 모색해야 한다(Meinert, 2011).

전력선을 통한 광대역 (BPL)

통신 매체에 대한 논의에서 언급했듯이 전력선은 디지털 신호를 전달할 수 있다. 가입자는 BPL 모뎀을 벽면 콘센트에 꽂기만 하면 된다. 일반적으로 유틸리티 회사는 통신 회사와 파트너가 되어 BPL (Broadband Over Power Lines)을 제공한다. 예를 들어, 신시내티 기반 유틸리티 회사인 Cinergy는 오하이오, 켄터키, 인디애나에서 고객 서비스를 제공하며 Current Communications와 파트너 관계를 맺고 광대역 서비스를 제공한다. 이 서비스는 가입자가 원하는 전송 속도를 기준으로 월 $ 20~40의 요금으로 제공한다. 일부 전문가들은 미국의 BPL 시장은 성장할 것으로 예상하고 있지만, 현재 전화 접속을 사용하여 인터넷에 연결하는 서비스를 채택 할 것으로 예상하는 반론도 있다. 다이얼 업 서비스는 여전히 집의 6%에서 사용되고 있다. AOL(American Online)은 350만 개 이상의 전화 접속 가입자 계정을 보유하고 있다(Todd, 2012).

네트워크 기술의 영향

이 절에서는 광대역 전화, 무선 주파수 식별 및 디지털 기술의 융합과 같은 비즈니스와 정보 관리에 중요한 영향을 줄 수 있는 네트워크 기술 및 추세에 대해 살펴 본다.

광대역 전화 통신

일반 장거리 전화 회사는 통화가 지속되는 시간 (분)에 따라 요금을 부과하지만 인터넷 서비스 공급자(ISP)는 고객에게 인터넷 연결에 대한 월별 정액 요금을 부과한다. 컴퓨터에 적절한 소프트웨어와 마이크가 연결되어 있으면 인터넷 사용자는 인터넷 연결을 통한 장거리 전화나 국제 전화를 이용하여 일반 전화 비용보다 훨씬 적은 비용으로 통화할 수 있다. 이 기술은 인터넷 전화, IP 전화 또는 VoIP(Voice over Internet Protocol)라고 한다. VoIP는 음성 신호를 디지털화하고 압축하고 인터넷 링크를 통해 비트를 전송하는 소프트웨어의 표준이다. 조직은 적절한 소프트웨어를 구입하거나 IP 전화를 제공하는 회사의 서비스를 사용할 수 있다. Vonage, Comcast 등 많은 회사는 VoIP을 저렴한 가격으로 제공한다.

Skype나 iCall과 같은 회사의 서비스를 사용하여 컴퓨터 간 전화를 무료로 이용할 수 있다. 이런 서비스를 이용하기 위해서는 모뎀이 필요하지만 새 전화기 또는 전화 번호가 필요하지 않으며 가정용 컴퓨터를 통해 전화를 걸지 않아도 된다. iCall은 무료 전화 걸기의 두 가지 방법을 제공한다. 미국 또는 캐나다에 있는 전화로 전화를 걸거나 다른 iCall 사용자에게 무료로 전화 할 수 있다.

VoIP는 모바일 직원 뿐 아니라 여러 위치가 있는 비즈니스 조직에 유연성을 제공한다. VoIP는 전자 메일, 인스턴트 메시징, 가상 회의 및 화상 회의를 통해 읽을 수 있는 텍스트 번역과 같은 여러 서비스를 포함 할 수 있다.

Google 보이스는 기기 또는 위치와 연결되지 않은 사람에게 전화 번호를 할당하여 통신 서비스를 제공하는데, 이 제품을 통해 사용자는 Google 보이스 전화 번호를 사용하여, 모든 휴대 전화(모바일, 집, 사무실 또는 VoIP 회선)를 관리할 수 있다. 예를 들어, 누군가 Google 보이스 번호로 전화를 걸면 휴대 전화, 사무실 및 집 전화가 동시에 울리도록 지정할 수 있다. 이 서비스는 음성 메일을 받을 때 전자 메일이나 문자 메시지 알림을 받을 수 있고, 전화를 수락할지 또는 음성 메일로 보낼지 결정하기 전에 발신자의 음성을 들을 수 있는 영상을 보낼 수 있다.

스카이프와 같은 서비스를 이용하면 PC를 이용한 대화를 무료로 할 수 있다.

VoIP는 회사 및 가정에서 비용을 절약할 수 있다. 기업은 기존 PBX(사설 교환기)에서 VoIP 시스템으로 전환하고 있다. 리서치 회사 In-Stat에 따르면 미국 기업의 20%는 2006년에 VoIP를 사용했으며 2010년에는 그 비중이 80%로 증가할 것이라 예상했다(Wenzel, 2011). VoIP 솔루션 시장은 2014년까지 181억 달러 이상으로 성장할 것으로 예상된다 (Anonymous, 2011b).

Oakland California의 JIG / MUIR는 노화된 PBX 전화 시스템을 사용했다. 그러나 Boxfl에서 새 시스템을 구현 한 후 시스템의 대역폭을 300% 증가시키면서 한 달에 1,200달러를 절약했다. 이 시스템은 위에 설명 된 많은 기능을 제공했다 (Wenzel, 2011). LA Fitness는 전국 370개 클럽에서 20,000명의 직원을 연결하는 솔루션을 찾아야 했다. 미국 전역에서의 확장은 상호 작용하고 정보를 공유하여 최적의 고객 서비스를 제공하는 기능을 복잡하게 한다. LA Fitness는 보다 비용 효율적이고 생산적인 VoIP를 사용하여 엔터프라이즈 급 통신 시스템을 구축했다(Anonymous, 2011a).

일부 전문가들은 예측하였듯이 전화 통신의 미래는 휴대폰과 VoIP 전화의 융합에 있으며, 단 하나의 전화기만 사용하게 될 것이다. 집이나 사무실 밖에서는 휴대 전화 네트워크를 사용할 것이며, 집에 돌아 오거나 사무실에 있을 때 전화는 VoIP 서비스를 통해 통신한다. 이것은 휴대 전화 요금을 줄일 수 있을 것이다.

무선 주파수 식별(RFID, Radio Frequency Identification)

3장 "비즈니스 기능과 공급 사슬"에서 기업이 제조 및 소매 분야에서 특정 유형의 통신 기술(RFID)을 통해 얻을 수 있는 효율성 및 비즈니스 인텔리전스에 대해 학습했다. 이 절에서는 RFID의 작동 방식에 대해 자세히 설명한다. RFID 태그는 포함해야 하는 정보의 양과 사용되는 환경에 따라 쌀알크기나 수 평방 인치 정도로 작을 수 있다. 물론 항상 평평한 형태는 아니며, 원통형일 수도 있다. 태그는 거의 전력이 필요하지 않다. 패시브 태그는 리더기의 전력을 사용하며, 능동형 태그에는 자체 배터리가 있다. 이 작은 배터리는 수명이 오래 지속된다.

POINT OF INTEREST 깎아 내렸다

RFID 칩은 소매, 운송 및 의약품을 포함한 비즈니스 세계의 여러 측면에서 활용되어 왔다. 하지만 RFID 칩을 찾을 수 있는 새로운 장소를 알고 싶다면 워싱턴 북서부에서 열리는 2012년 해커 컨퍼런스를 주목할 필요가 있다. 그곳에서 $30달러의 비용을 내고 RFID 칩을 엄지 손가락과 집게 손가락 사이의 피부 층 밑에 이식하면 사람들은 RFID 칩을 사용하여 현관문을 통과하거나 휴대 전화의 잠금을 해제하거나, 심지어 자동차 시동을 걸 수 있다. 일부는 개인 정보 보호에 대한 우려를 가지고 있지만, RFID 기술 발전의 최전선에 서기 위해 많은 사람들이 열성적이다.

출처: Greenburg, A. (2012). Want An RFID Chip Implanted Into Your Hand? Here's What The DIY Surgery Looks Like (Video). Forbes. Retrieved from http://www.forbes.com website: http://www.forbes.com/sites/andygreenberg/2012/08/13/want-an-rfid-chip-implanted-into-your-hand-heres-what-the-diy-surgery-looks-like-video/

RFID 시스템은 다음과 같이 작동한다. 객체는 종종 내장되어 있으며, 응답기가 포함된 태그가 장착되어 있다. 응답기는 전송된 신호에 의해 활성화되는 무선 송수신기이다. 태그에는 고유 한 코드가 부여된 디지털 메모리가 장착되어 있으며, 태그를 사용하여 제품을 식별하는 경우 EPC

(전자 제품 코드)가 포함된다. 리더기, 안테나, 송수신기 및 디코더의 조합은 RFID 태그를 활성화하는 신호를 방출하여 리더기가 데이터를 읽고 그에 데이터를 쓸 수 있다. 리더기라고 이름 붙여졌지만 데이터를 쓸 수 있기도 하다. RFID 태그가 리더기의 전자기 영역에 들어가면 리더기의 활성화 신호를 감지하며, 판독기는 태그의 메모리에 저장된 데이터를 디코딩하고 데이터는 처리를 위해 호스트 컴퓨터로 전달된다.

세계 최대 소매 업체인 Wal-Mart, 영국의 Tesco, German Metro AG는 공급망을 근본적으로 바꿀 수 있는 프로젝트에 착수했다. 이 프로젝트에서 공급 업체는 RFID를 사용해야 하며, 수백 명의 소비자 제품 중 세계 최대의 공급자인 Procter & Gamble이 이에 응했다. 회사는 제품에 내장된 마이크로 칩을 사용하는데, 이는 매장 레지스터에서 추적 및 체크 아웃을 위한 유비쿼터스 바코드를 대체한다. 각 마이크로 칩에는 제품 식별 번호가 있는데, 마이크로칩은 소형기기 및 노트북을 포함한 무선 컴퓨터와 통신하며, 생산 라인, 포장라인, 선적라인, 진열라인, 고객에 의해 지불되는 단계에 이르기 까지 제품과 함께 이동된다. 각 단계에서 해당 위치 정보가 생산 및 판매와 관련된 모든 비즈니스에 액세스 할 수 있는 컴퓨터 네트워크에 전달되는데, 이것은 종종 Wi-Fi 네트워크이다. 이점은 공급 체인 전체의 재고를 거의 제로로 최소화하는 JIT 시스템이면서도 항상 재고가 확보된 상태이다. JIT 또는 JIT에 가까운 상황은 재고에 대한 최신 정보와 공급 업체로부터의 다음 선적이 제때 이뤄질 때 실현될 수 있다. 초소형 무선 송수신기가 장착 된 "스마트 선반"은 선반에 재고가 없을 때마다 직원에게 알리고 즉시 재고를 선반에 추가할 수 있다.

RFID는 도표 6.7에서 볼 수 있듯이 다른 많은 용도로도 사용된다. 이 기술에 대한 투자로 대기업은 효율이 거의 즉시 상승하지만, 소규모 공급 업체에게는 비용이 많이 든다. Wal-Mart, 영국의 Tesco, German Metro AG 및 미 국방부에서 사용하는 표준 EPC 태그의 평균 가격은 2007년 5센트였다.

여러 소매 업체가 RFID 기술 구현 계획을 발표했다. RFID 기술은 소매 업체가 판매하는 품목에 EPC 지원 기술을 제공한다. RFID / EPC 기술의 채택은 공급 업체가 이 기술을 채택하여 협력할지 여부에 달려있다. Accenture의 2011년 10월 조사에 따르면 북미 지역의 58개 공급 업체와 56개 소매 업체는 RFID 기술이 소매 업체나 공급 업체의 50% 이상에서 채택되어야 한다고 생각한다. 항목 수준 태깅은 RFID / EPC 채택을 증가시키는 데 가장 중요한 영향을 미치는 것으로 간주된다. 이전에는 종이 팩으로 운반 된 의류가 한 번에 하나씩 수동으로 스캔 되어야 했다. 새로운 기술을 통해 공급 업체, 유통 업체 및 소매 업체는 RFID 태그를 읽음으로써 전체의 품목 수준 정보를 파악할 수 있다(Napolitano, 2012).

RFID 기술 구현의 이점은 분명하다. 미국 생산성 및 품질 센터 (APQC)는 RFID 구현이 유통 프로세스를 개선하고 물류 센터 및 창고 비용을 줄이며 공급 업체와의 관계를 개선하고 재고를 줄이게 될 것이라고 믿고 있다. 또한, 항목 수준에서의 추적성은 소비자, 의약품, 식품의 안전성을 증가시키는 것으로 여겨진다(Partida, 2012).

RFID를 사용하면 고객 경험을 향상시킬 수 있다. 일본풍 남성 상점인 Sibuya는 옷걸이에 태그를 달았다. 고객이 옷걸이에서 의류를 제거하면 디스플레이가 제품에 대한 세부 사항을 표시하고 제품에 대한 액세서리를 추천한다. 맞춤식 광고를 제공하는 것 외에도 의류가 고객에 의해 제거된 횟수를 추적한다(Liszewski, 2011).

RFID 태그의 가격은 1센트 또는 1센트 이하로 계속 하락할 것으로 예상된다. 가격이 충분히 낮아지면 비즈니스가 직원 생산성 및 운영 효율성에 초점을 맞추면서 많은 RFID 기술의 사용이 시작될 수 있다.

■ 그림 6-7

비즈니스에서 RFID 적용의 다양한 예

적용분야		예시
접근 권한		도어키를 대체하여 출입카드로 사용할 수 있다.
사람 추적	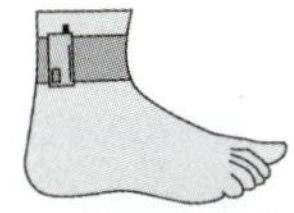	학교에서 아이를 관찰할 수 있다. 수감된 죄수를 감시해 탈옥을 방지할 수 있다.
동물 추적		애완동물의 행동을 추적할 수 있다.
가축관리		농장의 가축들의 생애주기를 추적할 수 있다. (예) 먹이주기 나 면역접종) 질병을 추적하기 위해 소에게 고유 ID를 부과할 수 있다.
도난방지 수단	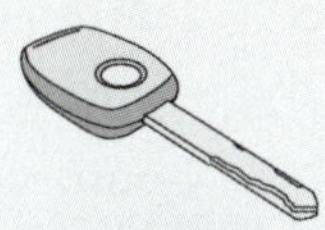	자동차 열쇠에 응답기가 통합되어 오직 하나의 올바른 열쇠만이 시동을 걸 수 있다.
수송		공항에서, 태그가 된 수화물에 대해 안전 검사를 수행할 수 있다.
소매업		화물운반대나 선반의 상품들을 추적할 수 있다. 비대면 대금지불을 할 수 있다.
의약품		불법복제된 약품을 줄일 수 있다.
헬스케어		전염병이 유행인 지역에 누가 출입하고 떠났는지 알아낼 수 있다.

수렴되는 기술들

이전 장의 하드웨어 기술 수렴에 대한 논의를 상기 해보라. 컨버전스는 네트워크 기술에서도 발생한다. 휴대 전화는 아날로그 또는 디지털 송수신기 타워의 전용 네트워크를 통해서만 송수신할 수 있다. 이제는 많은 서비스들이 듀얼 기술로 구축되어 "전통적인" 휴대폰과 무선 웹 폰으로 동시에 제공될 수 있다. 회로가 전화가 핫스팟 범위 내에 있음을 감지하면 전화를 VoIP로 전환하여 비용을 절약한다.

새로운 가정용 텔레비전은 케이블, 인공위성 및 인터넷에 연결되도록 설계되었지만, 교대로 연결되는 것이 아니라 동시에 연결된다. 따라서 우리는 서로 다른 두 가지 네트워크 기술을 사용하여 스포츠 게임을 시청하는 동시에 동일한 장치를 통해 온라인 채팅을 할 수 있다. 태블릿과 스마트 폰은 이미 TV와 휴대 전화로 작동 할 수 있다. 이는 개인이 모든 유형의 네트워크에 연결할 수 있는 단일 장치를 휴대함으로써, 라디오, 텔레비전, 전화 및 인터넷 서핑 사이의 회선을 제거할 수 있음을 의미한다. 어플라이언스 제조업체는 소유자와 상호 작용하는 스마트 장치를 설계하여, 냉장고 문을 몇 분 이상 열어 두거나 드라이어를 원격으로 시작할 수 있게 한다. 디자이너는 부패하기 쉬운 물건에 대한 유효 기간을 소유자에게 알리는 "스마트 냉장고"를 개발하고 있다 (Barclay, 2012). 기업의 경우 융합 기술은 새로운 정보 서비스를 제공하고보다 효과적이고 효율적인 영업 인력을 관리 할 수 있는 기회를 제공한다.

POINT OF INTEREST 미래에는...

우리는 핸드폰이 서류 가방 크기에서 게임 카드 크기보다 작아진 것을 보았다. 그들의 기능은 스마트폰이 우리가 집을 나갈 때 필요한 유일한 장치일 수 있는 지점까지 확장되었다. 사용자는 이제 대화, 텍스트, 서핑, 화상 채팅, 이메일, 스트리밍, 쇼핑, 읽기, 게임, 트윗, 이동, 사진 찍기 등의 작업을 할 수 있다. 그럼 기술 융합의 다음 단계는 무엇일까? 우리의 삶을 편하게 하기 위해 스마트 폰에 어떤 다른 기능을 추가 할 수 있을까? 사용자가 좋아하는 뉴스, 스포츠, 날씨 및 TV 프로그램을 보기 위해 스마트 폰에만 의존할 수 있도록 화면 품질과 크기가 느는 것을 예상해 볼 수 있다. 스마트 폰이 전문적인 기능을 갖춘 고화질 사진과 비디오를 촬영할 수 있는 이유는 무엇일까? 스마트 폰은 바쁜 일상 생활을 단순화하고 보완하기 때문에 우리에게 더 의존하게 만드는 기능을 계속 추가 할 것이다.

출처: Miles, S. (2012). What will your next mobile phone look like? Retrieved from http://articles.cnn. com website: http://articles.cnn.com/2012-02-28/tech/tech_mobile_mobile-trends-mwc_1_mobile-phone -qualcomm-phone-makers/2?_s=P-M:TECH

무선 기술을 동일한 장치에 결합하여 기능을 향상시킬 수 있다. 예를 들어 휴대용 디지털 음악 및 비디오 플레이어는 Wi-Fi를 사용하여 PC 나 다른 Wi-Fi 장치(다른 음악 / 비디오 플레이어)와 통신하여 파일을 다운로드할 수 있다. 그런 다음 Bluetooth를 사용하여 음악을 무선 이어폰으로 전송할 수 있다. 지역 라디오 방송국은 인터넷을 통해 어디에서나 청취자에게 방송할 수 있다.

현재, RFID 기술은 상점에서 스마트폰으로 제품의 전자 코드를 읽고 그 가격을 온라인으로 비교할 수 있다. 슈퍼마켓에서 제품을 찾는 데 있어 사람의 도움을 요청하는 대신, 제품의 EPC를 식별 한 후 전화기가 사용자를 올바른 통로로 안내할 수 있다. 일부 국가에서는 이미 신용 카드 대신 휴대 전화를 사용하여 구입한 대금을 지불할 수 있다.

다시 킴볼 레스토랑으로 돌아가서 (KIMBALL'S REVISITED)

시공업체는 타일러가 원하는 장소에 네트워크 케이블을 설치했다. 이제 시공업체는 설치할 콘센트 유형을 알아야 한다. 타일러는 추가 장비 및 서비스를 구매해야 하는지를 결정해야 하고, 설치해야 하는 서버 워크 스테이션 수를 결정해야 한다. 특히 태블릿 사용을 고려해야 할 경우 더욱 그렇다. 식당의 현재 인터넷 및 웹 사용은 그렇게 많지 않다. 타일러는 탐색 및 구매를 위한 일반적인 웹 액세스 뿐 아니라 재설계 및 유지 보수를 위해 웹 페이지에 액세스해야 할 것으로 예상한다. 그러나 그는 또한 Wi-Fi 액세스를 고객에게 제공하기를 원하며, 언제부터 그런 환경을 제공해야 하는지, 그리고 그것이 비용에 어떻게 영향을 미치는지 궁금해한다. 그는 또한 새로운 위치에 대한 전화 장비를 고려해야 한다. 어떤 선택이 효과적일까?

당신의 추천은?

1. 종업원의 태블릿과 고객의 스마트 폰에 무선 액세스를 제공하려면 어떤 유형의 네트워크 장비가 필요할까?
2. 타일러 (Tyler)는 새로운 위치에 인터넷 서비스가 필요하다는 것을 아버지에게 확신시켜주었다. 새 위치에 대한 인터넷 액세스를 결정할 때 무엇을 고려해야 할까?
3. 타일러(Tyler)는 시공업체에 어떤 종류의 개인용 컴퓨터 장치를 설치하라고 지시해야 할까? 그런 네트워크가 설치되어야 한다고 생각하는가? 그 이유는 무엇인가?

새로운 시각

1. 태블릿 사용을 단계적으로 해야 할까? 전통적인 워크 스테이션을 백업으로 사용해야 할까? 워크 스테이션을 바에서만 사용해야 할까? 타일러와 마이클에게 어떤 충고를 해주겠는가?
2. 마이클은 고객에게 Wi-Fi 액세스를 제공하는 비용과 식당 운영을 위한 무선 네트워크의 보안에 대해 우려하고 있다. 고객 액세스 용과 주문을 받는 타블렛 용으로 두 개의 라우터를 구입하는 것이 합리적일까?
3. 마이클과 타일러는 새로운 네트워크 시스템의 필요성에 대해 논의했다. 타일러는 레스토랑에 네트워크 서비스를 제공하기 위해 인터넷 연결을 사용할 수 있다고 믿었다. 비용, 하드웨어, 소프트웨어 요구 사항 및 고려해야 할 문제점은 무엇일까?

주요용어

중계기, 219
RFI (radio frequency interference), 216
라우터, 219
서버, 220
고정 IP 주소, 221
스위치, 219
T1 and T3 lines, 226
TCP/IP (Transmission Control Protocol/Internet Protocol), 220
핫스팟, 222
IEEE 802.11., 221
인터넷 서비스 사업자(Internet service provider; ISP), 228
IP 주소, 220
local area network (LAN), 216
Long-Term Evolution (LTE), 224
metropolitan area network (MAN), 217
극초단파, 215
연선케이블(twisted pair), 214
value-added network (VAN), 218
화상회의, 211
virtual private network (VPN), 219
VoIP (Voice over Internet Protocol), 232
wide area network (WAN), 218
Wi-Fi, 221
WiMAX, 223
무선LAN (WLAN), 223

리뷰 질문

1. 만약 데이터 통신이 사람 눈에 보일 수 있다면 우리는 압도당할 수 있다. 왜 일까? 몇 가지 예를 들어보라.
2. 다른 통신 매체보다 더 빠른 데이터 통신 속도가 가능하게 하는 것은 무엇일까?
3. 현재 어떤 통신 매체가 가장 빠른 데이터 통신을 가능하게 하고 있는가?
4. 통신회선에서 중계기가 많이 사용되고 있다. 그들의 기능은 무엇일까?
5. 네트워크 전문가들은 "마지막 1마일"에 대해 종종 언급한다. "마지막 1마일"이 왜 중요할까?
6. 도시나 마을에서 20마일이나 떨어진 천문 관측소에서 DSL 서비스를 받아볼 수 있다. 그 이유는 무엇일까?
7. 네트워크 사용의 증가로 조직이 겪는 위험은 무엇일까?
8. 가상 사설 네트워크는 무엇인가? 왜 가상이라고 하는지 이유를 설명하라.
9. 네트워크 프로토콜이란 무엇일까?
10. 다른 통신 매체에 비해 광섬유의 기술적 장점은 무엇일까?
11. 세 가지 서비스를 제공할 수 있는 통신 매체는 2개가 있다. 그것이 어떤 매체이고, 세 가지 서비스가 무엇인지 설명하라.
12. 의류에 RFID 칩을 넣는 것과 관련된 보안과 프라이버시 문제점은 무엇일까? RFID칩이 부착된 의류를 입는 것이 어떨지 당신의 생각을 설명하라.
13. VoIP란 무엇일까요 사업자가 기존의 전화 대신 VoIP를 사용하려 하면 어떤 요소를 가장 중요하게 생각해야 할까?
14. BPL이 무엇인가? 모든 가정에서 BPL을 사용할 수 있는 이유는 무엇일까?
15. WAN, LAN, MAN 및 PAN의 개념에 대해 설명하라.
16. 핫스팟은 무엇이고 비즈니스에서 어떻게 쓰일 수 있는지 설명하라.
17. 지자체가 제공하는 WiMAX의 목적은 무엇이며, 광대역 서비스와 경쟁하는 이유는 무엇일까?
18. 휴대 전화는 이미 무선이다. 왜 회사가 직원들에게 Wi-FI 환경을 만들어 주는데 관심을 가져야 하는지 설명하라.

토의질문

19. Wi-Fi는 늘 주변에 있다. 이것에 어떤 단점이 있을까?

20. 이메일을 주고 받을 때와 얼굴을 마주 보고 대화할 때 우리는 다른 방식으로 표현한다. 차이점은 무엇일까? 개인적으로 모르는 사람과 의사 소통 할 때 어느 것을 선호할까? 반대로 그 사람을 안다면 어느 쪽을 선호하는가?

21. 인터넷에 접속할 수 있는 모든 가정은 이제 핫스팟이 될 수 있다. 그 방법과 핫스팟이 되는 경우의 위험에 대해 토론해보라.

22. 협업을 위한 통신의 의미는 무엇인지 토론해보라.

23. 광대역 서비스가 더 큰 지역을 대상으로 하고, 비용이 저렴해짐에 따라 작은 기업이나 집에서 사업을 하는 경우가 늘어나고 있다. 둘 사이의 상관관계가 있는지 토론해라.

24. 일부 회사는 영업 직원에게 개인 책상을 주는 것을 중단했다. 그 이유가 무엇인지 생각해보고 그것이 올바른 방향인지 토론해보라.

25. 회사에서 사용되는 화상 회의의 장점에 대해 말해보라. 그리고 그것이 사회 전반에 미치는 혜택에 대해 토론해보라.

26. 공간을 차지하지 않는 것들은 온라인을 통해서만 거래된다. 당신은 이 주장에 동의하는가? 당신의 생각을 말해보라.

27. 컴퓨터 네트워크를 통해 점점 더 많은 의사 소통을 하는 것에 대한 바람직하지 않은 영향을 본 적이 있는가? 당신은 컴퓨터 네트워크를 통한 의사소통의 비중이 높아지는 것에 대해 어떻게 생각하는가?

28. 재택 근무가 불가능한 일자리를 말해보고 그 이유를 설명해보라.

29. Wi-Fi는 디지털 카메라 및 휴대폰과 같은 전자 기기에 내장되어 있다. 디지털 카메라의 Wi-Fi 기능으로 수행 할 수 있는 작업의 예를 말해보라.

30. 재택 근무할 기회를 얻었는가? 얻었다면 그 이유는 무엇일까?

31. 당신이 중간 관리자라고 가정해 보라. 부하 직원들이 재택 근무하도록 허용하겠는가? 당신의 생각에 대한 이유는 무엇인가?

32. 감독자로서 당신은 재택 근무와 비 재택 근무 중 어느 쪽을 더 선호하는가? 혹은 전혀 신경을 쓰지 않는가? 당신의 생각과 이유를 말해보라.

개념 적용

33. 제임스 마라 치오 (James Marachio)는 자신의 저서 '졸업 할 때 백만장자가되는 법'(How to be Mome aire to Graduation)을 완성했다. 그는 원고를 타이핑하기 위해 워드 프로세서를 사용했으며, 책을 8.8 MB의 파일로 저장했다. 제임스는 노스캐롤라이나주 샬럿에 살고 있다. 출판사는 인터넷을 통해 책을 보스톤의 출판사 사무실로 전송할 것을 요청했습니다. 제임스는 25Mbps의 속도로 파일을 전송할 수 있다. 전송되는 각 데이터 패킷에는 일부 비 데이터 비트가 포함되어야 하므로 전송할 전체 비트 수는 9MB라고 가정한다. 책을 전송하는 데 얼마나 오래 걸리는가? 도시 간 거리는 무시하라. (스프레드 시트를 사용하여 계산을 명확하게 표시하고 계산 과정에서 측정 단위를 사용하시오. 스프레드 시트 파일을 교수님에게 이메일로 보내면 된다.)

34. 사무실에서 본사로 보고서를 전송하는 데 케이블 모뎀을 사용한다. www.speedtest.net 과 같이 업로드와 다운로드 속도를 테스트할 수 있는 웹 사이트를 찾아보라. 전송 프로토콜이 데이터 바이트에 추가 비트를 추가하기 때문에 평균적으로 각 전송 바이트에 대해 1 비트가 추가된다고 가정하라. 평균적으로 1 페이지에는 공백을 포함하여 3,000자를 포함한다. 3분 동안 당신의 사무실은 몇 페이지를 전송할 수 있

을지 계산해보라.

35. 도표 6.6에 열거 된 주거용 통신 서비스 중에서 당신이 사는 곳과 비용을 고려해보면 무엇이 이용 가능한지 알아보라. 당신은 여러 DSL 및 케이블 서비스나 위성 및 BPL 서비스 등이 이용 가능한 것을 찾아 낼 수 있다. 각 서비스의 요금대비 최대 비트 전송률(다운로드)의 비율을 계산하라. 어떤 서비스가 가격 대비 가장 높은 속도를 제공하는가?

실습 활동

36. 일본, 한국 및 캐나다에서 제공되는 광대역 서비스는 일반적으로 미국보다 빠르고 저렴하다. 웹을 사용하여 그 이유에 대해 연구하고 1p 보고서를 작성해보라.

37. 당신의 인터넷 속도를 확인할 수 있는 웹사이트를 찾아 속도 검사를 해보라. 일정 시간이 지난 후 다시 한 번 속도검사를 해보라. 결과값이 달라질 수 있다. 이유가 무엇일까? 그 이유와 두 번의 속도 검사의 결과값을 출력한 것을 제출하라.

38. 당신이 통신 전문가이며 개인 및 사업을 돕는 것을 좋아한다고 가정해보라. 인터넷이 연결된 전화 접속, 케이블, DSL, T3line 및 위성 링크를 한 특별한 변동 사항이 없는 이상 모든 곳에서 사용할 수 있다고 생각해보라. 다음의 시나리오를 고려하고 최상의 전체 연결 유형을 제안해 보고 이유를 설명해 보라. (통신 속도, 비용 및 기타 관련 요소를 고려). 각 시나리오는 다른 시나리오와 독립적이다.

A. 프리랜서 작가는 재택근무를 하며 잡지에 대한 기사를 쓰고 있다. 일주일에 한 번 그녀는 편집자에게 기사를 전송해야 한다. 그녀는 거의 다른 목적으로 인터넷 연결을 사용하지 않는다.

B. 어떤 대기업이 온라인 카탈로그 및 온라인 쇼핑 환경을 위해 자체 웹 사이트를 운영한다. 수백 명의 고객이 매일 사이트를 방문하여 구매하고 있다.

C. 어떤 중소기업이 매일 리서치를 위해 인터넷을 사용한다. 대표는 일부 지역의 다른 가입자가 일부 연결을 공유하고 있어 연결 속도가 저하 되거나 보안 위협이 될 수 있다고 들었고, 따라서 그러한 서비스를 피하고자 한다. 이 기업은 적어도 200Kbps의 속도가 필요하다.

D. 뉴 멕시코의 한 농장에는 최소 200Kbps의 연결속도가 필요하다. 농장의 사람들은 안테나를 통해서만 텔레비전 신호를 수신할 수 있다. 참고로 가장 가까운 전화국은 12마일 떨어져 있다.

E. 인터넷 서비스 제공 업체는 중소기업 웹 사이트 호스팅 전문 업체다.

F. 유람선은 유람선을 이용하는 휴가객들에게 인터넷 서비스를 제공하려 한다. 배는 대서양을 항해한다. 링크의 속도는 최소 250Kbps 이상이어야 한다.

팀 활동

39. 다른 학생과 함께 조를 구성하라. 각 팀원은 재택 근무자를 찾아 인터뷰를 해야 한다. 인터뷰 대상자는 부모, 가족, 친구의 부모 또는 가족의 친구일 수 있다. 재택 근무를 제안 받았는지, 아니면 스스로 재택 근무를 요구하였는지 물어보라. 무엇 때문에 재택 근무를 원했는지, 얼마나 자주 재택 근무하는지, 집에서 일할 때 어떤 기술을 사용할 수 있도록 회사에서 제공하는지, 여전히 사무실에 본인의 책상이 있는지, 집에서 일하는 것을 즐기는지, 사무실이나 동료들이 그리운지, 동료들도 재택 근무를 하는지, 재택근무에 본인이 적절하다고 생각하는지 등을 인터뷰 해보라.

40. 재택근무자를 인터뷰한 후 무료 화상 회의 프로그램을 이용하여 조원들과 떨어진 장소에서 화상 회의를 해보라. 인터뷰 내용을 비교하고 직원 관점, 재택 근무자의 관점, 재택 근무의 장단점에 대해 토론해보라. 화상 회의를 마치고 나면 각각 소감문을 작성해보라. 소감문 첫 페이지에는 재택근무자의 인터뷰에 대해 쓰고 당신은 재택근무를 어떻게 생각하는 지와 그 이유를 작성하라. 두 번째 페이지에는 팀원과 화상회의를 한 경험에 대해 적어보라. 화상회의의 장점과 단점에 대해 생각해고 느낀 점을 적어보라.

생각에서 적용까지: 실제사례

사고와 이익을 위한 음식

사람들은 생존을 위해 음식을 필요로 한다. 그러나 음식 또한 상품이다. 풍부한 음식들, 적은 마진, 치열한 경쟁 등을 고려한다면, 식품 매장은 효율적인 운영과 혁신적이고 유능한 경영을 통해서만 시장 점유율과 수익성을 확보할 수 있다. Foley Food and Vending이 효율적인 운영과 유능한 경영을 통해 성공한 사례라고 할 수 있다.

메사추세츠 주 노우드 지역을 기반으로 한 가족 소유기업인 그들은 1973년에 사업을 시작했으며 현재 2세대에 의해 일곱 가지 판매 라인을 유지 관리하고 있다. 식품소매업의 "큰 손"들처럼 정보 기술의 통합은 그들의 수익성과 운영 효율성의 핵심이다. 그러나 추가적으로 Foley와 같은 작은 조직에서는 이것들은 그들이 더욱 경쟁력 있게 만들어 시장을 개척할 수 있게 할 수 있다.

Foley는 자판기에서 청량음료를 파는 사업으로 시작하였다. 그 후 6년 동안 회사는 제품 라인을 스낵과 커피, 그리고 음식으로 확대하였고 3가지 판매라인을 보유하였다. 1980년 대에는 10,000평방 피트의 건물을 창고로 사용하기 시작하였다. 그들의 판매 라인과 운영은 인수합병과 새로운 사업진출을 통해 이루어졌다. 1990년 대 중반에는 4가지 판매 라인이 있었고, 오너는 성장을 지원하기 위해 자판기 소프트웨어에 투자하기로 결정하였다. 첫 자판기 소프트웨어는 Rutherford and Associates에 의해 개발되었다. 그들의 DOS 기반 소프트웨어는 자판기 수준에서만 판매를 추적할 수 있었다.

몇 년 후, 다른 기술 회사가 Windows 기반의 자판기 관리 소프트웨어를 소개하였다. 메사추세츠주를 기반으로 하는 Streamware는 DEX 소형장치를 사용하여 자판기의 현금흐름과 상품의 판매 수준을 추적하는 계약을 Foley와 맺었다. 물류를 운반하는 운전자는 DEX 소형장치를 이용하여 모든 자판기에서 나오는 데이터를 전송할 수 있게 되었다.

비교적 빨리 자판기에 신기술을 도입한 것은 더 발전된 부산물을 위한 초석이 되었다. 2005년, Foley는 Quick-store24라는 인터넷과 터치스크린이 장착된 자판기를 내놓았다. 자판기에 기술을 도입하여 성공을 거둠으로써, Foley는 새로운 첨단 기술을 자판기에 적용한 선도적인 기업 중 하나가 되었다. Quickstore24는 소비자들이 지문을 이용하여 결제할 수 있게 하였다. 물론 다른 형태의 지불방법도 가능하고 쿠폰사용도 가능하다. 자판기에서 생긴 정보를 실시간으로 네트워크 연결을 공유하는 것은 또한 새로운 기회를 만들었다. 이제 Foley는 창고에서 사전에 물품 배치를 가능하게 할 수 있다. 이것은 물류를 배송하는 기사들에게 정확하고 효과적인 재고관리를 위한 준비를 가능하게 하였다. 이것은 2008년 경제위기 때 더욱 효과적으로 작동하였다.

Quickstore24의 사용으로 회사는 소비자가 스스로 결제하는 무인 판매 시장이라는 새로운 비즈니스 모델로 도약할 수 있었다. 이 새로운 비즈니스 모델에서 소비자들은 넓은 선반이나 냉장 장치에서 다양한 종류의 제품을 구매할 수 있다. 기존의 자판기의 재고를 채우는 것 보다 Qucikstore24에서 재고를 채우는 것은 훨씬 빠르고 효율적이다. 셀프 체크 아웃 시장에는 고객이 구매하고자 하는 각 제품에 대한 UPC 바코드를 스캔 할 수 있는 키오스크가 있다. 키오스크는 현금, 신용카드, 기프티카드 등을 통해 구매 대금을 처리할 수 있게 한다. 키오스크의 비디오 터치 스크린은 광고를 표시하고 신뢰를 얻을 수 있는 다양한 판촉 행사를 제공한다.

출처: Maras, E. (2011, May). Foley Food & Vending strikes back hard in Boston with TECHNOLOGY SOLUTIONS. Automatic Merchandiser, 53, 58-60, 62-64.

사례에 관해서 생각해 볼 점

1. Foley 경영진은 물품들을 특성을 고려해 사전배치를 하는 것이 효율성을 올린다고 생각한다. 당신이 생각하기에 경영진들이 그렇게 생각하는 이유에 대해 토론해 보라.
2. 인터넷 연결이 가능한 자판기를 구입하고 운영하는 것은 기존의 자판기 운영 방식에 비해 비용이 더 많이 든다. 그럼에도 불구하고 새로운 기술과 연결이 기업에게 이익을 줄 수 있는 지 토론해 보라.
3. 기술을 채택하는 것은 종종 "최첨단"이라고 일컬어진다. Foley의 Quickstore24가 기업에 도움이 된다고 생각하는가? 아니면 이것이 자금과 자원의 비효율적인 사용이라고 생각하는가?

헬스케어 시장에서의 네트워크의 중요성

워싱턴DC의 헬스케어 제품 구매자 단체인 Leapfrog Group의 연구에 따르면, 더 나은 정보 기술은 잘못된 처방의 50% 이상을 예방할 수 있다고 한다. 일반적으로 IT와 네트워크 기술은 생명을 살리고 질병을 예방 할 수 있다고 알려져 있다. 대부분의 병원은 최근 몇 년간 새로운 네트워크 기술을 받아들이고 있는 추세다.

시카고에 위치한 어린이 기념 병원도 예외가 아니다. 이 병원은 노스 웨스턴 대학교의 파인버그 스쿨의 부속 병원이다. 일리노이 주에서 가장 훌륭한 어린이 병원으로 평가받는 미국에서 가장 우수한 병원 중 하나인 이 어린이 기념 병원은 2006년에 1,100명의 소아 전문의들이 10만 명이 넘는 환자를 치료하였고 36만 5천명이 넘는 외래 환자가 방문하였다.

이 병원은 유선 전화, 로컬 네트워크, 무선 감시 시스템, 호출기, 의사들이 사용하는 전자 태그를 추적하기 위한 무선 주파수 시스템과 다양한 환자 모니터링 기능을 수년에 걸쳐 도입하였다. 그러나 이것이 정확한 약물 투여를 보장하지는 못했기 때문에 병원은 병원의 인프라를 전반적으로 다시 검토하게 되었다.

종종 신호들 사이의 간섭으로 휴대 전화나 호출기가 제대로 작동하지 않는 경우가 발생하였고, 건설 구조적인 문제도 있었다. 병원 건물이 철골 바닥과 많은 콘크리트 벽으로 지어졌있었고, 방사선실 주변은 두꺼운 콘크리트와 납으로 된 벽으로 둘러싸여 있었다. 이런 재료들은 무선 신호를 약화시키거나 차단한다.

병원의 IT 담당 임원은 포괄적인 솔루션을 찾기 시작했다. 이러한 솔루션에는 더 나은 통신 환경 뿐 아니라 환자 침대를 지키는 직원이나 자동화된 약물 처방전 입력 등도 포함한다. 그는 이러한 솔루션이 통합된 단일 시스템이어야 된다고 생각했다. 오랜 심사 숙고 끝에 InnerWireless라는 회사를 선택하여 광대역 시스템을 설치하게 하였다. InnerWireless는 Medicalgrade Wireless Utility를 호출하는 시스템을 제공한다.

그 시스템은 패시브(Passive) 무선을 사용한다. 이것은 직원이 사용하는 장치가 네트워크 회로를 활성화하는 것을 의미한다. 액티브 무선이 전자 장치가 무선 신호를 변환하기 위해 전력을 공급해야 하는 것과 달리 패시브 시스템은 전원을 공급할 필요가 없다. 따라서 Medicalgrade Wireless Utility를 사용하면 설치 및 관리해야 하는 액세스 포인트가 줄어든다. 다른 시스템이 많은 액세스 포인트가 필요하여 사각 지대를 완전히 제거하지 못하는 반면, InnerWireless 시스템은 액세스 포인트가 거의 필요하지 않으면서 건물 전체에 사각 지대 없는 통신 환경을 제공한다. 이 기술은 분산 안테나 시스템도 포함한다. 이를 통해 동일한 무선 시스템이 휴대 전화, 호출기, Wi-Fi, 시설 관리를 위한 양방향 무선, 응급 상황을 위한 최초 응답기 등을 지원할 수 있다.

InnerWireless는 건물 내 무선 통신을 전문적으로 하며 여러 병원에 시스템을 설치해 왔다. 병원의 환경에 맞게 설치하여 의사 소통이 가능하도록 하였다. 일반적으로 무선 라우터는 지하에 설치된다. 라우터에서 나온 케이블은 건물의 "척추"를 따라 움직이며 분배 시스템은 각 층에 있다.

이제 의사는 환자의 데이터 베이스에 접속하여 처방을 입력한다. 병원 내 약국도 데이터베이스에 접속하여 의사가 입력한 처방전을 확인하고 약물을 준비하고 바코드를 부착한다. 간호사는 소형 바코드 스캐너와 컴퓨터가 장착된 카트를 사용한다. 현장에서 환자에게 약물을 투여하기 전에 바코드를 스캔하면 간호사는 약물과 복용량이 적합한지 확인할 수 있다. 간호사는 카트에서 이메일도 바로 확인할 수 있다. 이로 인해 약물 투여의 오류율은 현저하게 감소하였다.

전자 의료 기록(EMR), 무선 장치, 그리고 모바일 기술은 병원의 정보 기술 네트워크의 중요성을 증가시켰다. Wi-Fi는 무선 혈압기가 자동으로 환자의 기록을 저장하고 전송할 수 있게 한다. 의사는 태블릿에서 환자 기록을 볼 수 있다. X-ray도 필름에서 이미지 파일로 전환되었다. 이러한 이미지는 데이터베이스에 저장되어 의료 인력들이 조회하고 배포할 수 있다.

위의 예에서 보듯이, 기술 네트워크에 대한 의존은 더욱 절실하게 요구되고 있다. Eastern Main Healthcare Systems의 CIO인 Cathy Bruno는 "장소에 구애 받지 않고 환자의 기록을 열람할 수 있도록 네트워크 연결이 필요합니다."고 말하는데, 이는 전통적인 방식의 환자 기록 저장이 점점 필요성이 없어지는 것을 의미한다. 물론 이를 위해 네트워크 연결은 속도 저하가 없이 잘 운영되어야 할 것이다. 태블릿 PC의 보급으로 환자 기록 관리를 전자적으로 할 필요성이 높아졌다. 의료인들은 이제 환자 기록들을 어디서나 열람할 수 있다. 혈압기와 같은 무선 의료기기들은 환자를 정확하게 식별하고 데이터를 안전하고 정확하게 전송할 수 있어야 한다.

출처: Anonymous. (2007). Children's Memorial Hospital, Chicago. from http://www.childrensmemorial.org; O'Connor, F. (2012). Hospital networks take key role in healthcare. Network World, 29(14), 11-11,16; Pettis, A. (2006). Patient Care Goes Wireless; Children's memorial Hospital, of Chicago, is like many of the facilities that serve the critically ill. eWeek, 23(15), 1-N1,N4.

사례에 관해서 생각해 볼 점

1. 병원은 새로운 네트워크 시스템이 설치되기 전에도 이미 바코드 시스템을 운영하였다. 그렇다면 어떤 차이로 인해 이제 병원은 약물의 오용을 막을 수 있게 된 것인지 토론해보라.
2. 이 사례에서 설명한 것처럼, 패시브 무선은 건물 전체에 통신 범위를 완전히 보장한다. 이것이 병원에서 왜 그렇게 중요한 지 토론해보라.
3. 새로운 통신 네트워크는 기존의 인터넷 핫스팟 이상의 것이다. 새로운 통신 네트워크는 여러 가지를 지원한다. 통신과 유지,보수 관점에서 '지원'이 무엇인지 토론해보라.
4. EMR은 명백하게 긍정적인 효과를 발생시킨다. 전통적인 종이 하드 카피에 비해 전자적으로 환자 간병 기록을 유지하면 생기는 문제점은 무엇인지 생각해보라.

참고문헌

Anonymous. (2011a, November 2011). LA Fitness Leverages Microsoft Lync Solution, Entertainment Close-Up.

Anonymous. (2011b). VoIP is the Next Wave to Ride On. Communications Today.

Anonymous (Producer). (2012a). World'sF i rs t5G WiFi 802.11ac SoC. Retrieved from http://www.broadcom.com/docs/press/80211ac_for_ Enterprise.pdf

Anonymous. (2012b). What is Isis? Retrieved 12/13/2012, from http://www.paywithisis.com/ whatis.xhtml

Anonymous. (2013a). About 3GPP. Retrieved June 14, 2013, from http://www.3gpp.org/About-3GPP Anonymous. (2013b). LTE Keywords and Acronyms. Retrieved June 13, 2013, from http://www.3gpp. org/Technologies/Keywords-Acronyms/LTE

Barclay, E. (2012). The 'Smart Fridge' Finds The Lost Lettuce, For A Price. the salt. http://www.npr.org/ blogs/thesalt/2012/05/03/151968878/the-smart-fridge-finds-the-lost-lettuce-for-a-price

Captain, S. (2012). Internet grows by trillions of addresses, as IPV6 rolls out worldwide. Tech News Daily. http://www.foxnews.com/tech/2012/06/06/ internet-grows-by-trillions-addresses-as-ipv6-rollsout-worldwide/

Children's Memorial Hospital, Chicago. (2007). from http://www.childrensmemorial.org

Inner Wireless. (2007). Retrieved April 2007, from http://www.innerwireless.com

Leber, J. (2012). A Banking Giant Makes a Mobile Payment Bet. Technology Review, 3. Retrieved from MIT Technology Review website: http://www.
technologyreview.com/news/428453/a-bankinggiant-makes-a-mobile-payment-bet/

Liszewski, A. (2011). RFID Clothing Hangers Sell Harder than Sales Clerks. Gizmodo. http://gizmodo.com/5850430/rfid-clothing-hangerssell-harder-than-sales-clerks

Meinert, D. (2011). Make Telecommuting Pay Off. HRMagazine, 56(6), 33-37.

Napolitano, M. (2012, Apr). RFID surges ahead. Modern Materials Handling, 67, S48-S50.

O'Connor, F. (2012). Hospital networks take key role in healthcare. Network World, 29(14), 11-11,16.

Partida, B. (2012). No Easy Answers on RFID Strategy. Supply Chain Management Review, 16(2), 78-80.

Pettis, A. (2006). Patient Care Goes Wireless; Children's memorial Hospital, of Chicago, is like many of the facilities that serve the critically ill. eWeek, 23(15), 1-N1,N4.

Quick, D. (2010). Transmission speeds of 100Mbps over 1km on existing copper networks. Gizmag. http://www.gizmag.com/alcatel-lucent-dslphantom-mode/14888/

Read, B. (2011). Continuing the Service. Customer Inter@ction Solutions, 30(4), 18-20.

Todd, D. M. (2012). Plenty of Internet users cling to slow dial-up connections. Post-Gazette.com. http:// www.post-gazette.com/stories/business/news/ plenty-of-internet-users-cling-to-slow-dial-upconnections-85360/

Wenzel, E. (2011, Jun). VoIP Migration Leads to Savings and Employee Mobility. PC World, 29, 30-30.

Zager, M. (2012). Courting Data Roaming Customers. Rural Telecommunications, 31(5), 25-26,28.

7장

데이터베이스 및 데이터 웨어하우스 (DATABASES AND DATA WAREHOUSES)

학습 목표(Learning Objectives)

이 장에서는 데이터베이스를 디자인하고 사용하는 방법을 배우게 된다. 데이터를 구성하고 사용하는 방법을 이해하는 것은 작업 환경에서 책임과 권한을 얻는 한 방법이 될 수 있다. 일반적으로 데이터는 바로 유용하게 사용될 수 형태로 수집되지는 않는다. 빌딩 블럭 더미에서 모형 궁전을 짓는 것을 상상해보라. 무엇을 짓고 싶은지 좋은 아이디어가 있더라도, 우선 블럭을 정리하여 필요한 블록만 쉽게 찾고 선택할 수 있어야 한다. 그런 다음 이를 하위 구조로 결합하여 결국 모형에 통합할 수 있다. 마찬가지로 조직에서 수집한 데이터는 유연한 방식으로 유용한 정보를 추출할 수 있도록 구성 및 저장되어야 한다.

이 장을 마치면 다음을 할 수 있다.

- 디지털 데이터 관리하는데 있어 기존 파일 활용 방식과 데이터베이스 접근 방식의 차이점을 설명할 수 있다.
- 관계형 및 객체 지향 데이터베이스 관리 시스템을 사용하여 정보를 생성하기 위해, 데이터베이스를 생성하고 데이터를 입력하고 데이터를 조작하는 방법을 설명할 수 있다.
- 가장 보편적인 데이터베이스 모델인 관계형 데이터베이스의 가장 중요한 기능 및 작업을 열거할 수 있다.
- 데이터 모델링 및 디자인이 데이터베이스의 개념적 청사진을 만드는 방법을 이해할 수 있다.
- 데이터베이스가 웹에서 어떻게 사용되는지를 토론할 수 있다.
- 트랜잭션 데이터베이스에서 데이터 웨어하우스로 데이터를 전송하는데 관련된 작업들을 나열할 수 있다.

[킴볼 레스토랑: 데이터에 대한 욕구]

마이클과 타일러는 새로운 위치를 방문하여 개조공사의 진행 상황을 살펴 보았다. 마이클은 단 4주 밖에 남지 않은 그랜드 오프닝이 걱정되었다. 그들은 새로운 위치를 걸어 다니며 작업 상황을 점검했다. 마이클은 모든 세부 사항을 조사하여 계획과 요구사항을 충족하는지 확인했다. 마이클은 몇 번이나 "이 문제가 해결될 예정입니까?"... "시간에 맞춰 끝날 수 있을까요?"... "이것은 좋아 보이지 않네요. 고쳐주세요"라고 말하였다.

타일러는 아버지의 염려를 알아채고, 호수가 내려다 보이는 탁자에 모셨다. "아버지, 다 괜찮아질 겁니다. 개조공사는 곧 완료됩니다. 우리가 해야 할 일은 진행 상황을 모니터 하는 것뿐입니다. 이 곳은 아주 멋져요! 이제 우리가 오픈할 날짜만 정하면 됩니다."

데이터가 주 코스입니다 ...

타일러는 아버지에게 지금 집중해야 한다고 생각했던 두 가지 영역에 대해 이야기했다. 첫째, 식자재 재고목록 및 인력관리에 도움이 되는 데이터가 필요했다. 그들은 어떤 메뉴 항목이 얼마나 판매되었는지 알지 못했다. POS(point-of-sale) 정보 시스템의 새로운 업그레이드는 이 데이터를 추적하는 데 도움이 될 것이다. 데이터를 보유하고 있는 타일러와 마이클은 시스템이 유지하고 관리하는 정보를 보고하고 분석할 수 있었다. 시스템은 현재 위치에서 작동 중이며 데이터를 생성하고 있었다. 타일러는 새로운 위치에서 사용할 수 있는 현재 데이터에 대한 몇 가지 분석을 프로토타입화할 것을 제안했다.

... 홍보의 측면으로

타일러가 집중하고자 했던 두 번째 영역은 새로운 위치를 홍보하는 것이었다. 그들이 호수가 내려다 보이는 탁자에 앉아있을 때, 타일러는 말했다. "아버지, 그 창문 밖 풍경을 보세요! 우리가 이보다 더 좋은 홍보를 할 수 있을까요?" 그는 새로운 장소에서 호수 경관의 일부 사진을 마이클에게 보여주었다. "수리가 완료되지 않아 내부인테리어를 보여줄 수는 없지만 호수 경관는 변할게 없어요!" 그는 아버지가 구입한 새로운 소프트웨어로 디자인한 광고를 보여주었다. 타일러는 광고가 게재될 위치와 시간 및 비용을 각 광고의 목록에 포함시켰다. 마이클은 아들이 만든 생각과 노력에 깊은 인상을 받았다. 타일러는 광고가 홍보 전략의 한 부분일 뿐이라고 계속 말했다. 균형 잡힌 식사를 위해 접시에 여러 음식을 담아야 하는 것처럼 인쇄 광고는 다른 유형의 홍보물로 보완해야 하며 더 활발한 광고가 필요했다. 타일러는 식당의 현재 고객이 "손쉬운" 매출 원천이 될 것이며 그들의 충성스러운 후원에 대한 보상을 받아야 한다는 것을 알고 있었다.

타일러는 말했다. "아버지, 현재 고객에게 그랜드 오프닝 특별 할인을 제공하는 것에 대해 어떻게 생각하세요? 여기에 우리가 할 수 있는 것이 있습니다." 그는 다음 몇 주안에 인센티브로 새로운 위치에 현재 고객을 초대하는 프로모션 캠페인을 마이클에게 보여주었다. 그러나 마이클은 이익이 현저히 줄어들고, 필요한 "입소문" 광고 효과도 확실하지 않은 가격 할인을 제공하고 싶지 않았다. 타일러는 그가 전적으로 옳았다고 말했다. 꾸준한 고객들에게 선의를 베풀어줌으로써 새로운 위치를 홍보하는 데 도움이 될 합리적인 균형이 필요했다. 광고 비용은 비싸다. 그러나 광고를 통해 비즈니스에 갚아 줄 필요가 있다. 타일러는 마이클에게 현재의 고객에게 발송될 초대장을 보여주었다. "호수에서 우리 함께 식사해요" 라는 초청장은 2주간의 개장 기간 동안 사용할 쿠폰으로 주어질 것이다. 마케팅 및 운영을 위해 데이터를 수집하는 것이 중요하다.

타일러와 마이클은 어려운 것들은 항상 세부적인 것에 달려 있다는 것을 잘 알고 있었다. 그러나 그들은 이 새로운 계획이 올바른 방향으로 나아갔다고 생각했다. 그들은 새로운 위치에서 레스토랑을 관리하기 위한 몇 가지 새로운 접근법을 구현하게 된 것을 기쁘게 생각했다.

디지털 데이터 관리

정보 검색, 다른 사람들과의 커뮤니케이션, 좋아하는 온라인 전자 상점 방문을 통해 고화질 TV를 검색하는 모든 종류의 활동에 웹 브라우저를 사용한다. 온라인 전자 제품 매장 사이트에서 가격 범위와 화면 크기를 입력하면, 몇 초 안에 화면에는 제품 사진 및 사양이 포함된 사용 가능한 모델에 대한 세부 정보가 채워진다. 이 풍부하고 잘 조직된 정보는 어디에서 왔을까? 그것은 데이터베이스에서 왔다. 데이터베이스 관리 시스템이 웹페이지의 요청에 거의 즉각적으로 응답하여 정보를 제공한다.

기업은 다양한 목적으로 데이터를 수집하고 분석한다. 디지털 데이터는 4장에서 논의된 것처럼 다양한 유형의 매체에 다양한 방식으로 저장될 수 있다. 데이터는 다양하게 전통적인 파일 형식으로 저장될 수 있다. 보통 데이터는 그 파일 안에서 바이트의 연속적인 문자열로 저장되지만, 라벨링되어나 구분되어 저장되지는 않는다. 이 형식의 가장 큰 장점은 공간을 효율적으로 사용하는 것이지만 그럼에도 불구하고 데이터를 찾아서 조작하기는 어렵다. 대조적으로 각 데이터 조각에 레이블이 지정되거나 분류되는 데이터베이스 형식은 훨씬 강력한 정보 관리 도구를 제공한다. 이 형식의 데이터는 의사 결정을 위한 유용한 정보를 만들려는 거의 모든 방법으로 쉽게 접근하고 조작 할 수 있다.

데이터베이스 기술이 비즈니스에 미치는 영향은 과장될 수 없을 정도로 중요하다. 거의 모든 산업이 비즈니스를 수행하는 방식을 바꿔왔을 뿐만 아니라 비즈니스와 개인 생활에 광범위한 영향을 미치는 정보 산업을 창출했다. 데이터베이스는 현금 자동 인출기의 성공적인 사용, 소매점의 효율성 증대, 거의 모든 마케팅 노력, 수많은 온라인 검색 엔진 및 웹 기반 비즈니스의 배후에 있다. 인터넷의 대화형 웹 페이지와 결합하여 데이터베이스는 상거래에 막대한 기여를 했다. 데이터베이스 기술이 없이는 온라인 뱅킹, 소비자 카탈로그, 검색 엔진, 주식 중개 또는 소셜 미디어는 없을 것이다. 기업에서는 데이터베이스의 영향으로 더 적은 수의 사람들이 더 많은 업무들을 수행할 수 있었다. 또한, 그 영향으로 인해 기업은 소비자에 대해 더 많은 것을 배울 수 있었다. 소비자가 자신에 대해 아는 것 보다 더 기업이 그 소비자에 대해 알 수도 있다. 상상해보라: 웹사이트의 주소를 입력할 때마다 특별한 프로그램이 거대한 데이터베이스에서 검색을 수행하고 당신의 요청을 수억 개의 주소 중 하나와 대조한다. 주소, 전화 번호 또는 신용 카드 번호와 같은 세부 정보가 있는 온라인 양식을 작성할 때마다 프로그램에서 데이터를 데이터베이스에 제공하며, 각 항목은 추후 사용을 위해 기록된다.

POINT OF INTEREST 2012년 대통령 선거에서의 스마트 머니

데이터 관리는 2012년 미국 대선에서 중요한 역할을 했다. 오바마 대통령과 선거 전략 팀은 2008년 선거 이후 2012년 선거에 대한 데이터를 수집하고 분석해 왔다. 데이터 수집의 주요 이점 중 하나는 특정 인구 통계 그룹의 습관에 대한 정보를 추출하는 것이었다. 라이벌인 미트 롬니의 선거 자금이 넘쳐났음에도 불구하고, 오바마와 그의 팀은 롬니와 그의 팀보다 선거 자금을 '더 똑똑하게' 사용할 수 있었다. 오바마는 보다 효율적인 캠페인 전략을 실행하고 적절한 정보를 적절한 사람들에게 제공할 수 있었다. 중요하고 잘 조직된 데이터에 액세스하는 것은 후보자 또는 비즈니스를 경쟁 업체와 구분하는 전략적 도구가 될 수 있다.

출처: Rutenberg, J. (2012). Secret of the Obama Victory? Rerun Watchers, for One Thing, The New York Times. Retrieved from http://www.nytimes.com/2012/11/13/us/politics/obama-data-system-targeted-tvviewers-for-support.html

오늘날 거의 모든 유형의 비즈니스에서 데이터베이스의 기능을 이해해야 한다. 이 장에 제시된 데이터 구성 및 조작 방법은 이 중요한 지식을 얻는 데 도움이 될 것이다.

WHY YOU SHOULD 왜 당신은 데이터베이스에 대해 알아야 하는가?

직접 마케팅 담당자가 수집한 소비자 데이터의 양은 기하급수적으로 증가하여 이제는 "빅데이터"로 간주된다. 많은 양의 데이터를 보유하고 있으므로 유용한 정보와 그렇지 않은 정보를 파악하기가 어려울 수 있다. 데이터 관리자는 필요한 데이터와 그렇지 않은 데이터를 구분할 줄 알아야 한다. 당신의 회사에 가치를 더하는 데이터를 보유하려면 데이터를 원하는 질문, 찾고 있는 추세 또는 생성해야 하는 보고서를 알아야 한다. 빅데이터는 사용자가 가공할 수 있고 원하는 출력을 얻을 수 있는 경우에만 유용하다. 매년 전 세계적으로 지출되는 5천억 개의 마케팅 비용 가운데 2천억 달러가 차선책으로 투자되고 있다 (Kuehner-Hebert, 2012). 중요한 데이터만 있다면, 데이터가 무엇을 말하려고 하는지 쉽게 볼 수 있다. 최고 고객이 누구인지, 마케팅 계획의 토대가 되는 경향, 또는 어떤 마케팅 계획이 가장 높은 투자 수익률을 창출할 것인지를 결정한다.

또한, 데이터베이스 및 데이터 웨어하우스를 구축하고 질의하는 방법과 해당 데이터베이스에서 추출할 수 있는 정보 유형을 알고 있으면 생산성이 더 높아질 것이다. 당신이 어떠한 직업을 선택하든지, 데이터베이스 데이터 요소가 서로 관련되는 방식, 데이터 액세스 방법 및 필요한 보고서에 대해 데이터베이스 설계자에게 설명해야 할 수 있어야 할 것이다.

전통적인 파일 접근법

데이터는 태그 지정, 검색 및 조작 메커니즘이 없는 기존 파일 접근 방식과 이 메커니즘이 있는 데이터베이스 접근 방식 중 하나로 관리될 수 있다. 데이터베이스 접근 방식의 이점을 이해하려면 프로그램 파일 종속성, 높은 데이터 중복성 및 낮은 데이터 무결성 등 기존 파일 접근 방식에서 데이터를 액세스하고 조작하는 데 따르는 불편을 이해하여야 한다.

그림 7.1은 전통적인 파일 형식으로 구성된 인적 자원 파일의 예를 보여준다.

■ 그림 7-1

기존 파일 접근 방식으로 구성된 인적 자원 파일의 구조와 레이아웃.

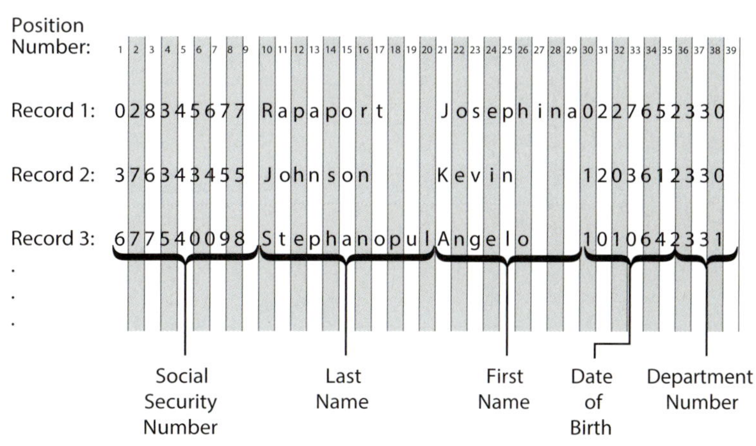

기존 파일 시스템의 다른 문제는 높은 데이터 중복성과 낮은 데이터 무결성이다. 이전 파일 시스템에서는 특정 조직 구성 단위의 사용을 위해 파일을 작성하고 유지 관리했기 때문에 데이터 생

기는 문제들이다. 당신의 성명, 주소 및 기타 세부 사항이 당신이 근무하는 부서의 파일과 인사 부서의 급여 파일에 나타나면 데이터가 중복 될 수 있다. 이 데이터 중복은 저장 공간을 낭비하고 결과적으로 비용을 낭비하며 비효율적이다. 수정작업을 해야 하는 경우 모든 변경 사항은 데이터가 나타나는 위치의 수만큼 작성되어야 하기 때문에, 시간이 오래 걸리고 오류가 발생할 수 있다. 동일한 데이터가 한 위치에 올바르게 입력되었지만 다른 위치에 잘못 입력된 경우, 기록이 정확하지 않을 뿐만 아니라 각 장소마다 다른 사람을 나타내는 것처럼 보일 수 있다. 부정확성은 데이터 무결성에 영향을 미친다. 데이터 무결성은 데이터가 정확하고 완전한 정보를 가지고 있는 능력을 나타낸다. 기업은 효과적인 의사 결정을 내리고 효율적으로 운영하며 고객에게 가치를 제공하기 위해 정확하고 완전한 데이터가 필요하다. 대개 데이터를 저장하는 전통적인 파일 접근 방식은 데이터 무결성이 낮은 한계점이 있다. 전통적인 방식과 같이 파일에 데이터를 입력할 수 있는 여러 위치가 있을 때 모든 위치에서 데이터가 올바른지 확인하는 것은 어렵다.

데이터베이스 접근법

데이터베이스 접근법에서, 데이터 조각은 엔티티 기반으로 구성된다. 엔터티란 조직이 데이터를 수집하기로 선택하는 개체이다. 엔티티는 직원, 학생 또는 팬클럽 회원과 같은 사람들의 유형일 수 있다. 또한, 판매 거래, 스포츠 이벤트 또는 극장 쇼와 같은 이벤트, 재고 또는 판매용 제품, 건물 또는 미네랄과 같은 무생물이 엔티티가 될 수 있다. 데이터 관리의 맥락에서 "엔티티"는 동일한 유형의 데이터를 공유하는 모든 발생을 의미한다. 그러므로, 기록하는 대상이 한 학생이냐 많은 학생이냐에 상관없이, 엔티티는 기록 대상인 "학생"이다. 데이터가 데이터베이스에서 어떻게 구성되는지 이해하려면, 그림 7.2에서 설명하는 데이터 계층 구조를 이해해야 한다. 데이터 계층 구조는 학생의 이름, 성, 생년월일, 학생 ID, 전공 (부서) 및 캠퍼스 전화 번호가 포함된다. 가장 작은 데이터는 성(예: 성과 이름의 문자 또는 거리 주소의 숫자)이다. 여러 문자가 필드를 구성한다. 필드란 학생의 성이나 이름 또는 학생의 주소와 같은 엔티티에 대한 속성 정보이다. 동일한 엔티티와 관련된 필드는 한 레코드를 구성한다. 대학생의 모든 기록과 같은 관련 기록 모음을 파일이라고 한다. 종종 여러 관련 파일을 함께 보관해야 한다. 이러한 파일의 모음을 데이터베이스라고 한다. 그러나, 데이터베이스가 단일파일로 구성된 경우에도 데이터베이스의 기능이 제공될 수 있다.

■ 그림 7–2

데이터 계층

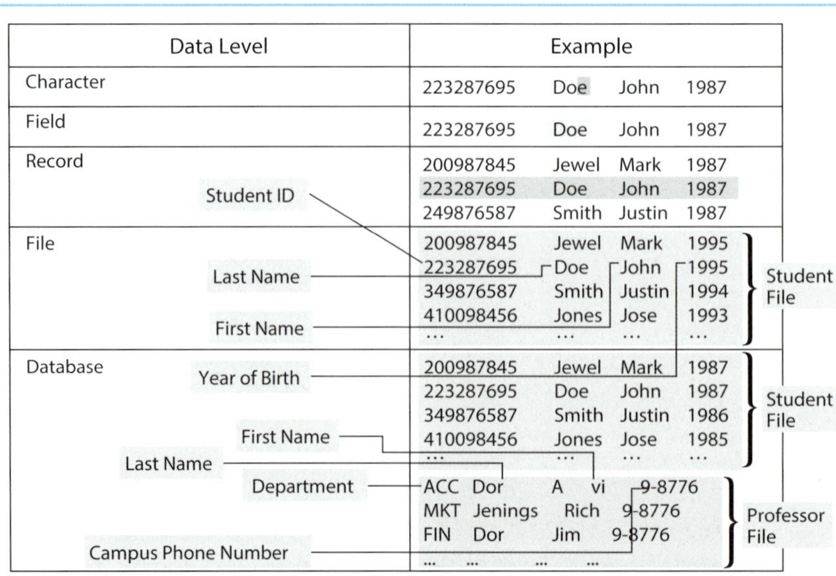

필드에 성, 이름, ID 등의 이름이 지정되면 각 필드의 데이터는 태그(필드 이름)를 전달하며 데이터가 실제로 어디에 있든 지 관계없이 필드 이름으로 쉽게 액세스할 수 있다. 저장된 데이터베이스의 가장 큰 장점 중 하나는 애플리케이션 데이터 독립성을 가진다는 것이다. 즉, 어떠한 응용 프로그램이 데이터베이스의 데이터를 처리하도록 작성된 경우, 응용 프로그램 설계자는 실제 데이터베이스 구조를 파악하지 않고도 필드의 이름만 알면 된다.

데이터베이스 필드는 텍스트와 숫자를 포함하는 것에 국한되지 않는다. 사진, 사운드, 비디오 클립, 문서 및 스프레드 시트까지 저장할 수 있다. 필드는 디지털화할 수 있는 모든 콘텐트를 보유할 수 있다. 예를 들어, 온라인 쇼핑을 할 때 제품 이름이나 코드로 제품을 검색한 다음 제품에 대한 그림이나 비디오 클립을 검색할 수 있다. YouTube에서 비디오를 선택하면 데이터베이스에서 비디오 클립을 검색한다. 비디오 미디어 파일 자체는 YouTube 데이터베이스에 저장된 레코드의 필드이다. 아래 그림의 데이터베이스 예제는 부동산 자산 기록을 보여준다. 이 기록에는 집 사진뿐만 아니라 여러 텍스트 필드가 포함된다.

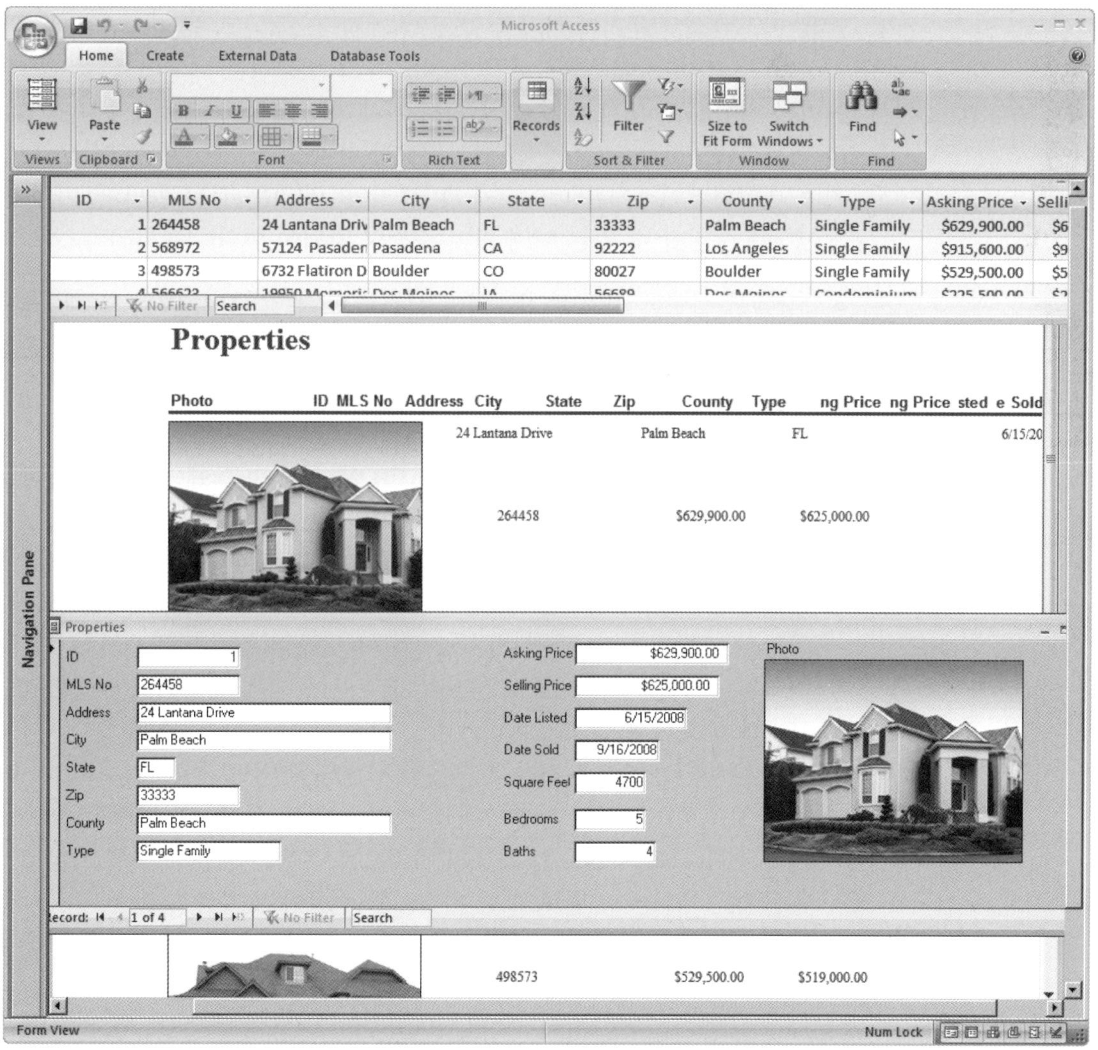

데이터베이스에는 다양한 형식의 데이터가 포함될 수 있다. 이 부동산 자산 레코드는 가격, 주소 및 판매 상태뿐만 아니라 사진도 포함되었다.

데이터베이스 자체는 여러 관련 파일의 모음이지만 데이터베이스를 작성하고 데이터를 생성하고 데이터를 조작하는 데 사용되는 프로그램을 데이터베이스 관리 시스템(Database Management System, 이하 DBMS) 이라고 한다. 파일 자체가 데이터베이스이지만 DBMS는 모든 작업 구조 파일,

데이터 저장 및 레코드 연결을 수행한다. 앞에서 설명한 것처럼 기존 파일 접근 방식으로 저장된 파일의 데이터에 액세스하려면 각 유형의 데이터에 대해 지정된 문자 수를 정확히 알아야 한다. 그러나, DBMS는 이 작업의 상당 부분을 (그리고 많은 다른 작업을) 알아서 수행한다.

데이터베이스를 사용하는 경우 한 레코드에서 다른 레코드로 빠르게 이동하고, 다른 기준으로 정렬하고, 특정 레코드나 필드를 선택하고, 다양한 유형의 보고서를 만들고, 다양한 방식으로 데이터를 분석할 수 있기를 원한다. 이러한 요구 때문에 데이터베이스는 자기 디스크 또는 DVD와 같은 직접 액세스 저장 장치에 저장되고 처리된다. 자기 또는 광학 테이프와 같은 순차 저장 장치에 백업할 수는 있지만 레코드에 액세스하는 데 너무 오래 걸리므로 이러한 미디어에서 효율적으로 처리할 수는 없다. 재기록이 불가능한 CD 또는 DVD와 같은 장치에 데이터베이스를 저장하면, 자동차 정비 공장에서 사용하는 부품 목록과 같은 정적인 데이터베이스에 적합할 수 있지만, 반드시 업데이트되어야 하는 데이터베이스에는 적합하지 않다.

조직 데이터 수집

많은 비즈니스 전문가가 재무적 또는 회계적 자산을 고려한다. 건물은 특정 재정적 가치가 있는 자산이다. 그러나, 최근까지도 많은 비즈니스 전문가는 데이터를 평가하거나 이해할 수 없어 데이터를 자산으로 보지 않았다. 데이터 자체에는 재정적 가치가 없지만, 데이터 사용은 비즈니스의 의사 결정, 전략 및 운영에 대한 조직적 가치를 제공할 수 있다.

기업 데이터베이스에는 데이터가 "마법처럼" 생기는 것은 아니다. 기업의 데이터베이스를 채울 데이터를 수집할 수 있는 여러 가지 소스와 방법이 있다

- 1장에서 설명한 것처럼 거래처리 시스템은 판매, 급여, 비용 및 재고와 같은 비즈니스 운영의 기본 활동을 기록한다. 이러한 거래에서 저장되는 데이터는 조직의 운영 및 전략 결정에 대한 근거를 제공할 수 있다.
- 4장에서 설명하는 원본 데이터 입력 장치는 데이터를 수집하기 위해 정확하고 효율적이며 일관된 방식을 제공한다. 스캐너 및 RFID와 같은 하드웨어 장치는 거래 프로세스에 대한 입력을 제공한다.
- 과거에는 모든 데이터가 비즈니스의 물리적 건물 내에 입력되고 수집되었다. 급여 또는 주문 시스템과 같은 내부 시스템을 통해 사람들이 직접 데이터를 입력했다. 그러나 웹 및 모바일 혁명은 조직의 이해 관계자들(공급 업체, 고객 등)와 비즈니스 거래하는 새로운 방법들을 만들었다. 따라서, 이러한 데이터 소스가 되는 활동들에 의해 처리되고 저장된 정보는 조직의 데이터 인프라의 중요한 구성 요소이다.
- 외부 데이터는 비즈니스에서 사용하기 위해 구매 및 저장될 수 있다. 이 범주의 몇 가지 예는 신용 보고서, 인구 조사 데이터 또는 공급 업체 정보이다. 예를 들어, 신용정보 대행사에서 구매한 신용 보고서 정보는 기록의 목적으로 은행의 대출 기록에 저장될 수 있다.
- 최근에는 비즈니스 별로 소셜 미디어를 사용함에 따라 생산 및 운영 활동과 직접적인 관계가 없는 데이터가 크게 증가했다. Facebook 및 Twitter와 같은 출처의 데이터를 수집하고 분석하여 소비자 행동 동향 및 패턴을 파악할 수 있게 되었다.

기업 데이터베이스 용 데이터 원천의 확보와 보유는 분명히 기업에게 있어 비재무적 자산이다. 효율적이고 수익성 있는 비즈니스를 위한 운영 및 전략을 관리하는 데 중요한 구성 요소이다.

쿼리 및 보고서

데이터는 특정 레코드 및 / 또는 필드에서 데이터를 요청하고 결과를 표시하도록 컴퓨터에 지시하는 쿼리라는 메시지를 보내 데이터베이스에서 처리 또는 추출된다. 데이터 추가, 삭제 및 업데이트를 포함하여 데이터를 조작하기 위한 쿼리도 입력된다. 쿼리는 레코드의 순서를 정렬하는데 사용될 수도 있다. 대개 데이터베이스를 구축하고 채우는 데 사용되는 소프트웨어, 즉 DBMS가 쿼리를 표시하는 데 사용된다. 최신 DBMS는 사용자에게 쉽게 사용할 수 있도록 데이터베이스 쿼리 마법사 도구를 제공한다.

DBMS는 일반적으로 프로그래밍 언어 또는 보고서 생성 모듈과 함께 제공된다. 프로그래머는 이 모듈을 사용하여 쿼리를 용이하게 하고 사전 설계된 보고서를 생성하는 응용 프로그램을 개발할 수 있다. 비 기술적인 인력은 보고서 생성 소프트웨어 도구를 사용하여 개별 요구 사항을 기반으로 필요에 맞는 보고서를 만들 수 있다. 조직 데이터베이스의 데이터가 포함된 보고서는 비즈니스 운영 관리에 필수적인 구성 요소이다. 다양한 유형의 보고서를 통해 관리에 도움이 되는 형식 및 구조로 데이터를 제공할 수 있다. 예를 들어, 요약 보고서는 고객 또는 영업 담당자의 총 매출을 보여주는 상위 수준의 정보를 제공할 수 있다. 요약 보고서에는 세부적인 판매 거래 내역은 특정 그룹(고객, 영업 담당자 또는 제품)의 활동에 초점을 두기 위해 생략된다. 또는, 관리자는 예외 보고서를 사용하여 지정된 경계 또는 규범을 벗어나는 거래 및 활동만 추출할 수 있다. 예를 들어, 예산 관리자는 주어진 예산 이상으로 지출한 지출 계정을 모두 보고 싶어 할 수 있다.

보안

데이터베이스를 사용하면 보안 및 개인 정보 보호 문제가 제기된다. 여러 가지 목적으로 데이터가 데이터베이스에 한 곳에만 저장된다는 사실은 해당 데이터베이스에 대한 접근 권한이 있는 모든 사람이 그 데이터베이스의 모든 데이터에 접근할 수 있어야 한다는 의미는 아니다. 접근 권한 제한은 다른 사용자의 메뉴를 사용자 정의하고 사용자가 특정 필드 또는 레코드에 대한 접근을 제한하는 코드를 입력하도록 요구함으로써 관리된다. 결과적으로 그림 7.3과 같이 사용자는 데이터베이스에 대한 다른 뷰(view)를 갖게 된다. 사용자의보기를 특정 열이나 레코드로만 제한할 수 있으므로 데이터베이스 관리자 (DBA)에게 또 다른 이점인 보안 조치를 구현할 수 있다.

그 보안 조치는 여러 파일 따로 적용되는 것이 아니라 해당 데이터베이스 전체에 대해 적용된다. 예를 들어, 그림 7.4의 데이터베이스에서는 인적 자원 관리자가 직원 파일(맨 위의 테이블로 표시)의 모든 필드에 액세스할 수 있지만 급여 담당자는 직원 파일의 4개 필드(그림의 중간 테이블), 프로젝트 관리자는 이름 및 근무 시간 필드에만 액세스할 수 있다. 뷰는 데이터베이스의 특정 필드나 특정 레코드 또는 이 둘의 조합으로 제한될 수 있다. 보안 문제는 14장 "위험 요소, 보안 및 재해 복구"에서 자세히 설명한다.

■ 그림 7-3

데이터베이스 뷰를 사용하여, 사용자는 한 데이터베이스의 다른 모습의 데이터를 볼 수 있다.

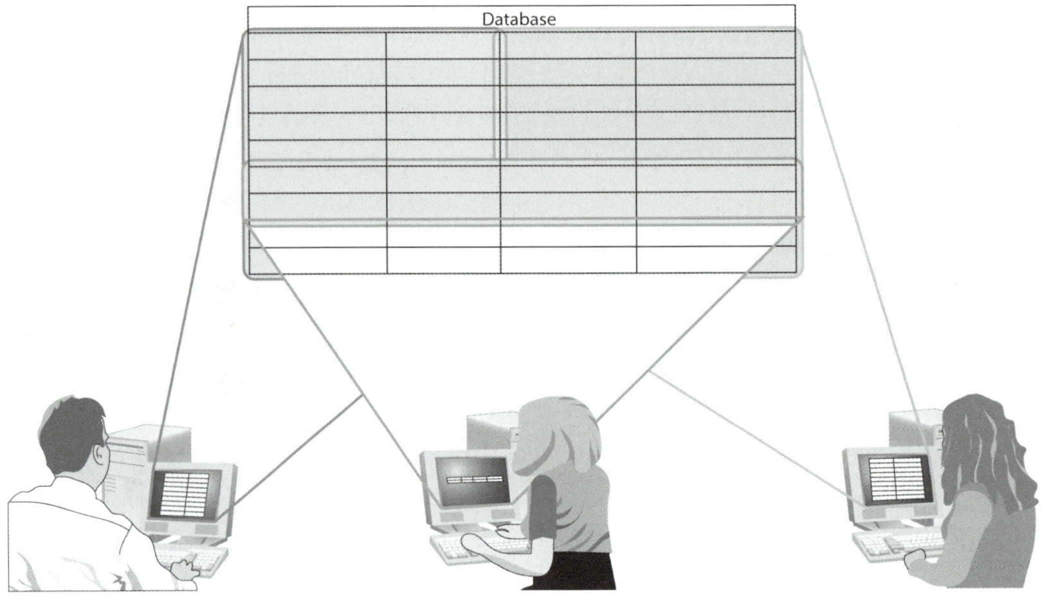

■ 그림 7-4

같은 데이터베이스에서 다른 뷰를 보여줌

View of Human Resource Manager						
Hourly Rate	SSN	Name	D.O.B.	Hire Date	Marital Status	Benefits Code

View of Payroll Personnel			
SSN	Hourly Rate	Benefits Code	Hours Worked

View of Project Manager	
Name	Hours Worked

백업 및 복구

기업은 이해 관계자(고객 및 공급 업체)와의 관계를 유지하기 위해 지속적이고 중단 없는 운영을 유지하기 위해 노력해야 한다. 기업의 정보 기술에 대한 의존도가 높아짐에 따라 기업의 기술 인프라의 연속성은 운영 활동에 결정적인 요소이다. 데이터베이스에 접근하는 하드웨어 오작동으로 인해 항공사의 예약 시스템이 작동하지 않는다고 가정 해보자. 전체 운영은 비행 준비, 비행 상태 확인, 공항 출입구에서 탑승 활동을 수행할 능력이 없으면 중단된다. 다른 규모에서 제조 회사의 사무원은 실수로 데이터베이스의 일부 고객을 삭제할 수 있다. 예기치 않게 비즈니스 활동의 중단이 발생할 경우, 데이터 백업 및 거래 중복 저장이 되어 있었어야 비즈니스 활동을 재개하고 계속해야 할 수 있다. 기술 연속성 계획과 관련된 몇 가지 주제는 14장 "위험 요소, 보안 및 재해 복구"에서 다룬다.

POINT OF INTEREST 사이버 공격을 받고 있는 정부

2012년 South Carolina Department of Revenue의 웹 사이트가 해당 해 8월과 10월 사이에 5번 해킹 당한 것으로 보고되었다. 360만 개의 사회보장번호(주민등록번호)와 지불했던 387,000건의 카드 기록이 도난 당했다. 카드 번호의 대다수는 암호와 되었었지만, 사회보장번호는 암호화되지 않았다. 이것은 정부 기관 해킹의 증가 추세에 있는 최근 사례 일뿐이다.

2005년 이래 정부와 군대 네트워크가 공개적 공격받아 데이터가 유출된 603건의 사례가 있었다. Privacy Rights Clearinghouse Chronology of Data Breaches에 따르면 이러한 해킹에서 최소 1억 4천 1백만 건의 기록이 수집되었다. 비즈니스 관점에서 볼 때 개인 고객 데이터가 도난 당하면 고객의 신원 도용으로 이어질 뿐만 아니라, 기업의 평판이 손상되고 미래의 고객을 방해할 수 있다. 데이터 보안은 끊임없이 진화하고 있다. 새로운 해커 전략에 맞서기 위해 지속적으로 주의를 기울이고 업데이트되어야 한다.

출처: Anonymous.(2012, October 26). S.C. data breach just latest in hacker onslaught, USA Today. Retrieved from http://www.usatoday.com/story/tech/2012/10/26/south-carolina-data-breach-36-millionssns-stolen/1661541/

데이터베이스 모델

데이터베이스 모델은 데이터 레코드가 데이터베이스 내에 저장되는 일반 논리 구조를 의미하며, 레코드간에 관계를 설정하는 데 사용되는 방법이다. 여러 데이터베이스 모델은 레코드가 서로 연결되는 방식이 다르며, 사용자가 데이터베이스를 탐색하고 원하는 레코드를 검색하며 보고서를 작성할 수 있는 방식을 결정한다. 가장 오래된 모델인 계층적 모델과 네트워크 모델은 1970년대와 1980년대에 만들어진 일부 데이터베이스에서는 여전히 사용되고 있지만, 새로 생성된 데이터베이스에서는 더 이상 사용되지 않는다. 거의 모든 새로운 데이터베이스는 관계형 및 객체 지향 모델에 따라 설계되었다.

관계형 모델

관계형 데이터베이스 모델은 테이블로 구성된다. 그 뿌리는 관계형 대수학에 있지만, 관계형 데이터베이스를 만들고 사용하기 위해 관계형 대수학를 알 필요는 없다. 그러나, 데이터베이스 전문가는 여전히 관계형 대수학 용어를 사용한다. 관계형 데이터베이스에서는 레코드 또는 행을 튜플이라고 부르고, 필드(종종 열이라고도 함)를 속성이라고 하며 레코드 테이블을 관계라고 한다. 이 교과에서는 대부분의 소프트웨어 패키지에서 사용하는 필드, 레코드 및 테이블 용어를 사용한다. 관계형 데이터베이스를 설계하려면 서로 다른 엔티티와 이 엔티티의 관계에 대한 명확한 아이디어가 필요하다. 예를 들어, 서적 대여 사업용 데이터베이스에서 엔티티는 Customer, Book, Rental 및 Publisher 일 수 있다. 하나의 테이블은 각 엔티티에 대해 작성된다(단, 각 테이블에는 수십만 개의 잠재적으로 수백만 개의 레코드가 포함될 수 있음). Rental은 어소시에이티브 엔티티(associative entity)이다. 그림 7.5에서 Rental 테이블이 Customer 테이블과 Book 테이블의 데이터를 연결한다는 것을 알 수 있다.

■ 그림 7–5

관계형 데이터베이스의 구조적 표현

Customer Table			
CustID	CustName	CustPhone	CustAddr
33091	Jim Marasco	322-4907	121 Presidents Rd
35999	Marcia Belvadere	322-5577	32 Parentes Bl
36003	Betsy McCarthy	342-0071	9 Barrington St
36025	Rick Green	322-7299	84 Shopping Pl

Primary key

Composite primary key

Rental Table				
CustID	BookID	Date Rented	Rental Cost	Date Returned
33091	456-3X	1/15/2013	50	
35999	632-7W	1/19/2013	55	
35999	854-4E	1/19/2013	45	
36003	854-4E	1/4/2013	45	
36025	115-5G	9/3/2012	60	12/19/2012

Part of composite key in Rental relates to the primary key in Book

Book Table			
BookID	Title	PubID	Edition
115-5G	Marketing Research	412	1
747-8T	Investment Strategies	254	4
456-3X	IT Project Management	254	6
632-7W	Database Mgmt Concepts	254	7
854-4E	Business Communication	129	10

Primary key in Publisher relates to the foreign key in Book

Publisher Table		
PubID	Pub Name	City
129	Alpha	Chicago
254	Cengage	Boston
412	Forrest	New York

일부 테이블은 다른 테이블과 관련되어 있지만, 각 테이블은 다른 테이블과 독립적이므로 관계형 데이터베이스의 유지 관리는 상대적으로 쉽다. 고객 레코드를 추가하기 위해 사용자는 고객 테이블에 액세스한다. 서적 레코드를 삭제하려면 사용자가 서적 테이블에 액세스한다. 이와 같은 모델의 장점은 관계형 데이터베이스 관리 시스템이 소프트웨어 시장에서 가장 많이 사용 되게 만들었다. 현재 시장에 나와있는 거의 모든 DBMS는 관계형 모델을 사용하고 있다. 이 모델은 SCM(Supply Chain Management) 시스템 및 기타 여러 엔터프라이즈 응용 프로그램과 로컬, 개인 정보 시스템에 사용된다.

관계형 데이터베이스에서 레코드를 검색하거나 정렬하려면 키를 사용해야 한다. 키는 값이 표시 또는 처리를 위해 레코드를 식별하는 필드이다. 특정 필드를 사용할 수 있다. 예를 들어, CustName 필드를 키로 사용하여 Customer 테이블의 Jim Marasco 레코드에 대한 데이터베이스를 쿼리 할 수 있다. 즉, DBMS에게 CustName 값이 "Jim Marasco"인 레코드를 검색하도록 지시하는 조건인 쿼리를 입력한다. 해당 필드의 각 값이 하나의 레코드에만 나타나는 경우 키는 고유하다고 볼 수 있다. 키가 여러 필드로 구성되어 그 필드 조합이 고유 키를 제공하기도한다.

보시다시피, 데이터베이스 설계에는 신중한 사전 고려가 필요하다. 설계자는 나중에 다른 테이블의 외부 키에 대한 필드를 포함시켜야 결합 테이블을 작성할 수 있다. 조인 테이블은 둘 이상의 테이블의 데이터를 결합한다. 테이블에는 여러 테이블의 외래 키가 포함될 수 있으므로 여러 테이블의 관련 데이터를 사용하여 보고서를 유연하게 만들 수 있다. 외래 키가 포함되어 있으면 상당한 데이터 중복이 발생할 수 있다. 그러나, 이러한 복잡성으로 인해 관계형 데이터베이스의 인기가 감소하지는 않았다.

데이터베이스에 CustName 필드에 "Jim Marasco"라는 레코드가 여러 개 있는 경우 (여러 고객이 같은 이름을 가지고 있기 때문에) 원하는 단일 레코드를 검색하지 못할 수 있다. 조회에 사용하는 응용 프로그램에 따라, 조건에 맞는 첫째 항목, 즉 필드에 해당 값을 갖는 모든 레코드 목록을 수신할 수 있다. 원하는 레코드를 효과적으로 검색하는 방법은 주민등록번호, 직원 ID, 또는 이 예에서는 고객 ID (CustID)와 같은 고유 키를 사용하는 것이다. 고유 키가 기본 키(primary key) 역할을 할 수 있다. 기본 키는 테이블의 레코드가 고유하게 식별되는 필드이다. 그림 7.5의 Customer 테이블에서 CustID 값이 36003인 레코드를 원한다는 쿼리를 지정하면 시스템에서 Betsy McCarthy 레코드를 검색한다. 정확하게 동일한 이름을 가진 사람들의 기록이 더 있더라도 CustID 값으로 지정하면 원하는 Betsy McCarthy 가 검색된다. 기본 키의 목적은 레코드를 고유하게 식별하기 위한 것이므로 각 레코드는 해당 필드에 고유한 값을 가져야 한다.

일반적으로 관계형 데이터베이스의 테이블에는 기본 키가 있어야 하며, 대부분의 관계형 DBMS가 이 규칙을 적용한다. 설계자가 필드를 키로 지정하지 않으면 DBMS는 자체 일련 번호 필드를 테이블의 기본 키 필드로 만든다. 레코드의 형식을 구성할 때 테이블의 디자이너가 기본 키를 결정하면 DBMS는 사용자가 해당 열에 동일한 값을 갖는 두 개의 레코드를 입력하는 것을 허용하지 않는다. 두 개 이상의 필드를 기본 키로 사용할 수 있는 상황이 있을 수 있다. 미국에서 자동차의 경우, 자동차 식별 번호(VIN: 미국에서 사용되는 자동차 고유번호), 타이틀 번호 및 차량 번호판 번호 등 세 가지 필드가 특정 차량의 기록을 고유하게 식별할 수 있다. 따라서, 데이터베이스 설계자는 이러한 필드 중 하나를 기본 키로 설정하여 레코드를 검색할 수 있다.

어떤 경우는 기본 키로 단일 필드를 사용하는 것은 비현실적이어서, 두 개 이상의 필드가 결합된 복합 키(composite key)를 사용할 수 있다. 예를 들어, 상업 항공사의 비행 기록을 고려해보자. 특정 노선의 항공편은 매주 또는 매일 제공되기 때문에 보스턴에서 호놀룰루까지 FS5025로 매일 운항되는 FlySousa Airlines의 항공편 번호는 특정 날 이 항공편을 탑승한 모든 승객의 목록을 검색하는 데 도움이 될 수 없다. 그러나, 2013년 5월 3일에 항공편 번호와 날짜의 조합을 복합 기본 키로 사용할 수 있다. 특정 좌석에 누가 앉았는지 확인하려면 항공편 번호, 날짜 및 좌석 번호 등 세 가지 필드로 구성된 복합 키가 필요하다.

한 테이블의 레코드를 다른 테이블의 레코드와 연결하려면 테이블에 공통적으로 하나 이상의 필드가 있어야 하고 (즉, 각 테이블의 한 열에는 동일한 유형의 데이터가 있어야 함), 이 필드는 테이블의 하나의 기본 키 필드여야 한다. 이 반복 필드는 한 테이블의 기본 키이고 다른 테이블의 외래 키(foreign key) 필드이다. Book Rental 예제에서 모든 배포자의 이름과 해당 게시자의 모든 서적을 보여주는 보고서를 만들려면 Publisher 테이블의 기본 키인 PubID를 Book 테이블의 외래키로 포함해야 한다. 그림 7.6은 Publisher 테이블과 Book 테이블의 조인 테이블이다. PubID가 조인 테이블을 만드는 데 사용되었지만, 굳이 조인 테이블에 표시될 필요는 없다.

■ 그림 7-6

Book 테이블과 Publisher 테이블의 조인 테이블

Publisher	BookID	Title	Edition
Cengage	456-3X	IT Project Management	6
Alpha	854-4E	Business Communication	10
Cengage	747-8T	Investment Strategies	4
Forrest	115-5G	Marketing Research	1
Cengage	632-7W	Database Mgmt Concepts	7

관계형 모델은 다른 테이블의 레코드 간 "일 대 다" 및 "다 대 다" 관계를 모두 지원한다. 예를 들어, 일 대 다 관계는 직원 그룹이 하나의 부서에만 속한 경우 작성된다. 직원 테이블에 있는 각 직원들은 부서 테이블에 있는 하나의 부서 번호를 외래 키로 가지며, 둘 이상의 부서 키를 갖지 않는다. 한 부서는 여러 직원과 연결 될 수가 있다. 반면, 대학교 데이터베이스의 교수 및 학생에게는 다 대 다 관계가 적절할 것이다. 교수에게는 지도하는 많은 학생들이 있을 수 있으며, 학생에게는 지도 받는 교수가 많이 있을 수 있다. 교수자 ID와 학생 ID의 복합 키를 작성하면 된다. Book 대여점의 예에서는 고객과 대여한 책 사이에 다 대 다 관계가 있다. 렌탈 테이블을 통해 서점 관리자는 고객 및 임대 정보에 대한 내역 보고서를 작성할 수 있다. 두 명 이상의 고객이 특정 책을 대여했고, 동일한 고객이 여러 책을 대여했음을 분명히 해야 한다.

Gartner Research에 따르면, 관계형 DBMS (RDBMS)의 주요 공급 업체는 Oracle, IBM, Microsoft이며, 2011년 시장 점유율은 약 50%, 20%, 20% 수준이다(Fontecchio, 2012). IBM은 DB2란 이름으로, Oracle은 회사 이름인 오라클로, Microsoft는 SQL Server 및 Access 이름으로 라이센스를 판매한다. MySQL은 세계에서 가장 널리 사용되는 오픈 소스 DBMS이다(Bridgwater, 2012). MySQL은 페이스북, 구글, 어도비와 같이 거래량이 매우 많은 웹 사이트들에서도 사용된다. 이러한 DBMS는 SCM 및 CRM 시스템과 같은 엔터프라이즈 응용 프로그램의 필수 요소이다.

객체 지향 모델

객체 지향 데이터베이스 모델(object-oriented database model)은 5장 "비즈니스 소프트웨어"에서 설명되는 객체 지향 접근법을 사용하여 레코드를 유지 관리한다. 객체 지향 기술에서 객체는 데이터와 데이터를 조작하는 프로시저로 구성된다. 따라서, 객체에는 엔티티의 특성 외에도 다른 엔티티와의 관계 및 데이터를 조작하기 위한 프로시저와의 관계가 포함된다. 데이터와 이를 조작하는 절차의 결합된 저장을 캡슐화라고 한다. 캡슐화를 통해 객체를 다른 데이터 세트에 "심어" 놓을 수 있다. 객체 지향 구조에서 이전에 개발된 객체(상위 객체라고 함)의 특성 전부 또는 일부를 복제하여 새 객체를 자동으로 생성하는 기능을 상속이라고 한다. 그림 7.7은 DVD 대여점의 관계형 데이터베이스에서 유지 관리되는 동일한 데이터가 객체 지향 데이터베이스에 저장되고 사용되는 방법을 보여준다. 엔티티에 대한 데이터 간의 관계는 외래 키를 통하지 않고 하나의 객체와 다른 객체의 관계를 통해 관리된다. 이 접근법의 한 가지 장점은 데이터 중복성을 줄이는 것이다.

■ 그림 7-7

객체 지향 데이터베이스

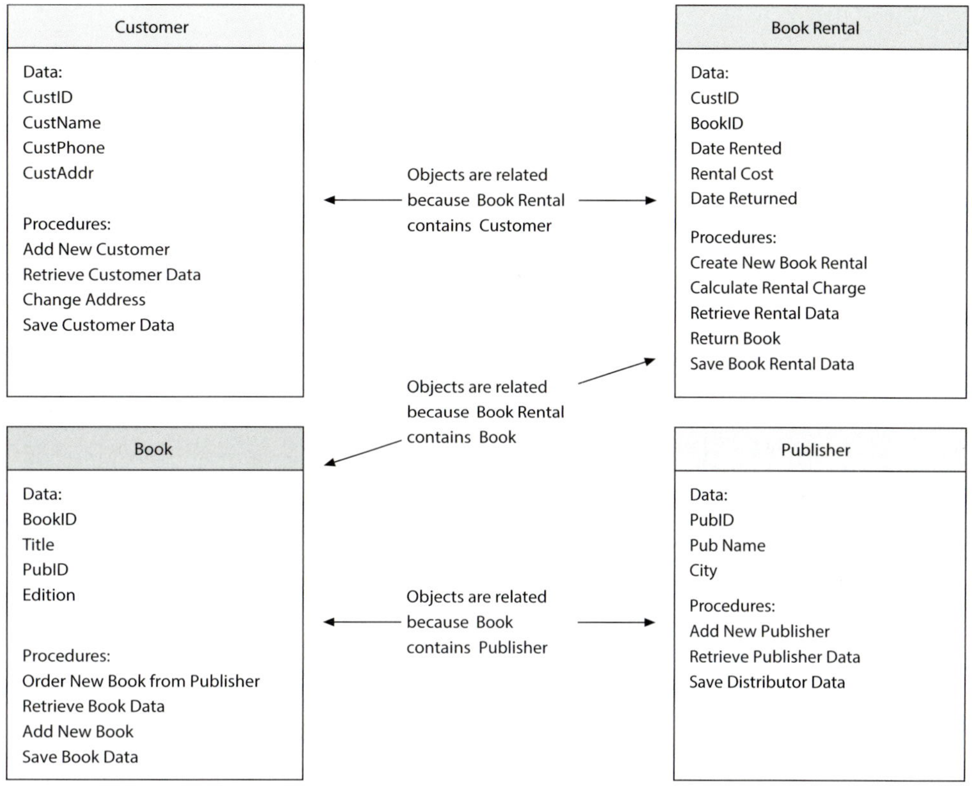

일부 데이터 및 정보는 필드로 구성될 수 없지만 도면, 맵 및 웹 페이지와 같은 객체로 처리 될 수 있다. 이러한 모든 기능은 객체 데이터베이스 관리 시스템 (ODBMS: object database management systems)이라고도 하는 객체 지향 DBMS(object-oriented DBMS)에서 구현된다. 이 도구들은 광범위한 범위의 그래픽, 음성 및 텍스트와 같은 데이터를 관계형 모델보다 손쉽게 처리할 수 있기 때문에, CAD (Computer-Aided Design), 지리 정보 시스템 및 매일 수천 개의 웹 페이지를 업데이트하는 데 사용되는 응용 프로그램들이 사용하는데 적합하다.

관계형 DBMS와 마찬가지로 ODBMS는 GUI (Graphical User Interface)를 제공하여 DBMS를 관리한다. 사용자는 유사한 특성을 공유하는 개체 그룹인 “클래스”에서 개체를 선택할 수 있다. ODBMS의 요소는 종종 관계형 데이터베이스에 통합되며 그러한 데이터베이스는 때때로 객체 관계형 데이터베이스(object-relational database)로 알려져 있다.

ODB는 레코드를 저장하지 않고 데이터 객체를 저장하므로 데이터 세트 및 그 사이의 관계를 신속하게 업데이트하는 데 유리하다. 예를 들어, DVD 상점의 예에서 ODB의 경우 DVD와 distributor 간의 관계는 외래 키를 통해 설정되지 않는다. 이는 DVD 클래스에 Distributor 클래스가 포함되어 있기 때문에 존재한다. 그러나 객체 지향 데이터베이스에는 관계형 데이터베이스와 비교할 때 몇 가지 단점이 있다. 예를 들어, 응용 프로그램과 데이터간에 의존성이 있다. 그들은 단순히 함께 “포장”된다. 관계형 데이터베이스에서 테이블의 구조를 변경해도 해당 테이블의 데이터를 사용하는 응용 프로그램을 변경할 필요가 없지만, 객체 지향 데이터베이스에서 응용 프로그램을 변경해야 할 수도 있다. 또한, 이 의존성은 ODB에서 임시 쿼리를 입력하는 기능을 제한한다. 아직은 관계형 데이터베이스처럼 많이 쓰이고 있지는 않지만, ODB 사용자가 점점 늘고 있다.

여러 소프트웨어 회사가 인기 있는 ODBMS를 개발했다. 그 중에 Objectivity / DB (Objectivity, Inc.), ObjectStore (Versata) 및 Versant Object Database (Versant Corporation)가 포함된다.

관계 연산

앞에서 언급했듯이 가장 널리 사용되는 DBMS는 관계형 모델을 지원하는 DBMS이다. 따라서, Access, Oracle 또는 SQL Server와 같이 널리 사용되는 관계형 데이터베이스에 익숙해지는 것이 좋다. 데이터베이스를 사용하려면 관계형 작업의 작동 방식을 알아야 한다. 관계 연산은 원래 테이블의 서브 세트인 임시 테이블을 작성한다. 조건을 만족하는 레코드가 포함된 보고서를 만들거나, 엔티티에 대한 일부 필드만 사용하여 목록을 만들거나, 둘 이상의 테이블에서 관련 데이터를 결합하는 조인 테이블에서 보고서를 생성할 수 있다. 원한다면, 사용자는 새로 생성된 테이블을 저장할 수 있다. 흔히 임시 테이블은 임시보고에만 필요하며 즉시 삭제된다.

가장 중요한 세 가지 관계 연산은 select, project, join이다. Select는 특정 조건을 충족시키는 레코드를 찾아내는데 사용되는 연산이다. 예를 들어, 인적 자원 관리자는 급여가 $60,000를 초과하는 모든 직원의 전체 기록을 보여주는 보고서가 필요할 수 있다. project는 모든 직원의 급여와 같은 테이블의 특정 열을 선택하는 것이다. 쿼리는 select과 project의 조합을 지정할 수 있다. 앞의 예에서 관리자는 급여가 $60,000보다 큰 종업원의 ID 번호, 성 및 급여에 대한 자료만 필요할 수 있다.

관계형 데이터베이스의 가장 유용한 조작 중 하나는 두 개 이상의 다른 테이블에서 새 테이블을 만드는 것이다. 관계형 모델에 대한 논의에서 알 수 있듯이 여러 테이블의 데이터 결합하는 것을 join이라고 한다. 우리는 이미 도서 대여 데이터베이스에서 간단한 예제를 사용했다(그림 7.6). 그러나, join을 이용한 조회는 훨씬 더 복잡할 수 있다. 예를 들어, 관계형 비즈니스 데이터베이스에는 SalesRep, Catalog, Order 및 Customer라는 네 개의 테이블이 있을 수 있다. 영업 관리자는 각 영업 담당자에 대해 지난 달에 구매한 모든 고객의 목록, 각 고객이 구입한 항목 및 각 고객이 소비한 총 금액을 보여주는 보고서를 작성하고자 할 수 있다. 새 테이블은 네 개의 테이블 모두에서 데이터를 가져오는 관계형 연산에서 만들어진다.

join 작업은 의사 결정에 매우 유용한 보고서를 작성할 수 있는 강력한 도구이다. 조인 테이블은 쿼리의 결과로 "즉석에서" 만들어지며, 사용자가 보거나 원하는 보고서를 작성하려는 기간 동안만 존재한다. 디자인 기능을 통해 사용자는 필드 표제를 변경할 수 있지만(필드 이름은 내부 테이블에서 동일하게 유지됨), 화면이나 용지의 다른 레이아웃에 배치하고 그래픽 및 텍스트를 보고서에 추가할 수 있다. 새 테이블은 데이터베이스에 추가 테이블로 저장될 수 있다.

POINT OF INTEREST 맞춤형 프로모션

아마존은 어떤 상품이 특정 구매자에게 가장 매력적인지를 예측하는 프로세스에 대해 2010년에 특허를 받았다. 사용자가 항목을 클릭할 때마다 Amazon의 데이터베이스에 기록되고 분류된다. 이전 구입 및 항목을 기반으로 아마존은 특정 사용자가 앞으로 구매할 가능성이 높은 항목에 대한 동향 및 패턴을 개발한다. 그런 다음, 사용자에게 개인화된 권장 사항을 제공하여 항목을 '제공한다'. Amazon은 이 특허 출원된 프로세스를 사용하여 개별 구매자를 미시적으로 타겟팅하고 이전에 클릭한 항목에 따라 가장 관심이 있는 항목을 제시한다.

출처: Anonymous. (2010, Nov 17). US Patent Issued to Amazon Technologies on Nov. 16 for "Predictive Analysis of Browse Activity Data of Users of a Database Access System in Which Items are Arranged in a Hierarchy" (Washington Inventor), US Fed News Service, Including US State News.

SQL

SQL(Structured Query Language)는 많은 관계형 DBMS 개발자들이 선호하는 쿼리 언어가 되었다. SQL은 국제 표준이며 대부분의 관계형 데이터베이스 관리 프로그램과 함께 제공된다. 그 힘은 그것의 기억하기 쉽고, 직관적인 명령어에 있다. 예를 들어, 전체 데이터베이스의 이름이 DVD_Store라고 가정하자. 임대 가격이 $5.00 미만인 스릴러 DVD의 모든 제목 목록을 만들려면 쿼리는 다음과 같다.

```
SELECT  TITLE,  CATEGORY  FROM  DVD_STORE
WHERE  CATEGORY  'Thriller'  and  RENTPRICE  <  5
```

이와 같은 명령문은 임시 질의에 사용되거나 반복적으로 사용하기 위해 저장되어 프로그램에 통합될 수도 있다. INSERT, DELETE 및 UPDATE와 같이 데이터베이스 업데이트 명령어도 기억하기 쉽다.

DBMS에 SQL을 통합하면 몇 가지 장점이 있다.

- 표준 언어를 사용하면, 사용자는 다른 DBMS에서 데이터베이스를 작성하고 조작하기 위해 다른 명령 세트를 배울 필요가 없다.
- SQL 문구는 COBOL 또는 C와 같은 널리 사용되는 프로그래밍 언어와 C++ 또는 Java와 같은 객체 지향 언어에 임베드(embed) 될 수 있다. 이 경우 이러한 언어를 "호스트 언어"라고 한다. SQL 문구와 함께 매우 맞춤화된 효율적인 명령문의 조합을 사용함으로써 관계형 데이터베이스에 액세스하는 응용 프로그램의 효율성을 높일 수 있다.
- SQL 문구는 운영 체제의 종류에 상관없이 사용가능하기 때문에 프로그래머는 명령문을 다시 작성할 필요가 없다.

Microsoft Access와 같은 일부 관계형 DBMS는 GUI를 제공하여 SQL 쿼리를 생성한다. SQL 쿼리는 내부적으로 SQL 쿼리로 변환되어 실행시키는 아이콘을 클릭하여 간단히 실행시킬 수 있다. 이 기능을 사용하면 비교적 경험이 부족한 데이터베이스 디자이너도 SQL을 사용할 수 있다.

스키마 및 메타 데이터

새 데이터베이스를 만들 때 사용자는 먼저 스키마("계획"이라는 그리스 단어에서 유래)를 만들어야 한다. 스키마는 설계중인 데이터베이스의 구조를 일컫는 용어이며, 이는 각 레코드 유형의 필드 이름과 유형 및 레코드 또는 파일의 서로 다른 세트간의 일반적인 관계를 나타낸다. 여기에는 데이터베이스 구조에 대한 설명, 필드의 이름과 크기 및 기본 키인 필드와 같은 세부 사항이 포함된다. 레코드 수가 변경될 수 있으므로 레코드 수가 지정되지 않으며 최대 레코드 수는 저장 미디어의 용량에 의해 결정된다.

필드는 숫자, 영숫자, 그래픽 또는 시간 관련 데이터의 다른 유형의 데이터를 저장할 수 있다. 숫자 필드는 더하기, 곱하기, 평균화 등으로 조작할 수 있는 숫자를 포함한다. 영숫자 필드는 이름, 주소 및 식별 번호를 구성하는 단어, 숫자 및 특수 기호와 같은 텍스트 값을 가질 수 있다. 주민등록번호 또는 우편 번호와 같은 영숫자 필드에 입력된 숫자는 수학적으로 조작할 수 없다. 새 데이터베이스 작성자는 기본 키로 사용할 필드를 표시해야 한다. 많은 DBMS는 필드가 고유하지 않을 때 (즉, 필드의 값이 두 개 이상의 레코드에 대해 동일할 때), 이를 데이터베이스 작성자가 명시적으로 나타낼 수 있게 한다.

그림 7.8은 Microsoft Access DBMS로 생성된 데이터베이스 테이블의 스키마를 나타낸다. 사용자는 필드의 이름과 유형을 입력하라는 메시지가 나타난다. Access를 통해 사용자는 필드의 이름을 지정하고 데이터 유형을 결정할 수 있다. 설명 절을 사용하여 디자이너는 데이터베이스를 유지 보수하는 사람들을 위한 필드의 특성과 기능을 설명할 수 있다. 창의 아래 부분에는 필드 크기, 형식 등과 같은 각 필드에 대한 많은 옵션이 제공된다. Access에서 기본 키 필드는 왼쪽에 작은 열쇠 아이콘으로 표시된다.

■ 그림 7-8

Access 2010 데이터베이스의 Employee 테이블 스키마를 보여준다. 화면 맨 아래의 필드 속성 영역은 EmployeeID 필드의 속성을 보여준다.

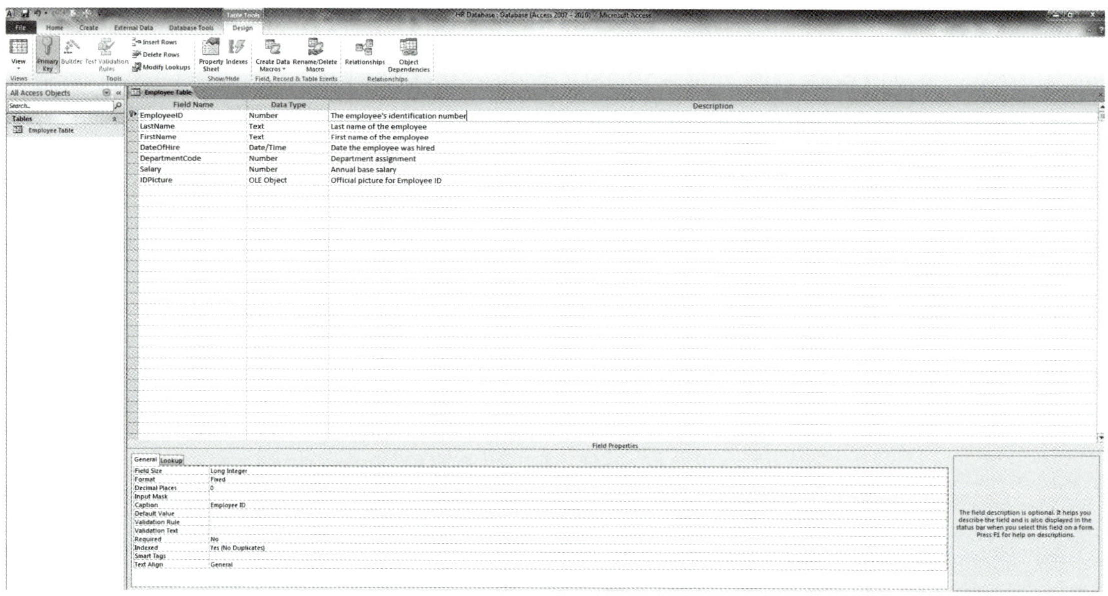

각 테이블 구조 및 필드 유형에 대한 설명은 데이터 사전의 일부가 된다. 이 사전은 데이터 및 해당 조직에 대한 정보의 저장소이다. 설계자는 일반적으로 데이터가 어디에서 오는 것인지(예: 다른 시스템 또는 수동으로 입력)와 같은 각 필드에 대한 추가 정보를 추가한다. 누가 원래의 데이터를 소유하고 있는가? 필드에서 데이터를 추가, 삭제 또는 업데이트할 수 있는 사람, DBA(database administrator)가 데이터베이스를 유지 관리하고 필드와 그 관계의 의미를 이해하는 데 도움이 되는 기타 세부 정보를 제공한다. (일부 사람들은 이 메타 데이터를 "데이터에 관한 데이터"라는 의미로 부르기를 선호한다.) 메타 데이터(meta data)에는 다음이 포함된다:

- 데이터 출처 (담당자 연락처 정보를 포함).
- 데이터와 관련된 테이블.
- 입력란의 크기 및 유형 (예: 텍스트 또는 숫자 여부) 및 데이터 정렬 방식과 같은 필드 및 색인 정보
- 데이터를 사용하는 프로그램 및 프로세스
- 모집단 규칙: 삽입되거나 업데이트되는 항목 및 빈도.

데이터 모델링

데이터베이스는 비즈니스 목표를 달성할 수 있도록 신중하게 계획하고 설계해야 한다. 그것들은 어떻게 디자인되느냐에 따라 사용의 유연성을 높여주거나 제한한다. 조직의 데이터를 분석하고 데이터 간의 관계를 확인하는 것을 데이터 모델링이라고 한다. 데이터 모델링은 먼저 어떤 데

이터를 수집해야 하며 어떻게 구성해야 하는지 결정해야 한다. 따라서, 데이터 모델링은 능동적이어야 한다. 주기적으로 데이터 모델을 만드는 것이 좋다. 의사 결정권자는 보고서에 사용할 수 있는 데이터와 향상된 의사 결정을 위해 조직에서 수집하기 시작해야 하는 데이터를 명확하게 파악할 수 있다. 그런 다음 관리자는 몇 번의 키 입력으로 테이블 간 관계를 변경하거나 원하는 보고서를 생성하는 새로운 응용 프로그램을 디자인하도록 전문가에게 요청할 수 있다.

많은 비즈니스 데이터베이스는 이들 간의 관계가 있는 여러 테이블로 구성된다. 예를 들어, 병원은 모든 의사의 기록을 보유한 테이블, 모든 간호사 정보가 있는 테이블, 모든 현재 환자 정보를 보유한 데이터베이스 등을 사용할 수 있다. 관리 직원은 여러 테이블의 데이터를 링크하는 보고서를 작성할 수 있어야 한다. 예를 들어, 한 보고서는 특정 기간 동안 의사와 모든 환자에 관한 보고서일 수 있다. 또한, 각 환자의 재활에 참여한 모든 간병인 목록 및 약물 목록과 같은 환자의 세부 사항에 관한 보고서가 있을 수 있다. 따라서, 데이터베이스는 유용한 데이터 조작 및 보고서 생성을 위해 신중하게 계획되어야 한다.

효과적인 데이터베이스 모델링 및 각 데이터베이스 설계에는 데이터베이스의 개념적 설계도 작성이 포함된다. 이러한 설계도를 엔티티 관계 다이어그램 (ERD)이라고 한다. ERD는 모든 엔티티 관계를 그래픽으로 표현한 것으로, 그 예가 그림 7.9에 나와 있으며, 쿼리와 관련된 문제를 확인하거나 변경 사항을 구현하기 위해 종종 사용된다. ERD는 전문 DB 설계자뿐만 아니라 사용자 및 사용자와 디자이너 간의 의사 소통을 위한 주요 도구이다. 따라서 모든 분야의 전문가들이 이를 작성하고 읽는 방법을 알고 있어야 한다.

■ 그림 7-9

엔티티 관계 다이어그램 (ERD)

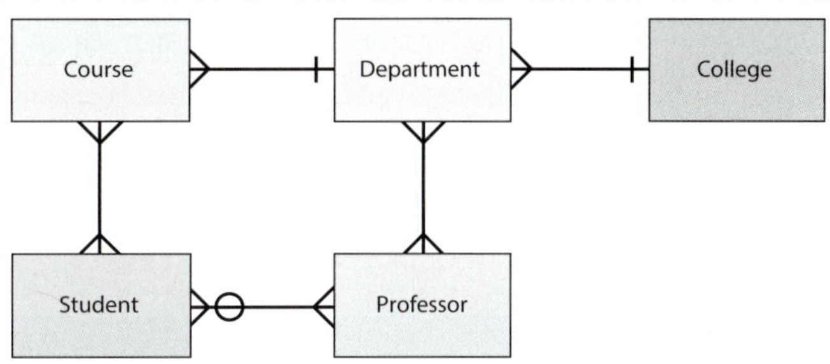

ERD에서 엔티티를 식별하는 데 상자가 사용된다. 선은 엔티티 간의 관계를 나타내는 데 사용된다. 까마귀발 모양의 선이 물체를 가리키면 그 물체의 인스턴스(instance)가 많이 있을 수 있다. 까마귀발을 가진 링크에도 크로스바가 포함되어 있으면 까마귀 발의 측면에 있는 모든 객체 인스턴스가 크로스바 측면의 단일 객체와 연결된다. 두 번째 크로스바는 "필수"를 의미하며 이는 책 제목과 저자 사이의 관계가 발생해야 함을 의미한다. 책 제목에는 연결된 저자가 있어야 한다. 상자에 가까운 원은 "선택 사항"을 나타낸다.

- 그림 7.9에서 학과/대학 관계의 학과 끝 부분에 있는 까마귀발은 대학과 부서 간의 일 대 다 관계를 나타내는 하나의 대학에 여러 학과가 있음을 나타낸다. 또한 대학/학과 링크의 대학 끝 부분에 있는 크로스바는 학과가 단 하나의 대학에만 속해 있음을 나타낸다.
- 한 학과에는 교수가 많고, 교수는 여러 학과에 속할 수 있다. 따라서, 교수와 학과 간의 관계는 링크의 양쪽 끝에 있는 까마귀 발로 대표되는 다 대 다(many-to-many) 이다.
- 과목(course)는 학과/과목 관계의 학과 끝 부분에 있는 크로스바로 표시된 단일 학과에서 제공한다.
- 한 교수가 한 명 이상의 학생을 가르칠 수도 있고, 한 학생이 한 명 이상의 교수로부터 지도를

받을 수도 있다. 따라서, 교수와 학생 간의 다 - 대 - 다 관계의 교수 및 학생측 까마귀발이 된다.

- 그러나, 학생측의 원은 교수가 지도학생이 꼭 있어야 하는 것은 아니다라는 것을 나타낸다. 원은 "선택 사항"을 의미하며 교수가 가르치지 않는 경우를 위한 것이다.

그림 7.9와 같은 다이어그램은 초기 ERD를 제공한다. 데이터베이스 디자이너는 추가적으로 각 개체의 필드를 자세히 설명해야 한다. 속성은 각 개체 상자에 나열되고 기본 키 속성에는 밑줄이 그어진다. 일반적으로 기본 키 필드는 상자의 필드 목록 맨 위에 나타낸다. 그림 7.10은 Professor 엔티티의 가능한 속성의 예이다. 데이터베이스 설계자는 다른 표기법을 사용할 수 있다. 그러므로, ER 다이어그램을 검토하기 전에 각 기호의 의미를 이해해야 한다.

■ 그림 7–10

Professor 엔티티의 필드

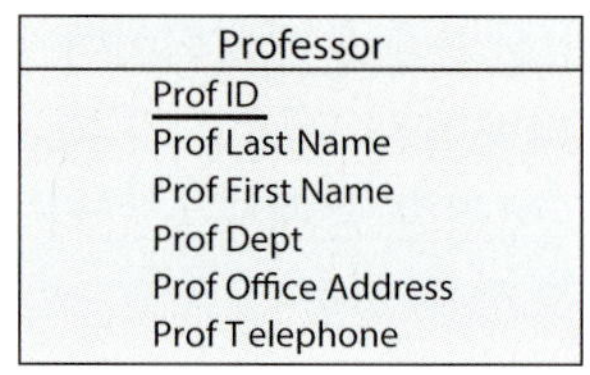

여기에 제시된 예제는 매우 간단하다. 실제로 관리자가 생성해야 하는 보고서는 매우 복잡 할 수 있는데, 이는 서로 다른 데이터 요소간의 관계 및 이들이 조합되는 서로 다른 테이블의 수 때문이다. 도서관에서 관리되는 데이터 간의 관계를 상상해보자. 이용자는 여러 도서를 빌릴 수 있다. 도서관은 각 제목의 여러 사본을 유지한다. 제목은 책, CD, DVD 또는 미디어 파일일 수 있다. 일부 저자는 동일한 제목을 가진 다른 책을 간행했을 수 있다. 도서관 사서는 제목, 저자, 이용자 별로 대여가능여부와 대여한 서적을 볼 수 있어야 한다. 그들은 또한 일정 기간 동안 각 후원자의 모든 차용에 대한 내역 보고서를 작성할 수 있어야 한다. 데이터베이스를 설계할 때 이러한 모든 관계와 보고서에 대한 다양한 요구 사항을 고려해야 한다.

웹 상의 데이터베이스

사람들이 온라인으로 데이터베이스에 접속할 수 없다면, 인터넷과 사용자 친화적인 웹은 실질적으로 별 의미가 없다. 웹의 전제는 사람들이 매력 있는 웹 페이지를 볼 수 있을 뿐만 아니라, 정보를 검색하고 찾을 수 있다는 것이다. 대부분의 경우 해당 정보는 데이터베이스에 저장되어 있다. 구매자가 온라인 상점에 방문하면, 판매용으로 제공되는 수천 또는 수십만 가지 항목에 대한 정보를 찾을 수 있다. 예를 들어, Walmart, Target 또는 Amazon과 같은 웹 사이트에 액세스할 때 제공되는 수백 가지 제품에 대한 데이터베이스 정보(예: 전자 제품, 비디오, 가격, 운송 시간 및 소비자 평가의 이미지)를 받을 수 있다. YouTube에 키워드를 입력하면, 제목이나 설명문구에 키워드가 포함된 모든 동영상 클립의 목록이 생성된다. 많은 도매상이 온라인에서 카탈로그를 제공한다. 경매 사이트의 응용 프로그램은 카테고리, 가격 범위, 원산지, 색상, 날짜 및 기타 속성에 대한 질의를 받고, 종종 사진과 자세한 설명이 포함된 일치하는 항목의 기록을 식별한다.

각 사이트 뒤에는 데이터베이스가 있다. 조직이 이러한 웹 기반 비즈니스를 수행하는 유일한 방법은 회사 외부의 사람들에게 데이터베이스에 대한 액세스 권한을 부여하는 것이다. 즉, 조직은 데이터베이스를 인터넷에 연결해야 한다. 데이터베이스는 고객에게 "보고"할 수 있는 제품 및 정보의 역동적이고 체계적인 컬렉션을 제공한다. 예를 들어, 여기에 나와있는 Amazon.com 웹 페이지는 고객의 검색 기준에 따라 몇 가지 태블릿 PC 제품을 표시한다. 웹 페이지 왼쪽에는 고객이 검색을 더욱 세분화하기 위해 선택할 수 있는 추가 기준 (디스플레이 크기, 운영 체제 등)이 표시된다.

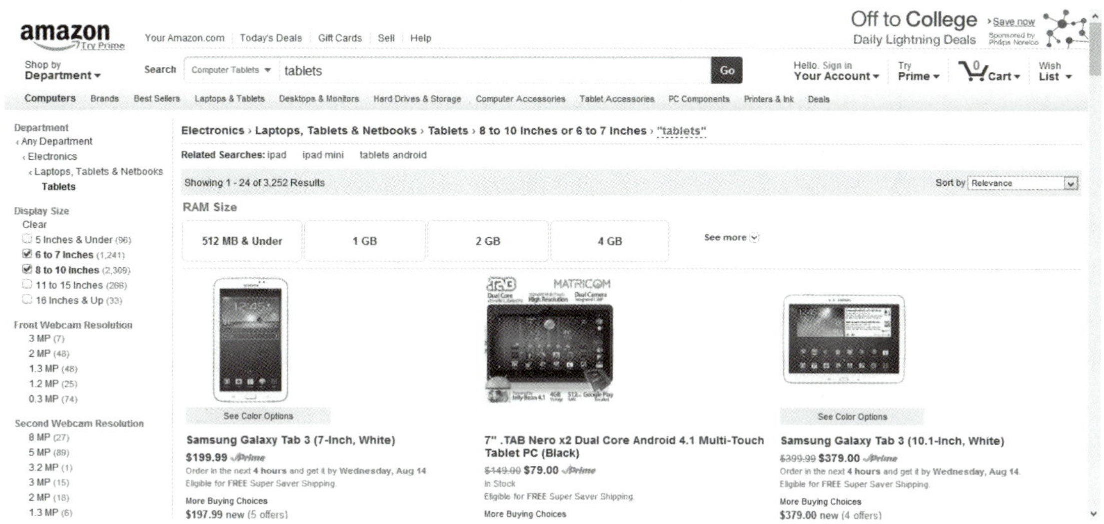

Amazon의 웹사이트 데이터베이스에 저장되어 있는 제품 카탈로그로부터 정보를 받는다

기술적인 측면에서 웹 브라우저에서 사용되는 온라인 데이터베이스는 다른 데이터베이스와 다르지 않다. 그러나 웹과 작동하도록 설계된 인터페이스가 필요하다. 사용자가 사이트 데이터베이스에서 정보를 얻기 위해 쿼리나 키워드를 입력하는 양식을 볼 수 있어야 한다. 인터페이스 설계자는 사용자가 온라인 양식에 삽입하는 데이터를 파악하여 데이터베이스의 적절한 필드에 배치할 수 있는 메커니즘을 제공해야 한다. 또한, 시스템은 사용자가 데이터베이스에 쿼리 및 키워드를 전달하는 메커니즘이 필요하다. 이 인터페이스는 Java 서블릿, ASP (Active Server Page), ASP.NET(.NET 프레임 워크 내의 ASP 프로세스 버전) 및 PHP(Hypertext Preprocessor)를 비롯한 여러 웹 프로그래밍 언어 중 하나로 프로그래밍 할 수 있고, 웹 API (응용 프로그램 인터페이스)를 사용해서도 구현할 수 있다. 이 응용 프로그램의 기술적 측면은 이 책에서 다루지 않는다. 이 과정은 그림 7.11에 그려져 있다.

■ 그림 7-11

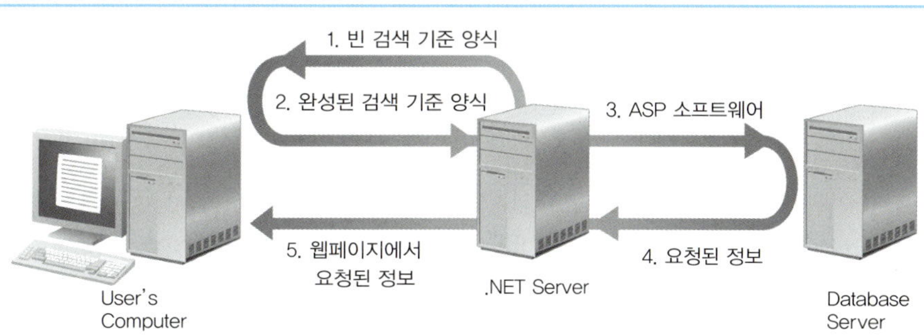

Active Server Page 기술이 웹을 통해 데이터 쿼리를 보내고 처리하는지 보여주는 예제

생산 데이터베이스가 인터넷을 통한 사이버 공격에 취약하지 않도록 하려면, 데이터베이스가 온라인 트랜잭션 전용이 아닌 한 인터넷에 거래 데이터를 연결하는 것을 피해야 한다. 또한, 기업은 방화벽과 인증 규칙을 통해 적절한 보안 소프트웨어를 적용해야 한다. 많은 조직 데이터베이스가 온라인, 웹 및 모바일 기반 거래에 사용되어 모든 거래가 하나의 데이터베이스에서 처리되고 중앙 집중화된다. 예를 들어, 호텔이 웹, 스마트 폰 또는 고객 서비스 담당자를 통해 처리되는지 여부에 관계없이 동일한 예약 데이터베이스를 업데이트해야 한다. 또한, 데이터 웨어하우스

를 인터넷에 연결할 때 주의해야 한다.

데이터 웨어하우징

대다수의 비즈니스 데이터 수집은 일상적인 거래 및 운영에 사용된다. 고객 및 구매 기록, 그리고 직원, 환자에 대한 정보를 수집한다. 트랜잭션은 이 데이터베이스에 오래 머무르지 않는다. 보통 며칠 또는 몇 주동안 머무른다. 그러나, 많은 조직에서는 거래 데이터를 축적하면 시장 동향을 조사하거나 사기거래를 추적하는 것과 같은 중요한 경영 의사 결정에 이 데이터를 활용할 수 있다는 사실을 발견했다. 이러한 목적으로 데이터를 구성 및 저장하는 것을 데이터 웨어하우징이라고 한다.

데이터 웨어하우스는 관리 의사 결정을 지원하는 대규모의 일반적으로 관계형 데이터베이스이다. 데이터 웨어하우스는 단기간 또는 단일 지역이 아닌 수년간의 수백만 건의 거래 및/또는 국내 및 글로벌 거래를 통해 수집 데이터를 포함하고 있기 때문에 크기가 매우 크다. 매시간, 매일 또는 매주와 같이 미리 결정된 기간 동안 개별 거래 또는 거래 요약 기록을 유지 관리할 수 있다. 데이터 웨어하우스의 목적은 관리자가 보고서를 작성하거나 많은 양의 아카이브 데이터를 분석하고 의사 결정을 내릴 수 있도록 하는 것이다. 데이터 웨어하우징 전문가는 데이터로 수행할 비즈니스 분석 유형을 잘 알고 있어야 한다. 또한, 데이터 웨어하우스 테이블을 설계하여 비즈니스 활동이 변경되거나 다른 정보를 추출해야 하는 경우 수년 내에 수정할 수 있도록 유연성을 확보해야 한다.

데이터 웨어하우스는 판매 데이터베이스, 결제 데이터베이스, 현금 영수증 및 반환과 같은 일일 트랜잭션으로 업데이트되는 트랜잭션 데이터베이스를 대체하지 않는다. 대신 트랜잭션 데이터는 별도의 데이터 저장 공간인 데이터 웨어하우스에 복사된다. 이 대형 아카이브에는 일반적으로 조직에는 아주 중요하지만 트랜잭션 데이터베이스에 저장되는 소량의 데이터로부터는 찾아내기 쉽지 않은 중요한 정보가 들어있다. 예를 들어, 보험 회사는 매월 정책 판매 테이블을 유지할 수 있다. 고객이 일반적으로 선호하는 정책 유형 또는 연령대별로 경향을 파악할 수 있다. 이러한 추세는 수년 동안 수집된 데이터에서 수집한 경우에만 의미가 있다. 트랜잭션 데이터베이스의 데이터는 각 영업일, 주 또는 월말에 데이터 웨어하우스에 추가되거나 거래가 트랜잭션 데이터베이스에 기록되는 즉시 자동으로 추가될 수 있다. 트랜잭션 데이터베이스에는 현재 데이터가 포함되어 있지만 데이터 웨어하우스의 데이터는 오랜 기간 동안 축적되어 오랜 세월 비즈니스 활동을 반영할 수 있다.

조직에서는 종종 데이터 웨어하우스를 데이터 마트(data mart)들의 집합으로 설정하고, 특정 주제 또는 부서에 초점을 맞춘 더 작은 데이터 수집을 설정한다. 데이터 마트를 하나의 대형 데이터 웨어하우스로 사용해야 하는 경우 특수 소프트웨어 도구로 데이터 마트를 통합하여 하나의 대형 데이터 웨어하우스로 표시할 수 있다.

데이터베이스에서 데이터 웨어하우스로

데이터 웨어하우스와 달리 트랜잭션 데이터베이스는 과거의 데이터가 아닌 현재 데이터만 포함하기 때문에 일반적으로 비즈니스 분석에 적합하지 않다. 종종 트랜잭션 데이터베이스의 데이터는 조직 전체의 여러 시스템에 분산되어있다. 동일한 데이터를 다르게 다른 이름으로 저장할 수 있다. 예를 들어, 고객 이름은 한 테이블의 이름인 하나의 열 혹은 다른 테이블의 성 및 이름의 두 열에 기록될 수 있다. 이러한 불일치는 일반적으로 조직이 자체 데이터와 다른 조직에서 구입한 데이터를 모두 사용하거나, 다른 레이블에서 동일한 데이터를 포함하는 둘 이상의 데이터베

ETHICAL & SOCIETAL ISSUES 당신이 만드는 모든 움직임

웹 기술과 결합된 데이터베이스 관리 시스템의 광범위한 사용으로 인해 조직은 막대한 양의 개인 데이터를 빠르고 저렴하게 수집, 유지 및 판매할 수 있다. 전세계에서 수백만 건의 신용 카드 거래가 발생하며 각 거래는 개인 정보로 구성된다. 수백만 개의 개인 데이터 항목은 판매 전화 및 신용 확인을 통해 기업 데이터베이스로 매일 라우팅된다. 수백만 건의 소비자 기록이 매일 웹에서 수집되고 업데이트된다. 기업의 경우 이러한 데이터는 중요한 리소스이다. 그러나 개인의 경우, 이러한 대형 데이터의 수집 및 사용은 기본적인 인권과 개인 정보 보호를 위협한다.

- **통제불능.** 방금 John Doe Investments로부터 편지를 받았다. 서신에서 회장은 당신과 비슷한 수입으로 당신의 나이에 혁신적인 투자 서비스를 제공할 수 있다고 말한다. 회사는 당신의 존재를 어떻게 알았을까? 당신의 연간 수입은? 얼마 전에 신용카드를 신청했을 수도 있는가? 정보를 받는 회사는 그 중 일부 또는 전부를 John Doe Investments에 판매했다. 지금은 신용 카드를 즐겨 사용하고 있지만 당신은 이미 숨겨진 비용을 지불했다.
- **웹: 데이터 수집 원천.** 앞의 예에서, 누군가에게 정보를 제공한다는 것을 적어도 알고 있었다. 그러나 여러 고객은 일상적으로 본인이 모르는 상태에서 개인 정보를 제공한다. 엄청난 양의 개인 데이터가 웹을 통해 수집된다. 많은 웹 사이트의 홈 페이지에서 등록을 요청하는 이유가 궁금할 것이다. 등록할 때 이름, 주소 및 기타 세부 정보를 제공하는 경우가 많다. 사이트에서 사용자 ID와 암호를 작성하도록 요청한다. 액세스하는 페이지에 투자 포트폴리오와 같은 개인 데이터가 포함되어있는 경우 사용자 ID와 비밀번호로 보호할 수 있지만 뉴스나 개인이 아닌 페이지에 액세스하는 경우 사용자 ID와 비밀번호가 실제로 사이트 운영자에게 제공된다. 사이트에 로그온 한 순간부터 서버는 방문하는 페이지와 클릭한 아이콘, 순서, 클릭한 광고 배너 등 방문하는 모든 데이터를 수집할 수 있다. 대부분의 경우 데이터를 수집하는 조직은 사이트를 소유하지 않는다. 사이트 소유자는 DoubleClick, FastClick 및 Avenue A와 같은 회사를 고용하여 데이터를 수집한다. 광고를 클릭하면 해당 정보가 이 같은 회사들의 거대한 데이터베이스 중 하나로 전달된다. 회사는 데이터베이스를 어떻게 처리하는가? 다른 회사에 그 일부를 판매하거나 특정 인구 통계 그룹에 속한 잠재적인 구매자를 대상으로 타 회사를 돕기 위해 정보를 분할한다. 그리고, 그 개인정보 이용 과정을 그것은 당신에게 굳이 말해주지 않는다. DoubleClick과 같은 회사의 소프트웨어는 사이트에 로그온한 컴퓨터 또는 IP 번호만 식별할 수 있지만 개인적으로는 개인 ID와 암호를 사용하는 경우 개인적으로 정보를 사용자와 일치시킬 수 있다.

  회사는 웹 쿠키 외에도 웹 버그를 사용하여 웹 이동을 추적한다. "웹 비콘"또는 "클리어 GIF"라고도 하는 웹 버그는 서퍼의 활동을 모니터링하는 데 사용되는 웹 사이트의 그래픽 이미지이다. 일반적으로 이미지는 단일 픽셀로 구성되기 때문에 일반적으로 감지할 수 없다. 이 버그는 웹 페이지를 DoubleClick과 같은 타사 웹 서버에 연결한다. 액세스 한 사이트와 다른 서버에서 보는 페이지에 다른 광고가 많이 나타나는 것처럼 웹 버그는 제 3자의 서버인 다른 서버에서 가져온다. 이는 원래 사이트의 페이지에 다른 서버의 버그(일부 광고와 같은 방식)를 호출하는 코드가 포함되어있기 때문에 발생한다. 동일한 기술이 이메일에서도 사용된다. 타사의 서버는 사용자의 URL(웹 주소)과 사용자가 페이지를 보는 사이트의 URL을 가져온다. 웹 버그가 사용자의 컴퓨터에 의해 "표시"되는 한, 제3자 서버는 사용자의 웹 브라우저에서 세션 정보를 요청할 수 있다. 세션 정보에는 사이트를 방문하는 동안 사용자가 수행한 클릭 스트림 및 기타 활동이 포함된다.
- **우리가 보는 것을 공유하기.** 미 하원을 통과한 2012년 법안은 Netflix와 같은 웹 사이트 사용자가 Facebook과 같은 소셜 미디어 사이트에서 친구들과 시청하는 영화 및 프로그램에 대한 정보를 공유할 수 있게 했다. 이전에 서면 동의 없이 사용자의 시청 기록을 공개하지 못하던 비디오 개인 정보 보호법 (Video Privacy Protection Act, VPPA)을 개정했다. 사용자는 이 공유 기능을 선택해야 하며 2년마다 자동으로 옵트인 상태를 재확인해야 하며

언제든지 공유 기능을 사용하지 않도록 선택할 수 있다. 젊은 소비자의 새로운 물결은 부모보다 기술적으로 더 관련되어 있으며 친구들과 보고 있는 것을 공유할 수 있기를 원한다. 이 법안은 현대 시대의 기술 발전으로 VPPA를 최대 속도로 끌어 올렸지만, 소비자 개인 정보 보호 옹호자는 이 법안에 1986년 전자 통신 개인 정보 보호법(ECPA)을 개정하는 규정이 포함되어 있지 않은 점에 불만을 나타냈다. 이 업데이트로 법 집행 공무원이 유효한 수색영장 없이 사용자의 전자 메일 및 온라인 문서에 액세스하는 것을 막을 수 있었다. 현재 ECPA에 따라 법 집행 기관은 소환장만 발부한 상태에서 180일 이상 제 3자에 의해 저장된 시민의 파일 및 통신문에 액세스할 수 있다. 이러한 우려에도 불구하고, 법안은 온라인 매체에 대한 욕구가 온라인 사생활 침해 문제를 대신하는 소셜 미디어 활동 청소년들에 의해 통과되었다(Couts, 2012). 이와 같은 법안는 또한 소비자 정보를 얻고 싶은 기업에게서 지원을 받는다.

- **온라인 의료 정보.** 의료진과 약사가 환자의 의료 정보를 공유하도록 허용하면 도움이 된다. 가정에서 수천 마일 떨어진 곳에서 부상당했다고 상상해 보자. 당신을 치료하는 의사가 특정 약물에 대한 당신의 알레르기에 관한 정보를 즉시 받을 수 있다면 당신의 생명을 구할 수 있다. 그러나 공용 네트워크에 연결된 데이터베이스에 있는 전자 기록은 합법적으로 알 필요가 없는 사람들이 무단으로 액세스할 위험이 있다.

  HIPAA (Health Insurance Portability and Accountability Act 1996)는 다른 목적으로 제정된 미국 연방법이다. 건강 관리 제공자 및 보험 회사가 환자의 개인 정보를 침해하지 않도록 기록을 유지하고 정보를 공개하는 방법을 위임해야 한다. 법은 당신의 의료 기록에 액세스하는 사람을 제한한다. 그러나, 이 법조차도 조직이 환자의 사생활을 보장할 수 없다는 사실을 인정한다. 예를 들어, 의사에게 진료 기록을 다른 의사나 간호사와 공유하지 말 것을 요청할 수 있지만, 그 의사들이 그 요청을 받아들어야만 하는 것은 아니다.

- **긍정적인 면.** 개인 정보 수집의 단점에도 불구하고 긍정적인 측면도 있다. 데이터베이스 기술을 통해 회사는 더 빠르고 더 나은 서비스를 제공할 수 있다. 또한, 시장 경쟁력을 높인다. 중소기업은 종종 데이터 수집의 막대한 비용을 감당할 수 없다. 훨씬 적은 비용으로 분류된 데이터 - 업계 리더가 사용할 수 있는 동일한 데이터를 구입할 수 있다. 따라서, 데이터의 광범위한 가용성은 보다 평등주의적이고 민주적 인 비즈니스 환경에 기여한다. 수혜자는 새롭고 값싼 제품을 구입할 수 있는 공급 업체일 뿐만 아니라 소비자이다.

  그리고 많은 사람들이 이러한 거대한 데이터베이스가 정크 메일과 스팸의 과잉을 낳는다고 불평하지만 마케터의 손에 의한 더 나은 정보는 실제로 소비자를 그러한 성가심에서 구할 수 있다. 결국, 그 성가신 커뮤니케이션은 필요 없는 제품과 서비스를 위한 것이다. 보다 구체적인 정보가 있으면, 마케팅 담당자는 자신의 제품에 관심이 있는 개인만 타겟팅할 수 있다. 당신이 어떤 온라인 웹사이트에서 쇼핑하는 동안, 특별추적 소프트웨어는 당신이 그 사이트에 대해 마음에 들지 않는 것을 간접적으로 온라인 비즈니스에 알릴 수 있다. 이를 통해 기업은 서비스를 개선할 수 있다. 예를 들어, 많은 온라인 소매 업체는 엄청난 비율의 구매자가 최종 구매 직전에 가상 쇼핑 카트를 버렸다는 사실을 발견했다. 수집된 정보를 분석하면 일부 사람들은 신용 카드를 청구하기 전에 취급 및 운송 비용을 알고 싶어한다는 것을 알았다. 이제 대부분의 온라인 소매 업체는 선적 정보를 제공하고 요금을 청구한다.

- **부정적인 면.** 온라인 의료 기록의 잠재적 이익은 또한 몇 가지 문제를 야기할 수 있다. 의료 기록 정보의 개인 정보 보호, 보안 및 액세스는 소비자 및 의료 제공자에게 가장 중요한 관심사이다. 그러나 데이터 가용성, 분열 및 소유권과 같은 몇 가지 추가적인 문제를 고려하고 해결해야 한다(Anonymous, 2013a). 일부 산업은 기술 채택으로 상당한 진전을 이룩했지만, 건강 관리는 주로 종이 중심 시스템이었다. 또한, 데이터 소스의 단편화로 인해 데이터 공유가 방해되어 진단을 위해 정보를 공유함으로써 얻을 수 있는 이점을 방해할 수 있다. 마지막으로, 태블릿을 사용하면 병원과 사무실에서 의료 정보를 휴대용으로 전달할 수 있다. 그러나, 의료 전문가가 "자신의 장치를 가져 오는 것"의 인기는 보안 위험 및 개인 정보 유출위 위험이 따른다(Yudkin, 2012).

이 교과서의 인쇄 시점에, 미국 연방 정부 기관의 통신 회사 및 저장 장치에서 데이터를 전송하는 것에 대한 토론, 공개 조사 및 입법 관련 문의는 중요한 논쟁의 주제가 되었다. 미래에 일어날 변화가 있다면 그것은 흥미로울 것이다.

이스를 개발한 경우에 발생한다. 경영진이 데이터 웨어하우스를 구축하기로 결정하면 IT 담당자는 하드웨어, 소프트웨어 및 데이터를 신중하게 고려해야 한다.

데이터 웨어하우스가 클수록 스토리지 용량과 메모리가 커지고, 필요한 컴퓨터의 처리 능력이 커진다. 일반적으로 큰 용량이 필요하기 때문에 조직에서는 데이터 웨어하우스를 저장하고 관리하기 위해 여러 개의 CPU가 있는 메인 프레임 컴퓨터를 선택하는 경우가 많다. 컴퓨터 메모리는 방대한 양의 데이터를 동시에 처리할 수 있을 만큼 커야 한다. 저장 공간의 양과 디스크의 액세스 속도 또한 중요하다. 수백만 개의 레코드를 처리하는 데 오랜 시간이 걸릴 수 있으며 디스크 속도가 변하면 처리 시간이 몇 시간이나 몇 분 차이가 날 수도 있다. 그리고 데이터 웨어하우스는 매우 가치 있는 자산으로 간주되므로, 모든 데이터를 자동으로 백업해야 한다. 데이터 웨어하우스는 과거 기록을 축적하는 것이 목적이기 때문에 계속해서 데이터 양이 커진다는 점을 기억하라. Wal-Mart 및 Costco와 같은 소매 체인은 매일 수백만 건의 판매 거래를 기록하며, 이 모든 데이터는 데이터 웨어하우스로 전달된다. 일부에는 수십 또는 수백 테라 바이트의 데이터를 보유하는 데이터 웨어하우스가 있다. 소매업자외에도 은행, 신용 카드 발급 기관, 의료 기관 및 기타 산업은 대형 데이터 웨어하우스를 위해 하드웨어를 보강했다. 많은 조직에서는 판매 거래뿐만 아니라 구매 기록도 축적하므로 이로부터 더 나은 구매 결정을 위한 정보를 얻을 수 있다. 예를 들어, 어떤 공급 업체가 특정 시기에 가격을 낮추는 경향이 있는지 파악할 수 있다.

데이터 웨어하우스는 비즈니스에서 엄청난 관심과 인기를 얻고 있다. 데이터 웨어하우스는 많은 조직 활동 및 기능의 전략 및 운영 활동에 필수적으로 사용되면서, 기업들의 데이터 저장 및 분석에 대한 갈증이 많이 해소되었다. Oracle Users Group에 속한 421명의 데이터 관리자를 대상으로 한 설문 조사에 따르면 66%의 기업이 비즈니스 인텔리전스 및 분석의 기반으로 데이터 웨어하우스를 사용하고 있다. 그러나, 대부분의 시스템은 사내에서 개발되고 분석가와 최고 의사 결정권자만이 사용한다. 예를 들어, 응답 기업의 33%만이 마케팅 및 영업 인력에 액세스할 수 있으며, 중요한 비즈니스 기능을 위해 데이터 웨어하우스를 완전히 활용하지 못한다. 대부분의 데이터 웨어하우스 콘텐츠는 트랜잭션 데이터이지만 데이터의 다양성은 비정형 데이터로 점차 확대되고 있다. 그림 7.12는 데이터 웨어하우스에 저장된 데이터 유형의 대표적인 비율을 보여준다 (McKendrick, 2011). 트랜잭션 데이터가 여전히 데이터 웨어하우스의 가장 큰 비율이지만 비디오 및 이미지와 같은 비 전통적 데이터 유형은 계속 증가하고 있다.

■ 그림 7–12

데이터 웨어하우스의 데이터 타입

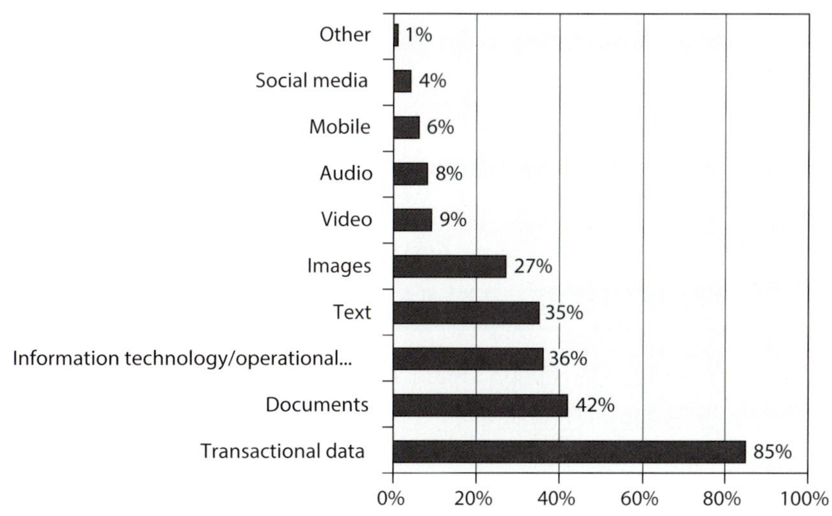

POINT OF INTEREST 저렴하고 빠르다.

많은 비즈니스 조직에서는 분석 전략을 구현하기로 결정했으며 때로는 축소된 초기 기능으로 시작되었다. 이러한 분석 기능을 구현하기 위해 일부 기업은 클라우드라는 새로운 접근 방식을 채택하고 있다. 어떤 사람들은 이 기술이 새로운 것이라고 생각하지만, 기술은 이전의 기술 이니셔티브에서 나온 것의 "재구성"이다. 1970년대부터 응용 프로그램 소프트웨어, 플랫폼, 데이터 및 기술 인프라에 대한 원격 액세스가 있었다. 클라우드에서 데이터 분석을 운영함으로써 기업은 이러한 애플리케이션을 타사에서 관리하고 업데이트 할 수 있다. 클라우드는 또한 비용 효과적인 방식으로 파일럿 프로젝트를 구현하는 동시에 이점과 문제점을 테스트하는 데 사용될 수 있다.

Amazon Web Services(AWS)는 클라우드기반 웨어하우징 서비스 인 Amazon Redshift를 출시하면서 2012년 말에 서비스를 확장했다. Redshift는 1년에 19,000달러에서 25,000달러 사이의 데이터 저장 비용을 1테라바이트 당 1,000달러로 줄이고 기존의 데이터 웨어하우징보다 최대 10배 빠른 쿼리 성능을 약속한다. Amazon은 관리 서비스가 업데이트, 튜닝 및 패치를 계속 유지할 것이라고 약속하였다. Redshift는 AWS의 다른 클라우드 기반 스토리지 서비스인 Amazon Relational Database Service(RDS)와 구분된다. Redshift는 트랜잭션 데이터베이스 사용이 아닌 웨어하우징 및 분석 전용이기 때문이다. 또한, Redshift는 Big Data를 처리할 수 있다. 이전 서비스와 비교하여 비용과 성능 면에서 엄청난 향상과 결합된 서비스의 파괴적인 특성은 비즈니스/기술 분야에서 많은 주목을 받았다. 기업이 데이터 웨어하우징을 아웃소싱하고 시간과 비용을 절약할 수 있다면, 해당 리소스를 재 할당하여 주요 비즈니스 라인에 가치를 추가할 수 있다.

출처: Griffin, J., & Danson, F. (2012, Nov). Analytics and the Cloud—the Future is Here, Financial Executive, pp. 97–98; Henschen, D. (2012). Amazon Debuts Low-Cost, Big Data Warehousing. InformationWeek. http://www.informationweek.com/software/information-management/amazon-debuts-low-cost-big-data-warehouse/240142712

데이터 웨어하우스를 구축하는 데 사용되는 데이터는 일반적으로 조직 내에서 주로 트랜잭션에서 비롯되지만 조직 외부에서 가져올 수도 있다. 후자에는 국가 또는 지역별 인구 통계학적 데이터, 금융 시장의 데이터 및 기상 데이터가 포함될 수 있다. 어떤 데이터베이스의 메타 데이터와 마찬가지로, 데이터 웨어하우스 설계자는 대규모 데이터 풀에 대한 메타 데이터를 작성한다. 데이터에 포함된 중요한 정보를 알아내려면 조직에서 데이터 웨어하우스를 효과적으로 "마이닝"할 수 있는 소프트웨어를 사용해야 한다. 데이터 마이닝은 11장 "비즈니스 인텔리전스 및 지식 관리"에서 다룬다.

설계자는 확장성을 염두에 두어야 한다. 데이터 및 처리 요구량이 증가함에 따라 데이터 웨어하우스의 기능이 향상될 수 있어야 한다. 미래의 성장을 위해서는 하드웨어와 소프트웨어면에서 신중한 계획이 필요하다.

데이터 웨어하우징 단계

트랜잭션 데이터베이스에서 데이터 웨어하우스로 데이터를 전송하는 데는 추출, 변환 및 로딩의 세 단계(ETL)가 필요하다. 그림 7.13은 프로세스를 설명한다.

■ 그림 7-13

데이터 웨어하우스를 준비하고 사용하는 단계들

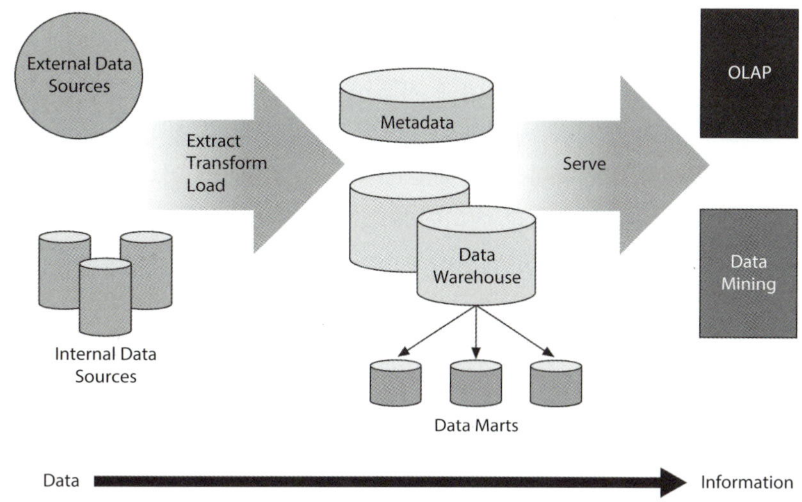

추출 단계에서 빌더(builder: 데이터베이스를 생성하는 사람)는 트랜잭션 데이터베이스에서 파일을 작성하여 데이터 웨어하우스를 보유하는 서버에 파일을 저장한다. 변환 단계에서 전문가는 데이터를 "정리"하고 데이터 웨어하우스에 삽입할 수 있는 형식으로 가공한다. 예를 들어, 데이터에 철자 오류가 있는지, 모든 데이터가 일관성이 있는지 확인하고 수정한다. Pennsylvania는 Pa., PA, Penna, 또는 Pennsylvania로 표시될 수 있다. 이 경우, 하나의 철자만 데이터 웨어하우스에 사용되도록 해야한다. 빌더는 모든 주소가 동일한 양식을 따르고 대문자 또는 소문자를 일관되게 사용하고 필드를 일정하게 정의한다(예: 전체 주소의 경우 하나의 필드 및 우편 번호의 경우 별도의 필드). 동일한 유형의 양을 표현하는 모든 데이터는 동일한 측정 단위를 사용하기 위해 "정제" 된다.

로딩 단계에서 전문가는 변환된 파일을 데이터 웨어하우스로 전송한다. 그런 다음 데이터 웨어하우스의 데이터를 원본 데이터와 비교하여 완전성을 확인한다. 다른 데이터베이스와 마찬가지로 메타 데이터는 사용자가 데이터 웨어하우스에서 찾고 분석할 수 있는 것을 알 수 있도록 도와준다.

제대로 구축된 데이터 웨어하우스는 분석에 필요한 모든 데이터에 대한 단일 소스가 될 수 있다. 트랜잭션 데이터베이스(트랜잭션 및 일부 관리자를 기록한 사람에게만 액세스가 제한됨)보다 많은 사용자가 액세스할 수 있으며 데이터에 "원 스톱 쇼핑(one-stop-shopping)"장소를 제공한다. 사실 데이터 웨어하우스가 50개 이상의 필드(속성)가 있는 큰 테이블을 갖는 것은 드문 일이 아니다.

대부분의 ETL 활동은 자동화될 수 있다. 사용자의 요구에 따라 데이터 웨어하우스의 구조와 내용이 가끔 변경될 수 있다. 데이터 마이닝 및 온라인 분석 처리(OLAP)와 같은 기술을 사용하여 이를 활용할 수 있다. 관리자는 보다 나은 의사 결정을 위해 비즈니스 인텔리전스 기능을 사용할 수 있다.

데이터 웨어하우징 및 빅데이터

데이터 웨어하우징은 빅데이터(Big Data) 추세에 필수적인 요소였다. 구체적으로는 개인과 관련하여 수집된 데이터이다. Big Data에 대한 많은 정의가 있지만 공통된 문제는 Big Data가 수집되고 저장되는 데이터의 양, 유형 및 세부 수준을 확대하거나 확장한다는 것이다. 빅데이터(Big Data)는 전통적이고 일반적인 비즈니스 활동뿐만 아니라 새로운 비전통적 소스로부터 수집된 많은 양의 데이터를 포함한다. 빅데이터를 사용하면 집계된 데이터를 사용하여 데이터 웨어하우스를 채우는 대신 POS(point-of-sale) 단말기, ATM(현금 자동 인출기), 웹 페이지, 휴대 전화 등에서 받은 자세한 트랜잭션에서보다 세분화된 수준으로 데이터를 저장한다. 예를 들어, 식료품을 구입할 때마다 빅데이터는 구매한 품목(캔 스프, 사과, 치즈, 우유 등), 가격, 수량 및 수량에 대한 정보를 나타낸다. 따라서, 당신의 식료품점에 대해 지불한 총계를 기록하는 하나의 요약 거래가 아니라, 빅데이터는 수백 가지의 상세한 데이터 포인트를 기록한다. 이것이 어떻게 정보 양의 폭발을 일으키고 데이터 웨어하우스 기능을 확장해야 하는지 쉽게 알 수 있다.

Big Data에는 소셜 미디어와 같은 기존이 아닌 출처에서 수집한 데이터도 포함된다. 앞에서 설명한 것처럼 데이터 웨어하우스의 비정형 데이터 수집은 지난 몇 년 동안 폭발적으로 증가했다. 그러나, 기존의 데이터 구조 및 형식이 없으면, 데이터를 분석하기가 어려울 수 있다. 예를 들어, 트위터 피드의 텍스트 데이터는 전통적인 통계 및 데이터베이스 쿼리 도구를 사용하여 패턴 및 추세를 분석하는 것이 거의 불가능하다. 감정 분석(Sentiment analysis)은 자연어 처리, 계산 언어학, 텍스트 분석을 결합하여 원본 자료의 주관적인 정보를 식별하고 추출하는 데이터 마이닝 방법이다(Anonymous, 2013b). 주로 웹을 통해 텍스트 기반 데이터에 포함 된 태도, 의견 및 감정을 추출하는 데 주로 사용된다. 감정 분석을 사용하여 Twitter 비즈니스 계정의 데이터를 분석하여 소비자가 제품, 고객 서비스 또는 브랜드에 대해 어떻게 느끼는지 이해할 수 있다.

요약 데이터는 비즈니스 관리자 및 전문가가 요청한 많은 질문에 대한 통찰력을 주는 정보를 제공할 수 있다. 그러나, 세밀한 문제는 비즈니스 활동 소스에서 수집한 세부적인 트랜잭션 정보로만 얻을 수 있다. 엄청난 양의 데이터가 위협적일 수는 있지만 훨씬 더 깊이 있는 분석이 가능하다. 소비자 제품 회사는 두 개 이상의 제품 라인 및 프로필 정보(소득, 성별, 세대 크기 등)를 구매한 고객에 대한 링크를 이해할 수 있다. 구매에 대한 자세한 데이터가 없으면, 분석을 완료하고 이러한 관계를 결정하는 데 필요한 정보를 수집하는 것은 불가능하다. 예를 들어, 소비자 제품 회사는 정서 분석을 사용하여 특정 제품이나 서비스에 대해 긍정적이거나 부정적인 것으로 분류된 트윗 수를 결정할 수 있다. 이 분석의 요약 값을 통해 제품에 대한 시간 경과에 따른 소비자의 태도에 대한 통찰력을 얻을 수 있다.

데이터 마이닝, OLAP 및 비즈니스 인텔리전스에 대해서는 11장 "비즈니스 인텔리전스 및 지식 관리"에서 설명한다.

다시 킴볼 레스토랑으로 돌아가서 (KIMBALL'S REVISITED)

타일러는 부모님이 새 위치를 관리하는 데 필요한 데이터에 홍보 전략을 연결하는 방법을 고려하기 시작했다. 그는 이 것을 달성할 수 있을지 확신은 없었지만, 정확한 정보 수집 및 저장이 운영, 전술 및 전략적 의사 결정을 위한 정보 웨어하우스를 만드는 데 도움이 될 것이라고 그는 확신하였다.

당신의 추천은?

1. 킴볼 레스토랑의 주문입력 시스템에서 데이터베이스는 비즈니스 운영에 중요하다. 고객이 주문한 식사, 음료 및 디저트에 대한 정보는 레스토랑 운영을 효율적으로 관리하기 위한 정확한 정보를 제공한다. 일일 작업을 관리하는 데 필요한 결정 유형은 무엇인가? 어떤 의사 결정으로 비용 관리가 가능한가? 작업 스케줄에 도움이 되는 정보가 있는가? 주문은? 경영진이 검토해야 하는 중요한 성공 요인 및 의사 결정 목록을 작성하시오.
2. 킴볼 레스토랑이 공급 업체에 대한 정보를 유지해야 하는가? 그 정도의 세부적인 수준이 필요한가, 아니면 소유주와 타일러에 과부하가 걸릴 것인가? 운용상의 의사결정뿐만 아니라 전술적 의사결정을 지원

하기 위해 필요한 정보는 무엇인가? 전략적 결정에 도움이 되는 정보가 있는가?

3. 경영 의사 결정을 위한 데이터를 수집하는 프로세스에 대해 어디에서 배울 수 있는가? 이 중요한 비즈니스 프로세스를 지원하는 몇 가지 출처를 고려하시오.

새로운 시각

1. 타일러는 새로운 고객 충성도 프로그램의 영향력을 추적하기 위한 전략을 모으려고 한다. 추적할 정보의 유형은 무엇인가? 현재의 정보 기술과 어떻게 통합될 것인가? 새로운 시스템이 이 데이터를 추적해야 하는가?
2. 비전통적 데이터는 데이터 전략의 중요한 구성 요소이다. 타일러는 어떤 유형의 비 전통적 데이터 소스를 고려해야 하는가? 어떻게 분석하는가? 킴볼 레스토랑의 다른 시스템과 어떻게 관련이 있는가?

주요용어

빅데이터, 271
복합 키(Composite Key), 257
데이터 사전, 262
데이터 마트, 266
데이터 모델링, 262
데이터 웨어하우스, 266
데이터베이스 관리자(DBA), 262
데이터베이스 접근법, 250
데이터베이스 관리 시스템, 248, 259
캡슐화, 258
엔티티, 255
엔티티 관계 다이어그램(ERD), 263
필드, 255
파일, 249
외래 키(Foreign Key), 257
상속, 258
조인 테이블, 260
many-to-many 관계, 263
메타데이터, 262
객체지향 데이터베이스 모델, 259
One-to-many 데이터베이스 모델, 258
기본 키(primary key), 257
쿼리, 253
레코드, 250
관계형 데이터베이스 모델, 255
관계 연산, 260
스키마, 261
구조화된 쿼리 언어(SQL), 261
테이블, 263
전통적 파일 접근법, 249

리뷰 질문

1. 프로그램과 데이터간에 거의 또는 전혀 의존하지 않을 때 데이터를 구성하고 검색하는 것이 더 쉽다. 파일 접근 방식에서는 프로그램과 데이터간에 더 많은 의존성이 있고 데이터베이스 접근 방식에서는 의존성이 적은 이유는 무엇인가?
2. 스프레드 시트는 데이터 관리를 위해 매우 강력해졌다. 스프레드시트 응용 프로그램으로는 실행되지 않고 데이터베이스 관리 시스템으로 수행할 수 있는 작업은 무엇인가? 몇 가지 예를 드시오.
3. 데이터베이스와 데이터베이스 관리 시스템의 차이점은 무엇인가?
4. DBMS는 일반적으로 강력한 프로그래밍 언어 모듈과 함께 번들로 제공된다. 왜 그런가?
5. DBMS는 공급 사슬 관리 시스템과 같은 모든 엔터프라이즈 응용 프로그램의 구성 요소이다. 왜 그런가?
6. 객체 지향 데이터베이스의 장단점은 무엇인가?

7. 웹 사이트의 로컬 검색 엔진과 온라인 데이터베이스 간의 관계는 무엇인가?
8. 데이터베이스를 작성할 때 디자이너는 일대일(one-to-many) 또는 다대다(many-to-many)와 같은 다른 데이터 세트의 레코드간에 어떤 유형의 관계가 존재하는지를 알아야 한다. 이러한 각각의 관계에 대해 세 가지 예를 제시하시오.
9. 관계형 데이터베이스에서 일대일 관계의 예제를 제공하시오.
10. SQL이란 무엇인가? 어떤 데이터베이스 모델에서 작동하는가? 왜 그렇게 인기가 있는가?
11. 데이터 웨어하우스란 무엇인가? 트랜잭션 데이터베이스와 다른 점은 무엇인가?
12. 데이터 웨어하우스를 수행하는 것과 같은 방식으로 경영진의 의사 결정을 위해 트랜잭션 데이터베이스의 데이터를 쿼리하는 것이 바람직하지 않은 이유는 무엇인가?
13. 데이터 웨어하우스에 데이터를 추가하는 단계는 무엇인가?
14. 데이터 웨어하우스에 저장되기 전에 데이터를 정제한다는 것은 무슨 의미인가?
15. 데이터 마트란 무엇인가? 데이터 웨어하우스와 어떻게 다른가?

토의질문

16. 소매 체인은 고객이 물건을 구입할 때마다 그 구매 기록을 해당 고객의 이전 데이터와 대조할 수 있도록 하고자 한다. 소비자가 자주 사용하는 물건은 소매점에 도움이 되는가?
17. 점점 더 기업 데이터베이스는 직원이 아닌 기업의 고객에 의해 업데이트된다. 어떻게 그렇게 되는가?
18. 데이터 웨어하우스를 사용하여 아무 혜택도 받지 못하는 산업을 생각해 볼 수 있는가? 설명하시오.
19. 데이터 웨어하우스를 구축하는 사람들은 데이터 웨어하우스에 데이터를 로드하기 전에 데이터를 정리해야 하는가? 왜 그들은 거래 발생 시 데이터를 정리하지 않는가?
20. RFID와 데이터베이스 기술의 결합으로 소매 업체는 매장에서 물건을 구입하지 않은 경우에도 소비자에 대한 데이터를 기록할 수 있다. 예를 들어, 어떻게 데이터를 사용할 수 있는가?
21. 가정용품 소매업체는 데이터 웨어하우스를 관리한다. 판매 거래의 데이터 외에도, 소매 업체는 창고에서 일일 기상데이터를 구매하고 유지 관리한다. 그 이유는 무엇인가?
22. 많은 조직들이 웹 사이트에 개인 정보 보호 정책을 게시했다. 왜 그렇게 생각하는가? 데이터베이스 및 데이터 웨어하우스와 어떤 관련이 있는가?
23. 다음과 같은 진술을 고려하시오. 데이터베이스 관리 시스템 및 데이터 웨어하우징 기술은 현대 개인 프라이버시에 대한 가장 큰 위협이다. 연방 정부가 민간업계 데이터 (Ethical & Societal 섹션에서 논의)를 통합하고 수집하는 것과 관련된 문제는 무엇이라고 생각하는가?
24. 개인정보보호 옹호단체는 기업이 각 개인들에게 개인정보를 판매할 수 있다는 승인을 요청할 것을 요구한다. 일부는 또한 정보주체가 동의를 위해 지불 받을 것을 요구한다. 기업은 이러한 요구 사항을 실제로 준수할 수 없고, 요구 사항이 정보의 자유로운 정보흐름을 방해한다고 주장해 왔다. 당신의 의견은 무엇인가?
25. 웹사이트 방문자가 자신의 개인정보를 수집하고 사용하는 방법을 일부 통제할 수 있는 조직은 "옵트 아웃"또는 "옵트 인"의 두 가지 옵션 중 하나를 제공한다. 각 용어를 설명하시오.
26. "통보에 입각한 동의(informed consent)" 개념이 적용되는 한 개인은 사생활 침해에 대해 불평해서는 안 된다고 말한다. "통보에 입각한 동의"란 무엇인가? 그 논쟁에 동의하는가?

27. 미국과 다른 많은 국가의 기업들은 고객이 조직에서 보관하고 있는 기록을 면밀히 검토하고 교정하는 것을 거의 허용하지 않는다. 기술적으로 웹은 조직이 허용하는 비용을 줄이는가?

28. 빅데이터는 비즈니스 조직에서 인기를 얻고 있다. 빅데이터의 개념은 어떤 유형의 데이터가 저장되고 그것이 제기하는 문제점에 대한 관점을 어떻게 바꿀 것인가? 데이터를 수집하는 다양한 출처를 고려하시오.

개념 적용

29. 웹 브라우저에서 www.zillow.com으로 이동하시오. 한 실제 주소(미국 주소)를 입력하면 화면에 표시되는 내용은 적어도 하나의 데이터베이스에서 제공된다. 다음 질문에 답하는 짧은 보고서를 준비하시오. Zillow는 데이터베이스에서 어떤 정보요소를 가져와서 사용자가 보는 것을 표시해야 하는가? (거리 주소, 마을 등) 모든 데이터 요소가 텍스트인가? 설명하시오.

30. Acxiom은 데이터 서비스 회사이다. 이 회사의 사이트를 탐색하고 자체 사이트 및 다른 웹 사이트에서 활동을 조사하시오. 이 회사의 활동을 2페이지 분량으로 요약하시오: 회사는 무엇을 판매하는가? 회사가 판매하는 것을 어떻게 얻는가? 고객은 누구이며 Acxiom에서 구입한 제품을 어떻게 사용하는가?

31. DoubleClick, Inc.의 비즈니스를 조사하시오. 회사가 수집하고 판매하는 데이터의 유형은 무엇인가? 데이터를 어떻게 수집하는가? 회사 고객은 누구이며 DoubleClick에서 구매한 서비스 또는 데이터는 어떻게 사용하는가? 이 회사의 웹 사이트에서, 회사는 이 웹 사이트에만 개인정보취급방침을 제시하는 것을 알 수 있다. 어째서 일반적인 개인정보보호정책이 아니라 이 웹 사이트에만인지 그 이유를 설명하시오.

32. Amazon과 같은 업체에서 제공하는 다양한 클라우드 기반 데이터 웨어하우스 서비스를 조사하시오. 경영진을 대상으로 2~4페이지의 연구 논문을 작성하여 비즈니스에서의 서비스 사용에 대한 통찰력과 권장 사항을 제공하시오.

실습 활동

33. Mid-County Hospital은 데이터베이스에 있는 두 테이블은 의사와 환자에 대한 데이터를 저장하고 있다(다음 표 참조). DBMS를 사용하여 적절한 스키마를 작성하고 레코드를 입력한 후 다음 페이지의 항목 a-c에 설명된 보고서를 작성하시오.

DOCTOR

ID#	LIC#	Last Name	First Name	Ward	Salar y
102	8234	Hogg	Yura	INT	187,000
104	4666	Tyme	Justin	INT	91,300
221	2908	Jones	Jane	OBG	189,650
243	7876	Anderson	Ralph	ONC	101,800
256	5676	Jones	Ernest	ORT	123,400
376	1909	Washington	Jaleel	INT	87,000
410	4531	Carrera	Carlos	ORT	97,000

PA TIENT

SSN	Last N	First N	Admission Date	Insurance	Doc ID
055675432	Hopkins	Jonathan	4/1/13	BlueCross	221
101234566	Bernstein	Miriam	4/28/14	HAP	243
111654456	McCole	John	3/31/13	Kemper	221
200987898	Meanny	Mar c	2/27/14	HAP	221
367887654	Mornay	Rebecca	4/3/13	HAP	410
378626254	Blanchard	George	3/30/14	BlueCross	243
366511122	Rubin	David	4/1/13	Brook	243

a. 각 의사에 대해 다음의 순서대로 세부정보를 보여주는 보고서: 성, 이름, 와드. 성을 영문자순으로 오름차순으로 정렬하시오.

b. 내과(INT), 산부인과 부인과(OBG), 종양학(ONC) 중 하나를 위해 일하는 연봉 10만 달러 이상인 모든 의사의 세로 순서를 원래 상태로 표시한 보고서.

c. 앤더슨 박사의 모든 환자에 대한 다음과 같은 세부 정보를 보여주는 보고서: 앤더슨 박사의 이름, 성, 의사 ID, 병동 (의사 표)이 보고서 상단에 한 번 나타나야 한다. 목록의 각 기록에는 환자의 성, 이름 및 입원 날짜(환자 표에서)가 표시되어야 한다.

34. YouTube 데이터베이스에 대한 비디오를 검색하시오. 찾은 동영상을 인쇄하여 YouTube에 저장된 동영상과 관련된 모든 정보를 표시한다. YouTube 데이터베이스 레코드 구조에 포함될 수 있는 인쇄물의 모든 속성(필드)을 식별하시오. YouTube 데이터베이스의 속성 목록을 컴파일하시오.

35. Mr. Lawrence Husick은 다른 발명가와 함께 여러 개의 미국특허를 취득한 발명가이다. 미국 특허청(US Patent and Trademark Office) 사이트를 찾고, 해당 사이트의 온라인 특허 데이터베이스에서 특허 검색을 수행하시오. 발명가로서 Lawrence Husick을 언급한 모든 특허를 찾으시오. 해당 특허제목(해당 발명이 무엇인지)과 함께 특허번호를 입력하시오. 목록을 교수에게 이메일로 보내시오. 특허 번호 6469의 이미지를 찾아서 인쇄하시오. 발명가는 누구이며 발명품은 무엇인가?

팀 활동

36. 당신의 팀은 온라인 피자 서비스를 위한 관계형 데이터베이스를 설계하고자 한다. 고객은 사이트에 로그온하여 성과 이름, 주소, 전화 번호 및 전자 메일 주소를 제공하고, 그들은 메뉴에서 피자를 주문한다. 메뉴의 각 항목에는 고유 번호, 설명 및 가격이 있다고 가정한다. 교대로 한 명씩 주문을 받고 처리하는 사람이 있다고 가정한다. 여기서 주문의 처리란 주문을 부엌으로 전달하고 배달을 보내기 까지를 의미한다. 시스템은 서버가 주문을 수령한 시간을 자동으로 기록한다. 비즈니스는 지난 6개월 간의 주문을 포함하여 고객의 세부 정보를 유지하려고 한다. 다음은 경영진이 요구할 수 있는 보고서이다. (1) 일정 기간 동안 서버에서 처리한 모든 주문 목록. (2) 기간별 품목별 총 매출 요약; (3) 각 주문 고객의 성 및 주소, 주문한 품목, 주문픽업시간 및 배달인의 성을 보여주는 서버 별 지난 주 배달 정보를 보여주는 보고서. 동일한 성으로 이름이 여러 개있는 경우 이름에 숫자가 추가되기 때문에 배달 사람의 성이 고유하다고 가정할 수 있다.

a. 모든 필드와 기본 키를 포함하여 각 엔티티의 테이블을 차트로 작성하시오.

b. 엔티티 관계 다이어그램을 그리시오.

37. 당신의 팀은 은행, 보험 회사 또는 병원과 같은 대규모 조직에 연락해야 한다. 데이터베이스 관리자에게 고객(또는 환자)에 대해 유지 관리하는 데이터베이스에 대해 인터뷰한다. 데이터베이스에 기록이 보관된 대상의 개인 정보를 보호하기 위해 DBA가 취한 조치는 무엇인가? 정확성, 시의성 및 개인 기록에 대한 적절한 접근을 고려하시오. 조사 결과에 대한 보고서를 작성하시오. 절차에서 허점을 발견한 경우, 허점을 나열하고 왜 허점인지, 어떻게 구제받을 수 있는지 설명하시오. 또는, 자세한 개인 정보 취급 방침을 게시하고 동일한 질문에 답변한 회사 웹 사이트에 로그온하시오.

38. 이 연습에서는 위의 YouTube 연습을 사용하시오. 그림 7.5를 지침으로 사용하여 YouTube 동영상 항목에서 식별된 속성이 포함된 표 목록을 만드시오. YouTube가 비즈니스를 관리하기 위한 다양한 운영 및 전술 성공 요인을 결정하는 데 사용할 수 있는 분석 질문 목록을 작성하시오.

생각에서 적용까지: 실제사례

쇼핑백에 데이터 채우기

슈퍼마켓은 빠듯한 이익과 이윤으로 업계에서 경쟁한다. 이 업계의 운영 및 마케팅 과제는 소비자 시장동향 및 제품선택에 집중할 뿐만 아니라 잘 정리된 재고 관리가 필요하다. 식품 소매 업체는 쇼핑 공간과 선반 공간이 제한되어 있다. 따라서, 판매할 제품, 비용 및 가용 재고에 대한 결정은 슈퍼마켓의 핵심 성공 요인이다.

Lund Fund Holdings는 Minneapolis-St. Paul 지역의 21개 매장에서 식품을 판매하는 개인 소유의 소규모 소매 기업이다. 그들의 제품 라인은 Whole Foods에서 볼 수 있는 것과 비슷한 고급 제품이다. 이 가족 운영 기업이 하는 사업에는 취사 서비스, 온라인 쇼핑 및 약국도 포함된다.

Lund의 정보 기술 인프라는 이미 많은 시스템이 설치되어 운영되고 있었다. POS 시스템은 판매, 가격 책정 및 재고를 추적했다. 다른 시스템은 금융 거래 및 보고를 유지관리하는 회계 시스템과 매장 내 조제식 및 부패성 상품에 대한 기능을 제공하는 제조 시스템을 포함하여 운영에 필요한 기능을 제공했다. 이러한 시스템이 모두 Lund에서 잘 작동했지만 문제가 있었다. 다양한 시스템은 기업 데이터의 통합된 환경을 제공하지 못했다. "기술의 섬"은 다양한 시스템으로 구성된 하나의 데이터 웨어하우스에 결합되어야 했다. Lund의 정보 시스템 관리자는 "모든 운영 시스템의 데이터를 단일 지점에 끌어들이기 위해서는 데이터 웨어하우스가 필요했다."라고 분명하게 정의했다.

Lund는 정보 기술과 관련 데이터를 통해 구매자가 중요한 소매 개념을 사용하여 적시에 적절한 제품을 소비자에게 제공할 수 있도록 지원했다. 말하기는 쉽지만 이루기는 어렵다. 이전 솔루션은 IT 부서에 대한 요청으로 개발된 Excel 스프레드 시트를 사용했다. 이러한 요청을 이행하는 데 필요한 시간으로 인해 구매자는 효과적인 결정을 내릴 수 없었다. 또한 정보가 제공되면 스프레드 시트는 데이터를 "드릴 다운(drill down)" 할 수 없었다. 데이터 전달의 지연과 스프레드 시트 모델의 제한된 기능으로 인해 Lund는 효과적인 분석의 수행과 시기 적절한 구매 결정을 내릴 수 없었다.

목표는 분명했지만 여행을 해야 했다. 조직 내에서 다양한 리소스와 역할로 구성된 팀을 만들었다. 구현 팀은 프로젝트 리더 및 Lund의 비즈니스 인텔리전스 소프트웨어 제공 업체 및 프로젝트 컨설턴트의 대표가 이끄는 매장 구매자(카테고리 관리자라고도 함), 회계 및 매장 관리자를 포함한 비즈니스 및 정보 기술 인력을 모두 포함해야 했다. 이들은 데이터 웨어하우징 이니셔티브를 개발하기위해 3개년 계획을 수립하여 프로젝트의 목표를 너무 빨리 수행하려고 시도하지 않고 단계적 접근 방식을 모색했다. 목표가 설정되면 그 목표를 달성하기 위해 특별히 필요한 것이 무엇인가? 모두가 요구되는 것에 동의할 수 있는가?

팀은 12개 핵심 보고서가 초기 단계의 기초를 형성했다는 데 동의했다. 전통적인 비즈니스 요구 분석을 통해 조직의 목표를 달성하는 데 필요한 정보를 수집하기 위해 몇 차례의 인터뷰가 완료되었다. 프로젝트 팀은 다양한 애플리케이션 시스템에서 데이터를 추출할 수 있었다. 정보 시스템 요원의 조직 데이터에 대한 지식은 데이터 추출 프로세스를 개발하는 데 매우 중요했다.

데이터 웨어하우스가 Lund 시스템의 데이터로 생성되면 MicroStrategy의 BI 제품을 사용하여 데이터 웨어하우스를 조사한다. 이 시점에서 혜택은 보다 투명하고 실체가 되었다. 카테고리 매니저는 상점 및 시장에 대한 지식을 사용하여 각 상점의 구매 활동을 완료했다. 이전에 소유하지 않았거나 액세스할 수 없었던 포괄적인 판매 정보를 받았다. 첫 번째 이점은 시기 적절하고 정확한 정보가 제공되었기 때문에 범주 관리자가 공급업체와 보다 효과적으로 교섭할 수 있다는 것이다.

Lund는 기업 데이터에 대한 새로운 접근이 카테고리 관리자뿐 아니라 많은 수준의 인력에 영향을 미침을 신속하게 깨닫게 되었다. 특히 점포 관리자는 아침 일찍 모바일 장치로 판매 정보를 받았다. 의사 결정은 데이터 웨어하우스에 포함된 정확한 기록 데이터를 사용하여 보다 효과적이고 시기 적절하게 완료될 수 있다.

회사 직원은 판매 예측 및 제품 축소를 효율적으로 관리할 수 있다. 구매자는 지난 해의 계절 제품에 대한 판매 정보를 추출할 수 있었다. 구매자는 이제 판매 단위, 재고 없음 및 재고 초과에 대한 제품 정보를 볼 수 있다. 정확하고 객관적인 정보를 갖춘 구매자는 수개월 전부터 필요한 주문 예측을 수집했다. 데이터 웨어하우스를 구현한 후 판매량이 20% 증가했고 휴가 이후 할인판매를 해야 했던 과잉재고는 감소하였다.

생산 위축은 항상 소매 업체를 괴롭히고 있다. 새로운 시스템은 폐기되어 더 이상 판매할 수 없는 것에 대한 데이터를 수집한다. 위축 데이터는 판매 및 구매 데이터와 결합되어 조직의 데이터 분석기능을 확장시켰다. 그 결과 Lund는 부패하기 쉬운 물건에 대한 위축을 크게 줄였다. 이 식품 소매업체는 장바구니에 데이터를 채워서 상당한 이점을 확인했다.

출처: Briggs, L. L. (2010, First Quarter). Food Retailer Bags New Data Warehousing Solution. Business Intelligence Journal, 15, 39–41.

사례에 관해서 생각해 볼 점

1. IS 부서의 지식이 Lund의 다양한 시스템의 데이터 웨어하우스 개체군에 중요한 이유는 무엇인가?
2. 슈퍼마켓이 운영을 통해 추적하고 유지하는 데이터를 고려하시오. 새로운 몇 가지 크래커 제품이 몇 달 안에 소개되고 있다. 구매자는 어떤 신제품이 Lund의 승인을 받아야 하는지 결정하기 위한 정보를 수집해야 한다. 이 결정을 앞으로 옮기려면 데이터 웨어하우스에서 어떤 데이터를 추출해야 하는지 논의하시오.
3. Lund는 이미 조직에 구현된 여러 정보기술시스템을 보유하고 있었다. 데이터 웨어하우스 프로젝트의 성공에 이 시스템의 깊이와 기능성이 얼마나 큰 영향을 주었는가? 왜 그런가?

빅데이터 소매

"빅데이터"는 다양한 산업 및 시장의 많은 비즈니스 조직에서 큰 주목을 받고 있다. 당신의 경쟁자에 비해 얻을 수 있는 이점은 플러스이다. 문제는 많은 기업들이 유사한 기술 이니셔티브를 구현하고 있다는 것이다. 따라서 기술을 남보다 일찍 적용할 뿐만 아니라 더 효과적으로 사용하는 기업은 그 기술의 이점을 최대로 얻을 수 있다.

소매업은 "큰 상자" 상점에서부터 특정 제품 라인을 전문으로 하는 지역 소유주까지 아우르는 산업이다. 그러나 이들은 모두 동일한 이슈(비용 리더십, 재고 효율성 및 수익 개선)를 가지고 있다. 톱니바퀴의 중요한 "톱니" 중 하나는 고객 충성도를 구축하는 것이다. 어려운 경제 시대에 고객은 저렴한 가격과 가치를 추구한다. 이익을 저해하지 않으면서 어떻게 이를 달성할 수 있는가?

Sears와 Kmart의 모회사인 Sears Holding은 조직, 금융 및 시장에서의 성공에 어려움을 겪고 있다. 거대한 "벽돌과 박격포" 및 온라인 소매 업체와의 치열한 경쟁에 시달리는 Sears는 생존을 위해 고객 충성도를 개선해야 했다. 매출액은 2008년 500억 달러에서 2011년 420억 달러로 감소했다. 같은 기간 Amazon은 Sears를 처음으로 능가하는 190억 달러에서 480억 달러로 수익을 증가시켰다.

2009년 Sears는 고객에게 더 가까이 다가가기 위한 이니셔티브를 시작하기로 결정했다. 빅데이터 기술을 구현하여 이러한 목표를 달성하고자 했다. 그러나, IT 부서의 역량이 미치지 못했다. 2011년의 도전에 대응하여 Sears는 "A Shop Your Way Rewards" 회원 프로그램을 경쟁 우위를 확보하기 위한 5가지 전략 중 하나로 시작했다. Sears는 또한 기술 채택에서 뒤쳐져있다는 명성을 바꾸고 싶었다.

빅데이터에 초점을 맞춘 "고급 오픈 소스 데이터 처리 플랫폼"인 Apache Hadoop의 구현이 발표되었다. 로열티 클럽 회원 자격을 분석하기 위한 Sears의 과거 프로세스는 Teradata 및 SAS 제품을 사용하여 메인 프레임 시스템을 완성하는 데 6주가 소요되었다. 새로운 빅데이터 제품을 통해 매주 소요 시간이 줄어들었다. 모바일 및 온라인 상거래 응용 프로그램과 관련된 일부 상황의 경우 Sears는 과거 관행과 완전히 다른 일별 분석을 완료 할 수 있었다. 필요한 경우 세부수준을 고객 수준까지 보기 위해 데이터 세부성 수준이 향상되었다. 데이터 웨어하우스의 크기는 저장된 데이터의 증가하는 기간에 다루기 힘들고 번거로울 수 있다. 그러나, Sears는 의미 있는 데이터를 보관하거나 삭제하기를 원하지 않기 때문에 모든 데이터를 유지하는 것이 매우 중요하다는 사실을 발견했다.

빅데이터 프로젝트의 성공의 중요한 구성 요소는 기술 인프라에 중점을 둔다. 오픈 소스 데이터베이스 플랫폼인 Apache Hadoop을 구현하려는 그들의 구체적인 결정이 주도권을 잡았다. Apache 시스템을 사용하면 200테라 바이트의 저장 비용이 상용 관계형 데이터베이스 제품의 1/3 정도이다. 따라서 시스템 확장에 따른 확장성은 조직에 비용 부담을 주지 않는다. 이 신제품은 또한 병렬 프로세싱 컴퓨팅 성능을 통해 레코드 처리에 필요한 시간을 단축시킨다. 이러한 이득을 강조하기 위해 Sears는 1억 ~2억 레코드를 처리하는 것의 차이는 단지 "1분에 불과합니다" 라고 말한다. 이 사실은 빅데이터 사용자들의 얼굴에 미소를 가져왔다.

Sears는 어려움을 겪었지만 여전히 미국 최대의 가전 유통 업체이자 서비스 제공 업체이다. 따라서, Sears가 가전 제품 고객의 요구를 이해하는 것이 필수적이다. 그들은 가전제품 비즈니스에서 빅데이터를 사용할 수 있는 잠재력을 실현했다고 믿지 않는다. 고객 선호도, 서비스 동향 및 보증 문제와 관련된 다양한 데이터 요소는 이 중요한 제품 영역에서 더 많은 이익을 제공할 수 있다.

Sears는 고객과의 거래, POS(point-of-sale) 및 공급 사슬 데이터를 포함하여 거의 300개의 노드에 2페타 바이트의 데이터를 채운다. Sears는 데이터 웨어하우스에서 집계 데이터만 유지하는 것이 더 쉽지만 개별 활동 레벨에서 트랜잭션을 저장한다. 이 접근 방식을 통해 조직은 공급 사슬, 물류 및 재무보고는 물론 제품 및 고객 판매를 분석하고 보고할 수 있다. 스프레드 시트 형식의 환경에서 데이터 추출 및 프리젠테이션을 지원하는 Datameer를 사용한다. 빅데이터 이니셔티브를 사용하여 Sears는 홍보 전략에 대해 보다 적극적으로 대응할 수 있다. 데이터 웨어하우스 분석을 기반으로 고객에게 직접 프로모션을 제공한다. 이전에는 Sears가 고객 데이터의 10% 만 분석하여 판촉 행사가 성공할 수 있는지 판단했다. 이제 새로운 시스템으로 모든 데이터를 보다 빠르고 효율적으로 분석할 수 있다. 2012년 7월까지 마감된 분기의 실질 이익 (이자, 세금, 감가 상각비 및 상각 전)은 163% 증가한 1억 5,300만 달러를 기록했다. 이 인상적인 증가는 Sears와 Kmart에서 각각 2.9%와 4.7% 감소한 반면에 달성되었다. Sears는 재무실적이 보다 더 지능적인 타겟 마케팅 및 프로모션임이였음을 나타낸다고 말한다.

Sears는 빅데이터 프로젝트의 성공을 활용하기로 결정했다. 새로운 자회사인 MetaScale을 통해 Big Data 기술 인프라와 전문 지식을 다른 비즈니스에 판매하기 시작했다. 새로운 비즈니스 벤처 기업은 Hadoop 데이터 센터 클러스터를 Big Data 애플리케이션이 필요한 고객을 위해 직접 또는 원격으로 제공한다. 또한, MetaScale은 데이터 분석 이니셔티브 구현을 지원하는 컨설팅 서비스를 제공한다.

Sears는 거대한 소매상인 아마존보다 한 가지 이점이 있다. Sears는 아마존에서 판매하지 않는 마케팅 채널을 소매점 앞에서 제공한다. Amazon은 고객의 온라인 경험을 지속적으로 재정의하고 있지만 Sears는 다른 "벽돌 및 모르타르" 소매 업체와 마찬가지로 매장 내 환경을 개선하는 방법을 결정해야 한다. 전통적인 소매업의 경우 웹 및 모바일 플랫폼을 사용하는 기술적으로 익숙한 고객에게 어떻게 서비스를 제공해야 하는지에 대한 문제가 점포를 재생시킨다. Sears는 소매 시장 점유율을 되찾기 위해 기술 활용에 자원을 집중해야 한다.

Sears 회장인 Edward Lampert는 기술이 비즈니스 성공에 강력한 영향을 줄 것이라고 지적했다. 그의 다섯 가지 "기둥" 중 일부는 브랜드 인지도를 구축하고 매장 직원을 위해 정보 공유를 통해 가치를 창출하는 것이다. 그는 "기술과 혁신을 통해 지속적으로 회사를 재발명"하는 기둥에 더 많은 시간을 할애한다고 밝혔다. 그는 새로운 고객이 상점에서 쇼핑할 때 동시에 스마트폰을 사용하는 경향이 있다고 믿고 있다. 따라서 새로운 기술 이니셔티브가 고려될 때 교차 채널 경험을 정의하고 브랜딩하는 것이 주요 초점이 될 것이다.

출처: Henschen/Doug, Big Data, Big Questions; Henschen, D. (2012). Big Data, Big Questions. InformationWeek (1349), 18–22.

사례에 관해서 생각해 볼 점

1. Sears가 데이터 웨어하우스를 개별 트랜잭션 수준으로 유지 관리하고 있다고 가정한다. 이 데이터 저장 전략의 장단점은 무엇인가? 만약 당신이 CTO라면, 집계된 데이터와 비교하여 세부 데이터로 수행할 수 있는 데이터 분석은 무엇인가? 구체적으로 말하시오.
2. 스마트 폰 기술 및 모바일 응용 프로그램의 채택이 확대되고 있다. 소매 환경에서 스마트 폰을 사용한 경험에 대해 생각해보시오. 소매 업체가 교차 채널 마케팅을 위해 구현하는 데 중요한 기능은 무엇인가?
3. 항공 업계는 항공 요금을 결정하기 위해 과거 정보를 수십 년 동안 사용해 왔다. 과거 데이터의 가용성 및 가격대 모델링이 동적 가격변동을 일으킬 수 있는가? 이 이니셔티브의 장단점에 대해 토론하시오.

참고문헌

Anonymous. (2013a). 5 Challenges for Using Data in Healthcare. Medical Economics, 90(7), 13.

Anonymous. (2013b). Sentiment Analysis Wikipedia. San Francisco, CA.

Bridgwater, A. (2012). MySQL is "world's most popular" open source database. Retrieved January 8, 2013, from http://www.computerweekly.com/blogs/open-source-insider/2012/10/mysql-isworlds-most-popular-open-source-database.html

Couts, A. (2012). Netflix-Facebook bill passes U.S. House withour email privacy protections. Retrieved from Digital Trends website: http://www.digitaltrends.com/social-media/netflixfacebook-bill-house-vppa-ecpa/

Fontecchio, M. (2012). Oracle the clear leader in $24 billion RDBMS market. Retrieved from http://itknowledgeexchange.techtarget.com/eye-onoracle/oracle-the-clear-leader-in-24-billion-rdbmsmarket/

Kuehner-Hebert, K. (2012). Are You Ready for Big Data? Target Marketing, 35(7), 18-20, 22-23.

McKendrick, J. (2011). Data Warehousing Reaches an Inflection Point. Database Trends and Applications, 25(4), 2-3.

Rutenberg, J. (2012). Secret of the Obama Victory? Rerun Watchers, for One Thing, The New York Times. Retrieved from http://www.nytimes.com/2012/11/13/us/politics/obama-data-systemtargeted-tv-viewers-for-support.html?nl=us&emc=edit_cn_20121113&_r=0

Yudkin, R. (2012). Popularity of mobile devices brings risk. Health Management Technology, 33(4), 32.

3부 웹 기반 기업

- 8장 웹 기반 기업
- 9장 글로벌 정보시스템의 문제점들

교과서 사례 비즈니스 과제

초기 경영정보기술은 전화, 종이문서, 컴퓨터에 연결된 터미널을 통해 데이터를 입력하는 형태로 거래를 했다. 오늘날 모든 규모의 비즈니스들은 그들의 비즈니스 파트너들과 교류하고 거래를 진행하기 위하여, 웹 기반 기술과 애플리케이션을 결합하고 정보를 국제적으로 공유하고 있다. 다음 두 장에서 킴볼 레스토랑과 다른 비즈니스들이 그들의 전략과 운영에 어떻게 웹 기반 기술들과 글로벌 정보시스템을 활용하는지를 보고자 한다.

8장 "웹 기반 기업"에서는 기업들이 전략적 우위를 달성하고 그들의 사업 범위를 넓히는데 인터넷을 어떻게 활용하는지 배우고자 한다. 웹 사이트, 모바일 컴퓨팅과 소셜미디어 등 다양한 정보기술 전략들은 기업들이 비즈니스를 발전시키고 더욱 효율적이게 하는 것을 도울 수 있다.

9장 "글로벌 정보 시스템의 문제점들"에서는 전자적 정보 공유 및 기업간 운영이 어떻게 놀라운 효율과 도전과제를 작은 기업부터 국제적 기업의 운영에 야기시키는지를 배울 수 있다.

8장

웹 기반 기업
(THE WEB-ENABLED ENTERPRISE)

학습 목표(Learning Objectives)

웹은 정보 시스템 및 통신 분야에서 흥미진진한 개발분야이다. 첨단 통신 기술, 혁신적인 소프트웨어와 태블릿 및 스마트폰과 같은 하드웨어를 함께 활용함으로써 사람들은 서로 의사 소통하고 쇼핑, 계약, 지불, 교육, 학습 및 비즈니스 하는 방식이 혁신적으로 변화하고 있다. 수많은 기업들이 웹 덕택에 만들어졌으며, 기존 사업들 또한 웹을 사용하여 확장했다. 회사들은 회사들끼리 또는 고객들에게 직접 전자 상거래를 수행하고 있다. 이 장은 웹 기술과 웹 상에서의 비즈니스를 집중적으로 다룬다.

이 장의 주요 목표는 다음과 같다.

- 비즈니스 운영이 웹, 초고속 인터넷 접속 및 모바일 기술 도입으로 어떻게 변화되었는지 설명할 수 있다.
- 다양한 웹 기술의 기능을 설명할 수 있다.
- 웹 서버 활용 방안을 비교, 구분할 수 있다.
- 웹을 활용한 기초적 B2B(Business to Business) 및 B2C(Business to Consumer) 실행사례를 설명할 수 있다.
- 웹 기술과 공급망 관리(Supply Chain Management)와의 관계를 설명할 수 있다.
- 성공적인 비즈니스 웹 사이트에서 제공하는 기능 및 서비스의 예를 제시할 수 있다.
- 기업들이 웹 전략의 일환으로 어떻게 소셜 미디어를 사용하는지 설명할 수 있다.
- 스팸 및 애드웨어와 같은 온라인 불편 사항과 온라인 ID 도용을 예방하는 방법에 대해 학습한다.

[킴볼 레스토랑: 인터넷 활용하기]

새로운 레스토랑 지점 준비가 거의 다 되어 식당은 한 달 안에 준비될 것이다. 타일러는 현지 홍보 컨설턴트인 저스틴과 함께 레이크사이드(Lakeside) 지점의 판촉 자료 디자인을 검토하고 있다.

전체 웹 사이트 서비스 제공

판촉 자료 인쇄본이 준비되면서 타일러는 킴볼 레스토랑의 웹 사이트 확보에 집중하려 했다. 전에 학교에서 웹 사이트 설계 수업을 듣고 페이스북, 인스타그램, 트위터를 개인적으로 사용해 봤지만, 타일러는 저스틴에게 레스토랑 홍보를 위한 웹사이트 및 소셜 미디어 구축 컨설팅을 요청했다.

다행히도 KimballsLakeside.com 도메인 이름은 등록이 가능했다. 손님들이 도메인 이름으로 바로 알 수 있을 거 같아 타일러는 그 도메인 이름을 곧바로 등록했다. 타일러와 저스틴는 새로운 웹 사이트에 들어갈 콘텐츠에 대해 논의했다. 웹사이트의 목표는 무엇일까? 어떻게 웹 사이트를 통해 새로운 레스토랑을 홍보하고 비즈니스를 잘 되게 할 수 있을까? 소셜 미디어를 웹사이트를 통한 홍보에 통합 할 수 있을까?

저스틴과 타일러는 어떻게 웹사이트와 소셜 미디어 전략을 진행할지 상의했다. 저스틴은 고객의 니즈(needs)에 따라 웹 사이트는 시간이 지나면서 변화해야 한다는 점을 지적했다. 웹 사이트는 가설이나 실험적인 아이디어를 위해 6개월 이상 사용되는 것보다는 단기적인 비즈니스 요구사항을 반영하는 것이 낫다. 저스틴 생각에는 몇 주 내에 있을 식당 개점에 맞게 웹사이트 구축 범위를 제한하는 것이 좋을 거 같았다.

저스틴은 타일러에게 웹사이트의 단기적 목표에 대해 물어보았다. 타일러는 잠시 생각해보고 다음과 같이 답했다. "내가 지금 하고 싶은 건 두 가지 측면에서 관심을 끄는 거야. (1) 기존 우리 고객에게 새로운 지점을 알려주고, (2) 새로운 고객에게 호숫가에서 식사하는 걸 소개하는 거야."

타일러는 덧붙였다.

"비즈니스 미팅과 친목 모임을 새로운 시장으로 추가해야겠네. 이건 새로운 사업 기회가 될 거야. 우리 연회장을 이용하여 결혼식, 돌 잔치, 생일, 기념일 같은 친목 모임을 하면 좋은 사업이 될 거 같아." 저스틴은 동의했다.

사교적인 식사

타일러는 마케팅 전략으로 소셜 미디어를 활용하는 것을 좋아했다. 저스틴은 소셜 미디어는 많은 이점이 있지만 소셜 미디어 사용은 각 "캠페인"에 대해 특정 목표를 염두에 두고 준비해야 한다고 지적했다. "트위터와 페이스북에 기분 내키는 대로 글을 올려선 안돼. 물론, '우리 개장 오프닝 행사는 오늘 밤 끝내줘요!" 같은 건 올릴 수 있지만, 판촉 및 마케팅 측면에서 소셜 미디어 통합을 위한 전체 계획이 필요해" 저스틴은 많은 기업들이 시장, 매출, 고객기반 확대와 같은 전략 없이 과다 홍보를 하다가 이익을 잃는다는 점을 지적했다. 두 사람 모두 웹 사이트와 소셜 미디어에 대한 계획이 중요하다는 점을 잘 알고 있었다.

오프닝 이전에 시간이 빠듯했지만, 저스틴은 웹 사이트와 소셜 미디어 플랫폼이 개점 2주 전에 준비하였다. 타일러가 레스토랑 이름을 확보하기 위해 트위터, 인스타그램, 페이스북 계정을 만들었다. 저스틴과 타일러는 처음 일반적인 항목을 입력하여 소통을 시작했다. 초기의 대화내용이 중요한며 웹사이트가 가동(Go live)하고 웹사이트 주소가 광고에 노출되기 시작했을 때 소셜 미디어 계정들이 활동해야 한다고 저스틴은 이야기했다. 고객들과 잠재고객들에게 소셜 미디어가 아무 반응을 보이지 않는 것보다 어떤 활동이라도 지속적으로 보여주는 것이 중요하다.

타일러는 소셜 네트워킹 계정을 통해 매일 무언가를 올려서 고객들에게 레스토랑 진행상황과 개점 오프닝에 대해 알려주기로 했다. 그는 또한 새 지점 사진 몇 장 업로드하기로 했다. 그리고 나서 타일러와 저스틴은 웹사이트 구조 및 소셜 미디어 통합에 신경 쓸 것이다.

웹 비즈니스: 성장과 변화

포드 자동차는 미시건 주 디어본(Dearborn)에 본사를 둔 자동차 제조 분야의 세계적인 선두 주자이다. 포드 자동차의 전세계 80개 공장에서 약 176,000명의 직원들이 일하고 있다. 제조 회사들의 소셜 미디어 또는 마케팅 부서가 유명하지는 않지만, 포드가 2010년에 피에스타(Fiesta)자동차를 출시했을 때, 소셜 미디어를 혁신적으로 활용했다. 피에스타 프로젝트는 소셜 미디어 마케팅 캠페인으로서 미세 표적시장 접근(Micro targeting) 방식을 택했다. 이 캠페인을 통해 일반 고객들이 피에스타를 타는 경험을 8개의 YouTube 동영상을 공유하도록 했다. 이 동영상들은 Facebook, Twitter 및 YouTube를 통해 1,000,000회 이상의 조회되고 5,000개의 댓글이 달렸다. 포드가 소셜 미디어를 이용하여 홍보한 이유는 바로 정보기술에 능통한 젊은 고객 시장을 확보하려는 의도였다. 포드는 사용자 맞춤 메시지를 이용하여 각 그룹별로 접근하여 동영상을 본 사람들은 포드의 메시지를 쉽게 이해하고 더 끌리게 되었다. 이런 포드의 소셜 미디어 전략 덕택에 피에스타에 대한 온라인 상이 인식 수준은 높아졌을 뿐만 아니라 온라인 상에서 고객 응대를 할 수 있게 되었다. 온라인 상에서 포드에 대한 태도가 확연히 좋아졌다. 소셜미디어를 활용하지 않는다면, 뭔가 잃고 있는 것이다 (Anonymous, 2010).

웹은 조직 내에서, 조직 간에, 조직과 소비자 간에 비즈니스를 하는 데에 큰 도움이 된다. 세계 최대 규모의 투자 자문사인 Vanguard의 경우, 신규 고객의 80% 이상이 웹을 통해 확보한다. Facebook 및 Twitter와 같은 소셜 네트워크는 지난 몇 년 동안 폭발적으로 커지면서 비디오 클립 및 장편 영화 같은 콘텐츠 전달이 급속히 증가했다. 광대역(broadband) 보급, 웹을 활용한 전자상거래 신규 아이디어, 웹 기술 개발을 통해 웹 비즈니스가 지속적으로 성장, 변화하고 있다.

웹 기술: 검토

여러 표준과 기술을 이용하여 웹을 통한 풍부한 정보 제공이 가능하다. 일반적인 표준 및 기술은 다음과 같다.

HTTP

6장 "비즈니스 네트워크와 텔리커뮤니케이션"에서 프로토콜(Protocol, 통신규약)에 대해 학습했다. 웹 정보를 전송하고 다운로드 하는 데에 사용되는 프로토콜은 Hypertext Transfer Protocol 또는 HTTP이다. 거래정보를 암호화하여 통신하는 보안 프로토콜은 HTTPS(안전한 HTTP)이다.

이러한 프로토콜 환경 아래에서, 웹 서버는 웹 사이트의 고유 주소인 URL (Uniform Resource Locator)을 지정한다. 주소는 사이트에 할당된 IP 주소(역자 주: 예를 들어 172.217.27.68과 같은)이지만 대개 사이트에는 문자로 된 도메인 이름(역자 주: 예를 들어 www.google.com과 같은)도 있다. "URL"이라는 용어는 도메인 이름을 뜻하기도 한다. 도메인 이름은 IP 주소보다 기억하기 쉽기 때문에 사용자 편의를 위해 쓴다. 웹 페이지에는 IP 주소 또는 도메인 이름이 포함된 자체 URL이 있다.

도메인 이름은 고유해야 하기 때문에, 웹 사이트 소유자가 IP 주소와 연결할 도메인 이름을 예약할 때 다른 도메인을 해당 도메인 이름과 연결할 수 없다. 도메인 이름은 보통 www로 시작하지만 www가 꼭 포함될 필요는 없다.

www.pinzale.com의 ".com"과 같은 URL의 마지막 부분은 최상위 도메인 (top-level domain, TLD)이다. .com, .org 및 .edu 외에도 많은 TLD가 특정 조직이나 업종을 위해 도메인 이름을 따로 잡아

놓기도 했다. 캐나다의 경우 .ca, 영국의 경우 .uk와 같은 국가 코드도 TLD로 사용할 수 있다. 비영리 조직인 ICANN (Internet Corporation for Assigned Names and Numbers)만이 새로운 TLD를 승인할 수 있다. 보통 TLD가 있는 모든 웹 사이트는 기술에 관계없이 같은 방법으로 볼 수 있다. 최근 ICANN은 .museum, .name,. post, .travel, .jobs, .info 및 .coop과 같은 이름을 추가하여 TLD 포트폴리오를 많이 늘렸다("Top Level Domain Name List," 2013).

WHY YOU SHOULD 왜 웹 기반 비즈니스에 대해서 알아야 할까?

웹 기술 역량을 이해하고 웹 기술을 효율적, 창의적으로 활용할 수 있는 능력과 사고 방식을 갖추면 혁신적인 전문가가 될 수 있다. 웹 기술은 계속해서 발전하기 때문에 비즈니스 활동 영역이 더 커진다. 규모에 관계없이 거의 모든 비즈니스가 소셜 미디어를 통해 고객 및 고객과 소통하고 있다. 기업 시스템이 웹에 연결되면서, 직원과 고객이 필요할 때 언제 어디서나 정보 자원, 검색 소프트웨어 및 거래정보 응용 프로그램에 접속하여 적절한 정보를 얻을 수 있다. "재미(fun)"로만 보이던 신기술이 금새 비즈니스에도 활용된다. 모바일 사진 공유 서비스인 Instagram은 친구들끼리 놀려고 사용되었던 애플리케이션이었지만 사업적으로 잠재 고객과 소통하기 위한 수단으로 쓰이기 되었다. Nike, Adidas, GAP 등의 의류 브랜드는 Instagram의 소셜 전략을 사용하여 브랜드 이미지를 개선하려고 노력 중이다. 이런 의류 브랜드들은 여러 채널을 통해 글이나 사진을 올려서 PC로 Facebook을 쓰는 사용자 뿐만 아니라 Instagram 모바일 사용자들도 공략할 수 있다. 이런 브랜드들이 올린 Instagram 사진 중 90% 이상이 Facebook에 나타났고 60%는 Twitter로 보냈다. 어떤 직종에 선택하든 이제 웹을 사용하지 않고서는 업무를 할 수 없다. 본인의 업무 상 성과뿐만 아니라 동료 및 조직의 성과를 올리는데 웹 기술 지식을 쓰고 공유해야 한다.

출처: Anonymous(2012년 11월 2일). 54퍼센트의 유명 브랜드들이 Instagram을 사용한다. Business Wire.

POINT OF INTEREST www.typosquatting.com

유사 도메인 무단 점유(Typosquatting)를 통해 도메인 입력을 잘못 입력한 방문자를 끌어들이는 사이트들이 있다. 예를 들어, 2011년 9월 Google과 비슷한 이름의 Goggle.com은 방문자 수는 824,850명이나 된다. 이런 사이트는 이메일 주소를 넣게 하여 스팸을 보내거나 iPod, iPad, iPhone 같은 경품을 준다면서 개인정보를 취득한다.

이런 사이트들 때문에 매출 규모 상위 250대 웹 사이트들은 연간 2억 8,500만 달러의 손실을 본다고 추정된다. 또 사용자가 잘못된 주소로 전자 메일을 보내고 비밀 정보가 해커 손에 넘어갈 수 있으니 사용자 보안 차원에서도 위험천만이다. 이를 막기 위해서는 오타가 날만 한 도메인은 미리 등록하여 도메인 이름을 잘못 입력한 사용자들을 실제 사이트로 연결시키거나 오타 도메인 소유자를 추적하여 법적 조치를 하여야 한다. 유사 도메인 무단 점유는 혼란을 야기하고 사기 또는 해킹으로 이어질 수 있기 때문에 인터넷 사용자와 사업에 위험을 초래한다. 인터넷 사용 시, 오타 도메인이 아니고 진짜 사이트인지 주의해야 한다.

출처: McNichol, T. (2011년 11월). Facebook을 열려고 했는데 Faecbook을 입력했을 때. Business Week, 1.

HTML과 XML

HTML(Hypertext Markup Language)는 웹 페이지 및 웹 브라우저에서 볼 수 있는 정보를 만드는데 사용되는 프로그래밍 언어이다. HTML을 이용하여 웹 페이지의 텍스트, 그림, 애니메이션 모양과 위치를 정한다. XML (Extensible Markup Language)을 사용하면 다양한 유형의 데이터를 만들 수 있다. XML은 웹 페이지의 시각적 모양을 정하는 데 쓰이는 게 아니라 데이터의 의미 또는 내용을 전달하는 데 주로 사용된다. 웹 표준 담당 조직인 World Wide Web Consortium (W3C)은 HTML과 XML, 두 가지 언어를 XHTML (Extensible Hypertext Markup Language)이라는 표준으로 합쳤다. HTML5는 HTML / XML의 최신 버전이다. HTML5는 최신 멀티미디어 및 모바일 장치에 대한 지원도 되며 웹 페이지 개발 표준으로 확산 중이다. W3C는 2014년에 최종 HTML5 표준을 발표했다.

웹에 있는 모든 파일은 HTML 또는 XML과 같은 언어로 코딩된다. 즉, HTML, XML을 통해 텍스트, 그래픽 및 사운드를 포함하여 문서 내용을 표시하는 표준 "태그(tags)" 시스템이 만들어지는 것이다. 서식을 정할 때, 글자를 굵게 표시하기 시작하는 부분에 <b>를 굵은 글자가 끝나는 데에 </ b>과 같이 글자 앞뒤에 태그를 열고 닫는 태그를 하는 것이다. 어떤 태그는 다른 페이지로 연결되도록 표시하고 또 다른 태그는 이메일 주소에 대한 링크를 표시한다. 웹 브라우저는 HTML 및 XML 태그를 해석해서 태그에 정해진 대로 텍스트를 표시하거나 연결 프로그램이 데이터를 열고 처리하여 데이터베이스에 복사하기도 한다.

HTML에서와 마찬가지로 XML에서 태그는 데이터 내용을 표시하는 데 사용된다. 하지만 XML 태그는 "보이는 것" 보다는 "무엇인지"를 정의한다. 그림 8.1에서는 HTML 태그와 XML 태그의 차이점을 보여준다. HTML 태그가 있는 동일한 페이지에서 XML 태그를 사용하여 데이터가 의미하는 것(사용자에게는 표시되지 않음)과 내용을 표시하는 방법을 비교한다.

■ 그림 8-1

HTML 및 XML 코드 : XML을 이용하여 웹 페이지에서 데이터를 표시하고 분류할 수 있다

웹페이지에 보이는 내용	HTML code	XML code
Reebok® Classic Ace Tennis Shoe was $56.00; Now $38.99 Soft leather tennis shoe. Lightweight EVA molded midsole. Rubber outsole. China.	<strong><font face="Verdana, Arial, Helvetica, sans-serif">Reebok® Classic Ace Tennis Shoe </font></strong> <strong>Was $56.00; Now $38.99 </strong><table width="100%" border="1"><tr><td>Soft leather tennis shoe. Lightweight EVA molded midsole. Rubber outsole. China.</td></tr></table>	**<product type="shoes">** **<name>** Reebok® Classics AcT ennis Shoe **</name>** **<price>**$ 38.99**</price>** **<description** Soft leather tennis shoe. Lightweight EVA molded midsole. Rubber outsole. China. **</description>** **</product**

파일 전송

FTP (File Transfer Protocol, 파일 전송 프로토콜)는 컴퓨터 간에 파일을 전송할 때 쓰는 일반적인 방법이다. 웹 사이트에서 파일을 다운로드하거나 이메일에 파일을 첨부 할 때마다 FTP 응용 프로그램을 사용한다. 전송 파일 형식은 텍스트, 그래픽, 애니메이션 또는 사운드 등이다. FTP는 브라우저에 내장되어 있어 사용자에게 보통 잘 보이지 않는다. 또 쉐어웨어 FTP 유틸리티 프로그램을 사용하여 전송 파일을 할 수도 있다.

기업은 FTP를 사용하여 업무처리 용 파일을 서버에 올려 공유한다. FTP는 웹 사이트를 호스팅

하는 서버에 파일을 저장하는 데도 효과적이다. 또한 이메일 크기 제한을 초과하는 대용량 파일을 검색하기에도 편리하다. 예를 들어 저자는 출판사가 관리하는 서버 폴더에 큰 워드 및 그림 파일을 올릴 수 있다. 제조업체의 경우, 웹 사이트에 전체 제품 및 유지 관리 매뉴얼 또는 비디오를 올려 고객이 언제든지 다운로드 할 수 있도록 지원한다. 새로운 클라우드 드라이브, 온라인 백업 서비스(예: Carbonite)나 그룹웨어 서비스(예: Wiggio)들이 나오면서 FTP 사이트들을 대체했다. 그러나 FTP 사이트는 저렴하고 단순한 파일 전송이라는 장점을 가지고 있어 여전히 인기가 있다.

블로그(Blog)

블로그 ("web log"의 줄임말)는 익명의 인터넷 사용자들을 대상으로 의견이나 창의적인 글을 올리거나 관심이 가는 사이트 링크를 게시하는 웹 페이지이다. 블로그 사이트는 주제를 정하거나 관련된 주제를 묶어 웹 페이지를 만들거나 업데이트를 쉽게 하도록 한다. 블로그에는 대체로 어떤 주제에 대한 논평이나 해설, 유머 같은 내용이 들어있다. 블로그 사용자는 버튼을 클릭하여 텍스트를 입력하는 창을 열고 또 다른 버튼을 클릭하여 글을 게시할 수 있다. 입력한 글은 자동으로 웹 페이지에 올라가기도 하고 블로그 운영자가 검토 한 후에 추가되기도 한다. 보통 블로그 사이트에 "블로거"들이 관련 주제에 대한 댓글을 달 수 있으며 최근 댓글이 맨 위에 표시된다. 회사들도 블로그를 만들어 직원들이 자기 표현을 할 수 있도록 한다. 이런 회사 정책은 새로운 아이디어를 촉진할 수 있다. 그러나 가끔 블로그가 너무 비공식적이고 통제력이 없어 일부 경영진은 이런 아이디어를 기피하기도 한다. 사용자는 WordPress, Typepad, Squarespace, LiveJournal과 같은 웹 사이트를 사용하여 쉽게 블로그를 만들 수 있다. WordPress 및 LiveJournal과 같은 블로깅 소프트웨어 서비스 업체는 블로그 호스팅 및 서비스 사용을 무료로 제공한다.

블로그 서비스의 흥미로운 특징 중 하나는 트랙백(trackback)이다. 트랙백 서비스는 블로거에게 자신의 글이 인터넷 상의 다른 곳에서 언급되었을 때 블로거에게 알려줌으로써 블로거와 독자가 원래의 블로그 범위를 뛰어넘어 토론을 확장할 수 있다. 각 게시물 아래에 트랙백 버튼 또는 이와 비슷한 선택이 가능하다. 버튼을 클릭하면 새 창에 게시물을 언급하는 사이트가 나온다.

비즈니스에서도 블로그를 활용할 수 있는 사업 잠재력이 있다. 인기 블로그에 트래픽이 증가하면 기업가들은 블로그 사이트의 광고 공간을 판다. 블로그 인기는 블로그 스폰서에게 수익을 가져다 준다. 블로그의 인기도가 높아지면 스폰서 링크에서 블로그를 "클릭"하는 독자를 통해 수익원이 확보된다. 웹의 기존 규칙은 여기에서도 적용된다. 즉, 더 많은 사람들이 볼수록 사이트의 사업화 가능성이 커진다.

회사에 블로그가 중요한 것은 주로 블로그 참가자들이 회사 조직에 대해 생각과 이야기를 올리는 것과 관련이 있다. 회사 이름을 언급하는 블로그 글을 다듬는 특별한 소프트웨어가 사용되기도 한다, 홍보 부서의 직원들은 블로그 글을 읽고 필요한 경우 회사의 해당 부서에 피드백을 전달한다. 예를 들어, 어떤 블로거는 펜으로 Kryptonite 자전거 자물쇠를 깰 수 있다는 것을 자랑하는 글을 올렸다. 1주일 만에 New York Times 신문에 이 내용이 소개되었고 Kryptonite는 잠금장치들을 리콜 조치했다. 블로그 마이닝 프로그램을 제공하는 회사도 있다. 블로그 프로그램은 블로그 글을 다듬고 회사 이름을 식별하여 토론 내용을 자동으로 추적하는 소프트웨어이다. 이러한 소프트웨어를 이용하면 블로그 데이터를 시장 조사 정보로 활용할 수 있다.

위키(Wikis)

웹 방문자 또는 등록 사용자가 직접 콘텐츠를 읽고, 보고 듣고, 사이트 구축 및 편집 절차에 참여하도록 하는 웹 사이트들이 있다. 예전에 이렇게 하기 위해서는 접속 코드와 웹 편집 소프트웨어에 대한 지식이 필요했다. 그렇지만 이제 위키를 통해 이런 절차가 쉽고 빨라졌다.

wiki (하와이 말로 '빨리')는 사용자가 웹 페이지의 내용을 추가하고 편집하도록 하는 웹 서비스이다. 이는 웹 사이트를 만들고 수정하는 데 사용되는 협업 소프트웨어를 사용할 수 있는 웹 서비스를 뜻한다. 웹 페이지를 편집하는 데 필요한 모든 소프트웨어가 웹 페이지 내에 포함되어 있다.

웹 방문자는 따로 소프트웨어가 필요 없고 저장된 페이지를 업로드 할 필요도 없다. 내용 추가 및 수정은 사이트에서 제공되는 편집도구 아이콘을 사용하여 페이지 내에서 하면 된다.

아래 화면 캡처된 인기 온라인 백과 사전 Wikipedia를 보면 이런 개념을 쉽게 이해할 수 있다. 예를 들어 "재택 근무"이라는 용어를 입력하면 페이지에 수정이 필요하다는 경고 메시지가 표시된다. 또한 페이지 상단에서 "편집"을 클릭 할 수 있다. 편집 링크를 클릭하면 새 창이 열리고 텍스트를 편집하는 데 유용한 일련의 편집 도구 아이콘이 나타난다. 일부 보호 항목을 제외하고는 인터넷 접속이 되는 사람은 누구나 Wikipedia 개선에 참여할 수 있다.

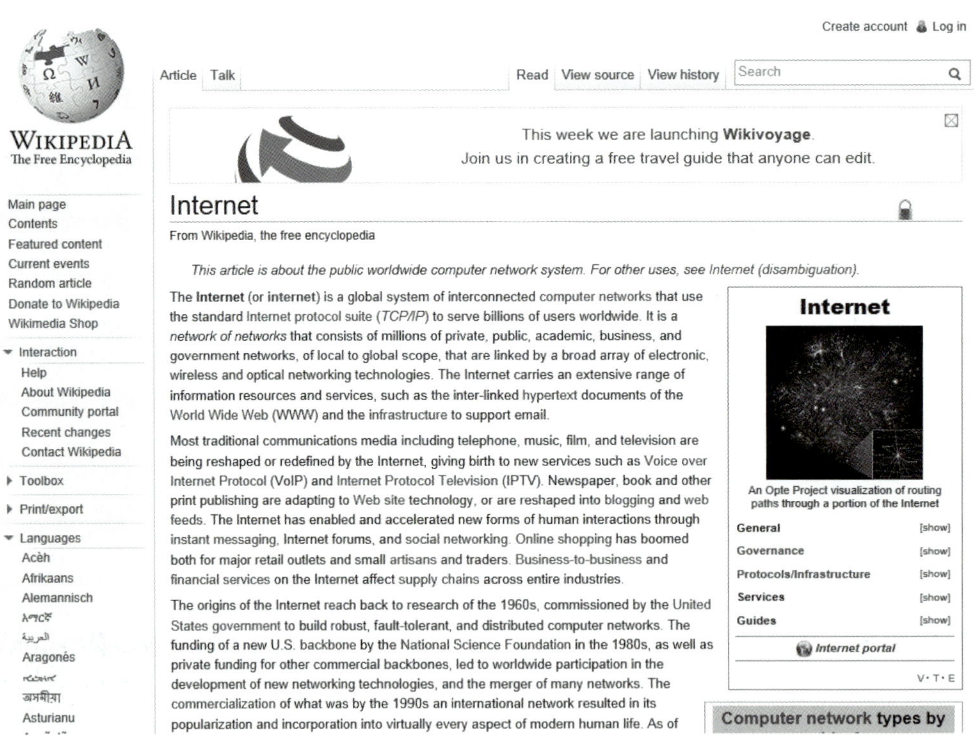

위키는 사용자가 콘텐츠를 입력하고 편집 할 수 있는 공동 작업 웹 사이트이다. Wikipedia.org는 가장 잘 알려진 것 중 하나이다.

인기 위키 서비스로는 무료 MediaWiki, Corendal Wiki, Wikiversity, XWiki 등이 있다. WikiMedia Foundation (www.wikimedia.org)은 위키를 설치하고 사용하는 방법을 가르치는 사이트 정보와 링크를 제공한다. 위키 기술의 특징은 그룹웨어 프로젝트에서 그룹 공동 작업에 효과적인 서비스로 사용된다.

팟캐스팅(Podcasting)

블로깅이 텍스트 및 시각 자료를 게시하는 데에 비해 팟캐스팅은 주로 오디오 및 비디오 정보를 게시한다. 디지털 오디오 녹음(대체로 음성)을 만들고 웹에 파일을 게시하여 관심 있는 사람들이 다운로드하여 들을 수 있도록 하는 것이 팟캐스팅이다. RSS 소프트웨어를 통해 이런 정보를 통합하여 피드 리더를 통해 온라인 신문의 텍스트 파일과 동일한 방식으로 자동으로 신규 콘텐츠를 확인하고 지정된 사이트의 파일을 다운로드한다. 사용자는 팟캐스트 사이트에 가입하여 최신 오디오 파일을 받을 수 있다. 파일은 보통 MP3 형식으로 되어있어 휴대용 플레이어 또는 스마트폰에서 들을 수 있는데 Apple iPod에서 듣는 경우가 많아 팟캐스트라는 말이 생겼다. 그러나 팟캐스트를 듣기 위해 아이팟이 꼭 필요한 것은 아니다.

팟캐스트를 통해 일부 잠재적인 용도가 있다는 점이 밝혀졌다. 라디오 방송을 나중에 들을 수 있게 되어 라디오 방송국이 "시간 이동(time shift)" 방송 용도를 쓰게 되었다. 또 박물관에서 오디오 투어 용도로 사용되었다. 학교에서는 실험적으로 먼 거리에 있는 학생들에게 수업을 제공하거나 학생들이 공부할 수 있도록 수업 내용을 공유했다. 어떤 용도로 사용하든 사람들은 라디오 비용 없이 인터넷만 연결되면 어디에서나 좋아하는 콘텐츠를 들을 수 있다.

사업 상 팟캐스팅을 이용하여 비즈니스, 제품 및 서비스를 전달하고 홍보 할 수 있다. Apple의 iTunes는 교육, 강의, 텔레비전 에피소드, 영화, 음악 등 다양한 콘텐츠를 제공한다. 이러한 팟캐스트 미디어 콘텐츠 파일은 대부분 무료로 다운로드할 수 있다.

웹을 통해 사업 상 제품과 서비스의 경제성 및 유통을 변화되었으며 교육 또한 마찬가지이다. 팟캐스팅에 통해 교육과 훈련은 변형되고 있다. 최근 MOOC(massive open online course)라는 새로운 개념으로 팟캐스팅에 많이 열려있는 온라인 과정이 진화하고 있다. 이 새로운 교육 방식은 전통적인 교재 (독서와 문제풀이 등)와 교사 및 학생을 위한 대화식 포럼을 결합하여 진행한다.

MOOC에서는 교사 학생 간에 실시간으로 상호 작용할 수 있는 환경에서나 녹화된 비디오 컨텐츠로 진행된다. 원거리 학습의 한 형태인 MOOC를 통해 교육환경이 바뀌고 교육 참가자 및 교육 내용 및 지식이 확장된다. 집에 있어야 하는 사람들이나 교육 기관으로부터 멀리 떨어져있는 지역 주민들, 그리고 여행이 많은 사람들에게 이런 방법은 좋은 대안이 된다.

POINT OF INTEREST MOOC를 많이 하는가?

2013년 2월, 고등교육 크로니클(Chronicle of Higher Education)이 실시한 한 연구에서 MOOC를 가르친 184명의 교수를 대상으로 설문 조사를 실시했다. 이 중 56%가 설문 조사에 응답했다. 첫 번째 MOOC를 가르친 한 교수는 세션 준비를 전적으로 했는데 온라인 과정에 28,000명의 학생이 참가했다는 점에 놀라움을 금치 못했다. 6주 수업을 마친 그는 매우 "열정적"이었다. "온라인을 통해 많은 사람을 교육 할 수 있을 것"이라고 믿게 되었다. 수백에서 수천 명에 이를 정도로 코스의 등록 규모는 상당했다. 등록자 수의 중간값(median)이 33,000명이었다. 이 과정을 이끄는 교수들은 대학에서 무료 온라인 강좌를 전통적인 강좌 프로그램에 통합할 경우 강의 제공 비용을 절감할 수 있다는 점을 알게 되었다. 또 이 새로운 교육 방법은 공익적일 뿐만 아니라 교육 커뮤니티나 일반 대중에게 인식도 높일 수 있다는 점도 알게 되었다.

하지만, 결과적으로, 교수들은 강의 준비 시간이 엄청나게 들고 비디오 촬영에 많은 시간을 필요하다고 했다. 교수들의 기존의 대학 내 책임에 대해 소홀하게 되었다고 했다. 이 연구에 따르면 MOOC의 평균 합격률이 7.5%로 전통적인 교육 방법에 비해 크게 밑돌고 있다. 대학 학점을 제공하는 대신 강의를 한 교수가 수료증을 제공한다. 채용 과정에서 고용자들이 대학 과정과 비교하여 MOOC의 완성도를 평가하는 지는 아직 분명하지 않다.

출처: Kolowich, S. (2013). MOOC 급증과 교수들. 고등 교육 크로니클.

쌍방향 통신 기술

사람들은 다양한 방식으로 의사 소통한다. 몇 년 전 등장한 메신저(Instant Messaging, IM)를 통해 사용자들은 실시간으로 온라인 대화를 하게 되었다. 이것은 "실시간 이메일"이라고 생각할 수 있다. 다만, 전자 메일과 달리, 순서대로 동기화 되는 방식(synchronous)이다. IM을 통해 사용자는 서비스를 사용하는 다른 사용자가 현재 온라인 상태인지 여부를 감지 할 수 있으며 사용자는 전체 그룹 ("대화방"이라고 함) 또는 개별 "채팅"을 할 수 있다. IM 응용 프로그램 중에는 채팅을 화상 회의로 바꾸는 양방향 비디오가 포함되거나 FTP를 이용하여 파일을 주고 받을 수도 있다.

지난 몇 년 동안 메신저 서비스는 텍스트 기반에서 화상 채팅 등 확장된 통신으로 변화했다. 텍스트, 비디오 및 오디오 등의 방식으로 다른 참가자와 통신하는 서비스가 많이 나왔다. Skype, ooVoo 및 Wiggio 등은 다른 사용자들과 의사 소통 할 수 있도록 서비스를 제공했다.

무료 IM 서비스는 연락처 목록을 제공하고 발신자 허브 역할을 하는 서버를 통해 작동한다. AOL 인스턴트 메신저 (AIM), Yahoo! Messenger, MSN Messenger 및 ICQ는 수백만 명 사용자들이 사용하게 되면서 온라인 광고주들은 매력적인 대상이라고 보게 되었다. 여러 IM 서비스를 통합하여 쓸 수 있도록 일부 소프트웨어 개발자는 AIM 사용자가 MSN Messenger 사용자와 채팅 할 수 있는 범용 IM 응용 프로그램을 제작했다. Trillian과 Pidgin은 이러한 응용 프로그램이다.

대화식 메시징은 친목을 위해서 쓸 수 있지만 비즈니스 목적을 위해서도 활용할 수 있다. 온라인 소매 업체의 경우, 구매자가 영업 담당자와 실시간으로 통신 할 수 있도록 웹 페이지에 버튼을 만들었다. 이를 통해 개별적인 서비스를 향상시키고 전화 비용을 줄인다. 예를 들어, 주니어 수영복 통신 판매를 전문으로 하는 Venus Swimwear는 직원들이 실시간으로 고객의 질문에 대답 할 수 있도록 채팅 서비스인 InstantService를 사용한다. Venus의 전자 상거래 마케팅 담당 이사는 고객이 쇼핑 중에 답변을 얻을 수 없을 때 쇼핑을 포기하는 경우가 많았기 때문에 회사에서 운영하는 세 개의 웹사이트에 이 옵션을 추가했다. 인터넷 연결을 위해 전화선을 사용하는 사람들에게 전화를 사용하는 것은 좋지 않았는데 전자 메일은 너무 비효율적이며 시간이 많이 들었다. IM을 사용하면 영업 담당자가 한 번에 최대 5명의 고객을 응대할 수 있다. 이 서비스를 이용하면 회사에서 일일이 답변을 입력하지 않고도 차트와 같은 답변 라이브러리에서 답변을 "푸시(push)" 할 수도 있다. 라이브 채팅을 통해 직원들이 처리해야 할 전자 메일이 줄어들어 트래픽이 늘어났지만 고객 응대 포기 비율이 15% 감소했다. 그림에 나와 있듯이 많은 기업에서 웹 사이트에 메일, 전화 및 전자 메일 연락처 정보에 "온라인 채팅" 옵션을 추가했다. 온라인 콜백 기능을 구현하여 고객이 웹 사이트를 통해 연락처 정보를 입력하면 전화를 해주는 회사도 있다.

많은 기업들이 온라인 채팅을 웹 사이트의 연락처에 넣고 있다.

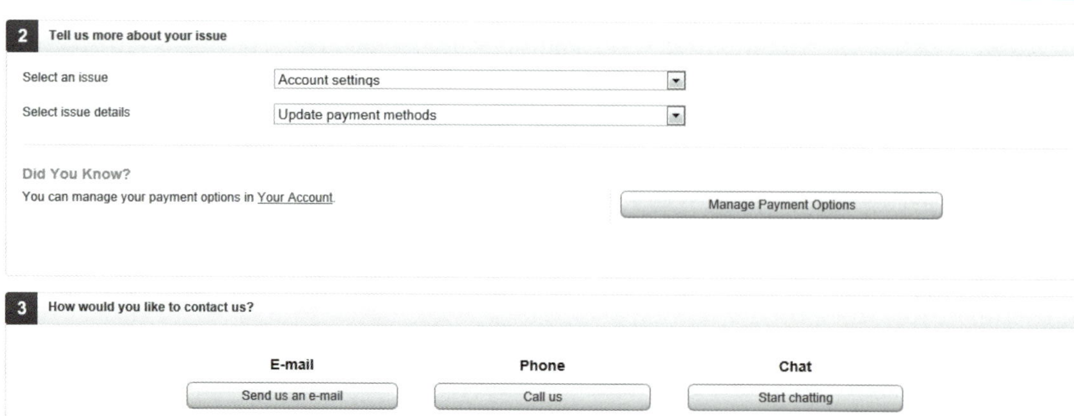

쿠키(Cookies)

웹 서핑을 했다면 컴퓨터에 쿠키가 들어있을 것이다. 쿠키는 웹 사이트에서 방문자의 하드 디스크에 저장하는 작은 파일로 웹 사이트에서 나중에 웹 방문자를 기억할 수 있다. 일반적으로 쿠키는 웹 방문자의 ID 또는 고유한 식별 기록을 남긴다.

이전 방문에서 수집된 데이터와 이용하여 방문자의 선호도를 파악할 수 있다. 사용자는 쿠키 허용을 선택할 수 있다. 옵션은 브라우저의 구성 창에서 상자를 선택하여 실행된다. 사용자의 하드 디스크에서 쿠키 하위 디렉토리 (폴더)에는 웹 사용자가 방문한 웹 사이트에 대한 쿠키 파일이 들어 있다. 쿠키는 서버 URL을 함께 저장할 수도 있다. 웹 브라우저가 쿠키가 있는 URL에 도달하도록 하면 웹 브라우저는 쿠키 정보를 서버로 전송한다.

쿠키는 전자 상거래, 특히 기업과 소비자 간의 거래에서 중요한 기능을 한다. 소비자에게 편의를 제공한다. 쿠키에 웹 사이트 (예: 은행 계좌)에 액세스하기 위한 사용자 이름과 비밀번호가 포함되어있는 경우 사용자는 정보를 다시 입력하지 않아도 된다. 쿠키는 사용자가 같은 정보를 여러 번 받지 않게 하는 데 도움이 된다. 예를 들어, 쿠키는 일반적으로 사이트가 보내는 배너 광고를 바꿔주어 사용자가 다른 광고를 보게 된다. 또한 웹사이트에서 다른 면에서도 도움이 된다. 예를 들어, 소매 업체 웹 사이트에서 다시 방문한 고객을 알아보게 되면 이전 구매를 기초로 관심을 가질 만한 품목 및 정보 목록을 보여주는 웹 페이지를 띄울 수 있다.

보통 쿠키는 일시적이다. 일반적으로 쿠키는 한 세션에만 설치되며 사용자가 사이트를 떠날 때 제거된다. 하지만 어떤 쿠키는 영구적으로 유지되며 사용자가 삭제하지 않는 한 하드 디스크에 남아 있다.

쿠키는 사용자가 직접 사용한 사이트에 한해 설치된다. 그러나 사이트를 방문할 때마다 사용자에 대한 정보를 수집하는 다른 회사 서비스에 제공되기도 한다. DoubleClick, ValueClick, Avenue A 등이 그런 회사이다.

쿠키는 온라인 쇼핑, 투자 및 웹 사이트 보기를 편리하게 해주지만 개인의 사생활 침해에 대한 가능성이 열리기도 한다. 웹 브라우저가 쿠키를 허용하도록 설정되어 있는 한 사용자가 제공하는 정보는 추후 사용을 위해 기록 및 보관할 수 있게 된다. 메뉴 항목을 선택하고 버튼을 클릭하고 한 페이지에서 다른 페이지로 이동할 때 사용자가 선택한 사항도 기록된다. 이러한 활동을 클릭 스트림 추적(clickstream tracking)이라고 한다. 일부 웹 사이트에서는 개인 정보 취급 방침을 게시하고 수집 정보의 내용을 알려주지만 어떤 용도로 쿠키를 어떻게 사용하는 지는 알 수 없다. 특히 웹 사이트에서 브라우징 및 쇼핑 습관을 수집하는 제 3자 쿠키가 우려된다. 이건 마치 손님을 다른 가게로 안내하는 스파이와 비슷하다. 사용자 모르게 온라인 행동을 추적, 보고하도록 설계된 소프트웨어를 스파이웨어라고 한다. 사용자 몰래 컴퓨터에 설치되어 사용자에 대한 정보를 전송하는 쿠키 및 소프트웨어 프로그램이 있다. 그림과 같이 사용자는 브라우저의 개인 정보 설정을 하여 쿠키의 저장 및 사용을 제어 할 수 있다.

쿠키를 사용하면 사이트에서 사용자를 식별하고 맞춤 서비스를 제공 할 수 있지만 사용자는 브라우저에서 쿠키 사용을 제어 할 수 있다.

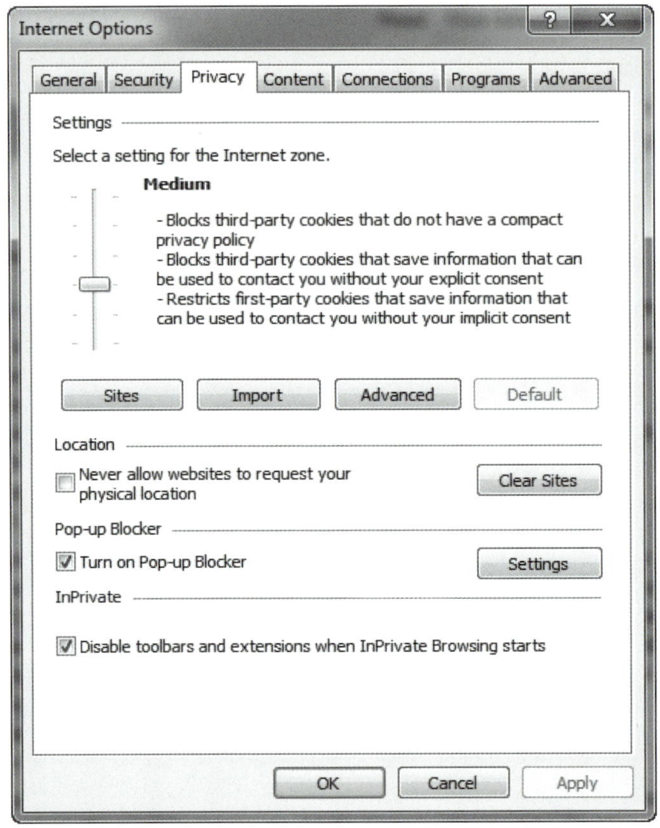

쿠키를 활용하는 것에 대한 일반 대중의 인식이 높아지고 있다. 2011년 1월, Valued Opinions의 연구 결과에 따르면 74%의 사용자가 개인 데이터를 수집하는 회사에 불편한 느낌을 갖고 있다 했다. 동시에, 53%의 사람들이 온라인 활동을 통해 이익을 얻고자 하며, 필요한 정보를 제공할 용의가 있다고 했다. 흥미롭게도, 62%의 사용자 패널은 회사가 어떤 데이터를 수집하고 있는지 명확하게 이해하지 못했다 (Anonymous, 2011).

독점 기술

이런 널리 사용되는 웹 기술 외에도 많은 회사가 독점 기술을 제공한다. 독점 기술은 개발자의 지적 재산이며 모두가 자유롭게 사용할 수 있는 것이 아니다. 이런 소프트웨어 패키지에는 특정 항목에 대한 정보를 찾는 로컬 검색 엔진 등이 있다. 구매를 위한 쇼핑 카트 프로그램 (가상 카트에 쇼핑 항목을 선택하고 신용 카드 청구할 수 있는 부분을 포함함); 다른 사람들이 선물로 구매해 줄 수 있도록 하는 소원 목록(wish lists); 비디오 스트리밍 소프트웨어 도구; 방문자에게 보이지 않게 구매자 행동을 분석하고 예측하는 데 도움을 주는 소프트웨어 패키지 등이 있다. 구매자 행동 분석 소프트웨어의 기술은 웹 기술 그 자체는 아니지만 웹 사이트에 접속하는 방문자로부터 수집된 데이터를 분석한다. 예를 들어, Amazon.com은 구매자의 예상 연령을 기초로 구매를 분석하는 소프트웨어를 사용하며 가족 및 친구 연령에 따라 새로운 상품 정보를 제공한다.

웹 기반 비즈니스

웹 기반 비즈니스는 B2B (business-to-business, 기업 간 거래), B2C (Business-to-Consumer, 기업-소비자 간 거래) 및 B2G (business-to-government, 기업-정부 간 거래)와 같이 거래에 참여하는 주체에 따라 분류된다. 정부-소비자와 정부 간 거래를 분류하는 경우도 있다. 경매 사이트는 C2C (Consumer-to-Consumer) 사이트라고도 하나, 회사가 거래에 일부 개입하고 사용자에게 수수료를 받기 때문에 B2C로 볼 수 있다. 이제 웹 기반 비즈니스 유형의 비즈니스 모델을 살펴보자.

B2B 거래

B2B(Business-to-Business) 거래는 기업간에만 이루어진다. 최종 재화와 서비스 소비자는 관여하지 않는다. 보통 기업 간 전자 상거래 규모는 B2C 전자 상거래 규모의 약 10배에 이란다. 다는 아니지만, 대부분의 B2B 거래는 인터넷 상에서 이루어진다. 미국 센서스 데이터에 따르면 전자 자료 교환(EDI, Electronic Data Interchange)을 빼고도, 약 300억 달러의 B2B 매출이 온라인으로 처리된다 (Oracle, 2012). B2B 온라인 설문 조사에 따르면 B2B 시장성장이 예상되나 B2B 회사 중 25%만이 전자 상거래 사이트가 있을 뿐이다(Oracle, 2012). 이 절에서는 B2B 전자 상거래의 주요 형태를 설명한다.

광고

온라인 광고는 검색 엔진과 배너광고, 두 가지로 이루어진다. 웹 광고가 다 그런 건 아니지만, 보통 광고는 소비자에게 노출된다. 그러나 웹 광고를 판매, 구매는 회사 간에 일어난다. 웹 사이트 운영자는 "부동산" 광고를 다른 회사에 판매한다. 매체에 관계없이 광고주는 가능한 한 최대한 많은 잠재고객에게 접근하려 한다. 웹에서 광고주는 "트래픽 양", 즉 광고 메시지를 접하는 사람들의 수에 관심이 있다. 웹에 로그온하는 사람의 수에 따라 광고주의 관심도 커진다. Internet World 통계에 따르면 전세계 70억 인구 중에 인터넷 이용자는 24억으로 34.3%였다(2012년 인터넷 이용 통계). 이런 어마어마한 트래픽 때문에 광고주는 웹 광고에 많은 돈을 투자한다. 연구 기관인 GroupM은 2011년 웹 광고에 약 848억 달러가 지출되어 2010년에 비해 16% 증가한 것으로 추정했다 (Hof, 2012, O'Leary, 2012). 또한 웹 광고 지출은 2012년에 982억 달러로 증가 할 것으로 예측했으며 이는 전체 미디어 지출의 19%를 차지한다 (O'Leary, 2012).

기업들은 온라인 검색 사이트를 통한 검색 광고를 매우 효과적이라고 평가한다. 소비자는 필요한제품이나 서비스를 구매하려 할 때, 웹에서 검색하게 되는데, 많은 웹 페이지 정보를 가진 Google, Yahoo!, Bing (그림 8.2 참조)과 같은 유명한 검색엔진이 효과적이다.

이런 검색 사이트들은 비슷한 광고 패턴이 있다. 항목을 검색 할 때마다 상단 및 우측 링크에 광고주가 지불하는 '광고' 또는 '스폰서'가 표시된다.

■ 그림 8-2

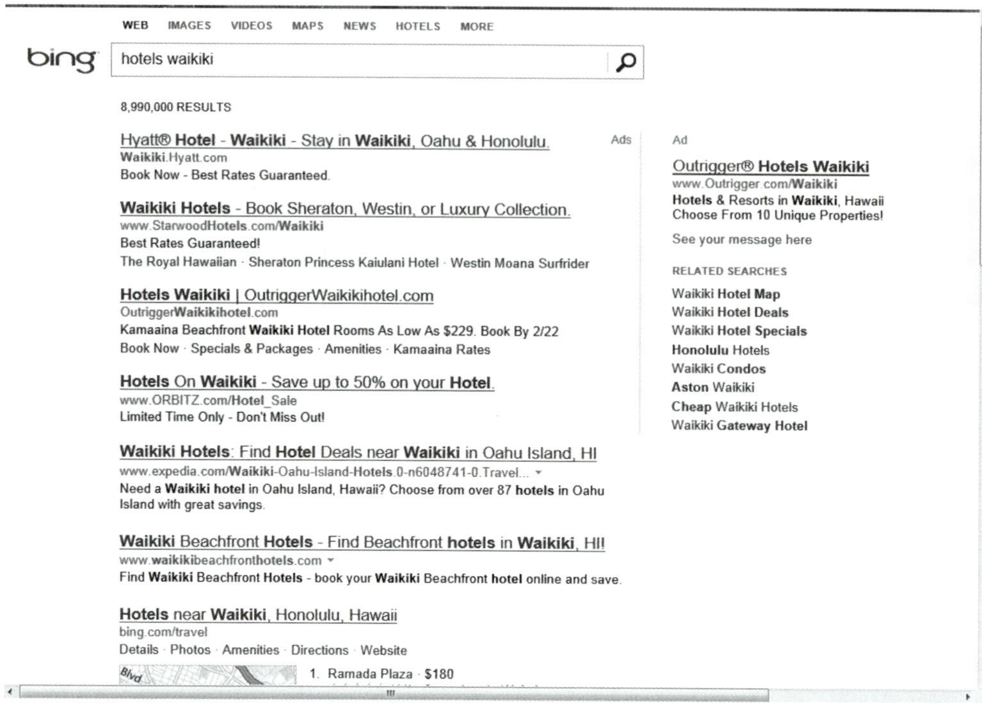

기업들 이름과 웹사이트 링크가 검색 엔진 상단이나 오른 쪽에 표시된다.

배너는 웹 사이트에 배치 된 이미지로 제품 또는 서비스를 판매하는 회사 웹 사이트로 연결된다. 초기 웹 사이트에서는 광고가 페이지 상단에 배너 모양으로 표시되었다. 그러나 지금은 광고용 이미지를 모두 배너라고 한다.

광고주는 웹 사이트에서 트래픽이 얼마나 많은 지 어떻게 알 수 있을까? 웹 사이트의 가장 기본적인 측정 항목은 노출(impression) 수이다. 이 노출은 웹 브라우저가 배너가 포함 된 페이지를 다운로드 할 때마다 생긴다. 웹 사이트 방문자 정보를 제공하는 회사들이 TV 시청률 조사기관처럼 여러 측정 항목을 제공한다. 예를 들어 온라인 평가기관인 comScore는 2백만 명 이상의 온라인 영어 사용자 패널을 운영하며 정기적으로 평가 정보를 얻는다. 회사는 가입 회사를위한 몇 가지 메트릭스를 산출한다. 보통 많은 트래픽으로 대규모 광고 수입을 올리는 웹 사이트들이 이런 온라인 평가기관의 정보를 구독한다.

노출 수 이외에 온라인 평가 회사는 다른 측정 항목도 있다. 그 중 하나는 월간 순 방문자 수(unique visitor)이다. 한 달 동안 동일한 사람이 웹 사이트를 여러 번 방문하면 그 사람은 한 번만 계산된다. 왜냐하면 광고주가 한 사람에게 여러 번 광고를 노출하는 것보다 다른 많은 사람들에게 도달하는 데 관심이 있기 때문이다. 또 다른 측정 항목은 순 방문 페이지 수(unique visitor page)로, 한 방문자가 액세스한 사이트의 페이지 수이다. 이 측정 기준을 사용하는 이유는 동일한 방문자가 웹 사이트 페이지마다 다른 광고에 노출되기 때문이다. 도달 비율(reach percentage)은 지난 달에 사이트를 방문한 웹 사용자의 비율, 즉 전체 웹 인구 중 방문자 수의 비율이다.

웹 광고비는 인쇄 광고에서와 마찬가지로 광고 크기(가로 픽셀 수×세로 픽셀 수)와 트래픽 양(일반적으로 노출 수로 측정) 기준으로 청구된다. 광고주에게는 배너가 있는 웹 페이지에 액세스하는 컴퓨터의 IP 주소를 사용하여 노출 수를 기준으로 광고비를 청구한다. 보통 월 단위로 광고비가 나온다. 인기 웹 사이트에 배너를 게시하면 수십만 달러의 비용이 들 수도 있다.

광고주가 어떤 웹 사이트의 방문자가 많은 지 알아보려면 Nielsen, comScore에서 제공하는 인기 웹사이트 순위 정보를 이용하면 된다. 2007년 7월 이전에는 두 기관 모두 방문자가 본 페이지 수 기준으로 웹 사이트 순위를 매겼다. 2007년 7월에 Nielsen은 방문자가 웹 사이트에서 보내는 시간 기준으로 웹 사이트 순위를 결정했다. 이런 시장 조사 업계에 WPP PLC의 자회사인 Kantar Group도 웹 사이트 정보를 제공하기 시작했다. Kantar는 합병을 통해 정보 서비스를 확대하여 미국에서 Nielsen에 이어 두 번째로 큰 시장 조사기관이 되었다. 2011년에 Kantar와 Nielsen은 지역 별 셋톱 박스(set-top-box) 데이터의 측정을 확대하기 위해 협력했다. 또한 Kantar는 전 세계적으로 2억 명의 소비자가 구매한 데이터를 추적하고 2,000만 개 이상의 신규 웹 사이트에서 올라오는 2,000만 개의 신규 게시물과 기사 정보를 처리하고 있다(Son, 2012).

검색 엔진 최적화(Search Engine Optimization)

온라인 검색 엔진이 많이 활용되면서 온라인 광고 또한 한층 발전하게 되었다. 일종의 온라인 "깃발 잡기" 경기장처럼, 회사 웹 광고가 검색 엔진 결과 페이지 상단에 표시되도록 경쟁하게 된 것이다. 보통 온라인 사용자는 검색 목록에서 두 번째 또는 세 번째 페이지 이상을 보지 않는다. 따라서 회사들은 여러 방법과 기술을 써서 웹 사이트 방문객 수를 늘린다. 검색 엔진 최적화(SEO)를 통해 검색 결과에서 상위에 게재될 수 있다.

이 기술을 사용하면 주요 검색 엔진에서 검색 항목의 순위를 높일 수 있도록 웹 사이트를 최적화할 수 있다. 결과 목록에서 순위가 높을수록 웹 사이트에 온라인 트래픽이 더 많아지게 된다.

검색 엔진 최적화가 잘 될수록 웹 사이트 방문 및 재 방문자 방문 또한 개선되고 결국, 트래픽이 증가하면서 매출 및 이익도 증가한다. 예를 들어 St. Petersburg Times는 웹 사이트 tampabay.com에 대한 SEO 전략을 활용했다. 이 기술을 사용하여 웹 사이트는 월 150만 건의 조회수를 기록했으며 2009년부터 2010년까지 디지털 광고가 22% 증가 했다. 2010년 같은 기간에 비해 2011년 1분기에 14%나 증가했다. 검색 엔진을 통해 웹 사이트 트래픽이 증가했고 매출이 직접적인 영향을 받았다(Fletcher, 2011).

POINT OF INTEREST 모두를 위한 판매세

온라인 구매자의 세금 공제를 없어지면서 주정부들이 수익을 얻게 되었다. 주 의회 학회(National Conference of State Legislatures)에 따르면, 온라인 구매에 대한 판매세를 부과되면 각 주마다 230억 달러의 추가 세수가 예상된다. Amazon 및 Overstock.com과 같은 온라인 소매 업체의 경우, 1992년 대법원 판결에 따라 해당 주에 존재하지 않은 회사는 판매세를 낼 필요가 없다고 판결했다. 1990년대 후반 Amazon은 수익 공유 플랫폼을 만들어서 "협력사 프로그램(Affiliate Program)"이란 서비스를 출시했다. 소매 판매 업체는 Amazon 웹 사이트에 커미션 수수료를 내고 온라인 광고를 하게 되었다. 그러나 협력사들이 해당 주에 실제로 존재하는 경우가 많아 주 정부들이 세수 확보를 위해 판매세를 부가하자 Amazon은 2009년 무렵 협력사 프로그램을 축소해야 하는 문제에 봉착했다. Amazon은 더 이상 온라인 쇼핑에 부가되는 세금을 회피하지 않기로 했다. Amazon은 넓은 지역에 많은 창고를 확보하면서 당일 납품을 하게 되는 장점이 있기 때문에 판매세를 부담하기로 한 것이다. Amazon의 주장에 따르면 2014년까지 미국 인구의 거의 절반을 차지하는 13개 주에서 판매세를 납부 할 것이라 하지만 주지사들은 2013년에 온라인 구매에 대한 판매세 징수가 미국 전체에서 이뤄질 것으로 보고 있다.

출처: Chang, A. (2009년 6월 30일). Amazon은 세금을 피하기 위해 협력사를 줄인다. Amazon은 2개 주에 있는 협력사 웹 사이트와 연계를 끊어 판매세를 내지 않는다. Los Angeles Times, p. B.4; Langley, M. (2012년 7월 16일). 온라인 구매에 대한 세금 공제 종결; 공화당 주지사, 수익을 위해 반대를 철회, Wall Street Journal (온라인).

전자입찰(exchange) 및 경매

과거에는 시장, 박람회, 상점 건물처럼 구매자와 판매자가 만나는 장소가 필요했다. 고철, 중고 과학 장비 등 물품을 찾는데 시간이 많이 소요되었다. 또한 구매자, 판매자 모두 중개자에게 소개 수수료를 내야 했다. 하지만 웹 기반 시장은 인터넷에 접속할 수 있기만 하면 많은 판매자와 구매자들이 참여할 수 있다.

인트라넷(Intranet)은 조직의 직원만 사용하는 네트워크이다. 익스트라넷(Extranet)은 특정 비즈니스 파트너의 직원에게만 사이트 액세스를 할 수 있다. 익스트라넷은 비즈니스 파트너를 위한 인트라넷으로 볼 수 있다.

전자입찰은 제품 및 서비스에 대한 판매 및 입찰을 할 수 있도록 하는 일종의 엑스트라넷이다. eBay 또는 uBid과 같은 일반 경매 사이트와는 달리, 회비를 내는 가입자들만이 액세스를 할 수 있다. 특정 업종에서는 산업 협회가 구매자 및 판매자의 만남의 장소 역할을 하는 경매 사이트를 운영하기도 한다. askart.com과 같은 곳은 수익 창출의 목적으로 사업가가 만든 것이다. 만일 구매자가 한 곳이고 납품업자들을 한 곳에 모으기 위해 웹사이트를 만든다면 구매자가 직접 웹 사이트를 운영하는 경우도 있다.

민간기업이 많은 구매자와 판매자를 위한 만남의 장소로서 웹사이트를 만들게 되면, 운영자가 공정하고 거래 수수료는 거래가 이루어질 때마다 구매자, 판매자 어느 한 쪽에서 받든지 또는 양쪽에서 모두 받을 수 있다. 옥션 사이트를 사용하여 재료를 구매하는 기업의 장점은 명확하다. 과거에는 구매 담당자가 제품 판매자들을 조사하는 데 시간이 많이 들었다. 그런 다음 구매자는 특정 구매를 위해 판매자들에게 전화를 해야 했다. 온라인 경매 사이트를 사용하면 구매자가 필요한 물품 정보를 게시하고 판매자들이 보고 연락을 하게 된다. eBay 같은 소비자 구매와는 달리, B2B 구매는 구매 규모도 크고 가격, 품질, 납기가 좀더 까다롭기 마련이다.

경매 사이트는 비즈니스 구매 시장을 확대하기 위해 아주 다양한 품목을 판매하는 경우가 많다. 네브라스카에 위치한 Proxibid는 다양한 종류의 제품을 취급하는 온라인 경매 사이트이다. Proxibid는 전 세계 2,500개 이상의 경매 회사와 수천 명의 입찰자를 연결한다. 제품 종류는 골동품, 기념품서부터 건설 중장비, 농기계 및 가축에 이를 정도이다.

단일 구매자가 구매 웹사이트를 만들기도 하고 구매자들이 연합하여 웹사이트를 만들기도 한다. 예를 들어, ChoiceBuys.com은 Choice Hotels International 회사가 운영하는 웹 사이트이다. 이 회사에는 Comfort Inn, Comfort Suites, Quality, Clarion, Sleep Inn, Econo Lodge, Rodeway Inn, Cambria Suites, Suburban Extended Stay Hotel, MainStay Suites 등의 프랜차이즈 호텔들이 있다. 이 회사는 미국과 전세계의 6,000개가 넘는 시설을 프랜차이즈로 운영 중이다. 1999년 이 회사는 웹 사이트를 만들어 단일 채널을 통해 구매를 할 수 있도록 했다. 또 물품 판매자들에게 상품정보를 제공하도록 했다. 물품 판매자 입장에서는 큰 계약을 딸 수 있는 기회를 갖게 된 것이다. 한편 프랜차이즈 호텔들은 ChoiceBuys.com의 구매력을 통해 얻는 할인 혜택을 얻게 되었다. 초이스 호텔 입장에서는, 입찰자가 지불하는 거래 수수료에서 수익을 얻을 뿐 아니라, 간접적으로는 더 많은 프랜차이즈 호텔들을 유치하여 프랜차이즈 수익을 거둘 수 있다.

프랜차이즈 호텔들이 자체 구매를 할 수도 있지만, Choice 구매 웹사이트를 통해 구매하는 건수가 늘어나게 된다. 이 웹사이트를 통해 구매하면서 프랜차이즈 호텔들은 비용을 절감하고 Choice Hotels은 더 좋아진다. 구매 거래 정보가 전자적으로 자동 기록되어 데이터가 축적되면서 정보 분석도 가능해진다. 그림에서 볼 수 있듯이 Choice Hotels는 판매자 정보 및 프랜차이즈 정보를 제공하는 웹 사이트 포럼을 운영한다.

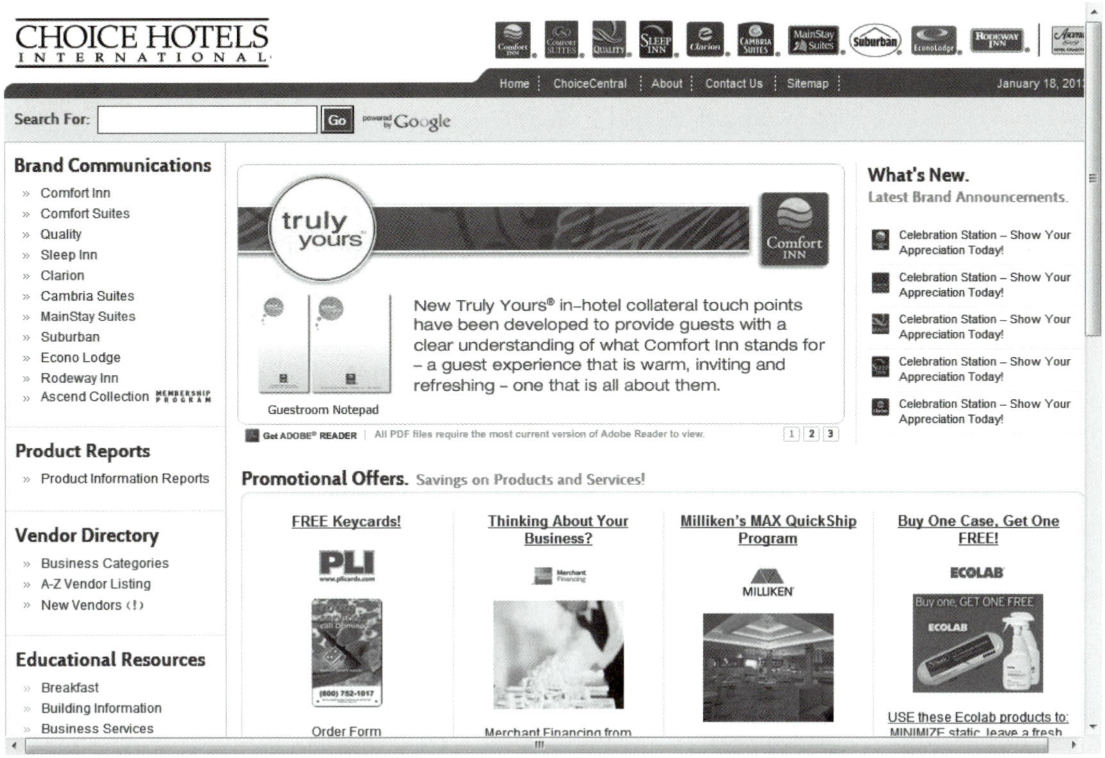

Choice Hotels 사례와 같이 온라인 웹 사이트를 이용하여 구매 서비스 포털을 제공 할 수 있다

전자입찰에서 판매회사들은 회원 등록을 하고 연회비를 내야 한다. 구매자가 돈을 지불하지 못하는 상황이 되어도 판매자는 돈을 받도록 하는 경우가 많다. 이런 점은 판매자가 중요하게 고려하는 사항이다. 전자입찰 시장은 경제학자들이 주장하는 완전경쟁시장에 가깝다. 완전경쟁 시장에서 단일 구매자 또는 판매자가 제품 가격에 영향을 줄 수는 없다. 인터넷에서 구매자와 판매자 모두 정보를 가질 수 있다. 따라서 어떤 구매자나 판매자가 경쟁자 대비 정보 우위를 가질 수 없다.

온라인 비즈니스 제휴

같은 업계에 있는 경쟁사들이 웹 사이트를 같이 만들기도 한다. 예를 들어 구매를 통합하여 구매력을 가지려고 협력하는 것이다. 손님에게 더 많은 선택이 가능하면 전체 그룹에 도움이 될 것이라는 가정 하에 통합 웹사이트를 만들기도 한다. 이 개념은 새로운 것이 아니다. 부동산 중개인들은 매물 교차 등록 서비스(MLS, Multiple Listing Service)를 통해 여러 기관이 수집한 매물 정보를 액세스한다. 웹 기술이 나오기 전부터 있던 이 시스템이 이제는 웹에서 관리된다.

흥미롭게도, 부동산 중개인은 현재 웹 사이트 운영자로부터 경쟁 압력을 받고 있다. 전통적인 6% 수수료를 줄이려는 판매자는 점차 온라인 부동산 시장으로 전환 중이다. 판매자들이 부동산 중개인들이 하던 일을 직접 하고 있으며, MLS를 운영하는 부동산 중개인 협회 (National Association of Realtors® (NAR))소속의 부동산 중개인을 통하지 않고 Redfin.com 및 ziprealty.com과 같은 웹 사이트에 부동산 매물정보를 올린다. 구매자들 역시 스스로 매물을 검색하는 것을 선호한다. Zillow.com과 같은 사이트를 사용하면 관심 지역의 주택 가격을 알 수 있다. 부동산 중개인에게 많은 수수료를 내는 대신, 낮은 비용으로 웹사이트에 정보를 제공하는 판매자로부터 부동산을 구매하면 수천 달러를 절약 할 수 있다. 즉, 웹 기술은 이 산업에서도 값 비싼 중개자를 제거하는 것이다.

제휴 웹 사이트의 목적은 단일 회사에서 운영하는 경매 사이트와 유사하지만 웹 사이트 운영자는 제휴 회사를 위한 사업이다. 이러한 웹 사이트의 목적은 제품 및 서비스 구매 가격을 정하려고 하는 것이다. 항공사나 자동차 회사와 같은 거대 회사들은 사이트를 서로 공동으로 운영하는 회사를 설립한다. 공급 업체들이 사이트에 참여하게 되고 서로 경쟁하게 된다. 경쟁으로 인해 가격이 하락한다. 제휴 회사들은 비용을 낮추고 이윤이 늘어난다. 자동차 산업에서 Covisint라는 제휴 웹 사이트는 이렇게 해보려고 했지만 실패했다. 공급 업체들이 온라인으로 서로 경쟁하기를 거부했기 때문에 실패했다. Covisint 서비스는 Detroit의 소프트웨어 개발 회사 Compuware에 매각되었다.

그러나 Star Alliance는 27개 항공사 제휴를 통해 온라인 공동 구매를 잘 해왔다. Star Alliance는 OneWorld 및 SkyTeam Alliance와 같은 항공사 제휴 프로그램 중 하나로서, 부품 및 서비스 제공 업체의 구매 통합 및 고객, 항공사 승객 응대, 이 두 가지 용도로 엑스트라넷을 만들었다. Star Alliance에는 에어 캐나다, 에어 뉴질랜드, 오스트리아 항공, 루프트한자, 스칸디나비아 항공, 유나이티드 항공, US 에어웨이 등이 포함된다. 소비자 측면에서 제휴 마일리지 프로그램이 제공된다.소속 항공사 중 하나를 이용하면 전체 제휴 프로그램의 마일리지 실적으로 혜택을 누릴 수 있다. Star Alliance 웹 사이트를 통해 회원 항공사로 여행하는 고객들은 서비스를 받을 수 있다. B2B 측면에서 제휴 웹사이트를 통해 항공기 부품 및 유지 보수 서비스, 식품, 지상 장비, 사무용품 및 기타 제품 및 서비스 공급 업체의 입찰이 이루어진다. 제휴 프로그램은 엑스트라넷을 사용하여 재고 수준에 대한 정보를 공유하고, 자재 수요에 대한 공동 계획 및 예측을 쉽게 할 수 있고, 항공사 및 공급자 간의 커뮤니케이션 및 상호 거래를 촉진한다. 공동 구매 허브(hub)를 통해 제휴 항공사들을 매년 수백만 달러에 절감할 수 있게 되었다.

2001년 유나이티드, 델타, 콘티넨탈, 노스웨스트, 아메리칸 항공은 단일 웹 사이트를 통해 고객에게 서비스를 제공하기 위해 Orbitz를 설립했다. 제휴 항공사들은 “포괄적이고 편견없는 여행 정보를 제공하는 것”뿐만 아니라 일반적인 “물건 찾기 게임(scavenger hunt)” 대신 인터넷을 통해 여행 계획을 하고 번거롭지 않게 여행을 구매할 수 있도록 하려 했다. 이 웹 사이트는 포괄적인 검색 엔진, 항공사에 관계없이 최저 가격 및 정지 횟수로 항공편 목록을 제공하며 455개 이상의 항공사에 대한 특별 인터넷 전용 요금도 있다. 이 웹 사이트를 사용하면 항공사는 Expedia, Travelocity 및 Priceline.com과 같은 온라인 여행사에게 일반적으로 지불하는 5~10달러 수수료를 지불할 필요가 없다. 또한 여행사, 항공사 등을 연결하는 온라인 데이터베이스 회사에 대한 수수료를 없앨 수 있다. 항공사 이외에도 이 웹 사이트는 22개의 렌터카 회사, 크루즈 및 수만 개의 숙박 시설 정보가 제공된다. 주식거래 공모를 승인된 후 2007년 7월에 Orbitz는 뉴욕 주식거래소(NYSE)에서 거래를 시작됐다.

일반 소매업, 식품 산업 및 호텔 업계에도 이와 유사한 제휴 사이트가 설립되었다.

B2C 거래

인터넷 상의 B2B 거래가 규모는 훨씬 크지만, B2C 거래는 보통 사람들이 다 볼 수 있다. 온라인 쇼핑 및 구매는 소비자들의 일상적인 일이 되었다. “전자 소매업(e-tailing)”이라고도 불리는 소매 유통 이외에도 B2C 거래 활동에는 온라인 신문 구독 및 온라인 청구서 지불 등도 포함된다. 그림 8.3은 미국의 온라인 소비자 지출 증가를 보여준다.

■ 그림 8-3

미국의 온라인 소비자 지출은 계속 증가하고 있다.

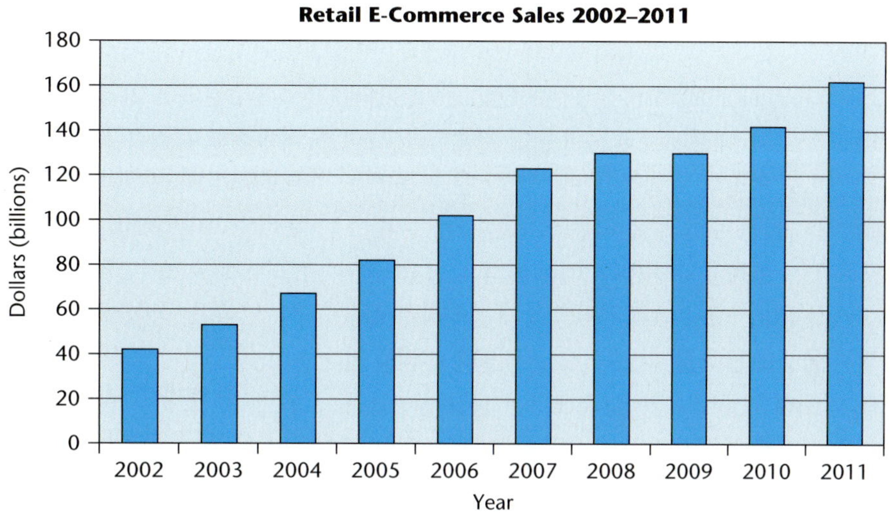

온라인 유통(E-Tailing)

이제 수집품에서 자동차에 이르기까지 원하는 품목은 어떤 것이든지 온라인으로 쇼핑, 주문을 하고, 문 앞에서 받을 수 있는 시대가 되었다. 그림 8.3에서 알 수 있듯이 미국의 전자 상거래 매출은 지난 10년간 꾸준히 증가하여 2011년에는 1,620억 달러를 기록했다. 소매 웹 사이트에서 구매자는 검색 엔진을 사용하여 물품 정보를 찾고, 다른 사람의 리뷰를 읽고, 자신의 의견을 추가로 게시하고, 장바구니에 물품을 넣거나 뺄 수도 있고, 물품을 구매하기 위해 신용카드 번호를 넣거나 PayPal과 같은 직불 서비스를 통해 결제한다. 온라인 유통은 전 세계적으로 증가 중인데 이는 집집마다 초고속 통신 회선 사용이 늘어나고 온라인 구매에 대한 신뢰가 증대되며 검색 항목 검색 기능 및 다양한 정보가 제공되기 때문이다.

온라인 유통은 PC에서 구매하는 사람들을 대상으로 하는 반면, "모바일 유통(m-tailing)"은 스마트폰 또는 태블릿을 통해 구매하는 사람들을 대상으로 한다. 2010년의 미국 모바일 상거래 매출은 30억 달러에 불과했으나 2016년 310억 달러로 급격히 증가할 것으로 예상된다(Richter, 2012).

웹 세계에는 소매업과 관련된 몇 가지 모델이 있다. 굴뚝사업(brick and mortar)으로 불리는 전통적인 소매업체는 온라인 유통 사업부를 만들어 "매장 전면"을 확장했다. Target, Home Depot 및 Walmart와 같은 회사는 기존 소매업의 온라인 버전을 만들었다. 온라인을 통해서만 비즈니스를 하는 Amazon.com 및 Buy.com과 같은 회사를 온라인 전용(pure play) 소매업체라 한다. 온라인 웹 사이트는 사용하기 쉽고, 미려한 디자인의 웹 페이지, 데이터베이스 관리 시스템 및 거래 소프트웨어 등을 결합하여 고객이 쉽게 쇼핑할 수 있도록 한다.

온라인 판매회사는 상점을 위해 부동산을 사거나 빌릴 필요가 없으며 금전 등록기를 쓰기 위해 인력이 필요하지 않기 때문에 매장을 열어서 판매하는 것보다 적은 비용이 든다. 그러나 온라인 판매회사는 대형 창고를 유지하고 물품 선택, 포장 및 선적, 주문처리 등에 비용이 든다. 그러나 제조업체가 품목을 고객에게 직접 발송하도록 주문을 제조업체에 전달할 수도 있기 때문에 전체 재고를 유지할 필요는 없다.

POINT OF INTEREST 온라인으로 구매하고 오프라인으로 물품수령.

3대 소매업체인 Nordstrom, Walmart 및 Lowes에서는 온라인 구매 후 매장에서 물품 수령이 가능하다. 고객은 온라인으로 똑같이 쇼핑하고 계산할 때 운송 옵션으로 "매장에서 물품 수령"을 선택한다. 그런 다음 실제 소매점으로 가서 물품을 수령한다. 매장 물품 수령 옵션을 통해 고객이 정에서 또는 휴대기기를 통해 편리하게 쇼핑하고 다른 물품도 알아볼 수 있다. 또 쇼핑몰에 손님들 많은 곳에서 오래 있을 필요가 없다. 고객은 상점에서 물품을 찾느라 시간을 들이지 않고 계산만 하면 된다. 이런 경우 충동구매가 없어지니 매장 관점에서 보면 부정적 측면도 있다. 오프라인 매장에서는 사람들이 걸어 다니면서 물건을 보는 게 좋다. 그러나 매장에서 물품 수령 옵션이 매장도 이익이다. 왜냐하면 온라인에서만 구매하는 사람들에게 이 옵션이 없다면 오프라인 매장이 아니라 대형 온라인 소매업체에 제품을 주문할 것이기 때문이다.

출처: Lowes (2012). 온라인에서 구매하고 상점에서 물품 수령하세요. http://www.lowes.com; Nordstrom (2013). 온라인으로 구매하고 상점에서 물품 수령하세요. http://www.nordstrom.com; 월마트 (2013). 도움말 : 당일 물품 수령하세요. http://www.walmart.com

온라인 소매업의 중요한 요소는 선택이다. 오프라인 매장에 비해 웹 사이트 매장에서 제공 할 수 있는 제품은 아주 다양하다. 보통 DVD 상점에 약 25,000개의 타이틀을 있는데, Amazon에는 50만 개의 타이틀이 있다. 온라인 소매업에서는 반품이 적은데 이는 구매자가 구매하기 전에 정보가 많이 제공되기 때문이다. 따라서 구매자는 구매 결정에 만족하며 온라인 사업은 반품에 들어가는 비용을 아낄 수 있다. 온라인 소매업에서 반품이 적은 또 다른 이유는 마케팅 용어로 이른바 1 : 1 관계를 만들기 때문이다. 쿠키 및 웹 소프트웨어를 사용하여 구매자가 어떤 사이트를 보고 어디에 관심을 가지고 있는지 웹사이트 방문기록(Click stream)을 추적할 수 있다. 구매자가 다시 로그온을 하면 소프트웨어는 구매자의 관심 영역에 해당하는 새로운 항목을 보여준다. 구매자가 방문 할 때마다 소프트웨어는 구매자의 선호도에 대해 더 많이 알게 된다.

그림 8.4에 요약되어 있듯이, 온라인 쇼핑을 하면 편의성, 시간 절약, 폭 넓은 선택, 검색 메커니즘, 비교 쇼핑 및 제품 리뷰와 같은 이점이 있다. 그러나 온라인 소매업에도 어려움이 있다. 클릭만 하면 경쟁 웹사이트로 옮겨갈 수 있기 때문에 저렴한 가격 이외에도 다양한 선택과 우수한 서비스를 제공하는 것이 중요하다. 온라인 소매업은 물품 배송 상황에 대한 온라인 정보를 제공하며, 반품을 쉽게 할 수 있게 한다. 오프라인 소매업체 중에는 웹 사이트에서 구매 한 상품을 실제 매장에서 반환 할 수 있도록 하는 업체도 있다.

■ 그림 8-4

온라인 쇼핑의 혜택	편익	구매자가 … 할 수 있기 때문에
	편의성	언제 어디서나 쇼핑할 수 있다.
	시간 절약	금새 많은 온라인 상점을 방문할 수 있다. / 쇼핑몰이라면 시간이 걸린다.
	다양한 선택	쇼핑몰에서 제공 할 수 없는 다양한 제품 중에서 선택이 가능하다.
	검색 메커니즘	검색 엔진을 사용하여 몇 초 내에 원하는 항목을 파는 판매자를 찾을 수 있다.
	비교 쇼핑	여러 판매자의 품질과 가격을 신속하게 비교한다.
	제품 리뷰	전문가 및 다른 구매자의 제품 리뷰를 읽을 수 있는데 상품을 설명하는 웹 페이지에서 바로 읽을 수 있다.

온라인 유통업의 최대 과제는 손님을 구매고객으로 만들고, 그런 다음 구매한 고객을 반복 구매 고객으로 전환시키는 것이다. 이를 위해 온라인 유통회사들은 3장 "사업부서 및 공급망"에서 설명한 고객관계관리(CRM) 응용 프로그램을 웹 사이트에 연결했다. 쿠키 및 소프트웨어를 사용하여 개별 구매자에 대한 정보를 수집 할뿐만 아니라 지속적으로 프로파일을 업데이트한다. 소비자 프로파일링(consumer profiling)의 목적은 소비자를 더 잘 알 수 있도록 하여 마케팅 및 영업 활동 중에 더 나은 서비스를 제공 할 수 있도록 하는 것이다.

소비자 프로파일링은 좋은 것처럼 보이지만, 개인의 사생활을 중요하게 생각하는 사람들은 프라이버시 권리를 침해한다고 주장한다. 사이트에 로그온 할 때마다 기록이 된고 아이콘을 클릭하면 또 기록된다. 서버에 있는 소프트웨어는 개별 웹 페이지에서 보낸 시간을 기록하며, 더 오래 머물렀던 웹 페이지일수록 더 관심이 있는 것이라고 보게 된다.

자세히 본 웹 페이지에 있던 물품에 대해 홍보 이메일을 보내기 마련이다. 또한 다음 번에 웹 사이트에 로그온 할 때 이 웹 페이지가 컴퓨터 모니터에 표시되기도 한다. 사용자가 일부러 또는 무의식적으로 사이트에 제공한 정보와 또 다른 사이트를 통해 얻은 정보를 지능적으로 분석한 결과를 통해 이러한 미묘한 변화가 생기는 것이다. 소매업체들은 수집 한 정보를 ChoicePoint, Acxiom과 같은 데이터 중개인에게 판매한다. ChoicePoint, Acxiom은 개인 데이터를 통합하여 다른 회사에 기록을 판매한다. 프라이버시 옹호 단체는 사용자의 동의 없이 데이터를 관찰하고 판매하는 것을 반대하고 있다.

제휴 프로그램

온라인 회사들은 웹 사이트 운영자들에게 제휴 프로그램을 제공한다. 웹 사이트 운영자는 웹 사이트에 전자 상거래 사이트 링크(대체로 배너)를 배치한다. 제휴의 보상 방법은 다양하다. 판매 당 지불, 방문자가 구매를 할 경우에만 제휴 수수료를 지불한다. 클릭 당 지불, 방문자가 배너를 클릭할 때마다 제휴 수수료 (보통 몇 센트)를 지불한다; 등록 당 지불, 방문자가 광고주 웹 사이트를 클릭하여 정보수신 등록 양식을 작성하면 수수료를 지급한다. 일반적으로 판매 당 지불 모델이 사용된다.

제휴 웹사이트 정보를 모아서 돈을 버는 회사들도 있다. LinkShare(www.linkshare.com)와 Commission Junction(www.cj.com)에서는 수백 개의 제휴 광고주를 선택할 수 있고 커미션을 줄여주기도 한다. 웹 사이트 운영자들은 표시하고 싶은 광고만 고를 수 있다.

협조적 경쟁(coopetition)

Amazon.com은 경쟁사와 협력하기 위해 제휴 프로그램을 뛰어 넘는 단계에 도달했는데 "협조적 경쟁"이라고 불리는 모델이다. Amazon은 경쟁 업체를 Amazon 웹 사이트에 포함시킨다. Amazon 웹 사이트에서 특정 항목에 대한 검색을 하면 Amazon.com의 데이터베이스에서 제품 설명과 가격을 가져올 뿐만 아니라 다른 회사의 데이터베이스에서도 정보를 가져온다. 이 회사들은 직접적인 경쟁자이지만 Amazon은 두 가지 면에서 이득이다. Amazon 웹 사이트에서 원하는 항목을 찾을 확률이 높다고 생각하기 때문에 소비자들은 다른 데에서 물건을 사더라도 Amazon 웹 사이트를 먼저 방문하게 된다. 또 Amazon 웹 사이트를 통해 판매될 때마다 제휴 회사로부터 수수료를 받게 된다. 최근 Amazon은 Amazon Coins (Android Spons, 2013)라는 가상통화를 안드로이드 플레이 스토어에 내놓았다. 앱 구입 시 사용되는 가상통화가 되려고 하는 것이다. 다른 온라인 소매업체들도 경쟁사에 웹 정보를 제공한다.

모바일 광고

스마트폰 및 태블릿 화면은 광고의 최전선이다. 모바일 광고 산업은 스마트폰 확산으로 인해 급속도로 성장하고 있다. 북미 스마트 폰 사용자는 2008년에 약 6천만 명, 2013년에는 2억 3천 9백만 명으로 증가 할 것으로 예상된다.

3G 네트워크 데이터 계획에 따르면 2013년까지 미국에서 95%의 보급률에 도달하고 캐나다에서는 70%에 달할 것이다. 2009년 미국과 캐나다의 모바일 광고 수익은 2억 800만 달러였지만, 2012년까지는 Parks Associates 모바일 광고 분석 및 예측 보고서 (Anonymous, 2009)에 따르면 15억 달러에 달할 것으로 예측되었다. 모바일 광고의 주요 형태는 앱 광고이다. 스마트폰 앱은 무료 버전을 다운로드 하거나 광고 없는 버전을 구입할 수 있도록 한다. 광고는 할당 된 시간이 지나면 사라지는 전체 페이지 광고이거나 화면 상의 작은 상자 행태로 하기도 한다.

광고비는 노출 (보기) 또는 클릭당 비용으로 청구한다. 기업은 Google이나 Apple을 통해 모바일 기기 용 광고를 구입할 수 있다. 모바일 광고 지출은 이미 550~650억 달러로 추산된다 (Gobry, 2011).

경매 및 역경매

기업 간 경매와 같은 방식으로 개인들을 위한 경매 허브 역할을 하는 웹사이트들이 있다. 가장 유명한 웹 사이트는 eBay이지만 uBid와 같이 작고 독립적인 온라인 경매 사이트도 있다. 비즈니스 모델은 간단하다. 판매자는 판매용 물품이나 서비스에 대한 정보를 등록하고, 거래가 성사되면 웹 사이트 소유자에게 수수료를 내면 된다. 이런 웹 사이트는 결국 두 소비자 사이에서 이루어지는 거래 플랫폼만 제공하기 때문에 소비자 간(consumer to consumer) 전자 상거래를 온라인 경매라고 하기도 한다. 경매에 참여하려면 회원으로 등록해야 한다. 판매자가 얼마나 믿을 만 한지 입찰자가 쉽게 알기 위해 eBay는 다른 회원에게 받은 피드백 의견 수, 긍정적 인 피드백 수 및 비율을 표시한다. (그러나 eBay의 피드백은 남용되기도 한다. 예를 들어, 판매자는 많은 소규모 판매에서 긍정적인 피드백을 얻은 다음, 높은 평가를 사용하여 대량 판매 시 구매자를 속이기도 하기 때문이다.)

POINT OF INTEREST 인기 좋은 eBay (The busy bay)

eBay는 전 세계적으로 1억 1,830만 명의 사용자가 있는 세계 최대의 온라인 경매 사이트이다. 2011년에 이베이에서 판매된 상품의 총 가치는 686억 달러였다. 초당 2,100 달러에 달한다! 2012년 통계는 다음과 같다.

- 2분마다 승용차 한 대씩 판매
- 469만대 이상의 승용차가 eBay Motors에서 현재까지 판매되었다.
- RV 또는 캠핑카 한 대가 33분마다 팔렸다.
- 19분마다 보트 한 대씩 판매
- 신발 한 켤레가 매 3초마다 팔렸다.
- 5초마다 휴대전화 한 대 판매
- Apple iPod, Creative Zen 등 MP3 플레이어는 매 26초마다 판매되었다
- 1분마다 GPS 장치 한 대 판매
- 2분마다 Apple iPad, 노트북 또는 노트북 판매

eBay는 전세계적으로 엄청난 도달 범위를 가지고 있기 때문에, 사람들이 빨리 물건을 사거나 판매할 수 있다.

출처: eBay (2012). eBay Marketplace 요약 정보 (Q3 2012); eBay (2012). eBay Motors Fast fact (2012년 3분기); eBay (2012). 회사개요 http://www.ebayinc.com/who

웹을 통해 정보가 빨리 교환되는 특성을 이용한 인기 비즈니스 모델로 역경매 또는 가격 지정 경매(name-your-own-price auction)가 있다. Priceline.com에 소비자는 서비스 요청 내용을 정하고 지불 금액을 입력한다. Priceline은 주택 담보 대출도 취급하지만, 주로 항공권, 크루즈, 숙박 및 렌터카 같은 여행 관련 서비스이다. 소비자는 항공편의 목적지, 요일, 시간뿐만 아니라 최대 지불 금액을 올린다. 그러면 항공사 쪽에서 이런 요청을 검토하게 된다. 게시 조건을 수락하는 첫 번째 항공사에게 낙찰된다. 소비자는 신용카드 번호를 먼저 전송해야 한다. 항공사가 거래를 수락하자마자 신용카드로 금액이 청구된다. Priceline의 수익은 항공사 및 다른 회사들이 서비스 사용료에서 나온다.

콘텐츠 제공업체

웹에서 콘텐츠는 뉴스, 연구, 통계 및 유용한 정보뿐 아니라 음악, 사진 및 비디오 클립과 같은 예술적 저작물을 의미한다. 직업 게시 및 온라인 데이트 서비스 같은 광고로 콘텐츠를 분류하는 경우도 있다. 수년 간 콘텐츠 소비에 지출 규모가 커졌다. 대체로 뉴스는 무료이지만, 무료가 아닌 기사도 많다. 유료 콘텐츠를 좋아하는 시청자도 있고, 특히 전문성이 높은 콘텐츠일수록 유료로 판매된다. 검색 기능이 있으면 원하는 기사를 빨리 찾을 수 있기 때문에 같이 정보일 경우에 종이보다는 온라인이 선호된다. 이것이 전자 신문을 구독하는 이유일 수 있다. Amazon, Apple, Walmart와 같은 회사가 노래와 서적을 온라인 콘텐츠로 판매하면서 콘텐츠 매출도 증가했다.

최근에는 비디오 콘텐츠가 인기를 끌고 있다. 누구나 비디오 클립을 업로드 할 수 있는 사이트들이 많다. YouTube 같은 웹 사이트는 매일 수백만 명의 사람들이 몰린다. YouTube가 콘텐츠를 무료로 제공하기 때문에 대량의 트래픽을 대상으로 한 광고를 통해 수익을 올린다. YouTube 사용자 대부분이 개인이지만 광고, 판촉 및 홍보 대회를 담당하는 마케팅 전략 담당 조직에게는 Youtube를 필수적으로 활용하게 되었다. YouTube가 무료로 많은 인기를 누리고 확산되면서 사업적으로 서로 좋은(win-win) 가치 제안이 된다. 회사는 TV에 방송하는 광고나 기업 비디오를 업로드 할 수 있다. 예를 들어 Frito-Lay은 인턴십 프로그램을 홍보하기 위해 인턴이 출현하는 비디오를 업로드했다. 잡지나 신문 같은 전통적인 미디어를 통하는 것보다 더 효과적으로 Frito-Lay에서 일하는 데에 관심 있는 사람들에게 다가 갈 수 있다는 점에서 이런 홍보는 중요한 가치를 제공한다.

POINT OF INTEREST 인터넷 범죄자

2010년 초, 버지니아 주 노퍽 길거리에서 싸움이 일어났다. 경찰이 도착할 무렵에는 사람들은 모두 흩어졌고 증인도 찾을 수 없었다. 사건은 오리무중이었지만 YouTube에 스마트폰 비디오가 올라왔고 경찰을 그 비디오를 보고 용의자를 찾을 수 있었다. YouTube 동영상에서 확인된 7명이 체포되었다. 법 집행 당국은 YouTube, Facebook 및 Flickr와 같은 웹 사이트를 사용하여 채터누가, 테네시, 로스 앤젤레스, 캘리포니아 폭동, 그리고 미네아폴리스, 미네소타에서 범죄자를 잡았다. YouTube를 이용하여 경찰이 비디오 공유 서비스를 얼마나 자주 사용하는지 알 수는 없지만 유튜브 비디오에 촬영된 범죄자를 경찰이 쉽게 잡게 한다.

출처: Carey, C. (2010년 2월 9일). 경찰은 유튜브도 보고 있다. USA TODAY, p. A.3.

청구서 발송 및 지불

은행 계좌 간 자금 이체는 매우 쉽고 이메일로 청구서 정보를 보내는 것도 매우 쉽기 때문에 전기, 가스와 같은 공공 서비스 회사들은 고객에게 전자 청구서를 받고 온라인으로 결제하기를 권유한다. 고객 중에는 전자 청구서 수신을 택하기도 하지만 은행 계좌에서 자동이체 되지 않게 하는 사람들도 있다. 분명히 은행 입장에서는 요금이 은행 계좌에서 자동이체(대부분의 공공 서비스 및 모기지 회사가 원하는 지불방식)되는 것이 좋지만 자체적인 이유로 이런 삼자 관계에 참여하지 않는 은행들도 있다.

온라인 청구서 발송 및 지불 (EBPP, Electronic bill presentment and payment)을 이용하면 공공서비스 회사와 금융 기관이 고객에게 정기적으로 대금 결제 과정 –주로 부채상환-에 소요되는 수백만 달러를 아낄 수 있다. 온라인 청구서를 쓰게 되면 회사 정보 시스템에서 직접 전자 메일로 발송되기 때문에 인건비, 서류 및 우편 비용을 절감 할 수 있다. 은행 계좌로 자동이체 하면 수표 처리와 관련된 인건비를 절약한다. 그러나 EBPP는 도입은 느린 편이다. 아직 많은 사람들이 우편 및 수표 방식으로 받은 청구서로 결제하는 것을 선호한다. 특히 인터넷 상의 피싱 (Phishing) 사기 사례가 많아졌다. 피싱에 대해서는 이 장의 윤리적 및 사회적 문제에서 소개된다. 그림 8.5는 그런 예이다. 링크를 보면 Barclays에 직접 연결되는 것이 아니라 보안되지 않은 가상의 사이트에도 연결된다는 점을 주의해야 한다. 진짜 웹 사이트는 https : // URL에 "s"가 포함되어 있어 안전하다. 또한 은행에서 알려주는 주의사항을 신경써야 한다. 이 이메일은 은행 계좌가 없는 사람에게 발송되었다. 은행들이 피싱을 막기 위해 새로운 기술을 채택했다. 고객은 개인 이미지를 선택하여 암호를 입력해야 한다. 은행 온라인 서비스를 이용할 때, 원래 선택한 이미지가 보일 때에만 비밀번호를 입력하는 것이 좋다.

■ 그림 8–5

소비자들이 의심 없이 가짜 이메일에 있는 링크를 클릭하고 개인 정보를 입력하게 하는 피싱으로 말미암아 금융기관은 괴로움을 겪고 있다.

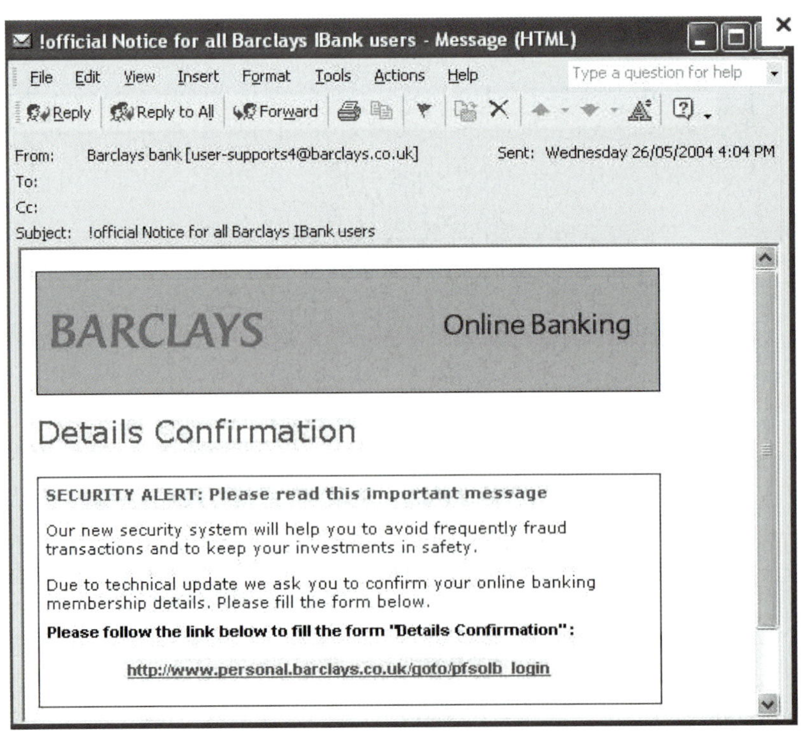

Microsoft TechEd 컨퍼런스에서 진행된 최근 연구에 따르면 피싱에 대한 인지도가 높아졌음에도 불구하고 피싱은 여전히 심각한 위협으로 남아있다 (Anonymous, 2012d). 대규모 조직은 보안 침

해로 이어질 수 있는 피싱 공격을 당하고 있다. 이 조사에 따르면 피싱 대상 조직의 수는 2010년 48%에서 2012년에는 58%로 증가했다.

POINT OF INTEREST 피싱을 차단하는 은행

피싱은 인터넷 사용자를 속여서 PIN 및 계정 번호와 같은 개인 정보를 빼내는 사이버 공격 전술이다. 2011년 "피싱" 공격의 거의 절반이 금융 서비스 산업을 겨냥했다. American Express, J.P. Morgan Chase & Co., Barclays PLC와 같은 대형 은행들은 도메인 확장과 같은 조치를 취해 인터넷 사기꾼들을 어렵게 만들고 있다. 은행들은 인터넷을 감독하는 비영리 단체인 ICANN (Internet Corporation for Assigned Names and Numbers)에 주소 당 최소 330만 달러 또는 185,000달러를 내어 확장된 도메인을 확보한다. 예를 들자면 .citi, .bofa, .barclays 등이다. 이런 도메인 확장을 통해 온라인 고객들은 사기 웹 사이트가 아니고 실제 은행 사이트인지를 확인한다. 2013년에 ICANN에 의해 승인된 도메인 확장을 통해 가짜 웹 사이트에 고객들의 기밀 정보를 빼돌리는 것을 막아서 인터넷 사기를 퇴치하는 데에 도움이 되었다.

출처: Seidman, A. (2012, 8월 16일). '피싱' 없음 : 은행들이 사기꾼들을 약화시킨다. 금융 회사가 자체 인터넷 도메인 이름을 신청한다, Wall Street Journal (온라인).

ETHICAL & SOCIETAL ISSUES 온라인 상의 골치거리와 범죄

독창적이고 광범위하게 웹이 사용되면서 사업 기회도 생기지만 동시에 불편한 일도, 또 불법적으로 사용되는 위험한 사례도 나타났다.

- **이메일 스팸.** 스팸이란 원하는 않는 상업성 이메일을 지칭하는 용어이다. 스팸을 보내는 이유는 간단하다. 비용 대비 가장 효율적인 마케팅 방법이기 때문이다. 이메일을 받은 사람들 중에 일부만이 제품이나 서비스를 구매하더라도 스팸을 보낸 사람들은 이득이다. 사용자와 회사 모두 스팸을 싫어한다. 사용자들은 긴 메일 목록 중에서 진짜 중요한 이메일을 찾아야 한다. 회사 입장에서는 스팸을 막기 위해 비용이 들어간다. 만약 회사가 받는 이메일의 절반이 스팸이라면 회사는 통신 대역폭도 두 배, 이메일 서버 저장 공간도 두 배를 써야 한다. 당연히, 이메일 시스템을 운영비가 두 배가 된다. 스팸 필터 소프트웨어는 어느 정도 도움이 되지만 스팸은 여전히 늘어나고 있고 자원낭비가 생기게 된다. 2009년에는 전체 이메일 트래픽 중 약 80~85%가 스팸이었다 (Radicati, 2009).

  다이렉트 마케팅 협회 (Direct Marketing Association, DMA)는 합법적이고 비용 효율적인 방법으로써 상업성 이메일을 보내는 기업의 권리를 옹호한다. 실제로, 이메일 마케팅을 통해 소기업 및 스타트업이 사업기회를 가질 수 있다. DMA는 일반적으로 용인되는 광고성 우편물과 스팸 메일 간에 차이가 없다고 본다.

  2009년 5월 캘리포니아 주에서 연방 판사는 스팸 메일을 보낸 Sanford Wallace 외 두 명의 남자들에게 유죄 판결을 내린 후, Facebook 접근을 금지하는 명령을 내렸다. 1년 전 Sanford는 MySpace 사용자들에게 피싱과 스팸을 보낸 죄목으로 CAN-SPAM 법에 따라 이미 유죄 판결을 받았다. 판사는 MySpace에게 2억 3000만 달러를 지급하라는 판결을 내렸다 (McMillan, 2009). 이 법률에 따르면 스팸에 발신자 표시가 안 되어 있거나 수신 거부(opt out) 옵션이 없을 때에만 범죄가 된다. 상업성 이메일은 합법적인 마케팅 도구일까, 아니면 법률에 의해 근절되어야 하는 불법 행위일까? 잠재 고객에게 접근하기 위해 기업, 특히 스타트업에게 효율적인 방법을 불법으로 하는 것이 공정할까?

- **모바일 스팸** comScore 조사에 따르면, 스마트 폰으로 8,960만 명의 미국 사람들이 이메일에 접속하므로 모바일 스팸 위협이 발생한다 (Pimanova, 2012년 9월 1일). 모바일 스팸 문제는 이메일 스팸 문제와 다르다. 블랙베리, 아이폰, 스마트폰을 사용자들은 PC에 비해 기기 사용이 제한되어 있어 더욱 안전하다고 믿기 때문이다. 스마트폰 사용자가 스팸 메일을 받을 때 스팸을 알아보지 못하는 결과로 이어진다. 또한 화면이 작은 스마트 폰에서 받은 편지함의 스팸을 제거하려면 PC보다 시간이 많이 걸린다. 글꼴, 머리글, 이미지, 텍스트 및 링크가 보통 메일과 다른지 확인해야 한다. 이런 것들은 스팸을 찾아 내는 데 도움이 된다(Brown, 2009).
- **팝업 창** 웹을 검색하고, 재미있는 글을 읽다 보면, 몇 초 후에 읽던 글을 덮는 창이 뜬다. 이런 팝업 창에는 광고가 뜬다. 창을 닫으려고 창 닫기 아이콘이 찾으면 아이콘이 정상적인 위치에 있지 않다. 또 창을 닫으려 하면 새로운 창이 빨리 뜬다. 또 계속해서, 여러 개의 창이 뜬다.

  마침내 보던 웹 사이트의 창을 닫으면 여러 개의 창이 나타난다. 광고주들은 팝업 창 운영의 대가를 웹사이트 운영자들에게 지불한다. 그러나 이런 관행 때문에 사용자들은 상당히 짜증이 난다. 특수 애플리케이션을 사용하거나 팝업 창을 차단하는 브라우저 옵션을 켜는 사용자들도 있다. 이것은 좋은 해결책일까? 항상 그런 것은 아니다. 도움말이나 용어 설명이 있는 창과 같은 추가 정보를 제공하는 작은 창이 열리는 링크가 있는 사이트들도 많기 때문이다. 모든 팝업 창을 차단하면 유용한 창이 열리지 않을 수도 있다. 팝업 창을 골라 "죽이기(killer)" 위해서는 개별 사이트에 대한 팝업 창을 허용하도록 프로그램을 따로 만들어야 한다. 따라서 솔루션을 사용하더라도 팝업 창은 사용자 시간이 낭비된다. 웹 사용자는 팝업 창을 좋아하지 않겠지만 광고주는 효과적인 마케팅 도구이기 때문에 좋아한다.
- **애드웨어** 웹 사이트 상에서 광고 배너 또는 팝업 광고 창을 제공하는 애드웨어 서비스를 사용하는 회사가 많아지고 있다. 배너는 웹 페이지의 많은 정보를 가린다. 애드웨어는 사용자의 프로필 (예 : 이전 관심사)에 따라 사용자에게 맞춤 설정된다. 사용자가 많이 방문하는 사이트에서 경쟁 회사의 배너를 덮기 위해 의도적으로 창을 팝업하는 애드웨어 서비스를 사용하는 경우도 있다. 이런 경우 웹 사이트의 합법적인 광고가 아니라 다른 웹 사이트에서 온 광고라는 것을 사용자는 모를 수도 있다.
- **스파이웨어**(spyware) 더 위험한 "소프트웨어(ware)"는 스파이웨어이다. 이 장에서 설명한 것처럼 스파이웨어는 정보를 전송하기 위해 컴퓨터의 인터넷 연결을 사용하는 소프트웨어이다. 이 소프트웨어는 사용자 몰래 인터넷을 사용할 때마다 사용자 활동을 전송한다. 스파이웨어는 컴퓨터의 하드 디스크에 상주하면서 비밀리에 정보를 수집하고 회사 컴퓨터로, 일반적으로 마케팅 목적으로 전송하지만 산업 스파이 용도로도 전송한다. 창을 팝업시키는 비밀 소프트웨어도 있다. 일부 국가에서는 애드웨어 및 스파이웨어가 범죄시 되지만 이런 소프트웨어가 법 위반이 아닌 국가도 있다.
- **피싱**(phishing) 뭔가를 팔려는 게 아니라 사기를 치려는 스팸을 받는 웹 사용자들이 늘어나고 있다. 이런 종류의 스팸을 "낚시"에 빗대어 피싱이라고 부른다. 피싱 범죄자들은 사람들에게 은행, 신용카드 회사 등 금융 기관이나 자금인출 권한이 있는 기관에서 보낸 것처럼 보이는 메시지를 수천 개 보낸다. 이 메일에는 자금을 인출, 이체하거나 양도하는 데 사용되는 코드를 포함하여 개인 정보를 제공하는 웹 링크를 함께 보낸다. 여러 "이유" 중 하나가 메시지에 설명되어 있다. 가령 계정을 갱신해야 하며 은행에서 세부 정보를 잃어 버렸거나 개인 정보를 확인하거나 계정이 해지 되어야 한다고 한다. 수천 명의 사람들이 기금을 인출하기 위해 정보를 사용하는 사기꾼들에게 사기를 당했다. 이메일 메시지에서 피싱인지를 보여주는 확실한 표식은 계정도 없는 은행처럼 거래가 없는 금융기관에서 온 메시지이다. 좀 더 세밀한 표식으로는 링크에 마우스를 이동할 때 보이는 URL이다. 도메인 이름이 진짜 기관 것이 아니다. 개인 정보를 온라인으로 업데이트하라는 이메일 메시지를 의심해야 한다. 금융기관 전화번호로 전화하여 메시지가 진짜인지 확인해야 한다. 은행 및 금융기관에서는 이메일을 사용하여 "계정 정보 업데이트"를 요청하는 경우는 거의 없다. 피싱은 계속 증가하고 있다. 2012년

Symantec Intelligence 보고서에 따르면 2012년 8월에 이 메일 피싱 활동이 급격히 증가했다. 지난 4개월 동안 이메일 피싱 공격이 평균 500건의 이메일 중 하나였지만 8월에는 312건의 이메일 중 하나가 피싱 메일이었다. 게다가 가장 피싱을 많이 겪은 두 나라는 피싱 메일 94.4건(1.06%)인 네덜란드와 171.2건(0.58%)이었던 남아프리카 공화국이었다(Pimanova, 2012년 9월 11일).

추가 조직 인력

웹을 통해 회사는 직원 외에 다른 인력을 쓸 수 있다. 크라우드 소싱(Crowdsourcing)은 온라인 또는 오프라인으로 분산된 사람들에게 다양한 작업을 아웃소싱하는 프로세스이다. 전통적인 아웃소싱과는 달리 크라우드 소싱 (crowdsourcing)은 계약으로 명시된 특정 회사가 아니고 일반 대중에게 과제나 문제를 아웃소싱하는 것이다.

예를 들어 회사는 웹을 사용하여 직원 외의 이용 가능 인력을 확대 할 수 있다. 조직 외부의 연구원이 제공하는 연구 개발(R & D) 솔루션에 돈을 대어 적은 돈으로 인력을 쓸 수 있다. 제약 회사인 Eli Lilly and Company는 InnoCentive, Inc.라는 자회사를 설립하여 회사("답을 구하는 자(seeker)")와 과학자 ("답을 제공하는 자(solver)")를 연결하는 웹 사이트를 운영 중이다. R & D 직원이 생물학적 또는 화학적 문제에 대한 해결책을 찾을 수 없는 회사는 이 웹 사이트에서 도전 과제를 게시하고 실용적인 해결책을 찾으면 현금 보상을 한다. 전 세계의 과학자 및 연구원이 사이트에 등록하여 문제 해결책을 연구한다. 이 웹 사이트는 전 세계의 과학자와 단체들을 위해 7개 언어로 운영 중이다. 2012년 현재 InnoCentive는 비상장 기업이며 벤처기업이다. Eli Lilly, Booz Allen Hamilton, Dow Chemical, 거대 소비재 회사 Procter & Gamble 등 많은 회사들이 InnoCentive와 협력하고 있다. 이 회사는 약 200개 국의 270,000명 이상의 등록 된 문제 해결사들을 보유하고 있다. 이 회사를 통해 총 1,300만 달러의 상금과 1,300개 이상의 상이 수상되었고 34,000개 이상의 솔루션을 제공되었다. InnoCentive는 혁신적인 프로젝트를 위하여 신속한 솔루션을 만들기 위해 문제 해결사와 클라우드 기반 기술을 연결하는 온라인 포럼을 제공 중이다("Innocentive 회사 웹사이트– 회사 소개", 2013).

회사가 연구원을 고용하면, 연구원들의 노력이 회사에 진정 도움이 되는 지에 관계없이 월급을 지불해야 한다. 해결책에 대해 현금보상을 제공하면 더 많은 과학자들이 일하게 되고, 회사는 문제를 해결한 과학자에게만 돈을 지불한다. 이를 통해 회사는 창의적인 과학자들을 찾을 수 있고 R & D와 관련된 위험을 줄이게 된다. 과학적, 기술적 문제에 대한 해결책을 더 빨리 찾을 수 있어 비용 절감 효과가 크다.

모바일 상거래(mobile commerce)

6장 "비즈니스 네트워크 및 통신"에서 사무실이나 집과 떨어진 곳에서 웹에 접속할 수 있는 무선 기술에 대해 배웠다. 무선 기술 도입으로 모바일 상거래가 가능해졌다. 때로는 m-commerce라고도 한다. 모바일 장치를 이용하면 사용자가 인터넷에 접속할 수 있을 뿐 아니라 기업도 좋은 점이 있다. 몇 미터 정확도로 휴대 전화 위치를 찾을 수 있다. 매장에서 몇 블록 이내에 오면 휴대전화로 신호음을 울리고 홍보 메시지를 보낼 수 있다.

모바일 상거래를 사용하면 모바일 기기로 이벤트를 경험하고 즉시 반응하게 된다. 예를 들어 경마를 보고 그 자리에서 배팅할 수 있다. 공연 장소에서 제품 데모를 보고 그 자리에서 온라인으로 주문할 수 있다. 충동 구매는 쇼핑몰에서만 일어나는 게 아니다. 앞으로 RFID가 활용되는 것을 6장에서 이미 논의했다. 모바일 장치에는 RFID 판독기가 장착되어 있어 제품의 전자 제품 코드 (EPC, electronic product code)를 사용하여 웹에서 정보를 다운로드 할 수 있다.

스마트 모바일 장치는 영업 자동화에 효과적이다. 이동 중인 영업 직원은 어디서나 모바일 장치를 통해 데이터에 접근할 수 있다. 회사의 인트라넷을 통해 회사 데이터베이스에 액세스 할 수 있다. 영업사원과 소비자 모두 여행 중에도 휴대전화로 핫스팟이나 웹에 접속하여 거래를 하며 모바일 상거래를 하고 있다.

여행 일정 정보를 관리하는 것은 귀찮은 일이다. Tripit 모바일 앱은 여행 예약 (호텔, 항공료, 렌트카)을 관리하고 여행 계획을 통합한다. 사용자는 여행사에서 받은 확인 이메일을 Tripit 이메일로 전달하여 앱으로 여행 계획을 세운다. 사용자의 앱은 여행 정보가 들어있는 이메일을 읽어 자동으로 여행 계획을 추가한다.

Tripit 모바일 앱을 이용하면 여행 일정에 대한 정보 관리 가능하다.

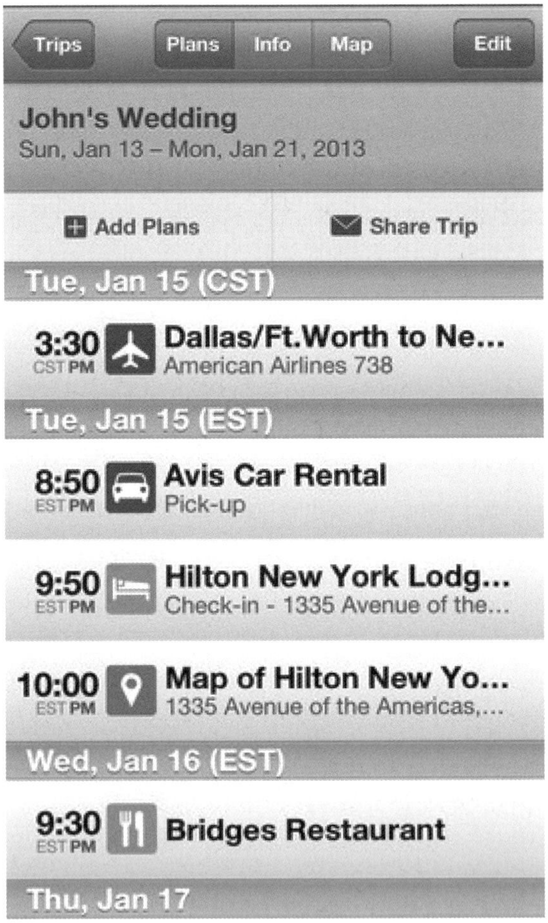

모바일 앱 중에 유망한 분야는 상거래 분야보다는 사용자 위치 및 활동에 따라 정보를 맞춤 서비스하는 분야라고 보는 의견도 있다. 위치 기반 서비스를 활용하여 상점의 쿠폰을 보내고, 가까운 식당 정보를 제공하며, 가전 제품 가게에서 쇼핑할 때 해당 제품의 리뷰를 보이는 서비스가 효과적이다.

미국에서는 휴대전화에 GPS(Global Positioning System) 기능이 포함되어 있어 비상 사태에는 휴대전화 사용자를 찾을 수 있다. 휴대전화는 하나의 장치로 전화도 되고 웹도 연결될 수 있기 때문에 마케팅 및 정보 제공에 효과적이어서 비즈니스에 활용되기에 너무도 훌륭하다. 전문가들은 스마트폰과 태블릿에서 쓰는 모바일 앱이 기하 급수적으로 성장할 것으로 보고 있다. ClickZ의 최근 조사에 따르면 회사 4곳 중 3곳 이상이 모바일 앱을 제공해야 한다고 생각한다(Klotz-Young, 2012). 모바일 앱을 활용한 우수사례로 Dunkin' Donuts을 들 수 있다. 2012년 4월에는 Dunkin' Donuts에 "연결"할 수 있는 모바일 앱을 출시했다. 고객은 앱을 사용하여 Dunkin' Donuts에서 결제, 상품권 구매, 친구에게 선물하기, 가장 가까운 매장위치 찾기 등 다양한 활동을 할 수 있다. 또한, 모바일 앱은 680만 명 회원을 자랑하는 Dunkin' Donuts 페이스북 소셜 미디어 커뮤니티에 연결된다(Anonymous, 2012b).

개인 정보 보호 옹호자들은 모바일 상거래에 대한 우려를 표명했다. 회사들이 모바일 장치가 켜져있을 때 위치 추적을 할 수 있다는 사실을 모르는 사람들도 많다. 이러한 장치를 통해 온라인 유통업체에서 하던 소비자 프로파일링을 가능할 뿐만 아니라 유통업체 및 다른 기관이 정확한 위치를 알 수도 있다. 그 결과, "당신이 누구인지, 웹에서 무엇을 했는지, 현재 어디에서 있는지를 알 수 있다." 위치추적에 대해 잘 모르거나 개인 정보 보호 및 보안 문제를 염려하지 않는 사용자들도 있다. 실제로 Twitter나 Foursquare와 같은 소셜 미디어 사이트는 사용자가 글이나 사진을 올릴 때 위치 서비스를 사용한다. 그러나 Veracode의 최근 연구에 따르면 웹이나 모바일 응용 프로그램이 많아지면서 테스트 및 보안 문제에 대한 관심이 높아질 것이다 (Anonymous, 2012e).

모바일 보안과 관련되어 개인정보 유출에 대한 우려는 그저 단 하나의 문제이다. Dunkin' Donuts의 예에서처럼 스마트폰으로 결제하는 고객이 점점 늘어나고 있다. PayPal, Square, Google Wallet, Apple Passbook 등 모바일 결제 용 지불 시스템이 개발되었다. 소비자 개인정보를 보호하고 구매이력이 다른 곳에 팔리지 않는다는 신뢰를 확보하는 것이 중요하다 (Purewal, 2013).

POINT OF INTEREST 내 명의를 도용하지 마라!

지난 몇 년간 소비자를 위한 소프트웨어 프로그램이 많이 증가했다. 법무부 통계국 (Bureau of Justice Statistics)은 12세 이상 자녀를 둔 860만 가구가 명의 도용의 희생자가 되었다고 발표했다. 이는 2005년의 640만 명에서 증가했다고 추정했다. 이렇게 명의도용이 증가한 주요요인은 2005년에서 2010년까지 신용카드 무단 사용이 늘어나서이다. 명의 도용의 문제에 대한 소비자의 각별한 주의가 필요하다. 신용카드 외에 기존계좌 (거래통장, 저축통장, 공공요금계좌) 사기로 이용 당하는 가계가 35% 정도로 안정적으로 유지되고 불법적인 신규 계좌 개설은 같은 기간에 23%에서 14%로 감소했지만 절도죄로 인한 총 재정적 손실은 130억 달러를 넘었다. 개인 및 금융 계좌 정보를 보호하기 위해 소비자의 지속적인 노력이 필요하다.

출처: Anonymous (2011년 12월 17일). 법무부 통계국; 2005년에서 2010년까지 가정에서 명의도용을 신고한 사례가 33% 증가했다. Investment Weekly News, 469.

웹 상의 소셜 미디어

최근 몇 년간 소셜 미디어는 소비자와 비즈니스 조직 모두에 광범위한 영향을 미쳤다. 월간 기준으로 9억 명 이상의 사람들이 Facebook 계정을 확인한다 (Aquino, 2012). 소셜 미디어 사용확대로 광고 수입이 커진다. BIA / Kelsey의 최근 연구에 따르면 미국의 소셜 미디어 광고 수입은 2016년에 2012년 대비 100% 증가한 92억 달러에 달할 것으로 추정된다 (Anonymous, 2012a). Facebook, Twitter, Instagram, Foursquare 등 인기 소셜 미디어 사이트는 다양한 주제에 대해 '화젯거리

(buzz)'를 만든다. 기업은 소셜 미디어 전략을 통해 제품, 브랜드에 대한 광고 및 노출을 할 수 있다. 기업은 소셜 미디어를 활용하여 전통적인 커뮤니케이션 매체 (신문, 라디오, TV 등) 보다 즉시적으로 소비자와 소통 할 수 있다. 회사들은 소셜 미디어를 사용하는 것이 보도 자료 및 웹 사이트 정보 게시보다 정보 유포에 훨씬 더 효과적이라는 것을 알고 있다. 예를 들어 Twitter의 마이크로 블로그 메시지를 통해 고객에게 새로운 프로모션, 제품 또는 위치를 알릴 수 있다. 기존의 마케팅 기반 확보 기술과 마찬가지로 소셜 미디어 메시지를 웹 사이트에 직접 연결하면 세부 정보를 제공할 수 있으며 웹 트래픽을 무료로 웹 사이트로 끌어 올 수 있다.

소셜 미디어 운영전략은 비즈니스 전략을 반영한다. 효과적인 소셜 미디어 전략은 고객 및 이해관계자와 의사 소통, 홍보, 마케팅하는 목표에 중점을 두어 전략적으로 추진해야 한다. 다른 정보기술 과제와 마찬가지로 비즈니스의 목표에 따라 소셜 미디어의 활용 방향을 맞춰야 한다. 정보기술 및 비즈니스 리더는 공동의 목표와 접근 방식에 초점을 맞추고 소셜 미디어를 사용하여 이를 전달하는 방법을 계획해야 한다. 예를 들어 Ford Motor Company는 마케팅 및 고객 지원 활동을 위해 소셜 미디어 사용했다. 이 방법을 통해 직원들이 소셜 미디어 환경에서 회사 콘텐츠를 공유할 수 있는 지원자가 되었다(Donston-Miller & Carr, 2012).

소셜 미디어에 대한 비판 중 하나는 소셜 미디어에 투입된 자원이 과연 효과적이냐는 것이다. 소셜 미디어 활동의 영향과 가치를 평가하기 위해 데이터를 수집, 분석하는 것이 중요하다. 소셜 미디어 분석을 사용하여 사업에 얼마나 공헌했는지를 계산할 수 있다. 체감 및 컨텐츠 분석 등 데이터 분석 도구를 활용하여 소셜 미디어 과제의 가치를 산정할 수 있다. 최근 기업 경영진 설문 조사에서 소셜 미디어 및 데이터 분석을 사용하는 회사의 60% 이상이 마케팅 예산의 1~2.9%를 소셜 분석에 할당했다(Aquino, 2012).

소셜 미디어를 통합하는 것은 어려움이 있으나 그 이점은 명확하다. 최근 연구에 따르면 고객 과의 소셜 미디어 상호 작용이 장기 매출 증가에 영향을 미친다. 소셜 미디어가 체계적으로 구현되면 거래, 이익, 투자 수익 증가로 이어진다(Anonymous, 2012c). 소셜 미디어는 비즈니스를 향상시킬 뿐만 아니라 학습 영역에도 영향을 미치고 있다. ASTD와 기업 생산성 연구소 (Institute for Corporate Productivity)는 사람들이 배우는 방법과 나이 또는 세대간에 명확한 관계가 있다는 것을 발견했다. 소셜 미디어를 활용하여 업무를 배우고 처리하는 데 있어서 밀레니엄 세대는 이전 세대 (제5세대 및 베이비 붐 세대)를 앞서고 있다(Patel, 2010).

소셜 미디어는 판매조직 외부의 이해 관계자와의 커뮤니케이션에도 영향을 미친다. Sodexho는 Twitter를 사용하여 직원 모집 캠페인을 실시했다. 적은 투자($ 50K)로, 채용 담당자들은 트위터를 검색하여 음식 및 직업 검색 트윗을 찾았다. 이렇게 찾은 트위터 사용자들은 Sodexho의 직원 모집 웹 페이지를 보게 되었다. 6개월 내에 Sodexho의 채용 담당자는 직원들을 모두 확보하여 Monster.com에 썼어야 할 직원 모집 광고비 350,000달러를 절약했다(Paine, 2011).

웹 상의 공급망

상업적인 조직에서 공급망은 공급 업체와 구매자에서 양측에서 확장된 것이다. 회사는 공급망 관리 (SCM) 시스템을 한쪽 끝의 공급 업체와 다른 쪽 끝의 구매자에게 연결한다. 따라서 회사는 공급 업체가 관리하는 익스트라넷의 구매자가 될 수도, 익스트라넷의 판매자가 될 수도 있다. 대형 유통업체는 공급 업체의 SCM 시스템을 통해 필요 정보를 제공하는 익스트라넷을 관리하므로 주문 및 배송을 추적 할뿐만 아니라 주문 선택을 위한 정보를 얻을 수 있다. 이와 관련하여 대형 유통업체의 익스트라넷은 다수의 판매자와 단일 구매자의 온라인 시장이 된다. 인터넷을 상업적으로 활용하기 몇 해 전부터 기업들이 전자 데이터 교환 (EDI) 시스템에 투자하여 문서를 비즈니스 파트너와 전자적으로 교환했다. EDI는 주문 및 송장과 같은 문서 서식 지정을 위한 특정 표준, 데이터를 올바르게 변환하는 소프트웨어, 가입 기업들 간에 정보가 전달되는 네트워크로 구성된다. 네트워크는 비즈니스 파트너 간의 EDI 트래픽을 관리하는 통신 회사인 VAN (Value-Added Network) 회사가 소유, 관리한다. 서비스를 쓰는 회사들이 비용을 지불한다. 그러나 EDI는 인터넷에서도 가능하다. EDI는 데이터 보안 수준이 부인 방지(nonrepudiation, 전송된 메시지를 부인할 수 없음)와 같은 장점이 있지만 인터넷 웹기술을 활용하여 비즈니스 파트너와 비슷한 데이터 교환을 할 수 있다. 특히 XML과 아류기술을 활용하면 비즈니스 파트너와 웹 페이지 상에서 데이터 형식에 대한 표준을 설정할 수 있다. 웹 페이지와 데이터베이스를 연결하는 동적 웹 페이지 기술을 사용하여 비즈니스 파트너와의 업무를 상당 부분 자동화한다. 주문서는 곧바로 창고 담당 직원에게 종이 또는 휴대용 컴퓨터로 전달되어 품목을 선택하고 포장하도록 자동으로 진행된다. 이런 정보는 구매자와 판매자 모두의 SCM 시스템뿐만 아니라 회계 정보 시스템으로 자동 전달된다. 그림 8.6은 회사 사이의 정보 흐름을 보여준다.

■ 그림 8-6

온라인 공급망 관리

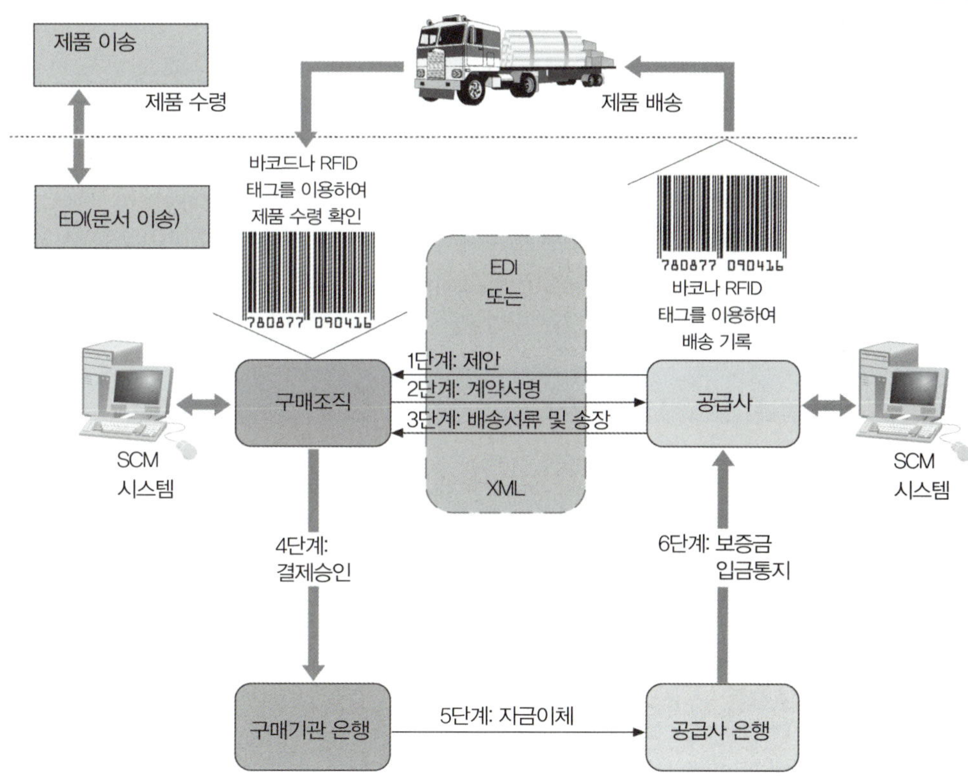

회사는 공급 업체들에게 익스트라넷에 가입하도록 하게 한다. 예를 들어 대형 서점인 Barnes & Noble은 익스트라넷을 사용하여 수천 개의 공급 업체와 거래한다. 세계에서 가장 큰 사무용품 판매점인 Office Depot도 마찬가지이다. 익스트라 넷을 사용하여 매년 수십억 개의 상품을 주문한다. 엑스트라넷을 이용하면 종이 및 행정 인력을 줄일 수 있다. 세계에서 가장 큰 유통업체인 Walmart는 Procter & Gamble 등 수백여 개의 제조업체와 익스트라넷을 쓴다. 인건비와 종이를 절약 할 수 있을 뿐만 아니라 결과적으로 전체적인 재고 수준은 내려가고 상품이 떨어질 일은 줄어든다. Staples 웹 페이지에서 볼 수 있듯이 공급 업체는 웹 페이지에 로그인하여 비즈니스를 온라인으로 처리 할 수 있다.

대형 유통업체들은 파트너들을 익스트라넷에 참여시킨다.

XML은 웹 기술로써 광범위하게 사용되어 두 기관의 SCM 시스템이 "서로 이야기 할 수 있다". 이렇게 하면 조직간에 교환되는 데이터의 의미를 웹 브라우저를 통해 직원이 볼 수 있을 뿐만 아니라 데이터는 자동으로 확보되어 데이터베이스 시스템을 통해 올바르게 해석될 수 있다.

웹 사이트 구축방안

웹 사이트는 구체적으로 정보를 구성하는 웹 페이지이며 웹 사이트에서 링크를 제공한다. 웹 비즈니스를 구축하려면 인터넷 서버를 접속하고 해당 콘텐츠를 업데이트 할 수 있어야 한다. 인터넷 서버는 인터넷 백본에 연결된 컴퓨터이다. 웹 사이트를 구축 할 때 자체 서버를 설치, 관리하거나 웹 호스팅 서비스 계약을 체결해서 운영하는 두 가지 형태로 한다.

서버 소유 및 유지 관리

회사 소유 시설 내에 서버를 설치하고 유지 관리하는 방안은 비용이 많이 드는 방안이지만 서버를 업무 상황에 맞게 최대한으로 제어 할 수 있다. 서버를 설정하려면 전문 기술이 필요한데 회사 내에서 구하기 어려울 수도 있다. 회사가 인터넷 백본에 대한 연결되어야 한다. 또한 웹 서버와 기타 서버를 유지 관리하기 위해 전문가를 고용해야 한다. 대규모 조직의 경우 이런 전문가를 직원으로 채용할 수 있다. 작은 회사의 경우 계약직 직원을 고용한다. 전문가는 서버 (또는 여러 대의 서버)를 구입하고 고속 인터넷 전용 회선을 연결하고 웹 사이트 도메인 이름을 등록한 다음 서버 관리 및 웹 페이지 관리 소프트웨어를 설치한다. 전문가는 사업이 커지면 서버 시스템을 "확장" 하고 부하 분산(load balancing) 조정 문제를 처리하여 빠른 응답을 보장하고 사이트 충돌 가능성을 최소화한다. 로그온 시도가 너무 많아지고 웹 서비스가 응답하지 않으면 사이트가 충돌한다. 부하 분산은 방문자 정보 조회하여 사용량이 많은 서버에서 사용량이 적은 서버로 전송하여 같은 정보 서비스를 제공한다. 따라서 전문가는 정보와 응용 프로그램이 복제 된 서버인 미러(mirror) 서버를 연결하여 처리 속도를 높이고 백업을 해야 한다.

전반적인 사업에 웹을 사용하는 대기업은 보통 자체 서버를 가지고 관리한다. 전체 사업이 온라인으로 운영되는 회사인 경우도 있고, 매장을 소유하고 있으면서도 추가적으로 온라인 판매를 하는 회사인 경우도 있다. 일반적으로 인터넷 네트워킹, 사이트의 하드웨어 및 소프트웨어, 웹 페이지 업데이트 책임자를 관리하는 직원을 고용한다.

호스팅 서비스 사용

상업적으로 온라인 서비스를 제공하는 대다수 회사들은 자체 서버를 소유하지 않지만 웹 사이트 관리를 외주 형태로 한다. 보통 웹 호스팅 서비스를 사용한다. 웹 호스팅 회사는 공유 호스팅, 가상 사설 서버 호스팅, 전용 호스팅, 공동 위치(co-lacation) 지정과 같은 다양한 유형의 웹 호스팅을 전문적으로 제공한다.

공유 호스팅에서 회사 웹 사이트는 다른 회사 웹 사이트와 함께 같은 물리적 서버에 저장된다. 호스팅 회사는 서버 및 서버 관리 소프트웨어를 소유하면서 웹 사이트 호스팅을 위한 서버 공간을 제공한다. 이것은 상대적으로 저렴한 방안이다. 회사 측에서는 페이지 작성을 위해 호스트가 제공한 기본 템플릿을 사용하거나 추가 비용을 내고 호스트 측 디자이너가 웹 사이트를 디자인하도록 할 수 있다. 그러나 회사들은 보통 웹 페이지를 디자인해서 업로드하는 것을 선호한다. 이 서비스에는 가입 비즈니스 고객이 사용하는 결제 소프트웨어가 포함된다. 서버가 공유되는 경우 호스트는 www.myownco.com과 같이 회사 자체 도메인 이름 (예: myownco.myhost.com) 형태의 하위 도메인만 유지하는 경우도 있다. 그러나 일반적으로는 회사 자체 도메인 이름을 사용할 수 있으며 서버에 IP 주소가 하나만 있더라도 소프트웨어를 이용하면 서버의 웹사이트로 트래픽을 보낼 수 있다. 자체 도메인 이름이 중요하다면 호스팅 서비스를 선택하기 전에 잘 따져봐야 한다.

제품 수가 적은 중소기업은 공유 호스팅을 위해 aplusnet 호스트를 써도 괜찮다. 이 호스팅 서비스를 이용하면 한 달에 19.95달러에 “온라인 비즈니스” 시작할 수 있다. 사업이 성장하고 제품 수가 늘어나면 호스팅 서비스는 더 큰 디스크 공간을 제공하며 함께 “성장할 것”이라 한다. Yahoo! 등 대형 검색 엔진 및 포털 회사도 비슷한 서비스를 제공한다. 예를 들어 Yahoo!는 매월 사용료만 내면 온라인 상점을 만들고 호스팅을 해준다. 회사는 사용하기 쉬운 웹 디자인 소프트웨어 도구를 써서 새로운 웹 사이트의 페이지를 만들 수 있다. 이러한 서비스는 항상 온라인에 접속하려는 소기업을 위해 한꺼번에 문제를 해결해주는 “일괄공급(turnkey)” 솔루션이다. 디스크 공간과 웹 사이트 디자인에 대한 지원 외에도 호스팅 회사는 이메일 주소와 콘텐츠 및 웹 사이트를 원격제어 할 수 있는 메커니즘인 “관제 서비스(dash board)”를 제공한다. 많은 호스팅 서비스는 템플릿이나 Artisteer 등 타사 소프트웨어 도구를 사용하여 웹 사이트를 디자인하는 데 쓰는 WordPress 또는 Blogger를 제공한다. 일부 호스트는 도메인 이름 등록과 함께 Yahoo!, Google 등 검색 사이트에 새로운 웹 사이트를 등록해준다.

공유 호스팅에서는 수백 개의 회사가 동일한 서버 및 저장 공간을 공유할 수 있다. 따라서 호스트는 각 회사에 할당된 저장 공간, 월별 거래 수, 전송 데이터 량(메가 바이트 단위)을 제한한다. 또한 어떤 웹 사이트의 기술적 문제가 있을 경우 서버에 있는 다른 웹 사이트의 기능에 영향을 미칠 수 있다.

가상 사설 서버의 목적은 회사가 자체 서버를 유지한다는 인상을 주는 데에 있다. 가상 사설 서버 기술을 이용하면 하나의 서버가 여러 회사의 도메인 이름을 가진 다수의 주소를 지정할 수 있는 서버로 가상 분할될 수 있다. 이 방안은 일반적으로 전용 서버를 임대하는 것보다 비용이 적게 드는 동시에 가상 서버의 콘텐츠를 완전히 제어할 수 있는 이점이 있다.

전체 물리적 서버를 자체적으로 사용하고자 전용 호스팅을 선택하는 회사도 있다. 전용 호스팅에서 호스트는 회사에 서버를 할당하고 회사는 서버의 디스크에 있는 콘텐츠를 독자 관리할 수 있다. 호스트는 네트워킹 관리를 담당한다. 예를 들어 1 & 1(그림 참조), Acenet, InMotionHosting은 이러한 서비스를 제공하며 회사가 여러 서버에서 선택할 수 있도록 한다. 서버의 용량이 커질수록 월 사용료가 높아진다. 이 서비스는 공유 호스팅보다 비용이 많이 들지만 몇 가지 장점이 있다. 전용 호스팅은 저장 공간 및 거래 수 제한이 적으며 디스크에 하나의 웹사이트만 있기 때문에 다른 웹 사이트 영향을 받지 않는다. 전용 서버를 쓸 경우 대개 운영자 접근 권한이 있다. 즉, 해당 컴퓨터에 대해 제한 없는 관리자 역할을 할 수 있다. 전용 서버로 자체 운영을 하려면 그에 따른 대가가 있다; 이 방안은 공유 호스팅이나 가상 사설 서버보다 비싸다. 웹 호스팅 서비스 1 & 1은 비즈니스 웹 사이트에 다양한 기능과 서비스를 제공하는 회사 중 하나이다.

공유 호스팅 서비스는 월 정액으로 다양한 형태의 웹사이트 호스팅 서비스를 제공한다

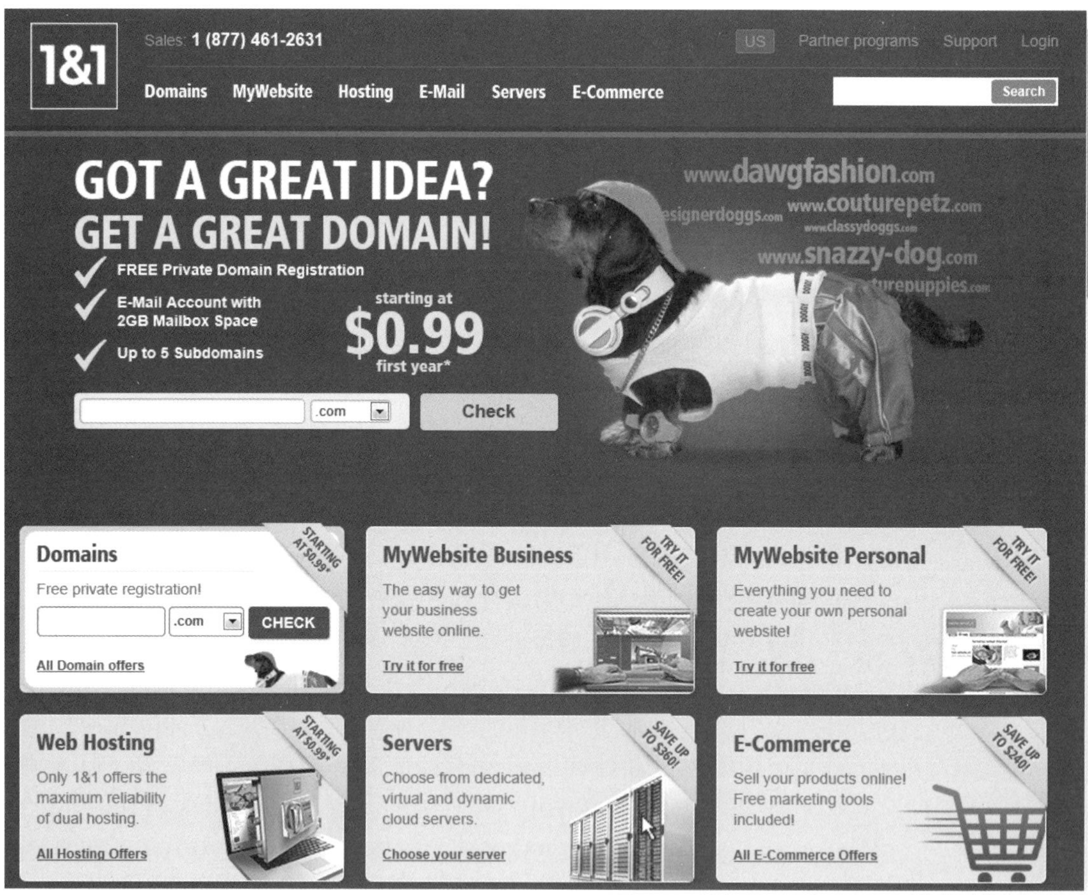

일부 회사는 자체적으로 웹 서버를 관리하고 네트워킹 및 보안 관리 분야에서만 호스팅 회사의 전문적인 서비스를 받고 싶은 경우도 있다. 공동 위치 서비스를 제공하여 이러한 요구에 대응하는 호스팅 회사도 있다. 회사는 서버를 소유하고 콘텐츠를 관리하지만 물리적으로 호스트가 관리하는 서버는 보안이 설정된 위치에 다른 회사의 서버와 함께 배치된다. 이 방법은 여러 가지 장점을 있어 Overstock.com과 같은 일부 온라인 유통업체에서 채택했다. 회사는 하드웨어 및 네트워크 전문가를 고용하거나 서버의 안전한 위치를 구축하거나 전원 공급 장치를 확보할 필요가 없다. 이러한 모든 문제는 호스팅 회사가 처리한다. 일반적으로 공동 위치는 여러 호스팅 방안

중에서 가장 비싸다. 회사는 서버를 구입, 운영하고 공동 위치에 대한 비용을 내야 한다.

적절한 호스팅 방안을 선택하는 데에 따라 웹 사이트가 취약해질 수도, 번성할 수도 있다. 온라인 유통업체인 Vintage Tub & Bath에서 ClawfootCollection.com을 운영했다. 이 웹사이트는 VintageTubs.com에서 분리되었다. 이 웹 사이트에는 골동품 욕조와 욕실 비품을 배치되었다. 이 웹 사이트는 온라인 첫 해에 12명 이상의 구매자에게 판매를 했다. Vintage는 새로운 호스팅 업체인 Demandware, Inc.의 서비스를 쓰기로 했다. Demandware는 웹 사이트 호스팅 뿐만 아니라 사이트 재설계도 지원했다. 웹 사이트의 "후방 (back end)"(구매자에게 보이지 않는 청구, 회계 및 기타 업무 기능과 같은 소프트웨어 연결)를 유지하고 장바구니가 작동하는지 확인했다. 몇 달 안에 이 웹 사이트는 '골동품 욕조'라는 키워드에 대해 1위를 차지했으며 매출이 증가했다. 흥미롭게도, Demandware는 사이트 방문자 수 기준으로 비용을 청구한다.

웹 호스팅 선택 시 고려 사항

대다수 기업은 자체 웹 서버를 유지하거나 공동 위치 서비스를 쓰지 않는다 : 호스팅 서비스를 쓴다. 호스팅 서비스를 사용하기로 결정하면 관리자는 몇 가지 고려해야 할 요소가 있다. 그림 8.7은 주요 요소 목록이다. 호스트는 점수로 비교할 수 있다(예 : 1 최고, 5 최악). 간단한 평가 방법은 관리자가 호스팅 서비스의 각 요소를 비교하고 전체 점수를 비교한 다음 결정을 내리는 것이다. 평가자는 각 항목이 회사 업무 상 얼마나 중요한지에 따라 여러 항목에 가중치를 할당 할 수도 있다.

■ 그림 8-7

웹 호스팅 서비스를 평가할 때 고려할 요소

평가 기준	평가점수
제공되는 응용 프로그램 유형 및 품질 (쇼핑 카트, 신용 카드 처리, 블로그, 위키)	______
저장 공간 제한	______
전송률 / 대역폭 제한	______
효과적 고품질 기술 지원	______
전자 메일 계정 (제공 개수 및 기능)	______
확장성	______
제어 패널 및 사용자 인터페이스	______
템플릿 지원 및 웹 사이트 디자인	______
보안	______
가동 시간 비율	______
설정	______
월간 수수료	______
고객 리뷰	______

회사는 제품 카탈로그를 작성하기 위해 데이터베이스 관리 시스템 (DBMS, database management systems)을 사용할 수 있어야 하며 온라인 쇼핑객이 검색을 할 수 있어야 한다. 따라서 제공되는 DBMS가 중요하다. 또한 구매자의 브라우저와 데이터베이스 간의 통신을 가능하게 하는 동적 웹 페이지(dynamic webpages)를 쓸 수 있어야 한다. 이러한 웹 페이지는 CGI, Java 서블릿, PHP,

ASP (Active Server Pages) 등의 프로그래밍 도구로 작성할 수 있다. 데이터베이스 및 동적 페이지의 기능은 호스트에서 사용하는 운영 체제에 따라 다르므로 여러 소프트웨어를 고려해야 한다. 예를 들어 회사가 웹 페이지를 작성 및 유지 관리하고 ASP를 사용하기를 원할 경우 Microsoft Windows를 실행하는 서버에서만 이러한 소프트웨어가 실행된다.

호스팅 회사는 보통 LAMP라는 약자로 불리는 운영 체제 용 Linux, 서버 관리 소프트웨어 용 Apache, DBMS 용 MySQL 및 동적 웹 페이지 개발을 위한 PHP, Python, Perl 등의 소프트웨어들이 필요하다. 이 소프트웨어들은 모두 오픈 소스 소프트웨어이므로 호스트에서는 라이센스 비용이 필요하지 않으므로 서비스를 저렴하게 만들 수 있다. 그러나 Windows를 포함한 소프트웨어를 제공하려면 호스팅 비용이 많이 든다. 이러한 문제 외에도 회사는 사이트에서 장바구니, 신용카드 처리 등 응용 프로그램을 쓸 수 있도록 해줘야 한다. 회사가 후방(backend) 업무 시스템에 웹 서비스를 통합할 때 호스팅 회사는 통합 서비스를 구축하고 유지할 수 있어야 한다.

콘텐츠 관리 시스템(contents management systems)은 웹 사이트를 구축하고 관리하는 수단으로 활용된다. Joomla! 콘텐츠 관리 소프트웨어를 이용하면 웹 사이트 콘텐츠를 게시, 편집 및 업데이트 할 수 있다. 또한 이 제품은 협업 환경에서 웹 사이트 유지 보수 업무 흐름(work flow)을 관리하는 데에 쓰인다.

회사가 제품 수가 늘어나고 웹 사이트를 통해 제공되는 정보가 늘어날 때 저장 공간 제한은 심각한 문제가 될 수 있다. 회사는 필요할 때 저장 공간을 늘릴 수 있는 지 제 때 문의해야 한다.

대부분의 호스트는 연중 무휴 24시간 기술 지원을 제공한다. 회사는 그러한 서비스가 제공되는지 확인하고 계약에 포함된 지원 서비스가 무엇인지 확인해야 한다.

호스팅 회사가 제공하는 장비의 품질, 관리하는 보안 조치, 서버 및 부하 관리 수준 및 직원의 기술 능력도 잘 검토해야 한다. 호스팅 회사는 기술 지원이 중요한 부분이기 때문에 호스팅 회사의 과거 장애 시간 및 복구 시간 정보를 알아봐야 한다. 회사가 웹 페이지를 개발하고 업데이트하는데 도움이 필요한 경우 호스팅 회사가 서비스하고 있는 회사들의 웹 사이트 모양과 기능을 평가해봐야 한다.

웹 사이트에서 전송된 (웹 사이트에서 다운로드하거나 업로드한) 데이터 양이 미리 정해놓은 수준을 넘어가거나 히트(hits)라고 불리는 방문자 수가 초과될 경우, 공유 호스팅에 대한 추가 요금을 청구하는 호스팅 회사들도 있다. 그러한 계약에서 초과 요금 데이터 전송 또는 조회 수에 대해서는 추가 요금이 부과된다. 히트 수가 많을수록 더 많은 대역폭을 할당해야 하기 때문에 웹 호스팅 회사는 이러한 방식으로 가격을 책정한다. 다운로드 또는 업로드되는 모든 파일의 크기가 기록되며, 200GB 한도를 초과하면 추가 요금이 부과된다. 회사 사업이 성장하면 호스팅 비용이 계획보다 훨씬 커질 수 있다.

일반적으로 호스팅 회사는 가입자에게 이메일 주소 여러 개를 제공한다. 다른 이메일 주소로 이메일을 전달해 주는 서비스도 해준다. 회사는 이메일 박스의 크기, 자동 응답 (이메일 자동답장) 및 메일링 리스트에 대한 접근 등을 검토해야 한다.

확장성(scalability)은 사업이 확장할 때, IT 기능 또한 확장할 수 있는 능력이다. 이러한 맥락에서 웹 사이트가 사업 성장에 대비할 수 있어야 한다. 트래픽이 늘어나도 대응할 수 있는 하드웨어, 소프트웨어, 전문 지식을 갖춘 호스팅 회사를 선택하는 것이 가장 좋으며 단순한 정적 웹 사이트(static website, 상호 작용이 필요하지 않은 사이트)에서 대규모 트래픽 관리가 가능한 상호작용 웹 사이트를 확대 개발할 수 있도록 디스크 공간, 소프트웨어, 백업 등 능력을 갖추고 있어야 한다.

소규모 기업의 경우 웹 페이지 디자인에 대한 도움이 필요한 경우가 많다. 호스팅 회사가 경험과 실력을 갖춘 웹 디자인 인력을 유지하는지 여부를 알아볼 필요가 있다. 호스팅 회사의 실제 웹 사이트는 인터넷을 통한 침입뿐만 아니라 물리적으로 서버에 대한 출입이 잘 관리 되어야 한다. 보안 대책에 대한 정보가 제공되어야 한다. 서버 위치를 알려주지 않는 호스팅 서비스도 있다. Yahoo!가 그러한 호스팅 서비스 중 하나이다.

기업 웹사이트는 항상 사용자에게 서비스를 제공 가능해야 한다. 서비스 중단 시간은 사업을 망치고 명성을 손상된다. 호스팅 회사는 보통 가동 시간을 일정 비율로 표시한다. 예를 들어 99%의 가동 시간을 보장한다고 한다. 즉, 웹 사이트가 년간 1%(87.6시간) 다운 될 것으로 예상하면 된다. 99.9 또는 99.99%와 같이 가동 시간 비율이 더 높아져야 하는 회사들은 이 지표를 눈여겨 봐야 한다. 호스팅 서비스 회사는 높은 가동시간 비율을 확보하도록 해야 한다. 이렇게 하기 위해서는 전력 서비스를 두 군데 이상에서 받거나, 가스를 이용한 발전기를 쓰거나 기타 전원 백업 장치를 써야 한다. 웹 사이트를 둘 이상의 서버에 배치하는 것도 가동 시간을 보장하기 위한 방법이다.

설치비 및 월 사용료는 자명하다. 월 수수료는 수십 달러에서 수백 달러에 이른다. 다년 간 장기 계약을 하는 회사에게는 큰 할인을 제공하는 호스팅 업체도 있다. 모든 구매와 마찬가지로 고객 리뷰 및 외부 평가 보고서도 검토할 필요가 있다.

눈에 보이는 것 이상

이제 회사는 웹 사이트를 운영하기로 선택하고, 온라인 사업을 하기 위해서는 몇 가지 고려 사항이 있다 (그림 8.8 참조). 쇼핑객(소비자 또는 기업 구매 담당자)은 웹 페이지만 보게 되지만 실제로는 온라인 쇼핑 및 구매를 지원하는 여러 프로그램과 데이터베이스가 필요하다. 구매자를 위해 검색 화면을 제공하는 서비스를 사용할 경우 실제로 사진과 제품설명이 있는 카탈로그 데이터베이스에 연결된다. 온라인 주문이 이뤄지면 재고 시스템으로 연결된 프로그램이 작동한다; 온라인에서 신용카드 정보가 들어오면 신용카드 세부사항 및 승인을 받아오는 프로그램이 작동한다; 주문 이행 시스템을 사용하여 품목을 선반에서 가져와 선적 장소에서 이동시킨다. 이 시스템을 쓰면 인력이 거의 들지 않고 품목을 선택하는 자동 컨베이어 시스템을 활용하는 경우가 많다.

■ 그림 8-7

웹 기반 소매업 운영을 위한 구성요소

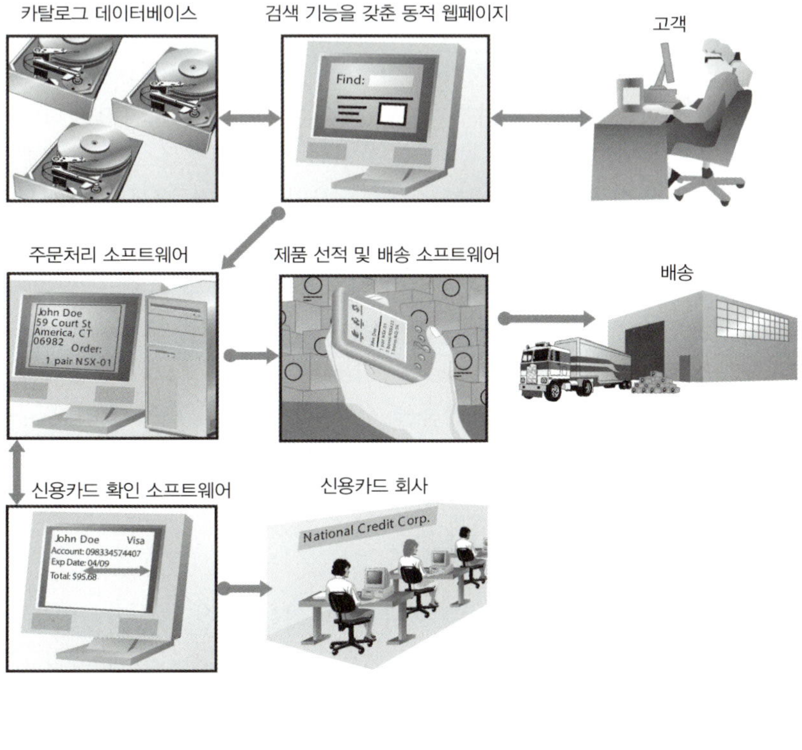

웹 기반 비즈니스 성공을 위한 원칙

제품이나 서비스를 판매하기 위해 웹 사이트를 운영하는 경우가 대부분이다. 웹 소프트웨어와 웹 서버를 회사 정보 시스템에 연결하여 여러 가지 사업 기회를 가질 수 있다. 온라인 비즈니스의 성공 여부는 적절한 소프트웨어가 있느냐 뿐만 아니라 어떻게 사용하느냐에 달려 있다. 웹 사이트가 B2C 상거래 용도로 하는 경우 다음 요소를 고려해야 한다.

적절한 고객 목표시장 설정

우선 웹에 관계없이 제품과 서비스를 원하는 시장을 제대로 목표로 잡는 것이야말로 마케팅에서 가장 중요하다. 웹에서 목표시장 설정은 잠재 고객이 자주 방문하는 사이트를 알아내야 한다. 예를 들어, 스포츠 용품을 판매하는 사업이라면 스포츠 이벤트, 스포츠 통계를 제공하는 웹 사이트에 링크를 제공해야 한다. 주택담보대출(mortgage loan)을 제공하는 은행은 부동산업자 사이트에 링크를 두어야 한다. 그리고 청소년을 대상으로 제품을 홍보하는 사업은 대중 음악 사이트를 링크해야 한다. 이 원칙은 블로그 및 인기 팟캐스트에도 적용된다. 팟캐스트는 팟캐스트 플레이어 프로그램에 시각적인 광고를 노출시킬 수도 있다.

고객의 전체 경험을 파악

쿠키를 사용하고 구매자의 움직임을 기록하여 CRM 프로그램은 각 구매자 별 소비자 프로파일을 만든다. 웹 사이트에서의 구매자 경험은 회사에게는 자산이 된다. 이러한 마케팅 연구는 회사 제품 포트폴리오를 조정하고 개별 고객을 위해 웹 페이지를 만든다. 또한 관심을 보인 품목에 대한 세일 정보를 이메일로 보내 "한 사람을 위한 시장(market to 1)"을 만들 수 있다.

서비스 맞춤 제공

CRM 프로그램 및 웹 페이지 사용자 정의 프로그램을 결합하면 고객이 사이트에 로그온 할 때 보게 되는 웹 페이지와 서비스를 개인적으로 맞춤 서비스 할 수 있다. 고객이 원하는 이메일 콘텐츠 유형을 선택하게 하는 것은 환영할만한 일이지만 고객이 선택적 해제(opt-out) 보다는 선택적 수신(opt-in)을 할 수 있도록 하여 개인 정보를 보호해야 한다. 선택적 수신이란 고객이 이 메일 및 판촉 옵션을 선택할 수 있는 반면, 선택적 해제란 고객이 판촉 정보를 받지 않도록 선택 해지를 해야 한다. 이는 고객 관점에서는 성가신 일이다.

또한 웹을 통해 회사는 소비자가 자기 취향에 맞게 제품을 맞출 수 있다. Land 's End 웹 사이트는 남성 고객들에게 본인과 닮은 체형의 가상 모델을 입혀 보고, 바지를 온라인으로 주문하도록 한다. 보통 매장에서 고객이 바지를 구매할 때보다 훨씬 많은 비용이 들지만 Land 's End는 이런 컨셉으로 성공했다. 반품을 허용하는 회사정책이 있지만 주문 제작된 바지는 반품할 일이 거의 거의 없기 때문에 많은 충성 고객을 확보했다.

비즈니스 주기 단축

웹을 통해 사업을 하는 이유 중 하나는 시간을 절약한다는 것이다. 기업은 쇼핑에서 결제, 주문, 물품 수령에 이르기까지 고객의 비즈니스 주기를 단축할 수 있는 기회를 계속 찾아야 한다. 고객이 주문을 온라인으로 이루어진 후 활동은 온라인 비즈니스에서 가장 큰 과제이다. 주문된 제품을 빨리 출하할 수 있는 기업들이 시장 점유율을 확보하게 된다. UPS의 e-Logistics, FedEx의 Supply Chain Services 등 배송을 전문으로 하는 회사에 배송을 통째로 아웃소싱하기도 한다. 예를 들어 전자 물류 (E-Logistics)를 통해 창고에 상품을 두고, 온라인으로 주문을 받는 대로 상품을 선택, 포장하여 고객에게 배송한다. 반품 서비스도 제공한다. 비즈니스 주기가 짧을수록 고객 만족도가 좋아질뿐만 아니라 신용카드는 일반적으로 배송 시 부과되기 때문에 회사는 결제를 빨리 받을 수 있다.

고객 셀프 서비스

고객은 웹 사이트를 통해 정보를 요구한다. 이러한 정보에는 주문 상태, 배송 상태 및 추가 구성 요소 설치 및 문제 해결 등 판매 후 정보 등이 있다. 웹 사이트에서 유용한 정보와 다운로드 가능한 소프트웨어를 제공하면 고객 충성도가 높아질뿐만 아니라 인력도 절약된다. 이러한 개념을 셀프 서비스라고 한다. 웹 사이트를 통해 고객은 직접 요구 사항을 해결하고 서비스를 받게 된다. 온라인 비즈니스에서 배송 상태를 확인하기 위해 주문 상태, 추적 번호 및 운송 회사 링크가 포함된 이메일 메시지를 전송하는 경우가 대부분이다. 하드웨어 회사는 "조립이 필요한(assembly required)" 제품에 대한 온라인 조립 설명서를 게시한다. 자주 묻는 질문 (FAQ, Frequently Asked Questions) 정보 외에도 개방형 질문에 대답 할 수 있는 지식 관리 소프트웨어 (11장 "비즈니스 인텔리전스 및 지식 관리"에서 논의됨)를 사용하는 회사도 있다.

상황에 선도 대응하고 상품화하지 마라

고객이 서비스를 필요로 할 때마다 웹 사이트를 방문 할 것으로 기대하는 것은 오늘날 치열한 경쟁 상황에서 충분치 않다. 고객은 이제 질의에 대한 즉각적인 이메일 답장을 요청할 뿐만 아니라 미리 사전에 알려주기를 요구한다. 예를 들어 여행 웹 사이트인 Orbitz, Travelocity는 항공편 게이트, 시간이 변경되는 경우에 이메일이나 문자 메시지로 알려준다. 고객에게 제품 리콜에 대해 이메일을 보내거나 정기적인 서비스 약속을 예약해 주는 제조업체도 있다. 정기적으로 특정 약을 복용하는 고객에게 약제의 자동 보충 등록을 자동으로 요청해 주는 온라인 약국도 있다. 회사에서 소프트웨어를 이용하여 다음 로트가 언제 선적 될 것이며 언제 도착 하는지를 계산한다.

이런 과제들을 통해 기업들은 상품화 하지 않는 노력을 하고 있는 것이다. 상품이란 경쟁이 치열한 시장에서 다수의 공급 업체가 거의 같은 가격으로 판매하는 제품으로 보통 이익이 적다. 서비스 또는 정보를 추가함으로써 회사는 똑같은 상품으로 팔리게 두지 않는 것이다. 상품에 독특한 서비스나 정보를 추가하면 경쟁 업체의 "패키지"와는 차별화된 "패키지"가 만들어진다.

전자 상거래는 이제 모든 상거래

이 장의 제목에는 "전자 상거래"라는 용어가 들어있지 않다. 또한 이 장에서만 웹 기반 비즈니스 활동이 논의되는 것이 아니다. 이 책의 모든 장에서 일반적으로 전자 상거래라고 불리는 예가 제시된다. 웹 기술은 이제 비즈니스 세계에 통합되어 조직 내에서 어떤 활동이 일어나고 인터넷을 통해 유입되는 정보가 무엇인지 분간하기 어려울 정도이다. 상거래 활동과 전자 상거래 사이의 경계가 희미해질 정도 일상화되어, 특히 비즈니스에 웹을 통합하는 데 너무 익숙해졌다. 결국 "전자 상거래"라는 용어를 그만 쓰고 전화, 컴퓨터 같은 기술을 활용하는 방식대로 웹이 비즈니스를 지원하는 수단으로 간주한다.

다시 킴볼 레스토랑으로 돌아가서 (KIMBALL'S REVISITED)

Tyler는 웹 사이트를 만드는 것이 대학에서 했던 것보다 더 어렵다는 것을 금방 알게 되었다. 웹 사이트는 "즉석에서" 개발 될 수 있다. 그러나 웹 사이트의 디자인, 레이아웃 및 형식이 Lakeside의 분위기와 맞을까? 우아한 보석 가게 웹 사이트가 우아함과 독창성을 강조해야 하는 것처럼, 그는 킴볼의 Lakeside 웹 사이트가 특징을 반영하기를 원했다. 그리고 소셜 미디어를 활용하여 킴볼의 Lakeside 목표를 달성할 계획으로 어떻게 바꿀 것인가?

당신의 추천은?

1. 당신이 Justin이라면 Tyler에게 웹 사이트의 기능에 대해 조언해 줄 것이다. 웹 사이트는 고객 및 잠재 고객에게 어떤 유형의 기능과 정보를 제공해야 할까?
2. Tyler는 대규모 오프닝 때에 소셜 미디어를 사용하는 것이 어떨까? 어떤 유형의 메시지를 올릴까?
3. 웹 사이트를 구축하고 유지 관리하는 데 필요한 소프트웨어 유형은 무엇인가? 타일러가 초기 웹 사이트를 호스팅하기 위해 구매해야 하는 호스팅 서비스 유형은 무엇인가?

새로운 시각

1. 레스토랑을 효과적이고 효율적으로 관리하기 위해 데이터 요구 사항과 관련되어 7장에서 소개된 개념과 토론을 참고하라. 웹 사이트 및 소셜 미디어 기능에 대한 데이터 요구 사항에 어떻게 통합 할 것인가?
2. 레스토랑에서 Groupon, Restaurant.com 등 소셜 미디어 프로모션을 사용하여 소셜 미디어 전략에 어떻게 통합 할 수 있을까? 이 전략의 장점과 단점은 무엇일까?
3. 웹 호스팅 서비스의 어떤 기능이 향후 킴볼 웹 사이트의 성장을 계획하는 데 중요할까?

주요용어

B2B, 293
B2C, 298
B2G, 293
배너, 294
블로그, 287
굴뚝사업, 299
C2C, 293
클릭 스트림 추적, 291
공동 위치, 314
소비자 프로파일링, 301
콘텐츠 관리 시스템, 316
쿠키, 291
크라우드 소싱, 307
전용 호스팅, 304
도메인 이름, 303
동적 웹 페이지, 301
익스트라넷, 296
파일 전송 프로토콜(FTP), 286
이행, 317
HTML5, 286
HTML, 286
HTTP, 284
보안 HTTPS, 284
노출 수, 294
인스턴트 메시징(IM), 290
인트라넷, 296
부하 관리, 312
MOOC, 289
미러 서버, 313
모바일 상거래, 307
피싱, 304
팟캐스트, 289
온라인 전용, 299
도달 범위 비율, 294
역경매(가격 제시 경매), 303
검색 광고, 293
검색 엔진 최적화(SEO), 295
셀프 서비스, 319
공유 호스팅, 313
스파이웨어, 291
최상위 도메인(TLD), 284
트랙백, 287
웹페이지 주소(URL), 284
가상 사설 서버, 313
웹 호스팅, 313
위키, 288
XHTML, 286
XML, 286

리뷰 질문

1. 웹은 새로운 비즈니스의 지원수단(enabler)이 되었다. 이 맥락에서 "지원수단"은 무엇을 의미하는가? 웹에 의해 사용 가능하며 웹 없이는 불가능한 비즈니스 활동의 예를 제시하라.
2. HTML은 무엇이며 웹을 사용해야 하는 이유는 무엇인가? HTML5는 무엇이며 이전 버전과 어떻게 다른가?
3. XML이란 무엇인가? HTML과 어떻게 다르고 웹 상거래에서 어떤 목적을 달성하는가?
4. 도메인 이름과 IP 주소 사이의 관계는 무엇인가?
5. 웹 사이트를 방문하여 다운로드 버튼을 클릭하면 특정 프로토콜을 준수하는 소프트웨어를 활성화한다. 어떤 프로토콜인가?
6. IM (인스턴트 메시징)이란 무엇이며 비즈니스 운영을 어떻게 지원하는가? 온라인 유통업에서 IM이 어떤 기술을 대체하거나 보완하는가?
7. 블로깅이란 무엇이며 비즈니스를 위해 어떤 잠재력을 가지고 있는가?
8. 팟캐스팅이란 무엇이며 라디오 방송과 어떻게 다른가?
9. 웹 사이트에서 쿠키란 무엇인가? 온라인 고객을 위한 쿠키의 이점은 무엇인가? 위험은 무엇인가?
10. 인트라넷이란 무엇이며 어떤 목적을 위해 제공되는가?
11. 엑스트라넷은 무엇이며 어떤 용도로 사용되는가?
12. 웹 호스팅 회사와 계약 할 때 공유 서버와 전용 서버의 차이점은 무엇인가?
13. 웹 호스팅 회사를 선택할 때 고려해야 할 중요한 요소 중 하나는 가동 시간 비율이다. 그것은 무엇이며 왜 중요한가?
14. 온라인 월간 정보에서 "월별 순 방문자수"는 무엇을 의미하는가? 이 측정 항목을 사용하는 대상은 누구인가?
15. 피싱이란 무엇인가? 사람들이 어떻게 피싱을 당하는가?
16. 소셜 미디어 전략을 개발하고 구현하기 위한 이슈와 전략은 무엇인가?

토의질문

17. 6장 "비즈니스 네트워크 및 텔리커뮤니케이션"에서 논의된 내용을 생각해보시오. 웹에서 스트리밍 비디오를 가능하게 하는 중요한 요소는 무엇인가?
18. 일부 최상위 도메인 (TLD)은 특정 조직을 위해 예약되어 있다. 왜 이것이 중요한가? 누군가 자신이 선택한 TLD를 등록 할 수 있길 원하는가?
19. 팟캐스팅은 가입자가 "시간 이동"을 할 수 있게 해준다. 이는 무엇을 의미하며 청취자에게 라디오 프로그램에 없는 이점을 제공하는가?
20. 온라인 유통업자는 쇼핑객에게 서로 다른 가격을 책정하는 데 프로그램을 사용할 수 있다. 이것은 가격 차별이라고 하며 합법적이다. 구매자가 어디서 사느냐에 따라 가격에 달라지기 때문에 온라인 유통업자가 가격을 차별하는 것이 윤리적이라고 보는 사람들도 있다. 동의하는가?
21. 블로깅과 팟캐스팅이 신문 및 방송 매체의 위협으로 볼 수 있을까? 설명하시오
22. 온라인 유통업자에게 장바구니에 물건을 넣었다 구매를 하지 않는 상황은 매우 실망스러운 상황이다. 자신의 온라인 쇼핑 경험을 통해 장바구니 단계에서 구매를 포기하는 요인은 무엇인가?
23. 모바일 상거래에서 위치 관련 광고를 할 수 있는 기회가 있다. 즉, 현재 위치에 따라 모바일 장치에 광고를 보낼 수 있다. 이 기능의 장점과 단점은 무엇입니까?
24. 소셜 미디어 사용에 관한 조언을 회사에 제공한다면 무엇을 장점과 단점으로 들겠는가? "잘못"을 저지를

수 있을까?

25. 새로운 집안 사업이 있다. 특허가 있는 소비재를 판매한다. 많은 수요가 있을 것이라고 믿고 있다. 상품 홍보를 위해 구매 가능성이 있는 인구 통계학적 그룹에 속하는 사람들의 2,000,000개의 이메일 주소 목록을 구입하기로 했다. 이메일 정보 판매자는 홍보 메시지를 수신하지 않도록 선택하지 않은 사람들의 이메일 주소라고 말했다. 홍보 메시지를 전자 메일로 보낸 후 성난 이메일 수백통과 원치 않는 상업성 전자 메일을 반대하는 연합(CAUCE, Coalition Against Unsolicited Commercial Email)으로부터 이메일을 받았다. 이 일에 어떤 문제가 있었는가? 그 이유는 무엇인가?

26. 중소기업 소유자는 대량 이메일을 사용할 수 없다면 고객을 충분히 확보 할 수 없다고 말한다. 당신은 스팸에 강하게 반대한다. 뭐라고 중소기업 소유자들에게 할까?

27. Sun Microsystems의 전 CEO인 Scott McNealy는 "당신은 이미 프라이버시가 없다. 이제 극복해야 한다! "라고 했다. 인터넷을 사용할 때 프라이버시를 기대하는 것은 어렵다고 한다. 인터넷은 공용 네트워크이므로 누구도 공용 네트워크에서 개인 정보를 기대할 수 없다. 동의하는가? 그 이유는 무엇인가?

28. 한 학생이 보고서를 교환하는 웹 사이트를 개설했다. 학생들은 채점된 작품을 기고하고 다른 학생들이 기고한 보고서를 검색 할 수 있다. 비평을 받을 때, 학생은 이것 또한 연구를 수행하는 방법이라고 주장한다. 그는 도덕적 책임은 사이트에 접속하는 사람들에게 달려 있다고 주장한다. 동의하는가? 그 이유는 무엇인가?

29. 인터넷에서 언론의 자유를 주장하는 국제적인 노력이 있어왔다. 그런 노력이 성공할 수 있다고 생각하는가? 그 이유는 무엇인가?

30. 소셜 네트워킹 사이트가 그렇게 대중적이라고 생각하는가?

31. 웹 광고는 주로 소비자를 대상으로 하지만,이 장에서는 B2B 상업적 상호 작용으로 주제를 논의했다. 이유는 무엇일까?

개념 적용

32. 세 가지 시장에서 각기 운영되면서 제휴 프로그램을 제공하는 세 개의 상업 사이트를 찾아라. 요약을 하라: 무엇을 판매 하는가? 제휴 프로그램은 무엇을 약속하고, 무엇에 대한 대가인가? 각 프로그램 판매 별 지불, 클릭당 지불, 리드 당 지불 또는 다른 유형으로 분류하고 자신이 수행 한 방식으로 분류한 이유를 설명하시오.

33. 관심이있는 주제를 선택하시오. 세 가지 검색 엔진 (예 : Google, Yahoo !, Bing)을 선택하여 주제에 대한 정보를 찾는다. 각 사이트의 실적 순위를 매기시오. 너무 넓은 범위의 정보를 제공하는 많은 사이트 목록은 좋지 않다. 좁게 정의 된 정보를 제공하는 사이트들로 목록이 짧을수록 좋다. 당신의 순위를 설명하시오.

34. 웹 사이트를 디자인하기 위해 피자 배달 서비스에 고용되었다고 하자. 이 웹 사이트는 가족 및 젊은 전문직 종사자들에게 매력적이어야 하며 집에 배달을 할 수 있어야 한다. 웹 페이지 개발 응용 프로그램을 사용하여 비즈니스의 홈 페이지를 구축하시오. 교수님께 웹 페이지를 제출하시오.

35. 지역 보건소는 새로운 개장을 위해 웹 사이트를 구현하려고 한다. 아래 목록은 웹 사이트에 대한 필요한 사항을 정리한 것이다. 비교를 위해 각 서비스가 제공하는 다양한 기능과 서비스를 포함하여 세 가지 공유 호스팅 서비스의 표로 비교하시오.

Included Domains	3
Web Space	250 GB
Monthly Transfer Volume	12,500 GB
Email Accounts	40
Mailbox Size	5 GB
Search Engine Submission	Yes
Website Builder	28 Pages
Blog	Yes
Mailing Lists	Yes, 3,000 customers
Content Management	Yes
Form Builder	Yes
Client Management	Yes
Support	24/7 Toll-free, Email

실습 활동

36. 이력서를 HTML 문서로 준비하시오. 힌트 : 워드 프로세서의 파일, 다른 이름으로 저장 기능을 사용하여 문서를 웹 페이지 또는 .html 파일로 저장할 수 있다. 원할 경우 스캔한 사진을 넣으시오. 이메일로 작업을 제출하거나 웹 사이트에 게시하고 웹 사이트 링크를 교수님께 이메일로 보내시오.

37. 웹 사이트 사용을 원하는 비즈니스에 대해 다음 옵션을 고려하시오. (1) 시설에서 자체 서버 유지 관리, (2) 공유 호스트 사용, (3) 가상 사설 서버용 호스트 사용, (4) 전용 서버 용 호스트 사용. 당신은 컨설턴트입니다. 다음 각 시나리오를 고려하시오.

서로 독립적인 비즈니스에 가장 적합한 호스팅 옵션을 추천한다. 목적 및 비용과 같은 모든 관련 요소를 고려하시오.

A. 쇼핑몰에서 가족 소유의 보석상. 소유자는 상점이 제공하는 것을 대중에게 알리고 싶어한다. 이 웹 사이트에 가능한 한 적게 돈을 쓰기를 원한다.

B. 대형 소매 회사. 경영진은 새로운 웹 사이트를 통해 공급업체로부터 구매를 실행할 수 있고 사이트를 통해 물품 판매를 할 수 있기를 원한다. 서버에 자체 팀과 시설을 갖출 용의가 있다.

C. 작은 인쇄 사업. 소유자는 자신의 도메인 이름을 갖기를 원한다. 방문자가 사이트가 운영되고 운영자가 모두 제어한다는 느낌을 갖기를 바란다.

D. 작은 집안 사업. 경영진은 도메인 이름을 등록하고 비용을 지불하기를 원하지 않는다.

E. 대형 인터넷 전용 온라인 유통업자. 매일 제품 목록을 변경해야 한다. 웹 디자인 팀은 필요에 따라 DBMS, 장바구니 프로그램 등 여러 프로그램을 변경할 필요가 있다. 이미 서버를 소유하고 있지만 네트워킹, 백업, 서버 복제(redundancy), 보안을 관리할 필요는 없다.

F. 판매 작업을 웹으로 확대하고자 하는 유통업체. 그 내용을 변경할 수 있고 동적인 웹 페이지 및 장바구니와 같은 웹 프로그램을 사용하고 변경하기 때문에 전문가인 웹 디자인 인원이 있다. 그러나 관리는 서버를 구입하거나 네트워킹, 보안을 관리하기를 원하지 않는다.

38. "저기술의 날(Low Technology Day)"을 정해 당신의 경험을 정리하시오. 1 하루 종일(24시간) 동안 인터넷을 사용하지 말고 휴대 전화 또는 통신 장치를 사용하지 마시오. 24시간 동안 기분, 사회적 경험, 시간 관리 및 삶의 측면에 어떤 영향이 있는지에 대해 1~2페이지 보고서를 작성하시오.

팀 활동

39. 소셜 미디어는 많은 회사에서 제품 및 서비스를 홍보, 판매 및 마케팅하고 운영 비용을 절감하는 데 사용되고 있다. 세 회사에서 소셜 미디어 사용을 연구하고 (a) 소셜 미디어 노력의 세부 사항, (b) 투자 수익 및 비즈니스 이익, (c) 성공으로 이어진 주요 요인을 정리하시오.

40. 다른 학생과 팀을 구성하여 웹 상에서 소비자 정보 수집을 전문으로 하는 세 회사의 개인 정보 보호 정책을 분석한다. 모두 제 3자 쿠키를 설치하는 회사여야 한다. 적어도 10개의 회사가 있다. 세 회사의 공통된 요소를 열거하시오. 그런 다음 서로 다른 요소를 나열하시오. 각기 다른 요소에 대해 어느 회사가 프라이버시의 침해가 적고 그 활동에 대한 정보 공개 측면에서 소비자를 더 잘 대우하는가? 다른 요인 중에서도 회사가 선택적 수신 또는 선택적 수신거부를 제공하는지 확인하시오.

41. 다른 두 팀원와 함께 웹에서 수익을 창출 할 수 있는 독창적인 사업 아이디어에 대한 보고서를 준비하시오. 벤처 자본가가 이 새로운 사업에 돈을 투자하도록 설득 할 수 있는 근거를 마련하시오.

42. 당신이 배달 피자 사업 소유자라고 하자. 웹 사이트를 개발하는 데 필요한 최소한의 이해와기술이 있다. 공유 호스팅 서비스를 사용하여 WordPress를 사용하여 웹 사이트를 디자인하고 구현하도록 팀이 구성되었다. 템플릿으로 디자인을 자동화하는 WordPress와 호환되는 두 가지 소프트웨어 패키지를 찾으시오. 이 웹 사이트 개발 접근법과 관련된 비용 및 문제점은 무엇인가?

주택 대출 운영

주택 구입은 복잡하고 상세한 프로세스이다. 정보에 기초한 결정을 내리기 위해 많은 세부 사항과 데이터를 모으고 고려해야 하며 제일 좋은 조건으로 거래를 하고 있는지 여부와 장기적으로 가장 중요한 이익을 얻는지를 소비자가 알기는 어렵다. 프로세스에 관련된 선택할 사항이 많고 공급 내용이 복잡하여 시간이 많이 걸리는 경향이 있다. 이전에 프로세스를 다 해본 구매자의 경우에도 시간이 오래 걸린다. 초보자는 겁에 질릴 수 있다. 어떤 사람들은 주택 구입 및 자금 조달의 깊이 있는 정보와 복잡성이 웹 기반 솔루션에 도움이 되지 않는다고 믿는다. 그렇게 생각하는가? Wells Fargo는 그렇게 생각하지 않았다. 경제적 어려움이 있더라도, 처음 주택 구입자를 위한 시장은 안정적이다. 2011년 Wells Fargo에서 실시한 설문조사에 따르면 주택 산업에서 가장 중요한 기회는 밀레니엄 세대 (1980년대 초반에서 2000년대 초반에 태어난 세대)였다. 베이비 부머 세대 (1946~1964년생)를 고려하더라도 밀레니엄 세대는 7천 7백만이 넘는다. 이 새로운 세대는 열심히 정보를 찾을 수 있으며, 특히 온라인으로 볼 수 있다. 이러한 정보 기반은 자신감과 지식을 구축한다. Wells Fargo는 주택 소유에 대한 정보를 수집하는 다양한 옵션이 있었지만 주택 구매자를 대상으로 "포괄적인 원 스톱 (one-stop), 셀프 서비스 정보"는 부족하다고도 믿었다. 새로운 과제를 위한 시장에 존재 했음에도 불구하고 어떻게 실현되어야 하는가? 계획 없이 집을 짓겠는가? 설계도 없이? 아니다.

웹 사이트는 다른 소프트웨어 개발과 마찬가지로 신중하게 생각하고 연구하여 계획, 설계 및 구현해야 한다. 여러 가지 이유로, 웹 사이트 개발은 잘 계획되지 않았다. Wells Fargo는 체계적인 접근 방식을 만들었다. 이 과제의 시작부터 프로젝트의 목표를 정의하고 프로젝트의 사명에 초점을 맞추었다. 디자인에 대한 은유는 정보를 수집하고 모기지를 얻는 목표를 향해 선택을 하는 과정에서 소비자를 도울 수 있는 "로드맵"이었다. 복잡한 경제적 및 재정적 어려움을 겪고 있는 소비자들이 많다. 성공의 열쇠는 소비자에게 필수 정보를 제공하고 온라인 경험에 가치를 더하기 위해 웹 사이트를 구성하는 것이었다.

판매주기와 마찬가지로 주택 융자 프로세스도 조사, 적용, 승인 및 서비스와 비슷한 주기를 가지고 있다. 로드맵은 설계 프로세스에서도 중요하다. 또한 Wells Fargo는 소비자가 현재 웹 사이트에 접속한 방법과 도착한 정보(도구, 기능)에 대한 데이터도 수집했다. 이 정보는 은행에 온라인 경험과 관련된 소비자 선호도에 대한 통찰력을 제공한다.

목표는 고객이 원하는 대로 고객을 서비스를 제공하는 것이다. 이 목표는 (1) 소비자의 재정적 필요에 초점을 맞추고, (2) 교육적 가치를 제공하고 (3) 온라인 채널이다. 목표는 중요하지만 구체적인 웹 사이트 구축하기 위해서는 구체적인 전술이 필요하다. 예를 들어, 웹 사이트가 소비자의 선호도에 따라 "서비스"하는 동안 Wells Fargo의 모기지 컨설턴트와 연결하여 온라인 경험을 보완할 수 있다. 온라인 경험은 소비자가 선택한 시간과 환경에서 정보와 교육을 제공하는 데 중요하다. 그러나 프로세스에 개인적인 접촉이 필요한 경우 컨설턴트가 선택적으로 개입 할 수 있다.

Wells Fargo는 디자인에 대한 신중한 생각이 전체 프로세스의 복잡성을 극복했다고 믿었다. 이 정신은 복잡한 과제라기 보다는 단순함의 원칙에 중심을 두고 있다.

이러한 원칙을 웹 사이트에 포함시키기 위해 디자인 단계에는 (1) 고객의 개별 요구에 맞는 정보 제공, (2) 포괄적이지만 전부를 다루는 정보 제공, (3) 프로세스 중 소비자의 익명성 보호, (4) 소비자가 필요할 때 대표자와 이야기 할 수 있게 함, (5) 정보와 프로세스에 투명성을 제공함, (6) 정보에 쉽게 접근 할 수 있게 함. 이 6가지 특성은 웹 사이트 구축 프로세스를 명확하게 구성하는 데 도움이 된다.

Wells Fargo가 프로젝트에 깊이 관여하면서 웹 사이트의 필수 요소를 정의하기 시작했다. 이러한 요소에는 학습 센터, 용어집, 도구 / 팁, 온라인 신청 양식, 프로세스를 통해 소비자를 안내하는 체크리스트 및 주택 소유 가이드가 포함되었다. 이러한 기능은 웹 사이트 프로젝트의 목표를 충족시키고 신제품에서 이러한 목표를 달성하는 방법을 명확하게 정의하기 위해 개발되었다.

웹 사이트의 셀프 서비스 특성은 Wells Fargo 파이낸싱 제품 및 일반 주택 구입에 대한 정보를 얻기 위해 금융 지식, 구매 단계 및 환경 설정을 갖춘 소비자에게 유연한 환경을 제공한다. 가정 금융과 같은 복잡한 영역에서도 비즈니스 관계는 셀프 서비스 온라인 환경을 통해 개발 될 수 있다. 무료 웹 사이트 제품을 통해 이러한 관계를 구축하면 궁극적으로 은행 모기지 포트폴리오의 고객 기반을 향상시킬 수 있다.

출처: Slaughter, P. (2012). 온라인 게임. 가정 세간 사업, 7(9), 14-19.

사례에 관해서 생각해 볼 점

1. 일부 웹 사이트는 별로 유용하지 않으며 기능적으로 잘 조직되어 있지 않다. 왜 웹 사이트가 소프트웨어 개발 과제와 다르게 접근한다고 생각하는가? Wells Fargo는 어떻게 다르게 했나?
2. 소비자가 원하는 만큼 익명을 유지할 수 있는 기능을 검토하라. Wells Fargo가 소비자에게 대리인에게 연락하도록 권유하는 이유는 무엇인가? 이 상호 작용이 판매를 종결 할 가능성을 높이는가?
3. Wells Fargo는 "소비자가 다른 수준의 이해와 다양한 학습 스타일로 거래에 착수한다는 점도 염두에 두었다." 은행과 웹 사이트 디자인에 어떤 도전 과제가 생겼는가? 주택 융자의 마케팅은 다른 서비스 제품 마케팅과 다른가?

온라인 과제를 진행 중인 가구 사업

웹 사이트의 조기 채택으로 인해 기업가와 소비자는 온라인 구매에 "제한을 벗어난" 항목이 있다. 누가 신발을 온라인으로 구입할 수 있다고 생각했을까? 자동차? 옷? 가구는 어떨까? 2012년에 발표 된 IBISWorld 연구에 따르면 온라인 가구 판매는 2011년에 13억 달러에 달했으며 2010년보다 7.5% 증가했다. 2012년 온라인 가구 판매는 9.9% 증가 할 것으로 예상된다. 온라인 가구판매가 2017년 10.8억 달러로 증가 할 것이라고 예측되며 작은 품목 뿐 아니라 모든 유형의 가구에 해당된다. 원래는 사람들이 가구를 살 때 가구를 "만져보고 느끼는" 것이 필요하다는 것이었다. 그러나 더 많은 가구 판매가 온라인으로 이뤄짐에 따라 그러한 태도와 문화가 변화하고 있다. 여기에 온라인 환경에서 가구 사업을 차린 세 회사의 이야기가 있다.

볼티모어 지역에 5개 점포가 있는 80세의 Gardiners는 웹 사이트 기술을 사업에 활용했다. 그들은 가구 산업을 전문으로 하는 웹 사이트 개발 및 인터넷 컨설팅 회사의 도움으로 온라인 비즈니스를 시작했다. 온라인 환경으로의 전환은 "뛰기 전에 걷자(walk before you run)"는 생각으로 계획되었다. 그들은 매장에서 재고가 있는 제품만으로 온라인 판매를 시작했다. 원래의 온라인 시스템은 사내 시스템과 직접적으로 연결되지 않았기 때문에 매일 상점에서 판매된 내용을 기초로 야간 온라인 시스템을 업데이트해야 했다.

소셜 미디어는 가구 판매에 긍정적 영향을 줄 수 있을까? La-Z-Boy는 그 질문에 대한 대답이 "예"라고 믿었다. 그들은 소셜 미디어 사이트의 마케팅 캠페인에 관심이 있다. 인기있는 소셜 미디어 사이트인 Pinterest는 사용자가 온라인 "게시판" 형식으로 이미지를 업로드 할 수 있는 플랫폼을 만들기 위해 고안되었다.

2012년에 La-Z-Boy Hammary 부서는 Pinterest를 사용하여 자사의 소비자 및 소매 업체 참여를 늘리고 현재 소셜 미디어 채널 (Facebook 및 Twitter)을 사용하는 마케팅 캠페인을 개발했다. 소비자들은 Hammary 제품의 Pinterest에 이미지를 게시하여 대회에서 우승하고자 했다. Pinterest에 이미지를 업로드 한 후 참가자는 Hammary의 Facebook 또는 Twitter 계정에 "매달었다(pin)". Twitter 팔로어, Pinterest re-pins 및 Facebook "likes"의 최대 총 수를 기준으로 선정된 컨테스트 수상자에게는 2,000달러 상당의 가구가 제공되었다. La-Z-Boy는 이 캠페인의 성공을 바탕으로 유통업체를 타겟팅했다. 마케팅 이사는 "유통업자들을 쇼룸에 들여오기 위해 Pinterest를 사용할 것이다. 우리가 만든 이 인테리어 디자인 공동체는 확실히 마케팅 전략에 도움이 되었다."

온라인 장바구니의 개념은 소셜 미디어로 변형 될 수 있다. Utica NY의 Carl 's Furniture City는 장바구니와 Facebook의 통합을 시도했다. 한 달 만에 페이스북을 통해 총 2,100달러 상당의 세 번 매상을 올렸다. Web4Retail에서 수집 한 이런 데이터는 유통업체가 소셜 미디어 전략을 지원할 수 있도록 측정 가능하고 객관적인 정보가 된다. 그러나 온라인 사이트를 사용하면 매장에서 쇼핑을 할 수 있을까? Web4Retail 경영진은 "인터넷을 통해 비즈니스를 병행하는 유통업체는 그렇지 않은 업체보다 온라인 쇼핑을 더 많이 하지 않도록 보호하고 있다."라고 말한다. 고객이 온라인 쇼핑 카트에 의해 생성된 항목을 보기 위해 상점을 방문한다고 생각한다. 고객은 매장을 다시 방문 할 시간이 없지만 집에서 제품을 구매하기 위해 장바구니에 의존한다. 상점의 영업 담당자는 방문을 잘 기록한 다음 온라인 판매에 대한 크레딧을 확보하여 수수료를 보호 할 수 있다.

출처 : Zakrajsek, L., & McGee, K. (2012). Wells Fargo의 새 주택 대출 사이트. 모기지 뱅킹, 72(9), 88-91.

사례에 관해서 생각해 볼 점

1. Gardiners가 구현 한 온라인 판매의 점진적 구현이 너무 안전하다고 생각하는가? 이 신중하고 계획된 접근 방식에 이점이 있는가? Gardiners 온라인 시스템의 업데이트가 지연 될 위험이 있을까?
2. 소셜 미디어를 사용한 Pinterest 캠페인은 La-Z-Boy의 소매 채널에 대한 관심을 어떻게 증가 시켰는가? 마케팅 임원이 "커뮤니티"에 관해 논의했을 때, 그가 의미하는 바가 무엇이라고 생각하는가?
3. 유통업자는 소비자가 제품을 "만져보고 느끼고" 다른 온라인 유통업체에서 온라인으로 구매할 때 사용될까? 이 관행이 널리 퍼져 있다고 생각합니까? 소셜 미디어와 지능형 전략이 유통업체의 온라인 및 "굴뚝" 채널 사이에 시너지 효과를 창출 할 수 있다고 생각합니까?

참고문헌

Anonymous. (2009, Jun 16). Smartphones, Data Plans, New Apps to Drive Mobile Advertising Revenues to $1.5 Billion in 2013, *PR Newswire*.

Anonymous. (2010, Jul 22). Ford Launches Second Chapter of The Fiesta Project; Eight New Webisodes Hit YouTube for Ford Fiesta's 2011 Social Media Campaign, *PR Newswire*.

Anonymous. (2011, Jan 19). Valued Opinions Online Survey Shows Concern Over Internet Security, *PR Newswire*.

Anonymous. (2012a). BIA/Kelsey; BIA/Kelsey Forecasts U.S. Social Media Ad Revenues to Grow from $4.6B in 2012 to $9.2B in 2016. *Marketing Weekly News*, 68.

Anonymous. (2012b). Dunkin' Donuts Unveils Mobile App for Payment and Gifting of Dunkin' Products. Entertainment Close-Up.

Anonymous. (2012c). LoyaltyOne; Consumer Social Media Engagement with Brands Leads to Increased Sales, Study Reveals. *Marketing Weekly News*, 134.

Anonymous. (2012d). Spear Phishing Statistics: 2012 Findings from Microsoft TechEd, RSA Security Conference Surveys. Retrieved fromhttp://blog.proofpoint.com/2012/07/spear-phishing-statistics-2012-findings-from-teched-rsa-security-conference-surveys.html

Anonymous. (2012e). Veracode, Inc.; Growth in SaaS and Mobile Applications Increases Requirement for Software Security Testing at Scale. *Investment Weekly News*, 521.

Aquino, J. (2012, Nov). TRANSFORMING SOCIAL MEDIA DATA INTO PREDICTIVE ANALYTICS. Customer Relationship Management, 16, 38-42.

Brown, C. (2009). Fighting mobile phone spam. *Network World*, 26(27), 25-25.

Donston-Miller, D., & Carr, D. F. (2012). 7 Lessons In Social Business. *Information Week* (1350), 22-27.

Fletcher, H. (2011). Finding 'Things To Do'. *Target Marketing*, 34(6), 16-18, 20.

Gobry, P.-E. (2011). The Online Ad Market Comes Roaring Back With A Record $26 Billion In 2010. From http://www.businessinsider.com/internetadvertising-report-2011-4?op=1

Hof, R. (2012). Internet Ad Spending Bucks Economy to Grow 12% in Q1. Retrieved from www.Forbes.com website: http://www.forbes.com/sites/roberthof/2012/07/10/internet-ad-spendingbucks-economy-to-grow-12-in-q1/

Innocentive Corporate Website - About Us. (2013). Retrieved January 18, 2013, from https://www.innocentive.com/contact-innocentive

Internet Usage Statistics. (January 1, 2013). Retrieved January 2, 2013, from http://internetworldstats.com/stats.htm

Klotz-Young, H. (2012). Staying Connected Via Apps. SDM, 42(9), 57-60, 62.

McMillan, R. (2009, May). Judge Kicks Notorious Spammer off Facebook. *PC World*, 27, 20-20.

O'Leary, N. (2012). GroupM: Global Web Ad Spend Up in 2011. http://www.adweek.com/news/advertisingbranding/groupm-global-web-ad-spend-16-percent-2011-139483

Oracle. (2012). *2012 B2B E-Commerce Survey: Results and Trends.* [White Paper]. http://www.oracle.com/us/products/applications/b2b-ecommerce-trends-2012-1503041.pdf

Paine, K. D. (2011). Measuring the real ROI of socialmedia. *Communication World*, 28(1), 20-23.

Patel, L. (2010). THE RISE OF SOCIAL MEDIA. *T + D, 64(7)*, 60-61, 68.

Pimanova, J. (11 September 2012). Summer 2012: Email Phishing Trends Heat Up. From http://www.emailtray.com/blog/category/email-trends-and-stats/Purewal, S. J. (2013, Jan). The Privacy and Security Implications of a Cashless Society. *PC World*, 31, 33-34.

Radicati, S. (2009). Email Statistics Report, 2009-2013: The Radicati Group, Inc.

Richter, F. (2012). e-Commerce in the United States: Statista.

Son, A. (2012). Industry Report 54191 Market Research in the US. *IBISWorld*, 25-27. http://0-clients1.ibisworld.com.helin.uri.edu/reports/us/industry/default.aspx?entid=1442

Spence, E. (2013). Amazon Coins Will Be A Welcome Disruption To Android Developers. *Forbes.com*.http://www.forbes.com/sites/ewanspence/2013/02/05/amazon-coins-will-be-a-welcome-disruption-to-android-developers/

Top Level Domain Name List. (2013). Retrieved January 16, 2013, from http://data.iana.org/TLD/tlds-alpha-by-domain.txt

9장

글로벌 정보시스템의 문제점들
(CHALLENGES OF GLOBAL INFORMATION SYSTEMS)

학습 목표(Learning Objectives)

점점 더 많은 기업들이 국경을 뛰어넘어, 혹은 적어도 하나의 지리적 경계 너머에 있는 다양한 지역에서 활동한다. 이러한 기업들을 기업의 정보 시스템에 큰 영향을 끼치는 몇 가지 과제들에 직면한다. 기업들은 기업 내외부의 자유로운 정보의 흐름이 가능하도록 글로벌한 운영이 요구하는 국제 통합 정보 시스템을 구축하여야 한다. 이러한 사항들은 대다수의 기업들이 웹페이지를 운영한다는 점, 그리고 이러한 웹페이지들은 전 세계 어디서나 접속이 가능하다는 점에서 매우 중요하다. 보다 전문적으로는 글로벌 비즈니스 환경에서 정보시스템을 구축 할 때에는 타 문화, 규범, 법체계에 대한 종합적인 이해와 적용이 필요하다는 뜻이다.

이 장을 학습 한 후:

- 다국적 기업들이 글로벌 정보시스템을 사용해야하는 이유를 설명할 수 있다.
- 국제적인 고객들을 위한 웹페이지를 설계하는데 필요한 기초적인 조언을 제공할 수 있다.
- 글로벌 정보시스템을 구축하는데 당면하는 문화적, 법적인 문제와 기타 문제시 될 수 있는 상황들을 설명할 수 있다.

[킴볼 레스토랑: 장거리 요리비법]

마이클과 타일러가 레이크사이드 지점의 운영과 마케팅을 계획하는 사이에 리즈는 주방과 메뉴에 대한 고민을 하고 있었다. 이 가족의 계획은 그들의 '가정식'을 새로운 지역에서 합리적인 가격에 제공하는 것이었다. 하지만 리즈는 새로운 지점의 메뉴에는 약간의 업그레이드가 필요하다고 생각했다. 레이크사이드 지점에서는 지역민들에게 비즈니스 미팅이나 파티 등 각종 연회를 위한 홀을 제공할 예정이었기 때문에 음식은 핵심이 되는 가정식은 유지하되 조금 더 다양한 메뉴를 추가하여 레이크사이드만을 위한 경쟁력 있는 차별화를 계획하였다.

마이클과 리즈는 해외 여행을 좋아했다. 여행을 하면서 리즈는 지역의 식당들과 식재료 점을 방문하여 새로운 요리법과 재료에 대한 영감을 받고는 했다. 그녀는 스페인, 이탈리아, 포르투갈과 프랑스와 같은 국가들에서 흥미로운 음식들을 접하면서 이것들을 어떻게 현재의 메뉴들을 개선하고 새로운 메뉴를 개발하는데 반영할 것인지 고민하였다.

새로운 관점 새로운 메뉴

리즈는 새로운 다양한 수입 향신료와 조미료를 활용한 에피타이져와 앙트레, 사이드 디쉬 등을 개발하기 시작했다. 수입된 올리브오일, 파스타, 구운 고추 등은 메뉴를 업그레이드 하는데 도움이 될 것은 분명하지만 공급 가격과 물량확보는 과연 가능할까? 그녀는 인터넷을 통하여 국내외의 수입 식자재 도매상들을 조사하였다. 마이클과 리즈는 그 후 중간 점검을 위한 미팅을 진행하였다.

마이클은 리즈의 새로운 메뉴구성에 만족하였다. 예를 들자면 여러 종류의 수입 치즈와 올리브, 구운 고추를 제공하는 에피타이져는 단체 손님 뿐만 아니라 개인 고객들도 좋아할 것이다. 마이클 또한 기존 메뉴를 버리는 것이 아니라 개선하고 확장하여 더 다양한 손님들을 충족시키는 방향에 동의하였다. 이렇게 업그레이드 된 메뉴는 저녁 늦게 저렴한 안주로 술 한잔 하고자 하는 손님들을 대상으로 판매하여도 좋을 것이다. 마이클은 이러한 메뉴들이 이벤트성으로 퇴근 후 회식용으로 제공하여도 괜찮을 것 같다고 생각하였다. 숫자를 좋아하는 마이클은 이러한 재료들을 지역 인근의 도매상을 통하여 구매하는 것과 해외 판매처를 통해 구매 하는 것 각각에 필요한 비용을 산출하였고 그 결과 가격이 비슷하다는 것을 알게 되어 해외에서 직수입 하는 것도 좋은 선택이 될 수 있다는 결론을 얻었다.

리즈와 마이클은 새로이 개발된 메뉴들과 준비한 레이크사이드 지점의 차별화 전략이 매우 마음에 들었다.

다국적 기업

미국의 소프트웨어 회사가 전세계에 있는 투자자들에게 매년 회사의 재정 상황, 간략한 통계와 S.W.O.T 분석 결과를 브로셔로 제작하여 송부한다고 해보자. 이 브로셔에는 '미래 외부 위협 요인' 이라는 제목 하에 미국 지도에 붉은색 거대한 깃발 그림을 그려 '위험'을 표시하였다. 그리고 이 회사는 사회주의 혁명의 상징인 붉은 깃발이 왜 미국 한 가운데 그려져 있는지, 사회주의 혁명이 왜 회사의 미래 위협요인이 되는지를 혼란스러워하며 항의하는 메일과 문의가 폭탄처럼 들어왔다. 뿐만 아니라 회사 대표들이 브로셔의 내용을 승인 한 뒤 해외 투자자의 언어로 번역을 진행했었는데 FAQs나 Wrap-up과 같이 번역이 어렵거나 불가능한 용어들이 바르지 않게 번역되어 투자자에게 그대로 전달되었다. 회사의 최대 투자자인 해당 해외 투자사는 매우 혼란스러워했고 회사가 자신들에게 보내는 내용을 꼼꼼한 리뷰 없이 보냈다 하여 실망하였다. 다국적 기업들은 이러한 문제를 자주 겪어 활동함에 있어 문화적인 혹은 법적인 문제들을 극복해야 함을 몸소 체득한다.

점점 더 많은 수의 기업들이 해외 지사를 설립하여 활동영역을 넓혀 진정한 의미의 다국적 기업이 되고 있다. 비록 본사는 한 장소에 고정되어있을지언정 다른 여러 나라에 지사나 파트너쉽 관계를 구축하여 해당 지역에서 발생하는 다양한 특혜를 누린다. 예를 들자면, 양질의 연구 인력이 있는 곳에 연구소를 세운다던지, 인건비가 저렴한 지역에 생산 라인을 설치하고 효율적인 마케팅을 위하여 전략적 요충지에 영업용 지사 별도 설립 등이 있다.

이렇게 전 세계에 걸처 영업하기 때문에 때로는 기업의 국적이 모호해지기도 한다. 미네소타 광업 및 제조업 (Minnesota Mining and Manufacturing)을 뜻하는 3M은 본사가 미네소타 주에 있으며 약 60개의 나라에 44,000명의 해외 임직원들이 있다 (3M, n.d.; Amari, 2012). 3M이 오늘의 거대한 성공이 있기 까지 새로운 원료들을 활용하기 위해 국제적인 인지도를 쌓아야 했다. 해외 시장으로 진입하기 위하여 3M은 해외에 본사가 있는 유사 업종의 회사들을 흡수합병 하였다. Facebook은 여러 가지의 이유 때문에 해외 시장으로 진출하였다. 첫째, Facebook은 50개가 넘는 언어로 서비스를 제공, 국경을 초월하여 이용자들을 연결했다. 둘째, 수익금의 자유로운 국가간 이동과 세금 혜택을 위하여 아일랜드 등에 자회사를 설립하였다 (Drucker, Oct 21, 2010). 이러한 자회사는 설립된 지역의 법을 적용 받으며 해당 지역의 사람들을 채용한다.

캐나다의 상위 500개 대기업 중 100개는 미국의 지분이 더 높으며 미국의 다국적 기업의 90% 는 캐나다에 지사가 있다. Walmart, Ford, Hewlett-Packard, TJX 등 대다수 거대 다국적기업은 캐나다에 지사나 자회사가 있다 (Post, 2010). 일본의 기업들 또한 상상할 수 있는 거의 모든 사업군에 대하여 미국에 자회사를 두고 있으며 영국이 진행하는 해외투자 중 가장 큰 부분이 미국을 대상으로 하여 진행 된다 (Jackson, 2012), NAFTA와 미-EU간의 무역협정에 힘입어 더 많은 미국, 캐나다, 멕시코, 유럽의 기업들이 다국적화가 가속될 것이다.

다국적 기업들은 다양한 나라에 위치한 개인과 기업들을 위하여 글로벌 정보시스템을 사용하여야 한다. 이러한 기업들은 회사 내적으로는 단일한 정책을 사용 할 수 있겠지만 해당 지역에서 활동할 때에는 지역의 법을 따르고 기타 지역적인 상황과 유관 기업들, 소비자들과의 관계에 늘 신경 써야 한다. 그렇기 때문에 다국적 기업들은 단일 국적 기업과는 달리 그들의 정보 시스템과 이를 통해 전달되는 정보가 각 지역의 법, 문화, 규범 등의 요소에 부합하도록 관리해야 한다는 부담이 있다.

인터넷과 국제 상거래

정보 교환의 국제적인 수단으로서 인터넷의 등장은 B2B산업뿐만 아니라 B2C 산업의 성장에도 큰 견인 역할을 하였다. 2012년 6월 기준, 24억명 가량의 사람들이 인터넷에 접속하였다 (Anonymous, 2012). 이 중 70% 이상은 비영어권 지역에서 이루어진 접속이며 (표 9.1) 전자상거래를 통한 수입의 절반 이상이 이 지역에서 발생하였다. 표 9.2에서 보이는 바와 같이 북미 이외의 비영어권에서 발생하는 상거래 비율이 점진적으로 증가하고 있다.

■ 그림 9–1

인터넷 사용자의 70% 이상은 영어를 사용하지 않는 지역에 거주한다

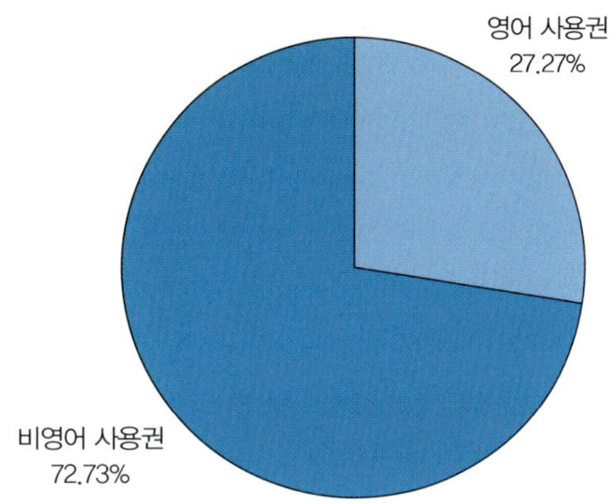

■ 그림 9–2

대륙별 인터넷 사용

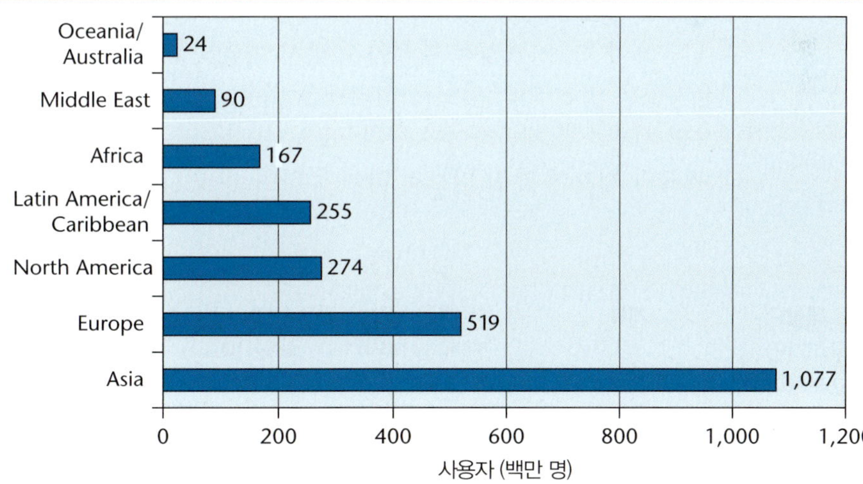

인터넷 사용의 확산은 기업에게 전 세계를 대상으로 한 무궁무진한 기회를 제공한다. 현재 참여율이 저조한 중국과 같은 국가들은 인터넷의 확산에 힘입어 어마어마한 잠재력을 가진 시장으로 성장하였다. 2012년 6월 기준 약 10억 명의 중국인들이 인터넷에 접속하였다. 이 수치는 전체 중국 인구의 27% 밖에 되지 않는다. 중국 시장은 향후 소비의 측면에서 가장 큰 시장이 되리라 예상 된다. 중동, 남미, 아프리카 등 일부 지역에서는 경우 2000년부터 2012년까지 12년 사이에 1300% 증가라는 경이로운 상승을 보였다 (Anonymous, 2012).

POINT OF INTEREST 낮은 인터넷 보급율

2012년 전 세계 인구는 약 70억 명으로 집계되었다. 이 중 약 34.3%는 인터넷을 일상적으로 사용한다고 하며 이는 2007년의 통계 대비 2배 가량 증가한 수치다. 아프리카의 인구는 약 11억 명으로 아시아 다음으로 인구가 많다. 15.6%만이 인터넷을 일상적으로 사용한다고 하지만 이는 2007년 대비 5배 증가한 수치다. 반면 북미와 유럽에서는 각각 78.6%, 63.2%의 사람들이 인터넷을 일상적으로 사용한다고 답하였다. 아이슬란드는 총 인구 중 약 97% 이상이 일상적으로 인터넷을 사용하는 사람이 가장 많은 곳이다. 가장 낮은 국가는 미얀마인 것으로 나타났다. 5400만의 인구 중 단 1%만이 인터넷을 사용한다고 합하였다. 인터넷을 통하여 만들어지는 사회적, 경제적, 문화적인 연결 덕에 지난 5년간 인터넷을 사용하는 사람의 수는 기하급수적으로 증가하였다.

출처: Anonymous (2012), 인터넷 사용 통계. 2013년 1월 2일 http://internetworldstats.com/stats.htm

인터넷은 수익 증대뿐만 아니라 비용을 줄일 기회를 제공하기도 한다. 예를 들자면, 제품 매뉴얼을 일일이 출력하여 소비자에게 제공하는 것 보다 인터넷을 통하여 소비자가 필요할 때 다운 받을 수 있도록 한다면 얼마나 많은 비용이 절약 될 것인가? 또한 단순한 글과 그림뿐만 아니라 필요하다면 영상을 추가하기도 한다. 어떤 회사들은 소비자에게 제품 조립법을 영상으로 보여준다. 많은 회사들이 더 이상 제품에 매뉴얼을 동봉하지 않고 그들의 웹페이지 주소를 안내하여 소비자가 사용하는 언어로 매뉴얼을 다운 받을 수 있도록 시스템을 구축하였다. 이를 통해서 단순히 종이와 인쇄에 드는 비용뿐만 아니라 연관된 인건비 또한 절약 할 수 있다. 이를 통해서 어떤 기업은 고객 서비스에 드는 비용의 50%를 절약 하였다.

인터넷을 통하여 다양한 나라에서 영업을 진행하고자 하는 기업은 지역 소비자의 필요에 민감하게 반응해야 한다. 따라서 웹페이지 역시 이들의 요구에 맞춰 편집되어야 한다. 대다수의 인터넷 사용자들은 영어 외의 언어로 인터넷을 이용하기 때문에 기업은 영어뿐만 아니라 다른 언어들로 정보와 서비스를 제공하여야 한다. 표 9.3에서 보는 바와 같이 기업은 글로벌 웹페이지를 각 지역의 필요와 선호에 맞춰 디자인 하여야 하며 이를 글로컬라이제이션 (Glocalization)이라고 한다.

■ 그림 9-3

전 세계의 고객을 대상으로 한 웹페이지를 디자인 할 때 반드시 고려해야 할 사항

계획	웹페이지를 제작하기 전에 계획을 세워라. 전 세계의 고객을 대상으로 하는 웹페이지는 자국민만을 대상으로 하는 페이지보다 고려해야 할 사항들이 많다.
선호 조사	해당 지역의 문화적 취향, 보편적 차이, 법적인 사항들을 배우거나 전문가를 고용하라. 해당 지역을 위한 웹페이지는 (혹은 사이트 내 하나의 절은) 해당 지역의 고객들이 쇼핑하고 구매, 결제하기 편하도록 설계하라.
올바른 번역	해당 지역에 거주하는 통/번역사를 고용하여 내용을 번역하라. 사람이 직접적인 검토 없이 소프트웨어나 다른 자동 프로그램을 사용하는 것은 금물이다.
평등한 대우	그 어떠한 지역의 고객이라도 다른 지역과 차별 받는다는 느낌을 받지 않도록 하라. 모든 지역별 홈페이지를 통해 제공되는 서비스와 정보는 동일하여야한다.
문화 제국주의 지양	만약 해당 지역에 특수한 상황을 표현하는 문구나 이미지가 자국의 것을 이용하지 말고 해당 지역의 것을 그대로 사용하라. 지역의 고객에게 편안한 느낌을 선사하라.

글로컬라이제이션은 국제적인 비즈니스 모델들과 경영 철학에 지역의 소비자를 위한 일부 요소들을 추가한 개념이다. 글로컬라이제이션의 대표적인 예로는 맥도날드가 있다. 맥도날드의 로고

와 많은 요소들은 전 세계 어디를 가도 동일하지만 메뉴는 해당 지역의 입맛에 맞춰 지역마다 조금씩 차이가 잇다. 경우에 따라서는 다른 요소들이 바뀌기도 한다. 프랑스의 맥도날드는 로날드 맥도날드 상을 프랑스 유명 만화 케릭터인 Asterix the Gaul로 교체하였다. 다국적 레스토랑 체인점과 같이 웹사이트 또한 인터넷 접속만 가능하다면 어디에서도 접근 할 수 있어 웹페이지를 디자인 하는 담당자는 글로컬라이제이션을 항상 염두에 두어야 한다.

국제적으로 생각하고 지역적으로 행동하라

마케팅 전문가들은 다국적 활동을 진행하는 기업들에게 '국제적으로 생각하고 지역적으로 행동하라'고 조언한다. 지역적으로 행동하라고 함은 지역의 문화와 언어의 뉘앙스에 민감하게 반응하라는 뜻이다. 소비자를 통한 기업의 이윤이 증대하면 지역 분점이나 자사를 설립하여 해당 지역의 사람들로 하여금 웹페이지와 영업을 담당하게 하는 것이 바람직하다. 온라인 비즈니스는 제품을 생산, 포장하여 배송하는 것 까지 포괄적인 의미를 가진다. 대부분의 활동이 하나의 국가 내에서 이뤄질 때에는 모든 정보의 관리가 중앙에서 통합적으로 이루어졌지만 점점 더 많은 활동들이 각 지역으로 분산되면서 기업들은 정보 관리 또한 지역 분권이 이뤄져야함을 깨닫고 있다.
국제적으로 생각하고 지역적으로 행동한다는 것이 모순된 것처럼 들리지만 전혀 그렇지 않다. 제 2장 '정보 시스템의 전략적 이용'에서 전략에 대하여 논했던 부분을 상기해보자. 국제적으로 생각하는 것은 제품 생산 라인과 사업적 제휴 등 기업의 전략적인 계획과 관계있다. 하지만 동일한 전략에 지역의 색을 입힐 수 도 있다. 예를 들자면 디자인과 생산에 강점을 가진 회사의 동일한 제품을 그 지역의 이야기로 홍보하는 등의 방법이 있다. 지사에서는 해당 지역에서 다른 지역에서와 같이 능력 있는 기술자들을 다른 면접전략을 통해 고용할 수 있으며 해당 국가의 고유 명절이나 문화에 부합하는 사회적 혜택 등을 제공할 수 있다.

WHY YOU SHOULD 왜 글로벌 정보시스템의 당면 과제를 알아야 하는가?

기업의 국제화 증가 추세는 당신이 다국적 기업에서 근무할 확률도 높아짐을 뜻한다. 당신이 근무하는 회사가 해외 지사가 없을지라도 관련된 업무는 있을 수 있다. 따라서 국제 무역과 글로벌 정보시스템에 대해서 잘 알고 있는 것이 직장에서의 성공을 좌우할 수 있다. 이 장에서 배우는 내용을 활용하기 위해 굳이 다국적 기업에 입사 할 필요도 없다. 그냥 다양한 국적의 사람들이 있거나 다양한 지역에서 활동해 이러한 문제들을 신경써야하는 곳이면 그 어디든 상관 없으며 매우 높은 확률로 당신은 그런 기업에서 일하게 될 것이다.
기본적으로 웹페이지를 만드는 모든 기업들은 글로벌 정보시스템을 활용하게 된다. 어떤 기업들은 또 다른 형태의 정보시스템을 사용하는데 반드시 문제적인 상황에 당면하게 된다. 언어적 뉘앙스, 다른 법 사이의 분쟁, 다른 기준에 대한 이해 등의 사항에 무관심하다면 사업의 평판에 안 좋은 영향을 주며 나아가 금전적 손해를 끼칠 수도 있다. 이런 사항에 대하여 잘 알고 있는 당신은 기업에 꼭 필요한 인재가 될 수도 있을 것이다.

글로벌 정보시스템의 과제

인터넷은 국제 B2B와 B2C의 정보시스템을 구축하는데 큰 기회를 제공하지만 해결해야 할 과제들도 있다. 기업이 해결해야 할 과제 중에는 기술적인 과제, 수출입 규제와 관세, 전자 전자상거래 관련 절차나 방법, 다른 언어와 문화, 경제적, 정치적인 문제와 더불어 각 지역마다 다른 도량형과 법적 문제 그리고 시차 등이 있다. 이 문제들은 이어지는 부분에서 더 자세히 다룰 것이다. 비록 우리가 국가 대 국가, 지역 대 지역의 차이에서 발생하는 문제들을 다루지만 한 국가 내에서도 동일하게 적용 될 수 있는 문제들임을 명심해야 할 것이다. 예를 들자면 독일, 인도 브라질 사이에 법적, 문화적 차이가 있다면 미국 내에서도 각 주별로 법적, 문화적인 차이들이 있으며 스위스의 칸톤 (Canton) 과 케나다 각 주들은 법적, 문화적, 언어적으로 서로 차이가 있다.

기술적 과제

모든 국가들이 지역 내의 기업들이 글로벌 정보시스템을 구축하기 위해 적합한 인프라를 갖추고 있는 것은 아니다. 특히 인터넷을 사용하는 기업들은 대게 그를 통해 고화질의 이미지나 별도 프로그램을 배포, 사용하기 때문에 매우 빠른 속도의 회선을 필요로 한다. 일부 나라에서는 설치된 회선이 이런 정보를 주고받기에는 너무 느리기 때문에 기업들은 고속 통신망이 설치된 나라를 위한 페이지와 그렇지 않은 나라를 위한 페이지를 별도로 운영하기도 한다. 하지만 대체적으로는 하나의 웹페이지를 통해 모든 것을 제공하되 각 지역의 상황에 맞춰 소비자가 선택적으로 고화질의 이미지나 텍스트 자료를 선택 할 수 있게 하거나 비디오 등의 다운로드를 각기 다른 속도로 제공한다.

POINT OF INTEREST 번역 문제

다국적 기업들은 주로 2가지의 번역에 대한 문제를 경험한다. 첫 번째는 특정 단어를 직접적으로 뜻하는 단어가 상대의 언어에 없어 번역이라기 보다는 설명이나 묘사를 해야 할 때 이다. 두 번째는 해당하는 단어가 있어 번역이 되었음에도 그 뜻이나 중요성이 잘 살아나지 않는 경우가 있다. 이러한 문제는 무관심을 표하거나 모욕하는 의도 없이 단어나 표현을 정확하게 전달하고자 하는 많은 다국적 기업들에게 큰 문제가 된다.

출처: Blenkinsopp, J., & Maryam Shademan, P. (2010). Lost in Translation? Culture, language and the role fo the translator in international business. Critical perspective on International Business, 6(1), 38-52

언어적인 문제는 또 다른 기술적 과제의 원인이 된다. 일전에 컴퓨터가 어떻게 글자를 바이트 단위로 인식하는지 이야기 했었다. 이 세팅은 영어나 라틴어에 기반을 둔 문자 그리고 키릴어, 히브리어와 아랍어 등 총 구성 요소가 256(28)개를 넘지 않는 표음문자 류에서는 괜찮으나 중국어와 같은 표음 문자를 표기하기는 어렵다. 이 문제를 해결하기 위해 도입된 것이 65,536(216)개의 요소를 저장, 표기 할 수 있는 유니코드이다. 하지만 서버만 유니코드를 사용하고 연결된 다른 장치들 (데이터베이스나 서버와 연결되는 다른 프로그램들)이 유니코드를 사용하지 않는다면 이 프로그램들이 서버에서 읽어드린 문자는 온통 다 깨진 문자들 일 것이다. 그렇기 때문에 모든 연동된 프로그램들 또한 유니코드를 사용하도록 재설정 되어야 한다. 다행히도 현재의 대다수 운영체제는 유니코드를 지원하니 이 부분에서는 큰 문제는 없을 것이다. 아래 그림과 같이 아마존은 각 국가의 언어적 차이를 반영, 지원 하 것 뿐 아니라 지역적으로 적합한 광고가 노출 될 수 있도록 웹페이지를 구축하였다.

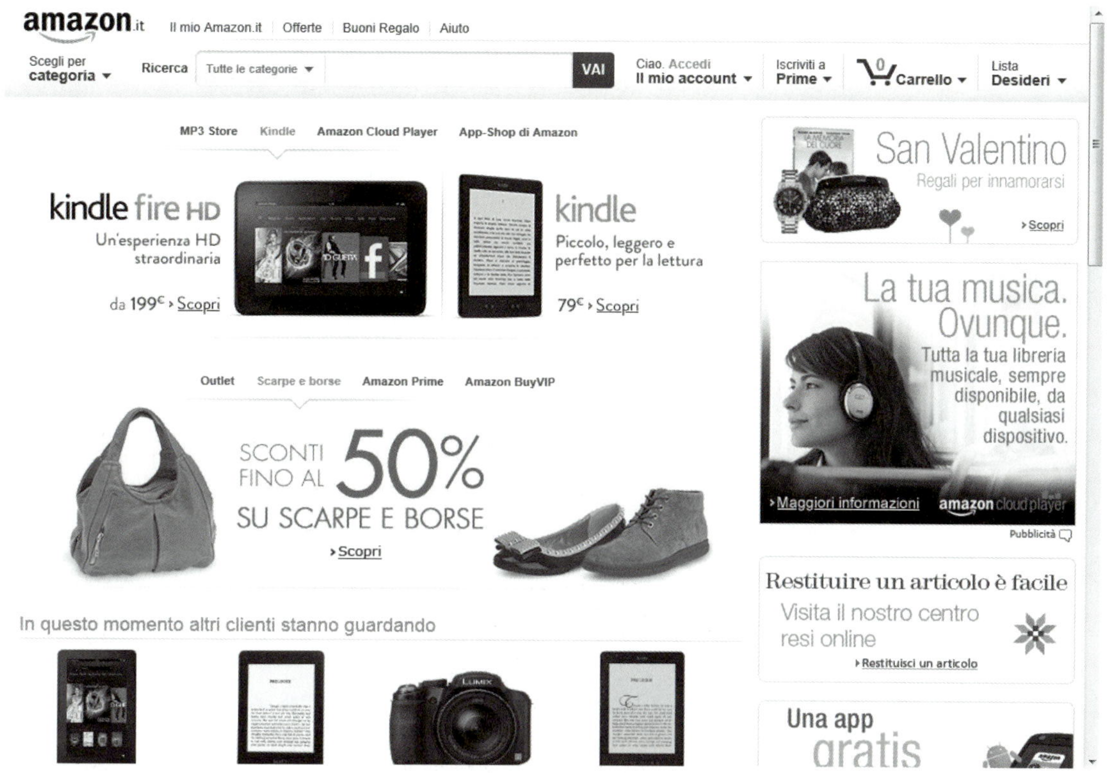

아마존 스크린 샷 – 전 세계에 있는 고객들을 응대하는 사업은 반드시 웹페이지를 글로컬라이즈 하여야 한다. / 사진 출처: Amazon.com

사소해 보이는 사항들도 국제 정보시스템에 큰 혼란을 초래하거나 다른 지역의 소비자나 기업들이 해당 웹페이지를 사용하지 못하도록 막는 장애물이 되기도 한다. 예를 들자면 전화번호를 입력하는 란은 각 국가나 지역 별로 전화번호 구성 방식이 다르기 때문에 다양한 길이의 문자를 입력 받을 수 있어야 한다. 상당수의 페이지들이 아직까지도 미국과 케나다 외의 국가들을 대상으로도 전화번호 란을 10개의 숫자로 제한하고 있다. 우편 번호 또한 이와 유사하다. 우편 번호 또한 각 나라별로 구성 방식이 다르고 명칭 또한 zip code 라고 하지 않는다. 그럼에도 불구하고 일부 미국의 웹페이지들은 우편 번호를 기재하는 란을 5글자 (혹은 연장된 9글자)로 제한하고 있다.

때로는 다양한 개선책을 강구 하였음에도 딱히 해결책이 없는 문제들도 있다. AES Corp. 5개 대륙 27개의 국가들에 전력을 생산, 공급한다. AES Corp.는 SAP의 ERP 시스템을 상요하는데 초기에는 우크라이나 어를 제공하지 않아 이를 러시아어로 대체하였다. 2013년부터 우크라이나어도 지원하기 시작하였다.

수출입 규제와 관세

국가별로 수출입 제한 품목들과 관세 부과 대상 및 기준이 다르다. 많은 기업의 대표들은 해외 시장에 수익성 좋은 사업들을 놓치고 있음을 알고 있음에도 해외 사업이 초래할 다양한 문제들이 겁나서 선뜻 진출하지 못하고 있다. 뿐만 아니라 해당 시장에 대해서 철저히 조사하고 시도하여도 해당 지역의 법과 세금, 관세와 수출입과 관련된 기타 세금에 대해서 아는 사람이 없어 겪을 어려움을 무서워한다.

Amber Road의 자회사인 NextLinx 수출입업체들이 당면하는 이러한 문제들을 해결해준다. NextLinx의 프로그램은 해당 기업의 ERP 시스템과 연동되어 기업에서 수출입 건이 발생 할 때 거래 국가 등 필요한 정보를 수집하여 소요될 세금, 물품 수령까지 각 단계별로 소요되는 기간 (부두/공항 선적 대기 중, 배송 중, 관세 부가 중, 관세 납부 대기 중 등) 과 같은 내용을 산출해준다. 또한 사용자가 원한다면 관련된 법 제도, 필요 자격증 등 문서, 현지에서 배송을 담당할 선박 회사와 다른 유용한 정보들도 받을 수 있다. 프로그램이 인터넷과 연동되어있기 때문에 실시간으로 업데이트가 진행되며 필요한 정보를 검색할 수 있다. 뿐만 아니라 이 프로그램은 소비자에게 배송해주기까지의 총 비용도 산출해주며 수출업자에게 필요한 100가지 가량의 양식을 전자 문서로 작성, 보관하는 기능도 제공하며 선택하는 배송 방법에 따라 배송 예약 등 필요한 제반사항들을 준비하는데 도움을 준다. 일부 연구에 의하면 일부 기업들이 해외 발생 주문의 약 80% 가량을 필요 지식과 역량 부족으로 반려한다는 결과가 있다. 해당 기업들에게는 이런 프로그램을 활용하는 것이 도움이 될 것이다.

전자상거래 결제 절차 및 방법의 차이

전자상거래에서 소비자가 기대하는 가장 큰 부분 중 하나는 온라인에서 구매하는 물건에 대한 쉽고 빠른 결제가 가능하다는 점이다. 북미에서 신용카드는 굉장히 흔한 지불 수단이며 기업들 또한 온라인 카드결제를 선호한다. 하지만 이러한 절차가 전 세계적으로 흔한 것은 아니다. 특히 동유럽의 높은 카드 분실율과 절도율은 온라인 카드 결제에 대한 리스크를 높이며 잠재적 온라인 구매고객을 단념시킨다. 또한 대부분의 유럽에서는 신용카드보다는 직불카드를 더 선호한다. (직불 카드의 경우 연결된 계좌에 상응하는 금액이 남아 있어야 하며 결제 즉시 이체가 진행되며 계좌에 남은 금액에 대하여 기간과 정책에 따라 소정의 이자를 지급받는다. 반면 신용카드는 미리 카드회사에서 지불을 진행하며 정해진 기일에 카드 소유주에게 소정의 이자와 함께 금액을 청구한다.) 미국인들은 세계 그 어떤 나라보다도 인터넷을 통해 신용카드 정보를 제공하는 것에 익숙하다. 특히 B2C 시장은 소비자의 이러한 태도가 바뀌어야 더 큰 성장이 가능 할 것이다.

2008년 기준, 미국에서 약 1억 7680만명의 사람들이 약 14억 9천만 개의 신용카드를 보유했고 (Woolsey, 2012) 2011년에는 1억 8300만명의 사람들이 12억 8천만개의 신용카드 (Anonymous, n.d.-b)를 보유하고 있었다. 미국인들은 전체 금융거래의 약 20% 가량을 신용카드로 진행하며 전자상거래에는 거의 100% 신용카드를 사용한다. 반면 일본에서는 8%만이 신용카드로 이루어지며 온라인 결제에 신용 카드를 쓰는 것을 꺼려한다. 그렇기 때문에 다른 지불 방식이 필요하다. 대부분의 일본인들은 온라인으로 주문한 물건을 '콘비니' 라는 편의점에서 수령하고 금액을 지불하는 것을 선호한다. 배송회사들은 수령인이 집에 없을 경우 물건을 그냥 두고 가는 것을 꺼리기 때문에 '콘비니'와 온라인 판매상의 연합은 지불 보증 뿐만 아니라 편의성도 증대시킨다. 영국과 프랑스는 직불카드를 선호하며 독일에서는 온라인 입금과 페이팔을 선호한다 (Holmes, 2011). (국가별 신용카드 지출 현황표 참고) 일본에서 활동하고자 하는 온라인 판매상은 이런 지역적인 특성에 대해서 잘 알고 있어야 한다. 아래의 표는 다양한 국가들의 신용카드사용 현황을 보여준다.

2012년 평균 신용카드 거래량

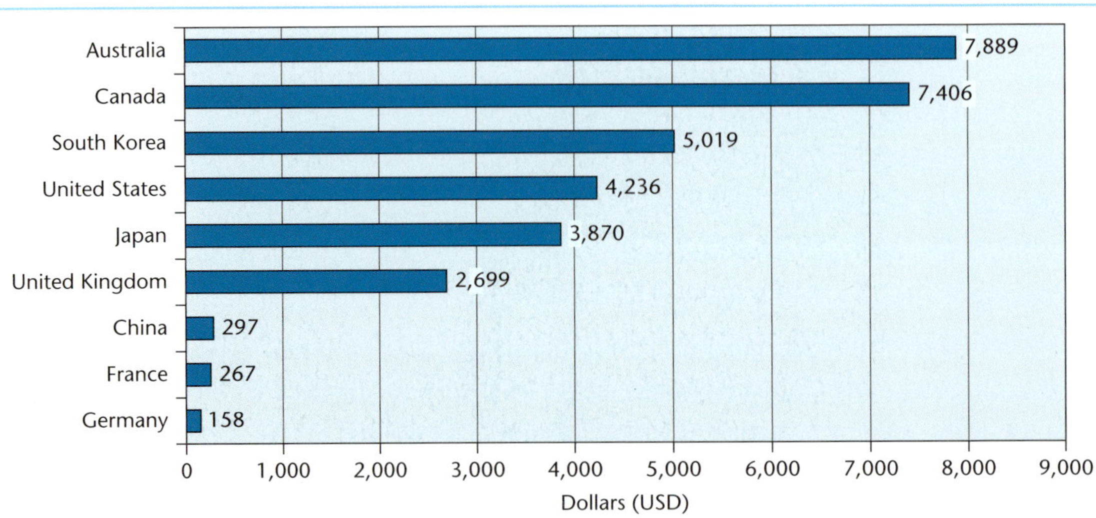

신용 거래와 디지털 지갑의 사용이 전 세계적으로 증가하는 가운데 전통적인 방식의 지불 방법을 대체하지는 못했다. Google Wallet과 Isis는 스마트폰에 저장된 가상지갑이다. 소비자는 자신의 지불 카드나 은행 계좌와 연동된 계정을 생성한다. 그 후 가상 지갑을 사용할 수 있는 곳에서 물건이나 서비스를 구매할 때 소비자는 카드를 직접 제시하는 대신 가상 지갑을 통해 지불 승인을 하면 된다. 이 책이 집필되는 시점에 Google Wallet은 미국 내에서만 사용이 가능하며 Isis는 Salt Lake City, Utah, Texas의 Austin 지역에서만 사용이 가능하다(Anonymous, n.d.-a, n.d.-c). 카드에 삽입된 NFC 기술을 이용한 신용 거래는 2007년부터 카페와 샌드위치 가게를 중심으로 영국 런던에서 사용되었고 비접촉식 스마트카드는 2011년부터 아일랜드에서 사용되었다 (Anonymous, 2011). 모바일 결제의 비중이 점차 증가하고 있다. 2012년, Adyen은 전 세계적으로 약 100억 달러 이상의 거래를 온라인, 모바일, 포스 (POS) 승인을 진행하였다 (Lomas, 2013). 전체 모바일 결제 중 15.3%는 유럽에서 이루어졌으며 미국에서 12.4%, 아시아에서 11.2%가 발생하였다.
보안과 관련된 우려들은 새로운 지불수단의 확산을 저지한다. 2011년 Citi은행의 보안이 뚫려 북미의 신용 카드 정보가 유출된 적이 있다. 이러한 일들 때문에 일부 지역 사회에서는 소비자들의 전자 지불 시스템에 대한 신용도가 낮아 전자 지불 시스템으로 주 지불 시스템의 변경이 늦어지고 있다.

언어의 차이

국제적으로 소통하기 위해서는 하나의 통일된 언어가 있어야 하는데 이것이 문제를 일으키기도 한다. 예를 들자면, 정보가 전달되기 전에 번역 (주로 사람에 의해서) 이 되어야하기 때문에 실시간으로 전 세계를 대상으로 정보를 주고받기가 어렵다. 일부 프로그램들이 실시간 번역을 제공하기는 하지만 오역이 많아 실제 사용하기에는 문제가 있다. 또 다른 문제는 대부분 국가의 현행법이 회계 등과 연관된 프로그램들이 외국어로 표기되는 것을 금하기 때문에 많은 비용을 들여 시스템을 2개의 언어, 해당 지역의 언어와 국제 공용어인 영어로 개발, 운용하는 이상한 방식을 취해야 한다. 인터넷 기반 전자상거래의 최전선에 있는 기업들은 아예 각 지역의 특색에 맞춰 웹페이지를 새로 개설하는 등 각 지역에 맞춰 웹페이지를 개편한다. 하지면 늘 번역이 문제가 된다. 예를 들자면 대만에서는 번체를 사용하는 반면 중국에서는 간체를 선호한다. 스페인에서 사용하는 스페인어 용어들이 남미에서는 다를 수 도 있으며 심지어 남미 국가들 사이에서도 차이가 있을 수 있다. 심지어 남미 일부 지역에서는 에스파냐어 (스페인어) 라고 하지 않고 카스텔라노 (카스텔리안) 이라고 부르기도 한다. 단순한 번역은 문화적인 특수함이나 뉘앙스를 미처 반영하지 못하기도 한다. 그러기 때문에 일부 기업에서는 웹페이지 번역 자체를 해당 지역의 자사가 전담하기도 한다.
TRADOS Inc., 와 같은 기업에서는 국제 상거래를 하는 기업들을 대상으로 번역 소프트웨어를 제공한다. 이 소프트웨어는 웹페이지를 힌디어, 중국어, 그리스어, 히브리어 등 특수 문자가 많은 언어뿐만 아니라 다양한 언어들로 번역해주는데 단순 번역뿐만 아니라 용어나 뉘앙스 등을 제대로 표현해준다. 또한 웹페이지가 번역되었을 때 웹페이지에 있는 각종 XML코드 등이 원 페이지와 동일하도록 유지하여 웹페이지의 소유주가 원 시스템과 동일한 환경에서 해외 사업을 진행할 수 있도록 한다. Wordfast와 같이 MS-Word 문서를 번역해주는 도구도 있으며 구글 또한 웹페이지와 문서를 다양한 언어로 번역하는 서비스를 제공한다.

문화의 차이

XL 그룹은 21개의 국가에서 60개의 사무소를 두고 스스로를 '국경 없는 회사'라고 칭하는 국제적인 보험회사이다. 한 때는 회사에서 각 지사로 메일을 보낼 때 7개의 다른 양식이 존재했다. 하지만 CIO가 고심 끝에 하나의 통일 된 양식을 사용하기로 했을 때 큰 반발을 샀다. 예를 들자면,

남미의 사람에게는 본인의 이름, 중간이름, 부모님의 중간이름, 성 이렇게 5개의 이름을 사용하는데 이것 때문에 사용하는 이메일 주소가 매우 길어진 사람들도 있다. 반대로 CIO가 회사의 이름과 사번을 이메일 계정으로 사용하자고 하였을 때 유럽과 북미의 직원들은 비인간적이라는 이유로 반대하였다. 이러한 예상치 않은 문화적 차이로 발생한 이견들을 수용하여 CIO는 시스템 상에서 직원이 접속 할 때 는 각자의 이름으로 환영 메시지를 띄우도록 하여 타협하였다.

문화적 차이라 함은 일반적으로 다른 지역의 사람들이 다른 취향, 표현, 선호 색상, 특정 성별이나 연령에 대한 인식, 일에 대한 태도, 도덕적인 문제에 대한 태도 등에 대해 가지는 차이를 뜻한다. 정보 시스템은 시스템을 통해 하나의 문화를 다른 문화에 강요 (문화 제국주의) 할 수 도 있다. 일부 국가들의 보수적인 사람들은 청소년 세대의 '미국화'에 대하여 강한 불만을 제기한다. 국가 차원에서도 특정 정보가 원치 않는 문화적 영향을 끼친다는 이유로 유입을 막기도 한다. 프랑스에서 공식 커뮤니케이션과 정부 지원 대중 매체에서 외국어를 사용하지 못하게 하는 것이다. 비슷한 예로 캐나다 퀘벡 주에서 프랑스어가 아닌 간판을 금지한 것도 있다. 인터넷 자체가 미국에서 개발되었고 절대 다수의 사용이 미국에서 발생하고 있어 미국의 문화가 지배적이기 때문에 인터넷 사용의 확산은 이러한 우려를 더욱 부채질 한다.

위에서도 언급한 것 과 같이 웹페이지를 사용하는 기업들은 문화적인 차이에 대해서 반드시 숙지하여야 하며 웹페이지를 제작 할 때 반영하여야 한다. 소비자들은 특정 이미지, 색 단어 등에 민감하게 반응 할 수 있다. 예를 들자면 유럽과 아시아, 남미에서 검정색은 불길한 색으로 생각하고 브라질에서는 검지와 엄지를 동그랗게 붙이는 손동작은 '멍청이'를, 남미에서 엄지를 들어 올리는 손동작과 아랍지역 국가에서 손을 흔드는 동작은 매우 무례한 행동으로 인식되며 무슬림 국가들에서 여성이 팔과 다리를 노출한 사진은 매우 불쾌하게 받아들인다.

경제적, 과학적, 안보적 이해관계의 충돌

기업 운영의 목표는 큰 시장에서 기업의 이득을 최대화 시키는 것에 있다. 한 국가의 정부의 목표는 국민의 경제적, 과학적, 안보적 필요를 충족시켜 주는 것이다. 과학적 정보는 중요한 국가 자산이고 외국 기업들에서부터 거대한 자본이 유입되는 만큼 이해관계의 충돌이 자주 발생한다. 예를 들자면, 무기를 제조, 생산하는 기업이 가진 무기의 기술 도면과 상세 사양 정보는 기업뿐만 아니라 국가에게도 금전적으로, 안보적으로 큰 가치를 지닌다. 따라서 미국을 포함한 대다수 정부들이 무기 도면의 해외 반출을 법적으로 금하고 있으며 사업적으로 군사정보를 주고받는 일 (받는 쪽이 미국이라 할지라도) 역시 금지하고 있다. 뿐만 아니라 군사적으로는 관계없더라도 반출 시 자국에게 위협이 될 수 있다고 판단되는 제품에 대해서도 반출/반입을 규제한다. 최근에 이 목록에 소프트웨어도 포함되기 시작하였다. 기업의 여러 부서 중 미국에 있는 부서에서는 사용 할 수 있는 소프트웨어를 미국 밖에 있는 자매 부서들은 사용하지 못하는 상황이 발생하기도 한다.

미국 세관 및 국경 보호기관 (U.S. Customs and Border Protection, CBP)에서는 군사적인 적용이 가능해 국방 물류도 분류되는 제품에 대해서 영구 수출, 임시 수출입을 위한 자격증을 발급한다. 해당되는 제품 중에는 소프트웨어, 기술, 청사진, 디자인 기획서, 소매 소프트웨어, 기술적 정보 등이 있다. 해당 제품 중 허가 없이 입/반출이 된 제품은 몰수되며 관계된 기업은 처벌을 받는다. 상업적으로도 군사적으로도 활용될 수 있는 제품에 대해서는 제품의 특성이나 세부 내역에 따라 허가가 필요하기도 필요하지 않기도 한다. 전쟁이나 테러 등의 상황 발생 시 반출 된 제품들이 미국에게 큰 피해를 줄 수 도 있어 CBP가 엄중히 관리한다 (Anonymous, 2012).

국제 정보 교류의 또 다른 문제는 관계된 국가들이 기업 비밀, 특허, 저작권을 다르게 취급하는 데에서 발생한다. 때로는 사업 파트너 중 한 쪽은 문서의 외부 유출에 대해서 무심한데 반면 다른 한쪽에서는 지적 재산권을 법적으로 보호하고 유출을 규제하는 국가에 있을 수도 있다. 반면,

다국적 기업에서는 직원이 불순한 의도로 정보를 특정 지역에 유출 시킬 수 도 있다. 지적 재산권은 미국과 서유럽 지역에서 철저히 보호받으며 이들의 주거래 국에게는 다방면으로 압박을 넣어 관련된 법들을 만들도록 하였다. 하여 아시아 일부 나라들은 미국의 요구에 응하여 관련된 규제를 신설하거나 존재하던 규제를 수정하였다고 전해진다.

정치적 문제

정보는 곧 힘이다. 어떤 국가들은 정보의 자유로운 접근을 허용하는 정책이 자주권을 위협한다고 생각한다. 예를 들자면 한 국가의 정부는 자원의 위치나 채굴 수량 등 특정 정보에 대한 외부 세력의 접근을 허용하는 것은 그들로 하여금 고유 자원에 대한 지배권을 획득할 수 있는 기회를 제공하며 이것이 국가의 정치적 이득에 악영향을 끼칠 수 있게 한다고 생각하기도 한다.

5장 '비즈니스 소프트웨어' 에서도 언급한 바와 같이 저개발 국가에서는 높은 비용을 줄이기 위하여 무료 오픈 소스 소프트웨어를 사용한다. 남미, 아시아 와 유럽의 정부들은 가능한 경우 오픈 소스 소프트웨를 사용하도록 하는 법을 제정하였다. 이러한 지역에서는 국제 기업들은 각 지역의 정부에서 사용하는 소프트웨어와 자사의 소프트웨어가 호환 가능하도록 설계하여야 한다.

기업들은 또한 일부 국가에서 인터넷 사용을 제재한다는 것 또한 인지하여야 한다. 중국, 싱가포르, 다수의 아랍권 국가들은 자국민이 보고, 듣고 다운로드 할 수 있는 정보를 통제한다. 언론의 자유는 만국 공통이 아니다. 다시 말하자면 기업은 특정 어구나 표현 등에 신경 쓰지 않는다면 해당 정부에서 웹페이지에 대한 접근을 봉쇄할 수도 있다는 뜻이다. 이것은 기업에서 제공되는 웹페이지를 소비자 직원들이 개인의 의견을 개제할 수 있는 블로그 등의 기능으로 운영될 경우 더 민감한 문제가 될 수 있다.

시민권이 보장되지 않는 곳에서 활동하는 기업들은 불편한 입장에 놓이는 경우도 발생한다. Microsoft, Yahoo, Google 등은 중국에 진출 할 당시 중국 정부로부터 정부와 합작하지 않으면 진출이 어렵다는 경고를 받았다. 이 '합작'은 일부 키워드의 검색을 금지하는 것 ((예) 대만, 파륜궁 등) 에서 시작하였지만 점차 커져 특정 검색어를 검색한 사용자의 개인정보를 제공해야하는 수준까지 확대 되었다. 어떤 경우에는 사람들이 옥에 갇히고 고문 받기도 하였다. 이러한 기업들은 주주들의 사업적 이익 극대화와 개인정보 보호, 모든 인터넷 사용자들에 대한 평등한 대우, 시민권을 침해하는 독재에 반대하는 등의 윤리적인 딜레마에 직면한다.

POINT OF INTEREST 구글, 중국 내에 새로운 니치를 만들다

구글은 자사의 검색 엔진 검열 규제에 대하여 중국 정부와 치열하게 공방한 끝에 인터넷 콘텐츠에 대한 자기 검열을 그만하기 위해 2010년에 서버를 홍콩으로 이전하였다. 그 결과 검색엔진 광고 시장의 78.6%를 점유한 중국의 바이두와 비교 했을 때 점유율이 떨어졌다. 중국에서의 경쟁력을 유지하기 위하여 구글은 모바일 광고 시장이라는 니치 시장을 만들었다. 모바일 광고는 아이폰, 아이패드, 안드로이드 등을 대상으로 진행 가능하며 사용자가 일상적으로 폰을 통하여 인터넷을 사용하거나 게임을 할 때 광고가 노출됨으로 데스크탑 대비 더 정교한 광고가 가능하다. 구글이 2010년 7억5천만 달러로 구매한 AdMob 팀은 현재 10,000명 이상의 중국 개발자들이 등록되어있으며 매달 79억건의 광고 개제 요청을 받는다. 구글은 중국의 검열과 관련된 문제를 비슷하지만 아직 개발되지 않은 새로운 시장을 개척함으로서 피할 수 있었다.

출처: Lee, M. (2012). Google Gets Some Rare Good News in China. Business Week. http://www.businessweek.com/articles/2012-08-30/google-gets-some-rare-good-news-in-china

다른 기준

정보 시스템을 국제적으로 통합할 때에는 기업 내에서도 도량형과 기준에 대한 통일이 필요하다. 국가별로 일상적으로 사용하는 기준 도량형이 다르기 때문에 때때로 한 기업 내부에서도 상호 호환이 안 되는 경우가 발생하기도 한다. 예를 들자면 다국적 기업의 한 부서에서 작성한 회계 장부를 다른 부서나 본부에서 읽을 수 없는 경우가 있다. 또 다른 예로는 미국에서는 아직도 영국식 도량형을 사용하는 (인치, 피트, 마일, 쿼트, 파운드 등) 반면, 영국을 포함한 세계의 다른 나라들은 미터법을 사용한다 (센티미터, 미터, 리터, 킬로그람 등). 뿐만 아니라 연, 월, 일, 시간, 기온, 주소 등을 표기하는 방법도 다르다. 미국에서는 월/일/년 순으로 표기하는 반면 세계 다른 국가들에서는 일/월/년 순으로 표기하여 10/12/14가 잘못 이해될 여지가 있다. 시간 역시 미국은 12시간을 기준을 a.m과 p.m을 붙여 오전 오후를 나타내는 방면 다른 나라들에서는 24시간 표기법을 사용한다 (미국에서는 이를 군사 기관에서 사용하기 때문에 '군대 시간' 이라고도 하다). 미국에서는 온도를 표기 할 시 화씨를 사용하는 반면 다른 곳에서는 섭씨를 사용하고 주소 표기 역시 미국은 도로 번호, 도로명, 도시명 순서대로 가는 방면 다른 나라들에서는 도로명, 도로 번호, 도시명 순으로 주소를 표기하기도 한다.

이러한 차이를 해결하지 않으면 큰 손해를 입을 수 도 있다. 1999년 나사에서는 화성으로 날려 보낸 우주선을 분실하였다. 역학조사 결과 콜로라도의 화성 기후궤도 탐사선 팀과 켈리포니아의 임무 탐색팀 사이에 정보전달이 잘못되어 벌어진 일로 판명되었다. 우주선이 화성의 궤도를 도는데 필수적인 데이터에 한 팀은 영국식 도량형을 사용하여 표기하고 반면 다른 팀은 미터법으로 표기한 것이다. 이 문제는 . 이 값은 우주선이 화성을 도는데 필수적으로 필요한 정보였고 이로 인해 1억 2500만 달러의 손해를 입었다.

국제무대에서 활동하고자 하는 기업들은 반드시 그들의 정보 시스템을 세계 표준에 맞추도록 하여야 한다. 최근 점점 더 많은 유럽의 국가들이 유럽 연합에 가입하면서 유럽 연합이 가진 힘이 더욱 강력해졌다. 유럽 연합에 가입되지 않은 국가들은 유럽연합을 기준으로 단위와 도량형을 통일하고자 한다. 예를 들자면 1967년 EU는 13자리의 EAN (European Article Number)를 채택하여 사용하기로 하였고 미국은 12자리의 UPC (Universal Product Code)를 사용하고 있었다. EAN 의 추가된 한 자리는 제품의 생산지를 표기한다. 7년 동안 미국의 코드 통합 위원회 (Uniform Code Council, UCC)는 EAN 사용을 독려하고 유럽의 기준에 맞추고자 노력하였다. 하여 2004년에 공식적으로 EAN 사용하기 시작하였고 소매상들은 마감일인 2015년 1월 전까지 자사의 모든 정보 시스템을 기존에 사용하던 12자리의 UPC에서 13자리의 EAN으로 변경하기 위해 피나는 노력을 하여야 했다. 대부분의 바코드 인식기는 13자리를 인식할 수 있었지만 판매, 배송, 수령, 회계 등의 백오피스 용 소프트웨어들이 업데이트가 필요했다. 대형 전자 제품 소매상인 Best Buy는 계산대, 소프트웨어와 데이터베이스 등 모든 시스템들이 추가된 한자리를 다룰 수 있게 시스템을 변경하기 위하여 총 25,000시간을 투자하여야 했다.

GTINs 바코드는 총 14자리로 무역품, 제품, 서비스 등을 식별할 수 있다, gtin 제공

GTIN-14
(GS1-128 or ITF-14)

0 00 12345 60001 2

UCC는 총 14자리의 국제 거래 단위 번호 (Global Trade Item Numbers, GTINs)를 개발하였다. 이 코드는 국제 공급 사슬을 지원하기 위해 12자리의 UPC 보다 100배 이상의 많은 제품과 제조사를 표기할 수 있도록 설계되었다. 이것의 생김새는 앞 페이지에서 확인 가능하다. 결국 제조사와 유통, 소매상들은 GTINs나 RFID 태그에 심어진 훨씬 더 긴 코드를 표준으로 사용하여야 할 것이다. RFID 태그는 미국에서 굉장히 많이 사용되며 미국의 기준이 유럽과 세계 다른 나라들로 확대 될 수 있다.

ETHICAL & SOCIETAL ISSUES

사이버 공간에서의 법적 관할

인터넷을 사용하다가 폭력과 증오를 설파하는 악성 사이트를 발견했다고 가정해보자. 당신은 해당 사이트를 신고하지만 해당 사이트의 서버가 외국에 있어 자국의 법으로는 처벌이 불가능하다는 답변을 받았다. 혹은 서버가 해외에 있는 사이트에서 물건을 구매 했는데 예상했던 것보다 제품의 질이 안 좋아서 판매자를 연락했으나 판매자는 무례하게 응대하였다. 당신을 판매자를 고소하기로 결정하였는데 어느 나라의 법에 의거하여 고소하여야 할까? 이런 문제는 오늘의 글로벌한 시장에서 발생하는 법적인 문제의 극히 일부이다.

- **해외 웹사이트** - Dawn Thompson는 교통사고로 마비가 되었지만 이를 극복하고 로맨스 소설 작가가 되어 상을 받았다. 그녀가 2008년에 사망하면서 책의 인세와 로열티 등 유산을 장애를 앓고 있는 여동생 앞으로 남겨두었다. 좋은 소식은 그녀의 책이 아직도 전 세계적으로 잘 팔리는 책이라는 것이지만 안 좋은 소식은 Thompson의 작품이 한 해외 웹사이트에서 무려 4800번이나 불법다운로드 되었다는 것이다. 이런 무법 사이트들은 미국의 영외에서 활동하며 미국법상 저작권을 보호받는 많은 책, 영화, 음악 등을 제공한다. 2012년 초 Megaupload라는 대형 파일 공유 사이트 중 하나가 FBI에 의해 검거되었다. Megaupload, Ltd.는 몇 개의 자매 웹사이트와 함께 서버가 홍콩에 있었는데 1억 7500만 달러 이상의 부당이익을 취했으며 저작권 소유주에게 총 5억 달러 이상의 피해를 입혔다. Megaupload와 같은 사이트 들은 어떤 브라우저를 통해서든지 파일을 받을 수 있어 '사이버사물함'이라고도 불린다. 이런 사이트들에는 주로 해적판 영화, TV쇼, 음악, 이북, 소프트웨어 등이 도배되어 있다. (Fowler, 2012년 1월 20일) 미국의 소비자들은 인터넷의 적극적인 사용을 통해 미국의 작가, 편집자, 제작자와 음악가들에게 그들의 작품을 공유할 것을 간접적으로 요구한다. 공정한 사업활동을 위해 이들의 저작권은 보호받아야 마땅하지만 미국의회가 2012년 초 발의한 'Stop online piracy' 법안이 격한 반대 끝에 반려되었다 (McaCullagh, 2012년 3월 30일). 저작권 보호를 위해 인터넷 검열을 도입하는 것은 미국의 수정헌법 1조 의사 표현의 자유를 침해할 우려가 있어 조심스럽다.
- **누구에 의한 소비자 보호?** - 전자상거래에 문제가 생기면 소비자는 어디에 고소를 할 수 있을까? 해외 쇼핑사이트로부터 물건을 구매 했는데 제품이 너무 늦게 오거나 하자가 있는 제품이 왔다고 가정해보자. 환불이나 교환을 요청했지만 판매자가 응답하지 않아 그를 고소하기로 했지만 어디에 고소장을 접수해야 할까? 당신이 사는 나라? 판매자가 위치한 나라? 아직 많은 나라들에서는 전자 상거래에 대한 분쟁을 고소할 수 있는 기관이 어디인지가 모호하다. 2000년 11월, 유럽 연합은 고소 대상이 EU 회원국 내에 적을 두고 있으면 소비자가 이를 고소 할 수 있는 법을 통과시켰다. 이 법이 통과되기 전에는 1968년 브뤼셀 협약 (연합 내의 상업적인 불법활동을 규제하는 협약) 에 의거 문제가 된 판매처가 위치한 나라에서만 소송을 제기할 수 있었다. 하지만 이제는 문제가 발생 했을 경우 소비자는 소비자가 거주하는 나라의 법원에 소를 제기할 수 있다. 많은 판매상들이 이 법에 반대하였지만 소비자들은 그들이 거주하는 나라의 법원을 통해 분쟁을 해결 할 수 있다면 더 많은 온라인 쇼핑이 발생할 것이라고 주장하였다.
- **관할에 대한 두 가지 접근** - 본 바와 같이 전자상거래의 법적 관할과 관련된 문제는 매우 광범위하다. 미국의 연방통상위원회 (Federal Trade Commission, FTC)와 유럽의 정부들은 유럽 연합 내부에서 합의된 협약과 비슷한 것을 그들 사이에서 만들고자 했다. 이런 협약에는 두 가지 접근 방식이 있는데 첫 번째 방식은 '소속국가 기반 원칙'이다. 이 원칙에 따르면 모든 분쟁은 소비자의 소재 국과 관계없이 문제가 된 업체의 웹페이지 서버가 존재하는 나라에서만 해결이 가능하다. 따라서 모든 소송은 업체가 위치한 나라의 법에 따른다. 이런 원칙을 따른다면 기업들은 소비자 보호법이 느슨한 나라에 웹페이지 서버를 개설할 것이다. 또 다른 접근은 '목적 국가 기반' 원칙이다. 이 원칙은 반대로 소비자가 위

치한 나라 해당 나라의 법에 근거해 관련된 분쟁을 처리할 수 있도록 한다. 유럽 연합은 연합 내의 분쟁에 대해서는 이 방식을 취하였지만 연합을 넘어선 국제적인 합의를 끌어내기 위해서는 꽤 오랜 시간이 필요할 것이다.

법의 장벽

각 나라별로 법이 상이하다는 것은 국제 비즈니스에 전반적으로 큰 영향을 주지만 특히 전자상거래에 미치는 영향이 더 크다. 서로 다른 법체계는 국경을 넘어선 데이터의 전달, 자유로운 의사 표현과 판매자와 구매자 사이에 분쟁이 발생하는 경우에 큰 문제를 야기할 수 있다.

개인정보보호법

많은 수의 국경을 넘는 데이터를 전달하는 것과 관련된 분쟁은 국제 협약을 통해 해결되었지만 한 가지 문제는 아직 미해결로 남아있다. 국제 거래 진행 시 개인 정보를 보호하는 정도에 대한 문제이다. 흥미롭게도, 개인정보의 중요성에도 불구하고 미국과 다른 많은 국가들의 법에는 그 가치조차 명기하지 않은 경우가 많다. 어찌 되었던 많은 민주주의 국가들은 개인정보를 보호하고자 노력한다.

POINT OF INTEREST 국제 불명예의 전당

Privacy International (PI)는 빅브라더 효과에 반격하는 국제단체이다. 이들의 목적은 정부에 의한 개인의 감시나 사생활 침해를 반대하고 세계적으로 개인정보와 사생활 보호를 도모하는 것에 있다. PI가 진행한 유럽의 인권과 사생활 보호에 대한 보고서에서 전자 개인정보 보호센터 (Electronic Privacy Information Center, EPIC) 과 미디어 커뮤니케이션 연구소 (Center for Media Communication Studies, CMCS)의 척도에 의하면 유럽의 민주주의국가들의 개인정보 보호 수준은 일부 국가를 제외하고는 양호하다고 판단하였다. 크로아티아에서는 보안 서비스를 평가, 관리하는 직접적인 시스템이 부재했으며 의료 정보를 중앙 시스템을 통해 관리하고 있었다. 또한 크로아티아와 불가리아에는 정당한 법적 허가나 보증 없이도 제 3의 단체가 보유한 개인정보를 신뢰할 수 없는 기관이 직접 접근, 활용할 수 있었다. 보고서의 유럽 연합에 대한 최종 평가는 다음과 같다: 강대국으로서는 개인정보 보호 규정이 평균 이하였으며 개인에 대하여 지나치게 감시하는 경향이 있다. 보안과 관련된 리스크와 일부 국가에 존재하는 정부의 광범위한 감시는 외부에서 그곳에 지부를 만들거나 사업을 시작하는 것을 저지하는 요인으로 작용할 수 있다.

출처: European Privacy and Human Rights (EPHR) 2010. (2011년 1월 26일): Privacy International, the Electronic Privacy Information Center (EPIC), Center for media and Communications Studies (CMCS)

국가들은 개인정보 보호에 대하여 서로 다른 입장을 취하는데 이는 그들의 법에 잘 들어나 있다. 어떤 나라는 정보의 자유로운 이동을 보장하고 활발한 마케팅에 활용 할 수 있도록 하기 위해 개인정보에 대해서 조금 느슨한 태도를 취하는 반면 다른 나라들은 개인의 허가 없이 그 어떠한 개인 정보를 취합하는 것을 금하기도 한다.

유럽 연합은 데이터 프라이버시에 대한 지침을 만들었고 각 국가들이 지침에 따라 법을 제정하였다. 이 법은 주로 '정보 보호법'이라고 명명되어 있고 법 내에서 연합은 개인정보를 '식별된 혹

은 식별 가능한 자연인을 추정하는데 관계된 모든 정보; 여기서 식별 가능한 자연인이라 함은 고유 식별 번호 혹은 신체적 / 심리적 / 정신적 / 경제적 / 사회적 / 문화적인 요소 중 하나 이상의 요소를 사용, 직간접적으로 특정 가능한 개인을 뜻한다.' 이 지침의 원칙은 미국의 많은 기업들의 업무 방식과 현저한 차이를 보이며 미국과 유럽 연합 사이의 개인정보 교류를 제한한다. 아래의 예시들을 살펴보자.

- 개인정보는 합법적이고 명시적이고 특정적인 목적이 있는 경우에 한해서만 수집이 가능하며 수집 목적과 부합하지 않는 용도로는 사용될 수 없다. 하지만 미국에서는 기업들이 사용자에게 취합된 개인 정보를 어떻게 사용할지 목적을 밝히지 않고 취합 할 수 있다. 많은 미국의 기업들이 원 수집 목적과는 다른 용도로 취합한 개인정보를 사용하며 상당수 기업들은 다른 기업들로부터 개인정보를 구매하기도 하여 정보를 취합 당한 개인은 정보가 취합된다는 것과 취합된 정보가 사용된다는 사실 조차 모르는 경우가 많다. 매우 당연하게도 유럽 연합의 지침에 따르면 이런 행동은 불가능하다.
- 개인정보는 정보 수집의 대상이 지침이 제시한 상황 하에 확실한 동의를 표한 경우에만 수집, 이용 될 수 있다. 미국 법에는 이러한 사항이 없어서 사기관들은 대상의 동의 없이, 사실상 어떠한 목적을 위해서든 원하는 모든 개인정보를 취합할 수 있다.
- 개인 정보를 간접적으로 전달 받는 개인이나 기관 (지침에서는 이를 '관제관' 이라고 표현한다) 해당 인에게 본인/기관이 개인정보를 전달 받았음을 명시적으로 알려야 한다. 미국에서는 많은 기관들이 제 3의 업체로부터 개인정보를 구매 하며 정보의 당사자에게 알리는 일은 없다.
- 개인은 관제관으로부터 언제 어느 때든 추가적인 비용이나 기간 소요 없이 그들의 정보가 활용되는지 여부, 누구에게 정보가 제공되었는지, 정보를 제공한 당사자가 누구인지를 요청할 권리가 있다. 또한 적어도 자동 의사결정 시스템에서 유관된 정보를 활용한 것에 대한 상세 설명을 요청할 권리가 있다. 의사결정이라 함은 의사결정 지원 시스템과 전문가 시스템을 활용하여 고용, 신용기한연장, 교육기관의 입학 등의 결정을 내리는 것을 뜻한다. 미국 법은 그 어떠한 것도 요구하지 않는다.
- 개인은 자신의 정보가 최초로 제 3의 기관에 공개되거나 직접 마케팅에 활용될 때 알림이 주거나 개인 정보의 직접 마케팅 활용을 원하는 때에 추가 비용 부담 없이 거부할 권리가 있다. 이에 더하여 관제자 또한 정보의 제 3 기관 공개를 당사자가 무료로 거부할 권리를 제공해야 한다. 미국에서는 개인 정보가 직접 마케팅에 특히 많이 활용되며 정보 수집 대상에게 기업이 해당 개인의 정보를 제 3 기관을 통해 획득했음을 알릴 의무도 없어 수취한 정보의 제 3자 공개를 거부할 권리를 제공하는 경우 역시 거의 없다.

미국의 기업들은 마케팅과 의사결정에 활용하기 위하여 매우 바쁘게 개인정보를 모으고, 구매하고, 판매한다. 미국의 관점은 특히 마케팅과 신용기한연장 등 효율적인 기업 활동을 위해서는 이러한 일들이 꼭 필요한 것이라 생각한다. 따라서 유럽과 미국의 거대한 접근 차이는 정보의 자유로운 흐름을 허용하지 않는다.

적용 가능한 법

본 장의 '도적적 & 사회적 이슈' 란에서 논한 바와 같이. 각 나라별로 표현의 자유를 규제하는 정도가 달라 기업이 해당 웹페이지에 표기할 수 있는 내용에 영향을 끼친다. 전자상거래에 영향을 미치는 다른 법들 중에는 도박, 경매, 주류판매, 약물 판매 등의 영역이 있다. 해당 지역에 온라인 사업을 설립한 후 진행하고자 하는 사업이 해당 지역의 법에 어긋난다는 것을 알게 된 기업들이 많다. 예를 들면, ebay는 이탈리아와 네덜란드에서는 경매를 진행 할 때에는 반드시 허가 받은 경매사하 현장에 있어야 하는데 이 법이 해당 국가에서는 온라인 경매를 불법으로 만들었다. 어떤 나라들은 전자상거래가 가능하도록 법 규정을 수정한 곳도 있지만 그러지 않은 나라들도 있다. 기업의 대표에게 법의 관할권과 관할권 사이의 법적인 차이가 있다는 것이 놀라운 것이 되어서는 안 된다. 사업을 하고자 하는 곳의 법에 대해서 철저히 조사하여야 한다. Yahoo!와 ebay등 여러 개척자들의 사례로 많은 회사들은 새로운 법 관할권에서 사업을 시작하기 전에 법률 전문가를 고용하여 조사를 진행한다. 대게 이러한 조사는 지역 문화와 관심을 조사하는 과정의 일부로 진행된다. 어떤 기업들은 지역 전문가를 고용하여 해당 지역에 진출 할 경우 고려해야 할 사항들을 조사하는데 도움을 받기도 하며 어떤 경우에는 다 같이 특정 지역에서 사업을 진행하지 않기로 기업들끼리 약속하기도 한다.

전에도 언급된 바와 같이 온라인 전자상거래 회사가 직면하는 법적인 장벽은 국가 내에서도 존재한다. 예를 들자면, 미국의 각 주들은 주류의 판매, 배송에 대하여 각기 다른 법을 가지고 있다. 온라인을 통하여 개인에게 주류를 판매하는 회사는 소비자가 거주하는 주가 주류의 배송을 허가하는지 확인하여야 한다. 주류 배송이 불법인 곳에 배송하는 것은 범죄가 된다.

시차

다국적 기업 등 지구 전 지역에서 활동하는 기업들은 고용한 직원과 정보 시스템 각각을 위하여 두 종류의 업무 정책을 수립하여야 한다. 화상 회의 시스템이 매일매일 24시간 사용 가능해야 시차가 다른 지역에서 근무하는 직원들이 당면한 문제를 실시간으로 논의하여 시급한 문제에 대한 해결책을 강구할 수 있다. 지원부서의 직원들은 고객을 24시간 응대하기 위하여 별도의 교대 근무 표를 짜야한다. 북미의 관리직원들이 호주에 있는 관리직원들과의 화상회의를 계획할 때 금요일 오후에 회의 일정을 잡으면 호주에서는 토요일 아침에 출근해야 한다는 것을 알고 있어야 한다. 또한 글로벌 SCM 시스템에서는 기록된 배송과 지불 시간이 틀리게 보일 수도 있다는 것을 알고 있어야 한다. 예를 들면 펜실베이니아의 제조 플랜트와 대한민국의 조립 플랜트 사이에 배송이 있었다고 가정해보자. 대한민국은 펜실베이니아보다 14시간 빠르기 때문에 선적 기록에는 펜실베이니아에서 자제가 출고된 시간이 대한민국에서 주문을 넣은 시간보다 하루 이른 날짜로 찍힐 수 있다. 혼란을 줄이기 위해 시스템에 입력되는 시간을 입력 하는 지역의 시간으로 하도록 정책을 통일하거나 하거나 본사의 시간을 기준으로 와 같이 하나의 시간 기준을 정하여 입력하는 방법 등 취할 수 있다.

주요 도시의 시차로 말미암아 24시간 운영이 필요하다.

다시 킴볼 레스토랑으로 돌아가서 (KIMBALL'S REVISITED)

리즈는 식재료 공급 회사를 평가 할 때 마이클이 준 조언을 반영하였다. 그녀는 해외 공급 업체의 목록을 정리하여 각 업체가 취급하는 품목과 가격을 정리하였다. 이 목록에는 업체의 이름, 웹페이지 주소, 연락처, 구매할 품목을 정리하였다. 그녀는 신규 도매상들을 POS 시스템의 식자재 목록과 연동시켜야함을 알고 있다.

당신의 추천은?

1. 다른 나라의 도매상과 계약하는 것은 국내 공급자와 계약하는 것 과 달리 몇가지 문제점을 야기할 수 있다. 리즈와 마이클이 해외 도매상에서 주문을 할 때 고려해야 할 사항으로는 무엇이 있을까? 그들은 온라인을 통해 주문하는 것이 좋을까 오프 라인으로 주문하는 것이 좋을까?
2. 리즈는 해외에서 공급받은 식자재를 POS 시스템에 등록 할 때 어떠한 사항을 고려해야 할까?

새로운 시각

1. 리즈와 마이클이 몇 년 전 여름 스페인에 있었을 때 리즈가 인근 식당을 위하여 몇 가지 소스와 에피타이저를 만든 적이 있는데 현지 요리사의 평가가 긍정적이었다. 타일러와 마이클은 이 음식을 미국 국내뿐만 아니라 해외에서도 판매하면 어떨까 고려하는 중이다. 이들이 미국 내에서 판매하기 위한 웹페이지와 유럽에서 판매하기 위한 웹페이지를 구축한다고 하면 어떠한 조언을 해줄 수 있을까?

주요용어

EAN, 340	UCC, 340	글로컬라이제이션, 332
GTIN, 340	글로벌 정보시스템, 330	UPC, 340

리뷰 질문

1. 글로벌 정보 시스템은 무엇인가?
2. 기업의 대표들은 '국제적으로 생각하고 지역적으로 행동하라'는 조언을 많이 받는다. 무슨 뜻인가?
3. 제조사들과 판매사들은 오랫동안 바코드를 이용해왔다. UPC의 12자리 코드보다 EAN의 13자리 코드가 추가로 저장할 수 있는 정보는 무엇이며 이 정보가 왜 중요한가?
4. 모든 웹사이트는 정보 시스템의 한 형태인가? 예/아니요 답변에 대한 이유를 서술하시오.
5. 자동 번역 소프트웨어를 사용하는 것은 시간과 노동을 절약할 수 있다. 당신이 다국적 웹페이지를 운영하는 기업의 대표라면 프로그램을 사용한 번역을 사용할 것인가? 예/아니요 답변에 대한 이유를 서술하시오.
6. 많은 기업들, 특히 다국적 기업은 모든 보고서의 형식과 표기 단위를 통일하여 원활한 소통과 작업이 가능하도록 하여야 한다. 어떻게 해야 실시간으로 필요한 단위로 표기 된 보고서를 주고받을 수 있을지 그 방법을 서술하시오.
7. 대다수 유럽의 국가들이 미국보다 엄격하게 개인정

보를 보호한다. 이러한 태도의 차이가 각 대륙에서 활동하는 다국적 기업의 활동에 어떠한 영향을 끼치는가? 사업의 관점에서 어떠한 기능 혹은 활동이 가장 큰 영향을 받는가?

8. 문화 제국주의의 예를 3가지 들어보시오. 왜 그것이 문화 제국주의인지 설명하시오.
9. 웹 검색이 주 사업인 미국의 회사들이 특정 국가에서 정치적인 문제를 겪었다. 이러한 예를 2가지 들어보시오.
10. 시차가 글로벌 공급 체인 관리에 미치는 영향에 대해서 설명하시오.
11. 나라에서는 소속 국가 기반 혹은 목적 국가 기반 두 가지 관점 중 하나를 취할 수 있다. 이 두 가지 관점의 차이점을 서술하시오. 소비자에게 더 유리한 것이 어떤 관점이고 판매자에게 더 유리한 것은 어떤 관점인가? 설명하시오.

토의질문

12. 다음 기업들의 국적은 어디일까? 여기서 국적은 해당 기업이 등록되어있는 소재지를 뜻한다: SAP (소프트웨어), BP (가스), CheckPoint (보안프로그램), LG (전자제품), Corona (맥주), Heineken (맥주), Goodyear (타이어), JVC (전자제품), Braun (소형가전), Siemens (전자제품), Noika (휴대전화), Business Objects (소프트웨어). 당신이 생각하기에 만약 회사의 본사가 버뮤다에 있다면 이 회사는 버뮤다 회사일까? 그렇다면 어째서 그렇게 생각하는지, 아니라면 어째서 아니라고 생각하는지 서술하시오.
13. 미국은 몇 가지의 기술을 전 세계에 무상으로 배포하였다. 이러한 기술 중 2가지 이상을 서술하시오. 당신이 보기에는 이 행위가 자선의 의미가 있다고 보는가 아니면 미국에서 이 기술을 배포함으로서 얻는 이득이 있어서 배포하였다고 보는가?
14. 미국 상무부는 암호화 소프트웨어의 수출 규제를 완화 하였지만 비슷한 제품들의 수출은 여전히 강하게 금지한다. 이런 정책에 찬성하는가? 찬성/반대의 이유를 서술하시오.
15. 대부분의 유럽 연합 소속 국가들은 유로라는 통일된 화폐를 사용한다. 이것이 국제 IS를 만드는데 도움이 되는가, 방해가 되는가? 정보시스템의 사용을 활성화 시키는가 그렇지 않은가? 설명하시오.
16. 미국이 개인정보에 대해 민감한 정도를 고려했을 때, 미국 시민들은 정부가 개인정보를 취합/이용하는 것과 일반 사기업이 개인정보를 취합/이용하는 것 중 어느 것에 더 민감하게 반응할 것인가? 서유럽과 비교하여 설명하시오.
17. 표면적으로 유럽 연합의 개인정보 보호법이 미국의 그것보다 더 엄격하다. 그리고 많은 미국의 기업들이 유럽의 데이터 보호 지침을 따르기를 거부한다. 이 분쟁을 어떻게 해결할 수 있다고 생각하는가?
18. 만약 영어를 사용하지 않는 국가에서 인터넷을 만들었다면 그 나라가 자신의 문화 제국주의를 웹에 반영하였을 것 같은가? 왜 그런지 혹은 아닌지 그 이유를 서술하시오.
19. 전자상거래에서 소속 국가 기반과 목적 국가 기반 중 어떤 접근을 더 선호하는가? 이 문제에 대해서 사업가/소비자의 입장에서 각각 답변하시오.
20. 만약 어떤 국가가 전자상거래의 법적인 접근 중 소속 국가 기반 원칙을 채택한다면 기업들은 그 국가에서 활동하기 위해 근거지를 옮길 것이다. 왜 그럴까 그 이유를 서술하시오.
21. 한 미국의 기업이 켈리포니아와 일부 아시아, 유럽의 기술자들을 고용하였다. 이 기술자들은 이메일, VoIP, 화상회의와 프로젝트 관리도구를 통해서 소통한다. 미국의 기술자들은 'Lets touch base in a week', 'Right off the bat....', '.... all the way to the end zone.' 등의 표현을 사용하는데 대표는 그러한 표현을 지양하도록 지시하였다. 왜 그랬을 지 그 이유를 서술하시오.

개념 적용

22. 당신은 미국 내에서 Ebay와 Yahoo!의 경쟁 옥션 사이트인 Bidway.com의 대표다. 운영진은 웹페이지를 전 세계 이용자가 접속 할 수 있게끔 변경하기로 결정하였다. 당신은 국내 사업이 국제 사업으로 잡음없이 확장 할 수 있도록 필요한 정보를 수집하는 역할을 담당하게 되었다. 당신이 일부 나라로의 진출이 너무 위험하다고 판단하면 운영진은 당신의 의견을 받아들여 해당 국가의 입찰 참여를 금지할 것이다. 따라서 당신은 잠재 시장을 잃지 않도록 주의하여 판단하여야 할 것 이다. 각 나라에서 어떠한 정보를 수집할 것인지 계획을 세우고 왜 해당 사항이 중요한지를 설명하시오.

23. 왜 미국은 아직까지도 영국식 도량형을 사용하는가? 가장 마지막으로 미터법으로 변경을 시도한 때가 언제인가? 영국식 도량형을 사용하는 것이 미국 기업들의 국제 상거래에 불리하게 적용하는가? 소프트웨어가 어떻게 이 문제를 해결하는데 도움을 주었는가? 인터넷을 사용하여 이 문제를 해결하는 소프트웨어를 2종류 이상을 조사, 나열하고 발견한 것을 2장 이내의 보고서로 작성하시오.

실습 활동

24. 당신은 미국에 본사를 둔 다국적기업인 Aladdin Rugs, Inc., 의 영업관리자다. 매월 말 당신은 각 영국, 독일, 일본 지역의 영업 관리자에게 영업 실적 보고서를 받는다. 지역 담당자들은 보고서를 작성 할 때 본인들이 활동하는 지역에서 사용하는 단위를 사용하여 보고서를 작성했다. 스프레드시트를 이용하여 다음과 같이 단위들을 통합 할 수 있는 프로그램을 작성 하여라.

가. 총합 항목에는 제곱 야드를 제곱 미터로 변경할 수 있는 식을 입력하고 그 밑에는 4개의 국가 면적을 제곱 미터로 나타낼 수 있는 식을 입력하시오.

나. Wall Street Journal과 같은 금융 잡지나 검색을 통해 매월 마지막 영업일 기준으로 해당 통화와 USD의 환율을 확인하고 스프레드시트에 보고받은 금액을 USD로 표현 할 수 있는 식을 입력하시오. (추가과제: 메크로 기능을 이용하여 해당 기능을 작성하시오)

다. 작성한 수식을 실제 값을 대입하여 확인해보시오

25. 구글 등 다른 엔진들은 웹기반 번역 서비스를 제공한다. 이런 서비스의 번역 수준을 확인해보시오. 영어로 50단어 내외의 문장을 입력하고 그것을 독일어나 다른 익숙한 언어로 번역해서 그 번역 결과를 반대로 영어로 다시 번역해보시오. 원래의 문장과 재번역 된 문장이 얼마나 일치하는지 비교하여 보고서를 작성해보시오. 번역 도구로 번역된 문장은 표현하고자 하는 원래 문장의 의미를 정확하게 전달하였는가?

팀 활동

26. 3명이 한 조가 되어 인터넷 검색을 할 3개의 키워드를 선정해보자. 3명 모두 동일한 검색 엔진을 사용하여야 한다. 팀원들은 각각 미국, 독일, 프랑스, 네덜란드의 검색 결과를 총 검색 결과 개수, 영어가 모국어는 아니지만 모국어만큼이나 흔하게 쓰이는 나라들에 출처를 둔 페이지의 개수를 (많은 미국 외의 페이지들도 .com이나 .org등의 최상위 도메인을 사용하기 때문에 단순히 최상위 도메인을 이용하여 해당 웹페이지의 국적을 가늠할 수는 없다. IP추적등의 방법을 이용하여야 하는데 이 부분에 대하여 사전 협의가 있어야 할 것이다.) 기록하여 짧은 보고서를 준비하시오. 인터넷 상에 얼마나 영어가 지배적인지 결론을 내리고 인터넷이 '미국화'되었다고 생각하는지, 발견한 것이 문화제국주의에 해당하는지에 대한 본인의 의견을 서술하시오.

27. '전자 이민자' 는 다른 나라에 소재한 기업에 고용되어 현재의 나라에 거주중인 사람들이다. 이런 사람들은 업무 아웃소싱의 결과로 생기는 사람들인데 이 사람들은 업무 수행의 결과물을 인터넷이나 다른 폐쇄된 망을 통하여 제출한다. 팀으로 소프트웨어 개발을 포함한 4개의 서로 다른 산업군에서 2개의 기업을 선정하여 조사를 진행하시오. 연구의 제목은 "전자 이민자: 경제적 정치적 함의" 이며 2개의 기업 인사 담당자와 연락하여 다음 사항들에 대한 그들의 의견을 청취하시오: 기업 측에서 전자이민자를 고용할 수 있는가, 경쟁 기업이 전자이민자를 고용한다면 해당 기업에게 불리하게 작용할 것인가? 인사담당자로서 이런 현상이 국부에 도움이 된다고 보는가? 정치적인 영향을 끼칠 것이라 예상되는가? 작성하는 보고서의 반 페이지 가량은 해당 기업을 소개하는데 할애하시오.

생각에서 적용까지: 실제사례

유니레버의 간소화

유니레버는 식음료, 세제, 위생용품 등을 취급하는 다국적기업이다. 북미에서만 400만 명의 고객을 보유한 이들의 데이터베이스 규모는 매우 거대하다. 유니레버의 브랜드 중 하나인 도브를 생각해보자. 이 제품은 해외로 수출될 때 각 지역에 맞는 포장재와 해당 지역의 법을 준수하는 언어 표기 등을 사용해야 한다. 생산 관리자들은 전 세계 곳곳에 있는 판매관리자들과 협력하여 해당 지역에 필요한 물품이 정확히 배송되도록 관리하여야 한다. 이를 도브 뿐만 아니라 유니레버의 90종에 달하는 다른 제품들에 대해서도 적용해야 한다니 오고가는 정보의 양이 얼마나 많을지 상상이 될 것이다.

거대한 제품 정보 데이터베이스에 접속하는데 정보의 양이 너무 많아 시간이 지연되기 시작하자 고객 응대에 걸리는 시간이 늘어나고 정확한 정보 전달에 어려움이 생기면서 제품 판매에 부정적인 영향을 끼치기 시작했다. 관리자들은 필요한 정보가 너무 너무 늦게 찾아지거나 아예 찾을 수 없어 업무를 수행하는데 차질이 발생하였다. 유니레버는 몇 년에 걸처 제품과 건강에 대한 정보와 원료 등에 대한 데이터베이스를 구축하여 판매원들이 접속할 수 있도록 하였다. 판매원들은 직접 고객과 1:1로 대면하는 사람들이기 때문에 필요시 바로바로 이러한 정보를 확인할 수 있어야한다. 문제는 이 데이터베이스가 별도 관리 부서 없이 여러 사람의 손을 거쳐 만들어졌다는 것이다. 어떤 정보는 데이터베이스에 중복으로 기록되고 어떤 정보는 잘못된 분류로 기재되고 어떤 정보는 아예 없는 등 데이터베이스 자체가 매우 사용하기 불편한 구조였다. 고객 문의 센터에서는 하나의 정보를 찾기 위하여 단계별 검색을 했어야 하는데 이를 위해 6번이나 클릭하여야 했고 자연스럽게 고객 응대에 걸리는 시간도 늘어났다. 이런 무질서하고 접근하기 어려운 데이터베이스 때문에 유니레버는 두 방면으로 추가적인 비용을 지출하고 있었다. 첫 번째는 해외 사업을 지원하는데 시간과 비용이 증가했다는 것이고 두 번째는 판매원들의 판매 실적에 악영향을 끼친다는 것이다. 전화응대 시스템 또한 중앙 관리가 가능하도록 업데이트가 필요했다. 말할 필요도 없이 유니레버의 데이터베이스는 개선해야할 부분이 많았다.

유니레버는 Astute Solutions를 고용하여 제품 정보를 간소화하였다. 또한 데이터베이스 검색에 원클릭 시스템을 도입하여 판매원의 편의를 증진, 고객 응대에 걸리는 시간을 감축하였고 동시에 정확한 응대가 가능하도록 하였다. 또한 데이터베이스에 제품의 라벨을 이미지로 업로드하여 직원들이 때로는 발음하기도 어려운 제품의 원료를 앉은 자리에서 확인할 수 있도록 하였다. 기초적인 부분이기는 하지만 Astute Solutions는 데이터베이스와 시스템 곳곳에 있는 오탈자도 확인하여 수정하였다. 모든 전화응대 시스템은 ePowersystem에서 제공하는 CRM 소프트웨어에 연동하여 각 권역별 콜센터들을 중앙에서 관리할 수 있도록 하였다. 모든 전화 내용은 녹음되어 차후 발생할 수 있는 문제들을 방지하였다. 유니레버는 Astute 의 시스템 중 사용하면서 배우는 방식을 채택하여 전통적으로 사용하는 별도 교육프로그램 운영 방식 대비 비용과 시간을 절약하였다.

일부 직원들은 이러한 변화를 달가워하지 않았지만 결국에는 빛을 보았다. Astute Solution의 작업 사용하기 쉬워진 데이터베이스는 내부 직원 문의 응대 팀의 업무 분량을 50%가량 감소시켰으며 95%의 검색 정확도와 90%의 이메일 문의량 감소를 경험하였다. 결과적으로 440만 달러를 아낄 수 있었고 9백만 달러의 추가 판매 이익을 얻을 수 있었다. 이러한 통계적인 결과 외에도 전사적으로 접근 가능한 조직화되고 간소화된 제품 정보에 대한 데이터는 데이터 자체에도 가치를 더한다. 유니레버의 간소화된 데이터베이스는 필요 응대 시간을 효율적으로 감소하여 고객 응대에 소요된 몇 백만 달러의 추가 비용을 감소시켰다. 유니레버는 더 나아가 소셜미디어를 활용한 고객응대를 준비해야 할 것이다.

출처: Beck, K. (2011). Information overload. Customer relationship management, 15, 38-38. Sherlock, A. (2012). Manageing Information Overload. Parmaceutical Executive, 32(5), 58, 60.

사례에 관해서 생각해 볼 점

1. 왜 다국적 기업은 지역 판매 관리자와 생산/유통 관리자 사이에 명확한 의사소통이 가능해야 하는가? 이것이 영업에 직접적으로 미치는 영향은 무엇인가?
2. Astute Solution의 작업으로 유니레버가 추가 비용 지출을 아낀 분야들을 서술하시오. 판매원의 입장에서 왜 이것이 긍정적인 영향을 끼쳤다고 생각하는지 서술하시오.
3. 중앙 관리되는 제품에 대한 정보 데이터베이스를 전사적으로 접근 가능하게 하는 것의 장점은 무엇인가? 리스크는 무엇인가?
4. 유니레버의 판매원들이 사회관계망을 통하여 고객과 더 가까이 소통하고자 한다면 어떻게 해야 할 것인가?

아베크롬비&피치의 중앙 집중과 확장

아베크롬비&피치 (이하 A&F)는 해외사업으로 확장하면서 정보의 효율적인 운영의 중요성을 깨달은 국제 의류 소매 업체이다. A&F에게는 해외시장은 낮은 광고비와 높은 수익을 얻을 수 있는 시장이어서 사업 확장을 계획하고 있었다. 2006년과 2007년에 각각 캐나다와 영국에 진출하면서 A&F는 추가 해외진출에 대한 가능성을 확인하였다. 하지만 그들의 정보 시스템은 사업 확장을 지원하기에는 미비한 점이 많다는 것을 알고 있었다.

A&F는 재무 투명성이 매우 낮았다. 관리자들은 스프레드시트 데이터를 사용해 향후 구매 계획을 세웠기 때문에 발주한 물량이 과한지 부족한지 판단 할 수 가 없었다. 매장 배치는 매장 담당자가 매장에 배당된 물량을 바탕으로 정한다. 만약 제품의 공급에 차질이 생긴다면 담당자는 매장 배치를 새로 기획하여야 한다. 하여 매장 담당자들은 필요 이상의 물량을 주문하고 보관하기 시작했다. 모든 물류는 오하이오 주 콜롬버스에 있는 A&F 중앙 물류창고에서 개별 매장의 주문이 있기 전까지 보관되었기 때문에 해외 매장에 필요한 물량을 조달하기가 어려웠다. A&F의 이러한 물류관리와 상품관리시스템은 해외사업을 통한 기업의 성장을 지원하기에는 매우 부족하였다.

A&F가 경험한 해외 진출과 동반한 정보 유입량 증가를 지원하기 위하여 데이터의 흐름을 한눈에 파악할 수 있는 운영 플랫폼과 POS를 위한 인프라가 필요함을 알고 있었다. 해외 소매업에 종사하는 기업은 현재 취급할 수 있는 정보를 바탕으로 향후 큰 영향을 끼칠 수 있는 의사결정

을 내린다. 필요한 시점에 필요한 정보를 바탕으로 의사결정을 내리지 못한다면 이런 기업들은 큰 피해를 입을 수 있다. A&F는 오라클의 Retail Merchandising System을 물류 본사가 있는 오하이오 주, 콜롬버스에 도입하였다. 이를 통해 국 내외 모든 매장의 물류 정보를 중앙에서 관리할 수 있게 되었다. A&F는 또한 오라클의 Retail Point-of-sales system을 도입, 전 세계 1,100개 매장의 정보를 실시간으로 취합하여 사업의 전방에 변화를 시도하였다. 각 매장은 초대 30개의 매장을 관리하는 지역의 데이터베이스와 연동되었다. 이렇게 하여 실시간으로 수집되는 정보를 바탕으로 본사의 담당자들은 그 자리에서 적절한 의사결정을 내릴 수 있게 되었다. 새로운 시스템 덕분에 전 세계의 공급체인, 재고관리, POS관리 등 물류의 이동을 한눈에 확인 할 수 있게 되었다.

플랫폼 도입 후 재고 주문 정확성이 94%에서 100%로 상승하였고 해외 매장으로부터의 수익이 약 10억 달러에 달했다.

항공물류가 전체 물류 배송의 25%에서 8%로 줄어들어 물류에서 큰 비용을 절감할 수 있었다. A&F의 소프트웨어는 전 세계 매장의 물류 이동을 실시간으로 보여준다. 새로운 POS 소프트웨어는 재고, 유통관리 등의 관리 부서에게 도움이 되며 이런 정보가 필요한 매장 관리자들은 적절한 필요 물량을 주문할 수 있다. 매장 관리자들이 정확한 물량 파악이 된다면 매장 구성의 잦은 수정을 피할 수 있어 업무의 효율이 오른다. A&F는 과도한 재고로 관리 비용을 추가적으로 지출하지 않고 재고 부족으로 판매 실적이 부진해지는 일들을 면하게 되었다. A&F의 의 개선된 데이터 관리 시스템은 A&F로 하여금 각 매장의 구매 패턴을 분석하여 향후 물량을 결정하는데 도움이 되기도 하는 등 다양한 부가 가치를 더한다.

출처: Amato-McCoy, D. (2012). Mobility 101. Chain store Age, 88(3), 24.

사례에 관해서 생각해 볼 점

1. 해외 사업을 하는 기업이 정보를 중앙에서 관리하고 필요시 필요한 사람이 열람할 수 있도록 하는 것이 왜 중요한가?
2. 적절한 재고 수준을 유지하기 위해 의류 소매상들이 직면하는 과제들은 무엇인가?
3. 효율적인 물류 데이터 관리가 A&F의 항공물류 비용 감소에 어떻게 도움이 되었는가?

참고문헌

3M. (n.d.). History. from http://solutions.3m.com/wps/portal/3M/en_US/3M-Company/Information/Resources/History/#

Aistars, S. (2011, Nov 17). Rogue Websites Stifling American Entrepreneurs, *Roll Call*.

Amari, R. (2012). IBISWorld Journal Industry Report 32552 Adhesive Manufacturing in the US.

Anonymous. (5 April 2012). Prohibited and Restricted Items. Retrieved January 31, 2013, from http://www.cbp.gov/xp/cgov/travel/vacation/kbyg/prohibited_restricted.xml

Anonymous. (2011, Aug 01). Empty wallet is no problem in this electronic age, Irish Times, p. 14.

Anonymous. (2012). Internet Usage Statistics. Retrieved January 2, 2013, from http://internet worldstats.com/stats.htm

Anonymous. (n.d.-a). Google Wallet Overview. Retrieved June 29, 2013, from http://www.google.com/wallet/

Anonymous. (n.d.-b). Number of Credit Cards and Credit Card Holders. from http://www.

cardhub.com/edu/number-of-credit-cards/

Anonymous. (n.d.-c). Where can I use it? 2013, from http://www.paywithisis.com/where-to-use.xhtml

Drucker, J. (Oct 21, 2010). Google 2.4% rate shows how $60 billion lost to tax loopholes. from http://www.bloomberg.com/news/2010-10-21/google-2-4-rate-shows-how-60-billion-u-s-revenuelost-to-tax-loopholes.html/

Fowler, G. A., Barrett, Devlin, and Schechner, Sam (20 January 2012). U.S. Shuts Offshore Fileshare 'Locker'. http://online.wsj.com/article/SB10001424052970204616504577171060611948408.html

Holmes, T. (5 January 2011). How different cultures handle credit cards. http://www.creditcards.com/credit-card-news/credit-cards-indifferent-cultures-1267.php#globalcreditcarduse

Jackson, J. K. (2012). Foreign Direct Investment in the United States: An Economic Analysis.

Lomas, N. (2013). Tablets Continue To Build Momentum As A Place To Pay, Android & iPad Up 5% In 10 Months. Techcrunch.com. http://techcrunch.com/2013/06/06/adyen-m-commerce-index/

MacCullagh, D. (30 March 2012). White House calls for new law targeting 'offshore' Web sites. http://news.cnet.com/8301-31921_3-57407356 -281/white-house-calls-for-new-law-targeting-offshoreweb-sites/

Post, F. (2010). FP 500 Foreign Controlled. from http://www.financialpost.com/news/FP500/2011/foreign-controlled.html?sort=rank&page=1

Woolsey, B. a. S. M. (28 February 2012). Credit card statistics, industry facts, debt statistics. http://www.creditcards.com/credit-card-news/credit-cardindustry-facts-personal-debt-statistics-1276.php

4부 의사결정 지원 및 비즈니스 인텔리전스

- 10장 의사결정 지원 및 전문가 시스템
- 11장 비즈니스 인텔리전스 및 지식 관리

교과서 사례 비즈니스 과제

매년 새 레스토랑들이 문을 연다. 그러나 레스토랑을 효과적이고 수익성있게 관리하는 것은 어려운 일이다. 리즈와 마이클은 정확하고 시기적절한 의사 결정을 통해 새로운 장소에서 성공하기를 원한다. 과거의 레스토랑 운영 및 요리 경험은 유용하겠지만, 사업을 효율적으로 관리하고 재무 및 경영 상태의 추세를 예측하는 것 또한 중요한 요소로 작용할 것이다. 즉 사업을 운영하면서 처리 및 관리되는 데이터 분석을 기반으로 주요 전략 및 운영상의 의사결정이 어느정도 이루어져야 한다.

- 10장 "의사 결정 지원 및 전문가 시스템 (Decision Support and Expert systems)"에서는 의사 결정 지원 시스템으로부터 혜택을 볼 수 있는 비즈니스 및 의사 결정의 특징을 찾아내는 방법과 이러한 의사 결정 지원 시스템을 만들고 사용하는 데 필요한 여러 요인을 학습한다.
- 11장 "비즈니스 인텔리전스 및 지식 관리 (Business Intelligence and Knowledge Management)"에서는 지식 관리 시스템이 비즈니스 프로세스(Business process)를 지원하는 방법과 데이터 마이닝을 사용하여 전략적 이점을 확보하는 방법을 학습한다.

10장

의사 결정 지원 및 전문가 시스템
(DECISION SUPPORT AND BUSINESS INTELLIGENCE)

학습 목표(Learning Objectives)

의사 결정은 경영 활동에서 핵심적인 역할을 한다. 관리자는 대용량의 데이터를 다루고, 관련된 정보 만을 추출 및 종합하여 조직에 도움이 되는 결정을 내려야한다. 사용 가능한 데이터의 양이 늘어남에 따라 의사 결정 과정에서 관리자를 돕기 위한 컴퓨터 기반 보조 장치의 필요성도 커지고 있다.

본 장 학습이 마무리되면 아래와 같은 내용을 배우게 된다:

- 의사 결정의 단계를 나열하고 설명한다.
- 구조화 된 의사 결정과 구조화되지 않은 의사 결정의 차이점을 설명한다.
- 의사 결정 지원 및 전문가 시스템을 구성하는 일반적인 소프트웨어 구성 요소에 대해 설명한다.
- 의사 결정 지원 및 전문가 시스템이 다양한 영역에서 어떻게 사용되는지 예를 들어 설명한다
- 지리 정보 시스템의 일반적인 구성 요소와 용도를 설명한다.

[킴볼 레스토랑: 메뉴 준비]

마이클과 리즈는 The Lakeside 레스토랑의 새 메뉴를 완성했다. 이들은 새 레스토랑을 다른 방식으로 브랜딩하기 위해 몇 개의 시간대별 메뉴를 추가하기로 결정했다. "일요일 아침 식사 및 브런치", "Happy hour bar appetizers" 및 "금요일과 토요일에 심야 식사"를 추가하고자 했다. 높은 회전율을 달성하고 신규 고객을 확보하기 위해 타일러는 주변 회사원들의 퇴근 후 비공식 회식자리를 겨냥한 마케팅 캠페인을 개발했다. 처음 몇 주 후에는 영화, 연극 및 기타 행사에 참석 한 고객을 대상으로 주말 늦은 밤 메뉴를 제공할 계획이다. 또한 리즈는 한 달 안에 일요일 아침 식사 / 브런치를 시작하기를 원했다. 아침 식사를 제공하는 곳은 현지 소규모 식당과 약 5마일 떨어진 레스토랑 두 곳 밖에 없었다.

저녁 식탁에서의 의사결정

새로운 레스토랑에 추가된 메뉴들을 고려할 때, 리즈와 마이클은 예측 시스템을 사용하면 주문 결정에 도움이 될 것이라는 사실을 인지하고 있었다. 새로운 시스템은 식사 및 손님 수에 대한 기록을 제공 할 수 있을 것이다. 그러나 손님 수를 예측하고 식재료를 주문하기 위해서는 일종의 표준화된 프로세스가 필요했다. 리즈는 합리적인 추측을 할 수 있다고 말했다. 그러나 마이클의 생각은 달랐다. "리즈, 우리는 추측에만 의존할 수는 없어. 그리고 주문량을 계산하는 데 더 많은 시간을 할애하면, 주방 작업을 관리하는 시간이 줄어들 거야. 우리는 주문량 보다도 중요한 운영 및 관리 문제에 집중해야해." 마이클은 리즈가 그의 의견을 받아들이 길 희망했고 다행히도 리즈는 동의했다.

마이클은 리즈에게 모든 메뉴를 준비하는 데 필요한 재료 목록을 작성하도록 요청했다. 리즈가 이러한 항목을 잘 정리 할 수 있도록 작은 스프레드시트도 만들었다. 리즈는 "마이클, 레시피를 참고해서 각 메뉴를 재료별로 나눠서 정리하는 것이 더 좋지 않을까?"라고 물었다. 마이클은 미소 지으며 그녀가 문제를 잘 이해하고 있다고 말했다. 그러나 리즈는 그런 작업을 할 수 있는 시간도, 전문적 기술도 갖고있지 않았다. 그녀는 레시피와 식재료 품목을 정리 할 수는 있었지만, 주문 목록을 만들기 위해 모든 정보를 통합하는 방법은 알지 못했다.

마이클은 또한 공급 업체 관리와 주문 관리가 성공에 핵심 요인임을 알고 있었다. 특정 제품에 대해 하나의 공급 업체에 집중하면 비용을 최소화할 수 있다. 반대로, 둘 이상의 공급 업체에 의존하는 것은 경쟁 환경을 구축 할 뿐만 아니라 문제 발생시 다른 공급 업체로부터의 백업도 보장이 된다. 그러나 공급 업체와의 관계를 강화하기 위해 납품 수량과 빈도를 계산하는 표준 프로세스가 필요했다.

마이클은 정보 기술 분야에서 많은 경험을 보유한 타일러의 친구인 짐에게, 이 작업을 돕기 위한 스프레드시트 모델을 만들어 달라고 부탁했다. 마이클은 타일러에게 주문 과정을 잘 설명해서 짐이 주문 및 구매 과정을 도울 수 있는 반복적인 의사 결정 모델을 개발할 수 있도록 부탁했다. 마이클은 필요한 데이터를 수집하고 효율적인 구매 결정을 내리기 위한 계산식을 만드는 것이 매우 어렵다는 것을 알고 있다.

의사 결정 지원

조직의 성공은 직원의 의사 결정의 질에 크게 좌우된다. 의사 결정에 많은 양의 정보와 많은 처리 능력이 필요할 때, 컴퓨터 기반 시스템을 활용하면 프로세스를 효율적이고 효과적으로 만들 수 있다. 이 장에서는 의사 결정 지원 시스템 (DSS)과 전문가 시스템 (ES)의 두 가지 유형의 의사 결정 지원 솔루션에 대해 설명한다. 최근에는 이러한 보조 도구의 여러 가지 기능과 방법을 결합한 소프트웨어들이 개발되었다. 또한 의사 결정 지원 모듈은 종종 더 큰 엔터프라이즈 소프트웨어의 일부로 제공되기도 한다. 예를 들어 전사적 자원관리 (ERP, Enterprise Resource Planning) 시스템은 생산 능력 계획, 물류 관리 및 재고 보충과 같은 영역에서 의사 결정을 지원한다.

또한 Pilot Software 및 Cognos, Inc.와 같은 많은 컴퓨터 기반 의사 결정 지원 도구 공급 업체들은 더 이상 이런 솔루션을 의사 결정 지원 시스템이라고 부르지 않는다. (Pilot Software는 2007년에 SAP에 인수되었고, Cognos, Inc는 2008년 IBM에 인수되었다. 이러한 인수는 의사 결정 지원 소프트웨어가 엔터프라이즈 소프트웨어 및 정보 기술 응용 프로그램의 하나의 필수 요인이 되고 있다는 것을 잘 보여준다) 이들은 비즈니스 분석 도구(business analysis tool), 비즈니스 인텔리전스 솔루션(business intelligence application) 등의 용어를 선호한다. 즉 유용한 정보를 생산하는 대부분의 시스템은 의사 결정 지원 시스템이라고 할 수 있다. 의사 결정 지원 시스템 및 전문가 시스템은 문제에 대한 단일 최적 솔루션 또는 의사 결정자가 선택할 수 있는 몇 가지 솔루션을 제공함으로써, 의사 결정 프로세스를 간소화하도록 설계되었다.

데이터 웨어하우스 및 온라인 처리 (OLAP) 기술의 출현으로 모든 식급의 직원들이 의사 결정을 하는 데 있어서 효과적으로 데이터를 활용할 수 있게 되었다. OLAP는 11장 "비즈니스 인텔리전스 및 지식 관리"에서 설명한다. 인터넷이 보급됨에 따라 개발자들은 웹 브라우저를 통해 거의 모든 의사 결정 지원 응용 프로그램에 접속 할 수 있도록 설계하였다.

의사 결정의 과정

언제 의사결정을 내려야하는가? 자동차로 특정 목적지를 향할 때, 단 하나의 도로만 있는 경우에는 따로 결정을 내릴 필요가 없다. 도로가 당신을 이끌어 줄 것이다. 그러나 갈림길에 서면 결정을 내야 한다. 사실 하나 이상의 선택지가 생길 때마다 결정이 필요하다. 이 때 단순히 거리를 기준으로 결정해야하는 경우 의사 결정이 쉽다. 그러나 거리는 짧지만 교통량이 많은 도로와 길고 교통량이 적은 도로를 선택해야하는 경우 결정이 조금 더 어려워진다.

한 가지 선택이 다른 것보다 더 나은 결과를 가져올 때는 의사결정을 하기가 쉽다. 의사 결정은 하나 이상의 대안이 합리적인 것처럼 보이고, 그런 대안의 수가 많을 때 더욱 어려워진다. 비즈니스에서는 원하는 결과를 얻기 위해 수십, 수백 또는 수백만 개의 서로 다른 선택지가 있을 수 있다. 문제는 이 중 최선의 대안을 결정하는 것이다. 문제 해결과 의사 결정이 왜 밀접하게 연관되어 있는지 알 수 있다.

경영과 의사 결정을 연구하는 허버트 사이몬(Herbert Simon)은 의사 결정을 3단계 프로세스로 설명했다 (Simon, 1960). 그림 10.1에서 볼 수 있듯이 인텔리전스 단계에서 의사 결정자는 사실관계, 믿음 및 다양한 생각들을 수집한다. 비즈니스에서 사실관계는 수백만 개의 데이터로 이루어 질 수 있다. 둘째, 디자인 단계에서는 데이터를 처리할 방법이 설계된다. 이 방법에는 일련의 단계들, 수식, 모델 등의 도구를 활용하여 고려 가능한 대안만을 뽑아내는 과정이 담겨있다. 셋째, 선택 단계에서 가능한 대안 수가 줄어들면 의사 결정권자가 결정을 내린다. 즉, 가장 유망한 대안을 선택하는 것이다. 선택 단계가 끝나면 비즈니스는 선택된 행동 방침을 구현하고 실행한다.

■ 그림 10-1

의사 결정의 3단계		
	인텔리전스	• 조직 내부에서 정보를 수집한다 • 조직 외부에서 정보를 수집한다 • 문제를 해결하기 위해 취할 수 있는 방법에 대한 정보를 수집한다
	디자인	• 수집한 정보를 정리한다; 정보를 처리하기 위한 모델을 선택한다 • 합리적인 조치들과 행동방침들을 만든다
	선택	• 행동 방침 중 하나를 선택한다

기업은 내부적으로 (조직 내에서) 그리고 외부에서 (외부 소스를 통해) 데이터를 수집한다. 그리고 모델을 사용하여 이 데이터를 분석한다. 일반적으로 모델은 현실을 추상화 한 것이다. 예를 들어, 건축에서 건물이나 도시 블록을 미니어처로 만든 것은 실제 건물이나 도시 구조의 모델이라고 할 수 있다. 지도는 지형 정보와 정치적 경계를 포함 할 수 있는 특정 지리적 영역을 모델로 만든 것이다. 경영에서 변수 간의 관계를 나타내는 수학 방정식도 모델이다. 매출 및 비용이 올라가거나 내려갈 때 이익은 어떻게 되는가? 의사 결정자는 특정 통계 모델과 같은 범용 모델을 사용하거나 데이터를 분석하기 위해 자체 모델을 설계한다. 그런 다음 그들은 최선의 행동 방침으로 생각되는 것을 선택한다.

구조화된 문제, 구조화 되지 않은 문제

구조화 문제(structured problem)는 하나의 구체화된 일련의 단계들을 통해 최적의 솔루션에 도달할 수 있는 문제를 일컫는다. 이 일련의 단계가 알려져 있고 이 순서를 그대로 따라야 하므로, 동일한 데이터로 구조화 문제를 해결하려 하면 항상 동일한 솔루션이 생성된다. 수학자들은 이 일련의 단계들을 알고리즘이라고 부른다. 그리고 이 때 고려되는 데이터의 범주를 매개변수라고 한다. 예를 들어 물품을 수령하고 배송하는 데 필요한 최단 경로를 설정하는 문제를 고려한다면 다음과 같은 매개변수들을 포함 할 수 있다: 물품의 크기, 출하 준비가 완료된 시점, 목적지에서 물품이 필요한 시점, 다양한 목적지들 간에 운송차량의 존재 여부, 운전자의 필수 휴식 시간, 트럭의 용량 등.

대부분의 수학 및 물리적 문제는 구조화된다. 이차 방정식의 해를 찾는 것은 구조화 문제다. 문제를 해결하는 데 사용할 수 있는 수식 (알고리즘)이 있기 때문이다. 같은 방정식의 경우 해는 항상 동일하다. 액체가 특정 환경에서 얼마나 뜨거워 질지 예측하는 것도 구조화 문제다. 액체의 성질, 용기의 크기, 액체를 가열하는 에너지원의 특성 및 에너지의 정확한 크기를 안다면 액체가 도달할 온도를 알아낼 수 있다. 불행히도 비즈니스 세계에서 대부분의 문제는 이렇게 쉽게 해결 할 수 없다.

비구조화 문제(unstructured problem)는 솔루션에 영향을 미칠 수 있는 요인에 대한 정보가 충분하지 않거나 알고리즘을 수식화 할 수 없게 만드는 많은 잠재 요인이 있다. 즉 최적의 솔루션에 도달하기 위해 따라야 할 확실한 알고리즘이 없는것이 비구조화된 문제이다. 비구조화 문제들은 불확실성과 밀접하게 연관되어 있다. 내일 혹은 2개월 후의 날씨가 어떨지 확신 할 수는 없다. 어느 누구도 특정 포트폴리오에 대한 투자가 연말까지 어떻게 될 것인지를 보장 할 수는 없다. 또, 두 명의 의사는 동일한 증상을 다르게 진단 할 수도 있다. 이런 분야에서는 거의 대부분의 문제가 구조화 되지 않는다.

일부 경영 과학자들은 반구조화 문제(semi-structured problem)라는 표현을 사용한다. 반구조화 문제는 완전히 구조화되지도 않고 완전히 비구조화되지도 않은 문제다. 예를 들어, "연금 3%를 납부하는 지방채에 2년 동안 10만 달러를 투자해야하는가? 아니면 4%의 과세 이자가 있는 양도성 예금증서(CD: Certificates of Deposit)에 투자해야하는가?"라는 문제는 구조화 문제다. 솔루션을 찾으려면 $100,000, 2년 및 3% 이자율을 매개 변수로 취하는 간단한 알고리즘을 따르면 된다. 채권을 발행한 기관 혹은 은행 등이 파산하지 않는 한, 계산 된 소득은 보장된다. 마찬가지로, CD에 투자 된 동일한 금액의 세후 산출량도 계산하기 쉽다. 그러나 "XYZ, Inc.의 주식에 10만 달러를 투자하고 2년 후에 주식을 매입해야 하는가?"라는 문제는 반구조화 문제다. 회사 제품의 수요, 경쟁 업체의 시장 진입, 국내 및 해외에서의 제품 시장 상황 등 체계적으로 고려해야 할 요소가 너무 많기 때문이다. 주식 가격에 영향을 미치는 많은 요인이 향후 2년 동안 어떻게 변할지는 반구조화 문제이며 최악의 경우 완전히 구조화되지 않을 수도 있다. 전문가들은 여러 산업 분야와 다양한 비즈니스 상황에서 반구조화 문제에 직면한다(그림 10.2 참조).

■ 그림 10-2

구조화문제와 반구조화 문제 예시

구조화 문제	반구조화 문제
생산라인 A를 최대로 가동하기 위해 필요한 직원 수는 몇명인가?	XYZ 주식회사와의 합병이 가져다 주는 이득은 무엇인가?
생산량에 따른 원사새 Z의 최적 주문량은 얼마인가?	새로운 도매점은 어디다 세워야 하는가?
힉스타운에 전력을 공급하는 데 필요한 터빈 수는 몇 개인가?	우리 상품의 가격을 10% 낮추면 소비자는 어떻게 반응할 것인가?
어느 지역이 한 영업 사원 당 가장 높은 수익을 내고 있는가?	새 재무상품을 가장 효과적으로 광고하는 방법은 무엇인가?
현재 어떤 펀드가 가장 높은 수익을 올리고 있는가?	프랑스 파리에 새 사무실을 차리는 것에는 어떤 이점이 있는가?
오염방지 설비를 도입하는데 필요한 비용은 얼마인가?	어떤 주식에 투자하는 것이 연말에 가장 높은 성과를 낼 것인가?

전형적인 반구조화 문제를 해결하는 관리자는 여러 단계에 직면한다. 이 때 관리자의 목표는 최선의 결과를 가져올 하나의 대안을 선택하는 것이다. 예를 들면 :

- 제조 과정에서 관리자는 다음과 같은 반구조화 문제에 대한 솔루션을 제공해야한다. (1) 정시 납품을 보장하면서 원자재에 대해 가장 좋은 가격을 받으려면 어떤 공급 업체를 선택해야 하는가? (2) 조립 라인 B에 문제가 생겼다. 근로자를 다른 조립 라인으로 옮겨야 하나? B가 고쳐질 때까지 기다려야하나? (3) 제품 X에 대한 수요가 감소했다. 생산 라인 중 하나를 해체해야 하는가? 아니면 현재의 속도로 생산을 계속하고 완제품을 재고처리 하여 수요가 증가 할 때까지 기다려야 하는가?
- 포트폴리오 관리자는 매도 할 증권과 매수 할 증권을 결정할 때 반구조화 의사 결정을 해야만 전체 투자 수익을 극대화 할 수 있다. 주식 투자에 대한 연구의 목적은 주식의 행태 패턴을 찾고 불확실성을 최소화하는 데 있다. 뮤추얼 펀드 매니저는 반구조화 의사 결정에 많은 시간을 할애한다.
- 인사 관리자는 새 업무를 배우고 업무에 따른 책임을 받아들일 수 있는 인재의 자격조건을 고려하여, 새 직책에 누구를 추천할 지를 고민하면서 반구조화 문제에 직면한다.
- 마케팅 전문가들은 항상 반구조화 문제에 직면한다. 인쇄물, TV, 인터넷, 이메일, 우편 등 마케팅 예산을 어디에 사용할 것인가? 누구를 대상으로 마케팅할 것인가?

비구조화 및 반구조화 문제의 영역들 : 주식 투자, 포지션 모집, 마케팅 프로모션

이들이 직면 한 문제의 복잡성으로 인해, 많은 분야의 관리자는 의사 결정 지원 소프트웨어를 사용하여 최선의 행동 방침을 선택하는 경우가 많다.

WHY YOU SHOULD

왜 당신은 의사결정 지원시스템과 익숙해져야만 하는가?

요즘 "의사 결정 지원 시스템"과 "전문가 시스템"이라는 용어는 덜 자주 언급된다. 그러나 의사 결정 프로세스를 모델링하고, 소프트웨어를 자동화하고, 인간의 전문성을 소프트웨어로 변환하는 개념은 여전히 활개를 치고 있다. 숙련된 전문가 만이 훌륭한 결정을 내릴 수 있는 많은 상황들이 있지만, 의사결정 과정의 대부분은 컴퓨터 기반의 의사결정 지원 시스템을 사용하여 자동화 할 수 있다.

의사결정을 위한 풍부한 자료가 이미 기업 데이터베이스화 되어 데이터 웨어하우스에 저장되어 있으며, 공급망 관리 시스템과 같은 정보시스템을 통해 접근할 수 있다. 일상적인 의사 결정을 자동화하는 방법에 대한 당신의 아이디어는 조직의 많은 노동력과 시간을 절약 할 수 있다. 전문가 시스템과 지리 정보 시스템이 어떻게 작동하는지 알면 새로운 정보시스템 구현을 위한 새로운 아이디어를 제공 할 수도 있다. 이는 노동력과 시간을 절약 할 뿐만 아니라 조직에 경쟁력있는 도구가 될 수 있다.

의사결정 지원 시스템

의사 결정 과정에서 시간과 노력을 절약하기 위해 지식근로자는 여러 유형의 의사 결정 지원 프로그램을 사용한다. 이 중 하나인 의사결정 지원 시스템 (DSS)은 지식 근로자가 문제에 대한 여러 가지 대안 중 하나를 선택할 수 있도록 고안된 컴퓨터 기반 정보 시스템이다. 의사결정 지원 시스템은 기업이 시장 점유율을 높이고 비용을 줄이며 수익성을 높이고 제품 품질을 향상시키는 데 도움을 줄 수 있다. 일부 의사결정 프로세스를 자동화함으로써 지식근로자는 이전에 사용할 수 없었던 분석에까지 접근 할 수 있다. 이 중 몇몇 분석은 관리자가 직접 수행 할 수도 있지만, 시간이 오래 걸리기 때문에 시기적절하지 못한, 즉, 나쁜 결정으로 이어질 수 있다. 의사결정 지원 시스템은 방대한 양의 데이터와 정보를 정교하고 빠르게 분석한다. 일반적으로 직급이 오름에 따라 의사결정 지원 시스템 사용이 증가하지만, 의사결정 지원 시스템은 모든 직급에서 사용이 가능하며 비관리직 직원이 사용하는 경우도 많다.

의사결정 지원 시스템의 정의는 오랫동안 걸쳐 변화 해왔다. 다음 절에서는 독립형 의사결정 지원 시스템의 구성 요소에 대해 설명한다. 독립형 의사결정 지원 시스템은 개별 배포(self-contained) 응용프로그램 또는 특정 분야에 한해서만 의사결정을 처리하도록 설계된 응용 프로그램이다. 새로운 의사결정 지원 시스템이 개발 될 때, 데이터베이스와 같은 컴퓨터 기반 의사결정 지원의 일부 구성 요소는 이미 설치되어 있을 수 있음을 알아야한다. 그러므로 다음의 논의를 모든 의사결정 지원 시스템 개발을 위한 엄격한 방법이 아닌 일반적인 틀로써 받아들여야한다.

대다수의 의사결정 지원 시스템은 데이터 관리 모듈, 모델 관리 모듈 및 대화 상자 모듈의 세 가지 주요 구성 요소로 구성된다 (그림 10.3 참조). 이와 더불어, 이 모듈들은 (1) 사용자가 편리한 방식으로 요청을 입력하는 것을 돕고, (2) 관련 사실에 초점을 맞추기 위해 방대한 양의 데이터를 검색하고, (3) 원하는 모델을 통해 데이터를 처리하고 (4) 하나 혹은 그 이상의 이해하기 쉬운 형식으로 결과를 표시한다. 이 단계들은 허버트 사이몬이 설명한 의사 결정 순서를 따른다.

■ 그림 10-3

의사결정 지원 시스템의 구성요소와 각 요소들 간의 상호작용

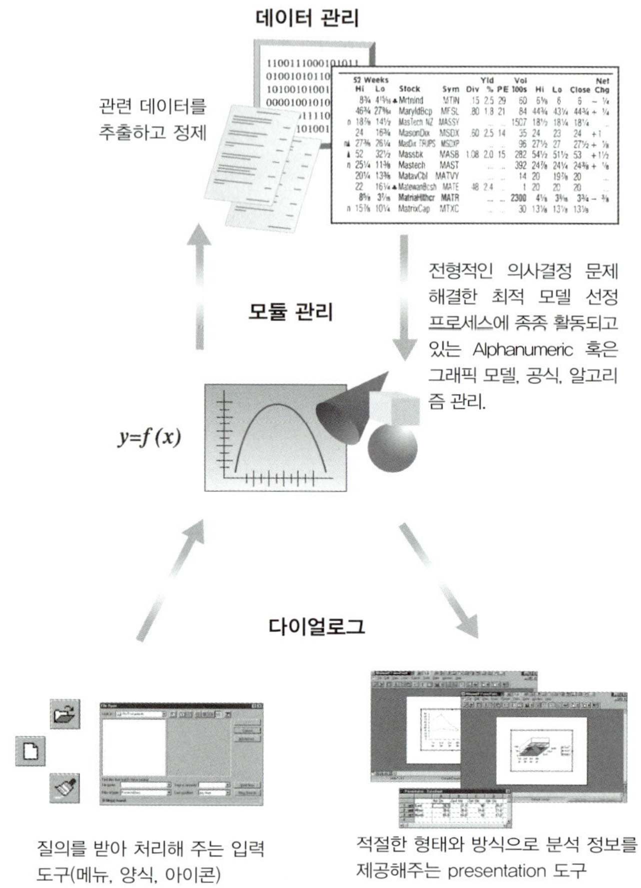

데이터 관리 모듈(The Data Management Module)

의사결정 지원 시스템의 데이터 관리 모듈은 의사 결정의 인텔리전스 단계에 필요한 데이터를 제공하는 데이터베이스 또는 데이터 웨어하우스를 말한다. 예를 들어, 투자 컨설턴트는 항상 현재 주가와 지난 몇 년 간의 주가에 접근 가능해야 한다. 데이터 관리 모듈은 데이터를 참고해서 재고 유형, 연도 범위 등과 같은 특정 기준에 따라, 의사결정 지원 시스템 이 데이터를 선택할 수 있도록 해준다.

의사결정 지원 시스템은 해당 시스템 용으로 특별히 생성 된 데이터베이스를 사용할 수도 있지만 일반적으로는 구매, 배송, 청구 및 기타 일상 거래와 같은 다른 용도로 사용되는 데이터베이스와 연동한다. 조직이 SCM (Supply Chain Management) 또는 CRM (customer relationship management) 시스템을 사용하는 경우, 해당 시스템의 데이터베이스는 의사결정 지원 시스템과 연동하여 데이터를 제공한다. 실제로 의사결정 지원 시스템 자체가 해당 시스템의 일부일 수도 있다. 회사는 이런 거래 데이터베이스에서 사용할 수 있는 것보다 훨씬 많은 기록 데이터를 활용하기위해 의사결정 지원 시스템을 데이터 웨어하우스에 연동하는 것을 선호한다. 이를 통해 의사결정 지원 시스템은 더 오랜 기간 또는 더 큰 지리적 영역을 포함하는 데이터를 다룰 수 있게 된다. 실제로 데이터 웨어하우스를 구축하는 주된 이유는 의사 결정을 향상시키는 데 있다.

많은 의사결정 지원 시스템은 이제 데이터 웨어하우스, 데이터 마트 및 ERP 시스템을 비롯한 다른 조직 시스템과 밀접하게 연결되어 관련 데이터를 가져온다. 예를 들어, Rapt, Inc는 대량 구매자를 대상으로 상품의 구매 결정을 최적화하는 데 도움이 되는 의사결정 지원 소프트웨어를 제공한다. 2008년 Microsoft가 인수 한 Rapt Buy는 SAP 또는 오라클 (Oracle) SCM (Supply Chain Management) 시스템을 통해 데이터 마트에서 경영적 변수를 잡아내는 웹 기반의 응용 프로그램이다. 이 소프트웨어는 다양한 위험 요소를 식별하고 구매 전략을 추천하는 모델을 만든다. 즉 원재료 및 수율 (최종 제품에서 실제로 사용되는 재료의 비율)에 대한 수요를 포함하여 수십 가지 경제적 변수를 고려한다. 이 시스템은 재고를 너무 많이 또는 너무 적게 보관하지 않도록 각 구성 요소의 단위 수를 제안한다. 또한 이 시스템은 향후 원자재 조달을 최적화 하기 위한 오랜 기간 계획을 제공한다. 몇 분안에 이 소프트웨어는 다양한 물품 조달 및 협상 전략의 잠재적 효과를 분석한다. 썬 마이크로시스템즈 (Sun Microsystems Corp.)는 신제품에 대한 수요 예측이 최대 70% 정도 벗어날 수 있다고 전했다. 이 시스템을 도입하기 전에 이 대형 서버 제조업체의 조달 담당자는 수작업으로 오랜 시간의 분석을 해야만 했다. 이제 이 시스템을 사용하여 예측을 더 빠르고 정확하게 계산할 수 있게 된 것이다.

POINT OF INTEREST

회계 감사에서의 의사결정 지원 시스템

회계 감사는 회계사가 실시하는 회사의 재무 평가로, 사람의 건강 검진이나 신체 검사와 유사하다. 회계사는 의사결정 지원 시스템을 감사에 활용하여 의사결정 속도를 높이고 출력물을 작성하는 데 필요한 수작업 업무를 줄인다. 감사는 점점 더 많은 양의 데이터를 필요로 하기 때문에 의사 결정의 자동화는 재무제표 사용자에게 훨씬 정확하고 시기적절한 결과를 제공 할 수 있다. 또한 감사용 의사결정 지원 시스템은 신입 직원을 전문가와 유사한 결과를 산출하도록 훈련하는데 사용될 수도 있다. 실시간 정보에 대한 주주의 열망은 24시간 지속적인 모니터링이 가능한 시스템의 진화를 이끌어 내었다. 앞으로 데이터 마이닝 시스템은 정보를 자동 감사 시스템에 지속적으로 전달함으로써 보다 효과적이고 효율적인 감사를 진행할 수 있게 될 것이다.

출처: Hunton, J. E., & Rose, J. M. (2010). 21st Century Auditing: Advancing Decision Support Systems to Achieve Continuous Auditing. Accounting Horizons, 24(2), 297-312.

모델 관리 모듈 (The Model Management Module)

시스템은 데이터를 유용한 정보로 바꾸기 위해, 의사결정 지원 시스템 사용자가 가장 적합한 모델을 선택할 수 있도록 단일 고정 모델, 동적 수정 모델 또는 복합 모델을 제공하는 모델 관리 모듈을 제공한다. 고정 변수 모델은 알고리즘이 변하지 않는 모델이다. 동적 수정 모델은 변수 간의 관계 변화에 따라 자동으로 알고리즘이 조정되는 모델이다.

종속/독립 변수 및 여타 조건들 간의 관계가 서로 다른 매개 변수를 분석하는 데 사용될 수 있을 만큼 예측 패턴이 충분히 관측 된다면, 사건의 배열 또는 행동의 패턴은 좋은 모델이 될 수 있다. 모델은 서로 다른 변수 또는 다른 조건을 기반으로 결과를 예측하거나, 특정 조건 및 독립 변인의 조합이 원하는 결과로 이어질 수 있는지 추정하는 데 사용된다. 모델은 종종 수학적 연구 또는 경험을 기반으로 한다. 모델은 회귀분석처럼 성능을 예측하는 데 널리 사용되는 방법일 수도 있고, 회사의 직원이 축적한 경험을 사용하여 조직에서 구축 한 것일 수도 있다. 많은 기업들은 이런 모델을 중요한 영업 비밀 또는 경쟁 우위를 점할 수 있는 귀중한 자산으로 간주하기 때문에 모델의 세부 사항을 누설하지 않는다. 이런 모델 혹은 패턴은 특정 산업 또는 개별 비즈니스에 따라 고유한 특성을 가질 수 있다. 예를 들어 :

- 은행 고객에게 보다 나은 서비스를 제공하기 위해, 운영 분석 전문가는 창구 직원의 가장 효율적인 배치 모델 혹은 일정을 미리 결정하는 모델을 만든다
- 트럭 사업에서는 고객이 만족할 수 있는 배달 시간을 유지하면서, 트럭의 총 주행 거리를 최소화하고, 트럭의 부하를 최대화하기 위해 모델이 개발된다. 비슷한 모델이 매출을 극대화하기 위해 항공 업계에서 개발되기도 했다
- 항공 업계의 매출 극대화를 위한 또 다른 모델은, 사용자가 입력한 매개변수 (예 : 항공편 날짜, 요일, 출발지 및 목적지, 왕복의 경우 체류 기간)에 따라 티켓 가격을 자동으로 결정한다
- 렌터카 회사는 비슷한 모델을 사용하여 각기 다른 국가의 자동차 등급, 임대 기간 및 픽업 옵션 등으로 서비스 가격을 책정한다
- 모델은 땅을 구매할지 여부를 결정하는 데 도움이 될 수 있다 (다음 페이지 뱅가드 소프트웨어사의 비즈니스 분석 사례 참고)

의사결정 지원 시스템은 수집된 데이터를 활용해 부동산 투자결정에 대한 해답을 제시할 수 있다

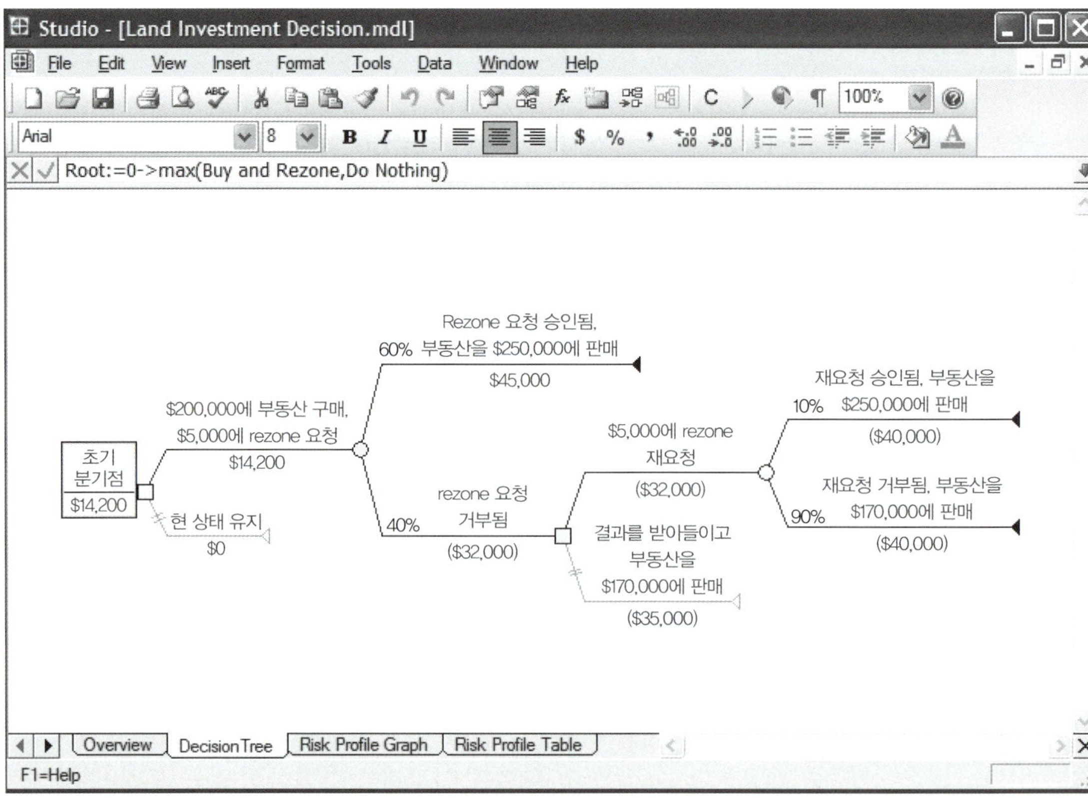

일반적인 통계 모델 중에서 선형 회귀 모델은 매출 및 마케팅 비용과 같은 두 변수 간의 적합한 선형 관계를 보여준다. 민간 기업은 과거 회귀 경험을 토대로 향후 매출을 추정하기 위해 선형 회귀 모델을 개발할 수 있다. 예를 들어, 신발 가게 체인의 마케팅 부서는 검색 포털 광고에 지출한 금액과 판매량의 변화 사이에 선형 회귀 분석을 적용 할 수 있다. 이 선형 관계는 의사결정 지원 시스템에 넘겨져 사용될 수 있다. 그런 다음 사용자는 내년도 검색 포털 광고에 소비 할 총 금액을 의사결정 지원 시스템에 입력해서, 해당 모델을 사용해 판매량의 예상 변화 수치를 계산할 수 있다. 그림 10.4에서 볼 수 있듯이 두 변수 간의 관계를 그래프로 나타낼 수 있다.

■ 그림 10-4

웹사이트 광고 비용과 판매량의 관계를 보여주는 회귀분석 모델

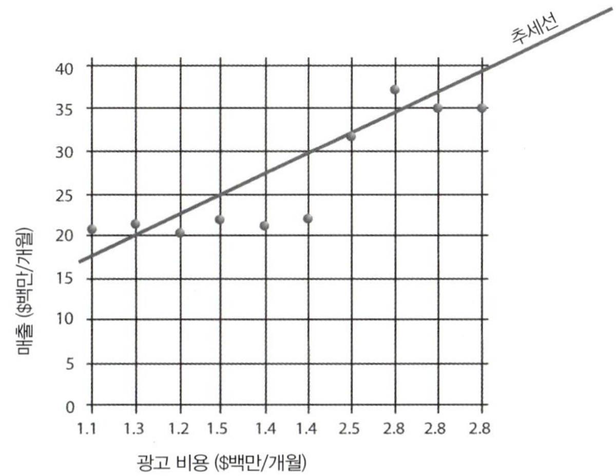

광고 비용 ($백만/개월)	광고 비용 ($백만/개월)
1.1	20.3
1.3	21
1.2	20.1
1.5	22.7
1.4	21.9
1.4	22
2.5	32
2.8	36
2.8	35
2.8	34.8

실제 데이터 포인트는 생성된 회귀 선에 있는 경우는 거의 없다는 점에 주목하자. 이는 많은 모델들이 불확실성을 포함하고 있다는것을 의미한다. 예를 들어, 그림 10.4에서 마케팅 담당자가 광고에 월 140만 달러를 지출 한 결과로 판매량을 추정하려 한다면 그래프에 표시된 두 달 동안의 예상치는 실제 판매량보다 많다. 이러한 불일치에도 불구하고, 예측 결과가 반드시 100% 정확한 것은 아니라는 사실을 염두에 두고 사용한다면, 회귀분석 모델은 일반적으로 적합한 분석 방법일 수 있다. 또한, 모델은 때론 두 개 이상의 변수 사이의 관계를 설명하고 일부 모델은 직선이 아닌 곡선으로 표현 될 수도 있다.

보통 모델은 그렇게 간단하지 않다. 예를 들어, 이 사례에서는 판매원 수, 상점 위치, 제품의 종류, 광고와 관련된 검색 키워드 등 더 많은 요인이 판매량에 영향을 미칠 수 있다. 따라서 어떤 모델이 의사결정 지원 시스템의 일부가 되도록 프로그래밍하기 전에, 의사결정이 진행되는 환경 요건들을 신중하게 고려해야한다.

모든 의사결정 지원 시스템 모델이 비즈니스 지향적인 것은 아니다. 일부 분야, 특히 엔지니어링에서 의사결정 지원 시스템 모델은 비즈니스 환경이 아닌 실제 환경을 시뮬레이션 하는 데 사용된다. 예를 들어, 항공 엔지니어는 풍동을 (wind tunnels) 시뮬레이션하여, 새로운 날개 디자인을 갖춘 항공기가 어떻게 작동 할지 컴퓨터 모델을 통해 예측한다. 물리적 모델을 구축하는 것보다 소프트웨어 모델을 만드는 것이 훨씬 저렴하다. 시뮬레이션은 진동, 항력, 금속 피로, 다양한 속도 및 기상 조건과 관련된 기타 요인에 대한 중요한 정보를 제공한다. 분석 결과는 시각적 및 수치적 형태로 나타내어진다. 항공기 날개를 쓸어내는 각도, 동체의 십자가 모양, 섹션, 체중 분산 등 엔지니어가 항공기 설계를 하는 데 필요한 엄청난 돈을 지출하기 전에 가상으로 분석할 수 있게 해준다. 이러한 모델을 사용하는 경우 엔지니어는 시뮬레이션 모델의 동작을 시각적으로 검사하고 그 결과를 일정 부분 의사결정에 반영한다.

다이얼로그 모듈 (The Dialog Module)

사용자가 의사결정 지원 시스템에서 정보를 수집하려면, 시스템에서 프로그램과 쉽게 상호 작용할 수 있는 방법을 제공해야한다. 사용자가 의사결정 지원 시스템과 상호 작용할 수 있도록 하는 의사결정 지원 시스템의 한 부분을 다이얼로그 모듈이라고 한다. 이런 다이얼로그 모듈은 사용자가 모델을 선택하여 데이터베이스에 액세스하고 의사결정 프로세스에 대한 데이터를 선택하거나 그 선택의 기준을 설정할 수 있게 해준다. 사용자는 매개 변수를 입력하고 변경하여 분석 결과에 미치는 영향도 확인할 수 있다. 다이얼로그는 명령문, 드롭 다운 메뉴, 아이콘, 대화 상자 등 여러 형태의 접근 방식을 가진다. 본질적으로 다이얼로그 모듈은 다른 유형의 응용 프로그램의 사용자 인터페이스와 크게 다르지 않다. 점점 더 많은 의사결정 지원 시스템이 인터넷을 통해 사용 가능해짐에 따라, 일부 다이얼로그 모듈은 웹 브라우저와 호환되도록 특별히 설계되었다. 이런 의사결정 지원 시스템은 기업 인트라넷을 통해 제공된다.

다이얼로그 모듈은 또한 분석 결과를 잘 전달하는 역할도 한다. 의사결정 지원 시스템은 의사 결정자가 선택할 수 있는 다양한 텍스트, 표 및 그래픽 디스플레이를 사용한다. 예를 들어, 마케팅 관리자가 예산 사용처를 결정하려고 하는 경우를 생각해보자. 의사결정 지원 시스템의 다이얼로그 모듈은 마케팅 부서 임원진이 다양한 프로모션 옵션 중에서 포털 광고를 선택하고 해당 채널에서 소비 할 금액을 선택하도록 하는 메뉴를 제공한다 (그림 10.5 참조). 그 후 다이얼로그 모듈은 해당 월의 광고 지출 및 판매량을 데이터베이스에서 받아온다. 이 시점에서 시스템은 사용자가 선택할 수 있는 데이터를 분석하기위한 모델 목록을 표시하거나, 더 정교한 시스템의 경우에는 현재의 문제를 기반으로 자동으로 모델을 선택해 주기도 한다. 그 후 데이터베이스의 데이터를 기반으로 판매 수치를 프로젝트에 표시하고 다이얼로그 모듈은 이에 대한 분석 결과를 제공한다. 이 결과물은 경영진이 "제안된 금액을 웹 광고에 사용하면 판매량이 충분히 증가 할 것인가?"라는 질문에 해답을 찾는데 도움이 될 것이다.

■ 그림 10-5

의사결정 지원 시스템은 마케팅 예산을 어떻게 사용할 지에 대한 의사결정을 돕는다

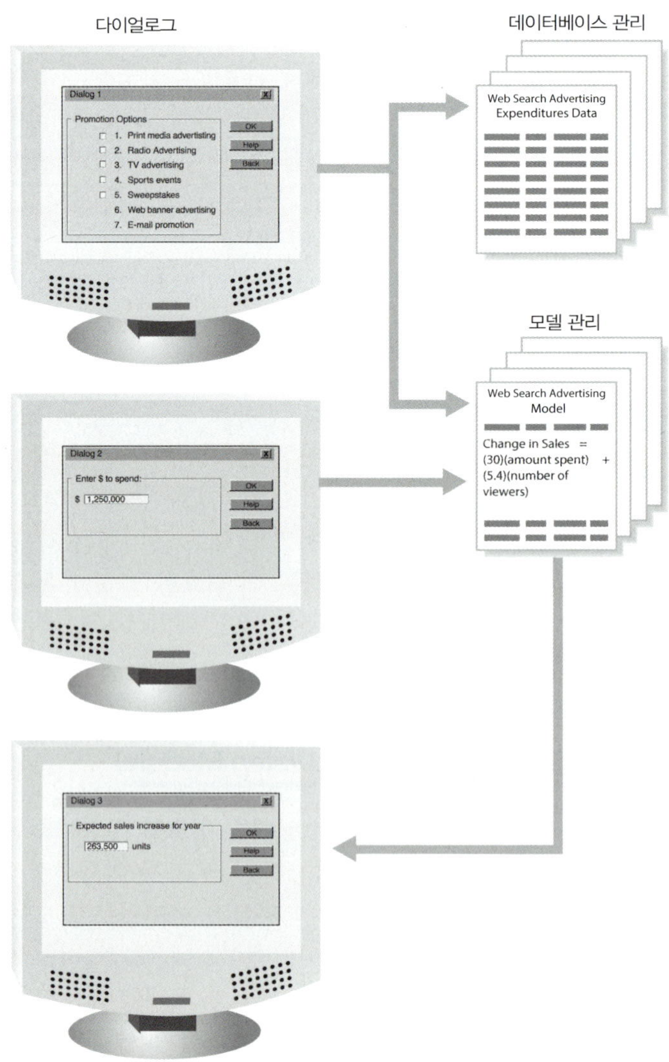

민감도 분석(Sensitivity Analysis)

분석의 결과는 대부분의 경우 하나 이상의 매개 변수에 의해 영향을 받는다. 예를 들어, 제품 판매량은 판매원 수, 지역 영업 담당자 수, 국내 및 지역 TV 광고 비용, 가격, 경쟁 등에 영향을 받는다. 그러나 이런 매개변수의 변화에 잘 대응되는 분석결과는 찾아보기 힘들다. 예를 들어, 단위당 가격이 조금씩 변경되면 매출이 크게 증가 할 수 있다. 이는 판매량이 제품 가격에 대해 민감하다는 것을 의미한다. 그러나 광고비의 막대한 투자에 대해 매출액은 아주 조금 증가 할 수도 있다. 즉, 광고비 지출에 대해 판매량은 민감하지 않은 것이다. 조직이 항상 효과적으로 자원을 활용할 수 있도록, 분석 과정에서 이런 민감한 매개 변수들을 찾아내는 것이 중요하다. 때로는 분석 결과에 큰 영향을 미치는 매우 민감한 매개 변수가 다른 매개 변수에 영향을 미칠 수도 있다. 때문에 이러한 상호 작용을 신중하게 고려해야 한다.

회사가 이익을 극대화하고자 하는 경우 관리자는 여러 가지 요소를 고려해서 최적의 조합을 찾아야 한다. 이런 목표를 달성하기 위해 의사결정 지원 시스템에는 각 요소 간의 관계와 총 이윤에 대한 수학 공식이 포함되게 된다.

그런 다음 민감도 분석을 수행하여 요인 중 하나 이상이 증가 또는 감소 할 경우 총 수익이 증가하거나 감소하는 정도를 테스트 한다. 분석 결과는 매개변수 변화에 대한 이익의 상대적인 민감도를 나타내게 된다. 매개 변수가 조금만 변경된 경우에도 결과에 큰 영향을 주면 매개 변수에 대한 결과의 민감도가 높다고 말한다. 반대로 결과가 조금만 영향을 받는 경우 매개 변수가 크게 변동하더라도 결과는 매개 변수에 영향을 받지 않는다. 예를 들어, 관리자는 "TV 광고가 10% 감소하고 위탁 영업 담당자 수가 5% 증가하면 분기 별 수익에 미치는 영향은 무엇입니까?"라는 질문을 가질 수 있다. 질문이 일반적으로 이런 형식을 따르기 때문에 민감도 분석은 종종 what-if 분석이라고 한다. 의사결정 지원 시스템을 활용하면 동시에 여러 매개 변수에 대한 분석을 수행할 수도 있다.

민감도 테스트를 사용하여 어떤 매개 변수가 차이가 나는지를 알아 보는 것도 중요하다. 예를 들어, 쿠폰을 활용해 프로모션하는 동안 수집 된 데이터를 기반으로 마케팅 분석 전문가는 할인이 매출 증가로 이어지지 않았음을 알 수 있고 혹은 새로운 고객을 유치하지 못했다는 사실을 알 수 있다. 따라서, 가까운 미래에 유사한 프로모션을 수행하지 않도록 의사결정을 할 것이다.

Spreadsheet를 사용한 민감도 분석도 두루 사용된다. Spreadsheet를 사용하면 Cell에 데이터와 수식을 모두 입력 할 수 있다. 따라서 의사 결정 지원 시스템에 필요한 데이터와 모델을 모두 구축 할 수 있는 훌륭한 도구가 된다. 하나 또는 여러 Cell에서 데이터를 변경하면 문제에 대한 다른 해결책이 계산된다. 이렇게 하면 한 매개 변수의 변화가 계산 된 결과에 미치는 영향을 볼 수 있다.

의사결정 지원 시스템의 활용

관리자가 결정을 내리는 데 도움이 필요할 때 의사결정 지원 시스템은 필요에 따라 바로 사용될 수 있다. 또한, 의사결정 지원 시스템은 기업 정책을 시행하는 계획의 일환으로 통합 될 수도 있다. 두 경우 모두 의사결정 지원 시스템은 조직 전체의 의사 결정에서 표준 기준을 관리하는 데 도움이 된다. 이처럼, 의사결정을 자동으로 그리고 실시간으로 도와주는 소프트웨어를 도입하는 조직이 늘어나고 있다. 의사결정 지원 시스템을 사용하는데 필요한 유일한 노동은 관련 매개 변수의 입력이며, 의사결정 지원 시스템이 조직의 웹 사이트에 연결되어 있는 경우에는 이것 조차 직원이 아닌 고객에 의해 수행될 수 있다. 의사결정 지원 시스템이 다양한 용도로 사용되는 몇 가지 예시를 살펴보자.

서적 판매와 식료품 생산

서적 소매 업계는 급속도로 진화하고 있다. 서점들은 기존의 매장에서 전자 책 및 온라인 도서관으로 점차 이동하고 있다. 대형 서적 소매 업체는 고객을 매장으로 불러들이고 다시 방문하도록 유도함으로써 시장의 변화에 대응하고 있다. Barnes & Noble (B & N)는 창고 관리 시스템을 구현하고 직원들이 판매 추세와 패턴을 볼 수 있도록 분석 기능을 도입하여 온라인 판매 경쟁에 대응했다. 즉시 사용 가능한 다양한 분석 도구와 계층화된 액세스 포털을 갖춘 새로운 시스템을 사용하여 B & N 판매 직원은 소중한 시간을 낭비하는 대신 중요한 재고 및 판촉 결정을 즉시 내릴 수 있게 됐다. B & N 매장에 방문한 고객에게 첫 인상을 줄 수 있는 기회는 단 한 번 뿐이기 때문에 선반에 그들이 원하는 서적이 채워져 있는 것이 매우 중요하다. B & N의 더 스마트한 분석 시스템을 구현함으로써 분석 쿼리 실행 시간을 95% 이상 단축했으며 직원이 비즈니스 인텔리전스 솔루션을 관리하는 데 걸리는 시간이 70% 이상 단축되었다. B & N은 고객의 요구를 예측할 수 있는 모델을 개발해서 저장된 거래 데이터를 최대한 활용하여 재고를 최적화했다 (출처 : Anonymous, 2012a).

레스토랑 업계에서는 관리자가 고객 수와 구매할 식자재를 예측하고 비용을 최소화할 수 있는 구매처를 찾아야한다. Aurora Information Systems이 개발 및 판매 한 의사결정 지원 시스템 FoodPro는 이런 결정을 내리는 데 도움을 준다. 레스토랑이 축적 된 데이터를 기반을 사용하여 시스템은 다양한 의사결정을 돕는다. 레시피 데이터베이스는 특정 공급 업체의 식재료, 수량 및 통합 구매 결정을 제안하는 데 사용된다. 이 시스템의 다른 구성 요소로는 재정 예측, 송장 발행 등 회계 및 식당 관리의 거의 모든 측면이 포함된다

POINT OF INTEREST 최고경영자 정보시스템(EIS)의 시대는 끝났나?

정보 시스템이 많이 도입되고 경영진이 조직 동향에 대한 점점 더 많은 지식을 필요로 함에 따라 최고경영자 정보시스템(EIS)은 경영진을 위한 인기있는 소프트웨어 도구가 되었다. 이러한 시스템은 기업 의사 결정을 돕기 위해 요약 형식으로 간소화된 기업 정보를 제공했다. 이 시스템은 의사결정을 위한 근거를 제공하기 위해 그래픽 이미지를 생성했다 이 때, 실시간 또는 기록된 데이터를 활용했다. 이 시스템의 그래픽 인터페이스 덕분에, 과거 다양한 기업 성공 요인들을 수식화하기 위해 기존에 행해지던 방대한 양의 문자 및 숫자 데이터를 검토하는 방식의 필요성이 사라졌다. 1980년대와 90년대에 최고경영자 정보시스템 구현은 종종 구조화 된 데이터를 정확하고 시기 적절하게 가용하지 못하는 문제로 인해 실패하곤 했다. 또한, 효과적인 데이터 추가 유틸리티 혹은 소프트웨어 개발 도구의 부족으로 최고경영자 정보시스템의 구현 비용도 증가했다.

그럼 현재 최고경영자 정보시스템은 어디에서 쓰이고 있을까? 혹은 현재 경영진은 최고경영자 정보시스템을 어떻게 사용하고 있을까? 그들이 효율적으로 설계된 정보시스템을 갖춘 비즈니스 조직을 이끌고 있다면, 그들은 아마도 최고경영자 정보시스템을 사용하고 있을 것이다. 다만, 그것을 인식하지 못할 뿐이다. 궁극적으로 많은 최고경영자 정보시스템 기능이 아직까지 현장에서 쓰이고 있지만 최고경영자 정보시스템라는 용어는 새로운 기술과 전문 용어로 대체되었다.

비즈니스 인텔리전스, 대시 보드 및 스코어 카드와 같은 새로운 용어 뿐만 아니라, 빅 데이터, 데이터 마트 및 웨어하우스의 치솟는 인기는 현대 기업 환경에서 최고경영자 정보시스템을 재발명했다. 때때로 경영 전문가가 기술을 도입하는 것은 시대를 앞서는 선택이 될 수도 있다. 신기술이 제대로 수용되려면 여러 요소의 완벽한 연계가 필요하다. 이를 테면, (1) 기업이 느끼는 필요성 (2) 경쟁

압박 (keeping up with the Jones' – 경쟁업체와 페이스를 맞추는 것), (3) IT기술의 진보 등 많은 요소들이 잘 조율되어야 한다. "Timing is everything" 이라는 말은 구닥다리처럼 느껴질지 몰라도 정보 기술의 발전과 변화를 고려할 때 여전히 적절한 문구이다.

출처: Watson, H. J. (2011). What happened to executive information systems? Business Intelligence Journal, 16, 4–6.

Tax Planning

흔히 의사결정 지원 시스템이라고 생각하지 않을 수 있는 일부 응용 프로그램이 있다. TurboTax, TaxCut 및 기타 세금 계획 프로그램은 수년간 단순히 양식 작성에 도움이 되는 것을 벗어나 발전해왔다. 이들은 세금 지불을 최소화한다는 최종 목표를 가지고 납세자가 옵션을 선택하고 최선의 전략을 계획하는 데 도움이 되는 정교한 공식을 제공한다. 이들 또한 의사결정 지원 시스템의 일종인 것이다. 예를 들어, 서류 제출 상태와 공제 옵션을 비교하는 프로그램이 있다. 어떤 방법을 활용해야 총 과세 금액을 줄일 수 있는가? 두 명의 개인으로 신고하거나 남편과 아내로 공동으로 신고할 수 있는가? 공제 항목을 세분화 할 것인가? 표준 공제를 받을 것인가? 교육 공제는 소규모로 받을 것인가? 과세 소득과 취득 공제액의 조합에 따라서, 응용 프로그램은 사용자에게 국세청에서 감사 받을 요소를 지적하고 공제액을 조정할 수 있는 기회를 제공한다. 프로그램은 또한 사용자에게 선택적 공제를 일깨워주고 공제 내용도 알려준다. 예를 들어, 공제 X를 받으면 공제 Y를 받지 않거나 감사 받을 가능성을 높일 수 있다. 이에 따라 납세자는 결정을 내릴 수 있게 된다. 그리고 사용자가 작년에 신고한 총 수입과 소득 유형 (임금, 사업, 자본 이득 등)을 기준으로 내년 납세액을 예상할 수도 있다. 이를 바탕으로 내년 세금 감면을 위한 연금 기금, 자선 단체 활동 및 기타 방안을 생각해 볼 수 있게 된다.

웹 사이트 계획 및 조정

많은 회사들이 마케팅, 판매 및 고객 지원을 위해 웹을 사용하기 때문에 웹 사이트를 디자인하는 방법에 대한 결정은 매우 중요하다. 몇몇 회사는 페이지뷰, 방문 경로, 최다 트래픽 검색엔진 및 키워드와 같은 데이터를 기반으로 고객의 행동을 분석하기 위해 특별히 설계된 의사결정 지원 시스템 솔루션을 제공한다. iWebTrack은 개인 웹사이트, 대학교, 포춘 (Fortune) 500대 기업 및 개인 상표 재판매업자를 포함하여 다양한 고객에게 웹 트래픽 분석 서비스를 제공한다.

iWebTrack은 방문자 동향, 웹 사이트 방문자의 지리 데이터, 날짜/시간별 웹 사이트 활동 및 방문 경로를 모니터링하고 기록한다. 아이웹트랙 고객은 이 데이터에서 추세와 패턴을 추출하여 실시간으로 웹 사이트의 성과를 모니터한다. 이를 통해 온라인 마케팅 캠페인의 투자 수익(ROI)을 측정하고 트래픽이 많은 시간을 찾아 최적의 홍보 전략을 수립 할 수 있다 (Anonymous, 2013d). 또 다른 회사인 WebCEO (그림 참조)는 검색 결과 상위 노출 방법, 페이지간 빠른 전환을 위한 웹 페이지 최적화 방법, 검색 엔진에 주소 제공 및 페이지 이동 패턴 분석 등 다양한 솔루션을 제공한다.

웹사이트 분석도구는 검색결과 노출 순위를 높이는 데 도움을 준다.

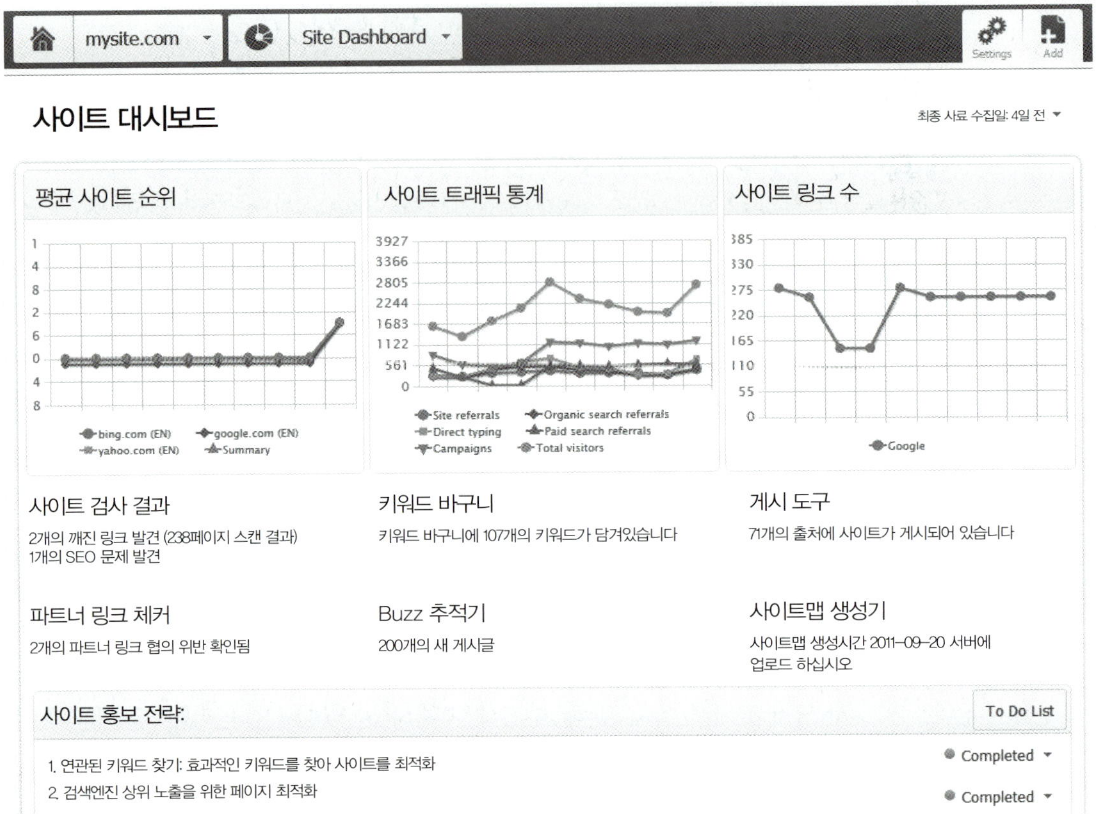

수익률 관리 (Yield Management)

비행기에서 옆에 앉아있는 승객이 당신보다 3배 저렴한 가격으로 티켓을 구매한 사실을 알게되면 상당히 놀라게 될 것이다. 이는 수익을 극대화하는 목적을 가진 의사결정 지원 시스템으로부터 항공사에게 제공된 권장 사항의 결과물이다. 이 개념을 수익률 관리(Yield Management) 또는 매출 관리(Revenue Management)라고 한다. 각 비행에 대해 관리자는 출발 지점 및 출발 시간, 도착 지점 및 도착 시간, 항공기가 정지하는 공항의 수, 비행기 용량 및 과거 사용 용량 기록 등 수많은 데이터를 의사결정 지원 시스템에 입력한다. 그리고 티켓을 구입한 시간과 승객이 돌아오는 시간에 따라 가격을 변경하거나 시스템이 자동으로 가격을 변경하도록 한다. 이들은 항상 저렴한 가격으로 비행기를 가득 채울 것인지 혹은 가격을 올리고 일부 빈좌석을 감수할 것인가에 대한 딜레마에 처해있다.

수익률 관리 의사결정 지원 시스템의 목적은 각 항공편의 좌석 판매로 인한 총 수익을 극대화 할 수 있는 적절한 가격을 찾는 것이다. 그 결과는 종종 가격 차별로 이어진다. 이는 항공 업계에서 합법적이며 일반적인 관행이다. 항공권을 구매 한 시간, 동반자가 동행하는 날 수, 출발 및 복귀, 그리고 몇 가지 다른 변수를 고려한다. 일반적으로 항공사는 출발하기 불과 며칠 전에 항공권을 구매할 때 항공권 가격을 두 배 또는 세 배로 높인다. 보통 경쟁사 항공편의 좌석 수에 제한이 있기 때문이다. 또한 이런 고객들은 출장자일 가능성이 높고 회사에서 비용을 지불하게 되므로 가격에 덜 민감하다. 항공사는 이러한 사실과 늦게 예약하는 고객이 비행 날짜를 선택할 때 선택지가 거의 없다는 점을 이용한다. 다른 변수는 덜 명확하기 때문에 의사결정 지원 시스템은 가격에 대한 수요와 민감도를 모델링하는 데 사용된다.

오락 산업에서도 유사한 의사 결정 지원 시스템이 사용된다. 예를 들어, 호텔 및 카지노 운영 업체인 Harrah 's Entertainment는 이러한 시스템을 사용하여 호텔의 객실 요금을 결정하고 고객 충성도 수준에 따라 다른 요금을 제공한다. 도박에 많은 돈을 지출하는 고객은 객실 요금이 더 낮거나 무료 일 수도 있다. 다른 많은 회사와 마찬가지로 Harrah 's Entertainment는 Total Rewards라는 고객 충성도 프로그램을 활용한다. 매출 관리 시스템이라고하는 Harrah 's Entertainment의 데이터 분석 프로그램은 Total Rewards 회원의 전화 번호를 인식하고, 데스크 직원에게 주말에 일반적으로 많이 숙박하는 충성 고객의 객실 가격을 낮추게 하거나, 돈을 적게 쓰는 고객에 대한 토요일 밤 숙박 가격 인상을 결정하도록 도와준다.

금융 서비스

금리와 대출한도를 수동으로 결정하면 의사 결정 프로세스가 지체되어 잠재적인 고객을 잃는 결과로 이어질 수도 있다. 대출 신청자는 은행의 응답을 위해 하루 또는 심지어 몇 시간도 기다리기를 싫어 할 수 있다. 자동화된 의사 결정 지원 도구는 고객이 데이터를 입력 한 후 몇 분 내에 응답을 생성 할 수 있다. 의사결정 지원 시스템은 고객의 데이터를 신용 기록 데이터베이스 및 사전 프로그래밍 된 규칙 모델에서 검색한 데이터와 결합하여 신속한 응답을 만든다.
Quicken Loans은 온라인 소매 모기지 대출 업계의 선두주자가 되었다. 잠재적 차용자는 www.quickenloans.com에서 온라인으로 대출을 요청하거나 전화상으로 대출 프로세스를 시작할 수 있다. Quicken Loans은 신용 조사를 실행하여 몇 초 내에 보고서를 생성한다. 신청자가 승인되면 퀴큰론은 차용자가 온라인 또는 휴대 전화 앱을 통해 계정 정보에 액세스 할 수 있도록 계정을 만든다. 퀴큰론은 차용자를 대신하여 주정부 공인 감정인으로부터 감정서를 발급하는 책임이 있으며 어디서나 거래를 종료할 수 있음을 약속한다 (Anonymous, 2013a). 이 회사의 단계별 절차는 따르기 쉽고 주택 담보 대출의 복잡성을 단순화하는 데 중점을 두고있다. 2010년 9월, 퀴큰론은 총 대출 금액이 34억 달러에 달하는 약 15,500개의 주택 담보 대출을 마감해 기록을 세웠다. 이 수치는 전월 14,000건의 기록을 뛰어 넘었으며 총 대출 금액은 31.5억 달러에 달했다 (Anonymous, 2010). 금융 서비스 및 기타 많은 산업 분야에서 자동 및 실시간으로 이루어지는 의사 결정의 수가 점차 증가하고 있다. 많은 시간을 절약하고 고객에게 신속한 서비스를 보장 할 수 있기 때문이다

혜택 선택 (Benefits Selection)

고용주는 의사결정 지원 시스템을 활용하여 인건비를 절감하고 의사 결정을 도와줌으로써 직원들에게 편의를 제공 할 수 있다. 이런 케이스는 지원 복지 혜택 선택 분야에서, 특히 직원 건강 관리 계획을 세울 때 찾아볼 수 있다. 급여 처리 서비스로 유명한 ADP사는 Subimo LLC와 팀을 이루어 직원들이 의료 보험 계획 비용을 평가할 수 있도록 하는 온라인 신청서를 제공한다. 분석은 개인의 의학적 요구에 기초한다. 이 도구는 개인의 연령, 성별, 지역 및 건강 상태를 고려하여 가족의 건강 관리 비용을 추정한다. 그리고 개인이나 가족이 가장 필요로 하는 보건 서비스를 예측한다. 이 도구의 알고리즘은 6천만명 이상 미국 환자의 인구 통계학적 데이터와 경험을 기반으로 한다. 직원들은 이 시스템을 사용하여 선택을 내리고 융통성있는 지출 계좌, 건강 저축 계좌 또는 건강 상환 약정에 사용될 자금을 모을 방법을 결정할 수 있다.
이러한 의사 결정 지원 도구는 미국 최대 규모의 건강 관리 기관 (HMO)을 포함한 다른 많은 회사들도 제공한다. Subimo가 제공하는 MyHealthcareAdvisor.com이라는 웹사이트는 직원 복지 범위를 확대하고자 하는 중소기업에도 서비스를 제공한다. 약 6천만 명의 미국인이 건강 관리 계획 및 계획안의 옵션을 결정하는 데 도움이 되는 의사결정 지원 시스템을 사용 할 수 있는 것으로 추정된다. 흥미롭게도 이런 서비스의 약 95%가 온라인으로 진행된다.

ETHICAL & SOCIETAL ISSUES

머신에 의한 의사결정

매년 수천명의 사람들이 신용 대출을 거부당한다. 이들 신용에 위험한 요소가 있기 때문이 아니라 대출 기관의 실수로 말이다. 예를 들어, 새로 결혼한 여성은 신용 기록이 여전히 자신의 혼전 성씨로 등록되어 있기 때문에 대출이 거부될 수 있다. 또 다른 일반적인 이유로 월별 납부 기록의 오류도 있다. 한 건의 연체가 신용 점수에서 중복으로 많은 점수를 깎는 것도 가능하다. 일부 은행의 경우, 신용 점수가 350~850의 척도로 500~600대에 있으면 신용 위험이 없다고 간주한다. 일부 은행은 대부분의 사람들이 받는 것보다 높은 이자율을 가진 대출을 제공하기로 결정할 수도 있다.

대출 상환 또는 모기지 지불을 한 번이라도 연기하는 경우 신용 점수가 심각하게 낮아지지만 관련 법률의 부재로 이를 고지할 의무는 없으므로 고객은 이런 사실을 아예 모를 수도 있다. 많은 사람들은 신용 점수 체계가 존재한다는 것을 알지 못하며 모든 은행과 다른 대출 기관이 이를 공유한다는 것도 모른다. 자신의 이런 바닥난 신용등급은 대출을 신청할 때, 혹은 대출을 거부당하거나 더 높은 금리를 제시 받았을 경우 이에 대한 해명을 요구하는 특별한 계기를 통해서만 알게 될 가능성이 높다. 이렇게 자신의 신용등급을 알게 된 후 아무리 연체이유에 대해 설명을 해도 신용등급에는 별 도움이 되지 않을 것이다. 미국 은행들이 신용등급을 정하는 데 컴퓨터를 사용하기 때문이다. 대출가능 여부를 결정하는 일은 컴퓨터의 몫이고 이 결정은 변하지 않는다.

미국의 모든 소비자는 공정하고 정확한 신용 거래법 (FACT Act)에 따라 12개월마다 무료 신용등급을 확인 할 수 있는 권리를 가진다. www.AnnualCreditReport.com은 이러한 신용 정보를 제공하며 신용평가 회사인 Equifax, Experian 및 TransUnion에서 운영하고 있다. 이 웹 사이트에는 소비자의 정보 보호를 위해 엄격한 사기 예방 조치가 마련되어 있다 (www.Annual CreditReport.com, 2013). 최소한 일년에 한 번 신용 등급을 검토하여 알지 못했던 실수나 문제점이 없는지 확인하는 것이 중요하다. 이런 실수는 때로 간단한 입력 오류 일 수도 있지만 때로는 시스템에 심각한 문제로 인한 것 일 수도 있다. 미주리 주립대학교 (University of Missouri-St. Louis)에서 진행한 연구에 따르면 신용 보고서 중 12%에 잘못된 생년월일, 연령 또는 주소와 같은 오류가 포함되어 있었다. 오류가 어떻게 발생했는지를 알아내는 것은 불가능할 수도 있지만 실수를 바로 잡는 것은 어렵지 않다. 위의 세 신용평가 회사들은 모두 웹페이지에 "오류 신고" 링크를 제공한다. 연구에 따르면 이런 오류들을 정정하자 참가자들의 점수가 40포인트만큼 증가하여 큰 대출이나 더 나은 금리를 받을 자격을 갖추게 됐다고 한다. 가능한 최고점의 신용 점수를 유지하려면 제 시간에 청구서를 지불하고 가능한 한 낮은 대출 잔고를 유지하며 절대적으로 필요한 경우에만 새로운 대출을 신청하는 것이 중요하다. 신용 점수의 35%는 시간 엄수에, 또 다른 30%는 상환 능력 대비 총 대출 금액을 기준으로 하기 때문이다 (Stroud, 2008).

- **누가 보호를 필요로 하는가?** 조직이 개인을 평가할 때 어느 정도까지 컴퓨터 기반 의사 결정 지원 시스템에 의존해야 하는가? 자동화된 의사결정 시스템은 은행, 신용 카드 회사, 모기지 회사, 고용주 및 일부의 교육 기관에 의해 미국에서 일상적으로 사용된다. 이에 영향을 받는 대상은 소비자, 신용 지원자, 고용인, 취업 지원자, 예비 학생, 협회 멤버십 신청자 및 기타 분야에서 조직에 의해 평가 된 사람들을 모두 포함한다.

  신용도는 나쁜 위험과 좋은 위험을 분류하기 위해 특별히 개발 된 모델에서 개인 재무 데이터를 처리함으로써 결정된다. 나쁜 위험은 대출금을 상환하지 못할 가능성이 큰 개인이나 기관을 말한다. 예를 들어, 미국의 모든 성인들에 대해 신용도를 평가할 때 일일이 서류철을 들고 그 안에 있는 문서들을 다 검토해야 하는가? 신용평가 전문 인력이 실제로 사용하는 기준을 바탕으로 자동화된 결정을 내려주는 프로그램의 사용을 금지해야 하는가? 고용주가 수백, 수천 개의 이력서를 검토할 때, 키워드를 검색해 업무에 적합한 지원자를 추려내고 부적합한 지원자를 걸러내는 소프트웨어의 사용을 금지해야 하는가? Google이 매년 회사에서 받는 150만 개의 이력서를 검토할 때 소프트웨어의 도움을 받지 않는 것은 과연 실용적인가?

자동화 된 의사 결정을 사용하면 효율성을 높이는 동시에 결정의 효과도 극대화 할 수 있다. 의사결정 지원 시스템 또는 전문가 시스템을 사용할 때 수년 동안 다른 사람들이 축적한 지식과 경험을 마음껏 활용할 수 있게 된다. 따라서 효율성 뿐만 아니라 자동화 된 의사결정이 수동적인 의사결정보다 더 효과적 일 수 있다.

- **숨겨진 부당함**(Hidden Injustice). 반면에 의사결정을 기계에게 일임하면 부당함이 발생할 수 있다. 당신이 수백 명의 경쟁자와 일자리를 놓고 경쟁하는 상황을 가정해 보자. 회사는 당신의 개인정보를 제3의 판매자로부터 얻었다. 당신의 능력은 우수하지만 이 개인정보에는 위법 기록도 포함돼 있다. 따라서, 시스템은 당신을 후보자 명단에서 제외하고 결국 그 직업을 얻지 못하게 된다. 하지만 당신의 기록을 사전에 볼 기회가 있었다면 이런 위법 기록이 사실이 아님을 해명할 수 있었을 것이다. 한 번 혐의를 받았지만, 법정에서 무혐의로 풀려났기 때문이다. 회사에서 당신에게 연락을 취했다면 오해를 해소하고 구직에 성공했을 수도 있을 것이다.

그렇다면 미국 기업들은 자동화된 의사결정을 과도하게 사용하는가? 디지털 시대에 개인의 신용도 또는 직무 성과를 결정하기 위해 자동화된 의사결정 시스템의 효율성을 포기하는 것이 과연 실용적인가? 신용도와 고용에 대한 부당함을 조금 해소하고자 자동화된 의사결정의 보다 큰 효율성을 포기하는 것은 과연 옳은가?

전문가 시스템 (Expert Systems)

의사결정 모델과 데이터베이스의 정량 데이터를 결합한다고 항상 전문적인 지식을 얻을 수 있는 것은 아니다. 이러한 경우 전문가 시스템이 필요할 수 있다. 전문가 시스템 (ES)은 문제를 해결하고 비교적 좁은 도메인(domain)에서 의사결정을 내리기 위해 전문가의 지식을 모방하여 개발되었다. 도메인은 특정 지식의 영역이다. 예를 들어, 의학에서 도메인은 흔히 세균성 질병과 같은 특정 질병 또는 관련 질병군을 의미한다. 전문가 시스템의 목적은 소수 전문가의 구조화 및 문서화되지 않은 지식을 복제해 지식을 필요로 하는 초보자 또는 동일한 도메인에 있지만 전문 지식이 부족한 사람들에게 제공하는 데 있다. 진보한 형태의 전문가 시스템 중 하나로 인공신경망 (인간의 뇌가 작동하는 방식을 모방하는 컴퓨터 프로그램)이 있다. 인공신경망은 새로운 상황을 통해 학습하고 규칙을 생성해 개발단계에서 고려되지 않은 상황에도 유연하게 대처할 수 있다. 전문가 시스템 과 인공신경망은 인공지능 (artificial intelligence, AI) 분야에서 연구되고 적용되고 있는 두 가지 기술이다. 이 분야는 인간이 어떻게 학습하고 문제를 해결 하는지를 모방하는 방법과 기술에 초점을 맞추기 때문에 그렇게 불린다.

그림 10.6에서 볼 수 있듯이 의사결정지원 시스템과 전문가 시스템의 주요 차이점은 두 시스템이 사용하는 "기반"과 구성 방식에 있다. 의사결정지원 시스템은 데이터베이스의 데이터를 사용한다. 전문가 시스템은 지식 베이스 (knowledge base)를 사용한다. 지식 베이스는 사실과 그 사실간 관계의 모음이다. 전문가 시스템은 모델 모듈이 아니라 추론 엔진 (inference engine)을 사용한다. 추론 엔진은 사용자가 입력한 데이터와 지식 베이스에 저장된 데이터 관계를 결합하는 소프트웨어이다. 그 결과로는 최선의 행동 방침에 대한 진단 또는 제안을 제공한다. 대부분의 전문가 시스템에서 지식 베이스는 일련의 IF-THEN 규칙으로 구성된다.

■ 그림 10-6

전문가 시스템의 구성 요소: 숫자는 작동 순서를 나타낸다

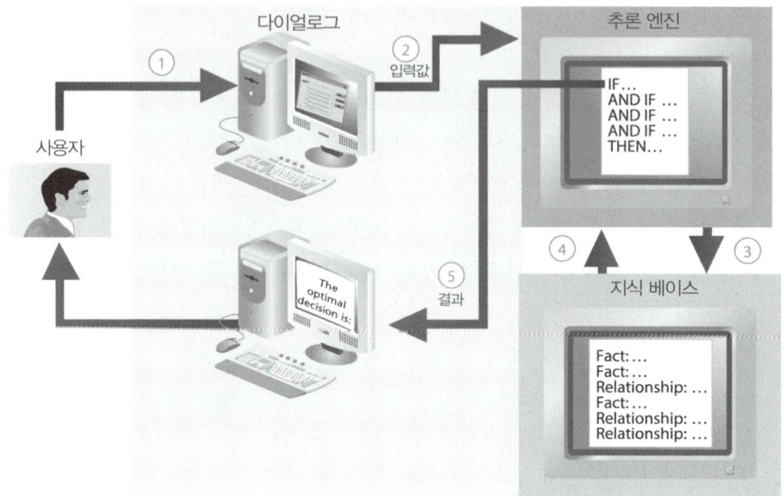

POINT OF INTEREST 튜링 테스트 (The Turing Test)

과학자들은 IT기술을 통해 전문 기술이 향상되고 전달 될 수 있게 하기 위해, 인간의 지적 수준에 상응할 만큼 똑똑한 소프트웨어에 대한 탐구를 계속하고 있다. 1950년 영국의 수학자 Alan Turing은 "기계가 생각할 수 있는가?"라는 제목의 기사를 발표했다. 그 자신의 대답은 '그렇다.' 였다. 오늘날의 튜링 테스트는 다음과 같다. 질문자는 모니터를 통해 사람 혹은 기계에 연결되어 있으며 상대방을 볼 수 없다. 질문자는 사람과 기계 모두에게 질문을 하고, 응답자가 기계인지 사람인지 판단하게 된다. 기계가 질문자를 속일 수 있으면 지능적인 것으로 간주된다. 1990년 Hugh Loebner는 이런 테스트를 할 수 있는 기계를 만들 수 있는 첫 번째 인물에게 금메달과 10만 달러의 상금을 제안했다. 매년 열리는 이 대회에서 질문자는 컴퓨터와 사람에게 동일한 질문을 하지만 상대방을 볼 수는 없다. 질문자와 응답자 상호간의 의사소통은 온라인 채팅과 마찬가지로 텍스트로 이루어진다. 대회 참가자들은 인간의 응답과 구별 할 수 없는 소프트웨어를 구축하려고 시도한다. 지금까지 우승자는 나오지 않았다. 대회 정보는 www.loebner.net/Prizef/loebner-prize.html 에서 확인할 수 있다.

출처: Oppy, G., & Dowe, D. (2011). The Turing Test. Stanford Encyclopedia of Philosophy: Stanford University.

■ 그림 10-6

IF-THEN 규칙하에서는, 조건들 간의 다양한 조합이 다양한 결과로 이어진다.

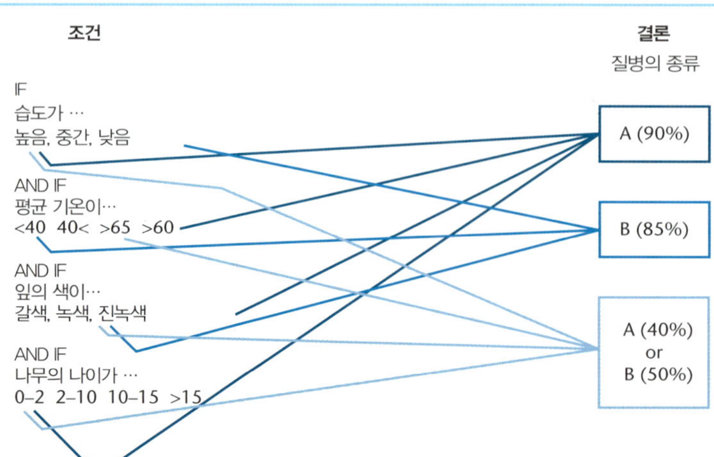

그림 10.7은 질병이 어떤 나무를 감염시키는지를 결정하는 데 어떤 규칙이 적용되는지를 간단하게 설명해 주고 있다. 습도가 낮고, 평균 기온이 화씨 60도 이상이고, 나뭇잎은 짙은 녹색이며, 나무의 나이는 0~2년 일 때, 이런 나무에는 질병 A가 90% 확률로 나타난다. 그러나 습도가 낮고, 온도가 화씨 40~65도 이고, 나뭇잎은 녹색이며, 나무의 나이는 0~2년 일 때, 질병 A가 40%, 질병 B가 50%의 확률로 나타난다. 이런 진단은 질병을 막기위한 적절한 치료 결정을 내리는 데 도움이 된다. 진단을 위한 실제 전문가 시스템은 보통 수백 또는 수천 가지의 규칙으로 구성되는데 이는 질병의 전조 증상, 질병을 유발하는 다양한 요인 등을 모두 고려하기 때문이다. 그리고 해당나무가 다른 질병을 더 가지고 있을 수도 있다.

예를 들어 광물 탐사의 경우, 규칙은 다음과 같을 수 있다. 'X미터 까지 드릴 작업을 한 경우, 샘플에 일정 비율의 탄소 등이 포함 된 경우에 90%의 확률로 a미터만 더 내려가면 상업적 가치가 충분한 품질과 양의 오일이 있다.' 이러한 규칙은 종종 정량적이 아닌 질적 정보로 구성되기 때문에 데이터베이스가 아닌 지식 베이스 형태로만 저장할 수 있다.

전문가 시스템 연구자들은 지식을 더 잘 찾아내고 표현할 수 있는 방법을 지속적으로 모색하고 있다. 그리고 게임을 비롯한 고도의 비구조화 문제 해결 도메인에서 이러한 노력의 결과를 테스트한다. 그 중 연구원과 일반인 모두에게 흥미를 불러 일으킨 게임은 체스가 있다. 체스는 말이 이동할 수 있는 경우의 수가 매우 많은 고도의 비구조화 환경을 가지고 있다. 따라서, 모든 보드 구성에 대해 최선의 수를 선택하려면 전문가 시스템이 필요하다.

IF-THEN 규칙 집합을 포함하는 대신 보다 정교한 전문가 시스템은 인공신경망을 사용한다. 이런 시스템은 인간의 두뇌가 학습하는 방식을 모방하도록 설계된다. 전문가 시스템의 설계 단계에서는 일련의 규칙이 사용되지만, 의사결정의 실제 성공 및 실패에 대한 데이터가 축적되어 시스템에 공급되면 인공신경망은 보다 높은 성공률을 달성하기 위해 기존의 규칙을 수정 및 개선한다.

점점 더 많은 비즈니스 애플리케이션들이 비즈니스 프로세스 및 공급망 관리를 모니터링하는 소프트웨어에 인공신경망 및 전문가 시스템 기술을 결합하고있다. 이런 애플리케이션의 예로 Finch Paper에서 하니웰 프로세스 지식 시스템을 도입한 사례가 있다. 뉴욕의 Glen Falls에 있는 펄프 및 제지 공장인 핀치사는 비용을 절감하면서 동시에 제품의 품질에 더 많은 관심을 기울일 필요가 있었다. 유감스럽게도 핀치사는 제품의 품질을 관리하고 보고하는 시스템이 아주 시대에 뒤떨어져 있었다. 직원의 안전을 보장하면서 효율성과 성능을 향상시키기 위해서는 주요 공장 데이터가 필요했다. 하니웰 사의 제품을 도입함으로써 핀치사는 공장 효율을 1% 향상시켜 연간 10만 달러를 절감 할 수 있었다. 또한 조직의 기존 시스템을 통합함으로써 정보의 연결성과 공유 데이터 접근성이 향상되었다. 또한 핀치사는 현장 관리자가 "정보에 입각한 의사 결정을 신속하게 내릴 수 있도록"함으로써 공장 생산성을 향상 시켰다(Anonymous, 2011).

전문가 시스템은 종종 지능형 에이전트(intelligent agent)를 통해 현재 상황에 대해 알려준다. 지능형 에이전트는 특정 이벤트를 감지할 때까지 "휴면"상태인 소프트웨어로, 해당 이벤트가 감지되면 지정된 작업을 수행한다. 예를 들어, 소매업에서는 소비자가 제품을 구입할 수 있게 재고 부족 현상을 사전에 방지하기 위해 적정량의 재고를 보관하는 것이 중요하다. 재고 부족 현상은 판매 손실뿐 아니라 고객 만족에도 잠재적 손실을 입힌다. 따라서 지능형 에이전트로 설계된 정보 시스템은 선반에 놓인 수량이 일정 기준 (안전 재고) 이하로 떨어지면 제품을 자동으로 재주문하여 이런 손실을 예방할 수 있다. 제조자 또는 배급업자에게 주문을 자동으로 넣어 배송을 요청하는 것이다.

POINT OF INTEREST

누가 의사결정권을 쥐고 있는가?

Oregon State University (OSU) 연구자들은 항공 혼잡을 줄이고 병목 현상을 피하기 위해 항공 교통 관제사(ATC) 들을 스마트 컴퓨터로 지원해야한다고 생각한다. 5년 동안 OSU에서 개발 및 제안 된 시스템은 숙련된 항공 교통 관제사들의 의사결정 여지를 남겨두지만, 기본적으로 항공 교통 관제사들은 컴퓨터 시스템으로부터 제안을 받게 된다. 시스템의 개발자들은 항공 교통 관제사의 능동적인 사용에 시스템이 보다 유연하게 적응할 수 있도록 노력한다. 그리고 이런 시스템이 항공 교통 관제사들의 전체 능률을 최대 20%까지 향상시킬 수 있다고 생각한다. 컴퓨터는 인간보다 빠르고 효율적으로 알고리즘을 계산할 수 있다. 시카고의 한 비행기에 착륙하는 항공 교통 관제사가 마이애미의 뇌우와 LA 공항에서 병목 현상을 걱정하는 것은 당연한 일이다. 그러나 컴퓨터는 이러한 모든 시나리오를 처리 할 수 있으며 인간 항공 교통 관제사가 항공 교통 효율을 향상시키는 데 사용할 수 있는 데이터를 생성 할 수도 있다.

출처: Anonymous. (2010). Smart Computers Should Assist Controllers. Air Safety Week, 24(13). 342 Decision Support and Business Intelligence

인공신경망은 많은 유형의 사기를 탐지하는데 매우 효과적이다. 예를 들어, 피코(FICO)의 팔콘 프러드 매니저 (Falcon Fraud Manager)를 사용하면 금융 기관이 고객의 일반적인 소비 패턴과 일치하지 않는 신용카드 거래를 식별 할 수 있다. 일반적인 절차상에서는 은행이 청구내역을 확인하기 위해 회원에게 전화를 걸고 사기 피해사실이 확인되면 대금 지불을 중단하고 새로운 신용 카드를 재발급해준다. 그러나, 은행측은 해당 거래에 대한 손실을 감수하게 된다. 코옵 재무 서비스(CO-OP Financial Services)는 사기 거래를 실시간으로 잡아내기 위해 피코(FICO)의 제품을 구매했다. 이 새로운 전문가 시스템 소프트웨어를 사용하면 포스 (POS: point-of-sale) 거래 내역은 일련의 규칙을 통해 처리되고 기준을 충족하지 못하면 즉시 중단된다. 그 후에는 팔콘이나 신용 금융 기관의 전문 인력이 해당 거래를 추적한다. 이 새로운 실시간 시스템은 2009년과 2010년에 회사의 손실을 940,000달러 줄여주었다 (Rapport, 2012).

보험 회사는 피보험자 당사자 및 의료 제공자로부터의 사기성 주장을 탐지하기위해 인경신경망을 사용한다. Empire Blue Cross Blue Shield는 수년 동안 이 기술을 사용해 수백만 달러를 절약했다. 한 사례에서 매년 호흡기 질환 검사를 실시한다고 비용을 청구한 한 의사가 실제로는 평생에 단 두 번 정도밖에 해당 검사를 실시하지 않는 것을 발견했다. 또 다른 사례에서는 한 의사가 임신 테스트 비용을 청구했지만 실제로는 대상이 남성이었던 것으로 포착됐다.

전문 지식을 사용하는 또 다른 기법은 사례기반 추론이 있다. 사례기반 추론은 유사한 문제의 해결책을 활용하여 새로운 문제를 해결하는 방법론을 말한다. 이 기술을 지원하는 소프트웨어를 사례 기반 전문가 시스템이라고 한다. 이 시스템은 분석할 사례의 중요한 매개변수와 비슷한 매개변수를 가진 사례들을 찾기 위해 데이터베이스를 탐색한다. 그런 다음 해당 사례들에서 진행된 의사결정을 참고해 성공적이었던 의사결정을 반영한다. 이런 시스템에 지식 베이스는 여러 사례들을 데이터베이스화 해서 구성된다.이 시스템은 보관중인 사례들에서 주요 매개 변수를 검색하는 소프트웨어를 사용한다.

사례 기반 추론은 특히 의학분야 의사결정에 유용하다. 이전의 유사한 경우와 비교하며 증상을 진단하고 약물 및 기타 치료법과 같은 치료 조치를 제안하는 데 도움이 된다.

전문가 시스템의 적용 사례

전문가 시스템은 의료, 통신, 금융 서비스 및 농업과 같은 여러 산업 분야의 전문가를 돕기 위해 활용되고 있다. 그 사례들을 살펴보자.

의료 진단

의학 전문가 시스템은 환자를 진단하고 처방을 제안하는데 도움을 준다

의료는 가장 비구조화된 영역 중 하나이기 때문에 이전에 언급한 것처럼 초기 많은 전문가 시스템들이 증상 및 치료 조언 진단 등 의사를 돕기 위해 개발된 것은 놀라운 일이 아다. MYCIN (세균성 질병 진단), CADUCEUS (내과적 진단) 및 PUFF (폐 질환 진단)는 이러한 시스템 중 일부에 지나지 않는다. PUFF는 환자의 신체에 직접 연결하여 환자의 상태에 대한 다양한 데이터를 전문가 시스템에 입력하고 폐 질환을 분석하는데 활용한다. 그림에서 알 수 있듯이 의사는 환자의 의학적 진단을 위해 전문가 시스템을 활용할 수 있다.

독일 과학자들은 점진적으로 기억을 파괴하는 것으로 알려진 알츠하이머 병의 진단 정확성을 향상시킨 전문가시스템을 개발했다. 이 시스템은 환자 뇌의 양전자 방출 단층 촬영 스캔을 활용한다. 스캔된 이미지는 전문 지식을 갖춘 의사만이 신뢰할 수 있는 정보를 제공한다. 이러한 전문성을 기반으로 전문가시스템은 질병의 전형적인 증상이 나타나기 전에 알츠하이머 병을 진단 할 수 있다. 5백만 명이 넘는 미국인이 알츠하이머 질환으로 고통 받고 있으며, 불치병으로 고통받는 미국 인구의 비율이 증가하고 있다. 정확한 조기 진단은 환자와 그 가족이 향후 계획을 세우는 데 도움이 되며 환자가 아직 정상적인 사고를 할 수 있을 때 의사와 향후 치료방안을 논의할 수 있는 기회를 마련해준다. 의심 환자 150명을 대상으로 테스트를 실시한 결과 전문가시스템은 실제 전문가와 비슷한 수준의 결과를 제공했다. 이제는 질병의 조기 진단을 위해 전문가시스템이 활용될 수 있게 된 것이다

환자 관리(Medical Management)

진단용 전문가시스템 외에도 일부 병원에서는 환자가 받아야하는 검사나 다른 초기 치료를 결정하는데 도움이되는 시스템을 사용한다. 이런 결정은 행정적인 것 일 수 있다. 예를 들어, 일리노이 대학 소속 (University of Illinois)의 시카고 종합 병원 (Chicago Medical Center)은 Discern Expert라는 응용 프로그램을 사용하고 있다. 이 프로그램은 환자 데이터 및 이벤트를 모니터링하고 입원, 다른 병동 또는 병원으로 이송, 퇴원 또는 검진 그리고 치료 순서와 같은 조치를 권고해준다. 이런 시스템의 규칙 집합은 다음과 같을 수 있다.

IF: 고명암비 CAT SCAN에 대한 주문이 접수됨
AND: 환자의 혈중요소질소 수치가 높음
AND: 환자의 크레아티닌 수치가 높음
THEN: 이런 조건들 하에 조영제 사용의 부작용을 전자 메일로 환자의 주치의에게 경고

혈중요소질소(BUN) 수치는 근육 및 단백질의 붕괴로 발생한다. 이 수치가 높으면 신장 질환을 암시할 수 있다. 크레아티닌은 근육 조직에 의해 생성되어 혈액으로 방출되는 단백질이다. 이 수치

가 높으면 신부전을 의심해 볼 수 있다. Discern Expert 소프트웨어는 의사가 합병증이나 불필요한 검사를 예방할 수 있도록 도와준다. 일단 의학 전문가 시스템이 구성되면 의사가 부족한 빈곤 지역에 전문성을 공유하는 등 다양한 방면에서 사용될 수 있다.

이런 검진 이외에도 건강정보관리 (HIM) 솔루션이 의료 서비스 공급자들에 의해 도입되고 있다. 건강 관리 비용이 급격하게 늘고 있기 때문에 비용 절감에 중점을 두고 의료공제와 양질의 의료 서비스 제공이 함께 이루어질 수 있도록 지속적인 노력이 이어질 것이다. 또한 미국 연방 정부는 전자 건강기록 및 건강정보 교환에 보다 중점을 두고 있다. 정보를 공유하고 새로운 규정을 준수하는 정도에 따라 의료 서비스 제공자가 얼마나 큰 공제 혜택을 받을지 결정된다. 건강 정보 관리를 돕기 위해 자연 언어 처리를 비롯하여 여러 기술이 사용될 것이며 이 과정에서 전문가 시스템이 중요한 역할을 하게 될 것이다 (Klein, 2010).

POINT OF INTEREST 전문가 시스템, 의사 역할도 톡톡히!

IBM의 소프트웨어 개발 전문가들은 의사들과 팀을 이루어 미숙아의 생명을 구하는 데 도움이 되는 새로운 기술을 개발했다. 캐나다의 ICU 부서에서 처음 사용된 조기 경보 시스템은 조산중인 아기가 건강에 위험한 합병증을 일으킬 확률을 찾아내 알려준다. 컴퓨팅 소프트웨어의 혁명적 진보는 심장 박동수, 온도, 호흡 등을 포함해 초당 512회의 판독을 수행할 수 있으며 임상의사들에게 실시간 분석 데이터를 제공한다. 유아의 상태가 갑자기 변할 때 의사가 어려운 결정을 내리는 데 가장 도움이 되는 양질의 정보를 제공하는 것이다.

출처: Frean, A. (2011, Jun 16). Big Blue and the endless pursuit of blue sky thinking, The Times, p. 53.

신용 평가

아메리칸 익스프레스 (AmEx) 신용카드 소지자는 건당 수십만 달러의 비용을 지불할 수 있다. 당연히 대부분의 소매 업체 및 레스토랑은 AmEx의 승인을 있기 전에는 거래를 처리하지 않는다. 이런 승인 요청을 처리하는 AmEx 사무원은 전문가 시스템을 사용한다. 시스템은 계좌 번호, 시설 위치 및 구매 금액과 같은 데이터를 활용한다. 전문가 시스템은 계좌의 과거 기록이 포함된 데이터베이스와 신용 승인 또는 거부 기준이 담긴 지식 베이스를 활용해 거래를 승인할지 결정한다.

Moody 's Analytics가 개발한 RiskAnalyst라는 또 다른 전문가 시스템은 데이터 저장 및 신용 분석을 제공한다 (Anonymous, 2013c). 이 시스템은 전세계적으로 자산 관리자, 은행 및 보험 회사에서 사용되고 있다. 위험 및 신용도 평가를 위한 도구와 함께 신용 정보를 수집, 분석 및 저장하는 기능을 하나의 소프트웨어 플랫폼으로 통합한 전문가 시스템이다 (Anonymous, 2013c).

이 시스템은 신청자의 재무 보고서에 포함된 데이터에 대한 복잡한 분석을 수행한다. 재무 기록에 대해 인간의 언어로 해석을 제공할 뿐만 아니라, 향후 전망에 대한 예측을 생성하고 워드 프로세싱 소프트웨어와 연결 가능한 텍스트를 출력한다. 분석 보고서 작성의 지루한 업무 부담을 줄여주고 표준화된 재무제표 분석 결과를 제공한다.

대출 담당자는 사용 용도에 맞게 지식 베이스를 정기적으로 업데이트하여 은행의 현재 대출 정책을 반영할 수도 있고, 국가 및 지역 경제 전망 예측 및 이자율 예측도 수행할 수 있다. 시스템은 대출 관리자가 특정 재무제표를 분석할 때 고려하는 여러 가변 인자와 민감도의 관계를 일관되고 신뢰성 있게 분석한다.

주식 내부거래 탐지

다른 유사한 기관과 마찬가지로, 미국 증권 거래소 (AMEX)는 증권의 내부자 거래를 막기위한 특별 부서를 두고 있다. 내부자 거래는 일반인이 아닌 회사 관계자에게만 제공되는 정보에 기반한 주식 거래를 말한다. 이는 미국 연방법을 심각하게 위반하는 행위이다. 내부자 거래를 탐지하기 위해 해당 부서에서는 비정상적인 거래 활동에 대한 여러 출처의 정보를 받고, 이 정보를 사용하여 조사하고자 하는 주식 거래를 식별한다. 부서의 분석가는 전문가 시스템을 사용하여 주식거래 기록에 대한 방대한 데이터베이스에 액세스하고 관심있는 기간을 선택한다. 시스템은 분석가가 데이터베이스에서 받은 정보를 활용해 답할 수 있는 질문을 제공한다. 이 질문들은 전문 조사관의 경험을 반영하여 생성된다. 분석가가 모든 질문에 답한 후에 시스템은 두 가지 숫자를 제공한다. 추가 조사가 필요할 확률과 그렇지 않은 확률이다.

금속 탐지

야금학자는 전문가이며 몸값이 비싸다. 그들이 근무하는 실험실 자체도 가격이 상당하다. General Electric Corp은 일반 금속 및 합금을 실험실 환경 밖에서도 식별 할 수 있는 전문가 시스템을 개발했다. 사용자는 금속의 밀도, 색상 및 경도에 대한 정보와 초보자도 수행 할 수 있는 간단한 화학 테스트 결과를 시스템에 입력한다. 사용자가 충분한 정보를 제공하면 시스템이 금속 또는 합금을 확실하게 식별해준다. 정보가 충분하지 않으면, 시스템은 금속 목록을 가능한 순서대로 제공한다. 그러한 목록조차도 상황에 따라 도움이 되므로 실험에 필요한 시간 및 인건비를 절약하게 해준다.

기계 고장 진단 및 예측

차량이 스스로 고장을 자체 진단할 수 있다면 그것은 분명한 혜택이 될 것이다. 그렇다면 교통 상황을 경고하고, 승객을 즐겁게 하고, 자체적으로 고장을 진단 할 수 있는 차량은 어떤가? 더할 나위가 없다. 예를 들어, HawTai Bu 세단과 Geely EC825 자동차는 차량용 인포테인먼트 시스템을 갖춘 최초의 중국 자동차들이다. 인텔의 아톰프로세서가 탑재된 이 시스템은 네비게이션, 엔터테인먼트 및 인터넷 서비스를 포함하여 완전히 연결된 운전 경험을 지원한다. 시스템은 교통 지도를 실시간으로 인식하고 대안 경로를 추천한다. 이러한 기능은 대부분의 차량에 있는 기본 진단 시스템을 기반으로 한다. 심지어 블랙박스 영상을 실시간으로 분석해 차량근처에 있지 않은 차주에게 경보를 울려 주기도 한다 (Hoffmann, 2011).

POINT OF INTEREST 자동차가 보내는 트윗?

앞으로는 자동차가 자체 결함을 운전자에게 "트윗" 할 수도 있을 것이다. 이미 이런 기술이 부분적으로 존재하고 있다. GM의 텔레매틱스 시스템은 10년 이상 사용되어 왔으며 Ford는 자동차가 운전자의 휴대전화에서 문자 메시지를 읽을 수도 있다. 따라서 차량 시스템이 자체 진단을 수행하고 운전자에게 '브레이크 확인' 또는 '엔진 오일 교체'와 같은 트윗을 보내는 것도 충분히 가능하다. 하지만 자동차가 이렇게 자체 점검을 해줄지라도 실제로 차를 수리할 때 책임은 여전히 차주 혹은 운전자에게 있다.

출처: Howell, D. (2010, June 23). Your Car Could Soon Tweet You With Its Latest Diagnostics Report, Investor's Business Daily.

일부 Toyota 및 Ford 차량에 탑재되고 있는 원격 진단은 시스템은 안전 및 보안 기능 이상의 가치를 지니고 있다. 차주가 진단의 형태로 자동차와 상호작용하는 것은 자동차 회사가 고객 관계 관리 (CRM)를 개발하는 중요한 초석이 되고 있다. 자동차의 상호작용, 소통 및 이런 전체적인 경험은 자동차 자체의 물리적 성능만큼이나 중요하다. 휴대전화가 그랬 듯, 차량이 미래에 어떻게 진화하는지 확인해 볼 필요가 있다 (Anonymous, 2012b).

그룹 의사결정지원 시스템 (Group Decision Support Systems)

여러명으로 구성된 팀 내에서 의사결정을 내릴 때는 그룹 의사결정 지원 시스템(GDSS)이 유용 할 수 있다. 이 시스템은 종종 그룹 지능 시스템, 협업 시스템 또는 단순히 그룹 시스템으로 불린다. 그룹 의사결정 지원 시스템의 목적은 의견 개진을 촉진하고, 다양한 의견을 모아, 유망한 솔루션을 선택하는 것이다. 종종 한 사람이 전체 프로세스의 진행자 역할을 한다. 일반적으로 세션은 해결할 문제 또는 의사결정 안건을 정의하여 시작한다. 그 후 아이디어의 기여, 아이디어의 평가 (각 아이디어의 장단점 등), 아이디어에 투표 등의 과정을 거치게 된다. 투표는 문제를 해결하거나 결정을 내리는 아이디어의 순위를 결정한다. 도출된 의사결정의 전체 목록은 최종 의사결정자에게 전달된다. 그룹이 자체적으로 결정을 내릴 수 있는 권한을 가진 경우 최고 순위의 결정이 채택된다. Facilitate.com (그림 참조)이 제공하는 FacilitatePro는 이러한 응용 프로그램 소프트웨어의 전형적인 예이다. 전력망을 관리하는 Electrogrid는 조직의 다양한 과제를 해결하고 전략적인 계획 수립을 위해 FacilitatePro를 사용했다 (Anonymous, 2009).

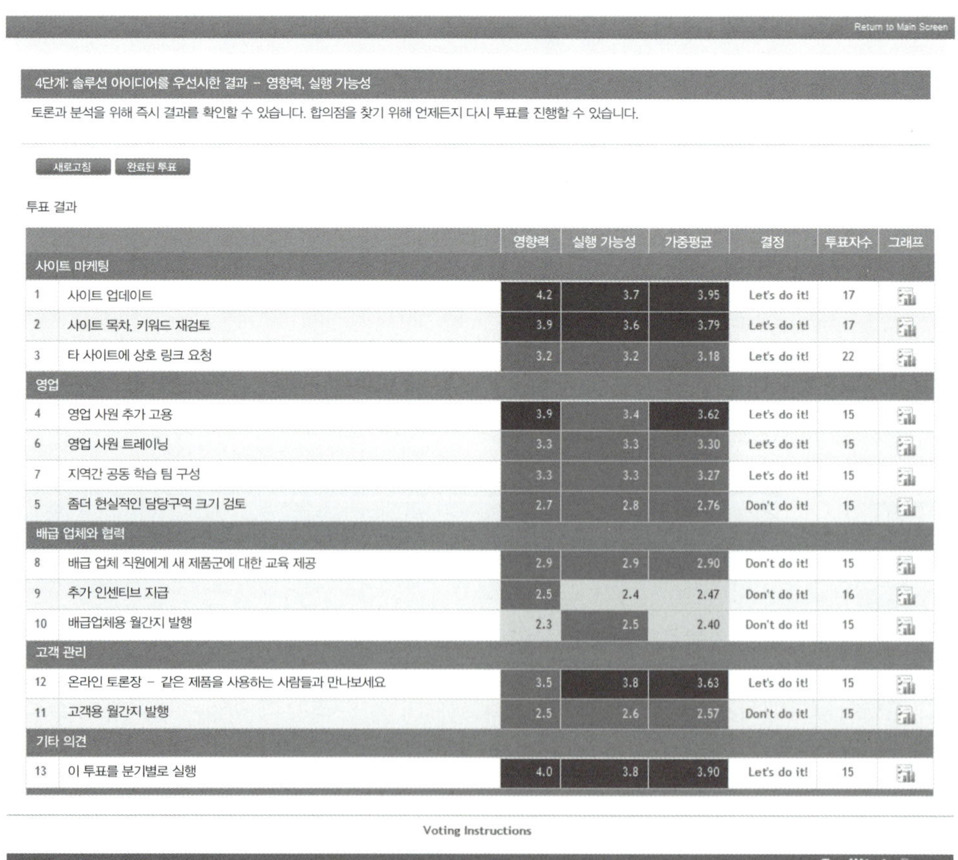
Return to Main Screen

4단계: 솔루션 아이디어를 우선시한 결과 – 영향력, 실행 가능성

토론과 분석을 위해 즉시 결과를 확인할 수 있습니다. 합의점을 찾기 위해 언제든지 다시 투표를 진행할 수 있습니다.

새로고침 완료된 투표

투표 결과

		영향력	실행 가능성	가중평균	결정	투표자수	그래프
사이트 마케팅							
1	사이트 업데이트	4.2	3.7	3.95	Let's do it!	17	
2	사이트 목차, 키워드 재검토	3.9	3.6	3.79	Let's do it!	17	
3	타 사이트에 상호 링크 요청	3.2	3.2	3.18	Let's do it!	22	
영업							
4	영업 사원 추가 고용	3.9	3.4	3.62	Let's do it!	15	
6	영업 사원 트레이닝	3.3	3.3	3.30	Let's do it!	15	
7	지역간 공동 학습 팀 구성	3.3	3.3	3.27	Let's do it!	15	
5	좀더 현실적인 담당구역 크기 검토	2.7	2.8	2.76	Don't do it!	15	
배급 업체와 협력							
8	배급 업체 직원에게 새 제품군에 대한 교육 제공	2.9	2.9	2.90	Don't do it!	15	
9	추가 인센티브 지급	2.5	2.4	2.47	Don't do it!	16	
10	배급업체용 월간지 발행	2.3	2.5	2.40	Don't do it!	15	
고객 관리							
12	온라인 토론장 – 같은 제품을 사용하는 사람들과 만나보세요	3.5	3.8	3.63	Let's do it!	15	
11	고객용 월간지 발행	2.5	2.6	2.57	Don't do it!	15	
기타 의견							
13	이 투표를 분기별로 실행	4.0	3.8	3.90	Let's do it!	15	

Voting Instructions

Copyright 1992-2013 Facilitate.com

FacilitatePro 15

그룹 의사결정 지원 시스템인 FacilitatePro는 의사결정에서의 브레인스토밍, 아이디어 평가, 최종 투표 등을 쉽게 진행하게 해준다.

다른 많은 애플리케이션 소프트웨어 시스템과 마찬가지로 그룹 의사 결정 지원 시스템도 클라우드로 이전되었다. 예를 들어, Lumina Decision Systems의 Analytica Cloud Player (ACP)는 그룹 의사결정 지원 시스템의 장점을 그대로 반영한 클라우드 서비스를 만들어 사용자가 수동으로 시스템을 업데이트하는 수고를 덜 수 있었다 (Anonymous, 2013b).

이런 클라우드로의 이전은 그룹 의사 결정 프로세스를 정리하는 데 도움이 될 뿐 아니라 한 테이블을 둘러싸고 앉아서 회의를 진행하는 것과는 다른 환경을 만든다. 그룹 의사결정 지원 시스템은 참가자가 전체 세션 또는 세션의 일부 동안 익명 성을 유지할 수 있도록 한다. 이것은 아이디어가 기각되거나 비웃음을 살 까봐 가지는 두려움 등을 해소해준다. 또한 모든 참가자를 직급 또는 근속년수 서열에 관계없이 동등한 입장에 서게 해준다. 익명성은보다 창의적인 아이디어와 보다 개방적이고 철저한 의사결정 프로세스를 유도하는 데 도움이 된다. 또한 익명성은 의사결정이 직급이나 권한에 의하지 않고 의견의 일치 또는 최소한 다수결에 의해 이루어지도록 한다. 이러한 의사결정은 정치적 동기가 적기 때문에 시행될 때 더 많은 지지를 얻는다.

지리 정보 시스템 (Geographic Information Systems)

5장 "비즈니스 소프트웨어"에서 언급했듯이 지도상의 정보를 검토해야만 내릴 수 있는 결정들이 존재한다. 많은 비즈니스 의사결정에서 사용되는 데이터와 그 결과물들이 지리적 위치와 관련된다. 예를 들어 새로운 상점을 위한 최고의 위치를 선택하거나 경찰인력을 최적으로 배치하는 의사결정 과정을 생각해보자. 이렇게 지리적 정보와 관련된 의사결정의 경우에는 지리 정보 시스템 (GIS)이 가장 적합한 도구가 된다. 지리 정보 시스템은 위치 데이터를 처리해 분석결과를 제공한다. 예를 들어, 주택 개발업자가 투자할 곳을 결정하고자 할 때, 지리 정보 시스템은 지도에서 인구 변화를 추적하고 지난 3년 동안 10% 이상의 인구증가가 있는 곳을 다른 색상으로 표시하는 등의 방법으로 도움을 줄 수 있다. 이런 정보를 통해 개발자는 인구 증가 추세에 따라 투자 할 곳을 쉽게 결정할 수 있게된다. 다른 예는 다음과 같다.

- 배달업자는 운송 경로의 최단 거리를 찾고 가장 낮은 비용으로 물품을 배달 할 수 있다
- 교육청은 아이들이 학교를 통학 할 수 있는 가장 효율적인 경로를 찾는다
- 새로 매장을 열 장소를 찾기 위해 인구 통계 정보를 수집하는 소매 업체
- 선거구별 범죄통계를 근거로 경찰인력을 배치하고 거주자에게 더 나은 삶을 제공하기 위한 편의시설을 배치하려는 구청 관계자
- 지역 사회의 어느 분야에서 범죄로 인한 특정 질병이나 부상의 치료를 위해 어느 정도 관심과 물자가 필요한지 분석하는 의료기관
- 지질학적 실험을 토대로 시추 위치를 결정하려는 석유 회사
- 새로운 ATM을 어디에 설치할지 결정하기 위해 회사 및 쇼핑 센터의 위치를 고려한다

예를 들어, 메사추세츠 주 스프링 필드에서는 의료전문가들이 햄든카운티 지역의 두 주요 의료센터와 보건, 도시계획 및 경찰 등 관련 부처에서 수집 된 데이터를 지리 정보 시스템을 활용하여 사용한다. 이들은 학교 폭력 피해자, 유방암 등 의료복지가 필요한 지역 및 인구 집단을 파악하는 데 도움이 되는 모델을 사용한다. 의료 서비스 제공자인 Kaiser Permanente는 지리 정보 시스템을 사용하여 서비스 제공에 영향을 줄 데이터를 수집한다. 기업용 지리 정보 시스템은 회원 위치에 대한 데이터를 사용하여 새로운 의료 사무실의 위치를 결정한다. 지리 정보 시스템은 미국 인구 통계국 (Kehoe, 2011)이 제공한 인구 통계학 및 사회 경제적 정보를 통합한다.

일반적인 지리 정보 시스템은 (1) 지도에 표시하기 위한 정보를 담고있는 정량 및 정성 데이터의 데이터베이스, (2)지도 데이터베이스, (3)지도에 정보를 표시하는 소프트웨어로 구성된다. 디지털화된 지도는 위성 및 항공 사진을 활용해 제작한다. 디스플레이는 쉽게 이해할 수 있는 기호 및 색상 또는 움직이는 이미지 형식 일 수 있다. 예를 들어, 석유 탐사지도는 예상 원유 매장량을 다양한 채도의 빨간색으로 표시 할 수 있다. 또는 인구 밀도를 다양한 채도의 파란색을 사용하여 지도에 비슷하게 표시 할 수 있다. 보다 정교한 지리 정보 시스템은 연령, 수입 및 기타 특성에 따라 특정 소비자를 그룹지어 다양한 색상 및 아이콘으로 표시 할 수도 있다. 다음 그림과 같이 Microsoft MapPoint는 영업 데이터를 지리적 컨텍스트(geographic context)로 매핑(mapping)한다.

Microsoft MapPoint GIS를 활용한 주별 판매량 시각화

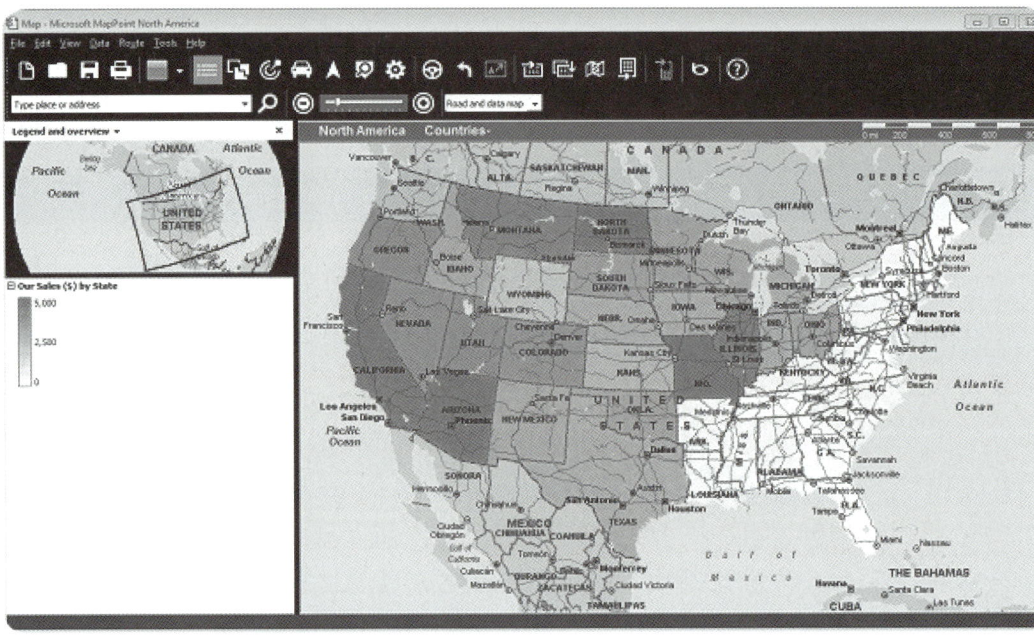

POINT OF INTEREST 지도를 보여주세요

ESRI는 지리 정보 시스템의 선도적인 개발 업체이다. 이 업체의 사이트에서는 온라인으로 사용할 수 있는 지리 정보 시스템 목록을 제공한다. www.esri.com/software/internetmaps/index.html에 방문하여 지도를 살펴보라. 일부는 판매 또는 임대용 부동산의 위치 선정에 사용된다. 다른 지리 정보 시스템들은 환경보호, 수자원 관리, 홍수 및 화재와 같은 재해대책 및 기타 여러 가지 목적으로 사용된다. 이 중 많은 사이트들은 공무원과 시민들의 사용을 위해 지방 정부에서 운영하고 있다.

웹 기술의 발전으로 사기업 및 정부 기관의 지리 정보 시스템 활용도 더 활발해졌다. 인트라넷을 통해 직원들은 중앙컴퓨터에서 수천개의 지도를 자신의 PC로 복사해 올 수 있다. 웹 페이지를 작성하고 검색하는 데 사용하는 기본 언어인 HTML과 XML은 그림 상에 구역을 나눠 정보를 입력하는 기법을 지원하므로 정보가 담긴 지도 데이터 전송에 이상적이다. 지도의 한 영역을 클릭하면 웹의 멀티미디어 기능을 최대한 활용하여 확대 또는 축소 할 수 있을 뿐만 아니라 다른 지도 또는 텍스트의 형태로 관련 정보를 가져올 수도 있다.

예를 들어, 영업 관리자는 지도를 가져와서 과거의 판매 활동이 다른 지역에서 어떻게 수행되었는지 확인할 수 있다. 또, 특정 구역을 확대하거나 축소할 수도 있다. 손가락이나 마우스 클릭만으로 지역 담당자와 기타 관련 정보를 받을 수 있다. 사실, 점점 더 많은 소매 체인이 의사결정을 위해 지리 정보 시스템을 도입하고 있다. 히스패닉 캐리비안 레스토랑 체인 Pollo Tropical은 미국 남동부 전역과 해외에 125개의 레스토랑을 운영 중이다. 과거에 이 체인의 임원진들은 새로운 식당을 열 곳을 결정하기 위해 "직감"을 사용하곤 했다. 하지만 이들은 이제 지역 인텔리전스 소프트웨어 업계의 리더인 MapInfo(이제는 Pitney Bowes 사의 부서 중 하나)에서 구매한 지리-인구통계 데이터를 지리 정보 시스템에 반영해 활용한다. 이 시스템은 잠재 고객이 어디에 주로 거주하는지 찾아주고 회사가 플로리다주를 넘어 사업을 확장하려는 계획을 돕고 있다.

정부 업무와 관련해서는, 시청 직원이 지역의 지도를 가져와 표시된 거주지를 확대하고 사진을 클릭해서 대출받아 지불한 금액 등의 정보를 받을 수 있다. 또한, 이웃이 정화조를 사용하는지 또는 하수도를 사용하는지와 같은 추가 정보는 다른 색상으로 같이 표시 될 수도 있다. 지도에는 주택, 산업 또는 상업용으로 지정된 토지 등의 구역 코드도 표시 될 수 있다. GIS는 또한 법 집행 공무원이 범죄 통계를 분석하는 데 도움을 줄 수 있다.

당신도 아마 Google Earth, Mapquest, Yahoo Maps 및 기타 인기있는 웹 기반 지리 정보 시스템을 잘 알고있을 것이다. 이런 프로그램을 소유한 일부 회사는 일반 대중에게 서비스를 공개함으로써 매시업을 통한 보다 전문적인 지리 정보 시스템을 만들 기회를 제공하고 있다. 매시업에 대한 논의는 5장 "비즈니스 소프트웨어"를 참조하기 바란다. 매시업은 둘 이상의 온라인 애플리케이션의 기능을 결합한 서비스다. 종종 이러한 애플리케이션에서는 지도를 활용한다. 특정 정보 이벤트, 클럽, 판매용 부동산의 위치 등의 데이터와 지도를 결합하면 전문화 된 지리 정보 시스템이 생성된다. 예를 들어, www.zillow.com은 지도에 최신 부동산 추정가격을 표기한다. 웹에는 지도가 포함 된 수백 가지 유사한 매시업이 존재한다. www.programmableweb.com/mashups에서는 100가지 이상의 이런 매시업을 서비스를 볼 수 있다.

정부 관계자들이 지역별 범죄 패턴을 식별하게 해주는 지리 정보 시스템

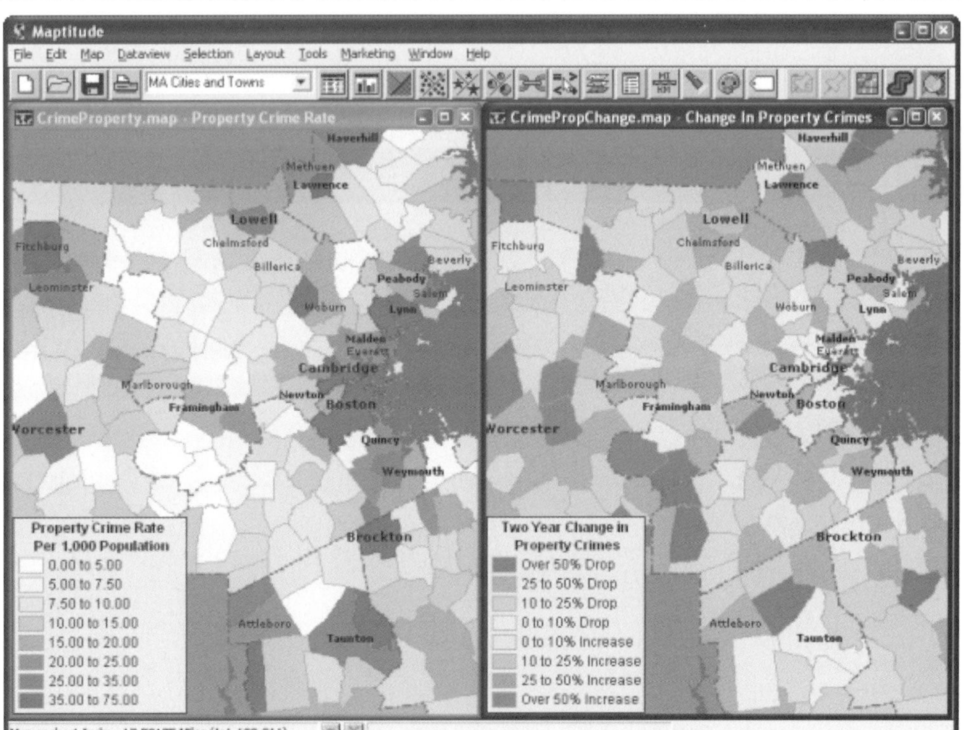

다시 킴볼 레스토랑으로 돌아가서 (KIMBALL'S REVISITED)

마이클은 주문 프로세스를 만드는 데 도움이 되는 Simon 모델을 발견했다. 이 모델에는 인텔리전스, 디자인 및 선택 단계가 포함되어 있다. 마이클은 식당의 POS시스템에 판매 관련 데이터가 수집되어 있다는 것을 알고 있다. 그는 시스템이 유지 및 관리하는 데이터를 식별하고, 이를 다른 곳으로 복사할 수 있다. 동시에 그는 또한 공급업제가 사용하는 식재료 품목, 주문 수량, 가격 및 제품번호 등의 외부 데이터가 필요하다는 것도 알고 있다. 이 모든 데이터가 인텔리전스 단계에서 수집된다. 이 레스토랑에는 야채, 육류, 생선, 음료, 양념, 향신료 등 여러 종류의 식품을 구입 하는 여러 공급 업체가 있다.

짐과 마이클이 몇 가지 아이디어에 대해 브레인스토밍을 해본 결과, 다양한 출처의 데이터를 통합해서 데이터 웨어하우스를 형성해야 한다는 것이 분명해졌다. 통합된 데이터는 디자인 단계의 두 요소 중 하나에 해당한다. 두 번째 중요한 점은, 이 통합 데이터를 활용해서 필요한 제품을 알려주는 알고리즘과 프로세스를 생성하는 것이다. 그리고 이런 생성된 알고리즘을 참고하여 다양한 행동 방침을 만들어 내어 궁극적으로 하나를 선택하게 되는 제3단계로 나아가게 된다. 이런 모델을 통해서 마이클은 레스토랑에서 사용할 정확하고 시기적절한 구매 의사결정 프로세스를 만들 수 있기를 바랐다.

당신의 추천은?

1. 다양한 내부 데이터의 출처는 어디인가? 외부 데이터는? 일부 데이터는 수동으로 수집하여 시스템에 입력해야 할 수도 있다. 이런 데이터의 출처도 파악하라.
2. 이런 출처들로부터 얻은 데이터 중 데이터 웨어하우스를 형성하기 위해 필요한 데이터 필드는 무엇인가? 디자인 단계에서 사용될 변수들을 나열하라.
3. 이 새로운 모델로 마이클과 짐을 돕기 위해 어떤 유형의 계산과 결정을 추천할 수 있는가?

새로운 시각

1. 이런 의사결정이 스프레드시트로도 가능하다고 생각하는가? 아니면 이미 개발된 것 중에 비슷한 기능을 하는 소프트웨어가 있는가?
2. 이전 장들에서 배운 여러 도구들 중 데이터 입력에 더 효율적인 방법이 있었는가?

주요용어

리뷰 질문

1. 의사결정이란 무엇인가? 의사결정이 언제 필요한가?
2. 의사결정지원 시스템 (DSS)은 모델을 사용하여 데이터를 처리한다. 모델이 무엇인지 설명하라. 앞서 언급되지 않은 예를 들어보라.
3. 많은 의사결정지원 시스템 (DSS)은 더이상 독립형이 아니고 다른 정보시스템에 내장되어 있다. 이런 정보시스템에는 어떤 것들이 있는가?
4. 민감도 테스트란 무엇인가? 세 가지 예시를 들어보라.
5. 여행 업계에서는 수익률 관리를 위해 의사결정지원 시스템 (DSS)을 사용한다. 수익률 관리란 무엇이며, 이런 의사결정지원 시스템 (DSS)의 분석결과는 어떤 것이가? 이 결과가 사업 운영과 매출에 어떤 영향을 주는가?
6. 전문가 시스템의 목적은 무엇인가? 이 시스템은 어떤 경쟁력이 있는가?
7. 전문가 시스템이 어떻게 전문성을 보급하는지 설명해보라.
8. 은행 직원이 저지른 사기 행위를 탐지하기 위해 전문가 시스템을 어떻게 사용할 수 있는가?
9. 전문가 시스템과 인공신경망 기술을 결합하는 이점은 무엇인가?
10. 지리정보 시스템이란 무엇인가? 지리정보 시스템은 어떤 목적을 가지고 있나?
11. 지리정보 시스템을 구성하는 세 가지 주요 요소는 무엇인가?

토의질문

12. 의사결정지원 시스템 및 전문가 시스템은 비구조화 의사결정 프로세스를 구조화 한다. 이를 설명하라.
13. 은행 임원은 의사결정지원 시스템을 사용하여 신용등급 상승 또는 부결 결정을 내린다. 대학은 의사결정지원 시스템을 사용하여 어떤 학생을 입학시킬지 결정할 수 있다. 인간의 개입 없이 의사결정지원 시스템을 이런 의사결정에 활용하는 것에 동의하는가?
14. 일부 회사는 지식 근로자를 위해 의사결정지원 시스템을 사용하여 의사결정을 내린다. 이런 결정은 과거 경험과 기업 정책에 기반한다. 당신이 시행해야 하는 프로젝트에 대한 결정을 의사결정지원 시스템에 맞기는 회사에서 일할 것인가? 아니면 당신에게 스스로 결정을 내릴 수 있게 해주는 회사에서 일하고 싶은가? 그 이유를 설명해보라
15. 관리자는 컴퓨터 기반 의사결정의 결과를 그대로 받아 들여서는 안된다. 이 말에 동의하는지 설명해보라.
16. 의사결정 지원 시스템이나 다른 소프트웨어를 사용할 수 없는 비즈니스 의사결정을 세가지 예를 들어보라. 비지니스 관련 사례가 아닌 경우를 세가지 제시하고 당신이 내린 결정을 설명해보라.
17. 인사, 재무, 마케팅 및 정보 시스템 경영진을 생각해보자. 이 분야 중 지리정보시스템 기술을 가장 많이 사용하는 분야는 어디가 될지 설명해보라.
18. 일부 의사결정지원 시스템은 사용자가 분석 모델을 선택할 수 있도록 한다. 어떤 모델을 사용할 것인지 스스로 결정할 것인가? 아니면 소프트웨어가 자동으로 모델을 선택하게 할 것인가? 이유를 설명하라.
19. Fair Isaac과 같은 신용 평가 회사는 오로지 재정적인 데이터만 가지고 신용을 평가한다. 낮은 신용점수는 개인이나 가족의 생활에 심각한 영향을 줄 수 있다. 재정적인 것 외에 관련된 정보는 신용점수에 반영되지 않아야 하는가?
20. 수업 일정을 계획할 때 지리정보 시스템을 사용할 수 있는가? 그러한 시스템에서 활용할 데이터의 출처는 무엇인가?
21. 일부 지리정보시스템은 캠퍼스 또는 단일 건물과 같

이 매우 작은 지리적 영역에서 사용된다. 지리정보시스템이 대학 캠퍼스의 유지 보수 부서를 어떻게 도울 수 있을지 생각해보라.

22. 소프트웨어에 의존한 의사결정이 증가함에 따라, 대학 교육을 받은 근로자에 대한 수요가 감소 할 것이라고 생각하는가?

23. 당신의 주치의가 진단과 처방 전 과정에서 컴퓨터의 도움을 받는 장면을 목격했다면 이들에 대한 신뢰가 컴퓨터를 활용하지 않는 의사들에 비해 감소하는가?

24. 많은 소프트웨어 패키지들이 투자, 식단 관리 및 미래 계획과 같은 다양한 영역에서 전문 지식을 제공한다. 이런 소프트웨어의 조언을 신뢰하는가?

25. "전문가들이 전문가 시스템을 많이 활용하게 되면 실제 경험이 부족해지기 때문에 전문성이 감소할 수 있다. 이것은 자신의 손으로 직접 비행기를 조정하기 보다는 비행 시간의 대부분을 오토 파일럿 시스템만 쳐다보는 조종사의 상황과 비슷하다." 이처럼 전문가 시스템이 실제로 전문지식을 감소시킬 수 있다고 생각는가?

개념 적용

26. 매일 하는 활동 (과제, 쇼핑 등) 6개를 목록으로 작성해보라. 이 때, 세 가지 활동은 비구조화 (또는 반구조화) 의사결정을 필요로하고 세 가지는 구조화 의사결정을 포함하도록 하라. 활동 목록을 나열하고, 어떤 의사 결정이 필요한지 서술하고, 왜 구조화 또는 비구조화 의사결정이 필요한지 설명하는 한 페이지 분량의 보고서를 작성하라.

27. 당신이 꿈꾸는 커리어에 대해 한 페이지 분량의 보고서를 준비하라. 이 때, 문제 해결을 요구하는 활동의 예를 4가지 이상 제시하라. 어떤 문제 해결이 구조화되고 어떤 것이 구조화되어 있지 않은 지 설명해보라.

28. 당신이 살고 있는 도시에서 새로운 질병이 확산 중이다. 당신은 의료팀의 책임자로서 이 새 질병에 대해 조사하고자 한다. 당신은 지리정보시스템을 설계하는 회사와 같이 협업하기로 한다. 시스템에 필요한 데이터 유형과 데이터의 출처가 될 수 있는 기관을 나열해보라. 환자들의 분포와 질병의 확산을 쉽게 식별할 수 있도록 시각 효과를 제안해보라.

실습 활동

29. 엑셀 스프레드시트를 사용해 다음 문제를 해결하기 위한 의사지원시스템을 (DSS) 설계하라. 출판업자가 제목이 다르지만 형식이 같고 동일한 재료(종이, 잉크, 제본 등)로 만들어진 책을 만들고 판매하고 있다. 이 프로세스에는 세 가지 유형의 비용이 발생한다 :

책에 들어가는 고정 비용: 페이지 수, 사본 부수 관계 없이 $15,000

페이지 고정 단가: 인쇄용 판을 설정하는 것은 책 수에 관계없이 페이지 당 $2.00(따라서, 324페이지의 책에 대해서는 페이지 당 고정 비용이 $648 발생)

페이지 당 가변 비용: 각 인쇄본의 각 페이지 인쇄 및 제본 비용은 $0.07

운송, 취급 등 다른 비용은 없다고 가정하고 출판사가 다음을 결정할 수 있는 의사결정 모델을 준비한다.

a. 부수가 주어졌을 때, 손익분기점에 도달하기 위한 권당 소매가격은?

b. 소매가격이 주어졌을 때, 손익분기점에 도달하기 위한 판매 부수는?

250페이지의 책 한 권에 대해서 의사결정 도구를 테스트해보자. 출판인이 4만 부를 판매하려는 경우 손익분기 가격은 얼마인가? 출판사가 책값을 $18로 책정하면 손익분기점에 도달하기 위한 판매 수량은 몇

부인가?

스프레드시트 파일을 교수님께 이메일로 보내고 두 가지 테스트 문제에 답하는 메시지를 첨부하라.

30. 마찬가지로 다음 과제를 위해 스프레드시트를 사용할 것을 추천한다. 30년간 $50,000의 은행 대출 신청자의 자격을 판단하는 간단한 전문가 시스템을 작성하라. 자격 요건은 다음에 근거하여 신청자의 여러 위험 범주에 대한 누적 점수로 결정된다.

대출 금액 1만 달러까지의 대출에 대해서는 포인트가 감점되지 않는다. 이후, 대출금이 추가로 1만 달러 증가할 때마다 2포인트가 감점된다.

대출 기간 대출 기간의 최초 5년 (대출금을 상환하는 기간) 동안은 포인트가 감점되지 않는다. 이후 5년마다 1포인트가 감점된다.

규칙 신청자의 총 포인트가 60점 이상인 경우 대출을 승인한다.

31. 웹사이트를 운영하는 소규모 기업의 경우, 웹 노출을 극대화하고 수익을 창출하는 데 필요한 데이터 캡처 기술을 재정 상의 이유로 도입 및 사용하기 어려울 수 있다. 그러나 Google 애널리틱스가 공개되면서 작은 기업도 사이트 운영에 주요한 데이터를 모니터링 할 수 있게 되었다. Google 애널리틱스에는 웹 사이트의 어느 부분이 좋은 성과를 내고 있는지 보여주는 콘텐츠 애널리틱스, 사이트에서 얼마나 많은 방문자를 유치했는지 표시하는 컨버전 애널리틱스 등 다양한 도구가 포함되어 있다. Google 애널리틱스 사이트에서 어떤 기능이 있는지 찾아보라. 그 다음 이 장에서 배운 내용을 활용하여 Google 애널리틱스의 인공지능에 대해 연구해보라. 분석을 이끄는 시스템, 산출물 및 활용 방안을 설명하라.

32. 신용카드가 없어도 당신 이름으로 된 신용보고서는 있을 수 있다. 휴대폰 청구서, 예금 계좌, 당좌 예금 계좌가 있는 경우 신용 보고서가 존재한다. 은행은 신용 보고서를 사용하여 돈을 빌려주거나 신용 한도를 결정한다. 실제로 대출이나 신용 카드를 신청하려고 할 때 많은 사람들이 자신의 신용 평가가 좋지 않다는 것을 알게 된다. 신용 보고서에 오류가 있어도 이를 수정하는 데 수개월 또는 1년이 걸릴 수 있다. 이런 이유로 대출 신청이 지연되면 예상 가능한 결과가 초래된다. 또한 보고서의 오류를 정리하면 대출 한도가 상향되거나 이자율이 감소할 수도 있다. www.AnnualCreditReport.com에 접속해서 본인이 살고 있는 도시를 선택하고 본인의 정보를 입력하여 무료 신용 보고서를 요청해보라. 보고서에 오류가 있는지 검토하고 어떤 회사가 당신의 신용 정보를 요청했는지 확인해보자. 그리고 결과를 인쇄해서 수업에 가져오라. 신용 보고서에 사용되는 개인 정보를 수집하는 컴퓨터 정보 시스템은 어떤 것이 있는지 소규모 그룹과의 토론을 이끌어보라. 신용 보고서를 검토하면 신원 도용이나 사기에 대한 걱정이 생기는가?

팀 활동

33. 다른 두 명의 학생과 팀을 구성하고 현지 증권 중개인에게 연락하여 주식을 평가할 때 고려해야 할 가장 중요한 사항의 목록을 요청해보자. 주당순이익, 지난 6개월 동안의 감가상각 등, 각 항목이 결과에서 차지하는 비율을 질문해보라. 이 정보를 토대로 스프레드시트를 활용해 모델을 만들어보라. 주식 10 종목을 100주씩 담은 포트폴리오를 생성하라. 이 모델을 사용하여 각 주식의 가격 상승과 미래의 전체 포트폴리오 가치를 예측해보라. 매크로를 사용하는 방법을 알고 있다면 사용자 친화적인 다이얼로그 모듈로 새 의사결정지원 시스템을 완성하라.

34. 다른 학생과 팀을 구성하고 학교 캠퍼스의 디지털지도를 얻는다. 스캐너를 사용하여 종이지도를 디지털화 할 수도 있다. 웹 디자인 애플리케이션을 사용하여 간단한 지리정보시스템을 만들어보라. 지도 페이지에서 10개의 영역을 표시하고 클릭하면 다른 페이지에 추가 정보가 표시되도록 시스템을 구현하라. 영역의 예시로는 입학처 사무실, 경영대학 건물, 학생조합, 전산실 등이 있다. 이 지리정보시스템을 교수님께 이메일로 제출하라.

투명하고 민첩한 현금흐름 예측 시스템

캔자스 주 교통부 (KDOT)는 가장 흔한 금융 딜레마 중 하나에 빠졌다. 현재 사용 가능한 자원으로 현재의 수 많은 업무들을 수행 할 수 있는가? KDOT는 6억 달러의 예산으로 향후 10년간 고속도로 정비 및 복원 프로젝트를 진행해야 한다. 때문에 현금 부족, 예산 삭감, 기상 관련 지출 등 프로젝트에 영향을 미칠 수 있는 요인들을 분석해야 한다. 기존에 사용중인 데이터 시스템은 수동 입력을 필요로 하는 매우 많은 양의 스프레드시트 파일들로 구성되어 있으며 데이터를 수정하려면 최대 6주까지도 걸릴 수 있다. 현금흐름에 빠르고 정확하게 대응할 수 있는 재설계된 시스템이 절실하게 필요했다. 그들의 이런 딜레마는 현금 가용성 및 예측 환경 (CAFE)이라는 시스템을 탄생시켰고 이 시스템은 향후 프로젝트 관리에 큰 도움이 되었다.

KDOT는 여러 부서에서 발생하는 현금흐름을 직관적이고 투명하게 관리하고 미래의 상황을 예측하게 해주는 시스템이 필요했다. 미래의 현금흐름에는 매우 많은 변수들이 영향을 미치기 때문에, 변수 중에 하나라도 변화가 생기면 그 영향을 신속하게 분석 할 수 있도록 광범위 비상계획(extensive contingency plan)을 수립할 수 있는 시스템이 필요했다. 또한 기존의 프로젝트 관리 시스템이 인접 부서 간의 관련 데이터 통신을 개선하고 간소화하기 위해 업데이트되었기 때문에, 현금 가용성 및 예측 환경 (CAFE) 시스템도 업데이트된 시스템에 연결되어야 했다.

KDOT는 먼저 프로젝트 관리 및 예측 시스템을 전환하는 전 과정을 이끌어줄 자문 기관을 고용했다. 프로젝트 관리자들과 현금흐름 예측 전문가들은 새로운 시스템에 구축에 필요한 사안들을 결정하기 위해 협력했다. 양측은 두 부서가 분리되어 있지만 동시에 긴밀히 연결되어 있어야 한다는 "큰 그림"을 인식함으로써 새로운 시스템의 성공을 다짐했다. KDOT는 데이터를 선형이 아닌 곡선형으로 분석하는 복잡한 통계 프로세스를 사용하는 업체를 선택했다. 데이터를 곡선형으로 가정하면 분석이 더 정교해질 수 있다. 이 업체는 외부 데이터를 자동으로 통합하는 복잡한 모델을 만들 수 있었다. 업체는 KDOT 관리자와 협력하여 프로젝트 관리 시스템이 CAFE 현금 예측 시스템과 호환되는지 확인했다.

또한 새 시스템에는 모델 생성자와 사용자를 위한 직관적인 사용자 인터페이스가 포함되어 있으며 뛰어난 분석 기능이 있어야 했다. CAFE는 웹 브라우저를 통해 액세스할 수 있기 때문에 공급 업체는 필요한 부분을 쉽게 수정하고 자문기관에 전달해 피드백을 제공받을 수 있었다. 이러한 편리성이 시스템을 완성시키는데 이상적인 환경을 제공했다.

KDOT의 성공은 미래 현금 배당에 달려있었기 대문에 새 시스템이 정확하고 시기적절한 모델을 제공하는 것이 매우 중요했다. 곡선 배당 모델은 KDOT의 필요 현금 액수를 결정한다. 원래의 시스템은 13개의 서로 다른 커브와 테이블로 이루어져 통일성과 직관성이 부족해 결론 도출을 어렵게 만들었다. 새로운 모델은 여러 변수값의 변화를 수용하고 편향성(bias)에 대해서도 대응할 수 있어야만 했다. 오늘날 CAFE에서 사용하는 배당 모델은 KDOT에서 기록한 모든 지불 시나리오를 활용하여 생성되었다. CAFE는 모든 프로젝트에 자동으로 배당 모델을 적용하며, 관리자는 업무 지연 또는 예상 비용과 같은 변수를 변경하여 시나리오가 어떻게 변화하는지 확인할 수 있다.

CAFE를 구현하기 전에 KDOT의 의사 소통 문화는 너무 경직되어 있었다. 현금흐름 예측에 사용된 프로젝트 데이터는 한 달에 한 번만 CD에 담겨 배포되었고 대부분 이미 입찰가가 확정된 후였다. 그 이외의 공유 가능한 데이터 마저도 모두 수작업으로 입력해야 했기 때문에 제대로 공유가 이루어지지 않았다. 반면 CAF 는 이런 데이터를 자동으로 업데이트한다.

모든 모델에 수작업으로 데이터를 입력하게 되면 시간이 매우 오래 걸리고 오류를 만들기 쉬웠다. 하지만 새 시스템의 도입으로, 프로젝트 관리 시스템 (PMS)에 변경 사항이 생기면 현금흐름 시스템에 자동으로 반영되므로 이런 문제를 해결할 수 있었다. 관리자는 새 시스템을 활용해 프로젝트의 전체 기간 혹은 하루 단위의 현금흐름 보고서를 즉시 볼 수 있었다. 또한 긴급사태 (contingency) 모델을 테스트하고 편향성, 계절성, 프로젝트 기간 및 기타 변수에 대해 조정된 배당 곡선을 작성할 수도 있게 됐다. CAFE는 또한 채권 발행이 가장 높은 수익률을 보장할 시기를 결정하고자 하는 정부기관들에게도 유용할 수 있다. CAFE를 구현함으로써 관리자는 프로젝트가 KDOT의 현금 수지에 미치는 영향을 이해할 수 있게 됐다. 이전 시스템 하에서 프로젝트 관리자는 자신의 행동이 정확히 어떻게 현금흐름에 영향을 미치는지 알기 어려웠다. 그러나, 이제 프로젝트 관리자가 KDOT 현금흐름 분석가에게 프로젝트 시작 날짜를 변경할 수 있는지 묻는다면 CAFE가 즉시 해당 결정을 알려 줄 수 있다. CAFE는 현금을 효율적으로 처리하고 KDOT의 향후 현금 가용성을 성공적으로 예측하는 것으로 확인되었다.

CAFE가 없었다면, 주정부 기관은 고속도로 유지보수를 위한 10년간의 80억 달러 프로그램을 계획하고 지원할 수 없었을 것이다.

출처: Ferrill, M., Malcom, K., & Suggs, R. (2012). The Kansas Department of Transportation Builds a Transparent and Nimble Cash Flow Forecasting System. Government Finance Review, 28(6), 14–18.

사례에 관해서 생각해 볼 점

1. 새로운 전문가 시스템을 만들고자 할 때, 계획 단계가 가장 중요할 수 있다. KDOT는 장기적으로 성공을 이끌기 위해 계획 단계에서 무엇을 했는가?
2. KDOT의 이전 시스템이 가진 의사소통 상의 문제점에 대해 설명해보자. 입찰가가 이미 결정된 후 현금흐름 정보를 배포하는 것에 문제가 있는가?
3. CAFE에서 배당 곡선 모델이 사용 가능한 모든 KDOT 프로젝트 데이터를 사용하는 이유를 설명하라.
4. KDOT의 프로젝트 관리 시스템에 CAF를 통합하는 것이 중요했던 이유는 무엇인가?

환자와 의료복지 지원을 위한 의사결정

의사결정 지원 시스템은 다양한 행정 의사결정에 많은 도움을 제공 할 수 있다. 의료보험 가입자 모집 과정을 직원들에게 홍보하는 것에서부터 고품질의 진료 서비스를 제공하는 것까지, 의사결정 지원 도구는 보건복지 전 분야에 가치를 더할 수 있다.

미국에서 의료보험을 제공하는 데 드는 비용은 열띤 토론이 이루어지고 있는 주제 중 하나다. 정부와 개인 모두에게 복잡하고 만연한 문제이다. 이는 미국의 모든 개인, 가족 및 비즈니스에 영향을 미치며 문제를 해결하기위한 많은 해결책과 접근법을 필요로 한다. "소비지상주의 (consumerism)"의 효과는 의료보험의 보급과 그 비용과 관련된 논쟁에 큰 영향을 미쳤다.

교육이나 의료복지와 같은 일부 산업 분야에서는 "판매"라는 단어가 사용된 적이 없다. 아마도 이런 분야에서 행해지는 자금의 이동을 매매행위로 보기에 적절하지 않기 때문일 수 있다. 해당 산업에 있는 사업체의 매출은 여전히 판매로 결정된다. 경쟁이 심화되고 있는 많은 산업 분야에서 사업체들은 고객과의 수익성있는 관계를 확보하고 유지하는 것이 중요하다. 비즈니스 프로세스 관리 (BPM) 방법론과 의사결정 지원 시스템의 통합은 고객과의 관계를 발전시키는 계기가 될 수있다.

회사에서 직원들에게 여러가지 건강보험 공동가입 옵션을 프로모션하고자 할 때는 보험사가 개인별 맞춤 조건을 제공하는 것이 중요하다. 개인의 구매력을 고려해서 직원에게 효과적인 선택을 제공하는 것이 보험 가입자 확보에 크게 영향을 줄 수 있다. 비즈니스 프로세스 관리 시스템은 인구 통계 및 과거 클레임 기록과 같은 중요한 데이터를 수집하여 프로세스를 개인에게 최적화 할 수 있다. 의사결정 지원 시스템 및 예측 분석을 사용하여 사이트 디자인, 상품 제안, 추천 리스트 제공 등 "고객을 위한 최상의 구매 경험"을 제공할 수 있다 (Hart, 2011). 이런 시스템은 합리적인 가격의 제품을 추천하고 젊은 성인 직원을 위한 체육관 멤버십 등을 제안할 수 있다. 회사측에서 진행하는 공동가입인 만큼, 직원들이 인구통계학적 공통점을 가지고 있고 클레임을 걸 가능성이 낮기때문에 혜택이 적은 보험을 팔 기회가 될 수도 있다. Amazon의 상품 제안 시스템과 유사하게 개인 맞춤형 데이터 및 구조화의 사결정 프로세스를 기반으로 한 상품 제안 서비스는 영업 성공률을 높이고 매출을 증진할 수 있다.

프로모션에 따른 가입이 완료되면 환자의 건강과 진료의 질을 유지하고 의료혜택을 실제로 제공하는 과정에서 의사결정 지원 시스템의 도움을 받을 수 있다. 첫째로, 적절한시기에 환자를 치료하는 간호사와 의사에게 정확한 데이터를 제공하는 것이다. 일리노이 주 어바나 (Urbana)에 있는 Carle Foundation 병원은 "의사와 간호사의 손에 이런 정보를 쥐어줄 수 있는 시스템을 구현했다."(Page, 2011). 이 병원은 입원 환자, 응급실, 약국의 데이터를 통합하는 전자 의료 기록 시스템을 도입했다.

이 시스템을 도입하는 과정에서 주목할 만한 점이 있다. 새 시스템을 IT 프로젝트로 취급하는 대신 병원측은 이 프로젝트를 "임상 변혁 프로젝트"로 취급했다. 효율성 향상보다는 의료 서비스를 개선하는데 더 초점을 맞췄다. 임상 의사결정 지원 방법론에 중점을 둔 도구가 개발되었으며 모범 사례는 이 시스템의 "핵심 방법론"이 되었다. 새 시스템은 다양한 데이터 포인트를 분석하여 환자에 필요한 의료 서비스를 식별한다.

출처 : Hart, E. (2011). A new era promises better outcomes. Health Management Technology, 32(11), 14–15; Page, D. (2011). 'Most Improved' Take Similar Steps to Reach New Heights. Hospitals & Health Networks, 85(1), 42–42, 44.

사례에 관해서 생각해 볼 점

1. 의료보험 잠재 고객에 대해 수집될 수 있는 다양한 데이터 요소를 고려해보자. 고객를 확보하기 위한 다른 방법이 있는지 생각해 보고, 그과 관련된 구조화된 의사결정 방식에 대해 생각해보자.
2. Carle Foundation 병원의 새로운 시스템 구현 방식은 왜 성공적이었는가? "효율성 향상"에 집중했다면 이 프로젝트는 어떻게 달라졌을까?
3. 의사결정지원 시스템 도구를 통합하여 환자의 건강을 관리할 때 수반하는 위험이 있는가? 그렇다면 이러한 위험은 어떻게 최소화 할 수 있을까?
4. 의사결정지원 시스템 도구가 의료 서비스 제공에 긍정적인 영향을 미칠 수 있는가? 그렇다면 어떻게 영향을 미칠 수 있는지 설명해보라.

참고문헌

Anonymous. RiskAnalyst. Retrieved July 8, 2013, from http://www.moodys.com/sites/products/Product Attachments/RiskAnalyst%20Fact%20Sheet%20English.pdf

Anonymous. (2009). Electrogrid Uses FacilitatePro to Spark Collaborative Strategic Planning. http://facilitate.com/solutions/case-studies/electrogridcorporation.html

Anonymous. (2010, Oct 14). Quicken Loans Reports 25-Year All-Time Record Closed Loan Production of $3.4 Billion in September 2010, U.S. Newswire.

Anonymous. (2011). FACING UP TO THECHALLENGE. *PPI*, 53(11), 29-30.

Anonymous. (2012a). Barnes & Noble (White Paper). Retrieved 12 Feb, 2012, from http://www-01.ibm.com/software/success/cssdb.nsf/CS/JHUD-92JRDT?OpenDocument&Site=corp&cty=en_us

Anonymous. (2012b, Sep 24). Remote Diagnostics Springboard for Car OEMs to Full CRM Service Approach, Toyota and Ford Leading the Way, Says ABI Research, *Business Wire*.

Anonymous. (2013a). Amazing Mortgage Process. Retrieved Feb 14, 2013, from http://www.quickenloans.com/about/amazing-mortgage-process

Anonymous. (2013b). Analytica Cloud Player. Retrieved July 9, 2013, from http://www.lumina.com/products/analytica-cloud-player/

Anonymous. (2013c). RiskAnalyst. Retrieved July 8, 2013, from http://www.moodys.com/sites/products/ProductAttachments/RiskAnalyst%20Fact%20Sheet%20English.pdf

Anonymous. (2013d). Why iWebTrack. Retrieved 12 Feb, 2013, from http://www.iwebtrack.

com/why.asp

Hart, E. (2011). A new era promises better outcomes. Health Management Technology, 32(11), 14-15.

Hoffmann, J. (2011). In-vehicle infotainment evolves for safe, efficient connectivity on wheels. Electronic Engineering Times(1607), 37-38, 40, 42, 44.

Kehoe, B. (2011). BENDING the Cost Curve. Hospitals & Health Networks, 85(8), 42-43, 42.

Klein, J. (2010). The Year of HIM. Health Management Technology, 31(1), 17-17.

Page, D. (2011). 'Most Improved' Take Similar Steps to Reach New Heights. Hospitals & Health Networks, 85(1), 42-42, 44.

Rapport, M. (2012). CO-OP Shifts to Real-Time Fraud Monitoring. Credit Union Times, n/a.

Simon, H. A. (1960). The new science of management decision: Harper & Brothers.

Stroud, J. (2008). Study shows importance of checking your credit report, St. Louis Post - Dispatch, p. E.3.

www.AnnualCreditReport.com. (2013). About Us. Retrieved Feb 14, 2013, from https://www.annualcreditreport.com/cra/helpabout

11장

비즈니스 인텔리전스 및 지식 관리
(BUSINESS INTELLIGENCE AND KNOWLEDGE MANAGEMENT)

학습 목표(Learning Objectives)

점차 많은 비즈니스 활동들이 정보 시스템을 활용하고 있고 이런 정보시스템에 의해 자동으로 관리되기도 하면서, 더 많은 양의 데이터가 수집되어 디지털 형태로 저장되고 있다. 적절한 소프트웨어 도구를 통해 경영진들은 데이터베이스 및 데이터 웨어하우스에 저장된 데이터를 활용하여 비즈니스 지능(Business Intelligence) — 고객 및 공급 업체에 대한 추가적인 정보 — 를 수집하여 더 나은 결정을 내릴 수 있게 됐다. IT 기술은 방대한 양의 비정형 데이터에 저장된 지식과 정보를 체계화하는 것을 가능하게 한다.

이번 장 학습이 마무리 되면,

- 데이터 마이닝 및 OLAP(online analytical processing)의 개념을 설명한다.
- 비즈니스 인텔리전스의 개념과 조직에 가져다 주는 장점을 설명한다.
- 조직에서 지식을 저장하고 관리하는 데 필요한 요구 사항을 식별한다.
- 지식 경영(Knowledge management)의 문제점과 조직에 가져다 주는 이점을 설명한다.
- IT 기술의 세계화로 인해 발생할 수 있는 윤리 및 사회적 문제를 파악한다.

[킴볼 레스토랑: 고객 충성도 쌓기]

마이클과 타일러는 새로운 매장에 대한 고객 충성도 프로그램(loyalty program)에 대해 논의했다. 그들은 건실 한 프로그램이 새로운 매장의 성공에 결정적인 요소가 될 수 있다고 믿는다. 킴볼 레스토랑에서는 수익을 내기 위해 추가적인 고객이 필요하다. 잘 설계된 충성도 프로그램은 고객을 유치하고 재방문 비율을 높이기 위해 인센티브를 제공한다. 외식은 가처분 소득에 대한 의존성이 높다. 어려운 경제 상황에서 킴볼은 신규 고객과 친밀감을 형성하면서 기존 고객도 동시에 고려해야한다. 또한, 마이클은 다른 다양한 수익원을 찾는 것에도 집중을 기해야 한다고 강조했다.

성공를 위한 테이크아웃(Takeout)

타일러는 서류작업을 위해 새 매장을 방문하던 중이었다. 그는 테이블에 앉아서 아침 식사를 하기로 결정했다. 타일러는 아버지가 새 매장을 위한 다양한 수익원에 대해 말한 것을 기억했다. 그리고 식사를 하면서 태블릿에 아이디어를 적어 넣기 시작했다. 마이클과 타일러는 이미 특별 행사, 연회, 비즈니스 미팅과 같은 그룹 행사를 목표로 메뉴와 광고를 기획해 놓았다. 그리고 킴볼이 확보할 수 있는 다른 수익원이 있는지 고민하고있었다. 그러다 옆 테이블의 고객들의 대화를 듣게 됐다. 그 중 브룩이라는 이름의 한 고객이 레스토랑의 단골이라는 것을 알게 되었다. 그녀는 남편과 두 자녀가 있는 바쁜 회사원이었다. 타일러는 그녀가 하는 말을 들었다. "이 파이 맛있다. 이제 집에서 요리할 시간이 없는데, 애들 가져다주게 몇 개 사가야겠다."

브룩의 말을 듣고 타일러는 생각에 잠겼다. 타일러의 어머니는 훌륭한 요리사이자 제빵사였다. 그리고 리즈가 휴일이나 파티 때, 그의 어머니가 만드신 케이크와 패스트리에 대해 얼마나 자주 칭찬하곤 했는지 기억했다. 여분의 주방 공간을 활용하여 갓 구운 빵과 케이크를 제공 할 수 있지 않을까? 브룩의 입맛에 패스트리가 맞다면, 다른 고객들도 그럴 것이 분명했다. 그렇다면 패스트리를 파는 건 어떨까?

붙임성이 좋은 타일러는 브룩과 함께 앉아 질문을 하기로 마음먹었다. 그는 브룩과 남편 랜디에게 함께 앉아도 되는지 물었다. 대화는 빠르게 흥미를 더해갔다. 바쁜 일정으로 인해, 그들은 집에서 빵을 구울 시간이 없었다. 그들은 또한 높은 수입이 있었고 노는 것을 좋아해 행사나 휴일에 케이크를 주문할 수 있기를 원했다. "이렇게 훌륭한 음식 주문할 수 있다니 너무 좋은 생각이네요. 이 근처에 제과점은 여기서 6마일은 가야하고 당신의 어머니는 저보다 훨씬 좋은 요리 실력을 가지고 계시죠!". 이를 듣고 타일러는 미소지었다. 그리곤 재밌는 생각을 떠올렸다. 그녀는 대화에서 "훌륭한 음식"이라는 말을 사용했다. 꼭 오븐에 구운 패스트리에만 초점을 맞춰야 할까? 제대로된 가족 식사를 포장 해서 팔면 어떨까? 브룩과 랜디는 이것이 좋은 생각이라고 말했다. 그들은 합리적인 가격으로 양질의 음식을 편리하게 구매하는 것이 도움이 될 것이라고 말했다. 패스트푸드라는 편리한 옵션이 있지만 테이크 아웃 가족 식사도 좋은 대안이 될 수 있을 것이다. 또 사람들이 친구를 사귈 때, 특별한 음식을 주문할 가능성도 기대감을 불러일으켰다.

너무 좋은 생각이야! 이를 통해 새로운 수익원을 창출하고 새로운 위치를 효과적으로 활용할 수 있게 될 것이다. 리즈의 요리솜씨는 이미 동네에서도 인기가 있었다. 이 음식을 테이크 아웃으로 제공하지 않을 이유는 없었다.

타일러는 아침 식사 시간 동안 많은 것을 얻었다. 또한 때로는 좋은 청취자가 되어야 하고 고객의 요구에 귀를 기울여야 한다는 것도 다시 확인할 수 있었다. 이 레스토랑에서는 점심, 저녁, 야식, 파티, 그룹 행사, 일요일 브런치, 포장판매 등 여러 가지 "상품"이 충성도 프로그램에 기여할 수 있다. 이 다양한 상품들을 하나의 로열티 프로그램으로 엮어 중요한 교차 마케팅 전략을 수립 할 수 있을 것이다. 타일러는 빨리 자신의 생각을 부모님과 상의하고 싶었다.

데이터 마이닝과 OLAP

7장, "데이터베이스 및 데이터 웨어하우스"에서 다룬 내용을 생각해 보면, 데이터 웨어하우스는 트랜잭션 기록 및 여타 데이터가 포함 된 대형 데이터베이스이다. 그러나 데이터 웨어하우스는 그 자체로는 쓸모가 없다. 데이터 웨어하우스를 유용하게 사용하려면 조직에서 소프트웨어 도구를 사용하여 이런 거대한 데이터베이스에서 의미 있는 정보를 뽑아내야 한다. 이런 작업을 통해 고객, 공급 업체 그리고 조직 자체에 대해 훨씬 많은 정보를 얻을 수 있기 때문에 이 같은 소프트웨어 도구로 수집된 정보를 비즈니스 인텔리전스 (Business intelligence, BI) 또는 비즈니스 애널리틱스 (Business analytics)라고 부른다. 이러한 데이터베이스의 두 가지 주요 활용 방안에는 데이터 마이닝과 OLAP가 있다. 이 두 용어는 종종 같은 의미로 사용된다.

데이터 마이닝 (Data mining)

데이터 웨어하우스는 데이터라는 광석을 채굴하는 일종의 광산으로 생각할 수 있으며 발견되는 새로운 유용한 정보는 소중한 보물이다. 데이터 마이닝은 대용량 데이터를 선택, 탐색 및 모델링하여 의사 결정에 도움이 되는 새로운 관계를 발견하는 프로세스를 말한다. 데이터 마이닝 소프트웨어는 많은 양의 데이터를 분석하여 의미 있는 패턴을 찾는다.

일부 데이터 마이닝 도구는 복잡한 통계적 분석을 수행하지만 다른 일부는 이런 통계 분석 및 가설 검정을 능가하는 다른 기능들도 제공한다. 일부 도구는 사전 정의된 관계 및 비율을 찾아주지만, "아직 알지 못하는 관계는 무엇인가?"와 같은 더 강력한 데이터 마이닝 도구를 필요로 하는 질문에는 답을 내지 못한다. 사용자가 먼저 소프트웨어가 어떤 관계를 찾아야 하는지 정의해야 하기 때문이다. 이런 질문에 답하기 위해 제10장 "의사 결정 지원 및 전문가 시스템"에서 설명하고 있는 인공지능 기술을 비롯한 다른 기술들이 데이터 마이닝에 사용된다.

기존 쿼리와 데이터 마이닝 쿼리의 차이점은 다음 예제를 통해 살펴볼 수 있다. 전형적인 질문 중에 하나가 "제품 X의 판매량과 지난 분기 동안 판매 한 제품 Y의 판매량 사이의 관계는 무엇인가?" 이다. 일반적인 데이터 마이닝 쿼리는 다음과 같다. "주말에 가장 잘 팔릴 제품 두 개를 찾아라." 이 데이터마이닝 쿼리는 소프트웨어가 분석을 통해 탐지되지 않는 패턴을 찾도록 한다. 기존에는 데이터에 특정 패턴이 존재하는지 여부를 확인만 했다면 데이터 마이닝을 사용하면 데이터에서 어떤 종류의 패턴이 있는지 묻는 것이 가능하다. 따라서 데이터 마이닝은 사용자가 묻지 않는 질문에 대답하도록 한다. 데이터 웨어하우스와 데이터 마이닝 소프트웨어를 함께 사용하면 과거 데이터에서 발견된 패턴을 기반으로 미래 결과를 예측하기가 더 쉽다.

데이터 마이닝은 네 가지 주요 목표를 가진다:

- 시퀀스/경로 분석(Sequence or path analysis): 한 이벤트가 다른 이벤트로 이어지는 패턴을 찾는다.
- 분류(classification): 특정 사실 혹은 관계가 사전 정의 된 그룹에 속하는지를 분석한다.
- 클러스터링(Clustering): 사전에 알려지지 않은 서로 연관된 속성들을 기반으로 그룹을 만든다.
- 예측(Forecasting): 데이터에서 합리적인 예측으로 이어질 수 있는 패턴을 찾는다.

이러한 기법은 마케팅, 사기 탐지 등 많은 영역에서 사용할 수 있다 (그림 11.1 참조). 네 가지 유형의 분석 중 클러스터링이 아마 가장 익숙할 수 있다. 예를 들어, 우리는 어떤 제품을 검색 할 때, "이 제품과 같이 구입한..." 이라는 메시지가와 함께 다른 비슷한 제품들의 목록을 자주 볼 수 있다. 데이터 마이닝은 마케팅 관리자가 가장 자주 사용한다. 마케팅 관리자는 구매 패턴을 지속적으로 분석하여 판매 행사, 제품 전시 또는 우편 및 전자 메일을 통해 잠재 구매자를 보다 효율적으로 타겟팅 할 수 있다. 데이터 마이닝은 특히 대량 판매에서 소량 맞춤 판매로 넘어가고자 하는 기업에게 강력한 도구가 될 수 있다. 한 개인이 필요로 하는 다양한 상품을 추천해 줄 수 있기 때문이다. 일부는 이런 접근법을 "한 명의 개인에 대한 마케팅"이라고 부른다.

■ 그림 11-1

데이터 마이닝의 다양한 활용 사례

데이터 마이닝 도구	설명
소비자 클러스터링 (Consumer clustering)	비슷한 유형의 상품을 구매하는 고객군을 찾는다
소비자 이탈 분석 (Customer churn)	소비자가 경쟁사로 넘어가는 이유를 찾고 그럴 가능성이 높은 고객을 식별한다
사기 탐지 (Fraud detection)	사기일 가능성이 높은 거래를 찾는다
다이렉트 마케팅 (Direct marketing)	가장 높은 응답률을 얻기 위해, 메일 발송 리스트에 포함되어야 하는 잠재 고객을 식별한다
인터렉티브 마케팅 (Interactive marketing)	웹사이트에 방문하는 고객이 가장 원하는 정보가 무엇인지 예측한다
장바구니 분석 (Market basket analysis)	요일별로 같이 구매되는 경향이 있는 상품 목록을 분석한다
추세 분석 (Trend analysis)	해당 월 평균적인 고객이 전월 고객과 어떤 차이를 보이는지 분석한다

WHY YOU SHOULD

왜 당신은 BI와 KM에 대해 배워야 하는가?

IT 기술은 단순히 계산이 빠른 기계에서 구조화된 데이터를 사용하여 유용한 정보를 생산하는 시스템으로, 그리고 더 나아가 비정형 데이터에서 의미를 찾아 정보로 전환시키는 소프트웨어로 발전했다. BI 도구를 사용하는 방법을 알고 있으면 데이터 웨어하우스 및 기타 대용량 데이터 소스에서 유용한 정보를 생성하는 데 도움이 된다. 또한 업무를 하면서 다른 사람들의 지식이 필요할 때가 있다. 지식의 대부분은 기록되어 있거나 동료 및 전문가의 머리 속에 존재한다. 이런 도구들의 사용법을 익히면 당신과 다른 사람들의 업무 수행 능력까지도 같이 향상시킬 수 있다. 지식 근로자는 자신의 제한된 지식을 다른 사람들의 경험과 결합해 지식을 늘릴 수 있다.

고객 행태 (Customer Behavior) 예측

은행 업무에서 데이터 마이닝은 수익성있는 고객과 사기 패턴을 찾는 데 사용된다. 또한 파산 및 대출 상환 불이행을 예측하는데도 사용된다. 예를 들어, 뱅크 오브 아메리카 (Bank of America)는 고객 유지를 위한 새로운 접근법을 찾기 위해 데이터 마이닝 기법을 사용했다. 다양한 행동 패턴을 세세하게 조정된 고객 프로파일과 병합해서 본인의 목적에 맞지 않는 은행 상품을 이용하는 고객들을 분류했다. 그리고 은행 직원은 이러한 고객에게 연락해 더 나은 상품에 대한 자문을 제공했다. 그 결과 고객 충성도가 높아졌다 (고객이 계좌를 해지하거나 다른 은행으로 이탈하는 수가 줄었다).

POINT OF INTEREST 신중에 또 신중을 기하다

eBay, Google, Amazon.com과 같은 대형 인터넷 소매업체는 웹 사이트 방문객과 소비자로부터 엄청난 양의 데이터를 수집한다. 그러나 이런 데이터는 경쟁 우위의 핵심이기 때문에 그들이 보유한 정보에 대해 거의 외부에 공개하지 않는다. Amazon은 소비자가 살펴본 제품, 구매한 제품, 카트에 담은 제품, 카트에서 꺼낸 제품에 대한 데이터를 기록한다. 그들은 이 정보를 활용하여 웹 사이트 방문자에게 새로운 제품의 구매를 '장려'한다. 예를 들어, Amazon.com에서 노트북 컴퓨터를 볼 경우, Amazon.com 홈 화면 하단의 '검색 기록에 기반한 추천 상품' 배너 아래에 여러 노트북 제품들이 표시 된다. 이 목록에는 노트북 컴퓨터, 데스크톱 컴퓨터, 키보드, 기타 주변 장치 등이 포함될 가능성이 크다. 소비자는 자신이 구매하려는 제품이 무엇인지 확실하지 않을 수도 있지만 Amazon.com은 그렇지 않다.

출처: Clicking for gold. The Economist, 394, 9-S.11 (Feb 2010).

기업은 경영에 있어 전략적, 전술적 그리고 운영적인 효율을 향상시키기 위해 지속적으로 새로운 기술을 도입한다. 데이터 마이닝에 필요한 정확하고, 시기 적절하며, 관련성이 높은 정보를 수집하는 노력이 시장에서 주목 받고 있다. 최근 맥킨지 & 컴퍼니(McKinsey & Co.)의 연구에 따르면 2012년 한 해 동안 전세계의 디지털 데이터 양이 40% 증가했다(Holm, 2012). 핵심은 점점 더 그 양이 증가하고 있는 데이터를 어떻게 활용하고 분석하는지에 있다. American International Group (AIG)은 보험상품 운영에 이익창출을 위해 데이터 마이닝 기술에 막대한 투자를 했다. AIG는 약 100명의 전문가를 모아 분석팀을 구성했다. 이 팀은 마케팅, 고객 서비스 관행, 보험 인수 가정 및 사기 탐지 프로그램에 대한 정보를 얻기 위해 그들이 가진 방대한 양의 데이터를 "파헤친다(digging)". 데이터에 숨어있는 지식을 찾아내는 것이다. 이를 통해 고객 충성도를 높이고 귀찮은 홍보 전화를 하는 횟수를 낮추거나, 매출 증가를 위해 경쟁력 있는 가격을 책정하는 등 많은 경쟁우위를 확보했다(Holm, 2012).

데이터 웨어하우스에 고객 데이터가 지속적으로 쌓기 위해 항공, 숙박, 외식, 도박 등 거의 모든 산업 분야의 회사들은 상용 고객 우대 프로그램과 같은 고객 충성도 프로그램을 운영한다. 많은 멤버십이 무료로 제공되고 고객은 신용카드를 사용하지 않아도 구매할 때마다 기록을 남긴다. 대부분의 경우 이러한 데이터를 마이닝하면 개별 고객을 대상으로 하는 비즈니스 인텔리전스를 얻을 수 있다.

대형 미국 항공사는 상용 고객 번호에서 예약 및 항공편 세부 정보까지 승객에 대한 가능한 모든 데이터를 중앙 데이터 웨어하우스에 수집한다. 항공사는 데이터 마이닝 도구를 사용하여 상용 고객 우대 프로그램을 유지하는 데 도움이 되는 정보를 추출한다. 예를 들어, 경영진은 데이터 웨어하우스를 검색하여 특정 달에 주요 고객에게 발생한 비행 중단, 취소 또는 지연 횟수를 확인할 수 있다. 이를 통해 항공사는 고객에게 한 발 빠르게 연락을 취해 지속적인 비즈니스를 유지할 수 있도록 특혜를 제공 할 수 있다.

UPS에는 Customer Intelligence Group이라는 부서가 있다. 이 부서는 고객 행동 패턴을 분석하고 그 정보를 서비스의 품질을 향상시키고 고객을 유지하는 데 사용한다. 예를 들어, 이 부서에서는 고객의 사용 패턴과 불만 사항을 조사하여 고객 이탈을 정확하게 예측할 수 있다. 특정 고객의 데이터가 고객의 이탈 가능성을 나타낼 경우, 영업 사원은 해당 고객과 연락해 문제를 검토하고 해결한다. 이 소프트웨어는 고객 손실을 줄이는 데 크게 도움이 되었다.

POINT OF INTEREST

우리는 당신의 생각을 알고 있다

2011년 Pitney Bowes는 Portrait Customer Analytics 소프트웨어인 Portrait Miner 6.0 버전을 발표했다. 이 소프트웨어는 물건을 구매하거나 또는 이탈할 가능성이 높은 고객을 손쉽게 식별할 수 있게 해주는 고급 분석 도구로서 고객총가치(CLV)에 대한 중요한 통찰력을 제공한다. Portrait Miner 6.0은 소비자 행동을 예측해주는 자동화된 시각화 솔루션으로 고객 기반(customer base)에 대한 다양한 측면에서의 분석을 제공한다. 이제 고객 인사이트(customer insight) 팀에서는 고객 프로파일링과 비즈니스 의사 결정을 이전보다 신속하게 수행 할 수 있게 됐다. 소프트웨어에 의해 생성된 데이터는 다음 달에 어느 고객이 이탈할 것인지, 이것을 방지할 수 있는지, 어떻게 예방 할 것인지를 분석하는 데 사용된다.

출처: Computer software; pitney bowes business insight releases Portrait Miner 6.0 for predicting customer behavior. (2011). Marketing Weekly News

수익성있는 고객군 식별

금융 기관, 특히 보험 회사는 종종 위험 부담이 큰 고객을 거부한다. Progressive Casualty Insurance Company가 입증 한 것처럼 이런 고객에 대한 분석은 좋은 성과로 이어질 수 있다. Progressive는 독점적인 분석 소프트웨어와 업계에서 다수가 공유하고 있는 데이터를 사용한다. 이 회사는 고객을 "셀(cell)"이라는 작은 단위로 묶어서 정의한다. 예를 들어, 신용 점수가 650이상이고 사고 기록이 없는 35세 이상의 대학 교육을 받은 오토바이 사용자들을 하나의 셀로 묶는다. 각 셀에 대해 회사는 통계적 회귀 분석을 수행하여 이 특정 그룹에서의 손실과 가장 밀접한 상관 관계가 있는 요인을 확인한다. 각 셀의 고객 그룹 포트폴리오(portfolio of customer groups)에 대해 수익을 올릴 수 있는 가중치를 설정한다. 이 회사는 시뮬레이션 소프트웨어를 사용하여 특정 셀을 고객으로 받았을 때의 재정적 영향을 테스트한다. 이렇게 Progressive 는 기존에 위험도가 높다고 알려진 범주의 고객을 대상으로도 수익성 있게 보험상품을 판매할 수 있다. 다른 보험 회사는 이런 신청자를 단순히 거부하고 자동차 사고와 같은 이유로 위험도가 높게 분류된 고객과의 계약 갱신도 거부한다. 이러한 기업들은 데이터를 깊이 분석해보지 않고 이런 결정을 내린다

POINT OF INTEREST

멤버쉽 운영- 충성도를 높일 수 있다

BI에서 사용하기 위한 고객 데이터를 수집하는 가장 효율적이고 효과적인 방법은 고객 충성도 프로그램을 활용하는 것이다. 미국 최대의 약국 체인 CVS는 7천만명 이상의 회원을 보유한 고객 충성도 프로그램인 ExtraCare를 운영한다. 이는 미국에서 가장 큰 고객 충성도 프로그램이다. CVS는 미국 내 처방의 14% 이상을 제조하고, 특히 매장이 있는 주 (State)에서는 약 25% 가량의 처방을 제조한다.

출처: Caremark (2013). CVS/pharmacy Expands ExtraCare Program with New Pharmacy & Health Rewards. http://info.cvscaremark.com/newsroom/press-releases/cvspharmacy-expands-extracare-program- new-pharmacy-health-rewards

고객 충성도 프로그램의 활용

상용 고객, 소비자 클럽 등의 고객 충성도 프로그램을 통해 조직은 고객에 관한 상당한 양의 데이터를 수집 할 수 있다. 예를 들어, 일부 식료품 체인은 가장 충성도가 높은 고객에게만 할인 쿠폰을 발행한다. 호텔 및 리조트 체인 Marriott Corporation은 리워드 프로그램 (다음 페이지의 그림 참조)의 데이터를 사용하여 그룹이 아닌 개별 고객을 대상으로 맞춤형 이메일 뉴스 레터를 발송한다. Marriott 는 잘 디자인된 이메일 뉴스 레터가 고객의 관심과 참여를 유발하며 이를 통해 상품 제안에 대한 고객의 응답을 높일 수 있다고 믿는다 (Anonymous, 2011). 그들의 시스템은 회사와 고객의 상호 작용을 기반으로 맞춤형 특가 상품 및 파트너 특별 상품 등의 상품 제안을 제공한다. 궁극적으로, 이 시스템은 기술과 데이터 웨어하우스를 결합하여 매출을 높이는 저비용 전략을 Marriott에 제공한다. 리워드 프로그램의 회원인 고객은 또한 Marriott 호텔 특별 할인에 대한 개인별 웹 페이지도 제공받는다.

고객 충성도 프로그램을 통해 데이터를 수집하고 마이닝한 결과 Marriott Corporation은 개별 고객에게 맞춤형 제안을 제공하고 매출을 늘릴 수 있었다

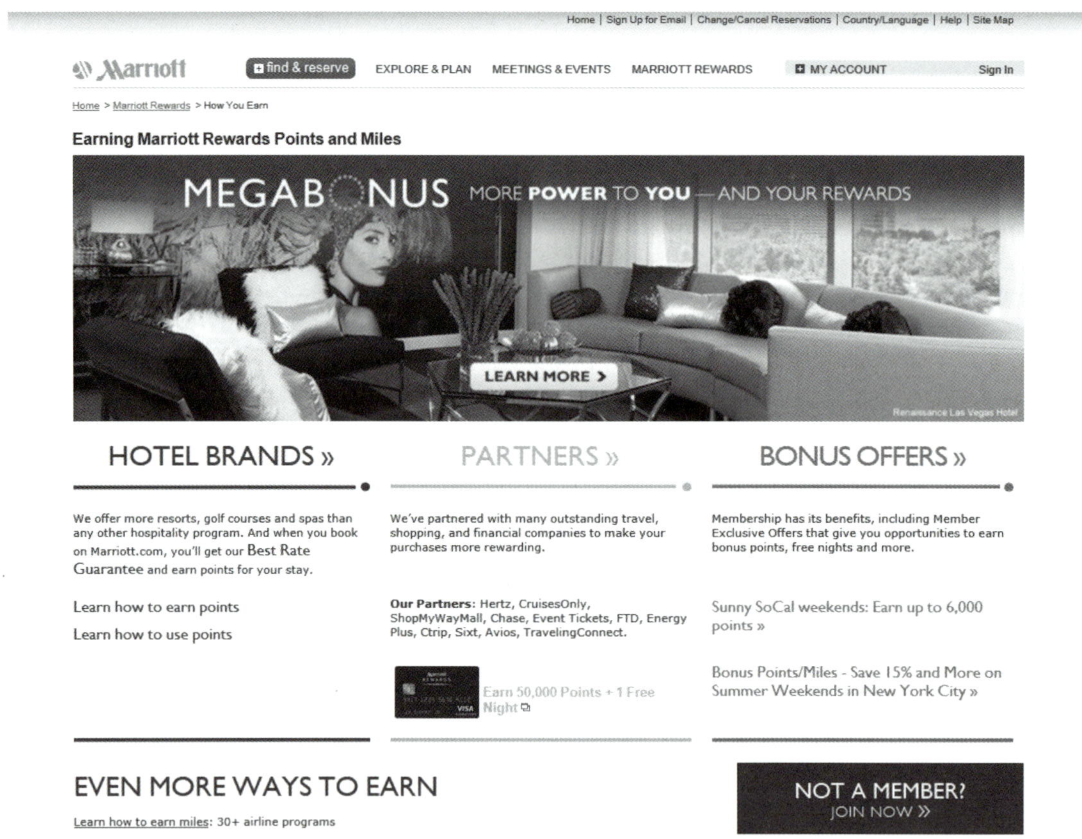

고객 속성 유추 (Inferring demographics)

일부 회사는 데이터 마이닝 기술을 사용하여 고객이 향후 구매할 가능성이 있는 상품을 예측한다. 앞에서 언급했듯이 Amazon.com은 고객 데이터를 이용하는 선두 주자이다. 이 회사는 "Methods and systems of assisting users in purchasing items."라는 제목의 미국 특허 번호 6,865,546을 등록했다. Amazon에서 개발한 소프트웨어는 고객이 구매한 제품을 수령하는 사람의 나이를 예측한다. 연령대 예측은 주로 고객이 수령인에게 선물하기 위해 구매한 목록 데이터에 기반한다. 예를 들어, 첫 번째 선물은 첫 번째 "연령 적합성 지정(age appropriateness designation)"

과 관련이 있다. 두 번째 선물은 두 번째 연령 적합성 지정과 관련이 있다. 이런 방식으로 수령인과 관련된 연령대가 추정된다. 소프트웨어는 또한 수신자의 성별을 유추할 수 있는 모든 데이터를 수집 및 분석한다. 예측된 수령인의 연령대 추이는 고객이 사이트에 접속 할 때 적절한 상품을 제안하기 위해 사용된다. 따라서 여아 조카를 위해 Amazon.com에서 선물을 구입한 경우 Amazon이 앞으로 수십 년 동안 어린 소녀, 젊은 여성, 중년 여성을 위한 물건을 구입하도록 유도한다면 놀라지 않아도 된다. 이 데이터 마이닝 도구가 수행할 수 있는 또 다른 예는 다음과 같다. 발렌타인데이 전에 향수를 구입한 경우 발렌타인데이 선물로 품목을 구입했다고 추론하고 특정 색상의 포장지를 제공한다.

온라인 분석처리 서비스 (Online Analytical Processing)

온라인 분석처리 서비스 (Online Analytical Processing, OLAP)는 데이터 웨어하우스를 활용하게 해주는 또 다른 유형의 애플리케이션이다. OLAP는 분석 측면에서 상대적으로 정교하지 않을 수도 있지만 응답 시간이 매우 빠르기 때문에 경영진은 이를 활용하여 적시에 의사 결정을 내릴 수 있다. 여러 소스의 데이터를 적절히 병합하여 사용한다 할지라도 테이블 형태의 자료는 정보 검토를 제한한다. 따라서 경영진은 종종 2차원 데이터를 다양하게 조합해 정보를 검토할 필요가 있다. 예를 들어, 경영진은 각 지역에서 판매되는 각 제품 수량에 대한 요약을 보고 싶어 할 수 있다. 또한, 한 지역에서 도시별로 판매되는 각 제품의 총 수량, 혹은 모든 지역의 모든 도시에서 특정 제품의 판매 수량을 보고 싶어 할 수도 있다. OLAP는 이와 같은 쿼리(query)를 처리하도록 특별히 설계되었다. OLAP 애플리케이션을 사용하면 사용자가 “큐브” 형태를 띈 3차원 이상의 데이터를 가상으로 회전시켜보면서 정보를 탐색할 수 있다. 이 때, 큐브의 한 면은 관련 정보의 두 가지 다른 차원에 대한 정보를 제공한다.

OLAP의 강력한 기능

그림 11.2는 연방정부 직원의 정보 제공을 목적으로 하는 웹 기반 OLAP 애플리케이션의 인터페이스를 보여준다. www.fedscope.opm.gov에 접속하면 지난 몇 년간의 직원들에 대해 상상할 수 있는 거의 모든 차원의 정보를 얻을 수 있다. 차원(dimension)에는 고용 지역, 서비스 수준, 담당 업무, 급여 범위 등이 포함된다. 가운데 표는 부서 및 지역별 직원 수를 나타낸다. Cabinet Level Agencies 링크를 클릭하면 동일한 차원에 대해 특정 부서 (하단 표 참조) 혹은 모든 부서를 사용자가 선택하여 더욱 자세한 정보를 얻을 수 있다. 또한 교육부와 같은 특정 기관에 대해서도 비슷한 방법으로 데이터를 볼 수 있다. 이런 정보 탐색의 과정을 드릴 다운 프로세스(drilling down) 라고 한다. 이 프로세스는 먼저 광범위한 정보를 표시하는 테이블로 시작하여 점차 범위를 좁혀 보다 구체적인 정보의 테이블을 연속적으로 검색하는 과정을 말한다. OLAP 애플리케이션을 사용하면 각 지역, 부서 또는 부서 내의 조직 단위에 종사하는 직원의 수 혹은 다른 지역과의 백분율과 같은 정보를 얻을 수 있다.

OLAP 애플리케이션은 드릴 다운을 위해 설계된 특수한 데이터를 사용하거나 관계형 데이터베이스(relational database)를 직접 처리하여 활용한다. 동적 OLAP 애플리케이션은 사용자의 요구에 따라 “실시간”으로 테이블을 구성하여 보여준다. 이런 응답 속도를 높이기 위해선 먼저 데이터베이스를 차원형으로 구성하는 작업이 선행된다. 다차원 데이터베이스(multidimensional database)라고도 불리는 차원형 데이터베이스(dimensional database)에 저장된 데이터는 정보가 미리 비율과 같은 형식으로 요약되어 있어 애플리케이션이 정보를 처리하는 시간이 절약된다. 많은 기업들은 관계형 데이터로 데이터베이스와 데이터 웨어하우스를 구성하지만 이런 데이터를 요약하여 OLAP

용 차원형 데이터베이스를 구성해주는 애플리케이션도 함께 사용한다. Cognos (Oracle의 자회사) 등 여러 회사가 다차원 데이터베이스 패키지와 이를 사용하기 위한 OLAP 도구를 판매하고 있다. OLAP 애플리케이션은 "잘 팔리는 제품 무엇인가?" 또는 "가장 실적이 저조한 영업 사무소는 어디인가?"와 같은 질문에 쉽게 답할 수 있다. OLAP 테이블의 다차원성을 설명하기 위해 "큐브" 라는 단어를 사용했지만 실제 테이블의 차원은 여섯 개로 제한되지는 않는다. 데이터가 데이터베이스에 존재하는 한 두 개 변수(차원)의 관계를 보여주는 테이블을 생성 할 수 있다. OLAP를 통해 관리자는 두 가지 차원의 교차점에 대한 요약 정보 및 비율을 볼 수 있다. 7장 "데이터베이스 및 데이터 웨어하우스"에서 언급했듯이 OLAP 애플리케이션에서 사용하는 데이터는 일반적으로 데이터 웨어하우스에서 가져온다.

■ 그림 11-2

FedScope는 미국 정부 인사부처에서 관리하는 웹기반 OLAP 애플리케이션이다.

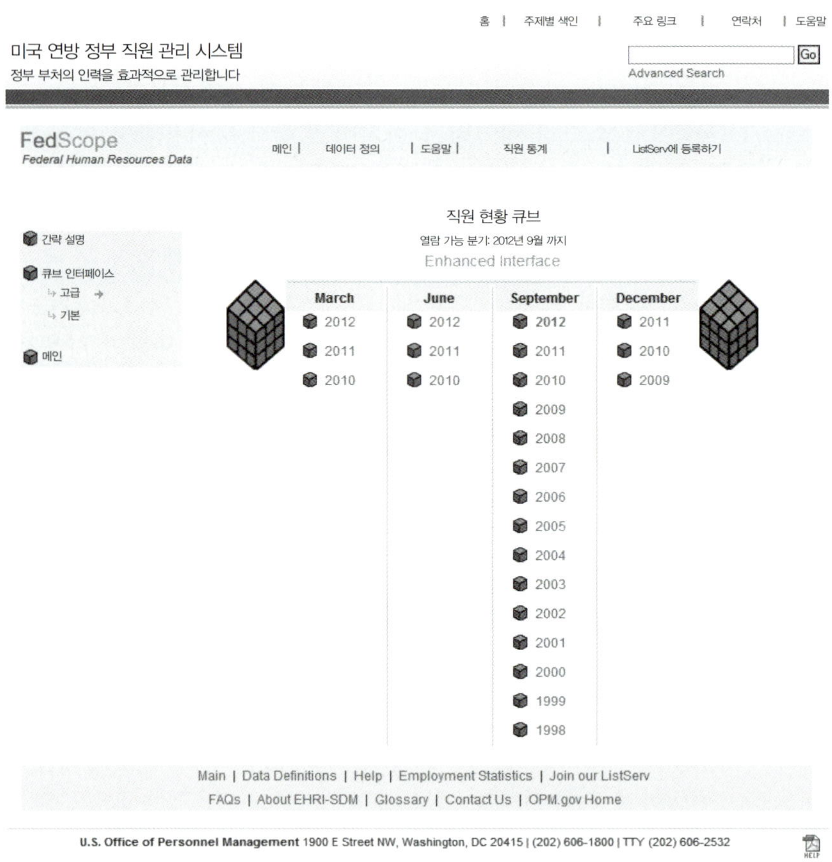

Employment as values	United States	U.S. Territories	Foreign Countries	Unspecified	Location - All
AF-DEPARTMENT OF THE AIR FORCE	169,115	393	3,155	219	**172,882**
AG-DEPARTMENT OF AGRICULTURE	91,501	715	177	137	**92,530**
AR-DEPARTMENT OF THE ARMY	266,723	1,364	12,705	0	**280,792**
CM-DEPARTMENT OF COMMERCE	44,000	127	194	51	**44,372**
DD-DEPARTMENT OF DEFENSE	98,308	1,356	13,384	0	**113,048**
DJ-DEPARTMENT OF JUSTICE	115,009	509	95	8	**115,621**
DL-DEPARTMENT OF LABOR	16,390	44	1	0	**16,435**
DN-DEPARTMENT OF ENERGY	15,937	0	23	0	**15,960**
ED-DEPARTMENT OF EDUCATION	4,508	6	0	0	**4,514**
HE-DEPARTMENT OF HEALTH AND HUMAN SERVICES	85,038	224	253	8	**85,523**
HS-DEPARTMENT OF HOMELAND SECURITY	193,524	2,989	978	315	**197,806**
HU-DEPARTMENT OF HOUSING AND URBAN DEVELOPMENT	9,299	75	0	3	**9,377**
IN-DEPARTMENT OF THE INTERIOR	70,444	364	4	5	**70,817**
NV-DEPARTMENT OF THE NAVY	192,270	1,441	4,249	0	**197,960**
ST-DEPARTMENT OF STATE	12,629	1	19	1	**12,650**
TD-DEPARTMENT OF TRANSPORTATION	56,899	270	62	25	**57,256**
TR-DEPARTMENT OF THE TREASURY	114,785	707	62	323	**115,877**
VA-DEPARTMENT OF VETERANS AFFAIRS	314,156	3,858	17	113	**318,144**
Cabinet Level Agencies	**1,870,535**	**14,443**	**35,378**	**1,208**	**1,921,564**

OLAP 애플리케이션은 임원진을 위한 강력한 도구다. 그림 11.3을 살펴보자. 한 제조 회사의 경영진은 제품 3개 모델에 대해 지난 분기 각 지역별 판매현황을 알고 싶어한다. 이들은 금액별(첫번째 테이블)로, 그리고 판매단위별(두번째 테이블)로 판매현황을 살펴 볼 수 있다. 그런 다음 특정 지역 (이 경우 북미)의 요약 정보를 살펴보고 또한 각 제품이 세 가지 색상으로 판매되므로 색상별로 판매되는 단위 수도 확인할 수 있다. 이 정보는 모델 3번의 파란색 버전의 판매량이 상당히 낮음을 보여준다. 때문에 딜러에게 북미 지역의 모델 3번의 파란색 버전 판매를 중단하도록 권장 할 수 있다. 또한, 북미 지역의 지난 분기 매출을 분석하는 동안 임원진은 이 지역의 각 판매 업체의 판매 실적을 조사하기를 원할 수 있다. 딜러 3은 모델 1 판매량은 좋지만 다른 두 모델에 대해서는 실적이 저조하다는 것을 볼 수 있다. 판매실적이 다른 몇 분기 동안에도 동일한 경우 딜러 3을 통한 모델 2, 3의 판매를 중단하고 해당 딜러에게 유통하는 모델 1의 단위를 늘릴 수 있다.

■ 그림 11-3

OLAP 테이블을 활용하여 3개 지사의 판매현황을 비교하는 예시

매출(단위 : $)			
	모델 1	모델 1	모델 1
북미	115800	136941	53550
남미	72550	63021	25236
아시아	65875	53781	17136
합계	**254225**	**253743**	**95922**

매출(단위 : 개)			
	모델 1	모델 1	모델 1
북미	4632	6521	2975
남미	2902	3001	1402
아시아	2635	2561	952
합계	**10169**	**12083**	**5329**

북미(단위 : 개)			
	모델 1	모델 1	모델 1
홍색	2401	1785	2512
청색	1766	527	52
백색	465	4209	411
합계	**4632**	**6521**	**2975**

북미 딜러별(단위 : 개)			
	모델 1	모델 1	모델 1
딜러1	102	556	2011
딜러2	1578	2450	108
딜러3	2358	0	10
딜러4	20	520	57
딜러5	574	2995	789
합계	**4632**	**6521**	**2975**

비슷한 방식으로 Ruby Tuesday(레스토랑 체인)는 체인점 한 곳에서 발생한 문제를 해결했다. 지역별로 실적을 조사한 관리자는 테네시주 녹스빌에 있는 레스토랑이 매출과 순이익에서 체인점들의 평균에 훨씬 못 미치는 것을 발견했다. 정보를 분석 한 결과, 이 지점에서는 고객이 테이블과 음식을 기다리는 시간이 평균보다 오래 걸리는 것으로 나타났다. 이런 문제에는 경험이 부족한 요리사, 인력 부족, 또는 게으른 웨이터 등 여러 원인이 존재할 것이다.
본사의 관리자는 주문내역이 생성된 시간과 고객이 금액을 지불한 시간 사이의 평균 간격을 살

펴보기로 결정했다. 이는 레스토랑 업계에서 매우 중요한 요소다. 특정 테이블에서 한 그룹이 식사를 마치고 다른 그룹이 자리에 앉기까지 걸리는 시간을 나타내기 때문이다. 이 시간은 짧을수록 좋다. Ruby Tuesday 레스토랑의 체인점에서 이 시간은 평균 45분이 걸린다. 그러나 문제가 있는 어느 지점에서는 55-60분으로 나타났다. 추가 정보를 검토한 결과, 관리자는 이 지역의 경제 호황으로 인해 수요가 증가함에 따라 대기 시간이 길어지는 것으로 결론지었다. 관리자는 해당 지점에 주방의 배치, 요리사의 위치 및 음식 배치를 조정하도록 권고했다. 그 결과, 요리 시간은 짧아졌고, 서빙은 더 빨라졌으며 대기 시간은 10% 감소했다. 이를 통해, 더 많은 고객에게 서비스를 제공하고 수익을 올릴 수 있었다.

레스토랑들은 BI 소프트웨어를 활용해 서비스의 품질을 높이고 매출을 향상시킬 수 있다

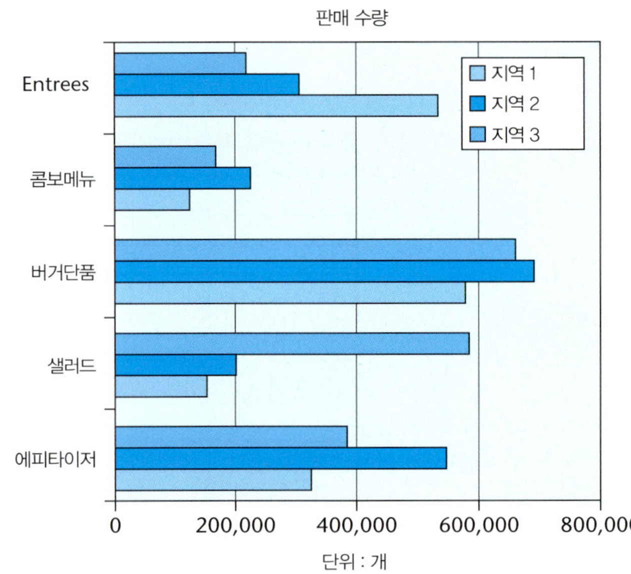

OLAP는 트랜잭션형 데이터베이스(transactional database)의 데이터도 처리 할 수 있지만, 대부분의 경우 사용자 컴퓨터와 서버간 통신 혹은 데이터 웨어하우스 또는 차원형 데이터베이스가 포함된 서버 간의 통신을 관장하는 특수 서버에 설치된다. OLAP는 많은 양의 레코드를 처리하고 요약 정보를 생성하도록 설계 되었기 때문에 SQL(Structured Query Language) 쿼리를 사용하는 관계형 애플리케이션보다 훨씬 빠르다. OLAP는 초당 20,000개의 레코드를 처리 할 수 있다. 앞에서 언급했듯이, OLAP은 사전에 구성된 차원 테이블을 사용하여, 작업은 사용자가 지정한 차원 및 표현 모드(예 : 값 또는 백분율)등을 검색함으로써 분석 작업 속도가 빠르다.

POINT OF INTEREST 새로운 동료직원, BI

전문가들은 2020년까지 비즈니스 인텔리전스(business intelligence, BI)의 발전과 그에 따른 업무환경에 대한 변화를 예측해 발표했다. 초과잉연결성(hyperconnectedness)이 증가함에 따라 미국인과 전세계 대다수의 사람들 사이의 공통성이 점점 증가할 것이다. 사람들은 더이상 컴퓨터 앞에 홀로 앉아 정보를 검색하지 않는다. 그들은 이동 중에도 모바일 기기를 통해 다양한 통신 채널 네트워크(network of communication channels)와 접촉하고 있다. 이런 네트워크에서 BI의 역할은 해석이 가능한 방식으로 정보를 전달하는 것이다. 모바일 기기는 다양한 화면 크기를 가지기 때문에 모바일 BI는 개개인의 연결 형태를 고려하여 맞춤 형식의 정보를 제공하는 중요한 역할을 할 것이다. 다시 말해서 BI는 여러 연결 형태를 고려하여 '모든 화면에 맞는 한가지 형식'을 만들 의무를 지고 있다. 2020년까지 가능성이 있는 BI가 사람에게 미치는 또 다른 점은 탈루틴화(de-routinization)다. 탈루틴화는 일상적인 지루한 반복작업에서 벗어나는 것을 말한다. 현재 인간이 일상적으로 수행하는 루틴 작업(routine work)은 조만간 BI가 담당하게 될 것이다. 2017년까지 비루틴 작업(non-routine work)은 근무일의 25%라는 기존 통계에서 40%로 증가할 것으로 예상된다. 이로 인해 인간은 쉽게 자동화 할 수 없는 혁신, 팀 구성, 프로모션, 리더십 등에 더 많은 시간을 할애할 수 있게 될 것이다.

출처: Henry, H., & Hiltbrand, T. (2012, First Quarter). The 2020 Workplace and the Evolution of Busi—ness Intelligence. Business Intelligence Journal, 17, 13-19.

OLAP의 활용

OLAP은 기업의 효율성을 높이기 위해 점점 더 많이 사용되고 있다. 예를 들어, Office Depot, Inc.의 임원들은 성공적인 영업 사원과 지점에서 특정 품목을 교차 판매(cross-selling)한 방식을 알고 싶어 했다. 교차판매를 위해서는 고객이 펜을 구입할 때 용지도 함께 구입하거나, 컴퓨터를 구입할 때 주변 장치도 함께 구입하도록 설득해야한다. 이 회사는 데이터 웨어하우스에 OLAP을 사용하여 59개국 1,629개 매장과 38,000명 이상의 직원의 거래 내역을 저장했다. 그리고 OLAP 소프트웨어를 처음 사용하여 1억 1,100만 달러의 연매출 상승에 기여한 적절한 분석 결과를 도출했다. 분석을 통해 경영자는 다른 품목과 교차 판매하는 품목을 잘 알게 되었고, 인접하는 선반에 품목을 배치할 때 더 나은 의사 결정을 내릴 수 있게 됐다.

일부 회사의 관리자는 이제 원재료 구입 단계부터 고객이 완제품을 구입하는 순간에 이르기까지 제품에 대한 정보를 추적한다. 실무적인 이유뿐만 아니라 고객과 비즈니스에 대해 더 깊은 이해도를 얻기 위해서다. 예를 들어, 미국 최대의 아이스크림 제조사 중 하나인 Ben & Jerry 's는 원재료부터 시작하여 판매되는 모든 아이스크림과 냉동고에 대한 데이터를 수집한다. 각 냉동고에는 관계형 데이터베이스에서 부여된 추적 번호(tracking number)가 찍혀 있다. 영업 사원은 OLAP 소프트웨어를 사용하여 새 아이스크림이 인기를 얻는 속도를 추적하고, 그렇지 못한 아이스크림 판매 유형을 매시간 추적할 수 있다. 또한, 회사가 매주 받는 약 200건의 전화, 전자 메일등의 정보를 대조하여 관리자는 특정 공급 업체의 원재료가 특정 제품에 대한 불만족으로 이어질 가능성도 파악할 수 있다.

BI 소프트웨어는 프로그래밍이나 보고서 디자인에 대해 거의 알지 못하는 직원도 쉽게 사용할 수 있도록 발전을 거듭하고있다. 스마트 인터페이스(intelligent interface)를 통해 자유 형식 또는 자유 형식에 가까운 질문을 입력할 수 있게 됐다. 애플리케이션에 내장된 시맨틱 레이어(symantic layer)는 사람과 대화하는 것처럼 쓰여진 질문의 구문을 분석하여 컴퓨터가 이해할 수 있는 명령문들로 변환한다. 소프트웨어는 이를 통해 적절한 데이터 마트 또는 데이터 웨어하우스의 데이터를 열람한다. 그리고 추세를 보여주는 많은 도표들을 응답으로 생성한다. 그 결과로, Lands 'End의 매니저는 불과 몇 초 만에 지난 6개월 동안 회사의 베스트 셀러였던 데님 팬츠를 찾을 수 있다. BI 소프트웨어는 대기업에서 널리 보급되어 Microsoft는 자사의 데이터베이스 관리 시스템인 SQL Server에 이러한 소프트웨어를 통합하기에 이르렀다.

향상된 고객 인텔리전스(Customer Intelligence)

고객 관계 관리(CRM) 시스템에 대해서는 이미 논의한 바 있다. 대부분의 비즈니스, 특히 소매업자가 이러한 시스템을 사용하는 데 큰 노력을 기울이는 이유 중 하나는 고객에 대한 비즈니스 인텔리전스를 수집하기 위해서다. 데이터 마이닝과 OLAP 소프트웨어는 종종 이러한 목적으로 CRM 시스템에 통합된다. 웹을 통해 트랜잭션 데이터가 누적되기 때문에 관리자는 이미 전자 형식으로 된 데이터를 손쉽게 분석하고 전략을 세울 수 있다. 이들이 해야 하는 결정은 마케팅에 수백만 달러를 지출하거나 수많은 웹 사이트를 광고로 덮는 것이 아니라 올바른 고객에게 적시에 적합한 제안을 제시하는 것이다.

클릭스트림 소프트웨어(clickstream software)는 많은 회사에서 사용하는 서버 관리 소프트웨어의 표준 기능으로 자리잡았다. 클릭스트림 소프트웨어는 고객이 방문한 사이트, 열어 본 페이지, 각 페이지를 본 시간, 클릭한 항목 등의 데이터를 추적하고 저장한다. 이런 데이터는 추후 분석을 통해 특정 인구 집단 혹은 전체 사용자에게 더 매력적인 경험이 되도록 사이트를 재설계 하는데 사용될 수 있다. 방문자가 사이트에 더 많은 시간을 할애하도록 하여 광고 수익 잠재력을 키우거나, 더 많은 상품을 구매하도록 유도하는 것이 이런 사이트 재설계의 목적일 수 있다.

많은 회사는 소비자로부터 직접 수집된 데이터만 사용하면 전체적인 그림을 보지 못하게 된다는 사실을 깨닫는다. 따라서, 이들은 소비자 데이터 수집 및 분석을 전문으로 하는 제3자의 도움을 필요로 한다. Razorfish, DoubleClick, Engage Software와 같은 회사는 개인 데이터를 수집하여 개인의 클릭스트림 데이터와 결합할 수 있는 쿠키와 스파이웨어 (8장 "웹 기반 엔터프라이즈"에서 설명)를 사용한다.

수십억 개의 소비자 클릭스트림을 결합하고 행태 모델을 생성함으로써 이들 기업은 방문한 사이트 (고객의 취향), 방문 빈도 (고객의 충성도), 방문 시간 (집, 직장 등 인터넷을 사용한 장소), 광고를 클릭하거나 거래를 완료 한 횟수 등의 정보를 얻을 수 있다. 그런 다음 사이트 상에 잠재 고객의 일반적인 관심사와 일치하는 광고를 표시 할 수 있다. 또한, 사용자를 식별하는 쿠키를 활용하여 각 방문자에 맞춰 광고를 변경하는 소프트웨어를 사용할 수도 있다. OpenTracker는 클릭스트림 데이터를 분석하는 소프트웨어다. 다음 그림을 보면 방문자가 웹 사이트에 접속한 국가 (또는 주)를 분석하는 장면을 보여준다.

OpenTracker를 활용하여 웹사이트 방문자의 접속 위치를 추적할 수 있다.

주요 지역

#	국가/지역/도시	코드	방문자수	방문수	방문자 그래프
1	United States	US	101	116	
	California		21	24	
	New Jersey		7	7	
	New York		6	8	
	Texas		6	8	
	Austin		2	4	
	Dallas		2	2	
	Houston		2	2	
	Illinois		5	5	
	Connecticut		5	5	
2	United Kingdom	GB	19	24	

워싱턴주에 본사를 둔 웹사이트 기반 약국 Drugstore.com이 직면한 어려움을 생각해보자. 경영진은 제품을 구매할 가능성이 더 높은 고객에게 접근하기를 원했지만 이들을 식별할 수 있는 도

구가 없었다. Drugstore.com은 고객에 대한 정보(이름, 주소, 과거 구매 목록 등)를 충분히 확보하고 있었지만 여전히 이런 고객을 찾거나 동일한 구매 패턴을 가진 사람들을 식별할 수 있는 방법을 모르고 있었다. 경영진은 소비자 프로필 작성 전문 회사인 Razorfish, Inc.를 고용했다. Razorfish의 관리자는 1억 명의 웹 사용자가 방문하고 쇼핑하고 구매하는 행동 패턴을 알고 있다고 자신있게 강조했다. 이런 정보는 특정 고객이 아니라 수년간 수집 한 데이터에서 비롯된다. Drugstore.com의 이전 마케팅 캠페인에서 Razorfish는 모든 구매 고객에 대한 대한 익명의 정보를 수집했다. Razorfish는 특정 고객이 어떤 특정 광고 또는 프로모션에 영향을 받았는지, Drugstore.com 사이트에서 고객이 검색한 내용, 구매 여부, 구매를 위한 재방문 횟수 등을 분석 할 수 있었다.

POINT OF INTEREST

Amazon의 태블릿, 사생활 침해 논란

Amazon은 온라인 서점에서 인터넷 소매 대기업으로 단기간에 성장했다. Amazon이 제공하는 서비스 중 외부에 잘 알려지지 않은 Amazon Web Services라는 부서가 있다. 이 부서에서는 아마존이 보유한 다량의 온라인 서적, 영화, 음원을 저장 및 제공할 뿐만 아니라 연산처리 능력(computing power)과 저장공간을 대여해주기까지 하는 서비스다. 이를 Amazon Cloud Drive라고 한다. Amazon의 최신 태블릿인 Kindle Fire는 내장 웹 브라우저인 Amazon Silk를 사용하여 Amazon Cloud Drive에 연결한다. Amazon Cloud Drive에서는 웹 페이지를 띄우는 데 필요한 무거운 연산처리를 대신 해주고 그 결과만을 태블릿에 다시 전송해준다. 이 과정의 문제점은 태블릿 사용자가 방문하는 모든 사이트에 대한 정보가 대규모 저장소인 클라우드로 전송된다는 점이다. Amazon은 평범한 태블릿 사용자가 편안하다고 느끼는 것 이상의 상상도 할 수 없는 양의 웹 브라우징 데이터를 기록 할 수 있다. 사생활 옹호자들은 Amazon이 고객이 보고있는 사이트와 페이지의 내용을 볼 수 있다며 우려를 제기했다.

출처: Woo, S., & Fowler, G. A. (2011, Sep 30). Amazon Cloud Boosts Fire; Computing Network Cuts Costs, Adds Power to Tablet, but Stirs Privacy Concerns, Wall Street Journal (Online).

Razorfish는 자사의 Web Affinity Analysis 소프트웨어를 사용하여 Drugstore.com의 개별 고객을 3000개가 넘는 웹 사이트에서 추적 할 수 있었다. Razorfish는 고객이 방문한 일반 웹 사이트, 경쟁 온라인 약국 사이트, 광고를 클릭 할 가능성 등과 같은 고객의 온라인 행동 패턴에 대해 몇가지 공통의 특징들을 찾아냈다. 그리고 이를 토대로 높은 구매 잠재력을 가진 150만명의 "고품질 잠재 고객" 목록을 Drugstore.com에 제공했다. Drugstore.com 관리자는 마케팅 전략을 수립하기 위해 이 정보를 활용하였고, 이런 고품질 잠재 고객들은 비슷한 성격과 구매 패턴을 가지고 있을 거라 가정하고 마케팅 전략을 수립하였다. 비슷한 소프트웨어를 사용하여 Eddie Bauer, Inc는 3개월 동안 판매 비용을 74% 줄였으며 Expedia, Inc 여행 사이트는 8개월간 판매 비용을 91% 줄이는 데 성공했다.

대시보드 (Dashboards)

BI 도구를 개발하는 회사는 경영진이 BI 도구를 편리하게 사용할 수 있고, 임원진과 기타 직원이 비즈니스 상황을 신속하게 파악하는 데 도움이 되는 인터페이스를 만든다. 1990년대 초, 이런 시스템은 중역 정보 시스템 (Executive information systems, EIS)으로 불렸고 산발적으로만 사용되었다. 그러나 빅 데이터와 분석 기술이 인기를 끌면서 EIS는 보다 현대적인 인터페이스로 변모했다. 이러한 인터페이스를 부르는 인기있는 용어가 바로 대시보드(dashboard)다. 자동차의 대시보드와 비슷하게 생겼기 때문이다. 자동차의 대시보드는 시계 모양의 표시기와 눈금 형태로 정보를 제공한다. BI의 대시보드도 비슷한 시각적 이미지를 사용한다. 여기에는 주기적인 수익, 이익, 기타 금융 정보 등에 대한 속도계와 같은 지표가 포함된다. 정보를 그래픽으로 표시 할 수 있을 곳에는 막대 차트, 선형 그래프, 기타 그래픽 프레젠테이션 등을 제공한다. 그림 11.4는 BI 소프트웨어 제공 업제인 MicroStrategy의 대시보드를 보여준다. Cognos, SAS등을 비롯한 다른 공급 업체에서도 이러한 대시보드를 BI 도구의 일부로 제공한다. SAP, Oracle과 같은 ERP 업체들도 자사의 애플리케이션에 대시 보드를 제공한다.

■ 그림 11-4

MicroStrategy의 대시보드와 같은 인터페이스는 경영진이 신속하게 기업의 여러 지표와 추세를 한눈에 볼 수 있게 해준다.

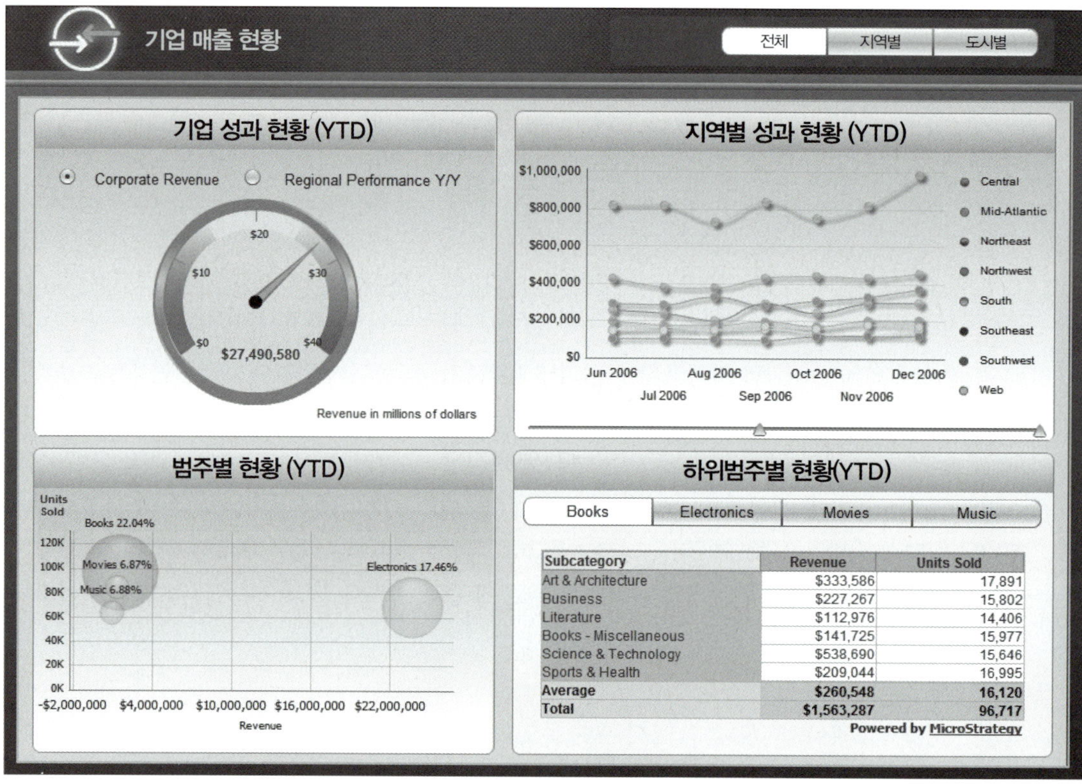

모든 조직에서 고위 경영진이 수행해야할 가장 중요한 책임 중 하나는 해당 비즈니스의 전략적 계획을 개발, 지도 및 모니터링하는 것이다. 이러한 전략은 도입 후에 파생되는 비용, 절감액 및 이점을 모두 고려하여 평가된다. 이러한 요인들은 시행 전에 고려되기 때문에 일련의 가정들과 계산을 기반으로 추정된다. 또한 계획을 구현할 때, 실시간으로 수집되는핵심 성과 지표(key performance indicators, KPIs)를 기존의 데이터와 벤치마킹하여 비교해보는 것이 중요하다. 대시보드는 사전에 정의된 KPI를 신속하게 제공하도록 설계되어 있다. 메트릭스(metrics)라고도 불리는 이런 KPI의 예로는 호텔 및 병동의 점유율, 소매업의 재고 회전율 또는 고객 관계 관리에서의 전화 대기 시간 등이 있다. 그림의 대시보드는 상/하위 범주별로 성능 및 분석과 같은 KPI를 나타내는 "속도계"와 다른 여러 그래프를 보여준다. 이러한 그래픽 표시기는 사전에 정의한 값을 기준으로 현재 수치가 허용범위 내에 있는지 색상별로 표시해 보기 쉬운 정보를 제공한다.

토론토에 위치한 GCAN Insurance Company는 캐나다의 기업에 상해 및 재산 보험을 판매한다. GCAN은 보다 효과적인 결정을 내리기 위해 현재 데이터를 경영진에게 제공할 방법을 찾고 있었다. GCAN은 Microsoft SharePoint Server를 사용하여 비즈니스 인텔리전스 대시보드를 구축했다. 제품 프로토타입에서부터 납품까지 전체 개발 및 구현 작업이 단 한 달 만에 완료되었다. 대시보드는 25명의 고위 관리자에게 브라우저를 통해 실시간 금융 정보를 제공한다. 이 프로젝트는 모든 관리자가 동일한 데이터를 볼 수 있도록 하나의 데이터 저장소를 구축하고 사용했다. 이전에는 여러 데이터 소스에서 데이터를 병합하고 유효성을 검사하는 데 약 4시간이 필요했지만 BI 대시보드는 정보를 수집하고 기다릴 필요없이 고위 관리자에게 즉각적으로 데이터를 제공한다 (Anonymous, 2010).

지식 관리

당신이 컨설팅 회사에서 일한다고 상상해보자. 상사가 당신을 새로운 고객 담당으로 지정한다. 현명한 전문가로서 가장 먼저 확인해야 할 것은 회사가 이 고객과 비즈니스를 한 경험이 있는지, 그에 대한 지식이 축적되어 있는지 여부다. 두 명의 전 직원이 몇 년 전에 이 고객과 접촉했다는 정보를 들었고, 그 직원들과 얘기를 나눠보는 것이 좋겠지만 그들은 이미 퇴사하고 없다. 그들의 지식은 더 이상 회사내에 남아있지 않다. 이런 지식이 어디에도 기록되어 있지 않기 때문이다. 이 고객과의 단순한 금융 거래에 대한 기록은, "고객의 경영진과의 상호 작용은 어떤가?" "그 조직의 강점과 약점은 무엇인가?"와 같은 당신이 찾고있는 지식을 제공 할 수 없다. 엔지니어링 회사에서 일하는 엔지니어는 자신이 직면한 문제에 대해 동료가 이미 경험을 가지고 있는지, 그 문제에 대한 해결책이 무엇인지 알고 싶어 할 수 있다. 또한, IT 전문가는 동료가 네트워크 관리 시스템을 구축함에 있어서 자신과 비슷한 반복적인 오류를 당면한 적이 있는지 여부를 알고 싶어 할 수 있다.

조직은 데이터 웨어하우스를 마이닝하고 OLAP 소프트웨어를 사용하여 고객, 판매자, 조직에 대해 많이 배울 수 있지만, 이러한 기술은 조직 내외부에서 생성되는 지식과 전문성을 어떻게 관리할지에 대한 또 다른 중요한 과제를 여전히 충족시키지 못한다. 제10장 "의사 결정 지원 및 전문가 시스템"에서 설명했듯이 좁은 영역의 전문 지식은 전문가 시스템에서 프로그래밍 할 수 있다. 그러나 조직은 더 많은 분야의 지식을 축적하고 관리하기를 원한다. 지식의 효과적인 관리는 직원과 고객 모두에게 도움이 될 수 있다.

초기 영어 사전을 집필한 Samuel Johnson은 "지식에는 두 가지 유형이 존재한다. 하나는 우리가 알고 있는 지식이며, 다른 하나의 유형은 그 지식에 대한 정보를 어디에서 찾을 수 있는지를 알고 있는 것이다." 라고 말했다. 지식 관리의 목적은 주로 두 번째 유형의 지식을 얻는 데 있다. 지식 관리 (Knowledge Management, KM)는 조직의 성과를 향상시키기 위해 지식 수집, 구성, 공유, 분석 및 보급과 관련된 활동의 복합적인 조합을 일컫는다.

POINT OF INTEREST 나이가 들면 지식이 생긴다

지식에는 두 가지 종류가 있다. 무엇을 아는가? 어떻게 할지를 아는가? 전자는 가르칠 수 있다. 후자는 오직 학습을 통해서만 얻을 수 있다. 많은 베이비 붐 세대가 플로리다의 골프장에서의 유유자적한 삶을 위한 은퇴 티켓을 끊고 있다. 이들은 은퇴하면서 수년간의 전문 지식을 같이 가져가 버린다. 자신의 전문성과 실무 지식에 의존하고 운영하는 지식 중심 조직들은 인간 지식을 수집하여 향후 사용을 위해 저장하기 위해 노력하고 있다. 지식 관리의 중요성을 다음 이야기를 통해 살펴보자. 공장에서 어느 날, 생산 라인이 갑자기 멈췄다. 관리자는 신뢰할 수 있는 기술자를 불렀다. 기술자는 생산 라인을 조금 돌아 다니며 망치로 한 번 가볍게 두드렸다. 그러자 생산 라인이 다시 가동됐다. 기술자는 $1,000가 적힌 인보이스를 관리자에게 청구했다. 관리자는 "1,000달러? 그러나 당신이 한 일은 망치질 한 번 뿐이잖아!" 기술자는 인보이스를 다음과 같이 수정했다 '가벼운 망치질 한 번: $ 10, 어디에 망치질이 필요한지 아는 것: $ 990'

출처: Tryon, C. (2010). Employers must bridge knowledge gap, Tulsa World, Aug 05.

저장된 데이터에서 수집 할 수 있는 정보도 지식이지만 조직은 현재 보유하고 있는 정보보다 훨씬 많은 지식을 원한다. 일반적으로 웹 사이트 또는 다른 전자 거래 수단에서 쉽게 얻을 수 없는 유형의 지식은 정보 시스템에서 취급하지 않는다. 이런 지식은 오직 경험을 통해서만 축적된다. 이런 지식은 대부분 사람들의 생각, 공책, 토론 기록 등 회사 직원이 쉽게 접근 할 수 없는 다른 장소에 보관된다. 따라서 지식 관리는 넘어야할 큰 과제다. 지식 관리는 조직이 다음을 수행하기 위한 절차와 기술을 적용하려는 시도라고도 할 수 있다:

- 개별 지식을 데이터베이스로 전송
- 가장 관련 있는 지식을 필터링하고 분리
- 직원이 쉽게 접근 할 수 있는 데이터베이스나 필요에 따라 직원에게 특정 지식을 "알아서 제공"할 수 있는 데이터베이스에서 해당 지식을 구성

지식 관리 소프트웨어는 이러한 활동을 용이하게 한다. 저장 매체의 비용이 지속적으로 감소하고 데이터베이스 관리 패키지가 점점 더 정교해지고 저렴해짐에 따라 비구조화 정보의 저장 및 구성은 훨씬 수월해졌다. 이제 당면한 문제는 세 번째 과제를 해결하는 도구를 개발하는 것이다. 문제를 해결하는 데 가장 관련 있는 정보를 빠르게 찾을 수 있는 도구 말이다.

조직 지식의 포착 및 분류

리서치 회사 IDC는 지식 근로자(knowledge worker)가 조직에서 수행하는 작업의 거의 절반이 이미 완료된 상태라고 주장한다. 이런 작업에는 특정 주제 연구, 보고서 작성 및 컨설팅 계약의 일부로 정보 제공 등이 포함된다. IDC는 직원들이 이미 해결한 동일한 문제를 다시 해결하려고 하기 때문에 지식 근로자 한 명 당 $3,000-5,000의 노동력이 매년 낭비되는 것으로 추산한다. 조직은 구성원이 얻은 지식을 수집하고 정리하여 이런 중복 작업을 방지할 수 있다.

지식을 관리 가능한 온라인 자원으로 전환하기 위해 일부 회사는 근로자가 자신의 발견에 대한 보고서를 작성하도록 요구한다. 다른 회사, 특히 컨설팅 회사들은 직원들에게 고객 미팅에 대한 보고서를 작성하도록 요구한다. 조직 어떤 방식으로 정보를 수집하더라도 그 결과는 수 테라 바이트의 잠재적 지식의 형태로 저장된다. 이 때, 직원들의 과제는 특정 질문에 대한 답을 찾는 방법을 아는 것이다. 일부 소프트웨어 도구는 이런 작업에 도움을 주기 위해 개발되었다.

예를 들어, Bank of Montreal은 기업 신용카드 관리자 및 영업 사원에게 더 많은 정보를 제공해야 했다. 이전 시스템에서 신용카드 부서는 약 60개의 보고서에서 수집한 데이터를 통합하기 위해 스프레드 시트를 만들어 관리했다. 상상할 수 있듯이 이 프로세스는 번거롭고 시간이 많이 걸렸다. 새로운 애플리케이션 소프트웨어는 단지 몇 개의 대시보드로 수백 개의 보고서를 대체했다. 은행 관리자는 어떤 유형의 신용카드가 가장 활발히 사용되는지 이해하고 이들의 실적을 평가해야 한다. 새로운 애플리케이션은 지역 및 도시 별 (지역 내) 일련의 구매 수량 및 거래 횟수 정

보를 제공한다. 사용자는 지역을 클릭한 다음 해당 지역 내의 도시로 "드릴 다운" 하여 그래프에서 다른 위치의 데이터를 볼 수 있다. 관리자는 지역과 도시가 변경됨에 따라 거래량뿐만 아니라 금액으로도 실적을 확인 할 수 있다. 또한 도시의 특정 구역을 선택하면 추가적인 분석을 볼 수 있다. 더 작은 그래프는 필터링 된 도시 구역 내의 특정 실적 정보를 보여준다. 또한, 사용자는 메뉴를 이용 하여 그래프에 표시된 시간 범위를 직접 설정할 수도 있다 (Howson, 2012).

직원 지식 네트워크 (Employee Knowledge Networks)

일부 도구는 지식 베이스를 구축하고 직원의 접근을 돕는 반면, 다른 도구는 특정 전문 지식을 가진 다른 직원과 연결시켜주는 작업에 중점을 둔다. 이 접근법의 장점은 정보 시스템에서 포착되지 않은 전문 지식을 전문가가 제공하도록 할 수 있다는 점이다 (그림 11.5 참조). 대기업, 특히 지사를 여러 군데 두고 있는 기업들은 한 지사의 직원이 다른 지사의 직원이 가진 경험을 인식하지 못하기 때문에 비용을 낭비하는 경우가 많다. 예를 들어, 한 에너지 회사는 퇴적물이 우물로 떨어지는 것을 막기 위해 석유 굴착 시설에서 사용될 제품에 1백만 달러를 지출했다. 그러나 이 장비의 도입은 실패했다. 다른 부서의 임원들도 동일한 장비를 구매하기로 결정했으나, (별로 놀랍지 않게) 이들 역시 장비를 도입하는 데 실패했다. 그리고 또 다른 곳의 세 번째 부서도 장비를 구입했는데 도입에 실패했다. 의사 결정권자가 제품을 시험하는 과정에서 첫 번째 1백만 달러의 손실은 정당화 할 수 있지만, 장비가 이미 시도되었고 실패한 사실을 모르기 때문에 2백만 달러의 추가 손실이 발생했다. 유사한 문제를 줄이기 위해 Tacit Systems (Oracle이 인수), Hivemine (현재 AskMe Software를 소유) 및 Safeharbor Knowledge Solutions와 같은 일부 소프트웨어 회사는 인트라넷을 통한 지식 공유를 용이하게 하는 직원 지식 네트워크를 개발했다. 인트라넷은 웹 기술을 사용하여 동일한 조직의 직원을 서로 연결해준다.

■ 그림 11-5

직원 지식 네트워크는 정보를 포착하고 기존 정보 시스템에서 처리하지 못하는 정보도 공유할 수 있도록 도와준다.

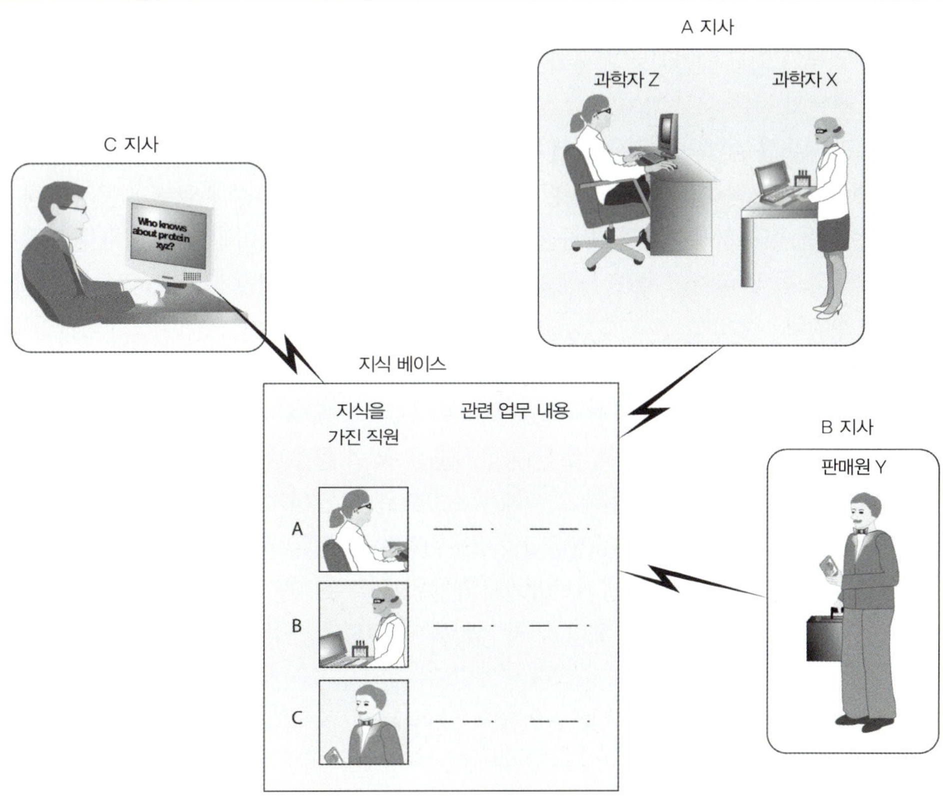

Tacit Systems의 ActiveNet 도구는 전자 메일, 문서 및 기타 비즈니스 통신을 지속적으로 처리하여 각 직원의 업무 초점, 전문 기술 및 비즈니스 관계를 자동으로 "발견"한다. 이 도구는 비체계적인 데이터를 "조사"하여 각 직원의 프로필을 주제 및 관심사 별로 작성한다. 이런 시스템의 목적은 직장에서 관계를 맺어주면 도움이 될 수 있는 두 사람을 연결 해주고, 특정 문제에 대해 한 사람이 다른 사람의 경험을 통해 배울 수 있도록 하는 것이다. 전자 메일과 문서를 분석하여 직원의 관심사와 문제 해결 방법을 추출하고 해당 정보가 직원 프로필에 추가된다. 조언을 구하는 다른 직원은 프로필에 액세스 할 수 있지만 직원이 작성한 원본 이메일이나 문서는 볼 수 없다. 이렇게 하면 무제한 브레인 스토밍 및 통신이 보장된다.

AskMe의 소프트웨어는 직원이 작성한 전자 메일 및 문서의 키워드도 검색하여 직원들의 관심사와 이름이 포함된 지식 베이스를 만든다.

ETHICAL & SOCIETAL ISSUES 지식과 세계화

중세 시대에 베니스는 유리 제품 제조에 필요한 전문 지식을 영업 비밀뿐 아니라 국가 기밀로 간주했다. 베니스 공화국의 국가 경제는 많은 부분이 이런 지식을 다른 국가에 제공하지 않는 것에 의존했기 때문에 유리 제조 지식을 누설하는 것은 죽음으로 처벌받을 수 있었다. 그 시대의 다른 국가들처럼 베니스도 결코 다른 나라에 "off-shore (해외 위탁)"하지 않았다. 하지만, 현대의 기업들은 완전히 다른 문제에 당면해 있다. 1년 전의 전문 지식은 올해의 일상 업무가 되고 내년에는 자동화 될 수도 있다. 이 시점에서 제품의 전문 지식 가치가 감소하고 한 때 제품 생산에 비교 우위를 점했던 조직은 이제 이익을 창출하기 위해 가장 저렴한 노동력을 사용해야 한다. 이런 상황에서, 기업은 노동력이 저렴한 국가의 공장에 제조 공정을 위탁할 것이다. 원래 국가에 있는 노동자들은 일자리를 잃게 되는 것이다.

정보 기술은 지식을 창출하는 데도 사용 되지만 지식을 다른 곳에서 쉽게 활용 할 수 있도록 자동화된 루틴 프로세스로 전환하는 과정도 도와준다. 또한 정보기술은 국가 간의 지식의 이전을 촉진시켜준다. 과거에는 소프트웨어가 미국에서만 거의 독점적으로 개발되었지만 현재는 독일, 인도, 아일랜드, 이스라엘 및 러시아에서 개발된 소프트웨어가 전세계에서 사용되고 있다. 미국 기업을 위한 소프트웨어도 점점 더 많이 인도와 중국에서 개발되는 추세다. 프로그래머들의 전문 지식은 비슷하지만, 그 두 나라의 프로그래머들이 받는 임금은 미국에 비해 매우 적다. 이것은 경제가 국가단위에서 세계로 전환되는 세계화라 할 수 있다. 그렇다면 이런 현상이 인도나 중국과 같은 국가에게만 득이 되고 미국에게는 해가 될까?

BI와 KM 소프트웨어는 주로 미국, 독일 및 영국에서 개발되었다. 그러나 이러한 시스템은 세계 어디에서나 판매되며 다른 국가의 회사가 해당 "선진"국가의 회사와 경쟁하는 것을 도울 수 있다. 이것은 개발 도상국들이 이전보다 훨씬 빨리 지식을 습득하고 더 잘 경쟁할 수 있도록 돕는다. 현재 경쟁은 제조 및 서비스 분야뿐만 아니라 R & D 분야에서도 매우 치열하다.

미국의 경우 일부 전문가들은 이 문제를 다음과 같은 관점에서 바라본다. 미국은 제조 업계에서 세계적인 선두주자 였지만, 이제는 다른 국가들은 제조 분야에서 비교 우위를 갖고 있으며, 그 국가들의 노동자들은 미국의 노동자들이 해오던 일을 가져갔다. 또한 미국은 서비스를 제공하는 데 어느 정도 이점이 있었지만 이제는 다른 국가의 근로자가 인터넷과 전화 회선을 통해 제공하는 서비스가 많아져 기존에 가졌던 서비스 부문의 이점이 약화되었다. 미국은 혁신과 노하우 창출에 있어 여전히 앞서 있다고는 하지만, 우리는 이러한 이점도 사라지는 것을 목격하기 시작했다. 다른 나라들이 지식 창출 마저 미국을 앞선다면, 미국에게 남은 경쟁력은 과연 무엇일까?

정부가 합법적으로 또는 다른 방법으로 경제적 이익을 보호하는 조치를 취해야 할까? 제조업을 해외로 이전하는 회사들을 처벌해야 할까? 노하우를 다른 나라에 판매하는 것을 금지해야 할까? 과거의 베네치아 모델을 채택해야 할까? 아니면 세계를 하나의 거대한 경제로 보고 국가의 경계 없이 모든 지역의 소비자가 최저 가격으로 최고 품질의 제품을 즐길 수 있도록 파이 한 조각을 놓고 무한히 경쟁해야 할까?

직원이 웹 페이지를 통해 자유 형식의 질문을 입력하면 소프트웨어는 전자 메일, 텍스트 문서 또는 관련 주제에 대한 보고서를 작성한 다른 직원의 이름과 직무를 나열하여 응답페이지를 생성한다. 직원은 이 사람들의 활동 프로필을 보고 웹 사이트, 이메일, 인스턴트 메시지 또는 페이징을 통해 연락을 취할 수 있다. 응답자는 같은 웹 사이트를 사용하여 문의자를 도울 수 있는 문서에 응답하고 관련 자료를 첨부 할 수 있다. AskMe의 도구는 첨부 된 문서를 포함한 통신을 저장하여 지식 베이스에 추가한다.

웹을 통해 얻는 지식

소비자는 지속적으로 제품과 서비스에 대한 의견을 웹에 게시하고 있다. 일부는 판매자 사이트에, 다른 일부는 epinions.com과 같은 일반 제품 평가 사이트에, 일부는 블로그에 이런 의견을 게시한다. 소비자의 의견은 수십억 개의 웹 페이지에 흩어져 있다. 이 정보는 찾기가 어렵고 체계적으로 구성되어 있지 않다. 조직이 이런 지식을 추출할 수 있다면 자사 제품과 경쟁 업체의 제품에 대해 기존의 포커스 그룹과 같은 시장 조사 연구를 통해 얻는 것보다 훨씬 더 많은 것을 배울 수 있을 것이다.

POINT OF INTEREST 웹의 관점

인터넷에서 자료를 수집하는 BI 서비스 제공 업체를 찾을 때 기업에게는 여러 선택지가 주어진다. LexisNexis는 고객이 합리적인 비즈니스 의사 결정을 적시에 내릴 수 있도록 하는 가장 신뢰할 수 있는 정보를 제공한다. 고객은 다양한 권위있는 뉴스 및 비즈니스 정보, 법률 문서 및 공공 기록을 활용할 수 있으며 그 중에는 일반 대중이 이용할 수 없는 정보도 포함돼 있다. 통합 오픈 웹 검색 기능을 통해 사용자는 1,000개가 넘는 소스에 액세스 할 수 있으며, 모두 LexisNexis가 업계와 관련성과 신뢰성을 인증한 매체들이다. 웹에서 가장 적절한 데이터를 수집하는 BI 서비스를 보유하면, 회사가 경쟁에서 이기는 데 필요한 우위를 확보 할 수 있다.

출처: LexisNexis. (2012). Your First Choice for Reliable Information. www.lexisnexis.com/pdf/NexisOverview.pdf

Dow Jones의 자회사인 Factiva는 자사의 소프트웨어 툴을 사명과 동일하게 Factiva로 이름 지었다. Factiva는 웹 사이트를 통해 이용 할 수 있으며 수백만 개에 달하는 문서, 신문, 저널, 시장 데이터 및 뉴스 와이어 등 10,000여 개 소스에서 온라인으로 정보를 수집한다. 이 정보의 약 60%는 일반인이 접근 할 수 없다. 조직이 지정한 소스에 새 정보가 있을 때 마다 Factiva는 이를 화면에 표시한다. 조직은 Google이나 Yahoo!와 같은 무료 검색 엔진을 통해 수행되는 것보다 더 특화되고 구체화된 검색을 수행할 수 있다. 이 소프트웨어는 조직이 자신의 지식 베이스에, 자사의 제품 및 서비스를 언급하는 글과 같은 정보를 추가 할 수 있도록 도와준다. 이 도구는 조사자에게 적절한 정보를 제공하기 위해, 종사하는 산업분야와 종업원이 사용된 검색어 등과 같은 context를 고려한다. 예를 들어 "Apple "과 같은 검색어는 하드웨어 또는 소프트웨어 조직의 직원과 농업 또는 슈퍼마켓 체인 직원에게 완전히 다른 것을 의미한다. 그림은 임원진이 쉽게 읽고 검토할 수 있도록 기술 출판물 및 웹 뉴스 컨텐츠를 요약하고 통합한 화면을 보여준다.

■ 그림 11-4

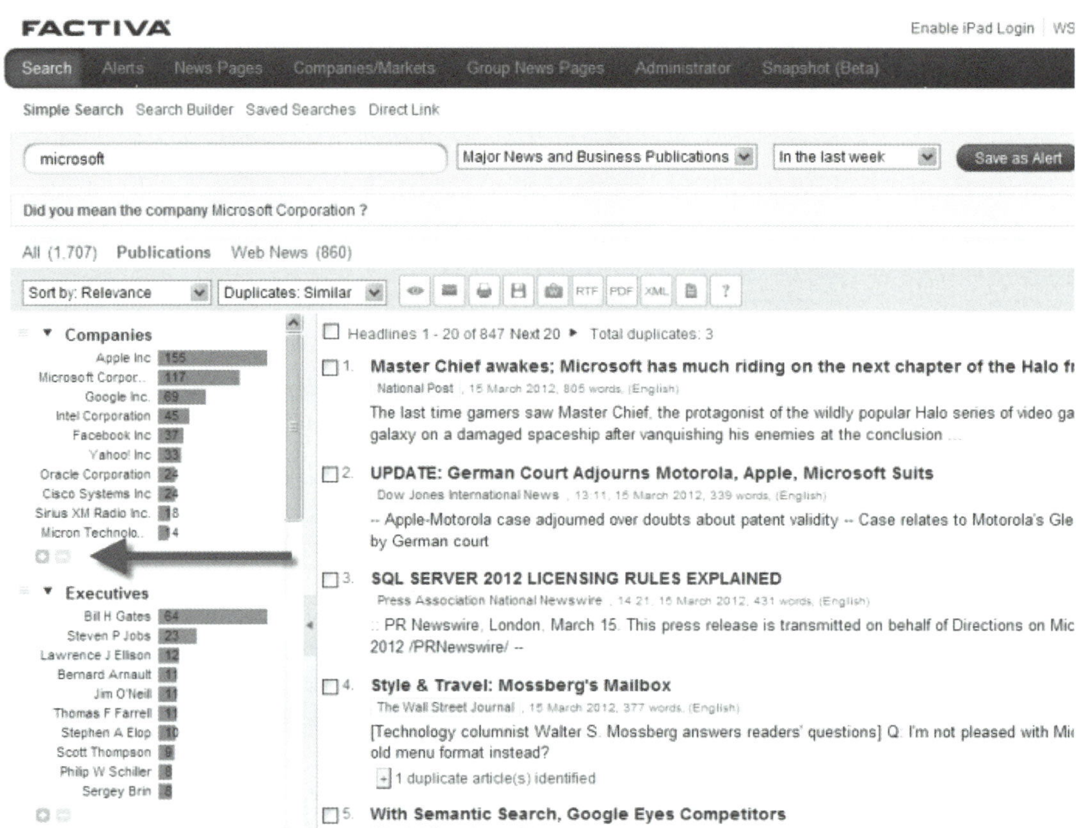

Factiva와 같은 KM 도구들은 수백만 건에 달하는 웹 문서에서 지식을 추출하고 구체화하는 작업을 돕는다.

자동 범주화(autocategorization)

지식을 관리 가능한 데이터로 구성하기 위해 회사는 자동 범주화 소프트웨어를 사용한다. 자동 범주화(autocategorization) 혹은 자동 분류법(automatic taxonomy)은 향후 검색을 위해 데이터를 유형별로 구분해 분류 과정을 자동화한다. 실제로 Google 및 Yahoo!와 같은 모든 검색 엔진 사이트는 자동 범주화 소프트웨어를 사용하고 이를 지속적으로 개선하여 검색 요청에 대해 보다 정확하고 신속하게 응답한다. 다른 많은 기업들도 자사 웹 사이트에 이러한 소프트웨어를 설치했다. 예를 들어, 네트워크 장비 제조업체인 US Robotics (USR)는 수익 마진이 낮은 시장에서 주로 영업을 한다. 따라서 서비스 담당자에게 걸려오는 고객의 지원 요청 전화 한 통과 관련된 비용이 제품에 대한 판매 수익을 모두 상쇄시킬 수 있다. 따라서 지원 인력의 노동력을 줄이는 것이 중요하다. 이 회사의 설문 조사에 따르면 기술 지원을 요청한 고객의 90%가 전화하기 전에 회사의 웹 사이트를 방문한 것으로 나타났다. USR은 iPhrase Technologies, Inc. (IBM의 자회사)에서 자동 분류 소프트웨어를 구입하여 고객이 웹 사이트에서 질문에 대한 답변을 찾도록 도와줌으로써 고객이 직원에게 전화할 필요가 없도록 했다. 이 소프트웨어는 검색어의 철자가 틀린 경우에도 고객의 의사를 해석할 수 있다. 이 소프트웨어는 USR 웹 사이트에서 지원 데이터베이스의 정확성과 응답성을 향상 시켰다. 결과적으로 지원 요청 건수가 3%로 줄어들어 월간 $135,000 이상의 비용이 절감되었다.

Google, Yahoo! 및 검색 엔진 업계의 다른 회사들은 온라인 및 오프라인 문서를 검색하여 분류하고 가장 관련성이 높은 문서만 가져오는 데 도움이 되는 애플리케이션을 개발했다. 이런 애플리케이션은 고객 회사의 웹 사이트, 인트라넷 및 인터넷에서 사용할 수 있도록 도입된다.

다시 킴볼 레스토랑으로 돌아가서 (KIMBALL'S REVISITED)

타일러는 다양한 메뉴와 테이크아웃 사업을 통합하는 고객 충성도 프로그램에 대해 생각해봤다. 충성도 프로그램을 통해 프로모션과 혜택을 제공하는 것도 중요하지만 지속 가능한 비즈니즈와 관계 없는 무분별한 프로모션은 이익에 나쁜 영향을 줄 수 있다는 것도 고려해야했다.

POS 시스템은 일상적인 비즈니스 활동으로 생성되는 많은 양의 데이터를 저장한다. 타일러는 이 시스템이 식사 주문뿐만 아니라 테이크아웃 주문도 처리할 수 있음을 알고 있다. 그는 시스템에 저장된 데이터를 이해해야 한다. 타일러는 시스템 연구를 통해 테이블의 인원, 날짜와 시간, 체류 시간, 전체 금액과 주문한 개별 품목 등 각 테이블에 대한 정보를 이해할 수 있다: 즉 식사와 관련된 모든 일반적인 데이터 포인트들을 관리한다.

당신의 추천은?

1. 레스토랑이 성공적인 고객 충성도 프로그램을 구현하는 데 도움이 될 만한 다른 데이터 요소는 무엇이 있는가? 이러한 데이터 요소를 정의하고 근거를 제시하라.
2. 성공적인 비즈니스 인텔리전스 전략을 개발하기위한 최고의 분석법은 일련의 질문을 하나로 엮는 것이다. 질문에 대한 응답은 비즈니스 운영과 전략을 모니터링하기 위한 데이터 요소, 보고서 등에 기초가 된다. 효과적인 고객 충성도 프로그램을 구축하기 위해 타일러가 개발할 수 있는 질문은 무엇이 있는가?
3. 레스토랑의 비즈니스 인텔리전스 시스템을 위해 설계할 수 있는 데이터 마이닝 기법은 무엇이 있는가?

새로운 시각

1. 타일러는 소셜 미디어와 프로모션 프로그램을 통합하기 위해 어떤 유형의 전략을 구현할 수 있는가?
2. 타일러는 소셜 미디어와 프로모션 활동의 효과를 어떻게 평가할 수 있는가?

주요용어

자동범주화, 410
자동 분류, 410
비즈니스 애널리틱스, 392
비즈니스 인텔리전스 (BI), 392
클릭스트림 소프트웨어, 402
대시보드, 403
데이터 마이닝, 392
Dimensional 데이터베이스, 397
Drilling Down, 397
직원 지식 네트워크, 407
주요성과지표 (KPI, Key Performance Indicator), 404
지식 관리 (KM), 405
지식 노동자, 406
Multidimensional 데이터베이스, 397
Online analytical processing (OLAP), 397

리뷰 질문

1. 비즈니스 인텔리전스란?
2. OLAP란 무엇이며 왜 시각적으로 큐브와 연관이 있는가?
3. OLAP에서 직접 데이터를 처리하지 않고 차원형 데이터를 사용하면 어떤 이점이 있는가?
4. OLAP는 왜 일반적인 트랜잭션형 데이터베이스가 아닌 데이터 웨어하우스 혹은 차원형 데이터베이스를 사용하는가?
5. "드릴 다운"이란 무엇인가?
6. 거대한 데이터 웨어하우스에서 데이터 마이닝 기법으로 찾을 수 있을 것으로 예상되는 정보는 어떤 것들이 있는가?
7. 차원형 데이터베이스라는 이름의 이론적 근거를 설명하라. 이 차원형 데이터의 용도는 무엇인가?
8. 지식이란 무엇이며, 정보와 어떻게 다른가?
9. 일반적인 조직에서 지식 관리의 목적은 무엇인가?
10. 직원 지식 네트워크의 목적은 무엇인가?
11. 지식을 저장하기보다 직원을 전문가에게 안내하는 도구의 이점은 무엇인가?
12. 자동 범주화 (자동 분류법) 란 무엇인가? 자동 분류 소프트웨어는 어떻게 회사가 고객과 직원을 지원할 수 있도록 돕는가?
13. context는 웹 소스에서 지식을 수집 할 때 주요한 요소다. 설명해보라.
14. 데이터 마이닝은 주로 시퀀스 분석, 분류, 클러스터링 및 예측과 같은 네 가지 방식으로 사용된다. 데이터 마이닝은 개인이 사기를 저지른 것인지 여부를 분석하는 데도 도움이 된다. 네 가지 유형의 분석 중 어느 것이 이 작업에 적합한가? 이유를 설명하라.
15. 웹은 거의 모든 조직이 지식을 얻을 수 있는 방대한 자원이지만 아직까지는 활발하게 활용되지 않고 있다. 웹에서 지식을 얻기 위해서는 어떤 과제를 해결해야 하는가?

토의질문

16. 인텔리전스란 무엇을 의미하는가? "비즈니스 인텔리전스 소프트웨어"에서 이 단어를 사용하는 것에 동의하는가? 아니면 이 도구의 기능에 비해 이 단어의 사용이 과장되어 있다고 생각하는가?
17. 당신은 대형 소매 체인의 임원이다. IT 전문가가 데이터 마이닝 소프트웨어를 사용하여 발견한 다음과 같은 관계를 알려주었다. 중년 남성은 개인 미용 제품과 전구를 함께 구입하는 경향이 있다. 이 이유를 조사하기 위해 직원을 할당해야 하는가? 이 정보는 어떻게 활용하는가?
18. 직원 지식 네트워크 소프트웨어는 직원이 컴퓨터에서 생성하는 정보와 모든 전자 메일에 대한 정보를 제공한다. 직원으로서 이러한 사실이 불편하지는 않은가? 그 이유는 무엇 인가?
19. "비즈니스 인텔리전스"라는 용어는 여러 IT 전문가에 의해 다른 많은 의미로 사용되었다. 그 이유는 무엇일까?
20. 기업은 Google, Bing, Yahoo! 등 에서 제공하는 무료 검색 엔진을 사용하여 의사결정을 위한 유용한 지식을 효율적으로 수집 할 수 있는가?
21. 10장 "의사 결정 지원 및 전문가 시스템"의 전문가 시스템에 대한 설명을 상기하자. 직원 지식 네트워크과 전문가 시스템에는 어떤 유사점과 차이점이 있는가?
22. 선물 수령인에 대한 인구 통계 학적 정보를 추론하는 데이터 마이닝 소프트웨어를 고려해보자. 설문 조사나 다른 형태의 직접적인 질문보다, 이런 소프트웨어가 고객 정보를 유추하는 것이 개인 정보 침해에 대한 이슈를 해결할 수 있는가? 그 이유는 무엇인지 설명해 보자.
23. US Robotics에서 사용하는 것과 같은 자동 분류 및 스마트 검색 엔진에 대한 논의를 생각해보자. 그리고 구입한 전자 장비에 문제가 있는 상황을 가정하자. 회사의 웹 사이트를 방문하여 FAQ (자주 묻는 질문) 섹션을 선호할지, 혹은 문제에 대한 자유 형식 질문을 입

력하도록 한 웹 페이지를 선호할지 그 이유에 대해 토론해 보자

24. 회사는 직원들의 모든 비즈니스 관련 누적된 지식을 저장할 수 있는 시스템을 원한다. 그러한 시스템이 조만간 생길 것으로 기대하는가? 그 이유는 무엇인가?

개념 적용

25. 웹에서 데이터 마이닝 기술을 성공적으로 사용한 기업의 사례를 검색해보고 2~3페이지 보고서를 작성해 소프트웨어가 조직을 위해 제공한 기능과 그 결과가 조직에 어떻게 도움이 되었는지 설명하라. 데이터 마이닝 기술 없이는 얻을 수 없는 정보가 무엇인지 강조하라.

26. 같은 데이터를 가지고 비즈니스 인텔리전스 애플리케이션은 수행할 수 있지만 스프레드 시트나 관계형 데이터베이스에서는 할 수 없는 작업을 설명하는 1페이지 보고서를 작성하라. 최소한 두 가지의 예시를 제시하라. BI 애플리케이션 또는 대시보드가 왜 더 효과적인지 토론해보자.

실습 활동

27. www.fedscope.opm.gov로 접속해서 열람할 수 있는 가장 최근 연도에 대해 다음 표를 작성하라.
    a. 서비스 국가 별, 카테고리 크기 (대, 중, 소) 별, 미국 연방정부 직원 수
    b. 카테고리 크기 별 호주에서 근무하는 직원 수.
    c. 호주지역 만을 대상으로 크기가 '대' 범주에 속하는 부서에서 근무하는 직원 수. 3개의 테이블을 작성한 순서는 드릴 다운 프로세스라고 할 수 있는가? 설명하라.

28. 한 조직을 선택하고 조직이 무엇을 생산하고 판매하는지, 그리고 조직의 운영 방식을 조사해보라. 펜과 종이 또는 그래픽 소프트웨어를 사용하여 고위 임원(부사장 급)이 조직의 성과를 향상시킬 수 있도록, 최신 정보를 수집하는 데 사용할 수 있는 3~6개의 대시보드를 설계하라. 각 지시기의 설계 목적을 설명하라.

팀 활동

29. 다른 학생과 팀을 구성해서 특정 회사를 선택하고 지식 관리의 필요성에 대해 보고서를 작성하라. 지식을 관리하는 과정에서 발생할 수 있는 활동에 대한 설명부터 시작해보라. 문서화된 전문 기술에 대한 액세스를 통해 이익을 얻을 수 있는 직원 유형을 열거하라. 내부 전문 지식과 외부 소스를 통해 얻을 수 있는 전문 지식을 포함해보자. 회사에서 사용할 수 있는 지식의 예를 제시하라.

30. 두 명의 다른 학생들과 팀을 구성해서 직원 지식 네트워크인 The Researcher Connection의 개발 계획을 준비하라. 이 시스템은 학교의 교수들이 연구 아이디어를 개발할 수 있도록 돕게 될 것이다. 이 시스템에 포함될 요소들을 나열하고 잠재 고객에게 이 시스템이 어떤 이점을 가져다 줄 것인지 설명하라. (1) 연구 주제에 관한 관련 논문을 찾고, (2) 대학에서 유사한 연구를 한 사람을 알아보고, (3) 학교의 연구에 협력하고, (4) 연구를 진행하는 데 관련된 모든 기타 활동을 수행하라
    이 시스템에 필요한 자원 중 많은 부분들이 이미 존재하며 시스템과 연결만 하면 된다는 사실을 설명하라. 어떻게 시스템과 이런 자원들을 연결할 것인가?

Guess는 이름과 다르게 근거 없는 추측을 하진 않는다

의류 회사 인 Guess, Inc.는 패션계의 최전선에 서기 위해 끊임없이 노력하고 있다. 이를 위해 회사의 여러 구성원들은 의사결정에 영향을 끼치는 정보에 쉽고 즉각적으로 접근할 수 있어야 한다. 이 문제를 해결하기 위해 Guess는 Apple의 iPads와 MicroStrategy의 모바일 BI 소프트웨어를 사용하여 구매처와 임원에게 어느 위치에서나 중요한 정보를 제공할 수 있는 BI 애플리케이션을 만들었다. BI의 혁신팀 이사인 Bruce Yen과 그의 팀이 이끄는 이 프로젝트는 콘텐츠, 사용 편의성 및 앱의 시각적 측면에 중점을 두고 있다. BI를 개발할 때는 콘텐츠가 항상 주요 초점이지만, 또한 앱이 사용하기 쉽고 시각적으로도 매력적으로 보이기를 원했다.

Guess는 구매처와 임원에게 구매 활동에 영향을 줄 수 있는 중요한 정보를 제공하는 더 나은 방법이 필요하다고 생각했던 것이다. 엑셀 스프레드시트는 너무 부피가 커서 특정 세부 정보를 빠르게 찾을 때 유용하지 않았다. Guess는 2008년부터 RIM의 Blackberry 기기를 사용하여 본사의 임원 및 기업 이사 및 현장의 지역 이사에게 정보를 제공하기 시작했다. 2009년에는 모바일 BI 제품에 대시보드를 추가하고, 기존에 BI를 사용하지 않던 buyers 및 기획자와 같은인력에게도 정보를 제공했다. 이것이 시각적 레이아웃에 중점을 둔 첫 번째 시도였다. 2010년 Bruce Yen은 MicroStrategy의 컨퍼런스에 참석했다. Guess는 이미 BI 회사인 MicroStrategy의 일부 소프트웨어를 사용하고 있었지만 Yen은 MicroStrategy의 iPad 용 모바일 앱에 주목하고 이 앱을 기존 비즈니스 문제를 해결하는 데 사용할 수 있다고 생각했다. Yen의 목표는 잠재 구매자가 구매 결정을 내리는 데 필요한 정보를 Guess 매장에 가는 길 위에서도 얻을 수 있게 하는 것이었다. Yen의 프로젝트로 생긴 정보 공유력과 높은 직관성은 회사에 엄청난 자산이 될 것이다.

소프트웨어 애플리케이션

Yen은 매장을 방문한 고객이 이 앱을 사용할 것이라고 생각했지만 일부 매장에는 Wi-fi 연결이 없는 것을 확인했다. 구매처 직원들은 매장에 도착하기 전에 더 자주 iPad 앱을 사용하고 있는 것으로 확인되었다. 매장에서 있을 회의에 앞서 호텔이나 레스토랑에서 Wi-fi를 사용해 앱에 접속한 것이다. 이들은 매장의 판매 패턴과 관리 이력에 대한 최신 정보를 얻기 위해 매장에 도착하기 전에 앱을 활용한다. 또한, 앱을 통해 특정 정보를 걸러 내기가 훨씬 쉬워 졌기 때문에 사무실에서도 널리 사용되었다.

Yen의 팀은 앱을 설계하고 출시하는 과정 전반에 걸쳐 많은 문제에 당면했다. 한 번은 성능 향상과 버그 해결을 위해 MicroStrategy에 50건의 피드백을 제출하는 일도 있었다. 앱의 인기가 커지면서 개인용 iPad에서 BI 앱에 액세스하는 방법에 대한 의문이 제기되었다. 이로 인해 Yen의 팀은 이것이 상당한 보안 문제로 이어질 수 있음을 인지했다. 이 문제를 해결하기 위해 Yen은 기존의 암호를 사용하는 방식 외에도 iPad 도난 또는 분실 시 앱의 액세스를 차단할 수 있는 타사의 보안 솔루션을 적용했다. 이 보안 시스템은 회사 자산을 위험에 빠뜨리지 않고 개인용 iPad에서 앱을 사용을 가능하게 했다.

패션 업계의 리더 Guess가 앱 디자인에 많은 관심을 기울인 것은 놀라운 일이 아니다. Guess는 앱의 모든 페이지의 픽셀 하나까지 면밀히 검토했다. 이 앱은 매우 다양한 관점에서의 정보를 사용자에게 제공하므로 최상위 경영진부터 현장의 구매처 직원까지 다양한 사용자가 사용할 수 있었다. 앱이 이미 직관성이 보장된 모바일 기기에서 실행된다는 사실을 직시하고, Yen은 최종적으로 이 앱을 회사의 모든 사용자가 사용할 수 있기를 원했다. Yen은 디자인에 정통한 동료 몇 명에게 10분 간 앱을 사용해보도록 요청함으로써 비공식적인 테스트를 실시했다. Yen은 또한, 구매처 직원들을 따라다니면서 눈에 띄는 성능이나 연결 문제가 있는지 확인하기까지 했다. 앱을 사용하기 쉽게 만들려는 그의 이런 노력으로 앱의 사용법을 따로 교육해달라는 공식적인 요청도 발생하지 않았다. 비록 앱의 기능이 개발 과정에서 첫 번째 고려 요소였지만 시각적 레이아웃도 바짝 그 뒤를 따랐다. Yen은 직관적이고 시각적으로 매력적이며 콘텐츠 효율성이 뛰어난 BI 모바일 앱을 제작하는데 성공했다. 협업, 의사 소통, 그리고 극한의 비판적 평가를 통해 앱은 모두의 기대를 뛰어 넘는 성과를 보여줬고 어려운 경제 상황에서도 패션 업계에서 리더십을 유지하는데 필요한 의사결정을 성공적으로 지원했다. 단순히 기존의 문제를 해결하기 위해 시작된 이 프로젝트는 Guess의 주요한 기술적 자산이 되었다.

출처: Briggs, L. L. (2011, Fourth Quarter). BI Case Study: Apparel Company App Melds Fashion, Mobile BI. Business Intelligence Journal, 16, 39-41.

사례에 관해서 생각해 볼 점

1. 일부 앱 기획자는 간접(second-hand) 연구를 통해 시스템을 계획한다. 반면 Yen은 직접(first-hand) 연구를 실시했다. Yen이 통찰력을 얻기 위해 실제 경험을 활용한 세 가지 사례를 나열하라. 직접 경험의 가치는 무엇인가? 구매처 직원이 앱을 사용해 특정 소매점의 실시간 영업 패턴 정보를 얻는 것이 의사결정에 어떤 영향을 미칠 수 있는가?
2. 최상위 임원과 구매처 직원 외에 또 어떤 집단이 이 앱을 유용하게 활용할 수 있는가?

비즈니스 인텔리전스 가지고 놀기

동물원, 공원, 수족관, 박물관 등은 높은 문화적 가치와 교육적 가치를 가지고 있다. 이런 시설에서는 동물, 조형물, 역사, 종교, 과학 등에 대한 풍부한 정보와 지식을 제공한다. 그러나 이런 시설의 사업 운영적인 측면은 어떨까? 마케팅, 방문객 유치의 전략은 무엇인가? 정부가 보조금을 축소함에 따라 이 업계는 수익원을 확대하는 데 전보다 많은 노력을 기울이게 되었다.

신시내티 동물원은 매년 약 130만명의 방문객과 2천 6백만 달러의 수입을 벌어들인다. 현재의 시스템을 검토한 결과, IT 인프라가 매출 성장과 고객 서비스를 방해하고 있음을 발견했다. 수년 동안 동물원의 발권, 소매, 식품 등의 서비스가 모두 격리 된 섬과 같은 개별 시스템에서 처리되고 있었다. 수백만 번의 티켓 판매 작업이 네트워크로 연결되어 있지 않은 개별 cashier를 통해 이루어졌다. 소매 및 티켓 판매를 위한 정보의 출처는 종이로 된 영수증이 전부였다. 따라서 음식 및 음료 판매에 대한 판매 보고서를 작성하는 데 2주가 소요되는 경우도 있었다. 동물원은 변화가 필요하다는 것을 알고있었다.

궁극적으로 동물원은 (1)방문 고객을 늘리고, (2)고객 당 지출을 늘리는 두 가지 목적을 가지고 있었다. 경영진은 인센티브를 사용하여 고객 당 매출을 높일 수 있다고 믿었다. 그러나 핵심은 "어떤 유형의 고객이, 얼마나 많이, 무엇을 위해 돈을 지불하는가?"를 이해하는 것이었다. 이런 질문은 인센티브와 프로모션 정책을 펼치는데 근거가 될 데이터 포인트를 제공한다.

동물원은 발권, 소매 및 식품 서비스를 통합하기 위해 여러 POS 시스템을 구현하기 시작했다. 이 중 하나인 Gateway Ticket Systems은 동물원이 속한 업계 고유의 발권 시스템을 제공했다. 이 시스템을 완전히 구현한 후 경영진은 데이터 분석을 위해 IBM의 Cognos 비즈니스 분석 소프트웨어를 구입했다. 동물원은 소유하고 있는 동물들에 대한 정보를 제공하는 기존의 사업 전략 대신, 방문자들에 관한 자료를 수집하는데 초점을 맞추었다.

다음 단계는 고객 충성도 프로그램을 만드는 것이었다. 경영진은 동물원의 모든 지점에서 발생한 방문객의 지출 기록을 담고 있는 트랜젝션 데이터를 분석하기 시작했다. 우편번호를 고유값으로 활용하여 고객들의 구매 패턴을 파악했다. 이 데이터를 사용하여 동물원은 소비가 적은 특정 지역을 식별할 수 있었다. 이 정보를 토대로 특정 지역을 대상으로 로열티 프로모션을 진행해 지출을 높일 수 있었다. 새 시스템에서 수집된 데이터의 가용성과 범용성은 새로운 질문들을 가능하게 만들었다. 예컨대, 얼마나 많은 방문객이 핫도그를 구매하는 지와 같은 매우 상세한 데이터도 "드릴 다운"할 수 있었다. 또한 특정 지역에서 동물원을 방문하지 않는 사람도 확인할 수 있었다. 이를 통해 인센티브를 제공하는 우편물과 쿠폰을 보낼 때 그 대상을 구체적으로 선정할 수 있었다.

또한, 거래 데이터를 시즌 패스 소지자와 비소지자로 분류해서 새로운 정보를 찾을 수 있었다. 시즌 패스 고객들은 동물원의 소매점에서 구매하지 않고 다른 저녁 행사에 참석하여 식사를 해결하는 것으로 나타났다. 따라서 쿠폰과 할인 혜택이 정기권 소지자에게 제공되어 소매점에서의 추가 지출을 촉진 할 수 있었다. 기록된 데이터는 또한 고객이 구매할 의향이 있는 항목에 대한 구체적인 통찰력을 제공하여 원치 않는 판촉을 줄이고 고객의 지출을 늘릴 것이라는 기대를 받았다.

고객 충성도 프로그램에는 다른 많은 기능들이 추가되었

다. 바코드가 있는 멤버십 카드는 모든 장소에서 스캔 할 수 있어 회원이 물건을 구매할 때 할인과 혜택이 적용될 수 있게 되었다. 이 프로세스는 멤버십을 가진 방문객이 지출 시에 멤버십 카드를 사용하도록 장려하고 데이터 웨어하우스에 "연결점"을 만들어 고객의 구매를 식별할 수 있게 도왔다. 문자 메시지 알림도 특정 발동조건과 함께 시스템에 통합되었다. 예를 들어, 큰 금액을 동물원에 기부한 사람 또는 VIP가 동물원에 들어오면, 이 사실을 알리는 문자 메시지가 특정 직원에게 전송된다. 또한, 동물원이 판매하는 다양한 물품의 재고가 부족할 때에도 문자 메시지가 전송되 직원이 취해야할 구체적인 행동방침도 알려준다.

대시보드와 보고서는 간단한 웹 브라우저를 사용하여 액세스할 수 있으므로 인터넷에 연결된 모든 기기에서 활용이 가능하다. 동물원 직원은 iPhone을 사용하여 재고상황 등을 확인하고 적절한 조치가 취해질 수 있도록 대시보드에서 메시지를 발송할 수도 있다. 대시보드는 실시간으로 정보를 종합하고 분석하기 위해 예산 정보와 같은 다양한 데이터 소스를 통합하는 데 도움을 준다.

시행 후 몇 개월 만에 동물원은 연간 50,000명의 방문자를 추가로 유치하여 $350,000의 추가 매출을 올렸다. 동물원은 이 프로젝트에 대한 투자가 수익이 긍정적으로 작용했다고 믿고 있다. 비즈니스 인텔리전스는 고객이 동물원의 동물들을 관찰하는 것에서 동물원이 고객을 관찰하도록 관점의 변화를 불러왔다.

출처: Briggs, L. L. (2011). BI Case Study: Business Analytics Helps Tame Data at Cincinnati Zoo. Business Intelligence Journal, 16, 36-38; Klie, L. (2011). Cincy's Zoo Goes Ape for IBM. Customer Relationship Management, 15, 37-38.

사례에 관해서 생각해 볼 점

1. 아직도 많은 회사가 신시내티 동물원과 같이 격리된 IT 인프라를 사용한다고 생각하는가? 이런 시스템은 어떻게 효율적인 작업을 방해하는가? 왜 회사는 이러한 환경을 계속 유지하는가?
2. 비즈니스 인텔리전스 데이터와 문자 메시지의 융합은 다양한 운영적, 전략적 프로젝트를 파생시킬 수 있다. 동물원이 문자 메시지와 비즈니스 인텔리전스를 융합해 구현할 수 있는 다른 예를 들어보라.
3. 데이터의 가치를 높이기 위해 티켓, 식품, 기념품 등의 거래 데이터를 활용하여 어떤 유형의 비즈니스 인텔리전스 분석을 수행 할 수 있는가? 어떤 유형의 OLAP 분석을 수행 할 수 있는가?

참고문헌

Anonymous. (2010). Insurer Builds Business Intelligence Tool in One Month, Enables Better Decisions. *Microsoft Case Studies*. http://www.microsoft.com/casestudies/Case_Study_Detail.aspx?CaseStudyID=4000006733

Anonymous. (2011). Lodging Companies; Marriott Rewards Marketing Gets the Gold at Marketing- Sherpa Email Awards. *Marketing Weekly News*, 1231.

Briggs, L. L. (2011). BI Case Study: Business Analytics Helps Tame Data at Cincinnati Zoo. Business *Intelligence Journal*, 16, 36-38.

Holm, E. (2012). Hoping to Strike Profit Gold, AIG Ramps Up in Data Mining, *Wall Street Journal (Online)*.

Howson, C. (2012). Dashboards and Visual Discovery: More than Just Pretty BI. Tysons Corner, VA.

5부 계획, 취득, 그리고 통제

- 12장 시스템 계획 및 개발
- 13장 시스템 취득에서의 의사결정
- 14장 위험, 보안과 재해 복구

교과서 사례 비즈니스 과제

다음 세 장을 학습하고 나면, 여러분은 시스템 개발에 대한 기초를 알 수 있다. 앞으로 여러분은 시스템 설계, 시스템 개발 및 시스템 취득을 위한 대안들, 그리고 보안 및 재해 복구에 관해 학습할 것이다. 킴볼의 경영자는 효율적이고 전략적으로 운영하기 위한 추가 정보 기술 이니셔티브를 구현해야 한다고 생각한다. 그러나 기업은 우선 기술 습득의 다양한 방법을 계획하고 분석해야 한다.

- 12장, "시스템 계획 및 개발"에서는 새로운 시스템을 위한 설계 수립 단계와 타당성 조사 및 새 시스템의 필수 기능 정의와 같은 새로운 시스템을 개발하기 위한 단계를 학습한다.
- 13장 "시스템 취득에서의 의사결정"에서는 구매 또는 통합 시스템을 만드는 프로그램 임대 등의 정보시스템 취득 대안들의 이점과 장점을 평가하는 방법을 학습한다.
- 14장, "위험, 보안과 재해 복구"에서 정보 시스템, 특히 웹에서의 금융 거래를 다루는 위협에 대해 알아보고 공격으로부터 시스템을 보호하는 방법에 대해 알아본다.

12장

시스템 계획 및 개발
(PLANNING, ACQUISITION, AND CONTROLS)

학습 목표(Learning Objectives)

새로운 정보 시스템을 계획하고 개발하는 것은 복잡할 수 있다. 시스템 설계에서는 IT가 비즈니스 모델 및 운영에 미치는 영향이 크기 때문에 전략 계획을 자주 수립하거나 조정할 필요가 있다. 시스템 설계 및 개발 관련 인력은 비즈니스 기회, 문제에 대한 해결책, 또는 명령과 같은 개념들을 하드웨어, 소프트웨어 및 네트워킹 구성 요소로 이루어진 작업 세트로 해석해내야 한다. 개발 프로젝트가 진행되면, 보통 다른 분야의 많은 사람들이 작업에 참여한다. 따라서 의사 소통 기술은 성공적인 결과를 위해 매우 중요하다.

여러분이 이 장을 학습하고 나면, 다음과 같은 내용을 실행할 수 있다:

- IT설계의 중요성과 단계를 설명할 수 있다.
- 시스템 개발에 대한 전통적인 접근 방법인 시스템 개발 라이프 사이클을 설명할 수 있다.
- 시스템 개발과 관련된 문제를 설명할 수 있다.
- 다양한 시스템 전환 전략의 장점과 단점을 나열할 수 있다.
- 애자일 (Agile) 시스템 개발 방법의 원리를 열거하고 설명할 수 있다.
- 신규 또는 수정된 정보 시스템을 위한 프로젝트 개발 팀에서 협업할 때, 중요한 요구 사항들에 기여할 수 있다.
- 시스템 통합의 개념을 설명할 수 있다.
- IT 전문가의 인증 여부에 대해 논의할 수 있다

[킴볼 레스토랑: 충성도 설계]

부모와 함께 새로운 위치에 대한 고객 충성도 프로그램을 논의한 후, 타일러는 이 전략을 수행하기 위한 정보 시스템의 구현을 조사하고자 했다. 그는 이 전략에 두 가지 주요 목표가 있음을 알고 있다. (1) 고객에게 새로운 위치를 방문 할 인센티브를 제공하고 (2) 매출 증가로 이어질 고객 충성도를 구축한다. 타일러는 지역 경쟁자를 조사하여 20마일 이내에 있는 다른 레스토랑이 그러한 프로그램을 구현하지 못했다는 사실을 알아냈다. 그는 이 계획이 외식을 원하는 고객들이 킴볼 레스토랑의 단골이 되도록 "고정시킬" 것이라고 확신했다.

타일러는 아버지에게 레스토랑의 경쟁자에 대한 연구와 고객 충성도 프로그램에 대한 연구를 이야기했다. 그는 이 새로운 사업으로 인해 운영 및 초기 비용이 발생하기는 하지만, 새로운 위치에서 이익을 낼 수 있다고 믿고 있다는 점을 설명했다. 마이클은 타일러가 옳다고 생각했지만, 마이클은 자신이 "계산적인 사람"이므로 정보에 입각한 결정을 내리기에는 더 많은 세부 정보가 필요하다고 했다. 타일러는 "아버지, 학교에서 배웠는데요, 고객에게 인센티브를 제공하면 고객들이 물건을 구매하는 방식이 달라진대요. 일단 아버지께서 고객들의 구매 의사결정을 성공적으로 바뀌게만 하시면, 반복적인 사업의 기회로 이끌 거에요." 라고 설명했다. 마이클은 몇 가지 예를 들어달라고 했다. 타일러는 도박 카지노, 호텔, 항공사 및 신용 카드를 포함한 사례를 제공했다.

마이클이 말하길, "그래, 한 번 해보자. 그러나 잠재적인 매출에 따르는 비용들에 대한 자세한 정보를 더 알았으면 하구나." 라고 했다.

무계획(계획하지 않는 것)은 반드시 실패하는 계획이다.

타일러는 식당에 설치된 POS 시스템을 충성도 프로그램을 구현하는 것에 사용할 수 있는지 알아보았다. POS의 기능에 대한 그의 조사는 실망스러웠다. POS 시스템은 고객 활동 및 인센티브를 추적하고 유지할 수 있는 기능이 없었다. 난관에 봉착한 타일러는 의기소침해졌다. 그는 가족들과 함께 충성도 프로그램을 논의하기 전에 POS 시스템 조사를 수행했어야 한다는 것을 깨달았다. 구상은 훌륭했지만, 그는 현재 시스템이 기능을 수행하지 못하므로 이 계획을 포기해야 함을 인정하거나 또는 프로그램을 구현할 다른 방법을 찾아야 했다. 두 선택지 모두 단점이 있었다. 타일러는 부모님이 자신이 제대로 분석하지 않았다는 것을 아시게 될까 봐 당혹스러웠다. 그와 동시에, 완전히 새로운 시스템을 구현하면 돈과 시간에 추가 비용이 발생할 것이다. 그는 실패를 인정하고 싶지 않았지만, 앞으로 나아갈 수 있도록 가족들에게 보다 포괄적인 제안을 제시할 필요를 느꼈다.

그는 정보 기술을 전공한 대학생 베키에게 연락했다. 그녀는 타일러보다 1년 빠르게 졸업했고 이 일에 접근하는 방법에 대한 조언을 해줄 수 있었다. 그는 베키와의 회의 일정을 잡고, 토론에 도움이 될 몇 가지 메모와 아이디어를 정리했다.

정보 시스템 계획

최근 몇 년 동안, 점점 더 많은 기업들이 ERP시스템, 모바일 시스템, CRM시스템, 또는 전체 조직 또는 다수의 조직을 돕는 기타 시스템과 같은 엔터프라이즈 정보시스템들을 구현했다. 금융 및 여러 측면에서 이러한 시스템에 자원을 투자하는 것은 상당하며, 이에 따르는 위험도 상당하다. 이러한 시스템 도입이 성공적이라면, 새로운 시스템은 조직이 사업을 영위하는 방식과 심지어는 판매하는 제품이나 서비스까지도 크게 바꿀 수 있다. 이러한 이유로, 사내에서 개발되었건, 다른 회사가 주문 했든, 또는 조직에 구입하여 적용했든 관계없이 정보 시스템의 도입을 계획해야 한다. 계획 수립 시 IT전략을 조직의 전반적인 전략과 연계하는 것이 중요하다(이번 논의에서는 "IT 계획" 및 "IS 계획"이라는 용어가 상호 보완적으로 사용된다.).

정보 시스템 계획에서의 단계

IT 계획에는 모든 성공적인 계획 프로세스에 포함되는 몇 가지 주요 단계가 포함된다.

- 기업 미션 및 IT 미션 명시.
- 조직 내 IT 비전을 명확히 하기.
- IT 전략 및 전략적 계획 수립.
- 미션과 비전을 달성하기 위한 운영 계획의 수립.
- 미션과 비전 달성에 활용 가능한 자원이 충분하도록 예산 확립.

■ 그림 12-1

정보 시스템 계획에 연관된 단계들

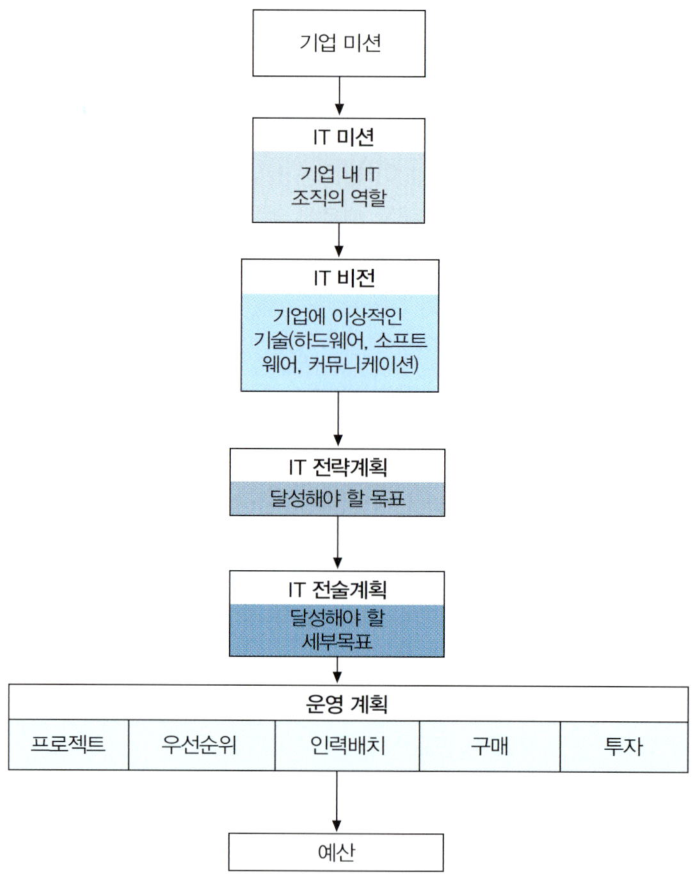

사명 선언문(Mission Statement)은 향후 몇 년 동안 조직의 가장 중요한 목표를 전달하는 하나의 문단이다. 모든 조직의 궁극적인 사명은 생존하는 것과 - 영리를 목적으로 하는 조직이라면 - 소유주를 위해 이익을 창출하는 것이기는 하지만, 사명 선언문의 내용은 이러한 내용에 국한되지 않는다. 오히려 조직이 어떻게 생존하고 번성하려고 하는지를 포함한다. 예를 들어, Amazon.com의 초기 사명은 웹에서 가장 잘 알려진 소매 업체로서 자리매김하고, 가능한 한 최대의 시장 점유율을 확보하는 것이었다. 경영진은 이러한 사명을 추구했지만, 수년간 재정적 손실을 낳았다.

조직의 전반적인 사명 선언문에서 중요한 부분은 조직의 더 큰 사명과 호환되는 IT 사명 선언문이다. IT 사명 선언문은 보통 한 단락, 또는 여러 단락에 걸쳐, 조직에서 IT 역할을 설명한다. IT 미션과 IT 비전은 종종 하나의 선언문으로 결합된다. IT 비전에는 기업의 더 큰 미션을 지원하기 위한 하드웨어, 소프트웨어 및 네트워킹의 이상적인 조합이 포함된다. 예를 들어, Amazon.com의 경영진은 혁신적인 IT, 특히 웹 및 이행 기술이 조직의 성공을 위한 가장 중요한 자원임을 지속적으로 인식하고 있다.

창립 당시 아마존은 물리적 형태의 서적 (책, 음악 CD, 컴퓨터 소프트웨어 및 DVD) 판매로 유명했다. 그러나 향후 수년 동안 그들의 전략은 개인 및 기업을 위해 클라우드 스토리지를 제공하는 전략 뿐만 아니라, Apple의 iTunes와 직접 경쟁하여 고객에게 전자 기반 미디어 컨텐츠 및 서비스를 제공하는 전략으로 이동했다. Amazon은 고객이 직접 구입하고 다운로드할 수 있도록 모바일 / 태블릿 앱, 도서, 비디오, 오디오 및 음악 컨텐츠에 대한 배포 권한을 축적했다.

고객들은 Amazon Prime 프로그램을 통해 연간 구독료를 지불하고 무료 또는 유료 전자 책, 비디오 및 오디오 용 전자 미디어 라이브러리에 액세스 할 수 있을 뿐만 아니라 2일 내에 무료 배송을 받을 수 있다. 아마존의 킨들 제품 라인인 태블릿과 e-리더는 "면도기 및 면도날" 전략을 사용한다. 면도기 소지 고객과 면도날 교체를 따라 이름 붙여진 이 일반적인 전략에는 2개의 상호 종속적인 제품이 포함된다. 첫 번째 제품은 높은 가격으로 할인되거나 두 번째 종속 제품이 할인되지 않은 상태에서 원가로 판매된다. 아마존은 이미 퍼져있는 웹 기반 기술 배포를 사용하여 Amazon의 전자 미디어 제품을 구입한 고객들을 "고정"하기 위해 킨들 가격을 원가로 판매한다. 프린터 제조업체는 교체 잉크 카트리지를 구입할 "고정"고객을 만들기 위해 종종 하드웨어를 원가로 판매한다.

CIO는 IT 부서의 고위 경영진 및 관리자와 협력하여 조직에서 IT 구현을 위한 전략적 계획을 수립한다. 이 계획은 어떤 기술이 사용될 것이며 직원, 고객 및 공급 업체가 앞으로 몇 년 동안이 기술을 어떻게 사용할 것인지를 다룬다. IT가 매우 빠르게 발전함에 따라 전략적 IT 계획의 수립은 일반적으로 5년 이상 걸리지 않는다.

전략 계획에서의 목표는 이를 달성하는 방법에 대한 구체적인 세부 목표들로 분류된다. 세부 목표에는 일반적으로 구매하거나 개발할 자원이 포함된다; 해당 자원의 구매, 개발, 개조 및 구현을 위한 일정표; 직원들에게 새로운 자원을 사용하도록 훈련; 그리고 적기에 실행되어야 할 기타 세부 사항들이 포함된다.

세부 목표는 구체적인 운영 세부 사항으로 세분화된다. 각 프로젝트에 대해 경영진은 프로젝트 관리자와 팀을 할당하고, 하드웨어, 소프트웨어 및 서비스의 구매가 가능한 판매자가 선정된다. 그리고 자금이 요청되는데, 이 요청이 승인되면, 이러한 프로젝트에 몇 개월 또는 몇 년 동안 소요될 금액이 기업 예산에 포함된다.

IT 기획은 다른 자원 획득을 계획하는 것과 크게 다르지 않다 - 목표를 달성하기 위해 자원을 어떻게 사용할 지에 관한 비전에서 출발하여, 프로젝트를 성공적으로 완료할 수 있도록 여러 프로젝트로 아이디어를 세분화한 후, 프로젝트의 성공으로 이끌 자원의 분배로 이어진다. 최근 들어, 더 큰 규모의 IT 예산이 소프트웨어에 사용되고 있는데, 대부분의 금액은 소프트웨어를 사내에서 개발하거나 다른 회사에 개발을 의뢰하기보다는 소프트웨어를 구입하고 채택하는 데 사용되었다.

새로운 정보 기술의 개발 및 구현에 대한 영감은 여러분과 같은 사용자들을 포함한 여러 출처에서 얻어진다. 그림 12.2는 새로운 시스템의 그러한 영감의 원천을 보여준다. 경쟁의 압박은 상급 관리자뿐만 아니라 조직의 많은 구성원이 독창적인 아이디어를 창출할 수 있도록 한다. 이러한 아이디어는 종종 IT 계획에 포함된다. 많은 조직에서, 운영위원회는 IT 계획 및 IT 프로젝트 실행을 감독하는데, 이 운영위원회는 사용자, IT 전문가 및 고위 관리자로 구성된다. 여러분의 경력에서 그러한 위원회에 여러분 자신이 한번쯤 속할 확률은 매우 높다.

정보 기술 프로젝트는 종종 조직의 프로세스와 절차를 재정의하는 것을 포함한다. IT 시스템은 일반적으로 경쟁력, 경제 및 산업 환경의 변화에 대응하여 개발되며, 직원, 공급 업체, 고객 및 기타 이해 관계자가 운영 과제를 변경하도록 요구할 수 있다. 변화 관리는 조직 내의 다양한 그룹과 개인에 의한 새로운 시스템 또는 수정된 시스템의 채택을 용이하게 하는 구조적이고 체계적인 접근 방식이다. 변화 관리는 기업, 정부 기관 및 비영리 단체에 의해 전 세계적으로 실시되고 있다.

■ 그림 12-2

IT 계획은 시장의 다양한 요소들에 의해 추진될 수 있다

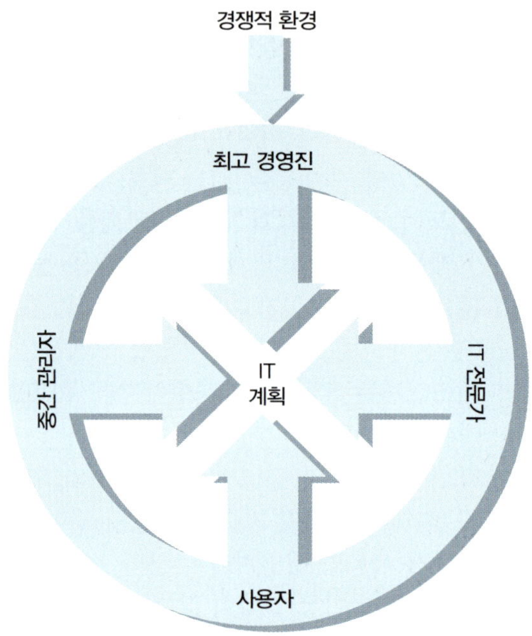

WHY YOU SHOULD 왜 시스템 개발의 원칙들을 이해해야 할까?

전반적으로, 기업들은 비 IT 전문가가 시스템 개발에 중요한 역할을 할 수 있도록 해야 할 필요성을 인식하고 있다. 여러분 역시 이러한 과정에 참여를 요청 받게 될 수도 있을 것이다, 단지 여기 저기에 의견을 내는 것뿐만 아니라 개발팀의 일원으로서 참여하게 되는 것이다. 팀의 IT 전문가는 함께 참여하는 비즈니스 프로세스에 대한 여러분의 통찰력을 필요로 한다. 그들은 새롭거나 향상된 IS의 사용을 통해 이러한 프로세스를 개선 할 수 있는 방법에 대한 조언을 필요로 한다. 개발 방법 중 하나인 애자일(Agile) 방법은, 실제로 사용자들을 노력에 대한 책임의 최소 절반 이상을 공유하는 것으로 간주한다. 소프트웨어 개발자는 여러분과 동료들이 적절한 요구 사항과 피드백을 제공할 것으로 기대한다. 여러분의 노력의 결과물과 함께 살아가야 하기 때문에, 여러분은 소프트웨어 개발 프로젝트에 관한 지식이 풍부하고 능동적이며 적극적이어야 한다. 또한, 여러분이 속한 기업이 하나의 정보시스템을 없애고 새로운 정보시스템을 채택하기로 결정할 때, 여러분의 도입 프로세스에 관한 이해 및 적절한 협력은 매우 중요할 것이다. 만약 여러분이 소규모 기업에서 일한다면, 여러분의 지식은 자주 활용될 것이며 의사결정 과정에서 매우 중요한 역할을 하게 될 것이다.

계획 표준화의 장점

계획의 한 가지 주요 목표이자 장점은 표준화이다. 경영진이 역할이나 위치에 상관없이 모든 부서에 IT 자원을 도입하기로 결정할 때, 기업의 IT를 표준화한다. 표준화로 인해 여러 가지 이점이 있다:

- 비용 절감. 조직이 모든 부서에 동일한 하드웨어 또는 소프트웨어를 구매하기로 결정하면 협상력이 향상되므로 공급 업체로부터 저렴한 가격을 얻을 수 있다. 이것은 모든 클래스의 메인프레임, 미드 레인지 및 개인용 컴퓨터 및 라이선스 소프트웨어의 구매 또는 임대에 적용된다.
- 효율적인 교육. 소규모의 다양한 소프트웨어를 사용하는 방법을 직원들에게 교육하는 것은 다양한 종류의 소프트웨어 사용 방법을 교육하는 것보다 더 쉽다. 이는 교육 시간을 단축시키고 직원들로 하여금 교육에 더 적은 시간을 쓰고 정규 과제에 더 많은 시간을 할애할 수 있게 한다. 또한 교육에 소요되는 노동 시간을 줄여 비용을 절감할 수 있다. 만일 각 직원 당 하나의 응용 프로그램만 사용하더라도, 또는 조직에서 동일한 용도의 여러 응용 프로그램을 유지관리하는 경우에도, 교육 시간은 연장된다.
- 효율적인 지원. 소수의 컴퓨터 모델 및 소프트웨어 응용 프로그램을 표준화하면 IT 전문가로 하여금 지원해야 하는 하드웨어 및 소프트웨어에 전문화할 수 있다. 표준 하드웨어 및 응용 프로그램 제품 군에 필요한 IT 전문가의 보다 집중된 기술들은 조직으로 하여금 지원 담당자를 쉽게 채용할 수 있게 하고, 사용자에게 보다 만족스러운 서비스를 제공하게 한다.

Hewlett-Packard의 IT 서비스 부서는 기존 고객들과 잠재 고객들을 더욱 유인하기 위해 자사 제품을 통합하고 현대화하기로 결정했다. 2010년부터 2013년까지 HP는 기업의 엔터프라이즈 데이터 센터의 표준화 작업에 10조 달러를 투자하기로 계획했고, 유지 및 보수에 비용이 많이 드는 오래된 서비스들로부터 고객들을 멀어지게 하기 위해 현대화된 시설들을 건축하기로 계획했고, 그리고 고객들을 기업의 최신의, 보안성이 뛰어난, 고밀도이며 녹색의 지속 가능한 인프라를 사용하도록 유도하기로 계획했다. HP는 서비스 관리 플랫폼을 9개에서 1개로 줄이고, 9,000개의 작업을 줄이려고 계획했다 (그러나 서비스 개편의 일환으로 6,000개의 작업 추가). HP의 IT 서비스 부문 표준화는 HP의 비용을 증가시키지만, 더 많은 인력과 자원을 사용하여 높은 산출량을 달성하는 효율성을 통해 비용을 절감하게 될 것이다 (Yeo, 2010). 표준화된 계획의 또 다른 예는 Southwest Airlines의 항공기 운영에 하나의 항공기 모델 (보잉 737)을 사용하는 것이다. 이 결정은 Southwest 항공기가 하나의 항공기 모델에 관한 기계, 유지 보수 및 기내 작업을 위한 교육 노력에 집중할 수 있게 하고, 부품 재고, 노동력 및 비용을 절감할 수 있게 한다. 항공사는 규모의 경제를 구현할 수 있을 뿐 아니라 한 유형의 항공기를 전문화하여 운영을 전개할 수 있었다. 또한 단일 기종인 Boeing 737의 좌석 배치 구조 하나뿐이므로 중앙 예약 시스템이 간단해졌다.

계획에서 개발로

새로운 정보시스템 또는 일련의 정보시스템을 계획한 후, 경영진은 시스템을 얻는 방법을 결정한다. 대다수의 경우, “시스템”은 소프트웨어를 의미한다. 예를 들어, CRM 및 SCM 시스템은 전문화된 하드웨어가 거의 필요하지 않다 (더 많거나 더 강력한 하드웨어가 필요할 수도 있음). 사내 개발은 여전히 많은 조직에서 진행되고 있지만 사내에서 개발하기 보다는 직의 요구에 맞게 새로운 시스템을 구매하고 채택하는 경우가 늘어나고 있다. 시스템 개발에 대한 접근 방식은 누가 시스템을 개발했는지에 관계없이 조직 또는 공급 업체에 따라 모두 동일하다.

시스템 개발은 일반적으로 시스템 개발 라이프 사이클 (SDLC)과 비전통적 방법의 두 가지 접근 방식으로 수행되며, 비 전통적 방법은 애자일 방법 하에서 많은 부분이 거론된다. SDLC는 보다 전통적인 접근 방식으로 수십 년 동안 사용되어 왔다. 특정 상황에서는 여전히 사용되어야 한다. 애자일 방법은 1980년대에 등장한 비용과 시간을 절감하는 애플리케이션 개발 접근법인 프로토타이핑을 통해 개발되었다. 프로토 타이핑은 초기 사용자 요구 사항과 사용자의 입력 및 개발자의 개선 사항의 여러 주기를 기반으로 애플리케이션을 빠르게 개발하는 것과 관련이 있다. 프로토 타이핑에 대한 철학 – 코드 작성이 가능한 한 빨리 시작되어야 하고 사용자가 프로세스 전반에 관여해야 한다는 철학 – 은 애자일 방법으로 불리는 여러 소프트웨어 개발 방법들로 이어졌다. 두 가지 개발 방법은 반드시 상호 배타적인 것은 아닌데, 시스템 개발 프로젝트는 진화하는 이니셔티브에 대한 지식을 얻기 위한 실제 시스템 모델을 개발하기 위해, 또는 보다 많은 최종 사용자의 참여가 필요한 대규모 시스템의 하위 집합을 개발하기 위해, 프로토타이핑과 같은 애자일 방법을 사용하여 시작될 수 있다. 시스템 개발에는 종종 점진적 구체화를 수반하는데, 이는 이니셔티브에 대한 비전이 지속적으로 발전하고, 또한 보다 많은 정보와 지식이 활용 가능해 지면서 이러한 정보들이 최종 제품을 지속적으로 영향을 주는 것을 말한다. 이러한 점에서 애자일 방법은 전통적인 개발 방식에 비해 유리하다고 할 수 있다. 다음 절에서는 두 가지 방법에 대해 각각 설명한다.

시스템 개발 라이프 사이클

회계, 급여 시스템 및 엔터프라이즈 소프트웨어 응용 프로그램과 같은 구조화된 문제를 처리하는 대규모 정보시스템은 일반적으로 시스템 개발 라이프 사이클 (SDLC) 라는 프레임워크 내에서 고안, 계획, 개발 및 유지 관리된다. SDLC 접근 방식은 체계적으로 추적되는 여러 개의 서로 다른 단계로 구성되고, 개발자가 순차적으로 단계를 완료하기 때문에 "폭포수" (Waterfall) 개발이라고도 한다.

그림으로 설명하자면, SDLC단계는 측면에서 폭포처럼 보인다. 개발자는 전체 시스템이 완전히 완료되기 전까지 시스템 조각을 제공하지 않는다. 많은 교과서들에서 SDLC의 여러 단계와 하위 단계를 다른 이름으로 나타내거나 약간 다르게 구성할 수 있지만, 일반적으로 프로세스는 동일한 단계를 따른다. SDLC는 시스템 개발을 위한 강력한 방법론이지만, 기업은 때로는 몇 단계를 건너 뛰기도 한다. 때로는 시간 압박, 자금 조달 또는 기타 요인으로 인해 개발자가 시스템 개발에 대한 다른 접근 방식을 사용하기도 한다.

POINT OF INTEREST 성공의 열쇠

소프트웨어 프로젝트의 80% 이상이 예산 초과, 지연, 누락된 기능 또는 이러한 요소들로 인해 실패한 것으로 추산된다. 성공적인 프로젝트의 열쇠는 무엇일까? IBM 업계 전문가에 따르면 두 가지 중요한 요소가 강조된다. (1) 현재 진행중인 프로젝트에 적합한 개발 프로세스를 선택하고, (2) 시스템의 요구 사항을 수립해야 한다. 이러한 단계는 시스템 개발 수명주기 (SDLC)의 시작 단계에서 중요하다. 여기에서 결정한 사항은 전체 프로젝트에 대한 경로를 대략적으로 설명하기 때문이다. 시스템의 요구 사항은 처음부터 시스템을 작성하기 위한 목적이므로 프로젝트 초기에 요구 사항을 설정하는 것과 올바르게 수립하는 것이 매우 중요하다. 이 조언을 비롯한 여러 노하우를 응용하면, 개발자는 프로젝트의 성공적인 결과에 대한 가능성을 높일 수 있다.

출처: Perks, M. (2006). Best practices for software development projects. http://www.ibm.com/developerworks/websphere/library/techarticles/0306_perks/perks2.html

SDLC 접근법은 한 정보시스템은 어떤 필요성에 의해 시작된다고 가정하는데, 그 필요성은 정보시스템이 그 필요성을 반드시 충족시킬 기능에 대한 평가로 이어진다. 그리고 그 정보시스템은 사용에 대한 이익이 유지 비용을 초과하지 않게 되거나, 새로운 시스템의 순이익이 현재 시스템의 순이익을 초과하는 경우에 제 역할을 다 한다고 가정한다. 따라서 이러한 프로세스를 수명 주기라고 한다. 계획 단계가 끝나면, SDLC에는 분석, 설계, 구현 및 지원의 네 가지 주요 단계가 포함된다. 그림 12.3은 이전 단계로 복귀 할 수 있는 주기와 조건을 보여주는데, 분석 및 설계 단계는 다음 논의에서 설명하는 것처럼 여러 단계로 나뉜다.

■ 그림 12-3

시스템 개발 수명주기

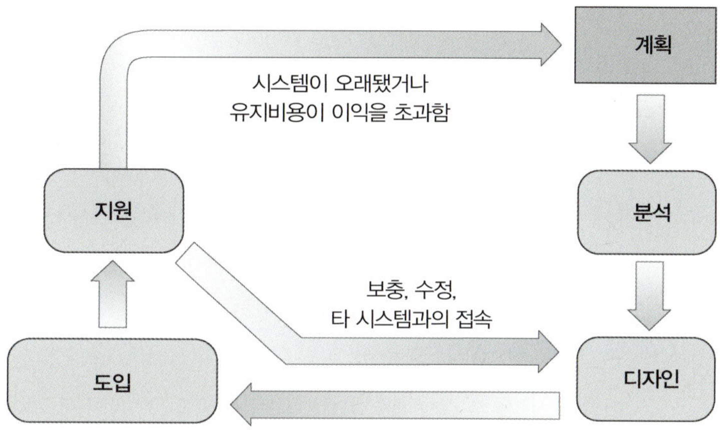

분석

시스템 분석 단계는 다음 질문에 답하기 위해 설계된 5단계 프로세스(그림 12.4에 요약 됨)이다:

■ 그림 12-4

시스템 분석 단계

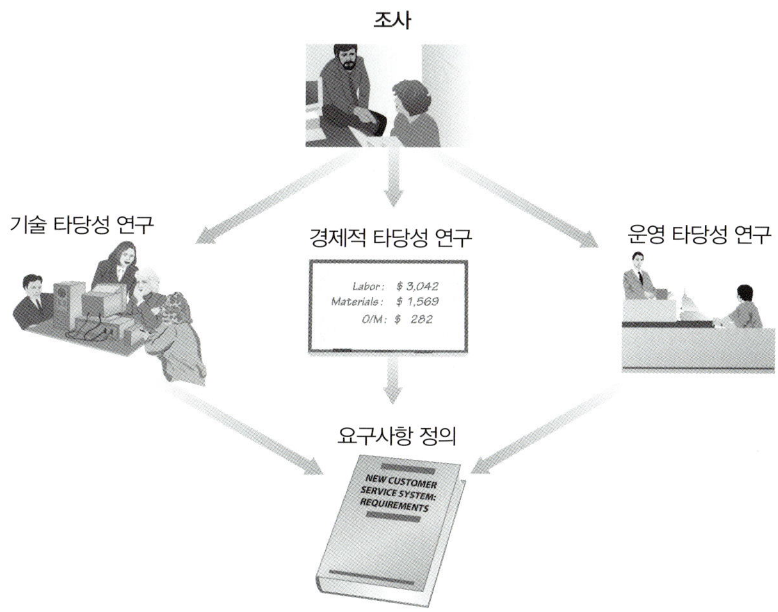

조사

- 시스템이 지원할 비즈니스 프로세스 또는 기능은 무엇인가?
- 어떤 비즈니스 기회를 포착하기를 원하는가, 어떤 문제를 해결하기를 원하는가, 또는 어떤 지침을 이행해야 하는가?

기술 타당성 조사

- 기술을 사용하여 원하는 시스템과 결과를 만들 수 있는가?
- 어떤 기술을 사용해야 하는가? 이러한 기술이 시스템에 안정성을 제공할 만큼 성숙한 기술인가?

경제적 타당성 조사

- 시스템을 구현하는 데 필요한 자원은 무엇인가?
- 시스템의 이점이 비용을 초과하는가? 시스템이 조직 및 이해 관계자에게 특정 가치를 제공하는가?

운영 타당성 조사

- 의도한 사용자 (직원, 고객, 공급자)가 시스템을 적절하게 사용할 것인가?
- 시스템이 최대 용량까지 사용되는가?

요구사항 정의

- 시스템에서 어떤 기능을 사용할 것인가?
- 시스템은 다른 시스템과 어떤 연결 경로를 가지며, 어떻게 연결되어야 하는가?
- 웹 및 모바일 기술과 같은 다른 시스템을 지원할 수 있는가?

조사

시스템 분석의 첫 번째 단계는 조사이다. 조사 단계는 시스템이 실제로 필요한지, 구상한 시스템이 실현 가능한지 여부를 결정한다. 일반적으로 지원부서 임원 대표, 시스템 분석가 한 두 명, 그리고 새로운 시스템을 사용하거나 영향을 받게 될 사업부의 대표로 구성된 소규모 임시 팀이 모여 임시 예비 조사를 수행한다.

임시 조사팀은 현재 직원들이 일하는 현장에서 함께 시간을 보내며 직원들이 현재 직무를 수행하는 방식을 직접 배우고, 현재 시스템의 문제에 대해 직원들과 면담한다. 사용자와의 직접적인 대화는 팀으로 하여금 새로운 정보시스템이 어떻게 작동할지, 그리고 팀의 작업을 개선하는 방식에 대한 아이디어를 얻을 기회를 갖게 된다. 조사팀은 수집 된 정보를 요약한 보고서를 작성한다. 또한 팀 구성원은 새로운 시스템의 필요성에 대한 자신의 의견을 전달한다. 그들은 새로운 시스템이 정당하다는 것에 반드시 동의하지 않을 것이다.

예비 보고서에서 현재의 비즈니스 상황에 기반하여 새로운 정보시스템에 대한 투자를 확정한다고 결론이 나면, 보다 포괄적인 조사가 승인될 수 있다. 지원부서 임원은 더 큰 분석 팀 구성원을 선택한다. 일반적으로 원래 팀의 구성원은 타당성 조사를 수행하기 위해 이 확대 된 그룹에 포함된다. 대규모 조사팀의 목표는 제안된 시스템이 기술적으로, 경제적으로, 그리고 운영 상 실현 가능한지 여부를 결정하는 것이다.

기술 타당성 조사

새로운 정보시스템은 그것의 구성 요소가 존재하거나 사용 가능한 도구로 개발할 수 있는 경우 기술적으로 실현이 가능하다. 조사팀은 또한 하드웨어, 소프트웨어 및 통신 장비에 대한 조직의 기존 투자를 고려해야 한다. 예를 들어, 회사에서 최근에 특정 컴퓨터의 수백 대를 구입한 경우, 새 단일 응용 프로그램에 사용될 다른 모델의 컴퓨터 구입을 관리인이 승인할 가능성은 거의 없다. 따라서 연구자는 제안된 시스템이 기존 하드웨어 조건 하에서 제대로 실행될 수 있는지 여부를 알아내야 한다.

경제적 타당성 조사

그 어떤 프로젝트와 마찬가지로, 새로운 정보시스템의 개발은 경제적으로 타당성이 있어야 하며, 따라서 기업은 경제적 타당성 조사를 실시한다. 즉, 시스템의 수명 기간 동안 이익이 비용보다 커야 한다. 이를 위해 애널리스트들은 비용/이익 분석 (Cost/Benefit Analysis)을 준비한다. 이 분석은 시스템에서 발생하는 모든 비용과, 운영에서 기대할 수 있는 모든 이익을 보여주는 스프레드 시트로 나타낼 수 있다.

경제적 분석의 가장 정확한 방법은 시스템의 전체 수명에 대한 이익 흐름과 비용 흐름 간의 차이를 계산하여 적용 가능한 이자율로 할인한 완전 계량 투자 수익률 (ROI) 이며, 그림 12.5에 나와 있다. ROI를 찾기 위해, 시스템의 순 현재 가치를, 연간 비용 및 편익에 기초한 계산과 적절한 이자율을 사용하여, 시스템 비용의 순 현재 가치와 시스템의 이익의 순 현재 가치를 합산하여 계산한다. ROI가 양의 값인 경우, 시스템은 경제적으로 실현 가능하거나 비용이 정당화된다. 시스템이 개발되는 몇 년 동안은 이익은 없으며 개발 비용만 발생한다는 것을 잊지 말아야 한다. 시스템 수명 기간의 운영 비용에는 소프트웨어 라이선스 비용, 유지 보수 인력, 통신, 전력 및 컴퓨터 관련 소모품 (예: 하드웨어 교체, 소프트웨어 업그레이드 및 종이 및 토너 구입)이 포함된다. 시스템에 웹 사이트가 포함되어 있으면 웹 마스터 및 기타 전문가가 사이트를 수정하고 개선시키는 비용도 포함해야 한다.

그림 12.5는 소규모 시스템을 위한 비용/이익 스프레드 시트와 단순한 분석 예시를 나타낸다. 시스템의 순 현재 가치가 양의 값 ($4,518만 달러)이므로 이익이 투자를 초과하기 때문에 개발은 경제적으로 타당하다. 그림에서 2020년에는 순 현재 가치가 크게 감소한다. 이 가치가 계속 감소함에 따라 조직은 시스템의 가치를 재고해야 한다. 시스템을 교체하거나 크게 업그레이드하지 않으면 기존 시스템은 시간이 지남에 따라 기업의 비용 유출구가 된다. 그림에 표시된 분석은 새로운 정보 시스템 구현을 위한 총 소유 비용 (TCO, Total Cost of Ownership)을 나타낸다. TCO는 비즈니스 리더가 새로운 조직 프로젝트의 직접 및 간접 비용을 객관적이고 정확하게 평가할 수 있는 재정적 평가이다. 많은 비즈니스 조직은 승인 이전에 새로운 IT 이니셔티브의 단기 및 장기 금융, 운영 및 기타 영향을 평가한다. 자동차를 구매할 때 (보험, 유지 보수, 세금 등) 전체 비용과 절감 액을 고려해야 하는 것처럼, 간단한 "구매"가격 외에도 IT 이니셔티브의 총 비용과 절감 액을 고려해야 한다.

■ 그림 12-5

정보시스템의 수익과 비용 추정 (단위: $1,000)

연도	2015	2016	2017	2018	2019	2020
수익						
매출 증가분			60,000	40,000	40,000	20,000
비용 감소분			30,000	20,000	20,000	10,000
총 수익	0	0	90,000	60,000	60,000	30,000
비용						
분석	20,000					
디자인	40,000					
정보시스템 도입		60,000				
하드웨어		25,000				
운영 / 유지 비용		0	5,000	5,200	5,400	5,700
총 비용	60,000	85,000	5,000	5,200	5,400	5,700
순이익(순손실)	(60,000)	(85,000)	85,000	54,800	54,600	24,300
5% 할인 후 순이익(순손실)	(57,143)	(77,098)	73,426	45,084	42,781	18,133
순 현재 가치(6년)	45,183					

너무 많은 수익의 형태가 무형적이기 때문에 새로운 IS의 비용을 정당화하는 것은 어렵다. 즉, 재무적 가치로 수치화할 수 없다. 개선된 고객 서비스, 더 나은 의사결정 및 즐거운 직장 분위기 등은 결국 수익을 증가시킬 수 있지만 돈으로 수치화하기가 매우 어렵다. 새로운 정보시스템이 단순히 수작업 프로세스를 자동화하는 것이 아니라 새로운 비즈니스 이니셔티브를 지원하거나 의사 결정과 같은 지적 활동을 개선하기 위한 것이라면 수익을 정확히 측정할 수 없는 것은 특히 사실이다. 예를 들어 비즈니스 인텔리전스 (BI) 및 지식 관리 (KM) 시스템의 이점을 계량하는 것은 매우 어렵다. 소프트웨어 공급 업체는 종종 "빠른 ROI"를 판매 전략으로 홍보하고 채택 조직이 투자를 회수할 수 있는 기간이 짧다는 점으로 제품을 표현한다. 그러나 그러한 주장은 불가능하지는 않더라도, 입증하기가 어렵다. 따라서 새로운 정보시스템에 투자하기 위한 경제적 유인은 종종 "경쟁 업체가 사용하기 때문에 반드시 사용해야 합니다"라고 표현되거나, 새로운 정보시스템이 적어도 어떤 면에서든 조직에 이익이 된다는 일반적인 기대로 나타난다.

법률 또는 규정에 따라 새로운 정보시스템의 도입이 결정되면, ROI 분석이 수행되지 않는다. 예를 들어, 사베인스-옥슬리 법 (Sarbanes-Oxley Act)의 기록 보관 및 재정 절차를 준수하기 위해 소프트웨어를 도입하는 기업의 경우, 시스템을 도입할 지 여부는 문제가 아니다. 경제적 분석의 목적은 어느 소프트웨어가 가장 비싸지 않은지, 그리고 어떤 담당자를 통해서 (컨설팅 회사로부터 고용 또는 내부 직원) 필요한 표준을 유지하면서 최소 비용으로 시스템을 도입할지를 분석하게 된다.

POINT OF INTEREST

인터넷 인프라가 혁신을 제한한다

최근, 세계 보건기구 (WHO)는 저소득, 중간 소득 및 고소득 국가에서 발생하는 교통 사고의 경제적 비용이 국가 총생산의 각각 1%, 1.5% 및 2%를 차지한다고 발표했다. 이에 따라 교통 사고가 심각한 글로벌 경제 문제로 부각되고 있다. WHO는 지능형 교통 시스템(ITS, Intelligent Transportation Systems)이라고 하는 잠재적인 정보 시스템 기반 솔루션을 찾고 있다. ITS는 사람, 도로 및 차량에 대한 데이터를 수집하고 분석하는데, 모션 센서를 사용하는 기존 시스템보다 훨씬 우수한 방식으로 알려져 있다. ITS는 또한 인공 비전 시스템을 사용하여 교통상황을 분석할 수 있다. ITS는 인터넷을 통신 링크로 사용하고, Bluetooth 기술뿐만 아니라 자동차, 교량, 터널 및 도로에 내장 된 임베디드 시스템을 사용하여 디지털 방식으로 향상된 연결성을 제공한다. 그러나 도로 교통 분석에서의 인공 비전 시스템은 타당성에 대한 우려로 아직까지 고도로 구현되어 있지 않다. ITS는 인터넷 연결이 필요하기 때문에, 인프라가 보편적으로 구축되지는 않았으며 현재 경제적으로 타당성이 있지도 않다. 추가 연구 및 테스트를 통해, ITS는 비용을 뛰어넘는 이익을 얻을 수 있으며 현재 시스템을 대체할 수 있을 것이다.

출처: Barrero, F., Toral, S., Vargas, M., Cortés, F., & Milla, J. M. (2010). Internet in the development of future road-traffic control systems. Internet Research, 20(2), 154–168.

운영 타당성 조사

운영 타당성 조사의 목적은 새로운 시스템이 의도한대로 사용될 것인지를 조사하는 것이다. 보다 구체적으로 이 분석은 다음과 같은 질문에 답한다.

- 시스템이 이 조직의 문화에 적합한가?
- 모든 의도된 사용자가 시스템을 최대 용량까지 사용하는가?
- 시스템이 회사 정책이나 법규를 위반하는가?

조직 문화는 기업 환경의 일반적인 분위기를 가리키는 포괄적인 용어이다. 여기에는 부서와 사람 사이에 정보를 공유하거나 공유하지 않는 경향, 팀 플레이에 대한 의지, 새로운 아이디어와 기술을 시험하기 위한 직원의 성향과 같은 문제가 포함된다. 개발팀은 새로운 시스템이 조직에 적합하도록 조직 문화를 고려해야 한다. 예를 들어, 재택 근무자가 시스템을 사용할 경우 기업은 인터넷을 통해 원격 통신에 개방되어야 한다. 분석가는 이러한 요구가 정보 보안 및 기밀성을 손상시킬 수 있는지 파악하고 적절한 보안 조치를 구현해야 한다.

개발팀이 고려해야 할 또 다른 점은 법규 및 회사 정책을 준수하는 것이다. 예를 들어, 직원이 사용하기를 원하는 기록 관리 시스템은 고객의 개인 정보를 침해하거나 정부 계약의 기밀 유지를 위험에 빠뜨릴 수도 있다. 이러한 문제를 처음부터 해결할 수 없다면, 제안된 시스템은 운영상으로 실현 가능하지 않을 것이다.

요구사항 정의

제안된 시스템에 대하여 분석가가 실현 가능하다고 판단하면, 프로젝트 팀이 구성된다. 경영진 또는 컨설팅 회사는 프로젝트 팀을 맡아 시스템을 개발할 준비가 될 때까지 시스템을 개발할 프로젝트 리더를 지명한다. 이 팀에는 시스템 분석가, 프로그래머 및 잠재 사용자 그룹의 대표가 포함된다.

분석가가 알아야 할 첫 번째 정보 중 하나는 시스템 요구 사항이다. 시스템 요구 사항은 시스템이 충족시킬 것으로 기대되는 기능 및 작업을 수행하는 기능이다. 즉, 시스템 요구 사항은 시스템이 수행할 수 있는 기능을 말하며, 명시된 목표를 달성하는 수단이다. 이것은 인터뷰, 설문 조사, 문서 검토 및 실무 관찰을 통해 수행할 수 있다. 일단 여러 사항들이 수집되면 시스템 요구 사항을 자세히 설명하는 문서를 작성한다.

시스템이 개발될 사업 단위 또는 사업 단위의 관리자는 종종 그들과 개발자 간의 계약으로서 문서에 서명한다. 이러한 공식적인 승인은 분석 프로세스에서 중요한 이정표이다; 요구 사항이 잘 정의되어 있지 않으면 자원이 낭비되거나 예산이 부족해지고 프로젝트 완료가 지연된다.

디자인

포괄적인 요구 사항 목록을 통해 프로젝트 팀은 새로운 시스템을 설계하고 시스템 개발의 다음 단계를 시작할 수 있다. 이 단계의 목적은 요구 사항 보고서에 설명된 모든 비즈니스 요구 사항을 충족 할 수 있는 방법을 고안하는 것이다. 그림 12.6에서 보듯이 시스템 설계는 세 가지 단계로 구성되는데, 각각 구성 요소에 대한 설명과 작동 방법, 구성 및 테스트이다. 기성품 소프트웨어를 구입하기로 결정했다면, 구매 기업의 요구에 맞게 특정 구성 요소를 적용하는 방법에 대한 설명이 포함되며, 구성은 프로그래밍 코드의 실제 변경 내용으로 나타난다.

■ 그림 12-6

시스템 디자인 단계

데이터에서 수집된 정보, 프로세스 및 데이터에 대한 생각들을 소통하기 위해 시스템 분석가와 프로그래머는 기존의 기호를 사용한다. 이러한 관습의 이점은, 어떤 건물의 청사진이 글자보다 효율적으로 세부 사항을 표현하는 것처럼, 시각 정보가 텍스트보다 훨씬 빠르고 정확하게 파악될 수 있다는 것이다. 이러한 관례 중 하나가 데이터 흐름도이다.

데이터 흐름도

데이터 흐름도(DFD)는 외부 요소, 프로세스, 데이터 저장소 및 데이터 흐름 방향과 같은 요소에 대해 4개의 기호만을 사용하여 비즈니스 운영에서의 데이터 흐름을 설명하는데 사용된다 (그림 12.7 참조). 외부 개체에는 고객, 직원, 조직의 다른 부서 또는 기타 조직과 같이 시스템 외부에 있는 개인 및 그룹의 사람들이 포함된다. 프로세스란 데이터를 정보로 처리하거나 의사 결정에 데이터를 적용하는 등, 데이터가 변경되거나 작동되는 모든 이벤트 또는 일련의 이벤트를 말한다. 데이터 저장소는 파일 캐비닛이나 데이터베이스와 같은 모든 형태의 데이터이다. 데이터는 외부 개체에서 프로세스로, 프로세스에서 데이터 저장소로, 데이터 저장소에서 프로세스로 이동한다. 따라서, 세심하게 작성된 데이터 흐름도는 기존의 또는 계획중인 시스템을 효과적으로 표현할 수 있다.

■ 그림 12-7

데이터 흐름도 (DFD) 기호

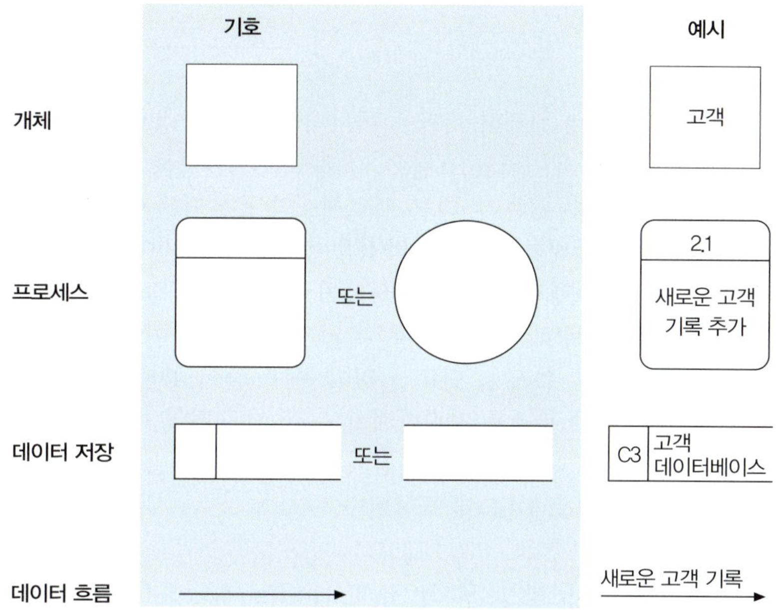

4개의 기호만 사용하는 단순성이 DFD(Data Flow Diagram)의 큰 이점이다. 종종 시스템 분석가는 시스템에 대해 여러 수준의 DFD를 생성한다. 가장 높은 수준은 가장 적은 수의 기호를 포함하며 가장 상세하지 않다. 낮은 수준의 DFD일수록 더 자세하다. 상위 레벨에서 일반적인 프로세스로만 표현될 수 있는 것은 여러 하위 프로세스와 여러 데이터베이스로 분해된다. 가장 낮은 수준의 DFD는 일부 프로세스를 더욱 자세히 나타내며, 가능한 모든 프로세스, 데이터 저장소 및 관련된 개체를 보여준다. 일반적으로 1단계 및 2단계 다이어그램은 비 정보시스템 계열 임원에게 제공되며, 가장 낮은 수준의 DFD는 정보시스템 전문가가 시스템을 분석 또는 개발하는 동안 정보시스템 전문가가 사용한다.

그림 12.8의 DFD는 판매 보너스를 계산하는 과정을 보여준다. 점원은 데이터를 입력하는 개체(이 경우 영업 사원의 ID 번호)이며, 영업 담당자 데이터베이스 내의 프로세스인 보너스 계산으로 데이터(이 경우 각 판매원이 지난 해 판매한 달러 금액)가 유입된다. 이 프로세스의 결과, 각 영업 사원의 보너스 금액은 보너스 파일로 유입되는 정보이다. 나중에 회사의 관리자는 보너스 금액을 생성하기 위해 정보를 사용한다.

■ 그림 12-8

판매 보너스 시스템을 표현한 데이터 흐름도 (DFD, Data Flow Diagram)

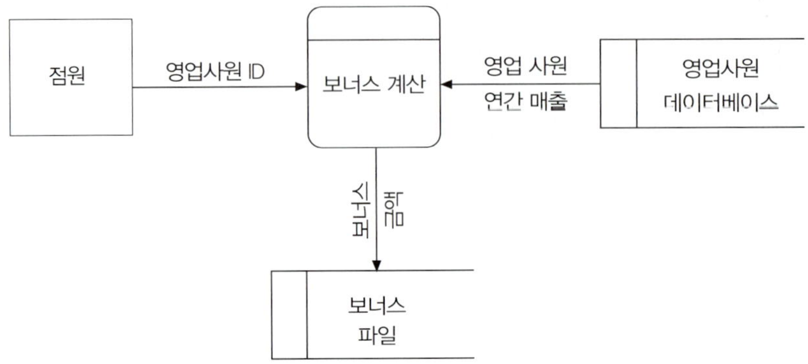

DFD 기호는 컴퓨터 기반이 아니더라도 모든 정보시스템을 설명하는 데 적합하다. 기존 시스템의 DFD는 데이터의 흐름을 그래픽으로 설명하여, 분석가가 어떤 프로세스와 데이터베이스를 자동화 할 수 있는지, 다른 프로세스와 공유되는지 또는 정보시스템을 강화하기 위해 변경될 수 있는지를 지적함으로써 취약점을 정확히 찾아낸다. 새로운 정보 시스템이 필요하다면, 개념화된 새로운 시스템의 DFD가 작성되어 논리적 청사진을 제공하게 된다.

DFD는 쉽게 배우고 사용할 수 있지만 모든 다이어그램 작성 방법과 마찬가지로 시스템을 완벽하게 설명할 수 없는 단점이 있다. 예를 들어, DFD는 프로세스 내에서의 계산이나 데이터 흐름 간의 타이밍 관계를 지정하지 않는다. 대표적인 예로 급여 DFD는 직원 근무 시간 기록표가 제출되었는지 또는 주말에 점검되는지 여부를 구별할 수 없다. 이러한 세부 사항은 일반적으로 텍스트 주석으로 DFD에 포함된다.

표준화된 모델링 언어(UML, Unified Modeling Language)

점점 더 많은 수의 응용 프로그램이 객체 지향적이 됨에 따라, 소프트웨어를 설명하는 새로운 방법이 필요했다. 1970년대까지 여러 다이어그램 세트가 개발되었지만, 1990년대 후반에 사실상의 표준이 등장했다: 바로 표준화된 모델링 언어(UML, Unified Modeling Language)이다. UML은 소프트웨어 시각화, 지정 및 문서화를 위한 그래픽 표준이다. 개발자는 소프트웨어 개발 프로젝트의 설계 단계에서 원하는 기능을 의사 소통하고 논리적으로 검증할 수 있다. 특정 프로그래밍 언어와는 독립적이지만 클래스 및 프로시저와 같은 객체 지향 요소를 지정하기 위한 표준 시각적 기호 및 표기법을 제공한다. 온라인 카탈로그에서 항목을 선택하고 온라인 지불을 실행하는 것과 같은 웹 사이트 및 웹 기반 활동을 구성하는 데 사용되는 소프트웨어를 전달하는 기호도 제공한다. UML은 사용 용도, 클래스, 상호 작용, 상태, 활동 및 물리적 구성 요소 등의 소프트웨어 유형을 설명하는 다이어그램으로 구성된다. 사용 용도(Use Case)는 시스템이 사용자에 응답하여 실행하는 활동이다. 사용자는 액터(Actor)라고 한다. 사용 용도 다이어그램 (Use Case Diagrams)은 액터와 사용 용도 간의 관계를 전달한다. 클래스 다이어그램(Class Diagrams)은 클래스 구조와 내용을 설명하고 클래스에 이름, 속성 및 메소드의 세 부분으로 된 심볼을 사용한다 (5장, 그림 5.4의 예 참조). 상호 작용 다이어그램(Interaction Diagrams)은 객체의 상호 작용과 해당 활동의 순서를 설명한다. 상태 차트(State Charts)는 객체가 통과하는 상태 뿐만 아니라 객체가 받은 신호 (응답이라고도 함)에 대한 객체의 응답을 표시한다. 활동 다이어그램(Activity Diagrams)은 다른 상태의 작업 완료에 의해 촉발되는 활성 상태를 나타낸다. 따라서 내부 처리에 중점을 둔다. 물리적 다이어그램(Physical Diagrams)은 소프트웨어 모듈에 대한 상위 수준의 설명이다. 구성 요소 다이어그램(Component Diagrams)은 소스 코드, 컴파일 및 실행, 실행될 때 소프트웨어 구성 요소의 구성을 설명하는 배포 다이어그램을 포함하여 소프트웨어를 설명한다. 그림 12.9는 UML로 모델링 한 예를 보여준다.

■ 그림 12-9

UML 도표와 설명의 예시

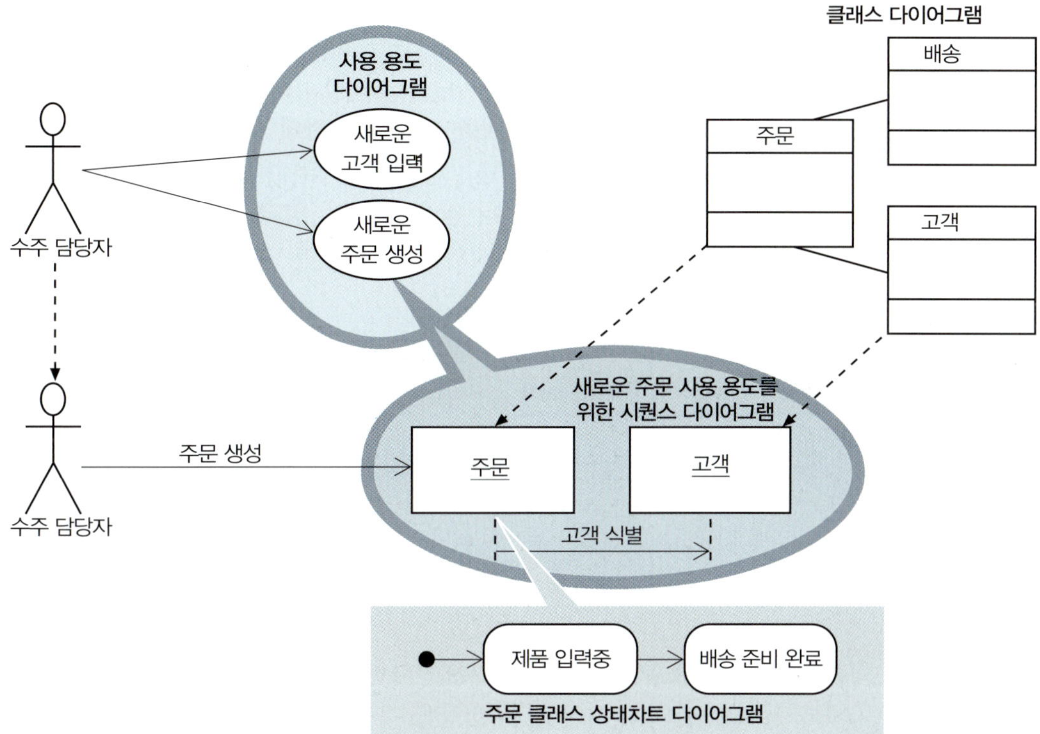

구축

소프트웨어 개발 도구가 선택되면 시스템 구축이 시작된다. 시스템 구축은 주로 프로그래밍 작업이다. 전문 프로그래머는 데이터 흐름도에 설명된 대로 입력, 출력 및 프로세스를 프로그램으로 변환한다. 이러한 노력에는 수개월 또는 수년이 걸리는 경우가 종종 있다 (비즈니스 요구 사항의 변화로 인해 사용자가 제대로 서비스하지 못할 수도 있음). 프로그램 모듈이 완료되면 이를 테스트한다. 테스트는 연습 및 시뮬레이션을 통해 수행된다.

워크 스루 (Walk-through) 단계에서, 시스템 분석가와 프로그래머는 프로그램의 논리를 따르고, 시스템이 작동될 때 실행되도록 프로그래밍된 프로세스를 수행하고, 출력을 산출하며, 예상된 결과와 실제 출력된 결과를 비교한다. 시뮬레이션에서 팀은 실제로 데이터로 프로그램을 실행한다. 응용 프로그램의 모든 모듈이 완료되고 성공적으로 테스트되면 모듈이 하나의 일관된 프로그램으로 통합된다.

시스템 테스트

각 모듈의 시뮬레이션을 통해 몇 가지 테스트가 제공되지만 전체 통합 시스템을 테스트하는 것이 중요하다. 시스템은 일반적으로 시스템을 통해 일반적인 데이터를 실행하여 분석 단계에서 정의 된 시스템 요구 사항과 비교하여 검사된다. 산출물의 품질을 검사하고 처리 소요 시간을 측정하여 원래 요구 사항이 충족되는지 확인한다.

테스트에는 처리 및 보안 제어를 위반하여 시스템 장애를 유발하는 내용이 포함되어야 한다. 테스터는 오류가 있는 데이터를 입력하고, 일부 사용자가 직접 액세스해서는 안 되는 파일이나 특정 상황에서 모든 사용자가 액세스해서는 안 되는 파일에 액세스하려고 하면, 시스템을 "한 수 앞서게" 만들기 위해 노력해야 한다. 시스템을 일상적으로 사용하기 전에 예상치 못한 장애가 발견되고 해결될 수 있기 때문에, 일반적인 운영 규칙을 위반하는 시도가 개발 노력의 중요한 단계이다. 새 시스템이 테스트를 통과하면 이를 사용할 비즈니스 단위에서 구현할 준비가 되게 된다. 테스트는 시스템 개발에서 가장 덜 주목 받는 단계가 되는 경향이 있다. 새로운 정보시스템을 제공해야 할 시간적 압박감을 느끼는 프로젝트 관리자는, 테스트를 빠르게 진행하거나 완전히 생략하고자 한다. 새로운 시스템을 제공하기 전의 마지막 단계이기 때문에, 시간과 예산이 부족한 상황에서 발생하는 자연스러운 "희생양"이 되기 마련인 것이다. 이러한 서두름은 시스템이 포괄적인 테스트를 거친 것보다 더 많은 실패와, 궁극적으로 더 긴 지연을 초래해왔다. 철저한 테스트 단계로 인해 최종 구현이 지연될 수 있지만, 새 시스템이 제공된 후에 결함이 발견 될 확률은 크게 줄어 든다.

구현 (Implementation)

배포라고도 알려진 새로운 정보시스템의 구현은 변환과 교육의 두 단계로 구성된다. 훈련이 전환에 앞서 수행될 수도 있지만, 훈련이 업무와 함께 수행되면, 전환 후에 실시될 수 있다. 이전 시스템 사용에서 새 시스템 사용으로 전환할 때 전환이 발생한다. 전환은 조직에게 어려운 시기가 될 수 있다. 운영자는 새로운 시스템에 익숙해져야 하며 시스템이 철저히 테스트되었을지라도 이전에 버그나 문제가 발견되지 않은 경우, 변환으로 인해 약간의 좋지 않은 결과가 발생할 수 있다. 다른 부서 및 고객에 대한 서비스가 지연되어 데이터가 손실될 수도 있다. 전환을 관리하기 위해 네 가지 기본 전환 전략을 사용할 수 있다 (그림 12.10 참조).

■ 그림 12-10

한 정보시스템을 다른 정보시스템으로 전환하는 전략

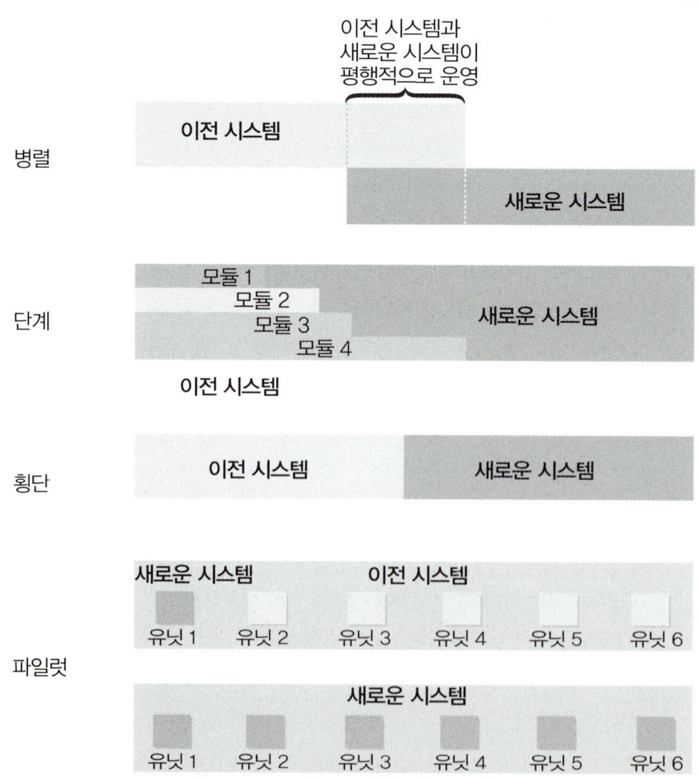

병렬 변환 (Parallel Conversion)

병렬 변환에서는 기존 시스템이 새 시스템과 함께 일정 기간 사용된다. 새로운 시스템에 장애가 발생해도 작업이 중단되지 않고 조직에 손상이 발생하지 않기 때문에, 이 복제는 위험을 최소화한다. 그러나 병렬 변환은 두 시스템을 실행하는 데 드는 비용, 특히 노동 비용으로 인해 많은 비용이 든다. 또한 사용자는 신규 및 기존 시스템에 데이터를 두 번 입력해야 하기 때문에 노동 집약적이다. 오늘날에는 병렬 변환이 거의 사용되지 않는다. 사용된다면, 병렬 변환은 고객 또는 비즈니스 파트너가 아닌 직원만 사용하는 내부 응용 프로그램에 사용된다.

단계적 전환 (Phased Conversion)

특히 큰 모듈인 정보시스템은 기능 모듈로 분해되어 한 번에 하나씩 단계적으로 전환될 수 있다. 예를 들어, 회계 정보시스템의 전환은 매출 채권 모듈을 먼저 변환한 다음 지불할 계정을 생성한 후, 총 계정원장 등을 변환하는 등 단계적으로 수행할 수 있다. 공급망 관리 시스템은 한 번에 하나의 모듈로 구현될 수 있다. 먼저 고객 주문 모듈, 출하 모듈, 재고 관리 모듈 등을 수집 모듈까지 구현할 수 있다. 이러한 단계적 접근 방식은 전체 통합 시스템 사용의 이점의 발현이 지연 되더라도 위험을 감소시킨다. 또한 한 번에 하나의 모듈을 사용하는 방법을 배울 수 있으므로 전체 시스템을 한 번에 배우는 것보다 쉽다. 그러나 두 시스템의 일부를 사용하는 경우 두 시스템간에 데이터 불일치가 있을 수 있다.

횡단 변환 (Cut-over Conversion)

플래시 컷 변환 또는 직접 변환이라고 하는 컷 오버 변환 또는 기존 컷 오버(cut-over)에서는, 이전 시스템이 삭제되고 새로운 시스템이 개발된 전체 비즈니스 운영을 대신한다. 이 전략은 매우 위험하지만, 성공할 경우 비용이 저렴하다. 두 시스템을 병렬로 실행하는 데 리소스를 낭비하지 않고 새로운 시스템 전체의 이점을 즉시 실현할 수 있기 때문이다.

파일럿 변환 (Pilot Conversion)

파일럿 변환에서 새 시스템은 단일 단위 또는 제한된 영역에서 일정 기간 동안 도입되며 문제가 해결되고 다른 비즈니스 단위에서 시스템을 구현하기 전에 시스템을 다듬을 수 있다. 이 시험 변환은 인트라넷 및 엑스트라 넷의 인기가 높아짐에 따라 여러 부서 및 다른 사이트에서 공유하는 시스템에서도 가능하다. 분명히 파일럿 변환은 문제를 더 적은 단위로 한정하기 때문에 위험을 감소시킨다. 이는 특히 직원 및 공급 업체 및 고객과 같은 다른 사용자가 얼마나 새로운 시스템을 갖추고 있는지를 결정할 때 유용하다. 이러한 교훈은 타 부서에도 적용할 수 있다. 병렬 전략과 마찬가지로 파일럿 전략은 시스템의 전체 구현 이점이 지연됨을 의미한다.

시스템이 소프트웨어 공급 업체에 의해 개발된 것이 아니라 광범위한 시장을 대상으로 개발된 경우 특정 클라이언트는 베타 사이트에서 종종 전환이 발생한다. 베타 사이트는 수개월 동안 새로운 시스템을 테스트하고 의견을 제공하기로 동의한 조직이다. (그리스어 알파벳에서는 베타가 두 번째 문자이며, 첫 번째 문자인 알파는 개발중인 사이트에 사용된다.)

POINT OF INTEREST

기상천외한 회계감사

회계 감사 정보시스템 교육은 완전히 새로운 차원에 이르렀다. 한 사례 연구에서 Second Life의 온라인 3차원 세계에 조직에 여러 위험과 노출이 될 정보들로 채워진 가상 데이터 센터가 구축되었다. 정보시스템 감사 학생들은 Second Life 사이트를 방문하고 이러한 결함 및 약점을 발견하기 위해 감사 원칙에 대해 배운 내용을 적용해야 했다. 이 실습은 몇 가지 학습 목표를 달성했다: 학생들은 정보 시스템의 물리적 보안에 대한 일반적인 지식을 입증할 수 있었고, 정보시스템 감사의 기본 원칙을 구현할 수 있었으며, 내부 감사원 (IIA) 지침에 대한 지식을 입증할 수 있었고, 여러 노출과 조직에 미칠 잠재적 결과 등에 대처할 기술과 실전 경험을 향상시킬 수 있었다. 그 후, 학생들은 IIA에 명시된 대로 전문적인 방식으로 결과를 발표해야 했다. 가상 세계에서의 교육으로 인해 이 분야에 입학하는 학생들은 조직을 보호하고 위협을 찾아내는 데 성공하는 데 필요한 기술과 도구를 보다 잘 갖추고 있을 수 있었다.

출처: Moscato, D. R., & Boekman, D. M. E. (2010). Using 3-D Virtual Worlds as a Platform for an Experiential Case Study in Information Systems Auditing. Communications of the IIMA, 10(1), 19–26.

지원

IT 전문가의 역할은 새로운 시스템의 제공으로 끝나지 않는다. 그들은 시스템을 지원하고 사용자가 만족스럽게 작동할 수 있도록 보장해야 한다. 응용 시스템 지원에는 유지 보수와 사용자 도움이라는 두 가지 주요 책임이 있다. 유지 관리는 원래 구현되었지만 나중에 지연되어 예산 및 시간 제한이 충족될 수 있는 기능을 추가하는 것을 포함하여 사후 구현 디버깅 및 업데이트 (변경 및 추가)로 구성된다. 일반적으로 업데이트가 더 큰 노력이다.

디버깅은 테스트 중에 발견되지 않은 프로그램의 버그나 문제를 수정하는 것이다. 업데이트는 구현 단계 이후에 발생하는 변화하는 비즈니스 요구 사항을 준수하도록 시스템을 수정한다. 예를 들어, 회사가 시장 분석을 위해 개인 데이터를 수집하는 경우, 관리자는 새 정보시스템을 사용하여 더 많은 데이터를 수집하고자 할 수 있다. 이 경우 데이터베이스에 새로운 필드가 필요할 수 있다.

유지 관리는 정보시스템 전문가들 사이에서 선호되지 않는 것으로 알려져 있지만, 결코 가볍게 보거나 경험이 적은 전문가에게 맡겨서는 안 된다. 회사 설문 조사에 따르면 정보시스템 예산 중 최대 80%가 유지 보수에 소요되며 시스템의 비용은 시스템마다 크게 다르다. 이처럼 큰 비중을 차지하는 주된 이유는 지원이 시스템의 수명주기에서 가장 긴 단계라는 것이다. 개발이 수개월에서 약 3년이 걸리는 동안 시스템은 수년 동안 이익을 얻을 것으로 기대된다.

효율적이고 효과적인 시스템 유지 보수는, 시스템이 개발되는 동안 좋은 문서가 작성되고 코드가 구조화되고 따라 하기 쉬운 방식으로 작성된 경우에만 가능하다. 문서는 종이 책, 전자 문서 및 프로그램 내 문서의 세 가지 주요 유형으로 구성된다. 후자는 응용 프로그램의 소스 코드를 검토할 때만 나타나는 코드에서 실행 불가능한 주석을 다룬다. 많은 웹 페이지의 소스 코드를 검색 할 때 이러한 유형의 문서를 볼 수 있다. 프로그램 내 문서는 프로그램의 각 모듈이 무엇을 하는지, 때로는 누가 그것을 개발했는지 간략하게 설명한다. 인쇄된 문서와 전자 문서는 프로그래머, 코드 수정 방법을 더 잘 이해할 수 있는 사람, 응용 프로그램의 다양한 기능에 대해 배우려는 사용자 모두에게 제공된다.

애자일 방법 (Agile Methods)

정보시스템을 개발하기 위해 SDLC 또는 유사한 워터폴 방법의 전체 접근법이 사용되는 반면, 이러한 방법은 길고 비싸며 유연하지 못하다는 것이 널리 알려져 있다. SDLC 모델로 개발된 시스템은 종종 모호하거나 급변하는 사용자 요구 사항에 적응할 수 없다. 이러한 어려움을 극복하기 위해 애자일(Agile) 방식이라고 불리는 대체 방법이 등장했다. 그림 12.11에서 알 수 있듯이 애자일 방법은 소프트웨어 개발을 사용자와의 일련의 접촉으로 취급한다. 사용자 요구 사항을 만족시키는 소프트웨어를 빠르게 개발하고 사용자가 수정을 요청한 직후에 소프트웨어를 개선하는 것을 목표로 한다. 애자일 방법은 사용자가 자주 참여하는 반복 프로그래밍을 광범위하게 사용하고 개발이 진행되는 동안 프로그래머가 수정할 수 있도록 유지한다. 더 잘 알려진 방법들로는 익스트림 프로그래밍 (XP), 적응 형 소프트웨어 개발 (ASD), 린 개발 (LD), 합리적인 통합 프로세스 (RUP), 기능 중심 개발 (FDD), 동적 시스템 개발 방법 (DSDM), 스크럼 및 크리스탈 클리어 등이 있다. FDD와 DSDM은 다른 애자일 방법보다 구조적이다.

■ 그림 12-11

애자일 방법은 사용자의 요구사항에 기반한 지속적인 향상을 강조한다

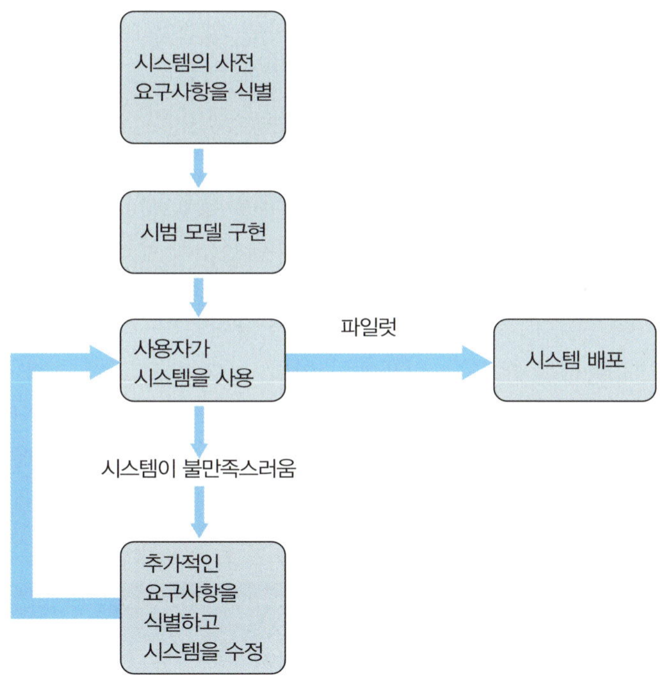

여러 방법들 간의 차이점은 본 교과서 논의 범위 밖이다. 그러나 모든 애자일 방법의 가장 큰 장점은 응용 프로그램을 빠르게 개발하여 사용자가 수개월 또는 수년이 아닌 몇 주 이내에 사용할 수 있다는 것이다. 사용자는 프로그래머 오류로 인해 또는 사용자가 일부 기능에 대한 또 다른 생각을 가지고 있기 때문에 시스템 수정을 위해 오래 기다릴 필요가 없다.

그러나 애자일 방법의 이점에도 불구하고, 위험이 없지 않다. 첫째, 분석 단계가 최소화되거나 때때로 완전히 제거된다. 철저한 정식 분석을 줄이거나 건너뛰면, 비 호환성 및 기타 예기치 않은 사고의 위험이 높아진다. 또한 개발자는 대부분의 시간을 문서화에 쓰는 대신 시스템 구현에 투자하고 있으므로, 나중에 수정할 경우 불가능하지는 않더라도 매우 많은 시간이 소요될 수 있다. 고유한 위험 때문에 애자일 방법이 적절할 때가 있고 그렇지 않은 경우가 있다 (이 절의 뒷부분에서 설명 참조).

애자일 방법을 지지하는 소프트웨어 개발자는 보통 다음과 같은 순서의 우선 순위를 나타내는 애자일 소프트웨어 개발을 위한 안내문 (Anonymous, 2001)을 참조한다: 개인과 상호작용은 프로세스와 도구보다 우선한다; 작동하는 소프트웨어가 포괄적인 문서보다 우선한다; 고객 협력이 계약 협상보다 우선한다; 변화에 대한 대응이 계획을 따르는 것보다 우선한다. 자세한 전체 안내문 내용은 http://agilemanifesto.org/principles.html에서 찾을 수 있다. 개발된 소프트웨어는 비즈니스 프로세스가 아니라 사용자를 만족시켜야 한다. 사용자가 프로세스 변경을 원하는 경우에도 사용하는 응용 프로그램에 만족해야 하기 때문이다. 프로그램 문서화가 중요하지만, 시간은 제한되고, 프로그래머가 더 나은 소프트웨어 또는 더 나은 문서화에 시간을 할당하는 방법을 결정해야 할 때 특히 제대로 작동하는 소프트웨어를 희생해서는 안 된다. 소프트웨어 개발의 고객인 사용자는 불리한 당사자가 아니므로 협상을 해서는 안되지만, 소프트웨어의 공동 개발자 및 공동 소유주로 간주해서도 안 된다. 계획은 좋지만 필요한 변화에 기반해야 한다. 계획을 수행하는 것보다 변화하는 사용자 요구 사항에 응답하는 것이 더 중요하다. 개발 계획이 일단 있다면, 계획을 자주 변경하는 것이 좋다.

모든 애자일 방법은 "가볍지만 충분한" 개발 프로세스를 목표로 한다. 따라서 프로젝트 팀은 정식 프로젝트 관리 계획, 예산 책정을 위한 재무 스프레드 시트, 작업 목록 또는 작동하는 응용 프로그램의 개발에 직접적으로 기여하지 않는 기타 활동의 사용을 피해야 한다.

SDLC 또는 다른 어떤 워터폴 접근법은 사용자가 요구 사항을 승인하고 시스템이 완료될 때까지 기다리는 것이 요구되지만, 애자일 방법은 프로세스 전반에 걸쳐 사용자의 참여를 유도하고 개발자가 필요할 경우 사용자 입력에 대한 요구 사항을 변경하도록 권장한다. 애자일 방법의 목적은 사용자와의 정적 계약을 따르는 것이 아니라, 사용자가 자신이 행복하게 사용할 수 있는 응용 프로그램을 전달받도록 하는 것이다. 값비싼 재설계를 피하기 위해 애자일 방법은 개발자가 각 모듈을 완료하자마자 테스트하도록 권장한다.

예를 들어, Extreme Programming (XP)은 다음과 같은 원칙을 포함한다: 사용자로부터 빠른 피드백을 받기 위해 수개월이 아닌 몇 주 내에 초기 소프트웨어를 제작한다; 간단한 솔루션을 개발하여 변화가 적으며 필요한 변경이 용이하다; 디자인 품질을 지속적으로 향상시켜 다음 "스토리"를 구현하는 데 드는 비용을 줄인다; 보다 빠르고 초기에 결함 탐지를 수행하기 위해 지속적으로 테스트할 수 있다. (스토리는 사용자가 제공해야 하는 요구 사항 또는 요구 사항 집합이다.) 공식 요구 사항 대신 개발자는 사용자가 특정 비즈니스 상황에서 응용 프로그램을 사용하는 방법에 대한 예제를 제공할 것을 권장한다. 사용자와의 커뮤니케이션은 비공식적이며 일상적으로 이루어진다.

POINT OF INTEREST

참여: 성공으로 가는 길

덴마크 Frederiksberg의 Copenhagen Business School에서는 애자일 소프트웨어 개발 프로젝트에서 사용자와 고객의 역할에 대한 조사 연구를 실시했다. 이 연구는 준 구조화된 사례 연구로 수행되었으며 인터뷰는 미래 사용자와 개발 팀의 3분의 1을 포함하여 주요 고객들을 대상으로 실시되었다. 이 연구는 게임 계획, 사용자 스토리 및 스토리 카드의 구조화 된 형태로 직접 및 간접 고객 및 사용자 참여가 최종 소프트웨어 프로젝트의 성공에 기여했다고 결론지었다. 애자일 소프트웨어 개발의 계획 단계에서 사용자와 고객의 참여는 소프트웨어의 최종 사용자가 될 것이므로 중요하다. 그리고 최종 소비자가 될 고객들은 그 소프트웨어가 성공하기 위해 무엇을 달성해야 하는지 알기 때문에 중요하다.

출처: Kautz, K. (2011). Investigating the design process: participatory design in agile software development. Information Technology & People, 24(3), 217–235.

전통적인 방법과 달리 XP는 두 프로그래머가 동일한 컴퓨터에서 동일한 코드 모듈을 사용하도록 권장한다. 이러한 방식은 건설적인 비판과 피드백을 촉진한다. 두 코더 간의 끊임없는 의사소통은 아이디어와 고품질 소프트웨어간의 상호 교류를 보장하기 위한 것이다. XP의 핵심은 동일한 코드에서 작업하는 두 사람의 마음이 시너지 효과를 창출한다는 것이다. 한 사람보다 두 사람이 버그를 식별할 가능성이 크다.

일반적으로 애자일 프로그래밍과 XP의 비평가는 특히 클라이언트(사용자)에 대한 의사 결정 및 책임성을 계획하며 고려하는 간편화된 접근 방식은, 대규모의 복잡한 프로젝트에 적용할 경우 재해가 발생할 수 있다고 주장한다. 비평가들은 다임러 크라이슬러 급여 시스템 (C3로 알려진 크라이슬러 종합 보상)을 인용한다. C3는 XP 방법으로 개발된 첫번째 대형 응용 프로그램이었으며 결국 취소되었다. 이 소프트웨어는 예상했던 기능의 1/4 이상을 제공하지 못했다.

반면에 XP 지지자들은 성공 사례를 제시한다. 한 사례는 British Airways가 개발한 시스템이다. 이 항공사는 승객에 관한 정보를 기내의 승무원이 사용할 수 있다고 믿었다. 신문 기사에 의존하는 대신 그들은 클럽 현황, 티켓 클래스 및 식사 요구 사항에 대한 정보를 기내 승무원에게 전달하는 iPad앱을 개발하여 고객 서비스 수준을 높일 것으로 기대했다. 애자일 소프트웨어 개발 방법론을 사용하여 iPad를 선상에 배치하여 한 달에 한 번씩 소프트웨어 업데이트를 발표했다 (Zetlin, 2012).

언제 애자일 방법을 사용해야 하는가

애자일 방법은 시스템이 작고 구조화되지 않은 문제를 처리할 때 및 사용자가 프로젝트를 시작할 때 모든 요구 사항을 지정할 수 없는 경우 효율적인 개발 방법이다. 또한 사용자 인터페이스를 개발할 때 유용하다. 개발자는 사용자가 사양을 제공하도록 강요하는 대신 평가할 화면, 아이콘 및 메뉴를 신속하게 개발하여 시간을 절약할 수 있다.

개발할 시스템이 규모가 작으면 자원 투자가 적기 때문에 철저한 분석이 필요하지 않을 수 있다. (소규모 시스템은 한 명 또는 소규모 직원 그룹을 대상으로 하는 시스템이며, 대형 시스템은 다른 사이트의 네트워크를 통해 시스템에 액세스하는 많은 직원에게 서비스를 제공하는 시스템이다.) 소규모 시스템 개발이 계획보다 오래 걸리면 전체 SDLC를 수행한 경우보다 전체 비용이 여전히 적을 수 있다.

사용자가 기술 개발에 익숙하지 않거나, 시스템의 입력 및 출력 파일, 프로세스 및 사용자 인터페이스를 개념화하기가 어려워 요구 사항을 전달할 수 없는 경우 개발자는 애자일 방법을 사용하는 것 외에 선택의 여지가 없다. 이 경우 사용자는 개발 진행에 따라 요구 사항을 자주 전달할 수 있다. 예를 들어, 마케팅 담당자가 새로운 전자 카탈로그 및 홍보 사이트용으로 설계된 웹 페이지를 직접 보고 평가하는 것이 아무것도 보지 않은 상태에서 원하는 내용을 자세하게 설명하는 것보다 쉽다. 실제 사례가 없어도 사용자는 "내가 그것을 직접 봐야 알 수 있겠네요"를 넘어서는 지침을 거의 제공하지 못한다. 향후 사용자가 IT 전문가가 개발한 화면, 메뉴, 절차 및 기타 기능에 대한 요구 사항 목록을 제공하는 것보다 쉽게 대응할 수 있다.

언제 애자일 방법을 사용하면 안 되는가

애자일 방법은 모든 시스템 개발에 적합하지 않을 수 있다. 시스템이 크거나 복잡한 경우 또는 다른 시스템과 인터페이스 하도록 설계된 경우 애자일 방법을 사용하면 실행가능성(Feasibility) 연구를 건너 뛰기 때문에 위험이 너무 커질 수 있다. 일부 전문가는 상당한 자원의 투자가 필요하다는 점에서, 대규모 시스템에 애자일 방법을 사용하지 않는 것이 좋다고 제시한다(가능한 경우 확장 가능한 소프트웨어 개발을 수용하는 Crystal 방법을 제외하고]. 따라서 시스템 오류로 인해 상당한 재정적 손실이 발생할 수 있다. 시스템이 복잡하고 많은 모듈로 구성되어있는 경우 SDLC의 체계적인 접근 방식이 권장된다. 문서 작성 요구 사항과 구성 요소 통합 방식에 주의를 기울여 원활한 개발을 보장해야 하기 때문이다.

동일한 이유로, 시스템이 다른 시스템과 인터페이스 할 때 애자일 방법을 사용하지 않아야 한다. 설계 및 시공 단계가 시작되기 전에 사용자 및 개발자가 합의한 계획에 따라 시스템 요구 사항 및 통합을 신중하게 분석하고 문서화를 수행해야 한다. 이 초기 합의는 다른 기존 시스템에 대한 비호환성 및 손상의 위험을 줄인다. 따라서 전체 시스템으로서의 회계 정보시스템, 대형 주문 시스템 및 급여 시스템은 애자일 방법으로는 거의 개발되지 않는다. 워터폴 방법의 사용을 권장해야 하는 다른 요인은 개발 팀의 규모, 응용 프로그램 수정 빈도, 사람들의 삶과 주요 조직 목표에 영향을 주는 중요성, 개발 예산이 얼마나 타당한지 등이다.

어떤 유형의 프로토 타이핑에서든 추가 위험은 소프트웨어의 시각적 기능과 비 시각적 기능의 차이이다. 사용자는 눈에 보이는 요소로 소프트웨어를 판단하고 데이터베이스 무결성, 보안 대책 및 기타 보이지 않지만 중요한 요소와 같은 기능을 덜 염려한다. 그러한 사용자들은 문제점을 너무 늦게 발견하여 일부 기능이 누락되거나 만족스럽지 못하게 할 수 있다.

그림 12.12는 애자일 방법을 사용하지 않을 시기를 결정할 때 필요한 요소를 요약한 것이다.

■ 그림 12-12

애자일 방법 사용 여부를 결정하기 위해 참고해야 할 특징들

애자일 방법을 사용해야 할 경우	애자일 방법을 사용하지 말아야 할 경우
소규모 시스템	대규모 시스템
비 구조적 문제를 해결하는 시스템	복잡한 시스템
사용자가 시스템 요구사항을 구체화하기 어려운 경우	시스템이 타 시스템과 연결되는 경우
개발팀이 소규모이며 한 장소에 통합된 경우	개발팀이 큰 규모이며 여러 장소에 독립된 경우
시스템 요구사항이 동적인 경우	시스템 요구사항이 상당히 고정된 경우
시스템이 사람들과 중요 조직 목표를 위험하게 하지 않을 경우	시스템이 사람들과 중요 조직 목표 달성에 위험을 가할 수 있는 경우
개발 프로젝트 예산이 적을 경우	개발 프로젝트 예산이 넉넉할 경우

아웃소싱

아웃소싱은 꾸준히 가치를 극대화하고 비용을 줄이기 위해 조직에서 사용되고 있다. 아웃소싱은 내부 비즈니스 프로세스 및 기능을 제3자 비즈니스로 이전하는 공식적인 비즈니스 관계이다. IDC는 비즈니스 프로세스 아웃소싱 시장은 2016년 전세계 시장 규모 2,020억 달러에 이르며 이 중 미국 시장 규모는 920억 달러에 이를 것으로 기대하고 있다 (Anonymous, 2012a). IDC는 이러한 서비스를 제공하는 많은 공급 업체가 비즈니스 분석, 입찰 데이터 및 클라우드 제공과 같은 정보 기술과 관련된 프로세스 솔루션에 중점을 둘 것이라고 밝혔다. 동시에 IDC는 아웃소싱 서비스의 확장으로 극단적인 경쟁이 일어나서 일부 기업이 사용하는 서비스 제공 업체의 수를 줄이게 된다는 사실도 발견했다 (Anonymous, 2012b).

많은 산업체와 기업들이 타사 아웃소싱 업체를 찾고 효율성을 제고한다. 성능 소재 및 화학 제품 공급 업체인 Ferro Corporation은 운영 효율성을 개선하고 비용을 절감하면서 가치를 창출하고자 했다 (Anonymous, 2013). Ferro는 Capgemini와 계약하여 다양한 정보 기술 및 비즈니스 프로세스 아웃소싱 서비스를 제공하여 2014년까지 7천만 달러의 운영 비용을 절감할 것으로 예상했다. Capgemini는 Ferro의 전사적 SAP 환경을 지원할 뿐만 아니라 글로벌 재무 및 회계 프로세스를 감독한다.

대학과 정부도 민간 부문을 따라 아웃소싱 프로세스와 기능을 채택했다. Accenture는 재무 및 인적 자원 운영을 분석하여 미시간 대학이 공유 서비스 제공 모델의 비즈니스 사례를 개발하도록 돕고 있다.

예일 대학은 Accenture의 지원을 받아 공동 서비스 조직의 다양한 제도적 기능을 확장할 뿐만 아니라 예술 및 과학 대학 (University of Arts and Sciences)의 보조금 관리 기능을 만들었다 (Anonymous, 2011).

아웃소싱 이니셔티브는 실패할 수도 있다. 2010년 UBS Global Asset Management는 오래된 기술에 의존하고 있음을 발견했다 (Steinert-Threlkeld, 2012). 그들은 새로운 시스템을 개발하기를 원하지 않았고 시스템을 구입하여 대체하는 데는 5년이 걸릴 것으로 예상했기 때문에, 그들에게 매력적인 "무비용"(증분) 방식으로 아웃소싱을 고려했다. 그들은 다양한 아웃소싱 회사의 정보를 요청했다. 그들은 아웃소싱 업체의 수수료를 포함하더라도 연간 운영 비용이 이익을 초과하지 않는 비용 중립적인 제안을 하게 될 것이라고 믿었다. 그러나 이러한 이점이 있더라도 UBS는 시스템 아웃소싱에 대한 선택을 하지 않았다. 그 이유는 무엇일까? UBS는 데이터의 프라이버시를 유지하는 것과 데이터를 내부적으로 저장하는 것의 중요성을 깨달았다. 그들이 아웃소싱된 시스템에 의해 클라이언트 정보가 유지되지 않도록 데이터 익명화 방법을 설계해야 한다는 것을 알았을 때, 아웃소싱 비즈니스 사례는 "악화되기 시작하여"가치가 없었다.

POINT OF INTEREST 스마트 IT 아웃소싱

아웃소싱은 매력적이고 단순한 것으로 들릴지 모르지만 적절한 계획과 분석을 통해 접근해야 한다. 때때로 IT 기능을 아웃소싱하는 것은 좋은 생각이 아니다. 일부 업계 전문가들은 기업이 핵심 역량과 관련이 없는 기능에 한해서 아웃소싱을 해야 하거나 고려해야 한다고 주장한다. Discipline of Market Leaders의 저자는 조직이 제품 및 혁신 리더십, 고객 서비스 및 친밀도 또는 운영 우수성의 세 가지 영역 중 하나에서 역량을 확립해야 한다고 주장하며, 3가지 모두에서 탁월해지고자 해서는 안 된다고 주장한다.

몇몇 J. Ditmore와 같은 사람들은 정보 기술이 세 영역 모두에서 중요하다고 믿고 있다. 이러한 역량에 대한 긴밀하고 기본적인 통합은 보안 또는 법률과 같은 다른 조직의 기능과 비교되어서는 안 된다. 비즈니스 조직은 이해 관계자에게 전략적 가치를 제공하는 지적 재산 및 비즈니스 기능을 계속 통제해야 한다. 아웃소싱을 하는 경우에도 기업은 항상 내부적으로 주요 설계 및 관리를 유지하고 개발해야 한다.

출처: Ditmore, J. (2012). Why IT Outsourcing Often Fails. InformationWeek(1339), 5–6; Treacy, M., & Wiersema, F. (1997). The Discipline of Market Leaders: Choose Your Customers, Narrow Your Focus, Dominate Your Market. Jackson, TN: Basic Books.

프로젝트 계획 및 관리 도구

개발 프로젝트를 계획하고 관리하는 데 도움이 되는 몇 가지 도구가 있다. 이 도구 중 일부는 많은 정보시스템의 개발 계획 및 관리를 포함한다. IBM의 Rational Project Coordinator는 조직이 새로운 시스템에 대한 투자를 계획한 다음, 개발 프로젝트 및 제공을 계획하고 관리하는 데 도움이 되는 소프트웨어이다. 프로젝트에 참여한 모든 사람들은 진행 상황과 자원에 소비된 금액을 추적할 수 있다. 마찬가지로 오라클의 Primavera P6은 통합 프로젝트 포트폴리오 관리(PPM) 소프트웨어를 제공한다. 프로젝트 포트폴리오 관리는 프로젝트 관리자가 전략 목표 및 고객의 요구와 관련하여 조직의 운영 및 재무 목표를 충족시키는 프로젝트를 결정하는 데 사용되는 일련의 프로세스 및 방법이다. 2장에서 논의된 바와 같이 조직은 전략적 및 전술적 목표를 달성하는 완벽한 프로젝트 조합을 찾기 위해 노력한다.

Rational Project Coordinator와 같은 일부 도구는 소프트웨어 개발 프로젝트를 돕기 위해 만들어졌지만 Clarizen, Project Insight, AtTask, Microsoft Project 및 기타 여러 도구는 모든 유형의 프로젝트 계획 및 관리를 수용하도록 설계되었다. 이 소프트웨어 제품은 시간과 비용 초과를 줄이거나 없애기 위해 프로젝트 실행의 진행을 계획하고 추적한다. 이하의 AtTask 프로젝트 관리 소프트웨어의 그림에서 볼 수 있듯이 Gantt 차트는 일련의 작업에 대한 노력, 일정 및 상태를 프로젝트에 표시한다. Gantt 차트는 작업(선행자 및 후임 작업자)과 작업을 완료하는 데 필요한 노력 간의 상호 관계를 이해하는 효율적이고 시각적인 방법이다.

AtTask 프로젝트 관리 소프트웨어는 프로젝트의 비용, 일정, 그리고 자원을 계획하고 통제할 수 있게 한다.

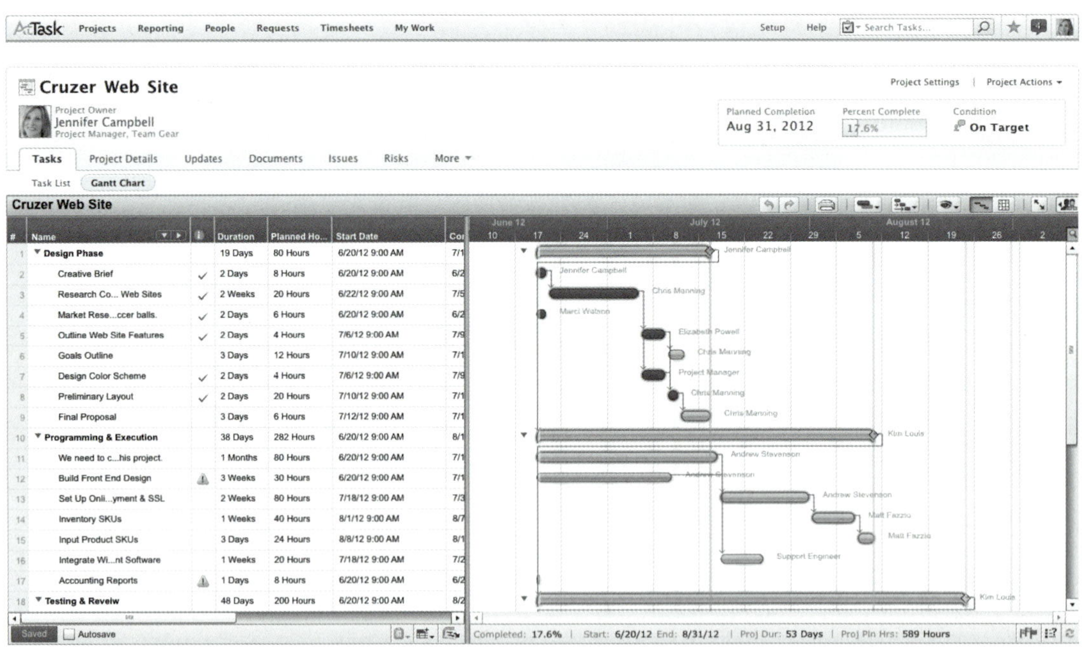

POINT OF INTEREST

소프트웨어 중의 소프트웨어

오늘날의 치열한 비즈니스 세계에서 시간과 돈은 모두 돈이며 낭비될 수 없다. IT 프로젝트 개발 관리 소프트웨어는 회사가 새로운 소프트웨어 기술을 개발할 때 중요한 요소로 부상했다. 프로젝트 관리는 비용, 프로젝트 구현 시간 및 프로젝트 구현 중 품질의 세 가지 요소간에 경제적 균형을 이루면서 경로를 유지하는 프로세스를 제공한다. 그러나 요구된 기간이 이미 지나버리면 상상할 수 있는 최상의 소프트웨어를 개발하는 것은 사실상 쓸모가 없다.

출처: Gilaninia, S., Mousavian, S. J., et.al. (2012). Position IT in Project Management (Case study: municipalities of Namin). Interdisciplinary Journal of Contemporary Research in Business, 3(9), 751–757.

시스템 통합

기업은 종종 다른 작업에 사용되는 시스템에서 액세스할 수 없는 특별한 작업을 위한 응용 프로그램으로 채워진 고도로 분산된 여러 다른 종류들로 이뤄진 환경과 싸워야 한다. 서로 다른 운영체제(정보시스템 전문가의 표현으로는, 다른 플랫폼)에서 실행되기 때문에 여러 다른 종류들로 이뤄진 시스템은 서로 "대화"할 수 없는 경우가 많다.

IT 전문가가 수행하는 대부분의 작업은 독립 실행형 정보시스템의 분석 및 개발이 아니라 시스템 통합이다. 시스템 통합은 전체 조직 또는 적어도 조직의 주요 부서의 정보 요구를 검토한다. 분석가는 기존의, 그러나 종종 다른 정보시스템을 고려한 다음, 이를 통합할 계획을 세우므로 조직의 다른 부서간에 데이터를 보다 쉽게 전달할 수 있으며, 사용자는 단일 인터페이스를 통해 다른 유형의 데이터에 액세스할 수 있다. 결과적으로 많은 정보시스템 서비스 회사는 스스로를 시스템 통합 회사라고 부른다. 더 많은 레거시(Legacy) 데이터베이스가 SCM 및 ERP 시스템과 같은 새로운 엔터프라이즈 응용 프로그램에 통합되고 조직 간 정보시스템이 점차 연결되기 때문에, 시스템 통합은 점점 더 중요해지고 있다(그림 12.13 참조). 레거시 시스템은 새로운 시스템에 대한 투자로 인해 개선된 기능이 정당화되지 않거나, 기존 시스템에 새로운 시스템으로는 얻을 수 없는 이점이 있기 때문에 조직에서 계속 사용하기로 결정하는 구형 시스템이다.

또한 스마트폰, 소셜 미디어 및 태블릿의 빠른 수용으로 기존 레거시 시스템을 이러한 새로운 고객 중심 시스템에 통합해야 한다.

■ 그림 12–12

시스템 통합을 요구하는 조직의 이니셔티브

- 기존의 정보시스템들을 웹사이트, 스마트폰, 그리고 타블렛 어플리케이션에 연결
- 데이터베이스들을 웹사이트, 스마트폰, 그리고 타블렛 어플리케이션에 연결
- 레거시 데이터베이스들을 엔터프라이즈 어플리케이션에 연결
- 레거시 시스템과 새로운 시스템의 통합
- 미디어 컨텐츠(비디오) 및 소셜 미디어를 기존의 웹사이트로 통합
- 기업과 거래 파트너사간의 정보시스템과 데이터 공유

시스템 통합은 종종 시스템 개발보다 어렵다. 실제로 IT 전문가는 시스템 개발을 시스템 통합의 하위 범주로 간주한다. 그 이유는, 통합 업체는 분산된 시스템에서 유지 관리되는 데이터를 효율적으로 검색하여 효과적인 비즈니스 프로세스에 사용하는 방법을 이해하고 시스템을 개발해야 하기 때문에, 그리고 레거시 시스템은 최근에 획득한 시스템과 종종 인터페이스해야 하기 때문이다.

예를 들어, 마케팅 관리자는 자체 마케팅 정보시스템을 통해 회계 및 재무 데이터에 쉽게 액세스할 수 있는 경우, 의사 결정을 위한 풍부한 정보를 보유할 수 있다. 통합이 잘 될수록 이 정보를 마케팅 정보에 통합하는 것이 좋다.

POINT OF INTEREST 전문 자격을 얻고 싶나요?

시험에 응시하려는 사람은 CCP, CBIP, CSIH, CDMP, ISA, ACP, CITC, CITCP, CITGP ISP 중 하나 또는 여러 개의 칭호를 추가할 수 있다. 컴퓨터 전문가 인증 연구소(Institute for Computer Professionals)는 IT 전문가를 테스트하고 인증서를 제공한다. 이 비영리 조직의 목표와 인증 과정이 어떻게 수행되는지, 그리고 이들 축약어가 무엇을 의미하는지를 보려면 www.iccp.org를 방문하라. 마찬가지로 PMP (Project Management Professional) 자격 증명을 취득하려는 사람은 다음과 같은 Project Management Institute 사이트를 자세히 참고해야 한다: http://www.pmi.org/default.aspx 또는 http://www.cert.org/certification/의 컴퓨터 보안 인증 (CSIH).

출처: Anonymous. (2012). Eligibility for Certification. Retrieved March 28, 2013, from http://iccp.org/certification/becoming-certified/eligibility; Anonymous. (2013). Project Management Professional (PMP). Retrieved March 28, 2013, from http://www.pmi.org/Certification/Project-Management-Professional-PMP.aspx

다른 정보시스템은 종종 호환되지 않는 하드웨어 및 소프트웨어를 사용하기 때문에 시스템 통합자는 하드웨어 및 소프트웨어 문제에 정통해야 한다. 종종 비호환성 문제를 극복하는 것이 통합의 가장 어려운 측면 중 하나이다. 11장 "비즈니스 인텔리전스 및 지식 관리"에서 논의된 비즈니스 인텔리전스 시스템을 고려하라. 대규모 데이터 웨어하우스에서 비즈니스 인텔리전스를 추출하는 개념에는 종종 여러 정보시스템의 통합이 포함된다. 이러한 도전 과제는 상당하며, 일부 BI 프로젝트의 절반 이상이 완료되지 않았거나 예상되는 모든 기능과 이점을 제공하지 못하는 경우가 있다.

단일 조직이 아니라 여러 조직의 정보시스템을 포함하기 때문에 시스템 통합은 점차 복잡해져 왔다. 익스트라넷 (extranet) 시대에 IT 전문가는 여러 회사의 시스템을 통합하여 통신을 통해 소통하고 잘 작동할 수 있어야 하기 때문에 여러 번 어려움을 겪는다. 여러 회사의 서로 다른 레거시 시스템을 통합하는 것이 얼마나 어려운지 상상해보라. 이러한 이유로 기업들은 종종 그러한 프로젝트를 위해 고도로 숙련된 전문가와 계약을 맺는다.

ETHICAL & SOCIETAL ISSUES

정보시스템 전문가는 반드시 자격을 인증 받아야 하는가?

조직이 개발 시스템에 수백만 달러를 투입하면 IT 전문가는 기업, 직원 또는 소비자를 피해를 주지 않으면서 의도한 목적을 달성할 수 있는 고품질 시스템을 제공해야 한다. 그러나 IT 전문가의 제품은 종종 실패하고 심각한 피해를 입힌다. 어떤 사람들은 높은 투자와 시스템 개발 및 운영과 관련된 높은 위험 때문에 다른 전문가와 마찬가지로 IT 전문가를 인증해야 한다고 주장한다. 이 사람들은 인증은 정보시스템으로 인한 문제를 최소화할 것이라고 주장한다. 다른 사람들은 자격증이 무료 경쟁과 혁신을 저지하거나 심지어 현재 회원들이 고소득을 계속 누릴 수 있도록 자격 시험에 통과하기 어려운 직업을 만들 수도 있다고 주장한다.

인증은 전문가가 자신의 기술을 입증하는 테스트를 통과했음을 보증하기 위한 것이다. 정부 또는 기타 권한을 위임 받은 기관은 전문가에게 라이선스를 부여하여 특정 분야의 지식과 기술을 보유한 사람이 비전문가의 지식과 기술보다 훨씬 더 큰 자격이 있음을 증명한다. 이 법안의 지지자들은 인증이 정보시스템의 오작동을 줄일 수 있다고 주장한다.

인증의 장점. 일부 전문가들은 인증을 통해 정보시스템 고장의 빈도와 심각성을 최소화할 수 있다고 주장한다. 토목 기사는 건물과 교량을 계획하도록 인증을 받아야 하며, 의사는 면허를 받기 전에 엄격한 검사를 통과하고 감독 없이 실무를 시작한다. 공인 회계사는 감사를 수행하기 위해 라이선스를 취득해야 하며, 변호사는 변호사 시험에 합격해야 일할 수 있다. 이러한 직종의 종사자들은 왜 정보시스템 전문가만이 라이선스 없이 일할 수 있도록 해야 하는지를 묻는다.

소프트웨어 전문가는 전문가의 모든 특성을 가지고 있다. 그들은 전문 지식이 필요한 분야에서 일하고, 대중과 그들의 고객은 보통 자신의 기술을 평가할 자격이 없다. 인증은 IT 전문가와의 관계에서 다음 그룹을 도울 수 있다:

- 고용주는 종종 소프트웨어 전문가가 어떤 능력을 보유하고 있는지 모른 채 고용한다. 그들은 후보자의 이력서에 포함된 정보에 의거하고 때로는 추천서에 의거한다. 의무적인 인증은 잠재적인 고용주를 가짜 전문가로부터 보호할 수 있다. 또한 인증은 잠재적인 고용주에게 다양한 수준의 성과에 대한 후보자의 적합성에 대한 정보를 제공한다. 예를 들어, 전문가는 시스템 개발 팀에 참여할 자격이 있지만 프로젝트 팀을 이끄는 것은 아니다.
- 고객은 필수 인증을 통해 더 큰 혜택을 누릴 수 있다. 고용주는 시간이 지나면 직원의 실제 능력을 알 수 있지만 컨설턴트를 고용하는 기업은 의존할 만한 이전의 고용 경험이 없다.
- 사회는 소프트웨어 관련 오류를 더 적게 누릴 수 있다. 자격을 갖춘 사람만이 정보 시스템의 개발 및 유지에 참여할 수 있으므로 정보시스템의 전반적인 무결성이 향상된다. 특히 의료 정보시스템 및 무기 시스템에 내장된 소프트웨어와 같이, 사회에 미치는 영향이 중요한 시스템의 주요 개발 직책을 보유하고 있는 사람들에게 인증이 필요하다.

인증의 단점. 필수 인증에 대해 세 가지 반대 주장이 제기된다:

- 소프트웨어 개발 역량을 측정하는 방법을 고안하는 것은 불가능하지는 않더라도 어렵다. 예를 들어, 응용 프로그램을 개발하는 데는 여러 가지 방법이 있으며, 서로의 장점이 입증되지 않았다. 컴퓨터 전문가는 한 가지 방법으로는 경험이 많지만 다른 방법에는 경험이 없을 수도 있다. 이 기준에 따라 해당 개인을 실격 처리하는 것은 불공정하다.
- 어떤 사람들은 필수 인증이 소수의 사람들을 인정하기 위해 고안된 단일 입학 시험을 사용하여 "폐쇄된 상점"을 창출할 수도 있다고 주장한다. 그러한 시나리오에서, 승인된 사람들의 지위와 소득은 배제된 사람들을 희생시키면서 향상될 것이다. 닫힌 그룹 내에서의 경쟁에 대한 두려움 없이는 기술 향상에 대한 인센티브가 거의 없다.
- IT는 다른 많은 분야보다 빠르게 진행된다. 오늘날 전문가가 특정 정보 기술 및 방법을 사용하는 방법을 알고

있다고 확신하더라도 이 사람은 2년 후 기술 및 방법 사용 방법을 알 수 없다. 이 사람의 지식은 쓸모 없게 되어 인증서를 의미 없게 만들 수 있다.

현재 인증 제도의 상황. IT 전문가의 필수 인증 또는 라이선스는 거의 없다. 텍사스, 브리티시 콜롬비아 및 온타리오 주는 소프트웨어 개발 전문가의 라이선스가 필요하다. 실제로 IT 전문가는 누가 IT 전문가로 간주되어야 하는지에 대한 합의에 도달할 수 없다. 컴퓨터 전문가 협회 (ICCP)와 같은 일부 단체는 자발적으로 시험을 치르는 사람들을 테스트하고 인증한다. (스스로를 IT 전문가로 간주하는 수백만 명의 사람들 중 약 55,000명의 사람들이 ICCP 인증을 받았다.) 일부 소프트웨어 회사는 분석가와 프로그래머에게 회사의 도구를 설치하도록 인증한다. 그러나 미국의 IT 전문가 나 다른 많은 전문직의 IT 전문가와 비슷한 인증 규정에 대한 인증 규정이 없다.

컴퓨터 보안과 관련하여 증가하는 문제와 이슈는 IT 전문가를 위한 관련 인증제도를 만들도록 하였다. CERT 프로그램(Carnegie Mellon)은 컴퓨터 보안 사건 처리자(CSIH) 인증을 제공하여 보안, 시스템 및 네트워크 관리자가 보안 침입 및 기타 악의적인 행동을 막기 위한 지식과 교육을 받을 수 있도록 한다.

인증의 중요성. CompTIA가 완료한 연구에 따르면 정보 기술 전문가를 고용할 때 인증이 중요하다고 한다. 상당수의 채용 담당자(64%)는 인증을 IT기술을 검증하는 "높은 가치"로 간주한다. 연구 결과에 따르면 고용주가 기술 전문가를 채용함에 따라 이러한 인증이 계속 증가할 것으로 예상된다. 그러나 인적 자원 부서는 기술 기반 인증을 완전히 이해하지 못한다고 보고한다. IT 채용 담당 관리자는 정보 기술 직책에 대한 지원자를 검토할 때 교육 및 인증이 높은 순위에 있다고 생각한다.

출처: Anonymous. (2011, Feb 07). IT Certifications Grow in Importance in Hiring Process, but Employers Challenged by Evaluation, Validation Issues, CompTIA Study Finds, Business Wire.

다시 킴볼 레스토랑으로 돌아가서 (KIMBALL'S REVISITED)

타일러는 새로운 장소에서 베키를 만났다. 그는 새로운 충성도 프로그램에 대한 자신의 비전을 설명했다. 베키는 그의 말을 듣고, 생각과 질문을 말하기 시작했다. 그녀는 새로운 프로그램의 문제점과 과제를 기능적 및 기술적 두 가지 범주로 구분했다.

기능적

- 프로그램의 구조는 어떻게 구성되는가?
- 충성도를 장려하거나 만드는 방법은 무엇인가?
- 고객이 식사만으로 인센티브를 제공받는가?
- 테이크 아웃 계획은? 빵 종류만 실시하는가?
- 고객은 그들의 충성도로 무엇을 얻을 수 있는가?
- 프로그램의 구조를 지원하기 위해 필요한 데이터는 무엇인가?

기술적

- 새 시스템을 지원하는 데 필요한 데이터의 경우, 현재 POS에서 이미 처리되고 저장된 것은 무엇인가?
- POS 시스템이 외부 시스템의 데이터 액세스를 지원하는가? 데이터베이스가 오픈 액세스를 지원하는가, 아니면 소유자만 사용 가능한가?
- POS 시스템에서 관리하지 않는 데이터의 경우, 어떻게 작성되고 갱신되는가?

타일러는 모든 질문이 합리적이라는 것을 알고 있었지만 질문에 상당히 압도당했다. 그는 이렇게 말했다. "정보 시스템을 계획하는 것이 너무 복잡하다는 것을 깨닫지 못했어. 나는 네가 '마법사'들로 그것을 만들 수 있다고 생각했지. 나는 그것이 더 기술적이라고 생각했어. 이제는 그렇지 않다는 것을 알게 됐어." 그러나 그는 문제를 먼저 분석하기 위해 "한발 물러나는 것"을 기쁘게 생각한다. 베키는 "타일러, 들어 봐, 이것은 로켓 과학이 아니야. 견고한 시스템을 구축하고 이루고자 하는 목표를 달성하며 위험을 줄이려면 이러한 질문에 대한 해답이 필요해. "

당신의 추천은?

1. 11장의 데이터 (마케팅, 재무 및 운영) 구조화에 대한 정보를 사용하여, 구조와 기능적 문제가 킴볼의 정보시스템 설계를 어떻게 구성할지 방법을 정의하시오.
2. POS 시스템이 새로운 충성도 시스템을 지원할 만큼 충분한 고객 정보를 유지하지 못하는 것이 분명하다. 이 도전 과제를 분석하고 그것을 극복하기 위한 의견을 제시하시오.

새로운 시각

1. 4장의 다양한 하드웨어 구성 요소를 살펴보시오. 이 시스템(킴볼 사례)을 구현하는 데 사용할 수 있는 하드웨어 장치의 유형은 무엇인가?
2. POS 시스템이 데이터베이스에 대한 오픈 액세스를 허용하는 경우, 이는 새 시스템의 설계에 어떻게 영향을 미치며 대기 직원의 데이터 입력을 최소화할 수 있을것인가?

주요용어

애자일 방법, 437
응용 시스템 지원, 436
베타 사이트, 467
변경 관리, 422
전환, 434
비용/수익 분석, 427
컷 오버 전환 (플래시 컷 전환), 435
데이터 흐름도(DFD), 430
타당성 조사, 426
구현, 434
사명 선언문, 420
조직 문화, 429
아웃소싱, 440
병렬 전환, 435
단계적 전환, 435
파일럿 전환, 435
점진적 구체화, 424
프로젝트 포트폴리오 관리, 442
프로토 타이핑, 423
투자 수익 (ROI), 427
시스템 요구 사항, 430
시스템 분석, 425
시스템 설계, 430
시스템 개발 라이프 사이클(SDLC),
시스템 통합, 443
총 소유 비용 (TCO), 427
통합 모델링 언어 (UML), 432

리뷰 질문

1. IT 계획이 왜 중요한가?
2. IT 계획의 일환으로 많은 조직이 표준화를 결정한다. 이러한 맥락에서 표준화의 의미는 무엇이며, 잠재적 이점은 무엇인가?
3. 전통적인 시스템 개발은 왜 "주기"라고 불리는가? 주기(사이클)의 끝을 결정 짓는 것은 무엇인가?
4. 시스템 개발자는 종종 "시스템 개발"보다는 "응용 프로그램 개발"이라는 용어를 사용한다. 그 이유는 무엇인가?
5. 데이터 흐름 다이어그램을 사용하면 어떤 이점이 있는가? DFD 혜택을 받는 사람은 누구인가?
6. SDLC는 일반적으로 다른 정보시스템과 인터페이스하는 정보시스템을 개발하는 데 권장된다. 적어도 두 개의 다른 정보시스템과 인터페이스되는 정보시스템의 두 가지 예를 들어 보시오.
7. 1장 "비즈니스 정보 시스템: 개요"에서 IT 전문가에 대한 설명을 상기하라. CIO, 시스템 분석가, 데이터베이스 관리자(DBA) 또는 프로그래머 중에 어떤 사람이 시스템 구축에 가장 주된 역할을 수행하는가? 그 이유는 무엇인가?
8. 전통적인 SDLC와 같은 워터폴 개발 방법에 비해 애자일 방법의 장점은 무엇인가? 위험은 무엇인가?
9. 오늘날 비즈니스 환경에서 애자일 방법이 더 중요한가? 그 이유는 무엇인가?
10. 사용자가 시스템 요구 사항을 정의할 수 없는 경우 애자일 방법이 왜 도움이 되는가?
11. 갈수록 많은 수의 정보시스템 전문가들은 개발자와 사용자가 동일한 조직의 직원인 경우에도 자신이 개발한 시스템을 사용하는 사람을 "고객"이라고 부르길 선호한다. 그 이유는 무엇인가?
12. 시스템 통합이란 무엇인가?
13. 시스템이 웹을 포함할 때 시스템 통합이 더 복잡한 이유는 무엇인가? 스마트 폰을 포함할 때는? 태블릿을 포함할 때는?
14. 웹, 소셜 미디어 및 모바일 기기가 비즈니스 수단으로 등장함에 따라 시스템 통합의 필요성이 커졌다. 어떤 이유에서 필요성이 커졌는가?

토의질문

15. 시스템 개발의 현대적 관점은 시스템 개발은 정보시스템 계획의 연속이어야 한다는 것이다. 그 이유는 무엇인가?
16. 새로운 신발 가게 체인을 생각해보라. 회사의 마케팅 부서는 고객과 고객의 선호 사항을 알고 싶어한다. 데이터 수집 및 분석을 위해 정보시스템을 개발하기 전에 어떤 질문을 해야 하는가?
17. 시스템 개발의 분석 단계에는 사실을 확인하는 작업이 포함된다. 이 장에서 언급된 방법 이외의 사실을 확인하는 방법을 제안하라.
18. 데이터 흐름도에서는 프로세스에 항상 작업 레이블이 지정되는 반면 객체 및 데이터 저장소에는 명사가 표시된다. 그 이유는 무엇인가? 각 요소에 대해 두 가지 예를 들어보라.
19. 새로운 회계 수금 시스템에 대한 전환 전략을 세워보라는 요청을 받았다. 시스템은 컨트롤러(회계관리자)의 사무실에서만 사용된다. 어떤 전략을 추천할 것이며, 그 이유는 무엇인가?
20. 회계, 판매, 구매 및 급여 모듈이 포함된 새로운 ERP 시스템에 대한 전환 전략을 제시해야 한다. 어떤 전략을 추천할 것이며, 그 이유는 무엇인가?
21. IT 전문가의 책임을 엔지니어 및 재무 분석가와 같은 다른 전문가의 책임과 유사하게 만드는 요소는 무엇인가?
22. 많은 소프트웨어 회사(예: Microsoft, Oracle, SAP)는 제품에 대한 컨설턴트로서 사람들을 인증한다. 예를 들

어, 여러분은 인증된 SAP R/3 기술 컨설턴트가 될 수 있다. 이러한 유형의 인증은 원칙적으로 의사, 변호사 또는 공인 회계사(CPA)의 인증과 동일한가? 그 이유는 무엇인가?

23. 귀하가 병원의 IT 책임자라고 가정해 보라. 컴퓨터 및 응용 프로그램을 사용하여 의료 및 관리 직원을 돕는 소규모 팀이 있지만, 새 시스템을 개발해야 하는 경우 IT 전문가를 고용해야 한다. 신뢰할 수 있는 정보시스템 개발자를 어떻게 검색하겠는가? 누구에게 연락하겠는가? 그리고 어떤 질문을 할 것인가?

24. 당신은 대형 대학 병원의 CIO이다. 심장병 의료진은 진단을 위한 전문가 시스템을 구축하고자 한다. 여러분의 예비 검토 결과, 재정적인 투자가 상당히 필요하다는 것을 알게 되었다. 시스템 개발에 철저한 SDLC 방법 또는 애자일 방법 사용 여부를 결정할 때, (의사와 직원 모두에게) 어떤 질문을 해야 하는가? 질문을 열거하고 설명하라.

25. 제안된 정보시스템의 전반적인 세부 사항을 상사에게 설명하려고 한다. 정보시스템은 많은 PC를 연결하는 서버를 포함한다. 귀하의 상사는 정보시스템 전문가가 아니며 DFD가 무엇인지 알지 못한다. 어떻게 아이디어를 전달할 것인가? 구두로, 도표없이 서면으로, DFD와 함께, 또는 이러한 수단의 일부 또는 전부를 조합하여 전달하겠는가? 여러분의 선택을 설명하라.

26. 새로운 정보시스템의 개발 중에 전문 용어는 정보시스템 전문가 간의 의사 소통을 원활하게 할 수 있지만 사용자와의 의사 소통에 사용하면 해로울 수 있다. 그 이유는 무엇일까?

개념 적용

27. 10분 정도의 소프트웨어 기반 프레젠테이션 (PowerPoint 또는 다른 응용 프로그램 사용)을 준비하여 "지난 5년간 정보시스템 계획을 어렵게 만든 요소"라는 주제로 프레젠테이션을 하시오. 프레젠테이션에 하드웨어, 소프트웨어 포함, 그리고 통신; 세계화; 인터넷; IT 노동력; IT 계획에 영향을 미친 다른 영역을 포함시켜 보라.

28. 귀하는 국내 가전 제품을 임대하는 소규모 체인점에서 정보시스템 컨설턴트로 고용되었다. 영업이 서면 기록을 통해 운영되기 때문에 한 매장은 다른 매장에서 어떤 일이 일어나고 있는지 알지 못한다. 이 작은 회사의 사장은 체인이 재고를 효율적으로 활용하지 못한다고 생각한다. 예를 들어, 고객이 잔디 깎는 기계를 필요로 하는데 그 제품을 매장 A에서 구입할 수 없는 경우, 영업 사원은 고객에게 잔디 깎는 기계가 다른 영업점에서 제공되는지 또는 다른 영업점으로부터 제품을 가져와서 고객에서 제공할지 여부를 알려줄 수 없다. 사장은 체인이 고객에게 더 나은 서비스를 제공하고 추적 및 대금 청구를 도울 수 있도록 하는 정보시스템을 원한다. 사장은 직원과 고객 모두를 돕기 위해 웹을 활용하고 싶어한다. 직원과 고객 모두 현재 임대할 수 있는 제품이 무엇인지, 주어진 시간에 어떤 영업점에서 제품을 제공할 수 있는지를 알 수 있어야 한다. 사실 관계를 확인하는 작업에서 묻고자 하는 질문을 열거하고, 조직 내에서 어떤 관계자에게 각 질문을 할지 설명하라.

29. 정보를 제공하며 회사 제품의 온라인 구매를 가능하게 하는 웹 사이트 구축을 방금 완료한 팀의 리더가 여러분이라고 가정해 보라. 시스템을 테스트하기 위해 취할 단계를 열거하고 설명하라. 모든 테스트 단계를 설명하고 각 테스트 단계를 수행해야 하는 이유를 설명하기 위해 소프트웨어 기반 프레젠테이션(PowerPoint 또는 유사한 응용 프로그램 사용)을 준비하라(힌트: 다른 운영 체제, 웹 브라우저, 화면 크기 등을 기억하라).

실습 활동

30. 다음 어플리케이션을 설명하는 DFD를 준비하라. Gadgets, Inc.은 영업 사원을 통해 상품을 판매한다. 영업 사원이 고객으로부터 서명된 계약서를 받으면 노트북 컴퓨터에 세부 정보를 입력한다. 영업 사원은 나중에 해당 레코드를 본사의 회사 메인 프레임 컴퓨터로 전송한다. 이 프로그램은 판매, 배송, 미수금 및 수수료와 같은 네 가지 파일에 세부 정보를 기록한다. 구매자가 새로운 고객(아직 고객 데이터베이스에 없는 고객)인 경우, 프로그램은 고객의 레코드를 고객 데이터베이스에 입력하고 감사 편지를 생성한다. 이 프로그램은 또한 커미션 파일에 영업 사원의 코드와 함께 기록되는 4% 커미션을 계산한다. 매월 말에 이 프로그램은 모든 신규 고객의 기록을 담은 보고서를 작성한다. 또한 영업 사원의 총 월 매출액이 300,000달러를 초과하면 프로그램은 총액을 나타내는 축하 편지를 생성한다. 총액이 10,000달러 미만이면 프로그램은 총계와 다음과 같은 문장을 보여주는 편지를 작성한다: "다음 달에 더 열심히 노력하십시오."

31. 정보시스템 전달에 여러 단계(사내, 모바일, 웹, 태블릿, 소셜 미디어)방식을 제공하는 비즈니스 조직을 찾아라. 이 조직이 고객에게 제공하는 다양한 활동과 기능을 개략적으로 설명하기 위해 조사를 실시하라. 조직의 IT 결과물의 다양한 구성 요소와 "중앙" 정보시스템(데이터, 기능 등)이 어떻게 상호 작용하는 지를 보여주는 다이어그램을 작성하라. 이러한 통합을 설명하는 보고서를 작성하라.

팀 활동

32. 다른 학생과 팀을 구성하라. 각자는 이 장에 나오는 목록에서 서로 다른 애자일 방법을 선택해야 한다. 각각은 방법의 원칙, 장점 및 단점에 대해 요약한 페이지를 작성해야 한다. 그런 다음 함께 앉아서 앞서 요약한 세 가지 사항을 따라 두 방법의 차이점에 대한 요약한 페이지를 작성하라.

33. 다른 학생과 팀을 구성하여 웹에서 소프트웨어 개발을 편리하게 하는 도구를 검색하고, 세 가지 도구를 선택하라. 각 도구에 제공된 기능을 나열하라. 공급 업체의 주장이 사실이라고 가정한다. 각 도구가 시스템 개발 라이프 사이클(SDLC)의 어떤 단계와 활동을 지원하는가? 시스템 개발에 어느 것을 사용하겠는가? 그 이유는 무엇인가? PowerPoint나 유사한 응용 프로그램을 사용하여 5분 정도의 소프트웨어 기반 프리젠테이션을 준비하여 결과를 발표하고 권장 사항을 설명하라.

생각에서 적용까지: 실제사례

변화를 위한 변화?

변화라는 단어는 대개 편안한 느낌을 불러 일으키지도, 따뜻한 느낌을 주지도 않는다. 변화가 사업 조직에서 언급될 때, 그것은 종종 불안감을 만들거나 최악의 경우에 분노 또는 반대를 만든다. 변화는 다양한 방법으로 구현될 수 있다: 부과 또는 칙령; 합의 또는 민주적으로; 점차적으로 또는 급격하게 구현될 수 있다. 변화 실행의 접근법이나 어조는 변화 자체의 기초만큼 중요하다.

버지니아 (Virginia)의 체스터필드 카운티(Chesterfield County)와 그 직원들의 근무 시간 기록 항목의 사례를 떠올려 보자. 3,000명의 직원과 600명의 관리자로 구성된 이 카운티는 직원들이 타임 카드 데이터를 입력할 수 있는 새로운 온라인 시스템을 구현하기 시작했다. 타임 카드 입력 과정에는 약 60명의 타임 키퍼가 참여했다.

카운티는 몇 가지 기존 시스템을 새로운 온라인 시스템으로 교체했다. 새로운 시스템은 내부적으로 개발된 시간 및 출석 시스템과, "바로 지급 가능한" 급여 시스템 및 인사 시스템이라는 두 가지 시스템을 결합했다. 새로운 정보 기술 시스템의 과제는 기술 구성 요소를 넘어서서 확장되었다. 직원들은 시스템에 시간을 입력하고 지불하는 새로운 프로세스를 배워야 한다. 시스템 개발자는 시스템의 이해 관계자가 새로운 시스템을 사용하는 데 필요한 컴퓨터 및 기타 기술에 얼마나 익숙한지 평가하는 것을 종종 잊지만, 카운티 관리자는 변화를 관리하기 위해 현명하고 합리적인 방법이 필요하다는 것을 알고 있었다. 이해 관계자와 적절하게 계획된 구현이 없는 시스템은 잘 개발된 정보 시스템일지라도 종종 실패할 수 있다.

카운티는 새로운 시스템에 대한 변화를 팀워크로 만들고 변화 관리 전략을 개발했다. 팀은 구현 과정 전반에 이해 관계자가 참여하고 핵심 부서 직원과 커뮤니케이션 하여 "기존 프로세스를 기반으로 의사 소통 계획을 수립하고 심도 있게 고려한 교육 계획을 수립"하는 몇 가지 방법을 사용했다. 팀은 다양한 금융, 운영 및 급여 기능 부서의 여러 관리자와 지역 교육 기관인 Chesterfield University로 구성되었다.

이 팀에서 고객 부서와 소통하기 위한 의사 소통 프로세스를 수립했다. 이 네트워크는 교육 요구를 결정하고, 보안 절차를 분석하고, 교육을 조정하고, 다양한 이해 관계자로부터 귀중한 의견을 얻는 것을 담당했다. 궁극적으로 이 프로세스의 목표는 직원과 다른 이해 관계자 간의 의사 소통 라인을 유지하는 것이었다. 이 과정은 단순히 말이 아니라 행동을 포함한다. 또한 품질 교육은 시스템 구축의 중요한 구성 요소였기 때문에 정보 시스템 부서는 Chesterfield University와 긴밀하게 협력하여 교육 세션을 개발 및 수행하고 설치를 통해 직원을 지원하기 위한 기술 지원을 제공했다.

변경 관리의 필수 구성 요소는 시스템의 이해 관계자가 수락하는 것이다. 카운티는 적절한 의사 소통이 그러한 수락을 얻고 직원의 불안을 줄이는 데 도움이 된다는 것을 이해했다. 통신 계획의 최종 버전은 초기 버전에서 "상당히 많이" 변경되었다. 입력이 접수되고 평가 될 때, 그들이 전달한 방법과 방법에 대한 방법과 접근 방식도 마찬가지이다. 뉴스 레터, 이메일, 설문 조사, 회의 및 인트라넷 사이트를 통한 끊임없는 대화식 커뮤니케이션을 통해 시기적절하고 지속적인 정보 흐름을 제공했다.

새로운 시스템의 첫 번째 병렬 테스트 실행 중에 300개 이상의 문제가 보고되고 추적되었다. 총 4개의 시스템 변경 사항이 285개 문제를 해결하고 2차 병렬 테스트 전에 해결되지 않은 7개 문제만 해결되도록 구현이 승인되었다. 마지막 구현에서 직원들은 첫 번째 급여 기간 동안 잘못 처리된 6개의 급여 수표만 사용하여 새 근무 시간 기록 시스템을 성공적으로 사용했다.

출처: Brown, P. J. (2013). Change Management Makes the Difference in Chesterfield County. Government Finance Review, 29(1), 60–62.

사례에 관해서 생각해 볼 점

1. "이해 관계자와 적절하게 계획된 구현이 없는 시스템은 잘 개발되더라도 종종 실패할 수 있습니다." 예시와 세부 사항을 생각해보라.
2. 변경 계획을 수립하기 위한 카운티의 초기 접근 방식은 시행 성공의 중요한 요소였다. 카운티 직원의 역할을 고려하여, 어떻게 하면 카운티의 접근 방식이 새로운 정보 시스템의 성공을 위한 환경을 조성할 뿐만 아니라 불안을 줄일 수 있을 지에 대해 논의하라.

3. 의사 소통은 새로운 이니셔티브 및 관리를 변경하는 데 중요한 요소이다. 과도한 의사 소통은 이니셔티브에 부정적으로 영향을 줄 수 있다고 생각하는가? 그 이유는 무엇인가?
4. 병행 파일럿 중에 발생한 300가지 문제를 떠올리시오, 변경 관리 시스템이 효과적으로 작동했는가? 문제의 수가 더 적어야만 했는가? 여러분의 입장에 대해 토론하라.

비디오 앱이 오늘날의 TV를 변화시킨다

비디오 앱 개발은 모바일 태블릿과 스마트폰의 폭발적인 매출로 인해 최근 몇 년 동안 급속하게 확대되었다. 사실, 비디오 앱에 대한 욕구가 확산되면서 셋톱 박스 및 기타 연결된 장치에 대한 앱이 만들어지고 있다. 다음 세 개의 회사는 새롭게 개발한 성공적인 비디오 어플리케이션으로 주목 받고 있다. 그들의 주요 미션은 더 많은 사람들에게, 더 많은 기기에, 더 빨리 도달하는 것이다.

SyncTV는 TV 제조업체가 지원하는 온라인 비디오 스트리밍 회사이다. 연결된 장치에 라이브 및 주문형 유료 TV 서비스를 제공한다. 기기에는 Mac, PC, 연결된 TV, 블루레이 플레이어, iPod, iPad, Android 기기, Roku 및 Boxee 박스 등이 포함될 수 있다. SyncTV는 시장이 원하는 만큼의 Netflix 유형 채널을 지원하는 인프라를 구축했다. 그들은 작은 회사이지만 높은 산출량을 가지고 있다. 자동화된 워크 플로우는 즉시 콘텐츠를 수집 및 재 구성하므로 지정된 장치에 적절히 배포할 수 있다. SyncTV의 초기 목적은 TV 시청자가 기존 케이블 회사를 우회하면서 원하는 콘텐츠를 얻을 수 있는 옵션을 제공하는 것이었다. 추가 혜택은, 가입자가 항상 집에 있는 것이 아니라 인터넷에 연결되어있는 곳이라면 어디에서나 좋아하는 프로그램에 액세스할 수 있다는 것이다. 사용자는 그들이 원하는 채널만 콘텐츠 제공 업체로부터 구독한다. 사용자가 IP주소가 있는 TV를 가지고 있는 한 SyncTV가 작동한다. 케이블이나 위성 연결이 필요하지 않는다. 단지 언제든, 어디서든, 좋아하는 것을 시청할 수 있을 뿐이다.

Brightcove는 YouTube와 유사하지만 추가 전문 지식 및 분석을 포함하는 B2B 비디오 앱이다. Brightcove의 앱 VideoCloud에는 장치 검색 기능이 있어서 PC, Mac, 태블릿 또는 스마트 폰과 같은 장치의 화면 크기에 맞게 콘텐츠를 재구성할 수 있다. Brightcove는 모바일 콘텐츠 앱을 개발, 배포 및 운영하기 위한 토털 플랫폼이다. 기업은 전체 웹 사이트를 디자인하고 Brightcove Video-Cloud에 연결된 비디오를 사이트에 올려 놓을 수 있다. 기업은 Brightcove에 비디오 호스팅을 아웃소싱하고 비디오를 자체 페이지에 임베드하며, Brightcove는 고객의 컨텐츠를 여러 장치에 전달할 수 있는 특수 엔지니어링을 제공한다. Brightcove는 고객의 비디오에 대한 실시간 분석 및 데이터와 함께 이 멀티 플랫폼 서비스를 제공함으로써 틈새 시장을 형성했다. VideoCloud는 웹 개발자의 관점에서 설계 및 제작되었으며 App Cloud Workshop앱을 포함하므로 비디오 개발자는 이미 익숙한 도구를 사용할 수 있다. Brightcove의 VideoCloud는 온라인상에서 존재하는 기업들이 의존하는 자산이 되었다.

HBO GO는 HBO Premium 및 HBO앱 제품 군의 하위 제품들을 위한 모바일 플랫폼이다. 이 앱은 추가 비용 없이 모든 HBO 가입자에게 제공된다. 2011년 4월에 출시된 이 앱은 HBO의 구독자 중 10%만이 사용하고 있다. 이달 말, 구독자의 80%가 앱을 사용하기 시작했다. HBO GO는 랩톱, iPad, iPhone, iPod 및 Android 장치는 물론 Mac 및 PC를 포함한 모바일 장치를 통해 액세스할 수 있다. HBO는 거대한 브랜드 인지도, 프리미엄 콘텐츠 및 대규모 고객 기반을 보유하고 있다. 따라서 콘텐츠에 모바일 앱을 제공하는 것이 수익을 높이는 최상의 방법으로 간주되었다. HBO를 사용하면 고객이 원하는 것을 언제 어디서나 볼 수 있어서 편리하다. 그들이 직면한 한 가지 과제는 응용 프로그램이 사용되는 장치에 따라 콘텐츠가 저대역폭에서 고화질까지 광범위한 대역폭에 적합해야 한다는 것이다. 예외적인 소비자 경험에 초점을 맞추고 그 경험을 제공하기 위한 새로운 플랫폼을 개발함으로써 HBO는 신규 및 기존 사용자에게 매력적인 비디오 앱을 성공적으로 구축했다.

비디오 기술의 발전과 함께, 미래에는 무엇이 준비되어 있을까? 오늘날 우리가 보유한 기술을 이끌어내는 동기에는 가능한 한 많은 장치와 가능한 많은 사람들에게 콘텐츠를 제공하는 것이 포함된다. 이 테마는 앞으로 확장될 가능성이 크다. 게임 콘솔 및 블루레이 플레이어와 같은 더 많은 장치가 비디오 앱을 제공하는 플랫폼으로 계속 추가될 것이다. Samsung, LG, Vizio와 같은 TV 제조업체가 만든 앱 스토어는 비디오 앱을 위한 인기 있는 플랫폼이 될 것이다. SyncTV 및 HBO GO와 같은 비디오 응용 프로그램의 성공이 전통적인 케이블 및 위성 TV 배포 모델을 변경시킬 수도 있다.

출처: Anonymous. (2013a). Brightcove. Retrieved March 29, 2013, from http://www.synctv.com/; Anonymous. (2013c). SyncTv. Television. Unleashed; Klejna, T. (2011). The App's the Thing. Streaming Media Magazine, 40–42, 44, 46–47.

사례에 관해서 생각해 볼 점

1. 비디오 기반 비즈니스를 위한 IT 개발은 전통적인 비즈니스와 어떻게 다른가?
2. 하드웨어 장치들에 대한 소비자들의 채택에 있어서 나타난 급격한 변화에 따라 이러한 유형의 기업이 직면한 과제는 무엇인가?
3. 위와 같은 장치들에 대한 기술적 변화는 이러한 유형의 회사의 계획 및 개발에 어떤 영향을 미치는가?
4. 비디오 앱 기술에서 소비자 미디어 시청 패턴의 변화에 대해 토론하라. 텔레비전이 사라질까? 채택이 증가하면 인터넷이 이러한 비디오 앱 기술을 지원할 수 있는가?

참고문헌

Anonymous. (2001). Manifesto for Agile Software Development. Retrieved March 27, 2013, from http://agilemanifesto.org/iso/en/

Anonymous. (2011, Mar 28). Accenture Helping U.S. Universities Target Administrative Efficiency, Business Wire.

Anonymous. (2012a, May 16). Global Business Process Outsourcing Market to Reach $202.6 billion in 2016, PR Newswire.

Anonymous. (2012b, Nov 28). New IDC Report Analyzes Profitability Trends in the Worldwide Services Market, Assisting Service Vendors in Their Strategic Planning Process, Business Wire.

Anonymous. (2013). Ferro Chooses Capgemini for Global Delivery of Business Process and Information Technology Outsourcing Services.

Entertainment Close-Up. Steinert-Threlkeld, T. (2012). No Surefire Success When Outsourcing. Money Management Executive, 20(23), 1-n/a.

Yeo, V. (2010, June 24). Standardization floats HP's next wave of services growth. http://www.zdnet.com/standardization-floats-hps-next-wave-ofservices-growth-2062200998/

Zetlin, M. (2012). British Airway's iPad App Improves Customer Service. Computerworld, 46(2), 16.

13장

시스템 취득에서의 의사결정

학습 목표(Learning Objectives)

사내에서 직접 시스템을 개발하거나 외부 개발 회사를 고용하는 것은 정보시스템을 구축하는 데 가장 많은 비용이 드는 방법이다. 오히려 다른 방법들이 더 저렴하고 다양한 혜택을 제공할 수 있다. 이 중 일부는 이전 장에서 언급한 바 있지만, 이번 장에서 보다 자세히 논의할 예정이다.

이 장에서 여러분은 다음과 같은 내용을 학습하게 된다.

- 아웃소싱, 기성 소프트웨어 활용, SaaS, 맞춤형 시스템 개발, 시스템 직접 개발의 차이점을 설명할 수 있다.
- 시스템 구축에 필요한 사업적 특성을 열거할 수 있다.
- 특정 환경에 적합한 시스템 구축 계획을 수립할 수 있다.
- 사내 컴퓨터 사용에 필요한 정책을 논의할 수 있다.

[킴볼 레스토랑: 고객 충성도를 높이기 위한 기술]

타일러와 베키는 고객 충성도 시스템 설계에 상당한 진전을 이루었다. 이들은 하드웨어와 데이터 요구사항 및 POS 시스템 통합에 필요한 옵션들을 두루 살펴 보았으며, 필요한 내용들을 체계적으로 문서화했다. 타일러는 신규 시스템 덕분에 Lakeside 지점이 성공할 수 있었고, 그 결과 기존 고객의 충성도를 높이고 신규 고객을 유치 할 수 있게 되었다고 확신하고 있다. 물론 새로운 메뉴나 늘어난 영업 시간, 훌륭한 입지 조건도 성공의 밑거름이었다. 이제 타일러는 Lakeside 지점의 새로운 로고와 풍성한 프로모션 캠페인을 "입소문 마케팅"을 통해 널리 알릴 계획이다.

모바일 전략 강화하기

베키와 타일러는 실행 계획에 대한 구체적인 논의를 시작했다. "타일러, 모바일 앱이 새로운 지점에 어떻게 도입될 수 있을지 생각해 봤어?" 그는 "어떻게 그걸 놓칠 수 있니?"라고 생각하면서 한숨을 쉬었다. "일을 신속하게 진행시키기엔 양이 너무 많은 것 같지 않니?" 그들은 마케팅, 운영 및 인프라에 대한 계획과 함께 이 프로젝트를 어떻게 진행시킬 수 있을지 종이에 적기 시작했다.

1시간 후, 이들은 계획에 필요한 다양한 구성 요소를 보여주는 다이어그램을 그렸다. 이를 통해 구성 요소 간의 관계 및 전체 전략과의 조율 방법에 대해 논의했다. 그러나 그들은 다양한 구성 요소의 순서를 정하는 방법을 확신할 수 없었다. 그래서 타일러는 자신이 학교에서 배운 개념인 "하드 로직(hard logic)" 즉 특정한 순서대로 작업를 완료해야 한다는 원칙을 적용하기로 했다. 두 사람은 계속해서 이 원칙을 분석하고 계획에 적용했다.

그 때 베키가 " 타일러, 전에 앱을 개발해 본 적이 있니?"라고 물었다. 타일러는 "아니, 하지만 평소에 앱을 많이 사용하지"라고 답했다. 그러자 베키는 "우리 식당에 정말 모바일 앱이 필요하다면 많은 부분들을 고민해야 할 것 같아"라고 말했다.

고려사항과 우선순위

12장 "시스템 계획 및 개발"에서 우리는 소프트웨어 개발에 대해 학습했고 사내에서 정보시스템을 자체 개발하는 회사도 거의 없다는 사실을 배웠다. 또한 "시스템"은 대부분 "응용 프로그램"을 의미하므로 이 장에서도 12장과 같이 용어가 서로 혼용될 것이다. 그림 13.1에서와 같이 IT 전문가가 활용할 수 있는 네 가지 대안은 아웃소싱, 기성 라이센싱 제품, SaaS(Software as a Service), 그리고 사용자가 자체적으로 시스템을 개발하는 것이다. 그러나 시스템 개발과 관련한 다양한 방법을 분석할 때는 고려해야 할 사항들이 많다.

특히 원하는 기능과 품질을 갖춘 시스템을 구축할 수 있다면, 비용이나 기존 기술 인프라에 미치는 영향력, 개발에 필요한 시간과 같은 사항들에 대해 고민해 볼 필요가 있다. 구축에 소요되는 비용에는 설계, 개발, 구현 및 유지 보수 등 모든 비용을 포함하도록 결정되어야 한다. 자동차를 구매할 때 가스, 보험 및 유지 보수와 같은 구매 후 비용을 고려해야 하는 것처럼 기업은 다양한 계획에 따른 비용을 정확하게 비교하기 위해 구매 후 비용을 문서화 해야 한다. 사내 시스템이 통합되고 다른 시스템과의 연동도 늘어남에 따라 각 계획이 기존 시스템과 호환되는 방법과 적절한 비용에 대한 철저한 분석도 중요하다. 오늘날과 같은 환경에서 회사가 퍼스트 무버(first mover)의 장점과 같은 경쟁 우위를 확보 할 수 있는 능력은 잠재적으로 프로젝트에 소요되는 비용보다 더 중요한 요소가 될 수 있다. 예를 들어, 전략적 또는 운영상의 이점을 얻기 위해 적절한 품질과 기능을 갖춘 고비용의 개발 프로젝트가 선재적으로 시도될 수 있을 것이다.

■ 그림 13-1

정보 시스템 자체 개발의 대안들

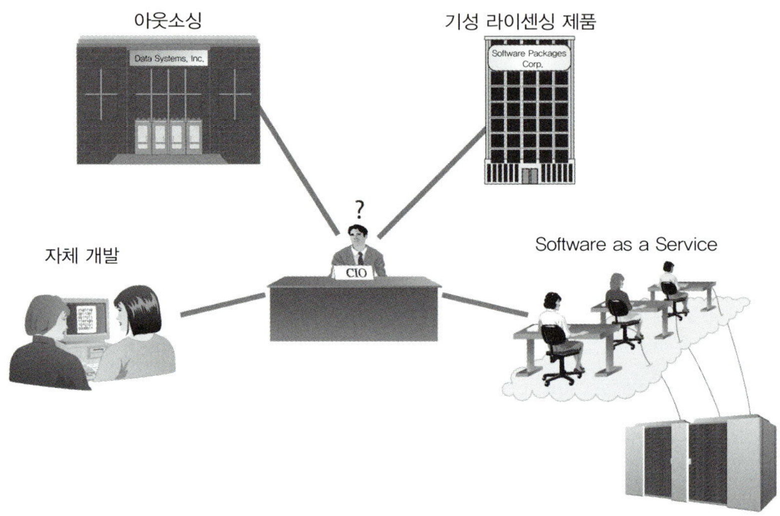

만약 기성 패키지 소프트웨어를 통해 시스템을 구축할 수 없을 경우, 차선책은 응용 프로그램 서비스 공급자(ASP, application service provider)를 활용하는 방법이 있다. 응용 프로그램 서비스 공급자의 장점은 즉각적인 시스템 사용이 가능하고, 회사 입장에서도 시스템 개발이라는 큰 프로젝트를 진행시키지 않아도 된다는 것이다. 그러나 응용 프로그램 서비스 공급자를 활용하는 경우가 늘어남에도 불구하고 이 대안은 모든 종류의 조직이나 개발 프로젝트에 적합하지 않을 수 있다. 만약 기업의 운영, 브랜딩 또는 이해 관계자에게 중대하고 광범위한 영향을 주는 경우 사내(또는 계약) 개발이 더 적합할 수 있다.

만약 응용 프로그램 서비스 공급자가 적절한 수준의 정보시스템을 제공하지 못하고 IT 전문가가 아닌 사내 직원이 시스템을 직접 개발할 수 있다면 사내 개발도 효과적일 것이다. 사내 개발이 여의치 않다면 아웃소싱을 맡기는 방법이 있다. 그러나 아웃소싱은 단순히 애플리케이션 개발을 위임하는 것 이상을 포괄하는 개념이다. 품질과 비용 외에도 많은 요소들을 고려해야 한다. 따라서 지금까지의 전략들은 동일 선상에서 비교될 수 없으며 단순하게 우선 순위를 매기는 것도 불가능하다. 앞으로의 논의는 이 전략들의 장점과 단점을 명확히 하기 위한 것이다. 또한 정보시스템 통합과 유지 보수를 위해 여러 요소들을 종합적으로 판단해야 한다는 내용도 논의될 것이다.

아웃소싱 (Outsourcing)

12장에서 논의한 바와 같이, 아웃소싱이란 일반적으로 기업의 특정 업무를 다른 회사나 개인을 고용해 수행하는 것을 의미한다. IT 분야에서 아웃소싱에는 두 가지 의미가 있다. 하나는 다른 회사 즉 개발 전문 회사에 응용 프로그램 개발을 위임하는 것이다. 다른 하나는 회사의 IT 부서에서 제공하는 서비스의 전부 또는 일부를 관리하기 위해 타 회사의 서비스를 활용하는 것이다. 후자의 개념은 새로운 어플리케이션의 개발을 포함하지 않을 수도 있다. 그러나 정보시스템 개발에서 "일정 크기의 시스템이 모두에게 적합할 수 있다"는 생각은 재고되어야 한다. 새롭게 시스템을 구현할 경우 한정된 작업 기간, 전문 기술 부족 또는 제한된 리소스와 같은 제약이 있는 경우 혼합된 접근 방식이 효과적일 수 있다. 예를 들어, 경영진은 시장 상황이나 경쟁사 때문에 신규 시스템을 빠른 시일 내에 구축하라고 요구하는 경우가 있다. 그래서 예상 자원을 검토한 후 프로젝트에 더 많은 사람들이 필요할 수 있다. 또는 경우에 따라 새로운 기술 지식을 프로젝트에 사용해야 할 수도 있다. 이 경우 제3자에게 아웃소싱을 요청함으로써 해당 전문 기술을 직접 제공 받을 수 있을 뿐만 아니라 해당 지식을 사내 직원들에게 전달할 수 있다. 이상의 내용은 정보시스템 개발을 위해 다양한 전략을 효율적으로 혼합해 사용하는 방법이다.

POINT OF INTEREST

아웃소싱의 어두운 미래

전통적인 아웃소싱에 대한 전망은 예상보다 끔찍하다. 미국, 프랑스, 독일, 영국의 568개 회사를 대상으로 진행한 2011 Forrester의 설문 조사 결과, 아웃소싱을 통한 비용 절감 효과가 예상보다 낮았다는 사실이 밝혀졌다. 클라우드 기반 기술은 전통적인 아웃소싱의 주요 경쟁자로 부상하고 있다. 클라우드 기반 기술은 고객에게 인터넷을 통한 서비스 및 응용 프로그램에 대한 액세스(접근)를 제공하며, 이는 일반적으로 전통적인 아웃소싱보다 비용 면에서 효율적이다. 아웃소싱과 관련된 비용 절감 효과와 더 나은 기술의 등장은 오늘날 우리가 알고 있는 아웃소싱의 어두운 미래로 이어질 수 있다.

출처: Anonymous. (2011, Jul 19). Forrester predicts death of traditional outsourcing, Mint Magazine.

맞춤형 응용 프로그램 개발을 위한 아웃소싱

회사가 보유한 기존 소프트웨어로는 충분치 못한 경우가 가끔 있다. 예를 들어 어떤 회사의 비용 계산 절차가 매우 구체적이어서 상업적으로 사용 가능한 소프트웨어가 없기 때문에 맞춤형으로 설계된 맞춤형 소프트웨어를 개발해야 하는 경우가 대표적이다. 실제로 최근 몇 년 사이 사내에서 직접 시스템을 개발하는 회사의 수가 감소했다. 맞춤 설계된 시스템의 대부분은 다른 회사에 컨설팅과 소프트웨어 개발을 맡겨서 만들어진 것들이다.

WHY YOU SHOULD

왜 정보시스템 통합의 다양한 방법들을 알아야 하는가?

정보시스템이 점점 더 많은 비즈니스 활동을 지원하고 향상 시킴에 따라 기업은 자사의 요구에 가장 잘 맞는 시스템을 최대한 빨리 확보하고 시스템 구입 및 유지 관리 비용을 최소화하는 것이 중요하다. 앞서 12장 "시스템 계획 및 개발"에서 설명한 바와 같이, 직원은 자신의 업무에 어떤 정보시스템이 도입되고 어떤 기능을 갖게 될 지 결정하는 과정에 참여해야 한다. 정보시스템을 구현하는 방법은 여러 가지가 있으므로, 관련 담당자들은 각각의 장점과 단점을 이해해야 한다. 필요한 시스템을 확보하기 위한 특정 접근 방식이 염려된다면 이에 대해 문제 제기를 하고 다른 대안을 제안할 수 있어야 한다.

맞춤형 정보시스템은 구매를 통해 구축한 기성 정보시스템보다 비용이 많이 들지만 몇 가지 장점이 있다(그림 13.2 참조).

- 해당 기업에 최적화된 문제 해결: 기성 프로그램으로 문제를 대충 해결하기 보다 맞춤형 정보시스템을 통해 당면 문제를 정확하게 해결할 수 있다.
- 해당 기업의 문화에 대한 고려: 맞춤형 정보시스템 개발시, 개발자들은 기업 문화를 고려한다. 직원들도 자신의 업무와 잘 어울리는 시스템을 선호한다. 반대로 기성 정보시스템을 사용할 경우 직원들은 해당 시스템을 위해 자신의 업무를 변경해야 한다.
- 전용 유지 보수: 담당 프로그래머가 정보시스템에 쉽게 접근할 수 있기 때문에 유지 보수 작업에 익숙해지며 그 결과 맞춤형 유지 관리를 제공 할 수 있다. 유지 보수에는 업무 변경(다른 조직과의 합병 및 인수 포함) 및 신기술 출시에 따른 시스템 업그레이드가 포함된다.
- 완벽한 인터페이스: 맞춤형 정보시스템은 회사의 특별한 요구 사항을 구현하여 다른 시스템과 호환되는 적절한 인터페이스를 구현 할 수 있다. 특히 시스템간 데이터를 정확하고 시기적절하게 전송하고, 기존 시스템과 신규 시스템이 원활하게 통신하는 기능이 필수적이므로 완벽한 인터페이스가 중요하다.
- 특수 보안: 맞춤형 정보시스템에는 특별한 보안 조치가 취해질 수 있다. 또한 시스템이 맞춤 설계 되었기 때문에 보안 수단들은 해당 기업만 알 수 있다.
- 전략적 우위를 위한 경쟁력: 2장의 "정보시스템의 전략적 사용"에서 논의한 바와 같이, 기업은 경쟁사에 없는 정보시스템을 사용할 수 있는 전략적 이점을 누릴 수 있다. 맞춤형 정보시스템을 구축한 기업만이 해당 시스템을 사용할 수 있으므로, 그 장점 또한 해당 기업만의 경쟁력으로 이어진다. 예를 들어 고객 관리를 위해 특별히 개발된 맞춤형 정보시스템만이 수행할 수 있는 업무에 기성 CRM 시스템을 사용할 수는 없다.

■ 그림 13-2

맞춤형 정보시스템의 장단점

장점

◆ 해당 기업에 최적화된 문제 해결
◆ 해당 기업의 문화에 대한 고려
◆ 전용 유지 보수
◆ 완벽한 인터페이스
◆ 특수 보안
◆ 전략적 우위를 위한 경쟁력

단점

◆ 높은 구축 비용
◆ 상대적으로 긴 구축 일정
◆ 타 정보시스템과의 낮은 호환성

맞춤형 정보시스템의 가장 큰 단점은 비용이 많이 든다는 것이다. 맞춤형 정보시스템 개발을 위해서는 회사가 모든 개발 비용을 부담해야 한다. 반대로 미리 만들어진 기성 정보시스템을 활용하는 비용은 상대적으로 부담이 적다. 맞춤 설계의 또 다른 단점은 시스템 담당 직원이 오랜 기간 동안 사용할 수 없기 때문에 생산 일정이 지연될 수 있다는 것이다. 또 다른 중요한 단점은 맞춤 설계된 시스템은 다른 조직의 시스템과 호환성이 떨어진다는 점이다. 맞춤형 시스템과 다른 조직의 시스템을 연결할 경우, 두 시스템 중 하나 또는 두 가지 모두를 수정하는 작업에 상당한 비용이 발생할 수 있다.

아웃소싱 시스템을 이용하는 고객이라면 고려해야 할 점이 몇 가지 있다. 보통 고객들은 개발을 담당하는 회사가 시스템의 특정 요구 사항을 포함한 계약 조건을 준수하기를 원한다. 반면 특정 요구 사항으로 인해 개발 작업이 융통성을 잃고 잠재적으로 비용이 많이 드는 경우가 있다. 개발이 진행됨에 따라 고객이 요구 사항을 변경해야 하는 경우, 개발자는 초기에 정한 요구 사항 변경을 거절하거나 추가 요금을 원할 가능성이 있다. 아웃소싱으로 개발된 시스템에 대한 계약은 제12장 "시스템 계획 및 개발"에서 논의한 애자일(agile) 방법론과 같은 일부 방법론과도 호환되지 않을 수 있다. 시스템 개발론의 핵심은 개발이 진행됨에 따라 고객이 당초 계약과는 정반대의 입장을 보일 수 있다는 점을 미리 고려하는 것이다.

북미와 유럽의 일부 국가들은 시스템 개발을 다른 나라에 맡기기도 하며 이를 오프쇼어링(off-shoring)이라고 일컫는다. Gartner에 따르면 오프쇼어링을 담당하는 대표적인 국가들에는 코스타리카, 인도네시아, 콜롬비아 등이 있다. 인도, 중국, 필리핀의 개발자들도 상당한 실력을 갖추고 있다. 따라서 이러한 개발자들을 고용하면 비용을 크게 줄일 수 있다. 오프쇼어링으로 인해 북미와 유럽에서는 개발자들이 해고되는 경우가 늘어나는 등 심각한 문제가 야기되기도 했다. 그러나 이는 경제 세계화의 범위가 확대됨에 따라 생길 수 밖에 없는 필연적인 결과이다.

POINT OF INTEREST

비용 문제가 가장 중요한 고려 사항일까?

주요 기업의 재무 담당 임원들을 대상으로 정보시스템의 아웃소싱과 오프쇼어링에 대한 연구가 진행된 적이 있다. 이 연구는 이론적 관점이 아닌 최고 재무 관리자의 관점에서 아웃소싱을 연구한다는 점에서 이전 연구들과 차별화 되었다. 이 연구를 통해 숨겨진 비용이나 계약 관리로 인해 아웃소싱이 실제로 더 높은 수익을 제공하지 않는다는 증거가 발견됐다. 임원들에 따르면 서비스 제공 업체 선호도의 가장 중요한 특성은 고객 충성도였다. 이 결과는 경영진이 엄격하게 비용만 고려한다기보다 품질이나 일관성, 지원 정책 등에 더 관심을 갖고 있음을 보여준다. 또한 어떤 회사의 핵심역량이 IT라면 그 회사는 오프쇼어링을 할 가능성이 적었다. IT를 핵심역량으로 하는 기업은 시스템 개발에 있어 더 많은 통제력과 권한을 갖고 싶어 할 것이다. 아웃소싱과 오프쇼어링은 많은 기업들을 위한 하나의 옵션이지만 회사의 핵심역량에 따라 올바른 선택이 아닐 수도 있다.

출처: Source: Peslak, A. R. (2012). Outsourcing and offshore outsourcing of information technology in major corporations. Management Research Review, 35(1), 14-31.

IT서비스 아웃소싱하기

많은 기업들이 장기적인 서비스를 받기 위해 IT 회사를 찾는다. 구체적으로 하드웨어 구매 및 유지 보수, 소프트웨어 개발, 라이센스 부여 및 유지 관리, 통신 네트워크 설치 및 유지 보수, 웹 사이트 개발, 유지 관리 및 운영, 직원용 헬프 데스크, 고객 및 공급 업체 관계 관리, 모바일 애플리케이션 개발 및 유지 보수 등의 이유들 때문이다.

일반적으로 기업은 사내에서 시스템을 자체 개발하거나 아웃소싱을 맡길 수도 있다. 개발 작업만을 아웃소싱 할 수도 있지만 시스템 운영을 담당하는 자체 직원을 배치하거나 시스템의 개발 및 운영을 모두 아웃소싱 할 수도 있다. 고객 주문을 입력하거나 인적 자원 배치와 같은 일상적인 비즈니스 프로세스만을 아웃소싱하는 경우를 비즈니스 프로세스 아웃소싱이라고 한다. 그러나 이 용어는 다양한 분야에서의 아웃소싱을 뜻하는 반면, 이 책에서는 IT 서비스에만 국한된다는 것에 유의할 필요가 있다.

IT 서비스를 아웃소싱 여부를 고려할 때 경영자는 다음과 같은 질문을 해야 한다.

- 우리의 핵심 비즈니스 역량은 무엇인가? 업무 중 어떤 전문 분야에 집중하고 전념해야 할까?
- 우리는 전문 분야 이외의 분야에서 무엇을 할 수 있을까?
- IT 회사와의 제휴를 통해 우리의 어떤 업무를 개선 할 수 있을까?
- 조직 관점에서 개선할 점을 무엇인가?
- 조직의 운영상의 위험은 무엇인가?
- 어떤 활동을 아웃소싱 할 경우 경쟁력이 약화되는가?

많은 기업들이 IT가 핵심 역량이 아니며 노력의 초점이 되어서는 안된다는 것을 깨닫게 되었다. 또한 IT 발전 속도에 따라 예상보다 많은 전문 지식이 필요하게 되었다. 일부 기업은 아웃소싱 때문에 내부적으로 보유한 전문 지식이 줄어들고 인적 자원의 손실이 발생할 것을 우려하고 있다.

POINT OF INTEREST 아웃소싱의 적절한 범위

아웃소싱은 비용을 절감하고 기업이 핵심 역량에 집중할 수 있게 하는 보편적인 방법 중 하나다.
그러나 과한 아웃소싱은 공급망을 단순화하고 업계에 새로운 경쟁자를 불러옴으로써 해당 산업 전반에 피해를 불러 올 수 있다. 회사가 아웃소싱하는 분야가 많을수록 업무가 분리되고 비즈니스의 응집력이 떨어진다. 또한 아웃소싱을 통해 경쟁업체는 가격을 줄여 수익성을 낮출 우려가 있다. 아웃소싱은 경쟁 업체가 복제 할 수 있는 매우 간단한 개념이며, 사업에 진정한 가치를 부여하지 않는다. 핵심 역량을 제3자에게 양도하는 과정은 기업의 자기만족을 유도하고 업계 관계자들과의 협력을 약화시킬 수 있다. 따라서 아웃소싱을 남용하지 말고 비핵심 역량으로 제한하여 기업 스스로의 역량을 지켜내는 것이 중요하다.
출처: Mourdoukoutas, P. (2011). The Unintended Consequences of Outsourcing. Retrieved from http://www.forbes.com/sites/panosmourdoukoutas/2011/12/09/the-unintended-consequences-of-outsourcing/

기업의 정보시스템과 관련된 예산 중 상당 부분은 아웃소싱 서비스에 할당된다. IBM이나 Unisys와 같은 하드웨어 및 소프트웨어를 제공하여 명성을 얻은 IT 기업은 하드웨어 및 소프트웨어 판매 수익보다 비즈니스 아웃소싱 부분에서 더 많은 수익을 내고 있다. IBM, Fujitsu, Accenture, Computer Sciences Corp. (CSC), Northrop Grumman, Hitachi, Capgemini, Perot Systems, NEC 및 Hewlett-Packard (Verberne, 2010) 등이 대표적인 IT 서비스 제공 업체들이다. 보통 이들 회사는 벤더(vendor) 라고 불리우며 이들에게 아웃소싱을 맡기는 업체를 클라이언트 즉 고객이라고 한다. 일부 저널에서는 벤더를 공급업체(outsourcer)라고도 한다. 아웃소싱은 일반적으로 공급업체가 클라이언트의 IT 기능 일부 또는 전체에 대한 책임을 맡는 장기적인 계약 관계이다. 또한 기업은 내부 자원을 줄이기 위해 신용 카드 처리와 같은 거래 활동을 아웃소싱으로 맡긴다. 그림 13.3에 일반적인 아웃소싱 기능이 정리되어 있다.

■ 그림 13-3

일반적인 아웃소싱 기능

- 애플리케이션 개발 및 소프트웨어 유지보수
- 하드웨어 구매 및 하드웨어 유지보수
- 통신 장치 구축 및 유지보수
- 헬프 데스크 운영
- 웹사이트 디자인 및 유지보수
- 직원 교육
- 데이터 보관 및 백업 서비스
- 거래 프로세싱

IT 아웃소싱 계약은 일반적으로 장기간(보통 7년에서 10년) 체결된다. 이와 관련한 비용은 매우 크며, 일부는 수십억 달러에 달한다. 예를 들어 인도에서 가입자가 네번째로 많은 이동통신사업자인 Idea Cellular Ltd.는 2012년 IBM과 8년간 7억 달러에 달하는 아웃소싱 계약을 연장했다.

계약은 당초 2007년에 체결되었고, 2017년에 만료 될 예정이었다. 그러나 이 연장을 통해 계약 만료 시점은 2020년으로 늘어났다. 중간 계약 연장의 이유는 IBM 입장에서 2017년 계약 만료시 거쳐야 하는 공식 입찰 프로세스를 피할 수 있기 때문이다. IBM은 Idea Cellular Ltd.에 IT 인프라 및 응용 프로그램을 제공할 예정이다. IBM은 또한 인도 최대 통신 회사인 Bharti Airtel Ltd.와 아웃소싱 계약 연장 협상을 시작했다(이 계약은 2014년 만료 예정이었다.). 인도 통신사들과의 협상은 가입자와 연결된 수익 구조 때문에, 비용 증가로 인해 이익률도 낮아지고 있다(Anonymous, 2012c). 2010년 7월 CSC는 미사일 시스템 분야의 세계적인 선두 주자인 MBDA가 모든 옵션을 행사할 경우 2014년 12월까지 아웃소싱 계약 연장에 동의했다고 발표했다. 이 협정은 1994년 영국에서 시작된 양사 간의 관계가 지속됨을 의미한다. 연장 계약에 따라 CSC는 MBDA에 인프라 및 응용 프로그램 관리를 포함한 모든 IT 서비스를 제공 할 예정이다. CSC는 Fortune 지에서 2010년 정보 기술 서비스 분야에서 가장 존경받는 기업 중 하나로 선정되기도 했다(Anonymous, 2010b). 2012년 7월, IBM은 멕시코 몬테레이에서 건물 공급 업체의 IT 운영을 관리하기 위해 Cemex와 10년간 10억 달러 아웃소싱 계약을 체결했다(McDougall, 2012). 2010년 1월, Perot Systems는 미국 육군에 네트워크 운영, 데스크톱 서비스, 전자 메일 및 정보 보증 서비스를 제공하기 위해 5년간 4,200만 달러 계약을 체결했다(Mark, 2010).

IT 분야의 아웃소싱에는 특유의 역설적인 측면이 있다. 계약 기간은 장기간인데 비해 일반적으로 급변하는 기술을 필요로 한다. 공급 업체들은 인적 자원 투입을 이유로 최소 5년 이상의 계약을 선호하지만 제12장 "시스템 계획 및 개발"에서 논의한 바와 같이 IT 와 관련한 계획은 보통 3~5년 이내다. 결과적으로 클라이언트는 더 이상 자신의 니즈를 충족시키지 못하거나 계약 내용이 이행되지 않는다고 여겨지는 상황에 처할 때가 있다. 이런 상황을 해결하는 방법 중 하나는 법적 수단을 동원하는 것이다. 2012년 인디애나주는 IBM에 복지정보시스템 개발에 실패한 댓가로 4억 3천 7백만 달러를 지불하라는 소송을 제기한 적이 있다. 주정부는 IBM이 원래 16억 달러 상당의 2006년 계약을 위반했다고 주장했다. 그러나 주정부는 IBM이 계약상의 책임을 위반했다고 법원을 설득하지 못했다. 이는 아웃소싱 서비스를 제공하는 기업에 유리한 판단을 내린 드문 경우였다. 규모가 큰 아웃소싱 기업은 소송에 대한 부정적 여론을 의식하겠지만 이 경우에는 그렇지 않았다. 이 같은 사례는 복잡한 계약, 방대한 데이터 및 검토가 필요한 다량의 문서로 인해 법원에서 소송을 통해 해결하기가 매우 어렵다. 관계자들에 의하면 이 소송에서 어느 당사자도 "이겼다"고 주장하지 않았다(Overby, 2012b).

또 다른 사례로 2013년 4월 미시간주 트로이의 Walsh College는 병원 및 고등 교육 기관을 위한 정보 기술과 웹 제품 서비스를 제공하는 CareTech Solutions와 계약을 갱신했다. 이 계약의 CareTech가 모든 IT 인프라 운영과 응용 프로그램 지원 서비스를 제공하는 내용을 포함하고 있었다. CareTech는 일상적인 IT 운영과 학생, 교직원 및 직원의 향후 요구 사항에 대한 전략적인 분석과 예측을 제공하는 탁월한 서비스로 Walsh College에서 칭찬을 아끼지 않았다. 5년간의 아웃소싱 계약 연장을 통해 이들은 2017년까지 파트너 관계를 유지하게 되었다(Anonymous, 2013).

아웃소싱 계약의 재협상은 이례적인 일이 아니다. 장기 계약을 맺은 일부 회사들은 재정적 부담이 너무 크거나 예상 이익이 달성되지 않았음을 발견하기도 한다. 2004년 4월 Sears, Roebuck and Co.는 CSC와 10년간 16억 달러에 달하는 아웃소싱 계약을 체결했다. 그런데 11개월 후인 2005년 5월 Sears는 CSC가 일부 의무를 이행하지 못했다고 주장하며 계약을 해지했다. 2007년 말 CSC와 Sears, Roebuck, Co.는 2004년 5월에 체결한 계약 분쟁을 해결하기로 합의했다. Sears는 자산에 대한 손상 비용을 예상하지 않은 CSC에 미공개 금액을 지급했다. Sears, Roebuck Co.의 모회사인 Sears Holdings Corporation가 합의에 필요한 비용을 마련했으며, 2007년 재무제표에 중대한 영향을 미칠 것으로 예상하지 않았다(CSC, 2007).

IT 서비스 아웃소싱에 대한 경험적 결정은 기업의 성공을 위해 중요한 요소다. 그러나 해외 아웃소싱의 최근 추세는 그렇지 않다. 글로벌 IT 공급 업체들은 고객과 서비스 제공 업체 간의 연락 담당자 역할을 하는 온사이트(onsite) 및 온사이트 직원 수를 줄이는 추세다. 기업들이 해외 IT 아웃소싱을 안정적으로 활용하기 위해서는 다음과 같은 방법을 참고할 필요가 있다.

- 프로세스 설계 검토를 수행하여 온사이트의 역할이 제대로 수행되고 있는지 확인해야 하며, 가능한 일부 IT 업무를 사내에서 수행해야 한다.
- 지리적으로 가까운 지역에서의 아웃소싱 가능성을 다시 고려할 필요가 있다. 북미 자유 무역 협정 (NAFTA)으로 인해 IT 근로자들이 먼 해외가 아닌 국경 근처 국가들을 더 수월하게 이동할 수 있게 되었다.
- 회사의 인프라를 검토해 해외 IT 아웃소싱 제공업체의 인프라와 호환되는지 확인해야 한다.
- IT 아웃소싱 제공업체가 온사이트를 해외로 이전하는 경우 가격을 다시 협상해야 한다.

아웃소싱 서비스를 이용하는 기업들 입장에서는 날로 발전하는 기술과 서비스 제공 업체의 전략적 조치를 통해 합리적인 가격으로 적절한 서비스를 제공받는 것이 중요하다.

POINT OF INTEREST

SOX의 소프트웨어

2005년 SOX (Sarbanes-Oxley) 기업 지배 구조 법안이 통과된 이후 일부 기업은 기업이 위험을 관리하고 기업 재무보고 요구 사항을 준수하는 데 도움이 되는 소프트웨어 개발로 수익을 올렸다. OpenPages는 2010년 IBM에 매각되기 전까지 이런 업무를 하던 회사 중 하나였다. OpenPages의 서비스는 IBM의 SoftWare Group으로 합병되었다. 이는 재무보고 의무를 준수하지 않으면 수백만 달러 벌금을 부과하는 정책으로 인해, 기업들에게 도움이 되는 소프트웨어 솔루션을 제공하는 중요한 시장 기회였다.

출처: Cody, T. (2010). OpenPages Sold to IBM. Mergers & Acquisitions Report, 23(38), p. 21.

정보시스템 아웃소싱의 장점

기업들은 아웃소싱을 통해 자사의 책임을 줄이고 위험을 보다 잘 관리 할 수 있다. 기업들이 아웃소싱을 하는 경우 경영진들은 해당 아웃소싱 서비스의 비용을 잘 알고 있고, 따라서 오판의 위험을 제거할 수 있다. 이 외에도 다음과 같은 추가적인 장점이 있다.

- **재무 계획을 개선할 수 있다:** 아웃소싱을 통해 기업은 정보시스템 서비스의 사용 기간이 정확히 몇 년인지 알 수 있게 되며, 이를 통해 더 나은 재무 계획이 가능하다.
- **라이선스 비용과 유지 비용을 줄일 수 있다:** 전문적인 정보시스템 제공 회사들은 대개 대량 구매를 통해 CASE(Computer-aided software engineering)에 필요한 도구와 리소스를 할인된 가격으로 구입하며 이를 통해 고객들도 혜택을 볼 수 있다.
- **핵심 역량에 더 집중할 수 있다:** 외부 전문가가 정보시스템을 관리함으로써 기업은 새로운 제품 개발 및 마케팅을 포함한 핵심 역량 발전에 집중할 수 있다.
- **시스템 도입에 필요한 시간을 줄일 수 있다:** 아웃소싱 업체들은 일반적으로 다른 고객을 위한 유사한 시스템 개발 프로젝트 경험을 통해 사내 개발팀이 할 수 있는 것보다 짧은 시간 안에 새로운 애플리케이션 프로젝트를 완료 할 수 있다(그러나 해당 분야의 시스템에 대한 경험이 부족하거나 워터폴 개발 프로세스(waterfall development process)를 고수하는 경우 시간을 단축시키려고 하지 않는 경향이 있다).
- **고정비를 줄일 수 있다:** 일반적으로 사내 정보시스템 담당 인력이 생산적인지 여부와 관계없이 급여가 나가게 되고, 각종 장비를 운영하는 데에도 비용이 나가게 된다. 반면 아웃소싱 업체들은 많은 프로젝트와 고객에 대해 고정비와 간접비(사무실 공간, 가구, 개발 소프트웨어 등)를 분산하여 단일 고객이 부담하는 비용을 줄일 수 있다.
- **수준 높은 노하우를 제공받을 수 있다:** 아웃소싱을 통해 기업은 IT 아웃소싱 업체의 가장 큰 자산 중 하나인 많은 고객과의 작업을 통해 얻은 노하우를 활용할 수 있다.
- **지속적인 지원과 컨설팅을 받을 수 있다:** 아웃소싱 계약을 한 기업들은 아웃소싱 업체를 통해 다양한 컨설팅을 받을 수 있다. 그렇지 않을 경우 유료 컨설팅만 받을 수 있다. 이러한 컨설팅에는 최근 구입한 응용 프로그램의 기능을 사용하는 방법이나 애플리케이션 간 데이터를 이동하는 방법에 대한 내용이 포함될 수 있다.

보통 IT 업무를 아웃소싱하는 이유는 비용 절감이었다. 그러나 여러 연구에 따르면 비용 절감만이 아웃소싱의 이유가 아니다. 보통 경영진들은 아웃소싱 관계에서 얻을 수 있는 여러 가지 장점을 기대한다. 그림 13.4는 기술과 전문 지식에 대한 도움과 같이 가장 많이 언급된 기대치를 보여준다. 많은 임원들에게 이러한 예상 이익은 비용 절감보다 더 중요하다. 특히 아웃소싱이 기업들의 비용을 실제로 절감시키지 못한다는 보고도 있었다.

■ 그림 13-4

아웃소싱의 장점

정보시스템 아웃소싱의 단점

아웃소싱은 절대적인 해결책이 아니며 신중하게 고려되어야 한다. 경우에 따라 기업은 다음과 같은 이유로 아웃소싱을 피해야 한다.

- **주도권을 잃을 수 있다:** IT 운영의 대부분을 아웃소싱하는 회사는 오랫동안 주도권을 회복 할 수 없을 것이다. 기업은 자신들이 속한 산업의 특성을 평가해야 한다. 아웃소싱은 상대적으로 안정적인 산업에서 좋은 선택이 될 수 있지만, 빠르게 변화하는 산업군에서는 매우 위험하다. 아웃소싱 업체는 필요한 정보시스템 기술을 보유하고 있을지라도 고객의 산업 분야에서 끊임없이 변화하는 현실에 적응할 수 없다면 장기적으로 고객의 핵심 역량을 위태롭게 할 수 있다. 만약 이 위기가 현실이 되었을 때 고객은 위기에 적절하게 대응할 수 있는 인력을 보유하지 않고 있을 수 있다. 또한 고객이 자격을 갖춘 IT 전문가를 고용하고 있더라도 아웃소싱 업체는 계약에 따라 자신들과 관련이 없는 분야에는 신경을 쓰지 않을 수 있다.
- **능숙한 기술을 보유한 직원을 잃을 수 있다:** 아웃소싱은 사내 직원 중 수백 명 또는 수천 명을 아웃소싱 업체로 이전시키는 경우가 많다. 예를 들어, 2003년 모토로라와 CSC 간의 아웃소싱 계약의 일환으로 CSC는 Motorola의 IT 직원 중 1300명을 흡수했으며 2003년 월스트리트의 JPMorgan이 IT 업무를 IBM에 위탁했을 때 IBM은 JPMorgan의 IT 직원 4000명을 고용했다. 근로자를 흡수하는 조직은 일반적으로 이전 고용주보다 낮은 간접비로 고용 할 수 있고 생산성을 보다 높일 수 있다. 고객은 간접비를 없애는 대신 능숙한 기술을 보유한 인력을 포기하게 된다. 또한 아웃소싱 업체 인력이 고객 기업에 속한 직원과 동일한 업무를 하는 인력인 경우 아웃소싱에서 새로운 전문 지식을 얻을 수 있는 기업의 능력이 저하 될 수 있다.
- **경쟁에서 우위를 잃을 수 있다:** 혁신적인 정보시스템, 특히 해당 기업에게 경쟁 우위를 제공하는 정보시스템 관련 업무는 아웃소싱해서는 안 된다. 전략적 시스템의 개발을 아웃소싱하는 것은 영업 비밀을 공개하는 것이기 때문이다. 기밀 유지 계약은 위험을 줄일 수는 있지만 위험을 완전히 제거하지는 못한다. 경쟁 업체가 동일한 목적으로 정보시스템을 구축하기 위해 동

일한 아웃소싱 업체를 고용 할 수 있으므로 잠재적으로 최초 고객의 장점을 잃을 수 있다. 또한 이러한 시스템에 새로운 비즈니스 또는 기술이 통합되어 있다고 가정하면 아웃소싱 업체는 이전보다 낮은 이익을 얻게 된다. 핵심 정보시스템 업무를 아웃소싱에 맡기는 전략은 일상적인 작업을 아웃소싱하는 것보다 더 많은 위험을 초래한다(그림 13.5 참조).

- **높은 가격을 부담할 수 있다:** 사전에 세밀하게 계약 관련 비용을 예측했음에도 불구하고, 일부 회사는 아웃소싱이 자신들이 직접 정보시스템 업무를 담당하는 경우 보다 훨씬 많은 비용이 든다는 것을 알아냈다. 몇몇 기업은 아웃소싱 계약 재협상을 위해 아웃소싱 업체에 압력을 가하거나 계약을 해지 할 방법을 찾아냈다. 이는 경영진이 사내에 IT 담당 직원을 보유함으로써 동일한 수준의 서비스 혹은 보다 나은 품질의 서비스를 실현할 수 있다고 믿기 때문이다. 이러한 상황에 처하기 않기 위해 기업은 인력의 수준, 근무 시간, 제공된 서비스의 범위와 품질을 포함한 일련의 계약 조건을 명확히 정의해야 한다.

■ 그림 13-5

의사 결정의 수준이 높아질수록 아웃소싱의 위험도 커진다.

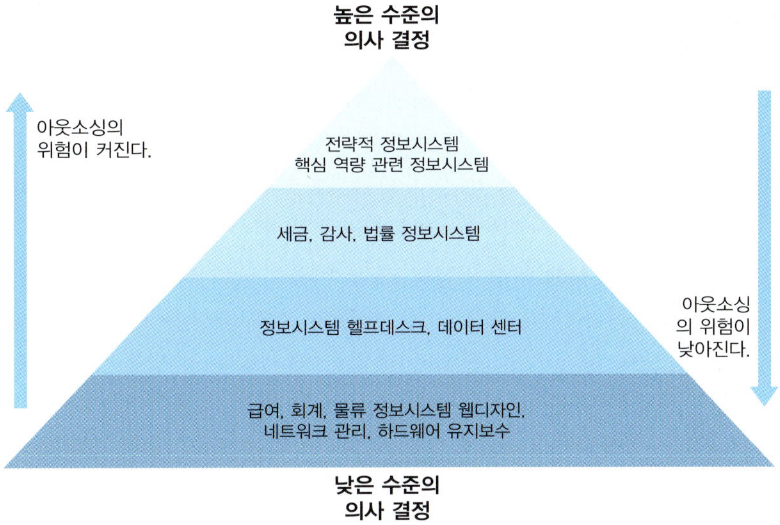

아웃소싱 계약의 가장 중요한 요소는 고객을 위한 것이며 이를 전문가들은 '서비스 수준 협약(Service Level Agreement, SLA)'이라고 부른다. 고객은 아웃소싱 업체가 약속한 서비스의 수준을 측정하는데 사용되는 기준 뿐만 아니라 아웃소싱 업체로부터 예상되는 모든 유형의 서비스를 세밀하게 나열해야 한다. 고객은 아웃소싱 업체가 먼저 서비스의 수준 및 기준을 나열 할 것이라고 기대해서는 안 된다. 계약에 포함되지 않았거나 일반적인 조건으로만 언급된 서비스는 아웃소싱 업체가 보장하지 않기 때문에 가능한 구체적인 계약을 체결하는 것이 기업 입장에서 이익이다.

정보시스템 아웃소싱의 고려 사항

아웃소싱을 해야 할 경우 다음 사항을 검토하여 적합한 대안인지, 어떤 문제점들이 예상되는지 등을 확인할 필요가 있다.

- **사전 조사:** 다른 업종의 아웃소싱 계약, 특히 유사 업종의 계약을 검토해야 한다. 잘못된 접근 방식이나 방법론 및 기술 상의 문제를 방지하기 위해 타사의 경우를 사전 조사하는 것이 중요하다.

- **계약 조건과 서비스의 범위:** 프로젝트를 수행하거나 계약을 맺을 때 가장 중요한 요소는 그 범위이다. 두 기업이 아웃소싱 계약을 맺을 경우 계약 요구 사항의 경계와 모든 당사자의 책임을 구체적으로 설명하는 것이 중요하다. 일부 상황에서는 너무 많은 세부정보가 비효율적일 수 있다. 그러나 IT 아웃소싱 서비스 계약을 체결할 때에는 세부 사항을 간과하거나 최소화해서는 안된다. 또한 주요 사항을 정의하는 것만큼 중요한 것은 각 당사자의 범위나 책임을 벗어나는 예외를 정의해 놓는 것이다.
- **변동 사항에 대한 책임 문제:** 모든 IT 관련 업무가 그렇듯 변화는 피할 수 없다. 고객과 아웃소싱 업체는 아웃소싱 업무와 관련된 문제에 대한 협상을 필수적으로 갖는다. 보통의 경우, 기업은 원만하고 효율적으로 작동하고 있는 업무를 아웃소싱하지 않는다. 환자가 기분이 좋을 때 의사를 방문하지 않는 것과 같다. 따라서 기업은 조직의 인사와 부서가 현재 최적의 방식으로 완료하지 못한 활동에 대한 책임을 맡을 자원과 전문 지식을 얻기 위해 아웃소싱을 진행한다. 계약을 시작하기 전에 아웃소싱 업체와 명확하고 투명하게 현재의 문제를 논의하는 것이 중요하다. 또한 아웃소싱 업체가 서비스 완료 능력을 문서화하거나 보여줄 수 있는지 확인할 필요가 있다. 단순히 "할 수 있다"는 말만 믿어서는 안된다.
- **모니터링과 갈등 해결:** 새로운 계획이 갈등이나 실패로 여겨져서는 안된다. 동시에, 양 당사자는 공동의 성공을 모색해야 한다. 양 당사자가 측정 가능한 기준치를 사용하여 진행 상황을 모니터링하고 추적하는 것이 중요하다. 계약 기간 동안 이러한 조치에 대해 일관되게 대화해야 한다. 갈등이 발생하는 경우 갈등 그 자체는 중요한 문제가 아니다. 적시에 해결책을 찾기 위해 양측은 머리를 맞대야 한다. 물론 이 과정은 쉽지 않은 일이다. 그러나 이러한 모니터링 및 갈등 해결에 대한 합의는 관계가 악화되는 문제나 법적 소송을 피할 수 있게 해준다.
- **아웃소싱에 대한 이성적 고려:** 비용이 높거나 제공되는 서비스가 많을수록 계약 실패의 위험이 커진다. 세밀하게 업무 범위를 정의 해놓은 아웃소싱 계약은 성공할 확률이 높다. 기업은 아웃소싱 업무를 관리나 책임을 면제하는 만병통치약으로 여기지 말아야 한다. 경우에 따라 기업은 아웃소싱을 통해 조직의 문제와 비용을 급하게 해결하려고 한다. 때로는 아웃소싱 계약이 간단하지 않을 수도 있다. 기업은 단기간 및 장기간의 문제를 고려하지 않고 단순히 비용 절감을 위해 아웃소싱을 하는 경우가 많다.

기성 패키지 소프트웨어 (Licensing Application)

기업은 사무용 응용 프로그램부터 대규모 응용 프로그램에 이르기까지 점점 수요가 늘어나는 고급 패키지 소프트웨어를 선택할 수 있다. 따라서 기성 패키지 소프트웨어 구입은 회사가 새로운 시스템을 도입할 때 고려할 수 있는 첫 번째 대안이 되어야 한다. 기업이 구입한 소프트웨어는 거의 항상 라이센스가 부여된 소프트웨어라는 점을 기억할 필요가 있다. 구매자는 실제로 소프트웨어 자체가 아닌 소프트웨어를 사용하기 위한 라이센스를 구매하는 것이다. 따라서 여기서 "라이센스"라는 용어는 사용할 라이센스를 구매하는 것을 의미한다. 정보시스템이 기업의 고유한 요구에 맞게 조정되어야 하는 경우를 제외하고는 기성 패키지 소프트웨어의 라이센스를 구입하는 것이 가장 좋은 선택일 수 있다.

기성 패키지 소프트웨어는 두 가지 그룹으로 분류 할 수 있다. 하나는 프로젝트 관리나 세금 업무 등의 구체적인 작업을 지원하는 Microsoft Office 같은 저렴한 소프트웨어다. 이러한 소프트웨어는 일반적으로 단일 사용자의 경우 수십 달러에서 수백 달러, 직원이 많은 회사의 경우 수천 달러가 소요된다. 다른 하나는 인적 자원 관리 및 재무 관리와 같이 전체 조직 기능을 지원하는 대규모 소프트웨어 응용 프로그램 또는 전체 조직에 적용되는 엔터프라이즈 응용 프로그램이 포함된다. 이러한 패키지에는 ERP, SCM 및 CRM 응용 프로그램이 포함되며 일반적으로 수백만 달러가 소요된다.

SaaS(Software as a Service, 이장 뒷부분에 자세히 설명되어 있음)는 월별 또는 연간 반복 청구되는 비용으로 라이센스가 부여된다. 대부분의 경우 SaaS는 표준 브라우저나 클라우드 컴퓨팅 아키텍처를 사용하여 인터넷을 통해 작동한다. 또한 일부 소프트웨어는 두 가지 형태 즉 시스템에 설치되어 있는 클라우드 형태의 옵션을 제공한다. 예를 들어 Intuit는 QuickBooks 제품을 컴퓨터에 설치된 1회 라이센스 비용과 월별 비용이 포함된 온라인 버전으로 나눠서 판매한다. 온라인 버전은 선행 비용이 적게 들고 월간 라이센스 비용에 자동으로 포함되므로 업데이트 된 소프트웨어를 별도로 구매할 필요가 없다.

기성 패키지 소프트웨어의 장점

기성 패키지 소프트웨어를 사용할 경우 다양한 장점이 있다. 첫째, 시스템을 즉시 사용할 수 있으며, 둘째, 저렴한 비용으로 고품질의 시스템을 구축할 수 있고, 셋째, 시스템을 위한 지원을 받을 수 있다는 점이다. 또한 시스템을 즉시 사용할 수 있다는 점에서 실제 시스템 구현과 각종 결정에 필요한 시간을 단축할 수 있다. 기업에서 프로그램을 개발하는 IT 직원을 보유하고 있는 경우에는 기성 패키지 소프트웨어를 구입함으로써 해당 직원이 기업의 특정 요구 사항에 맞는 시스템을 개발해야 하는 수고를 덜 수 있다.

고품질 소프트웨어의 장점은 소프트웨어 개발 회사가 자신들의 제품을 전문적으로 개발했으며, 만약 고품질이 아니라면 시장에서 살아남지 못하기 때문에 어느 정도는 보장이 되어 있다는 점이다. 많은 소프트웨어 개발 회사들은 수개월 동안 실제 데이터로 해당 프로그램을 사용하는 데 동의하는 회사(베타 사이트라고 함)가 테스트 할 베타 버전을 배포한다. 베타 사이트들은 문제점을 보고하고 최종 개발된 소프트웨어를 무료로 받거나 라이센스 비용을 보다 저렴하게 부담함으로써 보상을 받을 수 있다. 따라서 해당 소프트웨어가 일반 시장에 출시 될 즈음에는 충분한 테스트를 거쳤다고 볼 수 있다.

소프트웨어 개발 회사들은 제품 개발 비용을 여러 단위로 분산시키기 때문에 단일 기업에 제공되는 가격은 유사한 프로그램을 기업이 자체적으로 개발하거나 외부 회사를 고용하여 개발하는 데 드는 비용의 일부에 불과하다. 또한 소프트웨어를 구매한 기업 입장에서는 소프트웨어를 유지 보수하기 위해 자체 직원을 두는 대신 장기간의 서비스 계약을 체결하고 프로그램 업데이트에 대한 알림을 받을 수 있다. 모든 소프트웨어 개발 회사는 판매 후에도 지원을 제공하며, 보통 3개월에서 1년 정도의 무상 서비스 시간이 주어진다.

자체적으로 정보시스템을 개발할 여력이 있는 대기업도 적절한 소프트웨어를 찾을 수 있을 때는 구매를 하기도 한다. 예를 들어, 미시간 주 잭슨(Jackson)에 있는 90억 달러 규모의 에너지 생산 업체인 CMS Energy는 웹 기반 공급망 관리 시스템을 설치해 장비 공급 업체들과 연계하는 시도를 했다. 이 회사의 내부 관련자들은 시스템을 자체적으로 구축하기를 원했다. 그러나 IT 분야에 전문성이 있는 수석 부사장 겸 재무 담당 임원은 이 제안을 거부했다. 그는 자체 개발에 소요되는 비용(약 2,000만 달러)이 첫 몇 년 간의 수익보다 클 것이라고 예측했다. 대신 그는 회사에서 패키지 소프트웨어를 사용할 것을 제안했다. 이 제안 덕분에 시스템 구축 비용을 절반으로 줄일 수 있었다.

일반 사용자들은 크고 복잡한 패키지 소프트웨어에 익숙하지 않을 수 있다. 그러나 최근 몇 년 동안 기업용 프로그램은 기성 패키지 소프트웨어 시장에서 큰 부분을 차지했다. 앞서 언급했듯

기업용 프로그램은 기업 내의 여러 조직을 위한 복잡한 응용 프로그램이다. 이는 여러 모듈로 구성되며 각 모듈은 동일한 공급 업체의 다른 모듈과 연결될 수 있다.

그러나 기업은 단순히 대규모 프로그램을 구입해 설치할 수 없는 경우도 있다. 기업 입장에서 소프트웨어 구축과 설치에 필요한 전문가를 고용해야 하는데, 이 과정에서 수개월이 소요될 수 있다. 일부 범위 내에서 이러한 소프트웨어 개발 회사들은 프로그램의 일부를 기업의 특정 요구에 맞게 수정(customization) 하는 데 동의한다. 그러나 이러한 수정은 비용이 매우 많이 들고 종종 위험하다. 경우에 따라 수정 작업이 계획보다 훨씬 오래 걸리고 기업의 전체 만족도가 떨어지는 경우도 있다.

기성 패키지 소프트웨어의 위험

기성 패키지 소프트웨어는 다양한 장점을 가지고 있음에도 불구하고 다음과 같은 위험을 갖고 있다.

- **기업의 요구 사항에 최적화된 결과를 제공하지 못할 수 있다:** 기성 소프트웨어는 기업들이 공통적으로 갖고 있는 문제를 해결하기 위해 개발되었다. 즉 기성 소프트웨어는 다수의 기업에게 유용할 수는 있지만 소수의 기업들만 최적화된 결과를 얻을 수 있을 것이다. 따라서 각 기업들은 기성 소프트웨어가 조직 문화를 포함한 자신들의 요구를 실제로 해결 할 수 있도록 세심한 주의를 기울여야 한다. 이를 위해 소프트웨어 선택 과정에서 잠재적 사용자들의 많은 의견을 얻을수록 좋다. 또한 소프트웨어에 대한 요구 사항을 명확하고 완전하게 정의하는 것이 중요하다. 다양한 소프트웨어 제품을 평가한 다음, 기업의 요구 사항을 분류하고 우선 순위를 정하는 작업도 필수적이다.
- **기업의 요구 사항에 맞는 수정 작업이 어려울 수 있다:** 많은 기업들은 ERP나 SCM 관련 프로그램과 같은 소프트웨어를 특정 요구 사항에 맞게 수정해야 함을 알고 있으며, 공급 업체가 저조한 업무를 수행하고 있다는 사실도 잘 알고 있다. 가령 Nike는 i2 Technologies가 SCM 소프트웨어를 개발하는데 4억 달러를 지출했다. Nike는 소프트웨어가 제대로 작동하지 않아 수요가 많은 제품이 부족한 반면, 인기가 없는 제품이 많이 남아 있다고 주장했다. Nike의 경영진은 운영 비용을 낮추고 회사와 소비자와의 소통을 간소화하려는 목적으로 개발된 소프트웨어가 성능과 기능면에서 모두 실패했다고 밝혔다. 반면 i2는 소프트웨어를 커스터마이징 하는 작업이 어려웠고, 나이키가 i2의 제안과는 다른 방식으로 시스템을 구현했다고 비판했다. 그러나 Nike는 그 제안이 너무 경직되서 실제 구현에 이르지는 못했다고 반박했다. 이 일로 인해 1억 달러가 투입된 첫 1분기에 나이키의 매출은 감소했다. 아마도 "Just do it" 보다 "Do it right"이 더 나은 방법이었을 것이다.
- **소프트웨어 개발 회사가 사업을 중단할 수 있다:** 공급 업체 즉 소프트웨어 개발 회사가 사업을 중단하면 구매자인 기업은 지원, 유지 보수 및 소프트웨어 업그레이드 기회를 잃게 된다. 공급 업체의 재무 건전성을 확인하는 경우를 제외하고 기업이 이러한 위험을 줄이기 위해 할 수 있는 일은 별로 없다.
- **소프트웨어 개발 회사 직원들의 이직:** 정보시스템 전문가의 이직률은 다른 직종보다 훨씬 높다. 프로그램 개발 및 업그레이드와 관련한 상당수의 직원이 개발 회사를 떠나면 지원이 악화되고 업그레이드 품질이 떨어지게 된다. 이러한 위험을 줄이기 위해 기업이 할 수 있는 일은 거의 없다고 해도 과언이 아니다.
- **커스터마이징 vs. 소프트웨어 업데이트:** 사전 개발이 완료된 소프트웨어를 구매하는 경우의 장점 중 하나는 광범위한 기능성이다. 우수한 실력의 개발사와 계약을 체결하게 되면 범용적인 목

적으로 설계된 소프트웨어 업데이트를 받을 수 있다. 그러나 이러한 업데이트는 그 범위에 따라 특정 시스템에서는 구현이 안되는 경우도 있다. 일반적으로 새로운 업데이트가 필요할 경우 개별 시스템의 특성에 맞춘 자잘한 맞춤 작업이 필요하다. 따라서 범용적인 소프트웨어를 사용할 경우에는 큰 노력 없이도 시스템 업데이트를 진행 할 수 있다.

기성 패키지 소프트웨어의 도입 순서

특정 소프트웨어를 선택할 때 기업은 많은 돈을 투자하고, 자신들만의 특정한 방식으로 사업을 영위하기 위해 장기간의 노력을 기울인다. 소프트웨어의 품질 외에도 설치의 복잡성이나 교육 비용, 애프터 서비스의 품질, 비용과 같은 요인을 고려해야 한다. (소프트웨어 평가 체크리스트의 사례는 5장의 그림 5.9를 참조) 일단 기업이 기성 패키지 소프트웨어 도입을 결정하면 시스템 구현을 감독하고 모든 공급 업체와의 거래를 처리하기 위한 프로젝트 관리 팀이 구성된다. 프로젝트 관리 팀은 다음과 같은 책임을 진다. (그림 13.6 참조)

■ 그림 13-6

기성 패키지 소프트웨어의 도입 순서

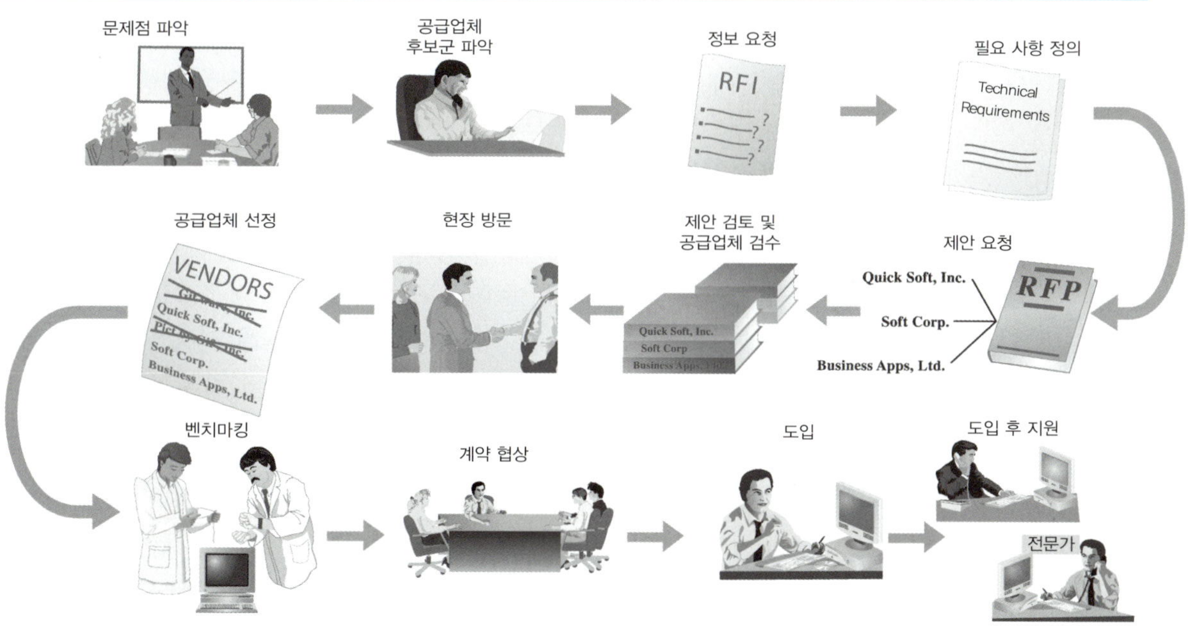

- **문제점과 기회 파악하기:** 이 단계는 제12장 "시스템 계획 및 개발"에서 살펴본 시스템 개발 라이프 사이클(SDLC)의 초기 단계와 유사하다. 문제점과 기회를 파악하는 작업을 통해 전반적인 필요 사항을 비롯해 다른 시스템과의 중요한 통합 포인트를 파악할 수 있다. 또한 이 단계에서 생성된 보고서는 공급업체 후보군들을 위한 정보 요청의 기초 자료로 사용된다.
- **공급업체 후보군 파악하기:** 공급업체의 후보군을 파악하기 위해 필요한 자료로는 온오프라인에서 구할 수 있는 업계 소식지와 각종 프로모션 자료 및 고객 참고 자료 등이 있다. 이 외에도 각종 박람회, 유사 기술을 사용하는 다른 조직이나 동료들에게서 정보를 수집 할 수 있다.
- **공급업체에 정보 요청하기:** 프로젝트 관리자는 공급업체 후보군에 정보 요청서(RFI, Request For Information)를 보내고 제품에 대한 일반적인 정보를 요청한다.
- **필요사항 정의하기:** 프로젝트 관리자는 기능적으로 필요한 사항과 기술적으로 필요한 사항을 정리하고 모든 공급업체의 특성을 식별해 목록으로 만든다. 기능과 기술 양 측면의 공통 사항

과 그렇지 않은 사항을 강조 표시한다. 프로젝트 관리팀은 사용자가 시스템 요구 사항을 정의해 선택한 응용 프로그램이 기존 시스템과 잘 통합되도록 한다.

- **공급업체에 제안 요청하기:** 프로젝트 관리팀은 모든 필요사항을 명시한 뒤 각 공급업체들에게 제안요청서(RFP, Request For Proposal)를 준비한다. 요청서에는 기술적인 필요사항뿐 아니라 구현 프로세스에 대한 자세한 설명과 계약서에 포함시킬 수 있는 일정 및 예산에 대한 내용이 포함되어야 한다. 프로젝트 관리팀은 사전 계약과 협상에 필요한 금액을 구체화 할 수 있는 세부 내용을 담기 위해 노력해야 한다.
- **제안 검토 및 공급업체 검수하기:** 프로젝트 관리팀은 제안을 검토한 뒤 가장 적절한 업체를 선정한다. 업체 선정 기준에는 기능성을 비롯해 적합성, 비용, 서비스, 지원 등이 포함된다.
- **현장 방문하기:** RFP만으로는 충분한 정보를 얻을 수 없을 경우 해당 프로그램이 사용되는 타 기업의 현장을 방문하지 않으면 평가가 불가능할 수 있다. 프로젝트 관리팀은 다른 고객들과 함께 해당 프로그램의 장단점을 논의할 필요가 있다.
- **공급업체 선정하기:** 프로젝트 관리팀은 공급업체들의 제안을 검토하고 순위를 매겨야 한다. 각 선택 기준에 가중치를 부여하고 계약 총액이 가장 높은 공급업체가 계약 협상을 위해 선택된다. 때로는 필수적인 서비스를 제공 할 수 없는 공급업체를 시작 단계에서 미리 제거하기도 한다. 이 단계에 이르면 프로젝트 관리팀은 공급업체 선정에 필요한 충분한 정보를 수집했다고 볼 수 있다.
- **벤치마킹:** 구매를 결정하기 전, 시스템의 실제 성능을 특정 정량 기준과 비교하는 벤치마킹을 사용하여 테스트해야 한다. 모든 조건이 모든 입찰자에게 동일하면 벤치마크를 가장 잘 충족하거나 초과하는 소프트웨어를 제안하는 공급 업체가 선택된다.
- **계약 협상하기:** 계약서에는 기대되는 성과를 명확히 정의하고 필요사항이 충족되지 않을 경우 물어야 할 패널티를 포함시켜야 한다. 일정, 예산, 시스템 지원에 대한 책임 및 응답 시간에 대해서도 특별한 주의를 기울여야 한다. 일부 기업들은 에스크로(escrow) 즉 조건부 날인 증서에 소스 코드를 보관하는 항목을 포함하기도 한다. 공급업체가 사업을 중단하면 클라이언트 입장에서는 시스템을 유지 관리 할 수 없는 소스 코드를 받게 된다. 따라서 공급업체가 정해진 스케줄을 마무리하고 결과물을 제출할 경우 비용을 지불하겠다는 내용으로 계약을 맺는 것이 좋다.
- **시스템 도입:** 새로운 시스템이 필요한 부서에 도입되고, 사용자 교육이 시작되는 단계다.
- **도입 후 지원:** 공급업체는 프로그램을 구입한 기업이 시스템 도입 후 지원을 요청할 것으로 예상한다. 예기치 못한 시스템 중단이나 미숙한 시스템 조작이 발생할 경우 공급업체는 시스템을 미세하게 조정하거나 추가 교육 혹은 소프트웨어 수정 작업을 벌일 수 있다. 물론 공급업체와의 관계가 견고 할수록 서비스나 지원이 원활하게 되므로 공급업체와 지속적으로 관계를 발전시키는 것이 가장 좋다.

공급업체를 선택할 때 기업은 제품의 품질과 신뢰성을 주로 보지만, 서비스의 품질이나 업계 표준에 대한 지원 및 재무 건전성과 같은 추가 요소 또한 매우 중요하다. 여러 설문 조사들을 검토해 볼 때 정보시스템 관리자들이 강조하는 공급업체 선택 시 고려해야 할 요인들은 그림 13.7(내림차순)과 같다. 제품의 품질과 신뢰성이 가격 대비 성능보다 우선적으로 고려된다는 것을 알 수 있다.

■ 그림 13-7

정보시스템 관리자들이 소프트웨어 구매시 고려하는 요인들

요인	순위
품질과 신뢰성	______
제품 성능	______
구입 후 서비스 품질	______
공급업체의 신뢰도	______
가격 대비 성능	______
공급업체와의 협력 편의성	______
업계 표준에 대한 공급업체의 지원	______
미래 전략과 계획	______
공급업체의 재무 건정성	______

SaaS (Software as a Service)

거의 모든 직원이 웹 브라우저를 사용하고 온라인으로 프로그램에 접근하는 방법을 알고 있는 시대에 기업에서 프로그램을 설치해야 하는 이유는 무엇일까? Salesforce.com은 1999년 3월, 마크 베니오프 (Mark Benioff)와 3명의 파트너가 샌프란시스코의 1 베드룸 아파트에 설립되었다. 사업계획은 간단했다. 인터넷을 통해 직관적이고 사용하기 쉬운 CRM (고객 관계 관리) 소프트웨어를 주문형으로 제공하고 소프트웨어 접근 권한을 매월 고객에게 청구하는 것이다. 이 회사는 2011년 7월 현재 104,000명의 고객과 150,000,000명의 가입자(2009년 7월 현재)를 보유하고 있다 (Anonymous, 2011). Salesforce.com은 CRM뿐 아니라 다양한 유형의 주문형 소프트웨어도 제공한다.

네트워크(인터넷 또는 사설 네트워크)를 통해 소프트웨어를 제공하는 기업을 ASP (Application Service Provider)라고 하며, 이렇게 소프트웨어가 제공되는 과정이나 해당 소프트웨어 자체를 SaaS (Software as a Service) 또는 주문형 소프트웨어라고 부른다. Salesforce.com을 비롯해 CSC, IBM Global Service, NetSuite, Inc., Oracle Corp., Microsoft Corp. 및 RightNow Technologies, Inc (현재 Oracle이 소유) 는 업계에서 유명한 회사들이며 이외에도 많은 회사들이 SaaS를 제공한다. IT 리서치 회사인 Gartner에 따르면 SaaS와 관련한 매출은 2015년까지 220억 달러가 넘을 것으로 예측되었다 (Anonymous, 2012b).

ASP는 클라이언트 컴퓨터에 소프트웨어를 설치하지 않는다. 반대로 ASP 가 위치한 곳에 클라이언트를 위한 소프트웨어와 데이터베이스 등을 설치한다. 동시에 클라이언트는 프로그램에서 생성한 모든 파일을 자체 로컬 저장 장치에 저장하도록 선택할 수 있다. 직원들은 웹을 통해 프로그램에 액세스하며 데이터를 입력, 처리하고, 온라인 및 종이로 된 보고서를 작성하는 등 일반적으로 프로그램을 자신의 컴퓨터에 설치했을 때와 동일한 방식으로 사용한다. SaaS 인터페이스 소프트웨어를 사용하면 여러 기업의 수천 명의 사용자가 동일한 시스템을 동시에 사용할 수 있다.

ASP는 반드시 자체 소프트웨어를 제공하지 않는다. ASP는 다른 회사에서 개발한 소프트웨어를 제공하기도 한다. 예를 들어, USinternetworking (AT & T의 자회사)은 Oracle, Microsoft 및 Ariba가 개발한 주문형 소프트웨어를 제공한다. 주문형 서비스는 대여한 소프트웨어에 따라 사용자 당 매월 수십 또는 수백 달러의 비용이 들어갈 수도 있다.

POINT OF INTEREST IBM의 다양한 수입원

IBM은 세계 최대의 정보 기술 서비스 회사다. IBM이 파는 것은 "컴퓨터"가 아니라 "서비스"다. 수년간 이 회사의 주요 수입원은 컴퓨터 판매가 아닌 소프트웨어 개발, 컨설팅 서비스 및 아웃소싱 서비스였다. 예를 들어, 글로벌 기술 서비스(아웃소싱 및 소프트웨어 개발) : 102억 8천만 달러; 글로벌 비즈니스 서비스 (비즈니스 컨설팅) : 47.2억 달러; 시스템 및 기술(메인 프레임 컴퓨터, 서버 및 마이크로 칩 판매 포함) : 57.6억 달러 등이 주요 수익이다. IBM은 2013년 1분기에 1,000억 달러가 넘는 22건의 아웃소싱 계약을 체결하기도 했다.

출처: Anonymous. (2013). International Business Machines Corp. Brokerage Research Digest, 11. http://www.zacks.com/ZER/rd_get_pdf.php?r=IBM

그림 13.8에서 보듯, 웹을 통해 소프트웨어를 임대하고 사용하는 것은 장점과 단점을 동시에 갖고 있다. 시간 제한 임대(time-limited rental)의 경우와 마찬가지로 클라이언트는 막대한 돈을 일시에 전부 지불할 필요가 없다. 직원들은 소프트웨어를 유지하는 방법을 배우는 데 시간을 할애 할 필요가 없으며 소프트웨어를 설치 한 후에도 유지 보수에 신경 쓸 필요가 없다. 공급업체가 자체 하드웨어를 사용하기 때문에 프로그램과 데이터에 필요한 하드웨어도 갖출 필요가 없다. 또한 소프트웨어 사용에 걸리는 시간도 클라이언트가 있는 장소에 설치하는 것보다 훨씬 더 빨리 이용할 수 있다. 만약 실제 기업에 대규모 프로그램을 설치하고 테스트하는데 몇 년이 걸릴 수도 있지만 온라인으로 임대를 할 경우에는 계약서에 서명 후 며칠 내에 해당 프로그램을 사용할 수 있다. 그리고 기업이 소프트웨어 설치에 필요한 막대한 비용을 부담하더라도 소프트웨어를 설치하고 유지 관리하는 숙련된 인력을 찾지 못할 수도 있다.

■ 그림 13-8

SaaS의 장점과 단점

장점

- 소프트웨어 유지 필요성 제거
- 설치와 유지에 필요한 숙련된 인력에 대한 의존성 제거
- 구축을 위한 하드웨어 구입과 유지 불필요
- 구축 시간 대폭 감소
- SaaS 공급업체로부터의 지원

단점

- 인터넷을 통한 느린 응답 시간의 가능성
- 경쟁 업체의 침입을 비롯한 정보 보안 문제
- SaaS 프로그램과 사내 시스템과의 잠재적 통합 이슈

SaaS는 중소기업들에게도 효율적인 방법이 될 수 있다. Holden Humphrey Co.는 매사추세츠의 Chicopee에 있는 목재 도매상이며 24명의 직원이 일하고 있다. 이 회사의 회장은 IT 인력을 고용하거나 라이센스가 부여된 소프트웨어를 지불하는 것이 재정적으로 합리적이지 않다고 결정했다. 이 회사는 한 달에 1,000달러를 ASP에 지불하고 9명의 직원이 재고 관리, 회계 및 CRM 응용 프로그램에 원격으로 액세스 할 수 있게 했다.

Software on demand 즉 주문형 소프트웨어는 클라이언트들로부터 인기를 끌고 있다. 클라이언

트들은 주로 중소기업이지만 일부 대기업도 주문형 소프트웨어를 선호한다. 그러나 클라이언트가 시스템 및 관련 데이터에 대한 제어권을 다른 조직에게 양도하는 것은 분명한 위험 요소다. 일부 공급업체는 고객의 요구에 맞게 소소한 변경을 기꺼이 하지만 들어오는 모든 요청을 받아들이지는 않는다. 일부 전문가들은 SaaS를 사용함으로써 고객이 자사 시스템에 대한 통제력이 떨어지며, 사내 시스템을 수정할 수 있는 능력을 유지하는 것이 더 바람직하다고 주장한다. ASP나 클라이언트 모두 인터넷 트래픽을 완전히 제어 할 수 없기 때문에 응답 시간도 문제가 될 수 있다. 또한 공용 네트워크를 통하기 때문에 경쟁 업체의 침입과 같은 보안 위험이 있다.

이러한 이유로 일부 클라이언트들은 인터넷에 연결하기보다 임대 회선을 사용해 ASP에 연결하는 것을 선호한다. 일례로 Simpson Industries는 미시간 주 Plymouth에 있는 자동차 부품 제조업체로 IBM Global Services에서 제공하는 ERP 시스템을 사용한다. 그러나 직원들은 전용 회선 (독점 사용을 위한 네트워크 연결)을 통해 프로그램을 사용함으로써 뉴욕의 Rochester에 있는 IBM의 서비스센터에 직접 연결한다. 전용 회선 사용을 염두 할 경우, IT 관리자는 비용을 고려해야 한다. DSL, 케이블 또는 광섬유 연결 비용이 한 달에 30달러에서 50달러 수준이지만 동일한 용량의 임대 회선은 한 달에 1,000달러에서 2,000달러가 소요된다. 또한 기업은 사내에서 사용할 프로그램 및 데이터의 유형도 고려해야 한다.

매수자 위험 부담 원칙 (Caveat Emptor)

최근 몇 년 동안, 빠른 인터넷 연결과 ASP 업계의 안정성은 SaaS를 매력적인 선택으로 만들었다. 그러나 평판이 좋은 공급업체도 몇몇 클라이언트들은 서비스의 범위나 신뢰도가 계약 체결시 예상 했던 수준이 아니기 때문에 실망을 한다. ASP를 고려하는 조직의 관리자는 다음과 같은 "계명"을 유의할 필요가 있다.

- **ASP의 실적을 조사하라:** 공급업체에게 클라이언트 리스트를 요청한 다음 이들이 보유한 클라이언트들에게 연락해 기존의 경험에 대해 문의하라. 공급업체가 얼마나 빠르게 프로그램을 새 버전으로 전환하는지도 물어보라. 공급업체와 그들이 제공하는 제품에 대한 자세한 정보를 얻기 위해 다양한 곳에 문의할 필요가 있다.
- **ASP의 재무 건전성을 검증하라:** ASP의 재무 보고서 사본을 요청하라. 계획된 계약 기간 동안 사업을 계속하기에 충분한 자금이 확보되어 있는지 확인해야 한다.
- **가격 구조를 이해했는지 스스로 확인하라:** 다른 프로그램으로 전환할 경우, 가격이 변경되는지 물어야 한다. 가격에 헬프 데스크 서비스도 포함되는지 물어보라.
- **공급업체의 인프라 목록을 확보하라:** ASP의 하드웨어, 소프트웨어 및 통신 시설 목록을 확인해야 한다. ASP에 하드웨어, 소프트웨어 및 통신 서비스에 대한 비즈니스 파트너를 확인하도록 요청하는 것도 필요하다. 신용 카드 계좌 번호와 같은 민감한 데이터를 포함한 데이터가 어떻게 저장되고 보호되는지 질문하라. 보안 대책에 대해 물어보아야 한다.
- **서비스 계약을 신중하게 작성하라:** 서비스가 완벽하게 제공되지 않을 경우 계약서에 ASP가 지불하는 벌금이 포함되는지 확인해야 한다. 기업이 계약을 조기에 끝내기 위해 벌금을 내지 않아도 되는지도 확인하라.

시설 목록을 검사 할 때 점검해야 할 중요한 사항 중 하나는 가동 시간이다. 가동 시간은 ASP의 시스템과 통신 링크가 가동되어 실행되는 시간의 비율이다. 공급업체는 가동 시간을 100% 보장할 수 없기 때문에 ASP는 99.9%의 가동 시간을 약속하기도 하지만 만족스럽지 않을 수 있다.

왜냐하면 99.9%는 중단 시간이 1년에 500분에 달할 수도 있음을 의미하기 때문이다. 이는 대개 고객 관계 관리 시스템에서라면 어느 정도 허용될 수 있다. 일주일에 50시간 미만으로 정보시스템을 사용하는 인적 자원 관리자 또는 영업 담당자는 99% 보장에 대해서도 만족할 수 있다. 그러나 전문가들은 중요한 프로그램의 경우 가동 시간을 99.999% 까지 보장 할 수 있는 ASP를 찾는 것이 좋다고 충고한다. 이렇게 높은 가동 시간 비율로 인해 연간 5분 이상의 다운 타임이 보장된다. 일부 회사는 ASP 가동 시간 모니터링만 전문으로 하기도 한다.

그렇다면 어떤 기업들이 ASP 서비스를 고용할까? ASP의 클라이언트들은 다양하지만 대부분의 고객은 다음 네 가지 범주로 분류된다.

- 빠르게 성장하고 있으며, 회사 운영을 위해 소프트웨어에 의존하는 기업
- 일시에 지불할 현금은 없지만 사무실, 통신 및 기본 운영 프로그램을 사용해야 하는 소규모 회사
- 기업용 프로그램과 같은 비싼 소프트웨어가 필요하지만 큰 액수를 즉시 지불 할 수 없는 중간 규모의 회사 (예 : SAP 또는 Oracle과 같은 회사의 ERP 응용 프로그램)
- 소프트웨어나 IT 인력을 확보하기 어려운 지리적 위치에 있는 조직 단위. 이들 사이트는 일반적으로 개발 도상 국가의 지역 본부와 멀리 떨어져 있다. 그 사이트의 사무실은 더 발전된 국가에서 개발된 프로그램을 사용하게 된다.

ASP와 비슷한 또 다른 유형의 서비스 제공 업체인 스토리지 서비스 공급 업체(SSP, storage service provider)가 IT 서비스를 필요로 하는 기업인들에게 주목을 받기 시작했다. SSP는 소프트웨어 응용 프로그램을 임대하지 않지만 저장 공간을 대여한다. 데이터 저장 장치 구매에 돈을 쓰는 대신 회사는 SSP와 계약을 체결하고 SSP 장치에 원격으로 파일의 일부 또는 전부를 저장할 수 있다. 저장 및 검색은 대부분 인터넷과 같은 통신 회선을 통해 실행된다. SSP는 한 달에 사용된 테라 바이트 수로 청구된다. 주요 SSP 중 일부 업체로는 StorageNetworks, HP 및 Amazon.com등이 있다. 소비자 및 상업용 고객을 위한 스토리지 서비스 제공 업체는 향후 몇 년 동안 크게 성장할 것으로 예상된다. 가트너는 소비자가 2016년까지 디지털 파일의 1/3 이상을 클라우드에 저장하고 2016년에는 4.1 제타 바이트로 성장할 것으로 보고 있다(Anonymous, 2012a).

사용자 어플리케이션 개발 (User Application Development)

적절한 프로그램을 시장에서 구할 수 없거나 구매 또는 임대에 따른 위험을 피하면서 프로그램이 복잡하지 않은 경우 소프트웨어 개발에 대한 또 다른 대안을 사용할 수 있다. 바로 사용자 어플리케이션 개발을 통해 개발자가 아닌 사용자도 자신의 비즈니스용 프로그램을 만들 수 있다. 일반적으로 사용자가 개발한 소프트웨어는 매우 간단하고 범위가 제한되어 있다. 사용자가 ERP 시스템과 같은 복잡한 응용 프로그램을 개발할 가능성은 거의 없다. 만약 최종 사용자가 필요한 기술을 보유하고 있다면 즉각적인 필요를 위해 작은 프로그램 정도는 개발할 수 있어야 하며 최종 사용자가 그러한 프로그램을 유지 및 관리 할 수도 있어야 한다. 따라서 짧은 시간 동안 사용되고 난 후 폐기해도 괜찮을 프로그램을 개발하도록 장려할 필요가 있다. 최종 사용자는 크거나 복잡한 응용 프로그램, 다른 시스템과 연동되는 프로그램 또는 기업의 생존에 필수적인 프로그램을 개발해서는 안된다. 또한 재직기간 동안만 존속 할 수 있는 프로그램을 개발하지 못하게 해야 한다(그림 13.9).

■ 그림 13-9

최종 사용자의 프로그램 개발에 대한 가이드라인

최종 사용자가 프로그램을 개발해야 하는 경우	최종 사용자가 프로그램을 개발하면 안되는 경우
최종 사용자가 필요한 기술을 보유했을 때	프로그램 규모가 크고 복잡할 때
프로그램 규모가 작을 때	프로그램이 다른 시스템과 연동될 때
프로그램이 즉시 필요할 때	프로그램이 기업의 생존에 필수적일 때
프로그램이 사용자에 의해 유지가 가능할 때	프로그램이 사용자 재직기간 동안 존속할 때
프로그램을 즉시 사용하고 폐기할 때	

사용자 개발 어플리케이션의 관리

최종 사용자가 개발한 프로그램의 비중이 늘어나면 IT 부서와 기타 사업부 모두 어려움을 겪는다. 그림 13.9에 요약된 규칙 외에도 경영자는 다음과 같은 문제에 대처해야 한다.

- **IT전문가의 반응을 관리해야 하는 문제:** IT 전문가는 종종 사용자가 직접 개발하는 것에 부정적으로 반응한다. 자신들의 임무와 권위가 약화된다고 인식하기 때문이다. 이 문제를 해결하기 위해 경영진은 최종 사용자가 어떤 유형의 프로그램을 개발할 수 있는지에 대해 명확한 지침을 설정해야 한다.
- **지원을 해야 하는 문제:** 최종 사용자가 프로그램을 직접 개발하도록 하려면 정보시스템 관리자가 사용자를 위해 기술 담당자를 지정해야 한다. IT 담당 직원은 대개 자신과 무관하게 개발된 응용 프로그램에 익숙하지 않기 때문에 사용자가 개발한 프로그램에 지원을 제공하는 것은 어렵다. 그럼에도 IT 담당 직원은 최종 사용자가 자신의 기술로는 역부족이라고 하면 문제 해결을 위한 지원을 담당해야 하는 입장이다.
- **호환성을 고려해야 하는 문제:** 기업 내 다른 프로그램과의 호환성을 위해 IT 담당자는 해당 사용자에게 표준적인 개발 도구를 제공해야 하며, 사용자는 비표준 도구를 사용할 수 없다. 이 맥락에서 호환성이란 최종 사용자간의 데이터를 전송하기 위한 목적이 크다. 사용자가 개발한 프로그램을 다른 조직의 시스템과 연결하는 것은 바람직하지 않다.
- **엑세스를 관리해야 하는 문제:** 때로는 사용자가 사내 데이터베이스에서 복사한 데이터를 자체 개발한 스프레드 시트나 데이터베이스로 보내야 하는 경우가 있다. 이를 위해 사내 데이터베이스에 대한 액세스 권한이 사용자에게 부여되면 데이터 무결성과 보안을 유지하기 위해 IT 담당 직원이 액세스를 엄격하게 제어해야 한다. 만약 이러한 형태가 내부 정책에 위배되는 경우 사용자는 자체 프로그램을 개발할 때 이러한 액세스에 너무 의존하지 않도록 미리 주의해야 한다.

장점과 단점

사용자가 개발한 프로그램은 여러 장점을 갖고 있다.

- **개발을 빠르게 시작할 수 있다:** 사용자는 대개 명확한 동기를 갖고 있으므로 대부분 IT 담당 직원보다 더 신속하게 프로그램을 개발한다. 이런 식의 설계는 보통 더 간단하고, 사용자 스스로 프로그램이 사용될 사업 환경에 익숙하므로 개발을 빨리 시작할 수도 있다.
- **요구 사항에 맞춘 개발을 할 수 있다:** 사용자 스스로 다른 누구보다 자신의 요구 사항을 잘 알고

있다. 따라서 자신의 모든 요구를 만족시킬 프로그램을 개발하기도 쉽다.

- **조직 문화에 맞는 개발을 할 수 있다:** 사용자가 개발한 프로그램은 개별 시스템을 사용하는 조직의 문화와 밀접하게 연결되므로 직원들이 새로운 시스템에 쉽게 적응할 수 있다.
- **효율적인 자원 활용이 가능하다:** 이미 다른 목적으로 사용되고 있는 컴퓨터에서 프로그램을 개발함으로써 IT 자원을 효율적으로 사용할 수 있게 된다.
- **기술 습득이 용이하다:** 프로그램 개발 방법을 알고 있는 직원이 많을수록 조직의 기술 수준도 높아진다.
- **IT 담당자들의 업무를 지원할 수 있다:** 개발이 가능한 사용자들이 있음으로써 IT 담당자들은 다른 복잡하고 정교한 시스템 개발에 집중할 수 있다.

그러나 이러한 장점에도 불구하고, 사용자가 프로그램을 개발하는 일에는 다음과 같은 몇 가지 단점이 있다.

- **미숙련도의 문제:** 사용자들은 IT 직원만큼 숙련되지 않았다. 사용자들이 개발하는 프로그램은 전문가가 개발한 시스템보다 품질이 낮기 마련이다. 사용자는 종종 자신의 지식과 도구에 비해 너무 복잡한 프로그램을 개발하고, 지속적으로 유지하기도 어려운 시스템을 만들려고 한다.
- **정보의 섬 문제:** 사용자 개발에 의존하는 조직은 정보의 섬을 만들고 사내 IT 관리자가 통제하지 않는 "개인적인" 데이터베이스를 생성할 위험이 있다. 만약 이에 대한 통제가 부족하면 통합적인 정보시스템의 장점을 못 살릴 수도 있다.
- **복제의 문제:** 사용자 개발자는 사내 다른 곳에 이미 존재하는 시스템과 동일하거나 유사한 프로그램을 개발하는데 리소스를 낭비하는 경우가 있다.
- **보안 문제:** 최종 사용자가 개발을 목적으로 사내 데이터베이스에 액세스하도록 허용하면 보안 정책을 위반할 소지가 있다. 이는 클라이언트 / 서버 환경에서 특히 그렇다. 개별 사용자만을 위한 "개인 데이터베이스"의 생성도 위험하다. 사용자는 자신이 생성한 정보가 사내 정책에 따라 "분류"되어 있다는 사실을 모를 수도 있다.
- **부실한 문서화의 문제:** 실무적인 관점에서, "문서의 열악함"은 잘못된 명칭 일 수 있다. 일반적으로 사용자는 (1) 문서 작성 방법을 모르고 (2) 신속함을 위해 프로그램을 스스로 개발하고 있기 때문에 어떤 문서도 만들지 않는다. 그러나 문서화에 시간을 들일 필요가 있다. 프로그램과 관련된 문서가 없을 경우 시스템 유지 관리가 어려워지고 최악의 경우 불가능 해질 수도 있다. 종종 새로운 사용자가 프로그램을 패치하고 나면 버그를 없애거나 프로그램을 수정하는 방법을 아는 사람이 없는 경우가 생길 수도 있다.

ETHICAL & SOCIETAL ISSUES

직원들을 위한 컴퓨터 사용 정책

PC 사용이 늘고 이메일과 웹이 널리 보급되면서 많은 사람들이 정보시스템을 경험하고 있다. 2010년 미국 인구 통계국 (US Census Bureau)은 고용된 미국인의 50% 이상이 직장에서 컴퓨터에 액세스 할 수 있다는 통계를 발표했다 (Anonymous, 2010a). 컴퓨터는 근로자의 생산성을 높일 수 있지만 비생산적이거나 쓸모 없는 활동에도 자주 사용된다. 직업 환경에 관한 연구에 따르면 인터넷 액세스의 40%는 업무와 관련이 없으며 쇼핑과 관련된 결제의 60%가 근무 시간 중에 이뤄진다 (Griffiths, 2010). 또 다른 연구 조사에서는 직장인 50% 이상이 사내에서 소셜 미디어를 한다는 밝혀졌다 (Ashling, 2009). 직원이 허가없이 회사 차량을 사용하는 경우, 그 행동은 명백히 잘못된 것이다. 그러나 직원이 회사 컴퓨터를 사용해 개인 파일을 저장하는 경우 이 직원은 잘못된 행동을 했다고 할 수 있을까? 회사의 인트라넷에 액세스하는 것은 합법적이며 권장된다. 다른 직원의 파일에 액세스하는 것은 잘못된 것일 수 있다. 그러나 일부 직원은 이 차이점을 인식하지 못할 수도 있다. 회사 컴퓨터를 적절하게 개인 용도로 사용할 수는 없을까? 이 질문에 대한 답변을 기존 법에서도 다루고 있을까? 기업은 IT 자원의 적절한 사용을 위한 정책을 가지고 있어야 할까? 법을 준수하는 사무 환경을 위해 새로운 법률이 필요할까? 아마 이 질문에 대한 답변은 다양할 것이다.

- 사내 정책이 없는 경우. 허가 받지 않은 컴퓨터 사용은 도난으로 간주 될 수 있지만 관련 정부 기관에서는 이를 일반적으로 그렇게 취급하지 않는다. 아마도 이것이 대부분의 주 법률이 컴퓨터의 무단 사용을 특별히 언급하지 않는 이유일 것이다.

  회사 외부의 누군가가 허가없이 사내 컴퓨터에 액세스하여 어떤 용도로든 사용하는 경우, 이에 대해 많은 국가의 법률이나 미국의 주 법은 이를 범죄로 규정한다. 그러나 직원이 대학 수업의 숙제를 준비하기 위해 사내 컴퓨터를 사용하는 경우 회사는 그러한 활동에 대한 명확한 정책이 없는 한 범법은 물론 비윤리적이라고도 간주 할 수 없다. 이력서를 작성하거나 구직 활동의 일환으로 이메일을 쓰는 것은 어떤가? 사내 정책이 없으면 이 질문에 대한 답을 명확히 할 수 없다.

  웹에 대한 광범위한 액세스는 이런 문제를 더욱 복잡하게 만든다. 어떤 직원들은 근무 시간 동안 웹을 서핑했다는 이유로 해고되기도 했다. 또 어떤 직원들은 점심 시간이나 근무 시간 이후에 웹 서핑을 했다는 이유로도 해고되었다. 그들이 근무 시간을 낭비하지는 않았지만, 회사는 직원들이 특정 사이트 (주로 포르노 이미지를 표시하는 사이트)에 접근하는 것을 막기도 한다.

- 사내 정책은 효과적이다. 오해를 피하기 위해 고용주는 회사의 사전 승인없이 근무 목적이 아닌 컴퓨터 사용을 금지한다는 명확한 지침을 제공해야 한다. 일부 회사에서 취한 간단한 조치 중 하나는 직원들에게 문서화된 정책 사항을 제공하거나 고용시 관련 문서에 서명하도록 하는 것이다. 예를 들자면 다음과 같은 내용이 가능하다. :

  "사내 정책에 따라 감독자의 사전 승인없이 모든 직원이 (a) 업무와 관련이 있고 직원의 의무를 이행해야 하는 경우가 아니라면 장비나 데이터에 액세스하거나 (b) 개인 컴퓨터 파일을 포함하여 모든 컴퓨터 장비, 시스템, 터미널, 네트워크, 소프트웨어, 데이터 또는 문서를 포함한 회사의 컴퓨터 자원 또는 자산을 삭제할 수 없습니다. 직원에 의한 그러한 행위는 연방, 주 및 지방 법에 따라 민사 및 형사 책임을 초래할 수 있습니다."

  많은 회사들이 근무 시간 외에 직원이 컴퓨터를 레크리에이션이나 교육적 목적으로 사용하는 것에 반대하지 않는다. 그렇다면 이 내용도 사내 정책에 포함되어야 한다. 만약 관련 정책을 갖고 있지 않다면 회사는 직원의 합당한 개인적 사용에 대한 해석이 고용주와 다를 수 있다는 사실을 알고 있어야 한다. 그러나 명확한 정책이 없다면 직원은 PC가 업무의 일부로 책임감 있게 사용할 수 있는 작업 도구임을 항상 기억해야 한다. 자신의 사업을 돕거나, 인터넷 쇼핑하거나, 근무 시간대 또는 근무 시간 이외에 즐기라고 주어진 도구가 아니다. 따라서 이메일이나 인스턴트 메시징을 사용하여 친구들과 채팅하거나 레크리에이션 목적으로 사용하지 말아야 한다. 점심 시간에 개인적인 메모를 하기 위해 회사의 펜을 사용하는 것과 개인적인 이메일 메시지를 보내는 것은 다른 행동일까? 아마 오해를 피하는 가장 좋은 방법은 당신이 하려고 하는 것이 바람직한지 그렇지 않은지 단순히 고용주에게 물어 보는 것이다.

명시적이든 묵시적이든 간에 정책을 시행하기 위해 많은 기업들이 일부 의심스러운 수단을 사용한다. 직원의 IT 사용을 감시하기 위해 무단 감시 소프트웨어를 사용하는 것이다. 예를 들어 Ascentive LLC에서 제공하는 BeAware 같은 소프트웨어가 있다. 이 소프트웨어는 이메일, 웹 서핑, 채팅 및 프로그램 사용, 스크린 샷 기록, 사용 시간 및 컨텐츠 실시간 모니터링(Anonymous, 2009)을 통해 모든 직원의 PC 활동을 추적한다.

컴퓨터로 하는 모든 일을 동시에 추적하고 기록 할 수 있으며, 모니터에 표시된 모든 내용을 추적하는 사람의 모니터에서도 볼 수 있다. 이 소프트웨어는 종종 아이들의 웹 서핑 활동과 배우자의 의심스러운 활동을 감시하는 데에도 사용된다. 문제는 직원들을 아동이나 배우자를 속인 것처럼 취급해야 하는가이다. 고용주가 장비를 사용한 작업, 특히 근무 시간을 모니터링 할 수 있는 권리가 있는지 없는지에 대한 질문도 같은 맥락에서 생각해 볼 수 있다.

다시 킴볼 레스토랑으로 돌아가서 (KIMBALL'S REVISITED)

개장 초반에 진행했던 광고와 프로모션 캠페인은 오프닝 준비를 목적으로 만들어진 것이었다. 그러나 타일러는 어떻게 고객 충성도를 높이고 모바일 앱을 만들 수 있을지 확신 할 수 없었다. 베키는 이러한 프로그램을 공급해 줄 업체는 물론 다양한 개발 방법에 대해서도 논의했다. 타일러는 각 접근법이 서로 다른 비용과 시간을 필요로 하며, 장점과 단점을 동시에 포함한다고 생각했다. 그렇다면 이렇게 중요한 결정에는 어떤 식으로 접근을 해야 할까?

당신의 추천은?

1. 타일러와 베키는 고객 충성도 시스템을 만들기 위한 세부 정보와 기능적으로 필요한 사항을 만들었다. 두 사람은 시스템 개발에 필요한 일들에 우선 순위를 매겼으며 새로운 시스템에 들어가면 좋을 몇몇 기능에 대해서도 생각을 해 둔 내용이 있다. 그렇다면 이들을 위해 해줄 수 있는 조언에는 어떤 것들이 있을까? 가능한 접근법들과 각각의 장단점을 나열해보자.
2. 타일러와 베키는 Lakeside 지점의 모바일 앱이 왜 필요한지에 대해서도 각자의 생각을 나눴다. 이 앱을 개발하는 문제는 고객 충성도를 높이기 위한 시스템 개발과 다른 식으로 접근해야 할까? 두 사람에게 해줄 수 있는 조언과 각각의 장단점을 나열해보자.

새로운 시각

1. 새롭게 문을 여는 식당에 도움이 될 모바일 앱의 기능을 나열해보자. 모바일 앱의 다양한 버전에서 구현할 여러 기능의 우선 순위도 설정해보자.
2. 당신이 타일러라면, 고객 충성도 시스템과 모바일 앱을 제한된 자원과 동시에 고려할 때, 어떤 계획을 가장 먼저 구현할 것인가? 예상되는 복잡한 고려 사항(구현 시간, 비용 등)과 함께 각 계획의 전략적 중요성과 운영 상의 중요성 모두를 고려하고 이들을 위한 조언을 논의해보자.

주요용어

응용 프로그램 서비스 공급자 (ASP), 456
벤치마킹, 470
베타 버전, 467
맞춤형 소프트웨어, 457
오프쇼어링, 459
RFI(Request For Information), 469
RFP(Request For Proposal), 470
서비스 수준 계약, 465
SaaS, 471
스토리지 서비스 공급업체 (SSP), 474
가동 시간, 473
사용자 소프트웨어 개발, 474

리뷰 질문

1. 기업을 위한 다양한 형태의 정보 시스템을 나열하고 설명해보자.
2. 만약 적절한 기성 패키지 프로그램이 있다면 자체적으로 프로그램을 개발하거나 아웃소싱을 맡기는 회사는 별로 없다. 그 이유는 무엇일까?
3. 아웃소싱의 장점과 단점은 무엇일까?
4. IBM이나 Hewlett-Packard와 같은 주요 하드웨어 및 소프트웨어 제조사는 아웃소싱 계약으로 인한 수익의 비중을 높이고 있다. 왜 그들이 이 방향으로 노력을 기울이는지 설명해보자.
5. 클라이언트가 장기적인 아웃소싱 계약을 재협상하도록 요청할 수 있는 요인은 무엇일까?
6. 만약 여러분이 큰 규모를 자랑하는 제조회사의 CIO라고 해보자. 소프트웨어 아웃소싱 업체가 여러분의 회사에 새로운 인적 자원 프로그램의 베타 사이트를 제공하겠다고 제안한다. 결정하기 전에 무엇을 고려해야 할까?
7. RFI 란 무엇인가? RFI와 RFP의 차이점은 무엇인가? RFP에 대한 반응이 좋으면 일반적으로는 계약도 쉽게 이어진다. 왜 그럴까?
8. 벤치마킹의 목적은 무엇인가? 벤치마킹 과정 중에는 동일한 시스템을 사용 중인 다른 기업을 방문하는 것도 포함된다. 왜 그럴까?
9. 웹 기반으로 고객의 주문 사항과 신용카드 번호를 입력하는 시스템에서 벤치마킹 할 수 있는 내용은 무엇이 있을까?
10. 기성 소프트웨어를 구입하는 경우 SDLC의 어느 단계가 지원 및 서비스에 해당하는가?
11. 일부 기업에서는 특정 조직 단위에만 서비스를 제공하는 프로그램의 구입비를 청구한다. 요금 환불 제도는 어떻게 사용자가 자신의 프로그램을 직접 개발하도록 유도할까?
12. 사용자가 자신이 개발하는 프로그램을 문서화하지 않는 이유는 무엇일까? 부실한 문서화는 왜 문제가 되는가?
13. 주문형 소프트웨어 공급자의 서비스를 사용할 때의 장점과 단점을 열거하고 설명해보자.
14. 일부 기업은 핵심 역량에 집중하기 위해 SaaS(Software as a Service)를 사용한다. 핵심 역량이란 무엇인가? 조직의 핵심 역량이 무엇인지 어떻게 결정할 수 있을까?
15. 스토리지 서비스 공급자 (SSP) 란 무엇인가? ASP와 다른 점은 무엇일까?

토의질문

16. 아웃소싱 서비스를 이용하는 일부 기업들은 아웃소싱 업체로 하여금 새롭고 혁신적인 시스템을 개발하도록 유도하는 인센티브가 포함된 계약을 고안했다. 당신이 아웃소싱 서비스를 이용하는 한 회사의 관리자인 경우 어떤 내용을 계약에 포함 시킬 것인가?
17. 아웃소싱 공급업체는 아웃소싱 고객과 "파트너"로 자신을 마케팅하고 싶어한다. 왜 그럴까?
18. 최종 사용자가 시스템 개발을 할 수 있도록 장려해야 할까? 장점이 단점보다 클까?
19. 기성 소프트웨어 프로그램이 기업의 모든 요구를 충족할 수 있을까?
20. SaaS 시장이 커짐에 따라 소프트웨어 시장의 1/4에 달할 것으로 예측된다. 이번 장에 나열된 장점 외에도 SaaS의 성장을 불러오는 기술적 발전에는 무엇이 있을까?
21. Salesforce.com의 슬로건 중 하나는 The End of Software이다. 이 용어가 SaaS의 개념을 설명하는 데 동의하는가? 그 이유는 무엇인가? SaaS가 궁극적으로 기업에서 소프트웨어를 사용하는 유일한 방법이 될 것이라고 생각할 수 있을까?
22. 어떤 CIO가 일부 시스템에 대해 ASP나 인터넷 같은 공용 네트워크를 사용하지 않지만 직원들이 회계 프로그램과 같은 다른 유형의 웹을 사용할 수 있다고 말했다. 당신이 이 CIO에게 권장할 프로그램의 세 가지 사례와 웹을 통한 사용을 권장하지 않는 세 가지 사례와 그 이유를 나열해보자.
23. Salesforce.com을 제외하고 SaaS 시장의 업계 리더는 SaaS라는 컨셉이 등장하기 이전부터 소프트웨어 업계의 리더였던 회사들이다. 그 이유는 무엇일까? 그리고 이러한 비즈니스 환경이 혁신을 억제했던 것일까?
24. 다음 문장에 동의 혹은 동의하지 않는 이유를 설명해보자. "직원들은 컴퓨터로 무엇을 해야 하는지, 하지 말아야 하는지를 알만큼 똑똑합니다. 그와 관련한 사내 정책이 있다고 해서 잘못된 행동이 예방되는 것은 아닙니다"
25. ASP의 서비스를 사용할 때, 클라이언트는 업체로부터 지원 서비스를 받을 수 있다. 지원 서비스만 고려할 때 임대 소프트웨어를 여러분 회사의 하드웨어에 설치하거나 ASP 공급업체의 사이트에 설치 한 채로 두는 것이 좋을까?
26. 직원들이 회사의 이메일을 사적인 일에 사용할 수 있도록 허용해야 할까? 근무 시간 이외에는 어떻게 해야 할까?
27. 당신이 거의 모든 직원에게 컴퓨터와 이메일 및 웹 액세스 기능을 제공하는 회사의 CEO라고 가정해보자. 당신은 회사 내부에 새로운 IT 관련 정책을 돌리고 있다. 직원들의 소프트웨어, 이메일 및 웹 사용에 대한 "10가지 계명" (또는 그 이상)을 열거하고 설명해보자.

개념 적용

28. 당신은 웹을 통해 대학 서점에 교과서를 판매하기 시작하는 새로운 회사의 관리자다. 그런데 웹에서 거래 기록을 비롯한 데이터 수집을 지원하는 소프트웨어 전문 업체들이 여럿 있다. 카탈로그, 주문, 선적, 결제 및 향후 마케팅을 위한 데이터 수집을 포함해 웹에서 당신 회사의 업무를 지원할 수 있는 프로그램을 위한 RFI를 준비해보자. 예비 입찰자가 답해야 하는 질문 목록을 작성하고 각각의 질문을 설명 해보자.
29. 3개의 스토리지 서비스 제공 업체 (SSP)를 고려중인 소규모 회사가 당신에게 조언을 구했다. 이 장에서 언급한 다양한 SSP를 조사하고 그 회사를 위한 추천 사항을 작성해보자. 이를 위해 비용, 유연성, 통신 속도, 보안, 평판 및 기타 관련 정보를 고려해야 한다. 각 제공 업체별 강점과 약점에 대한 분석을 바탕으로 조언 내용을 작성해보자.

실습 활동

30. 최근 수년간 많은 회사들이 아웃소싱 공급업체와 함께 기업용 프로그램을 개발하는 과정에서 대다수가 실패를 경험했다. 여기서 "실패"라 함은 수익의 손실을 포함해 예상보다 훨씬 많은 비용이 든 경우 혹은 프로젝트 자체를 완료하지 못한 경우를 뜻한다. 이에 대한 최소 세 가지 사례를 찾아보자. 일어난 일과 그 이유도 함께 설명해보자. 그리고 이 피해를 예방하거나 최소화하기 위한 자신만의 권장 사항도 작성해보자. 또한 향후 이와 관련될 다른 회사들을 위한 적절한 예방 조치에 대해서도 작성해보자. 보고서의 분량은 약 1,500자이다.

31. 최근 미국 기업들은 인도와 중국과 같은 다른 국가에 소프트웨어 개발과 운영을 아웃소싱하고 있다. 인터넷 검색을 통해 오프쇼어링 방식의 프로그램 개발이 갖는 장점과 단점을 설명하는 2페이지짜리 보고서를 작성해보자. 특정 유형의 프로그램을 오프쇼어링하는 경우 장점이 있다면 그 내용도 포함시켜 보자.

팀 활동

32. 온라인 소매업체 (e-tailer)는 가상의 장바구니 프로그램을 사용한다. 다른 학생과 팀을 구성하여 그러한 프로그램을 판매하는 회사를 조사하고 다음과 같은 요점을 요약한 1,500~2,000단어의 보고서를 작성해보자. (a) 이러한 프로그램을 판매하는 주요 회사는 누구인가? (b) 이 프로그램의 가격은 얼마인가? (c) 프로그램을 설치하는 데 시간이 얼마나 걸리는가? (d) 신용카드 지불을 처리하는 은행과의 관계는 어떻게 되어 있는가? (e) 그러한 시스템을 인터넷을 통해 제공하는 ASP가 있는가? (즉, e-tailer가 ASP 에 설치된 장바구니 프로그램을 사용하는 경우) (f) 해당 시스템을 임대한 ASP가 있는 경우 결제 방법은 어떻게 되는가? 참고 : 대부분의 웹 호스팅 회사는 쇼핑 카트를 패키지의 일부로 제공한다. 이러한 회사를 사용할 수 있지만 그렇게 할 경우 장바구니 서비스를 다른 서비스 구매와 연결해야 하는지 여부도 알아보자.

33. 이 책 전체에는 IT에 관한 정보와 조언을 제공하는 많은 회사들이 언급되어 있다. 이러한 회사들의 웹사이트와 IT 관련 잡지의 웹사이트를 탐색하여 비즈니스 용 프로그램을 얻거나 비즈니스 용 프로그램을 사용하기 위한 다양한 방법에 대한 최신 통계를 찾아 보자. 다음 질문에 대한 답을 PowerPoint로 만들고 파이 차트로 표현해보자.

a. 지난 3년 동안 당신의 국가에서 IT에 지출한 금액은 얼마이며 이 금액 중 소프트웨어 구매에 소비 된 금액은 얼마인가?

b. 사내 개발, 기성 패키지 소프트웨어 및 아웃소싱에 들어간 금액은 각각 어느 정도인가?

생각에서 적용까지: 실제사례

콜센터는 시대를 따라 잡지 못하고 있다. 대부분의 사람들은 핸드폰이 10년 전만 하더라도 서류 가방 만한 크기였음을 잊은 채 전화 기술의 진보에 적응했지만, 일부 회사는 여전히 선사 시대의 콜센터 기술을 고객에게 제공하고 있다. 콜센터를 이용하는 사람들이 최신 기술을 사용하는 상황에서 콜센터라고 그렇게 하지 못할 이유는 무엇일까? 평판이 좋고 뛰어난 회사에 콜센터 업무를 아웃소싱하면 고객의 콜센터 경험에서 상당한 차이를 만들 수 있다.

오늘날 기업은 그 어느 때 보다 고객에 대한 정보를 많이 알고 있다. 쿠키, 웹 사이트 및 스마트폰 앱을 통해 기업은 많은 고객 데이터를 확보 할 수 있게 되었다. 그러나 이러한 채널이 고도로 발달되어 있는 반면 비즈니스는 여전히 고객이 저가형 셀프 서비스 콜센터 시스템을 사용하도록 하고 있다.

고객은 자동 응답만 되는 콜센터에 전화를 걸어 셀프 서비스로 도움을 요청하는 과정에 싫증을 내고 있다. 웹 사이트 또는 스마트폰 앱에서도 볼 수 있는 정보를 반복해서 알려주는 콜센터의 응답은 고객 피드백 조사에서 콜센터에 대한 불만족 상위에 꼭 들어간다. 그러나 콜센터 경영진들은 두 가지 이유로 자신들의 시스템을 바꾸기를 거부한다. 첫 번째는 비용이며 둘째는 위험이다. 잠재적인 대체 솔루션으로 인해 현재의 전화 통신 인프라와 콜센터의 정보 전달 기능이 어려움에 처해 있다고 생각하기 때문이다. 그러나 이는 잘못된 판단이다.

아웃소싱을 통해 콜센터를 현대화하는 간단하면서 덜 위험하고 비용면에서도 효율적인 방법이 있다. 경영진은 웹을 통한 콜백(callback) 및 스마트폰 서비스를 이용할 수 있는지에 대한 조사를 수행해야 한다. Fonolo, Radish 및 Virtual Hold는 평판 좋은 콜센터 솔루션을 제공하는 회사들이다.

Fonolo는 고객들의 콜센터 경험을 향상 시키면서도 비용은 절감해준다. 2011년에는 오디오 엔터테인먼트 분야의 선두 주자 인 시리우스 캐나다(Sirius Canada)가 Fonolo와 계약을 맺어 소비자들에게 향상된 통화 서비스를 제공했다. Fonolo를 사용하는 또 다른 대기업으로는 RBC가 있다 . Fonolo는 콜센터를 웹사이트와 연결해 만족스러운 경험을 제공한다. 고객은 전화를 건 이유와 일치하는 웹 페이지의 링크를 선택할 수 있으며 해당 문제에 대한 전문 지식이 있는 상담원이 있을 때 다시 연락을 받을 수도 있다. 이 방법은 고객이 싫어하는 전화 대기 시간 문제를 해결한다. 시리우스 캐나다는 Fonolo가 고객 서비스에 항상 최첨단으로 유지하려는 노력에 대해 칭찬을 아끼지 않았다.

Radish 의 초이스뷰(ChoiceView)는 전화를 건 고객이 담당자나 대화식 음성 응답 시스템을 통해 스마트폰에서 시각적 정보를 보면서 대화를 할 수 있게 해주는 새로운 앱이다. 스마트폰 통화 중에 생생한 시각적인 커뮤니케이션을 제공함으로써 더 빠른 의사 소통을 가능하게 하며 고객의 이해를 더 빠르게 향상시킨다. 초이스뷰를 통해 고객은 자신이 해야 할 일을 시각적으로 파악하면서 동시에 직원의 음성을 통해서도 도움을 받을 수 있다.

Virtual Hold는 이름에서 알 수 있듯 보류 시간을 줄이는데 중점을 둔다. 고객은 담당자가 없는 경우 전화를 끊고 담당자가 있을 때 다시 전화를 받음으로써 대기 시간을 줄일 수 있다. 고객에게 예상 콜백 시간을 알려주므로 시스템의 연결 성공률이 90%에 달한다. 또한 이 서비스는 클라우드 기반이므로 막대한 초기 비용도 필요하지 않다.

이 회사들 외에도 웹과 앱을 통한 웹 캐스트(webcasts) 기술도 참고할만하다. 앞서 나열한 제품들은 스마트폰 및 웹 투 콜 (web-to-call) 을 통해 다시 전화를 거는 (callback) 방법을 사용한다. 고객은 컴퓨터와 이야기하는 대신 CSR에 대한 설명을 듣고 실제 사람과 대화 할 수 있다. 이러한 기술을 통하면 고객이 가장 원하는 것 즉 실제 사람의 응답이라는 방법을 통해 콜센터를 최신 상태로 유지할 수 있다.

고객 입장에서 긴급한 질문을 할 때는 잠깐만 기다려도 매우 긴 시간처럼 보일 수 있다. 콜센터를 저비용으로 위험하지 않게 아웃소싱 할 수 있는 방법들이 여럿 있다. 만약 경영진이 콜센터를 사용하는 고객의 입장을 생각한다면 혁신은 생각보다 쉬울 수 있다.

출처: Anonymous. (2011, Mar 08). Sirius Canada Selects Fonolo to Enhance the Calling Experience for its Subscribers, Canada NewsWire; Anonymous. (2012b, May 10). Can We Talk* Verizon and Virtual Hold Technology Help Organizations Dial Down

Hold Times; New Voice Call-Back Solution Improves Customer Experience, M2 Presswire; Brown, K. (2013). Raise Your Mobile Profile. Speech Technology, 18(1), 6-6; Thomas, J. (2011). Radish sprouts visual application for smartphones. Boulder County Business Report, 30(19), 1-5B.

사례에 대해 생각해 볼 점

1. 시대에 뒤떨어진 콜센터를 보유하면 어떤 결과가 생길까?
2. 경영진들은 어떤 경우에 콜센터 아웃소싱을 결정해야 할까?
3. Folono, Radish, Virtual Hold의 새로운 콜센터는 어떤 문제점을 갖고 있을까?

비용 절감 사례

기업은 고객을 위한 가치 창출, 제품 개발 및 수익원 확대에 주력한다. 동시에 경영진은 비용과 인력을 줄이고 운영 효율성을 높이기를 원한다. 이러한 것들은 신중하고 합리적인 목표이면서 동시에 기업 전체적으로 도전해야 할 과제다.

맞춤형으로 설계된 프로그램에 대한 의존도는 점차 줄어들고 있다. 동일한 (또는 보다 적은) 인력으로 더 많은 것을 성취 해야 한다는 조직적 압박과 예산은 대부분의 기업에서 가장 중요한 화두다. 특히 IT관련 기술은 새로운 시스템 구현과 관련한 운영 및 관련 비용을 중심으로 평가되고 있다.

Information Week가 조사한 '데이터 센터 현황 (Marko, 2012)'에 따르면 가열, 냉각, 기존 공간에 대한 처리 능력 극대화와 같은 문제를 비롯한 실제 설비와 관련한 계획이나 개조에 많은 변화가 있음을 알 수 있다. 오늘날과 같은 비즈니스 환경에서 대규모 프로젝트를 진행기는 쉽지 않다. 이는 하드웨어 구매를 중심으로 한 기업용 소프트웨어 개발 프로젝트가 사라지는 것과 비슷하다.

위 설문의 응답자는 데이터 센터 관리 및 의사 결정을 담당하는 256명으로 구성되어 있으며 새로운 전략으로 조직을 이끌고 있다. 응답자의 60%는 IT 예산 총액의 30% 미만을 데이터 센터 설비, 하드웨어 및 운영에 사용하고 있었다. 응답자 중 30%는 20% 미만의 예산을 사용하고 있었다. 관리자들은 적절한 소프트웨어를 찾기 위해 가장 우수한 제품을 찾고 있었다. 그러나 응답자의 2% 미만만이 사내에서 프로그램을 직접 개발한다. 이처럼 개발 환경은 변화하고 있으며 SaaS는 이러한 변화를 이끌고 있다.

American Society of Composer, Authors and Publishers (ASCAP)는 이 변화와 관련이 있다. 1914년 설립된 ASCAP은 John Philip Sousa (이 책의 저자와 관계 없음)와 Irving Berlin이 435,000명의 회원 및 개인에 대한 라이센스 계약을 유지하는 공연 권한 단체로 만든 조직이다. 라이센스 인력은 음악 사용 라이센스를 협상하고 로열티를 징수하며 필요에 따라 법적 문제를 담당한다. 일반 기업과 마찬가지로 ASCAP는 거래 기록을 처리하기 위해 장부 카드, SQL Server, Lotus Notes 등을 활용했다. 이는 1993년 당시로서는 최신 기술이었다. ASCAP은 내슈빌을 중심으로 전국 26개 사무소의 데이터베이스를 집중화 할 수 있었다. 그러나 시간이 지남에 따라 시스템은 여러 서버에 분산된 다수의 Notes 데이터베이스로 발전했다. 음악이 바이닐(vinyl) 레코드에서 8트랙 테이프, CD, MP3 및 인터넷 스트리밍 서비스로 진화 한 것처럼 기술도 바뀌어야 했다.

ASCAP은 Salesforce.com SaaS CRM 서비스를 구매하기로 결정했으며 약 200개의 라이센스를 구매하여 계정 및 연락처 정보를 유지 관리했다. 또한 Sales Cloud를 채택해 소셜 네트워킹과 유사한 형태의 고객 서비스 플랫폼을 활용했다. Salesforce.com 제품을 통해 사용자는 태블릿 컴퓨터를 사용하여 클라우드에서 문서를 생성하고 영업 활동과 마케팅을 진행 할 수 있었다. 이러한 모든 기능이 라이센스 담당자에 의해 이루어졌기 때문에 클라우드에 집중화 된 데이터를 통해 SaaS 프로그램들이 유지 관리되었다.

새 제품을 사용함으로써 Notes 시스템을 유지 관리해야 하는 필요성과 비용을 절감 할 수 있었으며, 절감된 비용은 Salesforce.com 제품의 라이센스 비용으로 지불되었다. 그러나 비용 절감의 효과는 예상보다 컸다. 부사장 존 존슨 (John Johnson)은 비용 절감의 가장 큰 효과에 대해 "SaaS가 아니었다면 이런 민첩성을 유지하는데 얼마나 많은 돈이 들었을까요?"라는 말로 대신했다. 새로운 기술이 ASCAP가 업무를 수행하는 방식을 바꾼 것이다. ASCAP는 Salesforce.com의 클라우드 기술만 사용한 것이 아니었다. ASCAP은 아마존과 구글을 활용해 2,000평방 피트짜리 파일 캐비닛 보관용 창고를 130GB 데이터베이스에 스캔 파일로 통합했다. 또한 매월 20달러에 아마존 Simple Storage 클라우드를 사용함으로써 100,000달러를 비용을 절감했다. 기존 시스템에서 클라우드 기반으로의 전환은 ASCAP의 귀에는 한 곡의 음악처럼 감미롭게 들렸을 것이다.

출처: Anonymous. (2012a). ASCAP ROCKS THE CLOUD. Network World, 29(11), 27-28.

사례에 대해 생각해 볼 점

1. SaaS가 사내에서 개발된 제품보다 민첩하게 작동하는 이유는 무엇일까?
2. 클라우드에 문서를 보관할 경우 문제는 없을까? 클라우드 서비스를 사용하기 전 고려해야 할 사항은 없을까?
3. SaaS 가 사내에서 개발된 제품을 모두 대체할 수 있을까? 기업은 이를 통해 더 많은 이익을 창출할 수 있을까? 당신의 생각은 어떠한가?

참고문헌

Anonymous. (2009). Ascentive BeAware Home Internet Monitoring Software Updated, from http://www.ascentive.com/about_us/ascentive/press090817_beawareupdate.html

Anonymous. (2010a). Computer and Internet Use in the United States. Washington, DC.

Anonymous. (2010b, Jul 12). CSC Signs IT Outsourcing Contract Extension with MBDA, *Business Wire*.

Anonymous. (2010c). Gartner Identifies Top 30 Countries for Offshore Services in 2010-2011 Retrieved April 9, 2013, from http://www.gartner.com/newsroom/id/1500514

Anonymous. (2011). Company Milestones Retrieved April 9, 2013, from http://www.salesforce.com/company/

Anonymous. (2012a). Gartner Says That Consumers Will Store More Than a Third of Their Digital

Content in the Cloud by 2016 Retrieved April 9, 2013, from http://www.gartner.com/newsroom/id/2060215

Anonymous. (2012b). Gartner Says Worldwide Softwareas-a-Service Revenue to Reach $14.5 Billion in 2012 Retrieved April 9, 2013, from http://www.gartner.com/newsroom/id/1963815

Anonymous. (2012c, Dec 13). Idea extends IT outsourcing contract with IBM, Mint.

Anonymous. (2013, Apr 09). Walsh College Renews IT Outsourcing Contract with CareTech Solutions, *Business Wire*.

Ashling, J. (2009). Internet Use: Analysis and Abuse. *Information Today*, 26(1), 22-23.

CSC. (2007). CSC and Sears Settle Contract Dispute Retrieved April 10, 2013, from http://www.csc.com/newsroom/press_releases/3285-csc_and_sears_settle_contract_dispute

Griffiths, M. (2010). Internet abuse and internet addiction in the workplace. *Journal of Workplace Learning*, 22(7), 463-472. doi: http://dx.doi.org/10.1108/136656210110

71127

Mark, R. (2010). Dell Perot Systems Wins $42M Army Contract. eWeek. Retrieved from http://www.eweek.com/c/a/Government-IT/Dell-Perot-Systems-Wins-42M-Army-Contract- 495610/

McDougall, P. (2012). IBM Cements $1 Billion Outsourcing Deal With Cemex. *Information Week.com*. Retrieved from http://www.informationweek.com/services/outsourcing/ibm-cements-1-billion-outsourcing-deal-w/240004580

Overby, S. (2012a). 5 Tips to Keep IT Outsourcing on Track as Global Providers Cut Staff. Retrieved from http://www.cio.com/article/698063/5_Tips_to_Keep_IT_Outsourcing_on_Track_as_Global_Providers_Cut_Staff?page=2&taxonomyId=3195

Overby, S. (2012b). IBM Beats Indiana in Outsourcing Case No One 'Deserves to Win'. CIO.com. Retrieved from http://www.cio.com/article/712259/IBM_Beats_Indiana_in_Outsourcing_Case_No_One_Deserves_to_Win

Verberne, B. (2010). Services Top 100: The World's Largest IT Services Companies (2009) Retrieved April 10, 2013, from http://www.servicestop100.org/services-top-100-the-world-s-largest-it-servicescompanies.php

14장

위험, 보안과 재해 복구
(RISKS, SECURITY, AND DISASTER RECOVERY)

학습 목표(Learning Objectives)

컴퓨터 기반의 정보시스템 사용이 늘어남에 따라 데이터의 무결성과 정보의 신뢰성이 위험을 받고 있다. 기업은 자연과 인간으로부터의 위험을 심각하게 고려해야 한다. Alexander Dewdney는 "진정으로 안전한 시스템은 전원을 끄고 콘크리트 블록으로 싼 다음 무장한 경비원이 지키고 있는 납으로 만든 방에 봉인한 시스템"이라고 말한 적이 있다(Dewdney, 1989). 잠재적인 모든 사고에 대비해 정보시스템을 완벽하게 보호 할 방법은 없지만 위험을 줄이고 손실을 복구 할 수 있는 방법은 많다.

이 장에서 여러분은 다음과 같은 내용을 학습하게 된다.

- 정보 보안의 주요 목적을 설명할 수 있다.
- 정보시스템에 대한 주요 위험을 열거할 수 있다.
- 네트워크 시스템에 대한 다양한 유형의 공격을 나열할 수 있다.
- 데이터 입력과 처리, 전자상거래의 무결성을 보장하는데 필요한 컨트롤 유형을 설명할 수 있다.
- 데이터와 정보시스템을 보호하기 위해 구현할 수 있는 다양한 종류의 보안 조치를 설명할 수 있다.
- 개인 정보시스템 및 그 안에 저장되는 정보의 보안 체계를 개선할 수 있다.
- 온라인 신용 사기의 징후를 알아챌 수 있다.
- 복구 계획 수립의 개요를 설명할 수 있다.
- 정보 보안의 경제적 측면을 설명할 수 있다.

[킴볼 레스토랑: 개장 준비하기]

타일러는 Lakeside 지점을 방문해 모든 수리가 완료되었음을 확인했다. 그의 아버지는 새 장소로 이전하기 위한 계획과 비용이 현실적으로 효과가 있었다는 사실에 매우 만족해 했다. 타일러는 아버지에게 개장을 위해 주의가 필요한 항목의 최종 목록을 읽고 검토해줄 것을 요청했다.

첫 단계로 이들은 마케팅과 홍보 캠페인을 검토했다. 마케팅 계획은 순조로웠고 성공적인 개장에 도움이 될 것이라고 생각했다. 이 매장에 대한 모든 브랜딩은 전략적으로 개발되었고 다양한 미디어, 웹 및 소셜 미디어도 통합적으로 구축되었다. 마케팅에 대한 고민이 어느 정도 해소되자 이들은 리노베이션과 운영에 대해 검토했다. 그들은 레스토랑 내부를 실제 걸어보고 운영상의 문제를 놓친 부분이 없는지 오프닝을 실제 시뮬레이션하기로 결정했다.

매장 내부를 걷던 중이었다. 계약자 가운데 한 명이 전자 기기 중 하나에 물병을 실수로 떨어뜨렸고 이내 불꽃이 튀어 올랐다. 다행히 매장에 해를 끼치지 않았지만 그 기기는 더 이상 작동하지 않았다. 레스토랑의 모든 음식과 음료에 대해 마이클은 고장이나 우발적인 유출로 인해 장비 오작동의 발생 가능성이 궁금했다. 그 때, 타일러는 그의 휴대 전화로 누군가와 이야기하고 있었는데 대화 중간에 전화기 배터리가 다 되어 전화가 끊겼다. 그는 핸드폰 충전을 잊고 있었다. 타일러는 처음에 이를 비웃었지만, 그는 "내 핸드폰에 있는 사진과 파일들은 클라우드에 백업되어 있지만 만약 비즈니스 관련 데이터가 파괴되거나 사용할 수 없게 된다면 어떻게 될 될까?"라는 생각을 하게 되었다.

정보 보안의 목적

2009년, 해커들은 Twitter를 두 차례 공격해 개인 사용자 정보를 훔쳐 가짜 트윗을 전송하는 계정에 침투 할 수 있었다. 해커들이 사용하는 트위터 계정에는 Barack Obama, Britney Spears, CNN 앵커인 Rick Sanchez (Sarno, 2011)의 트위터 계정이 있었다. 2011년 4월 20일, 소니는 콘솔 사용자가 다른 플레이어와 온라인으로 대결할 수 있는 네트워크인 Play Station Network를 폐쇄해야 했다. 이 회사는 해커가 PlayStation Network의 7700만 개 계정에서 이름, 생년월일 및 신용 카드 번호를 도용했다고 밝혔다. 2주가 지나기도 전에 소니의 PC 게임 서비스인 Sony Online Entertainment도 이름, 생년월일, 사용자 주소가 해커 침입으로 도난 당해 폐쇄를 하게 되었다. 또한 해커는 미국이 아닌 다른 국가의 12,700개의 신용 카드 계정과 10,700개의 은행 계좌 번호 (Sherr, 2011)에서 데이터에 대한 액세스 권한을 획득했다. 소니에 대한 사이버 공격은 총 1억 개가 넘는 계정의 데이터를 해커가 며칠 만에 접근하도록 했다. 이상은 정보시스템과 정보시스템에 저장된 데이터를 대상으로 일어날 수 있는 사례의 일부분이다.

정보시스템의 개발과 구현 및 유지 관리는 기업 예산의 상당 부분을 차지하며 이러한 자원을 보호하는 것은 매우 중요하다. 정보시스템에 대한 의존도가 높아짐에 따라 공공 네트워크를 통한 외부와의 연결, 인터넷 등으로 인해 기업의 정보시스템은 점점 더 어려워지고 있다. 휴대용 장치에 데이터를 저장하는 경향도 증가하고 있다. 컴퓨터 제어와 보안의 역할은 의도치 않은 사고나 의도적인 도난 및 데이터와 프로그램의 손상으로부터 시스템을 보호하는 것이다. 또한 기업이 IT 운영과 관련한 법을 준수하고 개인 정보 보호를 위해 직원과 고객의 기대에 부합하도록 지원한다. 정보 보안의 주요 목표는 다음과 같다.

- 운영을 중단해야 할 시스템과 조직의 위험을 줄인다.
- 정보 기밀을 유지한다.
- 데이터 자원의 무결성과 신뢰성을 보장한다.
- 데이터 리소스 및 온라인 작업의 중단 없는 가용성을 보장한다.
- 보안이나 개인정보 보호와 관련된 정책과 법률을 준수한다.

이를 위해 기업은 먼저 하드웨어, 프로그램, 데이터, 네트워크와 같은 리소스의 위험을 인식하고 있어야 한다. 그런 다음 위험을 방어하기 위한 보안 조치를 실행해야 한다.

최근 미국 의회는 환자, 학생 및 고객 개인 정보 보호 및 기업 내부 통제 준수 표준을 설정하는 몇 가지 법률을 통과 시켰다. 여기에는 HIPAA (Health Insurance Portability and Accountability Act 1996) 및 SOX (Sarbanes-Oxley Act of 2002)가 포함된다. 이러한 법률은 정보 보안 및 시스템 보안에 중요한 영향을 미친다. 다른 국가들도 정보 보안과 관련한 법률을 가지고 있다. 그러나 기업들은 법률 준수 뿐 아니라 자신들의 정보가 안전하게 보관되는지에 대해서도 신경을 써야 한다. 그렇게 함으로써 기업 입장에서 비즈니스 활동을 저해 할 수 있는 상황을 최소화 할 수 있기 때문이다.

정보시스템 보안과 관련된 기본 개념 중 하나로 기밀성(confidentiality)과 무결성(integrity) 및 가용성(availability) (Chia, 2012) 등 세 가지 사항으로 정의된 CIA의 3원칙이 있다.

- **기밀성**: 권한이 없는 개인이나 단체 혹은 시스템에 대한 정보 유출을 방지하는 것. 예를 들어 개인 건강 정보의 프라이버시를 유지하는 것은 새로 개발된 정보시스템의 중요한 특징이 될 것이다.
- **무결성**: 데이터의 수명주기 동안 데이터의 정확성과 일관성을 보장하는 것. 데이터는 승인이나 확인없이 수정되거나 삭제되어서는 안된다. 예를 들어, 온라인으로 지불한 $150의 청구서가 $1,500로 변경되거나 처리되어서는 안된다.
- **가용성**: 데이터는 필요시 권한이 있는 당사자나 조직이 접근 할 수 있어야 한다는 것. 기업은 직원들에게 근무 시간 내에 승인된 컴퓨터를 통해서만 재무 데이터에 접근하도록 할 수 있다. 이러한 제약 사항으로 인해 직원들은 근무 외 시간에 외부에서 데이터에 액세스하지 못하게 된다.

미국 연방 정부와 많은 주에서는 개인 정보 및 기업 정보의 보안에 중점을 둔 여러 법률을 채택했다. 연방법 중 일부는 1974년 가족 교육 권리 및 사생활 보호법 (FERPA), HIPAA (위 참조) 및 1999년 Gramm-Leach-Bliley Act (GLBA)를 포함한다. 특히 FERPA는 연방 기금을 받는 모든 대학의 학생 관련 기록을 보호한다.

WHY YOU SHOULD 왜 위험, 보안, 재해 복구 계획을 이해해야 하는가?

얼마 전부터 당신은 작은 규모의 회사에서 일하기 시작했다고 가정해보자. 당신은 새로 맡은 일을 좋아한다. 월요일 오전 10시 당신이 사용하는 시스템이 다운됐다. 정전이 있었고 이상한 사고로 백업 발전기가 작동하지 않았다. 이 경우 당신이 해야 할 일은 무엇일까? 이 책 전체에 걸쳐 설명된 바와 같이, 정보는 기업의 피와 같다. 실질적으로 사업의 모든 측면은 데이터 처리와 시기 적절한 정보 제공에 달려 있다. 그리고 그 과정은 정보 시스템이 위험으로부터 보호되는 경우에만 달성 될 수 있다. 전문가로서 당신과 당신의 동료 또는 부하 직원이 의존하는 시스템에 어떤 일이 생길 수 있는지를 알고 있어야 한다. 중요한 비즈니스 활동을 위협하는 이벤트로부터 시스템을 보호해야 한다. 새로운 시스템이 개발되면 개발자에게 사업 부서의 기능을 지원할 뿐 아니라 시스템 손상을 최소화하는 통합 시스템을 제공하도록 요청해야 한다. 또한 재난에 대비해야 하며 가능한 한 빨리 작업을 복원하는데 도움이 되는 방법도 알고 있어야 한다.

정보시스템에 대한 위험

클라우드 컴퓨팅과 데이터 스토리지는 오늘날 인기 있는 기술 관련 "유행어"다. 그러나 기업들은 이러한 기술의 장점 뿐 아니라 취약점도 대비해야 한다. 2012년 크리스마스 이브에 넷플릭스의 온라인 시스템이 다운되어 12시간 이상 사용할 수 없었던 일이 있었다(Finkle, 2012). 인기있는 비디오 스트리밍 회사의 시스템 가동 중단은 Amazon Web Services(AWS)에 의해 발생했다. AWS는 기업의 데이터 저장과 인터넷 서비스를 제공하는 시스템을 운영한다. AWS는 그 정전이 버지니아 주에서 일어난 것이라고 밝혔으며 이는 6월 초 넷플릭스가 정전된 원인이기도 했다(Bensinger, 2012; Finkle, 2012).

최근 몇 년 동안 온라인 비즈니스의 성장 덕분에 기업들은 정보시스템과 관련한 자원 보호를 더욱 중요한 문제로 생각하게 됐다. 비즈니스 수행 과정에서 정보시스템 또는 데이터를 사용할 수 없는 시간인 가동 중단 시간(Downtime)은 전세계적으로 거의 모든 기업에게 두려운 상황이 되었다. 일부 추정치에 따르면 미국 기업들은 시스템 가동 중단으로 인해 매년 260억 달러의 손실을 입는다 (Harris, 2011). 클라우드 중단에 따라 감수해야 할 비용은 상당하다. 예를 들어, Amazon.com의 수익 보고서에 따르면 이 회사는 분기당 108억 달러의 수익을 거뒀다고 한다. 따라서 한 시간의 가동 중단에 따른 비용 손실은 시간당 약 5백만 달러로 추산된다(Linthicum, 2013). Gartner의 조사에 따르면 중소 규모 기업의 시스템 가동 중단 비용은 약 42,000달러다(Anonymous, 2012d). 이 비용은 평균치이며 업종이나 회사 규모 등에 따라 다르다. 이러한 비용은 경우에 따라 훨씬 클 수 있다. 이어지는 내용은 정보시스템에서 가장 보편적인 위험에 대한 것이다. 이 외에도 테러리즘은 하드웨어와 소프트웨어 및 데이터와 같이 정보시스템의 모든 측면에 심각한 위험이 되고 있다.

하드웨어에 대한 위험

악의적인 인터넷 공격으로 인한 정보시스템의 피해가 종종 뉴스를 장식하지만 정보시스템에 대한 위험의 진실은 간단하다. 시스템 중단의 가장 큰 원인은 하드웨어 장애이다. 하드웨어에 대한 위험은 컴퓨터, 주변 장치 및 통신 매체의 물리적 손상을 포함한다. 그러한 피해의 주요 원인은 자연 재해, 정전 및 전압 저하, 그리고 파괴 행위(vandalism)이다.

자연 재해

정보시스템에 위험을 초래하는 자연 재해로는 하드웨어와 소프트웨어을 파괴하고 시스템이나 통신 회선의 전체 혹은 부분적 마비를 일으킬 수 있는 화재, 홍수, 지진, 허리케인, 토네이도 및 번개가 포함된다. 홍수로 인해 저장 매체가 손상되고 마이크로 칩과 같은 섬세한 부품을 태우는 단락이 발생할 수 있다. 이 점에서 건물 내부의 배관 문제로 발생하는 홍수도 포함된다. 번개와 고압으로 인해 작은 전선이 녹아 회로가 파괴되기도 한다. 또한 야생 동물과 사람의 실수로 통신 회선이 끊기는 경우도 있다. 동물들은 케이블을 갉아 먹으며, 농부와 건설 노동자들은 실수로 케이블을 자르는 경우가 있다.

정전 및 전압 저하

컴퓨터는 전기로 작동한다. 전원 공급이 중단되면 컴퓨터와 주변 장치가 작동하지 않아 컴퓨터 프로세스 및 스토리지가 손상 될 수 있다. 정전은 전력이 손실된 상태를 일컫는다. 전압 저하 상태에서는 전력의 전압이 감소하거나 전력 흐름에 매우 짧은 시간 동안 중단이 발생한다. 정전이 무정전 전원 공급장치(UPS)는 갑작스런 정전시 하드웨어에 대체 전원을 공급한다.

작동을 방해 할 뿐 아니라 하드웨어에 치명적인 손상을 줄 수도 있다. 고압도 장비에 미치는 영향이 번개와 비슷하게 해로울 수 있다.

전압 저하에 대처하는 일반적인 방법은 컴퓨터와 전기 네트워크 사이에 전압 조정기를 연결하는 것이다. 전압 조정기는 전압을 높이거나 낮추어 전압 강하 또는 저하를 완화하고 전압을 허용 오차 범위 내에서 유지한다.

전원 공급 장치의 중단을 방지하기 위해 기업에서는 전원 네트워크에 장애가 발생하자마자 짧은 시간 동안 대체 전원 공급 장치를 제공하는 무정전 전원 공급 장치(UPS, uninterruptible power supply) 시스템을 사용한다. 공공 전기 네트워크에서의 장기간 정전에 대처하는 유일한 방법으로는 디젤과 같은 연료를 사용하는 발전기 등 대체 전원을 갖추는 방법이 있다. 일단 주 전원이 중단되면 백업 배터리가 발전기가 시작될 때까지 컴퓨터 시스템에 필요한 전원을 공급한다.

파괴 행위(vandalism)

인간이 고의적으로 컴퓨터 시스템을 파괴할 때 vandalism이 일어난다. 불만을 가진 고객은 ATM을 손상시킬 수 있으며 어떤 직원은 컴퓨터가 자신의 업무를 위험하거나 상사가 될 수 있다는 두려움에 컴퓨터 장비를 파괴 할 수 있다. 따라서 컴퓨터를 vandalism으로부터 방어하는 것은 어렵다. 일반인이 접근 할 수 있는 ATM을 비롯한 장비는 종종 금속으로 된 케이스에 보관되지만 지속적으로 공격을 하는 사람은 심한 손상을 입힐 수 있다. 작업장에서 파손 행위에 대한 가장 좋은 조치는 시스템에 대한 접근을 진정 필요로 하는 사람들에게만 허용하는 것이다. 서버와 같은 민감한 장비는 특수한 공간에 고정시켜야 한다. 이런 공간은 보통 화재 진압 시스템이 잘 갖추어져 있고 에어컨이 장착되어 있어 장비를 각종 위험으로부터 보호한다.

데이터와 프로그램에 대한 위험

데이터는 기업의 주요 관심사다. 왜냐하면 데이터는 기업 고유의 자원이기 때문이다. 시간이 지남에 따라 수집된 데이터는 같은 방식으로 다시 수집 될 수 없으며 가능하다 하더라도 프로세스에 소요되는 비용과 시간이 많다. 프로그램에 대한 우려는 사실 그 다음이다. 특히 프로그램이 맞춤형 프로그램이 아닌 경우에는 더욱 그렇다. 모든 종류의 데이터와 애플리케이션은 손상과 도난에 취약하다. 하드웨어 손상의 주요 원인은 자연 재해 또는 과전압이지만, 소프트웨어 손상은 거의 항상 사람에 의해서 일어난다.

정보와 개인신원 도용

기업의 과실과 기술의 부주의한 사용, 특히 인터넷에서의 퍼블릭 링크(public links)로 인해 보안상의 허점 또는 취약함이 발생한다. 어떤 대학생 한 명은 소프트웨어를 사용해 자신의 교수가 쓰는 시스템의 암호를 캡처한 후 성적을 변경했다는 것을 인정했다. 또 다른 예로, 어떤 사람이 Kinko 매장 14곳에 있는 공용 컴퓨터에 Invisible KeyLogger Stealth라는 프로그램을 설치했다. 인터넷에 연결된 개인용 컴퓨터는 호텔, 공공 도서관, 공항에서 광범위하게 사용할 수 있다. 키 스트록

로깅 (key stroke logging) 또는 키 로깅 (key logging)이라 불리는 이 소프트웨어는 사용자의 키보드 입력 정보를 일일이 기록한다. 1년 동안 그의 소프트웨어는 비밀리에 450개 이상의 사용자 이름과 암호를 기록했다. 그는 이 정보를 이용해 기존 은행 계좌에 액세스한 다음 새 은행 계좌를 생성하는 데 사용했다. 그는 GoToMyPC라는 프로그램을 사용하면서 꼬리가 잡혔다. GoToMyPC 서비스 가입자는 동일한 이름의 프로그램을 사용해 자신의 PC에서 다른 원격 컴퓨터를 마치 앞에 앉아있는 것처럼 완전히 제어 할 수 있다. 이 프로그램을 사용해 그는 다른 사람의 PC 중 하나에 원격으로 액세스했다. 가정에서 PC를 사용하던 이 사람은 커서가 "스스로"움직이고 있음을 알게 되었다. 커서가 혼자 파일을 열고 온라인 지불 서비스에 가입했다. 범인은 법정에서 유죄를 인정했다.

Keylogging은 또한 범죄 집단에 의해 훨씬 더 대규모로 작동하게 되었다. 컴퓨터 사용자는 안전한 것처럼 보이는 링크를 클릭 할 수 있지만 실제로 컴퓨터에는 스파이웨어 및 keylogger가 설치되어 피해자의 은행, 보험 회사, 금융 기관과의 거래를 기록한다. 수집된 데이터에는 신용 카드 세부 정보, 사회 보장 번호, 사용자 이름, 암호, 채팅 기록 및 검색어가 포함될 수 있다. 이렇게 수집된 데이터는 미국에 등록되어 있지 않은 서버에 파일을 저장한다. 이 위험은 바이러스 백신 소프트웨어에서 발견되지 않는 까다로운 문제다 (Collins, 2012).

액세스 코드와 같이 중요 정보를 비밀리에 유출하는 주인공이 바로 직원일 때가 있다. 사기꾼들은 소셜 공학(social engineering)이라고 하는 속임수를 사용한다. 이들은 프로그램이나 데이터베이스에 액세스 하기 위한 암호를 알고 있는 직원에게 전화를 걸고 전화 회사나 사내 IT 부서에서 서비스 담당자로 자신을 소개하고 문제를 해결하려면 암호가 필요하다고 말한다. 이에 직원들은 비밀번호를 알려줌으로써 소셜 엔지니어들이(social engineers) 귀중한 정보를 훔칠 수 있게 해준다. 만약 범죄자가 사회 보장 번호, 운전 면허증 번호 또는 신용 카드 번호와 같은 개인 식별 정보를 가지고 있다면 위험한 결과를 초래할 수 있다. 이와 같은 범죄를 신원 도용이라고 한다. 범죄자는 피해자의 은행 계좌에서 돈을 쉽게 인출하고 피해자의 신용 카드로 요금을 결제하고 새로운 신용 카드를 신청할 수 있다. 온라인을 통한 금융 거래가 늘어나면서 신원 도용이 심각한 문제가 되고 있다. 범죄자들은 피해자를 속여 개인 정보를 얻는다. 연방 통상위원회 (Federal Trade Commission)는 신원 도용 문제를 2012년 소비자 불만 중 가장 심각한 문제로 꼽았으며, 약 2백만 건의 불만 사항을 기록했다 (Christman, 2013). 리서치 회사인 Javelin Strategy & Research에 따르면 2011년 미국 성인 810만 명이 신원 도용의 피해를 입었으며 재무 손실은 370억 달러에 달했다 (Anonymous, 2011). 사고 건수는 2011년에 감소했지만 피해 금액은 2010년 대비 63%가 증가해 사고당 631달러를 기록했다. 전년도의 사고당 비용은 387달러였다 (Anonymous, 2011). 국민 건강 보험 사기 방지 협회 (National Health Care Anti-Fraud Association)는 모든 의료 비용 중 약 3%가 허위 정보를 제공함으로써 사기일 가능성이 크다고 추정한다 (Turner, 2012).

온라인 데이터베이스의 데이터를 훔치기 위한 사회 공학과 해킹은 모두 기업에 막대한 피해를 가져 온다. 데이터베이스를 인터넷으로 연결하는 작업은 비즈니스 파트너와 원격으로 데이터를 공유해야 하는 기업에게는 필수적인 일이다. 따라서 시스템 해킹을 최소화하는 유일한 방법은 정보 보안 대책을 개선하는 것이다.

POINT OF INTEREST

집 키를 강도에게 맡기기

암호 관리 회사인 SplashData에 따르면 사람들이 자신의 컴퓨터에 액세스 하는데 사용하는 세 가지 가장 일반적인 암호는 "password", "123456" 그리고 "12345678"이다. 이 회사는 올해 최악의 암호 25가지를 발표하기도 했다. 이 회사 CEO는 해킹 툴이 날로 발전하고 있다고 밝혔다. 강력한 암호는 권한이 없는 당사자가 정교한 소프트웨어를 사용하여 암호를 해독하더라도 오랫동안 시도해야 하는 암호이다. 강력한 비밀번호는 더 길고 문자, 숫자 및 특수 문자 (예 : 문자 + * & ^ % $ # @!)가 혼합되어 있다. 따라서 hockeyGoalwins4now와 같은 암호는 강력한 암호다. 여러 웹사이트에서 비밀번호의 강도를 측정 할 수 있는 도구를 제공하는데 대표적인 곳으로 Microsoft가 운영하는 Safety & Security Center가 있다. http://www.microsoft.com/security/online-privacy/passwords-create.aspx

출처: Ngak, C. (2012). The 25 most common passwords of 2012. April 25, 2013. Retrieved from http://www.cbsnews.com/8301-205_162-57539366/the-25-most-common-passwords-of-2012/

최근 몇 년 동안 신원 도용은 제8장 "웹 기반 기업"에서 논의한 피싱(phishing)의 형태로 주로 행해졌다. 범죄자들은 합법적인 회사의 이름으로 가짜 메시지를 보내 수백만 명을 속여 암호를 포함한 개인 데이터를 "업데이트"하도록 요청한다. 이 사이트는 범죄자가 개인 데이터를 훔쳐 피해자의 신용 계좌를 청구하거나 새로운 신용 카드를 신청하거나 운전자의 면허 및 온라인 대출과 같은 서류를 신청하는 용도로도 사용된다.

최근에는 피싱이 발전해 스피어 피싱 (spear phishing)이라는 형태로 범죄자가 개인 정보를 사용하여 기업의 시스템을 공격한다. 다음 페이지의 그림은 PayPal 웹사이트에 표시된 피싱 이메일의 예시를 보여 주며 이러한 이메일을 인식하는 방법에 대한 팁도 포함하고 있다. "여기에 등록하십시오"라고 써진 링크 위에 마우스 포인터를 올려 놓으면 PayPal과 관련이 없는 웹 주소에 대한 링크를 볼 수 있다. 당연히 금융 기관들이 가장 유력한 범죄 대상이 되며, 스피어 피싱 범죄자들은 온라인 계정에서 돈을 훔치려고 한다.

POINT OF INTEREST

가장 많은 피싱 공격을 받은 곳

2013년 1월 Kaspersky Lab의 보고서는 피싱 공격 대상이 되는 상위 100개를 선정했다. 피싱 공격의 39.62%를 차지한 것은 소셜 미디어 사이트였다. 16.81%의 공격은 검색 엔진이었다. 전자 지불 서비스와 은행은 12.94%로 3위를 차지했다 (이전 달보다 7%가 줄어든 수치다). 검색 엔진 및 IT 공급업체들은 각각 3.6% 및 1.2%의 공격을 받아 가장 큰 폭의 증가를 보였다. 지난 5년 동안 가장 자주 범죄의 대상이 된 곳은 은행에서 소셜 미디어 사이트로 변화했다. 이러한 변화의 이유 중 하나는 범죄자들이 은행의 온라인 보안 시스템보다 쉽게 피싱을 할 수 있기 때문이다.

출처: Kaspersky Lab. (January 2013). Spam in January 2013. Retrieved from http://www.securelist.com/en/analysis/204792282/Spam_in_January_2013

피싱 범죄자들은 합법적인 내용인 것처럼 위장한 이메일을 보낸다.

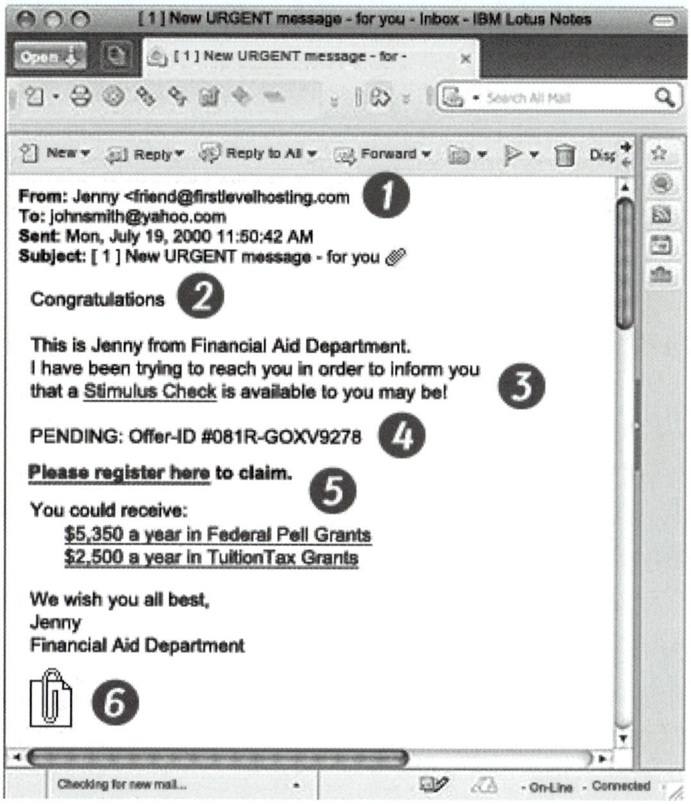

사이버 테러

최근 몇 년 사이 기업의 정보시스템은 사이버 테러라 불리는 테러 공격의 대상이 되었다. 2003년 Dataquest가 실시한 조사에 따르면 대부분의 미국 기업은 기술 인프라에 대한 사이버 공격에 직면했을 때 적절하게 대응할 준비가 되어 있지 않았다(Rapport, 2003). 그 이후로 정부와 기업 모두에 사이버 테러는 관심의 대상이 되었다. ABI Research 에 따르면 전세계 보안 기술과 관련한 지출은 2010년 60억 달러에 비해 2016년에는 100억 달러까지 증가 할 것으로 예상되었다(Simpkins, 2011). 미 국방부도 사이버 테러 위험에 대응하기 위해 30억 달러 이상을 투자 할 예정이다. 보안 전문가 프랭크 암 바흐(Frank Umbach) 박사는 "사이버 공격이 위험 목록에서 국제 테러보다 앞선 위치에 나열되어 있다"고 밝혔다(Anonymous, 2013b). 사이버 테러는 네트워크 통신을 방해하고, 기업과 정부의 정보를 파괴하거나 훔칠 수 있다. 그러나 사이버 테러의 비밀스러운 특성 때문에 정부의 관여로 인해 미디어에서 상세히 논의되거나 강조되는 주제는 아니다.

데이터 변경, 데이터 파괴 그리고 웹 보호

데이터의 변경 또는 파괴는 종종 실수로 벌어지는 일이다. 앞서 언급했듯 기업의 데이터는 하드웨어나 프로그램보다 훨씬 중요한 자산이다. 데이터가 실수로 변경되거나 파괴 되더라도 기업에 끼치는 피해는 상당하다. 누락되거나 변경된 데이터를 백업 복사본에서 복원하려면 비싼 대가를 치뤄야 한다. 실제 피해가 크지 않더라도 IT 담당자는 전체 리소스의 무결성을 확인하기 위해 데이터 풀을 검사하는 데 많은 시간을 소비해야 하며 보안 시스템에 우회 경로는 없는지도 파악해야 한다. 그러나 이러한 활동들은 우수한 실력을 보유한 직원들의 시간을 낭비하기 마련이다.

온라인 상에서의 파괴 활동이 되는 대상은 데이터가 아니라 특정 기업의 웹사이트가 될 수도 있다. 매일 일부 기업에서는 웹사이트가 훼손된 것을 발견하게 된다. 온라인 파괴 활동은 몇 가지 유형의 피해를 불러온다. 사이트를 처음 방문하는 사람들은 그 사이트에 오래 머무르려고 하지 않을 것이며, 해당 사이트를 자주 방문하는 사람들도 그 사이트를 재방문 하려고 안할 것이다. 사이트에 대한 좋은 경험이 있는 소비자조차도 더 이상 보안 시스템을 신뢰하지 않기 때문에 영원히 떠날 수 있다.

웹사이트에 해를 가하기 위해 해커는 웹 마스터를 비롯한 권한 있는 사용자들이 사이트의 서버에서 작업하고 페이지를 업데이트 할 수 있도록 하는 액세스 코드를 알아 내야 한다. 해커는 코드를 아는 사람으로부터 코드를 얻거나 페이지에 액세스 할 때까지 다른 코드를 시도하는 소프트웨어를 사용한다.

웹사이트 손상에 대한 최선의 조치는 무단으로 액세스하는 것을 방지하는 소프트웨어다. 그러나 이러한 소프트웨어가 실패 할 수 있으므로 구성원들이 주요 페이지를 자주 모니터링 하도록 하여 그 피해를 최소화 할 수 있다. 결함이 발생한 직후에 손상이 감지되었다면 백업 기능을 사용해 해당 페이지를 교체할 수 있다. 최근에는 많은 웹사이트들이 이러한 피해로부터 수 시간 혹은 수 분 내에 복구가 가능하다.

시스템에 대한 무단 침입을 방지하려면 기업이 보안 소프트웨어의 약점을 찾아 적절한 소프트웨어로 수정해야 한다. 이러한 소프트웨어는 종종 "패치 (patch)"라고도 한다. 서버 관리 프로그램을 판매하는 소프트웨어 회사는 패치를 생성하고 클라이언트를 다운로드하여 설치하도록 해준다.

해커에 대응하기 위해 기업들은 honeytoken를 사용한다. honeytoken은 직원이나 비즈니스 파트너가 합법적인 목적으로 액세스 할 수 없는 네트워크 데이터베이스의 가짜 레코드이다. 침입자가 해당 레코드가 포함된 데이터베이스를 복사하면 그 안에 숨겨진 간단한 프로그램이 보안 담당 직원에게 경고를 보내어 조사를 시작할 수 있다. 사건을 탐지하는 프로그램은 라우터 또는 다른 통신 장치에 설치 할 수도 있다. 라우터 또는 다른 통신 장치는 honeytoken을 감지하자마자 경보를 보내도록 프로그램 되어 있다. 가령 개인 기록을 검색 할 때 해커가 honeytoken을 검색하도록 유도하기 위해 의료 데이터베이스의 유명 인사의 의료 기록 또는 급여 데이터베이스의 CEO 급여와 같은 가짜 기록이 honeytoken일 수 있다.

보안상 허점과 무단 액세스 방법을 알아내기 위해 기업에서는 honeypot을 만들기도 한다. honeypot은 프로덕션 데이터베이스 (비즈니스 운영에 사용되는 데이터베이스)의 복사본이나 유효하지 않은 레코드가 있는 서버를 포함하며, 해커가 프로덕션 데이터베이스에 액세스했다고 착각하도록 설정된다. 해커들이 남긴 흔적을 통해 정보 보안 담당자들은 서버의 취약한 부분을 알아낼 수 있다. 어떤 경우에는 보안 담당자들이 honeypot에서 해커들의 움직임을 실시간으로 추적하기도 한다. 그러나 honeypot과 honeytoken이라는 용어의 정의가 다른 경우도 있다는 사실에 유의해야 한다. 예를 들어 honeypot은 해커를 상대로 한 함정 전체를 뜻하며, honeytoken은 해커를 상대로 한 함정이 데이터인 경우로 한정되어 쓰이기도 한다.

POINT OF INTEREST 비싱 (Vishing)

비싱(vishing)은 사람들이 전화로 돈이나 정보를 훔치는 방법이다. 일반적으로 범죄자들은 익숙하거나 합법적인 곳에서 전화가 오는 것처럼 보이도록 '발신자 ID' 를 위장하는 기술을 쓴다. 이는 마치 피싱(phishing) 공격을 받은 사람에게 가짜 웹사이트를 방문하도록 알려주는 것과 유사한 방식인데, 전화를 받은 사람에게 녹음 메시지를 들려주고 수신자 부담 전화 번호로 전화를 걸게 한다. 발신자는 신용 카드 또는 사회 보장 번호와 같은 개인 정보를 입력하도록 요청 받는다. 2009년 플로리다에 있는 두 개의 텔레마케팅 회사는 연방 무역위원회 (Federal Trade Commission)에 의해 이러한 방법을 통해 가짜 자동차 보증서를 2,000~3,000달러에 판매한 혐의로 소송을 당했다. 2년 동안 그들은 약 10억 건의 통화를 했으며 100억 달러 이상의 수익을 거뒀다. 2009년 발신자 표시법 (Caller ID Act of Truth)이 통과되기 전까지 발신자 번호를 위장하는 것은 합법이었다. 그러나 FCC의 이 법은 어떤 개인이나 단체도 사기, 피해 또는 부당하게 가치 있는 것을 얻으려는 목적으로 발신자 ID 정보를 위장해 전송하는 것을 금지한다. 그러나 법원의 허가를 받은 공무원들은 제한적으로 발신자 ID를 위장할 수 있다.

출처: Federal Communications Commission. (2013). Caller ID and Spoofing. Retrieved from http://www.fcc.gov/guides/caller-id-and-spoofing; Reardon, Marguerite. (19 May 2009). Protecting yourself from vishing attacks. Retrieved from http://news.cnet.com/8301-1035_3-10244200-94.html

컴퓨터 바이러스, 웜(Worms), 로직 폭탄 (Logic Bombs)

컴퓨터 바이러스는 바이러스가 살아있는 조직에 작용하는 방식과 유사한 형태로 프로그램과 데이터에 작용하기 때문에 컴퓨터 바이러스라고 불린다. 컴퓨터들이 서로 연결되어 있고 많은 사람들이 파일을 공유하고 있기 때문에, 사람들은 자신도 모르는 사이에 자신의 파일을 감염시킨 바이러스를 다른 컴퓨터로 전송한다. 바이러스가 컴퓨터에 도달하면 프로그램 및 데이터 파일이 손상된다. 바이러스는 이외에도 데이터 통신을 방해한다. 바이러스로 인해 다량의 메시지와 파일을 처리하게 되고 그 결과 데이터 송수신이 방해를 받는 것이다. 컴퓨터 바이러스와 달리 웜은 사용자 개입 없이도 네트워크에 퍼진다. 웜은 이메일을 보내거나 받은 파일을 열지 않아도 컴퓨터를 공격한다. 그러나 대개는 두 종류의 악성 코드를 모두 바이러스라고 지칭한다.

이메일이 널리 보급되자 악의를 가진 사람들은 바이러스를 퍼뜨리기 위해 이메일을 사용했다. 1999년 멜리사 바이러스 (Melissa virus)는 이메일이 지인이나 잘 알고 있는 단체에서 오는 것처럼 보이더라도 일단 의심을 해야 하는 이유를 잘 보여주는 사례였다. 멜리사 사건의 경우, 겉으로는 정상인 것처럼 보이는 이메일에 Microsoft Word 문서가 하나 첨부되어 있었다. 그러나 이 문서를 열면 피해자의 Microsoft Outlook 주소록의 첫 50개 주소로 감염된 메시지를 보내도록 매크로가 활성화 되었다. 다른 많은 바이러스도 이와 비슷한 방식으로 전파된다. 일단 받는 사람이 메시지에 첨부된 파일을 열고 활성화를 시킨다. 그런 다음 바이러스가 파일을 파괴하거나 작업 속도를 저하 시키고 운영 체제와 프로그램의 취약점을 통해 인터넷에 연결된 다른 컴퓨터로 자신의 복사본을 퍼트린다. 이 사건 이후 수천 건의 바이러스와 웜 공격이 있었으며 수백만 대의 컴퓨터가 계속 감염되었다.

안티바이러스 소프트웨어는 컴퓨터 바이러스를 막기 위한 중요한 프로그램이다.

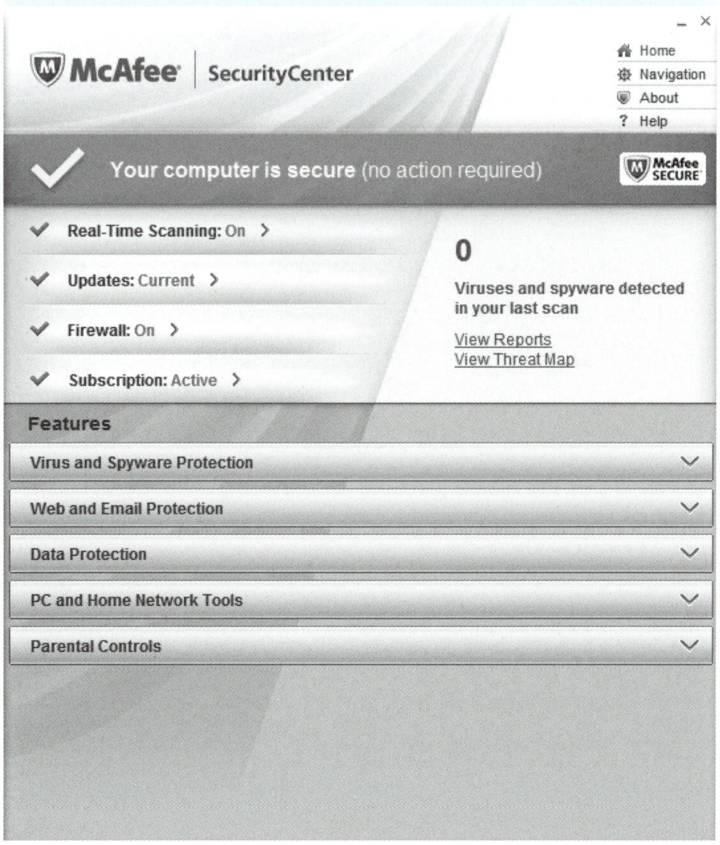

이 외에도 2012년 4월 Kaspersky Labs는 2억 8천만 개의 악성 프로그램을 탐지했으며 1억 3천 4백만 건의 웹을 통한 감염이 방지되었고, 2,400만 건 이상의 악성 URL이 발견되었다(Anonymous, 2012b). 보고서에 따르면 바이러스 탐지 횟수가 가장 많은 두 개의 프로그램은 Adobe의 Acrobat Reader 와 Oracle의 Java 였다.

바이러스로부터 시스템을 보호하는 한 가지 방법은, Kaspersky, Symantec, McAfee (그림 참조) 또는 무료 AVG, 무료 오픈소스ClamWin과 같이 바이러스 백신 소프트웨어를 사용하는 것이다. 이 백신 소프트웨어 사용자들은 정기적으로 바이러스를 식별하는 코드를 통해 소프트웨어를 업데이트하거나 컴퓨터가 인터넷에 연결될 때 바이러스 정의가 자동으로 업데이트되는 자동 업데이트를 선택할 수 있다. 그러나 새로운 바이러스가 아직 알려지지 않은 방식으로 작동하도록 설계된 경우 소프트웨어에서 바이러스를 감지하지 않을 수 있다. 대부분의 바이러스 탐지 프로그램은 사용자가 의심되는 프로그램을 자동 또는 선택적으로 파괴 할 수 있도록 한다. 바이러스 위험을 최소화하는 또 다른 방법은 네트워크 소프트웨어, 특히 이메일 서버 소프트웨어를 프로그래밍하여 바이러스가 포함되어 있는 실행 파일과 함께 제공되는 모든 메시지를 거부하는 것이다. Microsoft Outlook과 같은 일부 이메일 프로그램은 이러한 파일을 거부하도록 프로그래밍 되어 있다.

일부 바이러스는 트로이 목마라고 불리는데 이는 그리스 신화에 나오는 것처럼 고대 트로이 목마의 특징과 유사하다. 트로이와의 전쟁에서 그리스인들은 큰 나무 목마를 놓아둔 채 도시 외곽을 떠난 척 했다. 트로이 사람들은 목마를 자신들의 도시로 끌고 갔다. 밤이 되자, 말 속에 숨어 있던 그리스 군사들이 뛰어 내려 도시를 정복하고 수천 명의 동료 군사들을 들어오게 하기 위해 도시를 둘러싸고 있던 문을 열었다. 컴퓨터 용어로 트로이 목마는 바이러스가 포함된 합법적인 소프트웨어 또는 유용한 소프트웨어로 위장한 바이러스이며, 스파이웨어가 대표적인 트로이 목마 소프트웨어다.

점점 더 많은 바이러스 및 웜이 운영 체제(OS)의 취약한 부분, 특히 Microsoft Windows를 이용한다. 전 세계 대다수 기업에서 Microsoft 운영 체제를 사용하므로 대부분의 바이러스도 Microsoft 운영 체제를 공격한다. 소프트웨어 공급업체들은 바이러스와 웜이 컴퓨터 시스템에 직접 침입하는 것을 막기 위한 패치를 제공한다. 그러나 패치가 실제 작동하는 시점은 보안 전문가와 네트워크 관리자들에게 달려 있다.

일부 악성 컴퓨터 프로그램은 바이러스처럼 즉시 퍼지지 않지만 개별 기업에 훨씬 더 많은 피해를 입히는 경우가 있다. 로직 폭탄(logic bomb)은 지정된 시간에 특정 프로그램과 데이터 파일에 손상을 주기 위해 프로그래밍 된 소프트웨어다. 특정 이벤트가 컴퓨터에서 발생할 때까지 또는 컴퓨터의 내부 시계가 지정된 시간에 도달 할 때까지는 휴면 모드를 유지한다. 이벤트 또는 특정 시간에 따라 바이러스가 피해를 일으킨다. 로직 폭탄은 일반적으로 내부 사용자에 의해 심어진다. 일례로 미국 교통 안전청 (TSA)의 콜로라도 스프링스 운영 센터 (CSOC)의 전직 직원은 2009년 자신의 해고될 것이라는 통지를 받고 로직 폭탄을 심은 것으로 유죄 판결을 받았다. 감염된 시스템은 CSOC의 데이터베이스에 있는 데이터를 손상시켜 항공사 승객 심사에서 오작동을 일으켰다. 다행히 TSA 직원들이 피해가 일어나기 전 이를 발견했다 (Zetter, 2011).

악의 없는 실수

교육 부족, 백업 절차 준수 부족, 사용자의 실수로 인해 소프트웨어에 의도치 않은 손상이 발생한다. 체계적으로 짜여진 프로그램에서는 의도치 않은 손상이 거의 발생하지 않지만 교육이 제대로 되지 않으면 프로그램이 부적절하게 사용되어 사용자도 모르는 사이에 데이터가 손상 될 수 있다. 예를 들어, 데이터를 변경하거나 삭제할 수 있는 명령을 받으면 제대로 된 프로그램이라면 "기록을 삭제 하시겠습니까?" 또는 "파일이 지워질 수 있습니다"와 같은 경고 문구가 표시된다. 일반적으로 데이터 손실은 작업을 저장하지 않고 백업 복사본을 만들지 않았기 때문에 발생한다. 워드 프로세서를 사용해 문서 파일을 만들거나 데이터베이스를 업데이트 할 때 데이터가 손상되는 경우가 종종 있다.

손상을 줄 수 있는 소프트웨어의 무단 다운로드와 설치를 제어하기 위한 목적으로 관리 권한을 제한 할 수 있다. 다수의 기업이 직원 대부분에게 운영 체제 권한을 승인하지 않고 있으며 액세스 코드가 있어야만 신규 소프트웨어 설치를 수락하도록 하고 있다.

온라인을 통한 운영에 대한 위험

인터넷을 통한 비즈니스 운영이 늘어남에 따라 이를 방해하려는 해커들도 늘어나고 있다. 무단 액세스, 데이터 절도 및 웹 페이지 손상으로 인해 서비스 거부(denial-of-service) 공격과 컴퓨터 도용(hijacking)이 증가한 것이다.

서비스 거부 (DoS, Denial of Service)

2011년 7월, 서비스 거부 (DoS) 공격으로 인해 인터넷 쇼핑객들이 PayPal 계정에 엑세스 하지 못한 일이 있었다(Bryan-Low, 2011). DoS 공격은 해당 웹사이트가 압도적인 정보를 요청 받을 때 발생한다. 예를 들어 웹사이트에 단순 로그온 요청이 대량으로 들어오는 경우가 이에 해당하며, 서버의 정상적인 트래픽을 느리게 하려는 의도를 갖고 있다. 그 결과 사이트 기능이 중단 될 수 있으며 엄청난 양의 트래픽을 처리하다 보니 정상적인 의도를 가진 방문자가 사이트에 액세스하지 못하는 경우도 생긴다.

해커는 다른 사람의 컴퓨터를 활용해 DoS공격을 가한다. 따라서 이를 '분산 서비스 거부(DDoS, Distributed Denial of Service) 공격'이라고도 한다. 전문가들은 이 공격에 사용된 컴퓨터를 "좀비"라고 부르며, 좀비 컴퓨터는 트래픽 양을 악화 시킬 뿐만 아니라 공격 발생 장치를 추적하는 것도 불가능하게 만든다.

DoS 공격은 모든 비즈니스와 산업에 영향을 미치는 중요한 문제다. 증권거래위원회(SEC, Securities and Exchange Commission)의 연례 보고서는 최소 19곳의 금융 기관이 DoS 공격의 대상이 되었다고 보고했다. SEC는 해당 금융 기관들이 이 같이 "중대한 컴퓨터 절도 또는 중단" 사건을 일반 대중에게 공개하도록 요청했다 (Nakashima & Douglas, 2013). 2013년 초 Bank of America는 DoS 공격 (Reckard, 2013)으로 인해 전자 금융 서비스 (모바일, 온라인 및 전화)에 액세스하지 못하는 4천만 명의 고객 서비스를 복구하기 위해 노력을 기울여야 했다. Citigroup의 웹사이트도 일부 고객이 자신의 계정에 액세스하는 데 어려움을 주는 DoS 공격의 영향을 받았다 (Browdie, 2012). 이러한 사례들은 금융 기관이 DoS 범죄의 대상이 되고 있음을 잘 보여준다.

웹 사이트에 로그온하려는 사람을 막을 수는 없으므로 DoS 공격을 완전히 막을 수는 없지만 사이트를 대상으로 하는 대부분의 불법 트래픽을 필터링 할 수 있는 장비를 사용할 수는 있다. 이 장비는 동일 IP 주소에서 비정상적인 빈도로 발생하는 반복된 요청을 탐지하고 차단하며, 의심되는 서버로부터 들어오는 모든 통신을 차단하도록 프로그래밍 할 수 있다. 이 장비는 비정상적인 요청의 약 99%를 필터링 할 수 있지만 장비를 사용하면 통신 속도가 느려져 사이트의 응답속도가 떨어진다는 단점이 있다. 또한 요청을 차단하면 의심되는 서버를 통한 정상적인 방문자의 액세스가 거부 될 수 있다. 특히 개인과 기업에 인터넷 액세스를 제공하는 ISP가 서버를 사용하는 경우 더욱 그렇다. DoS 공격을 완화하는 한 가지 방법은 기업이 여러 서버를 사용하는 것이며, 이는 정상적인 트래픽 증가에도 대처할 수 있는 방법이 된다.

DoS공격으로부터 안전한 단체는 없다. eBay, Amazon, CNN 및 미국 연방 수사국 (Bryan-Low, 2011) 사이트도 공격을 당했다. 이들 모두 몇 시간 동안 사이트를 폐쇄해야 했다. Amazon, eBay를 비롯한 커머스 사이트들은 수익을 잃기도 했다. 실시간 정보 제공 업체인 Neustar, Inc.는 1,000명의 북미 IT 전문가 중 300명이 넘는 응답자가 자신들이 속한 단체의 웹사이트가 DoS공격을 당했다고 밝혔다. 공격을 받은 단체 중 35%는 24시간 이상 지속되는 공격을 받았으며, 11%는 1주일 이상 지속되는 공격을 받았다고 한다 (Anonymous, 2012c).

컴퓨터 도용 (Computer Hijacking)

당신이 미처 모르는 사이 당신의 컴퓨터가 도용되었을 가능성이 있다. 즉 당신의 컴퓨터는 책상에 그대로 놓여 있지만 만약 인터넷에 연결되어 있다면 다른 누군가에 의해 사용되고 있을 가능성이 있다는 것이다. 컴퓨터를 hijacking한다는 것은 소유주의 동의 없이 공용 네트워크에 연결된 컴퓨터의 일부 또는 전체 리소스를 사용한다는 것을 의미한다. 컴퓨터 도용은 DoS 공격에도 쓰이지만 다른 목적으로도 쓰인다.

컴퓨터 도용을 하기 위해서는 먼저 컴퓨터에 봇(bot)이라는 작은 프로그램을 몰래 설치해야 한다. 바이러스와 마찬가지로 이 프로그램은 채팅창이나 파일 공유 기능을 사용하는 사람들이 무의식적으로 다운로드하게 된다. 컴퓨터가 도용되면 인터넷 연결 속도가 느려질 수 있다. 생산성이 떨어져 기업에 피해를 입힐 수도 있다. 대개 컴퓨터 도용은 스패밍(spamming)을 하기 위해 행해진다. 도용된 컴퓨터를 활용해 광고성 이메일을 수백만 개의 주소로 뿌리는 것이다. 이렇게 하면 이메일의 실제 출처를 숨김으로써 추적을 불가능하게 하고, 도용된 컴퓨터의 리소스를 활용해 이메일 배포를 신속하게 처리할 수 있다.

얼마나 많은 컴퓨터가 봇에 감염 되었는지는 아무도 모른다. 소셜 미디어의 인기가 높아지면서 페이스북과 같은 회사는 봇 때문에 조회수 통계에 영향을 받기도 한다. 페이스북은 월간 액티브 사용자 중 1.5%가 스패밍을 비롯한 비정상적인 의도를 갖고 있다고 추정한다. 비정상 계정 중 한 곳에서는 페이스북 광고 클릭의 80%가 봇에 의해 이뤄진 것으로 의심된다(Darwell, 2012).

컴퓨터를 도용하기 위해 스팸 발송자는 운영 체제와 통신 소프트웨어의 보안 허점을 악용해 이메일 전달 소프트웨어를 은밀하게 설치한다. 대부분의 사용자는 컴퓨터가 수행하는 추가 작업을 인식하지 못한다. 한 가지 예방책은 사용자가 하드 디스크를 사용하지 않을 때에도 컴퓨터가 하드 디스크 작업과 같은 활동을 왜 하는지 확인해 보는 것이다. 컴퓨터 사용자는 이메일 전달 프로그램을 탐지하는 특수한 소프트웨어를 설치할 수도 있다.

컴퓨터 도용은 DoS 공격을 위해 컴퓨터를 좀비로 만들기도 한다. 이렇게 도용된 컴퓨터는 이메일을 보내는 데 쓰이는 것이 아니라 웹 서버에 반복적인 요청을 보내는 데 사용된다.

제어 (Controls)

제어는 사용자 또는 시스템에 적용되는 제한 사항이며 지금까지 논의한 여러 위험들로부터 시스템을 보호하거나 프로그램 및 데이터의 손상을 줄이는 데 사용되는 일련의 방법들이다. 가장 일반적인 제어 방법들이 그림 14.1에 나열되어 있다. 제어를 통해 엑세스 권한을 관리하고 비정상적인 데이터가 기업 데이터베이스에 입력되지 않도록 한다.

■ 그림 14-1

시스템 보호를 위해 사용되는 대표적인 제어 기능들

◆ 프로그램 체계성 (Program robustness)과 데이터 입력 제어 (Data entry controls)

◆ 백업 (Backup)

◆ 엑세스 제어 (Access controls)

◆ 원자성 거래 (Atomic transaction)

◆ 감사 추적 (Audit trail)

프로그램 신뢰도와 데이터 입력 제어

신뢰도가 높은 프로그램은 프로그래밍 된 기본 기능 외에도 잘못된 데이터 입력이나 프로세싱과 같은 부적절한 사용을 방지하는 기능이 있다. 가장 신뢰할 수 있는 프로그램은 오용 또는 남용의 가능성을 고려하는 프로그램이다. 안정적인 프로그램일수록 사용자가 오류를 만들거나 프로세스를 우회하려고 할 때 바로 그와 관련된 메시지를 보여준다. 예를 들어 어떤 웹 사이트는 사용자가 사용자 이름과 암호를 선택하도록 하며 운영자가 쉽게 추측 할 수 없는 암호를 요구한다. 일반적으로 프로그램은 특정 문자 수보다 적거나 숫자가 없는 암호를 거부하도록 프로그래밍 되어야 하며, 사용자가 정책을 따르도록 명확한 메시지를 제시해야 한다.

제어 기능를 통해 사업 상의 정책을 시스템의 기능으로 변환하기도 한다. 예를 들어, 기업은 시스템을 통해 개별 고객에 대한 채무를 특정 수치에서 제한하는 정책을 구현한다. 부채 한도에 도달한 고객이 추가로 구매를 하려고 하면 판매 담당자에게 경고 메시지가 금전 등록기 화면에 나타난다. 그 결과 사업과 관련한 정책이 판매 시점에 제어 기능을 통해 구현된다. 또 다른 어떤 시스템은 예산을 충분히 확보하기 위해 특정 예산 항목을 먼저 검사하지 않는 한 모든 지출을 허용하지 않는다. 지출과 관련한 정책이 적절한 소프트웨어를 통해 구현된 것이다. 정보시스템은 사업 상의 정책과 절차를 구현하고 적용하는 데 매우 효과적이다.

RAID는 거래 기록을 디스크에 자동 저장하며, 가능한 안전한 장소에 설치된다.

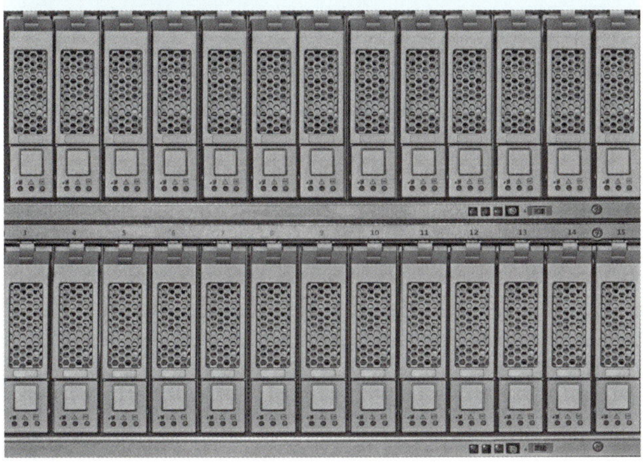

백업 (Backup)

데이터 유실을 방지하는 가장 쉬운 방법은 모든 데이터를 주기적으로 자동 복사하는 것이다. 이를 데이터 백업(backup)이라고 한다. 일상적인 백업에 적합한 저장매체는 제4장 "비즈니스 하드웨어"에서 설명한 바 있다. 많은 시스템에는 자동 백업 프로그램이 내장되어 있다. 데이터는 자기 테이프(magnetic tapes)와 같은 저렴한 저장장치에도 복사될 수 있다. 저장장치 제조업체는 이러한 목적으로 RAID (Redundant Arrays of Independent Disks)를 제공한다. 제4장에서 설명했듯, RAID는 저장된 데이터를 복제하도록 프로그래밍 된 디스크 세트로 높은 안정성을 제공한다. 위 그림은 기업에서 사용되는 RAID 디스크 드라이브의 예를 보여준다.

물론 데이터를 백업하는 것만으로는 충분하지 않을 수 있다. 백업 데이터가 포함된 디스크 또는 테이프는 보통 외부로 전송되어야 하며, 사이트가 재해로 인해 손상된 경우에는 외부 저장소를 사용할 수 있다. 과거에는 많은 기업들이 매일 영업이 끝나면 외부 저장소까지 직접 가서 백업 디스크와 테이프를 보관했으며, 일부 기업은 지금도 그렇게 하고 있다. 그러나 최근 몇 년 동안 통신 분야의 발전으로 인해 대부분의 기업에서는 네트워크를 통해 원격 사이트에 데이터를 백업하는 것을 선호한다. 사실 이 방법은 물리적 디스크와 테이프를 운반하는 것보다 안전하다. 이동 중 차에서 분실되거나 도난을 당하는 일이 생길 수 있기 때문이다. 대개 외부 저장소는 사무실에서 수천 마일 떨어진 곳에 있다. 추가적인 보호를 위해 백업 디스크나 테이프가 화재 및 홍수에 견딜 수 있는 금고에 잠겨 있기도 한다.

기업은 백업 기능을 전문적으로 제공하는 회사의 서비스를 사용할 수도 있다. 이런 회사들은 온라인 저장 공간 서비스를 유지 관리한다. 온라인 데이터 백업 서비스는 일반적으로 고객이 원하는 파일을 고객의 시스템에서 원격 저장소로 복사하는 프로그램을 제공한다. 고객의 데이터는 온라인으로 전송되어 보안 사이트에 저장된다. 또한 이 회사들은 다중으로 된 시설을 중복으로 운영함으로써 재난 발생시 고객들의 백업 데이터를 보다 안전하게 저장한다. 월간 또는 연간 구독료로 제공되는 이 서비스는 개인과 기업의 데이터를 안전하게 관리하는 일을 담당하는 전문가를 통해 운영된다. 또한 고객은 백업 용량을 늘리는 것에 대해 염려 할 필요가 없다. 이 회사들은 고객의 백업 용량이 변화함에 따라 확장성을 지속적으로 제공한다. 이러한 기능을 온라인 백업, 클라우드 백업이라 부른다. 대표적인 회사로는 Carbonite (그림 참조), Backblaze, Mozy 및 Crashplan와 같은 곳들이 있다.

기업과 개인들은 데이터 파일을 자동으로 백업해 주는 온라인 백업 서비스를 구독할 수 있다.

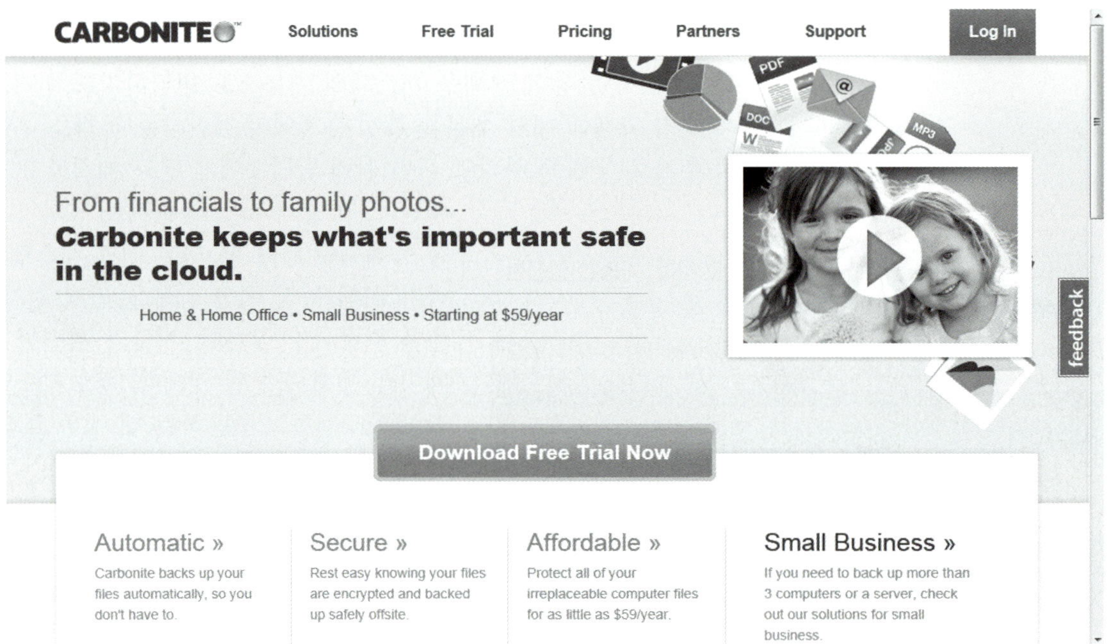

엑세스 제어 (Access Controls)

일반적으로 인터넷과 같은 공용 네트워크를 통해 정보시스템에 무단으로 액세스 한다고 해서 IT 리소스가 손상되는 것은 아니다. 그러나 무단 엑세스는 웹 사이트, 데이터베이스와 같은 리소스가 파괴되거나 귀중한 정보가 도용되는 경우가 많기 때문에 가장 심각한 위험 중 하나로 간주된다.

액세스 제어는 권한이 부여된 사용자만 컴퓨터나 네트워크 또는 특정 프로그램이나 데이터에 액세스 할 수 있도록 하기 위한 조치이다. 컴퓨터에 대한 액세스를 차단하는 한 가지 방법은 권한이 있는 사용자만 키를 가지고 있는 시설을 물리적으로 잠그거나 물리적인 키로 컴퓨터 자체를 잠그는 것이다. 그러나 컴퓨터가 네트워크로 연결된 시대에 이 솔루션은 제한된 수의 서버나 일부 특정 컴퓨터에서만 통한다. 따라서 소프트웨어를 통한 다른 형태의 액세스 제어가 필요하다.

전문가들은 액세스 제어를 세 가지 그룹, 즉 무엇을 알고 있는가 (What you know), 무엇을 갖고 있는가 (What you have), 사용자가 누구인가(Who you are)를 기준으로 분류한다. "무엇을 알고 있는가" 에는 사용자 ID, 계좌 번호 및 암호와 같은 액세스 코드가 포함된다. "무엇을 갖고 있는가"에는 보안 카드나 엑세스 코드가 해당한다. "사용자가 누구인가"는 사용자만의 독특한 신체적 특징을 포함한다.

액세스를 제어하는 가장 일반적인 방법은 사용자 ID와 암호를 결합하는 것이다. 사용자 ID는 대개 비밀은 아니지만 암호는 비밀이다. 시스템 관리자는 대부분의 시스템에서 쉽게 허용하는 암호를 자주 변경하도록 권장하므로 다른 사용자가 암호를 알아 내거나 도난당한 암호를 쓸 시간적 여유를 없게 만든다. 일부 시스템은 사용자가 한 달에 한 번 또는 3개월에 한 번과 같이 사전 설정된 간격으로 암호를 변경하도록 하는 시스템이 있다. 또 어떤 시스템은 사용자가 과거에 사용했던 암호를 선택하지 못하게 하여 다른 사람이 암호를 추측 할 가능성을 최소화하고, 문자와 숫자를 혼합하도록 하는 경우도 많다. 액세스 코드와 암호는 운영 체제가 보유한 특수 목록 또는 액세스 권한 여부와 관련된 데이터베이스에 보관된다.

암호보다 더 안전한 방법은 RSA의 SecureID와 같은 보안 카드가 있다. 이 장치는 대개 원격으로 기밀 데이터베이스에 액세스해야 하는 직원에게 배포된다. 직원은 6자리 숫자를 표시하는 소형 장치를 받게 된다. 특수 회로를 통해 이 장치의 번호가 매분마다 새로운 번호로 변경된다. 액세스 권한을 얻기 위해서는 직원이 최소 한 개의 액세스 코드와 장치에 표시되는 숫자를 입력해야 한다. 이 장치는 키 체인이나 지갑에 넣을 수 있을 만큼 작다. 2단계로 된 이 방법은 권한이 부여된 사용자만 액세스 할 수 있는 확률을 높인다. 또한 이 장치는 "무엇을 알고 있는가"와 "무엇을 갖고 있는가"라는 기준을 모두 사용한 예시다.

엑세스 제어 방법의 기준에는 무엇을 알고 있는가(기기), 누구인가(신체적 특징)가 있다.

최근 몇몇 회사들은 생체 인식이라는 물리적 액세스 제어를 채택하기도 했다. 생체 인식의 특징은 사람을 식별하는데 사용되는 고유의 물리적 특성을 사용한다는 것이다. 생체 인식에는 지문, 망막 스캔 또는 성문(voiceprints)과 같은 특성을 사용할 수 있다. 지문을 사용하면 사용자는 스캐너에서 손가락을 누르거나 (그림 참조) 디지털 카메라 앞에 손가락을 놓는다. 이렇게 입력된 지문은 액세스 권한을 가진 사람들의 디지털화 된 지문 데이터베이스와 비교된다. 점점 더 많은 수의 랩톱 컴퓨터에 비슷한 목적으로 지문 스캐너가 내장되고 있다. 이 절차는 사람의 망막 이미지를 스캔 할 때도 비슷하다. 음성 인식을 사용하면 사용자는 단어 또는 여러 단어를 발음하도록 요청받는다. 입력된 음성은 디지털화 되어 디지털화 되어 있는 음성 샘플 목록과 대조되는 절차를 거친다.

POINT OF INTEREST

손 스캔하기

교통안전청 (TSA)은 2001년 9.11사건으로 가장 큰 영향을 받은 연방 기관 중 하나였다. 이 사건의 여파로 TSA는 공항을 포함해 여러 곳의 보안을 대폭 강화했다. 그 중 생체 인식이 가장 대표적인 보안 수단이 될 예정이다. 생체 인식은 신체 모양, 지문, 얼굴 특성, DNA, 손의 모양 및 홍채 인식과 같은 신체적 또는 행동적 특성을 포함한다. 예를 들어, PIN 또는 근접식 카드와 결합한 손 인식 시스템을 사용하면 감독자가 필요한 경우 사용자의 액세스를 즉시 거부 할 수 있다. 생체 인식 기술은 매우 안정적이고 정확한 형태의 보안을 제공할 뿐 아니라 그에 필요한 작업시간도 줄일 수 있다.

참조: Dubin, C. H. (2011). Biometrics: Hands down. Security, 48(2), 52–54.

컴퓨터 제조 업체들도 개별 키보드나 마우스에 내장된 지문 인식 장치를 제공한다. 예를 들어, SecuGen Corporation은 마우스 엄지 쪽에 지문 인식 장치가 포함된 EyeD Mouse를 판매한다. 이 마우스를 사용하면 1초도 안돼 지문을 확인 할 수 있다. 생체 인식 액세스 장치를 사용함으로써 컴퓨터에 대한 무단 액세스를 방지 할 뿐 아니라 헬프 데스크 담당 직원의 업무량을 줄이는 가장 좋은 방법이 될 수도 있다. 왜냐하면 헬프 데스크 담당 직원이 받는 전화 중 최대 50%는 암호를 잊어 버린 직원으로부터 걸려온 것이기 때문이다.

원자성 거래 (Atomic Transaction)

효율적인 시스템에서는 사용자가 데이터를 한 번만 입력하면 시스템 내에 프로그래밍된 정책에 따라 여러 목적으로 다양한 파일에 기록된다. 예를 들어 일반적인 주문 시스템에서 매출은 여러 파일에 기록된다. 배송 파일 (창고에서 무엇을 포장하고 배송할지 알 수 있도록), 송장 파일 (송장을 생성하고 시스템에 사본을 보관), 미수금 파일 (회계 목적) 및 수수료 파일 (영업 사원이 해당 월말에 적절한 수수료로 받을 수 있도록) 등이 그 예다. 그림 14.2에서 알 수 있듯 이 시스템은 원자성 거래 (Atomic Transaction)를 지원한다. 이 코드는 코드가 여러 목적지에 성공적으로 도달 할 경우에만 데이터를 기록하게 되어 있다. 원자성 거래 (나눌 수 없다는 뜻의 그리스어 atomos에서 유래)는 더 이상 세분화될 수 없는 거래 기록들의 집합이다. 즉 거래가 모두 실행되거나 전혀 실행되지 않는 두 가지 경우만 존재한다. 원자성 거래를 통하면 모든 항목들이 정확하게 입력된다.

■ 그림 14-2

원자성 거래는 관련 파일들을 모두 정확하게 업데이트할 수 있도록 해준다.

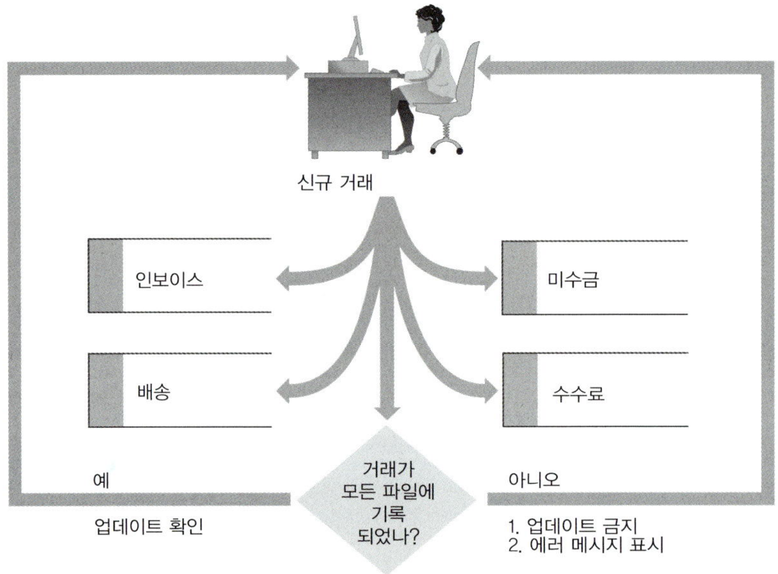

예를 들어, 여러 파일이 한 개 이상의 디스크에 저장되고 그 중 하나가 오작동을 일으킨다고 가정해보자. 점원이 시스템에 판매 데이터를 입력하면, 시스템은 데이터를 각 파일에 자동으로 기록하려고 시도한다. 그에 따라 배송, 미수금, 인보이스 파일 등이 업데이트 되겠지만 수수료 관련 파일은 데이터를 받아들이지 못한다. 적절한 제어 없이도 판매 기록은 입력되겠지만 수수료 기록은 업데이트가 안될 수 있다. 그 결과 영업 사원은 이 거래에 대한 수수료를 받지 못할 것이다. 그러나 원자성 거래의 메커니즘은 네 개 파일 모두가 업데이트 되지 않았음을 감지하고 파일을 업데이트하지 않는다. 시스템은 나중에 다시 업데이트를 하려고 시도하겠지만 업데이트가 완료되지 않으면, 프로그램은 점원에게 적절한 오류 메시지를 보여주고 수정 조치가 취해질 수 있게 한다.

한 가지 주목할 것은 이는 오작동 뿐 아니라 사기에 대한 통제이기도 하다. 영업 사원이 직원과 짜고 수수료 파일에만 판매 기록을 입력하면 발생한 적 없는 판매에 대한 보상을 받아 수수료를 직원과 나눠 가질 수 있다. 원자성 거래에서는 이런 일이 일어나지 않는다. 관계형 데이터베이스 관리 시스템에 대한 논의를 떠올려보자. 관계형 데이터베이스 관리 시스템은 이른바 원자성 (즉 거래 기록을 원자화 할 수 있는 능력)을 가지고 있다.

감사 추적 (Audit Trail)

시스템 악용을 방지하기 위해 많은 조치가 취해졌지만 그럼에도 불구하고 시스템 악용 사례가 발생한다. 그에 따라 거래 기록을 추적하기 위한 추가 단계가 필요하며 (1) 악용 사례가 발견되면 추적이 가능하고 (2) 탐지될 것이 두려워 간접적으로 시스템 악용이 방지되도록 할 수 있다. 이를 위해 흔히 사용되는 방법 중 하나는 감사 추적 (audit trail)이다. 일련의 문서화된 사실을 통해 누가 어떤 거래 기록을 언제, 어떤 사람이 승인했는지 파악하는 데 도움이 된다. 직원이 거래를 기록할 때마다 시스템은 직원에게 인보이스 번호, 계좌 번호, 영업 사원 ID 번호 등과 같은 특정 정보를 제공하라는 메시지를 표시한다. 때에 따라 거래 날짜나 시간 혹은 사용자의 이름이나 암호와 같은 데이터를 사용하여 감사 추적이 자동으로 만들어진다. 이 데이터는 컴퓨터에 직접 기록되지만 대개 사용자에게는 알려지지 않으며 거래 기록에 첨부된다.

많은 국가들이 법적으로 특정 정책과 감사 추적 제어를 규정해 놓고 있다. 기업 운영이 대부분 정보시스템을 통해 이뤄지므로 소프트웨어에 제어가 프로그래밍 되어야 한다. 미국에서는 2002년 사베인 - 옥슬리 법 (Sarbanes-Oxley Act)이 만들어져 기업들이 감사 추적과 제어 수단들을 시스템에 구현하도록 규정해놓고 있다.

감사 추적 정보는 우연한 실수에서부터 미리 계획된 사기 행위에 이르기까지 비정상적 행위를 발견하는 데 도움이 된다. 이 정보는 누가 권한을 갖고 있고, 누가 거래 정보를 입력했으며, 실수와 손해를 복구하는데 필요한 여러 데이터를 파악하는데 도움을 준다. 감사 추적은 실수나 사기를 발견하고 조사하는 전문가인 정보시스템 감사관 (이전에는 전자 데이터 처리 감사원)의 가장 중요한 도구다.

POINT OF INTEREST 값비싼 결함

Ponemon Institute가 850명의 임원을 대상으로 한 조사에 따르면 데이터 유출 후 기업의 명성을 복원하는데 필요한 평균 시간은 1년으로 나타났다. 브랜드를 재건하는 데 필요한 시간과 노력에도 불구하고 브랜드 가치에 심각한 손실이 발생할 수 있다. 브랜드 가치 손실 규모는1억 8천 4백만 달러에서 3억 3천만 달러 정도였으며, 손실 전에는 보통 15억 달러의 브랜드 가치를 갖고 있었다. 따라서 상실된 브랜드 가치의 비중은 12%에서 25%정도였다. 데이터 유출로 피해를 보지 않는 업계나 회사는 없다. 설문 조사에 참여한 기업 중 43%는 침해가 있기 전에 데이터 침해 사고 대응 계획을 세우지 않았다. 데이터와 브랜드 이미지를 보호하기 위해 Experian Data Breach Resolution은 다음과 같은 팁을 제공한다. 데이터 유출 사고시 회사가 취해야 할 단계에 대한 개요를 계획해야 한다. 기업은 사전 대책을 세워 미래에 대비해야 한다. 회사가 데이터 침해로부터 자신을 보호할 만한 충분한 예산을 가지고 있지 않은 경우, 제3자와 협력하여 전문적인 보호를 받아야 한다. 평판이 좋은 브랜드 이미지를 구축하는 데는 수년이 걸리지만 단 한번의 데이터 침해로 인해 그 시간들이 수포로 돌아가는 피해를 입을 수 있다.

참조: Ponemon Institute survey: Data breaches can cause lasting and costly damage to the reputation of affected organizations. (2011). Entertainment Close-Up.

보안 대책

지금까지 이 장에서 보았듯이 인터넷을 사용하는 사람과 기업의 수가 증가하면서 이들에 대한 비정상적 공격이 늘어나게 되었다. 이러한 공격으로부터 스스로를 보호할 수 있는 방화벽, 인증 및 암호화, 디지털 서명과 인증서 같은 몇 가지 방법들에 대해 알아보자.

방화벽 (Firewall)과 프록시 서버 (Proxy Servers)

인터넷을 통한 시스템에 대한 무단 액세스를 막는 최선의 방법은 컴퓨팅 리소스에 대한 액세스를 차단하는 하드웨어와 소프트웨어로 된 방화벽이다. 방화벽은 제6장 비즈니스 네트워크 및 통신에서 설명한대로 라우터 회로에 통합된다. 방화벽 소프트웨어는 웹 사이트에 로그온하는 사용자의 활동을 차단한다. 특정 자료를 검색하고 볼 수 있지만 정보를 변경하거나 컴퓨터에 있는 다른 리소스에 액세스하려는 시도를 막는다.

방화벽은 권한이 없는 사용자를 방어하는데 사용되지만 바이러스나 불량 소프트웨어와 같이 승인되지 않은 소프트웨어를 제한하는 데도 사용된다. 사내에서 직원이 회사 컴퓨터를 통해 외부 웹 사이트에 액세스하면 방화벽은 바이러스와 개방 통신 회선을 통해 회사 리소스에 침입하려는 시도를 차단한다. 또한 악의적인 프로그램으로 의심되는 사이트나 안전하지 않은 사이트에 대한 직원들의 액세스를 차단하도록 프로그래밍 할 수도 있다.

그림 14.3은 방화벽이 네트워크 데이터를 보호하는 방법과 Windows 8의 방화벽 화면을 보여주고 있다. 그림에서 알 수 있듯이 방화벽은 신뢰할 수 있는 네트워크와 신뢰할 수 없는 네트워크 간의 통신을 제어한다. 방화벽은 서버 또는 라우터에 설치할 수 있다. 네트워크 전문가들은 방화벽 소프트웨어를 사용하여 구성원들이 어떤 인터넷 사이트와 서버에 액세스 할 수 있는지를 제어한다. 시스템 관리자는 외부 네트워크가 내부 네트워크에 액세스 할 때 신뢰할 수 있는 외부 네트워크가 액세스 할 수 있도록 Windows 방화벽 매개 변수를 구성 할 수 있다. 경우에 따라 McAfee와 같은 바이러스 백신 소프트웨어를 통해 방화벽 매개 변수를 유지 관리하기도 한다. 따라서 바이러스 백신 소프트웨어는 바이러스와 멀웨어(malware) 전송을 방지하고 보안을 유지하기 위해 방화벽의 연결 상태를 모니터링한다.

■ 그림 14-3

방화벽은 오픈 커뮤니케이션 회선을 통해 무단 엑세스를 방어한다.

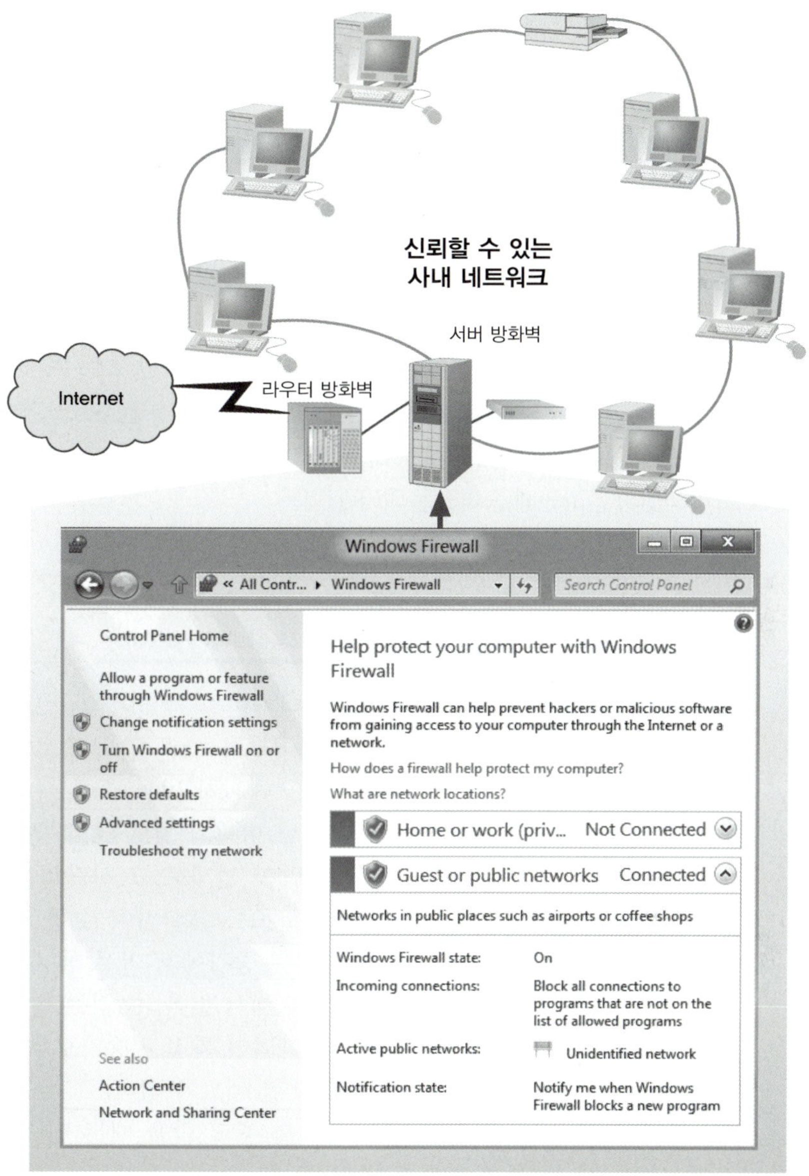

보안을 강화하기 위해 일부 회사에서는 DMZ (비무장 지대) 접근 방식을 구현한다. DMZ는 회사의 신뢰할 수 있는 네트워크 (예: 인트라넷)와 신뢰할 수 없는 네트워크 (예: 공용 인터넷)에 연결된 컴퓨터 네트워크다. DMZ에는 사내에서 인터넷에 직접 액세스 할 수 있는 리소스가 포함되어 있다. 웹 사이트와 사용자들이 파일을 다운로드 할 수 있는 컴퓨터도 포함할 수 있다. DMZ는 인터넷과 기업 내부 네트워크 (보통 인트라넷) 사이에 장벽을 제공한다. DMZ와 기업의 신뢰할 수 있는 네트워크 간의 연결은 프록시 서버를 통해 설정된다.

프록시 서버는 신뢰할 수 있는 네트워크 내부의 모든 정보 요청에 대비한 서버다. 그러나 DMZ가 없는 경우 프록시 서버를 인터넷과 기업 내부의 신뢰할 수 있는 네트워크 사이에 배치 할 수도 있다. 예를 들어, 기업이 신뢰할 수 있는 네트워크 내부에 웹 사이트를 구축 할 때가 그렇다. 프록시 서버는 인터넷을 통해 원격으로 요청하는 컴퓨터의 웹 페이지를 검색한다. 따라서 웹 페이지를 요청하는 외부 컴퓨터는 웹 페이지를 호스팅하는 컴퓨터와 직접 연결되지 않는다. 기업에서 ISP 서비스를 활용하는 경우 프록시 서버는 ISP쪽에서 운영할 수도 있다.

내부 네트워크 서버와 프록시 서버 모두 방화벽을 사용한다. 그림 14.3에서 보듯 방화벽은 내부 네트워크의 서버와 라우터에 설치된다. 이 라우터는 흔히 "바운더리 라우터 (boundary router)"라고 불린다. 이중 방화벽 아키텍처는 인트라넷을 위한 추가적인 보안 조치를 제공한다.

POINT OF INTEREST

멀웨어 방지

Consumer Reports 설문 조사에 따르면 지난 한 해 동안 Facebook에서만 5백만 명이 넘는 미국 계정이 비정상적 공격을 경험했다. 여기에는 바이러스 감염과 신원 도용, 스토킹, 어린이 괴롭힘 등이 포함된다. 2010년에는 멀웨어 감염으로 인한 손실이 23억 달러에 이르렀으며 130만 대의 PC가 교체되었다. 온라인에 숨어있는 여러 위험들을 방어하기 위해 보안 소프트웨어를 사용하는 것이 필수적이다. 무료 멀웨어 방지 프로그램도 온라인 사용자들에게 충분한 보호 수단을 제공한다.

참조: Anonymous. (2011, June). Online Exposure. Consumer Reports.

인증 (Authentcation)과 암호화 (Encryption)

인터넷에는 다양한 상거래 및 커뮤니케이션 채널이 있으므로 기업과 개인은 메시지를 인증 할 수 있어야 한다. 즉, 정보의 암호화 여부와 상관 없이 정보를 전송해야 하는 당사자로부터 전송되었는지 여부를 알 수 있어야 한다. "메시지"라는 단어는 텍스트 뿐 아니라 모든 유형의 정보에 사용된다. 이미지, 사운드 또는 디지털 형식의 정보 일 수 있다.

인증은 메시지를 보내거나 받는 사람이 실제로 그 사람임을 확인하는 프로세스다. 인증은 발신자와 수신자가 자신에게만 알려진 코드를 교환하여 수행 할 수 있다. 일단 인증이 이루어지면, 메시지를 비밀리에 유지하기 위해서는 중간에서 가로 챌 수 있는 사람이 읽을 수 없는 형식으로 변환해야 한다. 메시지를 도중에 가로채서 읽을 수 없는 형식으로 코딩하는 것을 암호화라고 한다. 수신자는 메시지가 실제로 암호화되어 특정 전송자로부터 전송되었는지 확인해야 하므로 암호화 된 메시지를 수신 할 때 인증을 할 필요가 있다.

재무와 의료 기록과 같은 기밀 정보를 주고 받을 때는 인증과 기밀 유지(secrecy)가 중요하다. 공용 네트워크를 통해 업무를 처리 할 때도 마찬가지다. 예를 들어, 수백만 명의 사람들이 주식이나 금융 상품을 웹 상에서 사고 팔고, 기업과 개인은 웹을 통한 구매와 지불을 위해 신용 카드 번호를 사용하며, 병원은 웹을 통해 환자 기록을 보험 회사와 약국 처방용으로 전송한다. 이들 모두 수신자를 인증하며, 전송 내용을 기밀로 유지해야 한다.

사용자를 인증하고 비밀 유지를 위해 당사자는 암호화 프로그램을 사용할 수 있다. 암호화 프로그램은 네트워크를 통해 전송된 정보를 변환하므로 인터셉터(interceptor) 입장에서는 이해할 수 없는 데이터만 수신하게 된다. 원래의 메시지는 평문(plaintext)이라고 불리며, 암호화 된 메시지는 암호문(ciphertext)이라고 불린다. 암호화는 수학 알고리즘을 키(key)와 결합하여 사용한다. 키는 암호문을 해독하는 수식에서 사용해야 하는 고유한 비트 조합이다. 그림 14.4에 표시된 것처럼 수신 컴퓨터는 키를 사용하여 암호문을 일반 텍스트로 다시 해독한다.

■ 그림 14-4

암호화된 커뮤니케이션은 보안을 강화시킨다.

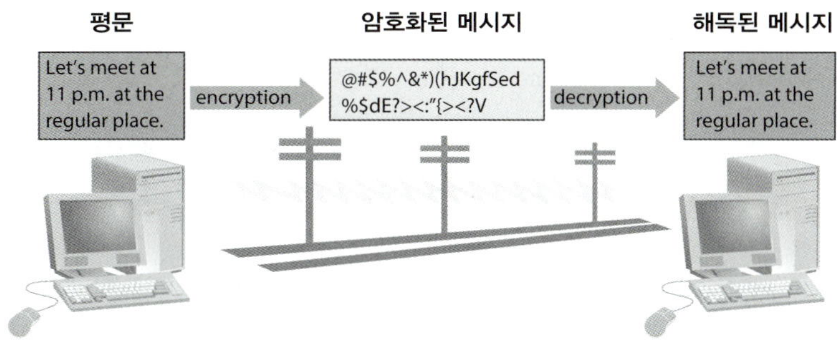

암호화 알고리즘과 키의 사용법을 설명하기 위한 간단한 예시가 있다. 수신자가 해독 할 수 있도록 비밀 메시지를 보냈다고 가정 해보자. 디지털 메시지의 각 문자는 8비트의 조합 인 바이트로 표시된다는 점을 기억해야 한다. 바이트는 숫자 값으로 나타낼 수 있다. 예를 들어 00010101로 표시된 문자의 소수 값은 21이다. 따라서 메시지의 각 문자는 송수신 컴퓨터의 소프트웨어에 있는 특정 알고리즘을 기반으로 하는 숫자 값을 갖는다. 이 알고리즘을 통해 조작된 텍스트는 알고리즘과 키를 파악할 수 없는 사람에게는 아무런 의미가 없는 문자열이다. 이는 매우 간단한 예시다. 실제로 암호화 알고리즘은 상당히 복잡하다. 또한 이 예제에 사용 된 키는 8비트의 조합으로, 알아 내기가 쉽다. 인터넷 통신에 일반적으로 사용되는 128, 256, 512 또는 1024비트로 구성된 키를 알아내는 것이 훨씬 더 어려울 것이다. 긴 키를 사용하면 최신 하드웨어와 가장 복잡한 코드 분할 소프트웨어를 사용하더라도 암호화 된 메시지를 해독하는 평균 시간이 너무 길어 성공 확률이 매우 낮아지게 된다.

공개 키 암호화 (Public-Key Encryption)

그림 14.5에서 볼 수 있듯 발신자와 수신자가 동일한 비밀 키를 사용하는 경우 이 기술을 대칭 암호화라고 한다. 그러나 대칭 암호화는 암호화 된 텍스트를 받기 전에 수신자가 키를 갖고 있어야 한다. 따라서 이 키를 비밀 키 또는 개인 키라고 한다. 발신자와 수신자가 미리 같은 키를 가지고 있을 때 메시지의 기밀을 유지하는 것은 매우 간단하지만 인터넷에서의 일회성 거래에서는 비실용적이다. 예를 들어, 모든 구매자가 기밀성을 보장하기 위해 각 거래마다 비밀 키가 필요하면 소매 웹 사이트가 작동하지 않을 것이다. 따라서 이러한 통신에는 발신자가 메시지를 보내기 전에 수신자에게 키를 전달하는 방법이 있어야 한다. 이를 위해 당사자는 공개 키와 비공개 키의 두 가지 키로 구성된 비대칭 암호화를 사용하며 이러한 유형의 암호화를 "공개 키" 암호화라고 한다.

■ 그림 14-5

대칭적 암호화와 비대칭적 암호화

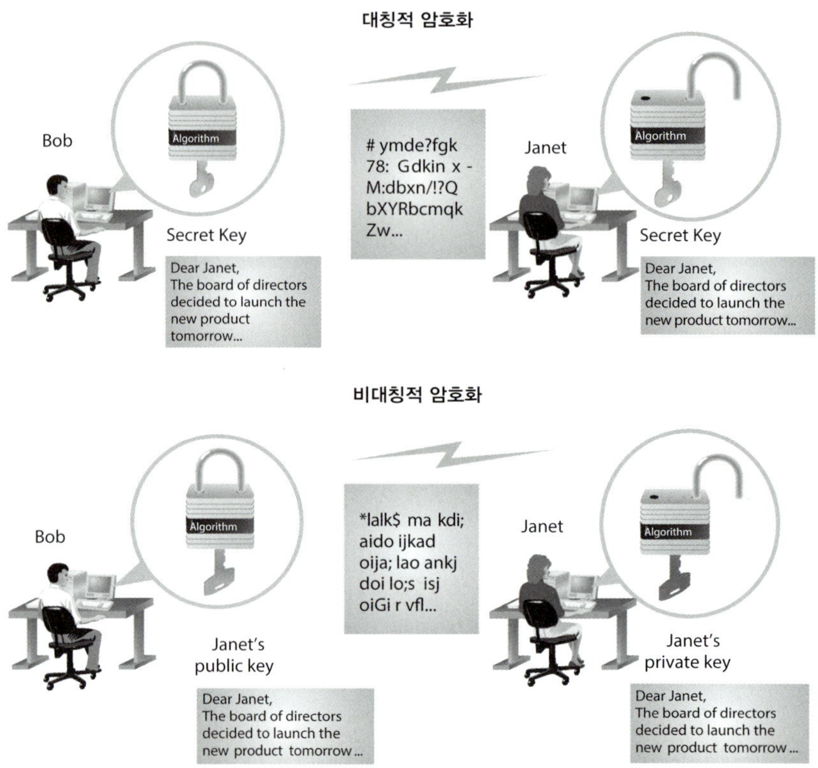

공개 키는 널리 배포되며 모든 사람에게 공개 될 수 있다. 반대로 개인 키는 비밀이며 메시지 수신자에게만 알려져 있다. 송신자가 수신자에게 안전한 메시지를 보내려면 수신자의 공개 키를 사용하여 메시지를 암호화 한다. 수신자는 자신의 개인 키를 사용하여 암호를 해독한다. 공개 키와 개인 키 간에는 수학적 관계가 존재한다. 공개 키와 개인 키는 공개 키를 사용하여 메시지를 암호화하고 그에 상응하는 개인 키를 사용해 해독한다는 점에서만 관련이 있다. 공개 키에서 개인 키를 추론하는 것은 사실상 불가능하다. 공개 키와 개인 키를 사용하는 모든 프로그램은 동일한 원칙을 사용한다. 서로 다른 점은 각각 다른 암호화 알고리즘을 사용한다는 점이다.

온라인 비즈니스는 신용 카드 번호 또는 여러 개인 데이터와 같은 비밀 정보를 제공하도록 요청 받을 때 사이트 방문자의 기록을 안전한 서버에 보관한다. 보안 서버는 방문자의 웹 브라우저에 사이트의 공개 키를 제공한다. 브라우저는 이를 사용하여 신용 카드 번호 및 기타 개인 정보를 암호화한다. 보안 서버는 개인 키를 사용하여 암호를 해독한다. 암호화 된 교환이 이뤄지면 서버는 방문자의 브라우저에 둘 다 사용할 수 있는 비밀 키를 보낼 수 있다. 또한 서버는 세션 중 키를 자주 변경하여 해독을 더 어렵게 만들 수 있다.

전송 계층 보안 (Transport Layer Security)

웹 거래에는 TLS (Transport Layer Security)라는 프로토콜이 사용된다. TLS는 SSL (Secure Sockets Layer)의 후속 개념으로 SSL과 동일한 원칙에 따라 작동한다. TLS는 거의 모든 웹 브라우저에서 사용된다. 최신 버전의 브라우저는 TLS를 128비트 키와 함께 사용한다. TLS는 공개 키와 대칭 키 암호화의 조합을 사용하며 다음과 같이 작동한다 :

1. 방문자가 온라인 사이트에 연결하면 사이트의 서버가 방문자의 브라우저에 공개 키를 보낸다.

2. 방문자의 브라우저는 128비트의 임시 대칭 (비밀) 키를 만든다. 키는 사이트의 공개 키를 사용하여 암호화 된 사이트의 서버로 전송된다. 방문자의 브라우저와 사이트의 서버는 동일한 비밀 키를 알고 있으며 암호화를 위해 사용할 수 있다.
3. 방문자는 기밀 정보를 안전하게 전송할 수 있다.

128비트 키는 얼마나 안전할까? 단일 메시지를 해독하기 위해 250대의 PC를 24시간 내내 돌려도 수 억조의 시간이 걸리는 것으로 추정된다. 이것이 사실상 모든 금융 기관이 128비트 암호화를 사용하는 이유이며 온라인 뱅킹을 원할 경우 이를 지원하는 브라우저를 사용해야 하는 이유이기도 하다. 그러나 중간에서 가로챈 암호를 해독하는 데 걸리는 시간은 하드웨어의 속도와 코드 분할 소프트웨어의 정교함에 달려 있다. 하드웨어가 빨라지고 소프트웨어가 더 복잡해짐에 따라 표준 키는 일반적으로 더 길게 설정된다.

그림에 표시된 PayPal 웹 사이트와 같이 보안 서버에 로그온하면 브라우저 상단의 URL 상자에 있는 "HTTP : //" 또는 "http : //"가 HTTPS로 바뀌는 것을 볼 수 있다 : // (또는 https : //) 및 보안 아이콘 (일반적으로 잠긴 자물쇠)이 브라우저에 나타난다. 일부 브라우저에서는 그림과 같이 주소 표시줄이 보안 사이트인 경우 녹색으로 변한다. https : // 및 자물쇠 아이콘이 모두 표시되지 않으면 웹을 통해 기밀 정보를 전송하지 않는 것이 좋다. HTTPS는 제8장 "웹 기반 기업"에서 설명하는 HTTP의 보안 버전이다. HTTPS는 SSL 또는 TLS를 사용하여 통신을 암호화한다. 다행히 암호화와 암호 해독은 브라우저에서 수행된다. 웹 사이트의 보안 영역에 액세스하면 사이트의 서버와 웹 브라우저 간의 통신이 암호화된다. 화면에 표시되는 정보는 사이트의 서버에 설치된 소프트웨어에 의해 암호화 된 다음 브라우저를 통해 해독된다.

https://, 자물쇠 아이콘, 녹색 주소창은 이 브라우저가 안전한 서버와 통신하고 있음을 뜻한다.

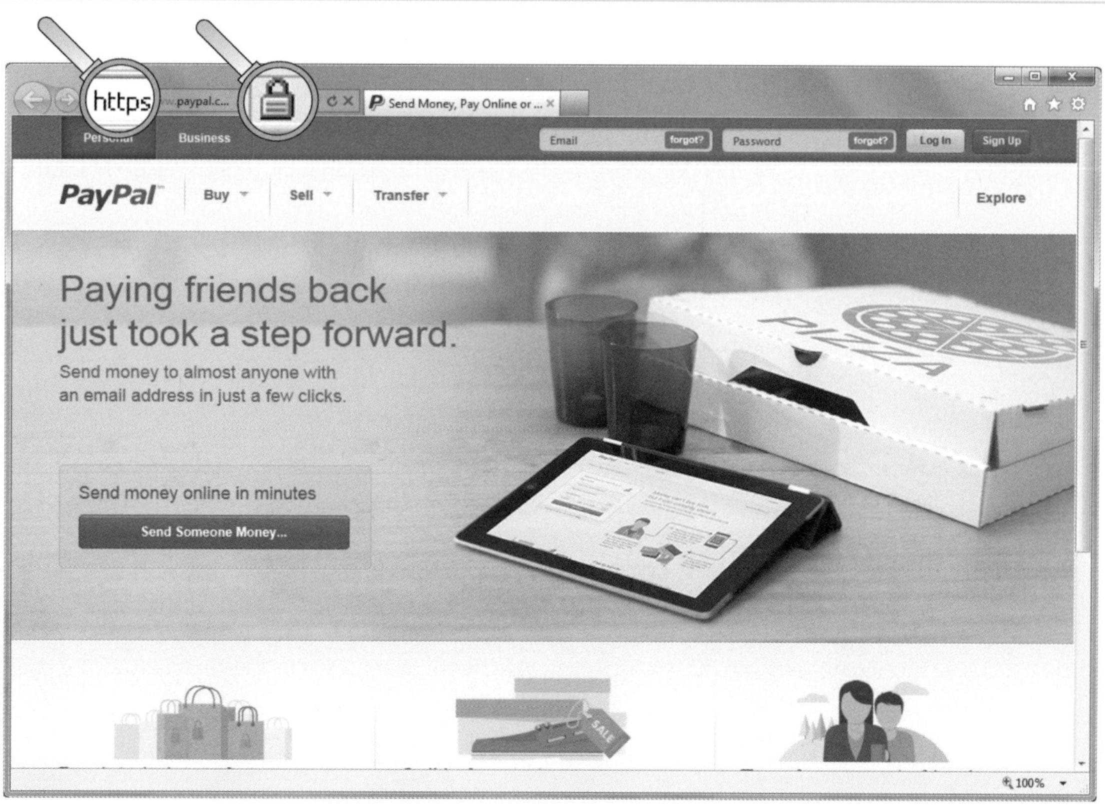

디지털 서명 (Digital Signatures)

디지털 서명은 종이의 물리적 서명과 유사하지만 공개 키 암호화로 구현되는 온라인 메시지를 인증하는 방법이다. 디지털 서명은 메시지 송신자의 신원을 인증하며 보낸 문서를 아무도 변경하지 않았음을 보증한다. 이는 메시지가 전자적으로 봉인된 봉투를 통해 운반 된 것처럼 보인다. 암호화 된 메시지를 보내면 디지털 서명을 만드는 데 두 가지 단계가 필요하다. 먼저 암호화 소프트웨어는 해싱(hashing) 알고리즘을 통해 전송하려는 파일에서 메시지 요약을 만든다. 메시지 다이제스트(digest)는 파일 고유의 지문과 같다. 그런 다음 소프트웨어가 개인 키를 사용하여 메시지 다이제스트를 암호화한다. 그에 따라 특정 파일에 대한 디지털 서명이 만들어진다.
그림 14.6의 순서도를 바탕으로 세부 가격 제안의 초안을 비즈니스 파트너에게 보내려 한다고 가정 해보자. 당신은 보내려는 문서가 실제로 상대방이 받는 것임을 확인하고 싶다. 상대방은 자신이 받는 문서가 정말로 당신에게서 전송되어 온 것이라는 확신을 원한다.

1. 가격 제안서 파일을 이메일 메시지에 첨부한다. 전체 내용은 기본적으로 그림 14.6의 "일반 메시지"로 표시된 메시지다.
2. 해싱 소프트웨어를 사용하여 컴퓨터는 메시지 해시를 생성한다. 이 메시지 해시는 수학적으로 조작 된 메시지 파일이며 사람이 쉽게 읽을 수 없다.
3. 그런 다음 공개 키 발급자 (예: 인증기관)에서 가져온 개인 키를 사용하여 메시지 다이제스트를 암호화한다. 컴퓨터는 개인 키를 사용하여 메시지 요약을 디지털 서명으로 변환한다.
4. 또한 컴퓨터는 비공개 키를 사용하여 일반 (해시 되지 않은) 형식으로 메시지를 암호화 한다.
5. 비즈니스 파트너는 암호화 된 파일 (암호화 된 메시지 다이제스트)과 암호화 된 메시지 (일반적으로 하나의 파일로 제공됨)를 받는다.
6. 비즈니스 파트너의 컴퓨터는 디지털 서명과 암호화되지 않은 메시지의 암호를 해독하기 위해 자신의 개인키 (사용했던 공개 키와 수학적으로 관련되어 있음)를 사용한다.
7. 해독된 디지털 서명이 메시지 다이제스트가 된다.
8. 두 메시지 다이제스트가 동일하다면 수신된 메시지는 변경되지 않은 채 보내진 메시지라고 할 수 있다.

■ 그림 14-6

디지털 서명이 인터넷에서 정보를 전송하는 방법

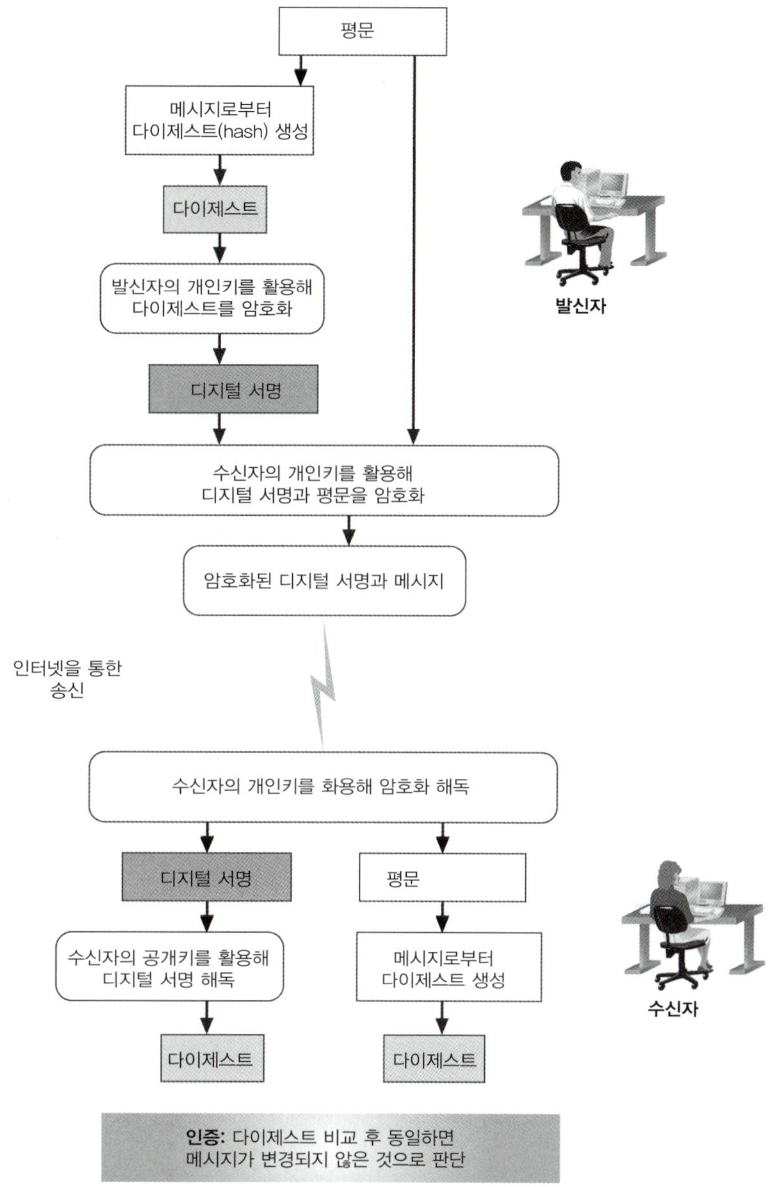

메시지 다이제스트는 모든 메시지마다 다르므로 메시지를 보낼 때마다 디지털 서명이 다르다. 여기에 설명된 것처럼 암호화 된 메시지를 보낸 사람은 해당 키의 발급자로부터 받는 사람의 공개 키를 가져온다. 대부분의 경우 발급자는 인증 기관이고 수신자의 공개 키는 수신자의 디지털 인증서에 포함된다.

디지털 인증서 (Digital Certificates)

디지털 서명을 인증하려면 구매자와 판매자 모두 디지털 인증서 (디지털 ID라고도 함)를 사용해야 한다. 디지털 인증서는 ID를 공개 키와 연결하여 ID 카드와 동일한 역할을 하는 컴퓨터 파일을 뜻한다. 디지털 인증서의 발급자는 신뢰할 수 있는 제3자 역할을 하는 조직인 인증 기관 (CA)이라고 한다. CA는 인터넷에서 통신을 주고 받는 당사자들의 신원을 인증한다. 일부 CA는 은행 및 신용 카드 회사의 자회사이며 독립적인 회사들도 있다. Symantec Trust Network, GeoTrust, Inc.,

DigiCert, Inc. 및 GlobalSign가 대표적이다. CA 목록을 보려면 http://www.sos.ca.gov/digsig/ (Anonymous, 2013a)를 참고하면 된다. CA는 인증서와 관련된 공개 (개인 포함) 키를 발급한다.

디지털 인증서에는 소유자의 이름, 일련 번호, 만료 날짜, 인증서 소유자의 공개 키 사본 (메시지 및 디지털 서명을 암호화하는 데 사용)이 포함된다. 또한 수신자가 인증서가 실제임을 확인할 수 있도록 인증 기관의 디지털 서명도 포함한다. 보안 온라인 비즈니스의 디지털 인증서를 보려면 브라우저의 주소 표시 줄이나 상태 표시 줄에서 자물쇠 아이콘을 클릭하면 된다. 그림 14.7은 두 가지 다른 웹 브라우저 인 Google 크롬 (왼쪽)과 Microsoft Internet Explorer (오른쪽)를 통해 제공되는 동일한 인증서를 보여준다.

■ 그림 14-7

두 가지 웹 브라우저에서의 디지털 인증서

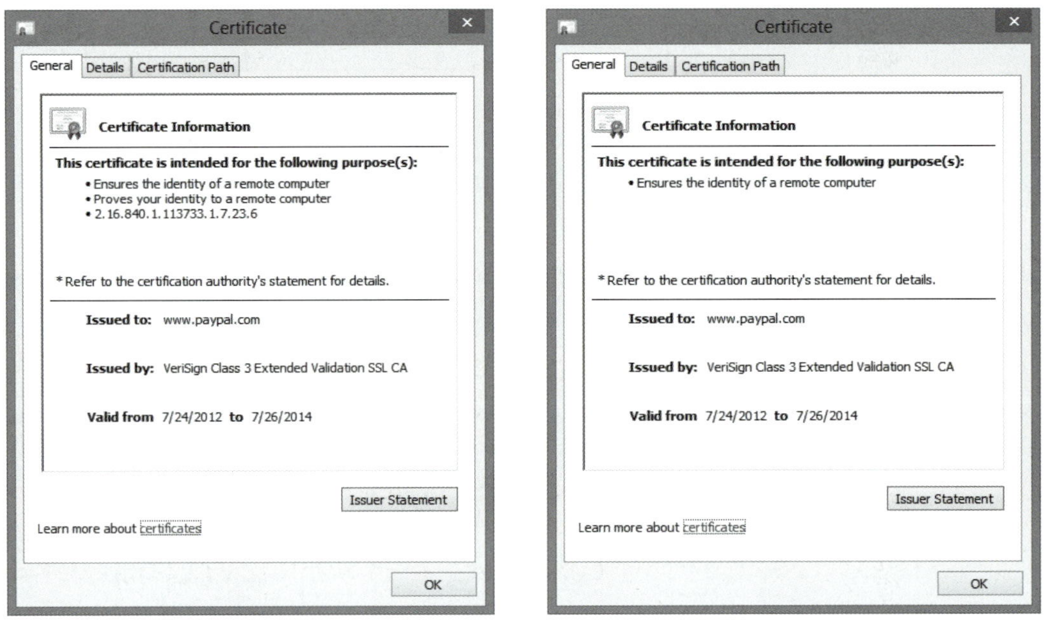

디지털 인증서는 변조 방지 사진 신분증과 동일하다. 전자 상거래에서 구매자와 판매자의 신원을 확인하고 거래가 완료된 후 문서가 변경되는 것을 방지하는 공개 키 암호화 기술을 기반으로 한다.

POINT OF INTEREST IT 보안 전문가의 수요 증가

데이터 도난 및 기타 보안 문제의 증가에 따라 IT 보안 근로자에 대한 수요가 계속 증가하고 있다. 대부분의 기업에서는 IT 보안 직원 대신 보안에 정통한 IT 전문가를 찾는다. 많은 조직이 IT 보안 영역에서 인증을 제공한다. 그 중에는 IBM, Cisco, Hewlett-Packard, Microsoft, Oracle 및 ISC2(International Information Systems Security Certification Consortium)가 있다. 기업은 기술적 전문 지식과 보안 지식이 잘 조화된 시스템 관리자와 데이터베이스 분석가를 찾는다. 또한 IT 보안 컨설턴트는 CNN Money의 2012년 Best Jobs in America에서 15위를 차지한 매력적인 직업군에 속한다. 보안 위기에 대한 뉴스가 언론에 계속해서 나타남에 따라 기업에서는 이에 대한 수요를 늘리고 관련된 업무를 담당하는 근로자들의 봉급을 꾸준히 인상했다.

출처: Barrett, L., "I.T. Security Specialists See Salaries Rise in First Half," Baseline, July 9, 2007; T.Z.(2012). Best Jobs in America. Retrieved from http://money.cnn.com/magazines/moneymag/best-jobs/2010/snapshots/17.html

보안 대책의 단점

보안 대책 - 특히 암호, 암호화 프로그램 및 방화벽 -은 여러 어려움을 유발한다. 즉, 데이터 통신 속도가 느려지고 유지 관리가 쉬운 규칙이 필요하다. 직원들은 암호를 잊어 버리는 경향이 있다. 특히 암호는 30일 또는 90일마다 교체해야하는 경우가 많다.

직원들은 모든 시스템마다 서로 다른 암호를 기억해야 할 때 특히 불편함을 느낀다. 일부 회사에서는 네 개 또는 다섯 개의 서로 다른 시스템이 있을 수 있으며 각 시스템에는 자체 액세스 제어가 설치되어 있다. 간략한 솔루션으로는 SSO (Single Sign-On)라고 하는 방식이 있다. SSO를 사용하면 사용자는 여러 시스템에 액세스 하기 전에 한 번만 식별을 거치면 된다. 그러나 SSO에는 사내의 모든 시스템과 상호 작용하는 특수 소프트웨어가 필요하며 시스템은 네트워크를 통해 연결되어야 있어야 하고, 그러한 소프트웨어를 설치한 조직도 아직은 많지 않다.

CIO는 직원들의 업무량을 줄이는 효과적인 방법으로 SSO를 언급한다. 2013년 2월, SurePassID는 하이브리드 클라우드를 위한 SSO를 생성하는 기술 솔루션을 발표했다. 기존의 IT 인프라와의 통합을 위해 이 기술을 개발했으며, Apple의 iPhone 및 iPad는 물론 Android 및 BlackBerry 단말기 (Anonymous, 2013c)와 같은 많은 플랫폼들과도 호환이 된다. Wells Fargo는 고객들에게 새로운 서비스 인 CEO Desktop Deposit을 제공했다. 이 새로운 기술을 통해 고객은 SSO (Anonymous, 2012a)를 사용하여 CEO 포털을 통해 수표를 입금 할 수 있다.

암호화는 모든 메시지를 암호화하고 해독해야 하므로 통신 속도가 느려진다. 웹 사이트를 사용할 때 화면에 표시되는 대부분의 정보는 사이트의 서버에 설치된 소프트웨어로 암호화 된 다음 브라우저에서 해독된다는 점을 기억해야 한다. 이 모든 활동에는 시간이 필요하며 지연으로 인해 트래픽이 많을 때는 인터넷의 다운로드 속도가 악화된다. 방화벽도 비슷하다. 모든 다운로드를 스크리닝하는 데 시간이 걸리므로 직원, 비즈니스 파트너 및 소비자를 비롯하여 정보에 액세스하려는 모든 사람에게 영향을 준다.

IT 전문가는 인터넷에 연결된 시스템에서의 보안 조치를 적용한 결과를 관리자에게 명확하게 설명해야 한다. IT 전문가와 관리자들은 암호로만 액세스 해야 하는 리소스와 방화벽과 같은 다른 검사 방법을 필요로 하는 리소스를 결정해야 한다. 또한 새로운 보안 조치가 일상 업무에 어떤 영향을 미치는지 사내에 알려야 하며, 보안 조치가 업무에 악영향을 미칠 경우 전문가들은 직원들에게 불편함을 데이터 보호를 위한 비용으로 인식시킬 필요가 있다. 동시에 IT 전문가는 불편함과 지연을 최소화하는 방법을 계속 연구해야 한다.

직원들이 암호 및 암호화와 관련된 특수 보안 소프트웨어를 사용하여 시스템에 액세스 할 수 있게 해주는 가상 사설망 (VPN)을 떠올려보자. 이 방법을 사용하면 직원이 적절한 VPN 소프트웨어가 설치된 컴퓨터에서 암호를 기억할 때만 인트라넷에 액세스 할 수 있다. 편의점 체인인 Wawa Corporation은 새로운 SAP ERP 시스템을 사용한다. 신규 시스템은 SecurID®와 같은 일회용 열쇠(keyfob)을 구현했다. 암호는 자주 변경되지만 일회용 열쇠에 자동으로 나타나기 때문에 사용자가 암호를 기억할 필요가 없다. VPN 소프트웨어를 사용할 필요도 없다. 누군가가 암호를 도용하더라도 수초내에 암호가 변경하기 때문에 사용이 불가능하게 된다. 이를 통해 Wawa 직원은 전세계 모든 컴퓨터에서 인트라넷에 액세스 할 수 있다.

복구 조치

보안 조치는 바람직하지 않은 사고를 줄이지만 모든 재해를 통제 할 수는 없다. FEMA (Federal Emergency Management Agency)의 2006년 통계에 따르면 미국의 1986~2005년 기상 및 기타 재난으로 인한 비용은 2,780억 달러였다. 이 피해액 중 단지 216억 달러만 테러로 인한 것이었다. 다른 원인으로는 열대성 태풍, 토네이도, 폭풍, 지진 및 기타 사건이 있었다. 재난 발생에 대비하기 위해 기업은 복구 조치를 취해야 한다. 일상적인 업무를 시스템에 많이 의존하는 조직에서는 중복성(redundancy)을 활용한다. 즉, 데이터와 비용의 손실을 막기 위해 두 컴퓨터에서 모든 시스템과 트랜잭션을 병렬로 실행하는 것이다. 한 컴퓨터가 작동을 멈추더라도 다른 컴퓨터에서 작업을 계속할 수 있다. 그러나 분산 시스템 (distributed systems)에서 컴퓨팅 리소스를 두 배로 늘리는 것은 매우 비싸므로 다른 방법을 사용해야 한다.

ETHICAL & SOCIETAL ISSUES 테러리즘과 애국주의

디지털 기술은 테러리스트를 추적하는 데 도움이 될 수 있지만 역으로 범죄자와 테러리스트에게 도움이 되기도 한다. 디지털 기술은 프라이버시와 시민권을 보호하는 데 도움이 될 수 있지만 그러한 권리를 침해하는 것을 도울 수 있다. 테러리즘의 위험이 증가하고 마약과 기타 범죄를 줄이기 위한 정부의 지속적인 노력으로 인해 디지털 기술을 둘러싼 논란이 발생했다. 미국에서 긴 이름을 가진 한 특정 법률은 2001년 10월 이후 시민자유론자들이 염려하는 논쟁적인 조항을 포함하고 있다. 일명 애국적 조항이라고 불리는 "Uniting and Strengthening America by Providing Appropriate Tools Required to Intercept and Obstruct Terrorism Act of 2001" 법은 집행 기관에 이전에 없던 감시와 도청 권한을 부여한다. 이 법은 FBI가 의심되는 시민에게 알리지 않으며, 법원에 허락을 받을 필요없이 개인적인 파일과 인터넷 기록을 읽을 수 있도록 허용한다. "우리의 헌법 상 자유는 위험에 처해 있습니다. 이제 애국자 법의 어두운 단면에 대한 진정한 견제와 균형을 회복해야 할 때"라는 내용의 글이 2005년 미국 시민 자유 연맹 (American Civil Liberties Union, ACLU) 게시판에 올라왔다. 반대로 의회 구성원들은 FBI에 보다 자유로운 법을 제공하기 위해 법률을 강화해야 한다고 주장했다.

전자 개인 정보 보호 센터 (Electronic Privacy Information Center, EPIC)는 15개의 기존 법을 변경한 이 법의 주요 우려 사항을 설명하고 있다. 이 법안은 수사기관이 전화 이용 기록 장치 및 추적 장치를 설치하는 데 이전보다 많은 권한을 부여했다. 전화 이용 기록 장치는 발신 전화 번호를 모두 기록한다. 추적 장치는 걸려오는 모든 전화번호를 기록한다. 또한 이 법안은 조사 대상이 불법 행위가 아닌 것으로 여겨지는 경우에도 개인 금융 정보 및 학생 정보에 액세스 할 수 있다. 수사 기관은 취득한 정보가 범죄 수사와 관련이 있음을 입증만 하면 된다. 과거에는 수사 기관이 판사에게 조사 대상이 범죄를 저지르거나 저지르고 있다고 하는 합당한 의혹을 보여야 했다. 정부 측 변호사가 수집한 정보가 관련성이 있다고 입증하면, 판사는 장치 설치 및 정보 수집에 대한 허가를 주게 된다.

이전의 연방법은 전화기에만 적용되었지만 새로운 법안은 인터넷도 포함한다. 새로운 법안은 전화 이용 기록 장치를 "유선이나 전자 통신을 통해 송신(dialing), 라우팅(routing), 주소 지정(addressing) 정보(information) 등을 기록하거나 해석하는 장치 또는 그 프로세스"라고 새롭게 정의했기 때문이다. 이로 인해 법 집행 기관은 근본적으로 법원의 감독 없이도 이메일 주소와 URL을 기록 할 수 있게 되었다. 일부 법학자들은 실제로 이들 기관이 이메일 발신자와 수신자 주소 및 웹 주소 뿐 아니라 이메일 메시지 및 웹 페이지의 내용도 기록 할 수 있다고 밝혔다.

애국법 채택 이전에도 FBI는 인터넷 서비스 제공 업체(ISP)가 운영하는 서버에 연결된 "패킷 스니핑(packet sniffing)" 장치를 사용했다. 2002년까지 FBI는 Carnivore 라고 하는 맞춤형 장치를 사용했으며, 나중에는 유사한 방식으로 작동하는 일반 상업용 장치를 사용하기 시작했다. 이 장치는 용의자의 이메일 트래픽을 모니터링 한다. 그러나 수백만 명의 가입자가 동일한 서버를 사용하므로 이들 모두 동일하게 감시 대상이 된다.

통신을 도청할 때 법 집행 기관은 전화 회사 또는 ISP와 같은 제3자의 협력이 필요하다. 과거에는 법이 그러한 제3자의 범위를 제한했다. 그러나 이제는 제한이 없다. 대학, 공공 도서관, 지자체 또는 공항에서 핫스팟 등을 통해 인터넷에 액세스 할 수 있는 경우 이 서비스의 모든 사용자는 감시 대상이 된다. 또한, 제3자는 의심하지 않는 사용자를 포함하여 누구에게도 감시 사실을 알리는 것이 금지된다.

법안 지지자들은 모든 조항을 그대로 유지하되 두 가지 사항을 더 추가하기를 원했다. 이들은 FBI가 검사 또는 판사의 승인을 받지 않고 통신 기록을 요구할 수 있게 되기를 원했다. 또한 US Portal Service가 FBI 요원에게 정보를 복사하도록 승인하는 법도 개정했다. 그러나 법은 변경되지 않았고 그 기간도 연장되었다.

다시 말해, 우리는 과거의 딜레마에 직면해 있다. 우리 정부가 범죄와 테러로부터 우리를 얼마나 보호 할 수 있도록 허용해야 할까? 언제부터 우리는 프라이버시와 시민권에 관해 관심을 갖게 되었을까? 테러리스트들이 공격하겠다고 협박 할 때 더 많은 보안을 위해 우리는 어느 정도의 자유를 포기해야 할까?

비즈니스 복구 계획 (The Business Recovery Plan)

자연 재해나 악의적인 사고를 대비하기 위해 많은 기업들은 비즈니스 복구 계획(재해 복구 계획, 재개 계획 또는 비즈니스 연속성 계획 이라고도 함)이라고 하는 프로그램을 갖고 있다. 이 계획은 중요한 시스템이 중단될 경우 수행해야 할 작업을 상세히 설명하고 있다. 원칙적으로 이 때의 시스템은 정보시스템일 필요는 없다. 그러나 복구 계획의 대부분은 정보시스템이 다운되거나 정보시스템의 기능이 신뢰할 수 없게 될 때 취해야 할 조치들에 집중된다. 미국 연방 정부는 비즈니스 연속성 계획을 국익으로 간주하고 있으며 국토안보부는 이 주제를 위한 유용한 정보를 담은 웹 사이트를 만들었다(www.ready.gov).

비즈니스 복구 계획에서 중요한 점은 피해를 입은 자산의 복구 뿐 아니라 비즈니스 자체에 대한 것이어야 한다. 복구 계획의 목적은 비즈니스 운영을 재개 할 수 있는 기업의 역량에 대한 피해를 최소화 하는 것이어야 한다.

2005년 미국 Gulf Coast를 강타한 허리케인 카트리나(Hurricane Katrina)는 기업의 많은 임원들이 복구 계획의 필요성에 대해 깨닫는 기회가 되었다. 전통적으로 재해 복구와 관련이 많은 은행, 보험 회사 및 데이터 센터 뿐 아니라 다른 비즈니스 영역에도 재해 복구에 대한 우려가 확산되었다. 많은 회사들이 적절한 타이밍에 서비스와 제품을 제공하지 않으면 쉽게 고객을 잃어버릴 수 있다는 것을 알게 되었고, “비즈니스 복구”, “비즈니스 재개”, “비즈니스 연속성”이라는 용어가 왜 중요한지도 인식하게 되었다. 온라인 기반의 비즈니스 환경을 갖춘 사업체에서 온라인 시스템이 고장난다면 어느 곳이나 어려움을 겪는다. 직원들은 업무 수행이 불가능하게 되고, 고객은 구매를 할 수 없으며 공급 업체도 원자재 공급이나 용역 제공을 할 수 없다. 더불어 기업의 명성이 손상되고 경쟁 우위와 시장 점유율이 떨어지게 된다.

2012년에는 허리케인 샌디(Sandy)가 미국 동해안을 강타했다. 그 결과, New York Stock Exchange(NYSE)가 이틀 동안 운영되지 않았고 이는 100년이 넘는 NYSE 역사에서 재해로 인해 운영을 중단한 가장 긴 기록이었다. Capital One Financial의 Remote Deposit Capture는 스마트폰을 통해 수표를 보완하는 시스템을 제작했으며, 이를 통해 기업들은 사무실 스캐너가 아닌 모바일 기기를 통해 수표를 스캔할 수 있게 되었다. 그러나 모바일 기기는 배터리를 소모하고 전력을 필요로 한다. 따라서 모바일 장치를 백업하는 것도 중요하다(Adams, 2012).

전문가들은 비즈니스 복구 계획을 수립하기 위한 9단계를 제안한다.

1. 계획에 대한 경영진의 약속을 얻어야 한다. 복구 계획을 개발하려면 상당한 자원이 필요하다. 최고 경영진은 정보시스템의 마비가 초래할 수 있는 잠재적 손해에 대해 인지하고 있어야 한다. 경영진의 승인을 얻게 되면, 재해 발생시 계획을 수립하고 계획을 실행하기 위해 비즈니스 복구 담당자를 임명해야 한다.
2. 계획 위원회를 설립해야 한다. 비즈니스 복구 담당자는 정보시스템과 관련한 각 부서의 담당자들과 함께 계획 위원회를 구성한다. 위원회 멤버들은 비즈니스 복구 담당자와 각 부서의 매니저 사이의 메신저 역할을 해야 한다. 그리고 매니저들은 자신의 부서를 위한 비상 계획을 수립 할 권한이 있다.
3. 위험 평가와 영향 분석을 실시해야 한다. 계획 위원회는 재해로 인해 어떤 업무가 피해를 입을지 평가하고 회사가 손실 없이 얼마나 오래 운영을 지속할 수 있을지 예측한다. 영향 분석은 사업 부서 관리자들과의 인터뷰를 통해 진행된다. 계획 위원회는 최대 허용 중단 시간, 필요한 백업 정보, 가동 중지 시간의 재정적, 운영적, 법적 영향에 대한 정보를 수집한다.
4. 복구 필요성에 따른 우선 순위를 정해야 한다. 복구 담당자는 중요도에 따라 사내에서 쓰고 있는 프로그램의 순위를 매긴다. 사업상 가장 중요한 프로그램에 최우선 순위가 부여된다. 널리 쓰이거나 일반적인 프로그램일수록 중요도가 떨어진다. 프로그램의 중요도는 다음과 같은 기준으로 나뉠 수 있다.
   - 매우 중요 (Critical): 어떤 상황에서도 수동 시스템으로 대체 할 수 없는 프로그램
   - 중요 (Vital): 짧은 기간 동안 수동 시스템으로 대체 할 수 있는 프로그램
   - 보통 (Sensitive): 장기간에 걸쳐 적절한 수동 시스템으로 교체 할 수 있으나 비용이 많이 드는 프로그램
   - 기타 (Noncritical): 회사 입장에서 거의 비용을 들이지 않고 오랜 시간 동안 중단 될 수 있는 프로그램
5. 복구 계획을 선택해야 한다. 적절한 계획을 선택하기 위한 기준으로는 위험 감소에 얼마나 효과적인지, 비용은 어느 정도인지, 직원들이 얼마나 빨리 대체 시스템에 적응할 수 있는지 등이 있다.
6. 공급 업체를 선택해야 한다. 외부 공급 업체가 내부 직원보다 재난에 더 잘 대응할 수 있고 더 나은 대체 시스템을 제공 할 수 있다면 비용 면에서 가장 효율적인 외부 공급 업체를 선택해야 한다. 공급 업체 선정 기준으로는 경력 뿐 아니라 통신 시설 제공 여부, 기존 시스템 지원 능력 등이 포함된다.
7. 계획을 개발하고 구현해야 한다. 이 계획에는 공급 업체의 책임과 향후 발생할 일련의 사건들이 포함된다. 각 사업부에는 부서별 미션과 담당자, 교육 프로그램에 대한 정보가 제공된다.
8. 계획을 테스트 해야 한다. 테스트에는 각 사업부별 모의 훈련, 실제 재난이 발생했을 때와 같은 시뮬레이션, 시스템의 고의적 중단과 실행 방안이 포함된다. 가상의 재난 상황에서 복구 담당자는 계획을 실행하는 데 걸리는 시간과 그 효과를 측정한다.
9. 지속적으로 테스트하고 평가해야 한다. 직원들은 복구 계획에 대해 항상 알고 있어야 한다. 따라서 정기적으로 계획을 테스트 해야 하며, 새로운 업무 형태와 새로운 프로그램이 추가될 것도 고려해야 한다. 필요한 경우 이러한 변경 사항을 수용하도록 계획을 수정해야 한다.

복구 계획에는 주요 인력과 외부 비즈니스 파트너 및 공급 업체와의 협업을 재개하는 절차도 포함되어야 한다. 회사의 업무 우선 순위와 환경이 시간이 지남에 따라 변경되므로 계획을 주기적으로 검토하고 필요한 경우 업데이트 해야 한다. 업무 프로세스, 소프트웨어, 하드웨어, 최종 사

용자 등에 변화가 있을 것이다. 이 변화를 반영하기 위해 계획을 수정해야 하며 변경 사항을 철저히 테스트 해야 한다. 재난이 발생하면 현장에 보관해 놓은 계획의 복사본을 사용할 수 없으므로 외부에도 계획에 대한 복사본을 보관해야 한다. 많은 회사들이 외부에 복사본을 보관하며 인터넷에 접속할 수 있는 곳이면 어디서든 이를 검색할 수 있게 해 놓았다.

테러의 위험으로 인해 복구 계획의 필요성이 높아졌음에도 불구하고 CIO는 재해 복구 프로그램에 대한 자금 배정 작업이 어려운 경우가 많으므로 이러한 계획의 ROI (Return on Invest)를 보여줄 수 없어 종종 어려움을 겪는다. 대부분의 회사는 재해 발생 후에야 복구 프로그램을 시작한다. 대개 큰 규모의 기업에는 그러한 프로그램이 있다. 전문가들은 복구 계획이 있는 회사에서도 대부분의 계획이 테스트되지 않았을 것이라고 추정한다. 일부 전문가들은 5가지 복구 계획 중 1가지가 잘 작동하지 않는다는 사실을 테스트를 통해 관찰했다.

복구 계획 및 대체 사이트(Hot Site)

자체 복구 계획을 개발하지 않기로 결정한 기업은 재해 복구 계획이나 대체 사이트를 제공하는 전문 회사에 아웃소싱을 맡길 수 있다. 많은 기업들이 재해 복구를 위한 계획과 소프트웨어를 제공한다. 이 소프트웨어는 중요한 인물이나 절차에 대한 기록을 작성하고 업데이트하는 데 도움이 된다. IBM, Hewlett-Packard 및 SunGard Availability Services와 같은 회사들이 대체 사이트(hot sites)을 제공한다. 이를 활용하면 재해가 발생하더라도 운영을 계속할 수 있는 백업 시설을 제공받을 수 있다.

일례로, IBM은 뉴욕 맨해튼 미드 타운에서 45마일 떨어진 스털링 포레스트(Sterling Forest)에 비즈니스 복구 센터를 운영하고 있다. 이 센터는 책상과 컴퓨터, 인터넷 연결 장치를 갖추고 있다. 고객들은 이 곳에서 데이터 베이스와 각종 프로그램들을 사용할 수 있다. 또한 장시간 작업해야하는 사람들을 위해 호텔 객실과 에어 매트리스도 제공된다. 심지어 한여름에 정전이 되면 이 센터의 디젤 발전기가 자동으로 작동한다. 고객들 사무실에는 불이 들어오지 않겠지만 온라인 시스템은 안전하게 지킬 수 있게 된다. 고객들은 이 센터와 연결된 덕분에 시스템을 지속적으로 운영할 수 있게 된다.

미국 기업 중 90% 이상이 SunGard 센터에서 35마일 이내에 위치하고 있다. 전 세계적으로 279,000평방 미터 (300만 평방 피트)에 달하는 시설을 중복으로 운영하며 고객이 단 몇 시간 내에 비즈니스를 재개 할 수 있도록 하는 소프트웨어 및 네트워킹 시설을 갖추고 있다.

Hewlett-Packard의 Business Continuity & Availability Services 부서에서는 대체 시설과 모바일 시스템을 모두 제공한다. 재해가 발생하면 HP는 24~48시간 내에 고객이 지정한 장소로 이동 사무실을 보낸다. 에어컨이 설치된 각 사무실에는 컴퓨터, 전화기, 서버 및 발전기가 장착된 최대 30개의 책상이 있다. HP는 이 외에도 각종 프로그램과 데이터 관련 업무를 지원한다. 고객들은 이 대체 시설에서 최대 1000명의 직원을 수용 할 수 있다. HP는 전 세계에 50개 이상의 대체 시설을 설치하고 15분 미만의 데이터 손실로 4시간 이내에 비즈니스 운영을 재개 할 수 있도록 했다.

POINT OF INTEREST 보안에 대한 다른 관점

Forrester Research의 2011년 보고서에 따르면 기업들은 IT 보안의 중요성을 인식하고 있다. 이 조사는 북미와 유럽의 IT 전문가 2,058명의 응답을 기반으로 했다. 2007년에는 보안과 관련한 IT 예산의 비중이 8.2%에 불과했지만 2010년에는 14%로 증가했다. 정보 보안에 의존하는 기업이 늘어날수록 진화하는 위험에 대응하는 것도 어려워진다. 보다 정교한 공격, 데이터 유출 관련 비용 증가 및 기업의 IT 보안 예산 증가로 인해 IT 자원의 아웃소싱 또한 늘어났다. 조사 결과에 따르면 기업은 IT 보안의 필요성을 인식하고 있으며 많은 조직이 미래의 공격을 예측하고 예방해야 하지만 IT 보안 리소스를 대응의 목적으로만 적용하고 있는 것이 현실이다.

출처: Schwartz, Mathew J. (2011, February 15). Security Spending Grabs Greater Share of IT Budgets. Retrieved from http://www.informationweek.com/security/management/security-spending-grabs-greatershare-of/229218689

정보 보안의 경제학

보안에 대한 대책은 보험을 구입하는 것과 유사한 방식으로 처리되어야 한다. 보안에 대한 지출은 잠재적 손해에 비례해야 한다. 또한 기업들은 시스템 중단에 대한 허용 가능한 최소 속도를 평가하고 이를 재정적으로 유지할 수 있어야 한다.

어느 정도의 보안이 충분한 보안일까?

순수하게 비용 관점에서 볼 때 기업이 데이터 보안 조치에 어느 정도의 비용을 지출해야 할까? 이 질문에 답하기 위해 두 가지 유형의 비용을 고려해야 한다. 하나는 잠재적 피해 비용이며 다른 하나는 예방 조치 시행 비용이다. 이 비용은 모든 잠재적 손해에 각각의 확률을 곱한 것을 모두 더한 값이다.

$$\textit{Cost of potential damage} = \sum_{i=1}^{n} \textit{Cost of disruption}_i \times \textit{Probability of disruption}_i$$

여기서 i는 각 이벤트이고 n은 이벤트의 수이다.

전문가들은 보안 대책의 비용 뿐만 아니라 손해에 따른 비용과 확률을 추정한다. 예방 조치가 더 광범위 할수록 피해 가능성은 적어진다. 따라서 보안 대책을 위한 비용이 올라감에 따라 잠재적 피해 비용은 감소한다. 이에 따라 기업이 선택하게 되는 최적의 소비 지점은 그림 14.8에 표시된 것처럼 두 비용의 합계가 최소화되는 지점이다.

■ 그림 14-8

IT보안의 최적점

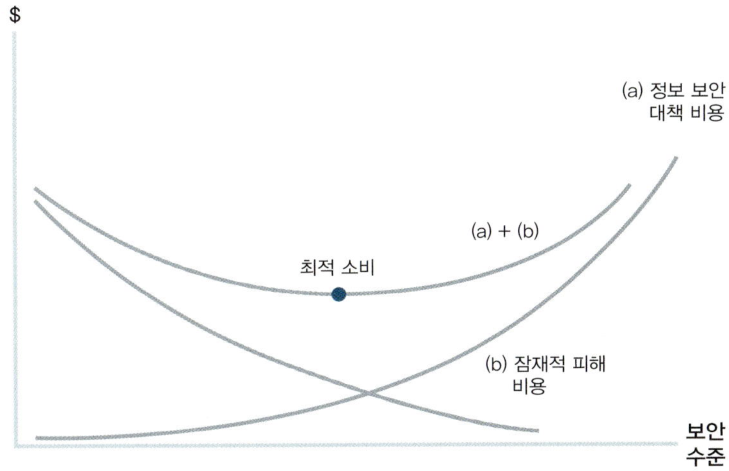

IT 보안 예산을 수립 할 때 관리자는 보안 대상을 정의해야 하며 특히 보호해야 하는 자산(asset)에 초점을 맞추어야 한다. 여기서 자산이라 함은 프로그램이 아니라 정보(information) 자체를 뜻한다. 보통의 경우, 프로그램 사본은 손상된 파일을 대체 할 수 있는 안전한 장소에 보관된다. 또한 시스템 가동 중지 시간으로 인한 매출 손실을 예측해야 한다. 그런 다음, 보호하고자 하는 정보의 가치를 초과하지 않는 수준에서 예산의 총액을 정해야 한다. IT 보안 옹호론자조차도 10,000 달러 상당의 정보를 보호하기 위해 10만 달러를 지출 할 필요가 없다는 데 동의할 것이다.

가동 중단 시간 (Downtime) 계산하기

다른 모든 요소가 동일하다면 기업은 중단 시간이 가장 적은 시스템을 설치해야 하지만 가동 시간이 더 긴 시스템을 구입하면 비용이 추가되는 경우, 추가된 비용에 비해 가동 시간이 늘어남에 따른 장점도 고려해야 한다. 업무에 필수적인 시스템은 대체 전원에 연결되거나 별도의 시스템에 복사본이 마련되어야 한다. 보통 이런 시스템은 일주일 동안 하루 24시간 가동된다.

만약 특정 시스템이 지속적으로 전원을 필요로 하는 경우, 이 시스템은 보통 두 곳의 전기 회사가 제공하는 전원망과 발전기 같은 대체 전원에 연결되어 있다. 예를 들어 뉴저지의 뉴어크 (Newark)와 세코커스 (Secaucus)에 위치한 Equinix는 대기업의 데이터 센터를 관리하고 있다. 두 시설 모두 두 곳의 발전소로부터 전력을 공급 받는다. 만약 두 곳으로부터 모두 전기 공급이 중단되더라도, 회사의 시스템은 자동으로 배터리에 의해 구동되고 곧이어 디젤 발전기에 의해 구동된다. 고객들은 아무 일도 일어나지 않은 것처럼 계속 데이터를 전송하고 수신 할 수 있게 된다.

제8장 "웹 기반 기업"에서 논의한 시스템 작동 시간을 떠올려보자. 전문가들은 특정 지역의 정전으로 시스템이 고장 날 확률을 예측할 수 있다. ERP나 SCM과 같은 시스템을 운영해 본 경험을 통해 IT 담당 직원에게 시스템이 실패할 가능성이 있는 시간 (분 또는 초 단위)을 알려줄 수 있다. 예를 들어, 시스템 가동 시간이 99%라면, 가동 시간의 1%는 시스템이 멈출 것으로 예상되며, 만약 "시간"이 24×7일 경우 1년 간 가동 중단 시간은 87.6시간 (365일×24시간×0.01)이다. 이는 인적 자원 운영을 지원하는 시스템에는 문제의 소지가 없을 수 있지만 항공사 예약 시스템이나 글로벌 기업의 SCM 시스템에는 문제가 될 수 있는 시간이다. 이러한 시스템의 경우 99.999%와 같이 9의 수가 많아야 한다. 이 경우 연간 5.256분의 가동 중단 시간이 예상된다. (365×24×60×0.00001)

점점 더 많은 정보시스템이 다른 시스템과 연계되어 상호 의존적인 체인과 클러스터가 형성된다. 예를 들어 시스템 A가 시스템 B에 연결되면 B는 A에 의존하게 된다. 시스템 가동 시간이 각

각 99%와 99.5%라고 해보자. 이럴 경우 시스템B에 대한 가동 시간의 확률은 두 확률의 곱, 즉 98.505%이다. 따라서 시스템은 0.01495시간 (연간 약 131시간) 동안 멈출 것으로 예상 할 수 있다. 이는 시스템 B가 독립적으로 작동하는 경우보다 더 큰 가동 중단 시간이다. 상호 연결되는 시스템의 수가 많을수록 중단 예산 시간은 길어진다.

반면, 중복(redundancies)은 예상되는 가동 중단 시간을 줄여준다. 예를 들어, 두 개의 항공사 예약 시스템이 병렬로 작동하고 각각 모든 트랜잭션을 처리 할 수 있으며 실패 확률은 2%와 3%라면 예약 서비스가 중단 될 확률은 0.06%(0.03×0.02) 즉 0.0006시간이다. 이 시간은 두 시스템을 개별적으로 운영할 때의 서비스 중단 시간보다 현저히 적다. 따라서 많은 기업들이 이중 데이터베이스(duplicate databases), 미러 서버(mirrored servers)와 같이 이중으로 된 전원 공급 장비와 시스템에 의존한다. 특히 비즈니스가 온라인 상에서 진행되는 기업의 경우에는 더욱 그렇다.

모든 시스템의 가동 시간을 늘리는데 많은 돈을 지출 할 필요는 없다. 예를 들어, 시스템의 목적이 비즈니스 인텔리전스를 수집하기 위해 데이터 웨어 하우스에 액세스하는 것을 돕는 것이라면 (제7장 "데이터베이스 및 데이터 웨어 하우스"및 제11장 "비즈니스 인텔리전스 및 지식 관리" 참조), 시스템이 성공적으로 작동하는 확률을 99%에서 99.999%로 늘리기 위해 수천 달러를 소모하는 것은 현명한 선택이 아니다. 데이터 웨어하우스의 경우 분석을 즉시 수행 할 수 없을 때에는 조금 시간이 흐른 뒤에 다시 시도를 해도 큰 문제가 발생하지 않는다.

다시 킴볼 레스토랑으로 돌아가서 (KIMBALL'S REVISITED)

리허설을 마친 마이클과 타일러는 자신들의 레스토랑이 각종 기기와 테크놀로지에 의존하지만 정작 이를 보호할 구체적인 계획을 세우지 않았음을 알게 되었다. 마이클은 데이터베이스 해킹과 고객의 신용 카드 정보가 누설되어 피해를 입은 소매 업체들에 대한 보고서를 최근 자주 접했다. 그는 인사 분야에서 일하면서 기업 정보의 보안과 관련된 문제를 잘 알고 있었다.

이들은 소방서 뿐만 아니라 위생과 건물에 대해 검사관(inspector)이 특정 사항을 요구한다는 것을 알고 있다. 그러나 테크놀로지에 대해 검사를 하는 검사관은 없다. 두 사람은 자신들이 놓친 부분이 무엇인지 알아차릴 수 있었다.

당신의 추천은?

1. 데이터를 보호하기 위해 이 두 사람에게 어떤 가이드를 줄 수 있을까? 만약 서버가 말썽을 일으키면 다른 대안을 고려해야 할까?
2. POS 시스템에서 서버는 워크스테이션에 로그인을 해야 한다. 비밀번호를 안전하게 지킬 수 방법에 대해 어떤 조언을 해 줄 수 있을까? POS 시스템 보안에는 어떤 요소들이 있을까?
3. 레스토랑 운영에 대한 상식으로 볼 때, 보안이나 액세스, 복구와 관련해 어떤 다른 문제들이 있을까? 이와 관련한 이슈를 구현하기 위해 어떤 조언을 해 줄 수 있을까?

새로운 시각

1. 서버에는 무정전 전원 공급 장치를 연결하는 것이 일반적이다. 그러나 식당에 전기가 안 들어오면 부엌에 있는 장비들이 작동하지 않게 된다. 그런데 레스토랑 운영이 어렵게 되더라도 POS와 연결된 서버가 계속 작동해야하는 이유는 무엇일까?
2. 레스토랑에서 웹 사이트 이용 약관 또는 개인 정보 취급 방침을 고려해야 할까? 소셜 미디어? 로열티 프로그램? 혹은 무엇을 권할 수 있을까?

주요용어

엑세스 제어, 500
바이러스백신 소프트웨어, 495
비대칭 (공개 키) 암호화, 507
감사추적, 503
인증 (Authentification), 506
백업, 499
생체인식 (Biometric), 50
블랙아웃, 489
봇(Bot), 498
브라운아웃, 489
비즈니스 복구 계획, 515
인증 기관 (CA), 511
CIA 비밀결사,
암호문, 506
제어, 487
사이버 테러리즘,
서비스 거부, 497
디지털 인증, 511
디지털 싸인, 510
DMZ, 505
가동 중단 시간, 519
암호화, 506
방화벽, 504
도용, 498
honeypot, 494
honeytoken, 494
대체 사이트 (hot site), 517
HTTPS, 509
신원 도용, 491
정보시스템 감사자, 503
Keylogging, 490
로직 폭탄, 495
메시지 다이제스트, 510
사업 중요 (mission-critical) 애플리케이션, 516
평문, 506
프록시서버, 504
RAID, 499
소셜 엔지니어링, 491
SSO (single sign-on), 513
대칭적 (비공개 키) 암호화, 507
전송 계층 보안 (TLS), 508
트로이 목마, 496
무정전 전원 공급장치 (UPS), 490
바이러스, 495
웜, 495

리뷰 질문

1. 시스템 보안 대책의 목표는 무엇일까?
2. 당신의 회사가 소유한 데이터가 두 개의 데이터베이스에 집중되어 있다고 가정해보자. 모든 직원은 PC나 노트북을 사용하며, 회사 네트워크를 사용한다. PC, 노트북, 데이터베이스, 회사 네트워크 중 어떤 요소가 가장 중요할까? 그 이유는 무엇인가?
3. 시스템 관리자들에게 데이터가 변경되거나 파괴되는 사태는 다른 어떤 사고보다 끔찍한 상황이다. 그 이유는 무엇일까? 웹 사이트가 손상되는 것은 데이터가 변경되거나 파괴되는 것보다 심각한 것일까?
4. 일부 기업은 원본 데이터의 손실을 막기 위해 여전히 디스크나 테이프로 사본을 만들어 회사 외부로 옮겨 놓는다. 데이터 복사본을 유지하는데 최근 선호되는 방법은 무엇일까? 이 방법들의 두 가지 장점과 한 가지 단점을 제안해보자.
5. 다음 문장에 대한 의견은 무엇인가? “만약 컴퓨터가 외부 통신 회선에 연결되어 있으면 유사한 링크를 가진 사람이 시스템에 액세스 할 수 있다”
6. honeytoken이란 무엇이며 기업에서 어떻게 사용되는가?
7. honeypot은 무엇이며 기업에서 어떻게 사용되는가?
8. 바이러스와 웜의 차이점은 무엇인가? 어떤 것이 더 위험하며 그 이유는 무엇인가?
9. 온라인 상거래에서 공개 키를 사용하는 암호화가 중요한 이유는 무엇인가?
10. 농구 경기 통계를 기록하기 위한 프로그램을 개발해야 한다고 가정해보자. 입력된 정보가 제대로 된 것

인지를 확인하기 위해 어떤 조건을 포함시켜야 하는가?

11. 감사 추적이란 무엇인가? 선적(shipping) 기록에 대한 감사 추적 정보는 무엇인가?
12. 원자성 거래의 다른 예시를 들어보자.
13. 인증과 기밀성(confidentiality)의 차이점은 무엇인가?
14. 생체 액세스 제어란 무엇인가? 암호보다 어떻게 더 좋은가?
15. 방화벽이란 무엇이며 어떻게 작동하는가?
16. DoS 란 무엇이며 어떻게 실행되는가? DoS에서 좀비의 목적은 무엇인가? DoS 공격을 방지하기 위해 기업에서는 무엇을 할 수 있을까?
17. 비즈니스 복구 계획의 목적은 무엇인가?
18. 많은 회사들이 비즈니스 복구 계획을 적용하고 있지만 아직도 이러한 계획을 개발하지 못한 회사들도 많다. 그 이유는 무엇인가?

토의질문

19. 신용 카드 거래를 처리하는 회사는 컴퓨터를 콘크리트 벽과 대형 강철로 된 금고에 보관한다. 금고에 들어가기 위해 직원들은 키패드에 코드를 입력해야 한다. 그러나 수백만 개의 신용 카드 계좌에 대한 정보가 물리적 침입 없이 도난 당하는 경우가 있다. 그 이유는 무엇인가?
20. 콜로라도에 있는 어떤 군인이 부품 번호가 7954인 품목을 주문한다. 수백 마일 떨어져있는 공급처의 직원은 컴퓨터를 통해 주문을 받고 해당 품목인 '배의 닻'을 배송하려고 한다. 그러나 이 군인은 부품 번호 7945인 '전투기용 연료 탱크'를 주문하려고 했으며, 번호를 입력 할 때 실수를 저질렀다. 이러한 사고를 방지하기 위해 공급처의 시스템과 입력 시스템에 각각 어떤 제어를 적용할 수 있을까?
21. 은행 강도 사건의 평균 손실액은 수천 달러이며 범인이 잡힐 확률은 85%다. "일반적인" 화이트 칼라 사기의 평균 피해는 수만 달러다. 회사를 상대로 한 컴퓨터 사기로 도난당한 평균 금액은 수십만 달러에 달하며 그 원인을 찾기가 매우 어렵다. 컴퓨터 사기에 포함된 금액은 왜 이렇게 높고, 범인 찾기도 왜 어려울까?
22. 권한이 없는 사용자가 데이터베이스에서 데이터를 복사하지 못하도록 일부 회사들은 직원들이 USB 메모리 장치로 작업하지 못하게 하고 신체 검사도 한다. 이 방법은 효과적일까? 그 이유는 무엇인가?
23. 컴퓨터 사기를 범하는 범죄자의 대다수는 내부자, 즉 직원이다. 시스템을 통해 내부자 사기를 최소화하기 위한 조치는 무엇이 있는가?
24. 시스템에 액세스 할 때 생체 인식 (예: 손바닥이나 지문 또는 망막 스캔) 으로 신원을 확인하거나 암호로 신원을 확인할 의향이 있는가? 그 이유는 무엇인가?
25. 다른 시스템에 의존하는 시스템의 가동 중단 시간 확률이 독립적으로 작동하는 시스템보다 큰 이유를 직관적으로 설명해보자.
26. 직원들은 종종 방화벽과 암호화로 인해 데이터에 액세스 할 때마다 거쳐야 하는 단계와 시스템의 느린 응답에 대해 불평한다. CIO로써 직원들에게 그러한 조치의 필요성을 어떻게 설명 할 수 있을까? 편의성, 데이터, 프로그램 간의 균형을 유지하는 방법을 결정할 때 어떤 의견을 제시할 수 있는가?
27. 기업에서는 방화벽을 사용하여 특정 웹 사이트에 대한 액세스를 차단한다. 이에 동의하는가 아니면 직원의 사생활을 침해한다고 생각하는가?
28. 특수한 소프트웨어로 직원들이 PC에 다운로드하는 웹 페이지를 추적 할 수 있다. 이 방법이 직원들의 사생활을 침해한다고 생각하는가?
29. 금융 기관은 시스템, 특히 데이터베이스가 침입을 받은 사실을 발견하더라도 관련 기관에 사건을 보고하지 않는다. 심지어 범인이 누군지 알더라도 홍보를 목적으로 사건을 공개하려고 하지 않는다. 왜 그런가?

금융 기관은 이러한 사건을 공개할 의무가 있는가?

30. 만약 해커가 체포되면 이들은 허가없이 시스템에 액세스 한 기업에 실제로는 일종의 도움을 준 것이라고 주장한다. 해커들은 시스템에 약점이 있다는 것을 잘 알고 있으며 보안을 개선하기 위한 적절한 조치를 취할 수 있다고 말한다. 이 주장에 동의하는가? 그 이유는 무엇인가?

31. 회사의 CIO가 "우리는 정기적으로 시스템과 네트워크의 잠재적 취약성을 검토합니다. 우리는 비용에 상관없이 잠재적인 사고에 대비하여 하드웨어와 소프트웨어에 필요한 조치를 취합니다."라고 말했다. 당신이라면 이 경영진에게 어떤 조언을 해주고 싶은가?

32. 신원 도용의 가능성이 커지고 있는가? (참고 :이 질문은 실제 특정 기간 동안의 신분 도용에 관한 것이 아니라 신원 도용의 '가능성'에 관한 것이다)

33. 암호화는 개인과 기업이 프라이버시와 비밀을 유지하는데 도움을 준다. 그러나 암호화는 테러리스트와 범죄자의 의도를 숨기는 데 도움이 되기도 한다. 일부 국가에서는 비정부기구가 강력한 암호화 소프트웨어를 사용하는 것을 금지하는 법률을 갖고 있다. 이는 사람들이 의사 소통을 암호화 할 수 있도록 허용하지만 정부가 범죄자 및 테러 용의자를 감시하는데 있어 통신을 해독하지 못하도록 제한하지 않기 위해서다. 당신은 이러한 법을 선호하는가? 아니면 누구나 강력한 암호화 소프트웨어를 사용할 수 있는 법을 선호하는가?

개념 적용

34. 웹에서 HIPAA 전문을 검색해보자. 당신이 건강 보험 회사의 CIO라고 가정해보자. 이 법률의 영향으로 기업의 시스템에서 구현해야 하는 다섯 가지 제어 수단을 나열해보자.

35. Sarbanes-Oxley 법으로 인한 결과를 조사해보자. 이 법안을 준수하기 위해 기업이 시스템에 적용해야 하는 주요 제어 수단을 설명하는 2페이지 보고서를 작성해보자.

36. 보안 웹 사이트에 로그온해보자. 세션에서 사용된 보안 조치에 대한 정보를 받기 위해 클릭해야 하는 아이콘을 찾아보자. 교수님께 사이트의 URL과 획득한 정보, 즉 암호화에 사용되는 키의 길이, 사용된 디지털 인증서의 유형, 디지털 인증서의 발급처, 발급 날짜 및 만료 정보 등을 설명하는 이메일 메시지를 보내자.

37. 일부 회사는 방화벽의 무료 소프트웨어 버전을 제공한다. 방화벽 프로그램 3가지를 조사하고 발신과 수신을 차단하는 옵션, 사용 편의성 등과 같은 특성을 비교해보자. 이를 바탕으로 개인 사용자를 위한 권장 사항을 만들어보자.

실습 활동

38. Excel과 같은 프로그램을 사용하여 다음 문제를 풀어보자. 회사는 시스템 A에 시스템 B를 공급하고 시스템 B에 시스템 C를 공급하는 세 가지 정보 시스템을 사용한다. 각 시스템의 평균 시간은 시스템 A (98%), 시스템 B (97%), 시스템 C (95%)이다. 시스템 C의 평균 예상 가동 중지 시간(백분율)은 얼마인가?

39. Excel과 같은 프로그램을 사용하여 다음 문제를 풀어보자. 실패 가능성을 줄이기 위해 회사는 모든 중요한 시스템을 서로 다른 두 전기 회사에 연결했다. 한 회사의 전기 공급 실패 확률은 2%이며, 다른 전력 회사의 전기 공급 실패 확률은 1.5%다. 이 경우 시스템이 전혀 전력을 공급 받지 못할 확률은 얼마인가?

40. CIO가 "우리의 온라인 거래 시스템의 가동 확률은 99.99999%입니다. 반면 인적 자원 시스템을 위한 SaaS 시스템은 99.999%의 가동 확률을 갖고 있습니다"고 밝혔다.

a. 각 시스템에 대한 주당 중단 시간(분)을 계산해보자.

b. 회사의 시스템 가동 확률이 높을수록 좋지만 어떤 시스템은 보다 낮은 확률만 가져도 좋은 이유를 설명해보자.

팀 활동

41. 다른 학생과 팀을 구성한 다음 지난 5년간 당신이 속한 국가 또는 전 세계에서 복구 계획을 위한 지출이 어느 정도였는지에 대해 조사해보자. 매년 지출 금액을 보여주는 표를 마련하고 연도별 지출 변화의 원인을 설명하는 분석을 추가해보자.

42. 학교의 비즈니스 복구 계획을 평가해보자. 만약 학교에 이 계획이 없는 경우 학교를 위한 계획을 작성해보자. 만약 학교에 계획이 있다면 취약점을 평가하고 개선을 위한 제안을 해보자. 소프트웨어를 사용해 10분 분량의 프리젠테이션을 준비해보자.

생각에서 적용까지: 실제 사례

생체 인증 방식이 헬스 케어에 도움을 준다

환자에 대한 올바른 신원 확인이 의료 사고의 주요 원인이 된다고 Joint Commission of Healthcare Organizations이 밝혔다. 환자를 잘못 식별하면 신원 도용 및 보험 사기 등 원치 않는 사건이 발생할 수 있다. 잘못된 식별이 발생하는 이유에는 단순한 사무적 오류, 기술적 문제, 신원을 제대로 밝히지 않는 환자의 허위 진술 등이 있다. 원인이 무엇이든, positive patient identification (PPID) 시스템이 현재 헬스 케어 업계의 표준이다.

헬스 케어 업계의 환자 오인 문제를 해결하는 데에는 다양한 방법이 있다. 등록 시점에 환자가 두 가지 서류를 갖추면 된다. 운전 면허증과 같은 유효한 신분증과 보험 카드다. 이 서류들은 적절한 치료를 받는 환자와 보험 청구 정보에 있어 매우 중요하다. 그러나 직원이 수동으로 모든 정보를 환자의 전자 기록에 입력해야 하는 경우 오류가 발생할 수 있는 가능성이 있다. 환자 데이터의 디지털화와 간소화를 위한 최상의 방법은 전용 고해상도 카드 스캐너를 사용하는 것이다. 가장 좋은 스캐너는 카드의 사진을 찍은 다음 환자의 전자 의료 기록 (EMR)에 업로드까지 해준다. 이 스캐너는 IntraHealth Group에서 쓰이고 있으며, 환자 데이터를 "스캔 앤 클릭" 작업으로 기록할 수 있게 해준다.

고해상도 카드 스캐너는 환자 등록 시간을 줄이고 직원이 환자의 개별 건강에 더 집중할 수 있게 해준다. 기본으로 제공되는 시스템은 유지 보수, 설정 또는 교육이 필요하지 않다. 스캐너는 중요 문서의 보안되지 않은 사본을 만들 필요가 없도록 방지한다. 또한 고해상도 스캐너는 환자의 신원 오인을 줄여주면 이와 관련한 의료 사기도 방지해준다.

환자 오인을 방지하기 위한 최신 솔루션은 생체 인식에 의존하는 시스템이다. 플로리다 탬파(Tampa)에 있는 BayCare Health Systems에서는 손바닥 정맥 인식 기술을 사용하여 환자 업무를 간소화하고 보안을 유지한다. 손바닥 정맥 생체 측정법은 피부의 바깥층을 관통하면서도 산소가 제거 된 혈액을 반사하는 환자의 손에 근적외선을 비춤으로써 작동한다. 즉, 개인별로 독특한 패턴을 나타내는 혈관이 강조 표시된다. Palm-vein 기술은 홍채 스캐닝 기술보다 정확하지는 않지만 정확성이 입증되었다. IBG (International Biometrics Group)에 의해 진행된 비교 테스트에서, 손바닥 정맥 기술은 거짓 양성(false positive)과 거짓 음성(false negative) 값 모두 상당히 낮은 비율을 나타냈다. 등록 과정에서의 실패가 거의 없기 때문에 손바닥 정맥 기술은 기본적으로 모든 환자들에게 적용된다.

이 기술은 EMR 및 등록 시스템과 통합되어 환자 식별 문제를 해결한다. BayCare는 손바닥 정맥 생체 인식 기술과 호환되도록 전자 의료 기록 시스템을 업데이트했다. 손바닥 정맥 판독이 이뤄지면 환자의 EMR로 직접 전송된다. 이렇게 결합된 시스템은Patient Secure Identity (PSI) 라고 하며 여러 건강 관련 혜택을 제공한다. 그리고 무엇보다 중요한 것은 환자의 안전인데, PSI 시스템을 사용하면 중복된 의료 기록이 제거되고 본인의 의료 기록이 다른 사람의 의료 기록이 아닌 종합적이고 정확한 기록이 된다. 생체 인식 기술을 활용하면 사회 보장 번호와 같은 중요 정보를 입력할 필요도 없다.

BayCare의 PSI 시스템은 프로젝트 착수 후 60일 만에 론칭이 되었으며 모든 BayCare 병원, 외래 환자 센터에서 6개월에 걸쳐 완전히 적용 되었다. 환자가 시스템에 등록되어 있으면 BayCare의 병원이나 클리닉 또는 이미징 센터에서 손을 스캔하여 BayCare의 10개 건강 관리 센터 중 어디에서든 해당 환자를 정확하게 식별 할 수 있다. BayCare의 생체 인식 시스템은 환자의 안전을 보장하고 신분 도용 및 사기를 방지하고자 하는 BayCare Health System의 목표를 성공적으로 구현해냈다.

PPID는 까다롭지만 중요한 작업이다. 의료 서비스 제공자가 최선을 다해 업무를 수행하려면 적시에 환자가 가진 병력을 알아야 한다. 환자 건강 기록과 연계된 전용 고해상도 카드 스캐너 및 생체 인식 기술은 이러한 우려를 해소하고 부정 행위의 가능성을 감소시킨다. PPID 시스템은 신뢰받는 의료 시설의 IT 포트폴리오에 필수적인 요소다.

출처: Biometric technology verifies patients' identity.(2010). Health Management Technology, 31(3), 20-21;Cunningham, B. (2012). Positive patient identification beginsat step one. Health Management Technology, 33(8), 10-11.

사례에 대해 생각해 볼 점

1. BayCare Health Systems의 생체 인식 시스템은 등록시 환자를 적절히 식별하여 위험을 줄이지만, 시스템의 어떤 면에서 위험한가?
2. 환자가 아닌 사람이 왜 BayCare 시스템에 등록하고 싶어할까?
3. BayCare의 PSI 시스템에 정보가 너무 많다고 생각되는가? 환자 데이터를 BayCare의 10곳의 장소에 연결 시켜 놓으면 사생활 침해가 되는가?
4. BayCare는 많은 양의 개인 환자 정보를 수집하여 10곳 장소에 전송함으로써 어떤 위험을 갖고 있는가?

두 회사의 개인 정보 유출 논란

사무실 문을 열어두고 잠그지 않는 편인가? 시골에 거주하지 않는 한 아마 그렇지 않을 것이다. 문이 잠겨 있고 안전하게 닫혔는지 여러 번 확인 했는가? 당신은 아마 여러 번 확인했을 것이다. 잔디밭이나 벤치에 개인 정보를 남겨 두었는가? 아마 이것도 한 적이 없을 것이다. 개인 정보를 안전하게 유지하는 것은 끊임없이 계속되는 과정이다.

LinkedIn이 고객의 개인 정보 보호에 관한 논란에 휘말린 적이 있다. 이 문제는 계정에 영향을 미칠 수 있는 비밀번호 누출과 관련이 있다. 이와 관련한 여러 블로깅과 트위터 글이 게시되고 몇 시간이 지난 후 LinkedIn은 수백만개의 암호가 해커 포럼에 게시되었음을 인정했다. LinkedIn은 "귀하의 정보를 보다 안전하게 보호하기 위해 'salting'이라는 조치를 통해 보안을 강화했다"는 소식을 전했다. 이는 암호 유출 사고가 나기 전보다 뛰어난 보안 기술이 적용되었음을 알리는 내용이었다. 그러나 이런 사고는 꼭 일어날 수 밖에 없었을까? LinkedIn은 사고 이후 주목을 많이 받는 회사가 되었다. 결국 2012년 6월 소송이 제기되어 5백만 달러의 보상금이 청구되면서 LinkedIn이 자사의 개인 정보 보호 정책을 준수하지 못했다는 판결이 났다.

LinkedIn이 이 문제로 어려움을 겪고 있던 시기에 비슷한 상황에 처한 회사가 있었다. 온라인 데이트 서비스인 eHarmony는 150만개의 고객 암호가 유출되자 새로운 보안 기술을 적용했다. eHarmony는 "유출된 암호를 조사한 결과, 사용자 중 일부가 영향을 받았다는 사실을 발견했습니다. 우리는 조사를 계속하고 있지만 회원들의 정보 보호를 위해 다음과 같은 조치를 취하고 싶습니다."라고 공지했다. eHarmony는 문제를 해결하기 위한 조치를 취했으며 강력한 암호를 만드는 방법에 대한 조언을 제공한다고 설명했다.

데이터 유출과 보안 문제는 지속적으로 언론의 헤드라인을 장식했다. Federal Trade Commission (FTC)은 신원도용이 2011년 미국인들에게 150만 달러의 손실을 가져다 주었다고 밝혔다. Ponemon Institute의 2012년 보고서에 따르면 사이버 범죄로 인한 손실은 연간 890만 달러로 그 범위는 140만 달러에서 4600만 달러에 이른다. 서비스 거부, 바이러스 및 악성 코드를 비롯한 다양한 사이버 범죄로 인해 사업이 어려움을 겪고 회사와 개인의 데이터가 빈번하게 도용되고 있다. 최근 보고서에 따르면 조사 대상 기업의 43%가 데이터 침해 사고를 겪기 전에 데이터 침해 대응 계획을 도입하지 않았다. 인터넷 뿐 아니라 모바일 기기 (스마트 폰, 태블릿 등)의 사용이 늘어남에 따라 컴퓨터 관련 범죄가 더 기승을 부리고 있다.

도난당한 데이터와 사이버 범죄와 관련한 이슈는 기업들의 주요 프로그램을 고려할 때 중요성이 더 커졌다. 네트워크를 통해 사내 프로그램에 액세스하는 것은 기업과 개인 모두에게 중요하다. 기업은 시스템을 통해 정보를 수집해야 하고 개인은 회사와 거래를 해야 하기 때문이다. 그래서 온라인 커머스 기업이 자사의 웹사이트 가동 시간을 100%로 유지하는 것이 중요하다.

그러나 이러한 모든 문제를 해결하고 사이버 범죄를 제거하는 마법 같은 해결책은 없다. 기업과 정부 ,개인은 보안과 행복을 위협하는 범죄자들과의 전쟁을 계속해야 한다. 입법부와 행정부는 이러한 문제를 해결하는 방법에 관한 법률과 지침을 제공해야 한다.

출처: Anonymous. (2011). Ponemon Institute Survey: Data Breaches Can Cause Lasting and Costly Damage to the Reputation of Affected Organizations. Entertainment Close-Up; Anonymous. (2012). 2012 Cost of Cyber Crime Study: United States. Traverse City, MI; Liyakasa, K. (2012). Cracking the Code on Cyber Crimes. Customer Relationship Management, 16, 36-40; McTigue, J. (2012). Application Early Warning System. InformationWeek (1347), 6-11; Teroka, B. (2012). Update on Compromised Passwords. Retrieved from http://www.eharmony.com/blog/2012/06/06/update-on-compromised-passwords/

사례에 대해 생각해 볼 점

1. 고객의 개인 정보가 침해되고 비즈니스 운영이 어려움을 겪을 때 기업은 대중의 의견과 투명성 사이에서 어떤 결정을 내려야 할까?
2. Mary Wells Lawrence는 이런 말을 한 적이 있다. "비즈니스에서는 저녁 식사 설거지를 하면서 결코 끝났다는 말을 할 수 없다. 계속 일을 해야 한다." 만약 당신이 어느 회사의 임원이거나 IT담당자라면 이 문장이 정보 보안 및 복구와 어떤 관련이 있는지 생각해 보자.
3. 개인적으로 접한 보안 상황과 기업이 어떻게 보안 문제를 처리하고 있는지 논의해보자. 기업들이 당신의 데이터와 거래 활동을 안전하게 지키고 있다고 생각하는가?

참고문헌

Adams, J. (2012). How Superstorm Sandy Brought Disaster Recovery Home for Capital One, *AmericanBanker*.

Anonymous. (2011). ID theft cases fall, but victims' costs rise. Retrieved April 23, 2013.

Anonymous. (2012a). Business Users of Macs Can Now Make Remote Deposits to Wells Fargo with PaniniScanners, *Business Wire*.

Anonymous. (2012b). Monthly Malware Statistics: April 2012. Retrieved April 24, 2013. Anonymous. (2012c). Neustar Releases Survey Results on DDoS Attacks. (2012). *Wireless News*.

Anonymous. (2012d). The Revenue Drain of Downtime. Retrieved April 23, 2013, from http://www.netstandard.com/the-revenue-drain-of-downtime/

Anonymous. (2013a). Approved List of Digital Signature Certification Authorities. Retrieved April 22,2013, from http://www.sos.ca.gov/digsig/

Anonymous. (2013b). New Data Suggests Cyber Attacks 'More Dangerous' Than International Terrorism. *Travel & Leisure* Close-Up.

Anonymous. (2013c). SurePassID Launches Secure Single Sign-On (Secure SSO) for Mobile at RSAConference 2013, *PR Newswire*.

Bensinger, G. (2012). Corporate News: Netflix Blames Amazon For Overnight Blackout, *Wall Street Journal*, p. B.3.

Browdie, B. (2012). Citigroup Weathers Website Slowdown, *American Banker*.

Bryan-Low, C. (2011, Sep 02). Europe News: U.K.Charges Two More In Probe of Web Attacks, *Wall Street Journal*, pp. 4-4.

Chia, Terry. (2012, Aug 20). Confidentiality, Integrity, Availability: The three components of the CIATriad. Retrieved August 5, 2013, from http://security.blogoverflow.com/2012/08/confidentiality-integrity-availability-thethree-components-of-the-cia-triad

Christman, A. (2013). Identity theft costs victims time, money, McClatchy - *Tribune Business News*.

Collins, J. C. (2012). Technology Q&A. Journal of Accountancy, 214(2), 76-79.

Darwell, B. (2012). Bot problem? Facebook estimates8.7% of users are duplicate, miscategorized or spam accounts. Retrieved April 24, 2013, from http://www.insidefacebook.com/2012/08/01/botproblem-facebook-estimates-8-7-of-users-areduplicate-miscategorized-or-spam-accounts/

Dewdney, A. K. (1989). Computer Recreations: Of Worms, Viruses and Core War. *Scientific American*.

Finkle, J. (2012). Amazon.com cloudbursts at Christmas; Service outage pulls Netflix down across Americas, National Post.

Harris, C. (2011). IT Downtime Costs $26.5 Billion In Lost Revenue. Retrieved April 24, 2013, from http://www.informationweek.com/storage/disaster-recovery/itdowntime-costs-265-billion-in-lost-re/229625441

Linthicum, D. (2013). Calculating the true cost of cloud outages. Retrieved April 24, 2013, fromhttp://www.infoworld.com/d/cloud-computing/calculating-the-true-cost-of-cloud-outages-212253

Nakashima, E., & Douglas, D. (2013). More companies admit to being hit by cyberattacks, *The Washington Post*, p. A.8.

Rapport, M. (2003). Many U.S. firms unprepared for business/IT outages, think firm finds. *Credit Union Times*, 14(13), 22.

Reckard, E. S. (2013). Online, mobile outage at BofA, *Los Angeles Times*, p. B.5.

Sarno, D. (2011, Mar 12). Twitter settles withFTC; The siteagrees to tighten its security practices after hackersaccessed users' data, *Los Angeles Times*, p. B.3.

Sherr, I. (2011, May 03). Hackers Breach Second SonyService, *Wall Street Journal*, p. B.1.

Simpkins, J. (2011). Cyber Warfare Growing on a Global Scale - And We Have the Best Way to Profit. Money Morning. http://moneymorning.com/tag/cyber-terrorism-statistics/

Turner, K. (2012). Health Insurance Fraud AffectsEveryone, *Standard - Speaker*.

Zetter, K. (2011). TSA Worker Gets 2 Years for PlantingLogic Bomb in Screening System. Retrieved April24, 2013, from http://www.wired.com/threatlevel/2011/01/tsa-worker-malware/